DIREITO PROCESSUAL PENAL

ESQUEMATIZADO®

www.editorasaraiva.com.br/direito
Visite nossa página

Histórico da Obra

- **1.ª edição:** abr./2012; 2.ª tir., jul./2012; 3.ª tir., set./2012
- **2.ª edição:** fev./2013; 2.ª tir., abr./2013
- **3.ª edição:** jan./2014; 2.ª tir., jul./2014
- **4.ª edição:** jan./2015; 2.ª tir., maio/2015
- **5.ª edição:** jan./2016; 2.ª tir., abr./2016
- **6.ª edição:** jan./2017
- **7.ª edição:** jan./2018

Alexandre Cebrian Araújo Reis
Promotor de Justiça Criminal

Victor Eduardo Rios Gonçalves
Promotor de Justiça e Professor
em curso preparatório para concursos

DIREITO PROCESSUAL PENAL

ESQUEMATIZADO®

Coordenador
Pedro Lenza

7ª edição
2018

saraiva jur

SOMOS EDUCAÇÃO | saraiva jur

Av. das Nações Unidas, 7.221, 1º andar, Setor B
Pinheiros – São Paulo – SP – CEP 05425-902

SAC
0800-0117875
De 2ª a 6ª, das 8h às 18h
www.editorasaraiva.com.br/contato

Vice-presidente Claudio Lensing
Diretora editorial Flávia Alves Bravin

Conselho editorial
Consultor acadêmico Murilo Angeli Dias dos Santos

Gerência
Planejamento e novos projetos Renata Pascual Müller
Editorial Roberto Navarro

Edição Liana Ganiko Brito Catenacci
Patricia Quero

Produção editorial Maria Izabel B. B. Bressan (coord.)
Carolina Massanhi

Arte e digital Mônica Landi (coord.)
Claudirene de Moura Santos Silva
Guilherme H. M. Salvador
Tiago Dela Rosa
Verônica Pivisan Reis

Planejamento e processos Clarissa Boraschi Maria (coord.)
Juliana Bojczuk Fermino
Kelli Priscila Pinto
Marília Cordeiro
Fernando Penteado
Tatiana dos Santos Romão

Novos projetos Laura Paraíso Buldrini Filogônio

Diagramação Edson Colobone
Revisão PBA Preparação e Revisão de Textos

Comunicação e MKT Carolina Bastos
Elaine Cristina da Silva

Capa Aero Comunicação/Danilo Zanott
Produção gráfica Marli Rampim
Impressão e acabamento EGB Editora Gráfica Bernardi Ltda.

ISBN 978-85-472-2349-6

DADOS INTERNACIONAIS DE CATALOGAÇÃO NA PUBLICAÇÃO (CIP)
ANGÉLICA ILACQUA CRB-8/7057

Gonçalves, Victor Eduardo Rios

Direito processual penal esquematizado® / Victor Eduardo Rios Gonçalves, Alexandre Cebrian Araújo Reis. – 7. ed. – São Paulo: Saraiva Educação, 2018. (Coleção esquematizado® / coordenador Pedro Lenza)

1. Processo penal – Legislação – Brasil I. Reis, Alexandre Cebrian Araújo. II. Lenza, Pedro. III. Título. IV. Série.

17-1368 CDU 343.1(81)(094)

Índices para catálogo sistemático:

1. Brasil : Leis : Processo penal 343.1(81)(094)
2. Leis : Processo penal : Brasil 343.1(81)(094)

Data de fechamento da edição: 5-12-2017

Dúvidas? Acesse www.editorasaraiva.com.br/direito

CL 604570 CAE 623438

Aos meus pais, Geová e Célia, dos quais recebi
cotidianas lições de compreensão e de retidão;
Aos meus diletos irmãos, Letícia e Eduardo, pessoas de
invulgares virtudes e amigos de todos os momentos;
Adriana, Helena, Isabel e Luiza: o livro é de vocês, é claro;
amadas esposa e filhas, dentre todas as bênçãos que Deus,
em sua infinita bondade, tem concedido a mim, nenhuma é tão
valiosa como a dádiva de conviver com vocês.
Alexandre Cebrian Araújo Reis

Aos meus queridos pais, Carlos e Elbe, e às
minhas amadas filhas Isabella e Valentina,
companheiras de todas as horas e razão de meu viver.
Victor Eduardo Rios Gonçalves

METODOLOGIA ESQUEMATIZADO®

Durante o ano de 1999, pensando, naquele primeiro momento, nos alunos que prestariam o exame da OAB, resolvemos criar uma **metodologia** de estudo que tivesse linguagem "fácil" e, ao mesmo tempo, oferecesse o conteúdo necessário à preparação para provas e concursos.

O trabalho foi batizado como ***Direito constitucional esquematizado®***. Em nosso sentir, surgia ali uma metodologia **pioneira**, idealizada com base em nossa experiência no magistério e buscando, sempre, otimizar a preparação dos alunos.

A metodologia se materializou nos seguintes "pilares":

- **esquematizado®**: a parte teórica é apresentada de forma objetiva, dividida em vários itens e subitens e em parágrafos curtos. Essa estrutura revolucionária rapidamente ganhou a preferência dos concurseiros;
- **superatualizado**: doutrina, legislação e jurisprudência em sintonia com as grandes tendências da atualidade e na linha dos concursos públicos de todo o País;
- **linguagem clara**: a exposição fácil e direta, a leitura dinâmica e estimulante trazem a sensação de que o autor está "conversando" com o leitor;
- **palavras-chave (*keywords*)**: os destaques na cor azul possibilitam a leitura "panorâmica" da página, facilitando a fixação dos principais conceitos. O realce colorido recai sobre os termos que o leitor certamente grifaria com a sua caneta marca-texto;
- **recursos gráficos**: esquemas, tabelas e gráficos favorecem a assimilação e a memorização dos principais temas;
- **questões resolvidas**: ao final de cada capítulo, o assunto é ilustrado com questões de concursos ou elaboradas pelos próprios autores, o que permite conhecer as matérias mais cobradas e também checar o aprendizado.

Depois de muitos anos de **aprimoramento**, o trabalho passou a atingir tanto os candidatos ao **Exame de Ordem** quanto todos aqueles que enfrentam os concursos em geral, sejam das **áreas jurídica** ou **não jurídica**, de **nível superior** ou mesmo os de **nível médio**, assim como os **alunos de graduação** e demais **profissionais**.

Ada Pellegrini Grinover, sem dúvida, anteviu, naquele tempo, a evolução do *Esquematizado®*. Segundo a Professora escreveu em 1999, "a obra destina-se, declaradamente, aos candidatos às provas de concursos públicos e aos alunos de graduação, e, por isso mesmo, após cada capítulo, o autor insere questões para aplicação da parte teórica. Mas será útil também aos operadores do direito mais experientes, como fonte de consulta rápida e imediata, por oferecer grande número de informações buscadas em diversos autores, apontando as posições predominantes na doutrina, sem eximir-se de criticar algumas delas e de trazer sua própria contribuição. Da leitura amena surge um livro 'fácil', sem ser reducionista, mas que revela, ao contrário, um grande poder de síntese, difícil de encontrar mesmo em obras de autores mais maduros, sobretudo no campo do direito".

Atendendo ao apelo de "concurseiros" de todo o País, sempre com o apoio incondicional da Editora Saraiva, convidamos professores das principais matérias exigidas nos concursos públicos das *áreas jurídica* e *não jurídica* para compor a **Coleção Esquematizado®**.

Metodologia pioneira, vitoriosa, consagrada, testada e aprovada. **Professores** com larga experiência na área dos concursos públicos. Estrutura, apoio, profissionalismo e *know-how* da **Editora Saraiva**. Sem dúvida, ingredientes indispensáveis para o sucesso da nossa empreitada!

Para o **direito processual penal**, tivemos a honra de contar com o trabalho de **Alexandre Cebrian Araújo Reis** e do professor **Victor Eduardo Rios Gonçalves**, que souberam, com maestria, aplicar a **metodologia** "**esquematizado®**" à vasta e reconhecida experiência profissional de ambos, como promotores de justiça e autores de consagradas obras.

A trajetória deles é muito parecida, e provavelmente isso tenha sido um ingrediente fundamental para coesão e excelência do trabalho, até porque já escrevem juntos, com inquestionável sucesso e há anos, pela *Coleção Sinopses Jurídicas*, também da Editora Saraiva.

Victor formou-se, em 1990, na Faculdade de Direito do Largo São Francisco, ingressando, logo no ano seguinte, no Ministério Público de São Paulo. **Cebrian**, em 1995, também se formou pela USP e, no ano seguinte de sua formatura, ingressou no MP/SP, onde, até hoje, lá se encontram honrando, e muito, a instituição.

Esse reconhecimento profissional aparece coroado na atuação de **ambos** na assessoria jurídica criminal do Procurador-Geral de Justiça, **Victor** por 4 anos, de 2004 a 2008, e, **Cebrian**, na mesma função, nos anos de 2007 e 2008.

Victor, desde 1994, tem lecionado direito penal e processual penal no *Complexo Educacional Damásio de Jesus*, o que, por esse motivo, já lhe credencia como um dos maiores e mais respeitados professores da matéria, além de ser autor de outros volumes da vitoriosa **Coleção Esquematizado®**.

Na carreira do MP, **Cebrian** integrou, com destaque, nos anos de 2004 e 2005, o *Grupo de Atuação Especial de Combate ao Crime Organizado* da região de Campinas.

Cebrian exerceu a função de Diretor-adjunto do *Departamento de Estudos Institucionais da Associação Paulista do Ministério Público* e atualmente integra a *Comissão de Estudos Institucionais e Acompanhamento Legislativo* dessa mesma associação. Ainda, participou de grupos de trabalho constituídos pela *Associação Nacional dos Membros do Ministério Público* e pela *Procuradoria-Geral de Justiça*, destinados a analisar propostas de reforma do Código de Processo Penal.

Não temos dúvida de que este livro contribuirá para "encurtar" o caminho do ilustre e "guerreiro" concurseiro na busca do "sonho dourado"!

Esperamos que a **Coleção Esquematizado®** cumpra o seu papel. Em constante parceria, estamos juntos e aguardamos suas críticas e sugestões.

Sucesso a todos!

Pedro Lenza
Mestre e Doutor pela USP
pedrolenza@terra.com.br
https://twitter.com/pedrolenza
http://instagram.com/pedrolenza
http://www.periscope.tv/pedrolenza
https://www.facebook.com/pedrolenza
https://www.youtube.com/pedrolenza
saraiva jur http://www.saraivajur.com.br/esquematizado

NOTA DOS AUTORES À 7ª EDIÇÃO

Ao aceitarmos o honroso convite que nos foi dirigido pelo Professor Pedro Lenza, para que aplicássemos ao estudo do Direito Processual Penal o consagrado método concebido pelo citado mestre, descortinou-se a possibilidade de oferecermos aos estudantes e operadores do direito uma diferenciada fonte de estudo e de consulta, que primasse pela abrangência do conteúdo e pela clareza na forma de sua exposição.

O desafio, todavia, não era pequeno. Para que essa meta fosse alcançada, a obra teria de contemplar o extenso programa que usualmente é exigido nos concursos públicos de ingresso nas carreiras jurídicas, sem que, no entanto, se deslustrasse com divagações ou com repetições desnecessárias. Além disso, deveria servir de repositório de informações atualizadas também a profissionais já experientes, que buscam, por exigência das atividades diárias, manancial dessa natureza.

Convictos da eficácia didática do método "Esquematizado®" e contando com as valorosas sugestões de seu idealizador, entregamo-nos ao estimulante trabalho de oferecer, em uma obra, análise pormenorizada dos princípios e das normas que regem a atividade processual, bem como o exame das variantes doutrinárias sobre cada um dos temas e, ainda, informação sobre o entendimento adotado pelos Tribunais Superiores.

A esse esforço somou-se a preocupação de garantir, com a utilização de recursos gráficos, a sistematização do estudo da disciplina e uma maior facilidade de memorização das matérias. A reunião de questões de concursos públicos teve por escopo exaltar a importância de vários dos temas que, com frequência, constituem objeto das provas e, também, estimular a aplicação criteriosa dos conhecimentos hauridos. Por fim, considerando que muitos concursos públicos têm exigido a elaboração de peças processuais, tivemos a preocupação de compilar, anexados ao final da obra, modelos daquelas mais importantes, a fim de que o leitor possa habituar-se à sua formatação e conteúdo.

Sempre sob a luz dos postulados constitucionais que alicerçam a atividade processual, a obra ambiciona comentar as disposições do Código de Processo Penal, consideradas as diversas alterações legislativas levadas a efeito desde sua edição, notadamente aquelas introduzidas pelas Reformas de 2008/2009 (Lei n. 11.689/2008, Lei n. 11.690/2008, Lei n. 11.719/2008, Lei n. 11.900/2009) e, também, pelo recente diploma que modificou o regime da prisão processual e da fiança e, ainda, disciplinou a aplicação de medidas cautelares pessoais diversas da prisão (Lei n. 12.403/2011).

Nesta 7ª edição, além de novas perguntas de concursos e novas decisões das Cortes Superiores, foram introduzidos comentários em relação a diversas novas leis: a) Lei n. 13.341/2017 (escuta especializada e depoimento especial de criança ou adolescente vítima ou testemunha de violência perante autoridade policial ou judiciária); b) Lei n. 13.342/2017 (colaboração de detetive particular com investigação policial em curso); c) Lei n. 13.491/2017 (modificação da competência da Justiça Militar); d) Lei n. 13.505/2017 (modificações na Lei Maria da Penha).

Alexandre Cebrian
alecebrian@uol.com.br

Victor Gonçalves
victorerg@globo.com

SUMÁRIO

1

INTRODUÇÃO E ALCANCE DAS NORMAS PROCESSUAIS PENAIS

1.1. CONCEITO DE DIREITO PROCESSUAL PENAL

O Estado, ente soberano que é, tem o **poder** de ditar as regras de convivência e, para isso, pode aprovar normas que tenham por finalidade manter a paz e garantir a proteção aos bens jurídicos considerados relevantes: vida, incolumidade física, honra, saúde pública, patrimônio, fé pública, patrimônio público, meio ambiente, direitos do consumidor etc. Essas normas, de caráter penal, estabelecem previamente punições para os infratores. Assim, no exato instante em que ela é desrespeitada pela prática concreta do delito, surge para o Estado o direito de punir (*jus puniendi*). Este, entretanto, não pode impor imediata e arbitrariamente uma pena, sem conferir ao acusado as devidas oportunidades de defesa. Ao contrário, é necessário que os órgãos estatais incumbidos da persecução penal obtenham provas da prática do crime e de sua autoria e que as demonstrem perante o Poder Judiciário, que, só ao final, poderá declarar o réu culpado e condená-lo a determinada espécie de pena.

Existe, portanto, o que se chama de **conflito de interesses**. De um lado, o Estado pretendendo punir o agente e, de outro, a pessoa apontada como infratora exercendo seu direito de defesa constitucionalmente garantido, a fim de garantir sua liberdade.

A solução da **lide** só será dada pelo Poder Judiciário após lhe ser apresentada uma acusação formal pelo titular do direito de ação. Uma vez aceita esta acusação, estará iniciada a ação penal, sendo que, durante o seu transcorrer, deverão ser observadas as regras que disciplinam o seu tramitar até que se chegue à decisão final. Esse conjunto de princípios e normas que disciplinam a persecução penal para a solução das lides penais constitui um ramo do direito público denominado **Direito Processual Penal**.

Uma parte consistente dos dispositivos que regulamentam o Processo Penal encontra-se na **Constituição Federal**, que contém diversos princípios que garantem o **pleno direito de defesa** do acusado (princípio do contraditório, da ampla defesa, da presunção de inocência, da vedação das provas ilícitas etc.), regras que disciplinam os **órgãos encarregados da persecução penal** e o âmbito de sua atuação (polícia judiciária, Ministério Público), bem como o alcance da competência de certos órgãos jurisdicionais (Juizado Especial Criminal, Tribunal do Júri, Tribunais de Justiça e Superiores nos casos de foro especial por prerrogativa de função etc.), além de inúmeros outros dispositivos de interesse processual penal (permissão de prisão provisória nos casos admitidos em lei, possibilidade de liberdade provisória quando não houver vedação legal, inafiançabilidade de certos crimes, vedação de determinados tipos de pena, imprescritibilidade de algumas infrações penais etc.).

O estatuto processual infraconstitucional que contém o maior número de regras disciplinadoras deste ramo do direito é o **Decreto-lei n. 3.689/41**, conhecido como **Código de Processo Penal**, em vigor desde 1º de janeiro de 1942, e que, evidentemente, sofreu uma série de modificações para adequar-se às novas realidades jurídicas e sociais durante as mais de sete décadas que transcorreram desde a sua aprovação. Referido Código regulamenta, por exemplo, a aplicação da lei processual no tempo e no espaço; a investigação dos delitos por meio do inquérito policial; as diversas formas de ação penal e sua respectiva titularidade; a competência dos órgãos jurisdicionais; os sujeitos processuais; a forma de coleta das provas; as diversas modalidades de procedimentos de acordo com a espécie e gravidade da infração penal cometida; as nulidades decorrentes da não observância das formalidades processuais; os recursos etc.

Existem, ainda, inúmeras **leis especiais** que cuidam da apuração de crimes ou de temas processuais específicos, por exemplo, a Lei n. 11.343/2006, que trata dos crimes relacionados a drogas e seu procedimento apuratório; a Lei n. 9.099/95, que disciplina os Juizados Especiais Criminais e as infrações de menor potencial ofensivo; a Lei n. 11.101/2005, que, em sua parte final, trata dos crimes falimentares e estabelece regras especiais quanto ao seu procedimento apuratório; e inúmeras outras (Estatuto do Idoso, Lei Maria da Penha; Lei Ambiental; Lei da Interceptação Telefônica etc.).

■ 1.2. SISTEMAS PROCESSUAIS PENAIS

Existem três espécies de sistemas processuais penais: a) o **inquisitivo**; b) o **acusatório**; c) o **misto**.

■ Sistema inquisitivo

Nesse sistema, cabe a um só órgão acusar e julgar. O juiz dá início à ação penal e, ao final, ele mesmo profere a sentença. É muito criticado por não garantir a imparcialidade do julgador. Antes do advento da Constituição Federal de 1988 era admitido em nossa legislação em relação à apuração de todas as contravenções penais (art. 17 do Decreto-lei n. 3.688/41 — Lei das Contravenções Penais) e dos crimes de homicídio e lesões corporais culposos (Lei n. 4.611/65). Era o chamado processo **judicialiforme**, que foi banido de nossa legislação pelo art. 129, I, da Constituição Federal, que conferiu ao **Ministério Público** a iniciativa exclusiva da ação pública. Nesse sistema, o direito de defesa dos acusados nem sempre era observado em sua plenitude em razão de os seus requerimentos serem julgados pelo próprio órgão acusador.

■ Sistema acusatório

Existe separação entre os órgãos incumbidos de realizar a acusação e o julgamento, o que garante a imparcialidade do julgador e, por conseguinte, assegura a plenitude de defesa e o tratamento igualitário das partes. Nesse sistema, considerando que a iniciativa é do órgão acusador, o defensor tem sempre o direito de se manifestar por último. A produção das provas é incumbência das partes.

■ Sistema misto

Nesse sistema há uma fase investigatória e persecutória preliminar **conduzida por um juiz** (não se confundindo, portanto, com o inquérito policial, de natureza administrativa, presidido por autoridade policial), seguida de uma fase acusatória em que são assegurados todos os direitos do acusado e a independência entre acusação, defesa e juiz. Tal sistema, inaugurado com o Code d' Instruction Criminelle (Código de Processo Penal francês), em 1908, atualmente é adotado em diversos países europeus e sua característica marcante é a existência do **Juizado de Instrução**, fase preliminar instrutória presidida por juiz.

■ Sistema adotado no Brasil

No Brasil é atualmente adotado o sistema **acusatório**, pois há clara separação entre a função acusatória — do Ministério Público nos crimes de ação pública — e a julgadora. É preciso, entretanto, salientar que **não** se trata do sistema acusatório **puro**, uma vez que, apesar de a regra ser a de que as partes devam produzir suas provas, admitem-se exceções em que o **próprio juiz** pode determinar, de **ofício**, sua produção de forma suplementar.

O art. 156 do CPP, por exemplo, estabelece que "a prova da alegação incumbirá a quem a fizer, sendo, porém, facultado ao juiz, de ofício: I — ordenar, mesmo antes de iniciada a ação penal, a produção antecipada de provas consideradas urgentes e relevantes, observando-se a necessidade, adequação e proporcionalidade; II — determinar, no curso da instrução, a realização de diligências para dirimir dúvida sobre ponto relevante".

O art. 212 do mesmo Código diz que as partes devem endereçar perguntas diretamente às testemunhas, mas, ao final, *o juiz poderá complementar a inquirição sobre pontos não esclarecidos.*

O art. 404 prevê que o juiz, ao término da instrução, pode determinar, *de ofício, a realização de novas diligências consideradas imprescindíveis.*

O juiz pode, ainda, determinar a oitiva de testemunhas não arroladas pelas partes — as chamadas testemunhas do juízo.

Saliente-se que **não** existe absolutamente nada de **inconstitucional** nestes dispositivos, uma vez que a Constituição Federal não contém dispositivo adotando o sistema acusatório puro e tampouco impede o juiz de determinar diligências apuratórias de ofício. O art. 129, I, da Constituição se limita a vedar ao magistrado o desencadeamento da ação penal, porém não o proíbe de determinar a produção de provas necessárias ao esclarecimento **da verdade real**, princípio basilar de nosso processo penal. Não fosse assim, além de ficar desguarnecido referido princípio, estaria em risco a garantia aos "brasileiros e estrangeiros residentes no País a inviolabilidade do direito à vida, à liberdade, à igualdade, à segurança e à propriedade" (princípio da proteção — art. 5º, *caput*, da CF). A finalidade do Direito Penal é a proteção dos bens jurídicos entendidos relevantes pelo legislador e, sem que se assegure a efetiva aplicação dos dispositivos penais, o princípio da proteção restaria abalado. Suponha-se, por exemplo, que o promotor, ao denunciar pessoa responsável por inúmeros latrocínios, esqueça-se de arrolar uma testemunha-chave. No sistema acusatório puro, a absolvição seria inevitável, isto é, por um mero engano do órgão acusador a sociedade ficaria à mercê de um criminoso de alta periculosidade. Em nosso sistema, entretanto, o magistrado, ao perceber a falha pode, de ofício ou a requerimento da parte, determinar a oitiva da testemunha imprescindível. Do mesmo modo, se a denúncia atribui dois crimes ao réu e o promotor, por equívoco, somente faz perguntas às testemunhas em relação a um dos delitos na audiência, é óbvio que o juiz pode complementar a inquirição, tudo, conforme já se mencionou, em prol da verdade real, da proteção aos interesses sociais e à ampla defesa (já que o poder judicial de determinar diligências complementares também pode ser utilizado em benefício do acusado).

A maior evidência de que a legislação processual não adotou o sistema acusatório puro encontra-se nos arts. 385 do CPP, que permite ao juiz condenar o réu nos crimes de ação pública ainda que o Ministério Público tenha se manifestado pela absolvição. Tal dispositivo legal, que estabelece a desvinculação do juiz ou tribunal a pedido absolutório formulado pelo Ministério Público, foi recepcionado, segundo pacífico entendimento jurisprudencial, pela Constituição Federal: "1. Nos termos do art. 385 do Código de Processo Penal, nos crimes de ação pública, o juiz poderá proferir sentença condenatória, ainda que o Ministério Público tenha opinado pela absolvição. 2. O artigo 385 do Código de Processo Penal foi recepcionado pela Constituição Federal. Precedentes desta Corte. 3. Agravo regimental não provido" (AgRg no REsp 1.612.551/RJ — 5ª Turma — Rel. Min. Reynaldo Soares da Fonseca — julgado em 02.02.2017 — *DJe* 10.02.2017).

Podemos também apontar, dentre outros já citados, a possibilidade assegurada ao juiz criminal de destituir o defensor constituído pelo réu caso entenda que a defesa por ele apresentada é precária (réu indefeso).

■ 1.3. LEI PROCESSUAL PENAL NO ESPAÇO

O processo penal, em todo o **território nacional**, rege-se pelo Decreto-lei n. 3.689/41, mais conhecido como Código de Processo Penal. Tal regra encontra-se em seu art. 1º, *caput*, que, portanto, adotou, quanto ao alcance de suas normas, o princípio da **territorialidade**, segundo o qual seus dispositivos aplicam-se a todas as ações penais que tramitem pelo território brasileiro.

De acordo com o item 2 da Exposição de Motivos do referido Decreto-lei, a apresentação de seu projeto decorreu da "necessidade de coordenação sistemática das regras do processo penal num Código único", afastando-se peculiaridades existentes nos códigos estaduais.

■ Exceções à incidência do Código de Processo previstas em seu art. 1º

Nos cinco incisos do próprio art. 1º do Código foram elencadas hipóteses em que este não terá aplicação, ainda que o fato tenha ocorrido no território nacional. Tais exceções referem-se:

> I — os tratados, as convenções e regras de direito internacional;

Os tratados, convenções e regras de direito internacional, firmados pelo Brasil, mediante aprovação por decreto legislativo e promulgação por decreto presidencial, afastam a jurisdição brasileira, ainda que o fato tenha ocorrido no território nacional, de modo que o infrator será julgado em seu país de origem. É o que acontece quando o delito é praticado por agentes diplomáticos e, em certos casos, por agentes consulares.

Insta, quanto a este aspecto, ressaltar duas Convenções Internacionais que cuidam do tema:

a) Convenção de Viena sobre Relações Diplomáticas (aprovada pelo Decreto Legislativo n. 103/64 e promulgada pelo Decreto n. 56.435/65).

De acordo com o seu art. 31, § 1º, os agentes diplomáticos gozam de imunidade de jurisdição penal no Estado acreditado (onde exercem suas atividades), não estando, porém, isentos da jurisdição do Estado acreditante (país que representam).

A função primordial das missões diplomáticas é **representar** o Estado acreditante perante o Estado acreditado (art. 3º, *a*, da Convenção).

Nos termos do art. 1º, *e*, da Convenção, agentes diplomáticos são os Chefes da Missão (embaixadores) e os membros que tenham a qualidade de Diplomata. Esta imunidade de jurisdição é **plena**, não pressupondo que estejam no exercício de suas funções, e estende-se aos familiares que com ele vivam no Estado acreditado (art. 37, § 1º).

O pessoal técnico e o administrativo, bem como os responsáveis pelo trabalho doméstico, também gozam desta imunidade, desde que o fato ocorra no desempenho das funções, e desde que não sejam brasileiros nem tenham residência permanente no Brasil (art. 37).

O art. 32 da Convenção estabelece que o Estado acreditante, a seu critério, pode renunciar à imunidade de jurisdição dos seus agentes diplomáticos e das pessoas que gozam de imunidade nos termos do art. 37.

b) Convenção de Viena sobre Relações Consulares (aprovada pelo Decreto Legislativo n. 106/67 e promulgada pelo Decreto n. 61.078/67).

De acordo com o art. 43, tópico 1, desta Convenção, os funcionários e empregados consulares possuem imunidade de jurisdição, desde que referente a atos criminosos cometidos no exercício das funções consulares.

Os cônsules não representam o Estado acreditante, e sim os interesses (comerciais, econômicos, culturais, científicos) deste Estado e de seus cidadãos perante o Estado receptor.

■ Tribunal Penal Internacional

O art. 5º, § 4º, da Constituição Federal, inserido pela Emenda Constitucional n. 45/2004, prevê que "o Brasil se submete à jurisdição de Tribunal Penal Internacional a cuja criação tenha manifestado adesão". Assim, ainda que um delito seja cometido no território brasileiro, havendo denúncia ao Tribunal Penal Internacional, o agente poderá ser entregue à jurisdição estrangeira.

O Tribunal Penal Internacional foi criado em julho de 1998 pela Conferência de Roma. O Brasil formalizou sua adesão por intermédio do Decreto Legislativo n. 112/2002, promulgado pelo Decreto n. 4.388/2002. De acordo com o seu art. 5º, tópico 1, o Tribunal Penal, com sede em **Haia**, é órgão **permanente** com competência para o processo e o julgamento dos crimes mais graves, que afetem a comunidade internacional no seu conjunto. Nos termos do Estatuto, o Tribunal terá competência para processar e julgar:

a) crimes de genocídio;
b) crimes contra a humanidade;
c) crimes de guerra;
d) crime de agressão.

As três primeiras categorias estão expressamente definidas nos arts. 6º, 7º e 8º do Decreto. A Conferência de Kampala (Uganda), para a revisão do Estatuto de Roma, definiu os crimes de agressão e entrará em vigor em 2016, desde que ratificada por 30 países. O Brasil ainda não efetuou tal ratificação.

O art. 5º, LI, da Constituição Federal veda a **extradição** de brasileiro **nato** e tal dispositivo conflita com o teor do Decreto, promulgado em 2002, em que o Brasil adere ao Tribunal Internacional, permitindo a **entrega** de brasileiros natos ou naturalizados para o julgamento em Haia. Exatamente por isso foi promulgada a Emenda Constitucional n. 45/2004, a fim de conferir caráter Constitucional ao Decreto. Agora, não há mais conflito entre uma regra constitucional e um Decreto, e sim entre duas regras da própria Carta Magna. A doutrina, contudo, harmonizou o conflito entre a permissão de "entrega" de brasileiros ao Tribunal Penal Internacional e a vedação da "extradição" de brasileiros natos, justificando que o instituto da Entrega é diferente da Extradição. A **Entrega** é o envio de um indivíduo para um Organismo Internacional não vinculado a nenhum Estado específico, diferentemente da **Extradição**, que é sempre para um determinado Estado estrangeiro.

> II — às prerrogativas constitucionais do Presidente da República, dos ministros de Estado, nos crimes conexos com os do Presidente da República, e dos ministros do Supremo Tribunal Federal, nos crimes de responsabilidade (Constituição, arts. 86, 89, § 2º, e 100);

Esse dispositivo refere-se aos crimes de natureza político-administrativa e não aos delitos comuns. O julgamento dessas infrações não é feito pelo Poder Judiciário, e sim pelo Legislativo, e as consequências são a perda do cargo, a cassação do mandato, a suspensão dos direitos políticos etc. A condenação não gera reincidência nem o cumprimento de pena na prisão.

Atualmente, as regras referentes ao julgamento dos crimes de responsabilidade encontram-se na Constituição Federal e em leis especiais. Ao Senado Federal, por exemplo, compete privativamente processar e julgar o Presidente e o Vice-Presidente da República nos crimes de responsabilidade, bem como os Ministros de Estado e os Comandantes da Marinha, do Exército e da Aeronáutica nos crimes da mesma natureza conexos com aqueles (art. 52, I, da CF); e, ainda, processar e julgar os Ministros do Supremo Tribunal Federal, os membros do Conselho Nacional de Justiça e do Conselho Nacional do Ministério Público, o Procurador-Geral da República e o Advogado-Geral da União nos crimes da mesma natureza. O procedimento é regulado pela Lei n. 1.079/50.

Pelo fato de o tema não guardar relação imediata com o direito penal e seu respectivo processo, e sim com o Direito Constitucional, o tema é estudado com minúcias nas obras de referida disciplina, inclusive em relação aos crimes de responsabilidade de outras autoridades como prefeitos, vereadores, governadores etc.

> III — aos processos da competência da Justiça Militar;

Os processos de competência da Justiça Militar, isto é, os crimes militares, seguem os ditames do Código de Processo Penal Militar (Decreto-lei n. 1.002/69), e não da legislação processual comum.

> IV — aos processos da competência do tribunal especial (Constituição, art. 122, n. 17);

A Constituição mencionada é a de 1937 e o tribunal especial referido julgava delitos políticos ou contra a economia popular por meio do chamado Tribunal de Segurança Nacional (Lei n. 244/36). Esse dispositivo há muito tempo deixou de ter aplicação, mesmo porque o art. 5º, XXXVII, da Constituição Federal veda os tribunais de exceção. No regime atual, os crimes **políticos** são de competência da Justiça **Federal** (art. 109, IV, da CF) e os crimes contra a **economia popular** são julgados pela Justiça **Estadual**.

> V — aos processos por crimes de imprensa.

O Supremo Tribunal Federal, ao julgar a Arguição de Descumprimento de Preceito Fundamental (ADPF 130-7/DF), declarou que referida lei não foi recepcionada pela Constituição Federal de 1988, de modo que, atualmente, os antigos crimes da Lei de Imprensa (Lei n. 5.250/67) deverão ser enquadrados, quando possível, na legislação comum, e a apuração dar-se-á nos termos do Código de Processo Penal. Em suma, o que era exceção deixou de ser.

■ Exceções à incidência do Código de Processo decorrentes de leis especiais

Com o passar do tempo muitas regras do Código de Processo Penal foram se tornando obsoletas, de modo que o legislador optou por aprovar algumas leis especiais que excepcionam a aplicação de referido Código em relação à apuração a determinados crimes, como, por exemplo, aqueles ligados a **drogas**, cujo rito é integralmente regulado pela Lei n. 11.343/2006; os crimes **falimentares**, cujo rito encontra-se na Lei n. 11.101/2005; as **infrações de menor potencial ofensivo**, tratadas em sua totalidade na Lei n. 9.099/95 etc.

■ Extraterritorialidade da lei penal e territorialidade da lei processual

Não se confunde o **fato criminoso** com o **processo penal** que o apura. Quando uma infração penal é cometida fora do território nacional, em regra não será julgada no Brasil. Existem, entretanto, algumas hipóteses excepcionais de extraterritorialidade da lei penal brasileira em que será aplicada a lei nacional embora o fato criminoso tenha se dado no exterior. Ex.: crime contra a vida ou a liberdade do Presidente da República (art. 7º, I, *a*, do Código Penal). É evidente que o trâmite da ação penal observará as regras do Código de Processo Penal Brasileiro pela óbvia circunstância de a **ação tramitar no Brasil**. Em suma, a **lei penal nacional** pode ser aplicada a fato ocorrido no exterior (extraterritorialidade da lei **penal**), mas a ação penal seguirá os ditames da lei processual brasileira (territorialidade da lei processual penal). Para que fosse possível se falar em extraterritorialidade das regras processuais nacionais, seria preciso que o Código de Processo Brasileiro fosse aplicado em ação em tramitação no exterior, o que não existe.

■ 1.4. LEI PROCESSUAL PENAL NO TEMPO

O art. 2º do Código de Processo Penal adotou **o princípio da imediata aplicação da lei processual penal**:

> **Art. 2º** A lei processual penal aplicar-se-á desde logo, sem prejuízo, da validade dos atos realizados sob a vigência da lei anterior.

De acordo com esse princípio, os novos dispositivos processuais podem ser aplicados a crimes praticados antes de sua entrada em vigor. O que se leva em conta, portanto, é a **data da realização do ato** (*tempus regit actum*), e não a da infração penal. Veja-se o exemplo da Lei n. 11.719/2008, que criou a citação com hora certa no processo penal. Se uma pessoa cometeu o crime antes da entrada em vigor da referida lei, mas por ocasião de seu chamamento ao processo, o oficial de justiça certificou que ele estava se ocultando para não ser citado, plenamente possível se mostra a citação com hora certa. Importante também mencionar o exemplo da Lei n. 11.689/2008, que revogou o recurso do **protesto por novo júri** em relação às pessoas condenadas a 20 anos ou mais por crime doloso contra a vida, em que se firmou entendimento de que as pessoas que cometeram o crime antes de referida lei, mas que foram levadas a julgamento depois de sua entrada em vigor (quando já não existia o protesto por novo júri), não poderão requerer novo julgamento.

Na aplicação do princípio da imediata aplicação da lei processual não **importa** se a nova lei é **favorável** ou **prejudicial** à defesa. Com efeito, o art. 5º, XL, da Constituição Federal estabelece exclusivamente que **a lei penal não retroagirá, salvo**

para beneficiar o acusado, dispositivo que, portanto, não se estende às normas de caráter **processual**. Assim, se uma nova lei, após a prática do delito, agrava a sua pena, não poderá atingir aquele fato anterior, ao passo que, se o novo dispositivo atenua a reprimenda, retroagirá para beneficiar o infrator. Já a lei processual, repita-se, leva em consideração a data da realização do ato, e não a do fato delituoso. Por isso, se uma nova lei passa a prever que o prazo para recorrer de certa decisão é de 5 dias, quando antes era de 10, aquele será o prazo que ambas as partes terão para a sua interposição — caso a decisão seja proferida já na vigência do novo regime. É evidente, contudo, que se a lei entra em vigor quando o prazo para o recurso **já havia se iniciado**, deverá ser admitido o maior deles.

De acordo com o art. 3º da Lei de Introdução ao Código de Processo Penal (Decreto-lei n. 3.931/41), "o prazo já iniciado, inclusive o estabelecido para a interposição de recurso, será regulado pela lei anterior, se esta não prescrever prazo menor do que o fixado no Código de Processo Penal". Tal regra, embora trate especificamente da entrada em vigor do Código de Processo Penal, em 1º de janeiro de 1942, pode ser aplicada, por analogia, a todos os prazos que estejam em curso quando da entrada em vigor de uma nova lei processual.

De ver-se que a natureza penal ou processual de uma norma deve ser verificada de acordo com seu **conteúdo**, e não meramente pelo instrumento legislativo em que está contida, posto que existem, excepcionalmente, regras de conteúdo processual no Código Penal (pedido de explicações em juízo nos crimes contra a honra — art. 144 do CP — por exemplo), e vice-versa. São as chamadas normas **heterotópicas**. Além disso, existem leis que tratam integralmente de determinados crimes e que, em razão de sua abrangência, contêm normas de direito material e também processual, como a Lei n. 11.343/2006 (Lei de Drogas) que, além de definir os crimes e as penas dos delitos ligados a entorpecentes, prevê o respectivo procedimento apuratório.

Para se estabelecer quando uma norma tem conteúdo penal ou processual podem ser utilizados os seguintes critérios:

> **a) aquela que cria, extingue, aumenta ou reduz a pretensão punitiva ou executória do Estado tem natureza penal**. Exs.: lei que cria ou revoga causa extintiva da punibilidade; que aumenta ou reduz a pena; que altera o prazo prescricional ou decadencial (aumentando-o ou diminuindo-o); que cria ou revoga causa interruptiva ou suspensiva da prescrição etc. Têm também natureza penal as novas leis que alteram o regime de cumprimento de pena ou os requisitos para a obtenção de benefícios como o *sursis*, penas alternativas, livramento condicional etc., já que interferem na pretensão executória estatal;
>
> **b) aquela que gera efeitos exclusivamente no andamento do processo, sem causar alterações na pretensão punitiva estatal, tem conteúdo meramente processual**. Exs.: a que cria novas formas de citação; que trata dos prazos procedimentais ou recursais; que estabelece o número máximo de testemunhas; que dispõe sobre a forma e o momento da oitiva das testemunhas ou do interrogatório do acusado em juízo etc.

Existe certa controvérsia acerca da natureza das regras atinentes à **liberdade** provisória, com ou sem fiança, e à **prisão** provisória (preventiva, temporária), pois, para alguns, têm natureza material e, para outros, meramente processual.

O ideal, entretanto, é estabelecer uma distinção. Se a nova lei, após a prática do delito, cria nova hipótese justificadora de prisão preventiva, e o agente, **já na vigência deste novo dispositivo**, realiza o ato que se enquadra em tal hipótese de prisão cautelar, poderá ela ser decretada sem qualquer sombra de dúvida. Ex.: a Lei Maria da Penha (Lei n. 11.340/2006) criou hipótese de prisão preventiva para **garantir a execução de medida protetiva de urgência**. Assim, ainda que o crime envolvendo violência doméstica contra a mulher tenha sido cometido antes da referida Lei, porém tenham sido decretadas medidas protetivas de urgência e o réu, já na vigência do novo estatuto, tenha desrespeitado-as, poderá ter a sua prisão decretada. Por outro lado, se o acusado está preso preventivamente e a nova lei revoga a hipótese que justificava sua custódia, deverá ser solto, uma vez que a prisão provisória se prolonga no tempo e a entrada em vigor da nova lei atinge, portanto, ato ainda em execução (o brocardo *tempus regit actus* aqui não diz respeito ao momento da decretação da prisão, e sim a toda a sua duração).

Já o caráter **afiançável** de uma infração penal e as consequências disso decorrentes devem ter por base a data de sua prática. Trata-se, em verdade, de característica inerente ao próprio crime. Assim, quando alguém comete um delito definido como afiançável, imediatamente surge o direito ao benefício e, consequentemente, à liberdade provisória. Por isso, se entra em vigor, no dia seguinte, lei que torna a conduta inafiançável, o juiz deverá arbitrar a fiança, porque o direito à liberdade era líquido e certo. Note-se que, na vigência da nova lei, não foi realizado nenhum **ato processual** por ela modificado. O que sobreveio foi apenas a decisão judicial que, por isso, levará em conta a lei da data do delito.

■ Normas híbridas ou mistas

São aquelas que possuem conteúdo concomitantemente penal e processual, gerando, assim, consequências em ambos os ramos do Direito. Em tais casos, em atenção à regra do art. 5º, XL, da Constituição Federal, a lei nova deve retroagir sempre que for benéfica ao acusado, não podendo ser aplicada, ao reverso, quando puder prejudicar o autor do delito cometido antes de sua entrada em vigor.

Os institutos da decadência e da perempção, por exemplo, são regulamentados no Código de Processo e no Código Penal. Têm natureza **processual** porque impedem a propositura ou o prosseguimento da ação privada e, ao mesmo tempo, **penal**, porque geram a extinção da punibilidade. Por isso, se uma nova lei aumentar o prazo decadencial, não poderá ser aplicada a fatos praticados antes de sua entrada em vigor.

O instituto da suspensão condicional do processo (art. 89 da Lei n. 9.099/95), igualmente, tem natureza híbrida. Sua natureza processual é evidenciada porque gera a suspensão da ação em andamento, enquanto a consequência penal é a extinção da punibilidade, decorrente do cumprimento de todas as condições durante o período de prova. Desse modo, se a nova lei tornar maiores os requisitos para a obtenção do benefício, não poderá ser aplicada de imediato àqueles que tenham cometido o delito antes de sua entrada em vigor.

■ Validade dos atos anteriormente praticados

O próprio art. 2º do Código de Processo Penal, em sua parte final, ressalta que os atos praticados de forma diversa na vigência da lei anterior consideram-se válidos, ou seja, não necessitam ser repetidos de acordo com os novos ditames. Assim, quando a Lei n. 11. 690/2008 passou a prever que as partes podem fazer perguntas diretamente às testemunhas, e não mais por intermédio do juiz (como no regime anterior), não foi necessária a repetição dos depoimentos que haviam sido prestados antes da entrada em vigor de referida lei.

■ 1.5. INTERPRETAÇÃO DA LEI (HERMENÊUTICA)

Vários são os métodos possíveis para buscar o significado do texto legal. A utilização de um ou outro desses métodos depende da natureza da dúvida que se coloca em relação ao dispositivo.

A doutrina costuma dividir as formas de interpretação do seguinte modo: a) quanto à **origem**; b) quanto ao **modo**; c) quanto ao **resultado**.

■ Hermenêutica quanto à origem

Diz respeito ao **responsável** pela interpretação. Pode ser:

a) autêntica: dada pela própria lei que, em algum de seus dispositivos, esclarece o significado de outros. Exs.: os §§ 4º e 5º do art. 150 do Código Penal, que definem a extensão do conceito de "casa" para os crimes de violação de domicílio; o § 4º do art. 180 do mesmo Código, que esclarece que o crime de receptação é punível ainda que desconhecido ou isento de pena o autor do crime de que proveio a coisa;

Muitas vezes é na Exposição de Motivos da lei que se encontram as explicações do legislador quanto à finalidade para a qual certo dispositivo foi proposto e aprovado;

b) doutrinária: interpretação feita pelos estudiosos, professores e autores de obras de direito, por meio de seus livros, artigos jurídicos, palestras, conferências etc.;

c) jurisprudencial: interpretação realizada pelos tribunais e juízes em seus julgamentos.

Sobressaem-se, neste aspecto, os julgados dos tribunais superiores (Supremo Tribunal Federal e Superior Tribunal de Justiça), responsáveis pela interpretação final dos dispositivos constitucionais e da legislação em geral. Com o avanço da tecnologia e a facilidade de acesso à internet ganharam maior importância em face da rapidez com que se pode conhecer o inteiro teor desses julgados que, no passado, levavam meses ou anos para chegar aos compêndios de jurisprudência.

Interpretação quanto ao modo

Diz respeito ao **aspecto** considerado pelo intérprete na busca do real significado da norma:

a) gramatical: leva em conta o sentido literal das palavras contidas no texto legal. No crime de homicídio privilegiado, por exemplo, diz o art. 121, § 1º, do Código Penal, que o juiz **pode** diminuir a pena de 1/6 a 1/3, se o crime for praticado por motivo de relevante valor social ou moral, ou sob o domínio de violenta emoção logo em seguida a injusta provocação da vítima. A palavra "pode" contida no texto legal faculta ao juiz escolher o índice de redução (entre 1/6 e 1/3), mas não lhe confere a possibilidade de reconhecer ou afastar o privilégio, pois isso constitui prerrogativa exclusiva dos jurados nos crimes dolosos contra a vida;
b) teleológica: busca descobrir o significado da norma mediante análise **dos fins** a que se destina o dispositivo;
c) histórica: avalia os debates que envolveram a aprovação da norma e os motivos que levaram à apresentação do projeto que nela culminou. A Exposição de Motivos dos Códigos e das leis é muitas vezes esclarecedora quanto a este aspecto;
d) sistemática: busca o significado da norma por sua integração com os demais dispositivos de uma mesma lei ou com o sistema jurídico como um todo.

Quanto ao resultado

Essa classificação diz respeito ao **alcance** dado pelo intérprete ao dispositivo fruto da controvérsia.

a) declarativa: o intérprete conclui que a letra da lei corresponde exatamente àquilo que o legislador pretendia regulamentar;
b) restritiva: a conclusão a que se chega é de que o texto legal abrangeu mais do que o legislador queria, de modo que o intérprete reduz o seu alcance no caso concreto;
c) extensiva: o intérprete conclui que o legislador adotou redação cujo alcance fica aquém de sua real intenção e, por isso, a interpretação será no sentido de que a regra seja também aplicada a outras situações que guardem semelhança. Ex.: o art. 260 do CPP diz que, se o acusado não atender à notificação para o interrogatório, a autoridade poderá determinar a sua condução coercitiva. Embora a lei se refira apenas ao **acusado**, admite-se, por interpretação extensiva, que seja também determinada a condução coercitiva do **indiciado** durante o inquérito policial.

Observação: A utilização de um dos métodos interpretativos não exclui os demais, sendo comum que vários deles sejam levados em conta para se chegar à interpretação ideal do dispositivo controvertido. O caso que será a seguir analisado bem explica a situação: o Supremo Tribunal Federal ao julgar ação direta de inconstitucionalidade (ADI 3.096) decidiu que o art. 94 do Estatuto do Idoso determina tão somente a adoção do **rito sumaríssimo** aos crimes contra pessoas idosas previstos no Estatuto que tenham pena máxima igual ou inferior a 4 anos e superior a 2, não sendo aplicáveis a tais crimes as medidas despenalizadoras da Lei n. 9.099/95, como, por exemplo, a transação penal.

O art. 94 do Estatuto do Idoso (Lei n. 10.741/2003) tem a seguinte redação: "aos crimes previstos nesta lei, cuja pena máxima privativa de liberdade não ultrapasse 4 anos, aplica-se o **procedimento** previsto na Lei n. 9.099, de 26 de setembro de 1995, e, subsidiariamente, no que couber, as do Código Penal e do Código de Processo Penal".

A controvérsia se estabeleceu porque referido dispositivo determina a aplicação do **procedimento** da Lei n. 9.099/95 aos crimes contra idosos com pena até 4 anos, havendo quem entendesse que, em razão disso, **todos** os dispositivos de referida lei deveriam ser aplicados aos crimes contra idosos — embora a Lei n. 9.099/95 só preveja sua aplicação a crimes que têm pena máxima de 2 anos. A decisão do Supremo, entretanto, impediu que tal interpretação prevalecesse.

Vejamos, então, os métodos interpretativos que dão suporte à decisão do Supremo, considerando que a Lei n. 9.099/95 claramente divide o rito que trata das infrações de menor potencial ofensivo em duas partes: a fase **preliminar** em que estão previstas as medidas **despenalizadoras** (seção II — arts. 69 a 76), e a do **procedimento** sumaríssimo (seção III — arts. 77 a 83).

a) ao declarar que somente o rito sumaríssimo incide nos crimes contra idosos que tenham pena superior a 2 anos e não superior a 4, o Supremo aplicou a interpretação **gramatical**, já que o Estatuto do Idoso só determina a aplicação do **procedimento** da Lei n. 9.099/95 a tais crimes;

b) a interpretação, embora pareça restritiva, é, em verdade, **declarativa**, pois o Supremo entendeu que a letra da lei corresponde exatamente ao que o legislador pretendeu;

c) no que se refere aos fins a que a lei se destina (interpretação **teleológica**), pode-se dizer que a intenção do legislador era tornar mais célere o procedimento judicial tendo em vista a especial condição do idoso, adotando, por isso, o procedimento sumaríssimo. Em hipótese alguma a intenção seria a de permitir que medidas despenalizadoras tivessem maior alcance justamente quando cometidos crimes de maior gravidade contra referidas pessoas a quem a lei pretendeu conferir maior proteção, inclusive com a agravação das penas dos tipos penais;

d) considerando que o art. 71 do Estatuto prevê que é assegurada **prioridade** na tramitação dos processos em que figure como parte ou interveniente pessoa idosa, a interpretação teve também caráter **sistemático**, no sentido de que outros dispositivos do mesmo Estatuto deixam claro que a intenção legislativa era apenas a de tornar mais célere o procedimento e nunca a de beneficiar os infratores.

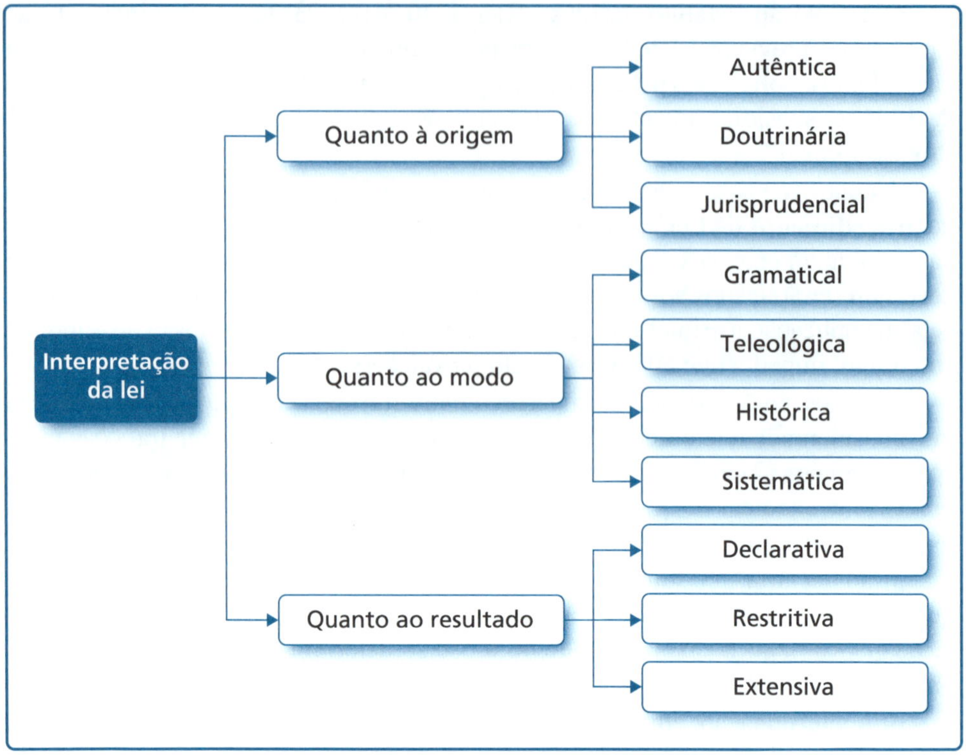

■ 1.6. INTERPRETAÇÃO ANALÓGICA E EXTENSIVA

Estabelece o art. 3º do Código que a lei processual admite interpretação **extensiva** e **analógica**.

A interpretação extensiva, conforme já mencionado, dá-se quando o texto legal diz menos do que pretendia o legislador, de modo que o intérprete estende o alcance do dispositivo a esta hipótese não mencionada expressamente (ver tópico anterior).

O Código de Processo não menciona a possibilidade de interpretação restritiva ou meramente declarativa, na medida em que é supérflua tal menção por ser óbvia a possibilidade.

A interpretação **analógica**, por sua vez, mostra-se possível quando, dentro do próprio texto legal, após uma sequência casuística, o legislador se vale de uma fórmula genérica, que deve ser interpretada de acordo com os casos anteriores. Ex.: o art. 80 do CPP menciona que o juiz pode determinar a separação de processos quando as infrações forem cometidas em tempo e local diversos, para não prolongar a prisão de um dos acusados, pelo excessivo número de réus ou **por outro motivo relevante**. Esta parte final do dispositivo permite ao juiz a interpretação analógica.

■ 1.7. INTEGRAÇÃO DA NORMA PROCESSUAL PENAL

A integração da lei se mostra necessária para suprir suas **lacunas** em casos de **omissão**. De acordo com o art. 4º da Lei de Introdução às Normas do Direito Brasileiro, "quando a lei for omissa, o juiz decidirá o caso de acordo com a analogia, os costumes e os princípios gerais de direito".

■ Analogia

Essa forma de integração da lei processual somente se mostra possível quando **não há dispositivo na legislação** regulamentando determinado tema, hipótese em que se deve utilizar outro preceito legal que trate de hipótese semelhante para que a questão não fique sem solução.

Um exemplo do uso da analogia em matéria processual penal encontra-se na Súmula n. 696 do Supremo Tribunal Federal, que expressamente menciona sua aplicação: "reunidos os pressupostos legais permissivos da suspensão condicional do processo, mas se recusando o promotor de justiça a propô-la, o Juiz, dissentindo, remeterá a questão ao Procurador-Geral, aplicando-se por analogia, o art. 28 do Código de Processo Penal". Com efeito, a Lei n. 9.099/95, que trata da suspensão condicional do processo, olvidou-se de tratar da recusa por parte do promotor em efetuar a proposta, hipótese em que o Supremo entendeu aplicável ao caso o art. 28 do CPP, que trata de situação considerada semelhante — recusa do promotor em oferecer denúncia.

Ao contrário do que ocorre no Direito Penal, em que só é admitida a analogia *in bonam partem* (em favor do réu), em matéria processual penal não existe esta limitação, pois é necessário que haja **eficácia** na persecução penal, que não pode restar prejudicada pela omissão legislativa.

A analogia diferencia-se da **interpretação extensiva**. A primeira é forma de integração da lei decorrente de **lacuna** do direito, de omissão legislativa em torno de determinado assunto. A última é forma de **interpretação** da lei, que confere maior alcance a determinado dispositivo. Ex.: o art. 581, I, do CPP prevê o cabimento de recurso em sentido estrito contra a decisão que rejeita a denúncia ou queixa, sendo que, por interpretação extensiva, entende-se que abrange também as hipóteses de rejeição do **aditamento**. No dizer de Maria Helena Diniz[1], "a interpretação extensiva desenvolve-se em torno de uma norma para nela compreender casos que não estão expressos em sua letra, mas que nela se encontram, virtualmente, incluídos, atribuindo assim à lei o mais amplo raio de ação possível, todavia, sempre dentro de seu sentido literal. Conclui-se apenas que o alcance da lei é mais amplo do que indicam seus termos (...). A analogia é um mecanismo autointegrativo do direito e não interpretativo, no sentido de que não parte de uma lei aplicável ao fato, porque esta não existe, mas procura norma que regule caso similar ao não contemplado, sem contudo criar direito novo".

■ Costumes

No âmbito do direito processual, os costumes referem-se aos usos comuns, aplica-

[1] Maria Helena Diniz. *As lacunas do direito*, p. 179-180.

dos em todos os juízos, no tramitar das ações penais, ainda que não previstos expressamente na legislação, por exemplo, o costume de dar vista ao Ministério Público em inquérito que apura ação privada, para que verifique eventual conexão com crime de ação pública ou a ocorrência de causa extintiva da punibilidade; a concessão de prazo às partes para localizarem testemunhas não encontradas pelo oficial de justiça etc.

■ Princípios gerais do direito

De acordo com os ensinamentos de Carlos Roberto Gonçalves[2], "são regras que se encontram na consciência dos povos e são universalmente aceitas, mesmo que não escritas. Tais regras, de caráter genérico, orientam a compreensão do sistema jurídico, em sua aplicação e integração, estejam ou não incluídas no direito positivo".

Alguns dos princípios gerais do processo penal foram erigidos à condição de norma constitucional, como o princípio do estado de inocência, do contraditório e da ampla defesa, enquanto outros continuam não escritos, mas unanimemente aceitos, como o princípio da verdade real, do *favor rei* etc. Assim, é certo que nas hipóteses em que a legislação não resolve expressamente determinados temas, a solução pode ser encontrada em um desses princípios — tenham ou não natureza constitucional. Por isso, não é raro que juízes defiram diligência requerida pela defesa, apesar de não amparadas expressamente no texto legal, em atenção ao princípio constitucional da ampla defesa, desde que, do resultado da diligência, se dê oportunidade de contestação à parte contrária (princípio do contraditório).

■ 1.8. FONTES DO DIREITO PROCESSUAL PENAL

Esse tema diz respeito à **origem** das normas processuais, que pode ser apreciado sob dois ângulos, gerando, assim, a divisão entre as fontes materiais e as formais do processo penal.

■ Fontes materiais

São as **entidades criadoras** do direito, sendo, por isso, chamadas também de fontes de **criação** ou de **produção**.

No caso do direito processual, o art. 22, I, da Constituição Federal dispõe que a legislação sobre o assunto compete **privativamente à União**, que é, portanto, a fonte material do processo penal.

O processo criativo da norma se dá pela aprovação do projeto de lei pela Câmara dos Deputados e pelo Senado Federal, bem como pela respectiva sanção pelo Presidente da República.

O art. 22, parágrafo único, da Constituição Federal estabelece que Lei Complementar poderá autorizar os Estados a legislar sobre matérias específicas em matéria processual, ao passo que o seu art. 24, XI, estabelece que é **concorrente** a competên-

2 Carlos Roberto Gonçalves. *Direito civil brasileiro,* 9. ed., p. 76.

cia da União com os Estados e o Distrito Federal para legislar a respeito de **procedimentos** em matéria processual. É evidente, entretanto, que a competência dos Estados é **residual**, no sentido de suprir omissões ou especificar minúcias procedimentais, posto que a legislação estadual não pode contrariar a federal, que lhe é superior.

Em suma, a fonte material (criadora) das leis processuais é a **União** e, subsidiariamente, os **Estados** e o **Distrito Federal**.

■ Fontes formais

São também chamadas de fontes de **revelação** ou de **cognição**, e dizem respeito aos meios pelos quais o direito se exterioriza. Dividem-se em fontes formais **imediatas** e **mediatas**.

a) As fontes formais **imediatas** são as **leis** em sentido amplo, abrangendo o texto constitucional, a legislação infraconstitucional (leis ordinárias, complementares etc.) e os tratados, as convenções e as regras de direito internacional aprovados pelo Congresso Nacional, bem como as súmulas vinculantes do Supremo Tribunal Federal.

Tradicionalmente, nosso ordenamento, estruturado com fortíssima influência do sistema romano-germânico (*civil law*), teve na lei a fonte exclusiva do direito, relegando os precedentes judiciais a posição bastante subalterna, já que seus efeitos sempre foram de caráter meramente persuasivo: o juiz pode influenciar-se pela decisão adotada por seus pares em casos análogos, convencendo-se da maior ou menor solidez da interpretação dada ao texto legal.

É importante considerar, no entanto, que nosso sistema jurídico tem evoluído no sentido de conferir maior destaque para os precedentes judiciais como fonte do direito, de modo a prever que, em certas situações, o precedente terá influência decisiva na solução de casos futuros análogos, na medida em que terá efeito vinculante.

Nos termos do art. 103-A da Constituição Federal, "o Supremo Tribunal Federal poderá, de ofício ou por provocação, mediante decisão de dois terços de seus membros, após reiteradas decisões sobre matéria constitucional, aprovar súmula que, a partir de sua publicação na imprensa oficial, terá efeito vinculante em relação aos demais órgãos do Poder Judiciário e à administração pública direta e indireta, nas esferas federal, estadual e municipal, bem como proceder à sua revisão ou cancelamento, na forma estabelecida em lei".

Considerando, pois, o caráter vinculante dessas súmulas no tocante aos julgamentos realizados pelos demais órgãos do Judiciário e, ainda, em relação aos atos da Administração Pública, é inegável tratar-se de fonte formal **imediata**, lembrando que o descumprimento de tais súmulas justificará o manejo de **reclamação** dirigida ao Supremo Tribunal Federal, que poderá anular o ato administrativo ou cassar a decisão judicial que as contrarie (art. 103-A, § 1º, da CF).

Cuida-se de previsão, pelo texto constitucional, de hipótese de adoção da teoria denominada *stare decisis*, que se constitui em viga mestra do sistema da *commom law* e se baseia na convicção de que a eficácia vinculante do precedente é mecanismo essencial para dar concretude ao princípio da isonomia (art. 5º, *caput*, da CF), por meio da garantia de que o Poder Judiciário, por seus vários órgãos, solucionará da mesma maneira as causas idênticas, bem como para propiciar a necessária segurança jurídica e, ainda, para evitar a desnecessária repetição de julgamentos sobre casos idênticos.

A **teoria do *stare decisis*[3] obriga todos os órgãos jurisdicionais hierarquicamente inferiores a aplicarem a tese jurídica** fixada no precedente vinculante a todos os casos em que houver a mesma razão de decidir (*ratio decidendi*).

Caso a parte pretenda afastar a influência do precedente vinculante em determinado caso concreto, poderá lançar mão de duas técnicas: **distinção** (*distinguishing*), por meio da qual se demonstra ao magistrado a existência de distinção entre o caso em julgamento e o paradigma, de modo a evidenciar que as particularidades da causa apreciada justificam o afastamento da tese jurídica estabelecida pelo precedente; e **superação** (*overruling*), que visa provocar a revisão da tese jurídica fixada no precedente, impedindo a estagnação do direito, mediante apresentação de fundamentos não considerados na decisão vinculante, ou, ainda, em razão de alteração legislativa ou substancial modificação da realidade social.

b) Fontes formais **mediatas**: São a **analogia**, os **costumes** e **os princípios gerais de direito**.

■ 1.9. QUESTÕES

1. (Delegado/SC — 2008) Quanto à eficácia da lei processual no tempo, assinale a alternativa correta:

a) A lei processual penal nova aplica-se retroativamente ao processo iniciado sob a égide de lei processual anterior, devendo ser retificados todos os atos com ela incompatíveis, realizados sob a vigência daquela.
b) A lei processual nova aplica-se ao processo em andamento, ainda que o fato que motivou a ação penal (crime ou contravenção) tenha sido cometido antes de sua entrada em vigor e mesmo que sua aplicação se dê em prejuízo do agente.
c) A lei processual penal revogada mais benéfica ao agente tem extra-atividade; é aplicável aos processos iniciados sob sua égide.
d) A lei processual revogada mais benéfica ao agente tem extra-atividade quando o fato que originou a ação tenha sido praticado sob sua égide.

2. (Ministério Público/CE — 2009 — Fundação Carlos Chagas) Quanto à eficácia temporal, a lei processual penal

a) aplica-se somente aos fatos criminosos ocorridos após a sua vigência.
b) vigora desde logo, tendo sempre efeito retroativo.
c) tem aplicação imediata, sem prejuízo da validade dos atos já realizados.
d) tem aplicação imediata nos processos ainda não instruídos.
e) não terá aplicação imediata, salvo para beneficiar o acusado.

3. (OAB — 2009.3 — CESPE/UnB) A lei processual penal

a) não admite aplicação analógica, em obediência ao princípio da legalidade estrita ou tipicidade expressa.
b) admite interpretação extensiva e o suplemento dos princípios gerais de direito, por expressa disposição legal.

[3] Termo proveniente da expressão *stare decisis et non quieta movere*, cuja tradução é "mantenha-se a decisão e não se mexa naquilo que está quieto".

c) tem aplicação imediata, devendo os atos praticados sob a vigência da lei anterior revogada ser renovados e praticados sob a égide da nova lei, sob pena de nulidade absoluta.
d) não retroagirá, salvo para beneficiar o réu, não vigorando, no direito processual penal, o princípio *tempus regit actum*.

4. (Delegado de Polícia/SP — 2008) O Código de Processo Penal pátrio, no campo de eficácia da lei penal no espaço, adotou, como regra, o princípio da:
a) legalidade.
b) territorialidade relativa.
c) extraterritorialidade.
d) territorialidade.
e) territorialidade condicionada.

5. (Magistratura/SP — 2009) Quando o intérprete, observando que a expressão contida na norma sofreu alteração no correr dos anos e por isso procura adaptar-lhe o sentido ao conceito atual, ocorre a chamada interpretação
a) sistemática.
b) histórica.
c) extensiva.
d) progressiva.

■ GABARITO ■

1. "b".
2. "c".
3. "b".
4. "d".
5. "d".

2

INQUÉRITO POLICIAL

2.1. CONCEITO

É um procedimento **investigatório** instaurado em razão da prática da uma infração penal, composto por uma série de **diligências**, que tem como objetivo obter elementos de prova para que o titular da ação possa propô-la contra o criminoso.

Em suma, quando é cometido um delito, deve o Estado, por intermédio da polícia civil, buscar provas iniciais acerca da autoria e da materialidade, para apresentá-las ao **titular** da ação penal (Ministério Público ou ofendido), a fim de que este, apreciando-as, decida se oferece a denúncia ou queixa-crime. Uma vez oferecidas, o inquérito policial as acompanhará, para que o juiz possa avaliar se há indícios suficientes de autoria e materialidade para recebê-las. Caso sejam recebidas, o inquérito policial acompanhará a ação penal, ficando anexado aos autos. Pode-se, por isso, dizer que o destinatário **imediato** do inquérito é o titular da ação (Ministério Público ou ofendido) e o destinatário **mediato** é o juiz.

Inquérito policial e termo circunstanciado

O inquérito policial é instaurado para apurar infrações penais que tenham pena **superior a 2 anos**, já que, no caso das infrações de menor potencial ofensivo, determina o art. 69 da Lei n. 9.099/95 a mera lavratura de **termo circunstanciado**. As infrações de menor potencial ofensivo são os crimes com pena máxima não superior a 2 anos e as contravenções penais (art. 61 da Lei n. 9.099/95). De ver-se, todavia, que, se a infração de menor potencial ofensivo cometida revestir-se de alguma complexidade, inviabilizando sua apuração mediante termo circunstanciado, será, excepcionalmente, instaurado inquérito policial que, posteriormente, será encaminhado ao Juizado Especial Criminal. Além disso, nos termos do art. 41 da Lei Maria da Penha (Lei n. 11.340/2006), todas as infrações que envolvam violência doméstica ou familiar contra a mulher se apuram mediante inquérito policial, ainda que a pena máxima não seja superior a 2 anos.

Apuração do crime de lesão culposa na direção de veículo automotor

O crime de lesão corporal culposa cometido na direção de veículo automotor (art. 303 da Lei n. 9.503/97 — Código de Trânsito Brasileiro) é um dos que ocorrem com maior frequência no país. Como sua pena máxima é de 2 anos, a autoridade policial deve lavrar termo circunstanciado. O art. 291 do Código de Trânsito diz que a ação é pública condicionada, mas, para lavratura do termo circunstanciado, não é necessária a prévia representação da vítima, que será colhida posteriormente na audiência preliminar no Juizado Especial Criminal. A Lei n. 11.705/2008, entretanto, efetuou algumas alterações no art. 291 do referido Código de Trânsito estabelecendo que a ação será pública **incondicionada** se o agente tiver cometido o crime: a) sob a influência de álcool ou qualquer outra substância psicoativa que determine dependência; b) participando, em via pública, de corrida, disputa ou competição automobilística, de exibição ou demonstração de perícia em manobra de veículo automotor, não autorizada pela autoridade competente; c) transitando em velocidade superior à máxima permitida para a via em 50 km/h. Além disso, o § 2º do art. 291 prevê que, em tais casos, **deverá ser instaurado inquérito policial.**

2.2. CARACTERÍSTICAS

São as seguintes as características próprias do inquérito policial.

a) Ser realizado pela Polícia Judiciária (Polícia Civil ou Federal). A presidência do inquérito fica a cargo da **autoridade policial** (delegado de polícia ou da Polícia Federal) que, para a realização das diligências, é auxiliado por investigadores de polícia, escrivães, agentes policiais etc. De acordo com o art. 2º, § 1º, da Lei n. 12.830/2013, "ao delegado de polícia, na qualidade de autoridade policial, cabe a condução da investigação criminal por meio de inquérito policial ou outro procedimento previsto em lei, que tem como objetivo a apuração das circunstâncias, da materialidade e da autoria das infrações penais".

A própria Constituição Federal trata do tema. O seu art. 144, § 1º, estabelece que a **Polícia Federal** destina-se a apurar as infrações penais contra a ordem política e social ou em detrimento de bens, serviços ou interesses da União ou de suas entidades autárquicas ou empresas públicas, assim como outras infrações cuja prática tenha repercussão interestadual ou internacional e exija repressão uniforme, segundo o que a lei dispuser. Cabe, dessa forma, à Polícia Federal investigar todos os crimes de competência da Justiça Federal, bem como os crimes eleitorais.

Já o art. 144, § 4º, da Constituição diz que às **Polícias Civis** (de cada Estado), dirigidas por delegados de polícia de carreira, incumbem, ressalvada a competência da União, as funções de polícia judiciária e a apuração de infrações penais, exceto as militares. A exigência de que o cargo de delegado seja exercido por autoridade **de carreira** pressupõe que sejam concursados, não sendo mais possível a nomeação de delegados de polícia, sem concurso, por autoridades políticas.

Os membros do Ministério Público podem acompanhar as investigações do inquérito (art. 26, IV, da Lei n. 8.625/93) e até instaurar procedimentos investigatórios criminais na promotoria. Contudo, se instaurado inquérito no âmbito da Polícia Civil, a presidência caberá sempre ao delegado de polícia e, em hipótese alguma, a órgão do Ministério Público.

O fato de determinado promotor de justiça acompanhar as investigações do inquérito não o impede de propor a ação penal, não sendo considerado, por tal razão, suspeito ou impedido. Nesse sentido, a Súmula n. 234 do Superior Tribunal de Justiça: "a participação de membro do Ministério Público na fase investigativa criminal não acarreta seu impedimento ou suspeição para o oferecimento da denúncia".

Quando ocorrer crime **militar**, será instaurado inquérito policial **militar**, de responsabilidade da própria Polícia Militar ou das Forças Armadas (dependendo do autor da infração). Igualmente não será instaurado inquérito policial, quando for cometido crime por membro do Ministério Público ou juiz de direito, hipóteses em que a investigação ficará a cargo da própria chefia da Instituição ou do Judiciário.

b) Caráter **inquisitivo**. O inquérito é um procedimento investigatório em cujo tramitar não vigora o princípio do **contraditório** que, nos termos do art. 5º, LV, da Constituição Federal, só existe após o **início** efetivo da **ação penal**, quando já formalizada uma acusação admitida pelo Estado-juiz. A propósito: "O inquérito é um procedimento administrativo-informativo destinado a fornecer ao órgão da acusação o mínimo de elementos necessários à propositura da ação penal. Nele não se aplica o princípio processual do contraditório. Precedentes do STF e STJ" (STJ — RHC 10.785/SP — 5ª Turma — Rel. Min. Jorge Scartezzini — j. 02.10.2001 — *DJ* 20.05.2002 — p. 164).

Apesar do caráter inquisitivo, que torna desnecessário à autoridade policial intimar o investigado das provas produzidas para que possa rebatê-las, é possível que ele proponha diligências à autoridade ou apresente documentos que entenda pertinentes, cabendo à autoridade decidir acerca da realização da diligência solicitada ou juntada do documento. A lei faculta, ainda, a apresentação durante a investigação, por parte do advogado do investigado, de quesitos relacionados à realização de prova pericial (art. 7º, XXI, *a*, da Lei n. 8.906/94).

A própria **vítima** da infração penal também possui esse direito de requerer diligências. Com efeito, estabelece o art. 14 do Código de Processo Penal que "o ofendido, ou seu representante, e o indiciado poderão requerer qualquer diligência, que será realizada, ou não, a juízo da autoridade". Em caso de indeferimento, a parte poderá posteriormente requerer a providência ao juiz ou ao promotor de justiça, uma vez que a autoridade policial é obrigada a cumprir as determinações dessas autoridades lançadas nos autos.

Justamente por não abrigar o contraditório é que o inquérito **não** pode constituir **fonte única** para a condenação, sendo sempre necessária alguma prova produzida em juízo para, em conjunto com o inquérito, embasar a procedência da ação penal. Tal entendimento, que se encontrava pacificado na jurisprudência, consagrou-se legalmente com o advento da Lei n. 11.690/2008 que conferiu nova redação ao art. 155, *caput*, do Código de Processo Penal estabelecendo que "o juiz formará sua convicção pela livre apreciação da prova produzida em contraditório judicial, não podendo fundamentar sua decisão exclusivamente nos elementos informativos colhidos na investigação, ressalvadas as provas cautelares, não repetíveis e antecipadas".

É evidente que o caráter inquisitivo do inquérito não torna possível à autoridade policial realizar diligências ilegais, como escutas telefônicas clandestinas, torturas para a obtenção de provas ou confissões, ou outras similares, sob pena de responsabilização criminal e nulidade da prova obtida de forma ilícita.

O art. 2º, § 4º, da Lei n. 12.830/2013 estabelece que o inquérito policial ou outro procedimento previsto em lei em curso somente poderá ser **avocado** ou **redistribuído** por **superior hierárquico**, mediante despacho **fundamentado**, por motivo de interesse público ou nas hipóteses de inobservância dos procedimentos previstos em regulamento da corporação que prejudique a eficácia da investigação.

c) Caráter **sigiloso**. De acordo com o art. 20 do Código de Processo Penal, "a autoridade assegurará no inquérito o sigilo necessário à elucidação do fato ou exigido pelo interesse da sociedade". Resta claro, pela leitura do dispositivo, que sua finalidade é a de evitar que a publicidade em relação às provas colhidas ou àquelas que a autoridade pretende obter prejudique a apuração do ilícito.

Essa norma, entretanto, perdeu parte substancial de sua utilidade na medida em que o art. 7º, XIV, da Lei n. 8.906/94 (EOAB), modificado pela Lei n. 13.245/2016, estabelece o direito de o advogado "examinar, em qualquer instituição responsável por conduzir investigação, mesmo sem procuração, autos de flagrante e de investigações de qualquer natureza, findos ou em andamento, ainda que conclusos à autoridade, podendo copiar peças e tomar apontamentos, em meio físico ou digital". Saliente-se, ademais, que a Súmula Vinculante n. 14 do Supremo Tribunal Federal estabelece que "é direito do defensor, no interesse do representado, ter acesso amplo aos elementos de prova que, já documentados em procedimento investigatório realizado por órgão com competência de polícia judiciária, digam respeito ao exercício do direito de defesa". Esta súmula deixa claro que os defensores têm direito de acesso somente às provas já documentadas, ou seja, já incorporadas aos autos. Essa mesma prerrogativa não existe em relação às provas em produção, como, por exemplo, a interceptação telefônica, pois isso, evidentemente, tornaria inócua a diligência em andamento. O próprio art. 7º, § 11, do Estatuto da OAB ressalva que a autoridade responsável pela investigação poderá delimitar o acesso do advogado aos elementos de prova relacionados a diligências em andamento e ainda não documentados nos autos, quando houver risco de comprometimento da eficiência, da eficácia ou da finalidade das diligências. Isso porque, conforme mencionado, algumas diligências efetuadas durante a investigação pressupõem sigilo absoluto, sob pena de se frustrarem seus objetivos ou de colocarem em risco a segurança dos policiais nelas envolvidos, como ocorre nos casos de infiltração de agentes da polícia ou de inteligência em tarefas de investigação de organizações criminosas (art. 23, *caput*, da Lei n. 12.850/2013) ou de interceptação telefônica (art. 8º da Lei n. 9.296/96).

Além de ter acesso aos autos, o defensor também poderá estar presente no interrogatório do indiciado e na produção de provas testemunhais. Não poderá, contudo, fazer **reperguntas**, dado ao caráter inquisitivo do inquérito. A presença do advogado em tais oitivas confere maior valor aos depoimentos, pois é comum que os réus, após confessarem o crime perante o delegado, aleguem em juízo que o documento foi forjado ou que foram forçados a confessar. A presença do defensor no interrogatório, entretanto, retira a credibilidade dessas afirmações do acusado.

d) É **escrito**. Os atos do inquérito devem ser reduzidos a **termo** para que haja segurança em relação ao seu conteúdo.

Segundo o art. 9º do CPP, "todas as peças do inquérito policial serão, num só processado, reduzidas a escrito ou datilografadas e, neste caso, rubricadas pela autoridade". Saliente-se, todavia, que o art. 405, § 1º, do CPP, com a redação que lhe foi dada pela Lei n. 11.719/2008, dispõe que o registro do depoimento do **investigado**, **indiciado**, **ofendido** e **testemunhas**, sempre que possível, será feito por meio de gravação magnética (inclusive audiovisual), sem a necessidade de posterior transcrição (art. 405, § 2º). Assim, embora a maior parte dos atos inquisitoriais seja escrito (art. 9º), pode-se dizer que, em razão da regra do art. 405, §§ 1º e 2º, tal procedimento não é exclusivamente escrito.

e) É **dispensável**. A existência do inquérito policial não é obrigatória e nem necessária para o desencadeamento da ação penal. Há diversos dispositivos no Código de Processo Penal permitindo que a denúncia ou queixa sejam apresentadas com base nas chamadas **peças de informação**, que, em verdade, podem ser quaisquer documentos que demonstrem a existência de indícios suficientes de autoria e de materialidade da infração penal. Ex.: sindicâncias instauradas no âmbito da Administração Pública para apurar infrações administrativas, onde acabam também sendo apurados ilícitos penais, de modo que os documentos são encaminhados diretamente ao Ministério Público. Ora, como a finalidade do inquérito é justamente colher indícios, torna-se desnecessária sua instauração quando o titular da ação já possui peças que permitam sua imediata propositura.

O art. 28 do Código de Processo Penal expressamente menciona que o Ministério Público, se entender que não há elementos para oferecer a denúncia, deverá requerer ao juiz o arquivamento do **inquérito policial** ou das **peças de informação**. Quanto às últimas, entretanto, se o Ministério Público considerar que as provas contidas nas peças de informação são insuficientes, mas que **novos elementos de convicção podem ser obtidos pela autoridade policial** em diligências, poderá requisitar a instauração de inquérito policial, remetendo à autoridade as peças que estão em seu poder.

Da mesma maneira, o art. 39, § 5º, do Código de Processo Penal prevê que o órgão do Ministério Público dispensará o inquérito, nos crimes de ação pública condicionada, se com a representação forem apresentados documentos que habilitem o imediato desencadeamento da ação.

Por fim, o art. 40 do Código de Processo prevê que os juízes e os tribunais encaminharão cópias e documentos ao Ministério Público quando, nos autos ou papéis que conhecerem no desempenho da jurisdição, verificarem a ocorrência de crime de ação pública. O Ministério Público, ao receber tais peças, poderá, de imediato, oferecer denúncia, ou, se entender que são necessárias diligências complementares, requisitá-las diretamente ou requisitar a instauração de inquérito policial, remetendo à autoridade as peças que se encontram em seu poder.

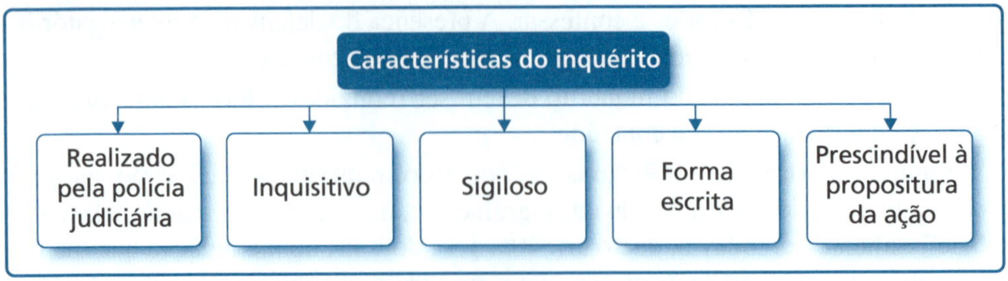

■ 2.3. LOCAL POR ONDE DEVE TRAMITAR O INQUÉRITO

O local onde deve ser instaurado e de tramitação do inquérito é o mesmo onde deve ser instaurada a ação penal, de acordo com as regras de competência dos arts. 69 e seguintes do Código de Processo Penal. Assim, se um roubo for cometido em Campos do Jordão, o inquérito deve tramitar nesta Comarca. Caso o inquérito seja instaurado por engano em local diverso daquele em que ocorreu a infração penal, deve ser encaminhado para prosseguimento na Comarca correta.

As autoridades policiais não exercem jurisdição, uma vez que são destituídas do poder de julgar, inerente aos juízes de direito. Em relação a estas, o limite das atividades se dá nas respectivas **circunscrições**. De acordo com o art. 4º do Código de Processo Penal, "a polícia judiciária será exercida pelas autoridades policiais no território de suas respectivas circunscrições e terá por fim a apuração das infrações penais e da sua autoria". **Circunscrição**, portanto, **é o território dentro do qual as autoridades policiais e seus agentes desempenham suas atividades**. Assim, a autoridade de uma circunscrição não pode realizar diligência em circunscrição alheia, devendo expedir carta precatória para tal fim. Veja-se, porém, que nas comarcas em que houver mais de uma circunscrição policial, a autoridade com exercício em uma delas poderá, nos seus inquéritos, ordenar diligências em circunscrição de outra, independentemente de precatórias ou requisições (art. 22 do CPP). Assim, em cidades como São Paulo, em que existem dezenas de distritos policiais, a autoridade que atue em um deles poderá realizar diligências na área de toda a cidade. Todavia, conforme já mencionado, se a diligência tiver que ser realizada em outro município, deverá ser expedida precatória.

É ainda possível, no âmbito da legislação estadual, a criação de órgãos especializados dentro da Polícia Civil para a apuração de determinados tipos de infração penal, com área de atuação territorial mais abrangente, como Departamentos de Narcóticos, ou Delegacias Antissequestro etc.

■ 2.4. SUSPEIÇÃO DA AUTORIDADE POLICIAL

De acordo com o art. 107 do Código de Processo Penal, não se poderá opor exceção de suspeição às autoridades policiais nos autos do inquérito, mas deverão elas declarar-se suspeitas quando ocorrer motivo legal. Caso a autoridade não o faça, caberá à parte interessada pleitear o afastamento do delegado considerado suspeito ao seu **superior hierárquico** — e não perante o juiz em razão da regra do art. 107.

■ 2.5. FORMAS DE INSTAURAÇÃO DO INQUÉRITO POLICIAL

O Código de Processo Penal estabelece cinco formas pelas quais um inquérito pode ser iniciado: a) de **ofício**; b) por **requisição** do **juiz;** c) por requisição do **Ministério Público**; d) em razão de **requerimento** do **ofendido**; e) pelo **auto de prisão em flagrante**.

■ Instauração de ofício (art. 5º, I, do CPP)

Significa que o inquérito é iniciado por ato **voluntário** da autoridade policial, sem que tenha havido pedido expresso de qualquer pessoa nesse sentido. A lei determina que a autoridade é **obrigada** a instaurar o inquérito sempre que **tomar conhecimento** da ocorrência de crime de ação **pública** em sua área de atuação. Assim, quando o delegado de polícia fica sabendo da prática de um delito deve baixar a chamada **portaria**, que é a peça que dá início ao procedimento inquisitorial. Na portaria a autoridade declara instaurado o inquérito e determina as providências iniciais a serem tomadas.

A *notitia criminis* pode chegar ao conhecimento do delegado de formas diversas, como, por exemplo, por comunicação de outros policiais, por matéria jornalística, boletim de ocorrência lavrado em sua delegacia, por informação prestada por conhecidos etc.

O art. 5º, § 3º, do Código de Processo Penal estabelece que qualquer pessoa pode levar ao conhecimento da autoridade policial a ocorrência de uma infração penal, hipótese conhecida como *delatio criminis*. Essa *delatio*, entretanto, é facultativa, exceto na hipótese do art. 66 da Lei das Contravenções Penais, em que funcionários públicos ou da área de saúde têm a obrigação de informar a ocorrência de crimes de ação pública incondicionada de que venham a tomar conhecimento no desempenho das funções.

Em razão das várias maneiras como o delegado pode receber a *notitia criminis*, a doutrina fez a seguinte classificação, dividindo-a em:

a) de cognição imediata, quando a autoridade fica sabendo da infração penal em razão do desempenho de suas atividades regulares;

b) de cognição mediata, quando toma conhecimento por intermédio de terceiros (requerimento do ofendido, requisição do juiz ou do Ministério Público, *delatio criminis* etc.);

c) de cognição coercitiva, quando decorre de prisão em flagrante.

O inquérito policial **não** pode ser instaurado **de imediato** quando a autoridade policial recebe **notícia anônima** da prática de um crime, desacompanhada de qualquer elemento de prova. Segundo o Plenário do Supremo Tribunal Federal, na análise do Inquérito 1.957/PR, a autoridade deverá realizar diligências **preliminares** ao receber a notícia apócrifa e, apenas se confirmar a possibilidade de o crime realmente ter ocorrido, é que poderá baixar a portaria dando início formal à investigação. A propósito: "Firmou-se a orientação de que a autoridade policial, ao receber uma denúncia anônima, deve antes realizar diligências preliminares para averiguar se os fatos narrados nessa 'denúncia' são materialmente verdadeiros, para, só então, iniciar as investigações. 2. No caso concreto, ainda sem instaurar inquérito policial, policiais civis diligenciaram no sentido de apurar a eventual existência de irregularidades cartorárias que pudessem conferir indícios de verossimilhança aos fatos. Portanto, o procedimento tomado pelos policiais está em perfeita consonância com o entendimento firmado no precedente supracitado, no que tange à realização de diligências preliminares para apurar a veracidade das informações obtidas anonimamente e, então, instaurar o procedimento investigatório propriamente dito. 3. Ordem denegada" (STF — HC 98.345/RJ — 1ª Turma — Rel. Min. Dias Toffoli — *DJe*-173 — p. 308).

■ Requisição judicial ou do Ministério Público (art. 5º, II, 1ª parte, do CPP)

Requisição é sinônimo de **ordem**. Assim, quando o juiz ou o promotor de justiça requisitam a instauração do inquérito, o delegado está obrigado a dar início às investigações. É necessário que as autoridades requisitantes especifiquem, no ofício requisitório, o fato criminoso, que deve merecer apuração.

O promotor de justiça da comarca, caso receba documentos dando conta da prática de crime pelo **prefeito municipal**, não pode requisitar inquérito, e sim encaminhar os documentos ao Procurador-Geral de Justiça, que é quem tem atribuição para processar prefeitos, uma vez que estes gozam de foro especial junto ao Tribunal de Justiça (art. 29, X, da CF). Assim, a polícia judiciária local deverá realizar somente os atos determinados pela Procuradoria-Geral de Justiça, destinatária do inquérito. A propósito, veja-se: "Na inicial, pleiteia o impetrante a concessão de *Habeas Corpus*, para trancamento de Inquérito Policial, já instaurado por requisição do Promotor de Justiça ao Delegado de Polícia local, embora envolvendo, como indiciado, o Prefeito Municipal, que goza de prerrogativa de foro, em eventual ação penal, junto ao Tribunal de Justiça do Estado. 3. Não é caso, porém, de se trancar o Inquérito Policial, e sim de se determinar sua remessa ao Tribunal de Justiça do Estado, que, em princípio, é o competente para receber eventual denúncia contra Prefeito Municipal e os que com ele forem denunciados. 4. *Habeas Corpus* deferido apenas em parte, ou seja, não para o trancamento do Inquérito Policial, mas, sim, para sua remessa ao Tribunal de Justiça do Estado de Minas Gerais, que concederá vista dos autos ao Procurador-Geral da Justiça, para requerer o que lhe parecer de direito. 5. Fica, em consequência, confirmada a medida liminar, deferida pelo Relator, no STF, que suspendeu a realização do interrogatório dos pacientes, marcada no referido Inquérito Policial" (STF — HC 74.403/MG — 1ª Turma — Rel. Min. Sydney Sanches — *DJ* 21.03.1997 — p. 8507).

■ Requerimento do ofendido (art. 5º, II, 2ª parte, do CPP)

Conforme já mencionado, qualquer pessoa pode levar ao conhecimento da autoridade a ocorrência de um delito. Quando isso ocorre, normalmente, é lavrado um boletim de ocorrência e, com base neste, o próprio delegado dá início ao inquérito por meio de portaria. Acontece que a lei entendeu ser necessário dar à vítima do delito a possibilidade de endereçar uma petição à autoridade solicitando **formalmente** que esta inicie as investigações. Essa petição, em regra, é utilizada quando existe a necessidade de uma narrativa mais minuciosa acerca do fato delituoso, em razão de sua complexidade, o que seria difícil de ser feito no histórico do boletim de ocorrência.

Segundo o art. 5º, § 1º, do CPP, o requerimento conterá, sempre que possível: a) a narração do fato, com todas as suas circunstâncias; b) a individualização do investigado ou seus sinais característicos e as razões de convicção ou de presunção de ser ele o autor da infração, ou os motivos da impossibilidade de o fazer; c) a nomeação das testemunhas, com indicação de sua profissão e residência.

O art. 5º, § 2º, do Código de Processo Penal dispõe que tal requerimento **pode ser indeferido pela autoridade** e que, do despacho de indeferimento, cabe **recurso** para o **chefe de polícia** (para alguns, o delegado-geral e, para outros, o secretário de segurança pública). Havendo deferimento, estará instaurado o inquérito, sem a necessidade de a autoridade baixar portaria.

O requerimento para instauração de inquérito policial pode ser feito em crimes de ação pública ou privada. No último caso, o requerimento não interrompe o curso do prazo decadencial, de modo que a vítima deve ficar atenta a este aspecto.

■ Auto de prisão em flagrante

Quando uma pessoa é presa em flagrante, deve ser encaminhada à Delegacia de Polícia. Nesta é lavrado o auto de prisão, que é um documento no qual ficam constando as circunstâncias do delito e da prisão. Lavrado o auto, o inquérito está instaurado.

■ Representação do ofendido nos crimes de ação pública condicionada à representação

Estabelece expressamente o art. 5º, § 4º, do CPP, que, nos crimes em que a ação pública depender de representação, o inquérito não poderá sem ela ser iniciado, ou seja, é necessária a **prévia existência** da representação para a instauração do inquérito.

Quando se trata de infração de menor potencial ofensivo não é instaurado inquérito policial (salvo em hipóteses excepcionais), mas meramente lavrado **termo circunstanciado** e, nos termos do art. 75, *caput*, da Lei n. 9.099/95, para que este seja lavrado é desnecessária a prévia existência da representação, que será colhida posteriormente. As características do termo circunstanciado serão estudadas no momento oportuno.

■ 2.6. REQUERIMENTO DO OFENDIDO NOS CRIMES DE AÇÃO PRIVADA

De acordo com o art. 5º, § 5º, do CPP, nos crimes de ação penal privada o inquérito só poderá ser instaurado se existir **requerimento** de quem tenha a titularidade da ação (ofendido ou seu representante legal, ou, em caso de morte, o cônjuge, ascendente, descendente ou irmão). A hipótese abrange tanto os casos em que o ofendido apresenta petição à autoridade requerendo **formalmente** a instauração do inquérito como aqueles em que a vítima comparece ao distrito policial para noticiar o fato (elaborar boletim de ocorrência) e solicitar providências, hipótese em que a autoridade baixa portaria para apurar o crime de ação privada.

O texto legal não exige que esse requerimento seja feito por meio de advogado — ao contrário do que ocorre com o oferecimento de queixa-crime que exige procuração com poderes especiais, nos termos do art. 44 do CPP. É evidente, contudo, que o requerimento também pode ser feito por meio de advogado contratado ou defensor público. Lembre-se, ademais, que se tiver sido nomeado defensor público (para o ofendido que se declarou pobre, nos termos do art. 32 do CPP), o requerimento de instauração de inquérito por parte do defensor pressupõe a juntada de procuração, nos termos do art. 16, parágrafo único, *b*, da Lei n. 1.060/50.

2.7. PRAZOS PARA A CONCLUSÃO DO INQUÉRITO

Uma vez iniciado o inquérito a autoridade tem prazos para concluí-lo, mas estes prazos dependem de estar o indiciado solto ou preso.

Indiciado solto

De acordo com o art. 10, *caput*, do Código de Processo Penal, o prazo é de **30 dias**, porém, o seu § 3º prevê que tal prazo poderá ser **prorrogado** quando o fato for de difícil elucidação. O pedido de **dilação de prazo** deve ser encaminhado pela autoridade policial ao juiz, que, antes de decidir, deve ouvir o Ministério Público, pois este órgão poderá discordar do pedido de prazo e, de imediato, oferecer denúncia ou requerer o arquivamento do inquérito. Contudo, se houver concordância por parte do Ministério Público, o juiz deferirá novo prazo, que será por ele próprio fixado. Como o Ministério Público é o titular da ação, caso o juiz indefira o pedido de prazo, apesar da concordância daquele, poderá ser interposta correição parcial (recurso visando corrigir a falha). O pedido de dilação de prazo pode ser repetido quantas vezes se mostre necessário.

Indiciado preso em flagrante ou por prisão preventiva

Nos termos do art. 10, *caput*, do Código de Processo Penal, o prazo para a conclusão é de **10 dias**.

No caso de prisão em flagrante só deverá ser obedecido referido prazo se o juiz, ao receber a cópia do flagrante (em 24 horas a contar da prisão), convertê-la em prisão preventiva (conforme determina o art. 310, II, do CPP), hipótese em que se conta o prazo a partir do ato da prisão em flagrante. Assim, se entre esta e sua conversão em preventiva passarem-se 2 dias, o inquérito terá apenas mais 8 dias para ser finalizado.

Se ao receber a cópia do flagrante o juiz conceder liberdade provisória, o prazo para a conclusão do inquérito será de 30 dias.

Se o indiciado estava solto ao ser decretada sua prisão preventiva, o prazo de 10 dias conta-se da data do cumprimento do mandado, e não da decretação.

Na contagem do prazo, inclui-se o primeiro dia, ainda que a prisão tenha se dado poucos minutos antes da meia-noite.

O prazo é improrrogável. Assim, se o inquérito não for concluído e enviado à Justiça no prazo estipulado, poderá ser interposto *habeas corpus*.

■ Prisão temporária

A prisão temporária, prevista na Lei n. 7.960/89, é uma modalidade de prisão cautelar cabível somente na fase inquisitorial e, nos termos da lei, possui prazo máximo de duração **de 5 dias, prorrogáveis por mais 5**, em caso de extrema e comprovada necessidade nos crimes **comuns**, e de **30 dias, prorrogáveis por igual período, nos crimes definidos como hediondos, tráfico de drogas, terrorismo e tortura**. Tais prazos, entretanto, referem-se à duração da prisão, e não da investigação. Assim, encerrado o prazo sem que a autoridade tenha conseguido as provas que buscava, poderá, após soltar o investigado, continuar com as diligências, ao contrário do que ocorre com a prisão em flagrante e a prisão preventiva, em que o prazo de 10 dias para o término do inquérito **é fatal**. Note-se que, se for decretada prisão temporária em crime hediondo ou equiparado, o indiciado pode permanecer preso por até 60 dias, sem que seja necessária a conclusão do inquérito.

■ Prazos em leis especiais

Os prazos para a conclusão do inquérito policial encontram algumas exceções importantes em legislações especiais:

a) O art. 51, *caput*, da Lei n. 11.343/2006 (Lei Antitóxicos) estipula que, para os crimes de tráfico, o prazo será de **30 dias**, se o indiciado estiver **preso**, e de **90 dias**, se estiver **solto**. Tais prazos, ademais, poderão ser **duplicados** pelo juiz mediante pedido justificado da autoridade policial, ouvido o Ministério Público (art. 51, parágrafo único).

b) Nos crimes de competência da **Justiça Federal**, o prazo é de **15 dias**, prorrogáveis por mais **15** (art. 66 da Lei n. 5.010/66). Veja-se, todavia, que o tráfico internacional de entorpecentes, apesar de competir à Justiça Federal, segue o prazo mencionado no tópico anterior, uma vez que a Lei de Tóxicos é especial e posterior.

■ 2.8. DILIGÊNCIAS

Após a instauração do inquérito, a autoridade deverá determinar a realização das diligências pertinentes ao esclarecimento do fato delituoso. Assim, os arts. 6º e 7º do Código de Processo Penal elencam um rol de diligências que devem ser observadas, desde que cabíveis no caso concreto.

O art. 6º dispõe que, logo que tomar conhecimento da prática da infração penal, a autoridade deverá:

> **Art. 6º**, I — dirigir-se ao local, providenciando para que não se alterem o estado e conservação das coisas, até a chegada dos peritos criminais;

O dispositivo trata da **preservação do local do crime**, cuja finalidade é evitar que alterações feitas pelos autores do delito ou por populares possam prejudicar a realização da perícia. Evidente que só existe tal necessidade se o local estiver preservado, pois, do contrário, a diligência se mostra supérflua. Também não se pode exigir que a autoridade compareça ao local do crime em todas as infrações penais, de modo que, na prática, tal diligência costuma ser realizada em crimes de maior gravidade, como homicídios, latrocínios, extorsões mediante sequestro etc.

Justamente a fim de garantir a preservação do local do crime, o Código Penal considera crime de **fraude processual** a conduta de "inovar artificiosamente, na pendência de processo civil ou administrativo, o estado de lugar, de coisa ou de pessoa, com o fim de induzir a erro o juiz ou o perito". Da mesma maneira o art. 312 do Código de Trânsito Brasileiro (Lei n. 9.503/97) considera crime a conduta de "inovar artificiosamente, em caso de acidente automobilístico com vítima, na pendência do respectivo procedimento policial ou processo penal, o estado de lugar, de coisa ou de pessoa, a fim de induzir a erro o agente policial, o perito ou juiz".

De acordo com o art. 6º, I, do CPP, a autoridade deve preservar o local do crime até a **chegada dos peritos** para que estes possam, com êxito, colher elementos de prova que ajudem no deslinde da causa ou na identificação do autor do crime.

> **Art. 6º**, II — apreender os objetos que tiverem relação com o fato, após liberados pelos peritos criminais;

O art. 11 do Código de Processo Penal estabelece que tais objetos deverão **acompanhar** o inquérito, salvo se não mais interessarem à prova, hipótese em que serão restituídos ao proprietário. Veja-se que a própria lei determina a realização de perícia nos objetos apreendidos para ser constatada sua **natureza** e sua **eficácia** (art. 175 do CPP).

Só podem ser apreendidos os objetos que tenham relação com o fato criminoso, como por exemplo, a arma usada no roubo ou no homicídio, a chave falsa utilizada no furto, o veículo com o qual foi praticado o crime culposo, o automóvel objeto da receptação, o documento falso nos crimes contra a fé pública, documentos em geral que possam servir de prova de determinada infração penal etc. Em suma, devem ser aprendidos os **instrumentos** do crime, o **objeto material** do delito, objetos que possam ser **úteis à prova**, bem como aqueles **adquiridos com o produto do crime**, já que estes últimos podem ser confiscados em caso de condenação (art. 91, II, *b*, do CP).

A apreensão pode ter decorrido da prévia expedição de mandado judicial de busca e apreensão ou não. Nada impede que a autoridade policial determine a apreensão de determinado objeto encontrado em poder de um criminoso em abordagem de rotina, ou de objetos que lhe sejam apresentados pelo próprio criminoso ou por terceiro.

Conforme se verá no estudo do incidente de restituição de coisas apreendidas, a própria autoridade ou o juiz poderão determinar a devolução da coisa apreendida quando não houver dúvida quanto à propriedade. Ex.: policiais prendem em flagrante os assaltantes de um veículo, ainda em poder do carro roubado. O veículo também é apreendido, mas em seguida é restituído ao dono mediante a apresentação da documentação. Muitas vezes é necessário que o bem permaneça apreendido até a realização de uma perícia e, em seguida, poderá ser restituído. Ex.: no crime de dano em um veículo, o bem é apreendido e submetido a perícia para a constatação das avarias e, posteriormente, devolvido ao dono. Não poderão, entretanto, ser restituídos os objetos cuja manutenção da **apreensão interesse ao deslinde da causa** (art. 118 do CPP), os **instrumentos** e **produtos** do crime sujeitos a **confisco** nos termos do art. 91, II, do Código Penal (art. 119 do CPP), e os objetos em relação aos quais **haja dúvida quanto à propriedade** (art. 120 do CPP).

> **Art. 6º**, III — colher todas as provas que servirem para o esclarecimento do fato e suas circunstâncias;

Trata-se de permissão genérica dada pela lei à autoridade, no sentido de admitir que produza qualquer prova que entenda pertinente, mesmo que não elencada expressamente nos demais incisos. Exs.: ouvir testemunhas, realizar a avaliação de objetos, representar para a decretação de interceptação telefônica ou a quebra de sigilo bancário ou telefônico etc. É evidente, todavia, que a lei não permite a produção de provas ilícitas ou obtidas com abuso de poder.

Das provas citadas, a mais comum, existente em praticamente todos os inquéritos policiais, é a **oitiva das testemunhas**. Ao contrário do que ocorre após o início da ação penal, na fase do inquérito não existe limite no número de testemunhas que a autoridade pode ouvir.

O **defensor** do indiciado pode acompanhar os depoimentos, mas não pode fazer reperguntas às testemunhas. O Ministério Público também pode acompanhar as inquirições (art. 26, IV, da Lei n. 8.625/93).

No caso de prisão em flagrante, devem ser ouvidas ao menos duas testemunhas por ocasião da lavratura do auto (art. 304 do CPP).

Se a testemunha for notificada e não comparecer, poderá ser determinada sua **condução coercitiva** (art. 218 do CPP).

A testemunha tem direito de ser ouvida na cidade onde reside, de **modo que, se o inquérito tramita em outro município, deverá ser expedida carta precatória**.

A Lei n. 13.431/2017 estabelece normas especiais relativas à oitiva de crianças e adolescentes testemunhas de crimes praticados com emprego de violência (*vide* item 8.5.6).

> **Art. 6º**, IV — ouvir o ofendido;

Cuida-se de providência extremamente importante, pois, na maioria dos casos, é a vítima quem pode prestar os esclarecimentos mais importantes em relação à autoria do ilícito penal e suas circunstâncias. Se o ofendido for regularmente notificado e não comparecer, poderá ser conduzido até o distrito policial pela autoridade, nos termos do art. 201, § 1º, do CPP.

Tratando-se de criança ou adolescente vítima de violência, a autoridade policial deve zelar pela observância das garantias previstas na Lei n. 13.431/2017 (*vide* item 8.5.6).

> **Art. 6º**, V — ouvir o indiciado, com observância, no que for aplicável, do disposto no Capítulo III do Título VII, deste Livro, devendo o respectivo termo ser assinado por 2 (duas) testemunhas que lhe tenham ouvido a leitura;

O dispositivo refere-se ao **interrogatório** do **indiciado** (pessoa a quem se atribui a autoria do delito na fase do inquérito policial).

Esse interrogatório feito durante o inquérito deve ser realizado nos mesmos moldes do interrogatório judicial (ver comentários aos arts. 185 e seguintes no tema "Das Provas"), sendo, porém, descabidas algumas regras decorrentes da instalação do contraditório após o início efetivo da ação penal, tais como a **presença** obrigatória de **defensor** e a possibilidade de realização de reperguntas. A autoridade policial não pode proibir o defensor de acompanhar o ato, contudo, este não poderá interferir ou influir no andamento do interrogatório com perguntas ou manifestações.

O art. 5º, LXIII, da Constituição garante ao indiciado o **direito de permanecer calado durante o interrogatório**. Se o indiciado quiser falar, o delegado lhe dirigirá as perguntas e fará constar do termo as respostas dadas.

A autoridade policial deve se **identificar** ao indiciado, nos termos do art. 5º, LXIV, da Constituição Federal, que estabelece que as pessoas presas têm o direito à identificação do responsável por seu interrogatório. Igual direito tem sido reconhecido aos indiciados em geral, ainda que não estejam presos.

É evidente, por sua vez, que a autoridade não pode se utilizar de métodos ilegais para forçar o indiciado a confessar, tais como ameaças, torturas, utilização de detector de mentiras, hipnose, ministração de drogas ou álcool, uso de soro da verdade etc.

A autoridade policial deve zelar para que o termo de interrogatório também seja assinado por **duas testemunhas** que tenham presenciado a leitura da peça para o indiciado. Esta formalidade consta expressamente do art. 6º, V, do Código de Processo Penal e fortalece o valor de eventual confissão.

Sendo o indiciado notificado a comparecer ao Distrito Policial para ser interrogado, terá o **dever** de comparecer, ainda que apenas para ser **qualificado**, já que tem o direito de permanecer calado em relação aos **fatos criminosos**. A fim de garantir a providência da qualificação do indiciado, o art. 260 do Código de Processo Penal admite a sua **condução coercitiva**, cujo mandado pode ser expedido pela própria autoridade policial, posto que não equivale a uma ordem de prisão, na medida em que o indiciado será liberado imediatamente após o interrogatório, durante o qual, obviamente, poderá fazer uso do direito ao silêncio no que diz respeito aos fatos.

■ Indiciado menor de 21 anos e a desnecessidade de nomeação de curador para o interrogatório

O art. 15 do Código de Processo Penal determina que, sendo o indiciado **menor**, deve ele ser interrogado na presença de um **curador** nomeado pela autoridade. O dispositivo refere-se evidentemente aos réus menores de 21 anos de idade, ou seja, aos menores que, pela lei civil, dependiam de assistência. Ocorre que o novo Código Civil (Lei n. 10.406/2002), em seu art. 5º, reduziu a maioridade civil para 18 anos, de modo que não mais é necessária a nomeação de curador ao réu menor de 21 anos. Além disso, a Lei n. 10.792/2003 revogou expressamente o art. 194 do Código de Processo Penal, tornando desnecessária, **na fase judicial**, a nomeação de curador ao interrogado menor de 21 anos. Assim, se para a efetivação do interrogatório judicial, ato de maior relevância para o deslinde da causa, não se mostra necessária a intervenção de curador, possível a conclusão de que tal medida é também dispensável quando de sua realização na fase inquisitorial.

■ O ato de indiciamento

O indiciamento é um ato **formal** eventualmente realizado durante o inquérito policial que decorre do fato de a autoridade policial se convencer de que determinada pessoa é a autora da infração penal. Antes do formal indiciamento, a pessoa é tratada apenas como **suspeita** ou **investigada**. De acordo com o art. 2º, § 6º, da Lei n. 12.830/2013, o indiciamento, privativo do delegado de polícia, **dar-se-á por ato fundamentado, mediante análise técnico-jurídica do fato, que deverá indicar a autoria, a materialidade e suas circunstâncias**.

O indiciamento é um juízo de valor da **autoridade policial** durante o decorrer das investigações e, por isso, não vincula o Ministério Público, que poderá, posteriormente, requerer o arquivamento do inquérito. De ver-se, todavia, que o indiciamento é uma declaração formal feita por representante do aparato repressivo estatal, no sentido de apontar aquela pessoa como autora do delito e, como consequência, seu nome e demais dados são lançados no sistema de informações da Secretaria de Segurança Pública relacionados àquele delito e passam, por isso, a constar da folha de antecedentes criminais do indivíduo. Em caso de futuro arquivamento ou absolvição, o desfecho deverá também ser comunicado à Secretaria de Segurança para que seja anotado na folha de antecedentes.

Por causar constrangimentos ao indiciado, tem-se admitido a impetração de *habeas corpus* para evitar sua concretização ou para que seja cancelado, com argumentação, por parte do suposto autor da infração, de que, ao contrário do que pensa a autoridade policial, não há elementos suficientes para o formal indiciamento.

Nada justifica que o juiz, ao receber a denúncia, determine o indiciamento do acusado em relação a quem tal providência não tenha sido adotada, pois se trata de ato privativo da autoridade policial, sem nenhuma consequência para o desenrolar da ação penal: "Sendo o ato de indiciamento de atribuição exclusiva da autoridade policial, não existe fundamento jurídico que autorize o magistrado, após receber a denúncia, requisitar ao Delegado de Polícia o indiciamento de determinada pessoa. A rigor, requisição dessa natureza é incompatível com o sistema acusatório, que impõe a separação orgânica das funções concernentes à persecução penal, de modo a impedir que o juiz adote qualquer postura inerente à função investigatória. Doutrina. Lei n. 12.830/2013. Ordem concedida" (STF — HC 115.015/SP — 2ª Turma — Min. Teori Zavascki — julgado em 27.08.2013 — *DJe*-179 12.09.2013).

Art. 6º, VI — proceder a reconhecimento de pessoas e coisas e a acareações;

O reconhecimento de **pessoa** visa apontar o autor do crime. Deve ser feito pela vítima e por testemunhas que tenham presenciado a infração penal. Quando o resultado é positivo, tem grande valor probatório. É corriqueiro, entretanto, que a vítima ou as testemunhas aleguem dúvida diante do decurso de tempo considerável entre o fato e o ato do reconhecimento, ou em razão de o autor do crime ter feito uso de toca, capacete ou algo similar etc. Nesses casos, o reconhecimento é tido como negativo, mas não exclui a autoria, diferentemente do que ocorre quando o responsável pelo reconhecimento convictamente diz que nenhuma das pessoas que lhe foram apresentadas é a verdadeira autora da infração.

O reconhecimento é ato **passivo**, de modo que o indiciado não pode se recusar a dele participar, havendo, inclusive, a possibilidade de condução coercitiva nos termos do art. 260 do CPP. Não se cogita aqui da prerrogativa de não ser obrigado a fazer prova contra si mesmo, princípio que só é aplicável a procedimentos **ativos** (prerrogativa de não fornecer material grafotécnico para perícia comparativa de escrita, por exemplo) ou **invasivos** (negar-se a fornecer amostra de sangue, por exemplo).

A condução coercitiva do indiciado para fins de reconhecimento, bem como para possibilitar a realização de outros atos investigativos, não depende de autorização judicial, podendo, portanto, ser levada a efeito por determinação da autoridade policial.

"A própria Constituição Federal assegura, em seu art. 144, § 4º, às polícias civis, dirigidas por delegados de polícia de carreira, as funções de polícia judiciária e a apuração de infrações penais. O art. 6º do Código de Processo Penal, por sua vez, estabelece as providências que devem ser tomadas pela autoridade policial quando tiver conhecimento da ocorrência de um delito, todas dispostas nos incisos II a VI. Legitimidade dos agentes policiais, sob o comando da autoridade policial competente (art. 4º do CPP), para tomar todas as providências necessárias à elucidação de um delito, incluindo-se aí a condução de pessoas para prestar esclarecimentos, resguardadas as garantias legais e constitucionais dos conduzidos." (STF — HC 107.644/SP — 1ª Turma — Rel. Min. Ricardo Lewandowski — julgado em 06.09.2011 — *DJe*-200 18.10.2011).

O procedimento a ser adotado pela autoridade policial no ato do reconhecimento é aquele descrito nos arts. 226 a 228 do CPP, inserido no Título "Das Provas", o qual será analisado de forma mais aprofundada no momento oportuno, uma vez que o reconhecimento deve ser realizado novamente em juízo, após o desencadeamento efetivo da ação penal.

Existe, também, o reconhecimento de **objetos**, em geral dos **instrumentos** utilizados no crime (arma de fogo utilizada em um roubo, faca usada em uma tentativa de homicídio, pedaço de pau usado em crime de lesão corporal etc.) ou do próprio

objeto material da infração (ex.: vítima de furto chamada a reconhecer objetos encontrados em poder do suposto furtador para que diga se os objetos são os que lhe foram subtraídos).

Por sua vez, a **acareação** é o confronto entre duas pessoas que prestaram depoimentos **divergentes** em aspectos considerados **relevantes** pela autoridade. Assim, essas pessoas devem ser colocadas frente a frente e questionadas a respeito da divergência. A autoridade, então, deverá lavrar o respectivo termo constando os esclarecimentos prestados pelos acareados, bem como se eles mantiveram as suas versões anteriores ou as retificaram. O procedimento da acareação está descrito nos arts. 229 e 230 do CPP e, eventualmente, pode se dar mediante precatória (quando os depoimentos divergentes foram prestados por pessoas que moram em cidades distintas). Neste último caso, todavia, o valor da acareação é muito restrito.

A lei prevê também a possibilidade de acareação entre o indiciado e testemunhas ou com a vítima, contudo, o acusado tem o direito de permanecer calado.

> **Art. 6º**, VII — determinar, se for caso, que se proceda a exame de corpo de delito e a quaisquer outras perícias;

O exame de corpo de delito, nos termos do art. 158, é indispensável para a prova da **materialidade** dos delitos que deixam **vestígios**. A sua ausência é causa de nulidade da ação (art. 564, III, *b*).

São perícias necessárias, exemplificativamente, a autópsia nos crimes de homicídio, o exame de eficácia da arma de fogo nos crimes do Estatuto do Desarmamento, o exame documentoscópico para aferir a falsidade documental, os exames nos instrumentos em pregados na prática do crime (art. 175 do CPP), as perícias no local do furto para comprovar as qualificadoras do rompimento de obstáculo ou escalada (art. 171 do CPP), a perícia no chassi dos automóveis para a constatação de crimes de receptação ou adulteração de sinal identificador, o confronto balístico em crime e homicídio, o exame químico-toxicológico nos crimes de tráfico ou porte de droga para consumo próprio etc.

O regramento em torno do exame de corpo de delito e das perícias em geral encontra-se nos arts. 158 a 184 do CPP e será analisado detalhadamente no tópico que trata "Das Provas".

> **Art. 6º**, VIII — ordenar a identificação do indiciado pelo processo datiloscópico, se possível, e fazer juntar aos autos sua folha de antecedentes;

Esta regra do Código de Processo Penal é anterior à Constituição Federal de 1988, cujo art. 5º, LVIII, estabelece que a pessoa **civilmente** identificada não será submetida a identificação criminal, **salvo nas hipóteses previstas em lei**. Essa norma constitucional proíbe, portanto, a identificação **datiloscópica** e **fotográfica** na hipótese de o indiciado apresentar documentação válida que o identifique eficazmente. A própria Constituição, contudo, permite que, em hipóteses expressamente previstas em lei especial, sejam utilizadas aquelas formas de identificação.

Atualmente é a Lei n. 12.037/2009 que regulamenta a matéria, estabelecendo quais documentos se prestam à identificação civil (art. 2º):

a) carteira de identidade;

b) carteira de trabalho;

c) carteira profissional;

d) passaporte;

e) carteira de identificação funcional;

f) outro documento público que permita a identificação do indiciado (carteira de habilitação, por exemplo).

Referida lei, todavia, permite, em seu art. 3º, que a **identificação criminal** seja levada a efeito mesmo que haja apresentação de um daqueles documentos, quando:

I — o documento apresentar rasura ou tiver indício de falsificação;

II — o documento apresentado for insuficiente para identificar cabalmente o indiciado;

III — o indiciado portar documentos de identidade distintos, com informações conflitantes entre si;

IV — a identificação criminal for essencial às investigações policiais, segundo despacho da autoridade judiciária competente, que decidirá de ofício ou mediante representação da autoridade policial, do Ministério Público ou da defesa;

V — constar de registros policiais o uso de outros nomes ou diferentes qualificações;

VI — o estado de conservação ou a distância temporal ou da localidade da expedição do documento apresentado impossibilite a completa identificação dos caracteres essenciais.

Ressalte-se que a identificação criminal inclui o processo **datiloscópico** e o **fotográfico**, cujos registros devem ser anexados aos autos da investigação.

Conclui-se, portanto, que a pessoa presa em flagrante, indiciada em inquérito ou autora de infração de menor potencialidade ofensiva, será submetida a identificação datiloscópica e fotografada somente quando não apresentar documento que a identifique ou, ainda, quando ocorrer uma das situações de que trata o art. 3º da Lei n. 12.037/2009.

Registre-se também que cópia do documento de identidade apresentado pelo identificando deverá, em qualquer hipótese, ser anexada ao procedimento investigatório (art. 3º, parágrafo único).

A lei faculta ao indiciado ou réu, no caso de não oferecimento de denúncia ou de sua rejeição e, ainda, no caso de absolvição definitiva, formular requerimento de desentranhamento do registro de identificação fotográfica, desde que apresente prova suficiente de sua identificação civil (art. 7º).

> **Art. 6º**, IX — averiguar a vida pregressa do indiciado, sob o ponto de vista individual, familiar e social, sua condição econômica, sua atitude e estado de ânimo antes e depois do crime e durante ele, e quaisquer outros elementos que contribuírem para a apreciação do seu temperamento e caráter.

Esse dispositivo é de suma importância para que o juiz tenha elementos para fixar adequadamente a pena-base do réu (em caso de condenação), uma vez que o art. 59 do Código Penal dispõe que esta deve ser aplicada de acordo com fatores como a conduta social, a personalidade, os antecedentes do agente, as circunstâncias do crime etc.

Na prática, entretanto, em razão da exiguidade de tempo para apuração das inúmeras ocorrências que lhe são apresentadas, as autoridades policiais limitam-se a fazer um questionário ao *próprio indiciado* acerca dos tópicos mencionados no inciso, de tal sorte que o valor das respostas dadas é praticamente nenhum.

> **Art. 6º**, X — colher informações sobre a existência de filhos, respectivas idades e se possuem alguma deficiência e o nome e o contato de eventual responsável pelos cuidados dos filhos, indicado pela pessoa presa.

Tal dispositivo foi inserido no Código pela Lei n. 13.257/2016.

■ 2.9. REPRODUÇÃO SIMULADA DOS FATOS

O art. 7º do Código de Processo Penal permite que a autoridade policial proceda à reprodução simulada dos fatos com a finalidade de verificar a possibilidade de ter a infração sido praticada de determinada forma. É a chamada **reconstituição** do crime, da qual o indiciado **não** é obrigado a tomar parte. O ato deve ser documentado por fotografias.

A reconstituição somente pode ser feita se não for ofensiva à moralidade e à ordem pública.

■ 2.10. OUTRAS FUNÇÕES DA AUTORIDADE POLICIAL DURANTE O INQUÉRITO

De acordo com o art. 13 do Código de Processo Penal, o delegado de polícia possui outras funções durante o tramitar do inquérito:

I — fornecer às autoridades judiciárias as informações necessárias à instrução e julgamento dos processos;

II — realizar as diligências requisitadas pelo juiz ou pelo Ministério Público;

III — cumprir os mandados de prisão expedidos pelo juiz;

IV — representar acerca da prisão preventiva.

Além disso, no próprio Código e em leis especiais, existem várias outras atividades que podem ser realizadas pela autoridade policial, por exemplo, arbitrar fiança nos delitos punidos com pena máxima não superior a 4 anos (art. 322), representar ao juiz para a instauração de incidente de insanidade mental (art. 149, § 1º), lavrar termo circunstanciado (art. 69 da Lei n. 9.099/95), representar acerca da decretação de prisão temporária (art. 2º da Lei n. 7.960/89), ou de interceptação telefônica (art. 3º, I, da Lei n. 9.296/96) etc.

A Lei n. 13.344/2016 inseriu novas regras neste art. 13, com o seguinte teor:

> Art. 13-A. Nos crimes previstos nos arts. 148, 149 e 149-A, no § 3º do art. 158 e no art. 159 do Decreto-Lei n. 2.848, de 7 de dezembro de 1940 (Código Penal), e no art. 239 da

Lei n. 8.069, de 13 de julho de 1990 (Estatuto da Criança e do Adolescente), o membro do Ministério Público ou o delegado de polícia poderá requisitar, de quaisquer órgãos do poder público ou de empresas da iniciativa privada, dados e informações cadastrais da vítima ou de suspeitos.

Parágrafo único. A requisição, que será atendida no prazo de 24 (vinte e quatro) horas, conterá:

I — o nome da autoridade requisitante;

II — o número do inquérito policial; e

III — a identificação da unidade de polícia judiciária responsável pela investigação.

Art. 13-B. Se necessário à prevenção e à repressão dos crimes relacionados ao tráfico de pessoas, o membro do Ministério Público ou o delegado de polícia poderão requisitar, mediante autorização judicial, às empresas prestadoras de serviço de telecomunicações e/ou telemática que disponibilizem imediatamente os meios técnicos adequados — como sinais, informações e outros — que permitam a localização da vítima ou dos suspeitos do delito em curso.

§ 1º Para os efeitos deste artigo, sinal significa posicionamento da estação de cobertura, setorização e intensidade de radiofrequência.

§ 2º Na hipótese de que trata o *caput*, o sinal:

I — não permitirá acesso ao conteúdo da comunicação de qualquer natureza, que dependerá de autorização judicial, conforme disposto em lei;

II — deverá ser fornecido pela prestadora de telefonia móvel celular por período não superior a 30 (trinta) dias, renovável por uma única vez, por igual período;

III — para períodos superiores àquele de que trata o inciso II, será necessária a apresentação de ordem judicial.

§ 3º Na hipótese prevista neste artigo, o inquérito policial deverá ser instaurado no prazo máximo de 72 (setenta e duas) horas, contado do registro da respectiva ocorrência policial.

§ 4º Não havendo manifestação judicial no prazo de 12 (doze) horas, a autoridade competente requisitará às empresas prestadoras de serviço de telecomunicações e/ou telemática que disponibilizem imediatamente os meios técnicos adequados — como sinais, informações e outros — que permitam a localização da vítima ou dos suspeitos do delito em curso, com imediata comunicação ao juiz.

A Lei n. 13.432/2017, que regulamenta o exercício da profissão de detetive particular, prevê a possibilidade de esse profissional colaborar com investigação policial em curso, desde que expressamente autorizado pelo contratante (art. 5º, *caput*). O **aceite da colaboração**, no entanto, ficará a critério do delegado de polícia, que poderá admiti-la ou rejeitá-la a qualquer tempo (art. 5º, parágrafo único). Na medida em que a lei não estabelece nenhuma restrição, a qualquer interessado é facultada contratação de detetive particular.

Uma vez admitida a colaboração por parte da autoridade investigante, o detetive particular poderá coadjuvar nas apurações, apresentando informações e sugestões ao responsável pelo inquérito, sem que lhe seja facultado realizar, diretamente, inquirições, apreensões e outras atividades reservadas aos agentes estatais.

A atuação do detetive será interrompida se o contratante revogar a autorização concedida ou se a autoridade que presidir as investigações dispensar a colaboração.

Trata-se de mais uma expressão do princípio da universalidade da investigação criminal, segundo o qual a tarefa de elucidação de crimes não é cometida, com exclusividade, aos órgãos de polícia judiciária.

2.11. INCOMUNICABILIDADE

O art. 21, parágrafo único, do Código de Processo Penal prevê a possibilidade de o juiz decretar a incomunicabilidade do indiciado por prazo não superior a 3 dias, visando com isso evitar que ele prejudique o andamento das investigações. Tal dispositivo, entretanto, apesar de não ter sido revogado expressamente, tornou-se **inaplicável** em razão do disposto no art. 136, § 3º, IV, da Constituição Federal, que veda a incomunicabilidade, até mesmo quando decretado o estado de defesa.

2.12. CONCLUSÃO DO INQUÉRITO POLICIAL

Ao considerar encerradas as diligências, a autoridade policial deve elaborar um **relatório** descrevendo as providências tomadas durante as investigações. Esse relatório é a **peça final** do inquérito, que será então remetido ao juízo.

Ao elaborar o relatório, a autoridade declara estar encerrada a fase investigatória. Não deve, entretanto, manifestar-se acerca do mérito da prova colhida, uma vez que tal atitude significa invadir a área de atuação do Ministério Público, a quem incumbe formar a *opinio delicti*.

O art. 17 do Código de Processo Penal diz que a autoridade policial **não** pode determinar o arquivamento do feito. Conforme se verá adiante, o arquivamento do inquérito é sempre determinado pelo juiz, em razão de pedido do Ministério Público.

Em se tratando de crime de ação privada, o art. 19 do Código de Processo Penal estabelece que os autos do inquérito serão remetidos ao juízo competente, onde aguardarão a iniciativa do ofendido ou de seu representante legal, ou serão entregues a eles, mediante traslado (cópia), se assim tiverem solicitado.

O art. 11 do Código de Processo Penal dispõe que os instrumentos do crime, bem como os objetos que interessarem à prova, acompanharão os autos do inquérito policial quando encaminhados ao juízo.

O inquérito policial **acompanhará** a denúncia ou queixa, sempre que servir de base para o oferecimento de qualquer delas (art. 12 do CPP).

Por fim, de acordo com o art. 18 do Código de Processo Penal, mesmo após ter sido determinado o arquivamento do inquérito por falta de base para a denúncia, a autoridade policial pode realizar novas diligências a fim de obter **provas novas**, se da existência delas tiver notícia. Caso efetivamente sejam obtidas provas novas relevantes, a ação penal poderá ser proposta com fundamento nelas, desarquivando-se o inquérito policial. Nesse sentido, a Súmula n. 524 do Supremo Tribunal Federal: "arquivado o inquérito policial, por despacho do juiz, a requerimento do promotor de justiça, não pode a ação penal ser iniciada sem novas provas".

2.13. QUESTÕES

1. (Ministério Público/SP — 2008) Assinale a alternativa correta:

a) O inquérito policial não é indispensável à propositura da ação penal nos crimes em que se procede mediante queixa do ofendido.

b) No caso de infração de menor potencial ofensivo, a peça inaugural do inquérito policial é o termo circunstanciado.

c) Como regra geral, não deve a autoridade policial determinar o indiciamento do autor da infração se este já se identificou civilmente.
d) Na hipótese de decretação da prisão temporária por crime hediondo ou a este equiparado, a incomunicabilidade do preso não poderá exceder a 30 (trinta) dias, salvo se prorrogada a prisão, por igual prazo, por nova decisão judicial.
e) Da decisão judicial que determina o arquivamento de autos de inquérito policial, a pedido do Ministério Público, cabe recurso em sentido estrito.

2. (Ministério Público/SP — 2006) Assinale a afirmação correta:

a) A autoridade policial pode indeferir a instauração de inquérito policial por entender de difícil apuração o fato criminoso noticiado.
b) O juiz deve arquivar o inquérito policial, de ofício, quando se convença da falta de justa causa para a persecução penal.
c) O Delegado de Polícia deve arquivar o inquérito policial quando as investigações tornem patente a inexistência de crime.
d) A requisição de inquérito pelo Ministério Público é modalidade de delação postulatória.
e) Nos crimes de ação penal pública incondicionada o inquérito policial é dispensável quando o Ministério Público dispõe de elementos informativos idôneos para embasar a denúncia.

3. (Delegado de Polícia/SP — 2008) A comunicação que qualquer pessoa do povo faz à Autoridade Policial acerca da ocorrência de infração penal em que caiba ação penal pública incondicionada recebe o nome de:

a) requerimento.
b) requisição.
c) representação.
d) *delatio criminis*.
e) *notitia criminis coercitiva*.

4. (Delegado de Polícia/SP — 2008) Na chamada "reprodução simulada dos fatos", o indiciado:

a) está obrigado a comparecer e participar, sob pena de lhe ser decretada a revelia.
b) não será mais intimado para nenhum ato do processo ou do inquérito policial, se não participar.
c) só está obrigado a comparecer pessoalmente quando se trate de reprodução simulada de crime contra os costumes.
d) não está obrigado a comparecer e a sua ausência não lhe trará qualquer consequência desfavorável no inquérito ou no processo penal.
e) terá sua ausência considerada em seu desfavor e interpretada em desprestigio à justiça.

5. (Ministério Público/SP — 2010) Assinale a afirmativa incorreta, em relação ao inquérito policial:

a) nos crimes de ação penal privada, a autoridade policial somente pode instaurar o inquérito policial a requerimento do ofendido.
b) o inquérito policial é imprescindível para instruir o oferecimento da denúncia.
c) a autoridade policial não pode determinar o arquivamento do inquérito policial.
d) a autoridade policial pode indeferir o pedido de instauração de inquérito policial feito pelo ofendido.
e) segundo entendimento do Supremo Tribunal Federal, consolidado em Súmula Vinculante, o defensor do investigado pode ter acesso aos elementos de convencimento já documentados em procedimento investigatório realizado por órgão da polícia judiciária, desde que digam respeito ao exercício da defesa e no interesse do seu representado.

6. (Magistratura/MS — 2008 — FGV) Relativamente ao inquérito policial, é correto afirmar que:

a) a autoridade assegurará no inquérito o sigilo necessário à elucidação do fato, aplicando, porém, em todas as suas manifestações, os princípios do contraditório e da ampla defesa.
b) a autoridade policial poderá mandar arquivar autos de inquérito por falta de base para a denúncia.
c) o inquérito deverá terminar no prazo de 30 dias, se o indiciado estiver preso, ou no prazo de 60 dias, quando estiver solto.
d) o inquérito policial não acompanhará a denúncia ou queixa quando servir de base a uma ou outra.
e) o indiciado poderá requerer à autoridade policial a realização de qualquer diligência.

7. (Defensoria Pública/MT — 2009 — Fundação Carlos Chagas) O inquérito policial

a) referente a crime cuja ação penal é exclusivamente privada pode ser instaurado sem representação da vítima, porque a representação é condição de procedibilidade da ação penal e não do inquérito.
b) instaurado pela autoridade policial não pode ser por ela arquivado, ainda que não fique apurado quem foi o autor do delito.
c) só pode ser instaurado por requisição do Ministério Público quando a vítima de crime de ação pública for doente mental, menor de 18 anos, ou incapaz para os atos da vida civil.
d) pode ser presidido por membro do Ministério Público especialmente designado pelo Procurador-Geral de Justiça, quando a apuração do delito for de interesse público.
e) é mero procedimento preliminar preparatório e, por isso, o indiciado só poderá defender-se em juízo, não podendo requerer diligências à autoridade policial.

8. (Magistratura/SP — 2006) Assinale a alternativa incorreta.

a) o prazo para conclusão de inquérito pelo Código de Processo Penal, em regra, é de 10 dias, estando o indiciado preso.
b) Na nova Lei de Drogas (Lei n. 11.343/2006), o prazo para conclusão de inquérito policial para a apuração de crime de tráfico, estando o indiciado preso, é de 30 dias.
c) Quando se tratar de crime de competência federal, o prazo para conclusão do inquérito policial é de 15 dias, estando o indiciado preso.
d) O prazo para a conclusão do inquérito policial, estando o indiciado preso, é de 5 dias.

9. (Ministério Público/BA — 2005) Considere as assertivas abaixo, que podem ser falsas ou verdadeiras. Sobre o inquérito policial, é correto afirmar que:

I. Nos crimes de ação pública condicionada à representação, o inquérito policial poderá ser iniciado, mesmo sem ela, em casos de grande repercussão social.
II. O inquérito deverá terminar no prazo de 10 dias, se o indiciado tiver sido preso em flagrante ou estiver preso preventivamente, contado o prazo, nesta hipótese, a partir do dia em que se executar a ordem de prisão, ou no prazo de 30 dias, quando estiver solto, mediante fiança ou sem ela.
III. Do despacho da autoridade policial, que indeferir pedido de abertura de inquérito policial, não caberá qualquer recurso.

a) I, II e III são verdadeiras.
b) I e II são verdadeiras e a III é falsa.
c) I e III são falsas.
d) II e III são verdadeiras.
e) Todas são falsas.

10. (Delegado de Polícia/SC — 2008) Analise as alternativas e assinale a correta.

a) Nos crimes de ação penal privada, encerrado o inquérito policial, a autoridade policial determinará que sejam mantidos os autos no cartório da Delegacia de Polícia, onde aguardarão a iniciativa do ofendido ou de seu representante legal, ou serão entregues ao requerente, se o pedir, mediante traslado.

b) O inquérito policial pode ser arquivado diretamente pelo juiz, mediante decisão fundamentada, sem provocação do Ministério Público, desde que seja evidente a inocência do investigado.

c) O inquérito policial é indispensável à propositura da ação penal pública.

d) Após a sua instauração, o inquérito policial não pode ser arquivado pela autoridade policial.

11. (OAB — FGV — 2011.3) No tocante ao inquérito policial, é correto afirmar que

a) por ser um procedimento investigatório que visa reunir provas da existência (materialidade) e autoria de uma infração penal, sua instauração é indispensável;

b) pode ser arquivado por determinação da Autoridade Policial se, depois de instaurado, inexistirem provas suficientes da autoria e materialidade do crime em apuração;

c) para qualquer modalidade criminosa, deverá terminar no prazo de 10 (dez) dias se o indiciado estiver preso em flagrante ou estiver preso preventivamente, ou no prazo de 30 (trinta) dias, quando estiver solto;

d) tem valor probatório relativo, mesmo porque os elementos de informação, no inquérito policial, não são colhidos sob a égide do contraditório e ampla defesa, nem na presença do magistrado.

12. (Ministério Público/SP — 2013) Assinale a alternativa que está em desacordo com disposições do Código de Processo Penal relacionadas com o inquérito policial.

a) Diante de comunicação anônima, noticiando crime de ação penal pública incondicionada, a Autoridade Policial poderá instaurar inquérito policial se constatar a procedência das informações.

b) Nos casos em que a propositura da ação penal pública está condicionada à representação do ofendido, esta também é indispensável para a instauração do inquérito policial.

c) A juízo da Autoridade Policial, diligências que o indiciado e o ofendido reputem úteis ao esclarecimento de fatos apurados no inquérito podem deixar de ser realizadas, a menos que se trate de exame de corpo de delito.

d) A decisão de arquivamento do inquérito policial, fundamentada na atipicidade de conduta, pode ser impugnada pelo ofendido por meio de recurso em sentido estrito.

e) Nos casos de ação penal pública incondicionada, o inquérito policial é dispensável para instruir denúncia, se o Ministério Público dispõe de outros elementos informativos.

13. (Ministério Público/SP — 2015) Assinale a alternativa correta.

a) O sigilo do inquérito pode, em qualquer situação, ser oposto ao advogado do indiciado.

b) O inquérito policial, na atual sistemática processual, é exclusivamente escrito, nos termos dos artigos 9º e 405, § 1º, ambos do Código de Processo Penal.

c) Na investigação criminal assegura-se o contraditório, a ampla defesa e o direito à prova e, por essa razão, não seria razoável que ela fosse atribuída, posto que em casos especiais, àquele que é parte no processo.

d) Nas infrações de menor potencial ofensivo, de ação penal pública condicionada, a investigação — que se dá por meio de termo circunstanciado — prescinde de representação do ofendido.

e) Na Lei dos Juizados Especiais Criminais, o cumprimento do acordo quanto à reparação dos danos importará renúncia ao direito de representação.

14. (Magistratura/SP — 2017) Durante o inquérito, o advogado

a) pode ter delimitado, pela autoridade competente, o acesso aos elementos de prova relacionados a diligências em andamento e ainda não documentadas nos autos, quando houver risco de comprometimento da eficiência, da eficácia ou da finalidade das diligências.

b) pode examinar, em qualquer instituição responsável por conduzir a investigação, mesmo sem procuração, autos de flagrante e de investigações de qualquer natureza, findos ou em andamento, ainda que conclusos à autoridade, mas não pode copiar peças e tomar apontamentos por meio digital.

c) pode assistir a seus clientes investigados durante a apuração de infrações, sob pena de nulidade absoluta do respectivo interrogatório ou depoimento e, subsequentemente, de todos os elementos investigatórios e probatórios dele decorrentes ou derivados, direta ou indiretamente, mas não pode apresentar razões e quesitos.

d) não precisa apresentar procuração para examinar autos sujeitos a sigilo, desde que ainda não conclusos à autoridade.

15. (OAB — 2017.2 — FGV) Paulo foi preso em flagrante pela prática do crime de corrupção, sendo encaminhado para a Delegacia. Ao tomar conhecimento dos fatos, a mãe de Paulo entra, de imediato, em contato com o advogado, solicitando esclarecimentos e pedindo auxílio para seu filho. De acordo com a situação apresentada, com base na jurisprudência dos Tribunais Superiores, deverá o advogado esclarecer que

a) diante do caráter inquisitivo do inquérito policial, Paulo não poderá ser assistido pelo advogado na delegacia.

b) a presença da defesa técnica, quando da lavratura do auto de prisão em flagrante, é sempre imprescindível, de modo que, caso não esteja presente, todo o procedimento será considerado nulo.

c) decretado o sigilo do procedimento, o advogado não poderá ter acesso aos elementos informativos nele constantes, ainda que já documentados no procedimento.

d) a Paulo deve ser garantida, na delegacia, a possibilidade de assistência de advogado, de modo que existe uma faculdade na contratação de seus serviços para acompanhamento do procedimento em sede policial.

16. (Ministério Público/SP — 2017) Assinale a alternativa correta.

a) O inquérito policial, por ser peça informativa, é dispensável para a propositura da ação penal, mas sempre acompanhará a inicial acusatória quando servir de base para a denúncia ou a queixa.

b) A autoridade policial poderá, a seu critério e em qualquer hipótese, nos termos do artigo 7º do Código de Processo Penal, determinar a reprodução simulada dos fatos com as participações obrigatórias do indiciado e do ofendido.

c) Os elementos informativos do inquérito policial servem de base para o oferecimento da denúncia, mas não podem ser considerados para o reconhecimento da procedência ou não da ação penal.

d) O arquivamento do inquérito policial se dá por decisão judicial e impede que a autoridade policial, de ofício, proceda a novas investigações.

e) Nos crimes que dependem de representação, a autoridade policial só poderá instaurar inquérito policial em razão de iniciativa formal do ofendido, seu representante legal ou de procurador com poderes especiais.

■ GABARITO ■

1. "a".
2. "e".

3. "d".
4. "d".
5. "b".
6. "e".
7. "b".
8. "d".
9. "c".
10. "d".
11. "d".
12. "d".
13. "e". De acordo com o art. 75, *caput*, da Lei n. 9.099/95, a representação não é imprescindível para as investigações relacionadas às infrações de menor potencial ofensivo, que somente será colhida *a posteriori*, na audiência preliminar, após infrutífera tentativa de composição civil.
14. "a".
15. "d".
16. "a".

3

DA AÇÃO PENAL

3.1. CONCEITO

É o procedimento judicial iniciado pelo titular da ação quando há indícios de autoria e de materialidade a fim de que o juiz declare procedente a pretensão punitiva estatal e condene o autor da infração penal. Durante o transcorrer da ação penal será assegurado ao acusado pleno direito de defesa, além de outras garantias, como a estrita observância do procedimento previsto em lei, de só ser julgado pelo juiz competente, de ter assegurado o contraditório e o duplo grau de jurisdição etc.

3.1.1. Classificação

O Estado, detentor do **direito** e do **poder** de punir (*jus puniendi*), confere a **iniciativa** do desencadeamento da ação penal a um **órgão público** (Ministério Público) ou à **própria vítima**, dependendo da modalidade de crime praticado. Portanto, para cada delito previsto em lei existe a prévia definição da espécie de ação penal — de iniciativa **pública** ou **privada**. Por isso, **as próprias infrações penais** são divididas entre aquelas de ação pública e as de ação privada.

Ação penal **pública** é aquela em que a iniciativa de seu desencadeamento é **exclusiva** do Ministério Público (órgão público), nos termos do art. 129, I, da Constituição Federal. Em razão disso, havendo indícios de autoria e materialidade colhidos durante as investigações, mostra-se **obrigatório** o oferecimento da **denúncia** (peça inicial neste tipo de ação).

A ação pública apresenta as seguintes modalidades:

a) Incondicionada — o exercício da ação independe de qualquer condição especial.
É a regra no processo penal, uma vez que, **no silêncio da lei**, a ação será pública incondicionada.
b) Condicionada — a propositura da ação penal depende da prévia existência de uma condição especial (**representação da vítima** ou **requisição do Ministro da Justiça**).

A titularidade é ainda do Ministério Público que, todavia, só pode oferecer a denúncia se estiver presente no caso concreto a representação da vítima ou a requisição do Ministro da Justiça, que constituem, assim, **condições de procedibilidade**.

Nesse tipo de ação penal a lei, junto ao próprio tipo penal, necessariamente deve mencionar que "**só se procede mediante representação ou requisição do Ministro da Justiça**".

Ação penal **privada** é aquela em que a iniciativa da propositura da ação é conferida à vítima. A peça inicial se chama **queixa-crime**.

Subdivide-se em:

a) Exclusiva — a iniciativa da ação penal é da vítima, mas, se esta for menor ou incapaz, a lei permite que a ação seja proposta pelo representante legal. Em caso de morte da vítima, a ação poderá ser proposta por seus sucessores (cônjuge, companheiro, ascendente, descendente ou irmão) e, se a ação já estiver em andamento por ocasião do falecimento, poderão eles prosseguir na ação.

Nesse tipo de delito, a lei expressamente menciona que **somente se procede mediante queixa**.

b) Personalíssima — a ação só pode ser proposta pela vítima. Se ela for menor, deve-se aguardar que complete 18 anos. Se for doente mental, deve-se aguardar eventual restabelecimento. Em caso de morte, a ação não pode ser proposta pelos sucessores. Se já tiver sido proposta na data do falecimento, a ação se extingue pela impossibilidade de sucessão no polo ativo.

Nesse tipo de infração a lei esclarece que **somente se procede mediante queixa do ofendido**.

c) subsidiária da pública — é a ação proposta pela vítima em crime de ação pública, possibilidade que só existe quando o Ministério Público, dentro do prazo que a lei lhe confere, não apresenta qualquer manifestação.

Todas as modalidades de ação penal serão **detalhadamente** analisadas adiante.

Observação: Não existe em nosso ordenamento jurídico nenhuma hipótese de ação penal **popular** em que a lei confira a todo e qualquer cidadão o direito de dar início a uma ação para apurar ilícito penal, ainda que contra representantes políticos. Eventual aprovação de lei nesse sentido seria taxada de inconstitucional por ofensa ao art. 129, I, da Constituição, de modo que apenas por Emenda Constitucional seria possível tal providência.

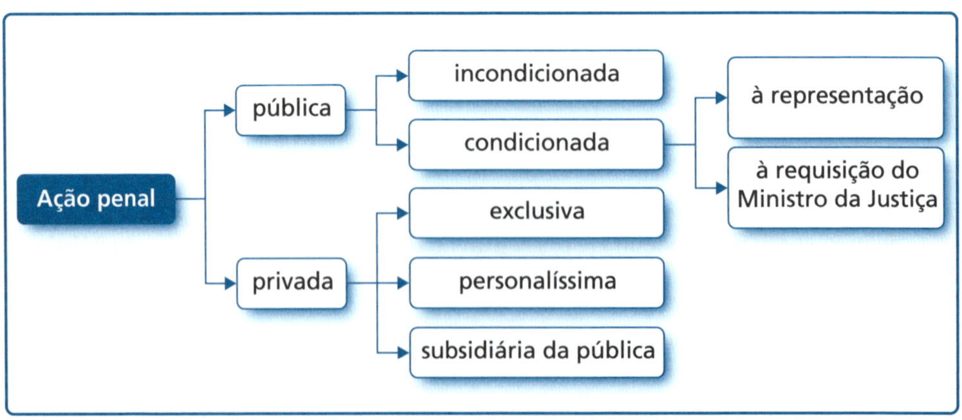

3.1.2. Condições gerais da ação

São condições que devem estar presentes para a propositura de **toda e qualquer ação penal**. Podemos assim elencá-las:

a) Legitimidade de parte. Se a ação for pública, deve ser proposta pelo Ministério Público, e, se for privada, pelo ofendido ou por seu representante legal.

O acusado deve ser maior de 18 anos e ser pessoa física, pois, salvo nos crimes ambientais, pessoa jurídica não pode figurar no polo passivo de uma ação penal, pois, em regra, não comete crime.

Os inimputáveis por doença mental ou por dependência em substância entorpecente podem figurar no polo passivo da ação penal, pois, se provada a acusação, serão absolvidos, mas com aplicação de medida de segurança ou sujeição a tratamento médico para a dependência.

b) Interesse de agir. Para que a ação penal seja admitida é necessária a existência de indícios suficientes de autoria e de materialidade a ensejar sua propositura. Além disso, é preciso que não esteja extinta a punibilidade pela prescrição ou qualquer outra causa.

c) Possibilidade jurídica do pedido. No processo penal o pedido que se endereça ao juízo é o de condenação do acusado a uma **pena** ou **medida de segurança**. Para ser possível requerer a condenação é preciso que o fato descrito na denúncia ou queixa seja típico, ou seja, que se mostrem presentes todas as elementares exigidas na descrição abstrata da infração penal.

> **Observação:** Além dessas condições gerais, algumas espécies de ação penal exigem condições específicas, como a ação pública condicionada, que pressupõe a existência de **representação da vítima** ou de **requisição do Ministro da Justiça**.

Além dessas, podem ainda ser mencionadas outras condições (de procedibilidade) específicas:

> **a) a entrada do autor da infração no território nacional**, nas hipóteses de extraterritorialidade da lei penal brasileira previstas nos §§ 2º e 3º, do art. 7º, do Código Penal. Exs.: crimes praticados por brasileiro no exterior ou por estrangeiro contra um brasileiro fora do Brasil. Ressalte-se, porém, que o ingresso no território nacional é apenas um dos requisitos para a incidência da lei brasileira (ver comentários aos artigos citados);
>
> **b) autorização da Câmara dos Deputados** para a instauração de processo criminal contra o Presidente da República, Vice-Presidente ou Ministros de Estado, perante o Supremo Tribunal Federal (art. 51, I, da CF).

Desde o advento da Emenda Constitucional n. 35/2001, o desencadeamento de ação penal contra Senadores da República e Deputados Federais e Estaduais dispensa a prévia autorização da respectiva Casa Legislativa.

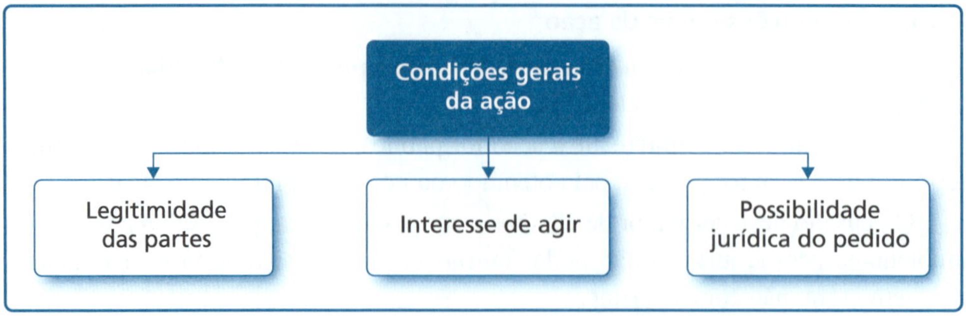

■ 3.2. PRINCÍPIOS DA AÇÃO PENAL

Os **princípios**, desde os primórdios do direito processual penal, constituem importantes instrumentos para que os julgadores balizem suas decisões e também para que o legislador atue dentro de determinados parâmetros na elaboração das leis.

Trata-se de diretrizes genéricas que servem para definir limites, fixar paradigmas ou o alcance das leis, bem como para auxiliar em sua interpretação.

Na elaboração da Carta Magna de 1988, nossos constituintes elegeram alguns princípios processuais penais, muitos deles já consagrados doutrinária e jurisprudencialmente, e os inseriram no texto constitucional. Passaram, então, a ser "princípios *constitucionais* do processo penal" e, por isso, impedem que qualquer lei que os afronte tenha eficácia.

Desse modo, quando a Constituição foi promulgada, vários dispositivos do Código de Processo Penal deixaram de ter aplicação porque não foram recepcionados pela nova ordem jurídica. Podemos citar como exemplo o art. 393, II, do CPP, que determinava ao juiz que lançasse o nome do réu no rol dos culpados logo com a prolação da sentença de 1ª instância, o que acabou se tornando inviável a partir da consagração do princípio constitucional da presunção de inocência, segundo o qual o acusado só pode ser considerado culpado **após o trânsito em julgado da sentença condenatória** (art. 5º, LVII, da CF).

Observação: Os dispositivos do Código de Processo Penal, aprovado em 1941, que eram incompatíveis com os princípios constitucionais da Carta de 1988, foram revogados por leis posteriores ou deixaram de ser aplicados em razão de decisões ou súmulas de nossos tribunais superiores.

Importante, ainda, salientar que o legislador, sempre que aprovar novas leis processuais penais, deverá dimensioná-las dentro dos limites de referidos princípios, sob pena de serem taxadas de inconstitucionais.

Existem, ainda, diversos princípios do processo penal que não possuem força constitucional, mas que também constituem relevante fonte de interpretação sobre o alcance e a correta aplicação das leis.

■ 3.2.1. Princípios constitucionais da ação penal

■ Princípio do juiz natural

> **Art. 5º**, LIII, da CF — Ninguém será processado nem **sentenciado** senão pela autoridade competente.

Ao dispor que ninguém será sentenciado senão pela autoridade competente, a Constituição determina a existência de regramento prévio em relação à divisão de competência entre os juízes, de tal modo que, com o cometimento de uma infração penal, seja imediatamente possível saber a qual juízo incumbirá o julgamento. Caso haja mais de um juiz igualmente competente, deverá ser realizada a distribuição, com sorteio aleatório dos autos a um deles.

O julgamento feito por juízo **absolutamente** incompetente gera a nulidade da ação (art. 564, I, do CPP).

O art. 5º, XXXVII, da Constituição veda ainda juízos ou tribunais de exceção, ou seja, formados temporariamente para julgar caso ou casos específicos após o delito ter sido praticado.

O Supremo Tribunal Federal entende que **não** fere o princípio do juiz natural o deslocamento de ação penal já em andamento em razão **da criação de vara especializada** (que julgará todos os delitos de determinada natureza, por exemplo) ou **pela criação de nova Comarca**. A propósito: "nova circunscrição. A atuação do Tribunal do Júri é norteada pelo princípio segundo o qual o réu deve ser julgado pelos concidadãos (pares). Esta peculiaridade transmuda a espécie de incompetência, excepcionando a regra referente à definida a partir do elemento territorial. De relativa, passa a absoluta. Desdobrada a área geográfica de um certo Tribunal do Júri, criando-se um outro, para este devem ser remetidos os processos em curso, pouco importando a fase em que se encontrem" (HC 71.810/DF — 2ª Turma — Rel. Min. Marco Aurélio — *DJ* 27.09.1994 — p. 32.302). Em relação às varas especializadas, veja-se: "I — O provimento apontado como inconstitucional especializou vara federal já criada, nos exatos limites da atribuição que a Carta Magna confere aos Tribunais. II — Não há violação aos princípios constitucionais do devido processo legal, do juiz natural e da *perpetuatio jurisdictionis*, visto que a leitura interpretativa do art. 96, I, *a*, da Constituição Federal, admite que haja alteração da competência dos órgãos do Poder Judiciário por deliberação dos Tribunais. Precedentes. III — O tema pertinente à organização judiciária não está restrito ao campo de incidência exclusiva da lei, uma vez que depende da integração de critérios preestabelecidos na Constituição, nas leis e nos regimentos internos dos Tribunais (Informativo 506 do STF). IV — Ordem denegada" (HC 96.104/MS — 1ª Turma — Rel. Min. Ricardo Lewandowski — *DJe*-145 — p. 697).

Há também deslocamento de competência quando pessoa que está sendo processada assume cargo ou função para a qual exista foro **especial**, ou na situação **inversa**. Ex.: réu em ação penal que é nomeado Ministro ou eleito Deputado Federal. Os autos devem ser encaminhados ao Supremo Tribunal Federal para prosseguimento. Por sua vez, se o sujeito deixa o cargo ou função, a ação que tramitava perante o Tribunal deve ser remetida ao juízo inferior. São regras especiais que não ofendem o princípio do juiz natural.

No rito do Júri, o **desaforamento** do julgamento não fere o princípio do juiz natural, na medida em que a transferência do julgamento se dá por razões relevantes previamente estipuladas no texto legal (arts. 427 e 428 do CPP): dúvida sobre a imparcialidade do Júri, segurança do acusado, demora superior a 6 meses na realização do julgamento.

■ Princípio do promotor natural

> **Art. 5º**, LIII, da CF — Ninguém será **processado** nem sentenciado senão pela autoridade competente.

Praticada a infração penal, é necessário que já se saiba qual órgão do **Ministério Público** será o responsável pela acusação. É vedada, portanto, a designação aleatória de promotor para atuar em caso específico. Tal regra, porém, veda apenas a designação de promotor para apreciar o **mérito** de determinado delito, sendo possível à chefia da Instituição designar promotor para acompanhar as investigações, desde que, posteriormente, o inquérito seja remetido ao promotor natural ou que a ação penal seja promovida em conjunto por este e pelo designado, desde que com a anuência do primeiro.

A **prévia** criação de grupos especializados não fere o princípio em estudo, pois estes atuam de acordo com regras anteriores à prática do delito. Ademais, a atuação é genérica, isto é, voltada indistintamente aos crimes de determinada espécie (grupo de combate à sonegação fiscal, ao tráfico de drogas etc.).

■ Princípio do devido processo legal

> **Art. 5º**, LIV, da CF — Ninguém será privado da liberdade ou de seus bens sem o devido processo legal.

Para toda espécie de crime deve existir lei regulamentando o procedimento para a sua apuração. Esse procedimento descrito em lei, por se tratar de matéria de **ordem pública**, não pode ser modificado pelas partes, que também não podem optar por procedimento diverso daquele previsto.

A finalidade do dispositivo constitucional é estabelecer que o descumprimento das formalidades legais pode levar à nulidade da ação penal, cabendo aos tribunais definir quando esse *error in procedendo* constitui nulidade **absoluta** ou **relativa**. As hipóteses de nulidade serão analisadas oportunamente em relação a cada um dos atos processuais, mas podemos elencar como exemplos de nulidade absoluta, pela inobservância do devido processo penal: vícios na citação do réu; inversão na ordem dos atos processuais (ex.: réu ouvido antes das testemunhas); adoção, por engano, de rito diverso daquele estabelecido em lei; não observância da fase da resposta escrita para a defesa no rito ordinário ou sumário; condenação por fato criminoso diverso daquele narrado na denúncia sem que tenha havido aditamento etc.

■ Princípio da vedação da prova ilícita

> **Art. 5º**, LVI — São inadmissíveis, no processo, as provas obtidas por meios ilícitos.

De acordo com o art. 157 do Código de Processo Penal, com a redação que lhe foi dada pela Lei n. 11.690/2008, **as provas ilícitas devem ser desentranhadas, assim entendidas aquelas obtidas com violação a preceitos constitucionais ou legais, bem como aquelas que lhe são derivadas**. Esse tema será analisado de forma aprofundada por ocasião do estudo do título "Das Provas".

■ Princípio da presunção de inocência

> **Art. 5º**, LVII, da CF — Ninguém será considerado culpado até o trânsito em julgado de sentença penal condenatória.

Apenas quando não forem cabíveis mais recursos contra a sentença condenatória é que o réu poderá ser considerado culpado. Referido princípio, como se verá, **não é absoluto**, pois a própria Constituição permite a prisão provisória antes da condenação, desde que preenchidos os requisitos legais (art. 5º, LXI).

■ Regressão de regime pela prática de novo crime

O art. 118, I, da Lei de Execuções Penais (Lei n. 7.210/84) estabelece a regressão de regime carcerário ao preso que, durante a execução da pena, **venha a cometer fato definido como crime doloso**. O Supremo Tribunal Federal, entendendo que se trata de sanção disciplinar que poderia tornar-se inócua se fosse necessário aguardar a condenação por este novo crime, diz que não fere o princípio da presunção de inocência a decretação imediata da regressão. Nesse sentido: "II — A prática de 'fato definido como crime doloso', para fins de aplicação da sanção administrativa da regressão, não depende de trânsito em julgado da ação penal respectiva. III — A natureza jurídica da regressão de regime lastreada nas hipóteses do art. 118, I, da Lei de Execuções Penais é sancionatória, enquanto aquela baseada no inciso II tem por escopo a correta individualização da pena. IV — A regressão aplicada sob o fundamento do art. 118, I, segunda parte, não ofende ao princípio da presunção de inocência ou ao vetor estrutural da dignidade da pessoa humana" (HC 93.782/RS — 1ª Turma — Rel. Min. Ricardo Lewandowski — *RTJ 207-01* — p. 369). Em maio de 2015, o Superior Tribunal de Justiça aprovou a Súmula n. 526 nesse sentido: "O reconhecimento de falta grave decorrente do cometimento de fato definido como crime doloso no cumprimento da pena prescinde do trânsito em julgado de sentença penal condenatória no processo penal instaurado para apuração do fato".

■ Descabimento da suspensão condicional do processo ao réu que esteja sendo processado

Da mesma maneira entendeu o Supremo que pode o legislador negar benefício a acusado que esteja sendo processado por outro crime, tal como ocorre com a suspensão condicional do processo que, nos termos do art. 89 da Lei n. 9.099/95, mostra-se incabível quando o réu possui outro processo em andamento: "1. Nos termos do art. 89 da L. 9.099/95 — cuja constitucionalidade foi reconhecida pelo plenário, em 16.12.99, no RHC 79.460, Nelson Jobim, *DJ* 18.5.01 — não cabe a suspensão condicional do processo quando o acusado esteja sendo processado ou já tiver sido condenado por outro crime" (HC 85.106/SP — 1ª Turma — Rel. Min. Sepúlveda Pertence — *DJ* 04.03.2005 — p. 23).

■ Princípios do contraditório e da ampla defesa

> **Art. 5º**, LV, da CF — Aos litigantes, em processo judicial ou administrativo, e aos acusados em geral são assegurados o contraditório e ampla defesa, com os recursos a ela inerentes.

Em decorrência do princípio do **contraditório** as partes devem ser ouvidas e ter oportunidades de manifestação em **igualdade** de condições, tendo **ciência bilateral** dos atos realizados e dos que irão se realizar, bem como oportunidade para produzir prova em sentido contrário àquelas juntadas aos autos. A fim de realçar a garantia constitucional em questão, os arts. 9º e 10 do Novo Código de Processo Civil, que se aplicam ao processo penal, estabelecem o dever de o juiz propiciar às partes o contraditório **prévio** em relação a qualquer matéria que deva decidir, ainda que se trate de tema do qual deva conhecer de ofício. Essas disposições, que têm como vértice propiciar que os litigantes influam na decisão que será tomada, não se aplicam aos casos urgentes e àqueles em que a prévia discussão acarretar perigo de ineficácia da prestação jurisdicional.

No Código de Processo Penal podemos encontrar diversos dispositivos que refletem a aplicação do princípio do contraditório. São exemplos:

a) O art. 155, *caput*, que diz que "o juiz formará sua livre apreciação da prova produzida em contraditório judicial, não podendo fundamentar sua decisão exclusivamente nos elementos informativos colhidos na investigação...".

A condenação não pode se pautar somente em prova colhida durante o **inquérito** porque, neste, não vigora o princípio do contraditório.

b) O *art. 479*, que *prevê que durante o julgamento no Plenário do Júri a parte não poderá ler documento ou exibir objeto que não tenha sido juntado aos autos com antecedência mínima de 3 dias úteis*, para que, previamente, se possa dar ciência à outra parte. A finalidade é exatamente garantir a possibilidade do contraditório, evitando-se que a parte contrária seja surpreendida com o novo documento ou objeto.

c) O art. 282, § 3º, que dispõe que o juiz, ao receber pedido de aplicação *de medida cautelar pessoal, deve determinar a intimação da outra parte, acompanhada de cópia do requerimento e das peças necessárias, para que possa apresentar seus fundamentos em sentido contrário*. Esta oitiva prévia, entretanto, será incabível, conforme ressalva o próprio texto legal, se houver urgência ou perigo de ineficácia como consequência da oitiva prévia. Além disso, podemos ressaltar, como decorrência do princípio do contraditório, a possibilidade de **reperguntas** às testemunhas da parte contrária ou ao réu em seu interrogatório (art. 212 do CPP), a possibilidade de requerimento de novas diligências cuja necessidade se origine de circunstâncias ou fatos apurados na instrução (art. 402 do CPP), a necessidade de apresentação de resposta escrita logo após o recebimento da denúncia (art. 396 do CPP) etc.

Por seu turno, o princípio da **ampla defesa** obriga o juiz a observar o pleno direito de defesa aos acusados em ação penal. Em razão disso, ainda que o réu diga que não quer ser defendido, o juiz deverá nomear-lhe defensor. Ademais, se o advogado, ainda que constituído, apresentar defesa **insuficiente**, o juiz deverá declarar o réu indefeso e dar a ele prazo para constituir novo defensor, sob pena de nulidade do julgamento. Segundo a Súmula n. 523 do Supremo Tribunal Federal, "no processo penal, a falta de defesa constitui nulidade absoluta, mas a sua deficiência só o anulará se houver prova de prejuízo para o réu". Note-se: a **insuficiência** de defesa equivale à falta desta e gera a nulidade (caso não nomeado outro defensor), já a **deficiência** de defesa só gera a nulidade se comprovado o prejuízo.

A Constituição prevê, ainda, que é dever do Estado prestar assistência jurídica integral e gratuita aos necessitados (art. 5º, LXXIV).

Além da defesa **técnica**, que é **obrigatória**, por meio de advogado constituído ou defensor nomeado pelo juiz (dativo ou público) é possível, ainda, a **autodefesa**, que é aquela exercida **diretamente** pelo acusado ao ser ouvido pessoalmente em interrogatório ou por meio de instruções que fornece ao seu defensor durante os atos processuais nos quais tem direito de estar presente. O réu, todavia, **pode** abrir mão da autodefesa, já que tem o direito de se tornar revel ou de permanecer calado no interrogatório.

Por sua vez, mesmo que o réu confesse integralmente o crime, as testemunhas terão ainda de ser ouvidas, para que o juiz verifique se a confissão é mesmo verdadeira.

Outra manifestação do princípio em análise consiste na regra de a defesa apresentar seus argumentos **por último**, ou seja, após a acusação, quer nos debates em audiência, quer no Plenário do Júri.

É evidente que o princípio da ampla defesa encontra **restrições**, no próprio corpo da Constituição, quando **veda as provas ilícitas** ainda que em prol do réu (art. 5º, LVI), e na legislação comum, quando decreta a preclusão de atos processuais em razão do não exercício do direito dentro do prazo. Exs.: não apresentar o recurso dentro do prazo previsto em lei; não arrolar testemunhas no prazo da resposta escrita; não juntar os documentos e objetos que pretende apresentar no julgamento em Plenário com até 3 dias úteis de antecedência etc.

> **Observação:** Conforme se verá no capítulo próprio, tem-se admitido, **excepcionalmente**, o uso de prova de origem ilícita quando esta for a única capaz de gerar a absolvição do réu.

A regra do art. 366 do Código de Processo Penal, que determina a suspensão do processo e do prazo prescricional se o réu for citado por edital, não comparecer em juízo e não nomear defensor, é corolário do princípio da ampla defesa, pois, com a citação editalícia, não existe a certeza de que o acusado teve efetiva ciência da acusação e, com isso, ficaria ele tolhido da oportunidade de fazer sua autodefesa e de fornecer elementos de prova ao seu advogado para a defesa técnica (indicar testemunhas ou documentos etc.) caso a ação penal prosseguisse (o que só ocorrerá quando for encontrado ou nomear defensor).

■ Princípio do privilégio contra a autoincriminação (*nemo tenetur se detegere*)

De acordo com esse princípio, o Poder Público não pode **constranger** o indiciado **ou** acusado **a cooperar** na investigação penal ou **a produzir provas contra si próprio**. É evidente que o indiciado ou réu **não** estão proibidos de confessar o crime ou de apresentar provas que possam incriminá-lo. Eles apenas não podem ser **obrigados** a fazê-lo e, da recusa, não podem ser extraídas consequências negativas no campo da convicção do juiz. Além disso, não se pode decretar a prisão preventiva com o argumento de que o indiciado não está cooperando com as investigações porque ele não é obrigado a fazê-lo. Ao contrário, a prisão cautelar será possível se ele estiver, **ativamente**, atrapalhando a coleta das provas. As hipóteses são diferentes.

A Constituição Federal, em seu art. 5º, LXIII, estabelece que o réu **tem o direito de permanecer calado**. O art. 186, parágrafo único, do Código de Processo Penal, por sua vez, complementa essa regra estabelecendo que **o silêncio não importará em confissão e não poderá ser interpretado em prejuízo da defesa, devendo o acusado ser alertado desse direito de permanecer calado antes do interrogatório**.

O art. 8º, § 2, *g*, da **Convenção Americana de Direitos Humanos** (Pacto de São José da Costa Rica), à qual o Brasil aderiu por meio do Decreto n. 678/92, dispõe que toda pessoa acusada da prática de infração penal tem **o direito de não ser obrigada a depor contra si mesma, nem a confessar-se culpada.** O mesmo diz o art. 14, 3, *g*, do **Pacto Internacional sobre direitos Civis e Políticos**, em relação ao qual houve adesão pátria pelo Decreto n. 592/92.

Apesar de esses dispositivos se referirem **de modo expresso** apenas à não obrigatoriedade de produzir prova **oral** contra si mesmo, o Supremo Tribunal Federal, baseado no princípio da ampla defesa, deu interpretação ampliativa à norma, no sentido de que o acusado não é obrigado a **produzir** qualquer tipo de prova que possa levar à própria incriminação. Não pode, portanto, ser forçado a participar ativamente de qualquer produção de prova, como por exemplo, da reconstituição dos fatos criminosos, ao fornecimento de material grafotécnico para confronto etc. Também não pode ser obrigado a fornecer partes de seu corpo (sangue para exame de dosagem alcoólica em crime de embriaguez ao volante; esperma para exame de DNA em crime de estupro etc.).

O acusado pode ainda, sem receio de ser processado por **perjúrio**, **mentir** a respeito dos fatos em seu interrogatório, uma vez que a lei penal não pune réus por crime de falso testemunho. Não pode, entretanto, prejudicar terceiros, já que existe a possibilidade de responder por **denunciação caluniosa**. Assim, no que diz respeito ao seu **depoimento**, o acusado pode se calar ou mentir. Em relação à realização de outros atos que possam levar à sua incriminação, o acusado não está obrigado a cooperar, podendo até destruir provas **que lhe pertencem** (ex.: o seu próprio computador onde guarda arquivos pessoais que podem incriminá-lo se o juiz decretar a busca e apreensão). O réu, contudo, não tem o direito de destruir provas que não lhe pertencem ou de alterar a cena do crime, podendo até ser responsabilizado, conforme o caso, por crime de **destruição de documento** (art. 337 do CP) ou **fraude processual** (art. 347 do CP), sem prejuízo da decretação da prisão preventiva nos autos originários.

Em resumo, pelo princípio em análise, o réu tem o direito de:

a) permanecer em silêncio e, portanto, de não confessar;

b) não colaborar com a investigação ou com a instrução;

c) mentir em seu interrogatório;

d) não apresentar provas que o prejudiquem;

e) não participar ativamente de ato destinado à produção de prova;

f) não fornecer partes de seu corpo para exame.

O Supremo Tribunal Federal, no julgamento do HC 96.219, relatado pelo Min. Celso de Mello, assim se manifestou: "**Não custa rememorar** que aquele **contra** quem foi instaurada **persecução penal tem**, dentre **outras** prerrogativas básicas, **o direito de permanecer** em silêncio (**HC 75.257/RJ**, Rel. Min. Moreira Alves — **HC 75.616/SP**, Rel. Min. Ilmar Galvão — **HC 78.708/SP**, Rel. Min. Sepúlveda Pertence — **HC 79.244/DF**, Rel. Min. Sepúlveda Pertence — **HC 79.812-MC/SP**, Rel. Min. Celso de Mello — **RE 199.570/MS**, Rel. Min. Marco Aurélio), **de não produzir** elementos de incriminação **contra** si próprio, **de não ser compelido** a apresentar provas que lhe comprometam a defesa **nem constrangido** a participar, ativa **ou** passivamente, de procedimentos probatórios **que lhe possam afetar** a esfera jurídica, **tais como** a reprodução simulada do evento delituoso (**HC 69.026/DF**, Rel. Min. Celso de Mello — **RHC 64.354/SP**, Rel. Min. Sydney Sanches) **e** o fornecimento de padrões gráficos (**HC 77.135/SP**, Rel. Min. Ilmar Galvão) **ou** de padrões vocais (**HC 83.096/RJ**, Rel. Min. Ellen Gracie), **para efeito** de perícia criminal, **consoante adverte** a jurisprudência **desta** Suprema Corte".

Entendemos, por fim, que o acusado não pode se recusar a ser submetido a reconhecimento, já que, nesta situação, não está ele colaborando com a prova, mas apenas ficando na presença da vítima que, aliás, pode não o reconhecer, prova esta que lhe será cabalmente favorável. Aliás, prevê expressamente o art. 260 do CPP que, se o acusado não atender à intimação para interrogatório, **reconhecimento** ou qualquer outro ato que, sem ele, não possa ser realizado, a autoridade mandará conduzi-lo à sua presença. Lembre-se, nesse momento, da regra constitucional segundo a qual "ninguém será obrigado a fazer ou deixar de fazer alguma coisa senão em virtude de lei" (art. 5º, II, da CF) e, neste particular, existe texto de lei expresso determinando a possibilidade de condução coercitiva para o ato de reconhecimento.

■ Princípio da publicidade

> a) **Art. 5º**, LX, da CF — A lei só poderá restringir a publicidade dos atos processuais quando a defesa da intimidade ou o interesse social o exigirem.
> b) **Art. 93**, IX, da CF — Todos os julgamentos dos órgãos do Poder Judiciário serão **públicos**, e fundamentadas todas as decisões, sob pena de nulidade, podendo a lei limitar a presença, em determinados atos, às próprias partes e a seus advogados, ou somente a estes, em casos nos quais a preservação do direito à intimidade do interessado no sigilo não prejudique o interesse público à informação.

Em razão desse princípio, as **audiências** devem ser feitas com as **portas abertas** e qualquer pessoa pode assisti-las. A consulta aos autos também é pública, bem como a obtenção de certidões. Assegura-se, ainda, aos órgãos de imprensa o direito de informar o andamento das ações penais e o resultado das provas colhidas, bem como o teor do julgamento. Não se tem reconhecido, porém, o direito de gravação e transmissão integral pela imprensa de audiências de instrução e de julgamentos em Plenário do Júri, com o argumento de que prejudicariam o bom andamento dos atos processuais e a isenção daqueles que dele participam. Com efeito, é possível que uma testemunha, ciente de que a opinião pública está fortemente abalada com o crime que se atribui ao réu, ao saber que seu depoimento está sendo filmado, exagere em suas declarações contra o acusado.

Note-se, ainda, que a própria Constituição diz que a **lei** pode restringir a publicidade dos atos processuais, porém a legislação substabelece esse poder ao **juiz**, que, no caso concreto, é quem pode apreciar a necessidade da restrição, salvo nos crimes contra a **dignidade sexual** (estupro, violação sexual mediante fraude etc.) em que o art. 234-B do Código Penal estabelece o segredo de justiça como regra.

O art. 792, § 1º, do CPP dispõe que, "se da publicidade da audiência, da sessão ou do ato processual, puder resultar escândalo, inconveniente grave ou perigo de perturbação da ordem, o **juiz**, ou o **tribunal**, **câmara**, ou **turma**, poderá, de ofício, ou a requerimento da parte ou do Ministério Público, determinar que o ato seja realizado a portas fechadas, limitando-se o número de pessoas que possam estar presentes".

Por sua vez, o art. 201, § 6º, do mesmo Código, prevê que "o **juiz** tomará as providências necessárias à preservação da intimidade, da vida privada, honra e imagem do ofendido, podendo, inclusive, determinar o segredo de justiça, em relação aos dados, depoimentos e outras informações constantes dos autos a seu respeito para evitar sua exposição aos meios de comunicação".

■ Princípio da razoável duração do processo

> **Art. 5º**, LXXVIII, da CF — A todos, no âmbito judicial e administrativo, são assegurados a razoável duração do processo e os meios que garantam a celeridade de sua tramitação.

Este princípio assegura às partes o direito de obter provimento jurisdicional em **prazo razoável** e de dispor de meios que **garantam a celeridade** da tramitação do processo. Decorre da circunstância de que o processo é **instrumento** para aplicação efetiva do direito material, razão pela qual sua existência não pode se eternizar ou ser demasiado longa, sob pena de esvaziamento de sua finalidade.

Como consequência desse princípio, podemos apontar o poder do juiz de **indeferir** as provas consideradas **irrelevantes**, **impertinentes** ou **protelatórias** (art. 400, § 1º, do CPP).

A propósito, veja-se: "*Habeas corpus*. Processual penal. Alegação de demora na realização do julgamento de mérito de *habeas corpus* no Superior Tribunal de Justiça. Afronta ao princípio constitucional da duração razoável do processo. Constrangimento ilegal caracterizado. Ordem deferida. 1. A comprovação de excessiva demora na realização do julgamento de mérito do *habeas corpus* impetrado no Superior Tribunal de Justiça configura constrangimento ilegal, por descumprimento da norma constitucional da razoável duração do processo (art. 5º, inc. LXXVIII, da Constituição da República), viabilizando, excepcionalmente, a concessão de *habeas corpus*. 2. Deferimento da ordem, para determinar à autoridade impetrada que apresente o *habeas corpus* em mesa, na primeira sessão da Turma em que oficia, subsequente à comunicação da presente ordem (art. 664 do Código de Processo Penal c/c art. 202 do regimento interno do Superior Tribunal de Justiça)" (STF — HC 91.986/RS — 1ª Turma — Rel. Min. Cármen Lúcia — *DJ* 31.10.2007 — p. 92).

■ Princípio da motivação das decisões judiciais

> **Art. 93**, IX, da CF — Todos os julgamentos dos órgãos do Poder Judiciário serão públicos, e **fundamentadas** todas as decisões, sob pena de nulidade, ...

É evidente que em um Estado de Direito os juízes devem expor as razões **de fato** e **de direito** que os levaram a determinada decisão. O texto constitucional é claro em salientar a **nulidade** da sentença cuja fundamentação seja deficiente.

Tal deficiência é nítida quando o juiz utiliza argumentos genéricos, sem apontar nos autos as provas específicas que o levaram à absolvição ou condenação ou ao reconhecimento de qualquer circunstância que interfira na pena. Não pode o juiz se limitar a dizer, por exemplo, que a prova é robusta e, por isso, embasa a condenação. Deve apontar especificamente na sentença quais são e em que consistem estas provas.

■ Princípio da imparcialidade do juiz

Esse princípio, além de previsto no artigo 8.1 da Convenção Americana sobre Direitos Humanos e no artigo 14.1 do Pacto Internacional sobre Direitos Civis e Políticos — diplomas que integram o ordenamento jurídico brasileiro —, decorre da própria natureza da função jurisdicional, que tem na imparcialidade sua razão de existir. O texto constitucional, ademais, consagra implicitamente esse princípio por meio de dispositivos que visam assegurar a imparcialidade do juiz, conferindo aos magistrados garantias como vitaliciedade, inamovibilidade e irredutibilidade de subsídios a fim de que possam decidir sem sofrer pressões.

Por sua vez, os arts. 254 e 255 do Código de Processo Penal preveem hipóteses em que o juiz pode ser afastado da causa, a fim de se garantir a imparcialidade, quando houver situação de **suspeição** ou **impedimento**.

Tendo em vista a imparcialidade com que devem agir os juízes e também em atenção ao princípio do contraditório, os magistrados devem dar às partes tratamento igualitário (**princípio da igualdade das partes**).

■ Princípio do duplo grau de jurisdição

Esse princípio não está descrito de forma expressa na Constituição, mas é facilmente percebido, posto que a Carta Magna regulamenta a **competência recursal** dos diversos órgãos do Poder Judiciário em seus arts. 102, II e III; 105, II e III; 108, II, e 125, § 1º.

Por este princípio as partes têm direito a uma nova apreciação, total ou parcial, da causa, por órgão superior do Poder Judiciário.

Não significa, entretanto, que todas as pessoas condenadas necessariamente devem ter suas causas reapreciadas. O duplo grau de jurisdição é **direito** das partes, que, todavia, devem manifestar **interesse** na reanálise do feito por meio da interposição do recurso. Além disso, uma vez interposto, só será conhecido e julgado se presentes os requisitos exigidos para o seu cabimento na legislação processual: tempestividade, legitimidade, interesse etc.

As pessoas que gozam de foro especial, por prerrogativa de função, são julgadas em **única** instância pelo Tribunal, não havendo ofensa ao princípio do duplo grau de jurisdição porque a **própria Constituição** prevê o julgamento em única instância por órgão colegiado do Poder Judiciário. Há inúmeros julgados do Supremo Tribunal Federal e do Superior Tribunal de Justiça nesse sentido: "Constitucional, Competência por prerrogativa de função. Arts. 5º, LIV, e 96, III da CF. Exame da causa pelo órgão colegiado. Intenta reconhecimento ao direito de apelação. Inexistência de ofensa ao princípio do duplo grau de jurisdição. Ausência dos pressupostos ensejadores do mandado de injunção. Precedentes. Mandado de injunção não conhecido" (MI 635-1/DF — Rel. Min. Nelson Jobim — *DJ* 25.10.2002).

■ Princípio da iniciativa das partes

Segundo esse princípio, o juiz **não pode dar início à ação penal**. Antes da promulgação da Constituição de 1988, existiam os chamados processos **judicialiformes** em que o magistrado, mediante portaria, dava início à ação penal para apurar contravenções penais (art. 26 do CPP) e crimes de homicídio ou lesão corporal culposos (art. 1º da Lei n. 4.611/65). É evidente que esses dispositivos não foram recepcionados pela Constituição, posto que o art. 129, I, da Constituição Federal conferiu ao Ministério Público a titularidade exclusiva para a iniciativa da ação nos crimes de ação pública.

Nos crimes de ação privada exclusiva não existe previsão específica no texto constitucional, mas é evidente que o juiz não pode dar início à ação neste tipo de delito por absoluta falta de legitimidade e interesse de agir.

■ Princípio da intranscendência

O art. 5º, XLV, da Constituição dispõe que a pena **não pode passar da pessoa do condenado**, podendo a obrigação de reparar o dano e a decretação do perdimento de bens ser, nos termos da lei, estendidas aos sucessores e contra eles executadas até o limite do valor do patrimônio transferido (art. 5º, XLV, da CF). Em suma, pelo princípio da intranscendência a pena aplicada só pode ser cumprida pela pessoa condenada, não podendo ser transferida a algum dos sucessores ou coautores do delito. Assim, por lógica, a ação penal só pode ser desencadeada contra os autores, coautores e partícipes da infração, e não contra seus representantes legais ou sucessores.

3.2.2. Demais princípios da ação penal

Veremos agora alguns princípios que não constam expressa ou implicitamente do texto constitucional, mas que se revestem de similar relevância.

Princípio da verdade real

O processo penal busca desvendar como os fatos efetivamente se passaram, não admitindo **ficções** e **presunções** processuais, diferentemente do que ocorre no processo civil.

Em atenção ao princípio da verdade real, ainda que o réu seja revel, será necessário que a acusação faça prova cabal do fato imputado para que haja condenação. Também em razão desse princípio, ainda que se tenha adotado o sistema acusatório, pode o juiz determinar, **de ofício**, a produção de provas que entenda necessárias para dirimir dúvidas sobre ponto relevante (art. 156 do CPP).

O princípio da verdade real encontra, todavia, algumas limitações, como, por exemplo, a vedação do uso de prova ilícita e da revisão criminal *pro societate* — se após a absolvição transitar em julgado surgirem provas fortíssimas contra o réu, a decisão, ainda assim, não poderá ser revista.

Princípio da oficiosidade ou do impulso oficial

Apesar de a iniciativa da ação ser do Ministério Público ou do ofendido, não é necessário que, ao término de cada fase processual, requeiram que se passe à próxima. Pelo princípio do impulso oficial deve o juiz, de **ofício**, determinar que se passe à fase seguinte.

Princípio da correlação

Esse importante princípio impede que o juiz, ao proferir sentença, **extrapole** os limites da acusação. Trata-se da vedação ao julgamento *extra petita*, ou seja, ao sentenciar a ação, deve ater-se ao **fato** descrito na denúncia ou queixa, não podendo extrapolar seus limites. Deve haver, portanto, **correlação** entre o fato imputado e a sentença proferida pelo juiz.

Nos crimes de ação pública, se o juiz entender que há prova de crime diverso daquele narrado na denúncia (ou na queixa subsidiária da pública) deverá dar oportunidade para o Ministério Público aditá-la. Somente se houver tal aditamento, pelo promotor ou pelo Procurador-Geral de Justiça, é que o juiz poderá proferir sentença condenando o réu pela nova imputação. Se o réu for condenado por fato diverso daquele descrito na denúncia sem que tenha havido o aditamento haverá afronta aos princípios do contraditório e da correlação.

■ Princípio da identidade física do juiz

O juiz que **colhe a prova** deve ser o mesmo a proferir a sentença (art. 399, § 2º, do CPP). Sua adoção deve-se à conclusão de que o juiz que ouviu as testemunhas e interrogou o réu na audiência de instrução tem melhores condições de apreciar a prova e proferir a sentença.

■ Princípio do *favor rei*

Significa que, na dúvida, o juiz deve optar pela solução **mais favorável ao acusado** (*in dubio pro reo*). Dessa forma, havendo duas interpretações acerca de determinado tema, deve-se optar pela mais benéfica. Se a prova colhida gerar dúvida quanto à autoria, o réu deve ser absolvido.

Tal princípio encontra exceção na fase da pronúncia, no rito do Júri, já que, nesse momento processual, a dúvida leva o juiz a pronunciar o acusado, mandando-o a julgamento pelo tribunal popular, uma vez que a pronúncia é mero juízo de admissibilidade.

RESUMO DOS PRINCÍPIOS DA AÇÃO PENAL
1) Princípio do Juiz natural.
2) Princípio do Promotor natural.
3) Princípio do devido processo legal.
4) Princípio da vedação da prova ilícita.
5) Princípio da presunção de inocência.
6) Princípio do contraditório.
7) Princípio da ampla defesa.
8) Princípio do privilégio contra a autoincriminação.
9) Princípio da publicidade.
10) Princípio da razoável duração do processo.
11) Princípio da motivação das decisões judiciais.
12) Princípio da imparcialidade do juiz.
13) Princípio do duplo grau de jurisdição.
14) Princípio da iniciativa das partes.
15) Princípio da intranscendência.
16) Princípio da verdade real.
17) Princípio do impulso oficial.
18) Princípio da correlação.
19) Princípio da identidade física do juiz.
20) Princípio do *favor rei*.

■ 3.3. AÇÃO PENAL PÚBLICA

É aquela cuja titularidade é exclusiva do **Ministério Público**, nos termos do art. 129, I, da Constituição Federal, para os delitos que a lei defina como de ação pública.

Além dos princípios gerais da ação, que se aplicam a todo e qualquer tipo de ação penal, a ação pública rege-se ainda por três princípios que lhe são específicos: a) **obrigatoriedade**; b) **indisponibilidade**; c) **oficialidade**.

■ Princípio da obrigatoriedade

De acordo com esse princípio, o promotor **não** pode **transigir** ou **perdoar** o autor do crime de ação pública. Caso entenda, de acordo com sua própria apreciação dos elementos de prova — pois a ele cabe formar a *opinio delicti* —, que há indícios suficientes de autoria e materialidade de crime que se apura mediante ação pública, **estará obrigado a oferecer denúncia**, salvo se houver causa impeditiva, como, por exemplo, a prescrição, hipótese em que deverá requerer o reconhecimento da extinção da punibilidade e, por consequência, o arquivamento do feito.

Se houver prova cabal de que o sujeito agiu em legítima defesa ou acobertado por qualquer outra causa excludente da ilicitude, o fato não é considerado crime e o promotor deve também requerer o arquivamento do inquérito.

Quem fiscaliza o princípio da obrigatoriedade é o juiz de direito, pois, conforme será estudado adiante, se o Ministério Público requerer o arquivamento e o juiz discordar, entendendo que existem elementos suficientes para a denúncia, deverá remeter os autos ao Procurador-Geral (órgão superior do Ministério Público), a quem caberá a palavra final.

Apenas nas infrações de menor potencial ofensivo (contravenções e crimes com pena máxima de até 2 anos), o Ministério Público pode deixar de promover a ação penal, ainda que haja provas cabais de delito de ação pública, se for cabível a transação penal, instituto reconhecido constitucionalmente (art. 98, I, da CF).

O Conselho Nacional do Ministério Público editou a Resolução 181/2017, que prevê, em seu art. 18, condições que possibilitariam a celebração de "*acordo de não persecução penal*" entre o Ministério Público e o investigado, nas hipóteses de delitos cometidos sem violência ou grave ameaça à pessoa e quando os danos provenientes da infração não forem superiores a vinte salários mínimos. Não há dúvida de que a aplicação dessa norma mitigaria o princípio da obrigatoriedade da ação penal pública, mas, na opinião de muitos estudiosos, com os quais concordamos, não é possível a introdução no ordenamento desse instituto por meio de norma de caráter infralegal, sob pena de contrariar os arts. 22, I, e 98, I, ambos da Constituição Federal e o art. 42 do Código de Processo Penal.

■ Princípio da indisponibilidade

Nos termos do art. 42 do Código de Processo Penal, o Ministério Público **não pode desistir da ação por ele proposta**. **Tampouco pode desistir de recurso que tenha interposto** (art. 576 do CPP).

A criação do instituto da **suspensão condicional do processo** (art. 89 da Lei n. 9.099/95) atenuou este princípio para os crimes com pena **mínima não superior a 1 ano**, em que o Ministério Público pode propor, ao acusado que demonstre méritos, a suspensão do processo pelo prazo de 2 a 4 anos, mediante o cumprimento de certas condições, sendo que, ao término desse período, sem que o réu tenha dado causa à revogação, será declarada extinta da punibilidade. Não chega a ser uma exceção efetiva ao princípio porque o Ministério Público não desiste da ação, já que, em caso de revogação do benefício, a ação prosseguirá até a sentença. Ademais, com o cumprimento das obrigações, o que ocorre é a extinção da punibilidade declarada judicialmente, e não uma desistência da ação penal por parte de seu autor.

■ Princípio da oficialidade

O titular exclusivo da ação pública é um órgão oficial, que integra os quadros do Estado: o **Ministério Público**.

Esse princípio é atenuado pela própria Constituição Federal que, em seu art. 5º, LIX, permite que, subsidiariamente, seja oferecida queixa em crime de ação pública, **desde que o Ministério Público não apresente qualquer manifestação dentro do prazo que a lei lhe confere**. Dentro do prazo legal, contudo, o princípio é absoluto.

■ 3.3.1. Ação pública incondicionada

Esta denominação decorre do fato de o exercício do direito de ação pelo Ministério Público não depender de qualquer condição **especial**. Basta que o crime investigado seja de ação pública e que existam indícios suficientes de autoria e materialidade para que o promotor esteja autorizado a oferecer a denúncia. É evidente que também devem estar presentes as chamadas condições gerais da ação: legitimidade de partes, interesse de agir e possibilidade jurídica do pedido.

Quando um tipo penal **nada menciona** a respeito da espécie de ação penal, o crime é considerado de ação pública incondicionada. Esta, aliás, é a regra no direito penal, pois a maioria esmagadora dos crimes se apura mediante ação pública incondicionada: homicídio, aborto, roubo, sequestro, extorsão, falsificação de documento, peculato, corrupção, desacato, falso testemunho, tráfico de drogas, tortura, dentre inúmeros outros.

Além disso, o art. 24, § 2º, do Código de Processo Penal, com a redação que lhe foi dada pela Lei n. 8.666/93, estabelece que, qualquer que seja o crime, a ação será pública quando cometido em detrimento de patrimônio ou interesse da **União**, **Estado** ou **Município**. Ex.: o crime de fraude a execução (art. 179 do CP) apura-se mediante ação privada, contudo, se a execução for movida por uma das entidades de direito público mencionadas, será apurada mediante ação pública incondicionada.

■ 3.3.2. Ação pública condicionada à representação

A representação é uma **manifestação de vontade** da vítima ou de seu representante legal no sentido de **solicitar** providências do Estado para a apuração de determinado crime e, concomitantemente, **autorizar** o Ministério Público a ingressar com a ação penal contra os autores do delito. A titularidade da ação penal é exclusiva do Ministério Público, porém, o promotor só pode dar início a ela se presente esta autorização da vítima. A representação, portanto, tem natureza jurídica de condição de **procedibilidade** — condição para que o titular da ação possa dar causa à sua instauração.

Alguns autores se referem à representação como *delatio criminis* **postulatória**.

A autoridade policial só pode iniciar inquérito policial para apurar crime de ação pública condicionada se já presente a representação (art. 5º, § 4º, do CPP), salvo nas infrações de menor potencial ofensivo em que o termo circunstanciado pode ser lavrado sem a representação que só será colhida *a posteriori* na audiência preliminar.

Nos crimes dessa natureza, a lei expressamente menciona junto ao tipo penal que "**somente se procede mediante representação**". Exs.: crime de ameaça (art. 147, parágrafo único, do CP); crime de furto de coisa comum (art. 156, § 1º, do CP); crime contra o patrimônio que não envolva violência ou grave ameaça cometido contra irmão ou em prejuízo de tio ou sobrinho com quem o agente coabita, desde que a vítima não tenha mais de 60 anos (art. 182, II e 183, III, do CP); etc.

Excepcionalmente nos crimes de **lesão corporal dolosa leve e lesão culposa**, a necessidade de representação encontra-se prevista em outra lei (e não junto ao tipo penal), conforme art. 88 da Lei n. 9.099/95. Igualmente, em relação ao crime de lesão corporal culposa na **direção de veículo automotor**, a necessidade de representação encontra-se no art. 291, § 1º, da Lei n. 9.503/97 (Código de Trânsito Brasileiro).

Essa modalidade de ação penal ganhou ainda mais importância após o advento da Lei n. 12.015/2009 que transformou o crime de **estupro** simples em delito que se apura mediante ação pública condicionada à representação.

■ *3.3.2.1. A representação não obriga o Ministério Público a oferecer denúncia*

O art. 127, § 1º, da Constituição Federal confere aos membros do Ministério Público a **independência funcional** no sentido de tomarem suas decisões, no exercício das funções, de acordo com a **própria convicção**, sendo que tais decisões só poderão ser eventualmente revistas pelo chefe da Instituição (Procurador-Geral) naquelas hipóteses em que a lei o permitir. Assim, a existência de representação da vítima não vincula o órgão do Ministério Público, que, portanto, pode requerer o arquivamento do inquérito ou denunciar apenas um dos investigados por entender que não há provas contra os demais.

Se o juiz discordar do pedido de arquivamento do Ministério Público, aplicará a regra do **art. 28, do CPP**, remetendo os autos ao **Procurador-Geral de Justiça**, a quem incumbirá dar a palavra final. Se o Procurador-Geral insistir no arquivamento, o juiz deverá acatar tal decisão, não sendo ela passível de recurso e tampouco se mostrando cabível a propositura de queixa subsidiária por parte da vítima. A propósito: "Processual Penal — Representação — Arquivamento. Assentada jurisprudência do Tribunal sobre a legalidade do arquivamento de representação criminal, determinado pelo Procurador-Geral a quem cabe decidir, em última instância, quanto à propositura da ação penal" (STJ — Rel. Min. José Dantas — *RSTJ* 83/298).

O autor da representação, por sua vez, **não** pode acionar **diretamente** a Procuradoria-Geral, a fim de que profira nova decisão sobre o caso, se o juiz, concordando com o pedido do promotor oficiante, determinar o arquivamento do inquérito. **Somente o juiz de direito** pode aplicar a regra do art. 28 do Código de Processo Penal. O que é possível é que a vítima, antes de o juiz apreciar o pedido de arquivamento do Ministério Público, apresente petição solicitando a aplicação da regra do art. 28, porém, se o magistrado indeferir este pedido e determinar o arquivamento, nenhum recurso poderá ser interposto.

Nesse sentido: "A jurisprudência deste Superior Tribunal de Justiça é firme no entendimento de que a decisão judicial, proferida em crime de ação pública incondicionada, que determina o arquivamento do inquérito policial, acolhendo manifestação do Ministério Público, é irrecorrível" (STJ — AgRg no REsp 1.318.800/SP — 6ª Turma — Rel. Min. Rogerio Schietti Cruz — j. 24.03.2015 — *DJe* 06.04.2015); **e** "Nos termos do art. 129, inciso I, da Constituição da República e do art. 24 do Código de Processo Penal, cabe, privativamente, ao Ministério Público promover a ação penal pública, sendo o detentor do *jus persequendi*. Portanto, nos crimes de ação pública incondicionada, quando o próprio Ministério Público promover o arquivamento do procedimento investigatório, como ocorre no caso dos autos, é irrecorrível a decisão do Juiz que defere o pedido. Precedentes" (STJ — AgRg no RMS 33.270/SP — 5ª Turma — Rel. Min. Laurita Vaz — j. 06.08.2013 — *DJe* 13.08.2013).

Em suma, a representação é uma simples autorização dada pela vítima para que o promotor, caso entenda que existam provas, ofereça denúncia em crime de ação pública condicionada. Assim, o promotor analisa o inquérito ou as peças de informação apresentadas e, **se for o caso**, apresenta denúncia contra as pessoas em relação às quais existam indícios de autoria.

3.3.2.2. *Conteúdo da representação*

É preciso salientar que a representação é direcionada à apuração de **determinado** fato criminoso, e não a autores da infração penal elencados pela vítima. Por isso, existindo a representação, o Ministério Público está autorizado a desencadear a ação penal contra qualquer pessoa identificada como envolvida no delito. O correto, portanto, é constar dos autos apenas que a vítima quer oferecer representação, e não que quer representar contra esta ou aquela pessoa. De qualquer modo, ainda que assim conste, existindo representação, a ação poderá ser desencadeada contra qualquer um. Deve-se lembrar que, muitas vezes, a representação é oferecida sem que a autoria seja conhecida, para que o delegado inaugure inquérito exatamente para apurá-la. Se, posteriormente, descobre-se que o autor do crime é pessoa íntima da vítima e ela não quer ver tal pessoa processada, a solução encontra-se no art. 25 do Código de Processo, que permite a retratação da representação antes do oferecimento da denúncia, hipótese em que o Ministério Público não poderá desencadear a ação. Por outro lado, repita-se, se existem dois autores conhecidos do delito e a vítima diz que quer representar só em relação a um deles, o Ministério Público pode oferecer denúncia contra ambos — pois a representação é autorização para apuração do crime, e não para a punição de autores da infração especificados pela vítima. Lembre-se, também, que não há que se cogitar de renúncia em relação àquele cujo nome não constou da representação, pois a renúncia é instituto da ação privada. Nesse sentido: "Na ação pública condicionada, desde que feita a representação pelo ofendido, o Ministério Público, à vista dos elementos indiciários de prova que lhe forem fornecidos, tem plena liberdade de denunciar a todos os implicados no evento criminoso, mesmo se não nomeados pela vítima" (STF — RHC — Rel. Cunha Peixoto — *RT* 501/364); "A representação, no caso, não tem sua validade condicionada à indicação de todos os coautores do crime. Pode o Ministério Público agir contra o comparte ou participante que veio a ser conhecido após a apresentação daquela pelo ofendido" (STF — HC — Rel. Antonio Neder — *DJU* 08.07.1976 — p. 5.113); e "Na ação penal pública condicionada, embora a vítima tenha representado apenas contra um, a denúncia pode ser oferecida contra todos os que, partícipes dos fatos objetos da representação, tenham praticado ou concorrido para a prática do crime" (TACRIM-SP — HC — Rel. Juiz Geraldo Ferrari — *RT* 491/297).

3.3.2.3. Aspectos formais da representação

O Código de Processo Penal, a fim de regulamentar os aspectos formais da representação, elenca, em seu art. 39, várias regras atinentes ao tema. Transcrevemos a seguir referido dispositivo.

> **Art. 39.** O direito de representação poderá ser exercido, pessoalmente ou por procurador com poderes especiais, mediante declaração, escrita ou oral, feita ao juiz, ao órgão do Ministério Público, ou à autoridade policial.
>
> § 1º A representação feita oralmente ou por escrito, sem assinatura devidamente autenticada do ofendido, de seu representante legal ou procurador, será reduzida a termo, perante o juiz ou autoridade policial, presente o órgão do Ministério Público, quando a este houver sido dirigida.
>
> § 2º A representação conterá todas as informações que possam servir à apuração do fato e da autoria.
>
> § 3º Oferecida ou reduzida a termo a representação, a autoridade policial procederá a inquérito, ou, não sendo competente, remetê-lo-á à autoridade que o for.
>
> § 4º A representação, quando feita ao juiz ou perante este reduzida a termo, será remetida à autoridade policial para que esta proceda a inquérito.
>
> § 5º O órgão do Ministério Público dispensará o inquérito, se com a representação forem oferecidos elementos que o habilitem a promover a ação penal, e, neste caso, oferecerá a denúncia no prazo de quinze dias.

Desses dispositivos, as regras mais importantes que merecem destaque são:

a) a representação pode ser endereçada ao juiz, ao Ministério Público e à autoridade policial;

b) a representação pode ser ofertada **pessoalmente** ou por **procurador** com poderes especiais;

c) pode ser apresentada mediante declaração escrita ou verbalmente, mas, na última hipótese, deve ser reduzida a termo (é oral somente na origem).

O legislador, mais especificamente nos §§ 1º e 2º do art. 39, quis conferir rigores formais ao ato da representação, exigindo que fosse: 1) apresentada por escrito com assinatura autenticada; 2) reduzida a termo perante o juiz ou autoridade policial, na presença do órgão do Ministério Público, se apresentada de forma oral ou por escrito sem autenticação da assinatura. Na prática, contudo, **nossos tribunais rechaçaram por completo a necessidade desses formalismos sendo absolutamente pacífica a validade da representação apresentada sem rigores formais**. Assim, basta que a vítima ou seu representante deixem claro seu interesse em ver o delito apurado, sendo suficiente, por exemplo, que façam constar do boletim de ocorrência que desejam ver responsabilizados os autores do crime. Há dezenas de julgados dos Tribunais Superiores confirmando referida assertiva: "A representação a que se refere o art. 225, § 2º, do CP, não depende de forma especial, bastando que o representante se dirija à autoridade competente para noticiar o delito, pois é de se presumir que, com essa atitude, pretenda a adoção das providências cabíveis" (STF — HC 72.376/SP — 1ª Turma — Rel. Min. Sydney Sanches — *DJU* 09.06.1995 — p. 17.234); **e** "A representação, condição de procedibilidade exigida nos crimes de ação penal pública condicionada, como é o caso do delito de lesões corporais culposas, prescinde de rigores formais, bastando a inequívoca manifestação de vontade da vítima ou de seu representante legal no sentido de que se promova a responsabilidade penal do agente" (STJ — HC 27.770/PB — Rel. Min. Laurita Vaz — 5ª Turma — julgado em 23.11.2004 — *DJ* 13.12.2004 — p. 385). O Superior Tribunal de Justiça entende até mesmo que o simples fato de a vítima procurar a Delegacia de Polícia para noticiar os fatos e registrar o respectivo boletim de ocorrência autoriza a propositura da ação penal, salvo quando houver prova de que a vítima registrou a ocorrência para outros fins (recebimento de seguro, por exemplo): "O Superior Tribunal de Justiça vem entendendo que o simples registro da ocorrência perante a autoridade policial equivale a representação para fins de instauração da instância penal. Recurso conhecido e provido" (STJ — REsp 541.807/SC — Rel. Min. José Arnaldo da Fonseca — 5ª Turma — julgado em 06.11.2003 — *DJ* 09.12.2003 — p. 331).

É claro que se ofendido tiver informações que possam ajudar nas investigações deve fornecê-las à autoridade conforme dispõe o art. 39, § 2º, do CPP. Além disso, pode acontecer de a vítima já ter em seu poder provas suficientes que, apresentadas ao promotor, podem levá-lo a dispensar a instauração de inquérito. Antes de oferecer denúncia, entretanto, deverá dar oportunidade de manifestação ao investigado — quer por meio de depoimento, quer por escrito.

A representação evidentemente não precisa ser ofertada por intermédio de advogado, estabelecendo o art. 39, *caput*, do Código de Processo que ela pode ser apresentada **pessoalmente** ou por procurador com poderes especiais.

■ 3.3.2.4. *Prazo para a representação*

De acordo com o art. 38 do Código de Processo penal, o direito de representação deve ser exercido no prazo de **6 meses** a contar do dia em que a vítima ou seu representante legal **descobrem** quem é o autor do delito. O prazo a que a lei se refere é para que **a representação seja oferecida**, podendo o Ministério Público oferecer **denúncia** mesmo **após** esse período.

O prazo para o oferecimento da representação é **decadencial** (art. 38 do CPP), mas só corre após a descoberta da autoria pela **vítima ou seu representante**. A prescrição, contudo, corre desde a data da prática do delito, razão pela qual é comum que a prescrição ocorra antes da decadência, bastando que a vítima não descubra a autoria da infração penal contra ela cometida.

Conforme já mencionado, a representação destina-se à apuração do fato criminoso, e, dessa forma, é óbvio que a vítima pode oferecer a representação antes mesmo de ser descoberta a autoria, justamente para que a autoridade policial possa instaurar o inquérito e desvendar quem foi o responsável pelo delito. Em tal caso, portanto, a representação foi oferecida antes mesmo de ter-se iniciado o curso do prazo decadencial.

■ 3.3.2.5. *Titularidade do direito de representação*

De acordo com o art. 38 do Código de Processo Penal, a representação pode ser apresentada pela **vítima** ou por seu **representante legal**.

A possibilidade de iniciativa do **representante legal** resume-se às hipóteses em que a vítima é menor de 18 anos ou incapaz em razão de doença ou retardamento mental. Se o prazo se exaure para o representante (que conhece a autoria do delito) enquanto a vítima ainda não completou os 18 anos, mostra-se presente a decadência, não podendo a vítima apresentar representação quando completar a maioridade.

De acordo com a legislação civil, representantes legais são os pais, tutores ou curadores. A jurisprudência, todavia, tem admitido que o direito de representação seja exercido por outras pessoas que tenham a **guarda** ou a **responsabilidade de fato** do menor. Com efeito, "a representação deve ser manifestada pelo ofendido ou seu representante legal. No processo penal encerra conceito distinto do Código Civil. É mais amplo, resultante da teleologia da norma. Compreende qualquer pessoa que zela pela vítima, ainda que eventualmente, traduzindo vontade expressa ou implícita do ofendido de responsabilizar criminalmente o ofensor" (STJ — RHC 3.009/SP — 6ª Turma — Rel. Min. Vicente Cernicchiaro — *DJU* 28.03.1994 — p. 6.341); **e**, "Representação formulada por tia da menor vítima. Para que o Ministério Público se torne parte legítima para intentar a *persecutio criminis*, basta que neste sentido se manifeste qualquer pessoa de qualquer forma responsável pelo menor ou a ele ligado por laços de parentesco, ou com quem tenha o menor dependência econômica" (STF — RHC — Rel. Sydney Sanches — *RT* 595/459).

Se a vítima menor de 18 anos **não** tiver representante legal, o juiz deverá nomear um **curador especial** para avaliar a **conveniência** do oferecimento da representação (interpretação extensiva do art. 33 do Código de Processo Penal). O curador especial deve ser pessoa da **confiança** do magistrado e **não é obrigado a oferecer a representação**, incumbindo-lhe, em verdade, avaliar se o ato trará benefícios ou prejuízos ao menor.

O juiz igualmente nomeará curador especial, se houver **colidência de interesses** entre a vítima menor e seus representantes, por serem estes os autores da infração penal ou por outra razão relevante (art. 33). A competência para a nomeação desse curador especial é do **Juízo da Infância e Juventude**, nos termos do art. 148, parágrafo único, *f*, da Lei n. 8.069/90 (ECA), que, em relação aos menores, alterou a redação do art. 33 do CPP. Vejam-se os seguintes casos em que foi reconhecida a colidência de interesses: "A retratação da representação, pelos pais da menor, vítima de crime de estupro (...), mediante transação realizada com o autor do delito, de que tenha lhes resultado proveito financeiro, configura a colisão de interesses capaz de legitimar a designação de curador especial, nos termos do art. 33, do CPP" (STF — HC — Rel. Min. Octavio Gallotti — *RT* 757/470); **e** "Estupro de menor — Representação. Está perfeita a nomeação de curadora especial para a menor, atendendo-se à circunstância de abandono a que foi relegada pela mãe, que a troco de pagamento por parte do estuprador, quer vender a honra de sua filha menor. Legitimidade do Ministério Público para a propositura da ação penal. Inocorrência de constrangimento ilegal. Recurso Improvido" (STJ — RHC 2.011/SP — 6ª Turma — Rel. Min. José Cândido — *DJU* 28.03.1994 — p. 6.340). Observe-se, porém, que esses julgados são anteriores à Lei n. 12.015/2009, que deixou de exigir representação em estupro contra menores de 18 anos.

Se a vítima for **doente mental** e **não** possuir representante legal ou se houver **colidência de interesses** com o representante, o juiz também nomeará curador especial. Neste caso, entretanto, a nomeação deve ser feita pelo **próprio juiz criminal**.

Veja-se o seguinte julgado que esclarece a respeito do termo inicial do prazo decadencial para o doente mental, seu representante ou curador especial: "O enfermo ou retardado mental não pode representar. De conseguinte, para ele o prazo decadencial não flui. Todavia, se tiver representante legal, dito prazo começa a contar da data em que tomar conhecimento de quem é o autor do crime. Mas, nomeado curador pelo juiz, o prazo decadencial tem curso a partir da data em que tomar ciência da nomeação" (STJ — RHC 1.037 — Rel. Min. Jesus Costa Lima — *DJU* 29.04.1991 — p. 5.277).

Se a vítima é maior de idade e mentalmente capaz só ela pode oferecer representação.

Se, porventura, a vítima menor de 18 anos sabia da autoria do delito, mas não comunicou ao representante legal, o prazo decadencial só começará a correr quando ela fizer 18 anos.

Havendo duas ou mais vítimas, se apenas um delas representar, somente em relação a ela a denúncia poderá ser oferecida. Por isso, se alguém provoca lesão culposa em duas pessoas e apenas uma delas representa, a denúncia só poderá ser apresentada em relação àquela que representou, desprezando-se, nesse caso, o concurso formal de crimes.

Em caso de morte da vítima maior de idade, o direito de representação poderá ser exercido pelo cônjuge, companheiro, ascendente, descendente ou irmão.

TITULARIDADE DA REPRESENTAÇÃO		
1) Vítima menor de 18 anos: a) o direito é do representante legal; b) se o menor não tem representante ou se há colidência de interesses, o juízo da infância deve nomear curador especial.	2) Vítima maior de 18 anos: a) se for sã, só ela tem o direito de representação; b) se for doente mental, o direito é do representante legal; c) se for doente mental e não tiver representante ou se houver colidência de interesses, o juiz criminal deve nomear curador especial.	3) Vítima falecida ou declarada ausente: a) o direito pode ser exercido pelo cônjuge, companheiro, ascendente, descendente ou irmão.

■ *3.3.2.6. Retratação*

Prevê o art. 25 do Código de Processo Penal que a representação é **retratável** até o **oferecimento** da denúncia. A vítima, portanto, pode retirar a representação, de forma a impossibilitar o oferecimento de denúncia pelo Ministério Público.

Deve ser salientado, ainda, que, dentro do prazo decadencial, a representação pode ser **novamente** oferecida tornando a ser viável a apresentação de denúncia pelo Ministério Público. É o que se chama de **retratação da retratação**.

■ 3.3.2.7. *Representação e Lei Maria da Penha*

A Lei conhecida como Maria da Penha (Lei n. 11.340/2006) trata da apuração dos crimes que envolvem **violência doméstica ou familiar contra a mulher** e, especificamente no que se refere à representação nos crimes de ação pública condicionada, alguns pontos merecem destaque. Em primeiro lugar, o art. 41 da referida Lei afastou a incidência das regras da Lei n. 9.099/95 sobre os delitos que envolvam aquele tipo de violência contra as mulheres. Por isso, ainda que o crime cometido contra a mulher tenha pena máxima não superior a 2 anos, enquadrando-se no conceito de infração de menor potencial ofensivo, deverá ser apurado mediante inquérito policial, e não por mera lavratura de termo circunstanciado. Ex.: crime de ameaça contra a esposa.

Para a instauração de inquérito em crime de ação pública condicionada, o art. 5º, § 4º, do Código de Processo exige a **prévia** existência da representação. Por isso, quando há inquérito instaurado para apurar crime que envolva violência doméstica ou familiar contra a mulher, correta a conclusão de que já existe a representação. É comum, contudo, que a mulher, **posteriormente**, se arrependa e compareça ao distrito policial ou ao cartório judicial para se retratar. Em tais casos a autoridade policial ou o escrevente devem elaborar **certidão** dando conta do comparecimento da vítima e de sua intenção de se retratar. O juiz, então, à vista dessa manifestação de vontade, caso ainda não tenha **recebido** a denúncia, deve observar o que dispõe o art. 16 da Lei Maria da Penha e designar audiência para a qual a vítima será notificada e na qual Ministério Público deve estar presente. A única finalidade desta audiência é questioná-la se ela realmente quer se retratar e se o faz de forma livre e espontânea. Deverá, ainda, ser alertada das consequências de seu ato caso insista na retratação. Se ela efetivamente confirmar sua intenção de se retratar, essa manifestação de vontade será reduzida a termo e a retratação será tida como renúncia à representação, de forma que, nessa hipótese, **não será possível a retratação da retratação**.

Observe-se que no art. 16 da Lei Maria da Penha, a lei permite a retratação até o recebimento da denúncia, em dissonância com o que ocorre com os crimes em geral, em que a retratação só se mostra possível até o seu oferecimento (art. 25 do CPP).

É de salientar que alguns juízos têm dado errada interpretação ao art. 16 da Lei Maria da Penha, designando a audiência em todo e qualquer caso de violência doméstica a fim de que as vítimas, que já ofereceram representação prévia para a instauração do inquérito, venham a juízo reiterar tal representação. Ora, se a vítima já ofereceu representação e **não manifestou interesse em se retratar**, não há razão para a realização da audiência, uma vez que a representação anterior continua tendo valor. Pior ainda é extinguir a punibilidade do agressor se a vítima não comparecer na audiência designada. Repita-se, a óbvia finalidade do art. 16 da Lei Maria da Penha é de certificarem-se o juiz e o promotor de que a vítima, **que manifestou interesse em se retratar**, não está sendo coagida a fazê-lo, bem como de alertá-la das consequências de seu ato (impossibilidade de nova representação pelo mesmo fato, risco de continuidade das agressões etc.).

Saliente-se que o Superior Tribunal de Justiça, após idas e vindas, havia pacificado entendimento (em suas duas Turmas criminais), no sentido de que **o crime de lesão corporal leve qualificado pela violência doméstica** (art. 129, § 9º, do CP), cuja pena é de detenção de 3 meses a 3 anos, **continuava dependendo de representação para ser apurado**: "1. A Lei Maria da Penha (Lei n. 11.340/2006) é compatível com o instituto da representação, peculiar às ações públicas condicionadas e, dessa forma, a não aplicação da Lei n. 9.099/95, prevista no art. 41 daquela lei, refere-se aos institutos despenalizadores nesta previstos, como a composição civil, a transação penal e a suspensão condicional do processo. 2. O princípio da unicidade impede que se dê larga interpretação ao art. 41, na medida em que condutas idênticas praticadas por familiar e por terceiro, em concurso, contra a mesma vítima, estariam sujeitas a disciplinas diversas em relação à condição de procedibilidade. 3. A garantia de livre e espontânea manifestação conferida à mulher pelo art. 16, na hipótese de renúncia à representação, que deve ocorrer perante o magistrado e representante do Ministério Público, em audiência especialmente designada para esse fim, justifica uma interpretação restritiva do art. 41 da Lei n. 11.340/2006. 4. O processamento do ofensor, mesmo contra a vontade da vítima, não é a melhor solução paras as famílias que convivem com o problema da violência doméstica, pois a conscientização, a proteção das vítimas e o acompanhamento multidisciplinar com a participação de todos os envolvidos são medidas juridicamente adequadas, de preservação dos princípios do direito penal e que conferem eficácia ao comando constitucional de proteção à família" (STJ — 5ª Turma — HC 157.416/MT — Rel. Min. Arnaldo Esteves Lima, *DJe* 10.05.2010); **e** "A ação penal referente ao delito previsto no art. 129, § 9º, do Código Penal, é pública condicionada à representação da vítima. E a representação, nos termos do art. 16 da Lei n. 11.340/2006, pode ser retratada somente perante o juiz" (STJ — HC 278.588-8 — 6ª Turma — Rel. Min. Celso Limongi — *DJe* 15.03.2010). Acontece que o **Supremo Tribunal Federal**, ao julgar a ADI 4.424, em 9 de fevereiro de 2012, deu interpretação conforme aos arts. 12, I, e 16 da Lei Maria da Penha, decidindo que no crime de lesão corporal dolosa de natureza leve e na lesão culposa, cometidos com violência doméstica ou familiar contra a mulher, a ação penal é pública **incondicionada**. Em razão disso, o Superior Tribunal de Justiça teve de modificar seu entendimento e aprovou, em 31 de agosto de 2015, a Súmula n. 542 com o seguinte teor: "a ação penal relativa ao crime de lesão corporal resultante de violência doméstica contra a mulher é pública incondicionada".

PRINCIPAIS CARACTERÍSTICAS DA REPRESENTAÇÃO
1) Conceito: manifestação de vontade solicitando a instauração da investigação e autorizando o Ministério Público a propor a ação penal contra os autores da infração.
2) Natureza jurídica: condição de procedibilidade.
3) Prazo: 6 meses a contar do descobrimento da autoria.
4) Consequência do não exercício do direito de representação no prazo legal: decadência do direito e extinção da punibilidade do infrator.
5) Destinatários: autoridade policial, Ministério Público ou Juiz de Direito.
6) Titulares do direito: ver quadro do item 3.3.2.5.
7) Retratação: é possível até o oferecimento da denúncia. É também possível a retratação da retratação dentro do prazo decadencial.
8) Aspectos formais: a representação não exige formalismo. Pode ser apresentada pessoalmente ou por procurador com poderes especiais.

■ 3.3.3. Ação pública condicionada à requisição do Ministro da Justiça

A requisição do Ministro da Justiça é também uma condição de **procedibilidade**.

Em determinados ilícitos penais, entendeu o legislador ser pertinente que o Ministro da Justiça avalie a **conveniência** política de ser iniciada a ação penal pelo Ministério Público. É o que ocorre quando um estrangeiro pratica crime contra brasileiro fora do território nacional (art. 7º, § 3º, *b*, do Código Penal) ou quando é cometido crime contra a honra do Presidente da República ou chefe de governo estrangeiro (art. 145, parágrafo único, do Código Penal). Nesses casos, somente se presente a requisição é que poderá ser oferecida a denúncia.

Nos crimes dessa natureza, a lei expressamente utiliza a expressão "**somente se procede mediante requisição do Ministro da Justiça**".

A existência da requisição, entretanto, não vincula o Ministério Público, que, apesar dela, pode requerer o arquivamento do feito, uma vez que a Constituição Federal, em seu art. 127, § 1º, assegura **independência funcional** e livre convencimento aos membros do Ministério Público, possuindo seus integrantes total autonomia na formação da *opinio delicti*.

■ *3.3.3.1. Prazo*

Ao contrário do que ocorre com a representação, **não existe prazo** decadencial para o oferecimento da requisição por parte do Ministro da Justiça. Assim, a requisição pode ser oferecida a qualquer tempo, desde que antes da prescrição.

■ *3.3.3.2. Retratação*

Existem duas correntes quanto à possibilidade de retratação por parte do Ministro da Justiça:

a) A requisição é irretratável, uma vez que o art. 25 do Código de Processo Penal somente admite a retratação da representação. É a opinião de José Frederico

Marques[1], Fernando da Costa Tourinho Filho[2], Fernando Capez[3] e Magalhães Noronha[4], dentre outros.

b) A requisição é retratável. Apesar de o art. 25 só mencionar expressamente a possibilidade de retratação da representação, pode ele ser aplicado por analogia à requisição, já que todo ato administrativo pode ser revogado. É a opinião de Carlos Frederico Coelho Nogueira[5] e Damásio E. de Jesus[6], dentre outros.

■ 3.3.4. Opções do promotor de justiça ao receber o inquérito policial concluído (em crimes de ação pública condicionada ou incondicionada)

Só existem dois destinos possíveis para um inquérito policial: servir de base para uma ação penal ou ser arquivado. O promotor, contudo, ao receber o inquérito policial tem ainda as opções de requerer a sua devolução à delegacia para novas diligências ou o seu encaminhamento a outro juízo caso entenda que aquele para o qual foi distribuído é incompetente.

■ *3.3.4.1. Requerimento de novas diligências*

Caso entenda serem necessárias novas diligências consideradas **imprescindíveis** ao esclarecimento dos fatos, o promotor as especificará e requererá ao juiz a devolução do inquérito à delegacia de polícia de origem para que possam ser realizadas. Concluídas as diligências os autos retornarão ao Ministério Público para que se pronuncie em relação ao mérito — oferecendo denúncia ou requerendo o arquivamento.

O juiz só pode indeferir esse pedido se considerar a diligência requerida totalmente **dispensável**. Se, apesar do indeferimento, o promotor insistir em sua realização, recusando-se a oferecer denúncia, o juiz deverá remeter o inquérito ao Procurador-Geral de Justiça, por aplicação analógica do art. 28 do CPP. O Procurador-Geral, então, decidirá se é possível ou não o oferecimento imediato de denúncia sem a diligência que o promotor pretende. Se ele insistir em sua realização, o juiz estará obrigado a restituir os autos à delegacia para a concretização da diligência. Se entendê-la dispensável, o próprio Procurador-Geral oferecerá denúncia ou designará outro promotor para fazê-lo.

De ver-se, outrossim, que o art. 129, VIII, da Constituição Federal, e o art. 13, II, do CPP, conferem ao promotor o poder de **requisitar diretamente** a diligência que considere imprescindível ao delegado de polícia, quer em razão da urgência da diligência, quer em face do indeferimento judicial, ou por outra razão qualquer.

---

1 José Frederico Marques. *Elementos de direito processual penal,* 2. ed., v. I, p. 344.

2 Fernando da Costa Tourinho Filho. *Processo penal,* 33. ed., v. 1, p. 461.

3 Fernando Capez. *Curso de processo penal,* 12. ed., p. 117.

4 E. Magalhães Noronha. *Curso de direito processual penal,* 19. ed., p. 29.

5 Carlos Frederico Coelho Nogueira. *Comentários ao Código de Processo Penal,* p. 461.

6 Damásio E. de Jesus. *Código de Processo Penal anotado,* 24. ed., p. 62-63.

Se o promotor de justiça, titular exclusivo da ação pública, requerer o arquivamento do inquérito, não cabe ao juiz determinar novas diligências. Se o fizer, caberá a interposição de **correição parcial**.

■ *3.3.4.2. Requerimento de remessa a outro juízo*

Se o promotor, ao apreciar a prova colhida durante o inquérito, concluir que o sujeito cometeu crime diverso daquele pelo qual foi indiciado e que, portanto, falece competência ao juízo para onde os autos foram encaminhados, deverá, em manifestação fundamentada dirigida ao juiz, solicitar a sua remessa ao juízo que, de acordo com sua interpretação, seja o competente. Ex.: o delegado indicia o sujeito por crime de lesão corporal seguida de morte (art. 129, § 3º, do CP) e encaminha o inquérito ao juízo comum por não se tratar de crime doloso contra a vida. O promotor oficiante, contudo, se convence de que a morte foi intencional e requer a remessa dos autos ao Tribunal do Júri.

Como nessa fase cabe ao Ministério Público a formação da *opinio delicti*, **não** pode o juiz pura e simplesmente indeferir o pedido. Se discordar da manifestação do promotor, deverá aplicar, por analogia, a regra do art. 28 do CPP, hipótese em que o Procurador-Geral (órgão do Ministério Público) dará a palavra final. Se o juiz simplesmente indeferir o pedido de remessa a outro juízo, sem aplicar a regra do art. 28, do CPP, e devolver os autos ao promotor, caberá a interposição de **correição parcial**.

Encaminhando o magistrado os autos ao outro juízo, pode acontecer de o promotor de justiça oficiante neste último discordar da manifestação daquele que primeiro se manifestou, hipótese em que deverá suscitar conflito negativo de atribuição, quando a solução será também dada pelo **Procurador-Geral de Justiça**.

■ *3.3.4.3. Promoção de arquivamento*

Se o promotor entender que o fato é atípico, que está presente alguma excludente de ilicitude, que já está extinta a punibilidade ou que não há indícios suficientes de autoria ou de materialidade, deverá requerer ao juiz o arquivamento do inquérito.

Nesse caso, duas hipóteses podem ocorrer:

a) O juiz concorda com o pedido e ordena o arquivamento. Uma vez arquivado o inquérito, poderá a autoridade policial realizar outras investigações no sentido de obter novas provas de que tenha notícia (art. 18 do CPP). A ação penal, entretanto, somente poderá ser iniciada com base em tal inquérito se efetivamente forem obtidas essas provas e desde que não esteja extinta a punibilidade, pois, segundo a Súmula n. 524 do Supremo Tribunal Federal, "arquivado inquérito policial, por despacho do juiz, a requerimento do promotor de justiça, não pode a ação penal ser iniciada sem novas provas".

Da decisão que determina o arquivamento do inquérito **não cabe recurso**. Há, entretanto, uma exceção no art. 7º da Lei n. 1.521/51, que determina que o juiz deve recorrer **de ofício** sempre que determinar o arquivamento de inquérito que apura crime contra a **economia popular** ou contra a **saúde pública**. Se o Tribunal der provimento ao recurso, aplicará a regra do art. 28 do CPP, encaminhando os autos ao Procurador-Geral para reapreciação. Os crimes da Lei de Tóxicos, todavia, apesar de serem crimes contra a saúde pública, sujeitam-se a rito específico previsto na Lei n. 11.343/2006, que não exige o recurso de ofício. Em suma, referido recurso só se aplica em relação a outros crimes contra a saúde pública.

Em relação à contravenção penal do jogo do bicho, o art. 6º da Lei n. 1.508/51 permitia que qualquer do povo ingressasse com recurso em sentido estrito contra a decisão que determinasse o arquivamento do inquérito. Essa norma, entretanto, encontra-se revogada pela Lei n. 9.099/95, que regulamenta a apuração de todas as contravenções penais.

Se o promotor tiver requerido a extinção da punibilidade por prescrição ou outra causa qualquer e, em consequência, o arquivamento dos autos, caso o juiz defira ambos os pedidos (extinção da punibilidade e arquivamento), a vítima poderá apresentar recurso em sentido estrito (não contra o arquivamento, mas contra a extinção da punibilidade). A possibilidade desse recurso resta óbvia da conjugação dos arts. 581, VIII, e 584, § 1º, e 598 do CPP. Se o tribunal der provimento ao recurso, revogando a extinção da punibilidade, os autos devem retornar ao promotor de justiça para manifestação de mérito (oferecimento de denúncia ou promoção de arquivamento por outra razão qualquer que não aquela causa extintiva refutada pelo tribunal).

O delegado de polícia não pode mandar arquivar autos de inquérito (art. 17 do CPP). O juiz também não pode determinar o arquivamento **de ofício**, apenas em decorrência de expressa manifestação do Ministério Público nesse sentido.

Nos termos já explicados acima, se a promoção (requerimento) de arquivamento do Ministério Público tiver sido **fundada na insuficiência de provas** e tiver sido deferida pelo juiz, a denúncia somente poderá ser oferecida posteriormente se surgirem novas provas (Súmula n. 524 do STF). Caso, todavia, o magistrado determine o arquivamento, deferindo requerimento do Ministério Público que entendeu ser atípica a conduta ou entendeu estar extinta a punibilidade, a decisão faz coisa julgada material e a ação penal não poderá futuramente ser proposta (mesmo que em razão de provas novas). Existe, por fim, controvérsia em torno da hipótese em que o Ministério Público requer o arquivamento afirmando ter agido o investigado acobertado por excludente de ilicitude (legítima defesa, estrito cumprimento do dever legal etc.) e o juiz defere o pedido. Há julgado do Superior Tribunal de Justiça decidindo ser incabível a denúncia fundada em provas novas: "A permissão legal contida no art. 18 do CPP, e pertinente Súmula 524/STF, de desarquivamento do inquérito pelo surgimento de provas novas, somente tem incidência quando o fundamento daquele arquivamento foi a insuficiência probatória — indícios de autoria e prova do crime. 2. A decisão que faz juízo de mérito do caso penal, reconhecendo atipicidade, extinção da punibilidade (por morte do agente, prescrição...), ou excludentes da ilicitude, exige certeza jurídica — sem esta, a prova de crime com autor indicado geraria a continuidade da persecução criminal — que, por tal, possui efeitos de coisa julgada material, ainda que contida em acolhimento a pleito ministerial de arquivamento das peças investigatórias. 3. Promovido o arquivamento do inquérito policial pelo reconhecimento de legítima defesa, a coisa julgada material impede rediscussão do caso penal em qualquer novo feito criminal, descabendo perquirir a existência de novas provas. Precedentes. 4. Recurso especial improvido" (STJ — REsp 791.471/RJ — Rel. Min. Nefi Cordeiro — 6ª Turma — julgado em 25.11.2014 — *DJe* 16.12.2014). Já no Supremo Tribunal Federal existe julgado, decidido por maioria de votos, em sentido contrário: "O arquivamento de inquérito, a pedido do Ministério Público, em virtude da prática de conduta acobertada pela excludente de ilicitude do estrito cumprimento do dever legal (CPM, art. 42, inciso III), não obsta seu desarquivamento no surgimento de novas provas (Súmula n. 524/STF). Precedente. 2. (...) 3. Ordem denegada" (STF — HC 125.101 — Rel. Min. Teori Zavascki — Rel. p/ Acórdão Min. Dias Toffoli — 2ª Turma — julgado em 25.08.2015 — *DJe*-180 10.09.2015 — public. 11.09.2015).

b) O juiz discorda do pedido de arquivamento e, nos termos do art. 28 do Código de Processo Penal, remete o inquérito ao Procurador-Geral de Justiça. A Procuradoria-Geral é órgão da administração superior do Ministério Público que, dentre várias outras funções, tem o poder de reanalisar pedido de arquivamento feito pelo promotor de justiça. Com efeito, como o Ministério Público tem a titularidade exclusiva da ação pública, a decisão definitiva em torno do arquivamento deve se dar no âmbito da Instituição. O juiz atua como **fiscal** do **princípio da obrigatoriedade** e, ao discordar do pedido de arquivamento do promotor, deve, **em decisão fundamentada**, remeter os autos ao Procurador-Geral para uma nova análise. Nesse caso, duas soluções são possíveis: 1) O Procurador-Geral insiste no pedido de arquivamento, hipótese em que o juiz estará obrigado a determiná-lo; 2) O Procurador-Geral entende ser caso de oferecimento de denúncia. Assim, ele próprio a oferece ou designa outro promotor para fazê-lo. A designação deve recair sobre **outro** promotor para não ferir a livre convicção e a independência funcional do primeiro. O promotor designado não pode recusar-se a oferecer a denúncia, pois não está agindo em nome próprio, mas por ordem do Procurador-Geral.

O Procurador-Geral, ao fazer a reanálise do inquérito, pode entender que são necessárias novas diligências. Nesse caso, determinará que sejam realizadas, e, após o seu cumprimento, o inquérito retornará para o próprio Procurador-Geral tomar uma das duas decisões mencionadas (insistir no arquivamento ou dar início à ação penal).

Observação: A lei conferiu ao juiz a função de fiscalizar o princípio da obrigatoriedade da ação pública. Daí, se o magistrado determinar o arquivamento em razão do requerimento do Ministério Público, não pode a vítima do delito ou algum outro interessado ingressar com pedido de reanálise dos fatos junto à Procuradoria-Geral de Justiça alegando que houve erro na análise das provas. Conforme já mencionado, somente com a apresentação de novas provas é que a ação penal poderá ser proposta e, com o surgimento destas, é o próprio promotor oficiante quem deve analisá-las, podendo oferecer denúncia ou insistir na manutenção do feito no arquivo caso as considere insuficientes. Na última hipótese, o juiz, à vista das novas provas, pode confirmar a manutenção dos autos em arquivo ou aplicar a regra do art. 28 do CPP.

Quando o promotor recebe **peças de informação** noticiando crime de ação pública, caso entenda, por exemplo, que o fato é atípico ou que já houve prescrição, deve também se manifestar expressamente e dirigir pedido de arquivamento ao juízo. Tal pedido será distribuído e apreciado pelo juiz que, evidentemente, poderá determinar o arquivamento ou aplicar a regra do art. 28 do CPP. A necessidade desta manifestação do Ministério Público e da respectiva apreciação judicial no caso das chamadas "peças de informação" consta expressamente da 1ª parte do referido art. 28.

■ 3.3.4.4. Desencadeamento da ação penal por meio do oferecimento de denúncia

Se no **inquérito policial** ou nas **peças de informação** existirem indícios suficientes de autoria e de materialidade de crime de ação pública, e não se mostrarem presentes causas impeditivas do exercício da ação penal, o Ministério Público **deverá** oferecer denúncia.

O prazo para oferecimento da denúncia é de **5 dias**, se o indiciado estiver **preso**, e de **15 dias**, se estiver **solto** (art. 46 do CPP), contando-se da data em que o Ministério Público **receber** os autos com vista. Se os autos retornarem à delegacia para a realização de novas diligências, os prazos serão contados novamente desde o início quando retornarem ao promotor.

Em algumas leis especiais importantes os prazos são diferentes, como, por exemplo, no crime de tráfico de drogas, em que o prazo fixado no art. 54, *caput*, da Lei n. 11.343/2006, é de **10 dias**.

Esses prazos, contudo, são impróprios, de modo que o Ministério Público continua podendo oferecer a denúncia **após** o seu decurso. O descumprimento do prazo tem outras consequências: a) possibilidade de o réu preso pleitear sua libertação; b) possibilidade de a vítima ingressar com queixa-crime subsidiária.

A existência de inquérito policial **não é obrigatória** para o oferecimento de denúncia, uma vez que esta pode ser apresentada com fundamento nas chamadas **peças de informação**. Estas podem chegar ao Ministério Público por diversas formas. Em primeiro lugar, o art. 27 do Código de Processo prevê que "qualquer pessoa do povo poderá provocar a iniciativa do Ministério Público, nos casos em que caiba a ação pública, fornecendo-lhe, por escrito, informações sobre o fato e a autoria e indicando o tempo, o lugar e os elementos de convicção". Além disso, o art. 40 do mesmo Código dispõe que "quando, em autos ou papéis de que conhecerem, os juízes ou tribunais verificarem a existência de crime de ação pública, remeterão ao Ministério Público as cópias e os documentos necessários ao oferecimento da denúncia". É evidente que, ao receber as peças de informação, pode o promotor considerá-las incompletas e, por consequência, requisitar instauração de inquérito. Se, entretanto, entender que já há elementos probatórios suficientes, poderá dispensar o inquérito e oferecer a denúncia, dando, antes disso, oportunidade para o investigado se manifestar e apresentar sua versão, caso ela ainda não conste dos autos. De acordo com o art. 46, § 1º, do Código de Processo, "quando o Ministério Público dispensar o inquérito policial, o prazo para oferecimento da denúncia contar-se-á da data em que tiver recebido as peças de informação ou a representação". Quanto a esta última (representação) a lei está se referindo à hipótese de a vítima tê-la apresentado diretamente ao promotor e, com ela, elementos de prova suficientes para que o titular da ação pública dispense a instauração do inquérito e ofereça denúncia no prazo de 15 dias a contar de seu recebimento. É o que diz o art. 39, § 5º, do CPP.

■ 3.3.4.4.1. *Requisitos da denúncia*

A denúncia é uma peça que exige técnica diferenciada em relação às demais (memoriais, razões e contrarrazões recursais) porque, nestas, há, basicamente, uma exposição lógica das provas colhidas e argumentações a fim de convencer o juiz e o tribunal. Na denúncia, ao contrário, **não há lugar para análise de provas**. O Ministério Público ao oferecê-la imputa a prática de um crime a alguém e, por isso, deve descrever que, em determinado dia e local, o indiciado realizou certa conduta que se enquadra em um tipo penal. A denúncia deve ser sucinta, mencionando, porém, todas as elementares que compõem o tipo penal. É absolutamente equivocado apresentar denúncia cujo teor seja um resumo das fases do inquérito. O promotor deve apenas reproduzir na peça em que consistiu o ato criminoso.

O art. 41 do Código de Processo Penal elenca os requisitos da denúncia:

■ A exposição do fato criminoso com todas as suas circunstâncias

Apesar de ser uma peça sucinta, a denúncia deve conter todos os dados para que seja possível entender o que se passou, bem como todas as circunstâncias que envolveram o fato criminoso. É a denúncia que fixa os parâmetros pelos quais o juiz poderá condenar o réu e, por isso, nela deverão constar:

a) Todas as elementares do tipo penal e a maneira como ocorreram no caso concreto. Se a denúncia descrever um fato atípico, por ter o promotor se esquecido de mencionar alguma das elementares, ela terá de ser posteriormente aditada para incluir a elementar faltante.

b) Todas as circunstâncias agregadas que possam implicar alteração da pena. As **qualificadoras** e as causas de **aumento** de pena não podem ser reconhecidas pelo juiz se não constarem da denúncia.

As qualificadoras alteram a pena em abstrato em seus limites máximo e mínimo. Ex.: a pena do homicídio simples é de 6 a 20 anos de reclusão, enquanto a do crime qualificado é de 12 a 30 anos. As causas de aumento de pena são índices de aumento. Ex.: a pena será aumentada em 1/3; a pena será aumenta em 1/2.

As **agravantes genéricas** podem ser reconhecidas pelo juiz na sentença ainda que não constem da denúncia (art. 385 do CPP); contudo, se já estiverem demonstradas na fase do inquérito é conveniente que sejam nela inseridas, exceto a questão da reincidência que não tem a ver com o **fato** criminoso. As agravantes genéricas estão previstas nos arts. 61 e 62 do Código Penal.

c) Todas as circunstâncias de tempo, local e modo de execução.

Observações:

1) No crime **tentado**, o promotor deve descrever o início da execução, bem como a circunstância alheia à vontade do agente que impediu a consumação do delito.

2) No crime **culposo**, o Ministério Público deve descrever exatamente em que consistiu a imprudência, negligência ou imperícia. Não basta dizer que houve imprudência, deve-se especificar em que ela consistiu.

3) No caso de **concurso de agentes**, deve-se descrever a conduta de todos eles da forma mais clara possível, para que se possa estabelecer a responsabilidade exata de cada um no delito e sua pena. Se no caso concreto, todavia, for impossível detalhar o que cada um deles fez, admite-se que a descrição seja feita de forma **genérica**. Nesse sentido: "Não é inepta denúncia que, embora sintética, permite o exercício da ampla defesa. A descrição da coautoria, sem particularizar a atuação dos acusados, é possível quando a natureza do crime e suas circunstâncias não permitem a individualização pormenorizada dos atos de cada um" (STJ — RHC — Rel. Min. Assis Toledo — *RSTJ* 68/91).

4) Nos crimes de **desacato** e de **injúria**, quando esta for de ação pública, o promotor deve mencionar exatamente as palavras desairosas utilizadas pelo ofensor, ainda que sejam de baixo calão, sob pena de inépcia da denúncia.

5) Nos crimes cometidos com emprego de **violência** ou **grave ameaça**, deve-se narrar em que ela consistiu, não sendo suficiente dizer que houve "violência ou grave ameaça". Caso se trate de um roubo, a denúncia deve especificar que a grave ameaça, por exemplo, consistiu em colocar a mão sob a blusa fazendo as vítimas acreditarem que ele (indiciado) estava armado. No caso de um crime de resistência, não basta dizer que o indiciado "resistiu", "opôs-se ao ato" ou "usou de violência" para impedir a prisão. Deve constar, por exemplo, que ele desferiu socos nos policiais, atirou pedras neles etc.

6) Se houver duas ou mais pessoas **indiciadas** e o promotor entender que não há elementos para oferecer denúncia contra uma delas, deverá requerer a anotação do arquivamento em relação a ela. É que, com o indiciamento formal, passa a constar a existência do inquérito em nome daquela pessoa e, somente em decorrência da manifestação do Ministério Público, deferida judicialmente, é que o arquivamento passará a constar da sua folha de antecedentes. Se, ao oferecer denúncia contra um dos indiciados, o Ministério Público não se manifestar quanto ao outro, o juiz deve devolver os autos ao representante do *Parquet* para que expressamente requeira o arquivamento em relação a ele ou o inclua na denúncia.

7) Se a pessoa foi indiciada por **dois crimes** cometidos no mesmo contexto fático e o promotor decide oferecer denúncia somente em relação a um deles, não é necessário que requeira o arquivamento em relação ao outro, pois está subentendido que o promotor entendeu não configurado crime autônomo em relação à outra conduta, tanto que não a incluiu na acusação. Alguns chamam isso de arquivamento **implícito**. Suponha-se que alguém tenha falsificado cheque alheio para efetuar compras e o delegado o tenha **indiciado** por crimes de estelionato e falsidade documental. O promotor, entretanto, só o denuncia por estelionato por entender que a falsificação constitui crime-meio. Não se exige, porém, que faça pedido de arquivamento em relação à falsificação.

Se o indiciamento, todavia, se refere a delitos completamente autônomos, cometidos, por exemplo, em datas e circunstâncias diversas, embora apurados nos mesmos autos, mostra-se pertinente a promoção de arquivamento em relação àquele não inserido na denúncia.

Observação: O Manual de Atuação Funcional dos Promotores de Justiça do Estado de São Paulo (Ato Normativo n. 675/2010 — conjunto da Procuradoria-Geral de Justiça e Corregedoria-Geral do Ministério Público) elenca detalhadamente os aspectos que devem ser mencionados na denúncia. De tão minucioso, preciso e bem elaborado, o dispositivo que trata da elaboração da denúncia está totalmente transcrito a seguir.

Art. 47. Na denúncia:
I — mencionar todos os nomes e apelidos usados pelo denunciado e as folhas dos autos em que se encontra sua qualificação, ou esclarecimentos pelos quais se possa identificá-lo e individualizá-lo;
II — indicar, com a maior exatidão possível, o dia, o horário e o lugar da infração;
III — basear-se nos fatos noticiados nos autos e elaborar a peça obedecendo à técnica adequada;
IV — indicar a infração penal (com todas as suas circunstâncias agravantes, causas de aumento de pena e qualificadoras), adequando-a aos elementos do tipo e às informações essenciais e pertinentes ao caso concreto;
V — descrever essencialmente a conduta delituosa, ou seja, como o denunciado realizou a conduta prevista no núcleo do tipo, com todas as circunstâncias agravantes, causas de aumento de pena e qualificadoras, em sequência lógica, observando o seguinte:
a) não se limitar a narrar como foram comprovados os indícios de autoria e a materialidade do delito;
b) nos crimes dolosos contra a vida, consignar de maneira objetiva em que consistiu o motivo torpe ou fútil, o meio empregado, o recurso que dificultou ou impossibilitou a defesa do ofendido e demonstrar, se for o caso, que o delito foi praticado para assegurar a execução, a ocultação, a impunidade ou vantagem de outro crime;
c) na falsidade documental e no uso de documento falso, descrever o documento, apontando onde se encontra acostado aos autos, fazendo menção ao exame documentoscópico e, conforme o caso, expor a circunstância indicativa da ciência pelo denunciado de sua origem espúria;
d) nos crimes em concurso material, descrever, com a maior exatidão possível, a data, o local, o horário e a forma de execução de cada uma das condutas;
e) nos crimes continuados, mencionar que foram realizados nas mesmas condições de tempo, lugar e maneira de execução, de forma semelhante e consecutiva, e, sempre que possível, especificar as vítimas, locais, datas e horários em que ocorreram;
f) nos crimes omissivos, descrever a ação que o agente estava obrigado a praticar;
g) no delito de quadrilha ou bando[7], descrever, com base nos elementos dos autos, a finalidade da associação criminosa (prática de que modalidade de crimes, inclusive hediondos), o caráter de permanência ou estabilidade e o eventual uso de arma;

[7] A denominação quadrilha ou bando foi revogada pela Lei n. 12.850/2013. Atualmente, o delito se chama associação criminosa e consiste na associação de três ou mais pessoas para o fim de praticar reiteradamente crimes. Na denúncia por tal delito, o Ministério Público deve descrever a finalidade do grupo, o caráter de permanência ou estabilidade, bem como eventual uso de arma ou envolvimento de menores.

h) no crime de falso testemunho ou falsa perícia, indicar a afirmação reconhecida como falsa e o que o agente sabia e devia ter dito, mas negou ou calou, destacando a relevância jurídica para a conclusão de processo judicial, administrativo, inquérito policial ou juízo arbitral, mencionando o resultado destes procedimentos, caso já estejam encerrados;
i) no crime de tráfico de drogas, mencionar a quantidade, a forma de acondicionamento e as circunstâncias de sua apreensão, com o propósito de evidenciar a traficância, bem como o concurso ou a associação, ...;
j) nos crimes de lesão corporal, seja qual for sua natureza, mencionar expressamente a conclusão do laudo pericial e a sede da lesão;
k) nos crimes de lesão corporal, seja qual for sua natureza, verificar se é necessário evidenciar que o agente não desejou e nem assumiu o risco de produzir o resultado morte;
l) nos crimes contra o patrimônio, indicar o objeto do crime e o seu valor, evitando a mera referência ao auto de apreensão, de arrecadação ou de avaliação constante;
m) nos crimes de estelionato, descrever a fraude e os fatos demonstrativos de que o agente, desde o início, tinha a intenção de obter ilícita vantagem em prejuízo alheio;
n) nos crimes de violação de direito autoral, fazer menção, ainda que por amostragem, dos títulos das obras ou fonogramas apreendidos e aos titulares dos direitos violados, evitando a mera referência ao auto de apreensão, de arrecadação ou de avaliação;
o) nos crimes de receptação, mencionar as informações relevantes e disponíveis a respeito da ocorrência do crime pressuposto, descrevendo os fatos e circunstâncias que evidenciam ter o agente conhecimento da origem da coisa ou a possibilidade de presumi-la;
p) não empregar termos e expressões pejorativos (larápio, meliante, elemento etc.) para designação do denunciado;
q) não empregar vocábulos e expressões em idioma estrangeiro, regionalismos ou gírias, salvo na transcrição de expressões utilizadas pelo denunciado e tipificadoras da infração penal, ou quando necessários para a descrição da conduta delituosa, informando seus significados;
r) nas ações penais públicas condicionadas à representação, mencionar as informações que evidenciam a legitimidade do Ministério Público para a sua propositura;
s) nos crimes tentados, fazer referência ao início de execução, descrever o fato impeditivo de sua consumação e na capitulação combinar o tipo principal com o inc. II do art. 14 do Código Penal;
t) mencionar o instrumento utilizado na prática do delito, esclarecendo se foi ou não apreendido e em poder de quem, bem como indicar em poder de quem foi apreendido o objeto do crime;
u) quando a apreensão de armas, drogas ou outras coisas ilícitas ou de origem ilícita ocorrer em local acessível a várias pessoas, descrever os fatos que possibilitem concluir que esses materiais estavam em poder do denunciado;
v) nos casos de coautoria e participação, descrever o comportamento de cada um dos agentes, quando desenvolverem condutas distintas, mencionando se agiram em comunhão de vontades, unidade de propósitos e de esforços;
w) narrar o interesse ou o sentimento pessoal que impulsionou o agente a praticar o delito de prevaricação, confrontando-o, quando possível, com os fatos noticiados nos autos;

x) mencionar as folhas dos autos nas quais se encontram dados relevantes, especialmente a fotografia do denunciado e laudos periciais;
VI — quando a denúncia versar sobre infração penal de menor potencial ofensivo, informar, na própria peça ou na manifestação introdutória, os motivos determinantes do não oferecimento de proposta de transação penal prevista na Lei n. 9.099/1995, se ele recusou o benefício ou descumpriu as penas alternativas que lhe foram impostas;
VII — evitar descrever e capitular, com exceção da tentativa, causa de diminuição de pena ou circunstância atenuante;
VIII — efetuar a capitulação, mencionando os dispositivos legais aos quais se subsume a infração penal descrita, indicando, quando for o caso, a aplicação combinada das normas atinentes ao concurso de agentes, ao concurso de delitos, à tentativa, às circunstâncias agravantes, às causas de aumento de pena e às qualificadoras;
IX — na capitulação do crime de uso de documento falso, combinar o art. 304 do Código Penal com o artigo da espécie de documento falso utilizado pelo agente (arts. 297 a 302 do Código Penal);
X — indicar o rito processual e formular pedidos de citação, de recebimento da denúncia e de condenação ou pronúncia;
XI — apresentar, se necessário, o rol de pessoas que deverão ser intimadas e ouvidas, indicando quais são vítimas e testemunhas e especificando, quando for o caso, quais são funcionárias públicas civis ou militares.

■ Qualificação do acusado ou esclarecimentos pelos quais se possa identificá-lo

Normalmente a qualificação do indiciado é colhida pela autoridade policial quando de seu interrogatório.

Em alguns casos, o autor da infração é indiciado **indiretamente** e seus dados são obtidos no instituto de identificação ou por outra forma qualquer. Assim, não é necessário que o promotor, na denúncia, narre os elementos qualificativos, bastando que mencione que o indiciado está devidamente qualificado em determinada página dos autos de inquérito policial.

O fato de não haver qualificação completa, nos termos da lei, não impede o oferecimento da denúncia, desde que nela constem esclarecimentos pelos quais o acusado possa ser identificado.

■ Classificação do crime

Na denúncia o promotor deve mencionar o artigo de lei infringido. Exs.: art. 121 do Código Penal, no caso de homicídio simples; art. 213 do Código Penal, no caso de estupro simples; art. 33, *caput*, da Lei n. 11.343/2006, no caso de crime de tráfico de drogas; art. 14 da Lei n. 10.826/2003, no caso de porte de arma de fogo sem autorização.

De acordo com a regra do art. 384 do Código de Processo Penal, essa classificação poderá ser posteriormente modificada, caso surjam provas de que os fatos ocorreram de forma diversa. Além disso, o art. 383 do mesmo Código permite ao juiz, na sentença, dar classificação diversa ao fato criminoso narrado na denúncia, caso entenda que a capitulação está errada.

A classificação dada na **denúncia** pelo Ministério Público é muito relevante, pois é com base nela que se verifica o cabimento da **suspensão condicional do processo** (crimes com pena mínima não superior a 1 ano) ou o cabimento da prisão preventiva (crimes com pena máxima superior a 4 anos, desde que presentes fundamentos que a justifiquem).

O juiz, ao receber a denúncia, não pode alterar esta classificação de ofício para que seja cabível a suspensão. Caso entenda que o crime é menos grave do que aquele capitulado na denúncia, deve recebê-la nos termos propostos e, apenas ao final da ação penal, por ocasião da sentença, efetuar a desclassificação, hipótese em que, se transitar em julgado para a acusação a decisão, tornar-se-á possível a suspensão condicional, nos termos dos arts. 383, § 1º, e 384, § 3º, do CPP, bem como da Súmula n. 337 do Superior Tribunal de Justiça.

Por sua vez, se o promotor classificar o fato na denúncia como infração em relação à qual caiba a suspensão, mas o juiz entender que se trata de crime mais grave, basta que não homologue a suspensão proposta (art. 89, § 1º, da Lei n. 9.099/95) que o feito prosseguirá, hipótese em que, na fase da sentença, poderão ser adotados os procedimentos dos arts. 383 e 384 do CPP para que seja dado o enquadramento que o juiz entende correto (esses dispositivos serão analisados detalhadamente no tema "sentença").

■ Rol de testemunhas

É na **denúncia** que devem ser arroladas as chamadas testemunhas de **acusação**, que, apesar da denominação, na prática, podem prestar depoimento favorável ao réu. A omissão gera a **preclusão**, podendo o Ministério Público, em tal caso, solicitar que o juiz ouça as pessoas como testemunhas do juízo (art. 209 do CPP), havendo, entretanto, risco de indeferimento.

■ *3.3.4.4.2. Elaboração da denúncia*

A denúncia tem forma de **petição** e, portanto, deve conter **endereçamento**, **exposição do fato** e do **direito** e consequentes **requerimentos**.

■ Endereçamento ou preâmbulo

É a menção à autoridade judicial a quem o promotor está se dirigindo. Ex.: "**Exmo. Sr. Dr. Juiz de Direito da 2ª Vara Criminal da Comarca da Capital**".

O Ministério Público deve também fazer menção ao número do inquérito ou peças de informação que está originando a acusação.

■ Enquadramento

A "**tipificação**" de uma infração penal significa que a conduta realizada por alguém, no caso concreto, enquadra-se perfeitamente na descrição abstrata do ilícito na norma incriminadora, perfazendo todos os seus requisitos.

Assim, deve o Ministério Público, em um primeiro momento, fazer uma espécie de encaixe do fato ocorrido, na descrição típica contida no texto legal, descrevendo, também, a data e o local em que ele ocorreu.

Vejamos o seguinte exemplo em crime de furto simples, cujo tipo penal é **subtrair, para si ou para outrem coisa alheia móvel** (art. 155, *caput*, do CP):

> "Consta do incluso inquérito policial que, no dia 30 de outubro de 2015, por volta das 13 horas, na Av. São João, altura do n. 280, Centro, nesta Capital, JOÃO DA SILVA, qualificado a fls. 14, subtraiu, para si, uma carteira de couro contendo a quantia de R$ 500,00, pertencentes a Pedro Pereira".

■ Descrição do fato criminoso

Conforme estudado há pouco, o art. 41 do Código de Processo exige que a denúncia contenha a descrição do fato criminoso com todas as suas circunstâncias.

No exemplo de furto mencionado, a narrativa do crime poderia ser a seguinte:

> "Segundo se apurou, a vítima estava no interior de seu veículo parada em um semáforo existente na Av. São João. O denunciado se aproximou e pediu dinheiro alegando que estava passando necessidades. Quando a vítima abaixou o vidro do carro e abriu sua carteira para entregar a esmola que lhe foi pedida, o denunciado, vendo que nela havia valor considerável, arrebatou-a rapidamente das mãos da vítima e saiu correndo em poder dos bens subtraídos (carteira e dinheiro)".

Note-se que, em regra, a denúncia deve narrar o fato criminoso somente até o seu momento consumativo, pois o que interessa é o Ministério Público expor ao juiz a realização de uma conduta ilícita. Não é necessário que se narre como as investigações levaram à identificação do criminoso, já que é exatamente isso que será objeto da instrução criminal. Contudo, quando o indiciado é preso em flagrante logo após a prática do crime, costuma-se fazer menção a este aspecto, bem como à sua eventual confissão. Muitas vezes, entretanto, a identificação do autor do delito demandou inúmeras e complexas diligências e estas não devem ser narradas no corpo da denúncia. Esses elementos de prova constam do inquérito policial e devem ser analisados pelo juiz para verificar se há indícios de autoria e de materialidade a justificar o desencadeamento da ação penal. Já na denúncia, o promotor se limita a acusar alguém de ter feito algo, mencionando **genericamente** que constam provas nesse sentido no inquérito policial, sem, contudo, especificá-las detalhadamente. Por isso, as denúncias costumam se iniciar com a seguinte frase: "Consta do incluso inquérito policial que ...".

Na denúncia não deve ser utilizada a palavra "réu", que só é corretamente empregada após o efetivo início da ação, com o recebimento daquela. Tampouco devem ser utilizadas palavras pejorativas como "elemento", "meliante" ou "marginal".

Na narrativa do fato criminoso devem ser inseridos todos os elementos componentes de eventual crime subsidiário. Essa providência é útil porque o crime subsidiário não é objeto da acusação por ficar absorvido pelo delito principal; porém, em caso de absolvição em relação a este, será possível ao juiz condenar o réu pelo crime subsidiário, sem que se mostre necessário futuro aditamento. Ex.: pessoa é presa portando arma de fogo com numeração raspada e, na fase de investigação, a vítima de um roubo ocorrido pouco antes o reconhece como autor deste crime. O promotor o denuncia somente por crime de roubo agravado pelo emprego de arma (art. 157, § 2º, I, do CP), porque doutrina e jurisprudência entendem que este crime absorve o delito de porte de arma. Em juízo, todavia, a vítima não o reconhece como autor do roubo, mas os policiais confirmam a apreensão da arma em seu poder. Se a denúncia **não** descreveu o fato de a arma ser raspada e de o acusado não possuir licença para portá-la em via pública, o juiz, ao absolvê-lo pelo roubo, não poderá proferir, de imediato, sentença condenatória pelo crime de porte de arma. Deverá aguardar o aditamento da denúncia e todas as providências descritas nos parágrafos do art. 384, do CPP, para só então proferir sentença em relação a este crime.

■ Classificação da infração penal e requerimentos

Já na parte final da denúncia, o Ministério Público deve mencionar qual artigo de lei foi infringido. Em seguida, deve requerer a autuação da denúncia, a citação do indiciado, a oitiva das testemunhas e vítima arroladas, bem como a condenação da pessoa apontada como autora da infração. Por fim, deve colocar a data e a sua assinatura.

No exemplo do furto simples mencionado nos tópicos anteriores, a parte final da denúncia ficaria assim:

> "Diante do exposto, denuncio João da Silva como incurso no art. 155, *caput*, do Código Penal, requerendo que, recebida e autuada esta, seja ele citado para oferecer resposta escrita, prosseguindo-se nos demais atos processuais de acordo com o rito ordinário, ouvindo-se a vítima e as testemunhas abaixo arroladas, até final condenação".
>
> ROL:
>
> 1) João da Silva — vítima — fls. 03
>
> 2) Carlos Caramelo — PM — fls. 06
>
> São Paulo, 12 de dezembro de 2015.
> Paulo Pereira de Souza Antunes Requião
> Promotor de Justiça"

Percebe-se, pois, que na denúncia devem constar todos os elementos da ação: **partes**, **pedido** e **causa de pedir**. As partes são o Ministério Público, signatário da inicial e o denunciando. O pedido é o de condenação a ser proferida ao final, após a coleta das provas. A causa de pedir são os fundamentos de direito (enquadramento no tipo penal e classificação jurídica do delito) e a narrativa do fato delituoso.

Observação: A elaboração da queixa-crime, nos delitos de ação privada, deve observar os mesmos requisitos da denúncia, pois o art. 41 do CPP se refere a ambas. Deve-se apenas lembrar que o advogado deve estar munido de **procuração com poderes especiais** na qual devem constar menção ao **fato criminoso** e o **nome do querelado**, conforme exige o art. 44 do CPP (ver item titularidade do direito de queixa). Ademais, eventuais agravantes genéricas necessitam constar em seu corpo — ao contrário do que ocorre nos crimes de ação pública em que o juiz pode reconhecer agravantes não elencadas pelo Ministério Público na denúncia.

■ 3.3.4.4.3. *Cota de oferecimento da denúncia*

Com a conclusão do inquérito, os autos são encaminhados ao juízo competente. Lá o cartório judicial abre "vista" do inquérito ao promotor de justiça e o encaminha ao Ministério Público. Caso se convença de que o caso é de denúncia, o promotor não a redige no termo de vista (última folha dos autos). Ele elabora a peça em separado e escreve no termo de vista que está apresentando denúncia em apartado. O cartório, então, realiza a autuação da denúncia, ou seja, a coloca em primeiro plano sob uma nova capa, de modo que a denúncia passa a ser a primeira peça a ser lida no processo.

No termo de vista, entretanto, o Ministério Público deve inserir todos os requerimentos e manifestações que se mostrem pertinentes naquele momento, por exemplo, aquelas relativas à prisão preventiva, liberdade provisória, suspensão condicional do processo, requerimento de certidões criminais relativas a outros crimes cometidos pelo indiciado, requerimento de perícias etc.

O Manual de Atuação Funcional dos Membros do Ministério Público do Estado de São Paulo (Ato Normativo n. 675/2010 — conjunto da Procuradoria-Geral de Justiça e Corregedoria-Geral do Ministério Público) a seguir transcrito elenca as providências que devem ser observadas pelo promotor em tal oportunidade:

> **Art. 48.** Apresentar, com o oferecimento da denúncia, todos os requerimentos necessários à correção das eventuais falhas do inquérito policial e à apuração da verdade real, especialmente:
>
> I — de prisão preventiva, quando cabível, explicitando os elementos constantes dos autos que a justifiquem;
>
> II — de solicitação de folha de antecedentes, inclusive de outros Estados, quando for o caso; de informações dos Cartórios Distribuidores Criminais e de certidões de objeto e pé dos processos apontados, inclusive de execução criminal;
>
> III — de solicitação das anotações constantes do assentamento individual (relatório da vida profissional em que constam os elogios, punições, transferências, faltas etc.), quando figurar policial civil ou militar como denunciado;
>
> IV — de remessa ao Juízo dos laudos de exame de corpo de delito faltantes, inclusive os complementares e outras perícias;
>
> V — de remessa dos autos de exibição, apreensão e avaliação dos objetos do crime nos delitos contra o patrimônio;
>
> VI — de remessa do laudo de exame químico-toxicológico definitivo nos crimes previstos na Lei n. 11.343/2006;
>
> VII — de envio de fotografia do denunciado, quando necessária para o seu reconhecimento em Juízo;
>
> VIII — de envio de identificação criminal nos termos da lei, atentando para os casos em que é obrigatório o processo datiloscópico e fotográfico;
>
> Lei n. 10.054/2000.
>
> IX — de certidões de peças de outros procedimentos, quando relacionadas com o fato objeto da denúncia;
>
> X — de arquivamento do inquérito policial em relação aos demais delitos constantes dos autos e que não foram contemplados na denúncia e quanto aos indiciados não denunciados;

XI — de realização de exame complementar da vítima, sempre que necessário à exata capitulação da infração penal;
XII — de expedição de ofício à autoridade policial para o indiciamento do denunciado, se essa providência não foi tomada na fase investigatória;
XIII — de certidão de remessa ao Juízo, juntamente com o inquérito, das armas e instrumentos do crime e de outros objetos apreendidos na fase investigatória, fiscalizando o seu recebimento pelo Cartório, por meio do respectivo termo nos autos;
XIV — de cópia das declarações prestadas por adolescente junto ao Juízo da Infância e da Juventude, caso o crime tenha sido cometido em concurso com este;
XV — de avaliação psicológica, quando possível e indispensável, notadamente quando as vítimas forem crianças ou deficientes mentais.
§ 1º Se o número de testemunhas ultrapassar o máximo permitido em lei, requerer a oitiva das excedentes como testemunhas do Juízo, procedendo a eventual substituição nas hipóteses legais.
§ 2º Se necessário, solicitar a expedição de ofício para a autoridade policial que presidiu as investigações para apresentar as testemunhas protegidas em audiência.
§ 3º Se requerer ou concordar com liberdade provisória, solicitar que o alvará de soltura seja acompanhado do mandado de citação, com o objetivo de impedir os efeitos do art. 366 do Código de Processo Penal.
§ 4º Observar se é cabível a suspensão condicional do processo nos termos do art. 89 da Lei n. 9.099/1995, manifestando-se fundamentadamente.
§ 5º Na falta de elementos para aferir se estão presentes os requisitos para a concessão da suspensão condicional do processo, oferecer a denúncia e requerer a abertura de vista após a juntada das folhas de antecedentes e certidões criminais, quando então poderá propor, se o caso, a suspensão condicional do processo ou, de forma fundamentada, justificar sua não propositura.

■ *3.3.4.4.4. Modelos de denúncia*

Ver Capítulo 18 — Modelos de peças e petições.

■ 3.3.5. Recebimento da denúncia

A decisão de recebimento da denúncia tem natureza **interlocutória simples** e, assim, nos termos do art. 800, II, do CPP, o juiz tem prazo de **5 dias** para proferi-la (e não de 1 dia como dizem alguns autores).

Recomenda-se que o juiz não se limite a despachar "recebo a denúncia", fazendo constar da decisão, ao menos, que as provas juntadas ao inquérito demonstram indícios de autoria e de materialidade e que a denúncia contém os requisitos exigidos pelo art. 41 do CPP. É que é comum que os defensores aleguem nulidade do recebimento da denúncia que não seja fundamentado. Os tribunais, entretanto, não têm declarado a nulidade da ação penal, alegando que o recebimento da denúncia ou queixa não tem caráter decisório (juízo de admissibilidade), não reclamando, assim, a fundamentação de que trata o art. 93, IX, da Constituição Federal. Nesse sentido: "*Habeas corpus*. Constitucional. Processual penal. Alegação de nulidade decorrente da ausência de fundamentação da decisão de recebimento da denúncia: improcedência. Precedentes. Ordem denegada. 1. É firme a jurisprudência deste Supremo Tribunal no sentido de que o ato judicial que formaliza o recebimento da denúncia oferecida pelo Ministério Público não se qualifica nem se equipara, para os fins a que se refere o art. 93, inciso IX, da Constituição, a ato de caráter decisório. O juízo positivo de admissibilidade da acusação penal, ainda que desejável e conveniente a sua motivação, não reclama, contudo, fundamentação. Precedentes. 2. Ordem denegada" (STF — HC 101.971 — 1ª Turma — Rel. Min. Cármen Lúcia — *DJe*-170 — p. 55).

A lei processual penal não prevê recurso **específico** contra a decisão que **recebe** a denúncia, de modo que, nos crimes a que seja cominada pena de prisão, será cabível a impetração de *habeas corpus* perante o tribunal competente, a fim de trancar a ação penal, com o argumento de que o fato é atípico, de que já ocorreu causa extintiva da punibilidade etc.

É com o recebimento da denúncia que se considera iniciada a ação, interrompendo-se o curso do prazo prescricional, nos termos do art. 117, I, do Código Penal. A partir do recebimento da denúncia, o prazo prescricional inicia novo curso, que só se interrompe pela sentença ou pela pronúncia (nos crimes dolosos contra a vida).

■ *3.3.5.1. Aditamento da denúncia*

De acordo com o art. 569 do Código de Processo Penal, as **omissões** da denúncia ou queixa podem ser sanadas a qualquer tempo, **antes da sentença final**, mediante **aditamento**.

Tal providência é também possível para a **correção** de equívocos constantes na peça (correção do nome do réu, da data ou do local do crime etc.).

É ainda viável se o surgimento de prova nova tornar necessária a alteração da acusação. Ex.: pessoa é encontrada na posse de um carro roubado e é denunciada por receptação. Alguns dias depois do recebimento da denúncia, a autoridade policial localiza a vítima do roubo, que estava viajando, e esta reconhece a pessoa denunciada por receptação como a responsável pela subtração mediante violência. Ao receber o auto de reconhecimento positivo encaminhado pelo delegado, o promotor deve aditar a denúncia para excluir a narrativa da receptação e imputar o crime de roubo ao réu. Ao receber este aditamento, que implica inovação na acusação, o juiz deverá determinar a intimação do acusado para que possa preparar sua nova defesa.

Se as novas provas surgirem na própria audiência, deverá também ser feito o aditamento e, nesse caso, existe um procedimento específico a ser adotado, descrito no art. 384 do Código de Processo Penal e que será estudado oportunamente.

■ Aditamento para inclusão de corréu ou de fato novo

Discute-se a possibilidade do aditamento **durante o transcorrer da ação penal**, contudo antes da sentença de 1ª instância, para **a inclusão de corréu** ou de **novo fato**

criminoso, conexo com o anterior, ao mesmo acusado, em face do surgimento de novas provas. Esta possibilidade existe em razão de dois dispositivos do Código de Processo Penal: a) **art. 569**, que diz que o aditamento é possível até a sentença; b) **art. 82**, que estabelece que o juiz com foro prevalente deve avocar as ações penais que tratem de crimes conexos e que ainda não estejam sentenciadas. Ora, de acordo com esta última regra, não faria sentido, em princípio, oferecer nova denúncia contra o corréu (hipótese de continência) ou em relação ao crime conexo, dando início a uma nova ação penal, sendo que, posteriormente, seriam elas unificadas para apuração conjunta, nos termos do art. 82. Com o surgimento das novas provas, portanto, é possível o aditamento para a inclusão do corréu ou do fato novo, hipóteses em que deverá ser providenciada nova citação — do corréu ou do antigo acusado — agora referente ao novo delito. De ver-se, entretanto, que este tipo de aditamento pode causar tumulto no andamento do feito e, em vez de facilitar a apuração dos crimes conexos ou continentes, atrasar a instrução ou a prolação da sentença. Quando o magistrado verificar que o aditamento causará tal tumulto, poderá determinar a separação dos processos com base no art. 80 do CPP, que prevê a possibilidade de desmembramento exatamente para esse tipo de situação, prosseguindo-se no feito em relação ao delito ou réu originários, e dando-se início a novo procedimento em relação aos fatos novos. O próprio promotor, ao verificar que o aditamento prejudicará o andamento do feito, pode tomar a iniciativa de oferecer nova denúncia (e não mero aditamento). É o que ocorre, por exemplo, quando o nome do corréu só é identificado ao término da instrução, em seu último ato, quando o réu originário, ao ser interrogado pelo juiz, confessa o crime e diz o nome do comparsa. Não há utilidade em se efetuar o aditamento para incluir o corréu na ação em andamento porque, em relação ao primeiro acusado, a instrução está finalizada e o juiz irá proferir a sentença na própria audiência, não fazendo sentido aguardar-se citação, resposta escrita, instrução e outros atos procedimentais quanto ao comparsa apenas para que haja um só julgamento. Assim, o promotor, com base em cópias da ação originária, oferece nova denúncia em relação ao comparsa.

Em **resumo**:

a) é possível o aditamento para a inclusão de corréu ou de fato novo com fundamento nos arts. 82 e 569 do CPP;

b) feito o aditamento, caso o juiz entenda que é possível a tramitação conjunta (em geral porque a ação encontra-se em seu início), adotará as providências necessárias (nova citação etc.), e proferirá uma só sentença ao final. Se, todavia, se convencer de que a tramitação em conjunto prejudicará o andamento do feito ou prolongará a prisão do réu originário, receberá o aditamento, mas determinará o desmembramento da ação penal, sendo realizadas duas instruções em separado;

c) caso o próprio promotor perceba que o aditamento causaria tumulto no tramitar da ação originária, deve extrair cópia e oferecer nova denúncia em relação ao crime conexo ou em face do comparsa.

Em suma, o Código de Processo Penal admite várias soluções, sempre de acordo com o bom-senso das autoridades que atuam no feito na apreciação das vantagens e desvantagens de ser admitido o aditamento.

3.3.6. Rejeição da denúncia

As hipóteses em que o juiz deve rejeitar a denúncia estão atualmente descritas no art. 395 do Código de Processo Penal e aplicam-se também para a queixa-crime nos delitos de ação privada:

Inépcia manifesta (art. 395, I, do CPP)

Ocorre quando a peça apresentada contém narrativa incompreensível dos fatos, não identifica suficientemente o réu ou não observa os requisitos mínimos exigidos pelo art. 41 do CPP para a denúncia ou queixa. Nesses casos, a denúncia poderá ser reapresentada após as correções. No caso de queixa-crime a reapresentação também será possível, desde que não decorrido o prazo decadencial.

Falta de pressuposto processual (art. 395, II, 1ª parte, do CPP)

Diz respeito, por exemplo, à falta de capacidade para ser parte, falta de capacidade postulatória, ilegitimidade ativa ou passiva etc. Assim, deverá haver rejeição da **queixa-crime**: a) se esta for oferecida diretamente pela vítima e não por meio de procurador; b) se for apresentada por pessoa munida de procuração da vítima, mas que não é advogado; c) se for ofertada por advogado que não tem procuração da vítima; d) se for apresentada por advogado que tem procuração de quem não é vítima do crime ou seu representante legal; e) se for elaborada por procurador constituído por ofendido menor de 18 anos, sem a anuência do representante legal; f) se, em caso de morte do ofendido, apresentar-se como querelante pessoa que não consta do rol do art. 31 do CPP (cônjuge, ascendente, descendente ou irmão).

A **denúncia**, por sua vez, deverá ser rejeitada, por exemplo, quando oferecida por quem não integra os quadros do Ministério Público. Tal pessoa poderá ainda incorrer em crime de usurpação de função pública (art. 328 do CP).

Existe, ainda, ilegitimidade ativa se for oferecida **denúncia** em crime de ação **privada** ou **queixa** em crime de ação **pública** (sem que se trate de hipótese de ação privada subsidiária).

Após a rejeição, a ação poderá ser novamente proposta e a denúncia ou queixa serão recebidas, desde que sanada a falha e que não tenha havido decadência nos crimes de ação privada.

Por sua vez, haverá ilegitimidade **passiva** se for oferecida denúncia ou queixa contra pessoa menor de 18 anos.

Falta de condição da ação (art. 395, II, 2ª parte, do CPP)

Ocorre, por exemplo, quando o promotor oferece denúncia em crime de ação pública condicionada sem que exista a prévia representação da vítima ou requisição do Ministro da Justiça.

Uma vez sanada a falha, a ação poderá ser reproposta, se ainda não decorrido o prazo prescricional.

■ Falta de justa causa para o exercício da ação penal (art. 395, III, do CPP)

São várias as hipóteses de ausência de justa causa, como, por exemplo: a) **atipicidade** da conduta narrada na denúncia ou queixa; b) **falta de indícios** suficientes de autoria ou materialidade a embasar a denúncia oferecida; c) ocorrência de **prescrição** ou **outra causa extintiva da punibilidade**.

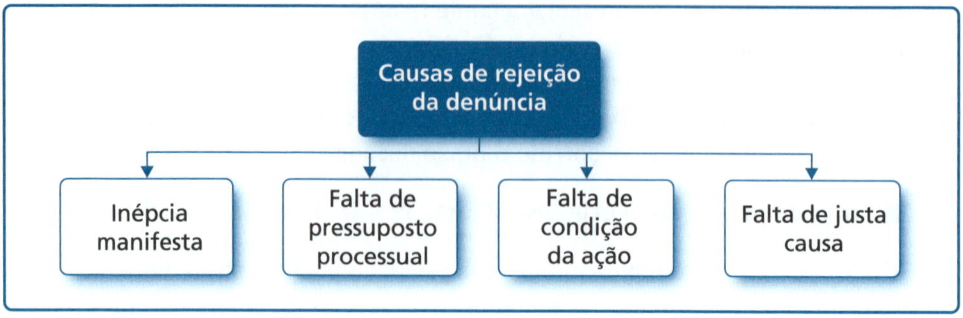

■ 3.3.7. Recurso cabível contra a decisão que rejeita a denúncia

Contra a decisão que rejeita a denúncia é cabível o **recurso em sentido estrito** (art. 581, I, do CPP). Uma vez interposto tal recurso, o denunciado deve ser intimado para oferecer contrarrazões, sob pena de nulidade. Nesse sentido, a Súmula n. 707 do Supremo Tribunal Federal: "constitui nulidade a falta de intimação do denunciado para oferecer contrarrazões ao recurso interposto da rejeição da denúncia, não a suprindo a nomeação de defensor dativo". Em suma, ainda que não seja parte efetiva da ação penal (já que a denúncia foi rejeitada), a pessoa denunciada deverá ser notificada para apresentar contrarrazões ao recurso em sentido estrito. Se apesar da notificação, não apresentar as contrarrazões, o juiz deverá nomear defensor **dativo** para fazê-lo.

Por interpretação extensiva, a decisão que rejeita o **aditamento** da denúncia ou queixa é também atacada por via de recurso em sentido estrito.

De acordo com a Súmula n. 709 do Supremo Tribunal Federal, "salvo quando nula a decisão de primeiro grau, o acórdão que provê o recurso contra a rejeição da denúncia vale, desde logo, pelo recebimento dela", de modo que a partir da publicação deste acórdão considera-se interrompida a prescrição. Se, entretanto, o tribunal entender que é nula a decisão que rejeitou a denúncia ou queixa, os autos devem retornar à 1ª instância para reapreciação. Ocorre situação similar quando o juiz rejeita a denúncia sustentando ter havido prescrição ou denega a queixa alegando ter havido decadência, e o tribunal afasta referidas causas extintivas da punibilidade, que, em verdade, atuaram como prejudiciais em relação ao mérito da denúncia ofertada. Assim, afastada a causa extintiva em sede recursal, não pode o tribunal analisar os requisitos formais da peça inicial (indícios de autoria e materialidade, existência de pressupostos e condições da ação, presença dos requisitos do art. 41 do CPP), sob pena de **supressão de instância**, de modo que os autos retornam ao juízo de origem para reapreciação da denúncia. Este, evidentemente, não poderá novamente rejeitá-la com fundamento na mesma causa extintiva da punibilidade já rechaçada pelo tribunal.

■ 3.4. AÇÃO PENAL PRIVADA

Essa forma de ação penal é de iniciativa do **ofendido** ou, quando este for menor ou incapaz, de seu **representante legal**. O direito de punir continua sendo estatal, mas a iniciativa da ação penal é transferida para o ofendido ou seu representante legal, uma vez que os delitos dessa natureza atingem a **intimidade** da vítima que pode preferir não levar a questão a juízo. Ex.: pessoa que para se vingar de uma mulher casada a difama inventando que ela teve diversos casos amorosos com outros homens e espalha o fato pela cidade. A ofendida pode preferir não dar azo às maledicências e entender que é preferível não intentar a ação penal, pois isso poderia até piorar os comentários em relação aos boatos contra ela lançados.

■ 3.4.1. Princípios específicos da ação privada

A doutrina aponta três princípios específicos da ação privada: a) da **oportunidade**; b) da **disponibilidade**; c) da **indivisibilidade**.

■ Princípio da oportunidade

Também conhecido como princípio da **conveniência**, significa que, ainda que haja provas cabais contra os autores da infração penal, pode o ofendido preferir não os processar. Na ação privada, o ofendido (ou seu representante legal) decide, de acordo com seu livre-arbítrio, se vai ou não ingressar com a ação penal.

■ Princípio da disponibilidade da ação

O querelante pode **desistir** do prosseguimento da ação por ele intentada por meio dos institutos do **perdão** e da **perempção** (arts. 51 e 60 do CPP), bem como pode **desistir de recurso** que tenha interposto (art. 576 do CPP).

■ Princípio da indivisibilidade

Está consagrado no art. 48 do Código de Processo Penal, que diz que a **queixa contra qualquer dos autores do crime obrigará ao processo de todos**. A finalidade do dispositivo é esclarecer que, embora o ofendido possa optar por ingressar ou não com a queixa, de acordo com o princípio da oportunidade, caso resolva intentar a ação penal deverá movê-la contra todos os autores do delito que tenham sido identificados. Não pode, portanto, inserir alguns dos autores do crime na queixa e deixar os outros de fora. A intencional exclusão de um deles será interpretada como **renúncia** em relação a ele e, nos termos do art. 49, a todos se estenderá.

O art. 48 do Código, em sua parte final, diz que cabe **ao Ministério Público velar** pela indivisibilidade da ação privada. Assim, ao ser oferecida a queixa, o juiz, obrigatoriamente, deve dar vista dos autos ao promotor. Se o querelante tiver, clara e intencionalmente, excluído um dos autores do crime (por ser um amigo, alguém influente etc.), o Ministério Público deverá requerer a rejeição da queixa e a declaração da extinção da punibilidade de todos (a renúncia, que é causa extintiva, a todos se estende). Se o promotor entender que houve mero equívoco, omissão involuntária na não inserção de um dos nomes na queixa, deverá requerer ao juiz que intime o querelante, se ainda no prazo decadencial de 6 meses, para que adite a queixa. Se o fizer, a falha estará sanada, mas se não o fizer deverá ser reconhecida a renúncia em relação a todos.

O Promotor só pode aditar a queixa para correção de pequenos erros formais (correção de data ou local etc.), mas nunca para incluir corréu ou novos fatos criminosos que se apuram mediante ação privada.

Quando uma pessoa é vítima de dois crimes de ação privada cometidos pelo mesmo autor, pode optar por ingressar com queixa somente em relação a um deles sem que isso implique renúncia. Quanto ao outro delito (não mencionado na queixa), haverá decadência após o decurso de 6 meses.

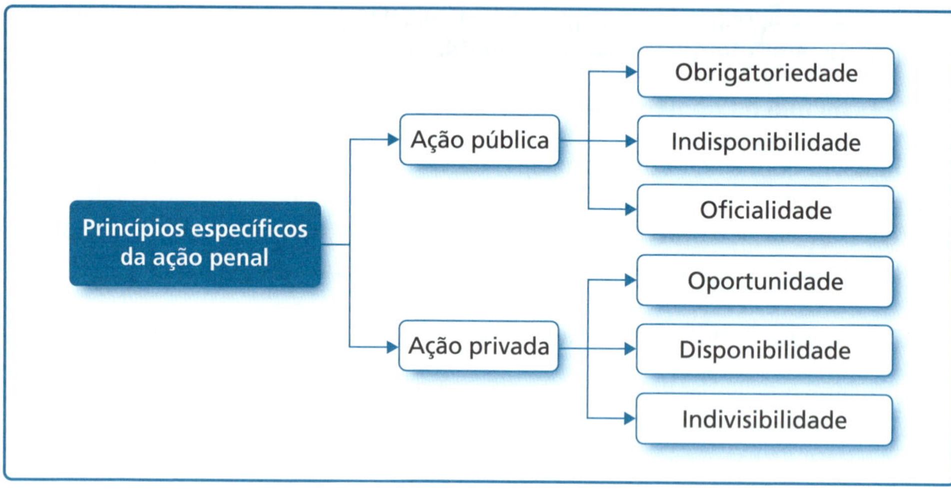

■ 3.4.2. Espécies de ação privada

Existem três espécies de ação privada: a **exclusiva**, a **personalíssima** e a **subsidiária da pública**.

■ *3.4.2.1. Ação privada exclusiva*

A iniciativa da ação cabe ao ofendido ou seu representante legal, mas, em caso de **morte** ou **declaração de ausência** destes antes da propositura da ação, esta poderá ser intentada, dentro do prazo decadencial de 6 meses, por seu cônjuge, ascendente, descendente ou irmão (art. 31 do CPP). Atualmente, tal direito é reconhecido também ao companheiro em caso de união estável.

De acordo com o art. 36 do Código de processo, "se comparecer mais de uma pessoa com direito de queixa, terá preferência o cônjuge, e, em seguida, o parente mais próximo na ordem de enumeração constante do art. 31, podendo, entretanto, qualquer delas prosseguir na ação, caso o querelante desista da instância ou a abandone". O querelante que a lei aqui menciona é o substituto, na medida em que o ofendido está morto. Quando a ação privada é movida pelo **próprio ofendido**, o **abandono** da ação penal gera **perempção** (causa extintiva da punibilidade).

Por sua vez, se o querelante falecer **após** o início da ação, poderá haver **substituição** no polo ativo, no prazo de **60 dias** a contar da morte.

Nos crimes de ação privada exclusiva, o legislador, na própria parte especial do Código Penal, expressamente declara que na apuração daquele delito "**somente se procede mediante queixa**". Esta, portanto, é a frase que identifica os crimes de ação privada exclusiva. Exs.: crimes contra a honra (art. 145 do CP), salvo algumas exceções; crime de dano simples ou qualificado pelo motivo egoístico ou pelo prejuízo considerável causado à vítima (art. 167 do CP); crime de esbulho possessório em propriedade particular e sem emprego de violência (art. 164, § 3º, do CP); crimes contra a propriedade industrial (art. 199 da Lei n. 9.279/96); etc.

■ 3.4.2.1.1. *Titularidade do direito de queixa*

O sujeito **ativo** (autor) da ação penal privada é chamado de **querelante**, ao passo que o acusado é denominado **querelado**.

A peça processual que dá início à ação privada se chama **queixa-crime** e deve ser endereçada ao **juiz competente**, e não ao delegado de polícia. Quando a vítima de um crime de ação privada quer que a autoridade policial dê início a uma investigação, deve a ele endereçar um **requerimento** para a instauração de inquérito, e não uma queixa-crime. Quando o ofendido já tiver em suas mãos elementos de prova que indiquem que determinada pessoa foi a autora do delito contra ele cometido, deve apresentar ao juízo, no prazo de **6 meses a contar da data em que a autoria foi descoberta**, a queixa-crime, peça que deve preencher os requisitos elencados no art. 41 do Código de Processo Penal.

Para apresentar a queixa, o procurador do ofendido deve estar munido de **procuração com poderes especiais**, em cujo mandato deve constar menção ao **fato criminoso** e o nome do **querelado** (o art. 44 do CPP diz "nome do querelante" por engano, já que o nome deste não teria como deixar de constar da procuração). Neste mandato, portanto, recomenda-se que haja descrição específica, ainda que não detalhada, do crime a que o procurador está autorizado a oferecer queixa. Ex.: "para que ofereça crime contra João da Silva por ter ofendido o querelante com palavras de baixo calão em reunião de condomínio realizada no mês de setembro de 2015". É claro que no corpo da queixa-crime o procurador irá descrever o fato mais detalhadamente mencionando, inclusive, as palavras ofensivas proferidas. Não é suficiente de acordo com o texto legal que no mandato conste meramente autorização para processar "João da Silva" porque, neste caso, não há menção ao **fato** criminoso como exige o art. 44 do Código de Processo.

Os tribunais superiores entendem que não há vício em a procuração conter menção apenas ao **dispositivo legal** infringido sem qualquer outra especificação. A propósito: "Consolidou-se nesta Corte Superior de Justiça o entendimento que, na procuração pela qual o ofendido outorga poderes especiais para o oferecimento da queixa-crime, a indicação do dispositivo penal no qual o querelado é dado como incurso satisfaz o requisito previsto no artigo 44 do Código de Processo Penal. Precedentes" (STJ — HC 119.827/SC — Rel. Min. Jorge Mussi — 5ª Turma — julgado em 15.12.2009 — *DJe* 19.04.2010); "Quando a procuração é outorgada com a finalidade específica de propor queixa-crime, observados os preceitos do art. 44 do Código de Processo Penal, não é necessária a descrição pormenorizada do delito, bastando a menção do fato criminoso ou o *nomen juris*. Precedentes desta Corte e do Supremo Tribunal Federal" (STJ — HC 158.042/SP — Rel. Min. Laurita Vaz — 5ª Turma — julgado em 20.09.2011 — *DJe* 06.10.2011); e "A indicação do artigo do Código Penal e do sujeito ativo do delito satisfaz à exigência inserta na norma do artigo 44 do Código de Processo Penal. 2. Precedentes" (STJ — HC 84.344/PI — Rel. Min. Hamilton Carvalhido — 6ª Turma — julgado em 31.10.2007 — *DJe* 14.04.2008). Recomenda-se, entretanto, que a procuração contenha uma descrição, ainda que mínima, do fato criminoso, pois tal providência, certamente, evitará questionamento por parte do acusado.

Por sua vez, é necessário que o procurador se limite aos termos do mandato, não podendo extrapolá-lo para inserir na queixa fatos que não constaram da procuração. A propósito: "Fato é acontecimento histórico, algo acontecido no plano da experiência. Não se confunde com o simples rótulo normativo. O mandatário não pode extrapolar, nem afastar-se da extensão expendida pelo mandante, titular da ação penal de iniciativa privada" (STJ — RHC 6.157 — 6ª Turma — Rel. Min. Vicente Cernicchiaro — *DJU* 28.04.1997 — p. 15.919).

A ausência de procuração com poderes especiais impede o recebimento da queixa, mas a falha pode ser corrigida dentro do prazo decadencial de 6 meses. Os tribunais superiores, por sua vez, fixaram entendimento de que a falta de menção ao nome do querelado ou de menção ao fato criminoso na procuração (vícios formais) podem ser sanadas até mesmo após o decurso do prazo decadencial, desde que antes da sentença. Nesse sentido: "falta de menção do fato delituoso na procuração, bem como do nome dos querelados, configura defeito sanável a qualquer tempo, pois não interfere na *legitimatio ad causam*. Precedentes. IV. Não procede a alegação de decadência do direito de queixa, pois, como já ressaltado, o vício do instrumento procuratório pode ser sanado a qualquer tempo, sendo independente do prazo decadencial determinado pela lei processual para a propositura da queixa-crime" (STJ — RHC 16.221/MG — Rel. Min. Gilson Dipp — 5ª Turma — julgado em 05.08.2004 — *DJ* 06.09.2004 — p. 272); e "Oferecida a queixa-crime dentro do prazo legal, não está caracterizada a decadência (...) Eventuais vícios ou irregularidades no instrumento de mandato podem ser sanadas a qualquer tempo, mesmo após o decurso do prazo decadencial, nos termos do art. 569 do Código de Processo Penal. A falta de menção ao fato delituoso na procuração configura defeito sanável a qualquer tempo pois não interfere na *legitimatio ad causam*. Precedentes. 5. Ordem denegada" (STJ — HC 131.078/PI — Rel. Min. Alderita Ramos de Oliveira (Desembargadora Convocada) — 6ª Turma — julgado em 14.08.2012 — *DJe* 14.02.2013).

Se o ofendido comprovar sua **pobreza**, o juiz, a pedido dele, nomeará advogado para promover a ação penal (art. 32, *caput*, do CPP). Considera-se pobre a pessoa que não pode prover as despesas do processo sem privar-se dos recursos indispensáveis ao próprio sustento ou da família (art. 32, § 1º), sendo prova suficiente de pobreza atestado da autoridade policial em cuja circunscrição residir o ofendido (art. 32, § 2º). Por sua vez, o art. 4º, § 1º, da Lei n. 1.060/50 estabelece que se presume pobre, até prova em contrário, **quem afirmar esta condição nos termos desta Lei**.

Nos termos do art. 4º, XV, da Lei Complementar n. 80/94, a nomeação para a propositura da ação privada exclusiva ou subsidiária da pública pode recair sobre a Defensoria Pública.

Havendo duas vítimas de crime de ação privada, caso apenas uma delas ofereça queixa, haverá decadência em relação à outra. Se uma pessoa ofendeu moralmente marido e mulher em uma mesma ocasião, cometeu dois crimes contra a honra em concurso formal. Se, todavia, apenas o marido ingressar com a queixa, deverá ser desprezado o aumento do concurso formal porque, em relação ao crime cometido contra a esposa, houve decadência.

A pessoa jurídica pode ser vítima de crime de ação privada (difamação, crime contra a propriedade industrial da Lei n. 9.279/96 etc.). Para esses casos, o art. 37 do Código de Processo dispõe que "as fundações, associações ou sociedades legalmente constituídas poderão exercer a ação penal, devendo ser representadas por quem os respectivos contratos ou estatutos designarem, ou, no silêncio destes, pelos seus diretores ou sócios-gerentes".

■ Ofendido menor de 18 anos

Se a vítima for menor de 18 anos, apenas o seu **representante legal** poderá exercer o direito de queixa. De acordo com a legislação civil, representantes legais são os pais, tutores ou curadores. A jurisprudência, todavia, tem admitido que o direito seja exercido por outras pessoas que tenham a guarda ou a responsabilidade de fato do menor.

Se a vítima menor não tiver representante legal, o juiz deverá nomear **curador especial** para avaliar a **conveniência** do oferecimento da queixa (art. 33 do CPP). O curador especial deve ser pessoa da confiança do juiz e **não é obrigado** a oferecer a queixa, incumbindo-lhe, em verdade, avaliar se o ato trará prejuízos ou benefícios ao ofendido menor. O prazo decadencial de 6 meses para o curador ingressar com a queixa conta-se a partir de sua notificação para o exercício do encargo. A nomeação desse curador pode se dar de ofício ou em razão de requerimento do Ministério Público. O art. 33 do Código de Processo diz que cabe ao juiz competente para o **processo penal** nomear o curador especial, contudo, a partir da entrada em vigor da Lei n. 8.069/90 (Estatuto da Criança e do Adolescente), cabe ao Juízo da Infância e da Juventude a nomeação de curador especial para apresentação de queixa, nos expressos termos do art. 148, parágrafo único, *f*, da referida lei.

Quando a vítima de um crime de ação privada é menor de idade, somente o representante legal pode oferecer a queixa-crime. Por isso, considerando que o prazo decadencial é de 6 meses a contar da data em que o titular do direito de ação **descobre a autoria**, podemos concluir que, se a vítima tem 14 anos e conta ao pai quem foi o autor do crime, o prazo se escoa totalmente para o representante legal após o prazo de 6 meses sem o oferecimento da queixa, havendo extinção da punibilidade do autor da infração. Dessa forma, quando o menor completar 18 anos não poderá, ele próprio, oferecer a queixa. Ao contrário, se o menor, vítima do crime aos 14 anos, nada contar a respeito do delito e sua autoria aos representantes legais, o prazo decadencial só passará a correr quando ele completar 18 anos, encerrando-se, portanto, quando ele completar 18 anos e 6 meses. Desde a data da prática do delito, contudo, corre normalmente o prazo prescricional.

Saliente-se que o art. 5º do novo Código Civil, ao estabelecer a maioridade civil plena aos 18 anos, revogou o art. 34 do Código de Processo Penal. Com efeito, este dispositivo estabelecia que, sendo o ofendido maior de 18 e menor de 21 anos, o direito de queixa poderia ser exercido por ele próprio ou por seu representante legal. Atualmente, contudo, a pessoa maior de 18 anos não mais possui representante legal, de modo que apenas ela pode exercer o direito de queixa. Por consequência, a Súmula n. 594 do Supremo Tribunal Federal, publicada em razão do mencionado art. 34, perdeu sua aplicabilidade em tal caso. Esta súmula estabelecia que "os direitos de queixa e de representação podem ser exercidos, independentemente, pelo ofendido ou por seu representante legal", mas foi aprovada **especificamente** para regular a hipótese do ofendido com idade entre 18 e 21 anos e, por isso, perdeu a eficácia.

Observação: Por ocasião do fechamento da edição da presente obra, era tida como certa a aprovação de projeto de lei dando nova redação ao art. 34 do CPP e estabelecendo que, "se o ofendido for menor de 18 e maior de 16 anos, o direito de queixa poderá ser exercido por ele ou por seu representante legal". Caso efetivamente aprovado esse projeto — que estava em fase final de tramitação — as regras serão as seguintes: a) ofendido menor de 16 anos: só o representante legal pode oferecer a queixa; b) ofendido menor de 18 e maior de 16 anos: o direito de queixa pode ser exercido pelos dois. Caso haja divergência, prevalece a intenção daquele que quer a propositura da ação penal; c) ofendido maior de 18 anos: apenas ele pode exercer o direito.

■ Ofendido incapaz em razão de enfermidade ou retardamento mental

O direito de queixa é dos representantes legais, porém, caso a vítima não tenha representantes, o juiz deverá nomear **curador especial** para avaliar a conveniência da apresentação da queixa. Nesse caso, a nomeação do curador especial é feita pelo próprio juízo criminal, que pode agir de ofício ou mediante requerimento do Ministério Público (art. 33 do CPP).

■ Colidência de interesses entre a vítima menor ou doente mental e o representante legal

Existe o conflito de interesses quando o único representante é o próprio autor da infração ou quando há outra causa relevante. Ex.: a mãe já morreu e o pai cometeu o crime de ação privada contra o filho menor. Também há conflito quando ambos os representantes estão vivos e o delito é cometido por um deles, mas a necessidade de apreciar a conveniência do oferecimento da queixa não pode ser exercida com imparcialidade pelo outro. Ex.: um casal que ainda vive maritalmente e o pai comete um crime contra o menor, causando constrangimento à mãe decidir se deve ou não oferecer queixa contra o marido. Em todos esses casos, a solução alvitrada pelo art. 33 do Código de Processo Penal é a nomeação de **curador especial**, a quem caberá apreciar a conveniência de oferecer a queixa. Conforme já mencionado, se a vítima for menor é o Juízo da Infância quem nomeia este curador. Se for maior de idade, porém portador de enfermidade mental incapacitante, é o próprio juízo criminal.

3.4.2.2. *Ação privada personalíssima*

A ação só pode ser intentada pela **vítima**. Se esta for menor de idade, deve-se aguardar que complete 18 anos para que tenha legitimidade ativa. Se for incapaz em razão de doença mental, deve-se aguardar sua eventual melhora. Em tais hipóteses, o prazo decadencial de 6 meses só correrá a partir da maioridade ou da volta à capacidade mental.

Nesse tipo de ação privada, caso haja morte do ofendido, antes ou depois do início da ação, não poderá haver substituição para a sua propositura ou seu prosseguimento.

Atualmente, o único crime de ação privada personalíssima previsto no Código Penal é o de **induzimento a erro essencial ou ocultação de impedimento para casamento**, em que o art. 236, parágrafo único, do Código Penal estabelece que a ação penal só pode ser iniciada por queixa do **contraente enganado**. Dessa forma, a morte do ofendido implica extinção da punibilidade do autor do crime, uma vez que não será possível a substituição no polo ativo.

O crime de adultério também era de ação privada personalíssima, pois o art. 240 do Código Penal dizia que a ação penal só poderia ser intentada por queixa do cônjuge enganado, porém tal delito foi revogado pela Lei n. 11.106/2005.

3.4.3. Destino do inquérito policial após a conclusão das investigações nos crimes de ação privada (exclusiva ou personalíssima)

De acordo com o art. 19 do Código de Processo Penal, os autos deverão ser remetidos ao juízo competente, onde aguardarão a iniciativa do ofendido ou seu representante legal, ou serão entregues ao requerente, se o pedir, mediante traslado.

Se a ação penal não for proposta no prazo decadencial ou antes disso ocorrer renúncia, o juiz deve declarar a extinção da punibilidade e determinar o arquivamento do inquérito.

3.4.4. Atuação do Ministério Público na ação privada

O Ministério Público atua em todos os crimes de ação privada na condição de **fiscal da lei** (*custos legis*). Sua função, portanto, é verificar se estão corretos os procedimentos adotados e se estão sendo garantidos os direitos das partes. Para isso, deve sempre ter vista dos autos e participar das audiências.

Se for instaurado inquérito em crime de ação privada, ele deve ser remetido ao juízo após sua conclusão, onde aguardará eventual apresentação de queixa-crime. Com a chegada dos autos ao juízo, todavia, deve-se dar vista ao Ministério Público para que verifique se, por acaso, o delito apurado não é de ação pública ou conexo com crime desta natureza. Deverá, ainda, analisar se já ocorreu alguma causa extintiva da punibilidade (prescrição, decadência, renúncia), hipótese em que deverá pleitear que o juiz a declare.

O art. 45 do Código de Processo Penal permite que o promotor adite a queixa. Prevalece, entretanto, a interpretação de que tal aditamento só pode ocorrer para a correção de pequenas imperfeições formais no texto da queixa, mas nunca para a inclusão de corréu ou de fato novo. A propósito: "Nos termos do art. 45, do CPP, a queixa poderá ser aditada pelo Ministério Público, ainda que se trate de ação penal privativa do ofendido, desde que não proceda à inclusão de coautor ou partícipe, tampouco inove quanto aos fatos descritos" (STJ — HC 85.039/SP — Rel. Felix Fischer — *DJ* 30.03.2009).

Ao término da instrução, o Ministério Público deve se manifestar apresentando sua convicção em torno da absolvição ou condenação do querelado.

Em caso de apresentação de recurso por qualquer das partes, o Ministério Público deve apresentar manifestação após o querelante. Se este é o apelante, o Ministério Público manifesta-se antes do querelado. Se o recurso é do querelado, o Ministério Público é o último a se manifestar.

O Ministério Público pode recorrer em favor do querelado, porém, se houver recurso idêntico da defesa, o ministerial fica prejudicado. O Ministério Público **não** pode recorrer no lugar do querelante na ação privada exclusiva ou personalíssima, pois, nesses casos, a legitimidade é exclusiva do autor da ação.

3.4.5. Causas extintivas da punibilidade da ação penal privada regulamentadas no Código de Processo Penal

Existem quatro causas extintivas da punibilidade regulamentadas no Código de Processo Penal, que têm incidência nos crimes de ação privada **exclusiva** e **personalíssima**: a) **decadência**; b) **perempção**; c) **renúncia**; d) **perdão**.

3.4.5.1. Decadência

Na ação privada, a decadência é a **perda do direito de ingressar com a ação em face do decurso do prazo sem o oferecimento da queixa**. Essa perda do direito de ação por parte do ofendido atinge também o *jus puniendi*, gerando a extinção da punibilidade do autor da infração.

Nos termos do art. 103 do Código Penal, salvo disposição em sentido contrário, o prazo decadencial é de **6 meses a contar do dia em que a vítima ou seu representante legal tomam conhecimento da autoria da infração**. **Este é o prazo para que a queixa-crime seja protocolada em juízo** ainda que os autos sejam conclusos posteriormente ao juiz para apreciação.

Não haverá decadência, mesmo que a queixa seja apresentada em juízo incompetente, pois, o que importa é o querelante ter demonstrado sua intenção de mover a ação penal, não ficando inerte. Nesse sentido: "Mesmo que a queixa-crime tenha sido apresentada perante Juízo incompetente, o certo é que o seu simples ajuizamento é suficiente para obstar a decadência, interrompendo o seu curso. Doutrina. Precedentes do STJ e do STF" (STJ — RHC 25.611/RJ — Rel. Min. Jorge Mussi — 5ª Turma — julgado em 09.08.2011 — *DJe* 25.08.2011).

Na ação pública condicionada à representação, o prazo decadencial de 6 meses é para que a vítima apresente a representação, podendo o Ministério Público oferecer a denúncia após esse período.

No crime de adultério, o prazo decadencial era de 1 mês (art. 240, § 2º, do CP), mas este crime foi revogado pela Lei n. 11.106/2005. Nos crimes de imprensa, o prazo decadencial era de 3 meses (art. 41, § 1º, da Lei n. 5.250/65), porém, o Supremo Tribunal Federal entendeu que referida lei não foi recepcionada pela Constituição de 1988.

O prazo decadencial é **peremptório**, não se prorrogando ou suspendendo por qualquer razão. Por isso, a instauração de inquérito em crime de ação privada ou o pedido de explicações em juízo nos crimes contra a honra (art. 144 do CP) não obstam sua fluência. Caso o último dia do prazo caia em feriado ou fim de semana, o prazo **não** se prorroga até o dia útil subsequente, devendo o interessado procurar o juiz de plantão caso queira evitar a decadência.

Trata-se de causa extintiva da punibilidade que só pode ocorrer **antes** do início da ação penal e comunica-se a todos os autores conhecidos do delito. Normalmente, quando um crime é cometido por duas ou mais pessoas, a vítima descobre concomitantemente a autoria em relação a todos, como, por exemplo, na hipótese de o crime ser cometido em sua presença. Se, todavia, a vítima descobre que João é um dos autores do delito em 10 de janeiro e depois descobre que Paulo é o outro autor dois dias depois, o prazo se conta da 1ª data em relação a ambos. Decorrido o prazo de 6 meses, estará extinta a punibilidade dos dois (caso contrário, o princípio da indivisibilidade correria riscos).

Na hipótese de crime **permanente**, o prazo decadencial somente começa a fluir quando cessada a execução do delito, se a autoria já for conhecida. Se a vítima só descobrir quem é o autor do crime após cessada a permanência, o prazo correrá da data da descoberta.

No crime **habitual**, cuja existência pressupõe uma reiteração de atos, a decadência é contada a partir do **último ato** que se torne conhecido do ofendido.

No crime **continuado**, o prazo conta-se isoladamente em relação a cada um dos crimes nos termos do art. 119 do Código Penal, ou seja, conta-se a partir da data em que se descobre a autoria de cada um dos delitos.

O prazo decadencial é instituto de **natureza híbrida**, pois previsto e regulamentado tanto no Código de Processo Penal quanto no Código Penal. Assim, seriam possíveis duas interpretações: a) o prazo é processual e nele não se inclui o primeiro dia da contagem; b) o prazo é penal e nele se inclui o primeiro dia. A doutrina, porém, acabou fixando entendimento de que, na dúvida, deve ser adotada a interpretação mais benéfica ao réu, já que a decadência gera a extinção da punibilidade, e, assim, o prazo deve ser considerado de natureza **penal**, incluindo-se na contagem o dia em que o ofendido descobriu a autoria.

■ 3.4.5.2. *Perempção*

É uma **sanção** aplicada ao querelante, consistente na **perda do direito de prosseguir na ação penal privada**, em razão de sua **inércia** ou **omissão** no transcorrer da ação penal.

Trata-se também de causa extintiva da punibilidade que, todavia, só tem vez **após** o início da ação penal. Uma vez reconhecida situação de perempção, seus efeitos **estendem-se a todos os querelados**.

Cuida-se, outrossim, de instituto **inaplicável** quando proposta ação privada em crime de ação pública (ação privada subsidiária), pois, neste caso, se o querelante mostrar-se desidioso, o Ministério Público **reassume** a titularidade da ação, não se podendo cogitar de perempção porque, na origem, o delito é de ação pública (art. 29 do CPP).

As hipóteses de perempção estão enumeradas no art. 60 do Código de Processo Penal.

■ Quando iniciada a ação penal, o querelante deixar de promover o andamento do processo durante 30 dias seguidos (art. 60, I, do CPP)

É evidente que esse caso de perempção só tem incidência quando há algum ato processual que deva ter sido praticado pelo querelante e este se mantém inerte. **Não** existe a obrigação de comparecer **mensalmente** em juízo apenas para requerer o prosseguimento do feito. Ao contrário, se houver algum ato processual que dependa de manifestação do querelante, o juiz do feito deve mandar notificá-lo e, somente depois disso, caso não haja manifestação no prazo, é que será declarada perempta a ação penal. Nesse sentido: "Sendo o querelante notificado pela imprensa oficial e deixando por mais de 30 dias, de adotar os atos necessários para a impulsão da *persecutio criminis*, caracterizada está a perempção da ação privada, operando-se, assim, a extinção da punibilidade do querelado" (TACRIM-SP — Rel. Juiz Penteado Navarro — *RT* 747/688).

Não se pode cogitar de inércia do querelante quando a impossibilidade em dar andamento ao feito decorre de **força maior** (greve de funcionários do Judiciário, por exemplo) ou quando a responsabilidade pelo atraso é da *defesa*.

Deve-se ressalvar, por fim, que decorridos os 30 dias e declarada a perempção a ação penal não poderá ser novamente proposta, já que estará extinta a punibilidade do querelado. Não se confunde a perempção penal com a hipótese do processo civil, em que a ação pode ser reproposta após o juiz extinguir o processo sem o julgamento do mérito em razão do abandono de causa por mais de 30 dias. Na legislação processual civil a perempção só se verifica após a terceira extinção da ação sem julgamento do mérito por aquele motivo (art. 486, § 3º, do Novo Código de Processo Civil).

■ Quando, falecendo o querelante, ou sobrevindo sua incapacidade, não comparecer em juízo, para prosseguir no processo, dentro do prazo de 60 dias, qualquer das pessoas a quem couber fazê-lo, ressalvado o disposto no art. 36 (art. 60, II, do CPP)

Da conjugação dos dispositivos do Código de Processo Penal, é possível verificar que, se o querelante morrer (ou for declarado ausente — art. 31 do CPP) ou, ainda, se for **interditado** em razão de doença mental, após o início da ação penal, somente poderá esta prosseguir se, no prazo de **60 dias**, comparecer em juízo, para substituí-lo no polo ativo da ação, seu cônjuge (ou companheiro), algum ascendente, descendente ou irmão. Sob o prisma da ação em andamento, a substituição pode ser chamada de **condição de prosseguibilidade**, pois, se não satisfeita a condição, a ação estará perempta.

A lei **não** prevê a necessidade de **notificação** das pessoas enumeradas na lei a fim de que se manifestem quanto à substituição. O prazo corre em cartório e não se interrompe.

De acordo com o art. 36 do CPP, se, após a substituição, houver a desistência por parte do novo querelante, os outros sucessores poderão prosseguir no feito.

O dispositivo em questão é inaplicável aos crimes de ação privada **personalíssima** em que não é possível a substituição no polo ativo da ação penal. Nesta espécie de infração, a morte do querelante leva, inevitavelmente, à extinção da punibilidade pela perempção.

■ Quando o querelante deixa de comparecer, sem motivo justificado, a qualquer ato do processo a que deva estar presente (art. 60, III, 1ª parte)

Só se dá a perempção quando a presença **física** do querelante em juízo é **indispensável** à realização de algum ato processual e este, sem justa causa, deixa de comparecer. Ex.: querelante notificado para prestar depoimento em juízo que falta à audiência. Em tal caso, a presença de seu advogado não supre sua ausência porque o depoimento é pessoal. Por sua vez, se o querelante não será ouvido, sua presença é dispensável na audiência de oitiva de testemunhas, de modo que a presença de seu procurador é suficiente. A propósito: "Queixa-crime — Perempção — Audiência de testemunhas — Não comparecimento do querelante — Presença do advogado — Pedido indeferido. Presente o advogado do querelante em ato que não exija sua presença física, não se justifica a decretação da perempção da ação penal. Esta só deve ser decretada quando a omissão do queixoso resulta — pelo desinteresse, desídia ou descuido — em abandono da causa" (STF — HC 72.597/SP — 2ª Turma — Rel. Min. Francisco Rezek — *DJU* 14.03.1997 — p. 6.902).

Parte da doutrina entende haver perempção quando o querelante **não comparece à audiência de tentativa de reconciliação nos crimes contra a honra de ação privada** (art. 520 do CPP), sustentando tratar-se de ato em que ele deve estar presente. A jurisprudência dos tribunais superiores, entretanto, adotou a tese em sentido contrário, entendendo que não pode haver perempção porque, em tal ocasião, ainda **não existe ação penal em andamento** — já que a audiência em questão é realizada **antes** do recebimento da queixa-crime pelo juiz. Assim, a ausência do querelante na audiência é interpretada como desinteresse na conciliação, prosseguindo-se normalmente no feito, sem a decretação da perempção. A propósito: "Não é obrigatório o comparecimento do querelante à audiência de tentativa de conciliação, de que trata o art. 520, do CPP" (STF — HC 71.219/PA — 1ª Turma — Rel. Min. Sydney Sanches — *DJU* 16.12.1994 — p. 34.887); **e** "O não comparecimento do querelante à audiência de conciliação prevista no art. 520 do CPP não implica na ocorrência da perempção visto que esta pressupõe a existência de ação penal privada em curso, o que se dá apenas com o devido recebimento da exordial acusatória" (STJ — REsp 605.871/SP — Rel. Min. Felix Fischer — 5ª Turma — julgado em 15.04.2004 — *DJ* 14.06.2004 — p. 274).

■ Quando o querelante deixar de formular o pedido de condenação nas alegações finais (art. 60, III, 2ª parte)

A finalidade do dispositivo é deixar claro que, ao contrário do que ocorre nos crimes de ação pública em que o juiz pode condenar o réu mesmo que o Ministério Público tenha pedido a absolvição (art. 385 do CPP), nos delitos de ação privada a ausência de pedido de condenação **impede** até mesmo que o juiz **profira** sentença de mérito, devendo reconhecer a perempção e decretar a extinção da punibilidade do querelado, que, portanto, não será condenado nem absolvido.

Se o querelante deixa claro, em sua sustentação oral ou escrita, que pretende a procedência da ação penal que propôs, não se cogita de perempção pela não utilização específica do termo "**condenação**".

A **não apresentação** das alegações finais equivale à ausência do pedido de condenação e gera a perempção, salvo se houver justa causa para a omissão.

Em se tratando **de concurso de crimes** de ação privada, o pedido de condenação quanto a apenas um deles gera a perempção em relação ao outro.

■ Quando, sendo o querelante pessoa jurídica, esta se extinguir sem deixar sucessor (art. 60, IV, do CPP)

Lembre-se que, se a empresa for **incorporada** por outra ou se for alterada apenas a **razão social**, poderá haver o prosseguimento da ação.

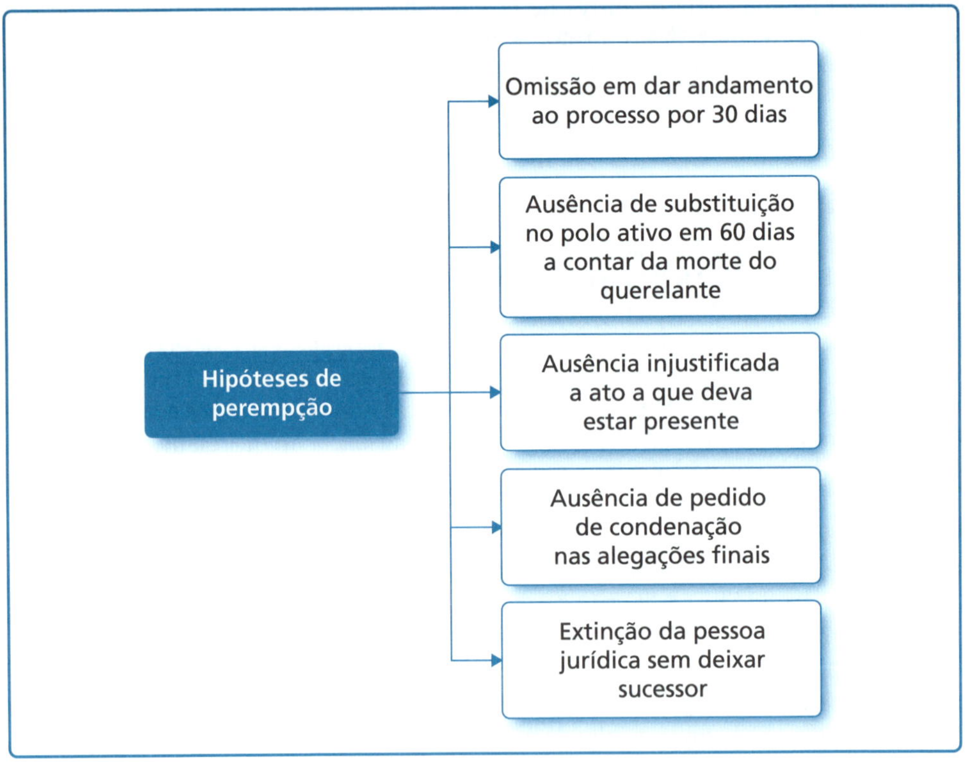

■ 3.4.5.3. *Renúncia*

É um ato pelo qual o ofendido **abre mão** (abdica) do direito de oferecer a queixa. Trata-se de ato **unilateral**, uma vez que, para produzir efeitos, independe de **aceitação** do autor do delito. Ademais, é irretratável.

A renúncia só pode ocorrer **antes** do início da ação penal (antes do recebimento da queixa). Pode se dar antes ou depois do oferecimento da queixa, mas sempre antes de seu recebimento. Na última hipótese — queixa já oferecida — alguns a denominam

desistência, porém, as regras a serem seguidas são as mesmas referentes à renúncia, uma vez que o art. 107, V, do Código Penal somente fez menção à renúncia e ao perdão como causas extintivas da punibilidade, sendo certo que este último só é cabível **após** o recebimento da queixa, ou seja, após a formação da relação jurídica processual.

A renúncia pode partir apenas do titular do direito de queixa (do ofendido ou do representante legal caso aquele seja menor ou incapaz). Havendo duas vítimas, a renúncia por parte de uma não atinge o direito de a outra oferecer queixa.

No texto do Código de Processo Penal existem ainda algumas regras que se referem à dupla titularidade do direito de ação quando a vítima tem idade entre 18 e 21 anos. Esses dispositivos, todavia, foram tacitamente revogados pela Lei n. 10.406/2001 (Código Civil), que reduziu a maioridade civil para 18 anos. Assim, não tem mais aplicação o art. 50, parágrafo único, do Código de Processo Penal, que diz que a renúncia de um dos titulares do direito de ação não afeta o direito do outro quando a vítima for maior de 18 e menor de 21 anos. Atualmente, se a vítima já completou 18 anos só ela é titular do direito de queixa e, assim, só ela pode renunciar. Caso o faça, estará extinta a punibilidade do infrator.

> **Observação:** Caso aprovado projeto de lei (em estágio final de tramitação no Congresso Nacional) conferindo legitimidade concorrente ao ofendido e ao representante legal quando a vítima tiver menos de 18 e mais de 16 anos, restará claro que a renúncia de um dos titulares não afetará o direito do outro.

■ Formas de renúncia

A renúncia pode ser **expressa** ou **tácita**.

Renúncia **expressa** é aquela que consta de declaração escrita e assinada pelo ofendido, por seu representante ou por procurador com poderes especiais (art. 50 do CPP).

Renúncia **tácita** decorre da prática de **ato incompatível** com a intenção de exercer o direito de queixa e admite qualquer meio de prova (art. 57 do CPP). Ex.: casamento com o autor do crime.

Nos termos do art. 49 do Código de Processo Penal, a **renúncia** em relação a um dos autores do crime a **todos se estende**. Trata-se de regra decorrente do princípio da indivisibilidade da ação privada (art. 48 do CPP).

■ Renúncia e a Lei n. 9.099/95

A renúncia sempre foi instituto **exclusivo** da ação penal privada. A Lei n. 9.099/95, entretanto, criou uma hipótese de aplicação às infrações de menor potencial ofensivo apuráveis mediante ação pública condicionada à representação. Com efeito, o art. 74, parágrafo único, da mencionada lei estabeleceu que, nos crimes de ação **privada** e de ação **pública condicionada,** a composição em relação aos danos civis, homologada pelo juiz na audiência preliminar, implica **renúncia** ao direito de queixa ou de representação. A simples homologação judicial do acordo gera a extinção da punibilidade, sendo, porém, evidente que também se dá a causa extintiva quando há o efetivo ressarcimento por acordo particular entre as partes, e não em juízo.

Essa regra da Lei n. 9.099/95 trouxe também a possibilidade de a renúncia, excepcionalmente, não se estender a todos os autores do crime. Suponha-se que duas pessoas em concurso cometam um crime contra alguém e que apenas um dos autores do delito componha-se com a vítima em relação à parte dos prejuízos por ele provocado. Inegável que, nesse caso, somente aquele que se compôs com a vítima é que fará *jus* ao reconhecimento da renúncia.

O art. 104, parágrafo único, do Código Penal estipula que **não implica renúncia tácita o fato de receber o ofendido a indenização devida em razão da prática delituosa**. Essa regra, entretanto, não se aplica às infrações de menor potencial ofensivo, pois, conforme já mencionado, a simples composição acerca dos danos civis, realizada na audiência preliminar e homologada pelo juiz, gera a renúncia ao direito de queixa e, por consequência, a extinção da punibilidade.

Em suma, nos crimes de ação privada e de ação pública condicionada à representação **de menor potencial ofensivo**, a reparação do dano gera a extinção da punibilidade, enquanto nos delitos de ação privada ou pública condicionada, que **não** sejam considerados de menor potencial ofensivo, a reparação do dano não gera a renúncia.

■ 3.4.5.4. *Perdão do ofendido*

É um ato pelo qual o querelante desiste do **prosseguimento** da ação penal **privada**, desculpando o querelado pela prática da infração penal. O perdão só é cabível quando a ação penal já se iniciou com o recebimento da queixa e pressupõe também **que não tenha havido trânsito em julgado da sentença condenatória**.

Cuida-se de ato **bilateral**, uma vez que gera a extinção da punibilidade somente se for **aceito** pelo autor da ofensa. O próprio art. 107, V, do Código Penal diz que se extingue a punibilidade pelo perdão **aceito**.

Trata-se de instituto exclusivo da ação penal privada.

O perdão, se concedido a um dos querelados, **a todos se estende**, mas somente extingue a punibilidade daqueles que o aceitarem (art. 51 do CPP).

Havendo dois querelantes, o perdão oferecido por um deles não afeta o andamento da ação penal no que se refere ao outro.

O art. 52 do Código de Processo Penal diz que o perdão não gera efeito se concedido pela vítima com mais de 18 e menos de 21 anos, se houver discordância do representante legal e vice-versa. Tal dispositivo, contudo, está tacitamente revogado pela Lei n. 10.406/2001 (Código Civil) que reduziu a maioridade civil para 18 anos. Atualmente, se o ofendido tem mais de 18 anos só ele pode ingressar com a queixa e só ele pode perdoar o querelado.

> **Observação:** Caso aprovado projeto de lei (em estágio final de tramitação no Congresso Nacional) conferindo legitimidade concorrente ao ofendido e ao representante legal quando a vítima tiver menos de 18 e mais de 16 anos, restará claro que o perdão de um dos titulares não terá efeito quando houver discordância do outro.

O oferecimento do perdão pode ser feito **pessoalmente** ou por **procurador com poderes especiais**.

■ Formas de perdão e respectiva aceitação

O perdão pode ser processual ou extraprocessual.

Processual é aquele concedido mediante declaração expressa nos autos. Nesse caso, dispõe o art. 58 do Código de Processo Penal que o querelado será notificado a dizer, dentro de **3 dias**, se o aceita, devendo constar do mandado de intimação que o seu **silêncio** importará em **aceitação**. Assim, para não aceitar o perdão o querelado deve comparecer em juízo e declará-lo expressamente.

O perdão **extraprocessual**, por sua vez, pode ser expresso ou tácito.

É **expresso** quando concedido por meio de declaração assinada pelo querelante ou por procurador com poderes especiais.

É **tácito** quando o querelante pratica **ato incompatível com a intenção de prosseguir na ação**. O perdão tácito admite **qualquer meio de prova**. É claro que, embora seja extraprocessual na origem, só poderá ser reconhecido pelo magistrado se posteriormente for feita prova em juízo a seu respeito.

Nos termos do art. 59 do Código de Processo Penal, a **aceitação** do perdão **extraprocessual** deverá constar de **declaração** assinada pelo querelado, seu representante legal ou procurador com poderes especiais.

Está revogado o art. 54 do Código de Processo Penal, que estabelece que, sendo o querelado maior de 18 e menor de 21 anos, a aceitação deve ser feita por ele e por seu representante legal, pois, havendo oposição de um deles, o processo prossegue. Com efeito, nos termos do art. 5º do atual Código Civil, não mais existe a figura do representante legal ao querelado maior de 18 anos, de modo que basta este aceitar o perdão que haverá a extinção da punibilidade.

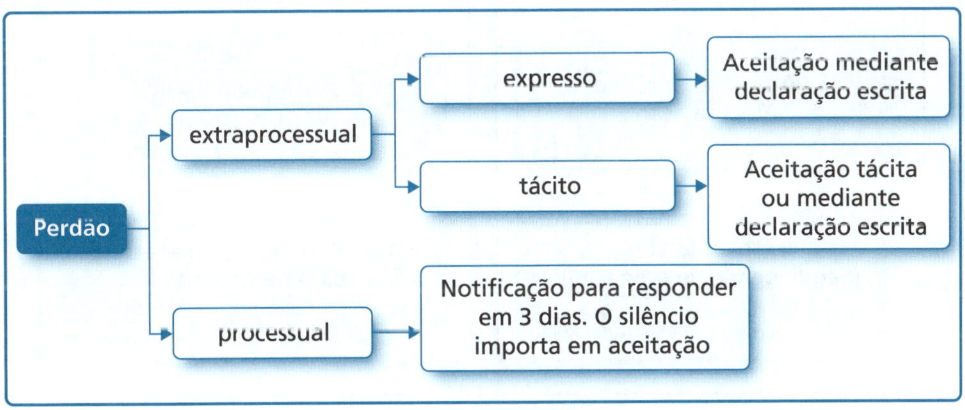

■ 3.4.5.5. *Quadros comparativos das causas extintivas da punibilidade relacionadas a incidentes processuais da ação privada*

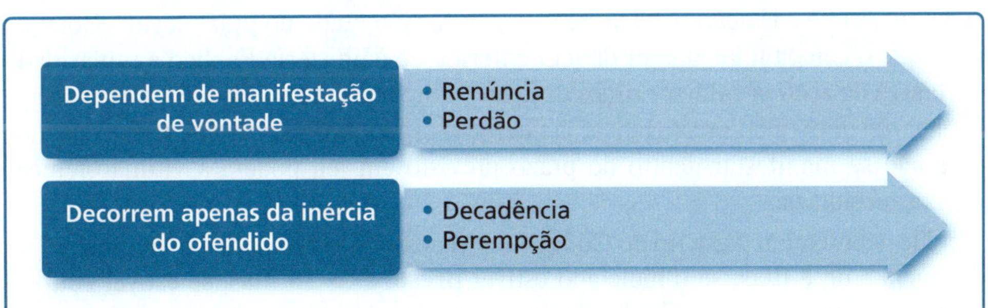

DECADÊNCIA	PEREMPÇÃO
Só é possível antes do início da ação penal	Só é possível após o início da ação
Decorre do não oferecimento de queixa no prazo de 6 meses a contar da descoberta da autoria pelo ofendido ou seu representante	Decorre da omissão do agente em uma das hipóteses do art. 60 do CPP

RENÚNCIA	PERDÃO
Só é possível antes do início da ação	Só é possível após o início da ação penal
É ato unilateral (não depende de aceitação)	É ato bilateral. Deve ser aceito para gerar efeito

■ 3.4.6. Ação privada subsidiária da pública

De acordo com o art. 5º, LIX, da Constituição Federal, "será admitida ação privada nos crimes de ação pública, se esta não for intentada no prazo legal". Nota-se, pois, que o constituinte, apesar de ter conferido ao Ministério Público a titularidade **exclusiva** da ação penal nos crimes de ação pública (art. 129, I, da CF), **não** conferiu caráter **absoluto** a tal prerrogativa, já que, se o órgão ministerial mostrar-se desidioso e não se manifestar dentro do prazo previsto em lei, poderá a vítima oferecer queixa subsidiária.

De acordo com o art. 46 do Código de Processo, o prazo para o oferecimento de denúncia é de **5 dias**, se o indiciado estiver **preso**, e de **15 dias**, se estiver **solto**, a contar da data em que for recebido o inquérito policial. Findo esse prazo sem que o

Ministério Público tenha apresentado manifestação, surge o direito para a vítima de oferecer a queixa em substituição à denúncia não apresentada no prazo. Tal possibilidade inicia-se com o **término** do prazo do Ministério Público e se estende por **6 meses**. Como o prazo para o promotor se manifestar **não é peremptório**, sua inércia gera a possibilidade da queixa subsidiária, mas não impede que ele próprio ofereça denúncia se a vítima ainda não tiver apresentado a queixa. Além disso, se a vítima não ingressar com a ação supletiva dentro de 6 meses, **não haverá extinção da punibilidade** porque o crime, em sua natureza, é de ação pública. Assim, após esses 6 meses, a vítima não mais poderá oferecer queixa subsidiária, mas o Ministério Público ainda poderá oferecer a denúncia. O que se conclui, portanto, é que, findo o prazo inicial do Ministério Público (5 dias para o indiciado preso e 15 para o solto), passa a haver uma legitimidade **concorrente** para o desencadeamento da ação penal pelo período de 6 meses. Dentro desse prazo, quem desencadear primeiro a ação terá sua titularidade (Ministério Público ou vítima). Após os 6 meses, sem que a ação tenha se iniciado, volta o Ministério Público a ter a titularidade exclusiva para promovê-la.

De ver-se que a possibilidade de ação privada subsidiária só existe quando o Ministério Público não se manifesta no prazo legal. Por isso, se o promotor **promove o arquivamento** do inquérito **ou requer o seu retorno ao Distrito Policial para a realização de novas diligências**, não cabe a queixa subsidiária. Se, apesar disso, ela for oferecida, o juiz deve rejeitá-la por ilegitimidade de parte (falta de pressuposto para a ação penal — art. 395, II, do CPP). O Plenário do Supremo Tribunal Federal, no julgamento do ARE 859.251 (tema 811 da repercussão geral), confirmou tal interpretação, aduzindo que: "(i) o ajuizamento da ação penal privada pode ocorrer após o decurso do prazo legal, sem que seja oferecida denúncia, ou promovido o arquivamento, ou requisitadas diligências externas ao Ministério Público. Diligências internas à instituição são irrelevantes; (ii) a conduta do Ministério Público posterior ao surgimento do direito de queixa não prejudica sua propositura. Assim, o oferecimento de denúncia, a promoção do arquivamento ou a requisição de diligências externas ao Ministério Público, posterior ao decurso do prazo legal para a propositura da ação penal, não afastam o direito de queixa. Nem mesmo a ciência da vítima ou da família quanto a tais diligências afasta esse direito, por não representar concordância com a falta de iniciativa da ação penal pública. 8. Reafirmação da jurisprudência do Supremo Tribunal Federal" (STF — ARE 859.251 RG/DF2 — Rel. Min. Gilmar Mendes — julgado em 17.04.2015 — *DJe* 21.05.2015).

■ Natureza

A doutrina tradicional classifica esta modalidade de ação penal dentre as de natureza privada porque, na prática, a iniciativa é da vítima. Apesar disso, é preciso ressaltar que a espécie de crime cometido integra o rol daqueles de ação pública e, por isso, sem embargo de, nos casos concretos, ter havido substituição na titularidade, não se tornam aplicáveis os princípios e demais regras processuais que normalmente regem a ação penal privada. Nos crimes de ação privada exclusiva e personalíssima, se o ofendido apresenta queixa em relação a apenas um dos autores do delito, existe renúncia em relação aos demais de modo que se considera extinta a punibilidade de todos (art. 49 do CPP). Na ação subsidiária, o não oferecimento de queixa em relação a um dos criminosos torna obrigatório o aditamento por parte do Ministério Público para incluir o corréu. Além disso, a desídia do querelante na ação subsidiária não gera a perempção, devendo o Ministério Público retomar a titularidade da ação penal.

Atuação do Ministério Público

Também nessa espécie de ação o Ministério Público atua como **fiscal da lei** (*custos legis*) no sentido de resguardar o correto tramitar do feito, a regularidade dos atos processuais e os direitos das partes. Todavia, como o crime cometido é de ação pública, o art. 29 do Código de Processo Penal confere poderes diferenciados ao promotor que atua no feito, conforme se verá a seguir.

1) Oferecida a queixa subsidiária, o juiz, antes de recebê-la, deve dar vista ao Ministério Público. Caso a queixa oferecida não preencha os requisitos previstos no art. 41 do Código de Processo, sendo, assim, considerada **inviável**, o Ministério Público deve repudiá-la e oferecer denúncia **substitutiva**, hipótese em que retomará a titularidade da ação. Saliente-se que esta atitude não pode ser aceita pelo juiz se verificar que o promotor apresentou a denúncia substitutiva apenas por "orgulho" ou por receio por ter perdido o prazo legal para a propositura da ação. Se isso acontecer o juiz deve receber a **queixa** considerada por ele viável, e não a denúncia substitutiva.

2) Se o promotor entender que a queixa é viável, mas que apresenta falhas, deverá **aditá-la** para corrigir as imperfeições, hipótese em que não retomará a titularidade da ação. O aditamento poderá também se dar para a inclusão de corréu ou de crime conexo, bem como para a inserção de qualificadoras ou causas de aumento de pena. O prazo para o aditamento é de 3 dias (art. 46, § 2º, do CPP).

3) Poderá recorrer **qualquer** que tenha sido a natureza da decisão (absolvição, condenação, desclassificação, extinção da punibilidade) e também em relação ao montante da pena aplicada. Lembre-se que na ação privada exclusiva ou personalíssima, o Ministério Público só pode recorrer em favor do querelado.

4) Poderá fornecer elementos de prova, bem como requerer e participar de sua produção.

5) Em caso de negligência do querelante no desenrolar do feito, deverá **retomar sua titularidade**, não existindo perempção nesse tipo de ação penal.

3.4.7. Litisconsórcio

Litisconsórcio é a **pluralidade de partes** em um dos polos da ação.

Dá-se o litisconsórcio **passivo** nas situações, extremamente comuns, em que duas ou mais pessoas são acusadas conjuntamente, quer porque cometeram o mesmo crime em concurso, quer porque praticaram delitos conexos.

Já o litisconsórcio **ativo** acontece quando são cometidos crimes **conexos**, que, em razão disso, devem ser apurados em conjunto, mas não coincide a titularidade da ação. Essa situação se mostra presente em duas hipóteses:

a) quando for cometido um crime de ação pública conexo com um de ação privada. Nessa hipótese, o Ministério Público oferece denúncia em relação ao primeiro, e o ofendido apresenta queixa em relação ao outro. Há, portanto, duas partes no polo ativo;

b) quando forem cometidos crimes conexos, ambos de ação privada, contra vítimas diferentes. Ex.: Lucas ofende a honra de João e Breno. Estes ingressam com uma queixa-crime contra Lucas, formando litisconsórcio ativo.

É de notar que os querelantes podem contratar o mesmo advogado e apresentar a queixa-crime em conjunto, porém, embora haja uma só peça processual, existe também o litisconsórcio ativo. Assim, se na audiência João perdoar Lucas, a extinção da punibilidade (caso haja aceitação do perdão) não interfere no direito de Breno prosseguir na ação e buscar a condenação do querelado.

3.4.8. Legitimidade concorrente

Existem ao menos duas hipóteses em que a ação penal pode ser proposta tanto pelo Ministério Público quanto pelo ofendido.

A primeira delas ocorre em todos os crimes de ação pública quando o Ministério Público mantém-se inerte durante o prazo em que tem a titularidade exclusiva para desencadeá-la. Ao término do prazo surge para o ofendido o direito de oferecer queixa subsidiária nos 6 meses seguintes. Dentro desse prazo, porém, o Ministério Público também pode apresentar a denúncia. Quem primeiro exercer o direito será o titular da ação.

A outra ocorre nos crimes contra a honra de funcionário público. O art. 145 do Código Penal estabelece que nos crimes contra a honra a regra é a ação **privada**, porém, em seu parágrafo único, dispõe que, se a ofensa for contra funcionário público em razão de suas funções, será **pública condicionada à representação**. A razão desse dispositivo é propiciar ao funcionário a oportunidade de responsabilizar o autor da ofensa, mediante representação ao Ministério Público, de forma que não necessite contratar advogado para propor ação privada, já que o crime foi cometido em razão de suas funções. O Supremo Tribunal Federal, todavia, entendeu que o funcionário ofendido pode abrir mão desta prerrogativa e ingressar com a ação privada, aprovando, inclusive, a Súmula n. 714, segundo a qual "é concorrente a legitimidade do ofendido, mediante queixa, e do Ministério Público, condicionada à representação do ofendido, para a ação penal por crime contra a honra de servidor público em razão do exercício de suas funções". Assim, no prazo de 6 meses a contar da data que descobriu a autoria da ofensa o servidor poderá apresentar representação ou protocolar queixa-crime em juízo. Caso ofereça representação, poderá se retratar se o promotor ainda não apresentou manifestação formal quanto ao mérito e apresentar queixa. Se, entretanto, o promotor requereu o arquivamento do inquérito e este foi deferido, apenas com novas provas poderá ser oferecida a queixa.

■ 3.5. QUESTÕES

1. (Magistratura/SP — 2011) — Analise as proposições seguintes.

I. A lei processual penal tem aplicação imediata, alcançando, inclusive, os processos em andamento.
II. A lei processual penal admite interpretação extensiva e aplicação analógica, bem como o suplemento dos princípios gerais de direito.
III. Na ação penal pública condicionada, a representação do ofendido pode ser retratada até o recebimento da denúncia.
IV. Na ação penal privada subsidiária da pública, o Ministério Público pode aditar a queixa, intervir em todos os termos do processo e interpor recurso.
V. No caso de morte do ofendido, somente o cônjuge tem o direito de oferecer queixa ou prosseguir na ação penal privada.

As proposições corretas são, apenas,

a) I, II e III.
b) III, IV e V.
c) II, III e IV.
d) I, IV e V.
e) I, II e IV.

2. (Ministério Público/SP — 2003) *Delatio criminis* postulatória é

a) inquérito judicial.
b) requisição.
c) representação.
d) requerimento.
e) auto de prisão em flagrante.

3. (Ministério Público/SP — 2003) Sendo o inquérito policial referente a crime de ação penal pública arquivado pelo Juiz de Direito, sem a manifestação do representante do Ministério Público, caberá

a) pedido de reconsideração.
b) recurso em sentido estrito.
c) *habeas corpus*.
d) mandado de segurança.
e) correição parcial.

4. (Defensoria Pública/SP — 2007 — Fundação Carlos Chagas) O princípio *nemo tenetur se detegere*, do qual decorre o direito previsto no art. 5º, LXIII, da Constituição Federal ("o

preso será informado de seus direitos, entre os quais o de permanecer calado, ...") assegura ao preso o privilégio contra a autoincriminação. Diante de tal princípio é correto afirmar:

a) O silêncio do acusado durante o interrogatório pode, legitimamente, influenciar o magistrado na formação de seu convencimento, atuando como um dos diversos fundamentos de sua decisão.
b) O direito ao silêncio não autoriza o acusado a deixar de participar da reconstituição do delito, determinada judicialmente, podendo vir a ser processado pelo crime de desobediência (art. 330, do CP) e ter a recusa interpretada em seu desfavor.
c) Não existindo o dever de colaboração do acusado na produção de provas, pode ele se recusar a participar de diligência de reconhecimento, pois se trata de direito absoluto, oponível mesmo diante de intervenções não invasivas ou cooperações passivas.
d) A consignação das perguntas feitas ao acusado, que manifestou o desejo de permanecer em silêncio, não mais encontra respaldo legal e, por permitir a extração de elementos para a valoração do silêncio, afronta o aludido princípio.
e) O conteúdo do interrogatório do réu, que mentiu em suas declarações, pode ser utilizado como circunstância judicial desfavorável, elevando a pena-base em razão da dificuldade criada para o esclarecimento da verdade.

5. (Ministério Público/SP — 2005) Os princípios da ação penal pública são:

a) obrigatoriedade, indisponibilidade, oficialidade, indivisibilidade e intranscendência.
b) obrigatoriedade, disponibilidade, oficialidade, indivisibilidade e intranscendência.
c) oportunidade, disponibilidade, oficialidade, indivisibilidade e transcendência.
d) oportunidade, disponibilidade, iniciativa da parte, indivisibilidade e transcendência.
e) oportunidade, indisponibilidade, iniciativa da parte, individualidade e intranscendência.

6. (Ministério Público/SP — 2005) Assinale a alternativa incorreta.

a) O Ministério Público poderá aditar a queixa-crime, quer na ação privada exclusiva, quer na ação subsidiária, mas não torna o referido Órgão o titular da ação penal.
b) Nos crimes que se procedem mediante representação, estando esta formalmente perfeita, o Ministério Público não está obrigado a oferecer denúncia.
c) Arquivado o inquérito policial, por despacho do juiz, a requerimento do Promotor de Justiça, poderá a vítima ou seu representante legal, mesmo sem novas provas, ingressar com ação privada subsidiária da pública.
d) Nos crimes que se procedem mediante representação ou nos crimes que só se procedem mediante queixa, a nomeação de curador especial ao ofendido absolutamente incapaz que não tiver representante legal ou no caso de colidirem os interesses deste com os daquele, constitui substituição processual.
e) A representação será irretratável, depois de oferecida a denúncia.

7. (Ministério Público/SP — 2010) São princípios que regem a ação penal privada:

a) disponibilidade e indivisibilidade.
b) obrigatoriedade e intranscendência.
c) indivisibilidade e obrigatoriedade.
d) oportunidade e indisponibilidade.
e) intranscendência e indisponibilidade.

8. (Magistratura/SP — 2009) Assinale a alternativa que completa corretamente a lacuna da frase:

O princípio da oportunidade ________

a) somente tem aplicação às ações penais públicas incondicionadas.
b) somente tem aplicação às ações penais de iniciativa privada ou públicas condicionadas à representação.

c) somente tem aplicação às ações penais públicas condicionadas à representação.
d) não se aplica ao processo penal.

9. (Magistratura/SP — 2007) Airton ajuíza contra Roberto uma queixa-crime. Designada audiência, e intimado pessoalmente para depoimento pessoal, o querelante, imotivadamente, deixa de comparecer, sequer tendo comunicado a ausência a seu advogado, também ausente. Para a extinção de punibilidade de Roberto, o juiz considerará que

a) houve renúncia de Airton.
b) ocorreu o perdão judicial.
c) houve perempção.
d) configurou-se preclusão consumativa.

10. (Magistratura/MT — 2006 — Vunesp) Se o órgão do Ministério Público, ao invés de apresentar a denúncia, requerer o arquivamento do inquérito policial ou de quaisquer peças de informação, o juiz, no caso de considerar improcedentes as razões invocadas,

a) insistirá, junto ao Tribunal de Justiça do respectivo Estado, no pedido de não arquivamento.
b) fará remessa do inquérito ou peças de informação ao Presidente do Tribunal de Justiça do respectivo Estado para a apreciação deste.
c) fará remessa ao Procurador-Geral para o que a este aprouver em termos legais.
d) insistirá, junto ao Ministério Público do Estado, no pedido de não arquivamento.

11. (Magistratura/SP — 2009) Assinale a alternativa correta, considerando a hipótese de ter havido o falecimento do querelante durante o andamento de ação penal privada, antes da sentença.

a) A companheira, embora vivesse em união estável com o falecido, não tem legitimidade ativa para prosseguir na ação.
b) A companheira, que vivia em união estável com o falecido, tem legitimidade ativa para prosseguir na ação.
c) O falecimento do querelante acarreta, necessariamente, o trancamento da ação penal privada.
d) O falecimento do querelante só acarreta o trancamento da ação penal privada se o querelado assim o requerer.

12. (Magistratura/MT — 2009 — Vunesp) Nos crimes de ação privada, se comparecer mais de uma pessoa com direito de queixa, terá preferência, numa ordem legal estabelecida no art. 31, do CPP,

a) o parente mais próximo na ordem de vocação sucessória.
b) o cônjuge, que poderá prosseguir na ação.
c) a figura do ascendente, em face dos vínculos fraternos.
d) a figura do descendente, com o direito de apenas prosseguir.
e) o representante legalmente constituído para tal fim.

13. (Ministério Público/CE — 2009 — Fundação Carlos Chagas) Avaliando inquérito policial instaurado para apurar eventual crime de roubo cometido por João, o promotor de justiça decide por requerer o arquivamento, sendo o pedido homologado pelo juiz. Menos de seis meses depois, o ofendido oferece queixa-crime. O juiz deverá

a) receber a queixa, pois em caso de arquivamento de inquérito é possível ser reaberto com novas provas.

b) receber a queixa, porque ainda não houve decadência.
c) rejeitar a queixa, porque o crime de roubo é de ação penal pública e nunca ensejaria queixa subsidiária.
d) receber a queixa, porque se trata de hipótese de ação penal privada subsidiária da pública e foi ajuizada no prazo legal.
e) rejeitar a queixa, com fundamento de que a queixa subsidiária somente é cabível em caso de inércia do promotor, não quando este pede o arquivamento.

14. (Ministério Público/AM — 2008 — CESPE/UnB) A respeito da denúncia, assinale a opção correta

a) Denúncia alternativa é aquela que omite a descrição do comportamento típico e sua atribuição a cada autor individualizado.
b) Se o promotor denuncia o autor do crime de homicídio por crime qualificado por motivo fútil e torpe, trata-se de denúncia genérica.
c) O acórdão que provê recurso contra a rejeição da denúncia vale, desde logo, por seu recebimento, se não for nula a decisão de primeiro grau.
d) É inepta a denúncia que, nos crimes societários, não descreve e individualiza a conduta de cada um dos sócios.
e) Rejeitada a denúncia por falta de condição da ação, fica obstado posterior exercício da ação penal, em face da coisa julgada material.

15. (Defensoria/MT — 2009 — Fundação Carlos Chagas) A denúncia

a) não precisa expor o fato criminoso com todas as suas circunstâncias, porque isso já consta do inquérito e do relatório da autoridade policial.
b) só poderá ser oferecida pelo Ministério Público se estiver embasada em inquérito policial.
c) pode ser rejeitada liminarmente pelo juiz.
d) pode ser substituída por portaria judicial quando ocorrer inércia do Ministério Público e houver risco de prescrição da pretensão punitiva.
e) nos crimes de ação pública condicionada à representação da vítima, deve ser subscrita pelo advogado desta.

16. (Defensoria/PI — 2009 — CESPE/UnB) Caberá ação penal privada subsidiária da pública se o representante do *parquet*

a) determinar o arquivamento das peças de informação.
b) determinar o arquivamento do inquérito policial.
c) requisitar as diligências necessárias à obtenção de dados informativos que aperfeiçoem o acervo que contém a *informatio delicti*.
d) excluir algum indiciado da denúncia.
e) se mantiver inerte, não oferecendo a denúncia, no prazo legal, desde que não tenha ele, tempestivamente, pugnado pela necessidade de novas diligências a serem realizadas pela autoridade policial, nem tenha se manifestado pelo arquivamento dos autos.

17. (Delegado/SP — 2008) Quando por omissão do Ministério Público, a ação penal pública não é intentada no prazo legal, nem requer o arquivamento do inquérito policial consentâneo ou sua devolução à polícia para diligências complementares, é cabível ação penal

a) pública subsidiária.
b) privada exclusiva.
c) privada dependente.
d) privada supletiva.
e) pública condicionada.

18. (OAB — 2008.2 — CESPE/UnB) Assinale a opção correta acerca da ação penal

a) Se, em qualquer fase do processo, o juiz reconhecer extinta a punibilidade, deverá aguardar o requerimento do MP, do querelante ou do réu, apontando a causa de extinção da punibilidade para poder declará-la.
b) A renúncia ao exercício do direito de queixa, em relação a um dos autores do crime, não se estende aos demais.
c) A queixa contra qualquer dos autores do crime obrigará ao processo de todos, e o Ministério Público, velará pela sua indivisibilidade.
d) O perdão concedido a um dos querelados aproveitará a todos, inclusive o querelado que o recusar.

19. (Magistratura/SP — 2008) Verificado no curso da ação penal que o acusado era menor de 18 anos à data do fato delituoso, cumpre

a) absolvê-lo.
b) decretar a extinção de sua punibilidade.
c) declará-lo isento de pena em razão de sua inimputabilidade.
d) anular a ação penal por ilegitimidade passiva *ad processum.*

20. (Magistratura — TJM/SP — 2016) A respeito dos princípios processuais penais, é correto afirmar:

a) a ausência de previsão de atividade instrutória do juiz em nosso ordenamento processual penal brasileiro decorre do princípio da imparcialidade do julgador.
b) o direito ao silêncio, que está previsto na Constituição da República, em conformidade com a interpretação sedimentada, só se aplica ao acusado preso.
c) o princípio da motivação das decisões e das sentenças penais se aplica a todas as decisões proferidas em sede de direito processual penal, inclusive no procedimento do Tribunal de Júri.
d) o princípio do contraditório restará violado se entre a acusação e a sentença inexistir correlação.
e) o princípio da verdade real constitui princípio supremo no processo penal, tendo valor absoluto, inclusive para conhecimento e para valoração das provas ilícitas.

21. (Magistratura/SP — 2017) A legitimidade para a propositura de ação penal por crime contra a honra de servidor público em razão do exercício de suas funções é

a) exclusiva do ofendido, mediante queixa.
b) exclusiva do Ministério Público, condicionada à representação do ofendido.
c) concorrente do ofendido, mediante queixa, e do Ministério Público, condicionada à representação do ofendido.
d) concorrente do ofendido, mediante representação, e do Ministério Público, mediante ação pública incondicionada.

■ GABARITO ■

1. "e".
2. "c".
3. "e".
4. "d".
5. "a". Os três primeiros são exclusivos da ação pública, mas a indivisibilidade e a intranscendência também se aplicam a esta espécie de ação.

6. "c".
7. "a".
8. "b".
9. "c". Esta hipótese de perempção está prevista no art. 60, III, do CPP.
10. "c". É o que prevê o art. 28 do CPP.
11. "b".
12. "b".
13. "e".
14. "c". É o que diz a Súmula n. 709 do STF.
15. "c".
16. "e".
17. "d". A expressão mais usual é privada subsidiária.
18. "c". É o que diz o art. 48 do CPP.
19. "d".
20. "d".
21. "c".

4

AÇÃO CIVIL *EX DELICTO*

Em título denominado "Da ação civil"[1], o Código estabelece normas para regulamentar a responsabilidade civil conexa com a criminal, já que, muitas vezes, os fatos que constituem objeto do processo penal podem embasar pretensão reparatória do lesado.

É sabido que o ilícito penal não difere, em essência, do ilícito civil, na medida em que, em qualquer caso, tratar-se-á de comportamento contrário ao direito, que, todavia, será classificado, de acordo com a gravidade da conduta e com os reflexos para os interesses alheios, como infração penal, como ilícito civil ou como ambos.

Assim, o legislador classifica certos atos contrários à ordem jurídica somente como ilícitos civis, cominando sanções como indenização, execução forçada, anulação do ato etc. Outros atos, apesar de atingirem os valores fundamentais da sociedade, não causam dano mensurável a indivíduos determinados, razão pela qual são classificados apenas como ilícito penal (as infrações de perigo em geral, como, por exemplo, o porte não autorizado de arma). Para aqueles casos em que, além de violar gravemente a ordem jurídica, a conduta também acarreta prejuízo a alguém, a lei geralmente prevê, ao lado da sanção penal, uma consequência jurídica de natureza civil.

São três os sistemas existentes para definir como a responsabilidade civil conexa com a criminal será julgada:

- **Sistema de identidade** (ou da dependência solidária) — no qual o juiz penal decide sobre o crime e, ainda, sobre a pretensão reparatória.
- **Sistema de independência absoluta** — prevê que para cada tipo de responsabilidade haverá um processo totalmente autônomo, que não sofrerá influência daquilo que vier a ser decidido na outra esfera.
- **Sistema de interdependência** (ou da independência relativa) — estabelece a separação entre as jurisdições penal e civil, mas prevê mecanismos de influência da ação penal, que é predominante, sobre a civil.

Entre nós, foi adotado o **sistema de interdependência com prevalência da jurisdição penal**: "A responsabilidade civil é independente da criminal, não se podendo

[1] Título IV do Livro I do Código de Processo Penal.

questionar mais sobre a existência do fato, ou sobre quem seja o seu autor, quando estas questões se acharem decididas no juízo criminal" (art. 935 do Código Civil).

Para evitar decisões conflitantes sobre esses dois possíveis desdobramentos da conduta ilícita e para tornar mais célere a satisfação do interesse do lesado, o ordenamento prevê, em uma série de dispositivos, meios de promover a interação entre as esferas cível e penal.

Assim é que a faculdade de o interessado mover processo autônomo perante a jurisdição civil para obter a indenização concilia-se com a possibilidade de o juiz criminal, ao proferir a sentença condenatória, fixar **valor mínimo** para reparação dos danos causados ao ofendido (art. 387, IV, do CPP), já que, de acordo com o disposto no art. 91, I, do Código Penal, a condenação criminal **torna certa a obrigação de indenizar o dano causado pelo crime**.

Para que o julgamento criminal exerça primazia sobre a questão civil, devem verificar-se, necessariamente, as seguintes condições:

- **A sentença criminal deve ser anterior à sentença civil** — se a sentença civil já tiver sido prolatada, não sofrerá nenhuma influência da decisão criminal superveniente. É por isso que lei, com o escopo de evitar a coexistência de decisões contraditórias, faculta ao juiz civil suspender o curso do processo, até o julgamento definitivo da ação penal, pelo prazo máximo de **1 ano** (art. 64, parágrafo único, do CPP, e art. 265, V, *a*, e § 4º, do Novo CPC).
- **A sentença deve condenar ou absolver o acusado** — nenhuma influência exercerá sobre a jurisdição civil a decisão que não tenha decidido, de modo certo, sobre a existência do fato e sobre quem seja seu autor. Daí por que algumas decisões, embora tenham caráter definitivo, não geram reflexo para o julgamento civil, como a decisão de pronúncia, de impronúncia, a que declara extinta a punibilidade etc.
- **A sentença não pode estar sujeita a recurso** — apenas a sentença transitada em julgado exerce predomínio sobre o julgamento civil.

A **sentença condenatória** que atender a essas condições **sempre vinculará** o desfecho do processo civil relativo ao mesmo fato, desde que esteja pendente de julgamento. Evidentemente, a sentença penal condenatória opera efeitos apenas em relação ao acusado que integrou a lide penal, já que pretender que tenha eficácia em relação a terceiros civilmente responsáveis (seguradora, por exemplo) ofende a garantia do contraditório.

Diversamente do que ocorre em relação à decisão condenatória, somente em algumas hipóteses a sentença penal absolutória faz coisa julgada no cível.

A primeira hipótese, prevista no art. 65 do Código de Processo Penal, é a de reconhecimento, pelo juízo criminal, de que o ato foi praticado em estado de necessidade, em legítima defesa, em estrito cumprimento de dever legal ou no exercício regular de direito, casos em que não se poderá mais discutir no cível se o autor do fato agiu acobertado por uma dessas excludentes de ilicitude (arts. 23 do CP e

188, I e II, do Código Civil). Alguns autores defendem que a decisão absolutória fundada na existência de excludente de ilicitude tem influência na pretensão reparatória até mesmo se a sentença civil estiver transitada em julgado, pois representa causa extintiva da obrigação, que pode ser oposta em sede executiva[2], além do que enseja a repetição do indébito, acaso a absolvição criminal sobrevenha ao pagamento da indenização[3].

O reconhecimento de excludente da ilicitude, todavia, nem sempre exime o acusado de arcar com a indenização, pois, ao contrário do que ocorre na esfera penal, o réu poderá, no âmbito civil, ser chamado a indenizar mesmo que acobertado por uma das justificantes. Isso ocorre nas seguintes situações:

- Se reconhecido o estado de necessidade, mas o prejudicado **não tiver sido o culpado pela situação de perigo**, deve o autor da conduta indenizá-lo, sem prejuízo do direito regressivo em face do causador do perigo. É a hipótese de estado de necessidade agressivo, em que o agente sacrifica bem jurídico de terceiro inocente[4].
- Se reconhecida uma descriminante putativa, a vítima ou seus herdeiros devem ser ressarcidos.
- Se reconhecida a defesa real, mas o autor tiver, por erro de pontaria (caso de *aberratio ictus* ou *aberratio criminis*), causado danos a terceiros, deverá indenizar.

As demais hipóteses em que a sentença penal absolutória faz coisa julgada no cível são a de **reconhecimento categórico da inexistência material do fato** (art. 386, I, do CPP) e de **reconhecimento da existência de prova de que o réu não concorreu para a infração penal** (art. 386, IV, do CPP), situações em que a pretensão civil não poderá ser acolhida.

Não fazem, contudo, coisa julgada na esfera cível:

- A decisão que acolhe a promoção de arquivamento de inquérito policial ou de peças de informação (art. 67, I, do CPP).
- A decisão que julga extinta a punibilidade (art. 67, II, do CPP).
- A sentença absolutória que decide que o fato imputado não constitui crime (art. 67, III, do CPP).
- As sentenças absolutórias que não tenham afastado, categoricamente, a existência do fato ou a autoria atribuída ao acusado, ou seja, a sentença absolutória que reconhece não haver prova da existência do fato (art. 386, II, do CPP), a que reconhece não existir prova de que o réu concorreu para infração penal (art. 386, V, do CPP), a que reconhece a existência de circunstância que isente o réu de pena (art. 386, VI, do CPP) e, ainda, a que declara não existir prova suficiente para a condenação (art. 386, VII, do CPP).

---

2 Pedro Henrique Demercian; Jorge Assaf Maluly. *Curso de processo penal,* 7. ed., p. 164.

3 Vicente Greco Filho. *Manual de processo penal,* 7. ed., p. 128.

4 Fernando Capez. *Curso de processo penal*, 18. ed., p. 212.

FAZ COISA JULGADA NA ESFERA CÍVEL	NÃO FAZ COISA JULGADA NA ESFERA CÍVEL
1) A sentença condenatória. 2) A sentença absolutória que reconhece a inexistência do fato. 3) A sentença absolutória que reconhece estar provado que o réu não concorreu para a infração. 4) A sentença absolutória que reconhece a existência de excludente de ilicitute. *Observação:* O reconhecimento de excludente de ilicitude não exime da obrigação de indenizar se: a) o prejudicado não foi o causador do perigo no estado de necessidade; b) a descriminante for putativa; c) o agente tiver causado prejuízo a terceiro por erro de execução.	1) A absolvição por não estar provada a existência do fato. 2) A absolvição por atipicidade. 3) A absolvição em razão de circunstância que isenta o réu de pena. 4) A absolvição por insuficiência de prova. 5) A decisão que declara extinta a punibilidade. 6) A decisão que determina o arquivamento do inquérito policial ou de peças de informação, qualquer que tenha sido o fundamento para a não propositura da ação penal.

■ 4.1. AÇÃO CIVIL *EX DELICTO* E EXECUÇÃO CIVIL DA SENTENÇA CONDENATÓRIA

Apesar de ser-lhe facultado postular no juízo cível seu direito à indenização, o ofendido não necessita ingressar com a ação civil de conhecimento para ver reparado o prejuízo que sofreu, pois a sentença penal condenatória constitui título executivo.

Pode o ofendido, portanto, aguardar o desfecho do processo penal e, em caso de condenação, promover no cível a **execução** da sentença proferida pelo juiz criminal, que é título judicial. Tal possibilidade é expressamente prevista nos arts. 63 do Código de Processo Penal e 515, VI, do Novo Código de Processo Civil.

Atento à necessidade de, por meio do processo criminal, resguardarem-se os interesses do ofendido, o legislador estendeu aos procedimentos de natureza penal em geral norma que anteriormente aplicava-se apenas aos casos de infração ambiental (art. 20 da Lei n. 9.605/98). Assim, de acordo com a dicção do art. 387, IV, do Código de Processo Penal, o juiz, ao proferir a sentença condenatória, deverá fixar **valor mínimo** para reparação dos danos causados ao ofendido pela infração.

Com o trânsito em julgado da sentença condenatória, poderá o ofendido realizar a execução do valor reparatório fixado pelo juízo criminal, sem prejuízo da possibilidade de liquidação no juízo cível para delimitar a real extensão do seu prejuízo financeiro, ou seja, o valor total do dano causado pela infração penal (art. 63, parágrafo único, do CPP). Em razão do silêncio da lei, não há como conferir eficácia executiva à sentença absolutória imprópria, muito embora nela haja o reconhecimento de que o acusado praticou ação ilícita.

Lembre-se que, se não convier ao ofendido aguardar a conclusão do processo criminal, poderá, antes mesmo do início (ou do desfecho) da ação penal, ingressar com ação civil de conhecimento com vistas à formação de título que assegure a reparação do dano (ação civil *ex delicto* de conhecimento), deduzindo sua pretensão em face do agente e do terceiro responsável.

■ 4.1.1. Legitimidade ativa

A ação civil *ex delicto* de conhecimento ou executiva pode ser ajuizada pelo ofendido ou por seu representante legal, ou pelos herdeiros.

A lei prevê que, quando o titular do direito à reparação do dano for pobre, a execução da sentença condenatória ou a ação civil será promovida, a seu requerimento, pelo Ministério Público (art. 68 do CPP).

Trata-se, contudo, de acordo com o entendimento do Supremo Tribunal Federal, de **norma em trânsito para a inconstitucionalidade**, que só terá aplicação enquanto as Defensorias Públicas, órgãos incumbidos da defesa dos interesses individuais dos necessitados (art. 134 da CF), não estiverem regularmente organizadas: "Ministério Público — Ação civil 'ex delicto' — Código de Processo Penal, art. 68 — Norma ainda constitucional — Estágio intermediário, de caráter transitório, entre a situação de constitucionalidade e o estado de inconstitucionalidade — A questão das situações constitucionais imperfeitas — Subsistência, no estado de São Paulo, do art. 68, do CPP, até que seja instituída e regularmente organizada a Defensoria Pública local — Recurso de agravo improvido" (STF — RE 341.717 AgR/SP — 2ª Turma — Rel. Min. Celso de Mello — *DJe*-40 — 05.03.2010).

■ 4.1.2. Legitimidade passiva

A ação civil de conhecimento pode ser proposta "contra o autor do crime e, se for o caso, contra o responsável civil", nos termos do art. 64 do Código de Processo Penal.

A **execução direta** da sentença penal, entretanto, só poderá ser ajuizada em face de quem foi réu no processo criminal, **não gerando efeito em relação ao terceiro** (responsável civil), pois não lhe foi facultado exercer o direito ao contraditório e à ampla defesa.

■ 4.1.3. Competência

Nos termos do que preveem os arts. 515, § 1º, e 516, III, do Novo Código de Processo Civil, a ação executiva *ex delicto* deve ser **proposta no juízo cível**, perante o qual deve tramitar, também, eventual ação de conhecimento, com observância das regras de competência estabelecidas pela lei processual civil.

■ 4.2. QUESTÕES

1. (Magistratura/SP — 2007) Das hipóteses relacionadas, assinale aquela em que a decisão penal absolutória impede a propositura de ação civil.

a) não constituir o fato infração penal.
b) não haver provas da existência do fato.

c) militar uma excludente de antijuridicidade.
d) estar provada a inexistência do fato.

2. (Magistratura/PR — 2006) Assinale a alternativa correta:

a) faz coisa julgada no cível a sentença penal que reconhecer ter sido o ato praticado em estado de necessidade, em legítima defesa, em estrito cumprimento do dever legal ou no exercício regular de direito.
b) o despacho de arquivamento do inquérito impede a propositura de ação civil, eis que impossibilitou a persecução penal sobre os fatos.
c) em razão da independência de instâncias, mesmo depois de intentada a ação penal, o juiz da ação civil não poderá suspender o curso desta, até o julgamento definitivo daquela.
d) a decisão de extinção da punibilidade pela prescrição impede a propositura de ação civil pelos mesmos fatos.

3. (Magistratura/PA — 2008 — FGV) Assinale a afirmativa incorreta:

a) intentada a ação penal, o juiz da ação civil, visando ao ressarcimento do dano, poderá suspender o curso do processo civil.
b) Não faz coisa julgada no cível a sentença penal que reconhecer ter sido o ato praticado em estrito cumprimento do dever legal.
c) é cabível a indenização ao dono de animal que é morto em quintal da casa do seu proprietário por pessoa que invade o mencionado quintal para fugir de roubo.
d) a decisão que julga extinta a punibilidade do crime não impede a propositura da ação civil.
e) não obstante a sentença absolutória no juízo criminal, a ação civil poderá ser proposta quando não tiver sido, categoricamente, reconhecida a inexistência material do fato.

4. (OAB — 2010.1 — CESPE/UnB) Acerca da ação civil *ex delicto*, assinale a opção correta:

a) a execução da sentença penal condenatória no juízo cível é ato personalíssimo do ofendido e não se estende aos seus herdeiros.
b) ao proferir sentença penal condenatória, o juiz fixará valor mínimo para a reparação dos danos causados pela infração, considerando os prejuízos sofridos pelo ofendido, sem prejuízo da liquidação para apuração do dano efetivamente sofrido.
c) segundo o CPP, a sentença absolutória no juízo criminal impede a propositura da ação civil para reparação de eventuais danos resultantes do fato, uma vez que seria contraditório absolver o agente na esfera criminal e processá-lo no âmbito cível.
d) o despacho de arquivamento do inquérito policial e a decisão que julga extinta punibilidade são causas impeditivas da propositura de ação civil.

5. (OAB — 2009.3 — CESPE/UnB) Impede a propositura da ação civil para a reparação do dano causado pelo fato delituoso

a) a sentença penal que reconhecer ter sido o ato praticado em estrito cumprimento do dever legal.
b) a sentença absolutória que decidir que o fato imputado não constitui crimes.
c) o despacho de arquivamento do inquérito ou das peças de informação.
d) a decisão que julgar extinta a punibilidade.

6. (Magistratura/SP — 2013 — Vunesp) Faz coisa julgada no cível a sentença que absolve o réu com fundamento:

a) de não existir prova de ter o réu concorrido para a infração penal.
b) de haver o fato sido praticado em estado de necessidade defensivo.
c) de não constituir o fato infração penal (ser atípico).

d) de haver o fato sido praticado com amparo em causa excludente da culpabilidade (fato é típico e ilícito, mas não culpável).

■ GABARITO ■

1. "d".
2. "a".
3. "b".
4. "b".
5. "a".
6. "b".

5

JURISDIÇÃO

5.1. CONCEITO

Jurisdição é o poder de **julgar** (que é inerente a todos os juízes). É a possibilidade de aplicar a lei abstrata aos casos concretos que lhe forem apresentados, o poder de **solucionar lides**. **Todos** os membros do Poder Judiciário têm jurisdição.

5.2. PRINCÍPIOS DA JURISDIÇÃO

São os seguintes os princípios que regem a jurisdição:

Princípio do juiz natural

Significa que ninguém pode ser processado ou julgado senão pelo juiz **competente**, de acordo com normas **preestabelecidas** (art. 5º, LIII, da CF). São vedados, da mesma forma, juízos e tribunais de **exceção** (art. 5º, XXXVII, da CF).

Princípio da investidura

A jurisdição só pode ser exercida por quem foi aprovado em **concurso** público da magistratura, nomeado, empossado e que está no **exercício** de suas atividades. No caso do Quinto Constitucional, em que integrantes do Ministério Público e da Advocacia são nomeados pelo Chefe do Executivo para integrar um quinto das cadeiras dos Tribunais, após formação de lista tríplice pela própria Corte, há exceção apenas no que tange à inexistência do concurso público de ingresso à carreira da magistratura.

Princípio da indeclinabilidade

O juiz **não** pode deixar de dar a prestação jurisdicional, tampouco uma lei pode ser feita para excluir da apreciação do Judiciário lesão ou ameaça a direito de alguém (art. 5º, XXXV, da CF).

Princípio da indelegabilidade

Nenhum juiz pode delegar sua jurisdição a outro, pois, se isso ocorrer, estará sendo desrespeitado o princípio do juiz natural. A expedição de carta precatória ou carta de ordem não fere este princípio porque a delegação é apenas para a realização de determinado ato processual (oitiva de testemunhas, por exemplo), sem a transferência de poder decisório ao juízo deprecado. É por essa razão que este juízo não pode, *v.g.*, homologar proposta de suspensão condicional do processo proveniente do juízo deprecante. Caso a proposta seja aceita pelo réu, a precatória deve ser devolvida para homologação do juiz da causa.

■ Princípio da improrrogabilidade

O juiz **não** pode **invadir** a área de atuação de outro, salvo nas hipóteses expressamente previstas em lei de prorrogação de competência em certos casos de conexão.

■ Princípio da inevitabilidade (ou irrecusabilidade)

As partes **não** podem **recusar** o juiz, salvo nos casos de **suspeição**, **impedimento** ou **incompetência**.

■ Princípio da inércia (ou da iniciativa das partes)

O juiz **não** pode dar **início** à ação penal.

O magistrado, porém, pode, de ofício, na busca da verdade real, determinar, durante a instrução, a produção de prova que entenda imprescindível (arts. 156, II, e 404 do CPP), bem como ordenar, mesmo antes do início da ação penal, a produção antecipada de provas consideradas urgentes e relevantes, observando a necessidade, adequação e proporcionalidade da medida (art. 156, I, do CPP).

PRINCÍPIOS DA JURISDIÇÃO
1) Do juiz natural 2) Da investidura 3) Da indeclinabilidade 4) Da indelegabilidade 5) Da improrrogabilidade 6) Da inevitabilidade 7) Da inércia

■ 5.3. UNIDADE DA JURISDIÇÃO E CLASSIFICAÇÕES

A jurisdição, como poder que detém o Estado de dizer o Direito por intermédio do Poder Judiciário, tem como característica a **unidade**.

Apenas para fim de estudo, a doutrina faz uma divisão acerca do tema, de acordo com vários critérios:

a) Quanto à **matéria**, a jurisdição pode ser **civil**, **penal**, **trabalhista** etc.

b) Quanto ao **objeto**, pode ser **contenciosa**, quando existir conflito de interesses entre as partes, ou **voluntária**, quando inexistir litígio.

c) Quanto à **graduação**, pode ser **inferior**, referindo-se à 1ª instância, ou **superior**, que julga a ação em grau de recurso.

d) Quanto à **função**, pode ser **comum** (estadual ou federal), ou **especial** (militar ou eleitoral). No âmbito trabalhista, não existe julgamento de crimes.

6

COMPETÊNCIA

6.1. CONCEITO DE COMPETÊNCIA E CRITÉRIOS PARA SUA FIXAÇÃO

Um juiz não pode julgar todos os casos, de todas as espécies, sendo necessária uma delimitação de sua jurisdição. Essa delimitação do poder jurisdicional dos juízes e dos tribunais denomina-se "competência".

O art. 69 do Código de Processo Penal estabelece sete critérios para a fixação da competência:

I. lugar da infração;

II. domicílio ou residência do réu;

III. natureza da infração;

IV. distribuição;

V. conexão ou continência;

VI. prevenção;

VII. prerrogativa de função.

6.1.1. Finalidade de cada um desses critérios

Cada um dos critérios previstos no Código tem finalidade e utilidade **diversas**. As competências pelo **lugar** da infração e pelo **domicílio** (ou residência) do acusado têm a finalidade de estabelecer o **foro** (a comarca) onde se dará o julgamento. Uma vez fixada a comarca, é o critério da **natureza** da infração que apontará a **Justiça** competente (Eleitoral, Militar ou Comum). Dentro da mesma Justiça, a natureza da infração pode ainda levar o julgamento a varas especializadas, como, por exemplo, ao **Júri**, ao **Juizado Especial Criminal** para as infrações de menor potencial ofensivo, ou ao Juizado de Violência Doméstica e Familiar contra a **Mulher**. Por fim, fixados o foro e a Justiça, será possível que coexistam vários juízes **igualmente competentes**. Assim, caso algum deles tenha se **adiantado** aos demais na prática de algum ato **relevante**, ainda que antes do início da ação, estará ele **prevento** e será o competente. Se, entretanto, não houver nenhum juiz prevento, deverá ser feita a **distribuição**, uma espécie de sorteio, para que os autos sejam direcionados a um juiz determinado (aquele a quem foi feita a distribuição).

Dessa forma, suponha-se um crime de furto cometido contra caixa eletrônico dentro de uma agência da Caixa Econômica Federal na cidade de São Paulo. Por ter o crime se consumado em São Paulo, esta será a comarca onde se dará o julgamento.

O critério do domicílio do réu não será utilizado pois tem aplicação subsidiária, só sendo levado em conta quando totalmente desconhecido o local onde ocorreu o delito. Considerando, por sua vez, que o crime foi praticado em prejuízo de empresa pública controlada pela União (Caixa Econômica Federal), a competência é da Justiça **Federal** da cidade de São Paulo (art. 109, IV, da CF). Por fim, como existem inúmeras varas federais criminais em São Paulo, cada qual com juiz competente para conhecer e julgar o crime em tela, deverá ser analisado se há algum deles prevento. Se houver, será o competente, caso contrário será feita a distribuição.

A **conexão** e a **continência** são institutos que determinam a **alteração** ou **prorrogação** da competência em situações específicas. Ex.: João, armado, subtrai um carro em São Paulo e vende a Lucas em Campinas. Os crimes são conexos e por isso deve haver um só processo para a apuração de ambos. O Código de Processo Penal, então, estabelece regras para que ambos sejam julgados em uma mesma comarca, embora tenham ocorrido em locais diversos. No exemplo acima o roubo e a receptação devem ser julgados em São Paulo pelo fato de o primeiro ser o crime mais grave (art. 78, II, *a*, do CPP).

A competência por **prerrogativa de função** verifica-se quando o legislador, levando em consideração a relevância do **cargo** ou **função** ocupados pelo autor da infração, estabelece órgãos **específicos** do Poder Judiciário que julgarão o detentor daquele cargo caso cometa infração penal. Assim, cabe, por exemplo, ao Supremo Tribunal Federal julgar Deputados Federais e Senadores que cometam ilícito penal, ou ao Superior Tribunal de Justiça julgar Governadores dos Estados. Atualmente, as hipóteses de foro por prerrogativa de função estão previstos na Constituição Federal e, residualmente, nas Constituições Estaduais.

■ Denominações doutrinárias

Existem certas expressões que são muito comumente utilizadas pela doutrina e pela jurisprudência para se referir aos mesmos critérios de fixação de competência mencionados no Código de Processo Penal.

Assim, a competência pelo lugar da infração é chamada de *ratione loci* ou competência **territorial**. A competência pela natureza da infração é conhecida como *ratione materiae* ou competência em razão da **matéria**. Por fim, o foro por prerrogativa de função é denominado *ratione personae* ou competência em razão da **pessoa**.

■ Competência absoluta ou relativa

As competências em razão da **pessoa** e da **matéria** são **absolutas**, pois é de interesse público, e não apenas das partes, o seu estrito cumprimento. O desrespeito, portanto, gera **nulidade absoluta**. Pode ser alegada e reconhecida a qualquer momento. Ex.: crime militar julgado pela Justiça Comum, ou Governador do Estado julgado por Tribunal de Justiça do próprio Estado onde exerce as funções, e não pelo Superior Tribunal de Justiça. Nesse sentido: "A determinação da competência obedece a critérios que buscam realizar o interesse público. Pode ser arguida em qualquer foro ou instância em ocorrendo a chamada incompetência absoluta. Ao contrário, é alcançada pela preclusão a incompetência relativa" (STJ — RHC 2.225-9 — Rel. Min. Vicente Cernicchiaro — julgado em 22.09.1992).

Por sua vez, a competência **territorial** é **relativa**, de modo que, se não for alegada pela parte interessada até o momento oportuno da ação penal (fase da resposta escrita), considera-se **prorrogada** a competência, sendo válido o julgamento pelo juízo que, em princípio, não tinha competência territorial. Ex.: furto ocorrido em Santo André que, por algum engano, dá início a um inquérito em São Paulo e o promotor, não percebendo o erro, oferece denúncia na Capital. O Juiz, nada percebendo, recebe a denúncia. A Defesa não ingressa com exceção de incompetência, nada alegando na fase da resposta escrita; porém, após o julgamento, em grau de recurso, passa a alegar a nulidade da ação (e da condenação) em razão da incompetência. A nulidade, contudo, por ser relativa, não pode ser reconhecida porque não foi alegada na oportunidade devida, o que fez com que o vício se considerasse sanado. A propósito: "já se firmou o entendimento da Corte (HC 69.599, HC 65.229 e Rec. 106.641) no sentido de que, no processo penal, a incompetência *ratione loci*, acarreta apenas nulidade relativa e, não tendo sido arguida oportunamente, ficou sanada pela ocorrência da preclusão" (STF — HC 71.621-1/MG — Rel. Min. Moreira Alves — *DJU* 10.03.1995 — p. 4.881); **e**, no mesmo sentido: "a competência em razão do lugar da infração é relativa e deve ser alegada por via de exceção, no prazo do oferecimento das alegações preliminares, na forma do disposto no art. 108 do Código de Processo Penal, sob pena de prorrogação da competência. Além disso, eventual nulidade do processo só ficaria reconhecida diante da comprovação do prejuízo sofrido pelo recorrente, hipótese não demonstrada nos autos" (STJ — RHC 29.312/SP — Rel. Min. Marco Aurélio Bellizze — 5ª Turma — julgado em 11.04.2013 — *DJe* 18.04.2013).

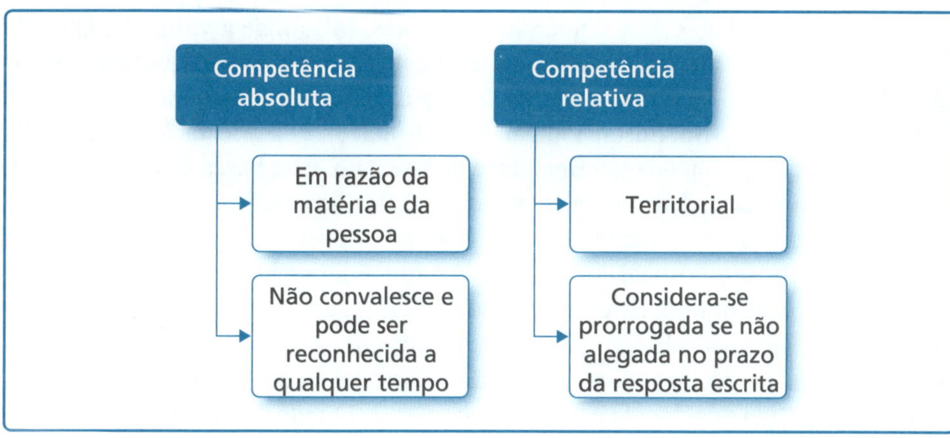

6.2. COMPETÊNCIA PELO LUGAR DA INFRAÇÃO

6.2.1. Local da consumação

A mais importante regra em relação a este tema é a inserta no art. 70, *caput*, 1ª parte, do CPP, segundo a qual o foro competente será firmado pelo local da

consumação do crime. De acordo com o art. 14, I, do Código Penal, considera-se consumado um delito quando, no caso concreto, se reúnem todos os elementos de sua descrição penal. Quando se estuda cada uma das infrações penais previstas em nossa legislação, um dos temas obrigatoriamente analisados é o do momento consumativo, instante em que se verifica quais os requisitos exigidos pelo tipo penal para que o delito esteja aperfeiçoado. Assim, encontrado o momento da consumação, deve-se perquirir o local exato de sua ocorrência, de modo que este será o foro competente para o processo e o julgamento da infração penal.

Em regra, não há dificuldade para se verificar a questão do momento consumativo, porém algumas infrações penais apresentam peculiaridades que demandam análise mais detalhada, conforme se verá nos tópicos seguintes.

■ Homicídio doloso

O homicídio se consuma no local da **morte** (cessação da atividade encefálica) e o julgamento deve ser feito no Tribunal do Júri da Comarca onde tal resultado tenha se dado. A jurisprudência, entretanto, abriu exceção a esta regra na hipótese de a vítima ser atingida em uma cidade, normalmente pequena, e, posteriormente, levada a um grande centro para atendimento hospitalar mais adequado, onde, todavia, acaba morrendo em razão da gravidade dos ferimentos sofridos. Em tal hipótese, o julgamento deve se dar no **local da ação**, pois é lá que o crime produziu seus efeitos perante a coletividade, sendo certo, ainda, que é no local da execução que se encontram as testemunhas do fato que, por sua vez, não podem ser obrigadas a se deslocar a outro local para serem ouvidas no dia do julgamento em Plenário. A ausência destas, portanto, poderia prejudicar o julgamento, motivo pelo qual deve se dar no local em que realizados os atos executórios. Nesse sentido: "o Juízo competente para processar e julgar o acusado de homicídio é o da comarca de Aimorés, MG, onde a vítima foi alvejada com tiros de revólver que lhe causaram os ferimentos mortais, e não o Juízo da comarca de Vitória, ES, onde em busca de melhor assistência médica veio a falecer" (STJ — CC 2.104 — Rel. Min. Edson Vidigal — *RT* 678/378); **e** "a orientação básica da lei é eleger situações que atendam à finalidade do processo. Este busca a verdade real. A ação penal, então, deve desenrolar-se no local que facilite a melhor instrução a fim de que o julgamento projete a melhor decisão. No caso dos autos, a ação foi praticada em Catalão; a morte, em hospital de Brasília. A vítima, removida em consequência da extensão da ação delituosa. Evidente que na espécie o juízo da ação é o local que melhor atende o propósito da lei. Ali se desenvolveram os atos da conduta delituosa. Agente e vítima moravam no local. A morte em Brasília foi uma ocorrência acidental. Conflito conhecido e declarado competente o Juízo de Direito da Comarca de Catalão-GO" (STJ — CC 6.734-1/DF — Rel. Min. Pedro Acioli — julgado em 01.09.1994).

O crime de homicídio é julgado pelo Tribunal do Júri na Justiça **Estadual**, salvo se presente alguma circunstância capaz de modificar a esfera jurisdicional, como, por exemplo, o fato de o crime ter sido cometido contra servidor público federal no exercício das funções, ou ocorrido a bordo de navio ou aeronave, quando o julgamento estará afeto ao Tribunal do Júri organizado na Justiça **Federal** (art. 109, IV e IX, da CF).

O homicídio praticado por um **militar** contra **outro** é de competência da Justiça **Militar**, porém, se a vítima for **civil**, o julgamento será feito pelo Júri, na Justiça **Comum**, conforme art. 125, § 4º, da CF e art. 9º, parágrafo único, da Lei n. 9.299/96, que estabelecem que crimes dolosos contra a vida de civis, ainda que praticados no exercício da atividade militar, são julgados na Justiça Comum.

■ Homicídio culposo

Em relação a esta modalidade de homicídio, a questão não está tão pacificada quanto em relação à figura dolosa, naqueles casos em que a conduta culposa se passa em uma cidade e o resultado em outra, havendo julgados em sentidos diversos. Filiamo-nos à tese de que deve ser aplicada a regra do art. 70, *caput*, do Código de Processo, e não a exceção jurisprudencial atinente ao homicídio doloso. Com efeito, neste, é o fato de o réu ser julgado pelo júri popular que leva à necessidade de julgamento no local da ação, para que seja atendido o princípio de que o homicida deve ser julgado por seus pares, na coletividade em que vive. Ademais, existe a dificuldade de deslocamento das testemunhas no dia do julgamento em Plenário — porque os jurados devem ouvir diretamente tais depoimentos. Como o homicídio culposo é julgado pelo juízo **singular**, não há problema em a ação ser proposta no local do resultado, conforme a regra do art. 70 do CPP, e as testemunhas serem ouvidas por carta precatória, o que não provocará qualquer dificuldade para a elaboração da sentença.

No sentido de que o julgamento deve efetivamente ocorrer no local da morte: "competência territorial: homicídio culposo em que a conduta do agente e a morte da vítima ocorreram em comarcas diferentes do País. Competência do foro em cujo território, com o resultado fatal, se consumou o delito" (STF — 1ª Turma — HC 69.088/SP — Rel. Min. Sepúlveda Pertence — *DJ* 12.06.1991 — p. 9.029).

Em sentido contrário: "tendo sido a vítima removida para hospital de outro Município que não o da ocorrência da infração, não faz o juízo desse incompetente para o processamento do feito. A competência *ratione loci* é determinada pela localidade da ocorrência da infração, e não pelo local da morte da vítima" (STJ — RHC 793/SP — Rel. Min. Edson Vidigal — *RT* 667/338).

■ Crimes qualificados pelo resultado

A importância do tema se resume às hipóteses em que o crime-base ocorre em uma cidade e o resultado agravador, em outra. Assim, suponha-se que o ladrão aponte a arma para a vítima e roube seu carro, mantendo-a, porém, no porta-malas do veículo até chegarem próximos a uma represa, já em outra cidade, onde o assaltante desfere tiros na vítima, matando-a. O crime de latrocínio, evidentemente, deverá ser apurado nesta última localidade. Nesse sentido: "nos crimes qualificados pelo resultado, fixa-se a competência no lugar onde ocorreu o evento qualificador, ou seja, onde o resultado morte foi atingido, assim, tendo os corpos das vítimas do latrocínio sido encontrados na Comarca de Dourados, e havendo indícios de que lá foram executadas, a competência se faz pela regra geral disposta nos arts. 69, I e 70, *caput*, do CPP" (STJ — RHC 22.295/MS, 5ª Turma — Rel. Min. Jane Silva — *DJ* 17.12.2007 — p. 229); **e** "a competência no crime de latrocínio define-se pelo local onde se consumou a infração, incidindo a regra do foro geral, na falta de disposição expressa ditando foro especial. E, sendo tal delito complexo, a consumação verifica-se com o evento morte, devendo a persecução penal ser instaurada no local em que esta ocorreu" (TJ/SP — CJ 12.491-0 — Rel. Des. Odyr Porto — *RT* 667/26).

Essa mesma conclusão vale para crimes como aborto qualificado pela lesão grave ou morte, lesão corporal seguida de morte, extorsão e extorsão mediante sequestro qualificados pela lesão grave ou morte, estupro qualificado pela lesão grave ou morte, crimes de perigo comum qualificados pelo resultado, tortura qualificada pela lesão grave ou morte.

■ Roubo, extorsão e extorsão mediante sequestro qualificados por morte dolosa

Considerando o montante das penas previstas para esses delitos (arts. 157, § 3º, 2ª parte; 158, § 2º; e 159, § 3º), a doutrina firmou entendimento de que o evento morte que os qualifica pode ter sido provocado de forma **dolosa** ou **culposa**. Em suma, esses delitos qualificados admitem a forma preterdolosa, mas não são exclusivamente dessa natureza. Discutia-se no passado se a hipótese de morte dolosa figurando como qualificadora desses crimes levava a competência ao Tribunal do Júri. O Supremo Tribunal Federal, contudo, há muito tempo editou a **Súmula n. 603**, pacificando a questão, no sentido de que a competência é do juízo singular porque os crimes em tela constam do título dos crimes contra o patrimônio. A súmula, em verdade, faz menção expressa apenas ao latrocínio, porém, aplica-se aos demais delitos em análise, uma vez que a situação é absolutamente a mesma. Segundo a Súmula n. 603, "a competência para o processo e julgamento de latrocínio é do juiz singular e não do Tribunal do Júri".

■ Apropriação indébita

Nesse crime o agente já tem a posse lícita do bem alheio e, em determinado momento, resolve que irá dele se apropriar, ou seja, que não irá mais devolvê-lo. Difícil, entretanto, estabelecer o **momento exato** em que o agente toma essa decisão, o que gera controvérsia quanto ao foro competente. Entendemos, contudo, que, se o agente recebeu a posse em São Paulo e deveria devolver o bem em Jundiaí, a competência será firmada em São Paulo, local onde ele sempre esteve e, portanto, onde inverteu o ânimo em relação ao objeto, e não em Jundiaí, onde ele deveria ter ido devolver o bem mas não foi. A propósito: "nos crimes do art. 168 do CP, a apropriação indébita é posterior ao recebimento da coisa, logo, consuma-se no lugar onde o sujeito ativo inverte a posse, demonstrando intenção de dispor da coisa, ou pela negativa em devolvê-la, e não no local onde deveria restituí-la ao real proprietário" (STF — CC 1.646 — Rel. Min. Fláquer Scartezzini — *RT* 679/410).

■ Crime de emissão de cheque sem fundos (art. 171, § 2º, VI)

A conduta criminosa descrita no tipo penal é "emitir cheque sem fundos". **Emitir** significa colocar o cheque em circulação, entregando-o ao beneficiário. Ocorre que os tribunais superiores, considerando a possibilidade de o emitente estar de boa-fé e, no mesmo dia, depositar os valores correspondentes em sua conta, passaram a decidir que o crime só se consuma quando o cheque é apresentado ao banco sacado e este recusa o pagamento por subsistir a insuficiência de fundos. Com isso, o foro competente será sempre o **do local em que está situado o banco sacado**, qualquer que tenha sido o local da emissão do cheque sem fundos. Se alguém tem sua conta corrente em Porto Alegre e faz compras em Caixas do Sul ou em Pelotas com um cheque sem fundos, o foro competente será o de Porto Alegre, local em que se situa o banco sacado (do emitente do cheque).

Em tal sentido existem duas súmulas.

1) **Súmula n. 521 do Supremo Tribunal Federal**: "O foro competente para o processo e julgamento dos crimes de estelionato, sob a modalidade da emissão dolosa de cheque sem provisão de fundos, é o do local onde se deu a recusa do pagamento pelo sacado".

2) **Súmula n. 244 do Superior Tribunal de Justiça**: "Compete ao foro local da recusa processar e julgar o crime de estelionato mediante cheque sem provisão de fundos".

■ Crime de estelionato comum cometido mediante falsificação de cheque

Nesse caso, o agente emite cheque de terceiro, fazendo-se passar pelo correntista, falsificando a assinatura deste. Como em qualquer modalidade de estelionato comum, descrita no *caput* do art. 171 do CP, a consumação se dá no momento da **obtenção da vantagem ilícita**, e, por isso, o foro competente é o do local em que o cheque foi passado e o agente recebeu os bens. Assim, se uma pessoa faz uma compra no shopping de Fortaleza e falsifica o cheque de pessoa cuja conta corrente é em Natal, o foro competente é o de Fortaleza, local em que o agente recebeu as mercadorias compradas. Nesse sentido, a **Súmula n. 48 do Superior Tribunal de Justiça**: "Compete ao juízo do local da obtenção da vantagem ilícita processar e julgar crime de estelionato cometido mediante falsificação de cheque".

■ Crimes de estelionato mediante remessa bancária de valores de uma cidade para outra

É comum que o estelionatário publique anúncio de jornal e consiga enganar pessoas de cidades diversas que, mediante contato telefônico, são convencidas a efetuar depósito na conta do golpista como forma de sinal para concretizar um suposto bom negócio. Assim, o dinheiro sai da conta da vítima na cidade X e entra na conta corrente do estelionatário na cidade Y. Considerando que é pacífico o entendimento doutrinário de que o estelionato se consuma no momento da obtenção da vantagem pelo agente, e não quando a vítima sofre o prejuízo, o foro competente é o do local onde se situa o banco **do criminoso**, onde o dinheiro passou a estar disponível para saque, ainda que o agente só tenha efetivamente sacado os valores em caixa eletrônico de uma terceira cidade. A propósito: "O prejuízo alheio, apesar de fazer parte do tipo penal, está relacionado à consequência do crime de estelionato e não à conduta propriamente. De fato, o núcleo do tipo penal é obter vantagem ilícita, razão pela qual a consumação se dá no momento em que os valores entram na esfera de disponibilidade do autor do crime, o que somente ocorre quando o dinheiro ingressa efetivamente em sua conta corrente" (STJ — CC 139.800/MG, Rel. Min. Reynaldo Soares da Fonseca — 3ª Seção — julgado em 24.06.2015 — *DJe* 01.07.2015). De ver-se, entretanto, que em julgados mais recentes o Superior Tribunal de Justiça passou a entender que o foro competente nesses casos de transferência bancária é o do local da agência da vítima, indicando que teriam passado a entender que o crime se consuma no local em que a vítima sofre prejuízo. Nesse sentido: AgRg no CC 146.524/SC — Rel. Min. Jorge Mussi — 3ª Seção — julgado em 22.03.2017 — *DJe* 30.03.2017; AgRg no CC 145.119/PR — Rel. Min. Felix Fischer — 3ª Seção — julgado em 10.08.2016 — *DJe* 17.08.2016; CC 143.621/PR — Rel. Min. Rogerio Schietti Cruz — 3ª Seção — julgado em 25.05.2016 — *DJe* 07.06.2016; CC 142.934/PR — Rel. Min. Nefi Cordeiro — 3ª Seção — julgado em 14.10.2015 — *DJe* 30.11.2015. Essas últimas decisões do Superior Tribunal de Justiça contrariam texto expresso de lei, pois o núcleo do tipo do art. 171, *caput*, do Código Penal é o verbo "obter". Contrariam, também, entendimento pacífico na doutrina, no sentido de que o estelionato consuma-se com a obtenção da vantagem. Em termos de política criminal, todavia, trata-se de solução justa, pois facilita a investigação e a apuração no local da agência bancária da vítima. Além disso, como se trata de "crime contra o patrimônio" seria questionável a opção do legislador de exigir a efetiva obtenção da vantagem pelo agente para fim de consumação.

■ Furto via eletrônica

Com grande frequência se tem verificado a hipótese de pessoas que subtraem dinheiro de conta corrente alheia por meio da internet ou com cartão bancário clonado. E se a conta fica em uma cidade e o dinheiro é transferido e sacado em caixa eletrônico de outra cidade? O crime de furto se consuma no momento da **subtração**, ou seja, no instante em que o dinheiro é tirado da conta bancária da vítima, de modo que, ao contrário do que ocorre no estelionato, o foro competente é o do local do banco da vítima.

■ Duplicata simulada

Alguns empresários passaram a ter como comportamento costumeiro emitir duplicata simulada, descontá-la no banco para obter capital e, na data do vencimento, pagar, eles próprios, o valor respectivo, sem que o banco e a pessoa apontada como compradora ou prestadora do serviço fiquem sabendo disso. Em tal caso, não houve prejuízo financeiro efetivo, porém, é óbvio que o empresário lançou mão de um meio fraudulento, qual seja, a elaboração de uma cártula contendo informação falsa. Por essa razão, tipificou-se como crime o simples ato de "*emitir*" a duplicata simulada, ainda que disso não decorra prejuízo. Trata-se, pois, de crime **formal**. Emitir, todavia, não é apenas preencher, e sim **colocar a duplicata em circulação**, pois, antes disso, o emitente pode simplesmente rasgar a duplicata simulada que confeccionou. Nesse sentido: "O crime de emissão de fatura, que tem como núcleo o ato de emitir títulos que não guardam correspondência com a venda mercantil efetivamente realizada, consuma-se no momento em que os documentos são colocados em circulação, não se exigindo a efetividade do proveito econômico pela oposição do aceite do sacado" (STJ — HC 8.957/GO — Rel. Min. Vicente Leal — 6ª Turma — *RT* 772 — p. 543).

■ Falso testemunho prestado em carta precatória

O julgamento cabe ao juízo onde foi prestado o depoimento mendaz, ou seja, ao juízo deprecado, e não ao do local em que o falso gerará efeitos. Nesse sentido: "Firma-se a competência, em regra, pelo lugar em que o delito é consumado, nos termos do art. 70 da Lei Processual Penal. O crime de falso testemunho consuma-se com o encerramento do depoimento prestado pela testemunha, quando a mesma profere afirmação falsa, nega ou cala a verdade, razão pela qual, para a sua apuração, sobressai a competência do Juízo do local onde foi prestado o depoimento, sendo irrelevante o fato de ter sido realizado por intermédio de carta precatória" (STJ — CC 30.309/PR — Rel. Min. Gilson Dipp — 3ª Seção — *DJ* 11.03.2002 — p. 163).

■ Crime de uso de passaporte falso

De acordo com a **Súmula n. 200** do Superior Tribunal de Justiça: "o juízo federal competente para processar e julgar acusado de crime de uso de passaporte falso é o do lugar onde o delito se consumou", ou seja, o do local onde o passaporte falso foi apresentado para embarque ou desembarque no território nacional, ainda que a falsificação só tenha sido constatada no exterior (no caso de apresentação para embarque).

■ Crime de desobediência em sua modalidade omissiva

Suponha-se que um juiz da comarca de São Vicente determine a um perito que atua em Santos que realize diligência nesta cidade (Santos) e lhe encaminhe laudo acerca do que foi constatado. O perito, entretanto, não cumpre a determinação. O foro competente é o de Santos, onde a perícia deveria ter sido realizada, e não o de São Vicente, onde o laudo deveria produzir efeitos.

■ Crime de contrabando ou descaminho

Existe divergência em torno da natureza desses crimes, sendo para alguns **instantâneos de efeitos permanentes** (consumação no momento em que os produtos ingressam no território nacional de forma indevida ou sem o pagamento dos tributos) e, para outros, delitos de natureza **permanente**, cujo momento consumativo se prolonga no tempo, após o ingresso indevido no território nacional. A questão ganha relevância em relação ao tema da competência porque é comum comprovar-se que os produtos ingressaram indevidamente em Foz do Iguaçu, por exemplo, mas que foram apreendidos apenas em São Paulo. Caso se trate de crime instantâneo, a competência é da justiça federal de Foz de Iguaçu, porém, em se tratando de delito permanente a ação também pode ser proposta na cidade de São Paulo em razão da prevenção, nos termos do art. 71 do CPP. A fim de resolver a questão, o Superior Tribunal de Justiça aprovou a Súmula n. 151, segundo a qual "a competência para processo e julgamento por crime de contrabando ou descaminho define-se pela prevenção do Juízo Federal do lugar da apreensão dos bens".

■ Crimes contra a ordem tributária

De acordo com a **Súmula Vinculante n. 24** do Supremo Tribunal Federal, "não se tipifica crime material contra a ordem tributária, previsto no art. 1º, incisos I a IV, da Lei n. 8.137/90, antes do lançamento definitivo do tributo". O lançamento definitivo, porém, só pode ocorrer após a decisão administrativa final dos recursos interpostos pelo contribuinte. Suponha-se, assim, que, em uma pequena cidade, próxima de Ribeirão Preto, seja alguém autuado por sonegação fiscal. O contribuinte recorre, e o julgamento do recurso administrativo se dá em órgão situado em Ribeirão. O foro competente, entretanto, é o da pequena comarca onde se deu o fato gerador, e não o de Ribeirão Preto, onde foi julgado o recurso.

■ Crimes falimentares

Nos termos do art. 183 da Lei de Falências (Lei n. 11.101/2005), compete ao juiz criminal da jurisdição onde tenha sido decretada a falência, concedida a recuperação judicial ou homologado o plano de recuperação extrajudicial, conhecer da ação penal pelos crimes falimentares. Nos termos do art. 3º dessa lei, "é competente para homologar o plano de recuperação extrajudicial, deferir a recuperação judicial ou decretar a falência o juízo do local do principal estabelecimento do devedor ou da filial de empresa que tenha sede fora do Brasil". Assim, se uma empresa nacional tem sua sede na cidade de Campo Grande e em tal localidade é decretada a falência, a competência para apurar crimes falimentares é do juízo criminal de Campo Grande, ainda que o crime de desvio de bens (art. 173) tenha sido praticado, por exemplo, em Dourados.

Esse dispositivo, ao estabelecer a competência das varas criminais, em detrimento da vara da falência, é tachado, por alguns autores, de inconstitucional, por ferir o art. 24, § 1º, da Constituição Federal, que estabelece que a União deve legislar apenas sobre normas gerais quando tiver legitimidade concorrente com os Estados — como acontece nos procedimentos de esfera processual — em que a distribuição da competência cabe a estes, por meio da Lei de Organização Judiciária. Veja-se, porém, que essa questão é facilmente resolvida, pois nada obsta a que leis estaduais atribuam ao juízo universal da falência competência também para atuar na esfera criminal, hipótese em que tal juízo terá, de forma concorrente, competência na área falimentar e na área criminal respectiva. Como o art. 183 da Lei de Falências não impede que leis estaduais efetuem divisão de competência no âmbito dos Estados, torna-se desnecessário taxá-la de inconstitucional.

A competência para apurar e julgar crime falimentar é da Justiça **Estadual**.

■ Infrações de menor potencial ofensivo

De acordo com o art. 63 da Lei n. 9.099/95, "a competência do Juizado será determinada pelo lugar em que foi praticada a infração penal". Nossos doutrinadores passaram, então, a discutir o significado da palavra "praticada", sendo que alguns sustentam que se refere ao local da ação, enquanto outros defendem tratar-se do local da consumação do delito.

Desde que a Lei n. 9.099/95 entrou em vigor, filiamo-nos à corrente que confere tecnicidade ao legislador que a elaborou, não tendo escolhido o texto do dispositivo a esmo, e sim em consonância com o art. 6º do Código Penal, que, ao tratar do tema "**lugar** do crime", diz que se considera **praticado** o delito no lugar em que ocorreu a ação ou omissão, no todo ou em parte, bem como onde se produziu ou deveria produzir-se o resultado. Assim, a Lei n. 9.099/95 teria adotado a teoria da **ubiquidade**, inclusive para facilitar a apuração sem riscos de alegação de nulidade por incompetência territorial.

■ Genocídio

O art. 1º da Lei n. 2.889/56 pune quem, com a intenção de **destruir**, no todo ou em parte, grupo nacional, étnico, racial ou religioso:

a) mata membros do grupo;

b) causa lesão grave à integridade física ou mental em membros do grupo;

c) submete intencionalmente o grupo a condições de existência capazes de ocasionar-lhe a destruição física total ou parcial;

d) adota medidas destinadas a impedir os nascimentos no seio do grupo;

e) efetua a transferência forçada de crianças do grupo para outro grupo.

O Supremo Tribunal Federal, ao julgar o Recurso Extraordinário 351.487/RR, fixou entendimento de que a realização de mais de uma das condutas previstas na Lei n. 2.889/56, em uma de suas alíneas ou em várias delas, constitui crime **único** de genocídio (no julgado em questão, garimpeiros que mataram 12 índios da tribo Yanomami foram condenados por crime único de genocídio). De acordo com a Corte Suprema, o bem jurídico tutelado no crime de genocídio, mesmo na hipótese de morte, não é a vida, e sim a existência de um grupo nacional, étnico, racial ou religioso. A lesão à vida, à integridade física, à liberdade de locomoção etc., ainda de acordo com aquele julgado, são **meios** de ataque ao bem jurídico tutelado, que, nos diversos tipos de ação genocida, não se confundem com os bens primários também lesados por essas ações instrumentais, **não sendo**, assim, **absorvidos por aquele**. Em suma, decidiu o Supremo Tribunal Federal que o correto seria a punição por 12 crimes de homicídio além de um crime de genocídio. Em face da conexão, o julgamento em tais casos deve se dar perante o Tribunal do Júri.

6.2.2. Crimes tentados

Nos termos da parte final do art. 70 do Código de Processo Penal, nas hipóteses de tentativa, a competência é firmada pelo local da prática do **último** ato de execução.

Merece destaque a hipótese em que o agente realiza o primeiro ato de execução em uma cidade e, em seguida, passa para o território de outra, onde realiza o último ato de execução, sem que consiga consumar o crime. É claro que, nos termos da lei, a ação penal deve ser proposta nesta última. Ex.: Plínio, de moto, aproxima-se do carro de Marta, que está parado na estrada que liga as cidades de Itu e Salto, e efetua disparos contra ela. A vítima, que ainda estava em Itu, acelera seu carro e depois de 200 metros entra no território de Salto, onde Plínio consegue alcançá-la e efetuar novos disparos. Em tal caso, a tentativa de homicídio será apurada em Salto. Note-se que, no exemplo acima, o contexto fático era um só, havendo um único crime de tentativa de homicídio a ser apurado, embora o agente tenha atirado duas vezes na vítima durante a perseguição.

Por sua vez, se o agente tenta matar com tiros uma pessoa na cidade de Ipaussu e a vítima é levada para o hospital em Santa Cruz do Rio Pardo, onde permanece internada até que o acusado invade o hospital dias depois e novamente realiza disparos contra ela, sem contudo conseguir matá-la, temos **dois** crimes de tentativa de homicídio em continuação delitiva (dois contextos fáticos). Em tal caso — crime continuado em comarcas distintas —, a solução é encontrada no art. 71 do Código de Processo Penal que estabelece que a ação penal (para apurar ambos os delitos) pode ser proposta em qualquer das duas comarcas, devendo, assim, ser utilizado o critério da **prevenção** para a fixação em uma delas.

Se o sujeito, por exemplo, resolve cometer um estelionato, remetendo de Presidente Prudente, onde mora, uma carta a um conhecido que reside em Marília, convidando-o a aplicar dinheiro em determinado negócio, que, em verdade é uma farsa, mas a vítima não cai no golpe ao receber a correspondência, parece-nos que o foro competente é o de Presidente Prudente, uma vez que o último ato de execução ocorreu em tal cidade quando a carta foi colocada no correio (e não em Marília, onde foi recebida a carta).

6.2.3. Crimes permanentes no território de duas ou mais comarcas

Crimes permanentes são aqueles cuja consumação se **prolonga** no tempo, como, por exemplo, o crime de extorsão mediante sequestro, que se considera ainda em execução enquanto a vítima não for libertada. Tal delito se consuma com a captura da vítima; porém, como sua liberdade está a todo tempo sendo ceifada, diz-se que o crime está ainda em andamento enquanto ela não for solta. O pagamento do resgate, por sua vez, é mero **exaurimento** do delito.

É comum, destarte, que a vítima seja sequestrada em uma cidade e mantida em cativeiro em outra. O delito se consumou na primeira, mas a ação delituosa continuou na segunda. Em tais casos, o art. 71 do CPP diz que a ação penal pode ser proposta em qualquer delas, devendo ser fixada pelo critério da **prevenção**. Ex.: vítima sequestrada em Guarulhos e mantida em cativeiro em Mogi das Cruzes. Os sequestradores são presos em Mogi e ali é lavrado o flagrante. A ação será proposta em Mogi. Note-se que, apesar de o crime ter se consumado em Guarulhos (no momento em que a vítima foi capturada), o fato de se tratar de crime permanente faz com que seja possível a solução mencionada.

Conforme mencionado no tópico anterior, a mesma regra aplica-se em caso de crimes cometidos em continuidade delitiva no território de duas ou mais comarcas, devendo ser lembrado, todavia, que a jurisprudência só admite o reconhecimento do crime continuado quando os fatos ocorrerem na mesma cidade ou em **cidades contíguas**.

■ 6.2.4. Crimes a distância

São aqueles cometidos **parte no território nacional e parte no estrangeiro**:

a) Crime iniciado no Brasil e consumação no exterior. Nos termos do art. 70, § 1º, do CPP, quando iniciada a execução de um crime em nosso país e havendo a consumação fora dele, será competente, para processar e julgar o delito, o lugar no Brasil onde foi praticado o **último ato de execução**.

b) Último ato de execução no exterior para produzir resultado em território brasileiro. Nesse caso, a solução encontra-se no art. 70, § 2º, do CPP, que estabelece que se o último ato de execução for praticado fora de nosso território, será competente para processar e julgar a infração penal o juiz do local em que o crime, embora parcialmente, **tenha produzido ou devia produzir seu resultado**.

■ 6.2.5. Crimes praticados fora do território nacional

Se um crime foi cometido integralmente no exterior, normalmente não será julgado no Brasil. Ocorre, entretanto, que o art. 7º do Código Penal estabelece algumas hipóteses de **extraterritorialidade** da lei penal brasileira, ou seja, algumas hipóteses em que o agente será julgado no Brasil, apesar de o crime ter-se verificado fora do país. Quando isso ocorre, o art. 88 do Código de Processo Penal determina que o réu será julgado na **capital do Estado** onde por último tenha residido no território nacional, e, caso nunca tenha tido residência no país, será julgado na **capital da República**.

■ 6.2.6. Crimes cometidos a bordo de embarcação ou aeronave que se aproxima ou se afasta do território nacional

Os crimes cometidos em qualquer embarcação nas águas territoriais da República, ou nos rios e lagos fronteiriços, bem como a bordo de embarcações nacionais, em alto-mar, serão processados e julgados pela Justiça do **primeiro porto brasileiro** em que tocar a embarcação após o crime, ou, quando se afastar do país, pela justiça do **último** em que houver tocado (art. 89 do CPP).

Os crimes praticados a bordo de aeronave nacional, dentro do espaço aéreo correspondente ao território brasileiro, ou em alto-mar, ou a bordo de aeronave estrangeira, dentro do espaço aéreo correspondente ao território nacional, serão processados e julgados pela justiça da comarca em cujo território se verificar o **pouso** após o crime, ou pela comarca de onde houver **partido** a aeronave (art. 90 do CPP).

Nas hipóteses dos arts. 89 e 90 do Código de Processo Penal, a competência será da Justiça Federal.

6.2.7. Crime praticado em local incerto na divisa de duas ou mais comarcas

Nessa hipótese, não se sabe o local exato da consumação, mas se tem certeza de que o ilícito ocorreu no trajeto de uma para outra cidade. É o que ocorre, por exemplo, quando um furto é cometido em um ônibus que faz viagem entre duas cidades, sendo a ocorrência do delito descoberta apenas na chegada. Como não se sabe ao certo quando o delito se consumou, o art. 70, § 3º, do Código de Processo Penal determina que a competência seja fixada entre uma delas por **prevenção**.

6.2.8. Crime praticado em local certo, havendo incerteza quanto a pertencer a uma ou outra comarca

Nesse caso, discute-se sobre uma certa localidade pertencer a um ou outro município. O art. 70, § 3º, do Código de Processo Penal igualmente determina a utilização do critério da prevenção.

6.3. COMPETÊNCIA PELO DOMICÍLIO OU RESIDÊNCIA DO RÉU

Nos termos do art. 72, *caput*, do Código de Processo Penal, **não sendo conhecido o lugar da infração**, a competência será firmada pelo local do domicílio ou residência do réu.

Esse critério também tem por finalidade apontar o **foro** (comarca) competente e, nos termos da lei, é **subsidiário** em relação ao critério do lugar da infração. Em suma, só será aplicado quando for **totalmente desconhecido** o lugar da infração. Ex.: objeto furtado por desconhecido em Goiânia é encontrado em poder do receptador em Salvador. A Polícia, entretanto, não consegue descobrir em que local o receptador comprou o objeto. Assim, como a aquisição pode ter-se dado em qualquer local do país, o foro competente para apurar a receptação será o do domicílio ou residência do réu. Não se deve confundir com a regra anteriormente estudada na qual o crime se consuma em local incerto, na divisa entre duas comarcas, hipótese em que ambas são competentes, firmando-se uma delas por prevenção (art. 70, § 3º, do CPP). A competência pelo domicílio ou residência do réu só se aplica quando for **totalmente** ignorado o lugar da consumação.

De acordo com o art. 70 do Código Civil, **domicílio** é o local em que a pessoa mora com ânimo **definitivo**, e **residência** o local em que a pessoa mora com ânimo **transitório**.

Réu com duas ou mais residências

De acordo com o art. 72, § 1º, do CPP, a ação penal pode ser proposta em qualquer dos locais onde o réu tenha residência, devendo ser firmada em uma delas por **prevenção**.

■ Réu com residência ignorada ou cujo paradeiro é desconhecido

Em tais casos, diz o art. 72, § 2º, que será competente o juiz que primeiro tomar conhecimento **formal** dos fatos.

■ Foro pelo domicílio do querelado nos crimes de ação privada exclusiva

A regra segundo a qual, sendo conhecido o local da infração, não se aplica o critério do domicílio do réu, encontra **exceção** expressa no art. 73 do Código de Processo Penal, que estabelece que, na ação privada **exclusiva**, a vítima pode optar por dar início ao processo no foro do domicílio/residência do **querelado** (mesmo sendo conhecido o lugar da infração). Essa regra não vale para a ação privada **subsidiária** da pública.

■ 6.4. COMPETÊNCIA PELA NATUREZA DA INFRAÇÃO

Com a utilização dos dois primeiros critérios do art. 69 do Código de Processo Penal, necessariamente já estará fixada a comarca (foro) competente. O próximo passo será descobrir a **Justiça** em que deverá se dar o julgamento naquela comarca, sendo que é a **natureza** da infração que dará a solução. Dependendo da **espécie** de crime cometido, o julgamento poderá estar afeto à Justiça Especial (eleitoral ou militar) ou à Comum (Estadual ou Federal).

Além disso, após fixada a comarca e a Justiça, a natureza da infração indicará ainda o órgão do Poder Judiciário a quem caberá o julgamento: juízo singular, Júri, Juizado Especial Criminal, Juizado de Violência Doméstica ou Familiar contra a Mulher.

■ 6.4.1. Justiça Militar

Cabe à Justiça Militar julgar os crimes **militares** assim definidos em lei (art. 124 da Constituição Federal). Os crimes militares estão definidos no Decreto-lei n. 1.001/69, mais conhecido como **Código Penal Militar**.

Os crimes militares se subdividem em duas categorias:

a) Próprios, que são aqueles descritos no Código Penal Militar que **não** encontram paralelo na **legislação comum**. São exemplos a insubordinação, a deserção etc.

O art. 64 do Código Penal estabelece que a condenação por crime militar próprio não gera reincidência perante a Justiça Comum em caso de prática futura de infração penal comum.

b) Impróprios, que são os que estão descritos no Código Penal Militar mas **encontram** descrição típica semelhante na **legislação comum**. Ex.: estupro, roubo, homicídio, estelionato e inúmeros outros.

■ Crimes praticados por militares, que não se inserem na competência da Justiça Militar

Os crimes contra a vida de **civis** cometidos por policiais militares **estaduais** em serviço são julgados pela Justiça Comum, mais especificamente pelo Tribunal do Júri. É o que prevê o art. 125, § 4º, da Constituição Federal, com a redação que lhe foi dada pela Emenda n. 45/2004. O crime contra a vida **de outro militar** é de competência da Justiça **Castrense** (militar).

De acordo com o art. 9º, § 2º, do Código Penal Militar, com a redação dada pela Lei n. 13.491/2017, os crimes dolosos contra a vida e cometidos por militares das **Forças Armadas** contra **civil** serão da competência da **Justiça Militar da União**, se praticados no contexto: I — do cumprimento de atribuições que lhes forem estabelecidas pelo Presidente da República ou pelo Ministro de Estado da Defesa; II — de ação que envolva a segurança de instituição militar ou de missão militar, mesmo que não beligerante; ou III — de atividade de natureza militar, de operação de paz, de garantia da lei e da ordem ou de atribuição subsidiária, realizadas em conformidade com o disposto no art. 142 da Constituição Federal.

O art. 9º, II, do Código Penal Militar, com a redação dada pela Lei n. 13.491/2017, prevê que também são de competência da Justiça Militar os crimes previstos no próprio Código Militar e **também os previstos na legislação penal**, quando praticados:

> a) por militar em situação de atividade ou assemelhado, contra militar na mesma situação ou assemelhado;
>
> b) por militar em situação de atividade ou assemelhado, em lugar sujeito à administração militar, contra militar da reserva, ou reformado, ou assemelhado, ou civil;
>
> c) por militar em serviço, em comissão de natureza militar, ou em formatura, ainda que fora do lugar sujeito a administração militar contra militar da reserva, ou reformado, ou assemelhado, ou civil;
>
> d) por militar em serviço ou atuando em razão da função, em comissão de natureza militar, ou em formatura, ainda que fora do lugar sujeito à administração militar contra militar da reserva, ou reformado, ou civil;
>
> e) por militar durante o período de manobras ou exercício, contra militar da reserva, ou reformado, ou assemelhado, ou civil;
>
> f) por militar em situação de atividade, ou assemelhado, contra o patrimônio sob a administração militar, ou a ordem administrativa militar.

As alíneas "a" e "c" são as mais importantes. A primeira trata dos crimes praticados entre militares. A segunda trata dos crimes praticados contra civil, bastando que o policial militar esteja em serviço.

Importante alteração foi feita pela Lei n. 13.491/2017. Antes de referida lei, a Justiça Militar só julgava crimes previstos no Código Penal Militar. Com a alteração, passou também a julgar crimes previstos na legislação penal comum quando cometidos por policial militar em serviço (exs.: abuso de autoridade, disparo de arma de fogo em via pública, tortura, assédio sexual etc.).

A aprovação dessa lei gerou a perda de eficácia de algumas súmulas do Superior Tribunal de Justiça: a) Súmula n. 172: "Compete à Justiça Comum processar e julgar militar por crime de abuso de autoridade, ainda que praticado em serviço"; b) Súmula n. 75: "Compete à Justiça Comum Estadual processar e julgar o policial militar por crime de promover ou facilitar a fuga de preso de estabelecimento penal". Tais crimes eram julgados pela Justiça Comum porque não previstos no Código Militar, contudo, conforme já mencionado, com a reforma trazida pela Lei n. 13.491/2017, a Justiça Militar passou a ter competência para julgar crimes previstos na legislação penal comum quando cometidos por policial militar em serviço.

A Súmula n. 6 do Superior Tribunal de Justiça determina que "Compete à Justiça Comum Estadual processar e julgar delito decorrente de acidente de trânsito envolvendo viatura de Polícia Militar, salvo se autor e vítima forem policiais militares em situação de atividade". Tal súmula perdeu grande parte de sua importância, pois atualmente, se a vítima do crime de trânsito for civil, mas o militar estiver em serviço, a competência será da Justiça Militar. Ex.: crimes de homicídio culposo e lesão corporal culposa na direção de veículo automotor (arts. 302 e 303 do Código de Trânsito Brasileiro — Lei n. 9.503/97).

Importante salientar que a Justiça Militar não julga crimes comuns conexos (art. 79, I, do CPP). Assim, se houver conexão entre um crime cometido por um policial militar em serviço e um delito cometido por um civil, haverá separação de processos, ou seja, o primeiro será julgado pela Justiça Castrense e o último pela Justiça Comum. De acordo com a Súmula n. 90 do Superior Tribunal de Justiça: "Compete à Justiça Estadual Militar processar e julgar o policial militar pela prática do crime militar, e à Comum pela prática do crime comum simultâneo àquele".

No passado, o militar que cometesse crime com a arma da corporação, mesmo não estando em serviço, era julgado pela Justiça Especial. A Lei n. 9.299/96, todavia, revogou o dispositivo do Código Penal Militar que permitia tal abrangência, de modo que, atualmente, o julgamento é feito na Justiça Comum.

Quando um crime é previsto no Código Penal Militar e ao mesmo tempo na legislação comum e a conduta é praticada por policial em serviço, além de ser a competência da Justiça Militar, o dispositivo a ser aplicado é o da lei especial, ou seja, o do Código Militar.

■ 6.4.1.1. *Composição da Justiça Militar*

A Justiça Militar possui duas esferas, a estadual e a federal, cada qual com competência própria.

■ Justiça Militar Estadual

Julga os integrantes das polícias militares **dos Estados** (incluindo os integrantes do Corpo de Bombeiros e da Polícia Rodoviária Estadual).

Em primeira instância, o julgamento é feito nas Auditorias Militares, pelos juízes de direito (juízes-auditores) ou pelos Conselhos de Justiça. Aos **juízes** compete processar e julgar, **singularmente**, os crimes militares cometidos contra **civis** (art. 125, § 5º, da CF), exceto os dolosos contra a vida, de competência do Júri. Aos **Conselhos de Justiça** cabe o julgamento dos demais crimes militares. Existem os chamados Conselho de Justiça **Permanentes**, para julgar os **praças**, e os Conselhos de Justiça **Especiais**, organizados quando cometido crime por **Oficial** da Corporação. Os Conselhos de Justiça são integrados por cinco julgadores, sendo quatro pertencentes à carreira militar, oficiais, e um juiz civil, denominado auditor militar, que foi provido ao cargo por concurso, a quem cabe presidir o Conselho (art. 125, § 5º, da CF).

A competência da Auditoria Militar estende-se aos militares que integrem a corporação de determinado Estado, ainda que o crime tenha sido cometido em outro Estado. Assim, se um tenente do Estado de São Paulo cometer crime militar no Paraná, será julgado pela Justiça Militar de São Paulo. Nesse sentido, a Súmula n. 78 do Superior Tribunal de Justiça: "compete à Justiça Militar processar e julgar policiais de corporação estadual ainda que o delito tenha sido praticado em outra unidade federativa".

Perante a primeira instância da Justiça Militar Estadual atuam membros do Ministério Público Estadual.

Em segunda instância, o julgamento é feito pelos Tribunais de Justiça Militares, nos Estados onde houver, ou pelo próprio Tribunal de Justiça Estadual, onde não houver o tribunal especializado.

■ Justiça Militar Federal

Julga os membros das **Forças Armadas** (Exército, Marinha e Aeronáutica). Em segunda instância, o julgamento é feito pelo Superior Tribunal de Justiça Militar.

Importante salientar que a competência da Justiça Militar Federal possui ao menos duas peculiaridades que merecem atenção.

a) Como o art. 125, § 4º, da Carta Magna, que trata da transferência da competência ao Tribunal do Júri no caso de crime doloso contra a vida de civil, faz menção somente à Justiça Militar **Estadual**, tem-se entendido que a Justiça Militar Federal continua competente para julgar crimes dolosos contra a vida de civis cometidos por integrantes das Forças Armadas.

b) Crimes praticados **por civis** contra instituições militares federais são julgados pela Justiça Militar Federal, quer tenham sido praticados de forma isolada, quer em concurso com militares.

A Justiça Militar Estadual, por sua vez, não julga civis que cometam crime contra instituições militares. Nesse sentido existe, inclusive, a Súmula n. 53 do Superior Tribunal de Justiça: "compete à Justiça Comum Estadual processar e julgar civil acusado de prática de crime contra instituições militares". É o caso, por exemplo, do civil que usa indevidamente uniforme militar (art. 46 da Lei das Contravenções Penais) ou que danifica viatura ou furta algo de seu interior.

■ Inaplicabilidade da Lei n. 9.099/95 na Justiça Militar

A Lei n. 9.839/99 alterou a redação da Lei n. 9.099/95, nela acrescentando o art. 90-A, com a específica finalidade de **excluir** por completo a incidência de seus dispositivos aos crimes militares. Dessa forma, ainda que o delito militar tenha pena máxima não superior a 2 anos, mostra-se inviável a proposta de transação penal, ou, ainda que a pena mínima não exceda a 1 ano, incabível a suspensão condicional do processo.

■ 6.4.2. Justiça Eleitoral

A Justiça Eleitoral julga os crimes **eleitorais e seus conexos**, nos termos do art. 121 da Constituição Federal, combinado com o art. 109, IV, da Carta Magna, que prevê a exclusão da competência da Justiça Federal quando se tratar de crime eleitoral.

Se houver conexão entre crime eleitoral e crime comum, prevalecerá a competência da justiça **especial** para o julgamento de ambos.

Os crimes eleitorais estão previstos no Código Eleitoral (Lei n. 4.737/65) e em lei especiais como a Lei Complementar n. 64/90 e a Lei n. 9.504/97. São delitos relacionados ao processo eleitoral porque, de algum modo, influenciam no direito do voto; na escolha do candidato por parte do eleitor; prejudicam a lisura ou o regular andamento do processo eleitoral etc.

O julgamento em primeira instância é feito pelos **juízes eleitorais**, função exercida pelos próprios juízes estaduais designados para tal atividade pelo Tribunal Regional Eleitoral. Atuam perante a Justiça Eleitoral membros do Ministério Público Estadual também designados para essas funções.

Caso o delito eleitoral tenha pena máxima não superior a 2 anos, enquadrando-se no conceito de infração de menor potencial ofensivo, a transação penal e demais medidas da Lei n. 9.099/95 serão aplicadas pela Justiça Eleitoral.

Caso ocorram ofensas **contra** juiz ou promotor **eleitoral**, ou qualquer outro servidor do cartório eleitoral ou convocado para servir nas eleições (mesários), a competência para julgamento não é da Justiça Eleitoral na medida em que o crime de desacato não é previsto na legislação como delito eleitoral. Assim, considerando que os servidores eleitorais, efetivos ou convocados, bem como os juízes e promotores que acumulam as funções eleitorais, exercem atribuição federal, a competência é da Justiça Federal.

A apuração dos crimes eleitorais é de atribuição da **Polícia Federal**.

Se o promotor de justiça requerer o arquivamento de inquérito que apura crime eleitoral e o juiz discordar e aplicar a regra do art. 28 do CPP, a decisão não será tomado pelo Procurador-Geral de Justiça, e sim pelo Procurador Regional Eleitoral.

Em segunda instância, os recursos referentes aos crimes eleitorais são julgados pelos Tribunais Regionais Eleitorais, e, em última instância, pelo Tribunal Superior Eleitoral.

■ 6.4.3. Justiça Federal

A Justiça Federal e a Estadual são órgãos da chamada Justiça Comum. A Constituição Federal expressamente prevê a competência criminal da Justiça Federal em seu art. 109, incisos IV, V, V-A, VI, VII, IX e X.

Analisaremos a seguir cada um dos dispositivos constitucionais que tratam dos crimes afetos à Justiça Federal:

■ Crimes políticos (art. 109, IV, 1ª parte)

O Plenário do Supremo Tribunal Federal decidiu que, para configuração de crime político, é necessário, além da **motivação** e dos **objetivos políticos** do agente, que tenha havido lesão real ou potencial aos bens jurídicos indicados no art. 1º da Lei de Segurança Nacional (Lei n. 7.170/83) — integridade territorial, soberania nacional, regime representativo e democrático, a Federação e o Estado de Direito ou a pessoa dos chefes dos Poderes da União.

■ Infrações penais praticadas em detrimento de bens, serviços ou interesse da União, de suas entidades autárquicas ou empresas públicas, excluídas as contravenções e ressalvada a competência da Justiça Militar e da Justiça Eleitoral (art. 109, IV, 2ª parte)

Esse dispositivo abrange inicialmente crimes contra **bens** da **União**. Trata-se da hipótese mais fácil de ser visualizada, pois basta que o agente, por exemplo, danifique objetos no interior de uma universidade federal ou que furte valores de repartição federal etc.

Em segundo lugar, refere-se a regra constitucional **aos serviços** da União. Existem inúmeras condutas ilícitas que podem prejudicar o normal funcionamento das atividades da União em áreas como educação, saúde, transporte, economia etc. A agressão perpetrada contra um professor que está ministrando aula em instituto de ensino federal, por exemplo, afeta o desenvolvimento normal das atividades, cabendo o julgamento à Justiça Federal. Aliás, a Súmula n. 147 do Superior Tribunal de Justiça estabelece que "compete à Justiça Federal processar e julgar os crimes praticados contra funcionário público federal, quando relacionados com o exercício da função".

Igualmente os crimes praticados **por** servidor público federal no desempenho das funções são julgados na esfera federal (concussão, corrupção passiva, prevaricação etc.).

Atingem, por sua vez, **interesses** da União, exemplificativamente, crimes como os de sonegação de tributo federal.

Segundo a Súmula n. 140 do Superior Tribunal de Justiça, "compete à Justiça Comum Estadual processar e julgar crime em que o indígena figure como autor ou vítima", contudo, se o crime tiver como objeto algum tipo de disputa sobre direito indígena, a competência será da Justiça Federal, nos termos do art. 109, XI, da Constituição Federal. Ex.: garimpeiro que ameaça e agride índios para poder procurar metais preciosos na reserva indígena.

Os crimes ambientais contra a **flora** (desmatamentos, destruição de florestas) só se inserem na competência da Justiça Federal se a unidade de conservação pertencer à União. Caso pertença aos Estados ou Municípios, a competência é estadual. Nesse sentido: "possível crime ambiental, previsto no art. 39 da Lei n. 9.605/98, consistente em cortar árvores de floresta considerada de preservação permanente, perpetrado em terras particulares, não configura, em tese, violação a interesses, bens ou serviços da União" (STJ — CC 28.277/MG — Rel. Min. Felix Fischer — *DJU* 05.06.2000).

Os crimes contra a **fauna**, após o cancelamento da Súmula n. 91 do Superior Tribunal de Justiça, passaram a ser julgados na Justiça Estadual, exceto se cometidos em área pertencente à União, como se tem decidido em casos de pesca predatória em rio interestadual. Veja-se, a propósito: "compete em regra, à Justiça Estadual, o processo e julgamento de feitos que visam à apuração de crimes ambientais. — A competência da Justiça Federal é restrita aos crimes ambientais perpetrados em detrimento de bens, serviços ou interesses da União, ou de suas autarquias ou empresas públicas. — Tratando-se de possível pesca predatória em rio interestadual, que banha mais de um Estado da federação, evidencia-se situação indicativa da existência de eventual lesão a bens ou serviços da União, a ensejar a competência da Justiça Federal" (STJ — CC 39.055/RS — Rel. Min. Paulo Medina — *DJ* 11.04.2005 — p. 176).

Ainda a propósito da competência para a apuração de crimes contra a flora ou a fauna, veja-se: "Esta Colenda Corte Superior de Justiça já decidiu que inexistindo, em princípio, qualquer lesão a bens, serviços ou interesses da União (art. 109 da CF), afasta-se a competência da Justiça Federal para o processo e o julgamento de crimes cometidos contra o meio ambiente, aí compreendidos os delitos praticados contra a fauna e a flora (CC 27.848/SP — 3ª Seção — Rel. Min. Hamilton Carvalhido — *DJ* de 19.02.2001). A razão de ser de tal entendimento é que, em sendo a proteção ao meio ambiente matéria de competência comum da União, dos Estados e dos Municípios, e inexistindo, quanto aos crimes ambientais, dispositivo constitucional ou legal expresso sobre qual a Justiça competente para o seu julgamento, tem-se que, em regra, o processo e o julgamento dos crimes ambientais são de competência da Justiça Comum Estadual" (STJ — REsp 599.052/TO — Rel. Min. José Arnaldo da Fonseca — 5ª Turma — julgado em 23.03.2004 — *DJ* 26.04.2004 — p. 215).

Os delitos contra o patrimônio **cultural** são de competência da Justiça Federal se o patrimônio atingido for da União.

No caso de **desvio de verbas** perpetrado por **Prefeitos** Municipais, existem duas súmulas do Superior Tribunal de Justiça: a) "competirá à justiça comum federal processar e julgar prefeito municipal por desvio de verba sujeita a prestação de conta perante o órgão federal" (Súmula n. 208); b) "competirá à justiça comum estadual processar e julgar prefeito municipal por desvio de verba transferida e incorporada ao patrimônio municipal" (Súmula n. 209 do STJ). É evidente que, se o Prefeito ainda estiver no exercício do cargo, o julgamento se dará perante o Tribunal Regional Federal, no caso de desvio de verba federal, ou perante o Tribunal de Justiça do Estado, no caso da Súmula n. 209.

A Justiça do Trabalho não recebeu do constituinte qualquer competência em matéria penal. Sendo, entretanto, órgão do Poder Judiciário Federal, os crimes cometidos perante a Justiça do Trabalho a fim de induzir em erro o juiz trabalhista serão julgados pela Justiça Federal. A Súmula n. 165 do Superior Tribunal de Justiça, nesse sentido, diz que "compete à Justiça Federal processar e julgar o crime de falso testemunho cometido na Justiça trabalhista". Do mesmo modo, "compete à Justiça Federal processar e julgar o crime de falsificação ou uso de documento (falso) perante a Justiça do Trabalho" (Súmula n. 200 do extinto Tribunal Federal de Recursos).

Por sua vez, dispõe a Súmula n. 104 do Superior Tribunal de Justiça que "compete à Justiça Estadual o processo e julgamento dos crimes de falsificação e uso de documento falso relativo a estabelecimento particular de ensino".

O art. 109, IV, 2ª parte, da Constituição Federal prevê que também se inserem na competência da Justiça Federal os crimes que afetem bens, serviços ou interesses de **entidades autárquicas** da União ou de suas **empresas públicas**. Assim, os inúmeros crimes cometidos em detrimento do Instituto Nacional do Seguro Social (INSS), autarquia da União, são julgados na esfera federal. Igualmente furtos ou roubos praticados contra a Caixa Econômica Federal ou contra alguma agência da Empresa

Brasileira de Correios e Telégrafos (não franquiada) são julgados pela Justiça Federal, pois as vítimas são **empresas públicas da União**.

Por outro lado, estabelece a Súmula n. 62 do Superior Tribunal de Justiça que "compete à Justiça Estadual processar e julgar o crime de falsa anotação na Carteira de Trabalho e Previdência Social, atribuído à empresa privada", quando a intenção for apenas lesar direitos individuais dos trabalhadores. Se a falsidade, porém, for meio para lesar o INSS, a competência será da Justiça Federal.

Já a Súmula n. 107 do Superior Tribunal de Justiça diz que "compete à Justiça Comum Estadual processar e julgar crime de estelionato praticado mediante falsificação das guias de recolhimento das contribuições previdenciárias, quando não ocorrente lesão à autarquia federal". É o que ocorre, por exemplo, quando uma grande empresa contrata um escritório de contabilidade e entrega valores para pagamento das contribuições previdenciárias, mas os funcionários do escritório se apropriam do dinheiro e falsificam as autenticações nas guias de recolhimento. Em tal caso, o prejuízo é do empresário, que continua devedor do INSS, razão pela qual, sendo a vítima um particular, a competência é da Justiça Estadual.

Por não haver referência no texto constitucional, os crimes praticados em detrimento de **sociedades de economia mista controladas pela União** não se inserem na competência da Justiça Federal, como, por exemplo, aqueles praticados contra o Banco do Brasil. Por isso, o Superior Tribunal de Justiça aprovou a Súmula n. 42, confirmando que "compete à Justiça Comum Estadual processar e julgar as causas cíveis em que é parte sociedade de economia mista e os crimes praticados em seu detrimento".

É de mencionar, por fim, que o art. 109, IV, 2ª parte, da Constituição Federal expressamente previu que a Justiça Federal **não julga contravenções** penais, nem mesmo se conexas com crime apurado em tal esfera. Nesse sentido, a Súmula n. 38 do Superior Tribunal de Justiça: "compete à Justiça Estadual Comum, na vigência da Constituição de 1988, o processo por contravenção penal, ainda que praticada em detrimento de bens, serviços ou interesse da União ou de suas entidades".

■ Crimes previstos em tratado ou convenção internacional quando, iniciada a execução no país, o resultado tenha ou devesse ter ocorrido no estrangeiro ou reciprocamente (art. 109, V)

Trata-se de dispositivo de fundamental importância, porque, de acordo com ele, o tráfico **internacional** de drogas é julgado pela Justiça **Federal**, enquanto o tráfico **interno** é julgado pela Justiça **Estadual**.

Se o tráfico internacional for cometido em Município que não seja sede de Vara Federal, os agentes serão processados e julgados na Vara Federal da circunscrição respectiva (art. 70, parágrafo único, da Lei n. 11.343/2006). Assim, se o crime for cometido em uma pequena cidade na região de Ribeirão Preto, em que não exista Vara Federal, a ação deve ser proposta em Ribeirão.

O tráfico interno de drogas é de competência da Justiça Estadual, salvo se cometido a bordo de navio ou aeronave, caso em que a competência federal decorre da regra do art. 109, IX, da Constituição Federal.

O Brasil, por meio do Decreto n. 5.017/2004, aderiu ao Protocolo Adicional à Convenção das Nações Unidas contra o Crime Organizado Transnacional Relativo à Prevenção, Repressão e Punição do Tráfico de Pessoas, em Especial Mulheres e Crianças. Dessa forma, os crimes de **tráfico internacional de pessoas** (art. 149-A, § 1º, IV, do CP) e de **envio de criança ou adolescente para o exterior com inobservância das formalidades legais ou com o fim de obter lucro** (art. 239 da Lei n. 8.069/90) inserem-se também na competência da Justiça Federal.

No julgamento do RE 628.624, o Plenário do Supremo Tribunal Federal aprovou a seguinte tese, ao julgar o tema 393 (repercussão geral): "Compete à Justiça Federal processar e julgar os crimes consistentes em disponibilizar ou adquirir material pornográfico envolvendo criança ou adolescente (arts. 241, 241-A e 241-B da Lei n. 8.069/90) quando praticados por meio da rede mundial de computadores". O fundamento foi exatamente a regra do art. 109, V, da Carta Magna e o fato de o Brasil ser signatário da Convenção sobre Direitos da Criança e ter ratificado o respectivo Protocolo Facultativo, nos quais se assentou a proteção à infância e se estabeleceu o compromisso de tipificação penal das condutas relacionadas à pornografia infantil (STF — RE 628.624 — Rel. Min. Marco Aurélio — Rel. p/ Acórdão — Min. Edson Fachin — Tribunal Pleno — julgado em 29.10.2015 — Acórdão Eletrônico Repercussão Geral — Mérito *DJe*-062 05.04.2016 — public. 06.04.2016).

■ Casos de grave violação de direitos humanos, se houver necessidade de assegurar o cumprimento de obrigações decorrentes de tratados internacionais sobre direitos humanos dos quais o Brasil seja parte (art. 109, V-A)

O texto constitucional deixa claro que não basta haver violação a direitos humanos, exigindo que o fato concreto seja **especialmente** grave. A competência da Justiça Federal pressupõe, ainda, que existam indícios de que as autoridades estaduais não estão apurando satisfatoriamente os fatos, havendo, portanto, a necessidade de deslocamento da competência para aquela esfera a fim de garantir que o Brasil cumpra as obrigações decorrentes de tratado internacional sobre direitos humanos.

Quando o **Procurador-Geral da República** entender que estão presentes referidos requisitos, deverá suscitar, perante o Superior Tribunal de Justiça, **incidente de deslocamento de competência para a Justiça Federal**, caso o procedimento — inquérito ou ação penal — esteja tramitando na esfera estadual. Apenas se o Tribunal julgar procedente o incidente, a competência será deslocada para a Justiça Federal.

■ Crimes contra a organização do trabalho (art. 109, VI, 1ª parte)

Quando for atingido direito **individual** do trabalhador, a competência será da Justiça Estadual. Se for afetada **categoria profissional** como um todo ou **grande número de trabalhadores**, a competência será da Justiça Federal. Nossos tribunais continuam seguindo a Súmula n. 115 do extinto Tribunal Federal de Recursos, segundo a qual: "compete à Justiça Federal processar e julgar os crimes contra a organização do trabalho, quando tenham por objeto a organização geral do trabalho ou direitos dos trabalhadores considerados coletivamente". Nesse sentido, importante também apontar o seguinte julgado: "Compete à Justiça Federal processar e julgar os crimes contra a organização do trabalho, quando tenham por objeto a organização geral do trabalho ou direitos dos trabalhadores considerados coletivamente (Súmula n. 115 do extinto Tribunal Federal de Recursos). 2. A infringência dos direitos individuais de trabalhadores, sem que configurada lesão ao sistema de órgãos e instituições destinadas a preservar a coletividade trabalhista, afasta a competência da Justiça Federal (AgRg no CC 64.067/MG — Rel. Min. Og Fernandes — 3ª Seção — *DJe* 08.09.2008)" (STJ — CC 135.924/SP — Rel. Min. Nefi Cordeiro — 3ª Seção — julgado em 22.10.2014 — *DJe* 31.10.2014).

Por sua vez, o **Plenário do Supremo Tribunal Federal** decidiu que o crime de **redução a condição análoga à de escravo** (art. 149 do CP) é **sempre** de competência da Justiça Federal: "A Constituição de 1988 traz um robusto conjunto normativo que visa à proteção e efetivação dos direitos fundamentais do ser humano. A existência de trabalhadores a laborar sob escolta, alguns acorrentados, em situação de total violação da liberdade e da autodeterminação de cada um, configura crime contra a organização do trabalho. Quaisquer condutas que possam ser tidas como violadoras não somente do sistema de órgãos e instituições com atribuições para proteger os direitos e deveres dos trabalhadores, mas também dos próprios trabalhadores, atingindo-os em esferas que lhes são mais caras, em que a Constituição lhes confere proteção máxima, são enquadráveis na categoria dos crimes contra a organização do trabalho, se praticadas no contexto das relações de trabalho. Nesses casos, a prática do crime prevista no art. 149 do Código Penal (Redução à condição análoga a de escravo) se caracteriza como crime contra a organização do trabalho, de modo a atrair a competência da Justiça federal (art. 109, VI da Constituição) para processá-lo e julgá-lo" (STF — RE 398.041/PA — Pleno — Rel. Min. Joaquim Barbosa — 30.11.2006).

■ Crimes contra o sistema financeiro e a ordem econômica nos casos determinados por lei (art. 109, VI, 2ª parte)

A competência federal está circunscrita aos casos em que a lei definidora dos crimes dessa natureza expressamente declarar que serão eles julgados na esfera federal. É o que ocorre no art. 26 da Lei n. 7.492/86, que define os crimes contra o sistema **financeiro** nacional. A jurisprudência, todavia, entende que, se por meio de uma operação bancária, o agente visa apenas causar prejuízo a um particular, como, por exemplo, em um crime de estelionato, a competência é da Justiça Estadual. A propósito: "Conflito de competência. Estelionato. Atos praticados contra patrimônio de particular. Não caracterização de crime contra o sistema financeiro nacional. Competência da justiça estadual. Hipótese em que resta caracterizado, em princípio, possível estelionato" (STJ — CC 113.414/MG, Rel. Min. Gilson Dipp — *DJe* 07.06.2011).

São, também, de competência da Justiça Federal os crimes de "lavagem de dinheiro" quando praticados contra o sistema financeiro e a ordem econômico-financeira — ou, ainda, quando atinjam bens, serviços ou interesse da União, suas autarquias ou empresas públicas, ou se o crime antecedente for de competência da Justiça Federal. Estas regras encontram-se no art. 2º, III, da Lei n. 9.613/98, que cuida exatamente das questões criminais referentes à "lavagem de dinheiro".

Os crimes contra a **ordem econômica** previstos nas Leis n. 8.137/90 e 8.176/91 são julgados pela Justiça **Estadual** por não haver previsão declarando competente a

Justiça Federal. A Lei n. 8.176/91, por exemplo, cuida dos crimes de adulteração de combustível por distribuidoras e revendas, sendo estadual a apuração das infrações dessa natureza. Nesse sentido: "(...) compete à Justiça estadual processar e julgar ação penal em que ao réu é imputado o crime do inc. I do art. 1º da Lei n. 8.176/1991 ('adquirir, distribuir e revender derivados de petróleo, gás natural e suas frações recuperáveis, álcool etílico, hidratado carburante e demais combustíveis líquidos carburantes, em desacordo com as normas estabelecidas na forma da lei')" (STJ — CC 132.834/SP — Rel. Min. Newton Trisotto (Desembargador convocado do TJ/SC) — 3ª Seção — julgado em 27.05.2015 — *DJe* 03.06.2015).

Nos termos da Súmula n. 498 do Supremo Tribunal Federal: "Compete à justiça dos estados, em ambas as instâncias, o processo e o julgamento dos crimes contra a economia popular". Haverá exceção, entretanto, se for atingido interesse da União, suas autarquias ou empresas públicas, porém, com fundamento no art. 109, IV, da Constituição.

■ *Habeas corpus*, em matéria criminal de sua competência ou quando o constrangimento provier de autoridade cujos atos não estejam diretamente sujeitos a outra jurisdição (art. 109, VII)

É evidente que, quando se alega que o constrangimento está sendo causado por policial federal, cabe a um juiz federal conhecer e julgar o *habeas corpus*. Da mesma forma, se a autoridade apontada como coatora for juiz federal, caberá ao Tribunal Regional Federal julgar o *habeas corpus* impetrado.

■ Crimes cometidos a bordo de navio ou aeronave, ressalvada a competência da Justiça Militar (art. 109, IX)

O texto constitucional deixa claro que a competência da Justiça Federal **independe da espécie** de infração penal cometida. O Supremo Tribunal Federal, confirmando esta interpretação, assim decidiu: "para fim de determinação de competência, a incidência do art. 109, IX, da Constituição independe da espécie do crime cometido a bordo de navios ou aeronaves, cuja persecução, só por isso, incumbe por força da norma constitucional à Justiça Federal" (STF — HC 85.069/MS — 1ª Turma — Rel. Min. Sepúlveda Pertence — *DJ* 29.04.2005 — p. 30).

Se for o crime praticado a bordo de aeronave, pouco importa que ela esteja no ar ou em terra, já que o texto constitucional não faz distinção. A propósito: "1. É da Justiça Federal a competência para processar e julgar crime praticado a bordo de aeronave (art. 109, inc. IX, da Constituição da República), pouco importando se esta encontra-se em ar ou em terra e, ainda, quem seja o sujeito passivo do delito. Precedentes. 2. Onde a Constituição não distingue, não compete ao intérprete distinguir" (STF — RHC 85.998/SP — 1ª Turma — Rel. Min. Cármen Lúcia — *DJ* 27.04.2007 — p. 70).

Como o dispositivo constitucional usa a palavra "navio", a competência federal não alcança crimes cometidos a bordo de **pequenas** embarcações como lanchas, botes etc.

■ Crimes de ingresso ou permanência irregular de estrangeiro (art. 109, X)

Esses crimes estão descritos nos arts. 232-A e 338 do Código Penal.

6.4.3.1. *Composição da Justiça Federal*

Em **primeira** instância, o julgamento é realizado pelos **juízes** federais em atuação nas Varas Federais ou nos **Juizados Especiais** Criminais Federais (para as infrações de menor potencial ofensivo), ou, ainda, pelo **Tribunal do Júri Federal** (homicídio contra servidor público federal, aborto doloso no interior de um navio etc.).

O art. 1º da Lei n. 10.259/2001, regulamentando o art. 98, I, da Constituição Federal, criou os Juizados Especiais Criminais no âmbito da Justiça Federal.

Em **segunda** instância, o julgamento dos recursos é feito nos **Tribunais Regionais Federais.** São chamados de "regionais" porque existem apenas cinco no Brasil e julgam os recursos criminais advindos da Justiça Federal do próprio Estado em que está a sede e também de outros, de acordo com a seguinte divisão geográfica:

a) TRF da **1ª Região** — sede em Brasília: compreende as seções judiciárias do Acre, Amapá, Amazonas, Bahia, Distrito Federal, Goiás, Maranhão, Minas Gerais, Mato Grosso, Pará, Piauí, Rondônia, Roraima e Tocantins.

b) TRF da **2ª Região** — sede no Rio de Janeiro: compreende as seções judiciárias do Rio de Janeiro e Espírito Santo.

c) TRF da **3ª Região** — sede em São Paulo: compreende as seções judiciárias de São Paulo e Mato Grosso do Sul.

d) TRF da **4ª Região** — sede em Porto Alegre: compreende as seções judiciárias de Paraná, Santa Catarina e Rio Grande do Sul.

e) TRF da **5ª Região** — sede em Recife: compreende as seções judiciárias de Alagoas, Ceará, Paraíba, Pernambuco, Rio Grande do Norte e Sergipe.

No caso das infrações de menor potencial ofensivo, o julgamento dos recursos será feito pelas Turmas Recursais onde já instaladas.

6.4.4. Justiça Estadual

Nem a Constituição Federal nem as leis processuais definem expressamente quando a competência é estadual, entretanto, como há previsão detalhada acerca da competência militar, eleitoral e federal, é por **exclusão** que se conclui que um julgamento cabe à Justiça **Estadual** Comum.

Conforme foi possível perceber nos tópicos anteriores, existem inúmeras súmulas dos tribunais superiores solucionando controvérsias entre a competência da Justiça Estadual e as demais, nos aspectos que, em determinado momento, foram considerados polêmicos. Na maioria dos crimes, entretanto, a competência da Justiça Estadual sempre foi bastante clara, não gerando dúvidas.

A competência da esfera estadual, exceto do Júri, cessa se houver conexão com crimes da esfera federal ou crimes eleitorais, deslocando-se, nesse caso, para estas últimas. Em caso de conexão com crime militar haverá separação de processos, de modo que cada justiça julgue aquele de sua competência (art. 79, I, do CPP).

6.4.4.1. *Composição da Justiça Estadual*

Em **primeira** instância, o julgamento é feito pelos **juízes** estaduais, nas Varas

Criminais Comuns, nos **Juizados Especiais Criminais** ou da **Violência Doméstica ou Familiar Contra a Mulher**, ou pelo **Tribunal do Júri**.

Em **segunda** instância, o julgamento dos recursos criminais fica a cargo dos **Tribunais de Justiça** ou das **Turmas Recursais** (no caso das infrações de menor potencial ofensivo).

■ 6.4.5. A natureza da infração como fator de divisão de competência dentro da mesma Justiça

Vimos nos tópicos anteriores que existe esta possibilidade de divisão de competência, na mesma esfera jurisdicional, conforme se pode resumir nas hipóteses seguintes:

a) Juizados de Violência Doméstica e Familiar Contra a Mulher, órgãos da Justiça Comum, aos quais o art. 14 da Lei n. 11.340/2006 (Lei Maria da Penha) confere competência para julgamento e execução das causas criminais e cíveis, decorrentes da prática de violência doméstica ou familiar contra a mulher, assim entendido qualquer atentado ou ofensa de naturezas física, psicológica, sexual, patrimonial ou moral, quando praticados no âmbito da unidade doméstica, da família ou de qualquer relação íntima de afeto (arts. 5º e 7º da Lei n. 11.340/2006). São competentes, portanto, para julgar estupros praticados pelo pai contra a filha, agressões de marido ou companheiro contra a esposa ou companheira etc.

b) Juizados Especiais Criminais que, nos termos do art. 98, I, da Constituição Federal, e Leis n. 9.099/95 e 10.259/2001, julgam as infrações de menor potencial ofensivo (todos os crimes com pena máxima não superior a 2 anos e todas as contravenções penais). Esses Juizados existem na Justiça Estadual e na Federal. Além disso, quando cometida infração de menor potencial de natureza eleitoral, o procedimento da Lei n. 9.099/95 será aplicado perante o Juiz Eleitoral. Apenas no âmbito da Justiça Militar é expressamente vedada a aplicação da Lei n. 9.099/95, nos termos do art. 90-A desta Lei.

c) Tribunal do Júri, para julgamentos dos crimes dolosos contra a vida e seus conexos.

d) Varas Criminais Comuns, que, por exclusão, julgam todos os crimes não abrangidos nos itens anteriores. Em caso de conexão entre crime de competência dos juízes em atuação nestas Varas com infração de menor potencial ofensivo, prevalece a competência das Varas Comuns, onde as questões atinentes aos benefícios eventualmente cabíveis às infrações menores serão ali apreciadas (art. 60, parágrafo único, da Lei n. 9.099/95).

e) Juizados do torcedor, órgãos da Justiça Ordinária com competência cível e criminal, que poderão ser criados pelos Estados e pelo Distrito Federal, para o processo, o julgamento e a execução das causas decorrentes das atividades reguladas na Lei n. 12.299/2010 (Estatuto do Torcedor), segundo prevê o art. 41-A da própria Lei.

■ Divisão da competência em razão da matéria dentro de uma mesma Comarca

A Lei de Organização Judiciária dos Estados pode estabelecer divisão em razão da matéria dentro de uma mesma comarca, visando com isso sistematizar o serviço por meio da especialização. Ex.: vara especializada no julgamento de crimes de tráfico de drogas.

6.5. PREVENÇÃO E DISTRIBUIÇÃO

Com a utilização dos critérios anteriores, necessariamente já estarão fixadas a comarca e a Justiça competentes. Ocorre que é possível que restem vários juízes igualmente competentes para o caso. É o que ocorre, por exemplo, quando é cometido um roubo na cidade de São Paulo, que possui dezenas de juízes criminais (em princípio todos eles têm competência para julgar o delito). Na hipótese, verificar-se-á a prevenção se um deles **adiantar-se aos demais** na prática de algum **ato do processo** ou de **medida** a este relativa, ainda **que anterior ao oferecimento da denúncia ou queixa**, passando este, portanto, a ser o competente. Ex.: decretação da prisão preventiva, concessão de fiança, apreciação de pedido de explicações em juízo, decretação de busca e apreensão nos processos para apuração de crime contra a propriedade imaterial etc.

Se, entretanto, não houver qualquer juiz prevento, será feita a **distribuição**, que é um sorteio para a fixação de um determinado juiz para a causa.

Nos termos da Súmula n. 706 do Supremo Tribunal Federal, "é relativa a nulidade decorrente da inobservância da competência penal por prevenção".

6.5.1. Hipóteses em que a prevenção é critério norteador da competência

1) Quando há mais de uma vara para a qual o inquérito pode ser direcionado, porém, antes da distribuição, algum juiz pratica ato relevante relacionado ao delito investigado, fica ele prevento. Neste caso, a prevenção define o juízo, a vara onde a ação penal tramitará (art. 83 do CPP).

2) Quando for cometido crime permanente no território de duas ou mais comarcas (art. 71 do CPP).

3) Quando for cometido crime continuado no território de duas ou mais comarcas (art. 71 do CPP).

4) Infração praticada em local incerto entre duas ou mais comarcas (art. 70, § 3º, do CPP).

5) Infração cometida em lugar que não se tem certeza se pertence a uma ou outra comarca (art. 70, § 3º, do CPP).

6) Se for desconhecido o lugar da infração e o réu tiver duas residências (art. 72, § 1º, do CPP).

7) No caso de conexão quando não houver foro prevalente, por serem os delitos da mesma categoria de jurisdição e tiverem as mesmas penas (art. 78, II, *c*, do CPP).

Observação: Nas hipóteses dos tópicos 2 a 7 a prevenção é utilizada para a fixação do foro competente, enquanto na hipótese do tópico 1 tal critério serve para fixar o juízo competente.

▪ 6.6. FASES PARA A DETERMINAÇÃO DA COMPETÊNCIA

▪ 6.7. CONEXÃO E CONTINÊNCIA

A conexão e a continência não são critérios para a fixação, mas para uma eventual **prorrogação** da competência. Com efeito, quando existe algum vínculo, algum elo entre dois delitos (conexão) ou quando uma conduta está contida na outra (continência), estabelece a lei que deve haver um só processo para apuração conjunta, pois isso facilitará a coleta das provas e a apreciação do caso como um todo pelo juiz. Quando esses fatos forem cometidos na mesma Comarca e devam ser apurados pela mesma Justiça não haverá qualquer dificuldade na união. Acontece, todavia, que muitas vezes esses delitos, de acordo com as regras anteriormente estudadas, são de competência de Comarcas ou Justiças distintas, por terem sido cometidos em locais diversos ou por ser diferente a natureza de cada um deles. Em tais casos, como deve haver uma só ação penal e julgamento, o Código de Processo Penal estabelece algumas regras para que a competência de uma Comarca ou de uma Justiça prevaleça sobre as demais, julgando a infração que seria de sua alçada e também as outras. Por isso, em relação a esta infração penal estará havendo prorrogação da competência.

Dividiremos o estudo dos dispositivos do Código de Processo Penal que tratam deste tema em três partes: 1) hipóteses de conexão e continência; 2) critérios de prevalência de um foro ou de uma Justiça sobre a outra; 3) hipóteses em que, apesar da conexão ou continência, não se dá a união para apuração conjunta.

6.7.1. Hipóteses de conexão (art. 76)

Deve-se salientar, inicialmente, que, para a existência do fenômeno da conexão, necessariamente deve-se estar diante de **duas ou mais** infrações penais (o que não ocorre na continência). Essas duas ou mais infrações devem estar interligadas por algum dos **vínculos** elencados nos incisos do art. 76 do CPP. A doutrina, por sua vez, conferiu a cada uma das hipóteses de conexão uma denominação própria, baseada na característica mais relevante da ligação entre os delitos.

6.7.1.1. Conexão intersubjetiva (art. 76, I)

Nesta modalidade, as duas ou mais infrações são praticadas por **duas ou mais pessoas**, sendo que o elo entre os delitos reside justamente nisso. A conexão pode se dar em razão da simultaneidade, do concurso ou da reciprocidade.

Conexão intersubjetiva por simultaneidade (ou ocasional)

Se, ocorrendo duas ou mais infrações penais, houverem sido praticadas, ao mesmo tempo, por várias pessoas reunidas (art. 76, I).

Nesta figura os agentes cometem os crimes ao mesmo tempo, porém sem que haja prévio ajuste entre eles, conclusão a que se chega pelo fato de a unidade de desígnios ser justamente o que distingue esta modalidade de conexão, que será estudada no próximo tópico. Exatamente por essa razão é que a conexão por simultaneidade é rara. Um exemplo ocorre quando vários torcedores, inconformados com um pênalti marcado contra seu time, invadem o campo e praticam agressões contra o árbitro e seu auxiliar. São dois crimes (lesões em duas vítimas), praticados por mais de uma pessoa, sem que tenha havido prévio ajuste entre elas. O elo entre os delitos é a simultaneidade no impulso criminoso dos diversos agentes.

Conexão intersubjetiva por concurso

Se, ocorrendo duas ou mais infrações penais, houverem sido praticadas por várias pessoas em concurso, embora diverso o tempo e o lugar.

Essa hipótese se aplica sempre que **duas ou mais pessoas** cometerem dois ou mais delitos **em concurso**, pouco importando que ocorram em momento e locais diversos. Ex.: integrantes de uma facção criminosa que, conluiados, fazem diversos assaltos. O legislador, ao se referir ao concurso de agentes nesse dispositivo, exige que eles estejam agindo em coautoria ou participação, sendo necessário, portanto, o liame subjetivo, o acordo de vontade entre eles.

Conexão intersubjetiva por reciprocidade

Se as infrações forem praticadas por duas ou mais pessoas, umas contra as outras.

É o que ocorre, por exemplo, no caso de lesões corporais recíprocas. Ex.: uma pessoa agride outra provocando-lhe lesões e é contida por amigos. Em seguida, a vítima, aproveitando-se de que o primeiro agressor está sendo retirado do local, desfere-lhe um soco pelas costas, provocando-lhe também lesões. Em tal caso há dois crimes (ninguém agiu em legítima defesa), cometidos por duas pessoas, uma contra a outra.

O crime de **rixa** não se enquadra nessa hipótese por se tratar de crime **único** cometido ao mesmo tempo por três ou mais pessoas, configurando exemplo de **continência**. Tanto é assim, que a rixa é exemplo de crime de concurso necessário (crime único) de condutas contrapostas.

■ 6.7.1.2. *Conexão objetiva (art. 76, II)*

É também conhecida como conexão **material** ou **lógica**.

O vínculo de uma infração está na **motivação** de uma delas que a relaciona à outra. Tal conexão pode ser **teleológica** ou **consequencial**.

■ Conexão objetiva teleológica

Quando uma infração penal visa facilitar a prática de outra.

Nessa hipótese, o vínculo encontra-se na motivação do primeiro delito em relação ao segundo. Exs.: matar o segurança para sequestrar o empresário ou o marido para estuprar a esposa.

Pressuposto para o reconhecimento desta forma de conexão é que **não** estejam presentes os requisitos do chamado princípio da **consunção**, segundo o qual o crime-meio fica absorvido pelo crime-fim, pois, neste caso, haveria um só delito, e não hipótese de conexão.

■ Conexão objetiva consequencial

Abrange três hipóteses, sendo que, em todas elas, o vínculo encontra-se na motivação do segundo delito em relação ao primeiro.

a) Quando uma infração for cometida visando ocultar outra. A finalidade do criminoso é que as autoridades não descubram a própria existência do delito anterior. Ex.: após matar uma pessoa, o agente joga o corpo em alto-mar amarrado em uma grande pedra. Em tal caso, o crime de ocultação de cadáver (art. 211 do CP) foi cometido para ocultar o delito de homicídio doloso.

b) Quando uma infração for praticada para conseguir a impunidade de outra. A intenção do agente é evitar a aplicação da pena referente à infração anterior, por ele cometida ou por terceiro. Ex.: ameaçar testemunha para que não o reconheça em juízo pelo crime de roubo pelo qual está sendo processado. Em tal caso, o delito chamado coação no curso do processo (art. 344) foi praticado a fim de obter a impunidade do roubo.

c) Quando uma infração for realizada para assegurar a vantagem de outra. A finalidade do agente é garantir o proveito auferido com a prática delituosa anterior. Ex.: o autor do furto de um carro o deixa estacionado em local proibido. De longe, percebe que um fiscal de trânsito está guinchando o carro. Ele, então, mata o fiscal para recuperar o carro furtado. O homicídio teve a finalidade de assegurar a vantagem do furto cometido em data anterior.

Observação: Sempre que um crime é cometido a fim de facilitar a prática de outro, ou de garantir-lhe a ocultação, impunidade ou vantagem, sua pena deve ser exasperada. No **homicídio** estas circunstâncias constituem **qualificadoras** — art. 121, § 2º, V (homicídio qualificado pela conexão) —, e nos **demais delitos** configuram **agravante genérica** — art. 61, II, *b*, do Código Penal.

■ 6.7.1.3. Conexão instrumental ou probatória (art. 76, III)

Quando a prova de uma infração ou de qualquer de suas circunstâncias influir na prova de outra infração.

Muitas vezes a prova de um delito influencia na de outro por ser este acessório daquele, por exemplo, o crime furto em relação ao de receptação; o de falsificação de documento falso em relação ao de uso etc. Em muitos casos, todavia, a conexão probatória decorre da situação fática. Ex.: assaltante subtrai carro de uma primeira vítima e com o carro roubado comete, logo depois, um segundo roubo. Neste caso, o fato de a vítima do segundo crime reconhecer o réu e afirmar que ele chegou ao local com o carro roubado da primeira vítima ajuda a prova em relação à infração inicial.

Esta modalidade de conexão não tem por finalidade diminuir o número de processos ou de audiências e, por consequência, o volume de trabalho de juízes, promotores, defensores e servidores. Com efeito, não se justifica a união de processos, quando a prova de um delito nada tem a ver com a de outro, quando o fator comum é a mera circunstância de os delitos terem sido apurados pelo mesmo policial ou descobertos concomitantemente durante as investigações. Ex.: policiais chamam uma pessoa que foi vítima de dois roubos em datas e locais diversos para realizar reconhecimento em álbuns fotográficos existentes no Distrito Policial. Lá ela reconhece João da Silva como autor do roubo de seu carro no dia 20 de maio e Elias de Souza como autor do roubo de seu relógio no dia 2 de setembro. Em tal caso, a prova de um delito em nada **influencia** na de outro, mas, algumas vezes, equivocadamente, é feita a união de processos para que haja uma só audiência para a oitiva da vítima e do policial que presenciou os reconhecimentos. Este procedimento é errado, já que a conexão probatória está relacionada aos efeitos da prova de um delito sobre a de outro, e não à abreviação do número de audiências ou à redução de comparecimentos da vítima e testemunhas a juízo. Se há dois crimes, sem qualquer liame probatório entre eles, a solução é o desencadeamento de uma ação penal para cada um. Nesse sentido: "A conexidade instrumental não deflui da coincidência, no tempo, da constatação das infrações, mas da circunstância de que a prova de uma influa na de outra, o que não demonstrado, sem comprometer a defesa (art. 76, III, do CPP)" (STF — RHC 58.559-1 — Rel. Min. Rafael Mayer — *JUTACRIM-SP* 68/507).

A **continuidade delitiva**, por si só, não gera automaticamente a conexão e a união de feitos, sendo necessária a constatação de que a prova de um dos delitos traz consequências na do outro. É que a doutrina e a jurisprudência deram interpretação bastante elástica ao instituto do crime continuado, permitindo seu reconhecimento quando os fatos ocorrem em um mesmo município ou em cidades contíguas, e mesmo que entre um fato e o outro tenham decorridos até 30 dias. Ora, se uma pessoa comete um furto no bairro de Itaquera — zona leste da cidade de São Paulo — em 4 de abril, e no dia seguinte, pratica outro furto na Lapa — zona oeste de São Paulo —, não há que se falar em conexão, já que a prova de um crime não influencia na de outro. O fato de ser reconhecido como autor de um dos crimes não leva à conclusão lógica de que também seja o autor do segundo ou vice-versa. As vítimas são diversas e os crimes praticados em circunstâncias totalmente distintas. Em tal caso, deve haver duas ações penais e a união das penas decorrente da continuidade ocorrerá no Juízo das Execuções Criminais, conforme expressamente prevê o art. 66, III, *a*, da Lei n. 7.210/84 (Lei de Execuções Penais).

Por sua vez, há grande número de casos de continuidade delitiva em que a prova de um crime gera efeitos na do outro. É o que ocorre, por exemplo, quando o mesmo criminoso comete vários delitos contra a mesma vítima. Ex.: empregado que em diversas oportunidades subtrai bens do patrão. É também o que acontece quando os delitos possuem uma circunstância inicial comum. Exs.: um mesmo anúncio de jornal publicado pelo estelionatário que leva várias vítimas a caírem em um golpe e depositar dinheiro em sua conta bancária; o dono de loja que faz uma promoção, recebe dinheiro adiantado de vários clientes, e depois, dolosamente, desaparece com os valores etc.

Quando o **contexto fático** de dois ou mais crimes é um só, é evidente a necessidade de uma só ação penal porque a narrativa dos fatos pelas testemunhas não tem como ser cindida. Ex.: uma pessoa é presa em flagrante por roubo de veículo e os policiais, ao efetuarem revista, encontram uma pequena porção de cocaína em seu bolso. Ele cometeu roubo e porte de droga para consumo próprio no mesmo contexto fático. É até possível que se argumente não haver conexão porque a prova de que portava droga não exerce influência específica na prova do roubo e vice-versa. A ação penal, contudo, tramita em conjunto para os dois crimes porque o contexto fático é único, ou seja, a narrativa dos fatos pelas testemunhas é indivisível e é exatamente isso que faz com que a apuração de um deles influencie na prova do outro.

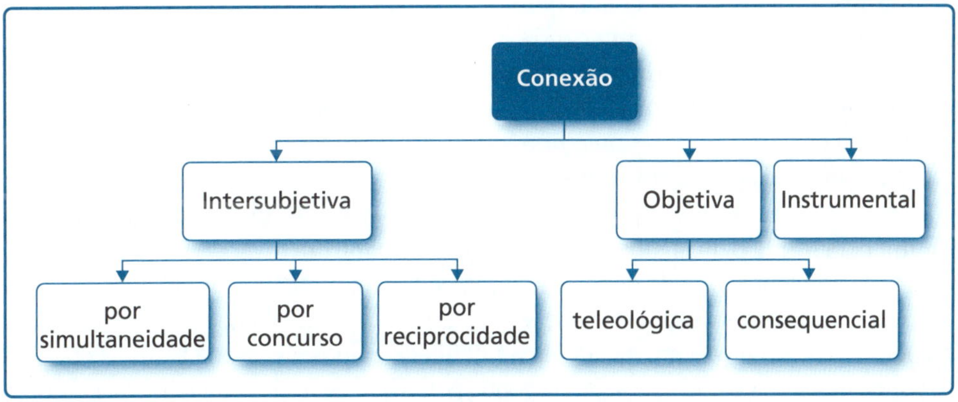

6.7.2. Hipóteses de continência (art. 77)

O Código de Processo Penal prevê a existência de **continência** por cumulação **subjetiva** ou **objetiva**.

Continência por cumulação subjetiva (art. 77, I)

Ocorre quando duas ou mais pessoas forem acusadas pela mesma infração penal.

Trata-se aqui de **crime único** cometido por **duas ou mais** pessoas em **coautoria** ou **participação**.

De todas as formas de conexão e continência, na prática, esta é a mais comum.

Continência por cumulação objetiva

Ocorre em todos os casos de concurso formal, bem como nas hipóteses de erro na execução (*aberratio ictus*) ou resultado diverso do pretendido (*aberratio criminis*) com duplo resultado.

Existe concurso **formal** quando o agente, com **uma só ação ou omissão**, pratica duas ou mais infrações, idênticas ou não. A continência se mostra presente porque a conduta é uma só, embora o agente responda por dois ou mais crimes. Exs.: a) agindo imprudentemente na condução de um automóvel o motorista atropela e mata duas pessoas. Em tal caso, em que o agente não visava esses resultados, causando-os culposamente, o juiz aplica uma só pena aumentada de 1/6 até ½ (art. 70, *caput*, 1ª parte do Código Penal). É o chamado concurso formal **próprio**; b) o agente coloca fogo em uma casa **querendo** matar as duas pessoas que estão em seu interior. Nessa situação, o juiz determina a soma das penas (art. 70, *caput*, 2ª parte do Código Penal). É o chamado concurso formal **impróprio**. Em ambos os casos, a continência decorrente do concurso formal faz com que haja uma só ação e julgamento.

O **erro na execução** (ou *aberratio ictus*) ocorre quando o agente, querendo atingir determinada pessoa, efetua o golpe, mas, por má pontaria ou por outro motivo qualquer (desvio do projétil, desvio da vítima), acaba atingindo pessoa diversa da que pretendia. Nesse caso, o art. 73 do Código Penal estabelece que o sujeito responderá pelo crime, levando-se em conta, porém, as condições da vítima que ele pretendia atingir. Além disso, pode acontecer de o agente efetivamente atingir quem pretendia e, por erro na execução, atingir também outra pessoa. Nessa situação, haverá crime doloso em relação a quem o sujeito queria acertar e crime culposo em relação à outra vítima, em concurso formal (*aberratio ictus* com duplo resultado), sendo ambos apurados em uma só ação penal devido à continência.

Já na *aberratio criminis* (**resultado diverso do pretendido**), o agente quer atingir um bem jurídico, mas, por erro, atinge bem de natureza diversa. Ex.: uma pessoa, querendo cometer crime de dano, atira uma pedra em direção ao bem, mas, por erro de pontaria, atinge uma pessoa, que sofre lesões corporais. Nesse caso, o agente só responde pelo resultado provocado na modalidade culposa, e, ainda assim, se previsto para a hipótese (art. 74), ou seja, responde por crime de lesões culposas, que absorve a tentativa de dano. Todavia, se o agente atinge o bem jurídico que pretendia e, por erro, atinge também outro bem jurídico, responde pelos dois crimes, em concurso **formal**. No exemplo, o sujeito responderia por crimes de dano e lesão culposa, sendo as infrações apuradas em uma só ação em face da continência.

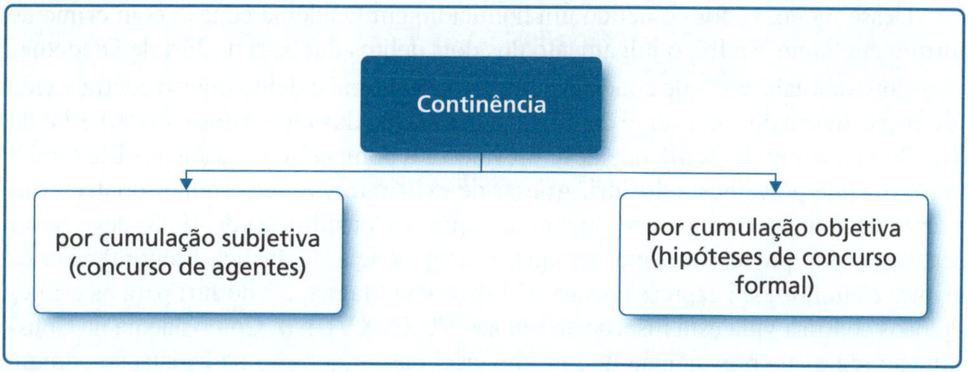

■ 6.7.3. Regras de prevalência de foro nos casos de conexão ou continência

O art. 79, *caput*, do Código de Processo Penal estabelece que, em casos de conexão e continência, deve haver um só processo para apuração dos crimes que se enquadrem em suas hipóteses e, por isso, tornou-se necessário apontar no texto legal critérios para que um foro ou Justiça **prevaleça** sobre os demais quando os delitos forem de competências **distintas**. Em tais casos, o prevalente terá sua competência prorrogada, pois julgará um delito que, pelas regras gerais, seria de competência de **outro**.

Os critérios de prevalência estão previstos nos quatro incisos do art. 78 do Código de Processo Penal. A seguir, eles serão listados na ordem lógica de prevalência (e não na sequência que consta do Código).

1º) **No concurso de jurisdições de categorias diversas, predominará a de maior graduação** (art. 78, III, do CPP).

A menção a "categorias diversas" diz respeito à **maior graduação** de uma em relação à outra. Assim, se um Prefeito e um funcionário municipal são acusados de corrupção passiva, o julgamento conjunto deverá ocorrer no Tribunal de Justiça do Estado, uma vez que o Prefeito goza de foro por prerrogativa de função que atrai para o Tribunal a competência em relação ao funcionário. Do mesmo modo, se um Senador for acusado da prática de crime de peculato em concurso com um Prefeito, ambos serão julgados pelo Supremo Tribunal Federal, órgão do Poder Judiciário designado pelo constituinte para julgar membros do Congresso Nacional pela prática de crimes comuns, que, devido à conexão, julgará também o Prefeito, por ser órgão jurisdicional de maior graduação em relação aos Tribunais de Justiça (aos quais normalmente incumbe julgar um Prefeito).

2º) **No concurso entre a jurisdição comum e a especial, prevalecerá a especial** (art. 78, IV, do CPP).

O alcance dessa regra se limita às hipóteses de conexão entre crime **eleitoral** e crime **comum**, quando ambos serão julgados pela justiça **eleitoral** (especial).

A outra justiça especial é a **militar**, porém, o art. 79, I, do CPP estabelece que, quando houver conexão entre crime militar e delito comum, haverá cisão de processos, ou seja, a justiça castrense julgará o crime militar e a Justiça Comum o outro delito.

3º) **No concurso entre a competência do Júri e a de outro órgão da jurisdição comum, prevalecerá a competência do Júri** (art. 78, I, do CPP).

Desse modo, se for cometido um homicídio em Diadema conexo com crime de tortura em Santo André, o julgamento dos dois delitos dar-se-á no Júri de Diadema.

Em eventuais casos de conexão entre crime eleitoral e delito doloso contra a vida (de competência do Júri) surge controvérsia em razão das regras dos incisos I e IV do art. 78, já que um deles diz que deve prevalecer a competência da Justiça Eleitoral e outro diz que prevalece a do Júri. Apesar de existirem várias correntes doutrinárias acerca da solução, nos parece óbvio que, após a Constituição de 1988, deve haver separação dos processos, uma vez que a competência da Justiça Eleitoral para os crimes eleitorais está expressa no art. 121 da Carta Magna, e a do Júri para os crimes dolosos contra a vida está inserta em seu art. 5º, XXXVIII, *d*. Como não há na Constituição regras de prevalência de foro, inviável buscar solução na legislação comum com base nas regras de conexão, uma vez que os dispositivos do Código de Processo Penal não podem se sobrepor às normas constitucionais.

4º) **No concurso de jurisdições da mesma categoria**:

a) Preponderará a do lugar da infração à qual for cominada a pena mais grave (art. 78, II, *a*, do CPP).

Entende-se por mais grave a **maior pena máxima em abstrato**. Ex.: conexão entre furto qualificado cometido em Sorocaba e receptação em Itu. Prevalece a competência de Sorocaba porque a pena máxima do furto qualificado é de 8 anos, enquanto a da receptação é 4. Da mesma forma, se houver conexão entre homicídio em Santos e aborto em Guarujá, ambos de competência do Tribunal do Júri (jurisdições da mesma categoria), prevalece a competência do Júri de Santos, porque o homicídio possui pena maior que o aborto.

A regra em questão não se aplica quando há conexão entre um crime da esfera federal com outro da estadual. Em tal caso, prevalece a competência da Justiça **Federal**, ainda que o crime de sua esfera tenha pena inferior ao da estadual, posto que a competência da Justiça Federal é determinada pela Constituição (o que não ocorre com os da esfera estadual) e não pode ser afastada por regra do Código de Processo Penal. A esse respeito existe a Súmula n. 122 do Superior Tribunal de Justiça: "Compete à Justiça Federal o processo e julgamento unificado dos crimes conexos de competência federal e estadual, não se aplicando a regra do art. 78, II, *a*, do Código de Processo Penal".

Se a conexão envolver um crime federal qualquer e um crime **doloso contra a vida de competência estadual**, inaplicável se torna referida súmula, já que a competência do Júri também consta do texto constitucional, de modo que a solução é a separação de processos. Há, porém, quem defenda que seja feito um júri na Justiça Federal.

A regra de prevalência de foro determinada pelo local em que cometido o crime mais grave pressupõe que seja oferecida denúncia em relação a este. Assim, se cometido um roubo em Campos do Jordão conexo com uma receptação em Pindamonhangaba, e a autoria do roubo for desconhecida, mas o receptador tiver sido identificado, a denúncia deve ser feita apenas pelo crime de receptação e isso deve ocorrer em Pindamonhangaba. Por sua vez, pode ocorrer de o delegado, durante um inquérito, ter indiciado uma pessoa por furto simples em Dracena e outra por uma receptação qualificada em Presidente Prudente. A pena máxima do furto simples é de 4 anos e a da receptação qualificada é de 8. Os autos, então, são encaminhados a Presidente Prudente, mas o promotor oficiante considera que a receptação cometida é culposa (pena máxima de 1 ano). Por isso, ele requer a remessa dos autos a Dracena porque a pena do furto simples é maior que a da receptação culposa. O promotor desta última Comarca pode concordar com o antecessor e dar andamento aos dois crimes em Dracena, mas, se entender que a receptação era mesmo qualificada, deve suscitar conflito negativo de atribuição, hipótese em que o Procurador-Geral dará a palavra final sobre a tipificação que, por consequência, influenciará na competência.

Observação: Se for cometido um crime de aborto com consentimento da gestante em Curitiba (1 a 4 anos de reclusão), conexo com um roubo em Londrina (4 a 10 anos), prevalece a competência do Júri de Curitiba, pois, apesar de a pena do aborto ser menor, cuida-se de crime doloso contra a vida, cuja competência do tribunal popular prevalece quando há conexão com outro crime comum da esfera estadual.

b) Prevalecerá a do lugar em que ocorreu o maior número de infrações, se as respectivas penas forem de igual gravidade (art. 78, II, *b*, do CPP).

Se o agente entra em uma loja em Florianópolis e furta três colares de diamantes, vendendo-os, posteriormente, a três receptadores diversos (não comerciantes) na cidade de Joinville, a competência será firmada nesta última, pois ali ocorreram três crimes de receptação, enquanto, na primeira, houve apenas um furto. A pena da receptação simples é idêntica à do furto simples (1 a 4 anos de reclusão, e multa).

c) Se as penas forem idênticas e em igual número, firmar-se-á a competência por prevenção (art. 78, II, *c*, do CPP).

É o que ocorre, por exemplo, quando há conexão entre um furto simples cometido em uma comarca e uma receptação simples praticada em outra.

■ 6.7.4. Conexão entre a jurisdição comum e a do Juizado Especial Criminal

Apesar de existir quem defenda que a competência do Juizado, por ter força constitucional, não pode ser afastada em face da conexão com crime comum, a realidade é que o art. 60 da Lei n. 9.099/95, e seu parágrafo único, preveem que, se houver conexão entre infração de menor potencial ofensivo e outro crime comum ou de competência do Júri, ambos serão julgados no Juízo Comum ou no Tribunal do Júri. Tal dispositivo tem sido pacificamente aplicado na prática, mesmo porque o art. 98, I, da Constituição, que trata dos Juizados Especiais, **confere ao legislador** a função de regulamentar sua competência.

■ 6.7.5. Avocação

Se apesar da conexão e continência, por equívoco ou desconhecimento, forem instauradas ações penais **diversas**, uma para cada crime, a autoridade de jurisdição **prevalente** deverá **avocar** os processos que corram perante outros juízes (art. 82 do CPP). Avocar significa chamar para si. Em tal caso, o juiz prevalente encaminha ofício aos demais solicitando a remessa dos autos e justificando a providência. É claro que os outros juízes podem discordar e suscitar conflito **positivo** de competência.

Na prática é comum que o juiz cuja competência não seja a prevalente perceba o engano e tome a iniciativa de remeter os autos àquele que entenda prevalente. Este, ao receber os autos, pode aceitar o apensamento dos autos para tramitação conjunta, ou pode discordar do outro juiz, suscitando, nesse caso, conflito **negativo** de competência.

A avocação, nos termos do art. 82 do CPP, só é possível se nenhuma das ações penais tiver **sentença definitiva** — de 1ª instância, conforme art. 593, I, do CPP. Nesse sentido, também existe a Súmula n. 235 do Superior Tribunal de Justiça: "A conexão não determina a reunião de processos, se um deles já foi julgado". Ex.: o juiz por onde tramita processo por receptação verifica que há ação penal em andamento para apurar o roubo de onde proveio a coisa, porém, ao solicitar certidão em torno do andamento daquele processo, é cientificado de que já há sentença em relação ao roubo e que o feito encontra-se em grau de recurso. Não poderá ser determinada a união.

Também não é possível a união na hipótese em que uma pessoa comete falso testemunho no dia do julgamento de um homicídio — crime cometido a fim de garantir a impunidade do homicida (conexão objetiva consequencial) —, pois, em tal caso, a sentença em relação ao crime contra a vida foi proferida no mesmo dia em que a pessoa cometeu o falso em Plenário, sendo necessário o início de todo o procedimento judicial para apurar o depoimento mendaz, com as garantias judiciais do contraditório e da ampla defesa na nova ação penal — que tramitará no juízo comum, e não no júri, em face da impossibilidade de união decorrente de conexão.

6.7.6. Rito

Nos casos de conexão entre crimes que possuam ritos processuais diversos, deverá ser observado o rito mais amplo, assim entendido aquele que conferir maiores oportunidade de defesa ao réu, ainda que se refira, originariamente, ao crime de menor gravidade.

6.7.7. Separação de processos

Apesar da existência da conexão ou continência, a lei estabelece algumas hipóteses em que deverá ocorrer a separação de processos. Essa separação pode ser **obrigatória** ou **facultativa**.

6.7.7.1. Separação obrigatória

As hipóteses encontram-se no art. 79 do Código de Processo Penal:

I — **no concurso entre a jurisdição comum e a militar**.

Já estudamos anteriormente que a Justiça Militar não julga crime comum conexo, quer cometido pelo militar, quer por terceiro. O crime militar é julgado na Justiça Especial e o comum na Justiça Comum.

II — **No concurso entre a jurisdição comum e a do juízo de menores**.

É o que ocorre quando um adulto e um adolescente cometem infração penal em conjunto. O maior é julgado na Justiça Comum e o menor na Vara da Infância e da Juventude, aplicando-se a este medida socioeducativa (advertência, liberdade assistida, internação).

Nas hipóteses dos incisos I e II do art. 79, a separação dá-se desde o início, ou seja, são instauradas ações autônomas. Já nos casos dos §§ 1º e 2º, o processo inicia-se uno, havendo posterior **desmembramento** pela superveniência de situação que torna inviável o prosseguimento em conjunto. Senão vejamos:

§ 1º) **Cessará, em qualquer caso, a unidade do processo, se, em relação a algum corréu, sobrevier o caso previsto no art. 152**.

Assim, havendo dois ou mais réus, se sobrevier **doença mental** a qualquer deles durante o tramitar da ação, ficará esta suspensa em relação ao doente, prosseguindo em relação aos demais.

§ 2º) **A unidade do processo não importará a do julgamento**:

a) Se houver corréu foragido que não possa ser julgado à revelia.

Se o acusado for citado por edital e não comparecer em juízo para oferecer resposta escrita, nem nomear defensor, o processo ficará suspenso em relação a ele, nos termos do art. 366 do Código de Processo Penal. O processo, porém, prosseguirá em relação aos demais que tenham comparecido.

b) Quando ocorrer a hipótese do art. 461 do Código de Processo Penal.

Após a reforma da Lei n. 11.689/2008, que alterou todo o procedimento do júri, a regra do antigo art. 461 foi substituída por aquelas do art. 469, § 1º. No rito do júri, havendo dois ou mais réus com defensores **diversos**, caso não coincida a escolha dos jurados, e não seja obtido o número mínimo de sete deles para formar o Conselho de Sentença, torna-se impossível o julgamento de todos na mesma data. Assim, o processo será desmembrado, julgando-se apenas um deles de acordo com a ordem estabelecida no art. 469, § 2º, do CPP.

Observação: Ocorre também separação obrigatória do julgamento quando há dois ou mais réus e é aplicada a suspensão condicional do processo em relação a um deles, hipótese em que a instrução continua quanto aos demais (art. 89 da Lei n. 9.099/95).

■ 6.7.7.2. *Separação facultativa*

As hipóteses de separação facultativa estão localizadas no art. 80 do Código de Processo Penal:

a) Quando as infrações tiverem sido praticadas em circunstâncias de tempo ou de lugar diferentes.

Desde que tal fato possa prejudicar o tramitar da ação.

b) Em razão do número excessivo de réus.

Esta circunstância pode prejudicar substancialmente o andamento regular do feito, bastando imaginar, por exemplo, que cada um dos 30 acusados pode arrolar até 8 testemunhas.

c) Para não prolongar a prisão provisória de qualquer dos réus.

Se, por exemplo, for instaurado incidente de dependência toxicológica em relação a um dos réus, a realização do exame pode ser demorada e prejudicar a prolação de sentença relativa ao comparsa em relação ao qual a instrução já poderia ter sido encerrada.

d) Por qualquer outro motivo relevante.

O juiz decidirá a respeito da separação levando em conta a conveniência para o bom andamento da ação penal.

■ 6.7.8. Desclassificação e competência

Se, iniciado o processo perante um juiz, houver **desclassificação** para infração de **competência de outro**, vários caminhos poderão ser seguidos, dependendo da hipótese concreta, uma vez que o Código de Processo Penal traça regras distintas a respeito:

■ Crime único — rito comum

Em se tratando de um só crime apurado na ação penal, com a desclassificação, o juiz deverá **remeter o processo ao juízo competente** para o julgamento (art. 74, § 2º, do CPP).

■ Crime único — rito do Júri — fase da pronúncia

Se a desclassificação ocorrer na fase da pronúncia, o art. 419 do Código de Processo Penal estabelece que o processo **será remetido ao juízo competente**. Em tal hipótese, reza o art. 74, § 3º, do mesmo diploma que deverá ser observado o disposto em seu art. 410. Este último dispositivo foi alterado pela Lei n. 11.689/2008, passando a dispor que o juiz deverá determinar a inquirição das testemunhas e a realização de eventuais diligências requeridas pelas partes no prazo de 10 dias. É evidente, também, que deverá interrogar novamente o réu se novas provas tiverem sido produzidas.

Importante salientar que a desclassificação tanto pode se dar para crime **menos grave** (de tentativa de homicídio para lesão corporal grave, p. ex.) como para delito **mais grave** (de homicídio para latrocínio). O que importa é que o juiz, ao entender que não se trata de crime de competência do júri, determina a remessa dos autos ao juízo competente.

■ Crime único — rito do Júri — julgamento em Plenário

É possível que o júri não condene o réu pela prática do crime doloso contra a vida e também não o absolva dessa imputação, desclassificando a infração para outra de competência do juízo singular, hipótese em que o juiz **suspenderá a votação e proferirá ele próprio a sentença** (art. 492, § 1º, do CPP). Ex.: desclassificação de tentativa de homicídio para lesão corporal grave. Contudo, se a desclassificação for para infração de menor potencial ofensivo (p. ex., de tentativa de homicídio para lesões leves), o juiz não deve proferir a sentença, de imediato, devendo, antes disso, aplicar as regras da Lei n. 9.099/95, como a composição civil, a coleta da representação, a transação penal, e, somente se estas figuras despenalizadoras não forem aplicadas com sucesso, deverá prolatar sentença de mérito, condenando ou absolvendo o réu.

■ Crimes conexos — rito comum

Mesmo se houver desclassificação ou absolvição, o juiz continua competente para julgar a outra infração penal ou o corréu. Ex.: cabendo ao Tribunal de Justiça julgar crime praticado pelo prefeito em coautoria com outra pessoa em razão de o primeiro gozar de prerrogativa de foro, caso venha o Tribunal a absolver o primeiro, continuará competente para julgar o outro. Da mesma forma, se um crime de roubo cometido em São Paulo é conexo com um furto qualificado cometido em Campinas e ambos estão sendo apurados em São Paulo, porque a pena do roubo é mais alta, continuará o juiz de São Paulo a julgar o furto qualificado ainda que tenha absolvido o réu pelo roubo (ou que tenha desclassificado tal crime para outro menos grave que o furto qualificado, como, por exemplo, para furto simples). A essa hipótese dá-se o nome de *perpetuatio jurisdicionis* (art. 81, *caput,* do CPP).

■ Crimes conexos — rito do Júri — fase da pronúncia

Se a pessoa estava sendo processada por um crime doloso contra a vida e por crime comum conexo, caso o juiz, na fase da pronúncia, desclassifique o crime doloso contra a vida para delito não abrangido pela competência do júri, **deverá remeter os autos ao juízo competente**, para apreciar **ambos** os delitos. Recebendo o processo, o juiz deverá observar o rito do art. 410 do Código de Processo Penal, com as alterações da Lei n. 11.689/2008.

■ Crimes conexos — rito do Júri — julgamento em Plenário

Se o réu estiver sendo julgado por crime doloso contra a vida e por crime comum conexo e houver **absolvição** em relação ao primeiro, caberá aos jurados apreciar a responsabilidade do acusado em relação ao outro, uma vez que, ao julgarem o mérito da infração de competência do júri, entenderam-se competentes para a análise das demais.

Em caso de **desclassificação** do crime doloso contra a vida, porém, o crime conexo de natureza diversa será julgado pelo **juiz-presidente** (art. 492, § 2º).

	RITO COMUM	RITO DO JÚRI — FASE DA PRONÚNCIA	RITO DO JÚRI — JULGAMENTO EM PLENÁRIO
CRIME ÚNICO	■ Remessa ao juízo competente.	■ Remessa ao juízo competente.	■ Julgamento pelo juiz-presidente.
CRIMES CONEXOS	■ O juiz continua competente para julgar os crimes conexos (*perpetuatio jurisdicionis*).	■ Remessa ao juízo competente para apurar ambos os delitos.	■ O crime conexo será julgado pelo juiz-presidente em caso de desclassificação no Plenário.

■ 6.8. FORO POR PRERROGATIVA DE FUNÇÃO

É também chamado de foro em **razão da pessoa** (*ratione personae*), foro **espe-**

cial ou **privilegiado**. Não se trata, contudo, de verdadeiro privilégio como muitos acreditam. Cuida-se, em verdade, de evitar pressões e constrangimentos sobre os juízes comuns. Por essa razão, em face da relevância do cargo ou da função exercida por determinadas pessoas não se aplicam a elas as regras comuns de competência anteriormente estudadas, sendo julgadas originariamente por tribunais preestabelecidos pela Constituição Federal. Se um Prefeito é acusado por crime de corrupção passiva, será julgado pelo Tribunal de Justiça do Estado em que se situa o município onde exerce seu mandato e não pelo juiz da comarca, evitando-se, com isso, que o Prefeito, seus correligionários ou eleitores tentem exercer pressão ou influência sobre o magistrado. Da mesma forma, se um juiz de direito comete um crime não pode ser julgado pelo outro juiz que exerce jurisdição na mesma comarca, pois isso colocaria em risco a imparcialidade do julgador, causaria constrangimento entre os envolvidos e, em eventual caso de absolvição, provocaria desconfianças na coletividade. Assim, os juízes de direito também são julgados originariamente pelo Tribunal de Justiça.

■ 6.8.1. Hipóteses de foro por prerrogativa de função previstas na Constituição Federal

Existem diversos dispositivos na Carta Magna conferindo competência aos Tribunais para julgamento originário de detentores de diversos cargos ou funções em relação aos crimes comuns e de responsabilidade. Interessa-nos aqui apontar a competência em relação aos chamados **crimes comuns**.

1) Supremo Tribunal Federal — nos termos do art. 102, I, *b* e *c* da Constituição Federal, julga, originariamente, por crimes comuns:
a) o Presidente da República.
b) o Vice-Presidente da República.
c) os Deputados Federais.
d) os Senadores da República.
e) os próprios Ministros do Supremo Tribunal Federal.
f) o Procurador-Geral da República.
g) os Ministros de Estado.
h) o Comandante da Marinha.
i) o Comandante da Aeronáutica.
j) o Comandante do Exército.
k) os membros dos Tribunais Superiores (Superior Tribunal de Justiça, Tribunal Superior Eleitoral, Tribunal Superior do Trabalho e Superior Tribunal Militar).
l) os membros dos Tribunais de Contas da União.
m) os chefes de missão diplomática de caráter permanente.

2) Superior Tribunal de Justiça — de acordo com o art. 105, I, *a*, da Constituição Federal, julga, originariamente, nos crimes comuns:
a) os Governadores dos Estados e do Distrito Federal.
b) os Desembargadores.

c) os Membros dos Tribunais de Contas dos Estados e do Distrito Federal.
d) os Membros dos Tribunais Regionais (Federais, Eleitorais e do Trabalho).
e) os Membros dos Tribunais de Contas dos Municípios.
f) os Membros do Ministério Público da União que oficiem perante tribunais.

3) Tribunais Regionais Federais — nos termos do art. 108, a, da Constituição Federal, julgam, originariamente, nos crimes comuns, ressalvada a competência da Justiça Eleitoral:
a) os juízes federais de sua área de jurisdição.
b) os juízes militares federais de sua área de jurisdição.
c) os juízes do trabalho de sua área de jurisdição.
d) os Membros do Ministério Público da União que oficiem junto à 1ª instância.

4) Tribunais de Justiça — julgam originariamente, nos crimes comuns:
a) os Prefeitos Municipais (art. 29, X, da CF).
b) os juízes estaduais e do Distrito Federal, inclusive os da Justiça Militar Estadual, ressalvada a competência da Justiça Eleitoral (art. 96, III, da CF).
c) os membros do Ministério Público estadual e do Distrito Federal, ressalvada a competência da Justiça Eleitoral (art. 96, III, da CF).

Merece atenção o julgamento, pelo Supremo Tribunal Federal, da Questão de Ordem na Ação Penal 937 (AP 937-QO), cujo desfecho **poderá acarretar significativas alterações nas regras de fixação de competência por prerrogativa de função**. Isso porque, embora interrompido o julgamento no dia 23 de novembro de 2017, por pedido de vista do Ministro Dias Toffoli, formou-se maioria, naquela Corte, em torno da prevalência do voto do Relator, Ministro Roberto Barroso, para fins de acolhimento das seguintes teses: "*(i)* O foro por prerrogativa de função aplica-se apenas aos crimes cometidos durante o exercício do cargo e relacionados às funções desempenhadas; e *(ii)* Após o final da instrução processual, com a publicação do despacho de intimação para apresentação de alegações finais, a competência para processar e julgar ações penais não será mais afetada em razão de o agente público vir a ocupar outro cargo ou deixar o cargo que ocupava, qualquer que seja o motivo", com o entendimento de que essa nova linha interpretativa deve se aplicar imediatamente aos processos em curso, com a ressalva de todos os atos praticados e decisões proferidas pelo STF e pelos demais juízos com base na jurisprudência anterior.

■ Ampliação da competência originária dos Tribunais de Justiça pelas Constituições Estaduais

Nada obsta a que as Constituições dos Estados aumentem as hipóteses de foro por prerrogativa de função de competência dos respectivos Tribunais de Justiça. No Estado de São Paulo, por exemplo, foram acrescentados na competência originária do Tribunal de Justiça os crimes cometidos pelo Vice-Governador, pelos Secretários de Estado, pelos Deputados Estaduais, pelo Procurador-Geral do Estado, pelo Delegado Geral de Polícia e pelo Comandante-Geral da Polícia Militar.

Há, entretanto, que se fazer uma ressalva relacionada aos crimes dolosos contra a vida, cuja competência atribuída ao Tribunal do Júri decorre de dispositivo da Constituição **Federal** (art. 5º, XXXVIII, *d*). Assim, aqueles que gozam de foro especial previsto na própria Constituição da República, como, por exemplo, os promotores de justiça, são julgados pelo Tribunal de Justiça, ainda que cometam homicídio. Já aqueles cujo foro por prerrogativa de função decorre de Constituição Estadual, são julgados pelo Tribunal do Júri, de modo que se pode concluir que a prerrogativa de julgamento perante o Tribunal de Justiça só alcança outros delitos. Nesse sentido existe, inclusive, a Súmula n. 721 do Supremo Tribunal Federal: "A competência constitucional do Tribunal do Júri prevalece sobre o foro por prerrogativa de função estabelecido exclusivamente pela Constituição Estadual".

■ Ressalva da Justiça Eleitoral

Conforme se percebe nos dois últimos quadros, o próprio texto constitucional ressalva a competência da Justiça Eleitoral em detrimento da competência originária dos Tribunais Regionais Federais e Tribunais de Justiça. Assim, caso um juiz ou promotor, por exemplo, cometa crime eleitoral, será julgado originariamente pelo Tribunal Regional Eleitoral. A ressalva só é expressa em relação a juízes e promotores, porém, a jurisprudência firmou entendimento de que também se estende aos Prefeitos que cometam crimes eleitorais. Nesse sentido: "Crime eleitoral — Prática por prefeito municipal — Competência do TRE para o julgamento — Impossibilidade de se dar abrangência ilimitada à norma do art. 29, VIII (atual X), da CF" (TJSP — Inq. 84.284-3 — Rel. Des. Ary Belfort — *RT* 649/264). No mesmo sentido, vejam-se os seguintes julgados do Supremo Tribunal Federal: HC 59.503 (Rel. Min. Néri da Silveira) e RE 149.544-8 (Rel. Carlos Velloso).

Já as autoridades sujeitas à jurisdição do **Supremo Tribunal Federal** e do **Superior Tribunal de Justiça**, ainda que cometam crime **eleitoral**, serão julgadas por referidos Tribunais, e não pelo Tribunal Superior Eleitoral, já que, em relação a eles, o texto constitucional **não** fez ressalva quanto à competência da Justiça Eleitoral. A expressão "crime comum" contida na Constituição foi utilizada, neste particular, para diferenciá-los dos crimes de **responsabilidade**, abrangendo, assim, os crimes eleitorais, salvo quando houver expressa disposição em contrário (tal como ocorre com a competência dos Tribunais Regionais Federais e de Justiça e explicado no parágrafo anterior). A propósito: "Crime eleitoral — Prática por Governador de Estado — Equiparação ao crime comum — Competência originária do STJ e não do TSE — Conflito negativo procedente — Aplicação do art. 105, I, *e*, da CF. 'A expressão crime comum, na linguagem constitucional, é usada em contraposição aos impropriamente chamados crimes de responsabilidade, cuja sanção é política, e abrange, por conseguinte, todo e qualquer delito, entre outros, os crimes eleitorais. Jurisprudência antiga e harmônica do STF'" (STF — CJ 6.971-5 — Rel. Min. Paulo Brossard — *RT* 682/389).

■ Afastamento da competência originária dos Tribunais de Justiça dos Estados em face do caráter federal da infração penal cometida por Prefeito

Caso o detentor de cargo de Prefeito, que tem foro especial perante os Tribunais de Justiça dos Estados, cometa crime que se insere no rol da competência da Justiça Federal (art. 109, incisos IV, V, V-A, VI, IX e X, da CF), será julgado pelo Tribunal Regional Federal, uma vez que os Tribunais de Justiça não podem julgar delitos que não se inserem em sua competência em razão da natureza da infração. Nesse sentido: "Crime praticado em detrimento de bens, serviços ou interesse da União — Competência do TRF — Incompetência do Tribunal de Justiça Estadual, posto que não se pode conferir atribuição por prerrogativa de função quando lhe falta jurisdição (crime federal) — Inteligência do art. 125, § 1º, da CF. "1. A Constituição de 1988 é omissa quanto ao órgão competente para julgar Deputado Estadual acusado de prática de crime em detrimento de bens, serviços ou interesse da União, suas autarquias ou empresas públicas. 2. Aos Tribunais de Justiça não se pode atribuir competência por prerrogativa de função quando lhe falta jurisdição. 3. Compete ao TRF processar e julgar Deputado Estadual que tenha no Tribunal de Justiça o foro por prerrogativa de função se acusado da prática de crime em detrimento de bens, serviços ou interesses da União, suas entidades autárquicas ou empresas públicas" (STJ — HC 372 — Rel. Min. Costa Lima — *RT* 659/312).

Daí por que a Súmula n. 208 do Superior Tribunal de Justiça diz que "compete à Justiça Federal processar e julgar prefeito municipal por desvio de verba sujeita a prestação de contas perante órgão Federal".

Além disso, existe a Súmula n. 702 do Supremo Tribunal Federal segundo a qual "a competência do Tribunal de Justiça para julgar Prefeitos restringe-se aos crimes de competência da Justiça comum estadual; nos demais casos, a competência originária caberá ao respectivo tribunal de segundo grau", referindo-se ao Tribunal Regional Eleitoral ou Tribunal Regional Federal.

Por sua vez, quanto a juízes e promotores de justiça que cometam crimes federais, o julgamento é feito pelo Tribunal de Justiça porque a Constituição Federal, em relação a tais autoridades, excepcionou expressamente a competência dos Tribunais Estaduais somente se o crime cometido for eleitoral.

■ Alcance da competência dos Tribunais de Justiça em razão do local da infração

Estende-se a competência do Tribunal de Justiça sobre seu jurisdicionado, qualquer que tenha sido o local do delito no território nacional. Assim, se um juiz de direito de São Paulo comete um furto em Pernambuco, responde pelo crime perante o Tribunal de Justiça de São Paulo. Nesse sentido: "Nas jurisdições de exceção firmadas *ratione personae*, o Tribunal estende sua competência sobre todo o território do País, ou do Estado membro da Federação, pouco importando o lugar onde tiver se verificado a infração" (TJSP — CC — Rel. Des. Tito Hesketh — *RT* 506/317).

A regra supracitada vale também no que se refere à competência originária dos Tribunais Regionais Federais. Suponha-se um juiz federal de São Paulo (3ª Região) que cometa crime de estelionato no Rio Grande do Sul (4ª Região). Será julgado perante o Tribunal Regional Federal de São Paulo.

No que se refere ao alcance territorial da competência originária do Supremo Tribunal Federal e Superior Tribunal de Justiça, há de se lembrar que referidos tribunais já têm jurisdição sobre todo o território nacional.

■ Conexão ou continência entre crime cometido por quem goza de foro privilegiado e outra pessoa

Em tal caso, ambos serão julgados perante o Tribunal, já que a questão é solucionada pelo art. 78, III, do Código de Processo Penal, segundo o qual no concurso entre jurisdições de categorias diversas, prevalece a mais graduada. Aliás, a Súmula n. 704 do Supremo Tribunal Federal dita que "não viola as garantias do juiz natural, da ampla defesa e do devido processo legal, a atração por continência ou conexão do processo do corréu ao foro por prerrogativa de função de um dos denunciados".

Lembre-se, outrossim, que, ainda que o Tribunal absolva aquele que tem foro especial, deverá julgar também o outro, tratando-se aqui de hipótese de *perpetuatio jurisdicionis* (art. 81, *caput*, do CPP).

Se, entretanto, for **rejeitada a denúncia** em relação a quem tem o foro por prerrogativa de função, por entender o Tribunal que não há indícios suficientes em relação a ele, mas que existem tais indícios em relação ao comparsa, os autos deverão ser remetidos ao juízo comum para apreciação em relação a este.

É de lembrar, outrossim, que existe relutância por parte do Supremo Tribunal Federal em aplicar a Súmula n. 704 na hipótese de a conexão ou continência ser referente a crime doloso contra a vida, uma vez que, para estes, a competência é também firmada no texto constitucional. Suponha-se um crime de homicídio praticado por um Senador e um cidadão comum. O Senador deve ser julgado pelo Supremo Tribunal Federal, mas e o cidadão comum? O **pleno do Supremo Tribunal Federal**, ao apreciar a matéria, assim se pronunciou: "Competência — Crime doloso contra a vida — Coautoria — Prerrogativa de foro de um dos acusados — Inexistência de atração — Prevalência do juiz natural — Tribunal do júri — Separação dos processos. 1. A competência do Tribunal do Júri não é absoluta. Afasta-a a própria Constituição Federal, no que prevê, em face da dignidade de certos cargos e da relevância destes para o Estado, a competência de Tribunais — arts. 29, inciso VIII (atual X); 96, inciso III; 108, inciso I, alínea *a*; 105, inciso I, alínea *a* e 102, inciso I, alíneas *b* e *c*. 2. A conexão e a continência — arts. 76 e 77 do Código de Processo Penal — não consubstanciam formas de fixação da competência, mas de alteração, sendo que nem sempre resultam na unidade de julgamentos — arts. 79, incisos I, II e parágrafos 1º e 2º e 80 do Código de Processo Penal. 3. O envolvimento de corréus em crime doloso contra a vida, havendo em relação a um deles a prerrogativa de foro como tal definida constitucionalmente, não afasta, quanto ao outro, o juiz natural revelado pela alínea *d* do inciso XXXVIII do art. 5º da Carta Federal. A continência, porque disciplinada mediante normas de índole instrumental comum, não é conducente, no caso, à reunião dos processos. A atuação de órgãos diversos integrantes do Judiciário, com duplicidade de julgamento, decorre do próprio texto constitucional, isto por não se lhe poder sobrepor preceito de natureza estritamente legal. 4. Envolvidos em crime doloso contra a vida Conselheiro de Tribunal de Contas de Município e cidadão comum, biparte-se a competência, processando e julgando o primeiro o Superior Tribunal de Justiça e o segundo o Tribunal do Júri. Conflito aparente entre as normas dos arts. 5º, inciso XXXVIII, alínea *d*, 105, inciso I, alínea *a* da lei básica federal e 76, 77 e 78 do Código de Processo Penal. 5. A avocação do processo relativo ao corréu despojado da prerrogativa de foro, elidindo o crivo do juiz natural que lhe é assegurado, implica constrangimento ilegal, corrigível na via do *habeas corpus*" (STF — HC 69.325/GO — Tribunal Pleno — Rel. Min. Néri da Silveira — *DJ* 04.12.1992 — p. 23.058)[1].

Há, porém, decisão da 2ª Turma do STF, mais recente, em sentido contrário: "1. Tendo em vista que um dos denunciados por crime doloso contra a vida é Desembargador, detentor de foro por prerrogativa de função (CF, art. 105, I, *a*), todos os demais coautores serão processados e julgados perante o Superior Tribunal de Justiça, por força do princípio da conexão. Incidência da Súmula n. 704/STF. A competência do Tribunal do Júri é mitigada pela própria Carta da República. Precedentes. 2. HC indeferido" (STF — HC 83.583/PE — 2ª Turma — Rel. Min. Ellen Gracie — *DJ* 07.05.2004 — p. 47).

■ Conexão ou continência em relação a pessoas que gozam de foro especial em órgãos diversos do Poder Judiciário

Nesses casos, o Supremo Tribunal Federal tem também entendido que prevalece o órgão jurisdicional mais graduado. Por isso, se um juiz e um Senador cometem juntos um crime, respondem conjuntamente perante o Supremo. Nesse sentido: "Ação penal. Membro do Ministério Público Estadual. Condição de corréu. Conexão da acusação com fatos imputados a desembargador. Pretensão de ser julgado perante o Tribunal de Justiça. Inadmissibilidade. Prerrogativa de foro. Irrenunciabilidade. Ofensa às garantias do juiz natural e da ampla defesa, elementares do devido processo legal. HC denegado. Aplicação da Súmula n. 704. Não viola as garantias do juiz natural e da ampla defesa, elementares do devido processo legal, a atração, por conexão ou continência, do processo do corréu ao foro por prerrogativa de função de um dos denunciados, a qual é irrenunciável" (STF — HC 91.347/PI — 2ª Turma — Rel. Min. Cézar Peluzo — *DJ* 18.10.2007 — p. 1.224).

■ Agente que assume o cargo ou função após a prática do crime

Se a infração é praticada antes de o agente possuir o cargo ou função, deverão ser o inquérito ou ação penal remetidos, no estado em que se encontram, ao Tribunal, tão logo o agente os assuma.

■ Agente que comete o crime enquanto ocupa cargo ou função, mas deixa de exercê-lo antes do julgamento

É bastante comum a hipótese em que o sujeito, após cometer o crime no exercício de cargo ou função, deixe de exercê-los (demissão de Ministro, aposentadoria de Desembargador, não reeleição de Prefeito etc.). Teria ainda direito ao foro especial?

A resposta é longa, devido à complexidade e relevância do tema.

O Supremo Tribunal Federal, no ano de 1964, editou a Súmula n. 394, consagrando que, para os crimes cometidos durante o exercício funcional, prevalece a compe-

[1] Nesse mesmo sentido: STF — HC 70.581/AL — 2ª Turma — Rel. Min. Marco Aurélio — Julgamento: 21.09.1993 — *DJ* 29.10.1993 — p. 22.935.

tência do tribunal, ainda que o inquérito ou a ação penal se iniciem após a cessação daquele exercício. O foro por prerrogativa de função foi, assim, mantido, por via jurisprudencial, àqueles que não mais exerciam o cargo ou função. Argumentavam que o exercício do poder somente poderia ser exercido com total independência se houvesse garantias de que o julgamento seria feito nos tribunais, que possuem maior categoria e isenção, ainda que após o término do mandato ou a cessação das atividades.

Em 1999, o Supremo Tribunal Federal cancelou a referida súmula alegando que a Constituição Federal de 1988, em seu art. 102, I, *b*, concedeu a prerrogativa de foro apenas aos que estão no desempenho da função, não alcançando aqueles que não mais exerçam mandato ou cargo (ainda que o delito tenha sido cometido anteriormente).

Essa decisão causou grande apreensão nos políticos, temerosos de enfrentar juízes de 1ª instância na condição de ex-exercentes de cargos ou mandatos. Por isso, foi aprovada e sancionada a Lei n. 10.628/2002, que alterou o art. 84 do Código de Processo Penal, estabelecendo em seu § 1º que "a competência especial por prerrogativa de função, relativa a atos administrativos do agente, prevalece ainda que o inquérito ou a ação judicial sejam iniciados após a cessação do exercício da função pública". Ocorre que, com a promulgação dessa lei, inúmeros juristas passaram a pleitear a declaração de inconstitucionalidade da nova regra, por entenderem que as hipóteses de foro por prerrogativa de função, previstas expressamente pela Constituição Federal, não poderiam ser ampliadas por lei ordinária. Comungando desse entendimento, o Supremo Tribunal Federal, em 15 de setembro de 2005, por ocasião do julgamento das ações diretas de inconstitucionalidade n. 2.797 e 2.860, declarou, por maioria de votos, a inconstitucionalidade da Lei n. 10.628/2002, que acresceu os §§ 1º e 2º ao art. 84 do Código de Processo Penal. **Em suma, em razão da decisão do Supremo Tribunal Federal, o ex-ocupante de cargo ou mandato não tem direito ao foro por prerrogativa de função**.

■ Réu que tem prerrogativa de foro que renuncia fraudulentamente ao mandato às vésperas do julgamento pelo Tribunal a fim de evitar a decisão

O próprio Supremo decidiu, em 28 de outubro de 2010, que a renúncia ao cargo às vésperas do julgamento não retira a competência do tribunal quando se constatar má-fé do detentor do mandato. Essa decisão foi proferida pelo Plenário do Tribunal, no julgamento da APE 396/RO, em processo que tramitava pela Corte há vários anos e cujo crime prescreveria em 4 de novembro de 2010, estando o julgamento marcado para 28 de outubro. O Deputado, então, renunciou ao cargo em 27 de outubro, ou seja, no dia anterior ao julgamento, de modo que não haveria tempo para os autos retornarem à instância inferior para apreciação antes da data da prescrição. O STF, porém, entendeu tratar-se de manobra fraudulenta e continuou no julgamento, condenando o réu — cuja renúncia, todavia, foi aceita pela Câmara dos Deputados.

■ Delito cometido quando o sujeito já não exerce cargo ou função com prerrogativa de foro

É evidente que o julgamento não é feito pelo Tribunal. Aliás, diz a Súmula n. 451 do Supremo Tribunal Federal que "a competência especial por prerrogativa de função não se estende ao crime cometido após a cessação definitiva do exercício funcional".

Órgão acusador

Nos casos de foro especial, o oferecimento da denúncia cabe ao representante do Ministério Público que exerce suas atribuições junto ao Tribunal. Por isso, denúncias criminais contra Prefeitos ou Juízes são oferecidas pelo Procurador-Geral de Justiça e denúncias contra Deputados Federais são apresentadas pelo Procurador-Geral da República.

Procedimento junto ao Tribunal

Os processos de competência originária seguem o rito descrito nos arts. 1º a 12 da Lei n. 8.038/90. Apesar de esta lei fazer menção apenas aos julgamentos perante o Supremo Tribunal Federal e o Superior Tribunal de Justiça, aplica-se também aos casos de competência originária dos Tribunais Regionais Federais e Tribunais de Justiça, complementados pelo Regimento Interno de cada uma dessas Cortes.

Eis o texto legal:

Art. 1º Nos crimes de ação penal pública, o Ministério Público terá o prazo de quinze dias para oferecer denúncia ou pedir arquivamento do inquérito ou das peças informativas.
§ 1º Diligências complementares poderão ser deferidas pelo relator, com interrupção do prazo deste artigo.
§ 2º Se o indiciado estiver preso:
a) o prazo para oferecimento da denúncia será de cinco dias;
b) as diligências complementares não interromperão o prazo, salvo se o relator, ao deferi-las, determinar o relaxamento da prisão.
Art. 2º O relator, escolhido na forma regimental, será o juiz da instrução, que se realizará segundo o disposto neste capítulo, no Código de Processo Penal, no que for aplicável, e no Regimento Interno do Tribunal.
Parágrafo único. O relator terá as atribuições que a legislação processual confere aos juízes singulares.
Art. 3º Compete ao Relator:
I — determinar o arquivamento do inquérito ou de peças informativas, quando o requerer o Ministério Público, ou submeter o requerimento à decisão competente do Tribunal;
II — decretar a extinção da punibilidade, nos casos previstos em lei.
III — convocar desembargadores de Turmas Criminais dos Tribunais de Justiça ou dos Tribunais Regionais Federais, bem como juízes de varas criminais da Justiça dos Estados e da Justiça Federal, pelo prazo de 6 (seis) meses, prorrogável por igual período, até o máximo de 2 (dois) anos, para a realização do interrogatório e de outros atos da instrução, na sede do tribunal ou no local onde se deva produzir o ato.
Art. 4º Apresentada a denúncia ou a queixa ao Tribunal, far-se-á a notificação do acusado para oferecer resposta no prazo de quinze dias.
§ 1º Com a notificação, serão entregues ao acusado cópia da denúncia ou da queixa, do despacho do relator e dos documentos por este indicados.

§ 2º Se desconhecido o paradeiro do acusado, ou se este criar dificuldades para que o oficial cumpra a diligência, proceder-se-á a sua notificação por edital, contendo o teor resumido da acusação, para que compareça ao Tribunal, em cinco dias, onde terá vista dos autos pelo prazo de quinze dias, a fim de apresentar a resposta prevista neste artigo.

Art. 5º Se, com a resposta, forem apresentados novos documentos, será intimada a parte contrária para sobre eles se manifestar, no prazo de cinco dias.

Parágrafo único. Na ação penal de iniciativa privada, será ouvido, em igual prazo, o Ministério Público.

Art. 6º A seguir, o relator pedirá dia para que o Tribunal delibere sobre o recebimento, a rejeição da denúncia ou da queixa, ou a improcedência da acusação, se a decisão não depender de outras provas.

§ 1º No julgamento de que trata este artigo, será facultada sustentação oral pelo prazo de quinze minutos, primeiro à acusação, depois à defesa.

§ 2º Encerrados os debates, o Tribunal passará a deliberar, determinando o Presidente as pessoas que poderão permanecer no recinto, observado o disposto no inciso II do art. 12 desta lei.

Art. 7º Recebida a denúncia ou a queixa, o relator designará dia e hora para o interrogatório, mandando citar o acusado ou querelado e intimar o órgão do Ministério Público, bem como o querelante ou o assistente, se for o caso.

Art. 8º O prazo para defesa prévia será de cinco dias, contado do interrogatório ou da intimação do defensor dativo.

Art. 9º A instrução obedecerá, no que couber, ao procedimento comum do Código de Processo Penal.

§ 1º O relator poderá delegar a realização do interrogatório ou de outro ato da instrução ao juiz ou membro de tribunal com competência territorial no local de cumprimento da carta de ordem.

§ 2º Por expressa determinação do relator, as intimações poderão ser feitas por carta registrada com aviso de recebimento.

Art. 10. Concluída a inquirição de testemunhas, serão intimadas a acusação e a defesa, para requerimento de diligências no prazo de cinco dias.

Art. 11. Realizadas as diligências, ou não sendo estas requeridas nem determinadas pelo relator, serão intimadas a acusação e a defesa para, sucessivamente, apresentarem, no prazo de quinze dias, alegações escritas.

§ 1º Será comum o prazo do acusador e do assistente, bem como o dos corréus.

§ 2º Na ação penal de iniciativa privada, o Ministério Público terá vista, por igual prazo, após as alegações das partes.

§ 3º O relator poderá, após as alegações escritas, determinar de ofício a realização de provas reputadas imprescindíveis para o julgamento da causa.

Art. 12. Finda a instrução, o Tribunal procederá ao julgamento, na forma determinada pelo regimento interno, observando-se o seguinte:

I — a acusação e a defesa terão, sucessivamente, nessa ordem, prazo de uma hora para sustentação oral, assegurado ao assistente um quarto do tempo da acusação;

II — encerrados os debates, o Tribunal passará a proferir o julgamento, podendo o Presidente limitar a presença no recinto às partes e seus advogados, ou somente a estes, se o interesse público exigir.

Irrecorribilidade da decisão

Os julgamentos dos tribunais nos casos de sua competência originária não podem ser reformados por tribunais superiores por ser irrecorrível a decisão quanto ao seu mérito. É o que determina a própria Constituição que, neste aspecto, não reconheceu o direito ao duplo grau de jurisdição, uma vez que o julgamento já é feito por órgão colegiado e de superior graduação.

Nesse sentido: "1. Agravo que pretende exame do recurso extraordinário no qual se busca viabilizar a interposição de recurso inominado, com efeito de apelação, de decisão condenatória proferida por Tribunal Regional Federal, em sede de competência criminal originária. 2. A Emenda Constitucional n. 45/2004 atribuiu aos tratados e convenções internacionais sobre direitos humanos, desde que aprovados na forma prevista no § 3º do art. 5º da Constituição Federal, hierarquia constitucional. 3. Contudo, não obstante o fato de que o princípio do duplo grau de jurisdição previsto na Convenção Americana de Direitos Humanos tenha sido internalizado no direito doméstico brasileiro, isto não significa que esse princípio revista-se de natureza absoluta. 4. A própria Constituição Federal estabelece exceções ao princípio do duplo grau de jurisdição. Não procede, assim, a tese de que a Emenda Constitucional n. 45/2004 introduziu na Constituição uma nova modalidade de recurso inominado, de modo a conferir eficácia ao duplo grau de jurisdição. 5. Alegação de violação ao princípio da igualdade que se repele porque o agravante, na condição de magistrado, possui foro por prerrogativa de função e, por conseguinte, não pode ser equiparado aos demais cidadãos. O agravante foi julgado por 14 Desembargadores Federais que integram a Corte Especial do Tribunal Regional Federal e fez uso de rito processual que oferece possibilidade de defesa preliminar ao recebimento da denúncia, o que não ocorre, de regra, no rito comum ordinário a que são submetidas as demais pessoas. 6. Agravo regimental improvido" (AI 601.832/SP — 2ª Turma — Rel. Min. Joaquim Barbosa — *DJe* 03.04.2009 — p. 518-524).

É claro que sempre é cabível a utilização do *habeas corpus* perante os órgãos superiores àquele incumbido da competência originária.

6.8.2. Exceção da verdade

O art. 85 do Código de Processo Penal estabelece que, nos crimes contra a honra que admitem exceção da verdade, caso esta seja oposta contra querelante que tenha foro por prerrogativa de função, deverá a exceção ser julgada pelo Tribunal, e não pelo juízo por onde tramita a ação. Assim, suponha-se que um prefeito, sentindo-se caluniado, ingresse com ação penal contra o ofensor, na Comarca de Presidente Prudente. O ofensor, então, resolve ingressar com exceção da verdade, dispondo-se a provar que a imputação feita contra o prefeito é verdadeira. Pois bem, nesse caso a exceção da verdade será julgada pelo Tribunal de Justiça.

A doutrina entende que apenas a exceção é julgada pelo Tribunal, devendo os autos retornar à comarca de origem para a decisão quanto ao processo originário.

Entende-se, também, que o Tribunal limita-se a julgar a exceção, sendo colhidas as provas no juízo de primeira instância.

A regra do art. 85 do Código de Processo Penal somente se aplica quando a exceção da verdade é oposta no crime de **calúnia**, pois apenas neste delito o querelado tem por finalidade provar que o querelante (prefeito, no exemplo dado) praticou **crime**. A propósito: "Competência originária: julgamento da exceção da verdade da imputação da prática de fato criminoso oposta a titular do foro do STF por prerrogativa de função. 1. Reafirmação, por maioria de votos, da jurisprudência que extrai, da competência penal originária do STF para julgar determinadas autoridades (CF, art. 102, I, *b* e *c*), a legitimidade constitucional do art. 85 C. Pr. Pen., quando lhe atribui competência para julgar a exceção da verdade oposta àqueles dignitários. 2. Dado, porém, esse fundamento da validade constitucional essa competência do STF se restringe à hipótese em que a exceção da verdade tenha por objeto a imputação da prática de fato criminoso a titular de foro por prerrogativa de função, ou seja, quando o excipiente esteja a responder por calúnia e não por simples difamação" (EV 541 — Tribunal Pleno — Rel. Min. Sepúlveda Pertence — *DJ* 02.04.1993 — p. 5.614).

■ 6.9. QUESTÕES

1. (Magistratura/SP — 2009) Em processo por crime contra a honra, figurando como ofendido juiz de direito, foi oposta e admitida a exceção da verdade. Nessa hipótese, o julgamento dessa exceção caberá ao:

a) Juízo por onde corre a respectiva ação penal, se se tratar de difamação e/ou calúnia.
b) Juízo por onde corre a respectiva ação penal, se se tratar de calúnia.
c) Tribunal de Justiça, se se tratar de difamação e/ou calúnia.
d) Tribunal de Justiça, se se tratar de calúnia.

2. (Magistratura/SP — 2009) Assinale a alternativa que completa corretamente a lacuna da frase: A inobservância da competência penal por prevenção

a) constitui nulidade relativa;
b) constitui nulidade absoluta;
c) não constitui nulidade;
d) pode constituir nulidade absoluta em circunstâncias especiais.

3. (Magistratura/SP — 2009) No caso de roubo praticado na cidade de São Paulo contra agência bancária da Caixa Econômica Federal, em que tenha havido a subtração de dinheiro do caixa, a competência para a ação penal é da

a) Justiça Federal.
b) Justiça Estadual.
c) Justiça Federal ou da Justiça Estadual, observada a regra da prevenção.
d) Justiça Federal ou da Justiça Estadual, conforme o inquérito tenha sido conduzido pela Polícia Federal ou pela Polícia Estadual.

4. (Ministério Público/SP — 2010) Ocorre a derrogação da competência territorial:

a) nos casos de conexão.
b) nos casos de continência.
c) na hipótese de prevenção.

d) quando o crime é praticado fora do território nacional, em embarcações e aeronaves.
e) na hipótese de desaforamento.

5. (Delegado/SC — 2008) A conexão instrumental se verifica quando:

a) ocorrendo duas ou mais infrações houverem sido praticadas, ao mesmo tempo, por várias pessoas reunidas.
b) a prova de uma infração ou de qualquer de suas circunstâncias elementares influir na prova de outra infração.
c) duas ou mais infrações tenham sido praticadas por várias pessoas em concurso ou por várias pessoas, umas contra as outras.
d) duas ou mais infrações tenham sido praticadas umas para facilitar ou ocultar as outras, ou para conseguir impunidade ou vantagem em relação a qualquer delas.

6. (Ministério Público/SP — 2006) Assinale a afirmação correta.

a) Compete à Justiça Estadual julgar o falso testemunho prestado perante juiz estadual no exercício de jurisdição eleitoral.
b) Compete ao Tribunal de Justiça com jurisdição sobre o território onde consumado o crime julgar Juiz de Direito e Promotor de Justiça de outro Estado.
c) Compete ao Tribunal de Justiça julgar a exceção da verdade interposta em processo por crime de calúnia imputado a Juiz de Direito sujeito à sua jurisdição.
d) Compete à Justiça Militar Estadual julgar policial militar acusado de homicídio doloso, cometido no exercício da função de policiamento civil.
e) Compete ao Tribunal de Justiça o julgamento do autor de crime doloso contra a vida que não goza de foro privilegiado por prerrogativa de função, quando praticado o crime em concurso com pessoa com direito àquele foro privilegiado.

7. (Ministério Público/MA — 2004) Assinale a alternativa correta.

a) Com o advento da Constituição da República de 1988, a ação penal personalíssima deixou de existir.
b) Na ação penal privada vige o princípio da indivisibilidade, mas não o da intranscendência.
c) Quando um Vereador comete um crime ele deve ser julgado pelo Tribunal de Justiça do seu Estado, haja vista o foro por prerrogativa de função;
d) A conexão intersubjetiva por concurso ocorre quando duas pessoas cometem o mesmo delito em coautoria.
e) Quando um Prefeito comete um crime de homicídio ele deve ser julgado pelo Tribunal de Justiça do seu Estado e não pelo Tribunal do Júri da Comarca onde o delito ocorreu.

8. (Defensoria/MA — 2009 — Fundação Carlos Chagas) A competência fixada pela circunstância de duas ou mais pessoas serem acusadas pela mesma infração é determinada

a) pela prevenção.
b) por conexão.
c) pela natureza da infração.
d) pela continência.
e) por distribuição.

9. (Magistratura/SP — 2007) Concomitantemente, diversas pessoas saquearam um estabelecimento comercial sem se conhecerem umas às outras. Trata-se de

a) continência de ações, em razão do concurso de pessoas.
b) conexão intersubjetiva por reciprocidade.

c) conexão intersubjetiva por simultaneidade.
d) conexão objetiva.

10. (Magistratura/GO — 2009 — Fundação Carlos Chagas) De acordo com entendimento sumulado do Superior Tribunal de Justiça, NÃO compete à Justiça Comum Estadual processar e julgar

a) o crime de falsa anotação na Carteira de Trabalho e Previdência Social, atribuído à empresa privada.
b) o crime de falso testemunho cometido no processo trabalhista.
c) os crimes de falsificação e uso de documento falso relativo a estabelecimento particular de ensino.
d) o crime em que indígena figure como autor ou vítima.
e) o crime praticado em detrimento de sociedade de economia mista.

11. (Magistratura/MG — 2007) Tendo em mira as disposições do Código de Processo Penal (Título V) relativas às causas determinantes da competência, assinale a alternativa CORRETA.

a) A competência será, de regra, determinada pelo lugar em que se iniciar a infração penal, ou, no caso de tentativa, pelo lugar em que for praticado o último ato de execução.
b) Quando incerto o limite territorial entre duas ou mais jurisdições, ou quando incerta a jurisdição por ter sido a infração consumada ou tentada nas divisas de duas ou mais jurisdições, a competência firmar-se-á pela precedência da distribuição.
c) Nos casos de exclusiva ação privada, a queixa-crime poderá ser apresentada no foro do domicílio ou da residência do ofendido, ainda quando conhecido o lugar da infração.
d) A competência será determinada pela conexão se, ocorrendo duas ou mais infrações, houverem sido praticadas, ao mesmo tempo, por várias pessoas reunidas, ou por várias pessoas em concurso, embora diverso o tempo e o lugar, ou por várias pessoas, umas contra as outras.

12. (OAB — 2008.1 — CESPE/UnB) Em relação à delimitação da competência no processo penal, às prerrogativas de função e ao foro especial, assinale a opção correta:

a) No caso de conexão entre um crime comum e um crime eleitoral, este deve ser processado perante a justiça eleitoral e aquele, perante a justiça estadual, visto que, no concurso de jurisdições de diversas categorias, ocorre a separação dos processos.
b) Não viola a garantia do juiz natural a atração por continência do processo do corréu ao foro especial do outro denunciado, razão pela qual um advogado e um juiz de direito que pratiquem crime contra o patrimônio devem ser processados perante o Tribunal de Justiça.
c) O militar que, no exercício da função, pratica crime doloso contra a vida de um civil deve ser processado perante a justiça militar.
d) Membro do Ministério Público Estadual que pratica crime doloso contar a vida deve ser processado perante o tribunal do júri e, não, no foro por prerrogativa de função ou especial, visto que a competência do tribunal do júri está expressa na Constituição Federal.

13. (Ministério Público/GO — 2005) Em relação à competência jurisdicional decorrente da prerrogativa de função e à competência jurisdicional do Tribunal do Júri, marque a alternativa correta:

a) caso um Prefeito Municipal venha a cometer um crime de homicídio no exercício de seu mandato, deverá ser julgado pelo tribunal do júri do lugar do crime, já que este último é órgão competente constitucionalmente para o julgamento.

b) um Promotor de Justiça de Goiás que comete um crime de tentativa de homicídio simples no Estado do Acre deverá ser julgado pelo Tribunal de Justiça do Estado de Goiás, já que tem foro por prerrogativa de função.

c) um Juiz de Direito de São Paulo que comete um crime de homicídio no Estado de Goiás deverá ser julgado pelo Tribunal de Justiça de Goiás, já que tem foro por prerrogativa de função.

d) um Deputado Federal de Goiás que comete um crime de homicídio em Brasília deverá ser julgado pelo Tribunal do Júri do Distrito Federal.

14. (OAB — FGV — 2011.3) Em relação à conexão intersubjetiva por simultaneidade, assinale a alternativa correta.

a) Ocorre quando duas ou mais pessoas forem acusadas pela mesma infração.

b) Ocorre quando duas ou mais infrações são praticadas, por várias pessoas, umas contra as outras.

c) Ocorre quando duas ou mais infrações são praticadas, ao mesmo tempo, por várias pessoas reunidas.

d) Ocorre quando a prova de uma infração influir na prova de outra infração.

15. (Ministério Público/SP — 2015) Assinale a alternativa correta.

a) Crime praticado contra indígena deverá, necessariamente, ser julgado pela Justiça Federal.

b) A competência do Tribunal do Júri não prevalece sobre a prerrogativa de função estabelecida, exclusivamente, em Constituição Estadual.

c) Nas ações de iniciativa privada, a queixa poderá ser aforada no domicílio ou residência do ofendido, posto que outro seja o local da consumação.

d) A competência é pressuposto processual de validade da instância, ou seja, requisito indispensável à instauração e ao desenvolvimento regular do processo.

e) É competente para o processo e julgamento de Promotor de Justiça o Tribunal de Justiça do Estado onde foi praticada a infração.

16. (Ministério Público/GO — 2016) Sobre a competência penal, marque a alternativa correta:

a) A competência do Tribunal de Justiça para julgar prefeitos restringe-se aos crimes de competência da Justiça comum estadual; nos demais casos, a competência originária caberá ao respectivo tribunal de segundo grau.

b) A conexão e a continência importarão unidade de processo e julgamento, salvo no concurso entre a jurisdição comum e a especial.

c) Instaurados processos diferentes, não obstante a conexão ou continência, a autoridade de jurisdição prevalente deverá avocar os processos que corram perante os outros juízes, inclusive os que já estiverem com sentença definitiva.

d) A conexão e a continência não consubstanciam formas de alteração da competência, mas de fixação, sendo que sempre resultam na unidade de julgamentos.

17. (Defensoria Pública/MT— CEV— 2016) Concomitantemente, diversas pessoas saquearam um estabelecimento comercial sem se conhecerem umas às outras. Cuida-se na espécie de

a) continência de ações, em razão do concurso de pessoas.

b) conexão intersubjetiva por reciprocidade.

c) conexão objetiva consequencial.

d) conexão intersubjetiva por simultaneidade.

e) conexão objetiva teleológica.

■ GABARITO ■

1. "c".
2. "a". É o que diz a Súmula n. 706 do Supremo Tribunal Federal.
3. "a". A Caixa Econômica Federal é empresa pública da União e, por isso, o crime é de competência federal, nos termos do art. 109, IV, da Constituição.
4. "e".
5. "b".
6. "c".
7. "e".
8. "d".
9. "c".
10. "b". A Súmula n. 165 do STJ diz que a competência é da Justiça Federal no falso testemunho prestado na Justiça do Trabalho.
11. "d". As demais afirmações encontram-se em desacordo com os arts. 70, *caput*; 70, § 3º; e 73 do CPP.
12. "b".
13. "b". As pessoas que gozam de foro por prerrogativa de função originados na Constituição Federal devem ser julgadas pelo Tribunal de justiça do Estado a que pertençam, qualquer que tenha sido o local da infração e ainda que se trate de crime doloso contra a vida.
14. "c".
15. "d".
16. "a".
17. "d".

7

QUESTÕES E PROCESSOS INCIDENTES

7.1. CONCEITO

O vocábulo "incidente" é empregado, em sentido vulgar, para designar um fato secundário que ocorre durante o desenvolvimento de um fato principal.

Na concepção jurídico-processual, questão incidente é a **questão acessória relevante que ocorre no desenvolvimento do processo** e que reclama apreciação antes do julgamento da lide. Quando, por razões práticas, a lei determina que a questão incidente seja solucionada no seio de um **procedimento autônomo**, fala-se em processo incidente.

Duas são as espécies de controvérsias que podem causar alteração relevante no julgamento da pretensão punitiva e que, por isso, devem ser decididas previamente pelo juiz:

Questões prejudiciais (arts. 92 a 94 do CPP) — assim se denominam as questões jurídicas que, embora autônomas em relação ao seu objeto e, por isso, passíveis de constituírem objeto de outro processo, revelam-se como antecedentes lógicos da resolução do mérito (questão prejudicada);

Processos incidentes — são as exceções (arts. 95 a 111), as incompatibilidades e impedimentos (art. 112), o conflito de jurisdição (arts. 113 a 117), a restituição das coisas apreendidas (arts. 118 a 124), as medidas assecuratórias (arts. 125 a 144), o incidente de falsidade (arts. 145 a 148) e o incidente de insanidade mental do acusado (arts. 149 a 154).

7.2. QUESTÕES PREJUDICIAIS

Na medida em que, como assinala Germano Marques da Silva, "as questões jurídicas não surgem no concreto da vida ordenadas de acordo com os critérios abstractos em que se arrumam as diversas matérias jurídicas"[1], não raro é necessário, para decidir se determinado fato é criminoso, solucionar previamente outra controvérsia jurídica.

Essas controvérsias, que se configuram como antecedentes lógico-jurídicos da decisão sobre o mérito da causa, denominam-se **questões prejudiciais**, em contraposição ao objeto principal da lide, que recebe a designação de **questão prejudicada**.

---

1 Germano Marques da Silva. *Curso de processo penal,* 6. ed., v. 1, p. 130.

Bastante elucidativo é o exemplo da necessidade de o juiz apreciar, em processo por crime de bigamia, a alegação de nulidade do primeiro casamento do acusado[2], em que a decisão sobre a validade do matrimônio (questão prejudicial) condiciona a decisão relativa à ocorrência do crime (questão prejudicada).

São elementos essenciais à configuração da situação de prejudicialidade:

a) Anterioridade lógico-jurídica — a questão prejudicial é um obstáculo lógico ao enfrentamento da controvérsia principal.

b) Necessariedade — a solução da controvérsia prejudicial apresenta-se como pressuposto intransponível para o julgamento da lide.

c) Autonomia — a questão prejudicial tem idoneidade para constituir objeto de processo autônomo.

Ausente um desses requisitos, não se configura a relação de prejudicialidade entre uma controvérsia e o objeto principal da lide, daí por que as questões prejudiciais não se confundem com as **questões preliminares**, já que, embora ambas tenham de ser julgadas previamente em relação ao mérito da ação, as últimas têm **natureza processual**, ao passo que as primeiras têm conteúdo de direito material. Além disso, as questões preliminares não têm autonomia.

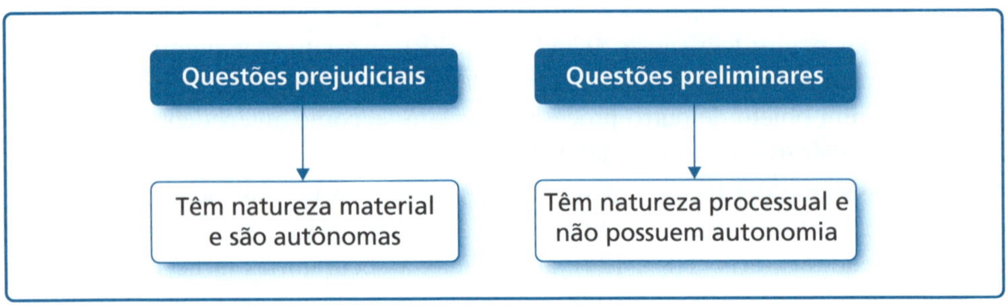

No processo penal, as questões prejudiciais podem ser divididas:

1) Quanto ao **caráter**:

a) Homogênea (**comum** ou **imperfeita**) — quando a questão prejudicial também for de natureza criminal, como ocorre, por exemplo, na apreciação da existência do delito antecedente para a caracterização de crime de receptação ou de lavagem de dinheiro.

b) Heterogênea (**perfeita** ou **jurisdicional**) — quando a questão prejudicial tiver caráter extrapenal, como, na hipótese de processo por crime de furto, a solução de controvérsia sobre a propriedade do bem.

---

[2] Fernando da Costa Tourinho Filho. *Processo penal*, 33. ed., v. 2, p. 633.

2) Quanto ao **grau de influência** sobre a questão prejudicada:

a) Total — diz respeito a um elemento essencial do crime.
b) Parcial — relaciona-se a circunstância do fato criminoso que diga respeito à gravidade da infração ou à quantidade de pena.

3) Quanto ao **efeito**:

a) Devolutiva — devem ser solucionadas obrigatória (**devolutivas obrigatórias**) ou facultativamente (**devolutivas facultativas**) por órgão alheio à esfera penal.
b) Não devolutivas — são solucionadas pelo juízo criminal.

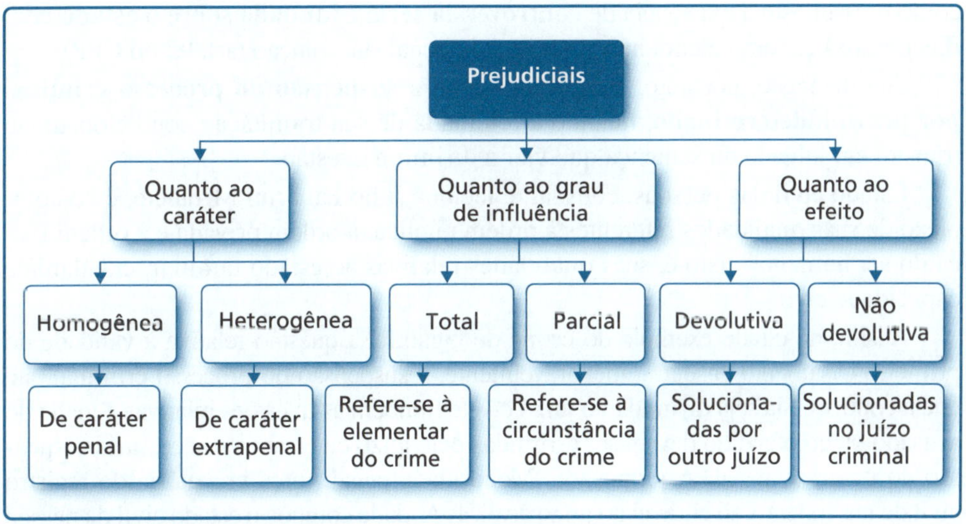

■ 7.2.1. Sistemas de solução

Uma vez que há inequívoca conexão entre a questão prejudicial e a prejudicada, é necessário que se estabeleçam regras que definam quais os órgãos jurisdicionais que se incumbirão de apreciá-las, as quais podem se filiar a um dos seguintes sistemas:

a) Sistema do predomínio da jurisdição penal (ou da **cognição incidental**) — por esse sistema, haveria extensão da competência do juízo penal para apreciação de questões prejudiciais extrapenais.
b) Sistema da separação jurisdicional absoluta — determina a devolução obrigatória da prejudicial extrapenal ao juízo competente.
c) Sistema misto (ou **eclético**) — considera obrigatória em alguns casos a devolução ao juízo extrapenal, reservando ao juiz, em relação a outros casos, a decisão acerca da devolução da controvérsia ao juízo extrapenal.

■ 7.2.2. Prejudicialidade e competência

Nosso Código silenciou-se em relação à forma de solução das questões homogêneas, de modo que seu julgamento sempre fica a cargo do próprio juiz penal.

Em relação às formas de solução das questões prejudiciais heterogêneas (arts. 92 e 93 do CPP), o ordenamento pátrio filiou-se ao **sistema misto**[3], ora atribuindo, necessariamente, ao juízo cível a solução da prejudicial extrapenal, ora conferindo liberdade ao juiz penal para decidir sobre a conveniência de devolver ou não o julgamento da controvérsia ao juízo cível.

■ 7.2.3. Devolutivas obrigatórias (art. 92 do CPP)

Questões prejudiciais devolutivas obrigatórias (ou absolutas) são aquelas que têm como pressuposto a existência de **controvérsia séria e fundada sobre o estado civil das pessoas** e, como efeito, interditar ao juiz penal sua solução (art. 92 do CPP).

Sua detecção, portanto, sempre ocasiona a **suspensão do processo criminal por prazo indeterminado**, ficando a retomada de sua tramitação condicionada ao trânsito em julgado da sentença que vier a dirimir a questão.

Estado civil das pessoas, consoante leciona Julio Fabbrini Mirabete, é "o complexo de suas qualidades referentes à ordem pública, à ordem privada e à ordem física do ser humano"[4], isto é, suas qualidades relativas ao estado familiar, cidadania e capacidade civil.

Assim, no citado exemplo do crime de bigamia, a questão relativa à validade do primeiro casamento ensejará, inexoravelmente, a suspensão do processo criminal, até que a controvérsia seja dirimida no juízo cível. Também as questões relativas à idade do acusado ou do ofendido devem ser dirimidas pelo juízo cível, após a necessária suspensão do processo penal. A propósito: "Menoridade penal: força probatória do registro civil de nascimento, só elidível no juízo cível. 1. A idade compõe o estado civil da pessoa e se prova pelo assento de nascimento, cuja certidão — salvo quando o registro seja posterior ao fato — tem sido considerada prova inequívoca para fins criminais tanto da idade do acusado quanto da vítima: precedentes. 2. Consequente incidência não só do art. 155 — que, quanto ao estado das pessoas, faz aplicáveis no juízo penal as restrições à prova estabelecidas na lei civil — mas também o art. 92 C. Pr. Penal, que, ao disciplinar as questões prejudiciais heterogêneas, tornou obrigatória a suspensão do processo penal para que se resolva no juízo civil a controvérsia sobre o estado civil da pessoa, de cuja solução dependa a existência do crime e, sendo este persequível por ação penal pública, legitimou o Ministério Público para o processo civil necessário. 3. Até que se obtenha, por decisão do juízo competente, a retificação do registro civil, a menoridade do acusado, nele assentada, prevalece sobre eventuais provas em contrário e impede, por ilegitimidade passiva, a instauração contra ele de processo penal condenatório" (STF — HC 77.278/MG — 1ª Turma — Rel. Min. Sepúlveda Pertence — *DJ* 28.08.1998 — p. 2).

---

3 Fernando da Costa Tourinho Filho. *Processo penal*, 33. ed., v. 2, p. 647.

4 Julio Fabbrini Mirabete. *Código de Processo Penal interpretado,* 4. ed., p. 165.

Deve o juiz penal, durante o período de suspensão, proceder à **inquirição de testemunhas** e determinar a realização de outras provas urgentes.

Para evitar que, em caso de omissão das partes, a questão prejudicial devolutiva obrigatória permaneça sem solução, a lei previu a possibilidade de, se se tratar de crime de **ação penal pública**, o **Ministério Público** promover a ação civil ou prosseguir na que tiver sido iniciada, observada a necessidade de citação de todos os interessados (art. 92, parágrafo único, do CPP).

■ 7.2.4. Devolutivas facultativas (art. 93 do CPP)

Na hipótese de a controvérsia heterogênea referir-se a matéria que **não diga respeito ao estado das pessoas**, a lei deixa ao prudente **arbítrio do juiz** a decisão sobre a devolução da questão ao juízo extrapenal. É o que ocorre, por exemplo, se o juiz tem conhecimento, em processo relativo a crime contra a ordem tributária, de que existe ação de anulação de débito fiscal em curso pelo juízo cível.

Para que o juiz possa determinar a suspensão do processo criminal, contudo, devem estar presentes os seguintes pressupostos:

a) a controvérsia tem de ser de difícil solução;
b) a questão não pode versar sobre direito cuja prova a lei civil limite;
c) prévia existência de processo em curso na esfera cível.

Mesmo verificando a existência desses requisitos, o juiz não estará obrigado a suspender o processo criminal e entregar a solução da prejudicial ao juiz cível, mas poderá fazê-lo, de ofício ou a requerimento das partes, se reputar inconveniente a apreciação da controvérsia em razão de sua complexidade ou natureza.

A suspensão, nesse caso, dá-se por **prazo determinado**, que pode ser prorrogado se a demora não for imputável à parte. A suspensão deve ser precedida da **inquirição de testemunhas** e da realização de outras provas urgentes e, uma vez findo o prazo de suspensão, independentemente de haver o juiz cível proferido a decisão, o processo retomará o seu curso, devolvendo-se integralmente ao juiz penal a competência para conhecer da matéria.

Incumbe ao Ministério Público, na hipótese de ação penal de iniciativa pública, intervir no processo cível para a célere solução da lide (art. 93, § 3º, do CPP).

■ 7.2.5. Efeitos da decisão civil

A decisão do juízo cível é sempre **vinculante** nos casos relativos ao estado das pessoas já que ao juiz penal é defeso apreciar tais controvérsias.

Nas demais hipóteses, a decisão proferida na esfera civil vincula o juiz criminal apenas se proferida no lapso em que o processo está suspenso, período em que se diz haver **incompetência temporária do juízo criminal**.

São oportunas, a esse respeito, as palavras de Vicente Greco Filho: "No caso de prejudicial de suspensão obrigatória, o juiz penal não tem competência para decidir em sentido contrário ao que for definido na área cível a respeito da questão de estado civil da pessoa. Trata-se de uma limitação da competência funcional pelo objeto do juízo, ou seja, quanto a essa parte da decisão, o juiz penal é obrigado a aceitar o que está decidido na área cível, como se a decisão civil integrasse, em parte, seu julgamento. No caso de prejudicial de suspensão facultativa, a incompetência nasce no momento em que o juiz penal, reconhecendo as circunstâncias adequadas, determina a suspensão. Essa incompetência é temporária, como diz o texto do art. 93, § 1º, se não houver decisão do juiz civil no prazo definido pelo juiz penal, mas é definitiva se o juiz civil proferir decisão"[5].

A decisão proferida no seio do processo criminal sobre questão extrapenal, contudo, não faz coisa julgada na esfera cível, pois se reveste de caráter incidental.

7.2.6. Prescrição

É muito importante lembrar que o **prazo prescricional** permanece **suspenso** enquanto não for resolvida, no processo autônomo, a questão de que dependa o reconhecimento da existência do crime (art. 116, I, do CP).

7.2.7. Recursos

A decisão que determina a suspensão do processo, a requerimento ou *ex officio*, é desafiada por **recurso em sentido estrito** (art. 581, XVI, do CPP), ao passo que a decisão que nega a suspensão é **irrecorrível** (art. 93, § 2º, do CPP), sujeitando-se a matéria, porém, à discussão em preliminar de apelação.

Questões prejudiciais heterogêneas	
Devolutivas obrigatórias	Devolutivas facultativas
Encerram controvérsia sobre o estado de pessoas	Não dizem respeito ao estado de pessoas
Têm de ser solucionadas, obrigatoriamente, pelo juízo cível	O juiz deve decidir se aguarda a decisão do juízo extrapenal
O processo penal é suspenso por prazo indeterminado	O processo penal será suspenso por prazo determinado e somente se já houver ação civil em andamento
A decisão do juízo cível vincula o juiz criminal	A decisão civil vincula o juiz criminal apenas se proferida enquanto suspensa a ação penal

[5] Vicente Greco Filho. *Manual de processo penal*, 7. ed., p. 168-169.

7.3. EXCEÇÕES

Aquele em desfavor de quem a pretensão punitiva foi deduzida pode exercer sua defesa de modo direto, ou seja, por meio de oposição às alegações do titular da ação penal no tocante aos elementos constitutivos do crime.

Pode, também, voltar-se não propriamente contra a pretensão, mas contra o processo, com o fim de extinguir, modificar, impedir ou retardar o exercício da ação penal, hipótese em que se fala em defesa **indireta**.

Exceção, por sua vez, é o mecanismo processual por meio do qual o acusado exerce a **defesa indireta**, provocando a apreciação de matéria que pode levar à extinção da ação ou ao retardamento de seu exercício.

Em que pese tratar-se de **instrumento próprio do acusado**, pode a exceção, em determinadas hipóteses, ser **manejada pelo autor** da ação. A lei admite, ainda, que o magistrado aprecie, de ofício, as matérias que podem ser objeto de exceção, falando-se, então, em **objeção**[6].

As exceções processam-se **autonomamente** (são, portanto, procedimentos incidentais) e, em regra, não ensejam a suspensão do andamento da ação penal (art. 111 do CPP).

As exceções classificam-se em:

a) Dilatórias — aquelas que não se destinam a extinguir o processo, mas a procrastinar seu desenvolvimento. Exs.: exceção de suspeição e de incompetência;

b) Peremptórias — assim denominadas as que, se procedentes, determinam a extinção do processo. Exs.: exceção de coisa julgada e de litispendência. Quando são acolhidas, fala-se que houve **absolvição da instância**, pois o processo é extinto sem que haja julgamento do mérito da lide penal.

A exceção de ilegitimidade de parte tem caráter peremptório quando se trata de ilegitimidade *ad causam* e caráter dilatório quando se tratar de ilegitimidade *ad processum*.

O art. 95 do Código de Processo Penal prevê cinco modalidades de exceção:

1) **suspeição**;
2) **incompetência de juízo**;
3) **litispendência**;
4) **ilegitimidade de parte**;
5) **coisa julgada**.

Embora não contemplada no rol desse dispositivo, a **exceção de impedimento** é prevista no art. 112 do Código de Processo Penal.

---

[6] Guilherme de Souza Nucci. *Código de Processo Penal comentado,* 9. ed., p. 281.

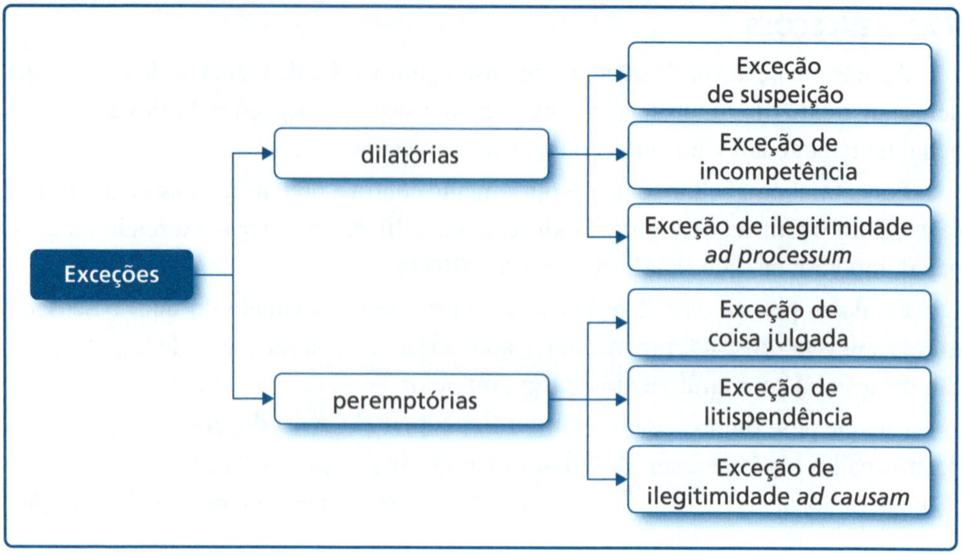

■ 7.3.1. Exceção de suspeição

A exceção de suspeição tem **caráter dilatório** e destina-se a afastar juiz que a parte reputa **parcial**, ou seja, aquele que não tem neutralidade para apreciar a causa.

A exceção de suspeição não se destina, portanto, a deslocar a causa de juízo, mas a afastar a pessoa física do julgador.

Os motivos que ensejam a suspeição estão elencados no art. 254 do Código de Processo Penal: a amizade íntima; a inimizade capital; a circunstância de estar o juiz, seu cônjuge, ascendente ou descendente, respondendo processo análogo, sobre cujo caráter criminoso haja controvérsia; o fato de o juiz, seu cônjuge, ou parente consanguíneo, ou afim, até o terceiro grau, inclusive, sustentar demanda ou responder a processo que tenha de ser julgado por qualquer das partes; o aconselhamento a uma das partes, acerca de fatos que tenham relação com a causa; o fato de ser o juiz credor ou devedor, tutor ou curador, de qualquer das partes; e, ainda, a circunstância de ser o julgador sócio, acionista ou administrador de sociedade interessada no processo.

A exceção de suspeição é **prioritária** em relação às demais, daí por que sua arguição precederá a qualquer outra, salvo quando fundada em **motivo superveniente** (art. 96 do CPP). Essa previsão decorre da necessidade de que eventuais outras exceções sejam apreciadas por juiz isento[7].

■ *7.3.1.1. Abstenção*

De acordo com o disposto no art. 97 do Código de Processo Penal, pode o juiz, **espontaneamente**, declarar-se suspeito, indicando o motivo legal, caso em que

[7] Julio Fabbrini Mirabete. *Código de Processo Penal interpretado*, 4. ed., p. 169.

deverá determinar a remessa dos autos ao substituto legal e providenciar a intimação das partes.

A decisão pela qual o juiz abstém-se de apreciar determinada causa, por entender-se suspeito, é **irrecorrível**.

Na hipótese de a suspeição ter derivado de razão íntima superveniente, conservam-se válidos os atos já praticados pelo juiz. Nesse sentido: "A suspeição por foro íntimo, em razão de causa superveniente à instauração da ação penal, não gera a nulidade dos atos processuais precedentes, sendo desnecessário que o magistrado decline os motivos que o levaram a assim se declarar. À míngua de qualquer nulidade, se a suspeição exsurge no decorrer do procedimento, os atos até então praticados devem ser tidos como válidos" (STJ — HC 95.311/AM — 5ª Turma — Rel. Min. Jorge Mussi — *DJe* 25.05.2009).

■ *7.3.1.2. Recusa do juiz pelas partes*

Acaso não tenha havido abstenção espontânea por parte do juiz, o autor e o acusado poderão arguir a suspeição do juiz, desde que o façam por meio de petição assinada pela parte ou por procurador com **poderes especiais**: "A teor da letra do art. 98, do CPP a recusa do juiz deverá ser articulada em petição assinada pela parte ou por procurador com poderes especiais. Cuida-se de requisito essencial, de observância obrigatória, sob pena de total insubsistência do ato, justificando o indeferimento liminar da arguição" (STJ — HC 7.052/MS — 6ª Turma — Rel. Min. Fernando Gonçalves — *DJ* 18.05.1998 — p. 150).

O Ministério Público deve arguir a suspeição por ocasião do **oferecimento da denúncia** (na própria denúncia ou na promoção lançada no inquérito), salvo se a causa for superveniente. O acusado, por outro lado, deve opor a exceção no prazo da **resposta escrita**.

Em se tratando de **causa superveniente**, a parte deverá arguir a suspeição na primeira oportunidade em que se manifestar nos autos, pois a exceção tardiamente aforada evidencia o reconhecimento da isenção do juiz para julgar a causa.

É **controversa** a possibilidade de o **assistente de acusação** arguir a suspeição do juiz: Julio Fabbrini Mirabete[8] advoga a ilegitimidade do assistente para opor a exceção, argumentando que tal faculdade não lhe foi expressamente atribuída pelo art. 271 do Código, que encerra rol taxativo. Fernando da Costa Tourinho Filho[9] e Guilherme de Souza Nucci[10], por outro lado, afirmam que, tal como as partes principais, o ofendido também tem interesse na imparcialidade do juiz, de modo a evidenciar sua legitimidade.

Não compreendemos como suficiente para retirar a legitimidade do assistente a circunstância de a faculdade não lhe ter sido expressamente atribuída pela lei, uma

---

8 Julio Fabbrini Mirabete. *Código de Processo Penal interpretado,* 4. ed., p. 171.

9 Fernando da Costa Tourinho Filho. *Processo penal,* 33. ed., v. 2, p. 673-674.

10 Guilherme de Souza Nucci. *Código de Processo Penal comentado,* 9. ed., p. 284.

vez que de nada adiantariam as demais prerrogativas processuais se não pudesse fazer valer o direito de acesso a um juiz imparcial. Para arguir a suspeição, porém, o ofendido deve firmar a petição ou conferir poderes especiais ao seu procurador.

O autor da exceção, denominado **excipiente**, deve, ao ajuizar o requerimento perante o próprio juízo de primeiro grau, mencionar o nome do juiz, chamado **excepto**, e expor as razões nas quais se funda a recusa, além de trazer o rol de testemunhas e documentos.

Ao receber a exceção, pode o juiz **acolhê-la de plano**, hipótese em que sustará a marcha do processo e, depois de juntar aos autos a petição e documentos que a instruem, lançará despacho nos autos declarando a suspeição e determinando a remessa do feito ao substituto (art. 99 do CPP).

Acaso rejeite a arguição, o juiz determinará a autuação em apartado e, em **3 dias**, oferecerá resposta, juntando documentos e arrolando testemunhas, para, em seguida, remeter os autos, no prazo de **24 horas**, ao **Tribunal de Justiça**, a quem incumbirá o **julgamento** da exceção (art. 100 do CPP).

A arguição não determina a **suspensão** do feito principal, salvo se a parte contrária reconhecer a procedência das razões, hipótese em que o tribunal poderá sustar o andamento do processo até que se julgue o incidente (art. 102 do CPP). Essa previsão decorre da conclusão de que, havendo motivos para ambas as partes reputarem o juiz suspeito, é elevada a probabilidade de acolhimento da recusa e de invalidação dos atos praticados pelo magistrado.

■ *7.3.1.3. Julgamento pelo tribunal*

O órgão competente do tribunal poderá **rejeitar liminarmente** a arguição se considerá-la manifestamente improcedente (art. 100, § 2º, do CPP).

Se considerar relevantes os fundamentos da arguição, todavia, determinará a citação das partes e designará data para oitiva de testemunhas, seguindo-se o julgamento, independentemente de mais alegações (art. 100, § 1º, do CPP).

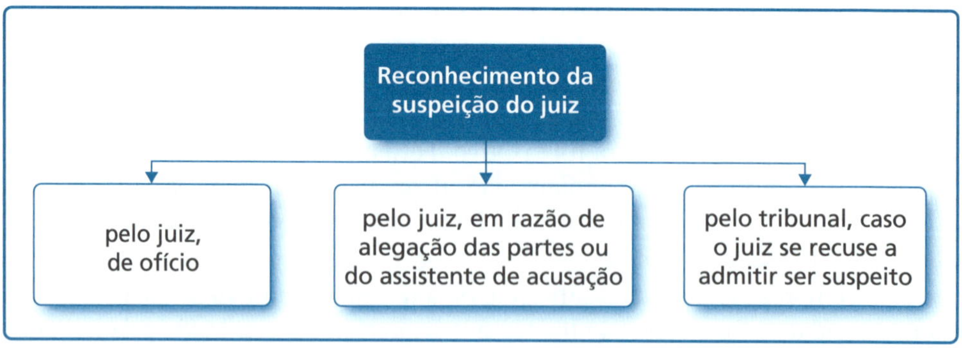

■ *7.3.1.4. Efeitos*

Se a arguição for **acolhida** pelo tribunal, o processo será encaminhado ao substituto legal do excepto, declarando-se **nulos** os atos processuais praticados (arts. 101

e 564, I, do CPP), sejam **decisórios** ou **probatórios**[11]. Não se decretará, todavia, a nulidade dos atos processuais que tenham sido praticados antes do surgimento da causa de suspeição.

Se o tribunal constatar que houve erro inescusável do juiz, deverá impor-lhe a sanção de pagamento das custas referentes ao processamento da exceção.

Acaso a arguição seja **rejeitada**, o tribunal determinará a devolução dos autos ao juiz e, se evidenciada a malícia do excipiente, impor-lhe-á multa. Na hipótese de rejeição da arguição, ainda que não evidenciada a má-fé, o excipiente arcará com as custas do processamento do incidente (art. 804 do CPP).

■ *7.3.1.5. Suspeição de magistrado nos tribunais*

Aos ministros, desembargadores e juízes que oficiam em tribunais, aplicam-se as regras relativas à abstenção e recusa dos juízes de primeiro grau de jurisdição (art. 103 do CPP).

■ *7.3.1.6. Suspeição do membro do Ministério Público*

Incumbe ao órgão do Ministério Público abster-se, espontaneamente, de oficiar em processo em que seja suspeito.

Acaso assim não o faça, poderá a parte arguir a suspeição do membro do Ministério Público, hipótese em que o juiz do processo, após ouvir o promotor, colherá as provas e julgará a exceção no prazo de **3 dias** (art. 104 do CPP). Não é dado ao juiz arguir, de ofício, a suspeição do órgão do Ministério Público.

A decisão que acolhe ou que rejeita a arguição é **irrecorrível**: "A arguição de suspeição de membro do Ministério Público de primeiro grau deve ser processada e julgada em Primeira Instância, pelo Juízo do feito, não cabendo recurso contra a decisão proferida, conforme dispõe o art. 104 do Código de Processo Penal. Precedentes desta Corte" (STJ — RHC 15.351/RS — 5ª Turma — Min. Laurita Vaz — *DJ* 18.10.2004 — p. 297).

Acolhida a exceção, o substituto legal passará a intervir no feito, mas não serão invalidados os atos do qual participou o órgão suspeito, já que se cuida de hipótese de **nulidade relativa**, cuja decretação pressupõe a demonstração de prejuízo: "A suspeição do órgão do Ministério Público implica em nulidade relativa, passível de preclusão, porquanto só a suspeição do Juiz implica em nulidade absoluta (CPP, art. 564, I)" (STF — HC 77.930/MG — 2ª Turma — Rel. Min. Maurício Corrêa — *DJ* 09.04.1999 — p. 4).

■ *7.3.1.7. Suspeição de peritos, intérpretes e de servidores da Justiça*

Pode ser alegada, também, a suspeição de peritos, intérpretes e funcionários da Justiça, que se processará perante o juiz com quem atue o excepto. Em tal hipótese,

[11] Fernando da Costa Tourinho Filho. *Processo penal*, 33. ed., v. 2, p. 677.

o juiz decidirá de plano e sem recurso, determinando o afastamento do órgão auxiliar acaso julgue procedente a arguição (art. 105 do CPP).

7.3.1.8. *Suspeição de jurado*

A suspeição do jurado deve ser alegada **oralmente** (art. 106 do CPP), imediatamente após a leitura da cédula com o nome do juiz leigo (art. 468 do CPP).

Em seguida, o juiz deverá ouvir o jurado que se quer afastar e decidirá de plano, à luz de eventuais provas que o interessado apresentar. A decisão, acolhendo ou rejeitando a arguição, é irrecorrível. A propósito: "Observa-se, na hipótese, que a arguição de suspeição da jurada não foi suscitada no momento oportuno pela defesa do paciente, tornando-se a irregularidade, como bem asseverou o acórdão impugnado, preclusa. Com efeito, a defesa deveria ter arguido oralmente o vício logo após o sorteio do corpo de jurados, a teor do disposto no art. 459, § 2º, do Código de Processo Penal. Todavia, nada foi suscitado, no momento oportuno, convalidando-se, assim, nos termos do art. 571, inc. VIII, do Código de Processo Penal, a participação da jurada, ora impugnada, no corpo de deliberação" (STJ — HC 69.621/MG — 5ª Turma — Rel. Min. Laurita Vaz — *DJ* 26.03.2007 — p. 270).

Se a parte pretender recusar, por suspeição, **juiz** ou **promotor** que passaram a oficiar no processo na sessão de julgamento, deverá opor a exceção de forma **oral**, logo após a abertura dos trabalhos[12].

7.3.1.9. *Suspeição da autoridade policial*

Não se pode opor suspeição às autoridades policiais nos autos do inquérito, mas o delegado de polícia tem o dever de declarar-se suspeito (art. 107 do CPP), sujeitando-se, em caso de inobservância dessa diretriz, às sanções disciplinares.

O interessado poderá, em caso de desrespeito ao dever de abster-se de oficiar em investigação para a qual é suspeita, provocar a atuação do superior hierárquico da autoridade policial.

7.3.2. Exceção de incompetência de juízo

A exceção de incompetência de juízo (*exceptio declinatoria fori*) tem por finalidade permitir que prevaleçam as regras que definem qual órgão jurisdicional deve julgar determinada causa.

Tem caráter meramente **dilatório**, já que se destina a provocar a remessa do processo a outro órgão e, não, a ocasionar a extinção do feito.

7.3.2.1. *Abstenção*

Diz-se, com acerto, que todo juiz é, antes de tudo, juiz da própria competência, razão pela qual, sempre que, na fase do recebimento da denúncia ou da queixa, constatar

[12] Guilherme de Souza Nucci. *Código de Processo Penal comentado,* 9. ed., p. 291.

ser o órgão inadequado para o julgamento da causa, deve declarar, **de ofício**, sua incompetência (art. 109 do CPP), independentemente de se cuidar de questão relativa a competência **relativa** (*ratione loci*) ou **absoluta** (*ratione materiae* ou *ratione personae*).

As partes devem ser intimadas da decisão que declara a incompetência do juízo, na medida em que se expõe a **recurso em sentido estrito** (art. 581, II, do CPP).

Ainda que haja interposição desse recurso, o juiz deve encaminhar imediatamente os autos ao órgão que entende competente, pois o recurso processa-se por instrumento (art. 583 do CPP) e não tem efeito suspensivo (art. 584 do CPP).

■ 7.3.2.2. Arguição de incompetência

Acaso o juiz não tenha declarado sua incompetência, de modo que recebeu a denúncia ou a queixa, a defesa poderá opor exceção, **verbalmente** ou por **escrito**, no **prazo da resposta escrita**. Se arguida oralmente, a exceção deve ser reduzida a termo, ao passo que, se escrita, deve ser deduzida em peça destacada da resposta escrita, pois não será entranhada aos autos do processo, na medida em que se processa em autos apartados (art. 111 do CPP).

Não há dúvida de que, quando oficiar como *custos legis*, ou seja, nas ações penais privadas, o Ministério Público pode valer-se da exceção de incompetência, mas há dissídio quanto à legitimidade para fazê-lo quando age na qualidade de autor: Guilherme de Souza Nucci sustenta que é defeso ao autor (também ao querelante, portanto) opor a exceção, pois foi o responsável pela escolha do juízo[13]; Tourinho Filho, por outro lado, advoga a possibilidade de o Ministério Público arguir a incompetência, pois, mesmo quando é autor, exerce simultaneamente a função de *custos legis*[14].

Em se cuidando de incompetência **relativa**, a inobservância do momento processual oportuno para a arguição torna a faculdade **preclusa**, ocorrendo a prorrogação da competência do juízo pelo qual tramita o feito. "Se a suscitada incompetência do juízo, em razão do lugar, não foi suscitada no momento oportuno, por meio de exceção ou qualquer outro viável, preclusa está a matéria, não merecendo, agora, acolhida a tese de que havia conexão. Precedentes" (STJ — HC 98.342/SP — 6ª Turma — Rel. Min. Maria Thereza de Assis Moura — *DJe* 20.06.2011).

Se se tratar de incompetência **absoluta**, porém, a matéria poderá ser alegada a **qualquer tempo**, pois sua apreciação dispensa o manejo da exceção.

Recebida a exceção, o juiz ouvirá o Ministério Público sobre a arguição e, em seguida, decidirá (art. 108 do CPP), sem que, no entanto, possa determinar a paralisação do processo principal (art. 111 do CPP).

Se julgar procedente a exceção, o juiz remeterá o processo ao juízo que entende competente.

O art. 567 do Código prevê que "a incompetência do juízo anula somente os atos decisórios". A respeito do alcance desta regra ver "princípio da convalidação" — item 16.2.

---

[13] Guilherme de Souza Nucci. *Código de Processo Penal comentado,* 9. ed., p. 292.

[14] Fernando da Costa Tourinho Filho. *Processo penal,* 33. ed., v. 2, p. 692.

Da decisão que reconhece a incompetência do juízo cabe **recurso em sentido estrito** (art. 581, II, do CPP). Rejeitada a exceção, descabe qualquer recurso, mostrando-se possível, no entanto, a impetração de *habeas corpus*.

7.3.3. Exceção de litispendência

Litispendência é a situação que se origina da **existência simultânea** de duas ou mais ações idênticas.

Em virtude da inadmissibilidade de imputar-se a alguém duas vezes o mesmo fato tido como criminoso (*ne bis in idem*), a lei prevê a possibilidade de aforar-se a exceção de litispendência, de caráter **peremptório**, que tem como finalidade evitar o processamento paralelo de ações idênticas, por meio da extinção de uma delas.

Recorremos ao magistério de Tourinho Filho para bem delinear o escopo da exceção em estudo: "A exceção de litispendência tem como efeito importantíssimo impedir a duplicação da ação, isto é, enquanto houver uma lide pendente de julgamento, não poderá ser instaurado outro processo contra a mesma pessoa e pelo mesmo fato"[15].

Idênticas são as ações em que coincidem o **pedido** (que na ação condenatória é sempre genérico, pois consistente no pleito de aplicação de pena), as **partes** e a **cau-**

[15] Fernando da Costa Tourinho Filho. *Manual de processo penal,* 7. ed., p. 398-399.

sa de pedir (fato criminoso). Ocorrendo essa tríplice identidade, ou seja, o mesmo autor, com fundamento no mesmo fato, ajuizando o mesmo pedido em face do mesmo réu, configurada estará situação de litispendência: "1. A litispendência só ocorre quando há identidade de partes, causa de pedir e pedido. No caso de duas ações penais que, com base nos mesmos fatos, narram condutas diversas, com diferente enquadramento típico, o procedimento correto é a reunião de ambas perante um único juízo, tendo em vista a conexão, tal como reconhecido no acórdão impugnado. 2. Ordem denegada" (STF — HC 97.216/BA — 2ª Turma — Rel. Min. Joaquim Barbosa — *DJe* 01.02.2011).

É possível, no entanto, que haja litispendência ainda que os autores da ação sejam diversos. É o que ocorre, por exemplo, quando, por equívoco, são instaurados dois inquéritos para apurar o mesmo crime e, em um deles, o promotor de justiça oferece denúncia, ao passo que no outro, o ofendido oferece, em face da inércia do Ministério Público, a queixa subsidiária. Nessa situação excepcional, a litispendência deve ser reconhecida, embora as partes não sejam exatamente as mesmas nas duas ações.

É irrelevante, também, que tenham sido dadas classificações jurídicas distintas à conduta em cada uma das ações, pois para a configuração da litispendência o que importa é que haja identidade do **fato**. Assim, se alguém está sendo processado por furto, não é possível que um segundo processo relativo ao mesmo fato prossiga somente porque a conduta foi classificada, nessa nova ação, como roubo.

Pressuposto para a ocorrência da litispendência é a existência de dois processos idênticos **em curso**. Assim, só a partir do recebimento da denúncia em um segundo processo caracterizar-se-á a litispendência. Se uma das ações já tiver sido definitivamente julgada, por outro lado, não se falará em litispendência, embora se possa divisar risco de afronta à **coisa julgada**.

Determina o Código que se observem, em relação à exceção de litispendência, as **normas que regem a arguição de incompetência de juízo** (art. 110 do CPP), o que autoriza a conclusão de que pode o juiz reconhecê-la de ofício e, se assim não o fizer, as partes podem suscitá-la, oralmente ou por escrito.

A litispendência, porém, pode ser alegada a **qualquer tempo ou instância**, não se operando a preclusão se arguida após o prazo da resposta escrita.

O incidente em estudo corre em apartado e não suspende o curso do processo, devendo o juiz ouvir a parte contrária antes de decidir.

Contra a decisão que acolhe a exceção pode ser interposto recurso em sentido estrito (art. 581, III, do CPP). Contra a decisão em que o juiz rejeita a arguição não cabe qualquer recurso, mas é possível, porém, sanar-se o ilegal constrangimento causado pela violação do princípio do *ne bis in idem* por via de *habeas corpus*. Se a litispendência foi declarada de ofício pelo juiz, cabe apelação, pois tal decisão tem força de definitiva (art. 593, II, do CPP).

7.3.4. Exceção de ilegitimidade de parte

Atualmente, a maioria dos estudiosos (Tourinho Filho[16], Julio Fabbrini Mirabete[17] e Guilherme de Souza Nucci[18]) preconiza que a exceção é oponível tanto nas situações de ilegitimidade *ad causam* (titularidade da ação) como no tocante à ilegitimidade *ad processum* (capacidade processual). Enquanto a legitimidade *ad processum* é pressuposto de existência válida do processo, a legitimidade *ad causam* é uma das condições da ação.

Há ilegitimidade *ad causam*, dentre outras situações, quando é oferecida queixa em caso de ação penal de iniciativa pública ou na hipótese de oferecimento de denúncia para crimes de ação penal de iniciativa privada.

Já a ilegitimidade *ad processum* tem lugar, por exemplo, quando o menor de 18 anos, sem assistência ou representação, ajuíza queixa-crime ou quando o cônjuge oferece a queixa sem que o ofendido tenha falecido.

Nas situações de ilegitimidade *ad causam* a exceção reveste-se de caráter **peremptório,** pois o seu acolhimento importa em extinção do processo. Nos casos de ilegitimidade *ad processum*, a exceção terá caráter **dilatório**, pois a irregularidade pode ser sanada mediante a ratificação dos atos processuais (art. 568 do CPP).

O juiz deve rejeitar a denúncia ou a queixa se constatar a ilegitimidade de parte (art. 395, II, do CPP), mas, se não o fizer, o acusado poderá opor a exceção, que lhe é privativa.

O **processamento é como o da exceção de incompetência de juízo**, com a ressalva de que **não há prazo fatal para a arguição**[19].

O **recurso em sentido estrito** é o cabível contra a decisão que reconhece a procedência da exceção de ilegitimidade de parte (art. 581, III, do CPP). Contra a decisão que rejeita a arguição não há recurso, ressalvada a possibilidade de impetração de *habeas corpus* ou alegação da matéria em preliminar de apelação.

7.3.5. Exceção de coisa julgada

A exceção de coisa julgada tem caráter **peremptório** e, tal como a de litispendência, também se assenta na proibição de imputar-se a alguém por mais de uma vez o mesmo fato.

A exceção de coisa julgada diferencia-se da de litispendência pela circunstância de que, na primeira situação, há um segundo processo referente a fato que já foi apreciado e decidido, com **sentença passada em julgado**, ao passo que na segunda há um processo em curso (uma lide pendente), obstando o aforamento de segundo feito relativo ao mesmo fato.

---

16 Fernando da Costa Tourinho Filho. *Processo penal,* 33. ed., v. 2, p. 703.

17 Julio Fabbrini Mirabete. *Código de Processo Penal interpretado*, 4. ed., p. 179.

18 Guilherme de Souza Nucci. *Código de Processo Penal comentado,* 9. ed., p. 295.

19 Julio Fabbrini Mirabete. *Código de Processo Penal interpretado*, 4. ed., p. 180.

A exceção de coisa julgada somente poderá ser oposta em relação ao fato principal que tiver sido objeto da sentença (art. 110, § 2º, do CPP), não se destinando a proibir a rediscussão de matérias apreciadas incidentalmente pelo juiz ou de argumentos utilizados para fundamentar a sentença.

O que releva, para fins de caracterização da coisa julgada, é se já houve ou não julgamento definitivo do fato, pouco importando a classificação jurídica que a ela tenha se emprestado anteriormente.

Nos **crimes continuados**, as diversas ações ilícitas constituem fatos distintos, razão pela qual o julgamento definitivo de algumas das infrações não impede nem dispensa o julgamento das demais, ressalvada a possibilidade de **unificação** de penas na fase executória. Desse modo, se o agente praticou três estelionatos em continuação, mas apenas dois foram objeto da ação já julgada, nada impede que a terceira infração, quando descoberta, seja imputada ao autor em novo processo.

Em relação aos **crimes permanentes**, em que há, em verdade, apenas uma conduta típica que, no entanto, se protrai no tempo, o julgamento da infração impede que se proponha nova ação para imputar ao acusado outra conduta que compõe aquela unidade. O mesmo ocorre em relação aos **crimes habituais**, cuja tipificação pressupõe a reiteração de conduta, não se mostrando possível a instauração de novo processo para apreciar ação que integra aquela única infração.

No crime de tráfico de entorpecentes em que o agente foi condenado em razão de ter sido preso em flagrante, por exemplo, em São Paulo, onde trazia consigo, para fins de comercialização, certa quantidade de droga, não será possível ajuizar nova ação em Santos, cidade em que posteriormente descobriu-se ter o agente adquirido e armazenado por algum tempo aquelas substâncias antes de transportá-las a São Paulo. Se o agente iniciar nova conduta criminosa, todavia, não há que se falar em impossibilidade de ajuizamento de nova ação: "O crime previsto no art. 33, '*caput*', da Lei n. 11.343/2006, de natureza permanente, a despeito de envolver a prática reiterada de atos, caracterizando unidade jurídica e, por conseguinte, ação penal única, não descarta a possibilidade de instauração de feitos diversos se, após a prisão em flagrante e liberação do paciente, os atos potencialmente ofensivos continuaram ocorrendo, dando ensejo à outra lavratura de auto de flagrante delito. Inviável acolher-se o pleito de trancamento da ação penal pelo reconhecimento da ocorrência do instituto processual da coisa julgada e do vedado *bis in idem* se as denúncias insertas nos processos, apesar de capituladas parcialmente em delitos idênticos, narram fatos diferentes e descrevem crimes de narcotráfico decorrentes de prisões em flagrante distintas, e procedidas em contextos totalmente diversos" (STJ — HC 107.760/SP — 5ª Turma — Rel. Min. Jorge Mussi — *DJe* 15.06.2009).

Se o juiz verificar, espontaneamente, a coincidência dos elementos identificadores da ação proposta (**partes** e **causa de pedir**, já que o pedido nas ações condenatórias é sempre idêntico, pois se postula a aplicação da pena cominada ao delito) com os daquela em que já houve decisão com trânsito em julgado, deve rejeitar a denúncia ou a queixa ou, se já recebida uma ou outra, determinar o trancamento da ação.

Não havendo reconhecimento pelo julgador, poderão as partes opor a exceção, desde que tenha havido o recebimento da queixa ou denúncia.

O processamento é **idêntico ao da exceção de incompetência de juízo**, ocorrendo em autos apartados e não acarretando a suspensão da ação principal. Não há prazo fatal, no entanto, para seu ajuizamento.

A decisão que reconhece a procedência da exceção é desafiada por via de **recurso em sentido estrito** (art. 581, III, do CPP), ao passo que aquela que rejeita a arguição é **irrecorrível**, ensejando, no entanto, a impetração de pedido de ordem de *habeas corpus*.

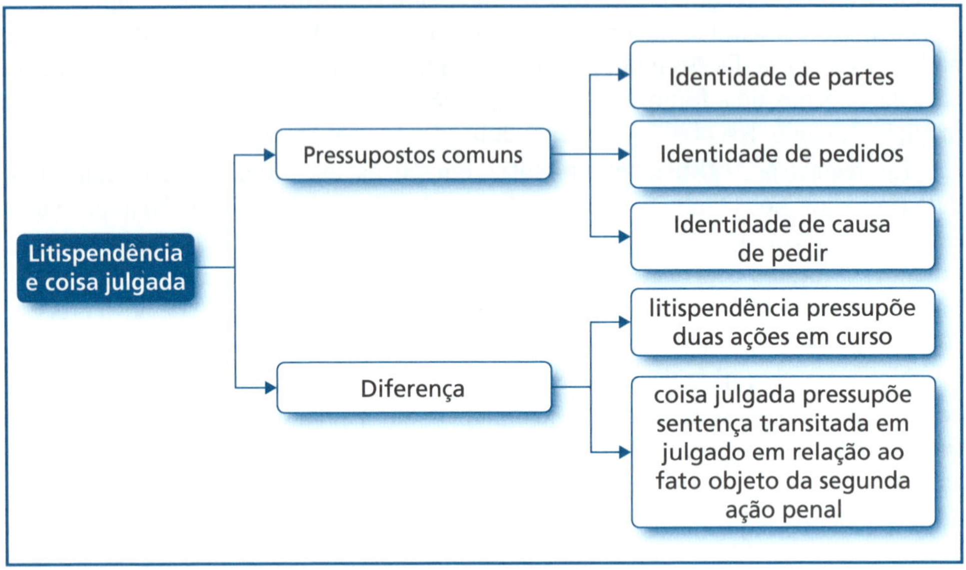

■ 7.3.6. Exceção de incompatibilidade ou de impedimento

O art. 112 do Código de Processo Penal prevê o dever de o juiz, órgão do Ministério Público, perito, intérprete e serventuário ou funcionário da Justiça abster-se de servir no processo, quando houver incompatibilidade ou impedimento legal, que serão declinados nos autos.

As hipóteses de suspeição dos juízes estão **taxativamente** previstas nos arts. 252 e 253 do Código de Processo Penal e são extensíveis aos demais sujeitos acima mencionados.

Não ocorrendo o afastamento espontâneo, a parte pode arguir a incompatibilidade ou impedimento, observando-se, em relação à tramitação do incidente, o procedimento da exceção de suspeição.

■ 7.4. CONFLITO DE JURISDIÇÃO

Parte da doutrina costuma estabelecer distinção entre conflito de jurisdição e conflito de competência: o **conflito de jurisdição** é aquele que ocorre entre órgão da Justiça Comum e órgão de Justiça Especial, entre órgãos de diferentes Justiças

Especiais ou, ainda, entre órgãos de Justiças Comuns de estados federados diversos, ao passo que **conflito de competência** é a divergência estabelecida entre dois ou mais órgãos da mesma justiça[20].

Somos, contudo, partidários do entendimento de que há verdadeiramente, em qualquer das hipóteses, conflito de competência, e não "conflito de jurisdição", como equivocadamente conceitua o Código, tendo em vista que a jurisdição é **una**. A expressão empregada pelo Código, ademais, está em desarmonia com o texto da Constituição Federal, que denomina conflito de competência ambos os gêneros de divergência entre órgãos jurisdicionais (arts. 102, I e 105, I, *d*, da CF)[21].

■ 7.4.1. Finalidade e caracterização

Não só pela exceção correspondente é que se resolvem as questões atinentes à competência, mas também pelo conflito positivo ou negativo de competência (art. 113 do CPP), que é o mecanismo processual de que dispõe o juiz para **impedir que a ação desenvolva-se perante órgão jurisdicional diverso daquele a quem o ordenamento entrega a apreciação da causa**.

É natural que a lei preveja a possibilidade de o juiz — e não apenas das partes — zelar pela observância das regras de distribuição da competência, uma vez que há interesse público envolvido na questão: no tocante aos critérios *ratione personae* e *ratione materiae* a competência do juízo é pressuposto de validade da relação processual. No que se refere à competência *ratione loci*, presume-se que a prova será mais facilmente produzida perante o juízo competente.

Dar-se-á o conflito de competência:

a) quando duas ou mais autoridades judiciárias se considerarem competentes, ou incompetentes, para apreciar determinado fato criminoso;

b) quando existir controvérsia entre órgãos jurisdicionais sobre unidade de juízo, junção ou separação de processos.

No momento em que analisa a denúncia ou a queixa, o juiz deve, além de conferir os requisitos da peça, verificar se é competente para a apreciação da causa. Acaso decida por sua incompetência, deverá remeter o feito ao órgão que julga competente, sem que se possa falar, nessa etapa, em conflito de competência, que só existirá se o juiz que receber o processo entender que aquele que o remeteu é que deve decidir a lide.

Em outras palavras: o conflito só surge quando há recusa sucessiva de intervenção por parte de dois órgãos jurisdicionais, com recíproca atribuição ao outro do

---

20 Fernando da Costa Tourinho Filho. *Processo penal,* 33. ed., v. 2, p. 723-724.

21 Vicente Greco Filho. *Manual de processo penal,* 7. ed., p. 173 e Guilherme de Souza Nucci. *Código de Processo Penal comentado,* 9. ed., p. 301-302.

encargo de apreciar a causa, ou quando dois órgãos jurisdicionais reivindicam para si a função de apreciar a causa, negando ao outro tal faculdade.

É importante ressaltar, todavia, que, acaso a divergência sobre a competência derive da existência de ações conexas ou ligadas por continência a tramitar por juízos diversos, é pressuposto para a existência do conflito que ambas as ações estejam em andamento, pois, a teor da **Súmula n. 59 do Superior Tribunal de Justiça**, "não há conflito de competência se já existe sentença com trânsito em julgado, proferida por um dos juízos conflitantes".

7.4.2. Espécies

a) **conflito positivo** — ocorre quando dois ou mais juízes entendem-se competentes para julgar o mesmo fato criminoso;

b) **conflito negativo** — caracteriza-se na hipótese em que dois ou mais juízes recusam-se a apreciar determinado fato delituoso.

7.4.3. Processamento

O conflito pode ser suscitado:

a) pela parte interessada;

b) pelos órgãos do Ministério Público em qualquer dos juízos em dissídio;

c) por qualquer dos juízes ou tribunais em causa.

Se arguido por juiz ou tribunal, o conflito será suscitado sob forma de **representação**; acaso seja levantado pela parte ou pelo Ministério Público, ganhará forma de **requerimento**.

Em qualquer hipótese, deverá o suscitante arguir o conflito, por escrito e circunstanciadamente, perante o tribunal competente, expondo os fundamentos e juntando os documentos comprobatórios (art. 116 do CPP).

Cuidando-se de conflito negativo, pode ser suscitado nos próprios autos, pois o processo, obviamente, não terá prosseguimento até que seja dirimida a questão (art. 116, § 1º, do CPP).

Em se tratando de conflito positivo, formar-se-ão autos próprios. Distribuído o feito, poderá o relator determinar imediatamente que se suspenda o curso do processo (art. 116, § 2º, do CPP). Ordenada ou não a suspensão do processo, o relator requisitará informações às autoridades em conflito, remetendo-lhes cópia do requerimento ou representação. Recebidas as informações, será ouvido o órgão do Ministério Público e, em seguida, o conflito será decidido na primeira sessão, salvo se houver necessidade de diligência instrutória. Proferida a decisão, as cópias necessárias serão remetidas às autoridades contra as quais tiver sido levantado o conflito ou que o houverem suscitado, para a sua execução.

Conflito de competência

- **Espécies**
  - Conflito positivo: Quando 2 ou mais juízes se considerarem competentes
  - Conflito negativo: Quando 2 ou mais juízes se considerarem incompetentes
- **Quem pode suscitar**
  - A parte interessada
  - Os órgãos do MP nos juízos em conflito
  - Os próprios juízes ou tribunais em dissídio

■ 7.4.4. Competência para julgamento

As regras de competência são estabelecidas pela Constituição Federal, pelas Constituições dos Estados, pelas leis processuais e de organização judiciária e pelos regimentos internos dos Tribunais[22].

O **Supremo Tribunal Federal** dirime os conflitos entre Tribunais Superiores ou entre esses e qualquer outro Tribunal (art. 102, I, *o*, da CF).

Não é possível estabelecer-se conflito entre o Supremo Tribunal Federal e qualquer outro órgão jurisdicional. O art. 117 do Código de Processo Penal prevê o poder de o Supremo Tribunal Federal restabelecer sua competência, mediante avocatória, sempre que exercida por qualquer dos juízes ou Tribunais inferiores. A Constituição Federal prevê o mesmo poder ao dispor que lhe cabe o julgamento de "reclamação para a preservação de sua competência e garantia da autoridade de suas decisões" (art. 102, I, *l*).

Ao **Superior Tribunal de Justiça** compete dissolver os conflitos entre quaisquer tribunais, ressalvada a competência do Supremo Tribunal Federal, bem assim entre tribunais e juízes a ele não vinculados e entre juízes vinculados a tribunais diversos (art. 105, I, *d*, da CF). Ex.: entre juízes de Estados diversos ou entre juiz federal e juiz estadual.

Compete aos **Tribunais Regionais Federais** o julgamento dos conflitos entre juízes vinculados ao tribunal (art. 108, I, *e*, da CF), bem como o conflito verificado, na respectiva Região, entre o juiz federal e o juiz estadual investido na jurisdição federal (Súmula n. 3 do STJ).

Os **Tribunais de Justiça** julgam os conflitos entre juízes a ele subordinados, bem como aqueles estabelecidos entre juiz de direito do Estado e a Justiça Militar local (Súmula n. 555 do STF).

---

22 Fernando da Costa Tourinho Filho. *Manual de processo penal*, 7. ed., p. 408.

7.5. CONFLITO DE ATRIBUIÇÕES

É a designação que se dá à divergência existente entre autoridades administrativas ou entre autoridade administrativa e autoridade judiciária. Distingue-se do conflito de competência porque nesse a divergência ocorre entre autoridades judiciárias.

Ocorre o conflito de atribuições, por exemplo, quando dois órgãos do Ministério Público divergem sobre qual deles deve analisar autos de inquérito policial, cada um atribuindo ao outro o encargo.

Parte da doutrina (Tourinho Filho[23] e Guilherme de Souza Nucci[24]), todavia, preconiza que, em se tratando de conflito entre membros do Ministério Público que atuam perante juízos diversos, não há, em verdade, conflito de atribuições, na medida em que sempre subjaz, em tais circunstâncias, conflito de competência. Isso porque, quando o juiz acolhe a manifestação do órgão ministerial e determina a remessa dos autos a outra Justiça, comarca ou juízo, está declarando sua incompetência para apreciar a causa. Fala-se, nessa hipótese, em **falso conflito de atribuições**[25].

Entendemos, porém, que não deve o juiz pronunciar-se sobre sua competência antes de o autor deduzir algum pedido de cunho jurisdicional (seja o ajuizamento da ação condenatória, a formulação de pedido de natureza cautelar etc.), daí por que os conflitos existentes entre membros do Ministério Público, mesmo que respeitantes a órgãos que atuam perante juízos diversos, devem ser solucionados na órbita do conflito de atribuições.

O conflito entre membros do Ministério Público de um mesmo Estado é solucionado pelo **Procurador-Geral de Justiça**. Se o conflito ocorrer entre integrantes do Ministério Público Federal, competente para dirimir a controvérsia é a **Câmara de Coordenação e Revisão do Ministério Público Federal** (art. 62, VII, da Lei Complementar n. 75/93), com a possibilidade de interposição de recurso dirigido ao Procurador-Geral da República (art. 49, VIII, da Lei Complementar n. 75/93).

O conflito instalado entre membros de ramos distintos do Ministério Público da União (p. ex., membro do Ministério Público Federal e membro do Ministério Público do Distrito Federal) é solucionado pelo **Procurador-Geral da República** (art. 26, VII, da Lei Complementar n. 75/93). Já o conflito existente entre membros do Ministério Público do Distrito Federal é dissolvido pela **Câmara de Coordenação e Revisão do Ministério Público do Distrito Federal** (art. 171, VII, da Lei Complementar n. 75/93), com recurso ao Procurador-Geral de Justiça do Distrito Federal (art. 159, VI, da Lei Complementar n. 75/93).

O conflito de atribuições entre membros de Ministérios Públicos de Estados diversos, assim como o conflito que envolve membro do Ministério Público Federal e membro de Ministério Público Estadual era solucionado pelo **Supremo Tribunal**

[23] Fernando da Costa Tourinho Filho. *Manual de processo penal,* 7. ed., p. 412-413.

[24] Guilherme de Souza Nucci. *Código de Processo Penal comentado,* 9. ed., p. 304.

[25] Guilherme de Souza Nucci. *Código de Processo Penal comentado,* 9. ed., p. 304.

Federal, que entendia haver, nessas hipóteses, conflito entre os próprios entes federativos (ou seja, entre os Estados federados envolvidos ou, ainda, entre a União e Estado-membro), a ensejar a incidência da norma prevista no art. 102, I, *f*, da CF: "Compete ao Supremo a solução de conflito de atribuições a envolver o Ministério Público Federal e o Ministério Público Estadual" (Pet. 3.528/BA — Rel. Min. Marco Aurélio — Tribunal Pleno — *DJ* 03.03.2006 — p. 71). Posteriormente, no julgamento da ACO 924/MG (Rel. Min. Luiz Fux, julgado em 19.05.2016), o Pretório Excelso passou a entender que o conflito deve ser dirimido, nesses casos, pelo Procurador-Geral da República.

■ 7.6. RESTITUIÇÃO DE COISAS APREENDIDAS

Para garantir maior fidelidade na reconstituição do fato criminoso, a lei prevê o dever de a autoridade policial, logo que tiver conhecimento da prática da infração penal, "apreender os objetos que tiverem relação com o fato, após liberados pelos peritos criminais" (art. 6º, II, do CPP). A medida em questão pode ser adotada em relação aos objetos encontrados na própria cena do crime, bem como pode decorrer de diligência de busca e apreensão domiciliar ou pessoal, ou, ainda, de entrega voluntária à autoridade ou de descobrimento fortuito.

A apreensão pode recair sobre qualquer coisa, objeto, instrumento ou papel que se relacionar à infração, ganhando especial relevo os instrumentos utilizados na execução do crime (*instrumenta sceleris*).

Embora os bens materiais havidos **diretamente** da prática do delito (*producta sceleris*) também possam ser objeto de apreensão (exs.: o relógio furtado, o dinheiro obtido com o estelionato, o livro indebitamente apropriado)[26], não podem ser apreendidos[27], pois **sujeitos a sequestro**, os bens adquiridos com o produto do fato criminoso (produtos indiretos da infração), nem aqueles que constituam proveito auferido pelo agente por meio de sucessiva especificação (ex.: joia feita com o ouro roubado)[28]. Há julgado, porém, em que se admitiu a apreensão de produtos indiretos da infração: "São insuscetíveis de restituição, até a sentença condenatória transitada em julgado, objetos apreendidos na posse do Réu e sobre o qual pairem sérios indícios de que foram adquiridos com os proventos de atividade criminosa" (STJ — REsp 788.301/PA — 5ª Turma — Rel. Ministra Laurita Vaz — *DJe* 28.09.2009).

Uma vez realizada a apreensão, é natural que seus efeitos perdurem **enquanto houver necessidade** para os fins do processo (art. 118 do CPP), tanto é que os bens acompanharão os autos do inquérito policial quando de sua remessa ao juízo (art. 11 do CPP), cabendo ao juiz definir se eles interessam ou não ao processo[29].

---

26 Fernando da Costa Tourinho Filho. *Processo penal,* 33. ed., v. 3, p. 23.

27 Fernando Capez. *Curso de processo penal,* 18. ed., p. 482.

28 Fernando da Costa Tourinho Filho. *Processo penal,* 33. ed., v. 3, p. 24.

29 Julio Fabbrini Mirabete. *Código de Processo Penal interpretado,* 4. ed., p. 187.

Alcançada a finalidade a que se destinava a apreensão, durante o processo ou quando de seu término, o bem apreendido, em regra, deve ser restituído a quem demonstrar a dominialidade, ressalvadas as exceções que adiante serão analisadas.

■ 7.6.1. Bens restituíveis e bens não restituíveis

Evidenciada a falta de interesse para o processo ou sobrevindo sentença absolutória (ou arquivamento do inquérito), o bem apreendido deve ser restituído ao proprietário, salvo se se tratar de **coisa não restituível**, ou seja, de coisa sujeita a **confisco**.

Confisco é a perda em favor da **União** (art. 91, II, do CP):

a) dos instrumentos do crime, desde que consistam em coisas cujo fabrico, alienação, uso, porte ou detenção constitua fato ilícito;

b) do produto do crime ou qualquer bem ou valor que constitua proveito auferido pelo agente com a prática do fato criminoso.

O confisco se aperfeiçoa somente por ocasião do trânsito em julgado da sentença condenatória, mas a circunstância de determinado bem sujeitar-se a tal medida (instrumento ou produto do crime) impede que se cogite, a qualquer tempo, de sua restituição, **ressalvados os direitos do ofendido ou do terceiro de boa-fé**.

Até mesmo na hipótese de absolvição ou de arquivamento do inquérito policial, os **instrumentos** sujeitos ao confisco não podem ser restituídos, pois não poderia a autoridade concorrer para a prática de conduta ilícita, entregando a alguém objeto cujo fabrico, alienação, uso, porte ou detenção seja proibido.

Assim é que, por exemplo, uma arma de fogo de uso restrito não poderá ser restituída, mesmo ao término do processo, salvo se reclamada por quem comprovar satisfatoriamente sua propriedade e a licitude de sua posse: "1. Arma de fogo apreendida: a decisão que, mesmo comprovada a propriedade e a autorização do porte, decreta a perda da arma em favor do Estado, com fundamento na segurança pública, impõe inconcebível pena acessória — CP, art. 91, II, a — contra quem, além de não ter sido condenado, sequer foi sujeito passivo em ação penal — e contraria o art. 5º, XXII, LIV e LV, da Constituição Federal. 2. RE provido, sem prejuízo da exigência, quando da devolução da arma, dos requisitos legais então vigentes" (STF — RE 362.047/SC — 1ª Turma — Rel. Min. Sepúlveda Pertence — *DJ* 08.10.2004 — p. 9).

O **produto direto do crime**, independentemente da licitude de seu uso, porte, detenção, alienação ou fabrico, **será confiscado**, salvo se conhecido o dono ou se for reclamado por **terceiro de boa-fé**.

■ 7.6.2. Restituição por termo nos autos

Se o direito de quem reclama a entrega do bem restituível for **manifesto**, a restituição poderá ser feita sem que se instaure incidente processual autônomo, e poderá ser determinada (art. 120 do CPP):

a) pela autoridade policial, durante o inquérito e desde que a coisa não tenha sido apreendida em poder de terceiro que alega boa-fé (art. 120, § 2º, do CPP);

b) pelo juiz, na fase do inquérito ou no curso da ação penal.

Em qualquer das hipóteses, o **Ministério Público deve ser ouvido** previamente sobre o pedido de restituição (art. 120, § 3º, do CPP).

■ 7.6.3. Restituição por meio de incidente

Acaso o direito do interessado não se revele manifesto, **apenas o juiz**, no seio de incidente próprio, poderá decidir sobre o pedido de restituição (art. 120, § 1º, do CPP), assim também na hipótese de o bem ter sido apreendido em poder de terceiro que alega boa-fé (art. 120, § 2º, do CPP).

Iniciado o incidente, deve o requerente, no prazo de **5 dias**, produzir prova de seu direito.

Se as coisas foram apreendidas em poder de terceiro de boa-fé, será esse notificado para, em igual prazo, instruir o procedimento.

Acaso o incidente ganhe feição contenciosa, isto é, se houver conflito de interesses entre o proprietário (ou possuidor) e terceiro que alega boa-fé, as partes terão, depois de encerrada a instrução, o prazo comum de **2 dias** para arrazoar (apresentar alegações), após o que será ouvido o Ministério Público (art. 120, § 3º, do CPP) e o feito julgado.

Subsistindo **dúvida** instransponível sobre quem é o verdadeiro titular dos direitos sobre o bem, o juiz indeferirá a restituição e remeterá as partes para o **juízo cível**, onde deve ser solucionada a questão de alta indagação (art. 120, § 4º, do CPP).

Se induvidoso o direito do reclamante, o juiz deferirá a restituição.

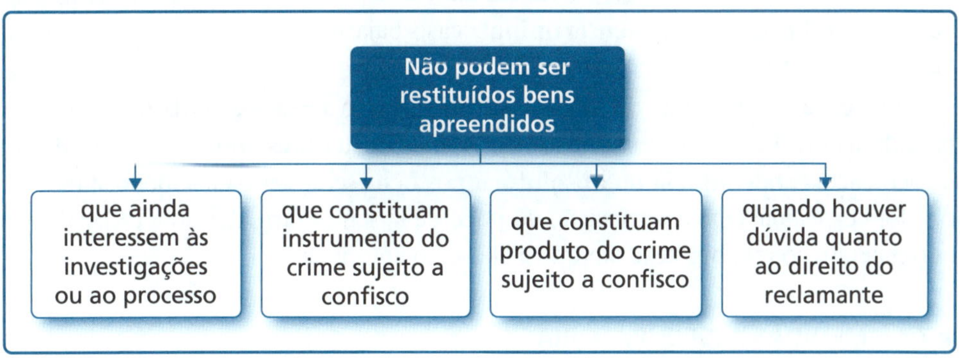

■ 7.6.4. Recurso

A decisão que julga pedido de restituição (deferindo o pedido ou remetendo a solução da controvérsia ao juízo cível) expõe-se a **apelação**, pois tem caráter definitivo, na medida em que esgota a possibilidade de discussão da questão perante a jurisdição criminal (art. 593, II, do CPP): "O incidente de restituição de coisas apreendidas está sujeito ao recurso de apelação, nos termos do art. 593, inciso II, do Código de Processo Penal" (STJ — RMS 33.274/SP — 5ª Turma — Rel. Min. Gilson Dipp — *DJe* 04.04.2011).

7.6.5. Coisas facilmente deterioráveis

Sempre que houver risco de os bens apreendidos estragarem-se, deverão ser restituídos o quanto antes aos respectivos donos, desde que não se sujeitem a confisco.

Havendo dúvida sobre o direito de propriedade, pode o juiz, a fim de evitar a deterioração das coisas, optar por uma das seguintes soluções (art. 120, § 5º, do CPP):

a) determinar a avaliação e posterior venda em leilão, depositando-se o dinheiro apurado;

b) entregá-las ao terceiro que as detinha, se este for pessoa idônea, que assinará termo de responsabilidade.

7.6.6. Destino dos bens

As coisas adquiridas com o **proveito da infração**, após o trânsito em julgado da sentença condenatória, serão **leiloadas**, e o dinheiro apurado reverterá **em favor da União**, ressalvado o direito do lesado ou do terceiro de boa-fé (arts. 121 e 133 do CPP).

Se se tratar de **instrumento da infração passível de confisco**, deve-se aguardar, após o trânsito em julgado da sentença condenatória, por 90 dias, período durante o qual o lesado ou terceiro de boa-fé podem reclamar a restituição. Decorrido esse prazo sem provocação do interessado, o juiz ordenará a **venda em leilão** (art. 122 do CPP). Pode o juiz, no entanto, em relação aos instrumentos do crime não restituíveis e aos bens adquiridos com os proventos da infração, determinar sua **inutilização** ou seu **recolhimento a museu criminal**, caso haja interesse em sua conservação (art. 124 do CPP).

Mesmo em se tratando de **coisas restituíveis** (não sujeitas a confisco), se o interessado não reclamar sua restituição nos 90 dias posteriores ao trânsito em julgado da sentença, **condenatória ou absolutória**, os bens serão leiloados, depositando-se o valor correspondente à disposição do juízo de ausentes (art. 123 do CPP), salvo se pertencerem ao réu, hipótese em que a ele serão entregues.

7.7. MEDIDAS ASSECURATÓRIAS

Além de constituir lesão aos interesses da coletividade, a infração penal, muitas vezes, ocasiona danos, de natureza material ou moral, ao ofendido, que passa a ter a **expectativa de ser indenizado**.

A entrega da prestação jurisdicional, pelo juízo criminal (a reparação do dano é efeito da condenação criminal — art. 91, I, do CP) ou pelo juízo cível (a absolvição criminal não impede, em regra, a dedução da pretensão reparatória no juízo cível), todavia, nunca é imediata, circunstância que possibilita haver alteração da situação patrimonial do agente, quer por meio de alienação ou desfazimento de bens, quer mediante dilapidação ou ocultação de patrimônio.

Visando assegurar a efetiva reparação do prejuízo causado ao ofendido[30], o Código de Processo Penal prevê três modalidades de **medidas cautelares reais**, cuja adoção prescinde do prévio ajuizamento de ação civil:

a) sequestro;

b) hipoteca legal;

c) arresto.

Todas essas medidas têm natureza cautelar, daí por que sua aplicação subordina-se à constatação de que há **risco de dano** na demora da entrega da prestação jurisdicional (*periculum in mora*) e de que há razoável probabilidade de ser acolhida a pretensão reparatória (*fumus boni iuris*).

Elas ensejam, ademais, a formação de **procedimento incidente**, cujos autos, uma vez realizadas as medidas precautórias e sobrevindo sentença penal condenatória, serão remetidos ao juízo cível perante o qual o ofendido propuser a execução *ex delicto* (art. 143 do CPP).

Na hipótese de **sentença absolutória definitiva** ou de decisão irrecorrível que declarar **extinta a punibilidade**, as medidas assecuratórias deferidas pelo juízo penal **perdem a validade** (art. 141 do CPP), muito embora o lesado possa, com base na legislação processual civil, deduzir pretensão cautelar perante o juízo cível.

Essas hipóteses de desfazimento automático das medidas são estabelecidas de forma **taxativa**, não se podendo cogitar da ampliação das causas de levantamento: "1. A adesão ao Programa de Recuperação Fiscal — Refis, implica a suspensão da pretensão punitiva e não a extinção da punibilidade, que só ocorre com o pagamento integral dos tributos. 2. O levantamento do sequestro ou o cancelamento da hipoteca só será possível após o trânsito em julgado de sentença absolutória ou de extinção da punibilidade, nos termos do art. 141 do Código de Processo Penal. 3. No caso, como só houve a suspensão da pretensão punitiva, por força do art. 9º da Lei n. 9.964/2000, não se pode levantar as constrições judiciais. Precedente. 4. A garantia prestada para a homologação da opção pelo Refis é de natureza administrativa e não pode substituir as medidas assecuratórias judiciais. 5. Recurso provido" (STJ — REsp 762.072/RS — 5ª Turma — Rel. Min. Laurita Vaz — *DJe* 10.03.2008).

■ 7.7.1. Sequestro

Sequestro é a **retenção judicial** da coisa, para impedir que se disponha do bem.

30 Francisco Campos bem delineou, na Exposição de Motivos do projeto de Código de Processo Penal, a finalidade das medidas em estudo: "O projeto não descurou de evitar que se torne ilusório o direito à reparação do dano, instituindo ou regulando eficientemente medidas assecuratórias (sequestro e hipoteca legal dos bens do indiciado ou do responsável civil), antes mesmo do início da ação ou do julgamento definitivo, e determinando a intervenção do Ministério Público, quando o titular do direito à indenização não disponha de recursos pecuniários para exercê-lo. Ficará, assim, sem fundamento a crítica, segundo a qual, pelo sistema do direito pátrio, a reparação do dano *ex delicto* não passa de uma promessa vã ou platônica da lei".

O sequestro pode recair sobre **bens imóveis** (art. 125 do CPP) ou sobre **bens móveis** (art. 132 do CPP), desde que tenham sido adquiridos com o **produto do crime**, ou seja, desde que se constituam em **proventos da infração**. Averbe-se que não se sujeitam ao sequestro, porém, os **bens móveis** que sejam produtos diretos da infração, pois **passíveis de busca e apreensão**. Os **bens imóveis** que constituam produto direto da infração, ao contrário, são passíveis de sequestro, pois sua insuscetibilidade natural à apreensão fez com que fossem excluídos do rol das coisas juridicamente apreensíveis.

A lei prevê a possibilidade de o sequestro ensejar a tomada de bens adquiridos pelo indiciado ou acusado com o produto da infração, mesmo que já tenham sido **transferidos a terceiro**, ressalvada a possibilidade de demonstração da boa-fé por meio da oposição de embargos[31].

Sujeitam-se ao sequestro, ainda, os bens passíveis de perdimento, isto é, os bens ou valores equivalentes ao produto ou proveito do crime quando estes não forem encontrados ou quando se localizarem fora do território nacional (art. 91, §§ 1º e 2º, do CP).

7.7.1.1. *Oportunidade e iniciativa (art. 127 do CPP)*

Embora o sequestro seja cabível em qualquer fase do processo ou ainda antes de oferecida a denúncia ou a queixa, ainda que não haja inquérito instaurado, somente o juiz pode decretá-lo, sendo vedada a aplicação de medida assecuratória por autoridade não investida de jurisdição (p. ex., autoridade policial e Comissão Parlamentar de Inquérito): "Comissão Parlamentar de Inquérito: MS contra decisão de CPI que decretou a indisponibilidade de bens e a quebra de sigilos do impetrante: procedência, no mérito, dos fundamentos da impetração, que, no entanto, se deixa de proclamar, dado que o encerramento dos trabalhos da CPI prejudicou o pedido de segurança. 1. Incompetência da Comissão Parlamentar de Inquérito para expedir decreto de indisponibilidade de bens de particular, que não é medida de instrução — a cujo âmbito se restringem os poderes de autoridade judicial a elas conferidos no art. 58, § 3º — mas de provimento cautelar de eventual sentença futura, que só pode caber ao Juiz competente para proferi-la. 2. Quebra ou transferência de sigilos bancário, fiscal e de registros telefônicos que, ainda quando se admita, em tese, susceptível de ser objeto de decreto de CPI — porque não coberta pela reserva absoluta de jurisdição que resguarda outras garantias constitucionais —, há de ser adequadamente fundamentada: aplicação no exercício pela CPI dos poderes instrutórios das autoridades judiciárias da exigência de motivação do art. 93, IX, da Constituição da República. 3. Sustados, pela concessão liminar, os efeitos da decisão questionada da CPI, a dissolução desta prejudica o pedido de mandado de segurança" (STF — MS 23.480/RJ — Tribunal Pleno — Rel. Min. Sepúlveda Pertence — *DJ* 15.09.2000 — p. 119).

O sequestro pode ser decretado:

a) de **ofício** pelo juiz, hipótese em que baixará portaria e ordenará sua autuação em apenso;

b) a requerimento do **Ministério Público**;

[31] Guilherme de Souza Nucci. *Código de Processo Penal comentado,* 9. ed., p. 319.

c) a requerimento do **ofendido**;

d) por representação da **autoridade policial**.

■ *7.7.1.2. Requisitos*

Para a decretação do sequestro é necessária e suficiente a existência de **indícios veementes** da proveniência ilícita dos bens (art. 126 do CPP).

Oportunas, sobre o tema, as palavras de Ary Azevedo Franco: "É mister salientar, que, para a decretação do sequestro bastará a existência de indícios veementes da proveniência ilícita dos bens, o que é de louvar-se, não se exigindo do interessado prova plena, cumpridamente provada, pois, tratando-se de medida assecuratória, o dono da coisa poderá, em tempo hábil, fazer valer o seu direito, recuperando-a"[32].

■ *7.7.1.3. Procedimento e inscrição*

Autuado o requerimento, portaria ou representação em apartado, o juiz analisará se estão presentes os requisitos para a decretação da medida e decidirá independentemente da manifestação da parte contrária, pois "poderá prejudicar a eficácia da medida, principalmente se se tratar de bens móveis, o prévio conhecimento dado ao réu ou ao terceiro, que detenha as coisas a sequestrar"[33].

Decretado o sequestro, o juiz expedirá mandado e, em se tratando de bem imóvel, determinará a inscrição da medida no Registro de Imóveis, para alertar terceiros acerca da destinação do bem ao cumprimento de responsabilidade civil decorrente do ato ilícito.

O sequestro tem como efeito **impedir a livre disposição do bem**, sem que interfira na faculdade de uso da coisa e na obtenção de frutos civis.

Em decorrência de seu caráter provisório, pode ser revogado ou substituído a qualquer tempo[34].

■ *7.7.1.4. Recurso e defesa*

A decisão que decreta ou que indefere o sequestro é **apelável** (art. 593, II, do CPP).

A lei prevê, ainda, a possibilidade de oposição de **embargos** contra o sequestro (arts. 129 e 130 do CPP), perante o juízo criminal, os quais podem ser ajuizados:

a) pelo acusado — sob o fundamento de não terem os bens sido adquiridos com os proventos da infração;

b) pelo adquirente do bem a título oneroso — sob o fundamento de ter adquirido os bens de boa-fé;

c) por terceiro — na eventualidade de alegar que tem a propriedade ou direito de posse sobre o bem.

---

32 Ary Azevedo Franco. *Código de Processo Penal,* 7. ed., v. 1, p. 228.

33 Eduardo Espínola Filho. *Código de Processo Penal brasileiro anotado,* v. II, p. 429.

34 Fernando Capez. *Curso de processo penal,* 18. ed., p. 501.

Os embargos podem ser ajuizados a qualquer tempo e, por revestirem-se de natureza de ação, admitem ampla produção de provas pelos interessados; contudo, só poderão ser **julgados** depois do trânsito em julgado da sentença condenatória (art. 130, parágrafo único, do CPP).

7.7.1.5. *Levantamento*

Levantamento é a perda de eficácia do sequestro, que ocorre nos seguintes casos (art. 131):

1) **Se a ação penal correspondente não for ajuizada no prazo de 60 dias, a contar da data em que for concluída a diligência**.

É possível, porém, quando da instauração da ação penal, a **reiteração do sequestro** ordenado durante a investigação e que foi levantado por decurso do prazo: "Sequestro de bens móveis, cuja aquisição teria sido feita com o produto de apropriação indébita. Medida assecuratória decretada com fundamento no art. 127 do CPP. 2) Levantado o sequestro, decretado a requerimento do ministério público, por não ter sido a ação penal intentada dentro do prazo, pode o juiz, de ofício, ao receber a denúncia, renovar essa medida assecuratória. Interpretação do art. 131, I, do CPP, em combinação com o art. 127, do mesmo estatuto processual. 3) Recurso extraordinário conhecido, pelo dissídio, mas não provido" (STF — RE 86.635/SP — 2ª Turma — Rel. Min. Leitão de Abreu — *RTJ 82-02* — p. 596).

2) **Se o terceiro adquirente prestar caução que assegure a aplicação do disposto no art. 91, II, *b*, segunda parte, do Código Penal, ou seja, se garantir o valor que constitua provento auferido pelo agente com a prática criminosa**;

3) **se for julgada extinta a punibilidade ou absolvido o réu, por sentença passada em julgado**.

7.7.1.6. *Destinação dos bens sequestrados*

Acaso não tenha havido oposição de embargos ou na hipótese de os embargos terem sido rejeitados, o juiz criminal, após a sentença condenatória passar em julgado, determinará que os bens sejam avaliados e, em seguida, **vendidos em leilão público** (art. 133, *caput*, do CPP). Os valores apurados serão empregados para a satisfação do lesado e de eventual terceiro de boa-fé. Se houver saldo, será utilizado para pagamento das custas processuais e de penas de caráter pecuniário e, se existir sobra, será revertida ao Tesouro Nacional (arts. 133, parágrafo único, e 140 do CPP).

7.7.2. Hipoteca legal

A segunda modalidade de medida assecuratória cuja adoção é disciplinada pelo Código de Processo Penal é a hipoteca, que é **conferida pela lei**[35] ao ofendido, ou aos

[35] Além da hipoteca legal, há outras duas espécies de hipoteca: a convencional, que se estabelece por contrato; e a judicial, que decorre de sentença.

seus herdeiros, sobre os imóveis do delinquente, para satisfação do dano causado pelo delito e pagamento das despesas judiciais (art. 1.489, III, do Código Civil). Veja-se que a hipoteca já é conferida pela lei ao ofendido, daí por que basta que o lesado requeira sua **especialização** e a consequente **inscrição**.

Hipoteca legal é o **direito real de garantia** que tem por objeto bens imóveis **pertencentes ao devedor** que, embora continuem em seu poder, asseguram, prioritariamente, a satisfação do crédito.

De forma **diversa** do sequestro, a hipoteca recai sobre bens que compõem o **patrimônio lícito do autor da infração**, ou seja, não tem por objeto os proventos da infração.

A medida assecuratória em questão destina-se a assegurar a reparação do dano causado à vítima, bem assim o pagamento de eventual pena de multa e despesas processuais, tendo a primeira preferência sobre essas duas últimas (art. 140 do CPP).

■ *7.7.2.1. Oportunidade e legitimidade*

Embora o art. 134 do Código de Processo Penal disponha que a hipoteca poderá ser requerida em qualquer fase do *processo*, partilhamos do entendimento de que pode sua especialização ter lugar também na fase do **inquérito policial**, uma vez que esse mesmo dispositivo refere-se aos imóveis do **indiciado**. Essa é, de resto, a docência de Tourinho Filho[36] e de Guilherme de Souza Nucci[37].

A especialização da hipoteca pode ser requerida:

a) pelo ofendido, seu representante legal ou herdeiros;

b) pelo Ministério Público, desde que o ofendido seja pobre e requeira a efetivação da medida, ou se houver interesse da Fazenda Pública (art. 142 do CPP).

■ *7.7.2.2. Requisitos*

Para que se possa realizar a inscrição da hipoteca, devem estar presentes dois requisitos (art. 134 do CPP):

a) certeza da existência da infração;

b) indícios suficientes de autoria.

■ *7.7.2.3. Processamento*

O interessado deve ajuizar petição, estimando o valor da responsabilidade civil, e designando os bens imóveis que pretende que sejam hipotecados (art. 135 do CPP). O requerimento deve ser instruído com as provas ou a indicação das provas em que se fundar a estimação da responsabilidade, bem assim de relação dos imóveis que

---

36 Fernando da Costa Tourinho Filho. *Processo penal,* 33. ed., v. 3, p. 58.

37 Guilherme de Souza Nucci. *Código de Processo Penal comentado,* 9. ed., p. 323.

possuir o responsável, além daqueles apontados como objeto da hipoteca e, ainda, com documentação comprobatória do domínio (art. 135, § 1º, do CPP).

Após determinar a autuação em apartado (art. 138 do CPP), o juiz deverá nomear perito para arbitrar o valor da responsabilidade e a avaliação dos imóveis (art. 135, § 2º, do CPP).

Em seguida, as partes serão ouvidas no prazo de 2 dias, e o juiz poderá corrigir o arbitramento do valor da responsabilidade, se lhe parecer excessivo ou deficiente (art. 135, § 3º, do CPP). Se entender presentes os requisitos legais, o juiz determinará a inscrição da hipoteca legal do imóvel ou imóveis necessários à garantia da responsabilidade do autor da infração.

Ainda que presentes os pressupostos para a inscrição da hipoteca, pode o juiz deixar de proceder à inscrição, desde que o réu ofereça caução **suficiente**, em dinheiro ou em títulos da dívida pública, pelo valor de sua cotação em Bolsa (art. 135, § 6º, do CPP).

■ *7.7.2.4. Execução*

A execução ocorrerá no juízo cível, ao qual o procedimento incidente de especialização da hipoteca legal será encaminhado em caso de sentença condenatória definitiva (art. 143 do CPP).

A hipoteca será cancelada se, por sentença irrecorrível, o réu for absolvido ou se for julgada extinta a punibilidade (art. 141 do CPP).

■ 7.7.3. Arresto

O arresto também é modalidade de medida assecuratória que tem por objeto o **patrimônio lícito do agente**, não se destinando, portanto, à constrição de bens adquiridos com o produto da infração.

São duas as espécies de arresto:

1) **arresto de imóveis preparatório da hipoteca legal** (art. 136 do CPP);
2) **arresto de bens móveis** (art. 137 do CPP).

■ *7.7.3.1. Arresto preparatório da hipoteca*

Em atenção à circunstância de que o procedimento de especialização da hipoteca legal pode demorar, a lei prevê a possibilidade de adoção de arresto preparatório de **bens imóveis** do indiciado ou acusado, como forma de evitar que sejam alienados antes da inscrição da hipoteca ou que haja desvios de frutos civis.

O pedido de arresto preparatório deve ser autuado em apartado (art. 138 do CPP) e seu acolhimento pressupõe a certeza da ocorrência da infração e a existência de indícios de autoria.

Podem requerer a medida preparatória em estudo, na fase da investigação ou durante o processo, aqueles a quem a lei atribui legitimidade para postular a especialização da hipoteca legal.

Uma vez decretado o arresto preparatório, sua **validade perdurará por 15 dias**, prazo em que o interessado deverá promover o processo de inscrição da hipoteca legal (art. 136 do CPP). Para Vicente Greco Filho, o prazo em questão pode ser prorrogado "desde que haja justo motivo"[38].

■ 7.7.3.2. *Arresto de móveis*

Se o indiciado ou réu **não for titular de bens imóveis** ou se o **valor deles for insuficiente**, é possível, durante a ação penal ou antes de seu exercício, o arresto de bens móveis que integrem o seu **patrimônio lícito,** hipótese em que as coisas serão **retiradas da posse do agente** e entregues, em depósito, a quem o juiz determinar. A propósito: "O arresto, decretado nos moldes do art. 137, do CPP, não pressupõe a origem ilícita dos bens móveis, pois a constrição, nesta hipótese, é determinada com o mero objetivo de garantir a satisfação, em caso de condenação, de eventual pena de multa, custas processuais e ressarcimento dos danos causados pela perpetração delitiva" (STJ — RMS 21.967/PR — 5ª Turma — Rel. Min. Jorge Mussi — *DJe* 02.03.2009).

Não são passíveis de arresto, porém, os bens móveis:

a) que constituam produto ou provento da infração, porque se sujeitam, respectivamente, à busca e apreensão e ao sequestro;

b) impenhoráveis (art. 137 do CPP).

Apenas os bens penhoráveis, portanto, são sujeitos ao arresto, o que exclui a possibilidade de a medida assecuratória em questão incidir sobre os bens elencados no art. 833 do Novo Código de Processo Civil, que dispõe serem absolutamente impenhoráveis: I — os bens inalienáveis e os declarados, por ato voluntário, não sujeitos à execução; II — os móveis, os pertences e as utilidades domésticas que guarnecem a residência do executado, salvo os de elevado valor ou os que ultrapassem as necessidades comuns correspondentes a um médio padrão de vida; III — os vestuários, bem como os pertences de uso pessoal do executado, salvo se de elevado valor; IV — os vencimentos, os subsídios, os soldos, os salários, as remunerações, os proventos de aposentadoria, as pensões, os pecúlios e os montepios, bem como as quantias recebidas por liberalidade de terceiro e destinadas ao sustento do devedor e de sua família, os ganhos de trabalhador autônomo e os honorários de profissional liberal; V — os livros, as máquinas, as ferramentas, os utensílios, os instrumentos ou outros bens móveis necessários ou úteis ao exercício da profissão do executado; VI — o seguro de vida; VII — os materiais necessários para obras em andamento, salvo se essas forem penhoradas; VIII — a pequena propriedade rural, assim definida em lei, desde que trabalhada pela família; IX — os recursos públicos recebidos por instituições privadas para aplicação compulsória em educação, saúde ou assistência social; X — a quantia depositada em caderneta de poupança, até o limite de 40 (quarenta)

---

38 Vicente Greco Filho. *Manual de processo penal,* 7. ed., p. 180.

salários mínimos; XI — os recursos públicos do fundo partidário recebidos por partido político, nos termos da lei; XII — os créditos oriundos de alienação de unidades imobiliárias, sob regime de incorporação imobiliária, vinculados à execução da obra.

O procedimento desencadeado pelo pedido de arresto deve processar-se em apartado (art. 138 do CPP), incumbindo ao interessado provar a **existência material do crime** e demonstrar os **indícios de autoria**.

Têm legitimidade para requerer o arresto de móveis **o ofendido, seu representante legal ou herdeiros** e, ainda, de acordo com a dicção do art. 142 do Código de Processo Penal, **o Ministério Público**, desde que o ofendido seja pobre e requeira a efetivação da medida, ou se houver interesse da Fazenda Pública.

Durante o trâmite da ação penal, serão observadas, pelo juiz criminal, em relação ao depósito e à administração dos bens arrestados, as disposições relativas ao processo civil (art. 139 do CPP). Os bens **fungíveis** que forem de fácil deterioração devem ser alienados, depositando-se os valores (art. 137, § 1º, do CPP).

O juiz poderá destinar as rendas dos bens móveis ou parte delas para a manutenção do indiciado ou acusado e de seus familiares (art. 137, § 2º, do CPP).

Advindo decisão absolutória irrecorrível ou declaração da extinção da punibilidade, o arresto será levantado e os bens restituídos ao acusado (art. 141 do CPP).

Havendo trânsito em julgado de sentença condenatória, os autos em que se processou o pedido de arresto serão remetidos ao juízo cível (art. 143 do CPP), para satisfação do prejuízo sofrido pela vítima.

■ 7.7.3.3. *Legitimidade do Ministério Público em relação à hipoteca e ao arresto*

O art. 142 do Código de Processo Penal prevê que o Ministério Público poderá requerer a especialização da **hipoteca legal** ou o **arresto de bens móveis** quando houver **interesse da Fazenda Pública**, ou se o **ofendido for pobre e o requerer**.

Para Vicente Greco Filho, "tal regra encontra-se superada pelas atribuições constitucionais do Ministério Público (art. 129 da Constituição), que não pode exercer função de advogado", ressalvando que o Supremo Tribunal Federal tem admitido a legitimidade ministerial para atuar em prol do ofendido, em caráter excepcional, onde não houver Defensoria Pública instalada. Advoga, porém, a impossibilidade de atuação em decorrência de interesse da Fazenda[39].

Tourinho Filho, por sua vez, afirma, acertadamente, que, embora o Ministério Público não tenha legitimidade para acautelar futura execução fiscal, terá sempre legitimidade para promover a especialização da hipoteca ou o arresto no tocante aos valores necessários para "acautelar o pagamento de eventual multa e custas judiciais que decorram de uma condenação"[40].

De fato, o atual perfil institucional do Ministério Público, traçado pela Constituição Federal, não é compatível com a atuação em prol de interesse pecuniário estatal

[39] Vicente Greco Filho. *Manual de processo penal,* 7. ed., p. 180.

[40] Fernando da Costa Tourinho Filho. *Processo penal,* 33. ed., v. 3, p. 68.

que vá além das medidas necessárias para a efetiva cobrança da pena pecuniária e das custas judiciais, daí por que o dispositivo em questão deve ser interpretado com esse tempero.

No tocante à legitimidade para atuar em favor do **ofendido carente**, é aplicável à matéria o entendimento do Supremo Tribunal Federal de que se trata de **norma ainda constitucional**, em estágio intermediário, de caráter transitório, entre a situação de constitucionalidade e o estado de inconstitucionalidade (teoria da inconstitucionalidade progressiva), a autorizar a iniciativa do Ministério Público enquanto não houver, na localidade, Defensoria Pública regularmente instalada (STF — RE 341.717 AgR/SP — 2ª Turma — Rel. Min. Celso de Mello — *DJe* 05.03.2010).

7.7.4. Alienação antecipada

Em qualquer modalidade de medida cautelar real, os bens sujeitos a algum grau de deterioração ou depreciação, assim como aqueles cuja guarda for difícil, serão objeto de alienação antecipada. A medida em questão, que se destina a **preservar o valor dos bens** sujeitos à medida assecuratória, deve ser determinada pelo juiz (art. 144-A, do CPP).

A alienação será feita em leilão, preferencialmente por meio eletrônico, depois de avaliados os bens. Se no primeiro leilão os lances não alcançarem o valor da avaliação, será realizado outro no prazo máximo de 10 dias, oportunidade em que os bens poderão ser alienados por valor não inferior a 80% da avaliação.

O produto da venda permanecerá depositado em conta vinculada ao juízo até a decisão final do processo, para, em caso de condenação, ser incorporado ao patrimônio da União, do Estado ou do Distrito Federal, depois de satisfeitos os interesses do lesado ou do terceiro de boa-fé.

Na hipótese de o sequestro ou arresto recair em moeda estrangeira, títulos, valores mobiliários ou cheques, o juiz determinará a conversão para moeda nacional e o posterior depósito em conta judicial.

7.7.5. Distinção entre os institutos

São objetos da medida de **apreensão**: bens móveis que tenham interesse probatório ou bens móveis que constituam produto direto da infração.

Sujeitam-se a **sequestro**: os bens imóveis que constituam produto direto da infração, além das coisas móveis ou imóveis que se consubstanciem em proventos do crime (ou seja, os bens adquiridos em decorrência do locupletamento proporcionado pela infração), assim como os bens e valores sujeitos a perdimento.

Ficam sujeitos à **hipoteca legal**: os bens imóveis de proveniência lícita que integram o patrimônio do indiciado ou acusado.

São passíveis de **arresto**: em caráter provisório, os bens imóveis do patrimônio lícito do agente (arresto preparatório da hipoteca) e as coisas móveis de origem lícita pertencentes ao indiciado ou réu.

A propósito, veja-se: "Inicialmente, saliento que o Código de Processo Penal prevê medidas cautelares tendentes a assegurar futura indenização ou reparação à vítima da infração penal, pagamento de despesas processuais ou penas pecuniárias ao Estado ou mesmo a evitar que o réu obtenha lucro com a atividade criminosa. Trata-se, portanto, de medidas incidentais com vistas à satisfação do dano *ex delicto*. — Nas hipóteses previstas nos arts. 125 e 132, do Código de Processo Penal, a medida recai apenas em bens adquiridos com proventos do crime, ainda que tenham sido alienados a terceiros. Nas outras hipóteses, arts. 134, 136 e 137, do referido Codex — estes dois últimos, em verdade, arrestos —, a medida pode incidir em quaisquer bens do indiciado ou réu, embora não tenham sido obtidos com proventos do crime. Indispensável, todavia, que sejam bens do indiciado ou réu, não podendo ser de terceiros" (STJ — RMS 13.450/PR — 5ª Turma — Rel. Min. Jorge Scartezzini — *DJ* 18.11.2002 — p. 242).

APREENSÃO	SEQUESTRO	HIPOTECA LEGAL	ARRESTO
■ Bens móveis que tenham finalidade probatória ou que constituam produto direto da infração.	■ Bens imóveis que constituam produto direto da infração e bens móveis ou imóveis que tenham sido adquiridos com o lucro proporcionado pelo crime.	■ Bens imóveis que integram o patrimônio lícito do acusado.	■ Bens imóveis do patrimônio lícito do acusado (em caráter preparatório à inscrição da hipoteca) e bens móveis de origem lícita que pertençam ao acusado.

■ 7.8. INCIDENTE DE FALSIDADE

Sempre que houver necessidade, para a aferição da idoneidade de um documento, instaurar-se-á o incidente de falsidade.

A instauração do incidente, todavia, não é pressuposto para a declaração, pelo juiz, da falsidade de documento, cuja inidoneidade pode ser, muitas vezes, objeto de apreciação no seio do processo principal.

Tratando-se de procedimento incidente com **destinação meramente probatória**, sua instauração subordina-se à constatação, pelo juiz, de sua **relevância e necessidade**: "O art. 145, do CPP, com o intuito de que se promova a busca da realidade, faculta à defesa e à acusação a arguição de incidente de falsidade de documento constante dos autos, que será autuado em apartado, oportunizando-se a devida resposta e podendo o magistrado, caso entenda necessário, ordenar diligências, entretanto, o procedimento somente se mostra oportuno nos casos em que há relevância jurídica para o julgamento da causa. Sendo o pleito de instauração do incidente indeferido em razão de ser dispensável diante da inexistência de poder o seu resultado causar qualquer influência no deslinde da questão, não há o que se falar em cerceamento por ofensa aos princípios constitucionais do contraditório e da ampla defesa" (STJ — AgRg no Ag 1.068.638/MG — 5ª Turma — Rel. Min. Jorge Mussi — *DJe* 03.08.2009).

É indiferente, para fins de instauração do incidente, se se trata de alegação de falsidade **material** ou **ideológica**, bem como se o documento é **público** ou **particular**.

Concordamos com o entendimento de Guilherme de Souza Nucci, para quem o incidente não se destina apenas a aferir a força probante de documentos na **acepção estrita** que o Código empresta ao termo (escritos, instrumentos ou papéis — art. 232 do CPP), podendo servir para verificação da idoneidade de qualquer documento em **sentido amplo**, ou seja, de qualquer objeto apto a corporificar uma manifestação humana (ex., fotografia digital, videofonograma, fonograma etc.)[41].

■ 7.8.1. Oportunidade e legitimidade

O incidente pode ser suscitado, **desde o recebimento da denúncia até a sentença de primeiro grau**, pelo **réu ou querelado**, pelo **ofendido** (ainda que não habilitado como assistente), pelo **Ministério Público** ou pelo **querelante**.

Pode o **juiz, de ofício**, determinar a instauração do incidente, por portaria, para proceder à verificação da falsidade (art. 147), uma vez que lhe compete ordenar diligências para apurar a **verdade real**.

Não há fundamento para impedir arguição de falsidade por parte do próprio sujeito processual que juntou o documento aos autos, pois **não existe proibição nesse sentido**, além do que sempre deve evitar-se o inconveniente de reconhecer-se valor probante a um documento falso, e, com base nele, proferir sentença[42].

A lei prevê que a arguição, acaso feita por procurador, **exige poderes especiais** (art. 146 do CPP), pois é necessário estabelecer de quem é a responsabilidade pela imputação da falsidade. O instrumento de mandato no qual haja menção ao processo e às partes, e do qual conste a autorização para arguir a falsidade de documento determinado, pode ser dispensado se a parte **assinar a petição** em conjunto com o procurador.

Vicente Greco Filho defende que essa exigência só é admissível se o acusado estiver presente, pois, se estiver ausente ou for incapaz, o defensor estará autorizado a agir[43].

Não vemos motivo para impedir o procurador de requerer a instauração do incidente, mesmo sem ser destinatário de poderes especiais, desde que consigne na petição que o faz por decisão própria, indicando a circunstância de o acusado estar ausente ou discordar da arguição, já que, nessa situação, a finalidade da exigência já estará alcançada. Confira-se: "Processual penal — Incidente de falsidade — Procuração — Poder especial — O art. 146, do CPP exige poder especial para instauração do incidente de falsidade. O processo penal visa a projetar a verdade real. É finalidade de natureza material. O procedimento, apesar de disciplinador de condutas, não pode impedir que o fim seja alcançado. Conclusão oposta levará a contrastar a teleologia do processo. Assim, na falta do respectivo poder na procuração, cumpre abrir-se

---

41 Guilherme de Souza Nucci. *Código de Processo Penal comentado*, 9. ed., p. 331-332.

42 Eduardo Espínola Filho. *Código de Processo Penal brasileiro anotado*, v. II, p. 469-470.

43 Vicente Greco Filho. *Manual de processo penal*, 7. ed., p. 181.

oportunidade para o defensor agir. O procedimento submete-se ao processo" (STJ — REsp 148.227/PR — 6ª Tuma — Rel. Min. Luiz Vicente Cernicchiaro — *DJ* 15.06.1998 — p. 175).

■ 7.8.2. Processamento (art. 145 do CPP)

Se deferida a instauração do incidente, o juiz ordenará a autuação em apartado, assinando prazo de 48 horas para a parte contrária oferecer resposta. Após, será aberto prazo sucessivo, de 3 dias, a cada uma das partes e para o Ministério Público (se atuar como *custos legis*), para requerimentos de produção de provas, dentre as quais ganha especial relevo, em caso de arguição de falsidade material, o exame pericial do documento. Em seguida, poderá o juiz determinar a realização das diligências que entender necessárias, seguindo-se decisão.

Nos termos do disposto no art. 11, § 2º, da Lei n. 11.419/2006, que disciplina a informatização do processo judicial, a "arguição de falsidade do documento original será processada eletronicamente na forma da lei processual em vigor".

Julgada procedente ou improcedente a arguição, é cabível **recurso em sentido estrito** (art. 581, XVIII, do CPP), mas a falta de interposição não impede que o tribunal reaprecie a questão, em caso de eventual apelação quanto ao mérito da sentença nos autos principais, já que a idoneidade do documento influirá em sua decisão.

■ 7.8.3. Efeitos da decisão

O conteúdo da decisão proferida no incidente cinge-se ao reconhecimento ou à descaracterização da força probante do documento controvertido, gerando, como consequência, a manutenção do documento nos autos ou o seu desentranhamento.

Se o juiz reconhecer a falsidade, por decisão transitada em julgado, determinará o desentranhamento do documento dos autos principais, hipótese em que, antes de ser remetido ao Ministério Público, com os autos do procedimento do incidente (art. 145, IV, do CPP) **para apuração da responsabilidade pela falsificação**, será rubricado pelo juiz e pelo escrivão em cada uma de suas folhas (art. 15 do Decreto-lei n. 3.931/41[44]).

Acaso o juiz conclua pela autenticidade do documento ou entenda não haver elementos para considerá-lo falso, determinará sua manutenção nos autos, atribuindo-lhe, por ocasião da sentença, o valor que reputar adequado.

A decisão, qualquer que seja seu teor, **tem repercussão apenas no próprio processo**, pois não faz coisa julgada em prejuízo de ulterior processo penal ou civil (art. 148 do CPP). Assim, mesmo que se reconheça, no incidente, a falsidade do documento, pode sobrevir absolvição em eventual processo instaurado para apurar o crime de falso, sob o fundamento de que o documento controvertido é verdadeiro.

---

[44] Lei de Introdução ao Código de Processo Penal.

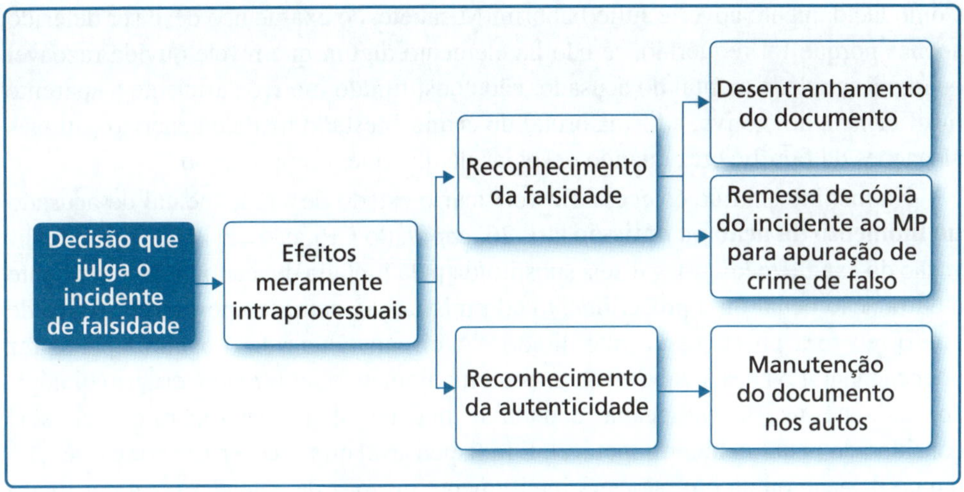

■ 7.9. INCIDENTE DE INSANIDADE MENTAL DO ACUSADO

Dispõe o art. 149 do Código de Processo Penal que, **havendo dúvida sobre a integridade mental do acusado**, o juiz ordenará a instauração do incidente para submetê-lo a exame médico-legal.

Para a instauração do procedimento, portanto, é necessário que haja **dúvida fundada** sobre a capacidade mental do acusado, não bastando requerimento injustificado ou fundado em meras suposições.

O art. 184 do Código de Processo Penal, ademais, deixa claro que a produção das provas periciais em geral submete-se ao juízo de relevância e de pertinência por parte de seu destinatário ("Salvo o caso de exame de corpo de delito, o juiz ou a autoridade policial negará a perícia requerida pelas partes, quando não for necessária ao esclarecimento da verdade").

Por entenderem que a dúvida que autoriza a instauração do incidente é só aquela **relevante** e **decorrente de elementos de prova existentes nos autos**, os tribunais têm rechaçado haver cerceamento de defesa no indeferimento da providência, dentre outras hipóteses, quando o requerimento baseia-se em atestado médico que faz menção a tratamento de saúde mental, mas não afirma a incapacidade do agente para entender o caráter ilícito da conduta[45], quando se funda em meras alegações, prestadas no interrogatório pelo réu, de que teria sido vítima de abuso sexual na infância[46], ou, ainda, quando decorre de mera alegação do réu de que é dependente de drogas[47].

[45] STJ — HC 95.616/PA — 5ª Turma — Rel. Min. Jorge Mussi — Julgamento: 04.02.2010 — *DJe* 12.04.2010.

[46] STJ — HC 107.102/GO — 5ª Turma — Rel. Min. Felix Fischer — Julgamento: 21.08.2008 — *DJe* 06.10.2008.

[47] STJ — HC 51.619/RJ — 6ª Turma — Rel. Min. Paulo Medina — Julgamento: 09.11.2006 — *DJ* 11.12.2006 — p. 426.

Como lucidamente adverte Julio Fabbrini Mirabete, "o exame não deve ser deferido apenas porque foi requerido, se não há elemento algum que revele dúvida razoável quanto à sanidade mental do acusado, não constituindo motivo suficiente a aparente insuficiência de motivo, a forma brutal do crime, atestado médico genérico, simples alegações da família etc., quando despidas de qualquer comprovação"[48].

Na medida em que é necessário verificar o estado de saúde mental do acusado **no momento da ação ou omissão** (art. 26, *caput*, do CP), não é possível que a realização do exame médico-legal seja substituída pela juntada de laudo médico referente a outra ação penal ou a procedimento administrativo, nem, tampouco, por prova de que o réu fora previamente interditado: "A circunstância de o agente apresentar doença mental ou desenvolvimento mental incompleto ou retardado (critério biológico) pode até justificar a incapacidade civil, mas não é suficiente para que ele seja considerado penalmente inimputável. É indispensável que seja verificado se o réu, ao tempo da ação ou da omissão, era inteiramente incapaz de entender o caráter ilícito do fato ou de determinar-se de acordo com esse entendimento (critério psicológico). A incapacidade civil não autoriza o trancamento ou a suspensão da ação penal. A marcha processual deve seguir normalmente em caso de dúvida sobre a integridade mental do acusado, para que, durante a instrução dos autos, seja instaurado o incidente de insanidade mental, que irá subsidiar o juiz na decisão sobre a culpabilidade ou não do réu. Ordem denegada" (STF — HC 101.930/MG — 1ª Turma — Rel. Min. Cármen Lúcia — *DJe* 14.05.2010).

A decisão por meio da qual o juiz decide se instaura ou não o incidente é **irrecorrível**, mas pode ensejar a impetração de *habeas corpus* se o indeferimento revelar-se manifestamente ilegal. Na hipótese de instauração indevida que provoque inversão tumultuária dos atos do processo (*error in procedendo*), é possível o manejo de correição parcial.

■ 7.9.1. Oportunidade e legitimidade

O incidente pode ser instaurado, sempre por determinação judicial, **em qualquer fase da investigação ou do processo**. Embora nada impeça a instauração do incidente durante o processamento da apelação, o Supremo Tribunal Federal tem entendido que a arguição tardia afasta a obrigatoriedade da providência: "A jurisprudência deste Supremo Tribunal é firme no sentido de ser inadmissível a instauração de incidente de insanidade mental em sede de apelação se a defesa permaneceu inerte ao longo da instrução criminal, não estando o juiz obrigado a determiná-la, notadamente quando a alegada insanidade se contrapõe ao conjunto probatório. Precedentes" (HC 105.763/MG — 1ª Turma — Rel. Min. Cármen Lúcia — *DJe* 01.06.2011).

O incidente pode ser instaurado:

---

[48] Julio Fabbrini Mirabete. *Código de Processo Penal interpretado,* 4. ed., p. 211.

a) **pelo juiz**, de ofício (art. 149, *caput*, do CPP);

b) a requerimento do **Ministério Público** (art. 149, *caput*, do CPP);

c) a requerimento do **defensor**, de **ascendente**, **descendente**, **irmão ou cônjuge do acusado** (art. 149, *caput*, do CPP);

d) na **fase do inquérito**, por representação da **autoridade policial** (art. 149, § 1º, do CPP).

■ 7.9.2. Processamento

Após determinar a instauração do incidente, o juiz baixará **portaria**, determinando a **autuação em apartado** do procedimento, além do que **nomeará curador** ao indiciado ou acusado, para que acompanhe os atos ulteriores, podendo o encargo recair sobre o próprio defensor.

Embora a omissão na nomeação de curador constitua nulidade, seu reconhecimento subordina-se à demonstração da ocorrência de **prejuízo** ao investigado ou réu: "Processual penal. Incidente de insanidade mental. — Nomeação do curador. Há que dizer-se sanada a omissão, se curados foram os interesses do acusado pelo defensor que constituíra, o qual acompanhou diligentemente o incidente, formulando quesitos à perícia que, ademais, concluiu pela plena sanidade mental do paciente" (STJ — REsp 85.309/SC — 5ª Turma — Rel. Min. José Dantas — *DJ* 02.03.1998 — p. 127).

Já no momento da instauração, o juiz determinará a **suspensão da ação penal** e nomeará **dois peritos** para realização do exame, notificando as partes, em seguida, para oferecimento de quesitos, salvo se o incidente for instaurado na fase do inquérito, hipótese em que os quesitos serão formulados apenas pelo juiz e pelo Ministério Público.

Ressalte-se que a Lei n. 11.690/2008, que passou a exigir apenas um perito para realização das perícias em geral, não alterou a redação dos arts. 150 e 151 do CPP, que preveem a realização do exame de insanidade por **peritos**. Assim, é possível concluir, em face do princípio da especialidade, que o exame médico-legal destinado a constatar a integridade mental do acusado deve ser levado a efeito por pelo menos dois peritos. Esse é, de resto, o entendimento de Fernando da Costa Tourinho Filho[49].

Durante o período em que o processo principal permanecer suspenso, serão realizadas apenas as diligências que possam ser **prejudicadas pelo adiamento**, mas não há suspensão do **prazo prescricional**, que continua a fluir normalmente.

Na jurisprudência, tem prevalecido o entendimento de que, quando a defesa der causa à instauração do procedimento, não se caracterizará o constrangimento ilegal por excesso de prazo de prisão para a formação da culpa: "É pacífico o entendimento do Superior Tribunal de Justiça no sentido de que a verificação da ocorrência de excesso de prazo para formação da culpa não decorre da simples soma dos prazos processuais, devendo ser examinadas as peculiaridades de cada caso, sempre observado o princípio da razoabilidade. Não há como se considerar a possibilidade de re-

[49] Fernando da Costa Tourinho Filho. *Processo penal,* 33. ed., v. 3, p. 88.

laxamento da prisão, tendo em consideração as especificidades da hipótese em exame, pois o excesso de prazo não foi causado pelo Magistrado ou pelo Ministério Público, mas, sim, pela própria defesa, em virtude da instauração de incidente de insanidade mental por ela requerido. Logo, a morosidade processual decorrente de pedidos da defesa vai ao encontro do entendimento sumulado desta Corte Superior de Justiça, segundo a qual 'não constitui constrangimento ilegal o excesso de prazo na instrução, provocado pela defesa' (Súmula n. 64/STJ)" (STJ — RHC 38.671/RJ — 5ª Turma — Min. Marilza Maynard (Desembargadora Convocada do TJ/SE) — julgado em 27.08.2013 — *DJe* 13.09.2013).

Se o acusado estiver preso, será transferido para manicômio judiciário, onde houver, para fins de realização da perícia, podendo o exame, na sua falta, ser realizado em outro estabelecimento adequado. Se o acusado estiver em liberdade, os peritos informarão se a internação em hospital de custódia é necessária para a realização do exame, hipótese em que poderá o juiz decretá-la.

O exame deve ser realizado no prazo de **45 dias**, salvo se os peritos demonstrarem a necessidade de maior prazo, situação em que poderá o juiz prorrogá-lo (art. 150, § 1º, do CPP).

■ 7.9.3. Efeitos da juntada do laudo

Quando os peritos apresentarem o laudo, o juiz determinará o **apensamento** do incidente ao processo principal (art. 153 do CPP).

O juiz não proferirá decisão no incidente acerca da responsabilidade ou irresponsabilidade do indiciado ou acusado, já que tal matéria deve ser objeto da sentença a ser lançada nos autos da ação penal, devendo limitar-se a homologar o laudo pericial ou, se verificar a necessidade, determinar a realização de novos exames.

A eficácia probatória do laudo pericial psiquiátrico condiciona-se à existência de fundamentação adequada, que só pode advir da análise e consideração, pelos peritos, de elementos de convicção idôneos. Assim é que o laudo elaborado com base apenas em informações prestadas pelo próprio réu (pessoa interessada no desfecho do incidente) não terá, no mais das vezes, força probante, tanto mais se o contato dos expertos com o examinando for breve. É justamente pela necessidade, na maior parte das vezes, de que o exame psiquiátrico seja realizado por meio de **observação contínua do acusado**, que a lei determina seja ele transferido, quando preso, para estabelecimento apropriado (artigo 150, *caput*, do Código de Processo Penal).

Da decisão homologatória do laudo cabe **apelação**.

■ 7.9.4. Prosseguimento do processo principal

Se o réu for considerado imputável, o processo principal terá normal tramitação, mas se os peritos concluírem por sua inimputabilidade ou pela semi-imputabilidade, a ação penal seguirá em seus ulteriores termos com intervenção necessária do **curador**, a quem cumprirá acompanhar os atos processuais (art. 151 do CPP).

Se houver conclusão de que a **doença mental sobreveio à infração**, o processo continuará suspenso, aguardando o restabelecimento do acusado ou a ocorrência da prescrição. Nessa hipótese, poderá o juiz ordenar a internação do acusado em manicômio judiciário, desde que presentes os requisitos para a aplicação da **medida cautelar pessoal** prevista no art. 319, VII, do Código de Processo Penal (internação provisória do acusado nas hipóteses de crimes praticados com violência ou grave ameaça, quando os peritos concluírem ser inimputável ou semi-imputável e **houver risco de reiteração**).

Ao julgar a pretensão punitiva, o juiz **não estará adstrito às conclusões dos peritos**, podendo afastá-las, desde que fundamentadamente.

Se a doença ou perturbação mental sobrevier no curso da **execução** da pena privativa de liberdade, poderá o juiz, de ofício ou a requerimento do Ministério Público ou da autoridade administrativa, determinar a substituição da pena por medida de segurança (art. 183 da LEP).

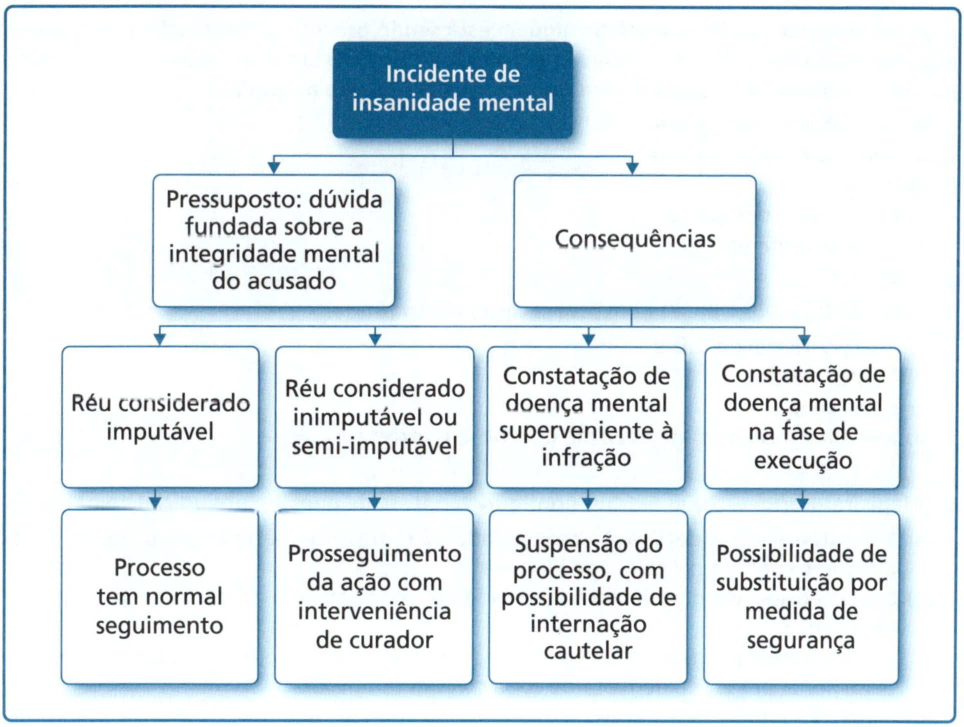

■ 7.10. QUESTÕES

1. (Ministério Público/SP — 2008) Assinale a alternativa incorreta.

a) a questão prejudicial facultativa que enseja a suspensão do processo pressupõe que a decisão sobre a matéria controvertida a ser dirimida no juízo cível possa influir na final classificação jurídica do fato objeto do processo penal, mas não no reconhecimento da existência da infração penal.

b) a questão prejudicial obrigatória que enseja a suspensão do processo penal pressupõe que a matéria controvertida recaia sobre o estado civil das pessoas e que de sua solução dependa o reconhecimento da existência da infração penal.

c) a suspensão do processo em razão de questão prejudicial facultativa somente pode ser determinada pelo juiz se já proposta no juízo cível a ação que vise solucioná-la.
d) a suspensão do processo em razão de questão prejudicial obrigatória pode ser determinada pelo juiz ainda que não tenha sido proposta no juízo cível a ação que vise solucionar a matéria controvertida.
e) a decisão irrecorrível do juízo cível que soluciona a questão prejudicial obrigatória no sentido da atipicidade dos fatos descritos na denúncia vincula o juiz do processo penal.

2. (Ministério Público/SP — 2005) A decisão que reconhece a exceção de coisa julgada, extinguindo o processo sem julgamento do mérito, denomina-se:
a) absolvição da instância.
b) cessação da instância.
c) substituição da instância.
d) prejudicial de mérito.
e) disjunção processual.

3. (Ministério Público/SP — 2003) Se alguém está sendo processado criminalmente e para o julgamento do seu processo é relevante o deslinde de questão civil referente ao conhecimento do estado civil da pessoa, estamos diante de questão prejudicial:
a) obrigatória heterogênea.
b) obrigatória homogênea.
c) mista.
d) facultativa homogênea.
e) facultativa heterogênea.

4. (Magistratura/DF — 2007) Constitui exceção peremptória:
a) incompetência do juízo;
b) litispendência;
c) suspeição;
d) nenhuma das alternativas acima (a, b ou c) é correta.

5. (Magistratura/PA — 2008 — FGV) Configura hipótese de questão prejudicial homogênea:
a) a questão sobre a declaração da nulidade de registro ou patente em processo penal por crime contra a propriedade imaterial.
b) a questão sobre a declaração da validade do casamento em processo penal por crime de bigamia.
c) a questão sobre a declaração da quota parte a que tem direito o condômino em processo penal por crime de furto de coisa comum fungível.
d) a questão sobre a declaração da existência do crime de que proveio a coisa em processo penal por delito de receptação.
e) a questão sobre a declaração da posse e propriedade de coisa móvel em processo penal por crime de apropriação indébita fundada em inversão da posse.

6. (Ministério Público/MA — 2002) Qual a exceção cuja arguição precederá a qualquer outra?
a) incompetência de juízo;
b) litispendência;
c) suspeição;
d) ilegitimidade de parte;
e) coisa julgada.

7. (Ministério Público/RO — 2008 — CESPE/UnB) No que se refere a restituição de coisas apreendidas, medidas assecuratórias, exame de insanidade mental do acusado, questões e processos incidentes, assinale a opção incorreta.

a) de acordo com o CPP, caberá sequestro dos bens imóveis, adquiridos pelo indiciado com os proventos da infração, ainda que já tenham sido transferidos a terceiro, bastando, para isso, a existência de indícios veementes da proveniência ilícita dos bens. Poderá o sequestro ser decretado pelo juiz, de ofício, a requerimento do MP ou do ofendido, ou mediante representação da autoridade policial, em qualquer fase do processo ou mesmo antes de oferecida a denúncia ou queixa.

b) o incidente de falsidade de documento constante dos autos poderá ser requerido por qualquer das partes, mas o juiz não poderá, de ofício, proceder à verificação da falsidade. Reconhecida a falsidade por decisão irrecorrível, o juiz mandará desentranhar o documento e remetê-lo-á, com os autos do processo incidente, ao MP, fazendo essa decisão coisa julgada em relação a ulterior processo penal ou civil.

c) se os peritos concluírem que o acusado era, ao tempo da infração, inimputável por doença mental, o processo-crime prosseguirá, com a presença do curador. Por outro lado, se ficar constatado que a doença mental sobreveio à infração, o processo continuará suspenso até que o acusado se restabeleça, podendo o juiz, nesse caso, ordenar a internação do acusado em manicômio judiciário ou em outro estabelecimento adequado.

d) antes de transitar em julgado a sentença final, as coisas apreendidas não poderão ser restituídas enquanto interessarem ao processo.

e) com relação ao pedido de restituição de coisa apreendida, em caso de dúvida sobre quem seja o verdadeiro dono, o juiz remeterá as parte para o juízo cível, ordenando o depósito das coisas apreendidas em mãos de depositário ou do próprio terceiro que as detinha, se for pessoa idônea.

8. (Delegado/SP — 2008) Imagine-se a hipótese de o agente subtrair significativa quantidade de dinheiro da vítima e usar parte dele para a compra de um carro. Neste caso, após o regular inquérito policial e a instauração na instância penal, o veículo deverá ser:

a) objeto de apreensão.

b) objeto de arresto.

c) objeto de sequestro.

d) objeto de gravame.

e) restituído à vítima da subtração do dinheiro.

9. (OAB — 2006.1 — CESPE/UnB) No que diz respeito às exceções no processo penal, de acordo com a legislação processual penal e a doutrina pátria, assinale a opção correta.

a) a litispendência visa impedir que, por um mesmo fato punível, o réu responda em mais de um processo. Para tanto, esse instituto reclama o reconhecimento inequívoco dos seguintes requisitos: identidade de pessoas, de pedido e de causa de pedir.

b) se, sendo ilegítima a parte, for instaurada a ação penal, pode ser arguida exceção de suspeição.

c) a arguição das exceções constitui incidente processual próprio da defesa, não sendo possível que também o autor possa opô-la.

d) são peremptórias as exceções de suspeição, incompetência e ilegitimidade de parte.

10. (OAB — 2008.1 — CESPE/UnB) Assinale a opção correta, acerca das exceções no processo penal.

a) a exceção de incompetência, quando oposta, põe fim ao processo.

b) no tribunal do júri, a suspeição dos jurados deve ser arguida após os debates orais da acusação e da defesa.
c) quando constatar que alguma das circunstâncias legais está presente, o juiz deve declarar-se suspeito ou impedido de julgar a causa, remetendo o processo ao seu substituto legal, conforme dispõe a organização judiciária.
d) a exceção de litispendência é dilatória.

11. (Magistratura/SP — 2013 — Vunesp) A exceção de incompetência constitui meio processual assecuratório da observância do princípio do(a)

a) oficialidade.
b) juiz natural.
c) publicidade.
d) persuasão racional.

12. (Magistratura/SP — 2014 — Vunesp) Quando houver dúvida sobre a integridade mental do indiciado ou acusado, o juiz ordenará seja ele submetido a exame médico-legal. Sobre este tema, assinale a opção que contenha assertiva falsa:

a) Durante o inquérito policial, apurada a inimputabilidade do indiciado, o Ministério Público não poderá oferecer denúncia contendo pedido de absolvição e imposição de medida de segurança.
b) Concluindo a perícia que o réu era inimputável à época do cometimento do injusto penal, o processo prossegue com a assistência do curador, normalmente, o próprio advogado.
c) Quando, no curso da execução da pena privativa de liberdade, sobrevier doença mental ou perturbação da saúde mental, o Juiz poderá determinar a substituição da pena por medida de segurança.
d) Se a perícia concluir que o acusado, à época do fato, era imputável, mas, na época de realização do exame durante o processo, padece de doença mental, o feito será paralisado, aguardando-se que o réu obtenha melhora para que possa se defender com eficácia.

13. (Ministério Público/ES — 2013 — Vunesp) De acordo com o Código de Processo Penal, a arguição de suspeição do promotor de justiça suscitada em primeira instância será decidida pelo

a) procurador-geral de justiça, com direito a recurso.
b) Tribunal de Justiça, sem a possibilidade de recurso.
c) juiz de direito, com direito a recurso.
d) juiz de direito, sem direito a recurso.
e) procurador-geral de justiça, sem direito a recurso.

14. (Defensoria Pública/MT — CEV — 2016) Em relação às medidas assecuratórias, analise as assertivas abaixo.

I. Sequestro é a retenção da coisa, para que se disponha do bem e a decisão que o decreta é apelável.
II. De forma diversa da hipoteca legal, o sequestro recai sobre bens que compõem o patrimônio lícito do autor da infração.
III. O levantamento do sequestro ocorre se a ação penal não for ajuizada no prazo de 90 (noventa) dias, a contar da data em que for concluída a diligência.
IV. A especialização da hipoteca pode ser requerida pelo ofendido, seu representante legal ou herdeiros, bem como pelo Ministério Público.

Estão corretas as assertivas

a) I e IV, apenas.
b) I, II e IV, apenas.
c) I, II e III, apenas.
d) I e III, apenas.
e) II, III e IV, apenas.

15. (OAB — 2017.1 — FGV) Ricardo foi denunciado, perante a 1ª Vara Criminal de determinada cidade, pela prática de crime de associação para o tráfico com mais 04 outros indivíduos, destacando a denúncia o local, o período e a existência de outros indivíduos não identificados, integrantes da mesma associação. Foi condenado em primeira instância e foi mantida a prisão preventiva, apresentando a defesa recurso de apelação. No dia seguinte da condenação, na cadeia, Ricardo vem a ser notificado em razão de denúncia diversa oferecida pelo Ministério Público, agora perante a 2ª Vara Criminal da mesma cidade, pela prática do mesmo crime de associação para o tráfico, em iguais período e local da primeira denúncia, mas, dessa vez, foram denunciados também os indivíduos não identificados mencionados no primeiro processo. Ricardo, então, entra em contato com seu advogado, informando da nova notificação. Considerando a situação narrada, caberá ao advogado de Ricardo apresentar exceção de

a) litispendência.
b) coisa julgada.
c) incompetência.
d) ilegitimidade.

■ GABARITO ■

1. "a".
2. "a".
3. "a".
4. "b".
5. "d".
6. "c".
7. "b".
8. "c".
9. "a".
10. "c".
11. "b".
12. "a". O Ministério Público deve oferecer denúncia ainda que o réu seja inimputável. As demais assertivas estão corretas.
13. "d".
14. "a".
15. "a".

8 DA PROVA

■ 8.1. CONCEITO

A dedução em juízo da pretensão punitiva pressupõe que o autor atribua ao réu a prática de determinada conduta típica, daí por que é correto dizer que a acusação sempre estará fundada em um ou mais **fatos**. A conclusão, pelo juiz, acerca da veracidade da acusação, portanto, subordina-se à constatação da existência de fatos pretéritos, sobre cuja ocorrência não há, em princípio, certeza.

A convicção do julgador, contudo, não pode repousar em critérios arbitrários, devendo advir, necessariamente, de construção lógica, o que reclama a análise de elementos aptos a transmitir informação relativa a um fato.

É a esses elementos que se dá a denominação de prova. Sob essa **ótica objetiva**, pois, prova é o elemento que autoriza a conclusão acerca da veracidade de um fato ou circunstância.

O termo prova também é empregado, sob **aspecto subjetivo**, para definir o resultado desse esforço probatório no espírito do juiz.

■ 8.1.1. Finalidade da prova

O **objetivo** da atividade probatória é **convencer seu destinatário**: o juiz. Na medida em que não presenciou o fato que é submetido à sua apreciação, é por meio das provas que o juiz poderá reconstruir o momento histórico em questão, para decidir se a infração, de fato, ocorreu e se o réu foi seu autor.

Só depois de resolvida, no espírito do julgador, essa dimensão fática do processo (decisão da *quaestio facti*) é que ele poderá aplicar o direito (ou seja, solucionar a *quaestio juris*).

O que se almeja com a prova, entretanto, é a demonstração da **verdade processual** (ou relativa), já que é impossível alcançar no processo, como nas demais atividades humanas, a verdade absoluta.

Na ação penal privada, é possível distinguir uma **finalidade secundária** da prova: convencer o querelante da inconsistência da imputação, já que ele poderá desistir da ação ou dar ensejo à perempção (art. 60, I e III, do CPP).

■ 8.1.2. Objeto da prova (ou tema da prova)

A imputação define, na ação penal, a extensão que terá o provimento jurisdicional, estabelecendo, assim, os contornos do esforço probatório.

Em princípio, **apenas os fatos**, principais ou secundários, **devem ser provados**, já que se presume que o juiz esteja devidamente instruído sobre o direito (*jura novit curia*[1]). Pode o juiz, no entanto, exigir que a parte faça **prova da vigência** de direito **municipal**, **estadual**, **estrangeiro** ou **consuetudinário**, conforme norma inserta no art. 376 do Novo CPC, aplicável, por analogia, ao Processo Penal. No que se refere ao direito municipal e estadual, a exigência, pelo juiz, de prova da vigência da norma pressupõe que não seja emanada do local em que exerce suas funções.

Nem todos os fatos e circunstâncias relacionados à causa, todavia, precisam ser provados, pois a atividade probatória tem feição essencialmente utilitária, de modo a restringir seu objeto aos acontecimentos **úteis** e **relevantes** ao julgamento da causa.

Disso decorre, logicamente, que **não se admitirá que a prova verse sobre**:

a) fatos impertinentes (alheios à causa) ou **irrelevantes** (relacionados à causa, mas sem influência na decisão), pois nada justifica que se deturpe a atividade instrutória, de maneira a retardar a entrega do provimento jurisdicional, em busca de informações que em nada irão contribuir para o julgamento da lide penal.

b) fatos notórios, entendidos esses como os acontecimentos ou situações que são de conhecimento geral.

A doutrina, em geral, defende a desnecessidade de produção de prova acerca de fatos que são conhecidos de todos os habitantes da região por qual tramita o processo, embora não sejam de notoriedade global. Vicente Greco Filho os denomina fatos notórios circunstanciais, advertindo, corretamente, que a notoriedade relativa pressupõe que os fatos também sejam de conhecimento geral para o tribunal que julgará o processo em segundo grau[2].

Para Guilherme de Souza Nucci, porém, fatos notórios que dispensam demonstração são apenas aqueles "nacionalmente conhecidos, não se podendo considerar os relativos a uma comunidade específica, bem como os atuais, uma vez que o tempo faz com que a notoriedade esmaeça, levando a parte à produção da prova"[3].

Há, todavia, uma ressalva importantíssima em relação a esse tema: o fato criminoso que constitui objeto da imputação jamais pode ser tido como notório, de modo a dispensar a prova de sua ocorrência, daí por que somente os fatos notórios **acidentais** dispensam comprovação.

c) fatos impossíveis, ou seja, aqueles cuja ocorrência se mostra contrária às leis das ciências naturais.

d) fatos cobertos por presunção legal de existência ou veracidade. Se a lei toma como verdadeiro determinado fato ou situação, as partes não precisam comprová-los, como se dá, por exemplo, com a inimputabilidade do menor de 18 anos. Se a presunção legal for de caráter relativo, contudo, admite-se que a parte a quem ela desfavorece produza prova na tentativa de infirmá-la.

---

1 Expressão latina que sintetiza o dever de o juiz conhecer a norma jurídica e de aplicá-la mesmo quando as partes não a tenham invocado.

2 Vicente Greco Filho. *Manual de processo penal,* 7. ed., p. 187.

3 Guilherme de Souza Nucci. *Código de Processo Penal comentado,* 9. ed., p. 348.

Acaso se proponha a produção de alguma prova **irrelevante**, **impertinente** ou **protelatória**, o juiz deve indeferir o requerimento (art. 400, § 1º, do CPP), sem que isso importe em cerceamento de defesa. A propósito: "O indeferimento da diligência pelo magistrado de primeiro grau não configura cerceamento de defesa, uma vez que o próprio Código de Processo Penal prevê, no § 1º do art. 400, a possibilidade de o juiz indeferir as provas consideradas irrelevantes, impertinentes ou protelatórias, sem que isso implique em nulidade da respectiva ação penal" (STF — RHC 120.551/MT — 2ª Turma — Rel. Min. Ricardo Lewandowski — julgado em 08.04.2014 — *DJe*-079 28.04.2014).

No processo penal, diversamente do que ocorre no processo civil, os **fatos incontroversos** ou **admitidos** não estarão, necessariamente, excluídos do esforço probatório, uma vez que a condenação criminal não pode fundar-se em conclusões errôneas, mesmo que sejam incontestes.

Isso não quer dizer que o juiz esteja impedido de reconhecer a veracidade de certa alegação com base apenas na confissão do acusado (autoria da infração, por exemplo), já que o que releva é saber se há ou não nos autos informações que permitam superar a presunção de não culpabilidade do réu. Assim, se o juiz criminal não está obrigado a admitir como verdadeiro um fato apenas porque as partes não divergem sobre ele, é certo também que poderá, em certas hipóteses, formar sua convicção apenas com base na confissão do acusado, desde que, por seu teor, mostre-se apta a afastar a incerteza que paira sobre o espírito do julgador.

■ 8.1.3. Fonte de prova

Conceitua-se como fonte de prova "tudo quanto possa ministrar indicações úteis cujas comprovações sejam necessárias"[4]. Assim, são fontes de prova a denúncia ou a queixa, pois das afirmações nelas insertas deriva a necessidade da atividade probatória, bem como, eventualmente, a resposta escrita, o interrogatório e as declarações do ofendido.

■ 8.1.4. Sistemas de avaliação da prova

> **Art. 155.** O juiz formará sua convicção pela livre apreciação da prova produzida em contraditório judicial, não podendo fundamentar sua decisão exclusivamente nos elementos informativos colhidos na investigação, ressalvadas as provas cautelares, não repetíveis e antecipadas.
> Parágrafo único. Somente quanto ao estado das pessoas serão observadas as restrições estabelecidas na lei civil.

O Código de Processo Penal permanece fiel, salvo no que diz respeito às decisões proferidas pelo Tribunal do Júri, ao **sistema da livre convicção** do juiz (ou da **persuasão racional**), que confere ampla liberdade ao magistrado para formar seu

[4] Fernando da Costa Tourinho Filho. *Processo penal,* 33. ed., v. 3, p. 237.

convencimento, sem subordinar-se a critérios predeterminados pela lei acerca do valor que se deve atribuir a cada um dos meios de prova. Nesse sistema, porém, o juiz deve **fundamentar** a sentença (art. 93, IX, da CF), de maneira a demonstrar que seu convencimento é produto lógico da análise crítica dos **elementos de convicção existentes nos autos**.

A fundamentação tem finalidade **intraprocessual**, na medida em que permite às partes e às instâncias superiores o exame dos processos intelectuais que levaram à decisão, e **extraprocessual**, pois garante "um respeito efetivo pelo princípio da legalidade na sentença e a própria independência e imparcialidade dos juízes uma vez que os destinatários da decisão não são apenas os sujeitos processuais mas a própria sociedade"[5]. Nesse sentido: "Vige em nosso sistema o princípio do livre convencimento motivado ou da persuasão racional, segundo o qual compete ao Juiz da causa valorar com ampla liberdade os elementos de prova constantes dos autos, desde que o faça motivadamente, com o que se permite a aferição dos parâmetros de legalidade e de razoabilidade adotados nessa operação intelectual. Não vigora mais entre nós o sistema das provas tarifadas, segundo o qual o legislador estabelecia previamente o valor, a força probante de cada meio de prova" (STF — RHC 91.691 — Rel. Min. Menezes Direito — 1ª Turma — julgado em 19.02.2008 — *DJe*-074 — p. 350-366).

O livre convencimento do magistrado é limitado, porém, pela proibição de o juiz fundamentar sua decisão **exclusivamente** nos elementos informativos colhidos na investigação (art. 155, *caput*, segunda parte), já que em tal etapa não é garantido o exercício do **contraditório**, prerrogativa de estatura constitucional (art. 5º, LV, da CF).

Assim é que, para que possa formar sua convicção em relação a determinado fato ou circunstância, o juiz deve valer-se, necessariamente, de algum elemento de convicção produzido ou reunido perante o **juízo** ou **tribunal**, mostrando-se a prova colhida na fase investigatória, portanto, ineficaz para, de **forma isolada**, servir de lastro para a decisão. Dessa disposição decorre a inafastável conclusão de que os elementos colhidos na fase investigatória podem ser utilizados para, **complementarmente**, embasar a decisão do juiz. A propósito: "O art. 155 do Código de Processo Penal não impede que o juiz, para a formação de sua livre convicção, considere elementos informativos colhidos na fase de investigação criminal, vedada a condenação fundamentada exclusivamente em tais provas" (STF — RHC 117.192/MG — 1ª Turma — Rel. Min. Rosa Weber — julgado em 03.09.2013 — *DJe*-182 17.09.2013).

É importante constatar que não se faz distinção, para esse fim, acerca de qual das partes se beneficiaria da prova, o que leva à conclusão de que também para reconhecer fato ou **circunstância útil à defesa** do acusado o juiz está impedido de fundamentar a decisão com base exclusivamente em elementos colhidos na fase anterior ao processo.

[5] Germano Marques da Silva. *Curso de processo penal*, 2. ed., v. III, p. 294.

Essa limitação, porém, não atinge o objeto das provas **cautelares**, **não repetíveis** e **antecipadas**, em relação às quais o contraditório é exercido, de modo diferido, por meio do **exame** das referidas provas durante a instrução.

Prova **cautelar**, segundo a definição de Vicente Greco Filho, é a "decorrente de procedimento próprio cautelar de produção antecipada de provas"[6], enquanto prova **antecipada** é aquela colhida, no curso da investigação ou nos autos da ação penal, mesmo que sem a ciência ou participação do investigado ou acusado, em razão do temor de que já não exista ao tempo da instrução, como, por exemplo, quando houver necessidade de testemunha ausentar-se por enfermidade ou por velhice (art. 225 do CPP).

A colheita antecipada de prova, que pode ser determinada até mesmo de ofício pelo magistrado, no curso da ação ou antes de seu exercício, pressupõe que se demonstre a necessidade de sua produção precoce em decorrência do perigo de seu perdimento (art. 156, I, do CPP).

Por prova **não repetível** entende-se aquela cuja reprodução em juízo tornou-se inviável em decorrência de acontecimento ulterior à sua colheita, tal como ocorre com o depoimento de testemunha que faleceu após ser ouvida na fase do inquérito.

Não é demais lembrar que, mesmo no tocante às provas cautelares, não repetíveis e antecipadas, é condição essencial à sua validade a observância do contraditório, que, no entanto, "pode ser prévio ao ato, concomitante, ou diferido"[7].

Há outras mitigações, no Código, ao sistema do livre convencimento, como a determinação de observância das limitações estabelecidas pela lei civil no tocante à prova do estado das pessoas (art. 155, parágrafo único) e a previsão de indispensabilidade do exame de corpo de delito para comprovar a materialidade de infração que deixa vestígio (art. 158 do CPP).

No tocante às decisões proferidas pelo Tribunal do Júri, todavia, vigora o **sistema da íntima convicção** do juiz (ou da **certeza moral do juiz**), que confere ampla liberdade aos juízes leigos para avaliação das provas, dispensando-os de fundamentar a decisão. Fala-se que, em tal hipótese, há valoração *secundum conscientiam* da prova, pois o julgador decide de acordo com sua íntima convicção, pouco importando sobre quais fatores ela se sustenta. Ainda assim, o art. 593, § 3º, do CPP prevê a possibilidade de o Tribunal anular, por uma vez, a decisão dos jurados, por entendê-la **manifestamente contrária à prova dos autos**.

A respeito das decisões do Júri: "A Constituição Federal, em seu artigo 5º, inciso XXXVIII, alíneas 'b' e 'c', conferiu ao Tribunal do **Júri** a soberania dos seus veredictos e o sigilo das votações, tratando-se de exceção à regra contida no inciso IX do artigo 93, razão pela qual não se exige motivação ou fundamentação das decisões do Conselho de Sentença, fazendo prevalecer, portanto, como sistema de avaliação das provas produzidas, a íntima convicção dos jurados" (STJ — HC 228.795/MS — 5ª Turma — Rel. Min. Jorge Mussi — julgado em 03.09.2013 — *DJe* 17.09.2013).

---

6 Vicente Greco Filho. *Manual de processo penal*, 7. ed., p. 204.

7 Vicente Greco Filho. *Manual de processo penal*, 7. ed., p. 205.

Do **sistema da prova legal** (ou da **certeza moral do legislador** ou, ainda, da **prova tarifada**) não há senão resquícios em nosso ordenamento, como, por exemplo, a previsão de que somente à vista da certidão de óbito o juiz pode declarar a extinção da punibilidade em razão da morte do acusado (art. 62 do CPP), além das hipóteses previstas nos arts. 155, parágrafo único, e 158.

Esse sistema afirmou-se, historicamente, como tentativa de limitar o arbítrio das decisões imotivadas, por meio do estabelecimento de valores predeterminados para cada modalidade de prova ou da exigência de que determinados fatos fossem provados por certos meios específicos. Tal sistema retirava do juiz a possibilidade de valorar a prova, pois os critérios de validade ou de preponderância de um elemento de convicção sobre outro eram previamente estabelecidos (ou tarifados) pela lei.

Reveste-se de interesse essencialmente histórico a menção **aos sistemas das provas irracionais** (ou **ordálios**), que se baseavam na crença de que um Deus ou um ser sobrenatural interferia no resultado de certas provas, conferindo proteção aos inocentes, de modo a fazer evidenciar a inocência ou a culpa do acusado. Por isso, o réu era submetido (normalmente em caso de falta ou de divergência de testemunhos) a determinada provação (*ordálio* ou juízo de Deus), cujo resultado definiria se a acusação era ou não verdadeira: na sujeição à prova do ferro em brasa, por exemplo, o inocente sairia ileso; no *duelo*, acreditava-se que o inocente sempre sairia vencedor, em razão de pretensa proteção divina.

Sobre esse sistema característico do Direito Visigótico, revela-se oportuna a lição de João Mendes de Almeida Júnior: "Em falta de testemunhas do fato ou de outras provas contra o acusado, os membros de sua comunidade dão dele testemunho pró ou contra (*conjuratores*); se o testemunho lhe era contrário, as *ordálias* ou *juízos de Deus* eram empregados. As ordálias consistiam ou em ficar durante um certo tempo n'água, sem asfixiar-se, ou em mergulhar o braço em água fervente, ou em tocar com as mãos um ferro quente etc."[8].

[8] João Mendes de Almeida Júnior. *Processo criminal brasileiro,* v. I, p. 53.

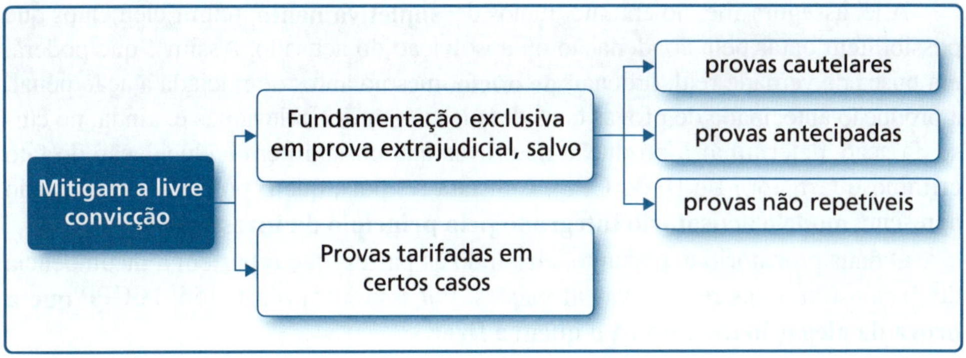

8.1.5. Ônus da prova

> **Art. 156.** A prova da alegação incumbirá a quem a fizer, sendo, porém, facultado ao juiz de ofício:
> I — ordenar, mesmo antes de iniciada a ação penal, a produção antecipada de provas consideradas urgentes e relevantes, observando a necessidade, adequação e proporcionalidade da medida;
> II — determinar, no curso da instrução, ou antes de proferir sentença, a realização de diligências para dirimir dúvida sobre ponto relevante.

A necessidade de existência de regras de distribuição do ônus da prova deriva da constatação de que nem sempre o juiz consegue superar o estado de dúvida em relação a determinado fato ou circunstância relevante para a causa e, ainda, da proibição de que, nessa situação de incerteza, opte por não julgar a lide (*non liquet*).

São essas regras, portanto, que indicarão ao juiz como decidir quando os fatos submetidos a sua apreciação não estiverem suficientemente elucidados.

Além disso, os princípios sobre a distribuição do ônus da prova orientam o esforço das partes no tocante à demonstração da tese que defendem, estabelecendo as consequências e prejuízos que advirão de seu desempenho processual.

Averbe-se que o **ônus** não pode ser entendido como um **dever** ou uma obrigação da parte, na medida em que seu descumprimento não lhe acarreta nenhuma sanção. É, portanto, na precisa definição de Afrânio Silva Jardim, "uma faculdade outorgada pela norma para que um sujeito de direito possa agir no sentido de alcançar uma situação favorável no processo"[9].

O processo penal pátrio, de estrutura acusatória, prestigia a serenidade e a imparcialidade do juiz no tocante às pesquisas probatórias, de modo a desonerar-lhe do encargo de ser o principal responsável pela reunião de informações e vestígios relativos à infração.

---

9 Afrânio Silva Jardim. *Direito processual penal,* 11. ed., p. 202.

A lei assegura-lhe, no entanto, meios de, **supletivamente**, reunir elementos que possibilitem optar pela condenação ou absolvição do acusado. Assim é que poderá, em busca da verdade real, ordenar, **de ofício**, mesmo antes de iniciada a ação penal, a produção antecipada de provas consideradas urgentes e relevantes e, ainda, no curso da ação, determinar a produção de provas que possibilitem a elucidação do fato criminoso (art. 156, I e II, do CPP). Constata-se, pois, que o processo penal pátrio apresenta **modelo acusatório integrado pelo princípio da investigação**.

O ônus probatório é, portanto, atribuído às partes, que repartem a incumbência de demonstrarem as respectivas alegações. Por isso, reza o art. 156 do CPP **que a prova da alegação incumbirá a quem a fizer**.

É importante lembrar, porém, que essa regra geral tem de ser interpretada à luz do princípio *in dubio pro reo*, uma vez que milita, em favor do acusado, a presunção de não culpabilidade (art. 5º, LVII, da CF).

Disso decorre que, no processo penal, o ônus da prova recai inteiramente sobre o autor, no que se refere à demonstração "do crime na integridade de todos os seus elementos constitutivos"[10].

Não basta para o desfecho condenatório, pois, que a acusação comprove a existência material do fato, o nexo de causalidade e que a conduta foi praticada pelo réu, incumbindo-lhe, também, a demonstração do elemento subjetivo e da reprovabilidade da conduta.

Essa exigência, porém, não autoriza concluir que haja necessidade de a acusação provar fato negativo (por exemplo, que o acusado não agiu acobertado por causa excludente de ilicitude), já que é suficiente que o Ministério Público ou o querelante demonstre a ocorrência de fatos positivos cuja prática evidencie o dolo ou culpa do agente e que sejam incompatíveis com a licitude da conduta.

No mais das vezes, a demonstração da ilicitude e do dolo deriva da própria comprovação do comportamento, do qual são presumidamente indissociáveis.

Acaso o acusado alegue qualquer circunstância que tenha o condão de refutar a acusação, caberá à **defesa** sua demonstração. É o que ocorre quando invoca, em seu favor, por exemplo, excludente de ilicitude ou culpabilidade, álibi ou, ainda, circunstância excepcional que contrarie as regras da experiência comum.

Averbe-se, no entanto, que, em relação às circunstâncias que excluam o crime ou isentem o réu de pena, o legislador optou, em atenção ao princípio *in dubio pro reo*, por aliviar o ônus do acusado, de modo a estabelecer que, se houver **fundada dúvida** sobre sua existência, o réu deve ser absolvido (art. 386, VI, do CPP).

Portanto, ainda que o acusado não produza prova incontestável da ocorrência de uma daquelas circunstâncias justificantes ou dirimentes (erro de tipo e de proibição, coação moral irresistível e obediência hierárquica, legítima defesa, estado de necessidade, exercício regular de direito e estrito cumprimento do dever legal, e inimputabilidade e embriaguez completa involuntária), o juiz deverá optar pela absol-

[10] José Frederico Marques. *Elementos de direito processual penal*, v. II, p. 267.

vição se houver prova capaz de **gerar dúvida** razoável em seu espírito. Não basta, entretanto, **mera alegação** da ocorrência de qualquer circunstância dessa natureza, no interrogatório ou pelo defensor, para que o réu possa ser absolvido, já que a dúvida, para ser fundada, deve advir de elementos de convicção idôneos.

■ 8.1.6. Princípios que regem a atividade probatória

1) **Princípio do contraditório** (ou da **audiência bilateral**) — estabelece a necessidade de garantir a ambas as partes o direito de presenciar a produção das provas ou de conhecer o seu teor, de manifestar-se sobre elas e, ainda, de influir no convencimento do juiz por meio da produção de contraprova. Tem como corolário o princípio da **igualdade de armas**, que garante aos litigantes a paridade de instrumentos processuais para a defesa de seus interesses.

2) **Princípio da comunhão dos meios de prova** (ou da **aquisição da prova**) — estabelece que, uma vez produzida, a prova pode socorrer qualquer das partes, independentemente de qual dos litigantes a indicou ou introduziu no processo.

3) **Princípio da imediação** (ou **imediatidade**) — exige que o juiz tenha contato direto com as provas de que se valerá para decidir, daí por que, em regra, é inválida a prova produzida sem a presença do magistrado.

4) **Princípio da identidade física do juiz** — determina que a decisão seja proferida, salvo em hipóteses excepcionais, pelo juiz que teve contato direto com a colheita da prova (art. 399, § 2º, do CPP).

5) **Princípio da oralidade** — consagra a preponderância da linguagem falada sobre a escrita em relação aos atos destinados a formar o convencimento do juiz. Decorre desse princípio a opção pela qual os depoimentos de testemunhas são prestados oralmente, salvo em casos excepcionais, em que a forma escrita é expressamente admitida (art. 221, § 1º, do CPP).

6) **Princípio da concentração** — consubstancia-se na exigência de que a atividade probatória seja realizada em uma única audiência ou, na impossibilidade, em poucas audiências sem que haja grandes intervalos entre elas.

7) **Princípio da publicidade** — garante que a instrução seja acompanhada não apenas pelos sujeitos processuais, mas pelo público, vedando, assim, qualquer atividade secreta (art. 93, IX, da CF). Quando o interesse público ou a tutela da intimidade exigir a restrição à presença popular, no entanto, a lei pode estabelecer a **publicidade restrita** dos atos instrutórios (art. 5º, LX, da CF)[11]. O Código de Processo Penal prevê as seguintes exceções à regra da publicidade ampla:

> **a)** possibilidade de o juiz determinar, para tutela da intimidade, vida privada, honra ou imagem do ofendido, dentre outras providências, o segredo de justiça em relação a dados, depoimentos e outras informações constantes dos autos a respeito da vítima, para evitar sua exposição aos meios de comunicação (art. 201, § 6º);

---

[11] Art. 5º (...) "LX — A lei só poderá restringir a publicidade dos atos processuais quando a defesa da intimidade ou o interesse social o exigirem."

b) possibilidade de o juiz ou tribunal, de ofício ou a requerimento da parte ou do Ministério Público, determinar que o ato processual seja realizado a portas fechadas e com número limitado de pessoas, sempre que da publicidade puder resultar escândalo, inconveniente grave ou perigo de perturbação da ordem (art. 792, § 1º).

O Código Penal, por outro lado, estabelece que as ações em que se apuram crimes contra a dignidade sexual tramitarão em segredo de justiça (art. 234-B).

8) **Princípio do privilégio contra a autoincriminação** — confere ao investigado ou acusado o direito de abster-se de praticar qualquer conduta que possa acarretar a obtenção de prova em seu desfavor.

9) **Princípio da autorresponsabilidade** — atribui às partes o ônus de produzir prova de suas alegações, estabelecendo que elas terão de arcar com as consequências processuais de eventual omissão.

10) **Princípio da investigação** — dispõe que o juiz deve zelar pela obtenção de provas que permitam o esclarecimento do fato submetido a julgamento, sem que esteja limitado, na formação de sua convicção, pelos elementos trazidos ao processo pelas partes.

PRINCÍPIOS QUE REGEM AS PROVAS
1) Do contraditório
2) Da comunhão dos meios de prova
3) Da imediação
4) Da identidade física do juiz
5) Da oralidade
6) Da concentração
7) Da publicidade
8) Do privilégio contra a autoincriminação
9) Da autorresponsabilidade
10) Da investigação

8.1.7. Meios de prova

Embora o Código enumere alguns meios probatórios (como o exame de corpo de delito e outras perícias, o interrogatório do acusado, a confissão, as declarações do ofendido, as testemunhas, o reconhecimento de pessoas ou coisas, a acareação, os documentos, os indícios e a busca e apreensão), é consenso que tal relação não esgota os meios de prova admitidos em nosso ordenamento, já que **não** tem **caráter taxativo**, mas exemplificativo.

Além desses **meios legais** ou nominados, há outros, ditos **inominados**, como as filmagens (videofonogramas) e arquivos de áudio (fonogramas), as fotografias e a inspeção judicial.

A admissibilidade dos meios de prova é estabelecida por exclusão: em princípio, tudo aquilo que, direta ou indiretamente, possa servir para formar a convicção acerca da ocorrência de um fato é aceito como meio de prova.

Esse **sistema de liberdade de prova**, que se afina com as aspirações do processo penal de busca da verdade real, é limitado, porém, pelo **princípio de vedação da prova ilícita**, que tem previsão constitucional.

São também inadmissíveis, os meios de prova que, por sua natureza, não se prestam à finalidade almejada (demonstração da verdade de um fato ou circunstância), como aqueles que derivam de crenças não aceitas pela ciência (psicografia, ordálios etc.), bem ainda aqueles que afrontam a moral, como, por exemplo, a reprodução simulada de um estupro.

■ 8.1.8. Provas ilícitas

Não seria lógico que o Estado, a pretexto de distribuir justiça, permitisse que seus agentes ou que particulares violassem normas jurídicas para garantirem o sucesso do esforço probatório, pois, assim, estaria, paradoxalmente, incentivando comportamentos contrários à ordem jurídica que pretende tutelar com a atividade jurisdicional.

É por isso que a Constituição Federal previu, expressamente, em seu art. 5º, LVI, que "são inadmissíveis, no processo, as provas obtidas por meio ilícito".

A ilicitude da prova pode decorrer das mais variadas ações: busca domiciliar sem mandado, quando não houver consentimento do morador ou situação de flagrância; violação de sigilo bancário; exercício de ameaças para obtenção de confissão; interceptação de comunicações telefônicas sem autorização judicial; colheita de testemunho em Juízo sem a presença de defensor etc.

Repetindo o ditame constitucional e estabelecendo as balizas de sua aplicação, o Código de Processo tratou do tema em dispositivo que assim se ostenta:

> **Art. 157.** São inadmissíveis, devendo ser desentranhadas do processo, as provas ilícitas, assim entendidas as obtidas em violação a normas constitucionais ou legais.
> § 1º São também inadmissíveis as provas derivadas das ilícitas, salvo quando não evidenciado o nexo de causalidade entre umas e outras, ou quando as derivadas puderem ser obtidas por uma fonte independente das primeiras.
> § 2º Considera-se fonte independente aquela que por si só, seguindo os trâmites típicos e de praxe, próprios da investigação ou instrução criminal, seria capaz de conduzir ao fato objeto da prova.
> § 3º Preclusa a decisão de desentranhamento da prova declarada inadmissível, esta será inutilizada por decisão judicial, facultado às partes acompanhar o incidente.

Doutrinariamente, classificam-se as provas ilícitas (ou ilegais, ou vedadas), de acordo com a natureza da norma violada, em:

a) prova ilícita em sentido estrito — denominação empregada para designar a prova obtida por meio de violação de norma, legal ou constitucional, de **direito material**. Essa nomenclatura é utilizada, portanto, para adjetivar a prova para cuja obtenção violou-se direito que independe da existência do processo. Exs.: extrato de movimentação bancária obtido por meio de indevida violação de sigilo bancário ou confissão extraída mediante coação moral;

b) prova ilegítima — é como se designa a prova obtida ou introduzida na ação por meio de violação de norma de natureza processual. É a prova, portanto, que deriva de comportamento processualmente ilícito. Ex.: exibição, em plenário do Tribunal do Júri, de prova relativa ao fato de que a parte contrária não tenha sido cientificada com a antecedência necessária (art. 479 do CPP).

Seja qual for a espécie de prova ilegal (ilícita em sentido estrito ou ilegítima), no entanto, sua utilização será sempre vedada, constituindo o reconhecimento de sua ineficácia importante mecanismo para evitar abusos e arbitrariedades pelos órgãos incumbidos da investigação.

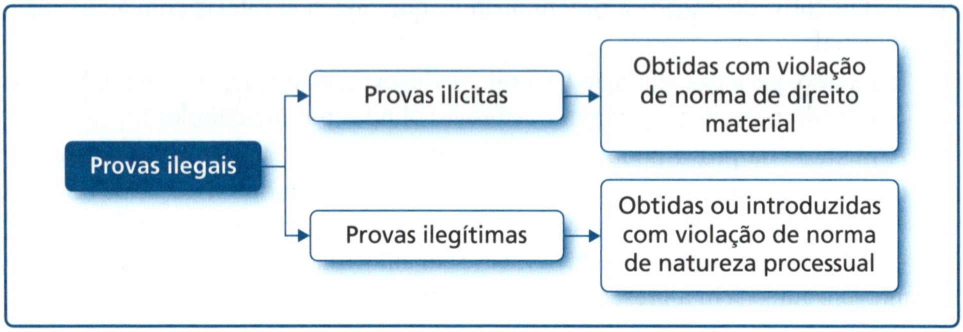

■ *8.1.8.1. Casuística*

a) Filmagem produzida pelo ofendido ou por câmeras de vigilância instaladas em local público ou acessível ao público: possibilidade de utilização, uma vez que só haverá ilicitude da prova dessa natureza quando produzida com violação à privacidade ou intimidade alheia. A propósito: "*Habeas corpus* — Filmagem realizada, pela vítima, em sua própria vaga de garagem, situada no edifício em que reside — Gravação de imagens feita com o objetivo de identificar o autor de danos praticados contra o patrimônio da vítima — Legitimidade jurídica desse comportamento do ofendido — Desnecessidade, em tal hipótese, de prévia autorização judicial — Alegada ilicitude da prova penal — Inocorrência — Validade dos elementos de informação produzidos, em seu próprio espaço privado, pela vítima de atos delituosos" (STF — HC 84.203/RS — 2ª Turma — Rel. Min. Celso de Mello — *DJe* 25.09.2009).

b) Gravação de conversa, telefônica ou ambiental, por um dos interlocutores, sem conhecimento do outro: *prova válida*. Nesse sentido: "1. A gravação ambiental meramente clandestina, realizada por um dos interlocutores, não se confunde com a interceptação, objeto cláusula constitucional de reserva de jurisdição. 2. É lícita a prova consistente em gravação de conversa telefônica realizada por um dos interlocutores, sem conhecimento do outro, se não há causa legal específica de sigilo nem de reserva da conversação. Precedentes. 3. Agravo regimental desprovido" (AI 560.223 AgR/SP — 2ª Turma — Rel. Min. Joaquim Barbosa — *DJe*-79 29.04.2011).

c) Interceptação de comunicações telefônicas e de dados telemáticos: é importante conceituar as diversas espécies de interferência nas comunicações telefônicas: a **interceptação** telefônica, cuja validade se subordina à existência de **ordem judicial**, é a captação de conversa feita por um terceiro, **sem** o conhecimento dos interlocutores. A **escuta**, por outro lado, é a captação de conversa telefônica feita por um terceiro, **com** o conhecimento de apenas **um** dos interlocutores. Já a **gravação** telefônica é feita por um dos interlocutores do diálogo, sem o consentimento ou a ciência do outro[12].

Na medida em que a Constituição Federal assegura a inviolabilidade das comunicações telefônicas e de dados (**art. 5º, XII**), a validade da interceptação de conversas ou mensagens transmitidas por esses meios pressupõe a existência de autorização judicial concedida com estrita observância aos requisitos previstos na Lei n. 9.296/96, que disciplina a forma legal de realização de diligência dessa natureza. A interceptação pode ser decretada de ofício pelo juiz ou em razão de requerimento da autoridade policial, na investigação criminal, ou do Ministério Público, na investigação criminal e na instrução processual penal (art. 3º da Lei n. 9.296/96).

É importante ressaltar que a interceptação de comunicações telefônicas ou de dados só é admitida para fins de produção de prova em **investigação criminal** ou em **instrução processual penal** referente a **crimes apenados com reclusão e seus conexos**.

Trata-se, ademais, de **providência subsidiária e excepcional**, cuja realização pressupõe a impossibilidade de obtenção da prova por outros meios disponíveis, daí por que é inadmissível que seja deflagrada apenas com base em notícia anônima, que, para legitimar a medida, deve ser seguida de investigação preliminar[13]. Prevalece, nos tribunais superiores, o entendimento de que a decretação da quebra do sigilo telefônico pode ocorrer independentemente da instauração de inquérito ou da ação penal, desde que haja indícios razoáveis de autoria ou participação em infração penal punida com reclusão[14].

Embora seja de 15 dias, renovável por igual período, o prazo previsto para a duração da diligência, o Supremo Tribunal Federal proclamou a possibilidade de prorrogações sucessivas do monitoramento em casos complexos que exijam investigação diferenciada e contínua[15].

A interceptação de que trata o art. 5º, XII, da CF, não é demais repetir, é a captação de conversa feita por terceiro, sem o consentimento dos interlocutores, razão pela qual não há ilicitude a contaminar os elementos de informação obtidos por policial que, durante diligência, atende ao telefone de pessoa suspeita e, em conversa com quem fez a chamada, tem conhecimento de informações relacionadas à infração.

---

12 STJ — HC 161.635/SP — 5ª Turma — Rel. Min. Jorge Mussi — Julgamento: 27.11.2012 — Public.: *DJe* 03.12.2012.

13 STF — HC 108.147/PR — 2ª Turma — Rel. Min. Cármen Lúcia — Julgamento: 11.12.2012 — Public.: *DJe* 01.02.2013.

14 STF — RHC 126.420 AgR/RS — 2ª Turma — Rel. Min. Celso de Mello — Julgamento: 06.12.2016 — Public.: *DJe*-049 15.03.2017; STJ — HC 229.358/PR — 5ª Turma — Rel. Min. Gurgel de Faria — Julgamento: 03.03.2015 — Public.: *DJe* 12.03.2015.

15 Inquérito 2.424/RJ — Tribunal Pleno — Rel. Min. Cezar Peluso — Julgamento: 26.11.2008 — *DJe* 26.03.2010.

A esse respeito, confira-se: "Na espécie, o policial militar atendeu ligação efetuada para o celular do denunciado, tendo como interlocutor um usuário de drogas que desejava comprar substância entorpecente. Em nenhum momento o paciente teve qualquer conversa interceptada pelas autoridades, de modo que a hipótese não se amolda às determinações da Lei n. 9.296/96. O ato do policial configura, em verdade, procedimento policial escorreito, que não se desenvolveu às escondidas e foi instrumento necessário para salvaguarda do interesse público em detrimento do direito individual à intimidade do réu. Ordem denegada" (STJ — HC 55.288/MG — 6ª Turma — Rel. Min. Alderita Ramos de Oliveira (Desembargadora convocada do TJ/PE) — julgado em 02.04.2013 — Public.: *DJe* 10.05.2013).

Por entender que o acesso aos dados de telefone celular e às conversas feitas com o aplicativo ***WhatsApp*** constituem-se em devassa de dados particulares, com **violação da intimidade** do agente, o Superior Tribunal de Justiça proclamou que tais informações são protegidas pela garantia prevista no art. 5º, XII, da CF e declarou inválidas as informações extraídas, sem autorização judicial, de aparelho telefônico apreendido por policiais. Assim, para que se possa acessar, validamente, dados dessa natureza, deve haver **prévia** e **motivada** autorização judicial: "Ilícita é a devassa de dados, bem como das conversas de *WhatsApp*, obtidas diretamente pela polícia em celular apreendido no flagrante, sem prévia autorização judicial. 2. Recurso ordinário em *habeas corpus* provido, para declarar a nulidade das provas obtidas no celular do paciente sem autorização judicial, cujo produto deve ser desentranhado dos autos" (STJ — RHC 51.531/RO — 6ª Turma — Rel. Min. Nefi Cordeiro — julgado em 19.04.2016 — *DJe* 09.05.2016); "Embora seja despicienda ordem judicial para a apreensão dos celulares, pois os réus encontravam-se em situação de flagrância, as mensagens armazenadas no aparelho estão protegidas pelo sigilo telefônico, que deve abranger igualmente a transmissão, recepção ou emissão de símbolos, caracteres, sinais, escritos, imagens, sons ou informações de qualquer natureza, por meio de telefonia fixa ou móvel ou, ainda, através de sistemas de informática e telemática. Em verdade, deveria a autoridade policial, após a apreensão do telefone, ter requerido judicialmente a quebra do sigilo dos dados nele armazenados, de modo a proteger tanto o direito individual à intimidade quanto o direito difuso à segurança pública. Precedente. 3. O art. 5º da Constituição Federal garante a inviolabilidade do sigilo telefônico, da correspondência, das comunicações telegráficas e telemáticas e de dados bancários e fiscais, devendo a mitigação de tal preceito, para fins de investigação ou instrução criminal, ser precedida de autorização judicial, em decisão motivada e emanada por juízo competente (Teoria do Juízo Aparente), sob pena de nulidade. Além disso, somente é admitida a quebra do sigilo quando houve indício razoável da autoria ou participação em infração penal; se a prova não puder ser obtida por outro meio disponível, em atendimento ao princípio da proibição de excesso; e se o fato investigado constituir infração penal punida com pena de reclusão" (STJ — RHC 67.379/RN — 5ª Turma — Rel. Min. Ribeiro Dantas — julgado em 20.10.2016 — *DJe* 09.11.2016).

d) Interceptação de correspondências: há entendimento doutrinário que preconiza a imprestabilidade da prova assim obtida, uma vez que o sigilo de tais meios de comunicação é inviolável, salvo na hipótese de estado de sítio ou de defesa. De acordo com essa corrente interpretativa, a apreensão de cartas, providência prevista no artigo 240, § 1º, *f*, do Código de Processo Penal, estaria em confronto com a norma constitucional insculpida no art. 5º, XII, da Carta Política, o que evidenciaria a não recepção do citado dispositivo legal. Os Tribunais Superiores, todavia, têm admitido esse meio de prova, em razão da necessidade de harmonizar a garantia de inviolabilidade do sigilo da correspondência com o interesse coletivo de manutenção da ordem pública. A providência, portanto, não é incompatível com o atual regime constitucional, mas sua adoção reveste-se de caráter excepcional e a validade da prova assim obtida pressupõe a existência de autorização judicial.

> "A jurisprudência desta Corte consagrou o entendimento de que o princípio constitucional da inviolabilidade das comunicações (art. 5º, XII, da CF) não é absoluto, podendo o interesse público, em situações excepcionais, sobrepor-se aos direitos individuais para evitar que os direitos e garantias fundamentais sejam utilizados para acobertar condutas criminosas. A busca e apreensão das cartas amorosas foi realizada em procedimento autorizado por decisão judicial, nos termos do art. 240, § 1º, *f*, do Código de Processo Penal" (STF — RHC 115.983/RJ — 2ª Turma — Rel. Min. Ricardo Lewandowski — julgado em 16.04.2013 — *DJe*-172 03.09.2013).

> "O princípio constitucional da inviolabilidade das comunicações não é absoluto. O interesse público, em situações excepcionais, pode se sobrepor à privacidade, para evitar que direitos e garantias fundamentais sejam utilizados para resguardar conduta criminosa. Como já decidiu a Suprema Corte, 'a cláusula tutelar da inviolabilidade do sigilo epistolar não pode constituir instrumento de salvaguarda de práticas ilícitas' (HC 70.814, 1ª Turma, Rel. Min. Celso de Mello, *DJ* 24.06.1994). Não viola o sigilo de correspondência da Paciente simples menção, no julgamento plenário, à apreensão de cartas que provam o relacionamento extraconjugal entre a Paciente e o corréu, acusados do homicídio da vítima. A prova foi obtida com autorização judicial, fundada no interesse das investigações, justamente para apurar a motivação do crime" (STJ — HC 203.371/RJ — 5ª Turma — Rel. Min. Laurita Vaz — julgado em 03.05.2012 — *DJe* 17.09.2012).

e) Dados protegidos por sigilo bancário: a quebra de sigilo pode ser decretada por **autoridade judiciária**, quando necessária para apuração de ocorrência de qualquer ilícito, em qualquer fase do inquérito ou do processo judicial (art. 1º, § 4º, da Lei Complementar n. 105/2001).

Alterando entendimento anterior[16], o Supremo Tribunal Federal, em julgamento realizado em 24.02.2016, julgou improcedente pedidos de declaração de inconstitucionalidade das normas federais que possibilitam a utilização, por parte da fiscalização tributária, independentemente de autorização judicial, de dados bancários e fiscais acobertados por sigilo constitucional, sem a intermediação do Poder Judiciário (LC n. 104/2001, art. 1º; LC n. 105/2001, arts. 1º, § 3º e 4º, 3º, § 3º, 5º e 6º; Decreto n. 3.724/2001; Decreto n. 4.489/2002; e Decreto n. 4.545/2002). Na ocasião, prevaleceu o entendimento de que as disposições infraconstitucionais não violam o princípio

[16] Proclamado no RE 389.808/PR — Tribunal Pleno.

da inviolabilidade da intimidade, pois não propiciam, propriamente, a quebra de sigilo, mas a **"transferência de sigilo"** dos bancos ao Fisco, sem que haja qualquer distinção entre uma e outra espécie de sigilo que pudesse apontar para uma menor seriedade do sigilo fiscal em face do bancário. Em relação aos Estados-membros e os Municípios, o STF proclamou que somente poderiam obter as informações previstas no art. 6º da LC n. 105/2001 quando regulamentada a matéria de forma análoga ao Decreto n. 3.724/2001, observados os seguintes parâmetros: a) pertinência temática entre a obtenção das informações bancárias e o tributo objeto de cobrança no procedimento administrativo instaurado; b) prévia notificação do contribuinte quanto à instauração do processo e a todos os demais atos, garantido o mais amplo acesso do contribuinte aos autos, permitindo-lhe tirar cópias, não apenas de documentos, mas também de decisões; c) sujeição do pedido de acesso a um superior hierárquico; d) existência de sistemas eletrônicos de segurança que fossem certificados e com o registro de acesso; e, finalmente, e) estabelecimento de mecanismos efetivos de apuração e correção de desvios (ADI 2.390/DF, ADI 2.386/DF, ADI 2.397/DF e ADI 2.859/DF — *Informativo* n. 815).

O Superior Tribunal de Justiça firmou entendimento de que contas **de entidades de direito público** não são protegidas pelo sigilo bancário, podendo ser obtidas mediante requisição do Ministério Público: "1. Encontra-se pacificada na doutrina pátria e na jurisprudência dos Tribunais Superiores que o sigilo bancário constitui espécie do direito à intimidade/privacidade, consagrado no art. 5º, X e XII, da Constituição Federal. 2. No entanto, as contas públicas, ante os princípios da publicidade e da moralidade (art. 37 da CF), não possuem, em regra, proteção do direito à intimidade/privacidade, e, em consequência, não são protegidas pelo sigilo bancário. Na verdade, a intimidade e a vida privada de que trata a Lei Maior referem-se à pessoa humana, aos indivíduos que compõem a sociedade, e às pessoas jurídicas de Direito privado, inaplicáveis tais conceitos aos entes públicos. 3. Assim, conta-corrente de titularidade de Prefeitura Municipal não goza de proteção à intimidade/privacidade, tampouco do sigilo bancário, garantia constitucional das pessoas naturais e aos entes particulares. 4. Nessa linha de raciocínio, lícita a requisição pelo Ministério Público de informações bancárias (emissão de cheques e movimentação financeira) de titularidade da Prefeitura Municipal de Potengi/CE, com o fim de proteger o patrimônio público, não se podendo falar em quebra ilegal de sigilo bancário. 5. 'Operações financeiras que envolvam recursos públicos não estão abrangidas pelo sigilo bancário a que alude a Lei Complementar n. 105/2001, visto que as operações dessa espécie estão submetidas aos princípios da administração pública insculpidos no art. 37 da Constituição Federal' (MS-33.340/STF — Rel. Min. Luiz Fux — 1ª Turma — *DJe* de 03.08.2015). 6. *Habeas corpus* denegado" (HC 308.493/CE — Rel. Min. Reynaldo Soares da Fonseca — 5ª Turma — julgado em 20.10.2015 — *DJe* 26.10.2015).

f) Dados protegidos por sigilo fiscal: a autoridade judiciária poderá requisitar ao Fisco, quando demonstrado o legítimo interesse para investigação ou instrução criminal, informações sobre a situação econômica e financeira do contribuinte (art. 198, § 1º, I, do CTN).

Ao analisar a constitucionalidade das disposições insertas no art. 198, § 1º, II e § 2º do CTN, que autorizam o intercâmbio, no âmbito da Administração Pública, de informações sigilosas que estejam sob a guarda do Fisco, mesmo sem prévia autorização judicial, desde que comprovada a instauração de processo administrativo, no órgão ou entidade a que pertencesse a autoridade solicitante, destinado a investigar, pela prática de infração administrativa, o sujeito passivo a que se referisse a informação, o Supremo Tribunal Federal proclamou que, diante das cautelas fixadas na lei, não haveria propriamente quebra de sigilo, mas sim transferência de informações sigilosas no âmbito da Administração Pública, razão pela qual as normas legais estariam em harmonia com o art. 5º, X, da CF (ADI 2.390/DF, ADI 2.386/DF, ADI 2.397/DF e ADI 2.859/DF — *Informativo* n. 815).

g) Revista íntima em presídio: é lícita a prova obtida por meio de revista íntima, desde que observados, em relação à providência, os princípios da **razoabilidade** e da **proporcionalidade**, uma vez que é possível a realização de busca pessoal, independentemente de mandado, quando houver fundada suspeita de que alguém oculte consigo armas ou objetos que constituam corpo de delito (art. 240, § 2º, e art. 244, do CPP).

Desse entendimento não diverge o Superior Tribunal de Justiça: "Alegação de que a apreensão da droga feriu o princípio constitucional da intimidade da ré. Inocorrência. A própria ré quem retirou a droga do interior de seu corpo. Quanto ao tipo de revista (agachamento), não há que se falar em violação ao princípio constitucional da intimidade, uma vez que, em razão da segurança pública é expressamente proibida a entrada de objeto ou instrumento ilegal e ilícito para o interior do presídio. Em sendo adequada a revista, não havendo qualquer tipo de manejo das agentes no corpo de ré, não há que se falar em constrangimento ilegal" (STJ — HC 238.973/SP — 5ª Turma — Rel. Min. Marco Aurélio Bellizze — julgado em 16.08.2012 — *DJe* 05.09.2012).

h) Entrada forçada em domicílio sem mandado judicial: para que se considerem lícitas as provas obtidas por meio de ingresso de policiais em domicílio alheio, sem a existência de mandado de busca, em período diurno ou noturno, é necessário que se possa concluir, *a posteriori*, pela existência de fundadas razões, devidamente justificadas, que indicassem, antes mesmo da realização da diligência, que dentro da casa ocorria situação de flagrante delito.

Esse foi o entendimento adotado pelo Supremo Tribunal Federal, que, ao julgar, em sede de repercussão geral, o **RE 603.616/RO**, proclamou a validade de apreensão de substâncias entorpecentes mantidas em depósito no interior de residência invadida por policiais, a despeito da inexistência de autorização judicial, por entender que o morador praticava crime de caráter permanente e que as circunstâncias do caso concreto permitiam aos agentes públicos concluírem, antes do ingresso no imóvel, que a situação de flagrante estava ocorrendo (tema 280 da sistemática de julgamento de recursos com repercussão geral): "Recurso extraordinário representativo da controvérsia. Repercussão geral. 2. Inviolabilidade de domicílio — art. 5º, XI, da CF. Busca e apreensão domiciliar sem mandado judicial em caso de crime permanente. Possibilidade. A Constituição dispensa o mandado judicial para ingresso forçado em residência em caso de flagrante delito. No crime permanente, a situação de flagrância se protrai no tempo. 3. Período noturno. A cláusula que limita o ingresso ao período do dia é aplicável apenas aos casos em que a busca é determinada por ordem judicial. Nos demais casos — flagrante delito, desastre ou para prestar socorro — a Constituição não faz exigência quanto ao período do dia. 4. Controle judicial *a posteriori*. Necessidade de preservação da inviolabilidade domiciliar. Interpretação da Constituição. Proteção contra ingerências arbitrárias no domicílio. Muito embora o flagrante delito legitime o ingresso forçado em casa sem determinação judicial, a medida deve ser controlada judicialmente. A inexistência de controle judicial, ainda que posterior à execução da medida, esvaziaria o núcleo fundamental da garantia contra a inviolabilidade da casa (art. 5º, XI, da CF) e deixaria de proteger contra ingerências arbitrárias no domicílio (Pacto de São José da Costa Rica, artigo 11, 2, e Pacto Internacional sobre Direitos Civis e Políticos, artigo 17, 1). O controle judicial *a posteriori* decorre tanto da interpretação da Constituição, quanto da aplicação da proteção consagrada em tratados internacionais sobre direitos humanos incorporados ao ordenamento jurídico. Normas internacionais de caráter judicial que se incorporam à cláusula do devido processo legal. 5. Justa causa. A entrada forçada em domicílio, sem uma justificativa prévia conforme o direito, é arbitrária. Não será a constatação de situação de flagrância, posterior ao ingresso, que justificará a medida. Os agentes estatais devem demonstrar que havia elementos mínimos a caracterizar fundadas razões (justa causa) para a medida. 6. Fixada a interpretação de que a entrada forçada em domicílio sem mandado judicial só é lícita, mesmo em período noturno, quando amparada em fundadas razões, devidamente justificadas *a posteriori*, que indiquem que dentro da casa ocorre situação de flagrante delito, sob pena de responsabilidade disciplinar, civil e penal do agente ou da autoridade e de nulidade dos atos praticados. 7. Caso concreto. Existência de fundadas razões para suspeitar de flagrante de tráfico de drogas. Negativa de provimento ao recurso" (STF — Tribunal Pleno — Repercussão Geral — Mérito — RE 603.616/RO — Rel. Min. Gilmar Mendes — julgado em 05.11.2015 — *DJe*-093 10.05.2016).

Veja-se, entretanto, que, de acordo com esse entendimento, não basta, à validade da prova, que se constate, posteriormente ao ingresso no domicílio, a existência de situação de flagrância, pois é imprescindível também que, *ex ante*, ou seja, antes da invasão da residência, os agentes estatais já dispusessem de elementos de prova que conferissem justa causa à medida invasiva.

Dessa maneira, não serão admitidas as provas obtidas por meio de entrada forçada em domicílio, sem autorização judicial, quando não houver **fundadas razões** (art. 240, § 1º, do CPP), constatadas antes da realização da diligência e passíveis de demonstração *a posteriori*, para a realização da busca.

■ 8.1.8.2. *Prova emprestada*

Denomina-se prova emprestada (ou trasladada) aquela colhida em um processo e reproduzida documentalmente (usualmente por meio de fotocópia) na ação pendente de julgamento.

Na definição de João Mendes de Almeida Júnior, provas emprestadas "são as tiradas de uma causa anterior, ou consistentes em documentos e depoimentos produzidos em outro feito judicial"[17].

Conquanto haja corrente que repute válida a prova emprestada somente quando sua juntada destinar-se a produzir efeitos apenas em relação a quem foi parte no processo originário, há que se distinguir, para efeito de sua aceitação, se havia ou não necessidade de observância do contraditório no momento da formação da prova. A propósito: "I. Prova emprestada e garantia do contraditório. A garantia constitucional do contraditório — ao lado, quando for o caso, do princípio do juiz natural — é o obstáculo mais frequentemente oponível à admissão e à valoração da prova emprestada de outro processo, no qual, pelo menos, não tenha sido parte aquele contra quem se pretenda fazê-la valer; por isso mesmo, no entanto, a circunstância de provir a prova de procedimento a que estranho a parte contra a qual se pretende utilizá-la só tem relevo, se se cuida de prova que — não fora o seu traslado para o processo — nele se devesse produzir no curso da instrução contraditória, com a presença e a intervenção das partes. Não é a hipótese de autos de apreensão de partidas de entorpecentes e de laudos periciais que como tal os identificaram, tomados de empréstimo de diversos inquéritos policiais para documentar a existência e o volume da cocaína antes apreendida e depositada na Delegacia, pressuposto de fato de sua subtração imputada aos pacientes: são provas que — além de não submetidas por lei à produção contraditória (C.Pr.Pen., art. 6º, II, III e VII e art. 159) — nas circunstâncias do caso, jamais poderiam ter sido produzidas com a participação dos acusados, pois atinentes a fatos anteriores ao delito" (STF — HC 78.749/MS — 1ª Turma — Rel. Min. Sepúlveda Pertence — *DJ* 25.06.1999 — p. 4).

■ 8.1.8.3. *Prova ilícita por derivação*

Muito antes de o legislador introduzir em nosso ordenamento a proibição de utilização da prova ilícita por derivação, o Supremo Tribunal Federal passou a adotar a *teoria dos frutos da árvore envenenada* (*fruits of poisonous tree doctrine*), que preconiza a imprestabilidade da prova em si mesma lícita, mas cuja obtenção tenha derivado de ação ilícita[18].

A partir da edição da Lei n. 11.690/2008, a lei processual passou a prever, expressamente, a inadmissibilidade da *prova ilícita por derivação* (art. 157, § 1º, primeira parte, do CPP), em consonância com o então já pacificado entendimento jurisprudencial, de modo a estabelecer que as provas obtidas por meio ilícito contaminam as provas ulteriores que, embora produzidas licitamente, tenham se originado das primeiras.

Assim é que, por exemplo, a apreensão de substâncias entorpecentes em residência vistoriada por determinação judicial (prova, em princípio, lícita) não terá valor probatório acaso a informação que possibilitou a expedição do mandado de busca e a descoberta da droga tenha sido obtida por meio de escuta telefônica ilegal.

---

[17] João Mendes de Almeida Júnior. *Direito judiciário brasileiro*, p. 187.

[18] STF — HC 69.912 (segundo)/RS — Tribunal Pleno — Rel. Min. Sepúlveda Pertence — Julgamento: 16.12.1993 — *DJ* 25.03.1994 — p. 6.012.

■ 8.1.8.4. *Fonte independente*

A regra que determina a exclusão da prova ilícita por derivação (*exclusionary rule*), todavia, **não é absoluta**, na medida em que a ilicitude remota só contaminará a prova derivada quando houver inequívoca **relação de causalidade** entre ela e a ação ilegal (art. 157, § 1º), ou seja, quando se puder concluir que a ação ilícita originária foi *conditio sine qua non* do alcance da prova secundária. Por essa razão, não será impregnada pela ilicitude a evidência obtida por meio de *fonte independente*.

O Código de Processo Penal, adotando o critério da prova separada, considera fonte independente:

a) o elemento autônomo de informação que, embora derivado da prova ilícita, não teve a ação maculada como causa determinante (art. 157, § 1º, parte final). É a *independent source exception* do direito norte-americano. Em tais casos, apenas aparentemente as provas secundárias derivam da ação ilícita, pois, na verdade, foram alcançadas em decorrência de meios lícitos. Ex.: O Superior Tribunal de Justiça, conquanto tenha reconhecido a invalidade da decisão judicial que autorizou a busca domiciliar na residência do acusado, declarou a validade das provas obtidas por meio de revista em sua casa, já que o réu foi preso em flagrante antes do início da execução da medida de busca e apreensão, circunstância que autorizava, por expressa previsão constitucional, o ingresso no domicílio a despeito da inexistência de autorização judicial[19];

b) aquela que por si só, seguindo os trâmites típicos e de praxe, próprios da investigação ou instrução criminal, seria capaz de conduzir ao fato objeto da prova (art. 157, § 2º). A lei atribui validade à prova derivada da ação ilícita quando, embora existindo nexo causal entre ambas, trate-se de hipótese de **descoberta inevitável** (*inevitable discovery exception* do direito norte-americano). Essa exceção deve ser acolhida quando evidenciado que a rotina da investigação levaria à obtenção legal da prova que, circunstancialmente, foi alcançada por meios ilícitos. Ex.: Ao apreciar a validade da utilização de documentos relativos à movimentação bancária de conta corrente de cotitularidade da acusada e de vítima falecida, obtidos sem autorização judicial, o Superior Tribunal de Justiça concluiu que "o sobrinho da vítima, na condição de herdeiro, teria, inarredavelmente, após a habilitação no inventário, o conhecimento das movimentações financeiras e, certamente, saberia do desfalque que a vítima havia sofrido; ou seja, a descoberta era inevitável"[20].

Essas duas exceções, embora similares em relação aos efeitos (validade da prova delas decorrente) e à finalidade (reconduzir a acusação à situação que estaria acaso a ilicitude não tivesse sido praticada), diferenciam-se pela circunstância de que, enquanto a exceção da fonte independente exige que a prova **controvertida** seja realmente obtida de forma legal, a exceção da descoberta **inevitável** exige apenas que

---

[19] HC 106.571/PR — 5ª Turma — Rel. Min. Jorge Mussi — Julgamento: 16.09.2010 — *DJe* 16.11.2010.

[20] HC 52.995/AL — 6ª Turma — Rel. Min. Og Fernandes — Julgamento: 16.09.2010 — *DJe* 04.10.2010.

haja fundada convicção de que a prova, conquanto obtida ilegalmente, seria inevitavelmente descoberta por meios lícitos.

Veja-se, acerca da questão, a seguinte decisão do Supremo Tribunal Federal:

> "A QUESTÃO DA DOUTRINA DOS FRUTOS DA ÁRVORE ENVENENADA ('FRUITS OF THE POISONOUS TREE'): A QUESTÃO DA ILICITUDE POR DERIVAÇÃO. — Ninguém pode ser investigado, denunciado ou condenado com base, unicamente, em provas ilícitas, quer se trate de ilicitude originária, quer se cuide de ilicitude por derivação. Qualquer novo dado probatório, ainda que produzido, de modo válido, em momento subsequente, não pode apoiar-se, não pode ter fundamento causal nem derivar de prova comprometida pela mácula da ilicitude originária. — A exclusão da prova originariamente ilícita — ou daquela afetada pelo vício da ilicitude por derivação — representa um dos meios mais expressivos destinados a conferir efetividade à garantia do *due process of law* e a tornar mais intensa, pelo banimento da prova ilicitamente obtida, a tutela constitucional que preserva os direitos e prerrogativas que assistem a qualquer acusado em sede processual penal. Doutrina. Precedentes. — A doutrina da ilicitude por derivação (teoria dos 'frutos da árvore envenenada') repudia, por constitucionalmente inadmissíveis, os meios probatórios, que, não obstante produzidos, validamente, em momento ulterior, acham-se afetados, no entanto, pelo vício (gravíssimo) da ilicitude originária, que a eles se transmite, contaminando-os, por efeito de repercussão causal. Hipótese em que os novos dados probatórios somente foram conhecidos, pelo Poder Público, em razão de anterior transgressão praticada, originariamente, pelos agentes da persecução penal, que desrespeitaram a garantia constitucional da inviolabilidade domiciliar. — Revelam-se inadmissíveis, desse modo, em decorrência da ilicitude por derivação, os elementos probatórios a que os órgãos da persecução penal somente tiveram acesso em razão da prova originariamente ilícita, obtida como resultado da transgressão, por agentes estatais, de direitos e garantias constitucionais e legais, cuja eficácia condicionante, no plano do ordenamento positivo brasileiro, traduz significativa limitação de ordem jurídica ao poder do Estado em face dos cidadãos. — Se, no entanto, o órgão da persecução penal demonstrar que obteve, legitimamente, novos elementos de informação a partir de uma fonte autônoma de prova — que não guarde qualquer relação de dependência nem decorra da prova originariamente ilícita, com esta não mantendo vinculação causal —, tais dados probatórios revelar-se-ão plenamente admissíveis, porque não contaminados pela mácula da ilicitude originária" (STF — RHC 90.376/RJ — 2ª Turma — Rel. Min. Celso de Mello — *DJe* 18.05.2007).

■ *8.1.8.5. Critério da proporcionalidade*

Tem aceitação na doutrina o *critério da proporcionalidade*, segundo o qual a vedação à utilização da prova ilícita não tem caráter absoluto, motivo pelo qual a proibição pode ser mitigada quando se mostrar em aparente confronto com outra norma ou princípio de estatura constitucional. A aplicação desse critério decorre da **teoria da concordância prática** (ou da harmonização) das regras constitucionais, que preconiza a coexistência harmônica das normas dessa natureza.

Nesses casos, ou seja, quando o princípio da vedação da prova ilícita revelar-se em confronto com outra norma de índole constitucional, há que se verificar qual dos bens jurídicos deve ser sacrificado em detrimento do outro, como por exemplo, ao optar-se pela prevalência do direito à liberdade do indivíduo na hipótese em que a única prova capaz de gerar a absolvição tenha sido obtida por meio de uma ilicitude de menor monta. Aqui deve prevalecer o princípio constitucional da **ampla defesa** em detrimento daquele que veda a utilização das provas ilícitas.

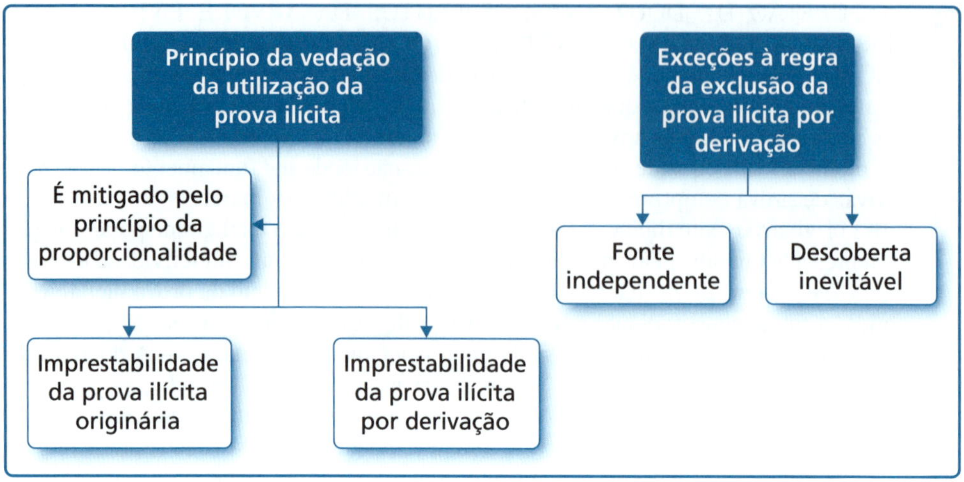

8.1.8.6. *Incidente de inutilização*

De acordo com o art. 157, § 3º, do Código, o reconhecimento da imprestabilidade da prova deve ensejar seu **desentranhamento** dos autos e, ainda, sua **inutilização**.

A destruição, contudo, não deve ser entendida como reflexo automático da decisão que decretou a inadmissibilidade da prova, pois é possível que aquele elemento de convicção possa ser utilizado validamente em outro feito, tal como ocorre quando um meio de prova veicula informação sobre mais de uma infração e a ilicitude verifica-se somente em relação a determinado acusado.

Malgrado o Código não preveja, de forma expressa, a instauração de processo incidente para análise da licitude de determinado meio de prova, Guilherme de Souza Nucci argumenta ser possível travar a discussão em procedimento autônomo, que deve observar as normas relativas ao incidente de falsidade documental (arts. 145 a 148 do CPP)[21]. Assim, recebida a arguição, o juiz deve determinar sua autuação em apartado e ouvir a parte contrária, permitindo, em seguida, que os litigantes produzam provas acerca de suas alegações, sem prejuízo da possibilidade de mandar realizar, de ofício, diligências que reputar necessárias para o esclarecimento da controvérsia. Depois de facultar às partes a manifestação sobre as provas colhidas, o juiz deve decidir pela admissibilidade ou inadmissibilidade da prova. A decisão proferida no processo incidental, que tem força de definitiva, expõe-se a apelação (art. 593, II).

Essa solução, entretanto, mostra-se inadequada em razão da circunstância de que a ação penal deve permanecer suspensa até que haja solução do processo incidente, o

[21] Guilherme de Souza Nucci. *Código de Processo Penal comentado,* 9. ed., p. 366.

que pode postergar indevidamente o julgamento da lide, sobretudo na hipótese de interposição de recurso contra a decisão que vier a ser proferida na ação incidental.

Entendemos, portanto, que a discussão acerca da licitude da prova deve ser travada **nos próprios autos** da ação penal. De ver-se, entretanto, que há duas orientações acerca da **forma de impugnação** da decisão que, **nos próprios autos da ação penal**, declara ilícita a prova:

a) Alguns entendem que a decisão é **irrecorrível**, pois não se insere nas hipóteses de cabimento do recurso em sentido estrito (art. 581 do CPP) nem da apelação (art. 593), daí por que pode ser desafiada, apenas, pelos remédios constitucionais de impugnação (mandado de segurança ou *habeas corpus*, respectivamente pela acusação e pelo réu). Vicente Greco Filho acrescenta que, por ser irrecorrível, a decisão não se torna preclusa imediatamente, permitindo que a questão seja objeto de reexame como preliminar de recurso que vier a ser interposto contra a sentença final, de modo que somente nessa oportunidade é que ocorre a preclusão[22].

b) Para outros, é possível a **interposição do recurso em sentido estrito**, por aplicação extensiva ao art. 581, XIII, do CPP, pois a decisão equivaleria à anulação parcial da instrução[23]. O Tribunal de Justiça do Estado de São Paulo conheceu de recurso em sentido estrito interposto contra decisão interlocutória que decretou a ilicitude de prova[24]. Essa interpretação é a que melhor resguarda o direito das partes ao contraditório, pois oferece a elas instrumento ordinário de impugnação da decisão.

A decisão que considera lícita a prova, por outro lado, será reexaminada pelas superiores instâncias por ocasião do julgamento do recurso contra a sentença, ressalvada a hipótese de impetração de mandado de segurança e de *habeas corpus* no caso de teratologia da decisão de primeiro grau.

Na eventualidade de justificar-se a destruição da prova, a inutilização só poderá ocorrer depois de preclusa a decisão que a julgou inadmissível.

8.1.9. Classificação das provas

1) Quanto a **eficácia representativa**:

a) direta (**inartificial** ou **histórica**) — diz-se que é direta a prova quando, por si só, demonstra o fato controvertido;

b) indireta (**crítica**, **oblíqua** ou **artificial**) — é a prova que demonstra um fato do qual se deduz o fato que se quer provar.

2) Quanto ao **valor**:

---

22 Vicente Greco Filho. *Manual de processo penal,* 7. ed., p. 191.

23 Andrey Borges de Mendonça. *Nova reforma do Código de Processo Penal*, p. 178.

24 Rec. em Sentido Estrito n. 2132-82.2010.8.26.0615/Comarca de Tanabi — 14ª Câm. Criminal — Rel. Marco de Lorenzi — Julgamento: 26.05.2011.

a) plena (**perfeita** ou **completa**) — é aquela apta a, por si só, conduzir o julgador a um juízo de certeza ou, em outras palavras, é aquela que faz tanta fé quanto basta para terminar a controvérsia[25];
b) não plena (**imperfeita** ou **incompleta**) — autoriza apenas o juízo de probabilidade acerca da ocorrência de um fato, isto é, aquela que produz alguma fé, mas não tanta que possa levar o juiz a proferir sentença[26].

3) Quanto à **origem**:

a) originária — quando não há intermediários entre o fato e o meio de prova (testemunha presencial);
b) derivada — quando existe intermediação entre o fato e o meio de prova (testemunho do testemunho, p. ex.).

4) Quanto à **fonte**:

a) pessoal — tem como fonte alguma manifestação humana, ou seja, "é a fornecida por ente humano"[27] (testemunho, confissão, conclusões periciais etc.);
b) real — tem como fonte a apreciação de elementos físicos distintos da pessoa dotada de personalidade, ou seja, "é a que consiste em coisa"[28] (o cadáver, a arma do crime etc.).

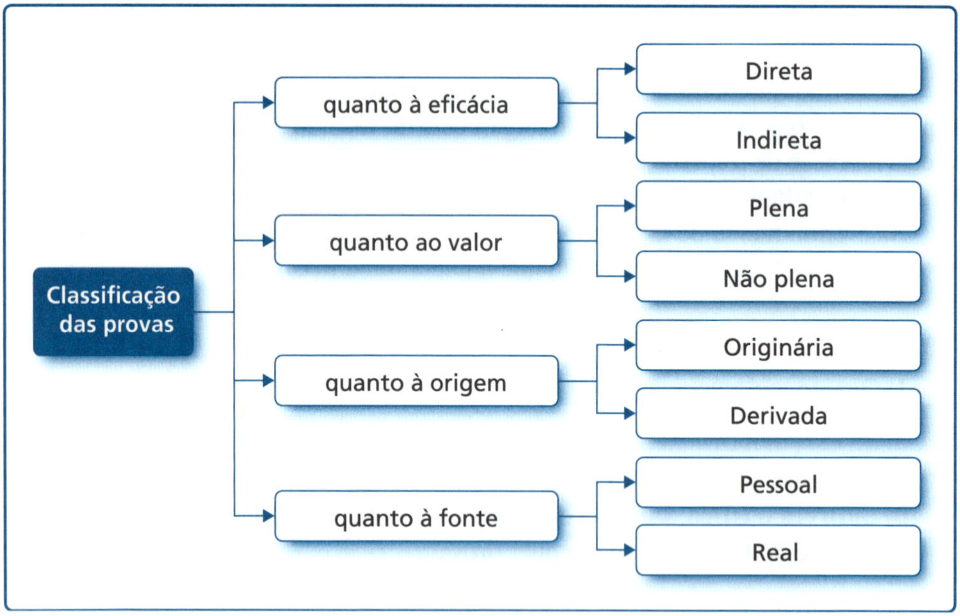

[25] João Mendes de Almeida Júnior. *Direito judiciário brasileiro*, p. 183.
[26] João Mendes de Almeida Júnior. *Direito judiciário brasileiro*, p. 183.
[27] João Mendes de Almeida Júnior. *Direito judiciário brasileiro*, p. 186.
[28] João Mendes de Almeida Júnior. *Direito judiciário brasileiro*, p. 186.

8.1.10. Momentos da atividade probatória

É possível distinguir quatro momentos diversos da atividade probatória:

1) Fase de **proposição** (ou indicação): Refere-se ao momento em que as partes manifestam seu desejo no tocante à produção de determinada prova. Em relação a alguns meios de prova, essa faculdade deve ser exercida em uma etapa procedimental determinada, tal como ocorre com as testemunhas, que devem ser indicadas, necessariamente, na denúncia ou na queixa (art. 41 do CPP) ou, ainda, na resposta escrita (art. 396-A), sob pena de preclusão. Na segunda etapa do procedimento do Júri, deve-se observar para a indicação de testemunhas, por outro lado, a ocasião prevista no art. 422 do Código. Outros meios de prova, contudo, podem ser propostos a qualquer tempo (art. 231 do CPP).

2) Fase de **admissão**: Diz respeito à análise, pelo juiz, da pertinência e da necessidade da aquisição da prova.

3) Fase da **produção**: Consiste na realização e introdução da prova nos autos.

4) Fase da **apreciação**: É o momento em que o juiz exerce a análise crítica dos elementos de convicção, atribuindo a cada qual determinado valor, de modo a permitir que, racionalmente, conclua sobre a procedência ou improcedência da pretensão punitiva. É importante salientar que a opção por uma, entre duas ou mais versões que se revelem conflitantes ou excludentes, deve ser feita por meio de aplicação de raciocínio lógico, razão pela qual incumbe ao magistrado conferir crédito somente àquilo que se mostrar verossímil e afinado com as regras da experiência comum, desconsiderando, por outro lado, tudo que se afigurar improvável.

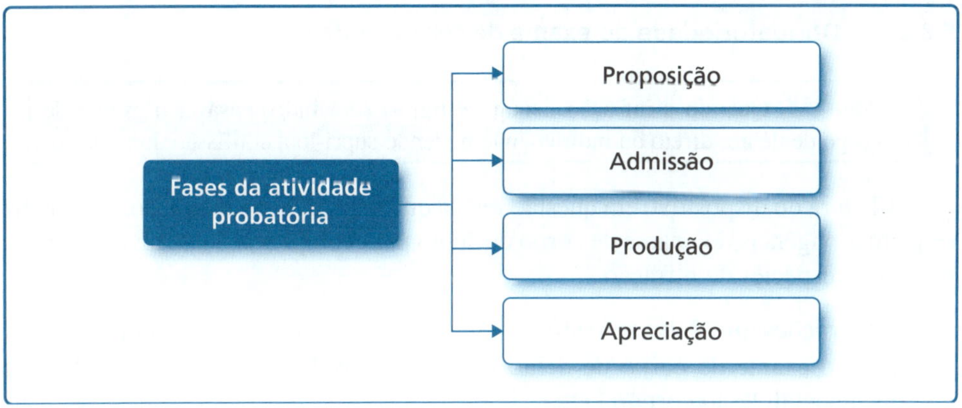

8.2. DO EXAME DO CORPO DE DELITO E DAS PERÍCIAS EM GERAL

8.2.1. Perícia

É o **exame** realizado com a finalidade de instruir o julgador, por pessoa com conhecimentos específicos sobre matéria **técnica**, **científica** ou **artística** relacionada ao fato criminoso e suas circunstâncias.

Sua realização fica a cargo do **perito**, órgão auxiliar do juízo sujeito à disciplina judiciária (art. 275 do CPP).

A perícia é corporificada por meio do **laudo**, documento elaborado pelo perito, que nele deve registrar tudo o que observaram e concluíram.

8.2.2. Corpo de delito e exame de corpo de delito

Corpo de delito é o **conjunto de elementos sensíveis** deixados pelo crime, isto é, "aquilo que torna o crime ou a contravenção palpável, sensível, tangível, perceptível aos sentidos"[29]. Ex.: o cadáver é corpo de delito do crime de homicídio.

Exame de corpo de delito, por sua vez, é a **espécie de perícia** destinada a reunir **vestígios** materiais deixados pelo fato criminoso, ou seja, é a perícia realizada no corpo de delito. Ex.: a necropsia é exame de corpo de delito do crime de homicídio.

8.2.3. Modalidades de exame de corpo de delito

1) **Direto** — é o que se realiza por meio da análise, pelos peritos, do próprio corpo de delito, sem qualquer intermediação.
2) **Indireto** — é o realizado sobre dados ou vestígios paralelos (ficha clínica de atendimento hospitalar, imagens de câmera de vigilância, fotografias etc.).

Na hipótese em que o perito examina o cadáver, constatando a ocorrência da morte e as causas que a determinaram, o exame é dito direto. Já quando o perito, ante a impossibilidade de estudo do cadáver (por ocultação ou destruição, por exemplo), analisa imagens que registram o momento em que a vítima é decapitada, fala-se em exame indireto.

8.2.4. Obrigatoriedade do exame de corpo de delito

> **Art. 158.** Quando a infração deixar vestígios, será indispensável o exame de corpo de delito, direto ou indireto, não podendo supri-lo a confissão do acusado.

A leitura do dispositivo em questão revela que o Código faz distinção, no que diz respeito à exigência do exame de corpo de delito para comprovação da materialidade, entre duas espécies de infração:

1) **Infrações que deixam vestígios** (*delicta facti permanentis*) — em relação às quais o exame de corpo de delito é **indispensável**. Ex.: homicídio, falsidade documental, lesão corporal etc.
2) **Infrações que não deixam vestígios** (*delicta facti transeuntis*) — para demonstração de sua existência material não é imprescindível o exame de corpo de delito. Ex.: injúria verbal, furto simples etc.

Constata-se, portanto, que a lei atribuiu valor quase que absoluto ao exame técnico-científico para fins de comprovação da existência material da infração que

---

[29] Sergio Demoro Hamilton. *Temas de processo penal*, 2. ed., p. 157.

deixa vestígios, tanto que fulmina de nulidade o processo em que estiver ausente tal prova (art. 564, III, *b*, do CPP).

Importa registrar que "mesmo quando a materialidade for evidenciada diretamente por elemento constante dos autos (ex.: o próprio documento falsificado), não é possível prescindir-se do exame de corpo de delito"[30].

Averbe-se que a exigência em questão pode relacionar-se à demonstração do tipo básico ou de forma qualificada de um tipo penal.

Assim, embora a comprovação de uma mera subtração não dependa do exame de corpo de delito, a demonstração da existência do furto qualificado pela destruição de obstáculo subordina-se à realização da referida prova técnica (art. 171 do CPP).

■ 8.2.5. Etapa em que o exame deve ser juntado aos autos

Ressalvados os casos de crimes contra a propriedade imaterial (art. 525 do CPP), **não se exige** o exame de corpo de delito **para o recebimento da denúncia**, que pode fundar-se em outros elementos indicativos da materialidade da infração colhidos na fase investigativa.

O exame revela-se **imprescindível**, portanto, apenas para o **julgamento** da ação referente às infrações que deixam vestígios.

Esse é o entendimento adotado pelos tribunais: "De acordo com o artigo 158 do Código de Processo Penal, 'quando a infração deixar vestígios, será indispensável o exame de corpo de delito, direto ou indireto, não podendo supri-lo a confissão do acusado'. 2. O Ministério Público pode deflagrar a ação penal sem que o exame de corpo de delito e de balística esteja anexado aos autos, permitindo-se que a sua juntada seja feita durante a instrução processual. 3. Para que haja justa causa para a persecução penal, não se exige a comprovação cabal da prática do crime, mas a presença de um lastro probatório mínimo que revele a sua ocorrência" (STJ — HC 265.839/BA — 5ª Turma — Rel. Min. Jorge Mussi — julgado em 13.05.2014 — *DJe* 21.05.2014).

■ 8.2.6. Suprimento do exame pela prova testemunhal

> **Art. 167.** Não sendo possível o exame de corpo de delito, por haverem desaparecido os vestígios, a prova testemunhal poderá suprir-lhe a falta.

O Código prevê, expressamente, que, uma vez desaparecidos os vestígios da infração, a prova testemunhal poderá suprir a falta do exame de corpo de delito, de modo a temperar o rigor relacionado à forma de demonstração das infrações que deixam rastros materiais.

Nessa situação, diferentemente do que ocorre quando da elaboração do exame de corpo de delito indireto, a narrativa da testemunha em relação à existência do delito é dirigida diretamente ao juiz, que concluirá sobre a suficiência do relato para

---

30 Ada Pellegrini Grinover; Antonio Scarance Fernandes e Antonio Magalhães Gomes Filho. *As nulidades no processo penal*, 12. ed., p. 143.

a formação do corpo de delito. É o que ocorre, por exemplo, quando a vítima de lesão corporal não se apresenta para o exame direto e, por não procurar atendimento em estabelecimento de saúde, torna inviável a realização do exame indireto, exigindo que o juiz decida sobre a existência da infração por meio da análise do depoimento de testemunha que viu o ferimento.

Não se exige, para essa finalidade, mais do que uma testemunha, mas, como adverte Sergio Demoro Hamilton, "é preciso que seu depoimento seja, na medida do possível, suficientemente esclarecedor e preciso a respeito da prova material do crime. E a razão está em que se o art. 160 da lei processual básica exige que os peritos descrevam, minuciosamente, no laudo pericial, a coisa ou a pessoa examinada, é evidente que o depoimento da testemunha não pode ser vago ou com referências imprecisas a respeito da materialidade da infração penal"[31].

Entende-se, todavia, que a prova testemunhal não poderá suprir a falta do exame se o desaparecimento dos vestígios decorreu da desídia dos agentes estatais incumbidos da persecução penal. Em relação a isso, adverte Vicente Greco Filho: "O art. 167 do Código de Processo Penal, como uma exceção à garantia do acusado quanto à constatação dos vestígios por exame pericial, deve ser interpretado estritamente, impondo que se aplique, exclusivamente, à hipótese de desaparecimento natural, ou por ação do próprio acusado, e não por inércia dos órgãos de persecução penal que atuam contra o eventual réu"[32].

Conquanto a prova testemunhal possa suprir a falta do exame, a mera confissão do acusado não se presta à mesma finalidade (art. 158 do CPP).

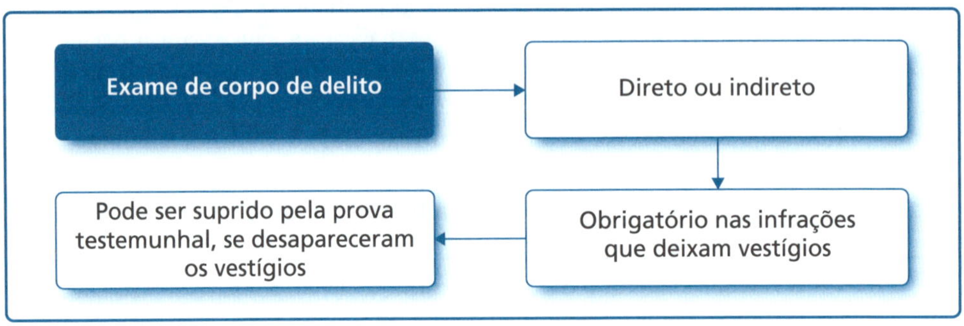

■ 8.2.7. Realização do exame de corpo de delito e de outras perícias

É muito comum a realização da perícia na fase do inquérito, por determinação da autoridade policial, em decorrência da urgência que deriva do risco do desaparecimento dos vestígios ou da impossibilidade de conservação do objeto da perícia.

Em tais casos, a prova pericial, que é definitiva, submete-se a um contraditório diferido, sem que a ausência de prévia manifestação do indiciado importe em inefi-

[31] Sergio Demoro Hamilton. *Temas de processo penal*, 2. ed., p. 161-162.

[32] Vicente Greco Filho. *Manual de processo penal,* 7. ed., p. 212.

cácia da prova, já que as partes poderão, oportunamente, indicar assistente técnico para apresentação de parecer (art. 159, §§ 3º, 4º e 5º, II, do CPP), contestar o laudo apresentado, requerer fundamentadamente a complementação ou realização de novo exame (art. 181 do CPP) e, ainda, requerer a oitiva de perito em audiência (arts. 159, § 5º, I, e 400, *caput* e § 2º, do CPP).

Havendo possibilidade, no entanto, a perícia deve ser realizada na fase processual, a requerimento das partes ou por determinação de ofício, observando-se o contraditório prévio e a possibilidade de as partes e o juiz formularem quesitos, até que a diligência se realize (art. 176 do CPP).

Salvo no que diz respeito ao exame de corpo de delito, o juiz poderá indeferir a perícia requerida pelas partes, quando não se revelar necessária para o esclarecimento do fato (art. 184 do CPP).

■ 8.2.8. Perito

A perícia deve ser realizada, em regra, por perito oficial, portador de diploma de curso superior (art. 159, *caput*, do CPP).

Perito oficial é o especialista em determinada área do conhecimento, diplomado em curso superior, que está investido na função em decorrência de prévia existência de vínculo com o Estado (ou seja, sua investidura na função não decorre da nomeação feita pelo juiz ou pela autoridade policial). É, portanto, o integrante da carreira da Polícia Científica, o funcionário de Instituto de Criminalística ou de órgão similar etc.

A atuação de apenas **um perito oficial** é suficiente para que a perícia seja **válida**.

Somente em caso da inexistência de perito oficial é que o exame poderá ser realizado por peritos não oficiais.

Nesse caso, a nomeação será feita sem intervenção das partes (art. 276 do CPP) e deve recair sobre **duas** pessoas idôneas e com formação superior preferencialmente na área específica (art. 159, § 1º, do CPP), que prestarão compromisso de bem e fielmente desempenhar o encargo (art. 159, § 2º, do CPP). A falta de compromisso do perito inoficial é considerada mera irregularidade.

Acaso haja necessidade de realização de exame pericial por carta precatória, a regra é a nomeação do perito pelo juízo deprecado (art. 177 do CPP).

Em se cuidando de perícia complexa que abranja mais de uma área de saber especializado, é possível designar a atuação de mais de um perito oficial (art. 159, § 7º, do CPP).

De acordo com o entendimento do Supremo Tribunal Federal, as partes têm o **direito de conhecer o grau de formação profissional do perito criminal**, para que possam proceder, oportunamente, ao exame crítico do laudo pericial (STF — AP 470 AgR-décimo quarto/MG — Tribunal Pleno — Rel.: Min. Joaquim Barbosa, Rel. p/ acórdão: Min. Celso de Mello — *DJe* 22.09.2011).

■ 8.2.9. Formulação de quesitos e indicação de assistente técnico

Faculta-se ao Ministério Público, ao assistente de acusação, ao ofendido, ao querelante e ao acusado **influírem na formação da prova pericial** por meio da formulação de quesitos e da indicação de assistente técnico (art. 159, § 3º, do CPP).

Quesitos são **indagações de ordem técnica** dirigidas ao perito com o intuito de provocar sua manifestação sobre determinado aspecto relevante do exame. Além das partes, pode o juiz ou a autoridade policial (se a perícia for determinada na fase do inquérito) formular quesitos.

O **assistente técnico** é o profissional qualificado na área objeto da perícia e que deve ser **indicado pela parte** para prestar-lhe assessoria técnica. A **atuação** do assistente pressupõe sua prévia admissão pelo juiz e inicia-se **depois da conclusão dos exames** e da elaboração do laudo pericial (art. 159, § 4º, do CPP). O assistente técnico, portanto, não realiza o exame com o perito, já que esse nem mesmo precisa designar data para realização de seus trabalhos.

Na medida em que a vinculação do assistente técnico dá-se apenas com a parte que o indicou, ao juízo incumbe apenas intimar o responsável pela indicação acerca da decisão de admissão (art. 159, § 4º, parte final, do CPP), que pode ocorrer em qualquer fase do processo, cumprindo ao interessado zelar pela elaboração e juntada aos autos do parecer técnico, no prazo que vier a ser assinado pelo juiz.

Para tornar viável a elaboração do parecer técnico, a lei faculta o exame, pelo assistente técnico, do material probatório que serviu de base à perícia, salvo se for impossível sua conservação. O exame do material será feito na presença do perito e nas dependências do órgão oficial, que manterá sua guarda (art. 159, § 6º, do CPP). Nas perícias complexas que envolvam duas ou mais áreas de conhecimento especializado, a parte poderá indicar mais de um assistente técnico.

A lei prevê a possibilidade de oitiva, em audiência, de peritos e assistentes técnicos (arts. 159, § 5º, I e II, e 400, *caput* e § 2º, do CPP).

■ 8.2.10. Laudo

Laudo é o documento elaborado pelo perito para **corporificar o exame pericial**, de modo a registrar suas **constatações e as conclusões de ordem técnica** a que chegou. É importante registrar que o responsável pela elaboração do laudo deve abster-se de lançar qualquer conclusão de ordem jurídica, na medida em que esse juízo é exclusivo do magistrado.

O laudo, que deve encerrar **minuciosa descrição** daquilo que foi examinado (art. 161, *caput*, do CPP), será elaborado no prazo máximo de **10 dias,** que pode ser prorrogado, em casos excepcionais, se assim requerer o perito.

Prevê o art. 181 do CPP a possibilidade de o juiz (essa atribuição não se estende ao delegado de polícia) determinar que se supra formalidade não observada pelo perito ou que se complemente ou esclareça o laudo omisso, obscuro ou contraditório, sem prejuízo da faculdade de ordenar que se proceda a novo exame, por outro perito, se entender necessário para a formação de seu convencimento.

Se os peritos não oficiais divergirem em relação ao conteúdo da perícia, as impressões e conclusões de cada qual serão consignadas de forma destacada no auto de exame, ou cada um elaborará seu laudo, incumbindo à autoridade, então, designar um terceiro perito. Se o terceiro perito divergir de ambos, a autoridade poderá ainda determinar a realização de novo exame por outros peritos (art. 180 do CPP).

■ 8.2.11. Vinculação do juiz ao laudo

> **Art. 182.** O juiz não ficará adstrito ao laudo, podendo aceitá-lo ou rejeitá-lo, no todo ou em parte.

Coerentemente com a opção pelo sistema da persuasão racional do magistrado, que vigora no tocante à avaliação da prova, o Código adotou o **princípio liberatório**, segundo o qual o julgador não fica adstrito às conclusões dos peritos, podendo, desde que **fundamentadamente**, acolhê-las ou rejeitá-las, no todo ou em parte.

Malgrado o juiz não tenha, em regra, conhecimento técnico que lhe permita refutar o trabalho pericial, nada impede que, amparado por elementos técnicos diversos (parecer do assistente técnico, obras da área do conhecimento em questão etc.) ou por provas de outra natureza, demonstre, de forma lógica e consistente, que o laudo não pode ser acolhido.

Da mesma forma, os jurados, como juízes que são, não estão vinculados ao laudo.

■ 8.2.12. Algumas espécies de perícia

1) **Autópsia** ou **necropsia** (art. 162 do CPP) — é o exame levado a efeito no cadáver para determinar a causa da morte. Em regra, haverá exame interno do cadáver, que, no entanto, não será necessário quando não houver infração penal a apurar ou quando o exame externo permitir a conclusão sobre a causa da morte. Exige-se, para sua realização, o período de segurança de seis horas a contar do momento do óbito, já que, transcorrido esse lapso, há o aparecimento de sinais tanatológicos mais evidentes.

Determina o Código que os cadáveres sejam fotografados na posição em que forem encontrados, bem assim que se faça registro fotográfico das lesões que porventura neles existirem e, ainda, que os peritos instruam o laudo com fotografias, esquemas ou desenhos representativos das lesões.

Esse exame é também denominado **necroscópico**.

Se houver necessidade de exame de cadáver já sepultado (inumado), a autoridade policial ou o juiz poderão determinar sua **exumação** (art. 163 do CPP), ou seja, a retirada do cadáver da sepultura. A exumação não é, portanto, modalidade de perícia, mas procedimento destinado a propiciar o exame cadavérico.

2) Perícia em caso de **lesões corporais** (art. 168 do CPP) — na impossibilidade de classificar a natureza das lesões em um primeiro exame, deve-se proceder a **exame complementar**. Se a perícia destinar a verificar se do fato resultou incapacidade da vítima para as ocupações habituais por mais de 30 dias (art. 129, § 1º, I, do CP), o exame complementar deve ser realizado logo que decorrido esse prazo.

3) Exame do **local do crime** (art. 169 do CPP) — o exame do local do crime possibilita, muitas vezes, o recolhimento de informações e de vestígios relevantes

para a reconstrução do fato, daí por que o Código determina que a autoridade policial zele para que não se altere o estado das coisas no local da infração, até a chegada dos peritos, que inspecionarão minuciosamente o lugar, registrando o que viram e concluíram (art. 6º, I, do CPP).

Nos crimes de **furto qualificado** cometidos com **destruição ou rompimento de obstáculo** à subtração da coisa, ou por meio de **escalada**, o laudo deve descrever os vestígios encontrados, além de indicar os instrumentos empregados, os meios de execução e o momento estimado do delito (art. 171 do CPP).

Em se tratando de **incêndio**, especial importância deve-se dar à causa e ao lugar em que as chamas iniciaram-se, ao perigo resultante para a vida ou para o patrimônio alheio, assim também à extensão do dano (art. 173 do CPP).

4) **Perícia de laboratório** (art. 170 do CPP) — "é o exame especializado realizado em lugares próprios ao estudo experimental e científico"[33], que pode ter por escopo a análise de variadas substâncias, produtos, equipamentos e objetos relacionados à infração: exame químico-toxicológico de substância entorpecente; exame de balística; exame de produto impróprio ao consumo etc.

5) **Avaliação** (art. 172 do CPP) — é o exame feito para atribuir valor a coisas destruídas ou que constituam produto do crime. Sua realização pode prestar-se a finalidade vária, dentre as quais: a) possibilitar a aplicação do privilégio em crimes como furto, apropriação indébita, estelionato e receptação, quando o bem for considerado de pequeno valor — inferior a um salário mínimo; b) fornecer elementos para o juiz estabelecer o valor mínimo para reparação dos danos causados pela infração (art. 387, IV, do CPP); c) dimensionar as consequências do crime para o ofendido (art. 59, *caput*, do CP).

A avaliação pode ser realizada de forma **direta** ou **indireta**, ocorrendo a primeira quando o perito analisa o próprio bem ou coisa que pretende avaliar, e a segunda, quando, em virtude do desaparecimento do objeto da perícia, estima-se seu valor por meio da comparação com coisas similares.

6) **Exame grafotécnico** (art. 174 do CPP) — consiste em exame para determinar a autoria de escritos, que é feito por comparação de letras. A comparação dos escritos pode dar-se com os grafismos existentes em documentos inequivocamente provenientes do punho da pessoa a quem se atribui sua autoria ou, acaso haja concordância da pessoa, com material gráfico que concordar em fornecer à autoridade.

7) Exame de **instrumentos** empregados para a prática de infração (art. 175 do CPP) — destina-se a verificar a natureza e a eficiência de instrumento utilizado para a prática do crime, como, por exemplo, uma arma de fogo.

■ 8.2.13. Perícia de comparação de perfil genético

A Lei n. 12.037/2009, com as modificações introduzidas pela Lei n. 12.654/2012, passou a disciplinar a realização do **exame pericial de análise e comparação de se-**

[33] Guilherme de Souza Nucci. *Código de Processo Penal comentado,* 9. ed., p. 390.

quências de DNA (ácido desoxirribonucleico) para fins de **identificação criminal**, o que gera importantes reflexos no âmbito da investigação e da produção da prova.

Embora a colheita dos caracteres genéticos do investigado não se destine apenas à produção de prova, pois, como já assinalado, a medida tem cunho identificador, o emprego de técnica denominada impressão genética permite concluir, com elevadíssimo índice de certeza, se fluídos corporais (sangue, esperma, saliva) ou tecidos (pele, cabelo) encontrados, por exemplo, na cena do crime ou no corpo da vítima são provenientes de determinada pessoa, de modo a oferecer relevante elemento de informação para as investigações e para o julgamento de processos criminais.

Assim é que, sempre que for essencial à apuração da infração, poderá o juiz, de ofício, ou mediante representação da autoridade policial ou, ainda, a requerimento do Ministério Público ou da defesa, determinar a coleta de material biológico para obtenção do perfil genético do investigado ou réu (art. 5º, parágrafo único, da Lei n. 12.037/2009). É importante lembrar, portanto, que esse meio de identificação criminal, ao contrário do que ocorre com a identificação dactiloscópica e fotográfica, **só pode ser adotado por decisão judicial**, ainda que no curso da investigação policial.

Se determinada a coleta de material biológico, a extração da amostra deve ser realizada por técnica indolor, para, em seguida, realizar-se o cotejo do perfil genético do investigado com o do material apreendido.

Esse exame será, necessariamente, realizado por **perito oficial** habilitado (art. 5º-A, § 3º, da Lei n. 12.037/2009), que lançará suas conclusões em laudo pericial.

Embora a extração de amostra de DNA deva ser realizada por técnica indolor, há quem defenda a possibilidade de o investigado ou acusado, valendo-se do **privilégio contra a autoincriminação**, recusar-se a cumprir a determinação de fornecer material biológico, pois essa prerrogativa compreende a garantia de não fornecer partes de seu corpo para exame.

Parece-nos, contudo, que o privilégio contra a autoincriminação não pode ser invocado para obstar a adoção das iniciativas necessárias à correta identificação do acusado, tanto assim que pode ser conduzido coercitivamente para a identificação fotográfica e dactiloscópica (art. 260 do CPP), além do que se sujeita, em caso de mentira sobre seus dados qualificativos, às penas do crime de falsa identidade.

Seja qual for o entendimento adotado, nada impede que os agentes estatais incumbidos da persecução penal obtenham tecidos ou fluídos corporais pertencentes ao investigado sem valer-se da extração coercitiva, bastando que identifiquem vestígios biológicos deixados pelo suspeito ou acusado. Assim, é possível, ante a recusa do investigado, apreender, por exemplo, em diligência de busca domiciliar, escova dental ou cigarro com amostras de saliva, lâmina de barbear com amostras de sangue etc., pois as partes que já foram destacadas do corpo humano não gozam de proteção jurídica.

A manutenção de **banco de perfis genéticos** (art. 5º-A, *caput*, da Lei n. 12.037/2009), por sua vez, facilita a apuração de infrações que deixaram ou que vierem a deixar vestígios biológicos, pois nessa base de dados serão armazenadas as informações sobre os caracteres genéticos dos investigados ou acusados em relação aos quais houver determinação judicial de identificação por esse meio e, ainda, as informações sobre o perfil genético de todos os condenados por crime doloso praticado com violência de natureza grave ou por crime hediondo (art. 9º-A da LEP).

■ 8.3. INTERROGATÓRIO

O interrogatório é o ato processual em que o acusado é ouvido pelo **juiz** acerca da imputação que lhe é feita.

Fala-se, ainda, em interrogatório policial para designar a audiência do indiciado pela autoridade **policial**.

O direito à ampla defesa, constitucionalmente assegurado (art. 5º, LV), pode ser dividido em duas vertentes, pois garante ao acusado o exercício da **defesa técnica** e da **autodefesa**. A autodefesa, por sua vez, é constituída por dois elementos: **direito de audiência** e **direito de presença**.

É por meio do interrogatório que o acusado exerce o direito de audiência, ou seja, o direito de permanecer em silêncio ou de influir diretamente no convencimento do juiz, narrando-lhe fatos, manifestando-se sobre a imputação e indicando provas. Já o direito de presença tem por componente a prerrogativa de o acusado participar de todos os atos instrutórios. Veja-se: "Ao réu é assegurado o exercício da autodefesa consistente em ser interrogado pelo juízo ou em invocar direito ao silêncio, bem como de poder acompanhar os atos da instrução criminal, além de apresentar ao respectivo advogado a sua versão dos fatos para que este elabore as teses defensivas" (STF — HC 102.019/PB — 1ª Turma — Rel. Min. Ricardo Lewandowski — *DJe*-200 22.10.2010).

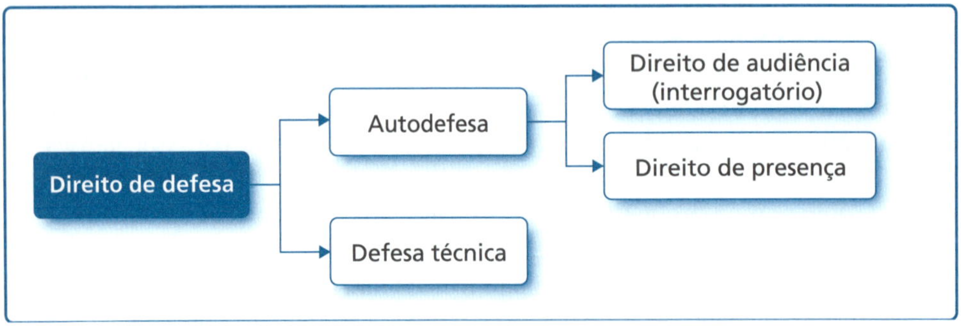

■ 8.3.1. Natureza jurídica

Não há consenso entre os doutrinadores em relação à natureza jurídica do interrogatório, que pode ser classificado, de acordo com cada uma das correntes, em:

1) **Meio de defesa** — por entender-se que, embora as declarações do réu possam fornecer ao juiz elementos que permitam o descobrimento da verdade, o interrogatório (audiência em que se colhem as declarações) não está preordenado para essa finalidade, mas para permitir a contestação da acusação.

2) **Meio de defesa e de prova** — a natureza mista do interrogatório derivaria de sua dupla finalidade: facultar ao réu que negue a conduta ou a explique, mas também possibilitar a colheita, pelo juiz, de elementos de convicção.

De acordo com o entendimento do Supremo Tribunal Federal, o interrogatório é, eminentemente, meio de defesa: "Em sede de persecução penal, o interrogatório judicial — notadamente após o advento da Lei n. 10.792/2003 — qualifica-se como ato de defesa do réu, que, além de não ser obrigado a responder a qualquer indagação feita pelo magistrado processante, também não pode sofrer qualquer restrição em sua esfera jurídica em virtude do exercício, sempre legítimo, dessa especial prerrogativa. Doutrina. Precedentes" (STF — HC 94.601/CE — 2ª Turma — Rel. Min. Celso de Mello — *DJe*-171 11.09.2009).

Dúvida não há, no entanto, de que poderá constituir **fonte de prova**, sempre que o acusado alegar a ocorrência de determinado fato ou circunstância.

■ 8.3.2. Características do interrogatório

1) **Ato personalíssimo**, já que só o acusado (ou o querelado) pode ser interrogado, sem que haja possibilidade de ser substituído por outrem no ato (defensor, curador etc.). Na hipótese de interrogatório de **pessoa jurídica** acusada de crime ambiental (art. 225, § 3º, da CF), será ouvido o **representante que for indicado** pela ré, ainda que não seja seu representante legal, uma vez que esse pode não ter conhecimento do fato[34].

2) **Ato oral**, pois se perfaz, em regra, por meio de palavras.

3) **Ato não sujeito a preclusão**, na medida em que pode ser praticado a qualquer tempo.

4) **Ato público**, uma vez que, salvo excepcionalmente, qualquer pessoa pode presenciá-lo.

5) **Ato bifásico**, porque constituído de duas partes, uma sobre a pessoa do acusado (interrogatório de qualificação), e, outra, sobre os fatos (interrogatório de mérito).

■ 8.3.3. Obrigatoriedade e oportunidade

O caráter obrigatório do interrogatório relaciona-se à necessidade de o juiz ouvir o réu presente, constituindo nulidade a inobservância do dever em questão (art. 564, III, *e*, do CPP). A **falta de interrogatório** é considerada **nulidade** de natureza **relativa** pelo Supremo Tribunal Federal, embora haja doutrinadores que atribuam caráter insanável à referida eiva[35]. Nesse sentido: "A falta do ato de interrogatório em juízo constitui nulidade meramente relativa, suscetível de convalidação, desde que não

[34] Guilherme de Souza Nucci. *Código de Processo Penal comentado*, p. 407.

[35] Ada Pellegrini Grinover; Antonio Scarance Fernandes e Antonio Magalhães Gomes Filho. *As nulidades no processo penal*, 12. ed., p. 83.

alegada na oportunidade indicada pela lei processual penal. — A ausência da arguição, *opportuno tempore*, desse vício formal, opera insuperável situação de preclusão da faculdade processual de suscitar a nulidade eventualmente ocorrida. Com essa preclusão temporal, registra-se a convalidação do defeito jurídico apontado. — A nulidade relativa, qualquer que ela seja, ocorrida após a prolação da sentença no primeiro grau de jurisdição, deve ser arguida, sob pena de convalidação, nas razões de recurso. Precedentes da Corte" (STF — HC 68.490/DF — 1ª Turma — Rel. Min. Celso de Mello — *DJ* 09.08.1991 — p. 10.363).

A ocasião adequada para a realização do interrogatório é a **audiência de instrução e julgamento**, depois das declarações do ofendido, da oitiva das testemunhas de acusação e de defesa e de eventuais outras diligências probatórias (esclarecimentos dos peritos, acareações e reconhecimentos). Ou seja, o interrogatório deve ser o **último ato instrutório da audiência**, precedendo o requerimento de diligências complementares ou, conforme o caso, a apresentação de alegações finais orais (art. 400, *caput*, do CPP).

Se preso, o réu será requisitado para comparecer à audiência (art. 399, § 1º, do CPP). Se estiver em liberdade, o acusado será intimado a comparecer na data designada e, se não o fizer, terá a revelia decretada (art. 367 do CPP), além do que poderá ser conduzido coercitivamente para o interrogatório (art. 260 do CPP).

Acaso o réu não seja interrogado em audiência, será ouvido quando comparecer ao Juízo ou quando for preso, desde que não tenha ocorrido o trânsito em julgado da sentença (art. 185, *caput*, do CPP). Mesmo que os autos estejam no Tribunal para julgamento de recurso, a notícia de apresentação do réu ou de sua prisão deve ensejar a conversão do julgamento em diligência para que seja ouvido, até mesmo pelo órgão de segundo grau (art. 616 do CPP).

Poderá o juiz, a todo tempo, agindo de ofício ou a requerimento das partes, proceder a novo interrogatório do acusado (art. 196 do CPP), o que poderá justificar-se, dentre outras hipóteses, quando o juiz que deve proferir a sentença não foi aquele que interrogou o réu, em virtude de ocorrência de uma das situações que excetuam a aplicação do princípio da identidade física do magistrado.

Ao julgar o Agravo Regimental na Ação Penal n. 528, **o Pleno do Supremo Tribunal Federal** proclamou, por unanimidade, que, **nas ações penais originárias**, que são regidas por lei especial, o interrogatório também deve ser o último ato da instrução, não obstante o art. 7º da Lei n. 8.038/90 prever que o réu será ouvido em seguida à citação. Essa decisão fundamenta-se na convicção de que, mais do que simples meio de prova, o interrogatório é, eminentemente, meio de defesa, e, portanto, o disposto no art. 400 do CPP deve suplantar as normas previstas em leis especiais, uma vez que somente sendo interrogado ao final da instrução poderá o acusado estruturar, com amplitude, sua defesa.

Revelava-se, assim, **tendência** da Corte Constitucional no sentido de que viria a considerar que, em qualquer ação penal, **mesmo naquelas que observam rito especial** (Lei Antitóxicos, Código Eleitoral etc.), **o interrogatório deveria ser o último ato da instrução**.

"PROCESSUAL PENAL. INTERROGATÓRIO NAS AÇÕES PENAIS ORIGINÁRIAS DO STF. ATO QUE DEVE PASSAR A SER REALIZADO AO FINAL DO PROCESSO. NOVA REDAÇÃO DO ART. 400 DO CPP. AGRAVO REGIMENTAL A QUE SE NEGA PROVIMENTO. I — O art. 400 do Código de Processo Penal, com a redação dada pela Lei 11.719/2008, fixou o interrogatório do réu como ato derradeiro da instrução penal. II — Sendo tal prática benéfica à defesa, deve prevalecer nas ações penais originárias perante o Supremo Tribunal Federal, em detrimento do previsto no art. 7º da Lei 8.038/90 nesse aspecto. Exceção apenas quanto às ações nas quais o interrogatório já se ultimou. III — Interpretação sistemática e teleológica do direito. IV — Agravo regimental a que se nega provimento." (STF — AP 528 AgR/DF — Tribunal Pleno — Rel. Min. Ricardo Lewandowski — julgado em 24.03.2011 — *DJe*-109 08.06.2011).

Posteriormente, no julgamento do HC 127.900, em 3 de março de 2016, o Plenário do Supremo Tribunal Federal fixou orientação no sentido de que a regra do art. 400 do CPP, que determina o interrogatório ao final, seja aplicada também aos processos de natureza penal militar e eleitoral e a **todos os procedimentos penais regidos por legislação especial**.

■ 8.3.4. Direito ao silêncio

Art. 5º, LXIII, da CF — O preso será informado de seus direitos, entre os quais o de permanecer calado, sendo-lhe assegurada a assistência da família e de advogado.

Art. 186. Depois de devidamente qualificado e cientificado do inteiro teor da acusação, o acusado será informado pelo juiz, antes de iniciar o interrogatório, do seu direito de permanecer calado e de não responder a perguntas que lhe forem formuladas.

Muito embora a Constituição faça menção apenas ao *preso* como titular do direito ao silêncio (art. 5º, LXIII), enraizou-se em nosso ordenamento jurídico o entendimento de que a **todo investigado ou acusado** é garantido o **privilégio contra a autoincriminação**, segundo o qual ninguém pode ser obrigado a produzir prova contra si (*nemo tenetur se detegere*).

Daí decorre a previsão no texto legal de que o acusado deva ser informado, **antes do início do interrogatório**, do seu direito de permanecer em silêncio e de não responder a perguntas que lhe forem dirigidas (art. 186, *caput*, do CPP).

Entende-se, todavia, que o **direito ao silêncio** pode ser exercitado, apenas, no tocante ao **interrogatório de mérito**, já que a prerrogativa não socorre o acusado no que diz respeito às indagações relativas à sua qualificação, cujas respostas não têm conteúdo defensivo[36]. Em relação a isso, adverte Guilherme de Souza Nucci que "em relação à qualificação, não cabe direito ao silêncio, nem o fornecimento de dados

[36] Ada Pellegrini Grinover; Antonio Scarance Fernandes e Antonio Magalhães Gomes Filho. *As nulidades no processo penal*, 12. ed., p. 78.

falsos, sem que haja consequência jurídica, impondo sanção. O direito ao silêncio não é ilimitado, nem pode ser exercido abusivamente. As implicações, nessa situação, podem ser graves, mormente quando o réu fornece, maldosamente, dados de terceiros, podendo responder pelo seu ato"[37].

O direito ao silêncio deve ser respeitado tanto no **interrogatório judicial** como no **interrogatório policial**, resultando, da infringência ao dever de a autoridade comunicar o investigado ou réu acerca da prerrogativa, a nulidade do ato e de outros que dele dependam.

O exercício do direito ao silêncio, por outro lado, não pode gerar qualquer reflexo negativo para o réu, o que autoriza a conclusão de que não foi recepcionada pelo atual sistema constitucional a parte final do art. 198 do Código, que prevê que o silêncio "poderá constituir elemento para a formação do convencimento do juiz". O juiz deve, portanto, desconsiderar, para fins de análise da prova, a circunstância de o acusado ter silenciado, na medida em que esse comportamento não pode gerar presunção de culpabilidade.

Para fazer valer, perante o Júri, a prerrogativa que garante ao acusado não ser prejudicado por ter-se mantido em silêncio, o art. 478, II, do Código de Processo Penal dispõe que, durante os debates, as partes não poderão fazer menção ao silêncio do acusado. Pretendeu o legislador, com isso, evitar que, no julgamento realizado por íntima convicção, o exercício do direito ao silêncio pudesse influir na decisão dos jurados, de modo a prejudicar o réu.

■ 8.3.5. Participação do defensor

A **presença do defensor**, constituído ou nomeado, no **interrogatório judicial** foi erigida pelo art. 5º, LXIII, da Constituição Federal e pelo art. 185, *caput*, do Código de Processo Penal a **condição de validade** do ato.

Exigindo a presença do defensor, prestigiam-se o efetivo exercício da defesa técnica e sua integração com a autodefesa, "por intermédio do contato reservado dos dois protagonistas da defesa penal, indispensável ao adequado exercício da defesa, em sua dúplice configuração"[38].

Acaso o advogado constituído pelo acusado, apesar de regularmente intimado, não esteja presente no momento do interrogatório (ou seja, na audiência de instrução e julgamento), poderá o juiz nomear defensor para o ato, sem que isso importe em nulidade.

Além da presença do defensor, o juiz deve assegurar ao réu, em qualquer modalidade de interrogatório (presencial ou por videoconferência), a possibilidade de entrevistar-se **reservadamente** com seu advogado (art. 185, § 5º, do CPP). Como o interrogatório tem lugar, em regra, na mesma audiência em que são ouvidos ofendido e testemunhas, é necessário que o juiz, depois de colher a narrativa da vítima e a

---

[37] Guilherme de Souza Nucci. *Código de Processo Penal comentado,* 9. ed., p. 418.

[38] Ada Pellegrini Grinover; Antonio Scarance Fernandes e Antonio Magalhães Gomes Filho. *As nulidades no processo penal*, 12. ed., p. 81.

prova testemunhal, permita que o réu mantenha contato com o defensor antes de ser interrogado.

Malgrado haja previsão de observância das normas relativas ao interrogatório judicial ao interrogatório realizado na fase policial (art. 6º, V, do CPP), é desnecessária a adoção, na etapa inquisitorial, das cautelas exigidas em decorrência da instalação do contraditório, tais como a presença obrigatória de defensor e a possibilidade de reperguntas.

8.3.6. Local de realização do interrogatório

O réu solto será interrogado ao comparecer perante a autoridade judiciária, ou seja, no lugar em que estiver sediado o órgão julgador (art. 185, *caput*, do CPP).

Desejando, porém, diminuir os riscos e despesas inerentes ao transporte de presos do estabelecimento em que estejam recolhidos até a sede do juízo, o legislador estabeleceu que o interrogatório do acusado preso será feito no estabelecimento em que se encontrar (art. 185, § 1º, do CPP). Criou-se, portanto, exceção à regra de que os atos processuais devem ser praticados na sede do juízo.

De ver-se, entretanto, que, em atenção à necessidade de garantir a incolumidade dos sujeitos processuais (juízes, promotores, advogados, auxiliares da justiça) e, ainda, em atenção aos princípios constitucionais da ampla defesa e da publicidade dos atos processuais, condicionou-se a realização do interrogatório em dependências de estabelecimento prisional à existência de sala própria onde esteja garantida a segurança de tais pessoas, a presença do defensor e a publicidade. Caso contrário, o réu deverá ser requisitado e escoltado até a sede do juízo para que ali seja interrogado.

A realização do interrogatório no presídio, no entanto, é providência raríssima, já que a concentração de todos os atos instrutórios em uma única audiência (art. 400, *caput*, do CPP, com a redação dada pela Lei n. 11.719/2008) é incompatível com aquela providência, pois não é razoável que ofendido, testemunhas e todos os demais atores processuais dirijam-se ao estabelecimento prisional para participar do ato.

É pacífico o entendimento, no Superior Tribunal de Justiça, de que é possível a realização do interrogatório por meio de carta precatória, sem que isso importe em ofensa ao princípio da identidade física do magistrado: "1. Com a introdução do princípio da identidade física do Juiz no processo penal pela Lei 11.719/08 (art. 399, § 2º do CPP), o Magistrado que presidir os atos instrutórios, agora condensados em audiência una, deverá proferir a sentença, descabendo, em regra, que o interrogatório do acusado, visto expressamente como autêntico meio de defesa e deslocado para o final da colheita da prova, seja realizado por meio de carta precatória, mormente no caso de réu preso, que, em princípio, deverá ser conduzido pelo Poder Público (art. 399, § 1º do CPP); todavia, não está eliminada essa forma de cooperação entre os Juízos, conforme recomendarem as dificuldades e as peculiaridades do caso concreto, devendo, em todo o caso, o Juiz justificar a opção por essa forma de realização do ato. 2. A adoção do princípio da identidade física do Juiz no processo penal não pode conduzir ao raciocínio simplista de dispensar totalmente e em todas as situações a colaboração de outro juízo na realização de atos judiciais, inclusive do interrogatório do acusado, sob pena de subverter a finalidade da reforma do processo penal, criando entraves à realização da Jurisdição Penal que somente interessam aos que pretendem se furtar à aplicação da Lei" (STJ — CC 99.023/PR — 3ª Seção — Rel. Min. Napoleão Nunes Maia Filho — julgado em 10.06.2009 — *DJe* 28.08.2009).

■ 8.3.7. Videoconferência

A controvérsia em torno da possibilidade, à luz dos princípios constitucionais, de realização de **interrogatório por meio de videoconferência** existe em razão da circunstância de que a medida representa **mitigação ao direito de presença do acusado**, um dos componentes da autodefesa.

O Supremo Tribunal Federal ainda não enfrentou definitivamente, pelo órgão pleno, essa controvérsia, pois, muito embora tenha declarado inconstitucional lei estadual paulista que dispunha sobre a utilização de videoconferência em interrogatórios e audiências (Lei Estadual n. 11.819/2005), o fez em virtude do reconhecimento de que o Estado Federado exorbitou sua competência ao legislar sobre processo[39].

Em oportunidade anterior, a Corte Constitucional havia declarado a inadmissibilidade do interrogatório por videoconferência em razão de se tratar de "forma singular não prevista no ordenamento jurídico"[40].

Com a edição da Lei n. 11.900/2009, o Código passou a prever expressamente a possibilidade de realização de interrogatório por videoconferência, mantendo-se o acusado no presídio, quando o juiz, de ofício, ou em razão de requerimento das partes, verificar a existência de uma das seguintes situações excepcionais que justificam a mitigação do direito de presença (art. 185, § 2º, do CPP):

a) necessidade de prevenir risco à segurança pública, quando exista fundada suspeita de que o preso integre organização criminosa ou de que, por outra razão, possa fugir durante o deslocamento;

b) quando haja relevante dificuldade para o comparecimento do réu em juízo, por enfermidade ou outra circunstância pessoal;

c) necessidade de impedir a influência do réu no ânimo de testemunha ou da vítima, desde que não seja possível colher o depoimento destas por videoconferência, nos termos do art. 217 deste Código;

d) necessidade de resposta à gravíssima questão de ordem pública.

Da decisão que determinar o interrogatório por videoconferência, as partes deverão ser intimadas com 10 dias de antecedência.

Ao réu é assegurado o direito de acompanhar os depoimentos das testemunhas pelo mesmo sistema de videoconferência e de comunicar-se com seu defensor, por meio de canais telefônicos reservados, antes e durante a audiência.

---

[39] HC 90.900/SP — Tribunal Pleno — Rel. p/ acórdão: Min. Menezes Direito — Julgamento: 30.10.2008 — *DJe* 22.10.2009.

[40] HC 88.914/SP — 2ª Turma — Rel. Min. Cezar Peluso — Julgamento: 14.08.2007 — *DJe* 04.10.2007.

Destacando o caráter excepcional da providência, o **Superior Tribunal de Justiça** já se manifestou pela **validade** do interrogatório por **videoconferência**, quando realizado após a vigência da Lei n. 11.900/2009: "1. A determinação judicial para a realização da audiência de instrução e o interrogatório do réu por videoconferência ocorreu após a alteração do artigo 185 do Código de Processo Penal pela Lei n. 11.900/2009. 2. A adoção da medida foi calcada em elementos extraídos do caso concreto, especialmente nos fortes indícios de que a conduta do agente provavelmente estaria inserida na atividade de organização criminosa empresarial com atuação internacional e na necessidade da escolta do acusado por centenas de quilômetros para propiciar o interrogatório presencial, com risco de fuga. 3. Não se limitou o magistrado a reproduzir o texto legal, mas alinhavou a gravidade concreta como substrato para a realização de atos processuais por intermédio da referida tecnologia, com espeque nos requisitos do artigo 185, § 2º, incisos I e IV, do Código de Processo Penal, demonstrando-se, assim, a necessidade da providência excepcional. 4. Recurso a que se nega provimento" (STJ — RHC 57.546/SP — 6ª Turma — Rel. Min. Maria Thereza de Assis Moura — julgado em 14.04.2015 — *DJe* 23.04.2015).

▪ 8.3.8. Conteúdo do interrogatório

Na primeira parte do interrogatório, também chamada **interrogatório de qualificação**, o acusado será perguntado sobre a residência, meios de vida ou profissão, oportunidades sociais, lugar onde exerce a sua atividade, vida pregressa — notadamente se foi preso ou processado alguma vez —, assim como acerca de outros dados familiares e sociais (art. 187, § 1º, do CPP). O § 10 do art. 185, inserido no Código pela Lei n. 13.257/2016, estabelece que do interrogatório deverá constar a informação sobre a existência de filhos, respectivas idades e se possuem alguma deficiência e o nome e o contato de eventual responsável pelos cuidados dos filhos, indicado pela pessoa presa.

Na segunda parte, denominada **interrogatório de mérito**, as indagações serão relativas à veracidade da imputação, ao local em que ele se encontrava ao tempo da infração, às provas já apuradas, ao conhecimento de testemunhas, vítimas e de instrumentos utilizados para a prática do delito, bem como acerca de eventual fato ou circunstância que auxilie sua defesa (art. 187, § 2º, do CPP).

▪ 8.3.9. Intervenção das partes

Importa registrar que, até o advento da Lei n. 10.792/2003, o interrogatório realizava-se com a intervenção exclusiva do juiz, sem que a acusação e o defensor pudessem interferir no ato (falava-se, por isso, em *judicialidade* do ato). Com as alterações introduzidas pelo citado diploma legal, as **partes** passaram a ter a possibilidade de, após as indagações do juiz, **sugerirem perguntas ao magistrado** (art. 188 do CPP), sem que possam, porém, interrogar diretamente o acusado. Manteve-se, portanto, o **sistema presidencialista de inquirição** em relação ao interrogatório. No **Tribunal do Júri**, todavia, uma vez encerradas as indagações do juiz, o Ministério Público, o assistente, o querelante e o defensor poderão, **diretamente**, dirigir perguntas **ao acusado** (art. 474, § 1º). Apenas os jurados devem interrogar o réu por intermédio do juiz (art. 474, § 2º).

Embora somente em relação à instrução em plenário do Júri haja previsão da **ordem** de endereçamento das reperguntas ao acusado, não há dúvida de que a norma do art. 474, § 1º, do Código de Processo Penal aplica-se analogicamente aos demais procedimentos, o que autoriza a conclusão de que o Ministério Público (ou querelante) deve formulá-las antes do defensor.

Havendo **litisconsórcio passivo**, ou seja, se existir mais de um acusado, cada um deles será interrogado **separadamente**, já que o Código veda o interrogatório conjunto (art. 191 do CPP), devendo ser assegurado aos corréus, no entanto, o **direito de formular perguntas**, por intermédio de advogado, ao acusado que estiver sendo interrogado, nos termos do que dispõe o art. 188 do CPP. O desrespeito a essa franquia individual caracteriza nulidade de natureza absoluta, para cujo reconhecimento, todavia, há necessidade de constatação da existência de prejuízo. Nesse sentido: "O art. 188 do Código de Processo Penal, com a redação dada pela Lei 10.792/2003, passou a dispor que, após as perguntas formuladas pelo juiz ao réu, podem as partes, por intermédio do magistrado, requerer esclarecimentos ao acusado. II — O indeferimento de reperguntas pelo defensor de um dos réus aos demais corréus ofende os princípios constitucionais da ampla defesa, do contraditório e da isonomia, gerando nulidade absoluta. Precedentes. III — Contudo, o entendimento desta Corte também é no sentido de que, para o reconhecimento de eventual nulidade, ainda que absoluta, faz-se necessária a demonstração do efetivo prejuízo, o que não ocorre na espécie. Precedentes" (STF — HC 116.132/PE — 2ª Turma — Rel. Min. Ricardo Lewandowski — julgado em 17.09.2013 — *DJe*-194 03.10.2013).

O Supremo Tribunal Federal já decidiu que o fato de o réu advogar em causa própria não é suficiente para afastar a regra contida no art. 191 do CPP, segundo a qual, havendo mais de um réu, uns não presenciarão o interrogatório dos demais, sem que o impedimento de acesso à sala de audiência por parte do réu que advoga em causa própria, portanto, importe em cerceamento de defesa (STF — 2ª Turma — HC 101.021/SP — Rel. Min. Teori Zavascki — julgado em 20.05.2014 — *DJe*-110 09.06.2014).

PROCEDIMENTOS EM GERAL	PROCEDIMENTO DO JÚRI
■ Sistema presidencialista de colheita do interrogatório: juiz interroga o réu e, em seguida, faculta ao Ministério Público e à defesa dirigirem perguntas, por seu intermédio, ao acusado.	■ Sistema misto: encerradas as perguntas do juiz, as partes inquirem o réu diretamente, mas os jurados dirigem perguntas por intermédio do magistrado.

■ 8.3.10. Modalidades especiais de interrogatório

O art. 192 do Código, que regula o interrogatório de **pessoas portadoras de necessidades especiais** em razão de deficiência relativa à fala (mudo), à audição (surdo) ou a ambos os sentidos (surdo-mudo), excepciona o princípio da oralidade que informa a atividade probatória em geral, na medida em que prevê algumas **formas de manifestação escrita do interrogando**.

Assim é que ao **mudo** são endereçadas perguntas orais, que ele responderá por escrito; se **surdo** o interrogado, far-se-ão perguntas escritas, e as respostas serão orais; acaso se trate de **surdo-mudo**, as perguntas e respostas serão escritas.

Se o interrogando mudo, surdo ou surdo-mudo for **analfabeto**, haverá necessidade de auxílio de intérprete que o entenda, vedada, ao juiz, "qualquer forma de utilização de mímica, sob pena de se ofender o método de colheita do depoimento, expressamente previsto em lei"[41].

Na prática forense, é comum que o juiz tome conhecimento das limitações sensoriais do acusado apenas no momento do interrogatório, circunstância que o leva a valer-se, para efetivação do ato, de indevidas gesticulações ou, até mesmo, do auxílio de familiares do réu, que acabam, de forma rudimentar, intermediando as comunicações com o interrogando, o que é de todo desaconselhável, pois, diferentemente dos intérpretes, os parentes do acusado não têm imparcialidade nem conhecimento técnico que lhes permita interpretar, com exatidão, o exato teor das manifestações.

Na hipótese de o acusado não se expressar pela **língua portuguesa**, deverá ser interrogado com o auxílio de um intérprete (art. 193 do CPP), que se incumbirá de formular ao réu as perguntas feitas pelo juiz e a esse transmitir as respostas oferecidas pelo interrogando. Essa providência deve ser adotada mesmo que o juiz conheça o idioma por qual se expressa o acusado.

■ 8.4. CONFISSÃO

Confissão é a **admissão** por parte do acusado da **veracidade da imputação** quc lhe é dirigida ou, nas palavras de Tourinho Filho, "é o reconhecimento feito pelo imputado da sua própria responsabilidade"[42]. Vicente Greco Filho pontua que "no processo penal o conteúdo da confissão é exclusivamente o reconhecimento da autoria"[43], já que a materialidade deve ser provada por outros meios.

Diz-se que a confissão deve ser **pessoal**, porque só é válida se feita pelo próprio acusado, vedada sua substituição por procurador ou por advogado.

A confissão, em regra, ocorre no **ato de interrogatório** do acusado e, quando assim ocorrer, o juiz deverá indagá-lo sobre os **motivos** e **circunstâncias** do fato e se outras pessoas concorreram para a infração (art. 190).

Acaso a confissão seja feita fora do interrogatório, deverá ser tomada por termo (art. 199 do CPP), para que haja registro solene desse ato de relevantes efeitos.

■ 8.4.1. Valor probatório da confissão

O **valor** da confissão é, obviamente, **relativo**, uma vez que a opção pelo sistema do livre convencimento do magistrado não deixa margem para que se atribua caráter absoluto a qualquer meio de prova.

---

41 Guilherme de Souza Nucci. *Código de Processo Penal comentado,* 9. ed., p. 429.

42 Fernando da Costa Tourinho Filho. *Processo penal,* 33. ed., v. 3, p. 321.

43 Vicente Greco Filho. *Manual de processo penal,* 7. ed., p. 218.

Não é por outra razão que o Código prevê, expressamente, que "o valor da confissão se aferirá pelos critérios adotados para os outros elementos de prova, e para a sua apreciação o juiz deverá confrontá-la com as demais provas do processo, verificando se entre ela e estas existe compatibilidade ou concordância" (art. 197).

É o **cotejo** da confissão com os demais elementos de informação existentes nos autos que permitirá ao juiz concluir sobre a **veracidade** da admissão feita pelo acusado e, assim, estabelecer sua eficácia probante.

O valor que se atribuirá à confissão tem estreita relação com as condições em que ela foi colhida, pois é sabido que há, em juízo, garantias plenas para que o acusado manifeste-se de forma espontânea, o que pode não ocorrer na hipótese de confissão extrajudicial.

Por isso, costuma-se atribuir à **confissão judicial**, quando afinada com outros elementos de convicção, **elevado valor** probatório, apto a evidenciar a responsabilidade criminal do confitente. É bem verdade que o juiz deve estar atento a possíveis causas que levam à insincera admissão de culpabilidade, como, por exemplo, o recebimento de vantagem pecuniária pelo réu para confessar o delito praticado por outrem ou sua submissão a coação moral. A falsidade das confissões derivadas de circunstâncias como essas, todavia, será de fácil constatação por meio da análise do conjunto probatório, pois a admissão estará, fatalmente, em desarmonia com o restante da prova.

Malgrado a eficácia probante da confissão policial seja inferior àquela que se atribui à confissão judicial, na medida em que durante as investigações o acusado não está cercado de todas as garantias inerentes ao contraditório, não quer dizer que deva ser desprezada, pois pode, em certas circunstâncias, servir de base à condenação, desde que concordante com elementos colhidos em juízo (art. 155, *caput*, do CPP). Veja-se: "Confissão — Fase policial — Efeito. Se de um lado a regra direciona no sentido da imprestabilidade da confissão policial para efeito de decreto condenatório, de outro exsurge a exceção quando outros elementos coligidos afastam a possibilidade de coerção mediante ato reputado violento. Assim ocorre quando a confissão dá-se perante autoridade policial que sequer vinha investigando o delito, ocorrendo na presença de terceiros que, ouvidos em Juízo, indicaram a espontaneidade do acusado no que, juntamente com o corréu, assistido por curador, confessou, vários crimes" (STF — HC 71.242/SP — 2ª Turma — Rel. Min. Marco Aurélio — *DJ* 30.09.1994 — p. 26.167).

■ 8.4.2. Características da confissão

A confissão é **divisível** e **retratável** (art. 200 do CPP).

Sua divisibilidade (ou cindibilidade) decorre da possibilidade de o juiz **tomar como sincera apenas uma parte** da confissão, desconsiderando outra parte por reputá-la insincera. Recorre-se, aqui, ao exemplo de Tourinho Filho: se o réu confessa ter praticado um homicídio e alega que o fez em legítima defesa, o juiz pode aceitar como verdadeira apenas a admissão de autoria, quando realçada por outros elementos, desprezando a justificação apresentada sem amparo em outras provas[44]. É comum, também, que o réu confesse a subtração, mas negue o emprego de violência ou grave ameaça, a fim de ver desclassificada a acusação por crime de roubo para furto. O Juiz pode tomar como verdadeira a primeira parte do depoimento e como falsa a segunda.

A retratabilidade consiste na faculdade de o acusado **desdizer-se**, ou seja, de apresentar nova versão **negando a imputação**, depois de haver confessado. A retratação, todavia, não vincula o magistrado, que, fundado no exame das provas em conjunto, poderá decidir pela veracidade da confissão que, posteriormente, foi objeto de retratação.

■ 8.4.3. Classificação

A doutrina costuma dividir a confissão de acordo com os seguintes critérios:

1) **Quanto ao conteúdo**:

a) confissão simples: ocorre quando o réu admite a prática de um único delito;

b) confissão complexa: tem lugar quando vários são os fatos confessados;

c) confissão qualificada: é aquela em que o confitente admite fatos que lhe são prejudiciais, mas invoca circunstâncias que realçam seu direito de liberdade, como, por exemplo, na hipótese de admitir a autoria da infração, alegando, porém, que agiu em legítima defesa.

2) **Quanto à oportunidade em que é praticada**:

a) confissão judicial: é a realizada perante o juiz, no ato do interrogatório ou em outro momento;

b) confissão extrajudicial: assim designada quando não é feita na presença do juiz, admitindo várias fontes como o inquérito policial, escritos produzidos pelo acusado etc.

■ 8.4.4. Delação

Denomina-se **delação**, **confissão delatória** ou, ainda, **chamada de corréu** o ato por meio do qual o acusado admite a própria responsabilidade e incrimina outrem, apontando-o como partícipe ou coautor da infração.

Para atribuir valor à delação deve o juiz perquirir os motivos que levaram o acusado a tanto, ganhando especial relevo a prova em questão quando os prejuízos que o delator tiver de suportar em razão de seu relato forem similares aos da pessoa que incriminou.

Como já mencionado no estudo da intervenção das partes no ato de interrogatório, o Supremo Tribunal Federal reconhece o direito de cada um dos corréus formular perguntas, por seus advogados, aos demais acusados, como forma de garantir o exercício do contraditório em relação à possível delação.

---

[44] Fernando da Costa Tourinho Filho. *Processo penal*, 33. ed., v. 3, p. 326.

■ 8.4.5. Delação premiada

É a designação que se dá ao instituto que permite a **redução** ou mesmo a **isenção de pena** do agente que **colabora, eficazmente**, em uma das hipóteses legais, para a identificação dos demais autores ou partícipes da infração, para a localização ou libertação da vítima, para a recuperação do produto do crime ou, ainda, para o desmantelamento de associação criminosa.

As hipóteses de delação premiada estão previstas no Código Penal (art. 159, § 4º) e nas seguintes leis extravagantes: Lei n. 7.492/86 (crimes contra o sistema financeiro nacional), Lei n. 8.072/90 (crimes hediondos), Lei n. 8.137/90 (crimes contra a ordem tributária e as relações de consumo), Lei n. 12.850/2013 (crimes praticados por organização criminosa), Lei n. 9.613/98 (lavagem de capitais), Lei n. 9.807/99 (Lei de proteção a vítimas e testemunhas) e Lei n. 11.343/2006 (Lei Antitóxicos).

■ 8.5. OITIVA DO OFENDIDO

Ofendido é o **titular do interesse jurídico lesado** pela conduta criminosa, ou seja, é a vítima, o sujeito passivo do delito.

Tourinho Filho adverte que, conquanto o Estado seja sujeito passivo constante ou formal de todo delito, já que a infração penal constitui atentado à ordem jurídica, "quando a lei fala em ofendido, quer referir-se àquele que diretamente sofre a ação violatória da norma"[45].

Não se confunde, portanto, com a testemunha (pessoa que não é sujeito ativo ou passivo do crime). O Código reservou um **capítulo próprio** para tratar exclusivamente do depoimento do ofendido.

Por não ser testemunha, o ofendido **não será computado**, se vier a ser indicado na denúncia ou queixa ou, ainda, na resposta escrita, para fins de verificação do **número máximo de testemunhas** a serem ouvidas.

■ 8.5.1. Obrigatoriedade da inquirição

Sempre que possível, o ofendido deve ser ouvido pelo juiz (art. 201, *caput*, do CPP), ainda que não tenha sido arrolado pelas partes. Só em hipótese de absoluta impossibilidade pode-se prescindir da oitiva do ofendido, "como no caso de falecimento, incapacidade absoluta, desaparecimento e outras insuperáveis"[46].

Os tribunais, contudo, têm conferido discricionariedade ao magistrado para avaliar a necessidade de realização do ato, levando em consideração a suficiência dos demais elementos de convicção existentes nos autos.

Nesse sentido: "1. O art. 201 do Código de Processo Penal expõe que 'sempre que possível, o ofendido será qualificado e perguntado sobre as circunstâncias da infração, quem seja ou presuma ser o seu autor, as provas que possa indicar, tomando-se por termo as suas declarações'. 2. A vítima, no caso dos autos, contava, à

---

[45] Fernando da Costa Tourinho Filho. *Processo penal,* 33. ed., v. 3, p. 330.

[46] Vicente Greco Filho. *Manual de processo penal,* 7. ed., p. 221.

época dos fatos, 3 anos de idade, de modo que a dispensa de sua oitiva alicerçou-se na suficiência dos depoimentos colhidos da oitiva da mãe e da avó da ofendida, os quais, segundo bem salientado pelas instâncias de origem, encontravam-se em perfeita consonância com as demais provas coletadas nos autos. 3. O ofendido será demandado sobre as circunstâncias do crime sempre que possível, nos termos do art. 201 do Código de Processo Penal, não podendo esse dispositivo ser mais claro quanto à atuação discricionária do magistrado que conduz a ação penal, no que toca a opção pelo depoimento do ofendido, mormente como no caso dos autos, que se encontra em situação de vulnerabilidade" (STJ — HC 218.653/SP — 6ª Turma — Rel. Min. Rogerio Schietti Cruz — julgado em 28.04.2015 — *DJe* 07.05.2015).

A falta de oitiva do ofendido, mesmo quando não existir situação que impeça a realização do ato, entretanto, constitui nulidade relativa[47], cujo reconhecimento pressupõe oportuna arguição e demonstração de prejuízo.

Se, devidamente intimado, deixar o ofendido de comparecer sem motivo justo, poderá ser determinada sua **condução coercitiva** (art. 201, § 1º, do CPP).

■ 8.5.2. Diferenças processuais entre as declarações do ofendido e os testemunhos

O ofendido, ao contrário da testemunha, **não presta compromisso** e não tem o dever de dizer a verdade, já que é, por vezes, parte interessada no desfecho da ação penal, pois a condenação facilita a reparação do dano. Não se sujeita, portanto, em caso de depoimento mendaz, à responsabilização por crime de falso testemunho.

Diversamente do que ocorre em relação às testemunhas, que devem prestar relato livre de opinião pessoal (art. 213 do CPP). O ofendido é indagado sobre quem seja ou **presuma ser** o autor da infração.

Ao ofendido é também conferida a faculdade de **indicar provas** ao juiz, de modo a colaborar para a elucidação do fato, servindo suas declarações, portanto, como fonte de prova.

OFENDIDO	TESTEMUNHA
■ Não tem dever de dizer a verdade	■ Tem dever jurídico de dizer a verdade
■ Não presta compromisso	■ Assume compromisso de dizer a verdade
■ É indagado acerca de quem presume ser o autor da infração (opinião pessoal)	■ Depoimento deve ser livre de opinião pessoal
■ Pode indicar provas ao juiz (fonte de prova)	■ Não tem a faculdade de sugerir meios de prova

■ 8.5.3. Colheita das declarações

Primeiro ato da audiência de instrução e julgamento, as declarações do ofendido devem iniciar-se pelos elementos relativos a sua qualificação para, em seguida, tratar dos fatos e circunstâncias relativos à infração.

---

[47] Guilherme de Souza Nucci. *Código de Processo Penal comentado,* 9. ed., p. 446.

Sempre que possível, o registro do teor das declarações será feito por meios ou recursos de gravação magnética, estenotipia, digital ou técnica similar, inclusive audiovisual (art. 405, § 1º, do CPP).

Em virtude das alterações introduzidas pela Lei n. 11.690/2008, as partes devem **endereçar diretamente as perguntas** ao ofendido, e não mais por intermédio do juiz, o qual, no entanto, poderá, após as indagações das partes, complementar a inquirição (art. 212, *caput* e parágrafo único, do CPP).

■ 8.5.4. Valor probatório

Como os demais meios de prova, as declarações do ofendido têm valor **relativo**, devendo, portanto, ser confrontada com o restante da prova, para que possa o juiz concluir sobre a sua veracidade.

Se, por um lado, a narrativa da vítima deve ser aceita com reservas quando houver fundamento para se concluir que pretende, deliberadamente, prejudicar ou beneficiar o acusado, tal como ocorre, respectivamente, em caso de existência de prévio antagonismo ou de existência de vínculos de afetividade entre ambos, é corrente o entendimento de que, nos delitos praticados **clandestinamente** e, sobretudo, nas infrações sexuais, as palavras da vítima revestem-se de elevadíssimo valor. Veja-se: "A jurisprudência deste Supremo Tribunal Federal consolidou-se no sentido de que, nos crimes sexuais, a palavra da vítima, em harmonia com os demais elementos de certeza dos autos, reveste-se de valor probante e autoriza a conclusão quanto à autoria e às circunstâncias do crime" (STF — Inq 2.563/SC — Tribunal Pleno — Rel. Min. Cármen Lúcia — *DJe*-96 28.05.2010).

■ 8.5.5. Normas relativas à proteção do ofendido

Tradicionalmente, atribui-se **função múltipla** ao ofendido no processo criminal, já que pode apresentar-se como sujeito principal (querelante) ou subsidiário (assistente) da relação processual ou, ainda, como objeto de prova (quando, por exemplo, submete-se a exame de corpo de delito), como órgão de prova (ao prestar declarações) e como fonte de prova (quando indica meios de prova em seu depoimento)[48].

Afinado com as novas tendências do processo criminal, o Código passou a tratar o ofendido como **sujeito de direitos** que podem ser exercidos independentemente de sua atuação como parte, principal ou subsidiária, da relação processual.

São as seguintes as providências previstas para salvaguarda dos interesses do ofendido, que devem ser adotadas quando houver sua anuência:

> **a) garantia de comunicação dos atos processuais relativos ao ingresso e à saída do acusado da prisão, à designação de data para audiência e à sentença e respectivos acórdãos que a mantenham ou modifiquem** (art. 201, § 2º, do CPP) — as comunicações destinam-se não apenas a prestar contas a quem teve

---

[48] Eduardo Espínola Filho. *Código de Processo Penal brasileiro anotado,* v. III, p. 92.

seus interesses ultrajados, mas, também, no que diz respeito à cientificação da sentença, a possibilitar o manejo de recurso de apelação pelo ofendido que não tenha se habilitado como assistente de acusação, e a ciência no tocante ao valor da indenização que lhe é devida (art. 598). Há entendimento de que, enquanto a comunicação do teor da sentença não se realizar, não ocorre o trânsito em julgado da decisão, em relação a esse ponto, para o ofendido[49]. As comunicações serão realizadas no endereço indicado pelo ofendido, que poderá optar, no entanto, pelo uso de meio eletrônico (art. 201, § 3º, do CPP);

b) garantia de espaço reservado nas dependências do Fórum, antes do início da audiência e durante sua realização (art. 201, § 4º, do CPP) — a providência tem por finalidade evitar que o ofendido sofra qualquer tipo de constrangimento ou intimidação ao comparecer a atos processuais e, pois, lhe garante a permanência em recinto diverso daquele destinado a testemunhas e, notadamente, ao acusado. Essa prerrogativa é exercitável pelo ofendido também durante o depoimento que, portanto, poderá ser tomado apenas na presença do juiz, do órgão do Ministério Público (e, eventualmente, do advogado do querelante) e do advogado do réu;

c) garantia de encaminhamento, em caso de necessidade, a atendimento multidisciplinar, especialmente nas áreas psicossocial, de assistência jurídica e de saúde, a expensas do ofensor ou do Estado (art. 201, § 5º, do CPP) — a exigência de que o acusado seja responsabilizado, antes do trânsito em julgado da sentença condenatória, pelo custeio do atendimento que deva ser prestado à vítima é incompatível com a presunção de não culpabilidade, o que autoriza a conclusão de que, no curso do processo, o encaminhamento será feito para a rede pública de serviços, remanescendo a possibilidade de o Estado cobrar o valor das despesas, em caso de condenação definitiva, do ofensor;

d) garantia de adoção pelo juiz de providências necessárias à preservação da sua intimidade, vida privada, honra e imagem, podendo, inclusive, ser determinado o segredo de justiça em relação aos dados, depoimentos e outras informações constantes dos autos a seu respeito para evitar exposição aos meios de comunicação (art. 201, § 6º, do CPP) — se o estrépito causado pelo processo puder ocasionar sérios inconvenientes ao ofendido, o Código estabelece, em consonância com o que prevê a Constituição (art. 93, IX, e art. 5º, LX, da CF), que o juiz poderá determinar que a ação tramite em segredo de justiça, de modo a resguardar a intimidade da vítima.

Registre-se, ainda, que nas ações penais relativas a crimes praticados com violência doméstica ou familiar contra a mulher, a ofendida deverá estar acompanhada de advogado ao prestar declarações e em todos os demais atos processuais de que venha a participar (art. 27 da Lei n. 11.340/2006).

---

[49] Andrey Borges de Mendonça. *Nova reforma do Código de Processo Penal*, p. 191.

8.5.6. Garantias da criança ou adolescente vítima de violência

A Lei n. 13.431/2017, vigente a partir de 06.04.2018, consagrou, ao estabelecer o sistema de garantia de direitos da criança e do adolescente vítima ou testemunha de violência, diversas prerrogativas processuais em favor de menores de 18 anos que tenham sofrido ou testemunhado atos de violência física ou psicológica, atos de violência ou exploração sexual, tráfico de pessoas etc. A aplicação da referida lei é facultativa para as vítimas e testemunhas de violência entre 18 e 21 anos.

Assim é que, dentre outros direitos, a lei assegura a toda criança ou adolescente:

a) **garantia de ser ouvido, pela autoridade policial ou judiciária, por meio de depoimento especial** (art. 4º, § 1º);

b) **garantia de ser ouvido em horário que lhe for mais adequado e conveniente, sempre que possível** (art. 5º, IX);

c) **garantia de resguardo da intimidade e de proteção das condições pessoais, bem como de confidencialidade das informações prestadas** (art. 5º, III e XIV);

d) **garantia de recebimento de assistência jurídica qualificada** (art. 5º, VII);

e) **garantia de prioridade na tramitação do processo** (art. 5º, VIII);

f) **garantia de permanecer em silêncio** (art. 5º, VI).

8.5.6.1. Depoimento especial

Denomina-se **depoimento especial** o peculiar procedimento de oitiva de criança ou adolescente vítima ou testemunha de violência, perante **autoridade policial** ou **judiciária**, previsto na Lei n. 13.431/2017.

As especificidades da forma de colheita do depoimento destinam-se a oferecer proteção integral a menores que estejam em condição de vítima ou de testemunha, por meio de mecanismos que inibam a "revitimização", termo empregado para designar os danos psicoemocionais causados adicionalmente ao ofendido pela investigação ou pelo processo judicial em decorrência de indevida exposição de sua intimidade, de colheita de múltiplos depoimentos, de tratamento inadequado por ocasião da inquirição, de contato direto com o agressor etc.

Assim é que, a fim de reduzir os danos psicoemocionais inerentes à oitiva, a lei estabelece diretrizes específicas para a realização do ato:

1) **Restrição da publicidade:** o depoimento será colhido sem que haja qualquer contato do ofendido, ainda que visual, com o suposto autor ou acusado, ou com outra pessoa que represente ameaça, coação ou constrangimento (art. 9º), além do que será protegido por segredo de justiça (art. 12, § 6º). Constitui crime violar sigilo processual, permitindo que depoimento de criança ou adolescente seja assistido por pessoa estranha ao processo, sem autorização judicial e sem o consentimento do depoente ou de seu representante legal (art. 24).

2) **Utilização de local apropriado:** o menor deve permanecer, desde sua chegada ao foro e durante o depoimento, em recintos acolhedores e com infraestrutura e espaço físico que garantam a privacidade e comodidade do depoente, de onde a oitiva será transmitida, em tempo real, para a sala de audiências (art. 10).

3) **Intermediação de profissional especializado:** a fim de evitar a submissão da criança ou adolescente a indagações formuladas de maneira inapropriada, o depoente deve ter contato direto apenas com técnico capacitado para a realização da oitiva especial, salvo se, na fase judicial, preferir depor diretamente ao juiz (art. 12).

4) **Não repetição da oitiva:** para evitar que revisitação mental do ato violento cause abalos emocionais repetidos ao menor, a lei preconiza que o depoimento seja colhido uma única vez, em sede de produção antecipada de prova judicial, garantida a ampla defesa do investigado, providência que se reveste de caráter compulsório quando a criança tiver menos de 07 anos e nas hipóteses de violência sexual (art. 11). Para esse fim, a autoridade policial deverá abster-se de colher o depoimento e representar ao Ministério Público para que proponha ação cautelar de antecipação de prova, na qual devem ser observadas as garantias relativas ao contraditório e, ainda, aquelas estabelecidas em favor do menor (art. 21, VI).

■ *8.5.6.2. Procedimento*

No recinto próprio, que deve contar com sistema de gravação em áudio e vídeo, de modo a possibilitar a transmissão do ato em tempo em real para a sala de audiências, o profissional especializado esclarecerá a criança ou o adolescente sobre a tomada do depoimento especial, informando-lhe os seus direitos. Em seguida, estimulará, **sem proceder à leitura da denúncia** ou de outras peças processuais, a **livre narrativa** sobre a situação de violência, empregando, sempre que necessário, técnicas que permitam a elucidação dos fatos. Ao término da inquirição realizada pelo profissional especializado, o juiz consultará as partes e, eventualmente, os assistentes técnicos, sobre a existência de **esclarecimentos adicionais**, avaliando a pertinência de perguntas complementares, que deverão ser **organizadas em bloco** e transmitidas ao técnico, que poderá adaptar as indagações à linguagem de melhor compreensão da criança ou do adolescente.

Se a presença, na sala de audiência, do autor da violência puder prejudicar o depoimento ou colocar o menor em risco, o juiz determinará seu afastamento. Observar-se-á, em relação ao depoimento especial, o segredo de justiça e a necessidade de preservação e de segurança da mídia que contiver o registro do ato.

■ 8.6. DAS TESTEMUNHAS

Testemunha é a **pessoa física distinta dos sujeitos processuais** chamada a juízo para prestar informações sobre fatos relacionados à infração, mediante assunção de **compromisso** de dizer a verdade.

Esse conceito permite concluir, desde logo, que o **conteúdo** do testemunho é um **fato**, daí por que o art. 213 do Código de Processo Penal prevê que "o juiz não permitirá que a testemunha manifeste suas apreciações pessoais, salvo quando inseparáveis da narrativa do fato".

■ 8.6.1. Capacidade para testemunhar

Em regra, **toda pessoa** pode servir de testemunha (art. 202 do CPP), sem que se exija qualquer qualidade ou requisito para que possa ser ouvida nessa condição.

É inadmissível, portanto, que se interdite a possibilidade de alguém testemunhar em razão de condição ou qualidade pessoal, como a profissão ou função, o grau de escolaridade, a capacidade intelectual, a condição social etc. Até mesmo as crianças e os portadores de doença ou incapacidade mental podem testemunhar, incumbindo ao juiz estabelecer o valor devido às suas palavras.

A lei prevê expressamente as hipóteses em que determinadas pessoas, em razão da profissão, função, ministério ou ofício que exercem, estão proibidas de depor (art. 207 do CPP). Tal proibição, porém, alcança apenas aos fatos em relação aos quais tenha o dever de guardar sigilo, não constituindo impedimento para que essa pessoa funcione como testemunha em todo e qualquer caso. Ex.: Embora o advogado esteja impedido de testemunhar em processo movido contra cliente que lhe confidenciou segredo, nada obsta que preste testemunho em um crime de homicídio que presenciou ser praticado por pessoa que lhe era desconhecida.

■ 8.6.2. Testemunho de policiais

Pacificou-se o entendimento de que, tal como qualquer outra pessoa, os servidores policiais não estão impedidos de testemunhar e o valor de suas declarações é pleno, desde que prestados de forme firme, coerente com as demais provas e sem contradições. A propósito: "Validade do depoimento testemunhal de agentes policiais. — O valor do depoimento testemunhal de servidores policiais — especialmente quando prestado em juízo, sob a garantia do contraditório — reveste-se de inquestionável eficácia probatória, não se podendo desqualificá-lo pelo só fato de emanar de agentes estatais incumbidos, por dever de ofício, da repressão penal. — O depoimento testemunhal do agente policial somente não terá valor, quando se evidenciar que esse servidor do Estado, por revelar interesse particular na investigação penal, age facciosamente ou quando se demonstrar — tal como ocorre com as demais testemunhas — que as suas declarações não encontram suporte e nem se harmonizam com outros elementos probatórios idôneos. Doutrina e jurisprudência" (STF — HC 73.518/SP — 1ª Turma — Rel. Min. Celso de Mello — *DJ* 18.10.1996 — p. 39.846).

■ 8.6.3. Oitiva de autor da infração como testemunha

Pode ocorrer que, em razão de alguma contingência, uma ou mais pessoas a quem se atribui a prática da infração não seja processada em litisconsórcio com os demais acusados, como, por exemplo, na hipótese de ter sido beneficiado pela transação penal, de ter obtido perdão judicial ou no caso de ter ocorrido o desmembramento do feito. É possível, ainda, que, apesar de denunciado, o corréu não seja interrogado, porque se beneficiou da suspensão condicional do processo. Em tais situações, **não é possível**, conforme entendimento do Supremo Tribunal Federal, sua oitiva **na qualidade de testemunha ou de informante**. Excetua-se, porém, a hipótese de **réu colaborador** beneficiado pela delação premiada, hipótese em que poderá ser ouvido como **informante**[50]. A esse respeito, veja-se: "O sistema processual brasileiro não admite a oitiva de corréu na qualidade de testemunha ou, mesmo, de informante, como quer o agravante. Exceção aberta para o caso de corréu colaborador ou delator, a chamada delação premiada, prevista na Lei 9.807/1999. A hipótese sob exame, todavia, não trata da inquirição de acusado colaborador da acusação ou delator do agravante, mas pura e simplesmente da oitiva de codenunciado. Daí por que deve ser aplicada a regra geral da impossibilidade de o corréu ser ouvido como testemunha ou, ainda, como informante. Agravo regimental não provido" (STF — AP 470 AgR-sétimo/MG — Tribunal Pleno — Rel. Min. Joaquim Barbosa — *DJe*-186 02.10.2009).

Com o advento da Lei n. 12.850/2013, que dispõe sobre a investigação e o procedimento criminal relativos a infrações praticadas por integrantes de organização criminosa, passou a haver previsão de que o réu colaborador, no depoimento que prestar, renunciará, na presença de seu defensor, ao direito ao silêncio e estará sujeito ao **compromisso legal** de dizer a verdade (art. 4º, § 14), o que conduz à conclusão de que, na hipótese de não ocupar o polo passivo da ação penal, porque beneficiado com a medida prevista no art. 4º, § 4º, será ouvido na condição de testemunha imprópria.

■ 8.6.4. Dever de testemunhar

A testemunha tem **dever jurídico** de prestar depoimento, não podendo eximir-se dessa obrigação (art. 206 do CPP). O dever de depor, por sua vez, compõe-se, em regra, de dois subdeveres: **dever de comparecimento** e **dever de prestar compromisso**[51].

O desatendimento injustificado à notificação para comparecer a juízo para testemunhar sujeita a testemunha à condução coercitiva, assim como ao pagamento de multa e das custas da diligência e, ainda, à responsabilização por crime de desobediência (arts. 218 e 219 do CPP).

Compromisso é o ato solene por meio do qual a testemunha, sob palavra de honra, faz a **promessa de dizer a verdade** sobre o que souber e lhe for perguntado (art. 203 do CPP).

A **falta** de colheita, pelo juiz, do compromisso de testemunha que é obrigada a prestá-lo constitui mera **irregularidade** e não vicia a prova. É pacífico, ademais, o entendimento de que a testemunha que estava sujeita ao compromisso e que, por

---

[50] STF — AP 470 — 3ª Questão de Ordem/MG — Tribunal Pleno — Rel. Min. Joaquim Barbosa — Julgamento: 23.10.2008 — *DJe* 29.04.2009.

[51] Fernando da Costa Tourinho Filho. *Processo penal*, 33. ed., v. 3, p. 353.

omissão do juiz, não fez a promessa solene, incide no crime de falso testemunho acaso falte com a verdade.

■ 8.6.5. Pessoas que podem escusar-se do dever de testemunhar

Por considerar que algumas pessoas, em virtude de sua vinculação com o réu, não têm isenção de ânimo suficiente para testemunhar, a lei previu que podem recusar-se a testemunhar o **ascendente** ou **descendente**, o **afim em linha reta**, o **cônjuge** e o **irmão do acusado**, salvo quando não for possível, por outro modo, obter-se ou integrar-se a prova do fato e de suas circunstâncias (art. 206 do CPP). O dispositivo deve ser interpretado extensivamente para estender essa faculdade aos companheiros que vivem em união estável, na medida em que se trata de entidade familiar reconhecida pela Constituição Federal (art. 226, § 3º).

O depoimento dessas pessoas é, portanto, **facultativo** e, acaso optem por testemunhar, delas não será tomado o compromisso (art. 208 do CPP), o que permite concluir que serão ouvidas na qualidade de **informantes**.

Veja-se, no entanto, que, de acordo com o próprio art. 206 do CPP, na **impossibilidade** de obter-se ou integrar-se, por outro modo, a prova, essas pessoas não podem recusar-se a depor, o que permite concluir que, em tal situação, seu depoimento é **obrigatório**.

Além disso, os **deputados** e **senadores** não são obrigados a depor sobre informações recebidas ou prestadas em razão do exercício do mandato, nem sobre as pessoas que lhes confiaram ou deles receberam informações (art. 53, § 6º, da CF).

Também os **jornalistas**, se chamados a testemunhar sobre fato do qual tiveram conhecimento no exercício da atividade, podem escusar-se de revelar suas fontes de informação, uma vez que a Constituição Federal consagra o direito a tal sigilo (art. 5º, XIV). Essa proteção socorre não apenas o jornalista que foi o destinatário direto da informação, mas todos aqueles profissionais de Imprensa que, em decorrência da atividade, tiveram conhecimento da origem da informação, como, por exemplo, os editores e os jornalistas que administram empresas de comunicação social.

Trata-se de legítima opção feita pelo constituinte, que, para solucionar possíveis casos de tensão entre o direito à informação e o justo anseio pela escorreita instrução de processos criminais, pôs em destaque o bem jurídico preponderante: a liberdade de informação. Veja-se que essa prerrogativa constitucional, exercitável, *propter officium*, pelo profissional de Imprensa é estabelecida em prol dos interesses da coletividade, na medida em que, na feliz definição do então Ministro Carlos Britto, "a plena liberdade de imprensa é um patrimônio imaterial que corresponde ao mais eloquente atestado de evolução político-cultural de todo um povo" (ADPF 130/DF — Tribunal Pleno — Min. Carlos Britto — julgado em 30.04.2009 — *DJe*-208 06.11.2009).

Nessa ordem de considerações, não há dúvida de que até mesmo a pretensão do acusado de, no exercício da ampla defesa, identificar a fonte de informação jornalística deve ser sacrificada em favor da garantia profissional de indevassabilidade.

Sobre o tema, confira-se: "A proteção constitucional que confere ao jornalista o direito de não proceder à 'disclosure' da fonte de informação ou de não revelar a pessoa de seu informante desautoriza qualquer medida tendente a pressionar ou a constranger o profissional da Imprensa a indicar a origem das informações a que teve acesso, eis que — não custa insistir — os jornalistas, em tema de sigilo da fonte, não se expõem ao poder de indagação do Estado ou de seus agentes e não podem sofrer, por isso mesmo, em função do exercício dessa legítima prerrogativa constitucional, a impossibilidade de qualquer sanção penal, civil ou administrativa" (STF — Inquérito 870-2/RJ — Rel. Min. Celso de Mello, *DJ*, Seção I 15.04.1996 — p. 11.462).

8.6.6. Testemunhas não sujeitas ao compromisso de dizer a verdade

Denomina-se **informante** (ou declarante) a testemunha que é **dispensada do compromisso** de dizer a verdade.

As testemunhas não sujeitas a compromisso são (art. 208 do CP):

a) o parente do réu que, apesar de não obrigado a depor, opte por fazê-lo (ascendente ou descendente, o afim em linha reta, o cônjuge e o irmão do acusado — art. 206 do CPP);

b) os deficientes mentais e os menores de 14 anos.

Não há consenso, todavia, se, nos casos em que a lei dispensa a testemunha do compromisso, também estará ela isenta do dever jurídico de dizer a verdade, o que tem reflexo na possibilidade ou não de o informante ser responsabilizado por eventual falso testemunho:

1) **Informante pode ser sujeito ativo de crime de falso testemunho**: É a posição de Magalhães Noronha[52], Nélson Hungria[53] e Damásio de Jesus[54], para quem o compromisso não é elementar do tipo penal. No mesmo sentido: "1. Testemunha que não prestou compromisso em processo civil por ser prima da parte, mas que foi advertida de que suas declarações poderiam caracterizar ilícito penal. 2. A formalidade do compromisso não mais integra o tipo do crime de falso testemunho, diversamente do que ocorria no primeiro Código Penal da República, Decreto 847, de 11/10/1890. Quem não é obrigado pela lei a depor como testemunha, mas que se dispõe a fazê-lo e é advertido pelo Juiz, mesmo sem ter prestado compromisso pode ficar sujeito as penas do crime de falso testemunho. Precedente: HC 66.511-0, 1ª Turma. *Habeas corpus* conhecido, mas indeferido" (STF — HC 69.358/RS — 2ª Turma — Rel. Min. Paulo Brossard — *DJ* 09.12.1994 — p. 34.082).

2) **Informante não pode ser sujeito ativo de crime de falso testemunho**: É o entendimento de Heleno Cláudio Fragoso[55] e de Tourinho Filho[56], para quem as

[52] E. Magalhães Noronha. *Direito penal*, v. 4, p. 368.

[53] Nélson Hungria. *Comentários ao Código Penal*, v. IX, p. 485.

[54] Damásio de Jesus. *Direito penal*, v. 4, p. 263.

[55] Heleno Cláudio Fragoso. *Lições de direito penal*. Parte Especial, v. II, p. 513.

[56] Fernando da Costa Tourinho Filho. *Processo penal,* v. 3, p. 365.

hipóteses legais de dispensa do compromisso são também hipóteses de exoneração do dever de dizer a verdade. Nesse mesmo sentido: "1 — Para a caracterização do crime de falso testemunho não é necessário o compromisso. Precedentes. 2 — Tratando-se de testemunha com fortes laços de afetividade (esposa) com o réu, não se pode exigir-lhe diga a verdade, justamente em detrimento da pessoa pela qual nutre afeição, pondo em risco até a mesmo a própria unidade familiar. Ausência de ilicitude na conduta. 3 — Conclusão condizente com o art. 206 do Código de Processo Penal que autoriza os familiares, inclusive o cônjuge, a recusarem o depoimento. 4 — *Habeas corpus* deferido para trancar a ação penal" (STJ — HC 92.836/SP — 6ª Turma — Rel. Min. Maria Thereza de Assis Moura — *DJe* 17.05.2010).

■ 8.6.7. Pessoas proibidas de testemunhar

Estão **proibidas** de depor as pessoas que, em razão de sua função, ministério, ofício ou profissão, devam guardar segredo, salvo se, **desobrigadas pela parte interessada**, quiserem dar seu depoimento (art. 207 do CPP).

Não se trata aqui de mera exoneração do dever de depor, mas de efetiva proibição de que as pessoas que têm conhecimento do fato em razão de profissão, função ofício ou ministério prestem testemunho. Assim, sempre que houver legítimo dever jurídico de sigilo quanto às informações recebidas, como ocorre, dentre outros, em relação aos médicos, psicólogos, advogado e sacerdotes, a proibição de testemunhar, com ou sem compromisso, existirá.

É relevante, em relação ao tema, o magistério de Fernando Capez: "*Função* é o exercício de atividade de natureza pública ou assemelhada (juiz, delegado, promotor, jurado, comissário de menores, escrivão de cartório, diretor escolar). Ministério é o encargo de natureza religiosa ou social (sacerdotes e assistentes sociais). *Ofício* é a atividade manual (marceneiro, costureiro etc.). *Profissão* é a atividade predominantemente intelectual (médicos, advogados e os profissionais liberais, de um modo geral)"[57].

O **interessado** na manutenção do segredo, todavia, pode **desobrigar** aquele que tem dever do sigilo desse encargo, o que afasta a proibição de depor e obriga a testemunha, inclusive, a prestar compromisso. Se o segredo é de mais de uma pessoa, o sigilário só estará autorizado a depor se houver consentimento de todos os interessados[58].

PESSOAS ISENTAS DE TESTEMUNHAR	PESSOAS PROIBIDAS DE TESTEMUNHAR
a) Ascendente, descendente, afim em linha reta, cônjuge, irmão ou companheira do acusado; b) Deputados e senadores, em relação a informações recebidas ou prestadas em razão do exercício do mandato.	a) Pessoas que, em razão de sua função, ministério, ofício ou profissão, devam guardar segredo.

■ 8.6.8. Suspeição ou indignidade da testemunha

Embora não preveja as causas que retiram a isenção da testemunha, o Código

[57] Fernando Capez. *Curso de processo penal,* 18. ed., p. 421.

[58] Hélio Tornaghi. *Instituições de processo penal*, 2. ed., v. 4, p. 77.

prevê a possibilidade de a parte interessada valer-se da **arguição de defeito** da pessoa que repute **suspeita de parcialidade** ou **indigna de fé** (art. 214 do CPP).

A doutrina relaciona várias hipóteses de testemunho potencialmente defeituoso: amizade íntima ou inimizade capital com o acusado; pessoa já condenada por falso testemunho; pessoa que recebeu dádivas para testemunhar; pessoas com antecedentes criminais desabonadores etc.

■ 8.6.9. Contradita e arguição de defeito

A **contradita** é o mecanismo processual utilizado para obstar a colheita do testemunho de pessoa **proibida de depor** (art. 207 do CPP) ou para garantir que pessoa **não obrigada a testemunhar** seja ouvida sem prestar compromisso (art. 208 do CPP).

Na hipótese de acolhimento da contradita, ou seja, se o juiz reconhecer tratar-se de pessoa cujo depoimento é facultativo ou de pessoa proibida de depor, deverá:

a) em se tratando de pessoa não obrigada a depor (art. 208 do CPP), proceder à oitiva, dispensando, contudo, a testemunha de prestar compromisso;

b) em se tratando de pessoa proibida de testemunhar (art. 207 do CPP), dispensar sua oitiva.

A **arguição de defeito**, por outro lado, é o instrumento de que pode valer-se a parte para esclarecer se a testemunha é **suspeita de parcialidade** ou **indigna de fé**. Seu acolhimento não tem como efeito a exclusão do depoimento, cabendo ao juiz proceder à oitiva e valorar posteriormente o valor do testemunho (art. 214 do CPP).

Tanto a contradita como a arguição de defeito devem ser deduzidas **antes do início do depoimento** da testemunha, logo após sua qualificação. As razões da impugnação serão consignadas no termo, incumbindo ao juiz, em seguida, indagar à testemunha sobre o alegado e, caso necessário, facultar à parte interessada produzir prova das alegações, decidindo em seguida sobre a contradita ou arguição de defeito.

Não há impedimento para que a própria parte que arrolou a testemunha valha-se da contradita ou arguição de defeitos em relação a ela, sobretudo porque o motivo que enseja a recusa da testemunha pode surgir apenas no momento em que sua qualificação e suas relações com as partes forem esclarecidas[59].

■ 8.6.10. Classificação doutrinária das testemunhas

As testemunhas classificam-se em:

a) Testemunhas diretas — quando não há intermediação entre o fato e o testemunho, ou seja, aquelas que presenciaram os fatos.

b) Testemunhas indiretas — aquelas que souberam dos fatos por intermédio de outrem sem, no entanto, os terem presenciado.

---

[59] Hélio Tornaghi. *Instituições de processo penal*, 2. ed., v. 4, p. 96.

c) Testemunhas próprias — as que prestam depoimento sobre o fato apurado no processo.

d) Testemunhas impróprias — as que prestam depoimento sobre um ato do processo, como, por exemplo, as pessoas que presenciaram o interrogatório policial do acusado (art. 6º, V, do CPP) e são chamadas a juízo para atestar a regularidade do ato[60].

e) Testemunhas numerárias — são as que, arroladas pelas partes de acordo com o limite procedimental, prestam compromisso.

f) Testemunhas extranumerárias ou **judiciais** — assim denominadas porque ouvidas por iniciativa do juiz (art. 209, *caput*, do CPP).

g) Testemunhas referidas — são aquelas que, embora não arroladas pelas partes, são ouvidas por determinação judicial em razão de a elas outras testemunhas terem feito referência (art. 209, § 1º, do CPP).

h) Testemunhas fedatárias — são aquelas que presenciam a leitura do auto de prisão em flagrante, na presença do acusado, e nele lança sua assinatura, quando o autuado recusa-se a assiná-lo, não sabe ou não pode fazê-lo (art. 304, § 3º, do CPP).

i) Informantes ou **declarantes** — são as testemunhas que não realizam a promessa de dizer a verdade.

8.6.11. Características da prova testemunhal

A prova testemunhal apresenta, em regra, os seguintes caracteres:

a) Judicialidade — só é prova testemunhal aquela colhida pelo juízo competente; o depoimento prestado em outra ação e transportado para o processo (prova emprestada) é prova de natureza documental.

b) Objetividade — a testemunha deve expor os fatos de forma objetiva, sem emitir opiniões pessoais e abstendo-se de realizar juízo de valor (art. 213 do CPP).

c) Oralidade — o depoimento deve ser prestado verbalmente, não sendo permitido à testemunha apresentá-lo por escrito (art. 204 do CPP); é facultado, todavia, utilizar-se de breves anotações para consulta (art. 204, parágrafo único, do CPP).

O art. 221, § 1º, do Código de Processo Penal prevê **exceção** à regra de que o depoimento deva ser prestado oralmente, uma vez que confere ao **Presidente e ao Vice-Presidente da República e aos presidentes do Senado Federal, da Câmara dos Deputados e do Supremo Tribunal Federal** a prerrogativa de **depor por escrito**, caso em que as perguntas, formuladas pelas partes e deferidas pelo juiz, lhes serão transmitidas por ofício.

Se a testemunha for **muda** (ou surda-muda), o depoimento também não se caracterizará pela oralidade, pois se aplicam às testemunhas as normas relativas

---

[60] Fernando da Costa Tourinho Filho. *Processo penal,* 33. ed., v. 3, p. 342.

ao interrogatório de pessoa com deficiência sensorial (art. 223, parágrafo único, do CPP).

d) Retrospectividade — as testemunhas depõem sobre fatos pretéritos e jamais sobre fatos futuros[61].

e) Individualidade — cada testemunha deve ser ouvida isoladamente, de forma que uma não ouça o depoimento das demais, disso decorrendo o dever de o juiz providenciar a *incomunicabilidade* dos depoentes enquanto durar a audiência (art. 210 do CPP).

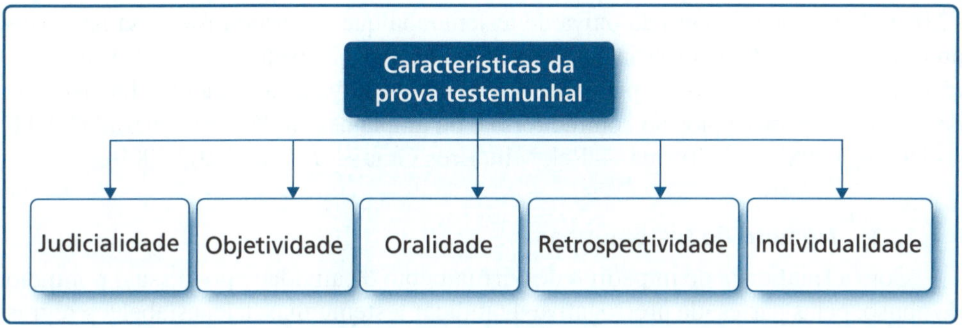

■ 8.6.12. Direito à oitiva das testemunhas oportunamente arroladas

As partes têm o **ônus** de arrolar, no momento procedimental adequado, as testemunhas que pretendem sejam ouvidas. Assim, a acusação deve fazê-lo na **denúncia** ou na queixa (art. 41 do CPP), ao passo que a defesa deve indicar as testemunhas na **resposta escrita** (art. 396-A, *caput*, do CPP). No procedimento do Júri, as partes devem arrolar as testemunhas que pretendem ouvir em plenário na ocasião de que trata o art. 422 do Código de Processo Penal, ou seja, logo após o trânsito em julgado da pronúncia quando o juiz notifica as partes para apresentarem o rol.

Uma vez arroladas **tempestivamente** as testemunhas, todavia, à parte é garantido o **direito de ouvi-las**, incumbindo ao juiz a adoção das providências que garantam a sua notificação e, se necessário, sua condução coercitiva, salvo se a parte interessada, de forma expressa, assumir o encargo de apresentá-las independentemente de intimação.

Registre-se, no entanto, que constitui **ônus da parte**, e não dever do juiz, indicar o **endereço** das testemunhas, razão pela qual é lícito deixar de colher o testemunho quando o interessado não apresentar, oportunamente, informações que permitam encontrar a pessoa arrolada.

O desrespeito a esse direito importa, conforme o caso, em **cerceamento de acusação** ou em **cerceamento de defesa**.

Há divergência quanto à possibilidade de o juiz indeferir a oitiva de testemunha regularmente arrolada pela parte quando constatar a impertinência da prova. Para al-

[61] Fernando da Costa Tourinho Filho. *Processo penal,* 33. ed., v. 3, p. 345.

guns, a produção da prova testemunhal, como ocorre em relação aos demais meios de prova, submete-se ao **exame de pertinência e relevância** por parte do juiz, que poderá indeferir a oitiva de pessoa cujo depoimento revelar-se inútil à apuração da verdade[62]. Há quem entenda, de forma oposta, que o juízo de relevância só tem lugar quando se cuidar de testemunha que exceda ao número legal, na medida em que, em se tratando de testemunha numerária, a oitiva é sempre obrigatória[63]. A propósito: "1. A jurisprudência desta Corte está alinhada no sentido de que 'não constitui cerceamento de defesa o indeferimento de diligências requeridas pela defesa, se foram elas consideradas desnecessárias pelo órgão julgador a quem compete a avaliação da necessidade ou conveniência do procedimento então proposto' [HC 76.614, Relator o Ministro Ilmar Galvão, *DJ* 12.06.98]. 2. Indeferimento da oitiva de testemunha que se encontrava presa há vários anos, muito antes da ocorrência dos fatos apurados na ação penal. Ausência de correlação entre estes e os que o réu pretendia provar com a oitiva da testemunha. Inexistência de violação dos princípios do contraditório e da ampla defesa. Ordem denegada" (STF — HC 94.542/SP — 2ª Turma — Rel. Min. Eros Grau — *DJe*-53 20.03.2009).

■ 8.6.13. Número de testemunhas

Com a finalidade de impedir o desvirtuamento da atividade processual por meio do abuso, pelas partes, da prerrogativa de indicar testemunhas, a lei estabelece regras que delimitam a extensão desse direito.

O número máximo de testemunhas que cada uma das partes pode arrolar é definido pela espécie de procedimento, de acordo com as seguintes regras:

a) Procedimento comum ordinário — admite-se que cada parte indique até **8 testemunhas** (art. 401, *caput*, do CPP). Este é também o número máximo de testemunhas na 1ª fase do rito do Júri.

b) Procedimento comum sumário — cada parte pode arrolar até **5 testemunhas** (art. 532 do CPP).

c) Rito sumaríssimo — cada parte pode arrolar até **3** testemunhas.

d) Segunda fase do procedimento do Júri (julgamento em plenário) — até 5 testemunhas (art. 422 do CPP).

Não serão computados, para fins de estabelecimento desses limites, o **ofendido**, as testemunhas que **não prestam compromisso** e as **referidas** (art. 401, § 1º, do CPP) e, ainda, a pessoa que **nada souber** que interesse à decisão da causa (art. 209, § 2º, do CPP). Nesse número não devem ser computados, também, os **assistentes técnicos** das partes, pois não são, propriamente, testemunhas.

Na hipótese de litisconsórcio passivo, cada um dos corréus poderá indicar tantas testemunhas quanto for o número previsto para o procedimento em questão. Assim, por exemplo, se se cuidar de dois acusados em processo que segue o rito ordinário, cada um deles poderá arrolar 8 testemunhas, ainda que se lhes atribua apenas um fato criminoso.

---

[62] Vicente Greco Filho. *Manual de processo penal*, 7. ed., p. 224.

[63] Guilherme de Souza Nucci. *Código de Processo Penal comentado*, 9. ed., p. 477-478.

Malgrado o Código não estabeleça o número máximo de testemunhas a serem arroladas na hipótese de **pluralidade de fatos delituosos**, a jurisprudência do Supremo Tribunal Federal e a do Superior Tribunal de Justiça orienta-se no sentido de que, para a fixação dos limites, deva ser observada a **quantidade de crimes imputados**. Assim, se forem dois crimes poderão ser arroladas 16 testemunhas no rito ordinário e, assim, sucessivamente. Nesse sentido: "Processo penal. Número de testemunhas. Diversos pacientes e acusação de mais de um crime. É justificável que tenha sido excedido o número de oito testemunhas do Ministério Público se há mais de um réu e a acusação e de terem sido cometidos dois crimes. Ademais, no caso dos autos, não foi sequer demonstrado ter havido prejuízo para a defesa na inquirição das testemunhas em número superior a oito, considerado excessivo pelo recorrente" (STF — RHC 65.673/SC — 2ª Turma — Rel. Min. Aldir Passarinho — *DJ* 11.03.1988 — p. 4.742)[64]; **e** "O limite máximo de 8 (oito) testemunhas descrito no art. 401, do Código de Processo Penal, deve ser interpretado em consonância com a norma constitucional que garante a ampla defesa no processo penal (art. 5º, LV, da CF/88). Para cada fato delituoso imputado ao acusado, não só a defesa, mas também a acusação, poderá arrolar até 8 (oito) testemunhas, levando-se em conta o princípio da razoabilidade e proporcionalidade" (STJ — HC 55.702/ES — 5ª Turma — Rel. Min. Honildo Amaral de Mello Castro — *DJe* 25.10.2010).

■ 8.6.14. Local da colheita do testemunho

Ordinariamente a testemunha é ouvida na sede do juízo, para onde deverá dirigir-se na data e horário designados pelo juiz, sob pena de condução coercitiva, de pagamento de multa e das custas da diligência e, ainda, de responsabilização por crime de desobediência (arts. 218 e 219 do CPP).

O dever de comparecimento, contudo, não atinge:

a) Pessoas impossibilitadas, por enfermidade ou por velhice, de comparecer para depor (art. 220 do CPP) — as testemunhas que não possam deslocar-se ao fórum em razão de suas condições de saúde devem ser inquiridas onde estiverem, de modo a ensejar o deslocamento do juiz e das partes até o local em que possam ser ouvidas.

b) Presidente e o Vice-Presidente da República, os senadores e deputados federais, os ministros de Estado, os governadores dos Estados e Territórios, os Secretários de Estado, os prefeitos do Distrito Federal e dos Municípios, os deputados Estaduais e Distritais, os membros do Poder Judiciário, os ministros e juízes dos Tribunais de Contas da União, dos Estados, do Distrito Federal, bem como os do Tribunal Marítimo (art. 221 do CPP) e os **membros do Ministério Público** (art. 40, I, da Lei n. 8.625/93 e art. 18, II, *g*, da Lei Complementar n. 75/93) — essas autoridades serão inquiridas em local, dia e hora

[64] Nesse mesmo sentido, confira-se: STF — HC 78.937/MG — 2ª Turma — Rel. Min. Maurício Corrêa — Julgamento: 18.05.1999 — *DJ* 29.08.2003 — p. 34.

previamente ajustados entre elas e o magistrado. Também os membros das Defensorias Públicas (art. 44, XIV, e art. 89, XIV, ambos da Lei Complementar n. 80/94) e os ocupantes dos cargos de Advogado da União, Procurador da Fazenda Nacional, Procurador Federal e Procurador do Banco Central devem ser ouvidos, como testemunhas, em dia, hora e local previamente ajustados com o magistrado ou com a autoridade competente (art. 38, VI, da Lei n. 13.327/2016).

■ 8.6.15. Testemunhas que residem fora da jurisdição

Nos termos do disposto no art. 222 do Código de Processo Penal, a testemunha que residir em **comarca diversa** daquela pela qual tramita o processo será ouvida mediante a expedição **carta precatória**.

A utilização de **videoconferência** ou outro recurso tecnológico de transmissão de sons e imagens em tempo real para colheita do depoimento deprecado, embora preferível, na medida em que proporciona relativa imediação entre a prova e o juiz natural, ainda é pouco frequente, embora expressamente previsto no art. 222, § 3º, do CPP.

Ao expedir a carta precatória, o juiz deve estabelecer prazo para o seu cumprimento, uma vez que a providência **não suspende a instrução criminal** (art. 222, § 1º, do CPP), daí por que, uma vez escoado o prazo, a sentença poderá ser prolatada independentemente da devolução da carta, que, no entanto, será anexada aos autos a qualquer tempo (art. 222, § 2º, do CPP).

É pacífico o entendimento de que ao juiz incumbe apenas intimar as partes da **expedição da precatória**, competindo aos interessados verificar junto ao juízo deprecado quando o ato se realizará. Mesmo que o juízo deprecante não realize a intimação acerca da expedição da carta, o reconhecimento da invalidade do ato instrutório depende da demonstração de prejuízo, conforme o enunciado da **Súmula n. 155 do Supremo Tribunal Federal**: "É relativa a nulidade do processo criminal por falta de intimação da expedição de precatória para inquirição de testemunha".

Averbe-se, ainda, que, de acordo com o entendimento sumulado do Superior Tribunal de Justiça, "intimada a defesa da expedição da carta precatória, torna-se desnecessária intimação da data da audiência no juízo deprecado" (Súmula n. 273). Essa regra genérica, que consagra o entendimento de que, intimadas as partes da expedição da precatória, a elas cabe o respectivo acompanhamento, sem necessidade da intimação da data designada para audiência no juízo deprecado, não se aplica às situações em que a defesa esteja a cargo da **Defensoria Pública**, desde que a instituição esteja estruturada no local de cumprimento da precatória, hipótese em que o órgão deverá ser notificado, sob pena de invalidade da audiência acompanhada por defensor *ad hoc*[65].

Está acesa a **controvérsia** doutrinária acerca da necessidade de **requisição do réu preso** para acompanhar inquirição de testemunha em juízo deprecado, já que a questão relaciona-se ao direito de presença do réu, expressão da garantia do contraditório.

---

[65] STF — RHC 106.394/MG — 1ª Turma — Rel. Min. Rosa Weber — Julgamento: 30.10.2012 — Public.: *DJe* 08.02.2013.

O Supremo Tribunal Federal, no entanto, pacificou entendimento no sentido de que o juiz a cargo de quem ficará a inquirição deve zelar pela requisição do acusado preso, para fins de acompanhamento da colheita da prova, apenas se houver **requerimento nesse sentido por parte da defesa (tema 240 da sistemática de apreciação de recursos com repercussão geral)**: "Prova. Oitiva de testemunha. Carta precatória. Réu preso. Requisição não solicitada. Ausência de nulidade. Jurisprudência reafirmada. Repercussão geral reconhecida. Recurso extraordinário improvido. Aplicação do art. 543-B, § 3º, do CPC. Não é nula a audiência de oitiva de testemunha realizada por carta precatória sem a presença do réu, se este, devidamente intimado da expedição, não requer o comparecimento" (STF — RE 602.543 QO-RG/RS — Tribunal Pleno — Rel. Min. Cezar Peluso — julgado em 19.11.2009 — Repercussão Geral — Mérito — *DJe*-35 26.02.2010).

Não há dúvida, ademais, de que o reconhecimento da invalidade do testemunho deprecado em razão da ausência do réu cujo defensor requereu sua requisição para o ato subordina-se à demonstração da ocorrência de prejuízo e à oportuna arguição, na medida em que se cuida de hipótese de **nulidade relativa**. Confira-se: "Recurso ordinário em *habeas corpus*. Crimes de homicídio qualificado (CP, art. 121, § 2º). Pretensão ao reconhecimento de nulidade absoluta dos feitos diante da ausência do réu à inquirição das testemunhas. Não conhecimento do *writ* pelo Superior Tribunal de Justiça, por ser ele substitutivo do recurso ordinário cabível. Não ocorrência de nulidade absoluta. Recurso não provido. 1. Não discrepa do entendimento dominante na Primeira Turma do Supremo Tribunal Federal o acórdão proferido pelo Superior Tribunal de Justiça no sentido da inadmissibilidade do *habeas corpus* que tenha por objetivo substituir o recurso ordinário. Precedentes. Ressalva do entendimento do Relator. 2. A Suprema Corte firmou o entendimento de que a ausência do réu, preso em outra localidade, à audiência de inquirição de testemunha, não implica a nulidade absoluta dessa (RE 602.543 QO-RG/RS, da relatoria do Ministro Cezar Peluso, *DJe* de 26/02/2010). 3. A declaração de nulidade no direito penal não prescinde da demonstração do efetivo prejuízo para a defesa, consoante dispõe o art. 563 do Código de Processo Penal. Precedentes. 4. Recurso a que se nega provimento" (STF — RHC 120.661/DF — 1ª Turma — Rel. Min. Dias Toffoli — julgado em 06.05.2014 — *DJe*-105 02.06.2014)[66].

Antes de o Plenário do Supremo Tribunal Federal definir a questão nos moldes acima, a mesma Corte chegou a proferir alguns julgados em sentido oposto. A propósito: "O acusado, embora preso, tem o direito de comparecer, de assistir e de presenciar, sob pena de nulidade absoluta, os atos processuais, notadamente aqueles que se produzem na fase de instrução do processo penal, que se realiza, sempre, sob a égide do contraditório. São irrelevantes, para esse efeito, as alegações do Poder Público concernentes à dificuldade ou inconveniência de proceder à remoção de acusados presos a outros pontos da própria comarca, do Estado ou do País, eis que razões de mera conveniência administrativa não têm — nem podem ter — precedência so-

[66] A Segunda Turma do STF também tem seguido essa orientação: STF — HC 111.522/SP — Rel. Min. Ricardo Lewandowski — julgamento em 29.05.2012 — *DJe*-119 19.06.2012.

bre as inafastáveis exigências de cumprimento e respeito ao que determina a Constituição. Doutrina. Jurisprudência (HC 86.634/RJ, Rel. Min. Celso de Mello, *v.g.*). — O direito de audiência, de um lado, e o direito de presença do réu, de outro, esteja ele preso ou não, traduzem prerrogativas jurídicas essenciais que derivam da garantia constitucional do *due process of law* e que asseguram, por isso mesmo, ao acusado, o direito de comparecer aos atos processuais a serem realizados perante o juízo processante, ainda que situado este em local diverso daquele em que esteja custodiado o réu. Pacto Internacional sobre Direitos Civis e Políticos/ONU (Art. 14, n. 3, *d*) e Convenção Americana de Direitos Humanos/OEA (Art. 8º, § 2º, *d* e *f*). Precedente: HC 86.634/RJ, Rel. Min. Celso de Mello. — Essa prerrogativa processual reveste-se de caráter fundamental, pois compõe o próprio estatuto constitucional do direito de defesa, enquanto complexo de princípios e de normas que amparam qualquer acusado em sede de persecução criminal, mesmo que se trate de réu processado por suposta prática de crimes hediondos ou de delitos a estes equiparados. Precedentes" (STF — HC 93.503/SP — 2ª Turma — Rel. Min. Celso de Mello — *DJe*-148 07.08.2009).

■ 8.6.16. Testemunha que está fora do país

Se a testemunha estiver fora do país, será inquirida por **carta rogatória**, desde que a parte interessada demonstre previamente a **imprescindibilidade** da providência e que suporte o pagamento das despesas de envio (art. 222-A do CPP). Veja-se a respeito: "A expedição de cartas rogatórias para oitiva de testemunhas residentes no exterior condiciona-se à demonstração da imprescindibilidade da diligência e ao pagamento prévio das respectivas custas, pela parte requerente, nos termos do art. 222-A do Código de Processo Penal, ressalvada a possibilidade de concessão de assistência judiciária aos economicamente necessitados. A norma que impõe à parte no processo penal a obrigatoriedade de demonstrar a imprescindibilidade da oitiva da testemunha por ela arrolada, e que vive no exterior, guarda perfeita harmonia com o inciso LXXVIII do art. 5º da Constituição Federal" (STF — AP 470 QO4/MG — Tribunal Pleno — Rel. Min. Joaquim Barbosa — *DJe*-186 02.10.2009).

■ 8.6.17. Notificação das testemunhas

Como regra, a testemunha deve ser notificada, por intermédio de oficial de justiça, a comparecer à audiência.

Acaso se trate de **militar**, porém, deverá haver requisição de sua apresentação à autoridade superior (art. 221, § 2º, do CPP).

Se a testemunha for **servidor público**, será notificada por mandado, mas o superior hierárquico deverá ser comunicado do dia e hora designados para o depoimento (art. 221, § 3º, do CPP).

A testemunha que estiver **presa** deverá ter a apresentação requisitada ao diretor do estabelecimento em que estiver recolhida.

■ 8.6.18. Substituição de testemunhas

Embora o Código de Processo Penal não preveja, em sua redação atual, a possibilidade de as partes substituírem testemunhas arroladas que não tenham sido localizadas, aplica-se, subsidiariamente (art. 3º do CPP), o dispositivo do Novo Código de Processo Civil, que trata do tema (art. 451), o que conduz à conclusão de que se permite a substituição, por outra, apenas da testemunha:

a) que **falecer**;
b) que, por **enfermidade**, não estiver em condições de depor;
c) que, tendo **mudado de residência ou de local de trabalho**, não for encontrada.

Esse entendimento é o adotado pelo Supremo Tribunal Federal: "1. A recente Reforma Processual Penal alterou capítulos inteiros e inúmeros dispositivos do Código de Processo Penal. No contexto dessa reforma, a Lei n. 11.719/2008 deu nova redação a inúmeros artigos e revogou diretamente outros. Dentre os dispositivos cujo texto foi alterado, encontra-se o art. 397, que previa a possibilidade de o juiz deferir a substituição de testemunha que não fosse localizada. 2. A ausência de previsão específica do Código de Processo Penal acerca do direito à substituição não pode ser interpretada como 'silêncio eloquente' do legislador. A busca por um provimento jurisdicional final justo e legítimo não pode ser fulminado pelo legislador, sob pena de o processo não alcançar sua finalidade de pacificação da lide. 3. A prova testemunhal é uma das mais relevantes no processo penal. Por esta razão, o juiz pode convocar, de ofício, testemunhas que considere importantes para a formação do seu convencimento. Daí por que não se pode usurpar o direito da parte de, na eventualidade de não ser localizada uma das testemunhas que arrolou para comprovar suas alegações, substituí-la por outra que considere apta a colaborar com a instrução. 4. É inadmissível a interpretação de que a 'vontade do legislador', na Reforma Processual Penal, seria no sentido de impedir quaisquer substituições de testemunhas no curso da instrução, mesmo quando não localizada a que fora originalmente arrolada. Tal interpretação inviabilizaria uma prestação jurisdicional efetiva e justa, mais próxima possível da 'verdade material'. 5. Perfeitamente aplicável, à espécie, o art. 408, III, do Código de Processo Civil, tendo em vista que a testemunha substituída não foi localizada em razão de mudança de endereço. 6. O fato de a testemunha arrolada em substituição ser conhecida desde a época do oferecimento da denúncia não impede seu aproveitamento, quando houver oportunidade legal para tanto. 7. No caso, não é possível vislumbrar fraude processual ou preclusão temporal para o arrolamento da testemunha substituta, tendo em vista que a testemunha que não foi encontrada existe e prestou depoimento na fase policial. Sua não localização no curso da instrução abre a possibilidade legal de sua substituição. 8. Agravo regimental desprovido" (STF — AP 470 AgR-segundo/MG — Tribunal Pleno — Rel. Min. Joaquim Barbosa — julgado em 23.10.2008 — *DJe*-079 30.04.2009)[67].

8.6.19. Colheita do depoimento

Antes de iniciar o depoimento, o juiz deve verificar se a presença do réu poderá causar **humilhação**, **temor**, ou **sério constrangimento** à testemunha, de modo que

[67] O art. 408, mencionado no julgado, é do Código de Processo Civil de 1973, que corresponde ao art. 451 do Novo CPC.

prejudique a verdade do depoimento, hipótese em que deve realizar a inquirição por videoconferência e, na impossibilidade de utilizar tal recurso tecnológico, determinar a retirada do réu da sala de audiências (art. 217, *caput*, do CPP). De acordo com a redação original do Código, anterior à Lei n. 11.690/2008, que não previa a possibilidade de emprego de videoconferência, o acusado só poderia ser retirado da audiência se, por atitude que viesse a adotar durante a inquirição, pudesse influir no ânimo da testemunha.

O depoimento inicia-se com a adoção das providências necessárias à **verificação da identidade** da testemunha, consistentes na solicitação de exibição de documento de identificação e em indagações relativas ao nome, profissão, local de residência, profissão, dentre outras. Se houver **dúvida** sobre a identidade, o juiz deverá valer-se dos meios que estiverem ao seu alcance para dirimi-la, podendo, contudo, tomar o depoimento da testemunha desde logo (art. 205 do CPP).

Em seguida, deverá o juiz indagar se a testemunha tem **vinculação** com o acusado ou o ofendido, não apenas para que possa dispensar a oitiva de parente do réu (art. 206 do CPP), mas, também, para que tome conhecimento de circunstância relevante na aferição do valor da prova[68]. Apresentada a resposta a essa indagação pela testemunha, devem as partes, se o caso, apresentar a contradita ou a arguição de defeito.

A testemunha, então, será **compromissada** e informada sobre as penas cominadas ao falso testemunho (art. 210, *caput*, do CPP).

Em continuidade, de acordo com o art. 212 do Código de Processo Penal, as partes dirigirão perguntas **diretamente** às testemunhas, iniciando-se, se a testemunha for de acusação, pelo Ministério Público (ou querelante). No caso de testemunha arrolada pelo acusado, a defesa iniciará a inquirição.

Adota-se atualmente, portanto, o sistema de ***direct examination*** e de ***cross-examination***, segundo o qual a inquirição das testemunhas é realizada sem a intermediação do juiz. Até a reforma legislativa de 2008, vale lembrar, vigorou entre nós o **sistema presidencialista**, em que as partes dirigiam as perguntas ao juiz que, por sua vez, retransmitia as indagações à testemunha.

Ao juiz incumbe indeferir as perguntas que puderem induzir a resposta, não tiverem relação com a causa ou importarem repetição de outra pergunta já respondida. **Depois das perguntas das partes**, o juiz poderá **complementar** a inquirição sobre os pontos que entenda que ainda não foram esclarecidos (art. 212, parágrafo único, do CPP).

É relativa a nulidade decorrente da circunstância de o juiz iniciar a inquirição da testemunha para somente em seguida permitir que as partes formulem suas perguntas. A propósito: "A Lei n. 11.690, de 9 de junho de 2008, alterou a redação do art. 212 do Código de Processo Penal, passando-se a adotar o procedimento do Direito Norte-Americano, chamado *cross-examination*, no qual as testemunhas são questionadas diretamente pela parte que as arrolou, facultada à parte contrária, a seguir, sua inquirição (exame direto e cruzado), e ao juiz os esclarecimentos remanescentes e o poder de fiscalização. Entretanto, ainda que se admita que a nova redação do art. 212 do Código de Processo Penal tenha estabelecido uma ordem de inquiridores de tes-

[68] Fernando da Costa Tourinho Filho. *Processo penal,* 33. ed., v. 3, p. 371.

temunhas, à luz de uma interpretação sistemática, a não observância dessa regra pode gerar, no máximo, nulidade relativa, por se tratar de simples inversão, dado que não foi suprimida do juiz a possibilidade de efetuar as suas perguntas, ainda que subsidiariamente, para o esclarecimento da verdade real, sendo certo que, aqui, o interesse protegido é exclusivo das partes" (STJ — HC 182.344/PR — 6ª Turma — Rel. Min. Og Fernandes — julgado em 28.05.2013, *DJe* 17.06.2013).

No sentido de que a nulidade é efetivamente relativa, podemos apontar também os seguintes julgados do Superior Tribunal de Justiça: HC 137.094/DF, Rel. Min. Og Fernandes; HC 209.703/SP, Rel. Min. Vasco Della Giustina; HC 133.654/DF, Rel. Min. Celso Limongi; HC 121.215/DF, Rel. Min. Maria Thereza de Assis Moura; HC 144.909/PE, Rel. Min. Nilson Naves; e REsp 117.466-6/RS, Rel. Min. Og Fernandes, todos da 6ª Turma; e HC 150.663/GO, 209.706/SP, 180.787/GO, todos tendo como Relatora a Min. Laurita Vaz, da 5ª Turma. No Supremo Tribunal Federal, os seguintes julgados enunciam que a nulidade é relativa: HC 103.525/PE, Rel. Min. Cármen Lucia; HC 112.466/SP, Rel. Min. Rosa Weber; HC 114.787/SP, Rel. Min. Luiz Fux, todos da 1ª Turma; RHC 110.623/DF, Rel. Min. Ricardo Lewandowski; RHC 111.414/DF, Rel. Min. Gilmar Mendes, ambos da 2ª Turma. Saliente-se, outrossim, que existem alguns julgados da 5ª Turma do Superior Tribunal de Justiça entendendo que a nulidade é absoluta em decorrência de o juiz ter endereçado perguntas às testemunhas antes das partes, cuidando-se, contudo, de entendimento francamente minoritário: HC 121.216/DF, Rel. Min. Jorge Mussi; HC 150.020/RS, Rel. Min. Gilson Dipp; HC 153.140/MG, Rel. Min. Félix Fischer.

Em julgamento realizado em 14.11.2017, no entanto, a Primeira Turma do Supremo Tribunal Federal, por maioria de votos, declarou insubsistente a oitiva de testemunhas em que houve inobservância da ordem de indagação prevista no art. 212 do CPP (HC 111.815/SP).

No **Plenário do Júri**, excepcionalmente, é o juiz quem inicia a inquirição, seguindo-se às suas perguntas as indagações diretamente dirigidas à testemunha pelas partes (art. 473, *caput*, do CPP), ao passo que os jurados, por fim, podem fazer perguntas por intermédio do juiz.

Se a testemunha não souber expressar-se na língua nacional, será nomeado intérprete para traduzir as perguntas e as respostas (art. 223, *caput*, do CPP).

Na hipótese de não se utilizar processo de estenotipia ou de gravação magnética dos depoimentos, caberá ao juiz reduzir o depoimento a **termo**, ditando o teor das respostas ao escrevente. Em tal situação, deverá o juiz cingir-se, tanto quanto possível, às expressões usadas pelas testemunhas, reproduzindo fielmente suas frases (art. 215 do CPP). Sobre a recomendação de que o juiz reproduza fielmente o teor das expressões utilizadas pela testemunha, convém recordar a docência de Ary Azevedo Franco: "É preciso que o juiz não se esqueça que o processo não será apreciado apenas por ele, que presidiu a inquirição, mas que outros juízes poderão ser chamados a julgar o processo, sem ter visto a testemunha, e irão aferir da mentalidade da testemunha pelas expressões por ela usadas para a narrativa do fato"[69].

---

[69] Ary Azevedo Franco. *Código de processo penal,* 1º vol., p. 301.

O depoimento da testemunha jamais deve ser colhido por meio de perguntas que possam prejudicar a espontaneidade ou a sinceridade das respostas[70]. Não por outro motivo, o Superior Tribunal de Justiça declarou a nulidade de ação penal a partir da audiência de instrução em que o magistrado leu os depoimentos prestados pela testemunha perante a autoridade policial, indagando, em seguida, se os depoentes ratificavam tais declarações, pois essa postura comprometeu a fidedignidade do relato (HC 183.696/ES — 6ª Turma — Rel. Min. Maria Thereza de Assis Moura — *DJe* 27.02.2012).

Entendemos, porém, que a ratificação em juízo do depoimento prestado em sede policial constitui-se em nulidade de **natureza relativa**, cuja decretação pressupõe a demonstração de efetivo prejuízo, sobretudo porque a lei faculta a intervenção das partes na inquirição judicial. Nesse sentido: STJ — AgRg no AREsp 397.633/MG — 5ª Turma — Rel. Min. Marco Aurélio Bellizze — julgado em 04.02.2014 — *DJe* 10.02.2014.

Também poderá haver prejuízo para a idoneidade do testemunho se o juiz exigir que a testemunha responda apenas "sim" ou "não", pois, frequentemente, o esclarecimento de fatos e circunstâncias reclamam considerações adicionais[71].

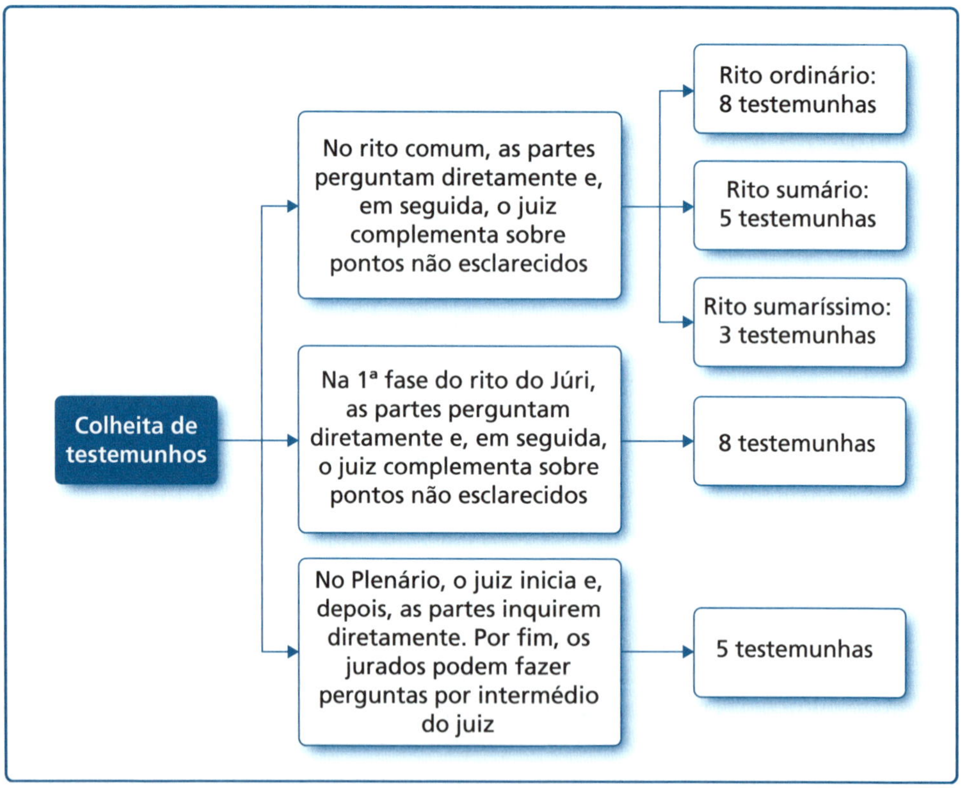

[70] Germano Marques da Silva. *Curso de processo penal*, 5. ed., v. II, p. 224.

[71] Hélio Tornaghi. *Instituições de processo penal*, 2. ed., v. 4, p. 104.

8.6.20. Colheita antecipada do testemunho

Se houver razões para temer que uma ou mais testemunhas não possam depor no futuro, pode o juiz, de ofício ou a pedido das partes, ouvi-las antecipadamente (art. 225 do CPP), até mesmo antes do ajuizamento da ação (art. 156, I, do CPP).

Essa necessidade pode advir de diversas circunstâncias, como a idade avançada da testemunha ou a notícia de que a testemunha permanecerá por longo período no exterior, ou, ainda, de que está acometida de enfermidade grave.

8.6.21. Mudança de residência após o depoimento

Qualquer alteração de local de residência da testemunha no prazo de um ano a contar da data em que o depoimento foi prestado deve ser comunicada ao juízo (art. 224 do CPP).

A norma legal em questão tem por escopo garantir que a testemunha seja facilmente encontrada em caso de necessidade de reinquirição[72], além do que sujeita a pessoa que se omite às sanções previstas para o não comparecimento (art. 219 do CPP).

8.6.22. Proteção a vítimas e testemunhas

A Lei n. 9.807/99, que estabelece normas para a organização e manutenção de programas especiais de proteção a vítimas e testemunhas ameaçadas, prevê, dentre diversas medidas, a adoção de iniciativas relacionadas à preservação da identidade, imagem e dados pessoais do beneficiário (art. 7º, IV), que, no plano processual, devem garantir, sempre que necessário, a restrição de acesso a informação relativa à qualificação e aos endereços da testemunha. No Estado de São Paulo, a Corregedoria Geral da Justiça editou o Provimento 32/2000, que garante o sigilo dos dados referentes à qualificação e endereços de testemunhas por meio do registro em apartado dessas informações, cuja consulta é restrita ao juiz, ao membro do Ministério Público e ao defensor.

O Supremo Tribunal Federal entende que a supressão, na denúncia, do nome de testemunha protegida não importa em cerceamento de defesa:

"*Habeas Corpus* — Testemunha 'sem rosto' (Lei n. 9.807/99, art. 7º, n. IV, c/c o provimento CGJ/SP n. 32/2000) — Preservação da identidade, da imagem e dos dados pessoais referentes a testemunha protegida — Possibilidade, contudo, de pleno e integral acesso do advogado do réu à pasta que contém os dados reservados pertinentes a mencionada testemunha — Alegada ofensa ao direito do réu à autodefesa, embora assegurado o respeito à sua defesa técnica — Caráter global e abrangente da função defensiva: defesa técnica e autodefesa — Pretendida transgressão à prerrogativa constitucional da plenitude de defesa — posição pessoal do relator (Ministro Celso de Mello) favorável à tese da impetração — Orientação jurisprudencial de ambas as turmas do Supremo Tribunal Federal que se firmou, no entanto, em sentido contrário a

[72] Ary Azevedo Franco. *Código de processo penal*, 1º vol., p. 309.

tal entendimento — Precedentes — Observância, pelo relator, do princípio da colegialidade — Recurso de agravo improvido" (STF — HC 124.614 AgR/SP — 2ª Turma — Rel. Min. Celso de Mello — julgado em 10.03.2015 — *DJe*-078 28.04.2015).

"Legal a determinação de omissão dos nomes das testemunhas na denúncia e no libelo-crime. Tal ato não esbarra nas garantias constitucionais, mormente quando aos advogados dos réus foi permitida a participação na inquirição das testemunhas. Processo-crime que apura suposta quadrilha de guardas municipais e policiais militares. Fundada a necessidade de proteger aqueles que podem ajudar a esclarecer os graves fatos increpados aos que deveriam zelar pela segurança pública, por ser esse o seu próprio dever de ofício (art. 144 da Constituição Federal). Recurso improvido" (STF — RHC 89.137/SP — Rel. Min. Carlos Britto — 1ª Turma — *DJ* 29.06.2007 — p. 59).

Esse é, também, o entendimento consolidado no Superior Tribunal de Justiça: "*HABEAS CORPUS*. HOMICÍDIO QUALIFICADO. APONTADA APLICAÇÃO IRREGULAR DO PROVIMENTO N. 32/2000 DO TRIBUNAL DE JUSTIÇA DO ESTADO DE SÃO PAULO. MATÉRIA NÃO ALEGADA NO PRÉVIO *WRIT*. FUNDAMENTO DIVERSO. SUPRESSÃO DE INSTÂNCIA. ORDEM NÃO CONHECIDA. NORMA QUE PREVÊ A PROTEÇÃO DOS NOMES, QUALIFICAÇÕES E ENDEREÇOS DE TESTEMUNHAS E VÍTIMAS AMEAÇADAS OU COAGIDAS. ATO ADMINISTRATIVO QUE PREVÊ O ACESSO AOS DADOS SIGILOSOS PELA ACUSAÇÃO E DEFESA. MÁCULA NÃO EVIDENCIADA. 1. Inviável a apreciação, diretamente por esta Corte Superior de Justiça, da questão referente à irregular aplicação do Provimento n. 32/2000, do Tribunal de Justiça do Estado de São Paulo, tendo em vista que essa matéria não alegada no prévio *writ* e, portanto, não foi analisada pela autoridade apontada como coatora. 2. Ainda que assim não fosse, da leitura do Provimento n. 32/2000 do Tribunal de Justiça do Estado de São Paulo, observa-se que ele não tolhe as garantias do devido processo legal, da ampla defesa, do contraditório, da publicidade dos atos processuais e da legalidade, tampouco impõe o segredo do processo, uma vez que há expressa previsão de acesso de ambas as partes, acusação e defesa, aos dados sigilosos das pessoas coagidas ou submetidas à ameaça. 3. Ademais, é imperioso assinalar que tanto o paciente quanto o seu defensor estiveram presentes à audiência de instrução em que ouvidas as testemunhas protegidas, oportunidade na qual lhes foi oportunizado o contraditório, circunstância que afasta, por completo, a arguição de nulidade do feito" (STJ — HC 218.820/SP — 5ª Turma — Rel. Min. Jorge Mussi — julgado em 10.04.2012 — *DJe* 03.05.2012).

■ 8.6.23. Garantias da criança ou adolescente testemunha de violência

A Lei n. 13.431/2017, vigente a partir de 06.04.2018, consagrou diversas prerrogativas que socorrem, indistintamente, crianças e adolescentes **vítimas** ou **testemunhas** de atos de violência física ou psicológica, de atos de violência ou exploração sexual, de tráfico de pessoas etc.

Para estudo das garantias processuais estabelecidas em favor de menor que figure como testemunha de crimes com atos de violência, remetemos o leitor ao item 8.5.6 desta obra.

■ 8.7. DO RECONHECIMENTO DE PESSOAS E COISAS

Muitas vezes há necessidade, para a formação da convicção do juiz, de submissão do acusado ou mesmo da vítima, de testemunhas ou de terceiros a reconhecimento, para que o reconhecedor possa afirmar se identifica ou não determinada pessoa. É possível, ainda, que a necessidade de reconhecimento recaia sobre uma **coisa** relacionada à infração, como o instrumento do crime ou o objeto subtraído.

A diligência de reconhecimento tem como **finalidade** verificar se o reconhecedor tem condições de afirmar que a pessoa ou coisa a ser reconhecida já foi vista por ele em ocasião pretérita.

■ 8.7.1. Procedimento no reconhecimento de pessoas (art. 226 do CPP)

Iniciado o ato, a pessoa que houver de fazer o reconhecimento será convidada a **descrever** a pessoa a ser reconhecida, de modo a permitir que se verifique se o reconhecimento que se seguirá está em conformidade com a descrição.

Em seguida, a pessoa cujo reconhecimento se pretender será colocada, **se possível**, ao lado de outras que com ela tenham qualquer semelhança, convidando-se o reconhecedor a apontá-la. A precaução de apresentar a pessoa a ser reconhecida entre outras tem como objetivo evitar que o reconhecedor seja **sugestionado**, mas a inobservância dessa recomendação não acarreta a invalidade do ato. Nesse sentido: "A jurisprudência desta Corte Superior é firme em assinalar que a inobservância das formalidades legais para o reconhecimento pessoal do acusado não enseja nulidade, por não se tratar de exigência, apenas recomendação, sendo válido o ato quando realizado de forma diversa da prevista em lei, notadamente quando amparado em outros elementos de prova, situação que ocorre nos autos" (STJ — AgRg no AREsp 685.068/PR — Rel. Min. Rogerio Schietti Cruz — 6ª Turma — julgado em 04.08.2015 — *DJe* 18.08.2015); "Esta Corte Superior de Justiça firmou o entendimento no sentido de que as disposições insculpidas no artigo 226 do Código de Processo Penal configuram uma recomendação legal e não uma exigência, cuja inobservância não enseja a nulidade do ato. Precedentes" (STJ HC 316.294/SP — Rel. Min. Leopoldo de Arruda Raposo (Desembargador convocado do TJ/PE) — 5ª Turma — julgado em 02.06.2015 — *DJe* 10.06.2015).

Embora o Código estabeleça que somente na fase do inquérito policial a autoridade poderá adotar providências para que a pessoa chamada a efetuar o reconhecimento não seja vista por quem será reconhecido (art. 226, parágrafo único, do CPP), é comum o **isolamento visual** do reconhecedor também durante a instrução, sem que haja dissenso acerca da legitimidade da iniciativa.

Finda a diligência, será lavrado **auto** pormenorizado, no qual serão registradas as manifestações do reconhecedor e que será assinado por este, pela autoridade e por duas testemunhas que tenham presenciado o reconhecimento.

Acaso sejam **várias as pessoas** chamadas a efetuar reconhecimento, cada qual o fará em separado (art. 228 do CPP). O **caráter individual** do reconhecimento tem por escopo impedir que a pessoa chamada a reconhecer seja influenciada por outro reconhecedor, o que comprometeria a idoneidade do meio de prova.

Se a pessoa chamada a reconhecer ou aquela que será submetida ao reconhecimento estiver **presa**, é possível que se realize a diligência por meio de **videoconferência**, desde que presente um dos motivos previstos no art. 185, § 2º, I a IV, do CPP.

■ 8.7.1.1. *Reconhecimento fotográfico*

Malgrado o **reconhecimento fotográfico** não seja contemplado expressamente como meio de prova, a adoção do sistema da persuasão racional não deixa dúvida de que se admite sua utilização na condição de **prova inominada**. A providência em questão deve ser adotada, no entanto, apenas quando não for possível a recognição pessoal e direta, já que seu valor probatório é inferior ao do reconhecimento direto[73]. A propósito: "O reconhecimento fotográfico do acusado, quando ratificado em juízo, sob a garantia do contraditório e da ampla defesa, pode servir como meio idôneo de prova para lastrear o édito condenatório. Ademais, como na hipótese dos autos, os testemunhos prestados em juízo descrevem de forma detalhada e segura a participação do paciente no roubo. Precedentes" (STF — HC 104.404/MT — 1ª Turma — Rel. Min. Dias Toffoli — *DJe*-230 30.11.2010); "Este Superior Tribunal sufragou entendimento 'no sentido de que o reconhecimento fotográfico, como meio de prova, é plenamente apto para a identificação do réu e fixação da autoria delituosa, desde que corroborado por outros elementos idôneos de convicção' (HC 22.907/SP — Rel. Ministro Felix Fischer — 5ª Turma — *DJ* 04.08.2003), assim como ocorreu *in casu*, em que o reconhecimento por fotografia feito na fase inquisitiva foi confirmado em juízo, e referendado por outros meios de prova, estes produzidos em sede judicial, sob o crivo do contraditório e da ampla defesa" (STJ — HC 292.807/RJ — Rel. Min. Maria Thereza de Assis Moura — 6ª Turma — julgado em 09.12.2014 — *DJe* 19.12.2014).

■ 8.7.1.2. *Reconhecimento de voz*

Também não é previsto pelo Código, "mas pode ser efetivado, dando-se a ele o valor que o juiz julgar conveniente em face das circunstâncias e cautelas que cercaram a sua realização"[74].

■ 8.7.2. Reconhecimento de coisas

Pode interessar ao processo, consoante lição de Eduardo Espínola Filho[75], o reconhecimento de:

a) coisas sobre as quais recaiu, diretamente, a ação do criminoso;

b) coisas com as quais foi levada a efeito a infração penal — **instrumentos** do crime;

[73] Ada Pellegrini Grinover; Antonio Scarance Fernandes e Antonio Magalhães Gomes Filho. *As nulidades no processo penal,* 12. ed., p. 158.

[74] Ada Pellegrini Grinover; Antonio Scarance Fernandes e Antonio Magalhães Gomes Filho. *As nulidades no processo penal,* 12. ed., p. 158.

[75] Eduardo Espínola Filho. *Código de Processo Penal brasileiro anotado,* v. III, p. 191.

c) coisas que, de modo acidental, foram modificadas, alteradas, deslocadas por ação do delinquente ou, indiretamente, em consequência dessa ação;
d) coisas que se constituíram teatro da ocorrência punível.

Estabelece o art. 227 do Código de Processo Penal que, no reconhecimento de objetos, serão observadas as cautelas previstas para o reconhecimento de pessoas, no que forem aplicáveis.

Assim, a pessoa chamada a identificar o objeto deve descrevê-lo e, em seguida, apontá-lo, quando estiver colocado ao lado de outras coisas semelhantes. Será lavrado, igualmente, auto pormenorizado, que será assinado pelo reconhecedor, pela autoridade e por duas testemunhas.

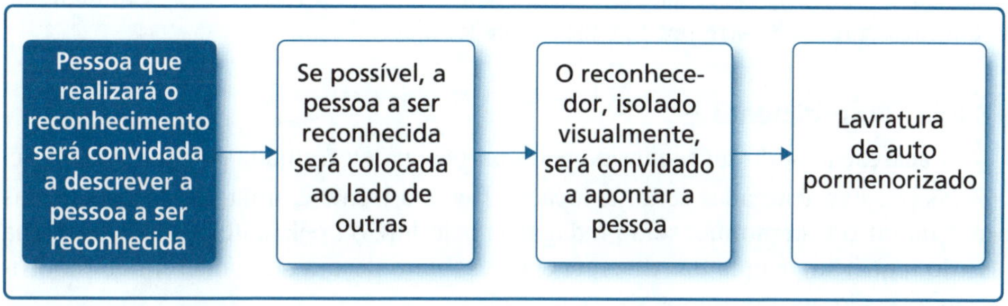

■ 8.8. ACAREAÇÃO

Acareação (ou careação) é o ato judicial de natureza probatória em que pessoas que prestaram **declarações divergentes** são confrontadas, uma defronte da outra, na tentativa de dirimir as contradições. Consiste o ato em colocar frente a frente duas ou mais pessoas que apresentaram versões essencialmente conflitantes sobre questão importante para a solução da lide, para que sejam **confrontadas** sobre essas divergências.

A providência tem por finalidade provocar a retratação, por parte de um dos acareados, em relação ao ponto do depoimento que se mostra em antagonismo com o outro relato.

Embora se trate de providência probatória de emprego pouco usual, não se pode desprezar o **valor psicológico** da acareação, pois os sujeitos divergentes, se estiverem de boa-fé, poderão corrigir-se, instruir-se e retratar-se. Se, todavia, algum deles mentiu, é provável que demonstre hesitação ao ser confrontado[76].

■ 8.8.1. Pressupostos

A realização da acareação pressupõe:

a) que as pessoas que serão submetidas à acareação já tenham sido ouvidas em oportunidade anterior;

[76] Hélio Tornaghi. *Instituições de processo penal*, 2. ed., v. 4, p. 126/127.

b) que haja divergência entre as declarações dessas pessoas, referente a ponto relevante para o resultado final do processo.

8.8.2. Sujeitos

Admite-se a acareação (art. 229 do CPP):

a) entre **acusados**;
b) entre **acusado** ou **testemunha** e a pessoa **ofendida**;
c) entre **testemunhas**;
d) entre as pessoas **ofendidas**.

Não se admite a acareação entre peritos, uma vez que eventuais divergências entre eles devem ser solucionadas à luz do disposto no art. 180 do CPP. Também não se admite acareação entre perito e assistente técnico.

8.8.3. Procedimento

A acareação pode ser requerida pelas partes ou determinada pelo juiz, de ofício.

As pessoas acareadas serão colocadas frente a frente e, uma vez advertidas das penas do falso testemunho, serão indagadas pelo juiz ou pela autoridade policial (na fase do inquérito) acerca das divergências e sobre o desejo de manterem ou modificarem a versão que apresentaram.

Tal como ocorre em relação ao interrogatório, o **acusado** tem o direito de manter-se em **silêncio** por ocasião de acareação a que venha a ser submetido (*nemo tenetur se detegere*).

Ao final do ato, a autoridade lavrará termo do qual devem constar as explicações apresentadas pelos acareados.

8.8.4. Acareação por precatória (art. 230 do CPP)

Estando ausente do local por onde tramita o feito testemunha cujas declarações divirjam das de outra, a testemunha presente será informada sobre os pontos de conflito, para que se manifeste a respeito deles. Subsistindo a discordância, é possível a expedição de carta precatória para o local em que resida a testemunha ausente, para que seja indagada sobre as questões divergentes.

Trata-se, todavia, de providência **excepcional**, que só será realizada quando não importar demora prejudicial ao processo e se o juiz verificar sua conveniência.

8.9. DOS DOCUMENTOS

Documento é, segundo a definição de Vicente Greco Filho, todo objeto ou coisa do qual, em virtude de linguagem simbólica, se pode extrair a existência de um fato[77].

[77] Vicente Greco Filho. *Manual de processo penal*, 7. ed., p. 227.

De acordo com a acepção do Código, no entanto, são apenas os "escritos, instrumentos ou papéis, públicos ou particulares" (art. 232 do CPP), dos quais se pode extrair qualquer conclusão que represente um fato ou circunstância conexa com o fato.

Verifica-se, portanto, que o termo documento é empregado com duas acepções diversas, que podem ser divididas em:

a) documentos em sentido amplo — são todos os objetos, não só os escritos, aptos a corporificar uma manifestação humana (fotografia, videofonograma, fonograma, pintura etc.).

b) documentos em sentido estrito — são apenas os escritos, ou seja, a prova literal.

8.9.1. Classificação dos documentos

1) Quanto à **finalidade**:

a) pré-constituídos — são confeccionados com o intuito de fazer prova dos fatos neles representados; os documentos pré-constituídos recebem também a denominação de **instrumentos**;

b) causais — formados com finalidade diversa, servem circunstancialmente como prova.

2) Quanto ao **autor**:

a) públicos — aqueles formados por agentes públicos em razão de sua função;

b) privados — são aqueles confeccionados por particular ou, ainda, por agente público que não esteja no desempenho da função;

3) Quanto à **forma**:

a) originais — aqueles em que genuinamente o fato foi retratado;

b) cópias — são as reproduções do documento original;

4) Quanto ao **meio de formação**:

a) diretos — são aqueles em que o fato foi transmitido sem intermediação para a coisa que o representa (ex.: a fotografia);

b) indiretos — quando há alguma intermediação entre o fato e a coisa em que se registra sua ocorrência (ex.: o escrito, em que a pessoa que o elabora é intermediária entre o fato e sua representação).

5) Quanto à **possibilidade de identificação do autor**:

a) nominativos — são aqueles que ostentam a identificação de quem o produziu;

b) anônimos — os que não exibem a identificação de seu autor.

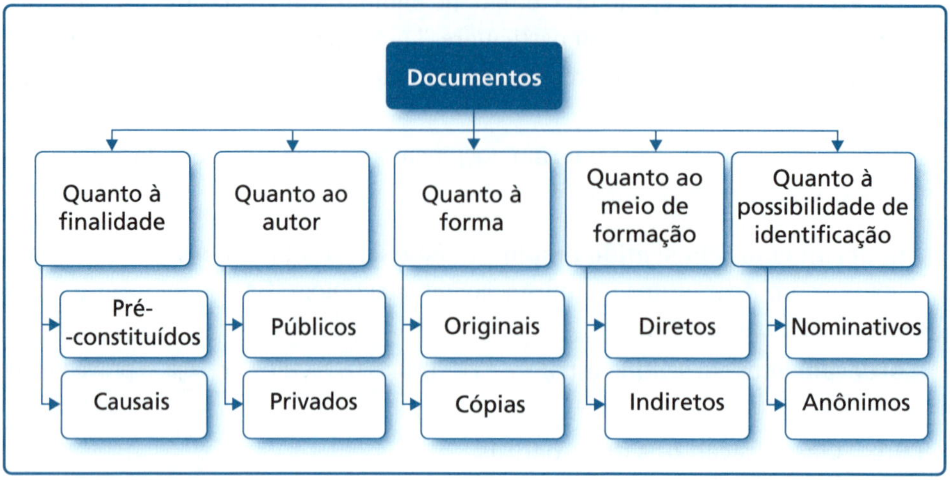

8.9.2. Oportunidade

Salvo quando a lei dispuser em sentido contrário, as partes poderão apresentar documentos em **qualquer fase** do processo (art. 231 do CPP), incumbindo ao juiz cientificar o oponente acerca do teor da prova.

O art. 479 do Código de Processo Penal estabelece exceção a essa regra, uma vez que proíbe que, no plenário do Júri, proceda-se à leitura de documento ou à exibição de objeto cujo teor não tenha sido informado à parte contrária, com antecedência de, pelo menos, três dias úteis.

8.9.3. Iniciativa

A introdução de documento nos autos pode decorrer de iniciativa das partes, hipótese em que se fala em produção **espontânea**.

É possível, porém, ao juiz que tomar conhecimento da existência de documento relativo a ponto relevante da lide, providenciar para sua juntada aos autos, independentemente de requerimento das partes (art. 234 do CPP). Nessa hipótese, a produção é dita **provocada** (ou **coacta**).

8.9.4. Requisitos para eficácia probante

São requisitos para que o documento faça prova do ato nele retratado:

a) a **autenticidade** (integridade material) — que decorre da certeza de que o documento provém do autor nele indicado;

b) a **veracidade** (integridade ideológica) — consiste na exata correspondência entre a representação e o fato.

Acaso haja **controvérsia** sobre a autenticidade de documento particular, a letra e firma nele inscritas serão submetidas a **exame pericial** (art. 235 do CPP).

A **cópia** do documento original, desde que **autenticada**, terá o mesmo valor daquele (art. 232, parágrafo único, do CPP).

Para que todos possam compreender seu teor, o documento redigido em idioma estrangeiro deve ser traduzido por tradutor público, ou, na falta, por pessoa nomeada pelo juiz.

8.9.5. Cartas particulares

Realçando o princípio que determina a imprestabilidade da prova obtida por meio ilícito, o Código prevê que as cartas interceptadas ou obtidas por meio criminoso não serão admitidas em juízo (art. 233, *caput*, do CPP).

É lícito ao destinatário da correspondência, mesmo sem a anuência do signatário, exibi-la em juízo, desde que o faça para a defesa de seu direito.

8.10. INDÍCIOS

Indícios são as circunstâncias conhecidas e provadas, que, tendo relação com o fato, autorizam, por **indução**, concluir-se a existência de outra ou de outras circunstâncias (art. 239 do CPP).

O indício é, portanto, o fato **devidamente comprovado** que, por indução lógica, faz presumir a ocorrência ou inocorrência do fato probando.

Valemo-nos, aqui, de exemplo citado por Tourinho Filho: se Tício é assassinado, a circunstância de que Mévio, seu inimigo, alardeara, dias antes, que iria matá-lo, é um indício de ter sido ele o responsável pelo homicídio[78].

Entende-se por **contraindícios** as circunstâncias indiretas que, uma vez provadas, invalidam os indícios. Ex.: Caio, que foi visto no interior de estabelecimento comercial furtado, é surpreendido na posse de relógio idêntico àquele subtraído da loja (indício de que foi autor do furto), mas apresenta documento que comprova ter adquirido licitamente o bem em ocasião anterior (contraindício).

8.10.1. Valor da prova indiciária

Na medida em que o sistema da persuasão racional do juiz repudia o estabelecimento de hierarquia entre os meios de prova, é possível concluir que o indício (prova indireta) **não** ocupa posição **subalterna**, no que respeita à eficácia probante, em relação à prova direta.

Não há qualquer óbice, portanto, para que o juiz fundamente a sentença condenatória com base, exclusivamente, em prova indiciária, já que a certeza pode, em tese, advir de elementos dessa natureza. A rigor, até mesmo um único indício pode servir de base para o acolhimento da pretensão punitiva, desde que se mostre **suficiente** para convencer o juiz[79].

---

[78] Fernando da Costa Tourinho Filho. *Processo penal,* 33. ed., p. 401.

[79] Sergio Demoro Hamilton. *Temas de processo penal*, 2. ed., p. 46.

No mais das vezes, porém, de um único indício pode-se inferir apenas uma circunstância ou aspecto da infração (materialidade, autoria, motivo etc.), mas não a certeza em relação à imputação em sua integralidade, cuja comprovação, em regra, dependerá de todo um conjunto de indícios concordantes[80].

■ 8.11. DA BUSCA E APREENSÃO

A busca e apreensão é a providência de **natureza cautelar** destinada a encontrar e conservar pessoas ou bens que interessem ao processo criminal.

Busca é o nome que se dá ao conjunto de ações dos agentes estatais para a procura e descoberta daquilo que interessa ao processo, ao passo que **apreensão** é o ato consistente em retirar pessoa ou coisa do local em que esteja para fins de sua conservação.

Essa distinção autoriza a conclusão de que a busca nem sempre enseja a apreensão de algo, na medida em que a procura pode não produzir o resultado desejado e, ainda, porque há hipóteses em que não há necessidade de conservação em poder da autoridade do objeto da busca.

Pode ocorrer, ainda, apreensão sem busca, como quando o acusado entrega, voluntariamente, instrumento do crime à autoridade[81].

A busca e apreensão tem natureza variada, já que pode constituir:

a) meio de prova — quando a localização de coisa ou pessoa em determinado lugar ou em poder de alguém faz prova do fato criminoso ou de circunstâncias, tal como ocorre na hipótese de apreensão da arma do crime na posse do investigado;

b) meio de obtenção de prova — na hipótese em que a diligência, por si, não permite formar convicção acerca do fato probando, mas propicia o encontro de elemento útil à demonstração da infração;

c) meio de assegurar direitos — acaso o objeto da diligência relacione-se ao interesse reparatório do ofendido, como a busca por bens passíveis de arresto.

■ 8.11.1. Fundamentos

Exige-se para a adoção da medida de busca e apreensão, em razão de seu caráter cautelar, a existência de **risco de perecimento ou desaparecimento** da pessoa ou coisa que se quer conservar (*periculum in mora*) e de **razoável probabilidade** de que o objeto da diligência relacione-se a fato criminoso (*fumus boni iuris*).

■ *8.11.1.1. Oportunidade e iniciativa*

A diligência de busca e apreensão pode ser realizada:

---

[80] Maria Thereza Rocha de Assis Moura. *A prova por indícios no processo penal*, p. 97.

[81] Fernando da Costa Tourinho Filho. *Processo penal*, 33. ed., p. 408.

a) em momento **anterior à instauração do inquérito policial**;

b) durante o **inquérito policial**;

c) no curso do **processo**; e

d) na fase de **execução** (para, por exemplo, prender o sentenciado).

■ 8.11.2. Busca domiciliar

A Constituição Federal consagrou o princípio da inviolabilidade do domicílio no art. 5º, XI, que assim se ostenta: "A casa é asilo inviolável do indivíduo, ninguém nela podendo penetrar sem consentimento do morador, salvo em caso de flagrante delito ou desastre, ou para prestar socorro, ou, durante o dia, por determinação judicial".

Não há dúvida, portanto, de que a garantia de inviolabilidade do domicílio não tem caráter absoluto, pois, mesmo sem o consentimento do morador, pode-se nele penetrar:

a) em caso de **flagrante delito**, **desastre**, ou para **prestar socorro**: durante o dia ou à noite;

b) por **determinação judicial**: apenas durante o dia.

Há dissenso em relação à conceituação que se deve dar às palavras **dia** e **noite**. Para alguns, entende-se por noite o período compreendido entre as 18 horas e as 6 horas[82]. Já outros defendem que se deve considerar como noite o período que se inicia no momento que o sol se põe e se estende até o seu novo surgimento[83] (critério físico astronômico).

Estamos com aqueles que preconizam a **aplicação conjunta** de ambos os critérios, para garantir maior proteção ao domicílio durante a noite[84].

Se o **morador**, no entanto, **permitir** que a busca domiciliar seja feita à noite, a autoridade poderá realizá-la.

Tem aceitação o entendimento de que, malgrado investidas em poderes investigatórios próprios das autoridades judiciais (art. 58, § 3º, da CF), as Comissões Parlamentares de Inquérito não podem determinar a busca e apreensão domiciliar, em razão do postulado da **reserva constitucional de jurisdição**, segundo o qual estaria restrita à esfera única de decisão dos magistrados a prática de determinados atos cuja realização, por efeito de explícita determinação constante do próprio texto da Carta Política, somente pode emanar do juiz.

---

[82] Fernando da Costa Tourinho Filho. *Processo penal,* 33. ed., p. 418.

[83] Ada Pellegrini Grinover; Antonio Scarance Fernandes e Antonio Magalhães Gomes Filho. *As nulidades no processo penal,* 12. ed., p. 163.

[84] Alexandre de Moraes. *Constituição do Brasil interpretada*, p. 239.

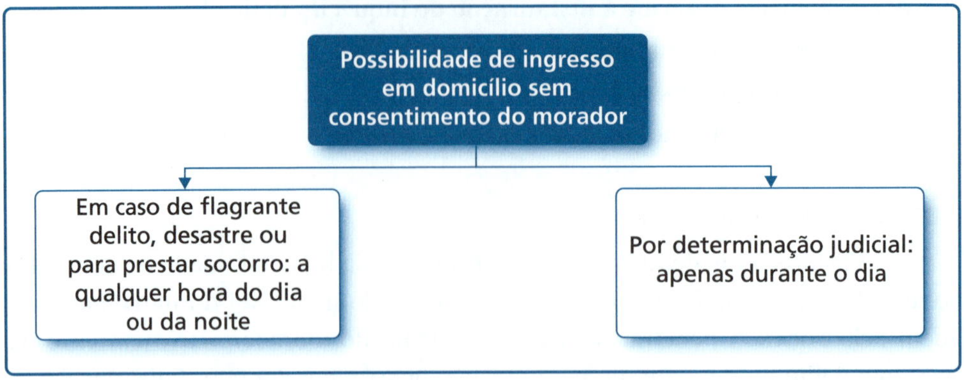

■ *8.11.2.1. Conceito de domicílio*

O termo domicílio deve ser compreendido na acepção ampla que lhe dá o art. 150, § 4º, do Código Penal, de modo a compreender, além da casa, **qualquer compartimento habitado**, aposento ocupado de habitação coletiva e o compartimento não aberto ao público, onde alguém exerce profissão ou atividade. Nesse sentido: "Para os fins da proteção jurídica a que se refere o art. 5º, XI, da Constituição da República, o conceito normativo de 'casa' revela-se abrangente e, por estender-se a qualquer aposento de habitação coletiva, desde que ocupado (CP, art. 150, § 4º, II), compreende, observada essa específica limitação espacial, os quartos de hotel. Doutrina. Precedentes. — Sem que ocorra qualquer das situações excepcionais taxativamente previstas no texto constitucional (art. 5º, XI), nenhum agente público poderá, contra a vontade de quem de direito (*invito domino*), ingressar, durante o dia, sem mandado judicial, em aposento ocupado de habitação coletiva, sob pena de a prova resultante dessa diligência de busca e apreensão reputar-se inadmissível, porque impregnada de ilicitude originária. Doutrina. Precedentes (STF)" (STF — RHC 90.376/RJ — 2ª Turma — Rel. Min. Celso de Mello — *DJe*-18 18.05.2007).

Incluem-se no conceito de casa, portanto: além das casas e apartamentos, os barracos de favela, quartos de hotel, de cortiço ou de motel, desde que habitados, bem como os escritórios, consultórios e a parte interna das oficinas. Também são protegidas as **dependências** da casa, ou seja, o quintal, a garagem e o terraço, dentre outras. A sala de servidor público, ainda que situada em prédio público, inclui-se no conceito de casa, desde que se trate de recinto em que o acesso é restrito e dependa de autorização (STJ — HC 298.763/SC — 5ª Turma — Rel. Min. Jorge Mussi — j. 07.10.2014 — publicação: *DJe* 14.10.2014).

Não se compreendem no conceito de casa, contudo, as hospedarias, estalagens e habitações coletivas, enquanto abertas (ou seja, enquanto em atividade), além de tavernas, casas de jogos, bares, igrejas e estabelecimentos comerciais em suas partes abertas ao público.

Também os veículos não estão abrangidos pelo conceito de casa, salvo se houver parte própria para moradia ou repouso noturno, como nos *trailers*.

8.11.2.2. *Fundamentos para a busca domiciliar*

O art. 240, § 1º, do Código de Processo Penal autoriza a realização de busca em domicílio para:

a) prender criminosos;

b) apreender coisas achadas ou obtidas por meios criminosos;

c) apreender instrumentos de falsificação ou de contrafação e objetos falsificados ou contrafeitos;

d) apreender armas e munições, instrumentos utilizados na prática de crime ou destinados a fim delituoso;

e) descobrir objetos necessários à prova de infração ou à defesa do réu;

f) apreender cartas, abertas ou não, destinadas ao acusado ou em seu poder, quando haja suspeita de que o conhecimento do seu conteúdo possa ser útil à elucidação do fato;

g) apreender pessoas vítimas de crimes; e

h) colher qualquer elemento de convicção.

Apesar de haver controvérsia doutrinária sobre a possibilidade de apreensão de *"cartas, abertas ou não, destinadas ao acusado ou em seu poder, quando haja suspeita de que o conhecimento de seu conteúdo possa ser útil à elucidação do fato"*, em decorrência da existência de interpretação de que a providência, embora prevista pelo Código (art. 240, § 1º, *f*, do CPP), não se harmoniza com a garantia de inviolabilidade das correspondências (art. 5º, XII), os tribunais têm admitido esse meio de prova (*vide* item 8.1.8.1).

Tourinho Filho afirma que a enumeração do art. 240, § 1º, do Código de Processo Penal é taxativa, já que toda exceção às garantias de liberdade individual devem estar previstas em lei[85]. Guilherme de Souza Nucci, todavia, defende que o rol é exemplificativo[86].

De qualquer modo, é importante verificar que a expressão "qualquer elemento de convicção" (alínea *h* do dispositivo de regência) constitui hipótese residual que torna a enumeração bastante ampla.

8.11.2.3. *Formalidades para o cumprimento da diligência*

Em razão da excepcionalidade da medida, que constitui mitigação do direito de inviolabilidade do domicílio (art. 5º, XI, da CF), fundada em razões de interesse público, o ordenamento estabelece várias regras com o escopo de resguardar o indivíduo e sua casa.

É imprescindível que a diligência seja efetuada pessoalmente pelo juiz ou por sua ordem, a qual se corporificará em um mandado que deve indicar, o mais precisamente

[85] Fernando da Costa Tourinho Filho. *Processo penal,* 33. ed., p. 415.

[86] Guilherme de Souza Nucci. *Código de Processo Penal comentado,* 9. ed., p. 530.

possível, a casa em que será realizada a diligência e o nome do respectivo proprietário ou morador; o mandado, que deve ser assinado pelo escrivão e pelo juiz que o expedir, indicará o motivo e os fins da diligência.

Antes de penetrarem na casa, os executores exibirão o mandado e o lerão, intimando o morador a abrir a porta (art. 245, *caput*, do CPP). Se realizada a diligência diretamente pelo juiz, tal autoridade declarará previamente sua qualidade e o objeto da diligência (art. 245, § 1º, do CPP).

Na hipótese de negar-se o morador a cumprir a ordem, será arrombada a porta e forçada a entrada (art. 245, § 2º, do CPP). Se for determinada a pessoa ou coisa que se vai procurar, o morador será intimado a mostrá-la (art. 245, § 5º, do CPP). Descoberta a coisa ou pessoa que se procura, será imediatamente apreendida e posta sob custódia da autoridade ou de seus agentes (art. 245, § 6º, do CPP). Recalcitrando o morador, será permitido o emprego de força contra coisas existentes no interior da casa, para o descobrimento do que se procura (art. 245, § 3º, do CPP).

O mesmo procedimento será observado se ausente o morador, caso em que será intimado para assistir a diligência qualquer vizinho, se houver e estiver presente (art. 245, § 4º, do CPP).

Terminada a diligência, será lavrado termo ou auto de apreensão.

■ *8.11.2.4. Busca em escritório de advogado*

Em face das alterações introduzidas pela Lei n. 11.767/2008, a prerrogativa de inviolabilidade do escritório e do local de trabalho do advogado (art. 7º, II, do Estatuto da OAB — Lei n. 8.906/94) passou a abranger a garantia de que a decretação de diligência de busca e apreensão em suas dependências ocorrerá somente quando houver indícios da prática de crime pelo próprio advogado. É assegurado, ainda, que, da execução da medida, que será acompanhada por representante da OAB, não poderá resultar a utilização de documentos, objetos ou informações pertencentes a clientes, salvo se também investigados como coautores ou partícipes da infração que motivou a quebra da inviolabilidade (art. 7º, §§ 6º e 7º, da Lei n. 11.767/2008).

■ 8.11.3. Busca pessoal

Realiza-se busca pessoal quando houver **fundada suspeita** de que alguém oculte consigo **arma proibida** ou **objetos relacionados com infração penal** (art. 240, § 2º, do CPP). A diligência pode abranger, conforme o caso, a revista do corpo da pessoa, de suas vestes, de bolsas, de pastas ou de veículos.

> "Havendo fundada suspeita de que a pessoa esteja na posse de objetos ou papéis que constituam corpo de delito, como no caso, a busca em veículo, a qual é equiparada à busca pessoal, independerá da existência de mandado judicial para a sua realização" (STJ — HC 216.437/DF — 6ª Turma — Rel. Min. Sebastião Reis Júnior — julgado em 20.09.2012 — *DJe* 08.03.2013).

A lei prevê que a busca em mulher será feita por outra mulher, se não importar retardamento ou prejuízo da diligência (art. 249 do CPP).

Em regra, a busca pessoal pressupõe a existência de mandado expedido pelo **juiz** ou pela **autoridade policial**, do qual deve constar o nome da pessoa na qual será realizada a busca ou os sinais que a identifiquem (art. 243, I, do CPP), bem como menção ao motivo e fins da diligência (inciso II). É desnecessário o mandado, entretanto, no caso de prisão ou quando houver fundada suspeita de que a pessoa esteja na posse de arma proibida ou de objetos ou papéis que constituam corpo de delito de alguma infração penal, ou quando a medida for determinada no curso de busca domiciliar (art. 244 do CPP).

■ 8.12. QUESTÕES

1. (Ministério Público/SP — 2011) Analise as seguintes assertivas com relação ao interrogatório judicial do acusado preso:

I. determinado o interrogatório por videoconferência, é defeso ao réu acompanhar, pelo mesmo sistema, os atos anteriores da audiência de instrução e julgamento prevista no procedimento comum;

II. o Juiz garantirá ao réu o direito de entrevista prévia e reservada com seu defensor, ainda que o interrogatório seja realizado por videoconferência;

III. a fiscalização da sala reservada no estabelecimento prisional para a realização de atos processuais por sistema de videoconferência é atribuição exclusiva do Ministério Público;

IV. no caso de enfermidade do réu, que dificulte seu comparecimento em juízo, o Juiz poderá determinar a realização do interrogatório por videoconferência;

V. se o interrogado não souber escrever, não puder ou não quiser assinar, o termo será assinado a rogo, subscrevendo-o duas testemunhas.

Está correto apenas o que se afirma em

a) I e IV.
b) I e V.
c) II e IV.
d) III e IV.
e) III e V.

2. (Defensoria/SP — 2007 — Fundação Carlos Chagas) O processo penal contemporâneo contempla três modelos de avaliação ou valoração da prova: o sistema legal; o da íntima convicção; e o da persuasão racional. Sobre tais sistemas probatórios pode-se afirmar:

a) O sistema legal, também conhecido como tarifado, é típico do procedimento acusatório, em que a intensa participação das partes na produção da prova pressupõe o prévio estabelecimento de valores definidos a cada um dos elementos probatórios considerados válidos.

b) O sistema da íntima convicção é inaplicável no direito processual-penal brasileiro, em razão do que dispõe o art. 93, IX, da Constituição Federal ("todos os julgamentos dos órgãos do Poder Judiciário serão públicos, e fundamentadas todas as decisões, sob pena de nulidade...").

c) O sistema da persuasão racional ou do livre convencimento encontra respaldo no método inquisitório, em que o magistrado tem ampla liberdade para avaliar as questões de fato, devendo apenas motivar as questões de direito.

d) Os sistemas da íntima convicção e da persuasão racional têm em comum a impossibilidade de utilização, na valoração da prova pelo magistrado, de máximas de experiência ou da notoriedade do fato.

e) O que distingue o sistema da persuasão racional é a liberdade do magistrado na valoração dos elementos probatórios, que, embora exista, é contida pela obrigatoriedade de justificação das escolhas adotadas, diante da prova legitimamente obtida, com a explicitação do caminho percorrido até a decisão.

3. (Ministério Público/SP — 2008) De acordo com o que dispõe o Código de Processo Penal, é correto afirmar que:

a) as provas ilícitas são inadmissíveis, salvo se constatado que poderiam ter sido obtidas a partir de uma fonte independente.
b) no interrogatório em plenário do tribunal do júri, as partes e os jurados podem formular perguntas diretamente ao acusado.
c) o ascendente e o descendente do ofendido podem se recusar a depor como testemunhas.
d) em caso de lesões corporais, a falta de exame pericial complementar pode ser suprida pela prova testemunhal.
e) os documentos em idioma estrangeiro somente devem ser juntados aos autos após a sua tradução por tradutor público, ou, na falta, por pessoa idônea nomeada pela autoridade.

4. (Magistratura/SP — 2011) A respeito da prova no processo penal, analise as proposições seguintes.

I. O juiz formará sua convicção pela livre apreciação da prova produzida em juízo, mas também pode fundamentar sua decisão exclusivamente nos elementos informativos colhidos na investigação.
II. As provas cautelares antecipadas podem ser consideradas pelo juiz na formação da sua convicção, ainda que não reproduzidas perante o contraditório.
III. O ônus da prova cabe a quem fizer a alegação, sendo vedado ao juiz determinar a produção de provas de ofício, diante do princípio da inércia da jurisdição.
IV. As provas ilícitas e as delas derivadas são inadmissíveis, devendo ser desentranhadas do processo, salvo quando as derivadas puderem ser obtidas por uma fonte independente das primeiras.
V. Quando a infração deixar vestígios, será indispensável o exame de corpo de delito, direto ou indireto, não podendo supri-lo a confissão do acusado.

Estão corretas somente as proposições

a) I, III e IV.
b) II, IV e V.
c) III, IV e V.
d) I, II e III.
e) I, II e V.

5. (Ministério Público/SP — 2010) A regra da objetividade do depoimento (art. 213, do CPP) pressupõe que a testemunha:

a) não possa depor sobre o fato de que teve conhecimento por "*ouvir dizer*".
b) deponha apenas sobre o fato principal, vedado o testemunho de circunstâncias secundárias.
c) não manifeste opiniões pessoais, salvo quando inseparáveis da narrativa do fato.
d) relate apenas os fatos passados, sem considerações futuras.
e) não possa se eximir da obrigação de depor.

6. (Ministério Público/SP — 2006) Assinale a afirmação correta.

a) O princípio da persuasão racional ou livre convicção do juiz não sofre qualquer limitação no processo penal brasileiro.
b) A imparcialidade do juiz é incompatível com sua iniciativa na produção de prova.

c) O exame necroscópico é a única prova admissível da materialidade do crime de homicídio.
d) A incapacidade para as ocupações habituais por mais de trinta dias, para o fim do art. 129, § 1º, I, do Código Penal só pode ser provada por exame complementar realizado no trigésimo primeiro dia após o fato.
e) O estado das pessoas deve ser provado por certidão do assento do registro civil.

7. (Delegado/SP — 2008) A diligência de busca efetuada em trailer rebocado por automóvel, que se destina à habitação do motorista,

a) prescinde de mandado judicial por se equiparar à busca pessoal.
b) prescinde de mandado judicial, porém necessita de ordem escrita da autoridade policial.
c) não prescinde de mandado judicial e simultaneamente de auto de busca policial.
d) não prescinde de auto policial de apossamento e constrição.

8. (Defensoria/SP — 2009 — Fundação Carlos Chagas) De acordo com a lei processual, o interrogatório do réu preso será realizado, em regra,

a) pessoalmente, devendo o interrogando ser requisitado e escoltado ao juízo.
b) por carta precatória, devendo o interrogando ser requisitado e escoltado ao juízo deprecado.
c) através de recurso tecnológico de transmissão de sons e imagens em tempo real.
d) através do telefone, com linha reservada, desde que não haja outro meio.
e) pessoalmente, com o comparecimento do juiz no estabelecimento onde estiver o interrogando recolhido.

9. (Magistratura/MG — 2009 — EJEF) Em se tratando da prova no processo penal, marque a opção correta

a) Se o ofendido for intimado para prestar declarações e não comparecer, ficará sujeito ao pagamento de multa.
b) Se o ofendido for intimado para prestar declarações poderá eximir-se de fazê-lo, desde que o queira, sem consequências nocivas para a sua pessoa.
c) Se o ofendido for intimado para prestar declarações e não comparecer, sem motivo justo, poderá ser conduzido coercitivamente.
d) Nenhuma das hipóteses verdadeira.

10. (Magistratura/GO — 2009 — Fundação Carlos Chagas) O exame de corpo de delito e outras perícias serão realizados por

a) perito oficial e, na sua falta, por duas pessoas idôneas, ainda que não portadoras de diploma de curso superior.
b) perito oficial portador de diploma de curso superior.
c) dois peritos oficiais.
d) perito oficial, ainda que não portador de diploma de curso superior.
e) perito oficial e, na sua falta, por pessoa idônea portadora de diploma de curso superior.

11. (OAB — 2008.2 — CESPE/UnB) Assinale a opção correta acerca do exame de corpo de delito e das perícias em geral, segundo o CPP.

a) Se a perícia requerida pelas partes não for necessária ao esclarecimento da verdade, o juiz ou a autoridade policial negará a perícia, exceto na hipótese de exame de corpo de delito.
b) Se não for possível o exame de corpo de delito por haverem desaparecido os vestígios, a prova testemunhal não poderá suprir-lhe a falta.
c) O juiz ficará adstrito ao laudo.

d) Se a infração deixar vestígios, a confissão do acusado poderá suprir o exame de corpo de delito, direto ou indireto.

12. (OAB — 2008.3 — CESPE/UnB) Com relação ao processo em geral, assinale a opção correta de acordo com o CPP.

a) Considera-se álibi a circunstância conhecida e provada que, tendo relação com o fato, autorize, por indução, concluir-se a existência de outra ou outras circunstâncias.
b) Com exceção dos casos expressos em lei, as partes podem apresentar documentos em qualquer fase do processo.
c) A fotografia do documento, mesmo que devidamente autenticada, não possui o mesmo valor do documento original.
d) Não é permitida a apreensão de documento em poder do defensor do acusado, mesmo quando constituir elemento do corpo de delito.

13. (OAB — FGV — 2012.1) De acordo com o Código de Processo Penal, quanto ao interrogatório judicial, assinale a afirmativa INCORRETA:

a) O silêncio do acusado não importará confissão e não poderá ser interpretado em prejuízo da defesa, mesmo no caso de crimes hediondos;
b) A todo tempo o juiz poderá, atendendo pedido fundamentado das partes, ou mesmo de ofício, proceder a novo interrogatório, mesmo quando os autos já se encontrarem conclusos para sentença;
c) O mudo será interrogado oralmente, devendo responder às perguntas por escrito, salvo quando não souber ler e escrever, situação em que intervirá no ato, como intérprete e sob compromisso, pessoa habilitada a entendê-lo;
d) O juiz, por decisão fundamentada, poderá realizar o interrogatório do réu preso por sistema de videoconferência, desde que a medida seja necessária para reduzir os custos para a Administração Pública.

14. (Ministério Público/GO — 2012) Com relação à Lei n. 11.900/2009 (que alterou o texto do art. 185 do Código de Processo Penal), que possibilita o uso da videoconferência, assinale a alternativa correta:

a) Da decisão que determinar a realização de interrogatório por videoconferência, as partes serão intimadas com 05 (cinco) dias de antecedência.
b) A única finalidade prevista pelo legislador para utilização da videoconferência diz respeito a prevenir risco à segurança pública, quando exista fundada suspeita de que o preso integre organização criminosa ou de que, por outra razão, possa fugir durante o deslocamento.
c) Em nenhuma hipótese o Juiz poderá de ofício realizar o interrogatório do réu preso por sistema de videoconferência ou outro recurso tecnológico de transmissão de sons e imagens em tempo real, dependendo obrigatoriamente de provocação do Ministério Público ou de uma das partes.
d) Em qualquer modalidade de interrogatório, o Juiz garantirá ao réu o direito de entrevista prévia e reservada com o seu defensor; se realizado por videoconferência, fica também garantido o acesso a canais telefônicos reservados para comunicação entre o defensor que esteja no presídio e o advogado presente na sala de audiência do Fórum, e entre este e o preso.

15. (Ministério Público/SP — 2013) Considerando as normas do Código de Processo Penal que regulam a produção das provas pericial e testemunhal, é INCORRETO afirmar:

a) A faculdade de formular quesitos e indicar assistente técnico, na produção da prova pericial, é conferida ao Ministério Público, ao assistente de acusação, ao ofendido, ao querelante e ao acusado.

b) A nomeação dos peritos, no exame pericial realizado por carta precatória, far-se-á no juízo deprecante; havendo, porém, no caso de ação privada, acordo entre as partes, essa nomeação poderá ser feita pelo juiz deprecado.
c) A inquirição da testemunha ou do ofendido que esteja preso pode ser realizada pelo sistema de videoconferência.
d) O ascendente, o descendente, o afim em linha reta, o cônjuge, o irmão e o pai, a mãe, ou o filho adotivo do acusado podem se recusar a depor como testemunhas.
e) O defensor do acusado formulará as perguntas antes do Ministério Público na inquirição das testemunhas arroladas pela defesa no plenário do Tribunal do Júri.

16. (Ministério Público/SP — 2013) Tendo em vista as disposições do Código de Processo Penal relacionadas com a prova oral, é unicamente CORRETO afirmar que

a) descabe condução coercitiva do ofendido quando, intimado para prestar declarações, deixar de comparecer injustificadamente.
b) ao juiz é facultado ordenar, de ofício, produção antecipada da prova testemunhal urgente, antes mesmo de iniciada a ação penal.
c) magistrados e membros do Ministério Público estão incluídos entre as autoridades para as quais a lei faculta a opção de, como testemunhas, prestarem depoimento por escrito.
d) a contradita fundada no fato de a testemunha ser ascendente do ofendido impede o juiz de tomar seu depoimento.
e) prescinde de motivação a determinação do juiz de retirar o réu da sala de audiência nos casos em que sua presença possa causar temor ou sério constrangimento à testemunha.

17. (Magistratura/SP — 2014 — Vunesp) Dispõe o art. 5º, inc. LVI, da Constituição Federal que "são inadmissíveis, no processo, as provas obtidas por meios ilícitos". Trata-se do "Princípio da vedação das provas ilícitas", também invocado no art. 157 do Código de Processo Penal. Sobre este tema, assinale a opção que contenha assertiva falsa:

a) A reforma processual penal promovida pela Lei n. 11.690/2008 distanciou-se da doutrina e jurisprudência pátrias que distinguiam as provas ilícitas das ilegítimas, concebendo como provas ilícitas tanto aquelas que violem disposições materiais como processuais.
b) São admissíveis as provas derivadas das ilícitas quando não evidenciado o nexo de causalidade entre umas e outras.
c) São admissíveis as provas derivadas das ilícitas quando puderem ser obtidas por meio que por si só — seguindo os trâmites típicos e de praxe, próprios da investigação ou instrução criminal — seria capaz de conduzir ao fato objeto da prova.
d) É praticamente unânime na doutrina e na jurisprudência pátrias o entendimento que não admite a utilização no processo penal da prova favorável ao acusado se colhida com infringência a direitos fundamentais seus ou de terceiros.

18. (Delegado de Polícia/SP — 2014 — Vunesp) No delito de homicídio, o exame de corpo de delito

a) é prova pericial fundamental, sem a qual não pode haver o oferecimento da denúncia.
b) deve, em regra, ser realizado por perito oficial, portador de diploma de curso superior.
c) é dispensável, no caso de confissão do crime.
d) é dispensável, caso existam outras provas da prática delituosa.
e) deve ser realizado por dois peritos médicos pertencentes ao Instituto Médico Legal.

19. (Magistratura/SP — 2015 — Vunesp) A formação da convicção do magistrado no processo penal tem por base inúmeros elementos. Assinale a alternativa que contenha elementos que vão ao encontro da sistemática do Código de Processo Penal como um todo.

a) Livre convencimento e motivação da decisão.

b) Hierarquia prefixada de provas e livre apreciação dos elementos constatados nos autos.
c) Vinculação das provas do processo à sua própria consciência e verdade formal.
d) Livre convencimento e verdade material.

20. (Magistratura — TJM/SP — 2016) Assinale a alternativa correta a respeito da instrução criminal e dos meios de investigação, bem como das provas.

a) De acordo com a nossa legislação infraconstitucional, a retirada compulsória de material genético do imputado é admissível, desde que presentes os requisitos legais.
b) O exame de corpo de delito, por expressa determinação legal, exige a assinatura de dois peritos.
c) O catálogo de produção de provas no processo penal é taxativo, não se admitindo as provas atípicas.
d) No procedimento comum, segundo o Código de Processo Penal, o juiz, no interrogatório, não inicia as perguntas ao réu, devendo inquiri-lo somente após a defesa e apenas em caráter supletivo.
e) A interceptação telefônica, meio de prova, não pode ser decretada de ofício pelo Juiz, também não sendo cabível em investigações ou ações penais que apuram crime punido com detenção.

21. (Magistratura/SP — 2017) No que diz respeito ao exame de corpo de delito e às perícias em geral, é correto afirmar que

a) é permitido às partes, durante o curso do processo, requerer a oitiva dos peritos para esclarecerem a prova, desde que o mandado de intimação e as questões a serem esclarecidas sejam encaminhados com antecedência mínima de 10 (dez) dias, podendo apresentar as respostas em laudo complementar.
b) será facultada ao Ministério Público, ao assistente de acusação, ao ofendido, ao querelante e ao acusado a indicação de assistente técnico, vedada, porém, a formulação de quesitos.
c) o assistente técnico atuará a partir de sua admissão pelo juiz, sempre antes da conclusão dos exames e elaboração do laudo pelo perito oficial, sendo as partes intimadas desta decisão.
d) é nulo o exame realizado por um só perito, considerando-se impedido o que tiver funcionado, anteriormente, na diligência de apreensão.

22. (OAB — 2017.1 — FGV) Durante audiência de instrução e julgamento em processo em que é imputada a José a prática de um crime de roubo majorado pelo concurso de agentes, Laís e Lívia, testemunhas de acusação, divergem em suas declarações. Laís garante que presenciou o crime e que dois eram os autores do delito; já Lívia também diz que estava presente, mas afirma que José estava sozinho quando o crime foi cometido. A vítima não foi localizada para prestar depoimento. Diante dessa situação, poderá o advogado de José requerer

a) a realização de contradita das testemunhas.
b) a realização de acareação das testemunhas.
c) a instauração de incidente de falsidade.
d) a suspensão do processo até a localização da vítima, para superar divergência.

23. (Ministério Público/SP — 2017) Assinale a alternativa correta.

a) Os meios de prova não precisam estar especificados em lei, e as provas inonimadas, desde que não ilícitas ou ilegítimas, devem ser objeto de apreciação pelo juiz ao fundamentar sua decisão.
b) Considerando que o ônus da prova incumbe a quem alega, o álibi apresentado pelo réu, não comprovado, constitui elemento suficiente para embasar um decreto condenatório.

c) A prova emprestada e os elementos constantes do inquérito policial, por não terem sido produzidos sob o pálio do contraditório, não podem ser considerados na fundamentação da sentença.
d) Nos crimes que deixam vestígios, é indispensável o exame de corpo de delito, que só pode ser suprido pela confissão ou prova testemunhal no caso de desaparecimento de vestígios.
e) A gravação de conversa telefônica sem o consentimento de um dos interlocutores constitui prova ilícita por violação ao direito de privacidade.

■ GABARITO ■

1. "c".
2. "e".
3. "d".
4. "b".
5. "c".
6. "e".
7. "c".
8. "e".
9. "c".
10. "b".
11. "a".
12. "b".
13. "d".
14. "d".
15. "b".
16. "b".
17. "d". As demais assertivas estão corretas.
18. "b".
19. "a".
20. "a".
21. "a".
22. "b".
23. "a".

9

SUJEITOS PROCESSUAIS

■ 9.1. INTRODUÇÃO

Para o desenvolvimento da ação condenatória haverá, necessariamente, a participação de três sujeitos: o **autor** e o **réu**, que defendem interesses antagônicos na relação processual, e o **juiz**, órgão estatal imparcial a quem se entrega a resolução da lide. Dessa matriz essencial é que decorre a clássica definição do processo como *actus trium personarum: judicis, actoris et rei*[1].

Dentre esses **sujeitos essenciais** ou **principais** do processo, pode-se fazer a seguinte distinção doutrinária:

a) sujeitos parciais: o autor (Ministério Público ou querelante) e o réu;

b) sujeito imparcial: o juiz ou, com maior rigor técnico, o Estado-juiz[2].

Há, ainda, os **sujeitos acessórios** ou **secundários**, ou seja, aqueles cuja participação não é imprescindível para a existência do processo, mas que nele podem, acidentalmente, intervir: o assistente de acusação, os auxiliares da justiça, terceiros intervenientes etc.

■ 9.2. JUIZ

O juiz (ou órgão jurisdicional) é a autoridade estatal investida de jurisdição, a quem incumbe dar solução pacífica à lide penal, por meio de substituição da vontade das partes. Em primeiro grau de jurisdição, salvo no que respeita ao Tribunal do Júri, os órgãos jurisdicionais (juízos) são **monocráticos** ou singulares, ao passo que em segundo grau (tribunais e turmas recursais) e nas instâncias especial e extraordinária (tribunais superiores) são **colegiados**.

São pressupostos para o exercício da função jurisdicional[3]:

a) investidura — procedimento previsto em lei que dá ensejo à nomeação para o exercício das funções próprias dos integrantes do Poder Judiciário;

---

1 Antonio Carlos de Araújo Cintra; Ada Pellegrini Grinover e Cândido Rangel Dinamarco. *Teoria geral do processo*, 20. ed., p. 293.

2 Fernando Capez. *Curso de processo penal,* 18. ed., p. 216.

3 Vicente Greco Filho. *Manual de processo penal,* 7. ed., p. 232.

b) capacidade técnica, física e mental — atributo que decorre da investidura e do qual se presume, em caráter absoluto, serem dotados os juízes, até que ocorra a desinvestidura;

c) imparcialidade — qualidade do sujeito estranho à causa (o que decorre da estruturação acusatória do processo penal pátrio, que exige a separação entre o órgão acusador e o órgão julgador) e desvinculado dos interesses dos litigantes, que propicia condições de não tomar partido sobre as questões que lhe são submetidas.

9.2.1. Juiz natural

Atento ao fato de que a imparcialidade do juiz é condição essencial para o exercício da função jurisdicional, o constituinte inscreveu, com tintas fortes, o **princípio do juiz natural** em nossa Carta Política, de modo a assentar que "não haverá juízo ou tribunal de exceção" (art. 5º, XXXVII, da CF) e que "ninguém será processado nem sentenciado senão pela autoridade competente" (art. 5º, LIII, da CF).

Esse princípio "visa a impedir que haja designação de julgador 'ad hoc' ou de exceção com a finalidade de julgar uma pessoa ou caso específico"[4].

Verifica-se, portanto, que o princípio do juiz natural apresenta-se com duplo aspecto: a **proibição do juízo de exceção** (*ex post facto*) e a **garantia do juiz competente**.

Não há dúvida de que o exercício válido da função jurisdicional pressupõe que a atividade seja realizada por juiz a quem a lei previamente tenha atribuído a competência para a causa, de acordo com as regras constitucionais que regem a matéria.

Malgrado haja consenso de que não viola o princípio do juiz natural a existência de Justiça especializada ou de órgãos jurisdicionais especializados, já que, em tais casos, as normas que repartem a competência são prévias ao fato, argumenta-se que o deslocamento da causa para vara que foi criada supervenientemente ao fato importaria em afronta ao referido princípio. Em que pese o dissídio doutrinário sobre a questão, o Supremo Tribunal Federal tem decidido, reiteradamente, que a redistribuição de processos para novas varas, em decorrência de Resolução de tribunais, não maltrata o princípio em estudo. Veja-se: "*HABEAS CORPUS*. CONSTITUCIONAL. PROCESSUAL PENAL. INSTALAÇÃO DE NOVAS VARAS POR PROVIMENTO DE TRIBUNAL REGIONAL FEDERAL. REDISTRIBUIÇÃO DE PROCESSOS. NÃO CONFIGURAÇÃO DE NULIDADE. PRECEDENTES. ORDEM DENEGADA. 1. A al. *a* do inc. I do art. 96 da Constituição Federal autoriza alteração da competência dos órgãos do Poder Judiciário por deliberação dos tribunais. Precedentes. 2. Redistribuição de processos, constitucionalmente admitida, visando a melhor prestação da tutela jurisdicional, decorrente da instalação de novas varas em

---

4 STF — RHC 95.207/PI — 1ª Turma — Rel. Min. Ricardo Lewandowski — Julgamento: 09.11.2010 — *DJe* 14.02.2011.

Seção Judiciária do Tribunal Regional Federal da 3ª Região, não ofende os princípios constitucionais do devido processo legal, do juiz natural e da *perpetuatio jurisdictionis*. 3. Ordem denegada" (STF — HC 108.749/DF — 2ª Turma — Rel. Min. Cármen Lúcia — julgado em 23.04.2013 — *DJe*-220 07.11.2013).

■ 9.2.2. Impedimentos e incompatibilidades

A legitimidade democrática do exercício da função jurisdicional resulta, em grande medida, da imparcialidade (neutralidade) com que os juízes distribuem justiça em estrita consonância com a lei, daí a necessidade de previsão de hipóteses em que o magistrado pode ter de afastar-se da causa por não se revelar isento o suficiente para julgá-la. Em tais casos, o juiz (pessoa física) é quem deve afastar-se da causa, sem que, no entanto, haja alteração do órgão jurisdicional por qual tramita a ação, que prosseguirá pela mesma vara ou tribunal.

Averbe-se que, ao lado das situações de **suspeição**, que retiram a imparcialidade subjetiva do magistrado, a lei prevê também hipóteses de **impedimentos** e **incompatibilidades**, em que o afastamento é necessário para que sua isenção não seja objeto de suspeita por parte dos jurisdicionados (*Justice must not only be done; it must also be seen to be done*)[5].

Impedimentos são os motivos **previstos em lei** que ensejam o afastamento compulsório do juiz (*judex inhabilis*), pois lhe retiram a **imparcialidade objetiva**. A presunção de falta de isenção que decorre da existência de um desses motivos tem **caráter absoluto**, não admitindo, portanto, prova em contrário.

A enumeração das situações de impedimento tem **natureza taxativa** (*numerus clausus*), já que se cuida de matéria de **direito estrito**[6].

Diverge a doutrina acerca da natureza da invalidade que inquina o ato praticado por magistrado impedido, já que, para uns, cuida-se de hipótese de **inexistência**[7], ao passo que, para outros, o vício acarreta nulidade **absoluta**[8]. O Supremo Tribunal Federal, porém, ao julgar causa que envolvia a questão pronunciou haver nulidade absoluta: "Ministro do Superior Tribunal de Justiça que vem a julgar recurso interposto pelo réu condenado em processo no qual esse mesmo magistrado atuou, em momento anterior, como membro do Ministério Público — Inadmissibilidade — Hipótese de impedimento (CPP, art. 252, II) — Causa de nulidade absoluta do julgamento — Necessidade de renovação desse mesmo julgamento, sem a participação do ministro impedido — Questão de ordem que se resolve pela concessão, de ofício, de *habeas corpus* em favor do ora agravante" (STF — AI 706.078 QO/RJ — 2ª Turma — Rel. Min. Celso de Mello — *DJe* 22.10.2009).

---

[5] Germano Marques da Silva. *Curso de processo penal*, 6. ed., v. I, p. 245.

[6] STF — HC 73099/SP — 1ª Turma — Rel. Min. Moreira Alves — Julgamento: 03.10.1995 — *DJ* 17.05.1996 — p. 16.324.

[7] Guilherme de Souza Nucci. *Código de Processo Penal comentado,* 9. ed., p. 553.

[8] Vicente Greco Filho. *Manual de processo penal,* 7. ed., p. 233.

O juiz estará **impedido** de funcionar no processo em que (art. 252 do CPP):

a) Tiver funcionado seu cônjuge ou parente, consanguíneo ou afim, em linha reta ou colateral até o terceiro grau, inclusive, como defensor ou advogado, órgão do Ministério Público, autoridade policial, auxiliar da justiça ou perito — o vínculo familiar do juiz com o defensor, membro do Ministério Público, advogado do ofendido, autoridade policial, serventuário da justiça ou perito o inabilita para exercer a jurisdição no processo.

Na medida em que a **união estável** é reconhecida como entidade familiar e foi equiparada, pelo texto constitucional, ao casamento (art. 226, § 3º, da CF), essa causa de impedimento aplica-se não apenas no que diz respeito aos cônjuges, mas, também, em relação aos companheiros.

b) Ele próprio houver desempenhado qualquer dessas funções ou servido como testemunha — também estará inabilitado para funcionar no processo o juiz que houver funcionado no processo como representante do Ministério Público, defensor ou advogado, autoridade policial ou auxiliar da justiça, ou, ainda, que nele houver colaborado na condição de testemunha.

Acaso o juiz da causa seja arrolado como testemunha, deverá esclarecer, por despacho nos autos, se tem conhecimento de fatos que possam influir na decisão: se tiver, declarar-se-á impedido, mas se nada souber mandará excluir seu nome do rol (art. 452 do Novo CPC, que se aplica subsidiariamente ao processo penal). Essa norma tem por escopo evitar que se possa afastar o juiz por meio da maliciosa indicação dele como testemunha do fato.

c) Tiver funcionado como juiz de outra instância, pronunciando-se, de fato ou de direito, sobre a questão — a participação do juiz, em instância diversa no processo, dá ensejo ao impedimento, desde que tenha praticado ato com algum conteúdo decisório, na medida em que os atos de mero expediente não constituem causa para sua inaptidão.

Já se entendeu que a circunstância de o juiz, no exercício de atividade correicional, instaurar e presidir sindicância em desfavor de serventuário é causa de impedimento para o julgamento de ação penal relativa aos mesmos fatos[9]. Há, contudo, entendimento em sentido contrário[10].

d) Ele próprio ou seu cônjuge ou parente, consanguíneo ou afim, em linha reta ou colateral até o terceiro grau, inclusive, for parte ou diretamente interessado no feito — no processo em que ele próprio ou parente figurar como parte ou como interessado, o juiz não poderá, obviamente, funcionar.

Não apenas o vínculo do matrimônio faz nascer o impedimento, mas também a convivência em união estável.

Nos **órgãos jurisdicionais coletivos**, há, além dessas causas de inabilitação do juiz, outras hipóteses de impedimento, denominadas pela doutrina **incompatibilidades**:

---

[9] TJSP — ES. 18.696-0 — Rel. Des. Nigro Conceição — 16.02.1995.

[10] TJSP — EImp. — Rel. Des. Aniceto Aliende — 11.02.1988 — *RT* 628/294.

não poderão servir no mesmo processo os juízes que forem entre si parentes, consanguíneos ou afins, em linha reta ou colateral até o terceiro grau, inclusive (art. 253 do CPP). O art. 448 do Código, por sua vez, proíbe de servirem como **jurados**, no mesmo conselho de sentença, marido e mulher, ascendentes e descendentes, sogro e genro ou nora, irmãos, cunhados, durante o cunhadio, tio e sobrinho, padrasto ou madrasta ou enteado.

Verificando a existência de uma dessas causas, deve o juiz pronunciar, **de ofício**, o seu impedimento, desvinculando-se do feito, mas se não o fizer, as partes poderão recusá-lo por meio de **exceção** (art. 112 do CPP), que deve seguir o rito da exceção de suspeição. A decisão por meio da qual o juiz declara-se impedido é **irrecorrível**. Como já mencionado, o impedimento acarreta a **incapacidade pessoal do juiz**, não importando em alteração da competência do órgão jurisdicional, daí por que passará a funcionar no processo o substituto legal.

■ 9.2.3. Suspeição

Há diversos motivos que podem gerar a desconfiança acerca da isenção do juiz e que, por essa razão, o tornam **suspeito** (*judex suspectus*).

Embora o Código enumere situações em que se presume estar o juiz privado de imparcialidade subjetiva, estamos com aqueles[11] que defendem que o elenco é **meramente exemplificativo**, e não taxativo. Isso porque a imparcialidade é atributo tão essencial para o desempenho da função jurisdicional que não se pode conceber que um juiz sem isenção de ânimo possa julgar a causa somente porque o legislador não foi previdente no que concerne àquela hipótese específica de suspeição. Para Vicente Greco Filho, o rol das causas de suspeição também é taxativo, admitindo-se, porém, que o juiz declare-se suspeito por motivo íntimo[12]. Julio Fabbrini Mirabete também ressalta a possibilidade de o juiz declarar-se suspeito por razão íntima, ou seja, em decorrência de motivo que "o juiz não quer revelar ou talvez nem possa ou deva revelar, e do qual é ele o único árbitro"[13].

O art. 254 do Código de Processo Penal dispõe que o juiz dar-se-á por suspeito:

a) Se for amigo íntimo ou inimigo capital de qualquer das partes — para que se mostre configurada situação de amizade íntima caracterizadora da suspeição, deve existir especial sentimento de afeição entre o juiz e uma das partes (réu ou ofendido), que exceda a meras manifestações de cordialidade e urbanidade.

Não é causa de afastamento do juiz a amizade com advogado, que não está abrangido pelo conceito de parte[14], nem, tampouco, com o membro do Ministério Público.

---

[11] Guilherme de Souza Nucci. *Código de Processo Penal comentado,* 9. ed., p. 555.

[12] Vicente Greco Filho. *Manual de processo penal,* 7. ed., p. 234.

[13] Julio Fabbrini Mirabete. *Código de Processo Penal interpretado,* 4. ed., p. 299-300.

[14] STF — HC 53.765/RJ — 1ª Turma — Rel. Min. Rodrigues Alckmin — Julgamento: 11.11.1975 — *RTJ,* vol. 77-03 — p. 772.

A inimizade capital, por sua vez, caracteriza-se pelo sentimento de desafeição apto a proporcionar no juiz satisfação com o mal que pode advir à parte.

b) Se ele, seu cônjuge, ascendente ou descendente, estiver respondendo a processo por fato análogo, sobre cujo caráter criminoso haja controvérsia — essa circunstância revela interesse indireto do juiz na causa, circunstância que lhe influencia a apreciar a matéria sob a ótica que mais favoreça a tese que sustenta em processo do qual é réu ou no qual seu cônjuge, ascendente ou descendente figura como acusado.

Os companheiros, também para esses fins, equiparam-se aos cônjuges.

c) Se ele, seu cônjuge, ou parente, consanguíneo, ou afim, até o terceiro grau, inclusive, sustentar demanda ou responder a processo que tenha de ser julgado por qualquer das partes — é intuitivo que o juiz não atuaria com independência se tivesse que julgar ação cuja parte seria responsável pela posterior decisão de causa em que ele ou seu parente é diretamente interessado.

d) Se tiver aconselhado qualquer das partes — a suspeição se dará se o juiz revelar seu pensamento ou interesse quanto à questão que deve julgar; assim, mera manifestação sobre tese jurídica não acarreta o afastamento do julgador.

e) Se for credor ou devedor, tutor ou curador, de qualquer das partes — o interesse que retira a imparcialidade do juiz pode advir desses laços existentes entre ele e as partes.

f) Se for sócio, acionista ou administrador de sociedade interessada no processo — em tais situações, sobressai o interesse financeiro do juiz em relação ao deslinde da causa.

Tal como ocorre em relação aos impedimentos, o juiz pode escusar-se, de ofício, de funcionar no processo em que é suspeito. Acaso não o faça, as partes poderão valer-se da **exceção de suspeição** para recusá-lo (arts. 96 a 103 do CPP).

O reconhecimento da suspeição pode acarretar a nulidade dos atos praticados pelo juiz suspeito (art. 564, I, do CPP), desde que posteriores ao nascimento do motivo que ensejou a escusa ou a recusa. Assim, se o magistrado aconselhou uma das partes durante a instrução, apenas os atos que se seguiram a este momento podem ser invalidados[15]. A propósito: "O Supremo tem jurisprudência a dizer que não se invalidam os atos praticados por juiz que se declara suspeito por motivo a eles superveniente. Não se deve reconhecer tal nulidade sem a demonstração de que a suspeição já existia ao tempo da atuação do magistrado e que esta causou prejuízo. Demais alegações improcedentes. Ordem denegada" (STF — HC 74.476/PR — 2ª Turma — Rel. Min. Francisco Rezek — *DJ* 25.04.1997 — p. 15.201).

■ 9.2.4. Cessação dos impedimentos

O art. 255 do Código de Processo Penal estabelece que "o impedimento ou suspeição decorrente de parentesco por afinidade cessará pela dissolução do casamento

[15] Guilherme de Souza Nucci. *Código de Processo Penal comentado,* 9. ed., p. 286.

que lhe tiver dado causa, salvo sobrevindo descendentes; mas, ainda que dissolvido o casamento sem descendentes, não funcionará como juiz o sogro, o padrasto, o cunhado, o genro ou enteado de quem for parte no processo".

A **dissolução do casamento**, que pode dar-se pelo divórcio ou pela morte de um dos cônjuges, faz cessar o impedimento ou a suspeição do juiz em decorrência de vínculo de afinidade, salvo, segundo o texto legal, no que diz respeito ao **sogro**, ao **padrasto**, ao **cunhado**, ao **genro** e ao **enteado**. Assim, não subsistirá, nessa hipótese, a causa de impedimento ou de suspeição em relação ao parente por afinidade em terceiro grau (sobrinho do cônjuge, por exemplo).

A interpretação literal do dispositivo poderia conduzir à conclusão de que, com a dissolução do vínculo pelo divórcio, remanesceria o impedimento ou a suspeição somente em relação ao sogro, padrasto, cunhado, genro ou enteado, mas não no tocante ao **próprio cônjuge**, que **não consta do rol**. Essa omissão, todavia, deve-se à circunstância de que, quando da edição do Código, a dissolução do casamento ocorria apenas em razão da morte, pois o instituto do divórcio foi introduzido em nosso ordenamento mais de três décadas depois (Emenda Constitucional n. 9/77).

Conclui-se, assim, que o divórcio não faz cessar a causa de impedimento ou suspeição no tocante ao ex-cônjuge do juiz, já que o vínculo existente entre eles é muito mais estreito que aquele respeitante às pessoas mencionadas no dispositivo.

Se os cônjuges têm **filho comum**, a dissolução do casamento nenhum reflexo acarreta para o impedimento ou a suspeição que deriva do parentesco por afinidade.

■ 9.2.5. Suspeição artificiosa

Se a parte injuriar o juiz ou de **propósito** der motivo para arguir a suspeição, não será possível que seja declarada ou reconhecida (art. 256 do CPP), uma vez que a lei não agasalha a má-fé. Assim, "se a parte ofende o magistrado, nos autos ou fora dele, somente para, em seguida, acoimá-lo de inimigo capital, deve arcar com sua viperina atitude"[16].

■ 9.2.6. Funções e poderes do juiz

O princípio da **inafastabilidade da jurisdição** (art. 5º, XXXV, da CF) impõe ao juiz a obrigação de, uma vez provocado, entregar a prestação jurisdicional.

Esse encargo, de um lado, interdita a possibilidade de o juiz não decidir a causa e, de outro, exige que observe o princípio do **impulso oficial**, movendo o procedimento de fase em fase, até exaurir a função jurisdicional[17].

De modo a possibilitar que o dever de prestar o serviço jurisdicional seja observado, o Código previu que "ao juiz incumbirá prover à regularidade do processo e manter a ordem no curso dos respectivos atos, podendo, para tal fim, requisitar a

[16] Guilherme de Souza Nucci. *Código de Processo Penal comentado*, 9. ed., p. 559.

[17] Antonio Carlos de Araújo Cintra; Ada Pellegrini Grinover e Cândido Rangel Dinamarco. *Teoria geral do processo*, 20. ed., p. 66-67.

força pública" (art. 251 do CPP), estabelecendo, assim, dois gêneros de poderes a serem exercidos pelo *dominus processus*:

1) **Poderes jurisdicionais** — são aqueles atinentes ao desenvolvimento do processo e que se destinam a evitar que a atividade processual desvirtue-se. Esses poderes permitem que o juiz garanta a realização de todos os atos úteis para a resolução da lide penal, bem como que impeça a realização dos inúteis ou protelatórios. Subdividem-se em:

1a) **poderes-meios** — que englobam os poderes **ordinatórios** (ou seja, os relacionados ao impulso oficial, como, por exemplo, a determinação da citação) e os **instrutórios** (relacionados ao recolhimento de elementos de convicção).

No tocante aos poderes instrutórios, é preciso registrar que o **princípio da verdade real**, que informa o processo penal, orienta o juiz a não se contentar com a prova produzida pelas partes e, ainda, a adotar iniciativas para suprir a deficiência do quadro probante, sempre que os elementos de convicção revelarem-se insuficientes para a elucidação do fato. Não é por outro motivo que se confere ao juiz a prerrogativa de ordenar, antes do início da ação penal ou durante sua tramitação, a realização de diligências necessárias ao esclarecimento da verdade (art. 156, I e II, do CPP).

1b) **poderes-fins** — compostos por poderes **decisórios** (decisão sobre imposição de medida cautelar, prolação de sentença etc.) e **executórios** (destinados a dar eficácia prática ao conteúdo das decisões).

2) **Poderes administrativos** — respeitantes à manutenção da ordem no curso dos trabalhos e ao exercício da atividade de direção e correição sobre os serventuários da justiça. Confiram-se alguns poderes dessa categoria: poder de polícia para manutenção da ordem na audiência ou sessão (art. 794 do CPP); poder de determinar que um ato seja realizado a portas fechadas, limitando o número de pessoas que possam estar presentes, se da publicidade puder resultar escândalo, inconveniente grave ou perigo de perturbação da ordem (art. 792, § 1º, do CPP); poder de, nas sessões do Júri, regular a polícia das sessões e mandar prender os desobedientes; requisitar o auxílio da força pública, que ficará sob sua autoridade; e interromper a sessão por tempo razoável, para repouso ou refeição dos jurados (art. 497, I, II e VIII, do CPP).

Ao juiz são conferidos, ainda, **poderes anômalos**, tais como a remessa dos autos de inquérito, de cujo arquivamento discordar, ao Procurador-Geral de Justiça (art. 28 do CPP); a remessa de cópias e documentos relativos à existência de crime de ação penal pública ao Ministério Público (art. 40 do CPP); o recebimento de representação do ofendido (art. 39 do CPP); e a requisição da instauração de inquérito policial (art. 5º, II, do CPP).

■ 9.2.7. Prerrogativas e vedações

Não é demais recordar que, para garantir que o juiz exerça com independência suas funções, livre de quaisquer receios ou constrangimentos, a Constituição Federal lhe confere as seguintes **garantias funcionais**:

a) Vitaliciedade — é a garantia de que o juiz não perderá o cargo, salvo por sentença judicial transitada em julgado. É adquirida após dois anos de exercício e não se confunde com perpetuidade, já que o magistrado será compulsoriamente aposentado aos 70 anos (art. 95, I, da CF). Sem essa garantia, o juiz poderia sentir-se ameaçado pela perda do cargo e, assim, ficaria mais exposto a pressões.

b) Inamovibilidade — consiste na prerrogativa de não ser transferido de seu cargo senão por sua vontade (promoção ou remoção voluntária) ou em virtude de interesse público, por decisão da maioria absoluta do respectivo tribunal ou do Conselho Nacional de Justiça, assegurada ampla defesa (arts. 95, II, e 93, VIII, ambos da CF).

c) Irredutibilidade de vencimentos — tem por escopo assegurar que o juiz não sofrerá perseguições de ordem financeira por parte dos superiores ou dos governantes (art. 95, III, da CF).

As **vedações** previstas pelo texto constitucional, por sua vez, são as seguintes (art. 95, parágrafo único, da CF):

a) exercício, ainda que em disponibilidade, de outro cargo ou função, salvo uma de magistério;

b) recebimento, a qualquer título ou pretexto, de custas ou participação em processo;

c) dedicação à atividade político-partidária;

d) recebimento, a qualquer título ou pretexto, de auxílios ou contribuições de pessoas físicas, entidades públicas ou privadas, ressalvadas as exceções previstas em lei;

e) exercício da advocacia no juízo ou tribunal do qual se afastou, antes de decorridos três anos do afastamento do cargo por aposentadoria ou exoneração.

JUIZ
1) **Pressupostos para o exercício**: a) investidura; b) capacidade processual; c) imparcialidade.
2) **Interditam a atuação**: a) impedimento; b) suspeição; c) incompatibilidade.
3) **Garantias**: a) vitaliciedade; b) inamovibilidade; c) irredutibilidade de rendimentos.
4) **Vedações**: a) exercício, ainda que em disponibilidade, de outro cargo ou função, salvo uma de magistério; b) recebimento, a qualquer título ou pretexto, de custas ou participação em processo; c) dedicação à atividade político-partidária; d) recebimento, a qualquer título ou pretexto, de auxílios ou contribuições de pessoas físicas, entidades públicas ou privadas, ressalvadas as exceções previstas em lei; e) exercício da advocacia no juízo ou tribunal do qual se afastou, antes de decorridos três anos do afastamento do cargo por aposentadoria ou exoneração.
5) **Funções**: a) jurisdicionais; b) administrativas; c) anômalas.

■ 9.3. MINISTÉRIO PÚBLICO

Depois do abandono da **concepção privatista** da ação penal (sistema que outorgava ao ofendido ou a qualquer pessoa do povo o encargo de processar o criminoso), a evolução histórica conduziu o processo penal, aos poucos, de um modelo de características **inquisitivas** (em que as funções de acusar e julgar recaíam sobre o mesmo órgão) para uma matriz de **estruturação acusatória**, que se caracteriza pelo exercício das funções de acusar e julgar por órgãos distintos[18].

A **institucionalização** do Ministério Público foi a fórmula encontrada para que o Estado pudesse, sem abdicar da neutralidade judicial, assumir a titularidade da ação penal, em ordem a restabelecer a paz social violada pela prática criminosa. Foi a criação do Ministério Público, portanto, que permitiu a transposição do modelo inquisitório para o acusatório.

Demonstrando fidelidade à opção pelo sistema **acusatório** (*ne procedat judex ex officio*), a Constituição Federal cuidou de definir o Ministério Público como instituição essencial à função jurisdicional (art. 127 da CF) e de atribuir à instituição a titularidade exclusiva da ação penal pública (art. 129, I, da CF), ressalvada a possibilidade de propositura de ação penal privada subsidiária da pública (art. 5º, LIX, da CF).

Em harmonia com o que estabelece a Constituição, o Código de Processo Penal define, em seu art. 257, a essência da atividade do Ministério Público no processo criminal, a quem cabe:

a) promover, privativamente, a ação penal pública, na forma estabelecida no Código;

b) fiscalizar a execução da lei.

É possível constatar, portanto, que se aglutinam as complementares funções de acusar e de fiscalizar a correta aplicação da lei, salientando, com apoio na lição de Vicente Greco Filho, que não há qualquer contradição entre tais atividades, pois "a função acusatória também é uma forma de promoção da atuação da lei"[19].

Embora o Ministério Público assuma, em regra, a condição de **parte** no processo penal (somente na ação privada é que intervirá na qualidade de *custos legis*), é correto dizer que sua atuação reveste-se de **imparcialidade**, uma vez que, como órgão estatal que é, deve buscar apenas a **justa** aplicação de sanção penal. Assim é que, mesmo tendo exercido a ação penal, poderá opinar pela absolvição do réu (art. 385 do CPP), bem como recorrer em prol do acusado ou, ainda, impetrar *habeas corpus* em favor dele.

■ 9.3.1. Garantias e vedações

A Constituição Federal conferiu aos membros do Ministério Público as mesmas garantias dos magistrados, para que possam exercer com independência as suas funções (art. 128, § 5º, I):

a) vitaliciedade, após dois anos de exercício, não podendo perder o cargo senão por sentença judicial transitada em julgado;

---

[18] Além dos sistemas acusatório (no qual há atribuição a órgãos distintos das funções de acusar, defender e julgar) e inquisitório (em que o esforço acusatório e a função decisória e, até mesmo o encargo defensivo, concentram-se em um órgão), há os sistemas mistos, caracterizados por uma fase inicial inquisitória que, por sua vez, é sucedida por uma fase de feição acusatória.

[19] Vicente Greco Filho. *Manual de processo penal*, 7. ed., p. 235.

b) inamovibilidade, salvo por motivo de interesse público, mediante decisão do órgão colegiado competente do Ministério Público, por voto da maioria absoluta de seus membros, assegurada ampla defesa;

c) irredutibilidade de vencimentos.

As vedações impostas aos magistrados também se aplicam aos membros do Ministério Público (art. 128, § 5º, II, da CF).

■ 9.3.2. Impedimentos e suspeição

A lei prevê a **extensão do regime de impedimentos e suspeições dos juízes** aos membros do Ministério Público, no que lhes for aplicável (art. 258 do CPP), estabelecendo que "não funcionarão nos processos em que o juiz ou qualquer das partes for seu cônjuge, ou parente, consanguíneo ou afim, em linha reta ou colateral, até o terceiro grau, inclusive".

Assim, se está o juiz impedido de atuar no feito em que seu cônjuge ou parente atuou previamente na condição de órgão do Ministério Público (art. 252, I, do CPP), o promotor é que estará impedido de funcionar se seu cônjuge ou parente oficiou precedentemente na qualidade de juiz.

Não há impedimento na atuação sucessiva, no mesmo processo, de membros do Ministério Público que sejam cônjuges ou parentes, já que tal situação não se enquadra em nenhum das restrições estabelecidas na lei a título de impedimento. A propósito: "Nada impede a atuação sucessiva de cônjuges, como Promotores de Justiça, no curso do mesmo processo" (STF — HC 77.959/PB — 1ª Turma — Rel. Min. Octavio Gallotti — *DJ* 21.05.1999 — p. 3).

É bastante comum que se alegue a suspeição de órgão do Ministério Público em decorrência de sua **atuação na etapa investigatória**, por meio da realização de atos de recolhimento de evidências. A jurisprudência do Supremo Tribunal Federal, contudo, é no sentido de que a realização de atos investigatórios pelo membro do Ministério Público não o torna suspeito. Nesse sentido: "O simples fato de ter atuado na fase investigatória não induz ao impedimento ou à suspeição do promotor de Justiça, pois tal atividade é inerente às funções institucionais do membro do Ministério Público" (STF — HC 86.346/SP — 2ª Turma — Rel. Min. Joaquim Barbosa — *DJ* 02.02.2007 — p. 159).

Não é outro o entendimento do Superior Tribunal de Justiça, que tratou do tema na **Súmula n. 234,** que assim se enuncia: "A participação de membro do Ministério Público na fase investigatória criminal não acarreta o seu impedimento ou suspeição para o oferecimento da denúncia".

■ 9.3.3. Promotor natural

É corrente a interpretação de que a garantia insculpida no art. 5º, LIII, da Constituição Federal ("ninguém será processado nem sentenciado senão pela autoridade competente") consagra não apenas o princípio do juiz natural, mas, também, o direito de toda pessoa ser **acusada por um órgão estatal imparcial**, cujas atribuições tenham sido previamente definidas pela lei — o promotor natural. De acordo com esse entendimento, haveria violação do **devido processo legal** na hipótese de alteração casuística de critérios prefixados de atribuição. Assim, o princípio do promotor natural veda que chefe da instituição designe membros para atuar em casos específicos e, ainda, que avoque feitos.

Sobre o tema, é relevante a lição de Hugo Nigro Mazzilli: "O promotor natural é o reverso do chamado promotor de encomenda, contra o qual há muito nos temos posicionado. Esses promotores de encomenda, longe de serem prévia e abstratamente eleitos pela lei, são da livre escolha do procurador-geral de justiça, que os designa e afasta *ad nutum*. Na verdade, a verdadeira inamovibilidade do Ministério Público não teria o menor sentido se dissesse respeito apenas à impossibilidade de se remover o promotor do cargo: é mister agregar-lhe as respectivas funções: esse é o fundamento maior da garantia constitucional"[20].

Ao apreciar a questão, o Pleno do Supremo Tribunal Federal reconheceu o postulado do promotor natural. "O postulado do Promotor Natural, que se revela imanente ao sistema constitucional brasileiro, repele, a partir da vedação de designações casuísticas efetuadas pela Chefia da Instituição, a figura do acusador de exceção. Esse princípio consagra uma garantia de ordem jurídica, destinada tanto a proteger o membro do Ministério Público, na medida em que lhe assegura o exercício pleno e independente do seu ofício, quanto a tutelar a própria coletividade, a quem se reconhece o direito de ver atuando, em quaisquer causas, apenas o Promotor cuja intervenção se justifique a partir de critérios abstratos e predeterminados, estabelecidos em lei. A matriz constitucional desse princípio assenta-se nas cláusulas da independência funcional e da inamovibilidade dos membros da Instituição. O postulado do Promotor Natural limita, por isso mesmo, o poder do Procurador-Geral que, embora expressão visível da unidade institucional, não deve exercer a Chefia do Ministério Público de modo hegemônico e incontrastável. Posição dos Ministros Celso de Mello (Relator), Sepúlveda Pertence, Marco Aurélio e Carlos Velloso. Divergência, apenas, quanto à aplicabilidade imediata do princípio do Promotor Natural: necessidade da *interpositio legislatoris* para efeito de atuação do princípio (Ministro Celso de Mello); incidência do postulado, independentemente de intermediação legislativa (Ministros Sepúlveda Pertence, Marco Aurélio e Carlos Velloso). — Reconhecimento da possibilidade de instituição do princípio do Promotor Natural mediante lei (Ministro Sydney Sanches). — Posição de expressa rejeição à existência desse princípio consignada nos votos dos Ministros Paulo Brossard, Octávio Gallotti, Néri da Silveira e Moreira Alves" (STF — HC 67.759/RJ — Tribunal Pleno — Rel. Min. Celso de Mello — *DJ* 01.07.1993 — p. 13.142)[21].

No mesmo sentido, decisão mais recente: "O Supremo Tribunal Federal, ao julgar o HC 67.759/RJ, Rel. Min. CELSO DE MELLO, reconheceu a existência do princípio

---

[20] Hugo Nigro Mazzilli. *Regime jurídico do Ministério Público*, 3. ed., p. 83-84.

[21] Em ocasião mais recente, a 2ª Turma do STF reafirmou esse precedente: HC 90.277/DF — Rel. Min. Ellen Gracie — *DJe* 31.07.2008.

do Promotor Natural em nosso ordenamento constitucional, em decisão que, proferida pelo Plenário (...). Em suma: o que se mostra relevante acentuar, analisada a questão sob a perspectiva do postulado em causa, é que o princípio *do Promotor Natural* impede que o membro do Ministério Público venha a ser *arbitrariamente* afastado do desempenho de suas atribuições nos procedimentos em que *ordinariamente* oficie (ou em que deva oficiar), exceto por relevante motivo de interesse público, por impedimento ou suspeição ou, *ainda*, por razões decorrentes de férias ou de licença" (STF — HC 102.147/GO — Rel. Min. Celso de Mello — *DJe*-22 02.02.2011).

■ 9.3.4. Princípios institucionais

Nos termos do disposto no art. 127, § 1º, da Constituição Federal[22], são três os princípios que regem a atuação ministerial:

a) unidade — do caráter uno do Ministério Público decorre o fato de que quando seus membros atuam fazem-no em nome da instituição, e não em nome próprio. A unidade restringe-se ao âmbito de cada um dos Ministérios Públicos[23], sem que possa se falar em irradiação do princípio para abarcar instituições diversas (não há unidade entre o Ministério Público Federal e os dos Estados, entre os Ministérios Públicos de Estados diversos etc.);

b) indivisibilidade — permite que os membros do Ministério Público sejam substituídos uns pelos outros, nas formas previstas em lei, sem qualquer prejuízo para o processo;

c) independência funcional — consubstancia-se na não vinculação do membro do Ministério Público a qualquer manifestação processual externada anteriormente por ele próprio ou por outro integrante da carreira e, ainda, na não sujeição a influências exercidas por órgãos superiores no tocante ao seu comportamento processual.

Veja-se a respeito: "Denúncia. Ratificação. Desnecessidade. Oferecimento pelo representante do Ministério Público Federal no juízo do foro em que morreu uma das vítimas. Declinação da competência para o juízo em cujo foro se deu o fato. Foros da Justiça Federal. Atuação, sem reparo, do outro representante do MP. Atos praticados em nome da instituição, que é una e indivisível. Nulidade inexistente. HC indeferido. Aplicação do art. 127, § 1º, da CF. Inteligência do art. 108, § 1º, do CPP. O ato processual de oferecimento da denúncia, praticado, em foro incompetente, por um representante, prescinde, para ser válido e eficaz, de ratificação por outro do mesmo grau funcional e do mesmo Ministério Público, apenas lotado em foro diverso e competente, porque o foi em nome da instituição, que é una e indivisível" (STF — HC 85.137/MT — 1ª Turma — Rel. Min. Cezar Peluso — *DJ* 28.10.2005 — p. 50).

---

22 O conteúdo do dispositivo constitucional é reproduzido pelo art. 1º, parágrafo único, da Lei n. 8.625/93 e pelo art. 4º da Lei Complementar n. 75/93.

23 Hugo Nigro Mazzilli. *Regime jurídico do Ministério Público*, 3. ed., p. 81.

9.3.5. Promotor *ad hoc*

As funções do Ministério Público só podem ser exercidas, por força de norma de estatura constitucional (art. 129, § 2º, da CF), por integrantes da carreira, o que **impossibilita a nomeação**, pelo juiz, de promotor *ad hoc* para o exercício de qualquer atividade cometida à instituição.

9.3.6. Atuação e ônus processuais

A atuação do Ministério Público pode iniciar-se antes do exercício da ação penal, tal como ocorre quando requisita a instauração de inquérito policial ou a realização de diligências investigatórias (art. 129, VIII, da CF).

Quando atua como parte, tem a atividade vinculada aos **princípios da obrigatoriedade** (ou da legalidade) **e da indisponibilidade**, daí por que tem de exercer a ação penal sempre que verificar a existência de prova da existência do fato criminoso e de indícios de autoria, além do que dela não pode desistir. Na qualidade de parte, deve arcar com os ônus processuais decorrentes do exercício do direito de ação, zelando, após o oferecimento de denúncia, pela produção das provas necessárias ao convencimento do magistrado, acompanhando a realização dos atos processuais e, se for o caso, apresentando recurso ou ações de impugnação, inclusive em favor do acusado.

Embora os ônus processuais do Ministério Público sejam, em regra, impróprios (ou diminuídos), já que o descumprimento do prazo não acarreta a preclusão (ex.: prazo para o oferecimento da denúncia), há também ônus perfeitos (ou plenos), como os relativos à interposição de recursos[24].

Nas ações privadas, o Ministério Público atua, necessariamente, na condição de *custos legis*, sob pena de nulidade do processo.

Diante das particularidades das funções do Ministério Público na ação penal privada subsidiária da pública e da imprescindibilidade de sua atuação, fala-se, em tal hipótese, que é **interveniente adesivo obrigatório**.

9.3.7. Intimação

O art. 41, IV, da Lei n. 8.625/93 (Lei Orgânica Nacional do Ministério Público) assegura aos integrantes da carreira a prerrogativa de receber **intimação pessoal** em qualquer processo e grau de jurisdição, por meio da **entrega dos autos com vista**. Já o art. 18, II, *h*, da Lei Complementar n. 75/93 (Estatuto do Ministério Público da União) confere aos membros da instituição a prerrogativa de receber intimação pessoalmente nos autos em qualquer processo e grau de jurisdição nos feitos em que tiver que oficiar.

Os promotores e procuradores, portanto, não são intimados pela imprensa ou por oficial de justiça, mas por meio da entrega a eles dos autos em que devam manifestar-se ou de cujo teor tenham de tomar conhecimento.

---

[24] Vicente Greco Filho. *Manual de processo penal,* 7. ed., p. 237.

O Supremo Tribunal Federal já decidiu, porém, que, não havendo coincidência entre a data de ingresso dos autos no Ministério Público e a data em que o membro apôs seu ciente na decisão, deve-se ter em conta, para fins de contagem da fluência do prazo recursal, aquele primeiro evento. Nesse sentido: "A entrega de processo em setor administrativo do Ministério Público, formalizada a carga pelo servidor, configura intimação direta, pessoal, cabendo tomar a data em que ocorrida como a da ciência da decisão judicial. Imprópria é a prática da colocação do processo em prateleira e a retirada à livre discrição do membro do Ministério Público, oportunidade na qual, de forma juridicamente irrelevante, apõe o 'ciente', com a finalidade de, somente então, considerar-se intimado e em curso o prazo recursal. Nova leitura do arcabouço normativo, revisando-se a jurisprudência predominante e observando-se princípios consagradores da paridade de armas" (STF — HC 83.255/SP — Tribunal Pleno — Rel. Min. Marco Aurélio — *DJ* 12.03.2004 — p. 38).

Ressalve-se que as sentenças prolatadas em audiência ou em plenário do Júri consideram-se publicadas no ato, e que, de acordo com o art. 798, § 5º, *b*, do Código de Processo Penal, os prazos recursais fluem a partir de tal data em relação às partes que estejam presentes. Tal regra tem aplicação plena para os defensores (constituídos ou dativos), querelantes e assistentes de acusação, bem como para o réu. Apesar da clareza do dispositivo, no que se refere ao Ministério Público e à Defensoria Pública, a 2ª Turma do Supremo Tribunal Federal já decidiu, em mais de uma ocasião, que, por seus integrantes terem, nas respectivas leis orgânicas (Lei Complementar n. 80/94 e Lei n. 8.625/93), a prerrogativa de intimação pessoal mediante o recebimento dos autos com vista, o prazo recursal só terá início a partir da data da entrada dos autos na Instituição — pouco importando a presença do representante na data anterior em que proferida e publicada a sentença. Em agosto de 2017, a 3ª Seção do Superior Tribunal de Justiça, ao analisar o tema 959, em sede de recursos repetitivos, aprovou tese no mesmo sentido: "O termo inicial da contagem do prazo para impugnar decisão judicial é, para o Ministério Público, a data da entrega dos autos na repartição administrativa do órgão, sendo irrelevante que a intimação pessoal tenha se dado em audiência, em cartório ou por mandado". Em tal julgamento a Corte fez menção à aplicação da mesma regra para os defensores públicos.

▪ 9.3.8. Prerrogativas funcionais

A Lei n. 8.625/93 estabelece prerrogativas institucionais e processuais de que gozam os integrantes do Ministério Público, dentre as quais se destacam:

a) ter vista dos autos após distribuição às Turmas ou Câmaras e intervir nas sessões de julgamento, para sustentação oral ou esclarecimento de matéria de fato (art. 41, III);

b) examinar, em qualquer Juízo ou Tribunal, autos de processos findos ou em andamento, ainda que conclusos à autoridade, podendo copiar peças e tomar apontamentos (art. 41, VII);

c) examinar, em qualquer repartição policial, autos de flagrante ou inquérito, findos ou em andamento, ainda que conclusos à autoridade, podendo copiar peças e tomar apontamentos (art. 41, VIII);

d) tomar assento à direita dos Juízes de primeira instância ou do Presidente do Tribunal, Câmara ou Turma (art. 41, XI).

9.3.9. Investigação direta

Embora alguns opositores da possibilidade de realização de investigação criminal pelo Ministério Público sustentem que o disposto no art. 144, § 1º, IV, e § 4º, da Constituição Federal teria deferido às polícias federal e civil a exclusividade da titularidade da tarefa investigatória, não mais remanesce controvérsia jurisprudencial significativa sobre o tema.

A correta análise do conteúdo dos citados dispositivos e, sobretudo, seu cotejo com outras regras constitucionais revelam o equívoco da interpretação de que a atividade de investigação criminal estaria a cargo exclusivo dos organismos policiais.

Ressalte-se, de início, que o legislador constituinte fez clara distinção entre as atividades de *apuração de infrações penais* (art. 144, § 1º, I, da CF) e as de *exercício de funções de polícia judiciária* (art. 144, § 1º, IV, da CF), atribuindo exclusividade à polícia federal somente no que se refere ao segundo caso. A suposta exclusividade para realização de investigação criminal advinda do dispositivo, por outro lado, jamais poderia se estender às polícias civis, já que, em relação a elas, não há menção, no texto constitucional, ao termo *exclusividade* (art. 144, § 4º, da CF).

A interpretação sistemática das regras constitucionais, por sua vez, revelam que, ao conferir exclusividade à Polícia Federal para o exercício das funções de polícia judiciária da União, pretendia o constituinte, tão somente, interditar a outras polícias a realização de investigações penais mencionadas no art. 109, incisos IV, V, VI, IX e X, da Constituição Federal.

Averbe-se que a faculdade de realizar investigações criminais decorre, logicamente, da titularidade exclusiva da ação penal pública conferida ao Ministério Público (art. 129, I, da CF). Essa conclusão, além de afinada com o senso comum, decorre da aceitação da **doutrina dos poderes implícitos** (*inherent powers*), que se reveste de inegável solidez e tem trânsito no direito comparado: não se pode admitir que o ordenamento constitucional tenha privado o titular da ação penal dos instrumentos necessários para obtenção das informações de que necessita para desincumbir-se da alta missão que lhe foi confiada.

No plano infraconstitucional, além da autorização genérica para que outras autoridades procedam a investigações, estampada no art. 4º, parágrafo único, do CPP, há diversos dispositivos legais que preveem, expressamente, a possibilidade de o Ministério Público conduzir, diretamente, procedimentos investigatórios: art. 26 da Lei n. 8.625/93 (Lei Orgânica Nacional do Ministério Público); art. 29 da Lei n. 7.492/86 (crimes contra o Sistema Financeiro Nacional); art. 356, § 2º, do Código Eleitoral; art. 201, VI e VII, do Estatuto da Criança e do Adolescente.

O **Conselho Nacional do Ministério Público**, por sua vez, editou a **Resolução n. 13/2006**, que disciplina a instauração e a tramitação de procedimento investigatório criminal presidido por membro do Ministério Público.

A matéria já havia sido apreciada por órgãos fracionários do Supremo Tribunal Federal, que afirmaram, em diversas ocasiões, a validade da investigação criminal realizada diretamente pelo Ministério Público.

São robustos os fundamentos que amparam esse entendimento: "O inquérito policial qualifica-se como procedimento administrativo, de caráter pré-processual, ordinariamente vocacionado a subsidiar, nos casos de infrações perseguíveis mediante ação penal de iniciativa pública, a atuação persecutória do Ministério Público, que é o verdadeiro destinatário dos elementos que compõem a *informatio delicti*. Precedentes. — A investigação penal, quando realizada por organismos policiais, será sempre dirigida por autoridade policial, a quem igualmente competirá exercer, com exclusividade, a presidência do respectivo inquérito. — A outorga constitucional de funções de polícia judiciária à instituição policial não impede nem exclui a possibilidade de o Ministério Público, que é o *dominus litis*, determinar a abertura de inquéritos policiais, requisitar esclarecimentos e diligências investigatórias, estar presente e acompanhar, junto a órgãos e agentes policiais, quaisquer atos de investigação penal, mesmo aqueles sob regime de sigilo, sem prejuízo de outras medidas que lhe pareçam indispensáveis à formação da sua *opinio delicti*, sendo-lhe vedado, no entanto, assumir a presidência do inquérito policial, que traduz atribuição privativa da autoridade policial. Precedentes. A ACUSAÇÃO PENAL, PARA SER FORMULADA, NÃO DEPENDE, NECESSARIAMENTE, DE PRÉVIA INSTAURAÇÃO DE INQUÉRITO POLICIAL. — Ainda que inexista qualquer investigação penal promovida pela Polícia Judiciária, o Ministério Público, mesmo assim, pode fazer instaurar, validamente, a pertinente *persecutio criminis in judicio*, desde que disponha, para tanto, de elementos mínimos de informação, fundados em base empírica idônea, que o habilitem a deduzir, perante juízes e Tribunais, a acusação penal. Doutrina. Precedentes. A QUESTÃO DA CLÁUSULA CONSTITUCIONAL DE EXCLUSIVIDADE E A ATIVIDADE INVESTIGATÓRIA. — A cláusula de exclusividade inscrita no art. 144, § 1º, inciso IV, da Constituição da República — que não inibe a atividade de investigação criminal do Ministério Público — tem por única finalidade conferir à Polícia Federal, dentre os diversos organismos policiais que compõem o aparato repressivo da União Federal (polícia federal, polícia rodoviária federal e polícia ferroviária federal), primazia investigatória na apuração dos crimes previstos no próprio texto da Lei Fundamental ou, ainda, em tratados ou convenções internacionais. — Incumbe, à Polícia Civil dos Estados-membros e do Distrito Federal, ressalvada a competência da União Federal e excetuada a apuração dos crimes militares, a função de proceder à investigação dos ilícitos penais (crimes e contravenções), sem prejuízo do poder investigatório de que dispõe, como atividade subsidiária, o Ministério Público. — Função de polícia judiciária e função de investigação penal: uma distinção conceitual relevante, que também justifica o reconhecimento, ao Ministério Público, do poder investigatório em matéria penal. Doutrina. É PLENA A LEGITIMIDADE CONSTITUCIONAL DO PODER DE INVESTIGAR DO MINISTÉRIO PÚBLICO, POIS OS ORGANISMOS POLICIAIS (EMBORA DETENTORES DA FUNÇÃO DE POLÍCIA JUDICIÁRIA) NÃO TÊM, NO SISTEMA JURÍDICO BRASILEIRO, O MONOPÓLIO DA COMPETÊNCIA PENAL

INVESTIGATÓRIA. — O poder de investigar compõe, em sede penal, o complexo de funções institucionais do Ministério Público, que dispõe, na condição de *dominus litis* e, também, como expressão de sua competência para exercer o controle externo da atividade policial, da atribuição de fazer instaurar, ainda que em caráter subsidiário, mas por autoridade própria e sob sua direção, procedimentos de investigação penal destinados a viabilizar a obtenção de dados informativos, de subsídios probatórios e de elementos de convicção que lhe permitam formar a *opinio delicti*, em ordem a propiciar eventual ajuizamento da ação penal de iniciativa pública. Doutrina. Precedentes. CONTROLE JURISDICIONAL DA ATIVIDADE INVESTIGATÓRIA DOS MEMBROS DO MINISTÉRIO PÚBLICO: OPONIBILIDADE, A ESTES, DO SISTEMA DE DIREITOS E GARANTIAS INDIVIDUAIS, QUANDO EXERCIDO, PELO *PARQUET*, O PODER DE INVESTIGAÇÃO PENAL. — O Ministério Público, sem prejuízo da fiscalização intraorgânica e daquela desempenhada pelo Conselho Nacional do Ministério Público, está permanentemente sujeito ao controle jurisdicional dos atos que pratique no âmbito das investigações penais que promova *ex propria auctoritate*, não podendo, dentre outras limitações de ordem jurídica, desrespeitar o direito do investigado ao silêncio (*nemo tenetur se detegere*), nem lhe ordenar a condução coercitiva, nem constrangê-lo a produzir prova contra si próprio, nem lhe recusar o conhecimento das razões motivadoras do procedimento investigatório, nem submetê-lo a medidas sujeitas à reserva constitucional de jurisdição, nem impedi-lo de fazer-se acompanhar de Advogado, nem impor, a este, indevidas restrições ao regular desempenho de suas prerrogativas profissionais (Lei n. 8.906/94, art. 7º, *v.g.*). — O procedimento investigatório instaurado pelo Ministério Público deverá conter todas as peças, termos de declarações ou depoimentos, laudos periciais e demais subsídios probatórios coligidos no curso da investigação, não podendo, o *Parquet*, sonegar, selecionar ou deixar de juntar, aos autos, quaisquer desses elementos de informação, cujo conteúdo, por referir-se ao objeto da apuração penal, deve ser tornado acessível tanto à pessoa sob investigação quanto ao seu Advogado. — O regime de sigilo, sempre excepcional, eventualmente prevalecente no contexto de investigação penal promovida pelo Ministério Público, não se revelará oponível ao investigado e ao Advogado por este constituído, que terão direito de acesso — considerado o princípio da comunhão das provas — a todos os elementos de informação que já tenham sido formalmente incorporados aos autos do respectivo procedimento investigatório" (STF — HC 85.419/RJ — 2ª Turma — Rel. Min. Celso de Mello — *DJe*-223 27.11.2009)[25].

Em 25 de junho de 2013, a Câmara dos Deputados rejeitou, por convincente maioria (foram 430 votos contra a aprovação da proposta, 9 favoráveis e 2 abstenções), a Proposta de Emenda Constitucional n. 37/2011 (PEC 37), que pretendia con-

[25] Nesse mesmo sentido, todos da 2ª Turma do STF: HC 89.837/DF, Rel. Min. Celso de Mello, Julgamento: 20.10.2009; HC 90.099/RS, Rel. Min. Celso de Mello, Julgamento: 27.10.2009; HC 87.610/SC, Rel. Min. Celso de Mello, Julgamento: 27.10.2009; HC 94.173/BA, Rel. Min. Celso de Mello, Julgamento: 27.10.2009; HC 93.930/RJ, Rel. Min. Gilmar Mendes, Julgamento: 07.12.2010; HC 97.969/RS, Rel. Min. Ayres Brito, Julgamento: 01.02.2011.

ferir efetiva exclusividade às polícias federal e civil no que se refere à realização de investigações criminais, de modo a evidenciar a opção do Parlamento brasileiro pelo princípio da universalidade da investigação.

No dia 14 de maio de 2015, o **Pleno do STF** concluiu o julgamento do **RE 593.727/MG**, no qual foi reconhecida a repercussão geral do tema, adotando, por maioria de votos, o entendimento de que o Ministério Público **dispõe de competência** para promover, **por autoridade própria**, e por prazo razoável, investigações de natureza penal, desde que respeitados os direitos e garantias que assistem a qualquer indiciado ou a qualquer pessoa sob investigação do Estado, observadas, sempre, por seus agentes, as hipóteses de reserva constitucional de jurisdição. Esse entendimento foi assim ementado: "O Ministério Público dispõe de competência para promover, por autoridade própria, e por prazo razoável, investigações de natureza penal, desde que respeitados os direitos e garantias que assistem a qualquer indiciado ou a qualquer pessoa sob investigação do Estado, observadas, sempre, por seus agentes, as hipóteses de reserva constitucional de jurisdição e, também, as prerrogativas profissionais de que se acham investidos, em nosso País, os Advogados (Lei n. 8.906/94, artigo 7º, notadamente os incisos I, II, III, XI, XIII, XIV e XIX), sem prejuízo da possibilidade — sempre presente no Estado Democrático de Direito — do permanente controle jurisdicional dos atos, necessariamente documentados (Súmula Vinculante 14), praticados pelos membros dessa instituição" (RE 593.727/MG — Rel. orig. Min. Cezar Peluso — Rel. p/ o Acórdão Min. Gilmar Mendes — julgado em 14.05.2015 — *DJe* 08.09.2015).

MINISTÉRIO PÚBLICO
1) **Definição constitucional**: O Ministério Público é instituição permanente, essencial à função jurisdicional do Estado, incumbindo-lhe a defesa da ordem jurídica, do regime democrático e dos interesses sociais e individuais indisponíveis.
2) **Interditam a atuação**: a) impedimento; b) suspeição. A participação de membro do Ministério Público na fase investigatória não acarreta seu impedimento ou suspeição em futura ação penal.
3) **Garantias**: a) vitaliciedade; b) inamovibilidade; c) irredutibilidade de rendimentos.
4) **Vedações**: a) recebimento, a qualquer título ou pretexto, de honorários, percentagens ou custas processuais; b) exercício da advocacia; c) participar de sociedade comercial, na forma da lei; d) exercer, ainda que em disponibilidade, qualquer outra função pública, salvo uma de magistério; e) exercício de atividade político-partidária; f) recebimento, a qualquer título ou pretexto, de auxílios ou contribuições de pessoas físicas, entidades públicas ou privadas, ressalvadas as exceções previstas em lei; g) exercício da advocacia no juízo ou tribunal do qual se afastou, antes de decorridos três anos do afastamento do cargo por aposentadoria ou exoneração.
5) **Princípios institucionais**: a) unidade; b) indivisibilidade; c) independência funcional.
6) **Promotor *ad hoc***: As funções do Ministério Público só poderão ser exercidas por integrantes da carreira, sendo, pois, vedada a nomeação de promotor *ad hoc*.
7) **Atividades no processo penal**: a) promover, privativamente, a ação penal pública; b) fiscalizar a correta aplicação da lei (*custos legis* na ação privada).

■ 9.4. ACUSADO

Acusado (ou réu) é a pessoa em face de quem se deduz a pretensão punitiva, ou seja, é o sujeito passivo da relação processual.

Têm capacidade para estar em juízo os entes suscetíveis de imputação criminal:

a) as pessoas físicas maiores de 18 anos;

b) as pessoas jurídicas, relativamente aos crimes ambientais (art. 225, § 3º, da CF e art. 3º da Lei n. 9.605/98).

Não têm, em contrapartida, personalidade judiciária (*legitimatio ad processum*):

a) os entes inanimados, os animais e os mortos[26];

b) os menores de 18 anos;

c) as pessoas que gozam de imunidade parlamentar ou de imunidade diplomática.

Diferentemente do que ocorre em relação aos menores de 18 anos, que se sujeitam às normas de legislação especial e, portanto, são insuscetíveis de imputação criminal (inimputáveis), os portadores de anomalia psíquica (doentes mentais ou pessoas com desenvolvimento mental incompleto ou retardado) têm capacidade processual passiva, já que tanto as penas como as medidas de segurança são aplicadas em decorrência de processo criminal.

No curso da investigação, não se fala em acusado, mas em **investigado** ou, se formalmente apontado como suspeito, em **indiciado**, ao passo que entre o oferecimento e o recebimento da denúncia, empregam-se os termos **denunciado** e **imputado**, reservando-se as fórmulas **acusado** e **réu** para as etapas que se seguem ao recebimento da denúncia[27].

9.4.1. Identificação do acusado

A certeza acerca de quem é o acusado é indispensável para a propositura da ação penal, pois a responsabilidade criminal, de caráter **personalíssimo**, não pode ser atribuída a pessoa diversa daquela a quem se imputa a infração.

Será sempre necessário, portanto, identificar o acusado, oferecendo informações sobre caracteres que permitam distingui-lo dos demais indivíduos, de modo a garantir que "a pessoa submetida ao processo é a mesma contra a qual se dirige a ação penal"[28].

A ausência de identificação nominal, no entanto, não é fator impeditivo do exercício da ação penal, nem de seu retardamento, desde que certa a identidade física do imputado (art. 259, 1ª parte, do CPP).

Bem por isso o art. 41 do Código de Processo Penal prevê que a denúncia conterá "a qualificação do acusado ou esclarecimentos pelos quais se possa identificá-lo".

Assim é que a denúncia ou, mais comumente, o inquérito que a instrui deve encerrar elementos que permitam diferenciar o acusado das demais pessoas, tais como prenome, patronímico, agnome, data de nascimento, filiação, profissão, estado

---

[26] Embora isso seja, atualmente, bastante óbvio, é preciso recordar que, em outras épocas, prevaleceu o costume de proceder penalmente contra pessoas mortas e contra animais (Fernando da Costa Tourinho Filho. *Processo penal,* 33. ed., v. 2, p. 555-556).

[27] Guilherme de Souza Nucci. *Código de Processo Penal comentado,* 9. ed., p. 562.

[28] Julio Fabbrini Mirabete. *Código de Processo Penal interpretado,* 4. ed., p. 306.

civil, alcunha etc. Se não se dispuser desses qualificativos, deve o órgão acusador indicar **características pessoais** que permitam conhecer, com segurança, a identidade física do imputado (cor da pele, cicatrizes, tatuagens, deficiência física, compleição física etc.).

O método dactiloscópico e o registro **fotográfico** são meios de identificação bastante seguros, que, em regra, permitem delimitar a pessoa a quem se referem. Assim, é perfeitamente possível o oferecimento de denúncia e até mesmo a prolação de sentença em desfavor de pessoa de quem se tem apenas esses caracteres (p. ex., pode o juiz na sentença condenatória, referir-se ao acusado como "a pessoa de qualificativos ignorados cujas impressões papilares estão apostas no boletim de identificação criminal juntado aos autos").

■ 9.4.2. Retificação da qualificação

A qualquer tempo, no curso do processo de conhecimento ou da execução, se for **descoberta** a qualificação do acusado, deve-se proceder à retificação, **por termo**, sem qualquer prejuízo dos atos precedentes (art. 259, 2ª parte, do CPP). Igual procedimento deverá ser adotado caso se verifique que o autor do crime foi denunciado ou até condenado com nome falso.

Na prática forense, é muito comum que, ao verificar que o réu utilizou nome falso, o promotor ofereça aditamento à denúncia com o escopo de corrigir a imprecisão, o que, na verdade, não é adequado, já que a retificação deve ser aperfeiçoada **por termo judicial**.

■ 9.4.3. Condução coercitiva

Faculta-se ao juiz determinar a condução coercitiva do acusado que não atender à intimação para o **interrogatório**, **reconhecimento** ou qualquer outro ato que não possa ser realizado **sem sua presença** (art. 260, *caput*, do CPP).

A legitimidade da providência dependerá, no entanto, da constatação de que a presença do acusado é **indispensável** para o ato, de modo que a condução coercitiva para o interrogatório deverá ocorrer, apenas, quando houver necessidade de qualificação ou de esclarecimento sobre a vida pregressa do réu.

Afora a hipótese de pertinência para o interrogatório de qualificação, não se justifica a condução coercitiva do réu para interrogatório, pois, em relação aos fatos (interrogatório de mérito), pode optar pelo silêncio.

Nesse sentido: "1. O comparecimento do réu aos atos processuais, em princípio, é um direito e não um dever, sem embargo da possibilidade de sua condução coercitiva, caso necessário, por exemplo, para audiência de reconhecimento. Nem mesmo ao interrogatório estará obrigado a comparecer, mesmo porque as respostas às perguntas formuladas ficam ao seu alvedrio. 2. Já a presença do defensor à audiência de instrução é necessária e obrigatória, seja defensor constituído, defensor público, dativo ou nomeado para o ato. 3. Recurso especial não conhecido" (STJ — REsp 346.677/RJ — 6ª Turma — Rel. Min. Fernando Gonçalves — *DJ* 30.09.2002 — p. 297).

Veja também: "1. Conquanto o interrogatório seja meio de prova e de defesa, não se pode olvidar que a própria Constituição Federal assegura aos réus o direito ao silêncio, motivo pelo qual, tendo os pacientes optado por não comparecerem à audiência de interrogatório, não se pode cogitar da obrigatoriedade de sua inquirição antes da prolação de sentença. 2. Pacientes devidamente intimados e requisitados, recusaram-se a sair do presídio onde estavam recolhidos e a comparecer à audiência de instrução, o que atrai o disposto no art. 565 do Código de Processo Penal" (STJ — HC 87.875/SP — 6ª Turma — Rel. Min. Rogerio Schietti Cruz — julgado em 10.02.2015 — *DJe* 23.02.2015).

Se o réu, apesar de regularmente notificado, deixar de comparecer a ato em que sua presença não seja indispensável, a única consequência que lhe advirá será a decretação da revelia. Uma vez decretada a revelia, o acusado não será notificado dos atos ulteriores, salvo da sentença.

9.4.4. Direitos e deveres do acusado

A categoria de acusado em processo criminal confere ao indivíduo um feixe de **direitos** e **deveres** relacionados à sua condição.

Os diversos direitos e garantias atribuídos ao acusado, como forma de protegê-lo contra o arbítrio estatal, compõem o que se convencionou denominar **cláusula do devido processo legal** (*due process of law*), que tem previsão constitucional: "Ninguém será privado da liberdade ou de seus bens sem o devido processo legal" (art. 5º, LIV, da CF).

Esse princípio é o **alicerce** sobre o qual se elevam os demais princípios que regem a atividade processual e dele decorrem todas as garantias que asseguram às partes o acesso a uma decisão justa.

Constituem expressões do devido processo legal as seguintes prerrogativas outorgadas ao sujeito passivo da ação penal:

a) direito ao processo — a pretensão punitiva estatal deve ser sempre submetida ao Poder Judiciário, sem que se possa cogitar da aplicação de pena por decisão de autoridade não investida de jurisdição (*nulla poena sine judicio*);

b) direito ao conhecimento do teor da acusação (direito de informação) — desdobra-se no direito à citação e no direito ao prévio conhecimento do teor da imputação;

c) direito à presunção de inocência (art. 5º, LVII, da CF);

d) direito ao julgamento em prazo razoável (art. 5º, LXXVIII, da CF);

e) direito ao contraditório e à ampla defesa (art. 5º, LV, da CF) — engloba o direito de intervenção (produção de provas e exercício de atividade argumentativa), o direito à bilateralidade dos atos, o direito à paridade de armas, o direito de presença, o direito à autodefesa e o direito à defesa técnica;

f) direito de não ser processado com base em prova ilícita (art. 5º, LVI, da CF);

g) direito ao juiz natural (art. 5º, XXXVII e LIII, da CF);

h) direito ao silêncio (art. 5º, LXIII, da CF);

i) direito de não ser preso senão em flagrante delito ou por ordem escrita e fundamentada da autoridade judiciária competente (art. 5º, LXI, da CF);

j) direito de recorrer, na forma da lei.

O seguinte julgado do Supremo Tribunal Federal bem resume o tema: "O exame da cláusula referente ao *due process of law* permite nela identificar alguns elementos essenciais à sua configuração como expressiva garantia de ordem constitucional, destacando-se, dentre eles, por sua inquestionável importância, as seguintes prerrogativas: (a) direito ao processo (garantia de acesso ao Poder Judiciário); (b) direito à citação e ao conhecimento prévio do teor da acusação; (c) direito a um julgamento público e célere, sem dilações indevidas; (d) direito ao contraditório e à plenitude de defesa (direito à autodefesa e à defesa técnica); (e) direito de não ser processado e julgado com base em leis *ex post facto*; (f) direito à igualdade entre as partes; (g) direito de não ser processado com fundamento em provas revestidas de ilicitude; (h) direito ao benefício da gratuidade; (i) direito à observância do princípio do juiz natural; (j) direito ao silêncio (privilégio contra a autoincriminação); (l) direito à prova; e (m) direito de presença e de 'participação ativa' nos atos de interrogatório judicial dos demais litisconsortes penais passivos, quando existentes. — O direito do réu à observância, pelo Estado, da garantia pertinente ao *due process of law*, além de traduzir expressão concreta do direito de defesa, também encontra suporte legitimador em convenções internacionais que proclamam a essencialidade dessa franquia processual, que compõe o próprio estatuto constitucional do direito de defesa, enquanto complexo de princípios e de normas que amparam qualquer acusado em sede de persecução criminal, mesmo que se trate de réu estrangeiro, sem domicílio em território brasileiro, aqui processado por suposta prática de delitos a ele atribuídos" (STF — HC 94.601/CE — 2ª Turma — Rel. Min. Celso de Mello — *DJe*-171 11.09.2009).

O regime a que estão submetidos os acusados contém diversos **deveres**, cuja inobservância pode acarretar-lhes consequências jurídicas:

a) dever de comparecimento a atos processuais para cuja realização sua presença seja necessária — o desatendimento a convocação para comparecimento pode ensejar a condução coercitiva do acusado (art. 260 do CPP);

b) dever de responder com a verdade em relação a sua identidade e seus antecedentes — na medida em que é defeso ao réu calar-se ou mentir no interrogatório de qualificação (art. 187, § 1º, do CPP), o silêncio ou a falsa resposta podem ensejar sua responsabilização, respectivamente, por desobediência ou por falsa identidade;

c) dever de sujeitar-se a medidas cautelares pessoais diversas da prisão que lhe tenham sido impostas — o desrespeito a obrigações decorrentes de medida cautelar pode ensejar a decretação da prisão do acusado.

9.5. DEFENSOR

Defensor é o sujeito processual com **qualificação técnico-jurídica**, com o auxílio de quem o acusado exerce sua defesa, entendida essa como a atividade de resistência ao exercício da pretensão punitiva.

Por destinar-se à salvaguarda do inalienável direito à liberdade, a **defesa técnica** (ou defesa específica) tem caráter necessário, o que conduz à **imprescindibilidade** da participação do defensor no processo, como preceitua o art. 261, *caput*, do Código de Processo Penal: "Nenhum acusado, ainda que ausente ou foragido, será processado ou julgado sem defensor". A **autodefesa** (ou defesa genérica), por outro lado, é **facultativa**, constituindo **ônus** do acusado.

Apenas o advogado (profissional inscrito na Ordem dos Advogados do Brasil) pode desempenhar a defesa técnica, na medida em que a qualificação específica é necessária para garantir que haja **equilíbrio** no antagonismo com o órgão acusador, que é jurisperito. São oportunas, sobre o tema, as palavras de Germano Marques da Silva: É do interesse da justiça que a defesa seja eficaz e, por isso, uma vez que a acusação é exercida por um órgão tecnicamente qualificado, importa que a defesa o seja também[29].

Dessa necessidade de garantir a **igualdade de forças no embate processual** decorre o dever de o defensor atuar mesmo contra a vontade daquele a quem representa.

A única hipótese em que o acusado pode dispensar a assistência de advogado é aquela em que ele mesmo for habilitado tecnicamente (isto é, quando ele for advogado) e optar por realizar a **própria defesa** (art. 263, *caput*, do CPP).

A lei não se contenta, todavia, com a mera participação do defensor no processo, exigindo, ao contrário, que sua atuação atinja patamares mínimos de eficiência, tanto assim que prevê a necessidade de que a defesa técnica, mesmo quando realizada por defensor público ou dativo, seja realizada por meio de **manifestação fundamentada** (art. 261, parágrafo único, do CPP).

Além disso, entende-se que a norma inserta no art. 497, V, do Código de Processo Penal, que se refere ao julgamento pelo júri, irradia-se a todo e qualquer procedimento, de modo a autorizar o juiz a destituir o defensor que deixar o réu **indefeso**[30], ainda que se trate de advogado constituído. A defesa deficiente é também denominada **virtual**.

A ausência de defesa técnica e a insuficiência da defesa, no entanto, não são situações equivalentes do ponto de vista das consequências que ocasionam, já que, nos termos da **Súmula n. 523 do STF**, "no processo penal, a falta de defesa constitui nulidade absoluta, mas a sua deficiência só o anulará se houver prova do prejuízo para o réu". A nulidade em razão da falta de nomeação de defensor ao réu que não o tiver, aliás, é prevista expressamente pelo Código (art. 564, III, *c*, do CPP).

---

[29] Germano Marques da Silva. *Curso de processo penal,* 6. ed., v. 1, p. 329.

[30] Ada Pellegrini Grinover; Antonio Magalhães Gomes Filho e Antonio Scarance Fernandes. *As nulidades no processo penal,* 12. ed., p. 74.

■ 9.5.1. Espécies de defensor

Há quatro espécies de defensor:

a) **constituído** ou **procurador**;
b) **dativo**;
c) **público**;
d) *ad hoc*.

■ Defensor constituído

Denomina-se defensor constituído (ou procurador) o advogado **eleito pelo acusado** para auxiliá-lo em sua defesa.

A atuação do defensor constituído é a **regra** no processo penal, já que um dos conteúdos do princípio da ampla defesa é a faculdade de o acusado, ainda que ausente, **escolher** representante de sua confiança. Por essa razão, haverá nulidade quando o juiz, ante a renúncia do advogado constituído pelo acusado, nomear defensor dativo sem oferecer oportunidade ao réu de constituir outro procurador de sua confiança. Também no caso de destituição do defensor constituído que teve desempenho insuficiente, deverá o juiz, antes de nomear outro profissional, intimar o acusado a constituir novo procurador.

A constituição de defensor pode ocorrer a qualquer momento, até mesmo na fase da investigação, além do que o acusado pode, a todo tempo, substituí-lo por outro.

Duas são as formas de constituição de defensor (art. 266 do CPP):

a) **por procuração**, hipótese em que é obrigatória a juntada aos autos do instrumento de mandato, sob pena de não se conhecer dos requerimentos que vierem a ser formulados;
b) **por indicação no momento do interrogatório** (nomeação *apud acta*), o que dispensa a juntada de instrumento de mandato.

É importante lembrar, todavia, que o interrogatório passou a ser o último ato da audiência de instrução, circunstância que restringiu a utilidade da constituição *apud acta* aos casos em que o réu pretende, naquela oportunidade, substituir o defensor que vinha atuando em seu favor (constituído ou dativo).

Para três finalidades há exigência de que o acusado outorgue **poderes especiais** ao procurador:

1) **para aceitar o perdão do ofendido** (arts. 55 e 59);
2) **para arguir a suspeição do juiz** (art. 98);
3) **para arguir a falsidade de documento** (art. 146).

Como adverte Vicente Greco Filho, na primeira hipótese, a exigência justifica-se em razão das repercussões no direito material, pois a aceitação do perdão importa no reconhecimento de que o fato ocorreu; nas demais, a exigência destina-se a definir claramente a responsabilidade pela prática do ato, uma vez que nas arguições de suspeição ou de falsidade pode haver imputação de crime ou de fato ofensivo à honra[31].

A jurisprudência também estabelece distinção: permite-se ao defensor constituído dispensar o réu preso de comparecimento à audiência[32], faculdade que, no entanto, não se estende ao defensor nomeado pelo juiz[33].

■ Defensor dativo

É a denominação que se emprega para designar o advogado **nomeado pelo juiz** para representar o acusado que se omitiu em constituir seu representante.

Todo acusado, tenha ou não recursos econômicos para constituir advogado, tem direito a que lhe seja nomeado defensor.

Diferentemente do defensor público, portanto, que só pode exercer a representação dos necessitados, o dativo será nomeado para qualquer acusado que não tiver defensor, independentemente de sua condição econômica, mas o réu que não for pobre ficará obrigado a pagar seus honorários, que serão arbitrados pelo juiz (art. 263, parágrafo único, do CPP).

A indisponibilidade do direito à defesa técnica exige que o juiz nomeie defensor dativo ao acusado **assim que constatada a omissão** na constituição de procurador, ou seja, tão logo se escoe o prazo para a resposta escrita (art. 396-A, § 2º, do CPP) ou, ainda, na hipótese de o acusado ficar sem procurador no curso da ação, quando a renúncia produzir efeitos.

A nomeação de defensor dativo não impede que o acusado, a todo tempo, opte por constituir advogado de sua confiança (art. 263, *caput*, do CPP), que, então, substituirá o profissional nomeado pelo juiz, assumindo a causa no estágio em que se encontrar.

O advogado que for nomeado pelo juiz para exercer o *munus* de defensor dativo não poderá recusar-se a fazê-lo, salvo por justo motivo (art. 34, XII, da Lei n. 8.906/94 e art. 264 do CPP).

Consideram-se motivos justos para a recusa: estar impedido de exercer a advocacia; ser procurador constituído pela parte contrária ou ter com ela relações profissionais de interesse atual; ter necessidade de ausentar-se da sede do juízo para atender a outro mandato anteriormente outorgado ou para defender interesses próprios inadiáveis; já haver manifestado por escrito opinião contrária ao direito que o necessitado pretende pleitear; e haver dado à parte contrária parecer escrito sobre a contenda (art. 15 da Lei n. 1.060/50).

Uma vez investido na função, cujo exercício é **intransferível** (vedado, pois, o substabelecimento), incumbirá ao advogado nomeado praticar todos os atos do processo que interessem à defesa do acusado.

---

31 Vicente Greco Filho. *Manual de processo penal,* 7. ed., p. 239.

32 STF — HC 74.288/SP — 2ª Turma — Rel. Min. Néri da Silveira — *DJ* 29.09.2000 — p. 70.

33 STF — HC 69.495/DF — 1ª Turma — Rel. Min. Sepúlveda Pertence — *DJ* 01.07.1993 — p. 13.143.

■ Defensor Público

Para dar concretude ao preceito que garante **assistência jurídica integral e gratuita** aos que comprovarem insuficiência de recursos (art. 5º, LXXIV, da CF), a Constituição Federal previu a criação da **Defensoria Pública**, instituição essencial à função jurisdicional do Estado, à qual incumbe a orientação jurídica e a defesa, em todos os graus, dos necessitados (art. 134, *caput*, da CF).

A Defensoria Pública, portanto, assumirá a defesa do acusado que não tenha defensor constituído sempre que essa atividade estiver afinada com sua finalidade institucional, que é prestar assistência aos que **comprovarem insuficiência de recursos**.

A Lei Complementar n. 80/94 assegura aos defensores públicos a prerrogativa de recebimento de **intimação pessoal** mediante entrega dos autos com vista e, ainda, de **contagem em dobro dos prazos processuais** (art. 44, I; art. 89, I; e art. 128, I).

A previsão de que a Defensoria tem, em seu favor, os prazos contados em dobro, suscitou controvérsia, já que a mesma regalia não é conferida ao Ministério Público, o que acaba por desequilibrar o embate processual, violando, assim, o princípio do tratamento isonômico das partes.

O Supremo Tribunal Federal, ao apreciar a questão, ainda sob a égide de diploma legal anterior, aplicou a **teoria da inconstitucionalidade progressiva**, afirmando que a previsão de prazo em dobro será constitucional até que a Defensoria alcance o grau de organização do Ministério Público. Cuida-se, portanto, de dispositivos legais ainda constitucionais, mas **em trânsito para a inconstitucionalidade**. A propósito: "Direito Constitucional e Processual Penal. Defensores Públicos: prazo em dobro para interposição de recursos (§ 5º do art. 1º da Lei n. 1.060, de 05.02.1950, acrescentado pela Lei n. 7.871, de 08.11.1989). Constitucionalidade. *Habeas Corpus*. Nulidades. Intimação pessoal dos Defensores Públicos e prazo em dobro para interposição de recursos. 1. Não é de ser reconhecida a inconstitucionalidade do § 5º do art. 1º da Lei n. 1.060, de 05.02.1950, acrescentado pela Lei n. 7.871, de 08.11.1989, no ponto em que confere prazo em dobro, para recurso, às Defensorias Públicas, ao menos até que sua organização, nos Estados, alcance o nível de organização do respectivo Ministério Público, que é a parte adversa, como órgão de acusação, no processo da ação penal pública. 2. Deve ser anulado, pelo Supremo Tribunal Federal, acórdão de Tribunal que não conhece de apelação interposta por Defensor Público, por considerá-la intempestiva, sem levar em conta o prazo em dobro para recurso, de que trata o § 5º do art. 1º da Lei n. 1.060, de 05.02.1950, acrescentado pela Lei n. 7.871, de 08.11.1989" (STF — HC 70.514/RS — Tribunal Pleno — Rel. Min. Sydney Sanches — *DJ* 27.06.1997 — p. 30.225). Conforme já mencionado, o prazo em dobro para os Defensores Públicos está previsto, atualmente, na Lei Complementar n. 80/94.

Ressalve-se que as sentenças prolatadas em audiência ou em plenário do Júri consideram-se publicadas no ato, e que, de acordo com o art. 798, § 5º, *b*, do Código de Processo Penal, os prazos recursais fluem a partir de tal data em relação às partes que estejam presentes. Tal regra tem aplicação plena para os defensores (constituídos ou dativos), querelantes e assistentes de acusação, bem como para o réu. Apesar da clareza do dispositivo, no que se refere ao Ministério Público e à Defensoria Pública, a 2ª Turma do Supremo Tribunal Federal já decidiu, em mais de uma ocasião, que, por seus integrantes terem, nas respectivas leis orgânicas (Lei Complementar n. 80/94 e Lei n. 8.625/93), a prerrogativa de intimação pessoal mediante o recebimento dos autos com vista, o prazo recursal só terá início a partir da data da entrada dos autos na Instituição — pouco importando a presença do representante na data anterior em que proferida e publicada a sentença. Em agosto de 2017, a 3ª Seção do Superior Tribunal de Justiça, ao analisar o tema 959, em sede de recursos repetitivos, aprovou tese no mesmo sentido: "O termo inicial da contagem do prazo para impugnar decisão judicial é, para o Ministério Público, a data da entrega dos autos na repartição administrativa do órgão, sendo irrelevante que a intimação pessoal tenha se dado em audiência, em cartório ou por mandado". Em tal julgamento a Corte fez menção à aplicação da mesma regra para os defensores públicos.

■ Defensor *ad hoc*

Defensor *ad hoc* (ou substituto) é aquele nomeado pelo juiz para **atos processuais determinados**.

Cioso da necessidade de garantir que determinados atos processuais não sejam adiados em decorrência da ausência do defensor, constituído ou dativo[34], o legislador previu a possibilidade de nomeação de defensor para **substituição** do ausente naquela ocasião (art. 265, § 2º, do CPP).

A nomeação de substituto para o ato só poderá ocorrer, todavia, se o defensor do acusado tiver sido **regularmente notificado** e desde que não tenha comprovado, **até a abertura da audiência**, motivo que justifique sua ausência. A propósito: "Não há falar em cerceamento ou deficiência de defesa pelo fato de haver o juiz nomeado defensor *ad hoc* para a audiência de início da instrução, pelo não comparecimento do defensor constituído, apesar de regularmente intimado para o ato" (STF — HC 75.059/SP — 2ª Turma — Rel. Min. Carlos Velloso — *DJ* 16.05.1997 — p. 19.953).

■ 9.5.2. Assistência a mais de um acusado

Na hipótese de litisconsórcio passivo, é possível que cada um dos corréus apresente tese antagônica à dos demais, de modo a caracterizar a **colidência de defesas**, o que pode, acaso tenham o mesmo defensor, comprometer o exercício do direito de defesa.

Deve o juiz evitar, portanto, em caso de pluralidade de acusados, nomear apenas um defensor dativo, pois é possível, em tese, que venham a sustentar versões contraditórias, tornando deficiente o desempenho defensivo.

Para que se considere haver efetiva colidência de defesas, todavia, não basta que os acusados sustentem versões discrepantes, exigindo-se que haja acusação mútua, daí porque só podem ser consideradas inconciliáveis as defesas quando um réu atri-

[34] Vicente Greco Filho. *Manual de processo penal*, 7. ed., p. 239 e Guilherme de Souza Nucci. *Código de Processo Penal comentado*, 9. ed., p. 571.

bui a outro a prática criminosa que só pode ser imputada a um único acusado, de modo que a condenação de um ensejará a absolvição do outro; ou quando o delito tenha sido praticado de maneira que a culpa de um réu exclua a do outro[35].

Malgrado haja entendimento doutrinário de que a colidência de defesas é causa de nulidade absoluta, que independe da demonstração de prejuízo[36], a jurisprudência do Supremo Tribunal Federal orienta-se no sentido de que, para a declaração de invalidade de ato ou do processo por esse motivo, é imprescindível a **comprovação do prejuízo**. Nesse sentido: "A nomeação de um só defensor para corréus com defesas colidentes por ocasião da audiência de acareação, não é capaz de acarretar a nulidade do processo, sem a demonstração de efetivo prejuízo para a defesa, de acordo com o princípio *pas de nullité sans grief*, adotado pelo art. 563 do Código de Processo Penal. Esta Suprema Corte possui precedentes no sentido de que 'a demonstração de prejuízo, a teor do art. 563, do CPP, é essencial à alegação de nulidade, seja ela relativa ou absoluta' (HC 85.155, de minha relatoria, *DJ* 15.04.2005)" (STF — HC 97.062/PE — 2ª Turma — Rel. Min. Ellen Gracie — *DJe* 23.04.2009).

Há divergência em relação a outro ponto: pode-se cogitar de nulidade por colidência de defesas quando se trata de defensor constituído? Em que pese a existência de respeitável opinião em contrário[37], o Supremo Tribunal Federal tem rechaçado alegações dessa natureza: "Não há falar em nulidade decorrente de colidência de defesa, se o defensor foi constituído pelos réus" (STF — HC 74.294/SP — 2ª Turma — Rel. Min. Carlos Velloso — *DJ* 16.05.1997 — p. 19.950).

Desse entendimento não diverge o Superior Tribunal de Justiça: "Não é possível reconhecer nulidade processual por colidência de defesas, mesmo que um único defensor represente todos os réus, quando o advogado não foi nomeado pelo juízo, mas, ao contrário, foi constituído pelo próprio réu que alega a nulidade. Isso porque incide o artigo 565 do CPP segundo o qual nenhuma das partes poderá arguir nulidade a que haja dado causa, ou para que tenha concorrido" (STJ — HC 177.695/SP — 6ª Turma — Rel. Min. Sebastião Reis Júnior — julgado em 20.08.2013 — *DJe* 06.09.2013).

■ 9.5.3. Abandono do processo

De acordo com o art. 265, *caput*, do Código de Processo Penal, "o defensor não poderá abandonar o processo senão por motivo imperioso, comunicando previamente o juiz, sob pena de multa de dez a cem salários mínimos, sem prejuízo das demais sanções cabíveis".

É possível concluir que o defensor, dativo ou constituído, incidirá em multa se deixar de praticar ato processual que lhe incumba sem ter antes comunicado ao juiz

[35] STJ — RHC 51.581/RJ — 5ª Turma — Rel. Min. Leopoldo de Arruda Raposo (Desembargador convocado do TJ/PE) — j. 23.06.2015 — *DJe* 03.08.2015.

[36] Ada Pellegrini Grinover; Antonio Magalhães Gomes Filho e Antonio Scarance Fernandes. *As nulidades no processo penal,* 12. ed., p. 86.

[37] Ada Pellegrini Grinover; Antonio Magalhães Gomes Filho e Antonio Scarance Fernandes. *As nulidades no processo penal,* 12. ed., p. 86.

a decisão de desvincular-se do feito. Anote-se que, mesmo depois de realizada a renúncia ao mandato, o defensor tem de exercer a representação pelos 10 dias seguintes à notificação do assistido (art. 5º, § 3º, da Lei n. 8.906/94), salvo se for substituído antes desse prazo, sob pena de incidir na multa e em sanção disciplinar.

9.5.4. Impedimento

O Código prevê que não funcionarão como defensores os parentes do juiz (art. 267 do CPP) e, assim, estabelece regra de impedimento fundada na ordem de precedência da atuação nos autos: se o advogado atuou anteriormente, está impedido o juiz; se foi o juiz quem primeiro atuou, está impedido o advogado[38].

9.6. CURADOR

Denomina-se curador a pessoa incumbida de suprir a falta de capacidade plena do réu submetido a incidente de insanidade (art. 149, § 2º, do CPP) ou reputado inimputável pelos peritos (art. 151 do CPP).

Para o exercício do *munus*, **não se exige habilitação técnica**, ou seja, não é necessário que seja advogado, bastando que a pessoa sobre a qual recaia o encargo demonstre maturidade para zelar pelos interesses do acusado e, eventualmente, para traduzir sua vontade. Nada impede, porém, que o próprio defensor ou procurador do acusado seja nomeado para a função, desde que goze da confiança do juízo.

Saliente-se que, malgrado haja diversos dispositivos no Código (arts. 15, 262, 449, *caput*, e 564, III, *c*, do CPP) que exigem nomeação de curador ao réu menor de 21 anos, pacificou-se o entendimento de que perderam a aplicabilidade em decorrência da superveniente alteração da legislação civil, no que respeita à idade para o alcance da maioridade, bem como em razão da revogação do art. 194 do Código de Processo Penal. A esse respeito: "Não há nulidade ante a falta de nomeação de curador no inquérito policial ao réu menor de 21 e maior de 18 anos de idade, uma vez que a Lei 10.792/2003 extinguiu a figura do curador com a revogação do art. 194, do CPP, derrogando-se, tacitamente, os arts. 15, 262 e 564, — III, *c*, parte final, todos do CPP" (STJ — HC 98.623/BA — 5ª Turma — Rel. Min. Arnaldo Esteves de Lima — *DJe* 20.10.2008).

9.7. ASSISTENTE DE ACUSAÇÃO

A existência de um autor e de um réu é sempre necessária para a existência válida do processo, razão pela qual esses sujeitos recebem a designação de partes necessárias.

Ao lado desses sujeitos, pode intervir na ação penal o **assistente de acusação**, cuja atuação, todavia, não é imprescindível para o desenvolvimento da relação processual, daí por que se diz tratar-se de **parte contingente** (ou acessória). Em nosso ordenamento, o assistente de acusação é a única parte contingente admitida no processo penal[39].

---

[38] Julio Fabbrini Mirabete. *Código de Processo Penal interpretado,* 4. ed., p. 317.

[39] Fernando da Costa Tourinho Filho. *Processo penal,* 33. ed., p. 605.

Nos termos do art. 268 do Código de Processo Penal, poderá intervir em todos os termos da ação penal, como assistente do Ministério Público, o **ofendido** ou seu **representante legal**, ou, na falta, seus sucessores (cônjuge, ascendente, descendente ou irmão — art. 31 do CPP).

Releva acentuar que a assistência tem lugar, exclusivamente, **na ação pública**, uma vez que, em se tratando de ação privada, exclusiva ou subsidiária da pública, o ofendido atuará na qualidade de querelante, ou seja, como parte necessária.

A figura do assistente distingue-se, juridicamente, da do ofendido, uma vez que esse só passará a ser sujeito processual se habilitar-se como assistente. Enquanto não se constituir assistente, portanto, o ofendido conserva a qualidade de mero participante processual[40]. O assistente, ademais, não atua pessoalmente no feito, mas por **intermédio de advogado**.

Entendemos que o **fundamento** da atuação do assistente na ação penal repousa na consideração de que o crime, além de lesar os interesses da comunidade, faz nascer no titular do bem jurídico tutelado pela norma penal o legítimo desejo de **reparação** e de **realização da justiça**.

Essa conclusão, porém, encontra opositores, já que há, em linhas gerais, duas correntes que tentam explicar a finalidade da atuação do assistente:

1) **O assistente atua tendo em vista apenas a satisfação do interesse reparatório** — para os que se filiam a esse posicionamento, o assistente não tem por função auxiliar a acusação, mas, apenas, defender seu interesse na indenização do dano causado pela conduta criminosa. Os partidários dessa corrente, dentre os quais se destaca Tourinho Filho[41], argumentam que o Código de Processo Penal autorizou a interposição de recurso pelo assistente somente em alguns casos (art. 271, *caput*), justamente nas situações que guardam relação com a sorte do interesse civil do ofendido: a) decisão de impronúncia; b) decisão que decreta a prescrição ou julga, por outro modo, extinta a punibilidade; c) apelação supletiva.

2) **O assistente atua para coadjuvar o Ministério Público na satisfação da pretensão punitiva e também para preservar seu interesse indenizatório** — Aqueles que, como nós, defendem que a finalidade da intervenção do assistente transcende a satisfação do interesse patrimonial argumentam que, se a isso se reduzisse a intervenção, a lei teria interditado a assistência quando a reparação já tivesse ocorrido ou quando o ofendido renunciasse à indenização. São próceres dessa escola: José Frederico Marques[42], Vicente Greco Filho[43] e Eduardo Espínola Filho[44].

Não é meramente teórica a importância dessa matéria, uma vez que a identificação da natureza da atuação do assistente delimita seu interesse e, em consequência, define as situações em que pode recorrer.

---

[40] Germano Marques da Silva. *Curso de processo penal,* 6. ed., v. 1, p. 355.

[41] Fernando da Costa Tourinho Filho. *Processo penal,* 33. ed., p. 610.

[42] José Frederico Marques. *Elementos de direito processual penal,* v. 2, p. 235.

[43] Vicente Greco Filho. *Manual de processo penal,* 7. ed., p. 241.

[44] Eduardo Espínola Filho. *Código de Processo Penal brasileiro anotado,* v. III, p. 328 e 333.

Em geral, aqueles que defendem que o interesse do assistente é de índole essencialmente patrimonial, advogam a impossibilidade de que recorra da sentença condenatória, pois, nesse caso, seu interesse já estará resguardado[45].

A conclusão de que o assistente atua para tutelar, ao lado da reparação do dano sofrido, seu interesse moral em ver o autor da infração punido, por sua vez, conduz à admissão de que pode recorrer também da sentença condenatória, com vistas ao agravamento da pena.

Assim como Ada Pellegrini Grinover, Antonio Magalhães Gomes Filho e Antonio Scarance Fernandes[46], defendemos que o assistente tem interesse em recorrer para agravar a pena do acusado.

O Supremo Tribunal Federal já reconheceu essa possibilidade: "Apelação criminal. O assistente do Ministério Público tem legítimo interesse para recorrer, visando o aumento da pena aplicada ao réu" (RE 96.945/RS — 2ª Turma — Rel. Min. Djaci Falcão — *DJ* 16.09.1983 — p. 7.676)[47].

Também o Superior Tribunal de Justiça reconhece o interesse do assistente para recorrer com a finalidade de agravar a pena do réu: "O assistente da acusação possui legitimidade e interesse recursal para o manejamento de recurso objetivando o agravamento da pena imposta. Precedentes." (STJ — AgRg no REsp 1.312.044/SP — 6ª Turma — Rel. Min. Maria Thereza de Assis Moura — julgado em 24.04.2014 — *DJe* 05.05.2014).

■ 9.7.1. Legitimados

O legitimado principal à assistência é o **ofendido**, que, se incapaz, será representado por um dos pais, por guardião, tutor ou curador.

No caso de morte do ofendido, **seus sucessores** legitimam-se a exercer a assistência, de acordo com a ordem prevista no art. 31 do Código de Processo Penal (cônjuge, ascendente, descendente ou irmão), observada a regra de que o comparecimento de um dos sucessores exclui a possibilidade de intervenção dos demais que não ocupem o mesmo patamar de precedência. O companheiro ou companheira do ofendido também poderá sucedê-lo, uma vez que a união estável equipara-se ao casamento[48].

Assim, a **assistência conjunta** será possível apenas quando se tratar de sucessores que não tenham precedência um sobre o outro: o pai e a mãe do ofendido morto poderão habilitar-se conjuntamente, ainda que por intermédio de advogados diferentes, assim também mais de um irmão da vítima.

Referindo-se à situação em que, em um mesmo processo, os **litisconsortes passivos** são, simultaneamente, acusados e ofendidos, o Código proíbe que o corréu inter-

---

45 Fernando Capez. *Curso de processo penal,* 18. ed., p. 245.

46 Ada Pellegrini Grinover; Antonio Magalhães Gomes Filho e Antonio Scarance Fernandes. *Recursos no processo penal*, 7. ed., p. 112.

47 Recentemente o STF reafirmou o citado precedente: HC 83582/RJ — 2ª Turma — Rel. Min. Gilmar Mendes — *DJe* 10.05.2007.

48 Fernando Capez. *Curso de processo penal,* 18. ed., p. 237.

venha como assistente do Ministério Público (art. 270 do CPP). Assim, se Tício e Caio agrediram-se reciprocamente, cada qual causando ofensa à integridade corporal do oponente, nenhum deles poderá atuar como assistente na ação em que ambos são réus. Concordamos com o entendimento[49] de que, se um dos réus for condenado e outro, absolvido, não havendo recurso por parte do Ministério Público, poderá aquele que foi condenado interpor apelação supletiva (art. 598 do CPP) visando à condenação do outro.

O Código de Processo Penal prevê que as **associações de titulares de direitos de autor** poderão, em seu próprio nome, funcionar como assistente da acusação nos crimes previstos no art. 184 do Código Penal (violação de direito autoral), quando praticado em detrimento de qualquer de seus associados (art. 530-H do CPP).

Em regra, a **Administração Pública** não pode ser aceita como assistente, pois o Ministério Público é o órgão estatal incumbido da persecução penal, mas há previsão legal de intervenção de pessoas jurídicas de direito público em algumas hipóteses especiais:

a) órgãos federais, estaduais ou municipais interessados, nos casos de **crime de responsabilidade de Prefeito** (art. 2º, § 1º, do Decreto-lei n. 201/67);

b) a Ordem dos Advogados do Brasil — **OAB**, nos processos em que advogado figure como acusado ou ofendido (art. 49, parágrafo único, da Lei n. 8.906/94);

c) a Comissão de Valores Mobiliários — **CVM** e o **Banco Central do Brasil**, nas hipóteses de crime contra o Sistema Financeiro Nacional praticado em decorrência de atividade sujeita à fiscalização por aqueles órgãos (art. 26, parágrafo único, da Lei n. 7.492/86);

d) a União, os Estados, os Municípios e o Distrito Federal, bem como as entidades e órgãos da Administração Pública, direta ou indireta, ainda que sem personalidade jurídica, especificamente destinados à defesa dos interesses e direitos do consumidor e, ainda, as associações constituídas há pelo menos um ano e que incluam entre seus fins institucionais a defesa dos interesses e direitos do consumidor, nos **crimes contra as relações de consumo** (art. 80 da Lei n. 8.078/90).

■ 9.7.2. Processamento da habilitação

O assistente pode ser admitido em **qualquer momento do processo**: desde o recebimento da denúncia até o trânsito em julgado a sentença. **Não** é cabível a assistência, portanto, na fase do inquérito ou da execução da pena. No que diz respeito ao julgamento pelo Júri, o assistente somente será admitido se tiver requerido sua habilitação até **5 dias** antes da data da sessão na qual pretenda atuar (art. 430 do CPP).

Ajuizado o pedido de admissão, o juiz ouvirá o Ministério Público (art. 272 do CPP), mostrando-se desnecessária, no entanto, a colheita da manifestação da defesa.

---

[49] Fernando da Costa Tourinho Filho. *Processo penal,* 33. ed., p. 628-629.

O juiz, que não estará adstrito à opinião do Ministério Público, deve analisar apenas a legalidade da admissão (em geral, a legitimidade do pretendente), sem que possa indeferir a habilitação por razões de conveniência.

A decisão que admite ou não o pedido de habilitação é **irrecorrível** (art. 273 do CPP), mas ficará exposta a impugnação por mandado de segurança quando o interessado dispuser de prova pré-constituída de que seu direito líquido e certo à assistência foi desrespeitado.

Uma vez admitido, o assistente receberá a causa **no estado em que se achar** (art. 269 do CPP), a partir do que será notificado para participar de todos os atos ulteriores do processo. O processo, todavia, prosseguirá independentemente de nova notificação do assistente, quando, notificado, deixar ele de comparecer a qualquer dos atos injustificadamente (art. 271, § 2º, do CPP).

■ 9.7.3. Atribuições do assistente

A atuação do assistente é restrita[50], podendo praticar somente os atos taxativamente previstos em lei:

a) Propor meios de prova (art. 271, *caput*, do CPP) — o assistente pode sugerir a realização de diligências probatórias (perícias, buscas e apreensões, juntada de documentos etc.), cabendo ao juiz, depois de ouvir o Ministério Público (art. 271, § 1º, do CPP), analisar a pertinência das providências.

Conquanto não haja dúvida de que o assistente pode requerer a oitiva de pessoas como testemunhas do juízo (art. 209 do CPP), subsiste controvérsia sobre a possibilidade de arrolar testemunhas.

Vicente Greco Filho[51], Tourinho Filho[52] e Fernando Capez[53] defendem a inviabilidade da indicação de testemunhas, pois o assistente passa a intervir após o recebimento da denúncia, oportunidade em que já estaria preclusa a faculdade controvertida. Julio Fabbrini Mirabete[54] e Eduardo Espínola Filho[55], por outro lado, afirmam ser possível admitir a assistência e, concomitantemente, deferir a oitiva de testemunhas por ela arroladas, desde que, se somadas àquelas arroladas na denúncia, não se exceda o número máximo previsto em lei.

Não vemos razão para interditar ao assistente a faculdade de arrolar testemunhas, desde que as da denúncia não tenham alcançado o limite legal, já que não é razoável falar-se que a preclusão ocorre antes mesmo de seu ingresso no processo. Além disso, o assistente, que esteve diretamente envolvido no fato em apuração, tem

---

[50] Vicente Greco Filho. *Manual de processo penal,* 7. ed., p. 243.

[51] Vicente Greco Filho. *Manual de processo penal,* 7. ed., p. 243-244.

[52] Fernando da Costa Tourinho Filho. *Processo penal,* 33. ed., p. 623.

[53] Fernando Capez. *Curso de processo penal,* 18. ed., p. 242-243.

[54] Julio Fabbrini Mirabete. *Código de Processo Penal interpretado,* 4. ed., p. 324.

[55] Eduardo Espínola Filho. *Código de Processo Penal brasileiro anotado,* v. III, p. 333.

acesso a informações de difícil obtenção pelo Ministério Público, o que lhe permite contribuir, muitas vezes, com a indicação de testemunhas essenciais à descoberta da verdade.

b) Dirigir perguntas às testemunhas (art. 271, *caput*, do CPP) — a inquirição pelo assistente, dirigida às testemunhas de acusação ou de defesa, sempre sucede aquela levada a efeito pelo Ministério Público.

c) Aditar os articulados (art. 271, *caput*, do CPP) — embora o Código tenha empregado o termo *aditar*, cuida-se de previsão da possibilidade de manifestação autônoma por meio de memorial (arts. 403, § 3º, e 404, parágrafo único, do CPP), com o qual exercerá atividade argumentativa destinada a influir no convencimento do juiz.

d) Participar do debate oral — Faculta-se ao assistente participar das alegações orais no procedimento ordinário (art. 403, § 2º, do CPP), sumário (art. 534, § 2º, do CPP), assim também na fase do sumário da culpa nos processos de competência do Tribunal do Júri (art. 411, § 6º, do CPP), dispondo, em todos os casos, de dez minutos, depois de concluída a fala do Ministério Público, hipótese em que o tempo destinado à manifestação da defesa será acrescido de igual período.

Tal prerrogativa também é assegurada ao assistente no julgamento em Plenário pelo Tribunal do Júri (art. 476, § 1º, do CPP) e nos processos de competência originária dos tribunais (art. 12, I, da Lei n. 8.038/90).

O art. 477, § 1º, do Código de Processo Penal prevê que, por ocasião dos debates no julgamento pelo Júri, havendo mais de um acusador ou mais de um defensor, deverão combinar entre si a distribuição do tempo, que, na falta de acordo, será dividido pelo juiz-presidente. Entendemos que, na falta de acordo entre o membro do Ministério Público e o assistente, o tempo para a acusação deve ser dividido pelo juiz de acordo com a norma do art. 12 da Lei n. 8.038/90, que assegura ao assistente um quarto do tempo da acusação.

e) Arrazoar os recursos interpostos pelo Ministério Público — o assistente pode apresentar razões autônomas em qualquer recurso interposto pelo Ministério Público e, embora não haja previsão legal, pode, também, apresentar contrarrazões quando da interposição de recurso pela defesa. O prazo para o assistente arrazoar a apelação é de 3 dias (art. 600, § 1º, do CPP), ao passo que, no tocante ao recurso em sentido estrito, o prazo deve ser idêntico ao conferido às partes (art. 588, *caput*, do CPP).

f) Formular quesitos e indicar assistente técnico (art. 159, § 3º, do CPP) — quando for necessária a produção de prova pericial, ao assistente é assegurado o direito de formular quesitos e de indicar assistente técnico.

g) Requerer o desaforamento de julgamento afeto ao Tribunal do Júri (art. 427, *caput*, do CPP) — o assistente, assim como o Ministério Público, o querelante e o acusado, por meio de requerimento, e o juiz, por meio de representação, podem provocar o Tribunal a desaforar julgamento em caso de interesse da ordem pública, dúvida sobre a imparcialidade do júri ou risco para segurança do acusado.

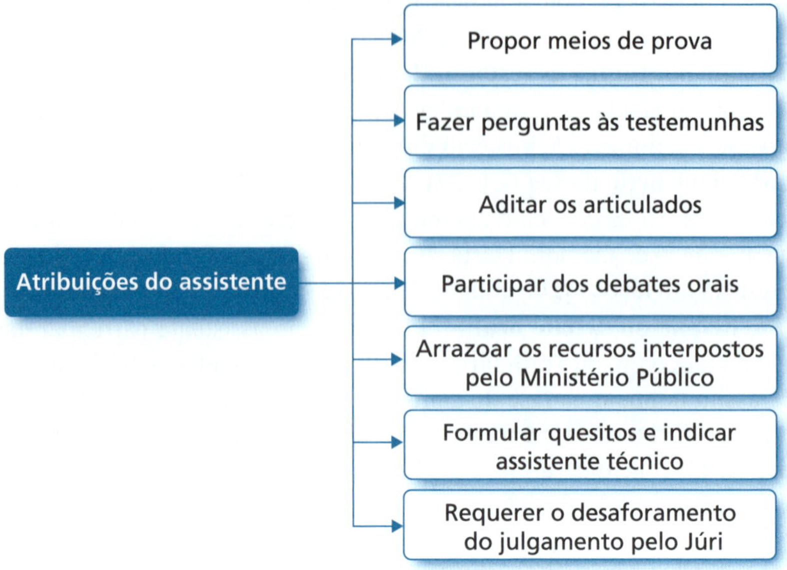

9.7.4. Legitimidade recursal

O Código prevê a possibilidade de o ofendido (ou seus sucessores), **mesmo que não se tenha habilitado como assistente**, interpor recurso em situações específicas, as quais pressupõem, contudo, que o Ministério Público não tenha recorrido.

É importante realçar que tanto o ofendido que atua na qualidade de assistente como o ofendido que não se habilitou previamente podem recorrer nessas situações, mostrando-se indiferente, até mesmo, se houve precedente indeferimento do pedido de ingresso como assistente.

Na medida em que a legitimidade recursal do ofendido exsurge quando o Ministério Público não exerce a faculdade de recorrer, esses recursos denominam-se **supletivos**.

São três os as hipóteses em que o ofendido (assistente ou não) pode recorrer supletivamente:

1) **apelação contra a decisão de impronúncia** (art. 584, § 1º, do CPP);

2) **recurso em sentido contra decisão que declara extinta a punibilidade do acusado** (art. 584, § 1º, do CPP);

3) **apelação contra sentença relativa a crimes de competência do Tribunal do Júri ou do juiz singular** (art. 598, *caput*, do CPP).

No tocante à controvérsia sobre a possibilidade de o assistente recorrer da sentença condenatória, remetemos o leitor às considerações feitas quando da análise do fundamento de sua atuação no processo penal (*supra*).

A apelação supletiva, nos termos do disposto no art. 598, *caput*, do Código de Processo Penal, não terá efeito suspensivo.

O prazo para interposição dos recursos depende de estar o ofendido habilitado ou não como assistente:

Se **habilitado**, o prazo é o mesmo previsto para as partes, ou seja, de **5 dias** (arts. 586 e 593 do CPP) e será contado:

a) do término do prazo para o Ministério Público, se o assistente for intimado antes dele, nos termos da Súmula n. 448 do STF ("O prazo para o assistente recorrer, supletivamente, começa a correr imediatamente após o transcurso do prazo do Ministério Público");

b) da intimação do assistente, quando intimado após o Ministério Público.

Acaso não se tenha habilitado como assistente, o prazo para recorrer será sempre de **15 dias** e correrá do dia em que **terminar o do Ministério Público** (art. 598, parágrafo único, do CPP).

Apesar da inexistência de previsão legal, tem-se entendido que o assistente pode, ainda, interpor outros recursos tendentes a fazer valer os poderes que lhe são expressamente conferidos. Assim, poderá recorrer em sentido estrito se a apelação supletiva for denegada (art. 581, XV, do CPP), bem assim interpor recurso extraordinário, desde que tal recurso tenha por objeto uma daquelas hipóteses previstas nos arts. 584, § 1º, e 598, ambos do Código de Processo Penal (Súmula n. 210 do STF: "O assistente do Ministério Público pode recorrer, inclusive extraordinariamente, na ação penal, nos casos dos arts. 584, § 1º, e 598 do Código de Processo").

Não lhe é dado, porém, manejar recursos que não guardem relação com as suas atribuições, que são estabelecidas de forma taxativa, daí por que o Supremo Tribunal Federal editou a Súmula n. 208: "O assistente do Ministério Público não pode recorrer, extraordinariamente, de decisão concessiva de *habeas corpus*".

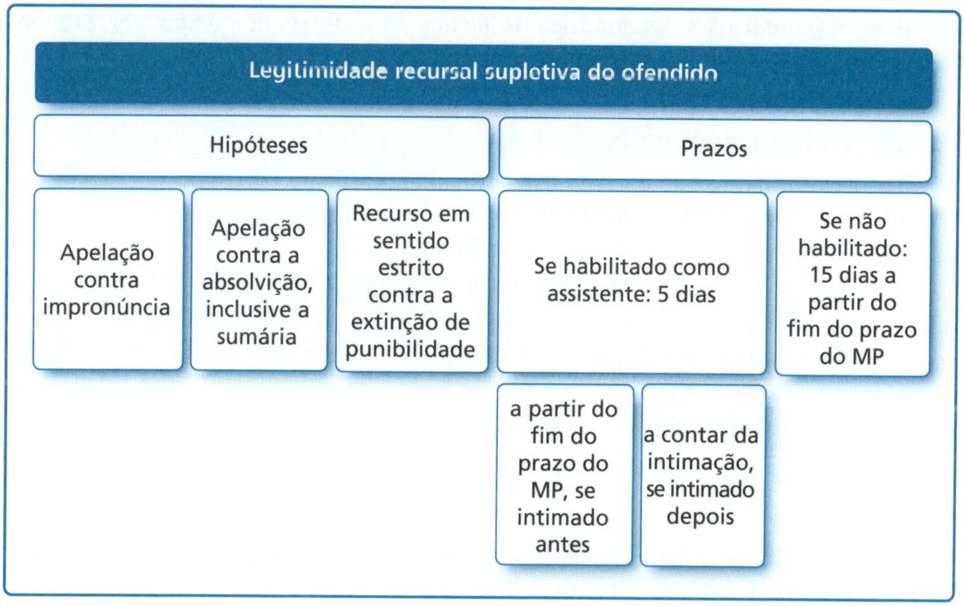

9.8. AUXILIARES DA JUSTIÇA

Os auxiliares da justiça não são, propriamente, sujeitos processuais, já que não participam da relação processual, mas apenas auxiliam o juiz, esse, sim, sujeito da relação jurídica processual.

Para que possa oferecer a tutela jurisdicional invocada pelas partes, porém, o juízo necessita da colaboração de órgãos auxiliares, aos quais incumbe a realização de tarefas que não podem ser efetivadas pessoalmente pelo magistrado (documentação dos atos processuais, realização de diligências fora da sede do juízo, guarda de bens apreendidos etc.).

Esses órgãos auxiliares podem ser:

a) permanentes — os órgãos que atuam em todos os processos em trâmite pelo juízo (escrivão, oficial de justiça, distribuidor etc.);
b) eventuais — que intervêm somente em alguns processos, nos quais realizarão tarefas especiais (intérpretes, peritos etc.).

O **escrivão**[56] é o auxiliar do juízo, encarregado de chefiar o cartório, de documentar os atos processuais (inclusive participando de audiências ou designando escreventes para tal fim), de redigir ofícios, mandados e cartas precatórias, de guardar os autos etc. Sob a responsabilidade do escrivão oficiam os **escreventes** e **auxiliares**.

Os atos externos, ou seja, aqueles cuja execução deva dar-se fora da sede do juízo, são praticados pelo **oficial de justiça**, a quem incumbe cumprir as ordens do juiz, procedendo às intimações e notificações, citações, prisões, avaliações, além de buscas e apreensões.

Têm **fé pública**, isto é, gozam de presunção relativa de veracidade, os escritos e certidões firmados por esses órgãos auxiliares.

Aos serventuários e funcionários da Justiça aplicam-se, no que couber, prescrições sobre a **suspeição** dos juízes (art. 274 do CPP).

9.8.1. Peritos e intérpretes

Nos casos em que a solução de determinada questão de fato depender de **conhecimentos técnicos, científicos ou artísticos especializados**, o juiz valer-se-á de profissional qualificado para auxiliá-lo: o **perito**.

Tratando-se de *munus*, a nomeação pelo juiz obriga o perito a aceitar o encargo, salvo escusa atendível (art. 277, *caput*, do CPP), o que faz nascer os seguintes deveres: acudir à intimação ou chamado da autoridade; comparecer no dia e local designados para o exame; e apresentar o laudo ou concorrer para que a perícia seja realizada no prazo estabelecido (art. 277, parágrafo único, do CPP).

O perito que se recusar a aceitar o encargo sem justo motivo, ou deixar de obede-

[56] As leis de organização judiciária muitas vezes atribuem outras designações a esse órgão auxiliar, tais como diretor de serviços, diretor de divisão etc.

cer aos deveres legais, incorrerá em multa (art. 277 do CPP) e, no caso de não comparecimento injustificado, poderá ser conduzido coercitivamente (art. 278 do CPP).

Além das hipóteses de suspeição relativas aos juízes, que lhe são extensivas (art. 280 do CPP), não poderá funcionar como perito a pessoa que:

a) estiver sujeita à interdição de direitos — isto é, encontrar-se proibida de exercer a atividade ou ofício em virtude de pena restritiva de direitos;

b) tiver prestado depoimento no processo ou opinado anteriormente sobre o objeto da perícia;

c) for analfabeta ou menor de 21 anos.

O Código de Processo Penal também tratou dos **intérpretes**, que são os auxiliares eventuais a quem se atribui a tarefa de verter à língua portuguesa as declarações das testemunhas que não conhecerem o idioma nacional ou dos deficientes sensoriais que não puderem manifestar-se por escrito.

Os intérpretes são equiparados, para todos os efeitos, aos peritos (art. 281 do CPP).

Nos Juizados Especiais Criminais, existe a figura do **conciliador** (art. 60 da Lei n. 9.099/95), que, sob a orientação dos juízes, deve atuar na audiência preliminar com o objetivo de conduzir as partes a uma composição. A existência da figura do conciliador e a forma pela qual será recrutado dependem da edição de lei no âmbito de cada Estado federado.

■ 9.9. QUESTÕES

1. (Ministério Público/SP — 2008) Assinale a alternativa incorreta.

a) admite-se a intervenção do assistente do Ministério Público após a sentença absolutória, na ausência do trânsito em julgado.

b) na ausência de recurso do Ministério Público, pode o assistente de acusação recorrer da decisão que rejeita a denúncia por inépcia.

c) não cabe recurso em sentido estrito da decisão que admitir ou não admitir o assistente de acusação.

d) pode o ofendido, particular, habilitar-se como assistente do Ministério Público em crimes contra a Administração Pública.

e) não se aplicam ao assistente de acusação os impedimentos previstos em lei para o juiz e o órgão do Ministério Público.

2. (Ministério Público/SP — 2006) Assinale a afirmação incorreta.

a) o direito à ampla defesa abrange a autodefesa.

b) a retirada do réu da sala de audiência não precisa ser motivada pelo juiz.

c) o direito de o réu estar presente à produção da prova testemunhal decorre do direito à autodefesa.

d) o direito à autodefesa é renunciável.

e) a retirada do réu da sala de audiência, quando sua presença ou atitude possa prejudicar a verdade do depoimento, não viola o direito à autodefesa.

3. (Magistratura/SP — 2007) Assinale a alternativa correta.

a) pode ser colhida prova criminal no gabinete do Promotor de Justiça, sob sua presidência.

b) em ação penal privada, admite-se a assistência de acusação.

c) o assistente da acusação pode recorrer de sentença absolutória se não o houver feito o Promotor de Justiça.

d) o assistente de acusação pode arrolar e ouvir testemunhas mesmo que já se tenha verificado o limite máximo de depoentes.

4. (Magistratura/SP — 2008) Em face da garantia (CF, art. 5º, LVIII) de que "o preso será informado de seus direitos, entre os quais o de permanecer calado, sendo assegurada a assistência de família e de advogado", assinale a alternativa correta.

a) É imprescindível a assistência de advogado, na delegacia de polícia, ao preso.
b) É suficiente garantir ao preso, na delegacia de polícia, a possibilidade de ser assistido por advogado.
c) Não é permitida a assistência de advogado ao preso, na delegacia, uma vez que na fase policial vigora o princípio inquisitivo.
d) Somente é necessária a assistência de advogado ao preso, se maior de 18 (dezoito) e menor de 21 (vinte e um) anos.

5. (Magistratura/SP — 2008) É correto afirmar que a impossibilidade de identificar o acusado com o seu nome e outros dados qualificativos

a) impede o oferecimento de denúncia.
b) obsta a prolação da sentença.
c) constitui obstáculo à execução da sentença.
d) não retarda a ação penal quando certa a identidade física do acusado.

6. (Ministério Público/SP — 2003) Tratando-se de suspeição é correto afirmar que:

a) a recusa do Juiz leigo deve ser arguida oralmente, com motivação, ao Juiz-Presidente do Júri. O não reconhecimento da suspensão é irrecorrível.
b) a recusa do Juiz leigo deve ser requerida por escrito, com motivação, ao Juiz-Presidente do Júri. O não reconhecimento da suspeição é recorrível.
c) não é possível opor exceção.
d) a recusa do Juiz leigo deve ser requerida por escrito, sem motivação, ao Juiz-Presidente do Júri. O não reconhecimento da suspeição é irrecorrível.
e) a recusa do Juiz leigo deve ser arguida oralmente, sem motivação, ao Juiz-Presidente do Júri. O não reconhecimento da suspeição é recorrível.

7. (Magistratura/PR — 2006) Acerca da suspeição e do impedimento no Processo Penal, assinale a alternativa correta:

a) a participação de membro do Ministério Público na fase investigatória criminal não acarreta o seu impedimento ou suspeição para o oferecimento da denúncia.
b) as hipóteses de suspeição e impedimento não se limitam ao juiz, podendo igualmente ser opostas a membro do Ministério Público, serventuário da justiça, perito ou autoridade policial.
c) a arguição de suspeição, que precederá as demais, poderá ser feita pela parte ou por procurador legalmente constituído com poderes gerais.
d) está impedido de atuar no processo o juiz que for credor ou devedor de qualquer das partes.

8. (OAB — 2008.3 — CESPE/UnB) De acordo com o CPP, considera-se impedido o juiz:

a) que seja amigo íntimo ou inimigo capital de qualquer das partes.
b) cujo cônjuge ou parente, consanguíneo ou afim, em linha reta ou colateral até o terceiro grau, inclusive, tenha funcionado como defensor ou advogado, órgão do Ministério Público, autoridade policial, auxiliar da justiça ou perito.
c) que tenha aconselhado qualquer das partes.
d) que esteja respondendo a processo por fato análogo, sobre cujo caráter criminoso haja controvérsia.

9. (OAB — 2008.1 — CESPE/UnB) Acerca dos sujeitos processuais, assinale a opção correta:

a) a vítima pode intervir no processo penal por intermédio de advogado, como assistente de acusação, depois de iniciada a ação penal e enquanto não transitada em julgado a decisão final.

b) o assistente da acusação pode arrolar testemunhas e recorrer da decisão que rejeita a denúncia, pronuncia ou absolve sumariamente o réu, tendo o recurso efeito suspensivo.

c) o juiz deve declarar-se suspeito caso seja amigo ou inimigo das partes, esteja interessado no feito ou quando a parte o injuriar de propósito.

d) a participação de membro do Ministério Público no inquérito policial acarreta o seu impedimento para o oferecimento da denúncia.

10. (Delegado de Polícia/SP — 2014 — Vunesp) A respeito do direito ao silêncio do acusado no inquérito policial, é correto afirmar que

a) não importará em confissão, mas em presunção de culpabilidade.

b) importará em confissão.

c) importará em confissão, exceto se o acusado manifestar o direito constitucional de somente falar em juízo.

d) não importará em confissão, entretanto, poderá constituir elemento para formação do convencimento do juiz em eventual processo penal.

e) não importará em confissão.

11. (Magistratura/SP — 2017) No tocante aos sujeitos do processo, é correto afirmar que

a) o juiz não poderá exercer a jurisdição no processo em que tiver funcionado como juiz de outra instância, pronunciando-se, de fato ou de direito, sobre a questão, mas não há nulidade no julgamento ulterior pelo Júri com a participação de jurado que funcionou em julgamento anterior do mesmo processo.

b) o assistente será admitido enquanto não passar em julgado a sentença e receberá a causa no estado em que se achar, podendo recorrer, inclusive extraordinariamente, de decisão concessiva de *habeas corpus*.

c) a participação de membro do Ministério Público na fase investigatória criminal acarreta o seu impedimento ou suspeição para o oferecimento da denúncia.

d) a audiência poderá ser adiada se, por motivo justificado, o defensor não puder comparecer, a ele incumbindo provar o impedimento até a abertura do ato; se não o fizer, deve o juiz nomear defensor substituto, ainda que provisoriamente ou só para o efeito do ato.

■ GABARITO ■

1. "b".
2. "b".
3. "c".
4. "b".
5. "d".
6. "a".
7. "a".
8. "b".
9. "a".
10. "e".
11. "d".

10

PRISÃO PROVISÓRIA

10.1. INTRODUÇÃO

Em matéria criminal existem **duas** modalidades de prisão.

A primeira refere-se ao cumprimento de **pena** por parte de pessoa **definitivamente condenada** a quem foi imposta pena privativa de liberdade na sentença. Essa forma de prisão, denominada prisão **pena**, é regulamentada na Parte Geral do Código Penal (arts. 32 a 42) e também pela Lei de Execuções Penais (Lei n. 7.210/84). Seu cumprimento se dá em regime **fechado**, **semiaberto** ou **aberto**, podendo o réu progredir de regime mais severo para os mais brandos após o cumprimento de parte da pena e desde que tenha demonstrado méritos para a progressão.

Em segundo lugar existe a prisão **processual**, decretada quando existe a necessidade de segregação **cautelar** do autor do delito durante as **investigações** ou o tramitar da **ação penal** por razões que a própria legislação processual elenca. Esta modalidade de prisão, também chamada de **provisória** ou **cautelar**, é regulamentada pelos arts. 282 a 318 do Código de Processo Penal, bem como pela Lei n. 7.960/89.

O princípio constitucional da **presunção de inocência**, segundo o qual ninguém **será considerado culpado até o trânsito em julgado de sentença penal condenatória** (art. 5º, LVII, da CF), **não impede** a decretação da prisão processual, uma vez que a própria Constituição, em seu art. 5º, LXI, prevê a possibilidade de prisão em **flagrante** ou por ordem **escrita** e **fundamentada** do **juiz** competente. A prisão processual, entretanto, é medida **excepcional**, que só deve ser decretada ou mantida quando houver efetiva **necessidade** (grande periculosidade do réu, evidência de que irá fugir do país etc.). Além disso, o tempo que o indiciado ou réu permanecer cautelarmente na prisão será descontado de sua pena em caso de futura condenação (**detração** penal).

No Código de Processo Penal são previstas duas formas de prisão processual: a prisão em **flagrante** e a **preventiva**. Aliás, após o advento da Lei n. 12.403/2011, a prisão decorrente do flagrante passou a ter brevíssima duração, pois o delegado enviará ao juiz cópia do auto em até 24 horas após a prisão, e este, imediatamente, deverá convertê-la em preventiva ou conceder liberdade provisória. A terceira modalidade de prisão cautelar é a prisão **temporária**, regulamentada em lei especial — Lei n. 7.960/89.

Na redação originária do Código de Processo Penal existiam outras duas formas de prisão processual com regras próprias: prisão por sentença condenatória **recorrível** e prisão por **pronúncia**. Tais modalidades de prisão, todavia, deixaram de existir em decorrência das Leis n. 11.689/2008 e 11.719/2008.

O art. 283 do CPP, alterado pela Lei n. 12.403/2011, prevê que ninguém poderá ser preso senão em **flagrante** delito ou por ordem escrita e fundamentada da autoridade judiciária competente, em decorrência de sentença condenatória transitada em julgado[1] ou, no curso da investigação ou do processo, em virtude de prisão **temporária** ou prisão **preventiva**.

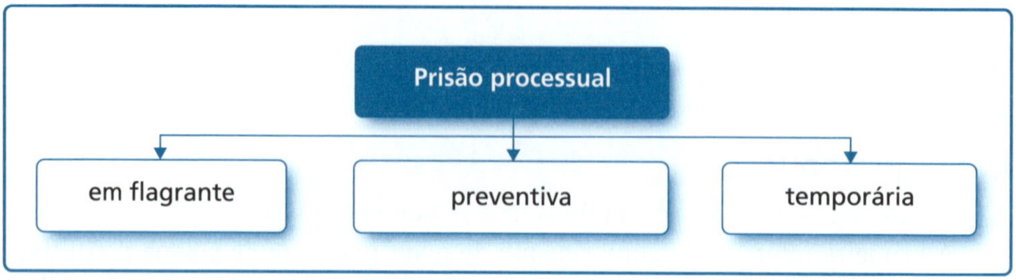

■ 10.2. PRISÃO EM FLAGRANTE

Trata-se de modalidade de prisão processual expressamente prevista no art. **5º, LXI, da Constituição Federal**, e regulamentada nos **arts. 301 a 310 do Código de Processo Penal**.

Em princípio, a palavra "flagrante" indica que o autor do delito foi visto praticando ato executório da infração penal e, por isso, acabou preso por quem o flagrou e levado até a autoridade policial. Ocorre que o legislador, querendo dar maior alcance

[1] Em fevereiro de 2016, o Plenário do Supremo Tribunal Federal passou a entender que a expedição de mandado de prisão após o julgamento da apelação não ofende o princípio da presunção de inocência: "CONSTITUCIONAL. *HABEAS CORPUS*. PRINCÍPIO CONSTITUCIONAL DA PRESUNÇÃO DE INOCÊNCIA (CF, ART. 5º, LVII). SENTENÇA PENAL CONDENATÓRIA CONFIRMADA POR TRIBUNAL DE SEGUNDO GRAU DE JURISDIÇÃO. EXECUÇÃO PROVISÓRIA. POSSIBILIDADE. 1. A execução provisória de acórdão penal condenatório proferido em grau de apelação, ainda que sujeito a recurso especial ou extraordinário, não compromete o princípio constitucional da presunção de inocência afirmado pelo artigo 5º, inciso LVII da Constituição Federal. 2. *Habeas corpus* denegado" (HC 126.292 — Rel. Min. Teori Zavascki — Tribunal Pleno — julgado em 17.02.2016 — *DJe*-100 16.05.2016 — public. 17.05.2016). Tal matéria foi novamente apreciada pelo Pleno da Corte Suprema, desta vez sob a perspectiva da constitucionalidade do art. 283 do Código de Processo Penal (que menciona que a prisão só pode se efetivar após o trânsito em julgado da sentença condenatória), quando o Tribunal, por maioria, reafirmando o que decidira no HC 126.292, indeferiu liminares pleiteadas em Ações Declaratórias de Constitucionalidade (ADC 43 e ADC 44), em julgamento ocorrido em 5 de outubro de 2016. Por fim, em 10 de novembro de 2016, no julgamento do ARE 964.246, no qual foi reconhecida a repercussão geral (tema 925), o Plenário do Supremo Tribunal Federal reafirmou que, após o julgamento do recurso pela segunda instância, deve ser imediatamente iniciada a execução provisória da pena com a expedição de mandado de prisão (em caso de condenação a pena privativa de liberdade), ainda que haja interposição de recurso especial ou extraordinário. Dois foram os principais fundamentos para essa nova postura da Corte Maior: a) a impossibilidade da revisão de fatos e provas nos recursos dirigidos às Cortes Superiores; b) a possibilidade da tutela de eventuais constrangimentos ilegais decorrentes da prisão após a decisão de segunda instância por meio de *habeas corpus*.

ao conceito de flagrância, estabeleceu, no art. 302 do Código de Processo Penal, **quatro hipóteses** em que referido tipo de prisão é possível, sendo que, em algumas delas, o criminoso até já deixou o local do crime.

■ 10.2.1. Hipóteses de prisão em flagrante

■ Flagrante próprio ou real

Sob tal denominação estão abrangidas as hipóteses dos incisos I e II do art. 302 do CPP.

Inciso I — Considera-se em flagrante delito quem está cometendo a infração penal. Conforme mencionado, trata-se de situação em que o sujeito é visto durante a realização dos atos executórios da infração penal ou colaborando para sua concretização. Assim, pode ser preso em flagrante, por exemplo, aquele que for visto efetuando os disparos contra a vítima do homicídio ou apontando a arma para a vítima do roubo.

O fato de ser preso em flagrante o **autor** do crime **não possibilita** a prisão de **partícipes** que não estejam em situação flagrancial. Ex.: em um dia João incentiva Paulo a matar Antonio. Dias depois, Paulo é preso matando a vítima. O envolvimento de João é punível, mas sua participação ocorreu dias antes e ele não pode ser preso em flagrante. Ao contrário, se o partícipe estivesse no próprio local do crime incentivando o assassino a desferir as facadas mortais na vítima e ambos fossem flagrados nesse momento, a prisão em flagrante envolveria o autor do crime e o partícipe.

No crime de **participação em suicídio**, a consumação se dá no momento em que a vítima realiza o ato suicida e **morre** ou sofre **lesão grave** (art. 122 do CP). A conduta de incentivar o suicídio é atípica se a vítima não chega a cometer o ato suicida ou se o realiza e sofre apenas lesões leves. Assim, não é válida a prisão em flagrante daquele que incentiva a vítima a pular do prédio, caso esta não o faça. Se o fato é atípico a prisão obviamente é incabível. Interessante é que, se a vítima pular, a prisão em flagrante será perfeitamente possível.

Também é comum que policiais prendam alguém em flagrante por crime de **receptação** por estar com um carro roubado em sua garagem. Ocorre que tal pessoa comprou o carro de procedência ilícita muito tempo atrás e, no dia em que os policiais o localizaram em sua casa, ele não estava realizando qualquer dos atos executórios do art. 180 do Código Penal — adquirir, receber, ocultar, conduzir ou transportar. Lembre-se que guardar o carro na própria garagem não constitui ocultação. A prisão em flagrante neste caso é equivocada e deve ser relaxada porque a conduta "adquirir" não constitui crime permanente e o mero ato de estar na posse do carro, em si, não constitui ato executório da receptação. Ao contrário, a prisão seria considerada correta se o agente tivesse sido flagrado dirigindo o carro roubado, pois uma das condutas típicas previstas é exatamente a de "conduzir" veículo de origem ilícita.

Em certos crimes a realização de ato executório **dispensa** a presença do agente no local. Ex.: policiais entram na casa de João da Silva e lá encontram três quilos de cocaína. João está no clube, e não na própria casa, porém pode ser preso em flagrante naquele local, já que a conduta típica "guardar" constitui crime permanente.

Inciso II — Considera-se em flagrante delito quem acaba de cometer a infração. Considerando que nas modalidades flagranciais dos incisos III e IV do art. 302 do CPP o agente é preso após **deixar o local** do crime, resta para esta modalidade do inciso II a hipótese em que o sujeito é encontrado **ainda no local dos fatos**, imediatamente após encerrar os atos de execução do delito. É o que ocorre quando vizinhos acionam a polícia por ouvir disparos dentro de uma residência e os policiais, lá chegando, encontram a vítima morta e o homicida ao lado. É evidente, todavia, a necessidade de indícios veementes de que a pessoa encontrada no local é a autora do delito, já que pode se tratar de pessoa que chegou à casa após o assassinato e a fuga do criminoso. A prisão será possível, por exemplo, se a pessoa que estava ao lado da vítima morta estiver na posse da arma usada no crime, ou se os vizinhos disserem aos policiais que ninguém saiu ou entrou da residência após o crime ou até mesmo se a pessoa confessar ter sido a autora dos disparos.

Na prática, é muito comum esta modalidade de prisão em flagrante quando ladrões são presos no exato instante em que saem do estabelecimento comercial onde praticavam o roubo.

■ Flagrante impróprio ou quase flagrante

De acordo com o art. 302, III, do CPP, **considera-se em flagrante delito quem é perseguido, logo após, pela autoridade, pelo ofendido ou por qualquer pessoa, em situação que faça presumir ser o autor da infração.**

Premissa dessa modalidade de prisão em flagrante é que o agente **já tenha deixado o local do crime**, após a realização de atos executórios, e que seja **perseguido**. A lei esclarece que tal perseguição pode se dar por parte da **autoridade** (policiais civis ou militares), do **ofendido** (vítima) ou **de qualquer outra pessoa** — o que, aliás, tornaria desnecessária a menção aos demais.

Não é necessário que a perseguição tenha se iniciado de imediato, muito embora seja evidente a possibilidade de flagrante em tal caso. A perseguição é imediata quando alguém se põe no encalço do agente logo que ele inicia sua fuga do local do delito. Ex.: mulher coloca sua bolsa sobre um balcão para efetuar o pagamento das compras e o ladrão rapidamente pega a bolsa e sai correndo, porém, um segurança da loja corre atrás e, após persegui-lo por algumas quadras, consegue alcançá-lo e prendê-lo. O próprio texto legal, contudo, esclarece ser também possível o flagrante impróprio quando a perseguição se inicia **logo após** o agente deixar o local dos fatos. A expressão "**logo após**" abrange o tempo necessário para que a polícia seja acionada, compareça ao local, tome informações acerca das características físicas dos autores do crime e da direção por eles tomada, e saia no encalço destes. Uma vez iniciada a perseguição logo após a prática do crime, **não existe prazo** para sua efetivação, desde que referida perseguição seja **ininterrupta**. Por isso, a perseguição pode durar **vários dias**, desde que os policiais estejam o tempo todo em diligências, no encalço dos criminosos (fato que, em geral, só ocorre em crimes de maior gravidade). Ao contrário do que se possa imaginar, iniciada a perseguição, **não existe prazo de 24 horas** para a efetivação da prisão em flagrante. O que existe na lei é um prazo de 24 horas para a lavratura do **auto** de prisão após esta ter se efetivado (art. 306, § 1º). Tampouco a palavra "perseguição" supõe que os fugitivos estejam na esfera **visual** dos perseguidores, mas tão somente que os últimos estejam no **encalço** dos autores do crime, à sua procura. Nesse sentido: "é cediço que iniciada a perseguição logo após o crime, sendo ela incessante nos termos legais, não importa o tempo decorrido entre o momento do crime e a prisão dos seus autores. Tem-se admitido pacificamente que esse tempo pode ser de várias horas ou mesmo dias (...). Observa-se que logo após a prática infracional a vítima acionou a polícia através do Copom, que obviamente logrou passar as informações a toda sua equipe com vistas à colheita de informações que levassem à identificação dos supostos autores, desencadeando uma rápida investigação policial que resultou na prisão do paciente e do coautor. Nota-se que mesmo tendo o encarceramento se efetivado algumas horas após a infração, o ato se deu em razoável espaço temporal, aliás, em tempo suficiente para o desdobramento das informações obtidas em conjunto pelo aparato policial. Desta maneira a situação se amolda à categoria do denominado flagrante em sentido impróprio, ou quase flagrante, previsto no art. 302, inciso III da Lei Adjetiva" (STJ — HC 126.980/GO — 5ª Turma — Rel. Min. Napoleão Nunes Maia Filho — *DJe* 08.09.2009).

O próprio Código de Processo Penal, em seu art. 290, § 1º, cuida de esclarecer que o executor está em **perseguição** ao autor do delito quando: I — tendo-o avistado, for perseguindo-o sem interrupção, embora depois o tenha perdido de vista; II — sabendo, por indícios ou informações fidedignas, que o réu tenha passado, há pouco tempo, em tal ou qual direção, pelo lugar em que o procure, for no seu encalço. Nota-se, pois, que a interpretação doutrinária e jurisprudencial em torno do conceito de perseguição encontra fundamento no próprio texto legal.

O início de perseguição a que se refere o art. 302, III, do CPP diz respeito ao término da ação delituosa e começo da fuga do bandido. Não se pode, portanto, considerar presente tal situação quando alguém que está viajando é vítima de furto e, ao retornar para casa, dias ou horas depois, aciona a polícia ao perceber que os bens da residência foram subtraídos.

Para a configuração do flagrante **impróprio é irrelevante que o agente tenha conseguido ou não consumar o crime** que pretendia cometer. É plenamente possível tal modalidade de flagrante em crimes tentados. Ex.: ladrão foge do local do crime sem nada levar por ter soado o alarme sonoro existente no estabelecimento, sendo, por conta disso, desencadeada uma perseguição que culmina em sua prisão.

■ Flagrante presumido ou ficto

Nos termos do art. 302, IV, do CPP, considera-se ainda em flagrante delito **quem é encontrado, logo depois, com instrumentos, armas, objetos ou papéis que façam presumir ser ele o autor da infração.**

Nessa modalidade, o sujeito não é perseguido, mas **localizado**, ainda que casualmente, **na posse** das coisas mencionadas na lei, de modo que a situação fática leve à conclusão de que ele é autor do delito. É o que ocorre, por exemplo, quando alguém rouba um carro e, algumas horas depois, é parado em uma blitz de rotina da polícia que constata a ocorrência do roubo e, por isso, leva o condutor do veículo até a vítima que o reconhece, ou, ainda, quando o furtador de uma bolsa feminina é flagrado por policiais em uma praça, vasculhando o interior da bolsa minutos após o furto.

Note-se que, no último exemplo, o furto considera-se consumado porque a bolsa já havia sido tirada da esfera de vigilância da vítima sem a ocorrência de perseguição imediata. Daí a conclusão de que a prisão em flagrante não significa necessariamente que o furto esteja apenas tentado.

O alcance da expressão "**logo depois**" deve ser analisado no caso concreto, em geral de acordo com a **gravidade** do crime, para se dar maior ou menor elastério a ela, sempre de acordo com o prudente arbítrio do juiz. Em pesquisas de jurisprudências é possível verificar que têm sido plenamente aceitas as prisões ocorridas **várias horas** após o crime. Em alguns casos mais graves, como nos de homicídio, já se admitiu o flagrante ficto até no **dia seguinte** ao do crime, mas nunca dois dias depois ou mais. Neste sentido: "não há falar em nulidade da prisão em questão, pois, apesar das peculiaridades do caso, restou configurada a hipótese prevista no art. 302, IV, do CPP, que trata do flagrante presumido. A expressão 'logo depois' admite interpretação elástica, havendo maior margem na apreciação do elemento cronológico, quando o agente é encontrado em circunstâncias suspeitas, aptas, diante de indícios, a autorizar a presunção de ser ele autor de delito, estendendo o prazo a várias horas, inclusive ao repouso noturno até o dia seguinte, se for o caso" (STJ — RHC 7.622 — 6ª Turma — Rel. Min. Fernando Gonçalves — *DJU* 08.09.1998 — p. 118-119), e "tem-se como legítimo o flagrante, atendida a flexibilidade cronológica da expressão 'logo depois', de homicida que estava sendo procurado e foi encontrado treze horas após o crime, ainda com o veículo e arma por ele utilizados (art. 302, IV, do CPP). Ocorrendo as hipóteses que autorizam a prisão preventiva e a legitimidade do flagrante, improcede o pedido de liberdade provisória" (STJ — RHC 1.798/RN — 6ª Turma — Rel. Min. José Cândido de Carvalho Filho — *DJ* 16.03.1992 — p. 3.107).

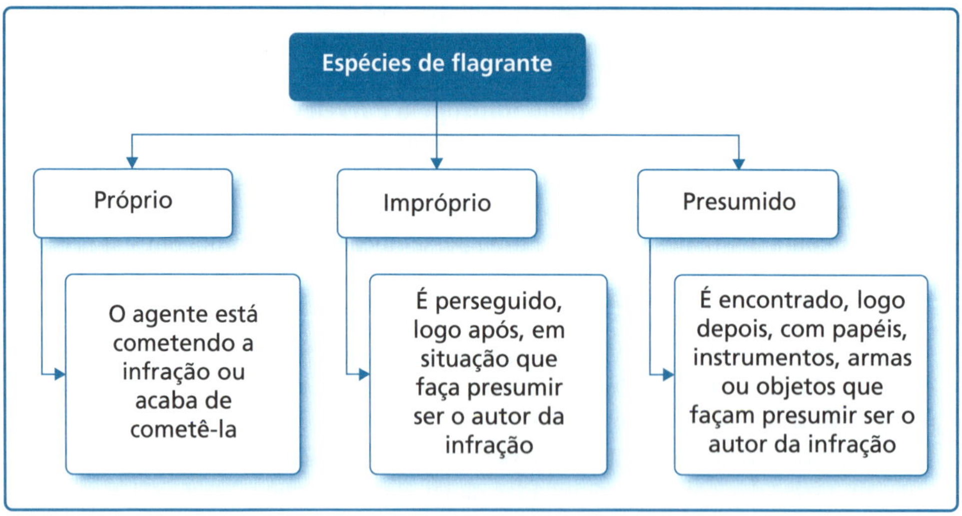

■ 10.2.2. Outras denominações

A doutrina e a jurisprudência criaram várias outras denominações para se referir a situações específicas que envolvem a questão do flagrante para definir se são ou não válidas.

Flagrante provocado ou preparado

Nessa espécie de flagrante, **agentes provocadores** (que podem ser da autoridade, vítima etc.) **induzem, convencem** alguém a praticar um suposto delito, tomando, ao mesmo tempo, providências para que se torne **impossível sua consumação**. Suponha-se que um grupo de policiais, não conseguindo fazer prova de que determinada pessoa atua como assaltante de bancos, faça com que um deles, disfarçadamente, passe a frequentar os mesmos lugares do investigado (bares, por exemplo) para com ele estabelecer uma amizade. Quando mantém o contato, o policial disfarçado mente que é assaltante e convence o investigado a cometerem um roubo em conjunto em determinado estabelecimento bancário, contudo, no instante em que entram no banco e anunciam o roubo, diversos policiais, que estão também à paisana no local aguardando o crime, dão voz de prisão ao investigado. Em tais casos o flagrante é nulo por ter sido preparado por agente provocador. Nesses termos, existe a Súmula n. 145 do Supremo Tribunal Federal: "não há crime, quando a preparação do flagrante pela polícia torna impossível a sua consumação". Trata-se de hipótese de crime impossível, que não é punível nos termos do art. 17 do Código Penal. Assim, apesar de o assaltante ter demonstrado sua má-fé ao aceitar tomar parte no roubo, em verdade, deverá ser solto — o flagrante deve ser relaxado — pois não houve efetivo ilícito penal, já que tudo não passou de uma encenação por parte dos policiais, desconhecida do investigado.

Quando policiais disfarçados compram algumas doses da droga que estavam no bolso do traficante a prisão em flagrante é considerada legal em razão de peculiaridades do tipo penal do crime de tráfico (art. 33, *caput*, da Lei n. 11.343/2006). Com efeito, referido delito possui inúmeras condutas típicas, sendo que diversas delas constituem crime permanente. Na situação em análise, a venda da droga constituiu encenação, não podendo o traficante ser acusado por tráfico em razão de tal venda. Acontece que ele tinha anteriormente a droga em seu poder para fim de tráfico (**crime permanente**), o que torna legal a prisão em flagrante. A negociação entabulada pelos policiais à paisana visava apenas demonstrar a finalidade para a qual ele tinha a droga em seu poder. Na denúncia, contudo, o promotor deve acusá-lo **de trazer a droga consigo para tráfico**, e não pela venda.

Por sua vez, caso os policiais se aproximem de um usuário que não tem drogas em seu poder e o convençam a ir até o traficante pegar um pouco de drogas para vender a eles, estamos diante de flagrante provocado. Em tal caso os policiais induziram o usuário a obter a posse da droga para vender a eles, tratando-se, portanto, de obra de agente provocador, que descaracteriza o delito.

Flagrante esperado

Não se pode confundir os chamados **flagrantes esperado e preparado**. Flagrante **esperado** é uma forma de flagrante **válido** e **regular**, no qual agentes da autoridade, cientes, por qualquer razão (em geral notícia anônima), de que um crime poderá ser cometido em determinado local e horário, **sem que tenha havido qualquer preparação ou induzimento**, deixam que o suspeito aja, ficando à espreita para prendê-lo em flagrante no momento da execução do delito. Note-se que em tal caso não há qualquer farsa ou induzimento, apenas aguarda-se a prática do delito no local.

■ Flagrante forjado

Trata-se de hipótese de flagrante **nulo**, que deve ser **relaxado**, porque foram **criadas provas** de um delito inexistente exatamente para viabilizar a prisão. O autor da farsa deve responder por crime de **denunciação caluniosa** e também **por abuso de autoridade** se for funcionário público. Exs.: a) policiais colocam droga no carro de alguém para prendê-lo por crime de tráfico; b) pessoa coloca pertences na bolsa de outrem e aciona a polícia dizendo que foi furtada e convence os policiais a revistar todos os presentes, de tal forma que os policiais encontram os bens e dão voz de prisão ao inocente. No primeiro exemplo os autores da farsa foram os policiais, enquanto no segundo eles foram manipulados. Nos dois casos, todavia, foram criadas provas de um crime inexistente, tratando-se de flagrante forjado. Se a própria autoridade policial ao receber o preso conduzido ao distrito perceber a fraude, deverá soltá-lo, podendo prender em flagrante o responsável pelo flagrante forjado. Caso a autoridade policial seja também ludibriada e lavre o auto de prisão, caberá ao juiz relaxar o flagrante, assim que descobrir a farsa.

■ Flagrante retardado

Este instituto foi criado pelo art. 2º, II, da Lei n. 9.034/95, para permitir à polícia retardar a prisão em flagrante de crimes praticados **por organizações criminosas**, desde que as atividades dos agentes sejam mantidas sob observação e acompanhamento, a fim de que a prisão se concretize no momento mais eficaz do ponto de vista da formação da prova e fornecimento de informações. Está atualmente regulamentado no art. 8º da Lei n. 12.850/2013.

A mesma providência passou a ser prevista no art. 53, II, da Lei n. 11.343/2006 (Lei de Drogas), que permite a "não atuação policial sobre os portadores de drogas, seus precursores químicos ou outros produtos utilizados em sua produção, que se encontrem no território brasileiro, com a finalidade de identificar e responsabilizar maior número de integrantes de operações de tráfico e distribuição, sem prejuízo da ação penal cabível".

Em suma, o flagrante retardado, também chamado de **diferido**, consiste em atrasar o momento da prisão, mantendo acompanhamento sobre os criminosos, para que se consigam melhores provas contra os envolvidos em organizações criminosas ou tráfico de drogas.

FLAGRANTE PROVOCADO	FLAGRANTE ESPERADO	FLAGRANTE FORJADO	FLAGRANTE RETARDADO
■ Alguém é induzido a cometer uma infração, ao mesmo tempo que o indutor toma providências para prendê-lo, inviabilizando a consumação do delito.	■ Policiais tomam conhecimento de que um delito será praticado em determinado local e para lá se dirigem, aguardando o momento da execução para prender o agente em flagrante.	■ Quando são criadas provas de um crime inexistente apenas para se prender alguém em flagrante.	■ Consiste em aguardar melhor momento para efetuar a prisão em crimes praticados por organizações criminosas ou no tráfico de drogas, a fim de obter mais provas ou identificar maior número de criminosos.
■ É nulo por ser o fato considerado atípico, nos termos da Súmula n. 145 do STF.	■ É válido.	■ É nulo e os responsáveis cometem crime.	■ É válido, nos termos das Leis n. 12.850/2013 e 11.343/2006.

■ 10.2.3. Apresentação espontânea do agente

Se o autor do delito não foi preso no local da infração e não está sendo perseguido, sua apresentação espontânea perante o delegado de polícia **impede sua prisão em flagrante**, já que a situação não se enquadra em nenhuma das quatro hipóteses de flagrância elencadas no art. 302 do CPP, devendo o infrator ser liberado após sua oitiva. Se, todavia, a autoridade policial entender necessário, em razão da gravidade do delito ou para viabilizar a investigação, poderá representar para que o juiz decrete a prisão preventiva ou a temporária.

A propósito: "*Habeas corpus*. Prisão em flagrante. Falta de pressuposto legal. Inocorre a quase flagrância se não há perseguição ordenada a pessoa certa, logo após o fato delituoso. Tampouco tem cabimento a prisão quando o agente se entrega a polícia, depois do fracasso da perseguição contra ele empreendida" (STF — RHC 64.550/PA — 2ª Turma — Rel. Min. Francisco Rezek — *DJ* 12.12.1986 — p. 104); e "Prisão em flagrante. Não tem cabimento prender em flagrante o agente que, horas depois do delito, entrega-se a polícia, que o não perseguia, e confessa o crime. Ressalvada a hipótese de decretação da custódia preventiva, se presentes os seus pressupostos. Concede-se a ordem de *habeas corpus*, para invalidar o flagrante" (STF — RHC 61.442/MT — 2ª Turma — Rel. Min. Francisco Rezek — *DJ* 10.02.1984 — p. 1.065).

■ 10.2.4. Sujeitos do flagrante

Este tema refere-se aos **personagens** da prisão, ou seja, diz respeito àqueles que podem efetivar a prisão em flagrante e, principalmente, àqueles que podem ser presos em tal situação.

■ *10.2.4.1. Sujeito ativo*

O art. 301 do Código de Processo Penal trata deste tema dispondo que qualquer do povo **pode** prender quem se encontre em flagrante delito enquanto as autoridades policiais e seus agentes têm o **dever** de fazê-lo. Daí por que a doutrina passou a distinguir as modalidades de flagrante **obrigatório** e **facultativo**.

■ Flagrante obrigatório

É também chamado de flagrante **compulsório** ou **necessário**. Significa que as autoridades policiais e seus agentes que presenciarem a prática de infração penal **têm o dever** de dar voz de prisão em flagrante ao criminoso. É evidente que tal obrigação pressupõe a possibilidade de fazê-lo. Se um policial está sozinho no interior de um distrito policial e um bando de dez bandidos fortemente armados entra no local para resgatar um comparsa que ali está preso, não se pode imaginar que o policial, sozinho, deva apontar sua arma aos criminosos e dar-lhes voz de prisão.

O descumprimento do dever de prender em flagrante (quando possível a concretização do ato), desde que por desleixo, preguiça ou por interesse pessoal, caracteriza crime de prevaricação e **infração administrativa**.

Flagrante facultativo

Significa que **qualquer do povo pode** prender quem se encontra em flagrante delito. Trata-se, portanto, de providência opcional cujo descumprimento não acarreta qualquer consequência. É muito comum a prisão em flagrante efetuada por seguranças de estabelecimentos comerciais, por guardas noturnos, ou até mesmo pela vítima.

Inúmeros municípios contam com a chamada **Guarda Civil Municipal**, cuja função primordial é a proteção dos bens públicos municipais. De ver-se, entretanto, que, quando ocorre um crime, é comum populares acionarem os guardas civis e estes prenderem em flagrante o criminoso. Em tais casos, costuma-se questionar a validade do flagrante por não serem policiais os responsáveis pela prisão o que, evidentemente, é equivocado já que qualquer do povo pode prender o autor do delito que esteja em situação flagrancial. A propósito: "A guarda municipal, a teor do disposto no § 8° do art. 144 da CF, tem como tarefa precípua a proteção do patrimônio do município, limitação que não exclui nem retira de seus integrantes as condições de agentes da autoridade, legitimados, dentro do princípio de autodefesa da sociedade, a fazer cessar eventual prática criminosa, prendendo quem se encontre em flagrante delito, como de resto facultado a qualquer do povo pela norma do art. 301, do CPP" (STJ — RHC 7.916 — 6ª Turma — Rel. Min. Fernando Gonçalves — *DJU* 09.11.1998 — p. 175).

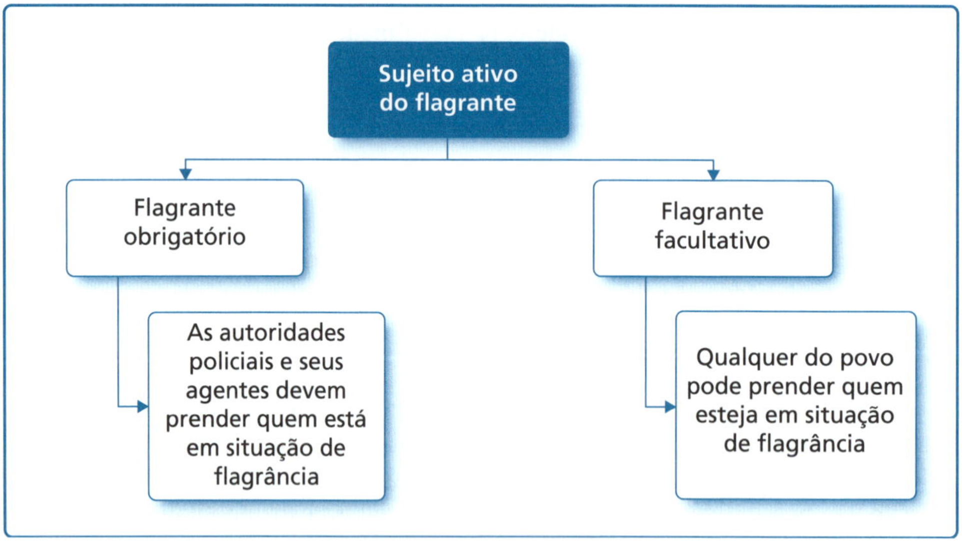

10.2.4.2. *Sujeito passivo*

Em regra, qualquer pessoa que se encontre em uma das situações elencadas no art. 302 do Código de Processo Penal pode ser presa em flagrante. Existem, porém, algumas importantes exceções.

Presidente da República

Não pode ser preso em flagrante por mais grave que seja o crime praticado, ainda que na presença de diversas pessoas. É o que prevê expressamente o art. 86, § 3º, da Constituição Federal, que só permite que o chefe do Executivo seja preso após sentença condenatória transitada em julgado.

Por ausência de regra constitucional que estenda tal imunidade aos Governadores dos Estados e do Distrito Federal e aos Prefeitos Municipais, tais integrantes do Poder Executivo **podem ser presos** em flagrante (ou preventivamente). O Supremo Tribunal Federal, aliás, já decidiu, por diversas vezes, que são inconstitucionais os dispositivos aprovados nas Constituições dos Estados que conferem aos Governadores a mesma imunidade à prisão pela prática de crimes comuns prevista para o Presidente da República. Nesse sentido: "o Estado-membro, ainda que em norma constante de sua própria Constituição, não dispõe de competência para outorgar ao Governador a prerrogativa extraordinária da imunidade a prisão em flagrante, a prisão preventiva e a prisão temporária, pois a disciplinação dessas modalidades de prisão cautelar submete-se, com exclusividade, ao poder normativo da União Federal, por efeito de expressa reserva constitucional de competência definida pela Carta da República. — A norma constante da Constituição estadual — que impede a prisão do Governador de Estado antes de sua condenação penal definitiva — não se reveste de validade jurídica e, consequentemente, não pode subsistir em face de sua evidente incompatibilidade com o texto da Constituição Federal. Prerrogativas inerentes ao Presidente da República enquanto chefe de Estado. — Os Estados-membros não podem reproduzir em suas próprias Constituições o conteúdo normativo dos preceitos inscritos no art. 86, §§ 3º e 4º, da Carta Federal, pois as prerrogativas contempladas nesses preceitos da Lei Fundamental — por serem unicamente compatíveis com a condição institucional de Chefe de Estado — são apenas extensíveis ao Presidente da República. Precedente: ADIn 978-PB" (STF — ADI 1.028/PE — Plenário — Rel. Min. Celso de Mello — *DJ* 17.11.1995 — p. 958).

Deputados Federais e Senadores

Só podem ser presos em flagrante pela prática de **crime inafiançável**, sendo que, nas 24 horas seguintes, os autos serão remetidos à respectiva Casa (Câmara ou Senado), para que esta, pelo voto da maioria de seus membros, resolva sobre a prisão, podendo até mesmo soltar o infrator. É o que prevê o art. 53, § 2º, da Constituição Federal. Caso mantida a prisão em flagrante pelo crime inafiançável, caberá ao Supremo Tribunal Federal convertê-la em preventiva, já que os Deputados e Senadores gozam de foro por prerrogativa de função junto ao referido tribunal (art. 53, § 1º, da CF).

Deve-se lembrar, outrossim, que o rol de crimes inafiançáveis foi radicalmente reduzido em razão do advento da Lei n. 12.403/2011.

Deputados Estaduais

O art. 27, § 1º, da Constituição Federal diz que se aplicam a eles as mesmas regras atinentes aos Deputados Federais no que concerne às imunidades. Por isso, os

Deputados Estaduais também só podem ser presos em flagrante por **crime inafiançável**, devendo os autos ser encaminhados, em 24 horas, à Assembleia Legislativa para que decida sobre a prisão. A prerrogativa de foro destes parlamentares, contudo, é perante o Tribunal de Justiça do Estado.

■ Membros do Poder Judiciário e do Ministério Público

Também só podem ser presos em flagrante em caso de **prática de crime considerado inafiançável**. Os magistrados, após a lavratura do auto de prisão, devem ser apresentados imediatamente ao Presidente do Tribunal a que estejam vinculados (art. 33 da Lei Complementar n. 35/79), enquanto os membros do *parquet* devem ser apresentados ao Procurador-Geral no prazo de 24 horas (art. 40, III, da Lei n. 8.625/93).

■ Advogados

O art. 7º, § 3º, da Lei n. 8.906/94 (Estatuto da OAB) diz que o advogado somente poderá ser preso em flagrante, **por motivo de exercício da profissão**, em caso de **crime inafiançável**. Em tal caso, acrescenta o art. 7º, IV, do mesmo Estatuto, que é direito do advogado preso ter a presença de representante da OAB no Distrito Policial no momento da lavratura do auto de prisão, sob pena de sua nulidade. Esta formalidade, entretanto, mostra-se dispensável quando a prisão por crime inafiançável não for relacionada ao desempenho da profissão.

Em se tratando de crime **afiançável** no desempenho da advocacia, é **vedada a prisão em flagrante**, devendo a autoridade policial instaurar inquérito mediante portaria. Se o crime afiançável não for cometido no desempenho da profissão, será plenamente possível a prisão em flagrante, aplicando-se as regras comuns do Código de Processo Penal.

■ Diplomatas estrangeiros

O art. 1º, inciso I, do Código de Processo Penal estabelece que suas regras são aplicáveis em todo o território nacional, **salvo se houver disposição em sentido contrário em tratados, convenções ou regras de direito internacional ratificados pelo Brasil**. Assim, em razão da Convenção de Viena de 1961 sobre Relações Diplomáticas, ratificada pelo Decreto n. 56.435/65, os agentes diplomáticos, como os **Embaixadores**, não podem ser objeto de **nenhuma** forma de prisão (art. 29 da Convenção). Já em relação aos **cônsules** existe a Convenção de Viena de 1963, ratificada pelo Decreto n. 61.078/67, que, em seu art. 41, *caput*, estabelece que os funcionários consulares não poderão ser detidos ou presos preventivamente, exceto em caso de crime grave e em decorrência de decisão de autoridade judiciária competente. A imunidade dos Cônsules, portanto, é mais restrita do que a dos demais agentes diplomáticos.

■ Menores de idade

Os menores de 18 anos são **inimputáveis** nos termos dos arts. 228 da Constituição Federal e 27 do Código Penal. Por isso, não se sujeitam às regras prisionais do Código de Processo Penal. Caso se trate de adolescente — pessoa com 12 anos ou mais e menor de 18 — será possível a **apreensão em flagrante** pela prática de ato infracional, para posterior apresentação à Vara da Infância e da Juventude, nos termos dos arts. 171 e seguintes da Lei n. 8.069/90 (Estatuto da Criança e do Adolescente).

■ Inimputáveis em razão de doença mental ou desenvolvimento mental incompleto ou retardado

Podem ser presos em flagrante porque se sujeitam às regras do Código de Processo Penal para eventual aplicação de **medida de segurança**. O próprio art. 319, inciso VII, do CPP, com a redação dada pela Lei n. 12.403/2011, permite que a prisão em flagrante seja convertida em **internação provisória** se o crime cometido pelo inimputável envolver violência ou grave ameaça, sendo que o art. 42 do Código Penal esclarece que, em tal hipótese, o tempo de **internação provisória** poderá ser descontado na futura medida de segurança aplicada (**detração**).

De qualquer forma, se o delegado de polícia, ao lavrar o auto de prisão, notar que o preso possui problemas mentais que coloquem em dúvida sua imputabilidade, deverá **representar ao juiz** para que seja imediatamente instaurado **incidente de insanidade mental** que, portanto, poderá ser realizado ainda na fase de inquérito (art. 149, § 1º, do CPP).

Essas observações valem também para casos de **semi-imputabilidade** decorrente de doença mental ou desenvolvimento mental incompleto ou retardado.

■ Eleitor

O art. 236, *caput*, da Lei n. 4.737/65 (Código Eleitoral) dispõe que nenhuma autoridade poderá prender o eleitor nos **cinco dias** que antecedem as eleições, até **quarenta e oito horas** após o encerramento da votação, salvo na hipótese de **flagrante delito** ou em virtude de sentença condenatória por crime inafiançável. No novo sistema trazido pela Lei n. 12.403/2011, a prisão em flagrante deve ser convertida em preventiva, se presentes os seus requisitos, logo que o juiz receba a cópia do auto de prisão, em 24 horas a contar de sua efetivação. Assim, se o eleitor for preso em flagrante, por exemplo, quatro dias antes da eleição e o juiz, no dia seguinte, convertê-la em preventiva, o mandado de prisão disso decorrente poderá ser cumprido, **não** se enquadrando a hipótese na vedação do mencionado art. 236, já que se trata de prisão decorrente de **conversão** do flagrante.

■ Membros das mesas receptoras e fiscais de partido

Quando estiverem no desempenho de suas funções **no dia das eleições e da respectiva apuração**, só poderão ser presos em situação de flagrância (art. 236, § 1º, do Código Eleitoral). Não é possível qualquer outra forma de prisão. No caso de flagrante, o preso deve ser imediatamente conduzido à presença do juiz competente que, se verificar eventual ilegalidade da prisão, a relaxará (art. 236, § 2º).

■ Candidatos

Nos quinze dias que antecedem as eleições, o candidato só pode ser preso em **flagrante**. Nenhuma outra forma de prisão pode ser cumprida nesse período.

NÃO PODEM SER PRESOS EM NENHUMA HIPÓTESE	SÓ PODEM SER PRESOS EM FLAGRANTE POR CRIMES INAFIANÇÁVEIS	EM CERTAS ÉPOCAS SÓ PODEM SER PRESOS EM FLAGRANTE
■ Presidente da República	■ Deputados e Senadores	■ O eleitor nos 5 dias anteriores e nas 48 horas posteriores ao encerramento da eleição
■ Agentes diplomáticos	■ Juízes de Direito e integrantes do Ministério Público	■ Os candidatos nos 15 dias anteriores ao pleito
■ Menores de idade	■ Advogados, por crime cometido no exercício da profissão	■ Os membros das mesas receptoras e fiscais dos partidos, no dia da eleição

■ 10.2.5. Crimes que admitem a prisão em flagrante

A prisão em flagrante, em regra, é possível **em todas as espécies de infração penal**. Existem, entretanto, algumas hipóteses que demandam certos esclarecimentos.

■ Crimes de ação privada ou de ação pública condicionada à representação

Admitem a prisão em flagrante, porém o respectivo auto de prisão só poderá ser lavrado se houver **requerimento** do ofendido ou de seu representante legal nos crimes de ação privada, ou se for **apresentada** a **representação** nos crimes que dela dependem. É que a lavratura do auto de prisão automaticamente dá início ao inquérito policial e os §§ 4º e 5º do art. 5º do CPP estabelecem, como premissa para tal **instauração**, a existência de **prévia** autorização da vítima ou de sua representação nos crimes em estudo.

■ Homicídio e lesão culposa na direção de veículo automotor

O art. 301 da Lei n. 9.503/97 veda a prisão em flagrante do responsável pelo acidente de trânsito com vítima que preste **imediato e integral socorro** a esta.

■ Infrações de menor potencial ofensivo

São **todas as contravenções** e os crimes cuja pena máxima não **exceda dois anos**. O **ato** da prisão em flagrante é perfeitamente **possível**, porém, sendo o autor da infração conduzido ao distrito policial, não será lavrado o auto de prisão, mas mero termo circunstanciado, quando o autor da infração for **encaminhado** de imediato ao Juizado Especial Criminal ou **assumir o compromisso** de fazê-lo logo que possível. Assim, não ficará encarcerado, sendo liberado logo após a lavratura do termo circunstanciado. Suponha-se, pois, que uma pessoa dirija palavras de baixo calão a um policial que a esteja abordando na rua. O policial deve dar voz de prisão em flagrante a ela por crime de desacato e levá-la à delegacia de polícia. Lá será lavrado o termo circunstanciado e o autor da infração será libertado.

■ Crimes permanentes

A prisão em flagrante é **possível enquanto não cessada a permanência** (art. 303 do CPP). Assim, em um crime de extorsão mediante sequestro, por exemplo, enquanto a vítima estiver em poder dos sequestradores a prisão em flagrante poderá se concretizar.

■ Crime continuado

Nesta modalidade, cada uma das ações delituosas, **por si só**, constitui ilícito penal, porém, na fixação da pena, o juiz aplica somente uma delas, **aumentada de um sexto até dois terços**. Como cada uma das ações delituosas constitui crime, o agente **poderá** ser preso em flagrante ao realizá-la. Como a jurisprudência fixou entendimento possibilitando a continuidade delitiva quando as ações ocorrerem dentro de um lapso de trinta dias, pode o infrator acabar sendo preso em flagrante duas vezes ou mais por condutas criminosas que compõem a continuação. Ex.: João entra em um supermercado e é preso em flagrante por tentativa de furto, sendo, contudo, libertado no mesmo dia pelo delegado após prestar fiança. No dia seguinte, retorna ao mercado onde novamente tenta subtrair mercadorias, sendo igualmente preso em flagrante.

■ Crime habitual

É aquele cuja configuração pressupõe uma **reiteração** de condutas, de modo que, cada uma delas, isoladamente, é atípica. Por essa razão, Tourinho Filho[2] sustenta não ser possível a prisão em flagrante porque esta retrataria apenas um ato isolado, que, em si, é atípico. Estamos, entretanto, com aqueles que pensam ser possível tal tipo de prisão nos delitos habituais. Com efeito, os que disto discordam provavelmente imaginam atos distantes no tempo, o que não ocorre necessariamente. Imagine-se que as autoridades tenham obtido informação de que em certo endereço uma pessoa tem realizado atos de curandeirismo, que é crime habitual. Chegam à paisana no local e visualizam o curandeiro atendendo em sequência diversas pessoas, bem como diagnosticando-as e prescrevendo substâncias. Ora, os policiais flagraram vários atos que compõem o crime habitual e, em tal caso, **nos parece evidente a possibilidade de darem voz de prisão ao criminoso**.

CRIMES DE AÇÃO PRIVADA	■ A prisão é possível, mas o auto só pode ser lavrado se o ofendido requerer.
CRIMES DE AÇÃO PÚBLICA CONDICIONADA À REPRESENTAÇÃO	■ O ato prisional é possível, mas a lavratura do auto pressupõe a prévia representação da vítima.
INFRAÇÕES DE MENOR POTENCIAL OFENSIVO	■ O autor da infração pode ser preso, porém o auto de prisão não será lavrado, mas mero termo circunstanciado, se ele for imediatamente levado ao JECrim ou assumir o compromisso de fazê-lo.
HOMICÍDIO E LESÃO CULPOSA NA DIREÇÃO DE VEÍCULO AUTOMOTOR	■ É vedada a prisão em flagrante daquele que presta imediato e integral socorro à vítima.
CRIMES PERMANENTES	■ A prisão pode se dar enquanto não cessada a permanência.
CRIME CONTINUADO	■ É viável o flagrante em relação à prática de cada um dos crimes que compõem a continuidade.
CRIME HABITUAL	■ Apesar das controvérsias é possível o flagrante, desde que o responsável pela prisão tenha constatado a realização de vários atos que indiquem a habitualidade.

[2] Fernando da Costa Tourinho Filho. *Manual de processo penal*, 8. ed., p. 604.

■ 10.2.6. Auto de prisão em flagrante

É o **documento** elaborado sob a **presidência** da autoridade policial a quem foi apresentada a pessoa presa em flagrante e no qual constam as circunstâncias do **delito** e da **prisão**. Referido auto deve ser lavrado no prazo de **vinte e quatro** horas a contar do ato da prisão, pois o art. 306, § 1º, do Código de Processo exige que **cópia** dele seja enviada ao **juiz competente** dentro do mencionado prazo a fim de que este aprecie a legalidade da prisão, bem como verifique a possibilidade de concessão de liberdade provisória ou a necessidade de decretação da prisão preventiva.

Durante a lavratura do auto de prisão em flagrante a autoridade policial deverá indagar do indiciado se pretende indicar algum **familiar** ou **outra pessoa** para que seja **informada** de sua prisão. Deverá também questionar se ele possui advogado que deva ser contatado. Tais providências são necessárias porque o art. 5º, LXII, da Constituição Federal estabelece que a prisão de qualquer pessoa e o local onde se encontre serão **imediatamente** comunicados ao **juiz** competente e à família do preso ou a pessoa por ele indicada. Aliás, a não comunicação imediata ao juiz, desde que **dolosa**, constitui modalidade específica do crime de **abuso de autoridade**, descrito no art. 4º, *c*, da Lei n. 4.898/65. O art. 306, *caput*, do Código de Processo Penal repete referido dispositivo constitucional, porém, em razão de modificação introduzida pela Lei n. 12.403/2011 passou a exigir que a prisão seja também comunicada imediatamente ao Ministério Público.

Por sua vez, se o preso informar que não possui Defensor constituído, cópia do auto de prisão deverá ser encaminhada à **Defensoria Pública** para que o analise e pleiteie o que entender pertinente em prol do preso (relaxamento da prisão, liberdade provisória etc.).

O § 4º do art. 304, acrescentado pela Lei n. 13.257/2016, estabelece que da lavratura do auto de prisão em flagrante deverá constar a informação sobre a existência de filhos, respectivas idades e se possuem alguma deficiência e o nome e o contato de eventual responsável pelos cuidados dos filhos, indicado pela pessoa presa.

■ *10.2.6.1. Quem deve presidir a lavratura do auto de prisão*

Em geral, a lavratura do auto de prisão se dá na mesma cidade em que se consumou a infração penal. É, porém, possível que a prisão ocorra em **local diverso** daquele em que foi praticada a infração penal. Sabedor desta possibilidade, o legislador estabeleceu que, nestes casos, o auto deverá ser lavrado sob a presidência da autoridade do município **onde se deu a prisão**. É o que diz o art. 290 do CPP que prevê ainda a obrigação da autoridade de encaminhar posteriormente o auto de prisão e o preso para o foro competente para prosseguimento. Este dispositivo faz menção expressa às situações em que o autor do delito está sendo **perseguido** e passa do território de um município ou comarca para outro, contudo, por interpretação extensiva, é aplicado também às hipóteses de flagrante **presumido** (ou ficto), em que o sujeito não está sendo perseguido, mas é meramente encontrado, logo depois do crime, na posse, por exemplo, do bem subtraído. Suponha-se que um ladrão roube um carro em São Paulo e uma hora depois seja parado em uma blitz em São Caetano, onde os policiais constatam a ocorrência do delito. O auto de prisão deve ser lavrado em São Caetano e, posteriormente, encaminhado à Capital.

Se no município em que se deu a prisão, ainda que seja o próprio local do delito, **não** existir autoridade policial apta a presidir a lavratura do auto, o preso (e as testemunhas) será encaminhado até o município **mais próximo** onde exista tal autoridade (art. 308 do CPP).

O escrivão de polícia auxilia a autoridade policial na lavratura do auto, transcrevendo os depoimentos. O art. 305 do CPP, por sua vez, salienta que na falta ou no impedimento do escrivão, qualquer pessoa designada pela autoridade poderá auxiliá-la a lavrar o auto, depois de prestado o compromisso legal.

Se o crime tiver sido cometido **na presença** da autoridade ou contra esta no desempenho de suas funções, caberá a ela própria lavrar o auto de prisão.

É preciso ressalvar, por fim, que o eventual desrespeito às regras supramencionadas **não gera a nulidade do auto de prisão** caso as demais formalidades legais tenham sido observadas, uma vez que as autoridades policiais não possuem **jurisdição**, não se podendo cogitar de incompetência territorial, mas de mero desrespeito a normas administrativas, que não maculam a validade do auto em si.

■ *10.2.6.2. Procedimento para a lavratura do auto de prisão*

Uma vez dada a voz de prisão ao autor da infração penal, por policial ou por particular, deve a pessoa presa, bem como as testemunhas, ser levada à presença da autoridade policial. Ao chegar lá o **condutor** do flagrante **apresenta** o preso à autoridade e **narra** verbalmente a ela o ocorrido (o crime e as circunstâncias da prisão). Se a autoridade entender que o fato narrado não constitui ilícito penal ou que a situação não se encaixa nas hipóteses de flagrante, deve **relaxar** a prisão e liberar a pessoa que lhe foi apresentada. Na última hipótese deverá determinar a lavratura de boletim de ocorrência e instaurar inquérito mediante portaria, pois o fato narrado constitui crime, embora ausente situação de flagrante delito. Por outro lado, se a autoridade considerar que a situação é de flagrância e que o fato que lhe foi apresentado configura infração penal, **deverá determinar a lavratura do auto de prisão**, o qual conterá as seguintes fases, nos termos do art. 304 do CPP:

a) Oitiva do **condutor**, ou seja, da pessoa que **levou** o preso até o distrito policial e o **apresentou** à autoridade. Pode ser **policial** ou **qualquer** outra pessoa. O condutor **não** precisa ter presenciado o crime ou ter sido o responsável pela prisão. É comum, por exemplo, que seguranças de uma loja prendam um ladrão por furto e acionem a Polícia Militar, de modo que os policiais, comparecendo ao local, têm melhores condições de conduzir o preso até a delegacia na viatura. É um desses policiais, portanto, quem apresenta o preso ao delegado de polícia, figurando, assim, como condutor.

O segurança responsável pela prisão será ouvido em seguida na condição de testemunha. É também muito comum, por sua vez, que o condutor seja, ao mesmo tempo, testemunha do crime e responsável pelo ato da prisão. Ex.: policial militar vê uma pessoa sendo roubada na rua e imediatamente dá voz de prisão ao ladrão, conduzindo-o, em seguida, à delegacia.

Finda a oitiva do condutor, a autoridade, desde logo, **colherá sua assinatura** no termo de declarações e lhe entregará cópia do depoimento e recibo de entrega do preso, tornando, assim, **dispensável** sua permanência no recinto até a finalização do auto de prisão. Antes do advento da Lei n. 11.113/2005, que alterou a redação do art. 304 do CPP, o auto de prisão era confeccionado em corpo único, no qual constavam, em sequência, os diversos depoimentos colhidos pela autoridade, de modo que o condutor era obrigado a permanecer na delegacia até o final de sua lavratura, o que podia demorar horas, prejudicando o retorno ao trabalho do condutor, que, em geral, é policial civil ou militar. Atualmente, cada depoimento é colhido **em separado**, em termo próprio, e, ao seu término, assinado apenas por aquele que o prestou (e pela autoridade). Imediatamente, tal pessoa é liberada e a autoridade passa a ouvir a próxima.

b) Oitiva das **testemunhas**. Como art. 304, *caput*, do CPP utiliza-se da palavra no plural, é pacífico o entendimento de que devem ser ouvidas no mínimo **duas**. Caso o condutor tenha também presenciado o delito, poderá ser ouvido nesta dupla condição — condutor e 1ª testemunha.

Se **não existirem testemunhas** da infração penal, a autoridade poderá lavrar o auto, mas terá de providenciar para que duas testemunhas de **apresentação** o **assinem** (art. 304, § 2º, do CPP). Testemunhas de apresentação são aquelas que presenciaram o momento em que o condutor apresentou o preso à autoridade.

Apesar de a lei não mencionar expressamente, é evidente que, sempre que possível, deverá a autoridade ouvir a **vítima**.

Se algum **adolescente** tiver cometido o crime em concurso com o preso, deverá também ser ouvido.

c) Interrogatório do preso. As formalidades para o interrogatório na fase policial são as mesmas previstas no Código de Processo Penal em seus arts. 185 a 196, que regulamentam o interrogatório **judicial**.

O preso tem o direito constitucional de **permanecer calado**, sem que isso possa ser interpretado em seu desfavor (art. 5º, LXIII, da CF). Nesse caso, a autoridade fará constar expressamente que ele fez uso desse direito, devendo o preso assinar o termo no qual consta que fez tal opção. Se o indiciado preferir responder às perguntar da autoridade, seu depoimento será reduzido a termo e ao final por ele assinado.

A impossibilidade de interrogatório do preso **não** impede a confecção do auto de prisão em flagrante. É o que ocorre, por exemplo, quando o preso é ferido na fuga e internado em hospital, estando sem condições de prestar declarações no momento. Em tal hipótese, o indiciado será ouvido posteriormente.

Prevê o art. 15 do Código de Processo que, se o indiciado for menor de 21 anos, a autoridade deve nomear um **curador** para acompanhar a lavratura do auto. A figura do curador, contudo, **não é mais necessária** porque o art. 5º do atual Código Civil diminuiu a **menoridade civil** para 18 anos, afastando tacitamente a necessidade de assistência no âmbito processual penal de pessoas na faixa etária de 18 a 21 anos. Além disso, a Lei n. 10.792/2003 revogou o art. 194 do Código de Processo Penal, tornando desnecessária, **na fase judicial**, a nomeação de curador ao interrogado menor de 21 anos. Assim, se para a efetivação do interrogatório judicial, ato de maior relevância para o deslinde da causa, não se mostra necessária a intervenção de curador, possível a conclusão de que tal medida é também dispensável quando de sua realização por ocasião da lavratura do flagrante. No regime antigo, a falta de nomeação de curador ao preso menor de 21 anos retirava o valor probatório de eventual confissão.

É evidente, por sua vez, que se o preso solicitar à autoridade em tempo, poderá se fazer acompanhar de advogado durante a lavratura do auto de prisão, independentemente de sua idade.

d) Lavratura do auto. Após as alterações efetivadas no art. 304 do Código de Processo pela Lei n. 11.113/2005, o documento que retrata a prisão em flagrante, conforme já mencionado, deixou de ser elaborado em corpo único, que, **como um todo**, sempre foi chamado de "auto de prisão em flagrante". Atualmente, a autoridade colhe vários depoimentos, transcrevendo cada qual em folha separada, e, ao final, elabora um **termo**, declarando resumidamente a razão da prisão, as circunstâncias da apresentação do preso e as providências tomadas no distrito policial, anexando-a aos depoimentos prestados. Como existe o costume de chamar o procedimento completo de "auto de prisão", o correto teria sido chamar este último documento elaborado pelo delegado de **ata** da prisão em flagrante. A lei, entretanto, o chama também de **auto**, o que pode gerar certa confusão entre o procedimento como um todo e o **termo final** elaborado pelo delegado.

O indiciado deve também assinar esta **ata** (auto). Se, porventura, ele não puder, não quiser ou não souber assinar, a autoridade fará com que duas pessoas que tenham presenciado a leitura do auto ao preso o assinem. São as chamadas testemunhas de **leitura**. As pessoas que atestam a regularidade de um ato processual são chamadas de testemunhas **fedatárias**.

■ *10.2.6.3. Nota de culpa*

É um documento por meio do qual a autoridade **dá ciência** ao preso dos **motivos** de sua prisão, do nome do **condutor** e das **testemunhas**. A nota deve ser assinada pela autoridade e entregue ao preso, mediante recibo, no prazo de **vinte e quatro horas** a contar da efetivação da prisão (art. 306, § 2º). Se não for entregue nota de culpa, o flagrante deve ser **relaxado** por falta de formalidade essencial. Por isso, o delegado deve juntar aos autos cópia do recibo da entrega da nota de culpa ao preso. Se o preso se recusar a assinar o recibo a autoridade deve elaborar certidão constando o incidente, que deverá ser também assinada por outras **duas** pessoas.

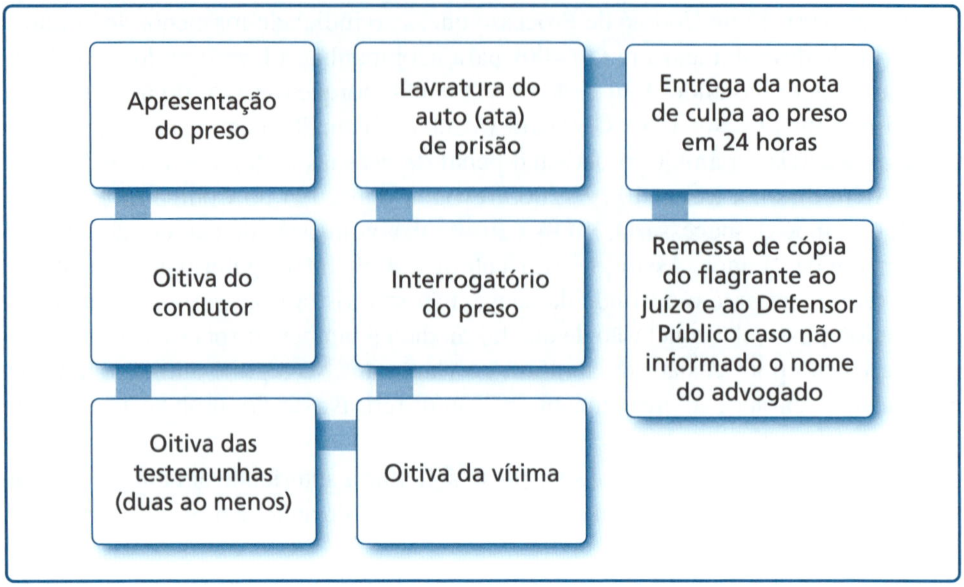

■ 10.2.7. Providências que devem ser tomadas pelo juiz ao receber a cópia da prisão em flagrante

No prazo de **vinte e quatro horas** a contar da prisão, a autoridade policial deve encaminhar ao juiz competente **cópia** do auto de prisão. A Lei n. 12.403/2011 deu nova redação ao art. 306, § 1º, do CPP, e deixou de mencionar expressamente que este auto de prisão deve se fazer acompanhar dos depoimentos colhidos. É evidente, entretanto, que tal providência continua sendo necessária, pois o envio da mera ata impossibilita ao juiz a apreciação da legalidade da prisão. Resta claro que ao elaborar a Lei n. 12.403/2011, o legislador empregou a expressão "auto de prisão" referindo-se a todo o procedimento.

Deve-se dizer, em tempo, que a maior inovação da Lei n. 12.403/2011, no que se refere à prisão em flagrante, foi a alteração do art. 310 do Código de Processo, pois, no regime anterior, se o juiz entendesse que a prisão em flagrante continha todas as formalidades legais e que o preso não fazia jus à liberdade provisória, bastava declarar isso nos autos, hipótese em que o indiciado, **automaticamente**, permaneceria no cárcere. No novo regime, contudo, para que ele permaneça preso, será necessário que o juiz **converta** a prisão em flagrante em preventiva.

A nova redação do art. 310 do CPP diz que o juiz ao receber a cópia do flagrante deverá, de forma **fundamentada**, tomar uma das seguintes decisões:

I — **relaxar a prisão ilegal**;

II — **converter a prisão em flagrante em preventiva se presentes os requisitos do art. 312 do CPP (se não se mostrar adequada ou suficiente a aplicação de medida cautelar diversa da prisão)**;

III — **conceder liberdade provisória, com ou sem fiança**.

■ Relaxamento da prisão

Este instituto tem respaldo no art. 5º, LXV, da Constituição Federal que diz que a prisão **ilegal** será imediatamente relaxada pela autoridade judiciária. Aliás, o art. 4º, *d*, da Lei n. 4.898/65 prevê expressamente como **crime** próprio dos **juízes** "deixar de ordenar o relaxamento de prisão ou detenção ilegal que lhe seja comunicada". Cuida-se, entretanto, de delito **doloso** que pressupõe prova de má-fé do magistrado.

As hipóteses de ilegalidade da prisão que levam ao relaxamento são:

a) falta de **formalidade** essencial na lavratura do auto. Exs.: ausência de oitiva do condutor, falta de entrega da nota de culpa etc.;

b) inexistência de **hipótese** de flagrante. Ex.: pessoa presa muitos dias após a prática do crime.

Nessas duas primeiras hipóteses, o juiz poderá, na mesma decisão que relaxar o flagrante, decretar a prisão preventiva, caso entenda que estão presentes os seus requisitos, de modo a manter preso o indiciado;

c) **atipicidade** do fato narrado pelas pessoas ouvidas no auto de prisão;

d) **excesso de prazo** da prisão, ou seja, delegado que, por alguma razão, demora a enviar a cópia do auto de prisão ao juiz competente.

Observação: Antes da Lei n. 12.403/2011 era comum o relaxamento por excesso de prazo em razão de demora na coleta das provas **em juízo após o início da ação** (necessidade de redesignação da audiência por falta de apresentação do réu preso ou pela ausência de testemunhas, por exemplo). Atualmente, contudo, o flagrante é convertido em prisão preventiva e, com isso, não há mais que se falar em **relaxamento de prisão em flagrante** por atraso na instrução em juízo, e sim em revogação da prisão preventiva em razão do **excesso de prazo**.

Contra a decisão que relaxa a prisão em flagrante cabe **recurso em sentido estrito** (art. 581, V, do CPP). Já a decisão que mantém o indiciado preso pode ser atacada pela via do *habeas corpus*.

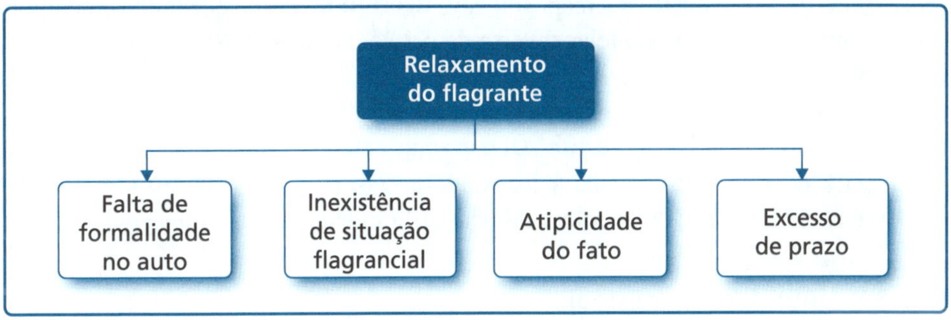

■ Conversão do flagrante em prisão preventiva

Tendo sido legal a prisão em flagrante, o juiz deve verificar se concederá a liberdade provisória ou se decretará a prisão preventiva. Sendo esta última medida de caráter excepcional, o juiz só poderá decretá-la se estiverem estritamente presentes os requisitos dos arts. **312 e 313 do CPP**, que serão adiante analisados. Deve o juiz verificar, dentre outros aspectos, a gravidade do delito cometido, os antecedentes do preso — que podem indicar tratar-se de criminoso contumaz —, a probabilidade de a vítima sentir-se amedrontada em prestar depoimento, por exemplo, contra um vizinho acusado de homicídio etc.

A nova redação do art. 310 do CPP exige, ainda, para ser possível a conversão do flagrante em prisão preventiva, que o juiz entenda não ser **suficiente** ou **adequada** a aplicação de qualquer outra medida **cautelar diversa da prisão** (recolhimento noturno, monitoramento eletrônico, proibição de ausentar-se da Comarca etc.). Essas outras medidas cautelares estão previstas nos arts. 319 e 320 do CPP e também serão analisadas no momento oportuno.

Caso o juiz converta a prisão em flagrante em preventiva, o fato deverá ser comunicado à autoridade que detém a guarda do preso.

O art. 311 do CPP diz que o juiz **não** pode decretar prisão preventiva de **ofício** durante o **inquérito policial**. Este dispositivo, contudo, é aplicável somente à hipótese em que o indiciado está solto, posto que a decretação da prisão, dependendo do caso, poderá atrapalhar as investigações, pois a autoridade policial passaria a ter prazo de dez dias para a conclusão do inquérito. A redação do art. 310 não deixa dúvida de que o juiz pode **converter** a prisão em flagrante em preventiva, ainda que não haja pedido expresso do Ministério Público, do querelante ou da autoridade policial nesse sentido. O Código de Processo, aliás, não prevê a necessidade de vista ao Ministério Público antes de o juiz proferir sua decisão, embora, na prática, isso seja muito comum.

■ Concessão de liberdade provisória

O raciocínio do juiz nesta fase é muito simples. Ele recebe uma comunicação de que determinada pessoa foi presa em flagrante e que assim permanece porque o **delegado não** arbitrou fiança. Deve, então, verificar se estão presentes os requisitos da prisão preventiva. Se **positiva** a resposta, deve **decretá-la**, desde que tenha entendido não ser suficiente medida cautelar diversa da prisão. Se **ausentes** os requisitos, deve **conceder** a liberdade provisória, com ou sem fiança dependendo do caso, podendo, ainda, cumular a liberdade provisória com qualquer das medidas cautelares diversas da prisão criadas pela Lei n. 12.403/2011, caso as entenda suficientes.

Contra decisão que concede a liberdade provisória cabe **recurso em sentido estrito** (art. 581, V, do CPP) e contra aquela que a indefere cabe *habeas corpus*.

■ 10.2.8. Audiência de custódia

Apesar de o art. 306 do Código de Processo Penal, que, em seu *caput* e § 1º, disciplina as providências que devem ser adotadas pela autoridade policial após a lavratura do auto de prisão em flagrante, não prever a necessidade de apresentação do autuado ao juiz — estabelecendo que o juiz deve decidir a respeito da decretação da prisão preventiva ou da concessão de liberdade provisória com base apenas na cópia do auto de prisão em flagrante —, implantaram-se, em diversas unidades da federação, por meio de atos emanados do Poder Judiciário local, normas que estabelecem a obrigatoriedade de a pessoa presa ser apresentada ao magistrado, no mesmo prazo de 24 horas, para que, após manifestação do Ministério Público e do defensor, delibere sobre a necessidade de manutenção da prisão.

Trata-se das denominadas **audiências de custódia** ou **audiências de apresentação**, cuja realização decorre de aplicação da Convenção Americana sobre Direitos Humanos (Pacto de São José da Costa Rica), que, em seu art. 7º, item 5, 1ª parte, prevê que "toda pessoa presa, detida ou retida deve ser conduzida, sem demora, à presença de um juiz ou outra autoridade autorizada por lei a exercer funções judiciais e tem o direito de ser julgada em prazo razoável ou de ser posta em liberdade, sem prejuízo de que prossiga o processo".

Tal ato internacional, promulgado por meio do Decreto Presidencial n. 678/92, integra, inequivocamente, o arcabouço normativo brasileiro, o que autoriza a adoção do entendimento de que é, de fato, necessária a apresentação da pessoa presa em flagrante, sem demora, ao juiz competente.

Diversos Tribunais Estaduais e Federais editaram atos normativos por meio dos quais determinam que os juízes a eles vinculados cumpram o disposto no art. 7º, item 5, da Convenção Americana de Direitos Humanos, realizando a audiência de custódia na qual deverão ouvir a pessoa detida em flagrante delito.

O Supremo Tribunal Federal, pelo órgão pleno, julgou, em 20 de agosto de 2015, **ação direta de inconstitucionalidade (ADI 5240)**, proposta pela Associação dos Delegados de Polícia do Brasil, na qual se pleiteava fosse reconhecida a inconstitucionalidade do Provimento editado pelo Tribunal de Justiça de São Paulo, ocasião em que a Corte Suprema decidiu que a edição do ato impugnado não feriu qualquer disposição constitucional, na medida em que o provimento "apenas disciplinou normas vigentes, não tendo havido qualquer inovação no ordenamento jurídico, já que o direito fundamental do preso de ser levado sem demora à presença do juiz está previsto na Convenção Americana dos Direitos do Homem". O relator, Ministro Luiz Fux, registrou, dentre outros argumentos, que o próprio Código de Processo Penal prevê, em seu art. 656, que "recebida a petição de *habeas corpus*, o juiz, se julgar necessário, e estiver preso o paciente, mandará que este lhe seja imediatamente apresentado em data e hora que designar", de modo a evidenciar, por meio de interpretação teleológica do referido dispositivo e da norma prevista na Convenção Americana, a constitucionalidade desta última — que prevê a realização da audiência de custódia.

Em 9 de setembro de 2015, o **Pleno do Supremo Tribunal Federal** novamente enfrentou o tema ao apreciar pedido de medida liminar formulado em **arguição de descumprimento de preceito fundamental (ADPF 347)**, oportunidade em que determinou, em caráter cautelar, aos juízes e tribunais de todo o País que, observados os arts. 9.3 do Pacto dos Direitos Civis e Políticos e 7.5 da Convenção Interamericana de Direitos Humanos, realizem, em até noventa dias, audiências de custódia, viabilizando o comparecimento do preso perante a autoridade judiciária no prazo máximo de 24 horas, contados do momento da prisão. Em 15 de dezembro de 2015, o Conselho

Nacional de Justiça aprovou a Resolução n. 213/2015, regulamentando em todo o território nacional o procedimento nas audiências de custódia.

De acordo com a Resolução, todo preso em flagrante deverá ser apresentado pela autoridade policial, em até 24 horas após a prisão, ao juízo, para participação em audiência de custódia. Estando a pessoa presa acometida de grave enfermidade, ou havendo circunstância comprovadamente excepcional que lhe impossibilite de ser apresentada ao juiz no prazo mencionado, deverá ser assegurada a realização da audiência no local em que ela se encontre e, nos casos em que o deslocamento se mostre inviável, deverá ser providenciada a condução para a audiência de custódia imediatamente após restabelecida sua condição de saúde ou de apresentação.

A audiência de custódia será realizada na presença do Ministério Público e da Defensoria Pública, caso a pessoa detida não possua defensor constituído no momento da lavratura do flagrante. É vedada a presença dos agentes policiais responsáveis pela prisão ou pela investigação durante a audiência de custódia.

Antes da apresentação da pessoa presa ao juiz, será assegurado seu atendimento prévio e reservado por advogado por ela constituído ou defensor público, sem a presença de agentes policiais, sendo esclarecidos por funcionário credenciado os motivos, fundamentos e ritos que versam sobre a audiência de custódia.

Na audiência, o juiz, depois de informar o preso sobre o direito ao silêncio, questionará se lhe foi dada ciência e efetiva oportunidade de exercício dos direitos constitucionais inerentes à sua condição, particularmente o direito de consultar-se com advogado ou defensor público, o de ser atendido por médico e o de comunicar-se com seus familiares; indagará sobre as circunstâncias de sua prisão ou apreensão; perguntará sobre o tratamento recebido em todos os locais por onde passou antes da apresentação à audiência, questionando sobre a ocorrência de tortura e maus-tratos e adotando as providências cabíveis; verificará se houve a realização de exame de corpo de delito, determinando sua realização nos casos em que não tenha sido realizado, os registros se mostrarem insuficientes ou a alegação de tortura e maus-tratos referir-se a momento posterior ao exame realizado.

O juiz deve se abster de formular perguntas com finalidade de produzir prova para a investigação ou ação penal relativas aos fatos objeto do auto de prisão em flagrante. Após a oitiva da pessoa presa em flagrante delito, o juiz deferirá ao Ministério Público e à defesa técnica, nesta ordem, reperguntas compatíveis com a natureza do ato, devendo indeferir as perguntas relativas ao mérito dos fatos que possam constituir eventual imputação, permitindo-lhes, em seguida, requerer o relaxamento da prisão em flagrante, a concessão da liberdade provisória sem ou com aplicação de medida cautelar diversa da prisão, a decretação de prisão preventiva ou a adoção de outras medidas necessárias à preservação de direitos da pessoa presa. Em seguida, o juiz decidirá, no próprio ato e de maneira fundamentada.

O termo da audiência de custódia será apensado ao inquérito ou à ação penal.

Observe-se, por fim, que a apresentação à autoridade judicial no prazo de 24 horas também será assegurada às pessoas presas em decorrência de cumprimento de mandados de prisão cautelar ou definitiva, aplicando-se, no que couber, os procedimentos previstos na Resolução n. 213/2015 do CNJ.

■ 10.3. PRISÃO PREVENTIVA

■ 10.3.1. Introdução

Trata-se de modalidade de prisão processual decretada exclusivamente pelo **juiz de direito** quando presentes os requisitos expressamente previstos em lei. Por se tratar de medida cautelar, pressupõe a coexistência do *fumus commissi delicti* e do *periculum libertatis*.

Fumus commissi delicti nada mais é do que a exigência de que o fato investigado seja **criminoso**, bem como da existência de **indícios** de **autoria** e **prova** da **materialidade** da infração em apuração. É o que se chama, no processo civil, de *fumus boni juris*.

Já o *periculum libertatis* diz respeito à **necessidade** de segregação do acusado, antes mesmo da condenação, por se tratar de pessoa perigosa ou que está prestes a fugir para outro país etc. É o chamado *periculum in mora* do processo civil.

A possibilidade de decretação da prisão preventiva encontra embasamento no art. 5º, LXI, da Constituição Federal, que admite, **antes** do trânsito em julgado da sentença condenatória, a prisão por ordem **escrita** e **fundamentada** da autoridade **judiciária** competente (além da prisão em flagrante).

A prisão preventiva é, evidentemente, **medida excepcional** — embora tenha se tornado comum em razão da escalada da criminalidade violenta em nosso país. Em face dessa excepcionalidade, o instituto rege-se ainda pelos princípios da **taxatividade**, **adequação** e **proporcionalidade**, **não se sujeitando a regime de aplicação automática**. Não pode a lei determinar hipóteses **compulsórias** de decretação da prisão preventiva que, assim, sempre pressupõe análise do fato concreto pelo juiz a fim de verificar a necessidade desta forma de prisão.

A decisão, ademais, deve ser **suficientemente fundamentada** em uma das hipóteses legais, não bastando ao juiz, por exemplo, dizer, genericamente, que aquele tipo de crime é grave. Deve, desse modo, apreciar as circunstâncias **específicas** que tornam grave aquele crime em apreciação no **caso concreto** e que tornam temerária a liberdade do réu ou, ainda, justificar a medida em outra das hipóteses legais (risco de fuga, ameaça a testemunhas etc.). A **insuficiência** da fundamentação dará causa à **revogação** da prisão por meio de *habeas corpus* interposto em prol do acusado.

Nesse sentido: "a fundamentação da prisão preventiva — além da prova da existência do crime e dos indícios de autoria —, há de indicar a adequação dos fatos concretos à norma abstrata que a autoriza como garantia da ordem pública, por conveniência da instrução criminal ou para assegurar a aplicação da lei penal (CPP, arts. 312 a 315). A gravidade do crime imputado, um dos malsinados crimes hediondos (Lei n. 8.072/90), não basta à justificação da prisão preventiva que tem natureza cautelar, no interesse do desenvolvimento e do resultado do processo, e só se legitima quando a tanto se mostrar necessária: não serve a prisão preventiva, e nem a Constituição permitiria que pra isso fosse utilizada, a punir sem processo, em atenção à gravidade do crime imputado, do qual, entretanto, ninguém será considerado culpado até o trânsito em julgado de sentença penal condenatória (CF, art. 5º, LVII)" (STF — RHC 68.631 — 1ª Turma — Rel. Min. Sepúlveda Pertence — *DJ* 23.08.1991 — p. 11.265).

Na decisão, o magistrado, caso entenda tratar-se de hipótese de decretação, não deve se limitar a **encampar** os argumentos utilizados pelo Ministério Público ou pela autoridade policial, pois existe forte orientação jurisprudencial no sentido de que é **nulo** o tipo de decisão onde apenas se lê: "nos termos do requerimento do Ministério Público, decreto a prisão preventiva de João da Silva" ou "presentes os requisitos legais, nos termos da representação da autoridade policial, decreto a prisão preventiva". Veja-se a esse respeito: "a fundamentação do decreto de prisão preventiva não pode limitar-se a acolher o pedido do representante do Ministério Público. No caso, a decisão impugnada, além de sucinta, limita-se a repetir os termos da lei, nada adiantando o Juiz sobre sua própria convicção quanto à necessidade da prisão cautelar" (STJ — RHC — Rel. Min. Jesus Costa Lima — *RT* 703/358). Apesar de existirem também julgados em sentido contrário, admitindo a fundamentação por remissão (*per relationem*), não faz sentido os juízes correrem o risco de verem suas decisões reformadas e, por consequência, de pessoas perigosas serem colocadas em liberdade, apenas para não perderem alguns minutos justificando a contento o decreto de prisão, pois, repita-se, o art. 5º, LXI, da Constituição expressamente exige **fundamentação** da decisão que decreta a prisão e a nova redação do art. 310 do CPP, dada pela Lei n. 12.403/2011, também a exige de forma expressa.

Ademais, quanto se tratar de dois ou mais infratores, a decisão deve apreciar a situação **específica** de cada um deles (existência de indícios de autoria, por exemplo).

Tem natureza **interlocutória simples** a decisão que decreta ou denega a prisão preventiva. Em caso de decretação, mostra-se cabível o *habeas corpus* e, na denegação, o **recurso em sentido estrito** (art. 581, V, do CPP). Cabe ainda recurso em sentido estrito contra a decisão que revoga a prisão preventiva, admitindo-se, também, a impetração de **mandado de segurança** para a obtenção de efeito **suspensivo** ao recurso para que, em eventual liminar, o tribunal mantenha o réu preso até a decisão de mérito.

De acordo com o disposto no art. 282, § 3º, do Código de Processo Penal, o juiz abster-se-á de ouvir a parte contrária sobre requerimento de prisão sempre que houver urgência ou perigo de ineficácia da medida, de modo que apenas em situações excepcionais o investigado ou réu deve ser intimado para manifestar-se sobre o pleito de prisão preventiva. O Superior Tribunal de Justiça já decidiu, todavia, que, quando a observância do contraditório não ensejar risco para, em caso de decretação da prisão, o sucesso da efetivação da captura, a colheita a manifestação da defesa é obrigatória. "1. A reforma do Código de Processo Penal ocorrida em 2011, por meio da Lei n. 12.403/11, deu nova redação ao art. 282, § 3º, do Código, o qual passou a prever que, 'ressalvados os casos de urgência ou de perigo de ineficácia da medida, o juiz, ao receber o pedido de medida cautelar, determinará a intimação da parte contrária, acompanhada de cópia do requerimento e das peças necessárias, permanecendo os autos em juízo.' 2. A providência se mostra salutar em situações excepcionais, porquanto, '[...] ouvir as razões do acusado pode levar o juiz a não adotar o provimento limitativo da liberdade, não só no caso macroscópico de erro de pessoa, mas também na hipótese em que a versão dos fatos fornecida pelo interessado se revele convincente, ou quando ele consiga demonstrar a insubsistência das exigências cautelares' (AIMONETTO, M. G. *Le recenti riforme della procedura penale francese — analisi, riflessioni e spunti di comparazione*. Torino: G. Giappichelli, 2002, p. 140). 3. Injustificável a decisão do magistrado que, em audiência, não permite à defesa se pronunciar oralmente sobre o pedido de prisão preventiva formulado pelo agente do Ministério Público, pois não é plausível obstruir o pronunciamento da defesa do acusado, frente à postulação da parte acusadora, ante a ausência de prejuízo ou risco, para o processo ou para terceiros, na adoção do procedimento previsto em lei. 4. Ao menos por prudência, deveria o juiz ouvir a defesa, para dar-lhe a chance de contrapor-se ao requerimento, o que não foi feito, mesmo não havendo, neste caso específico, uma urgência tal a inviabilizar a adoção dessa providência, que traduz uma regra básica do direito, o contraditório, a bilateralidade da audiência. 5. Mesmo partindo do princípio de que o decreto preventivo esteja motivado idoneamente, é o caso de o Superior Tribunal de Justiça afirmar a necessidade de que, em casos excepcionais, pelo menos quando decretada em audiência, com a presença do advogado do acusado, seja ele autorizado a falar, concretizando o direito de interferir na decisão judicial que poderá implicar a perda da liberdade do acusado. 6. Recurso provido, para assegurar ao recorrente o direito de responder à ação penal em liberdade, ressalvada a possibilidade de nova decretação da custódia cautelar, nos termos da lei" (RHC 75.716/MG — 6ª Turma — Rel. Min. Maria Thereza de Assis Moura — Rel. p/ Acórdão Min. Rogerio Schietti Cruz — julgado em 13.12.2016 — *DJe* 11.05.2017).

■ 10.3.2. Oportunidade de decretação da preventiva

Após as alterações trazidas pela Lei n. 12.403/2011, a decretação da prisão preventiva pode se verificar em três situações:

a) quando o autor da infração tiver sido preso em flagrante e o juiz, ao receber a cópia do auto no prazo de 24 horas da prisão, convertê-la em preventiva.

Nesse caso, não é necessário requerimento do Ministério Público ou representação da autoridade policial, conforme se depreende da própria leitura do art. 310 do CPP. Com efeito, diz o *caput* do referido artigo que o juiz, ao receber a cópia do auto de prisão em flagrante "**deverá**" relaxá-la se for ilegal, **convertê-la em preventiva** ou conceder a liberdade provisória, isto é, o fato de ter havido prisão em flagrante e de o indiciado estar no cárcere permite que o juiz, de ofício, tome qualquer das providências que o texto legal elenca. Este mesmo dispositivo dispõe que o Juiz só decretará a prisão preventiva se concluir que **são inadequadas ou insuficientes as medidas cautelares diversas da prisão**, previstas nos arts. 319 e 320 do CPP (monitoramento eletrônico, recolhimento domiciliar noturno etc.).

b) quando o autor da infração não tiver sido preso em flagrante, mas as circunstâncias do caso concreto demonstrarem sua necessidade.

Nessa hipótese, o juiz não pode decretar a prisão de ofício, **durante as investigações policiais**, mas apenas se houver requerimento da acusação ou representação da autoridade policial. Essa foi a opção do legislador na nova redação dada ao art. 311 do CPP pela Lei n. 12.403/2011, porque a decretação da prisão preventiva faz com que o delegado tenha que encerrar as investigações em um prazo de 10 dias. Assim, apenas em decorrência de representação deste ou mediante requerimento do destinatário das investigações (Ministério Público ou querelante) é que pode ser decretada a preventiva nesta fase.

Durante o tramitar da **ação penal** a decretação pode se dar de **ofício** e em razão de **requerimento** de Ministério Público, do querelante ou do assistente de acusação.

c) quando o acusado descumprir, injustificadamente, medida cautelar diversa da prisão anteriormente imposta. A Lei n. 12.403/2011 criou **várias** modalidades de cautelares diversas da prisão, que podem ser decretadas pelo juiz, quer o indiciado tenha sido preso em flagrante (liberdade provisória com imposição da cautelar), quer esteja solto. Em qualquer caso, o descumprimento da medida justificará a **substituição** por outra, a cumulação de medidas ou, em último caso, a **decretação** da prisão preventiva (art. 282, § 4º, do CPP).

■ 10.3.3. Requisitos

No art. 312 do CPP encontram-se elencados os **pressupostos** e os **fundamentos** que justificam a prisão preventiva. Por sua vez, no art. 313 estão previstas as **condições de admissibilidade** de referida modalidade de prisão cautelar.

■ *10.3.3.1. Pressupostos*

Só é possível a prisão preventiva se, no caso concreto, houver **indícios suficientes de autoria** e **prova da materialidade** do crime.

Não faz sentido ceifar a liberdade da pessoa quando não existem elementos mínimos a indicar seu envolvimento no delito ou quando sequer há prova concreta de sua ocorrência.

Importa ressalvar que o art. 312, ao se referir apenas a **crime**, e não genericamente a **infração penal**, deixa clara a impossibilidade de prisão preventiva nas **contravenções** penais.

O fato de haver indícios de autoria e prova da materialidade não obriga o Ministério Público a oferecer a denúncia de imediato, pois a Lei n. 12.403/2011, que regulamentou novamente o instituto da prisão preventiva, inclusive na fase inquisitorial, não determinou tal providência. Ao contrário, manteve a redação do art. 10 do Código de Processo Penal que estabelece prazo de 10 dias para a conclusão do inquérito, após os quais o Ministério Público terá vista para oferecer denúncia no prazo legal (5 dias em regra). Eventuais "construções jurídicas", no sentido de que a preventiva obriga ao imediato oferecimento de denúncia, carecem de amparo legal. Seria o mesmo que exigir que, no rito do Júri, o juiz pronunciasse o réu juntamente com o recebimento da denúncia (pois os requisitos são os mesmos — indícios de autoria e prova da materialidade). Nota-se, portanto, que o legislador criou fases e momentos distintos para a apreciação desses pressupostos, não sendo correto obrigar o Ministério Público a oferecer denúncia antes da conclusão do inquérito sob o risco de a denúncia ser defeituosa pela ausência de elementos probatórios, ainda em produção pela autoridade policial (perícias, oitiva de outras pessoas etc.).

■ *10.3.3.2. Fundamentos*

Esse tópico refere-se aos **motivos** (às razões de **fato**) que autorizam o juiz a decretar a prisão preventiva, sendo, portanto, aspecto primordial do tema. De acordo com o art. 312 e seu parágrafo único, pode ela ser decretada como garantia da **ordem pública**, da **ordem econômica**, por **conveniência da instrução criminal**, para **assegurar a aplicação da lei penal** ou em caso de **descumprimento das obrigações impostas por força de outras medidas cautelares**.

■ Garantia da ordem pública (art. 312, *caput*, do CPP)

Esta certamente é a causa da decretação do maior número de prisões. Não é interpretada literalmente no sentido de estar a sociedade em pânico ou promovendo arruaças em razão de determinado crime. Entende-se cabível a custódia cautelar quando se mostra necessário afastar imediatamente o acusado do convívio social em razão da sua grande periculosidade demonstrada pelo cometimento de delito de extrema gravidade ou por ser pessoa voltada à prática reiterada de infrações penais.

Conforme mencionado anteriormente, a gravidade do delito é razão suficiente para a decretação da prisão, porém, deve o juiz apreciar esta gravidade de acordo com as circunstâncias daquele crime em apuração no caso concreto. Se não fosse assim, a prisão preventiva seria **compulsória** sempre que determinada espécie de crime fosse cometido.

A Constituição Federal considera **inafiançáveis** os crimes hediondos, o tráfico de drogas, o terrorismo, a tortura, o racismo e os crimes cometidos por grupos armados, civis ou militares, contra a ordem constitucional e o Estado Democrático. Existe, pois, uma presunção de que esses crimes são graves, contudo, trata-se de presunção **relativa** que pode ceder ante as circunstâncias do caso concreto, deixando o juiz de decretar a prisão. Veja-se, por exemplo, os casos de **racismo** previstos na Lei n. 7.716/89 que, em sua maioria, possuem pena máxima de 3 anos e, por tal razão, sequer são compatíveis com o instituto da prisão preventiva em caso de primariedade do réu (art. 313, I, do CPP).

Por sua vez, é plenamente possível a decretação da prisão em crimes **afiançáveis**, desde que as circunstâncias de execução do delito indiquem a **necessidade** de custódia do infrator e que presentes as condições de admissibilidade do art. 313 do CPP. O furto qualificado normalmente não é considerado crime muito grave, mas o famoso furto praticado no Banco Central de Fortaleza demonstrou evidente gravidade a justificar a prisão preventiva dos seus autores. Em suma, cabe sempre ao juiz a apreciação da gravidade concreta da infração penal a justificar a decretação da prisão.

Lembre-se, ainda, que são incontáveis os casos de pessoas que não cometem crime de extrema gravidade, mas dedicam-se **costumeiramente** à prática de determinado tipo de delito. Ex.: prende-se um batedor de carteira em certo dia e ele é solto dias depois. No mês seguinte ele é novamente preso e novamente libertado e, assim, sucessivamente. Chegará, então, o momento em que o juiz concluirá que não pode mais conceder a liberdade provisória devendo decretar sua prisão preventiva, pois, em liberdade, é grande a probabilidade de cometer novos furtos, afrontando a tranquilidade social.

O **clamor público** provocado por determinado delito, geralmente explorado à exaustão por certos órgãos da imprensa, não justifica, **por si só**, a decretação da preventiva. Pode até ser considerado como um argumento a mais, um *plus*, mas nunca como argumento único.

No sentido de que o clamor público é um coargumento, veja-se: "a prisão preventiva não está fundamentada apenas no clamor público e no interesse da imprensa, como sustentado nas razões da impetração. Além dos indícios de autoria e da materialidade do fato delituoso, há, no decreto prisional, demonstração de que a medida excepcional encontra justificativa na conveniência da instrução criminal. Isso em virtude de coação de testemunhas por parte de um 'investigador particular'. Há, ainda, fundado receio de que o filho da vítima — testemunha de dois atentados anteriores ao crime — também seja morto" (STF — HC 96.609/ES — 2ª Turma — Rel. Min. Eros Grau — *DJe* 29.10.2009 — p. 388).

No sentido de que o clamor, **por si só**, não justifica a preventiva, leia-se: "o estado de comoção social e de eventual indignação popular, motivado pela repercussão da prática da infração penal, não pode justificar, por si só, a decretação da prisão cautelar do suposto autor do comportamento delituoso, sob pena de completa e grave aniquilação do postulado fundamental da liberdade. O clamor público — precisamente por não constituir causa legal de justificação da prisão processual (CPP, art. 312) — não se qualifica como fator de legitimação da privação cautelar da liberdade do indiciado ou do réu" (STF — HC 80.179/SP — Rel. Min. Celso de Mello — *DJU* 28.09.2001).

■ Garantia da ordem econômica (art. 312, *caput*, do CPP)

Trata-se de prisão decretada a fim de coibir graves crimes contra a **ordem tributária** (arts. 1º a 3º da Lei n. 8.137/90), o **sistema financeiro** (Lei n. 7.492/86), a **ordem econômica** (Lei n. 8.176/91; arts. 4º a 6º da Lei n. 8.137/90) etc. São os crimes de **"colarinho branco"** de grande repercussão que podem gerar prejuízos disseminados a investidores de bolsa de valores, a instituições financeiras e até mesmo aos órgãos do Governo.

■ Conveniência da instrução criminal (art. 312, *caput*, do CPP)

É decretada, por exemplo, quando o agente, em liberdade, **ameaça** testemunhas ou a vítima para que prestem depoimento favorável a ele em juízo ou para que não o reconheçam como o autor do crime no dia da audiência. A prisão do acusado neste caso fará com que a vítima ou testemunha sintam-se seguras ao depor, pois, estando o réu solto após ameaçá-las, certamente se sentirão constrangidas e os depoimentos poderão acabar não retratando a realidade dos fatos.

Além da decretação da prisão preventiva pelo delito já em apuração, o autor da ameaça poderá ainda ser responsabilizado por outro crime denominado **coação no curso do processo** (art. 344 do CP).

Também se decreta a preventiva com base nesse fundamento quando o réu está **forjando** provas em seu favor (pagou para alguém confessar o crime que ele cometeu, por exemplo) ou **destruindo** provas que existem em seu desfavor etc.

■ Garantia da futura aplicação da lei penal (art. 312, *caput*, do CPP)

Baseia-se na existência de indícios de que o acusado está prestes a se **evadir** ou de que já **fugiu** para furtar-se ao cumprimento da pena em caso de condenação. Ex.: réu que se esconde para não ser citado dando causa à suspensão do processo, nos termos do art. 366 do CPP, ou réu acusado de homicídio que alugou avião para fugir do país etc.

■ Descumprimento de obrigações impostas por força de outras medidas cautelares (art. 312, parágrafo único, do CPP)

Desde o advento da Lei n. 12.403/2011, o juiz pode optar pela aplicação de medida cautelar **diversa da prisão** caso a entenda **adequada** e **suficiente** diante do caso concreto. Suponha-se que o juiz proíba o acusado de manter contato com determinada pessoa relacionada ao fato criminoso (art. 319, III, do CPP) e ele, em liberdade, descumpra a medida, ou que o juiz determine o monitoramento eletrônico do réu e ele destrua a tornozeleira eletrônica. Em tais casos, diz o art. 312, parágrafo único, do CPP que o juiz pode decretar a prisão preventiva.

A lei confere, ainda, ao magistrado a possibilidade de substituir a medida ou aplicar outra em cumulação em vez de decretar a prisão (art. 282, § 4º).

Alguns autores, apenas para fins didáticos, classificam esta hipótese de prisão preventiva como modalidade diferenciada das anteriores previstas no *caput* do art. 312.

■ *10.3.3.2.1. Primariedade, bons antecedentes, residência e emprego fixo*

É absolutamente comum que os acusados se insurjam contra a decretação da prisão preventiva alegando que são **primários** ou que têm bons **antecedentes**, ou, ainda, que possuem **residência** ou **emprego** fixos. De ver-se, entretanto, que a lei não prevê nenhum desses fatores como causa impeditiva da prisão, se, por outro lado, estiver presente algum dos **fundamentos** autorizadores da decretação. Suponha-se um indivíduo que, apesar de morar com a família e de trabalhar, ingressou em uma associação criminosa que assaltou 10 bancos nos últimos meses. É evidente a sua periculosidade a justificar a prisão cautelar, ainda que ele não ostente qualquer condenação anterior e tenha emprego e residência fixos. Nesse sentido: "fatores como a primariedade, bons antecedentes, residência fixa e profissão definida não bastam para afastar a possibilidade de prisão preventiva quando esta é ditada por qualquer das razões previstas no art. 312, do CPP" (STF — RHC — Rel. Min. Sidney Sanches — *RT* 643/361); e "As condições pessoais favoráveis, tais como primariedade, ocupação lícita e residência fixa, entre outras, não têm o condão de, por si sós, garantirem ao recorrente a revogação da prisão preventiva se há nos autos elementos hábeis a recomendar a manutenção de sua custódia cautelar. Recurso ordinário desprovido" (STJ — RHC 56.007/PR — Rel. Min. Felix Fischer — 5ª Turma — julgado em 16.06.2015 — *DJe* 05.08.2015).

É de ressalvar, por sua vez, que, se **ausentes** os motivos autorizadores da prisão, não poderá ela ser decretada apenas com o fundamento de que o réu é morador de rua ou está desempregado.

■ *10.3.3.3. Condições de admissibilidade*

O art. 313 do CPP esclarece que não basta a presença de um dos fundamentos da prisão preventiva, só podendo ela ser decretada em determinadas espécies de infração penal ou sob certas circunstâncias. São as chamadas **condições de admissibilidade**.

Com efeito, referido dispositivo só permite a preventiva:

I — **Nos crimes dolosos punidos com pena privativa de liberdade máxima superior a 4 anos**.

São inúmeros os crimes que estão nesta faixa como o homicídio, o furto qualificado, o aborto sem consentimento da gestante, a lesão corporal de natureza grave, o roubo, a extorsão, a extorsão mediante sequestro, o estelionato, a receptação qualificada, o estupro, a falsificação de documento público, a concussão, a corrupção passiva e a ativa, a tortura, o tráfico de drogas etc. Em tais crimes, se o réu, por exemplo, ameaçar uma testemunha o juiz pode decretar **imediatamente** a sua prisão preventiva, ainda que ele seja primário e de bons antecedentes (ver tópico anterior).

II — **Se o réu ostentar condenação anterior definitiva por outro crime doloso no prazo de 5 anos da reincidência**.

Assim, ainda que se trate de crime com pena máxima não superior a **quatro** anos, poderá ser decretada a prisão preventiva se o réu for **reincidente em crime doloso** e isso leve o magistrado a entender que, por tal razão, ele coloca em risco a ordem pública pela considerável possibilidade de tornar a delinquir.

Nota-se, portanto, que, se uma pessoa **primária** está sendo processada por crime cuja pena máxima não excede 4 anos, descabe inicialmente a prisão preventiva, ainda que existam provas de que ela, por exemplo, está ameaçando testemunhas. A solução, neste caso, é a decretação de uma das medidas cautelares previstas no art. 319 do CPP, como a proibição de manter contato com a testemunha (art. 319, III). Somente se o acusado, descumprindo a medida cautelar, voltar a ameaçá-la é que será possível a decretação da prisão preventiva. É o que diz o art. 282, § 4º, do CPP (combinado com o art. 312, parágrafo único), que, por estar previsto no capítulo das "**Disposições Gerais**" do título que trata da prisão preventiva e das outras medidas cautelares, não se restringe a crimes que tenham pena máxima superior a quatro anos (como exige o art. 313). Esta observação vale ainda que se trate de crime de **menor** potencial ofensivo (nunca contravenção). Ex.: decretação de prisão em crimes como ameaça e constrangimento ilegal (que envolvem violência ou grave ameaça) em que o agente, no caso concreto, descumpre cautelar anteriormente imposta tornando a ameaçar reiteradamente a vítima do crime. No regime anterior, muitas pessoas foram mortas pela falta de dispositivo semelhante, porque não era possível a decretação de prisão preventiva em crimes apenados com detenção. Elas eram constantemente ameaçadas e o Estado nada podia fazer para garantir-lhes a integridade física. Atualmente, o magistrado pode inicialmente adotar uma medida cautelar diversa da prisão e, caso descumprida, pode decretar a custódia cautelar.

III — **Se o crime envolver violência doméstica ou familiar contra a mulher, criança, adolescente, idoso, enfermo ou pessoa deficiente, quando houver necessidade de garantir a execução de medidas protetivas de urgência**.

Essas medidas **protetivas** estão previstas no art. 69, parágrafo único, da Lei n. 9.099/95, e no art. 22 da Lei n. 11.340/2006 (Lei Maria da Penha). Exs.: suspensão do direito à posse de arma de fogo, afastamento do lar, proibição de aproximação da vítima, seus familiares ou testemunhas, restrição ou suspensão de visitas aos dependentes menores etc. Há também medidas protetivas nos arts. 43 a 45 do Estatuto do Idoso, e arts. 98 a 101 do Estatuto da Criança e do Adolescente.

Observação: O art. 313, parágrafo único, do CPP possibilita, ainda, a prisão preventiva, **quando houver dúvida sobre a identidade civil da pessoa ou quando esta não fornecer elementos suficientes para esclarecê-la**, devendo o preso ser **imediatamente** solto tão logo seja obtida a identificação. Note-se que este dispositivo, ao contrário dos demais, não se refere exclusivamente a crimes dolosos. Assim, teoricamente, é possível a prisão preventiva em um homicídio **culposo** na hipótese de o autor da infração recusar-se a fornecer sua identificação, devendo, porém, ser solto, assim que se obtenha a qualificação.

PRESSUPOSTOS	FUNDAMENTOS	CONDIÇÕES DE ADMISSIBILIDADE
1) Indícios de autoria	1) Garantia da ordem pública	1) Que o crime seja doloso com pena máxima superior a 4 anos
2) Prova da materialidade	2) Conveniência da instrução criminal	2) Que o réu seja reincidente em crime doloso
	3) Garantia da aplicação da lei penal	3) Garantia das medidas protetivas de urgência, se o crime for contra a mulher, idoso, enfermo, menor ou deficiente
	4) Garantia da ordem econômica	4) Se houver dúvida quanto à identificação civil do acusado e este se recusar a esclarecê-la
	5) Descumprimento de medida cautelar antes imposta	

No quadro acima, verifica-se que, para a decretação da preventiva, é necessária a presença de *ambos* os pressupostos, bem como de *um* dos fundamentos e de *uma* das denominadas condições de admissibilidade.

■ 10.3.3.3.1. Infrações abstratamente punidas apenas com multa ou pena restritivas de direitos

A prisão preventiva não pode ser decretada, em nenhuma hipótese, se à infração cometida não for cominada pena **privativa de liberdade** isolada, cumulativa ou alternativamente (art. 283, § 1º). Este dispositivo tem importância em relação ao crime de porte de droga para uso próprio para o qual, atualmente, não existe previsão de pena privativa de liberdade (art. 28 da Lei n. 11.343/2006).

Existem também algumas **contravenções** apenadas somente com multa como a de importunação ofensiva ao pudor (art. 61 da LCP). De ver-se, entretanto, que o art. 312, *caput*, do CPP inviabiliza a prisão preventiva para **toda e qualquer** espécie de contravenção (ainda que punida com pena de prisão).

■ 10.3.3.4. Indícios de causa excludente da ilicitude

É **vedada** a decretação de prisão preventiva se o juiz verificar, pelas provas constantes dos autos, que o agente praticou o ato sob o manto de **uma das excludentes de ilicitude** (legítima defesa, estado de necessidade, exercício regular de direito ou estrito cumprimento do dever legal). Tal regra encontra-se no art. 314 do Código de Processo Penal.

■ 10.3.3.5. Apresentação espontânea do acusado

A redação originária do art. 317 do CPP previa expressamente que a **apresentação espontânea** do acusado à autoridade **não** impediria a decretação de sua prisão preventiva nos casos em que a lei a autoriza. A Lei n. 12.403/2011 modificou a redação deste dispositivo passando a cuidar de outro assunto. O fato, todavia, de ter deixado de haver previsão expressa em tal sentido não retirou a possibilidade da prisão preventiva em hipóteses de apresentação espontânea do réu. Com efeito, a referida norma era meramente explicativa e a possibilidade do decreto de prisão, em verdade, decorria e continua decorrendo da **necessidade** de segregação do réu em relação aos seus pares constatada pelo juiz no caso concreto. Não faz sentido deixar em liberdade um latrocida contumaz apenas porque ele se apresentou à autoridade quando se mostram presentes os requisitos autorizadores da custódia cautelar. Interpretação em sentido contrário, aliás, faria com que os bandidos que se apresentassem espontaneamente tivessem uma espécie de salvo-conduto, não podendo ser presos até o término da ação penal, por mais grave que fosse a infração, o que, evidentemente, é absurdo. A propósito: "A apresentação espontânea do Paciente à autoridade policial, a teor do disposto no art. 317 do Código de Processo Penal, não impede a decretação da prisão preventiva, nos casos em que a lei a autoriza. 5. Ordem denegada" (STJ — HC 215.821/PE — Rel. Min. Laurita Vaz — 5ª Turma — julgado em 15.03.2012 — *DJe* 27.03.2012); "Na linha dos precedentes desta Corte, a apresentação espontânea do réu, por si só, não é motivo suficiente para a revogação de sua custódia cautelar (precedentes desta Corte e do col. Pretório Excelso). V — As condições pessoais favoráveis, tais como primariedade, ocupação lícita e residência fixa, entre outras, não têm o condão de, por si sós, garantirem ao recorrente a revogação da prisão preventiva se há nos autos elementos hábeis a recomendar a manutenção de sua custódia cautelar. Recurso ordinário desprovido" (STJ — RHC 56.007/PR — Rel. Min. Felix Fischer — 5ª Turma — julgado em 16.06.2015 — *DJe* 05.08.2015).

■ 10.3.4. Revogação e nova decretação

O juiz **pode** a todo tempo **revogar** a prisão preventiva caso **desapareçam** os motivos que a ensejaram. Pode, também, **redecretá-la** se os mesmos motivos ressurgirem ou, ainda, com base em novos argumentos (art. 316 do CPP). Todas as decisões deverão ser devidamente **fundamentadas**.

■ 10.3.5. A prisão preventiva e as sentenças condenatória e de pronúncia

Antes do advento das Leis n. 11.689/2008 e 11.719/2008, o juiz que proferisse sentença condenatória aplicando ao acusado pena privativa de liberdade ou que o pronunciasse por crime doloso contra a vida **deveria determinar** sua prisão, exceto se ele fosse primário e de bons antecedentes. Uma vez decretada a prisão, se o crime se enquadrasse no conceito de infração inafiançável, o réu deveria permanecer preso, e se o delito fosse afiançável poderia obter a liberdade mediante a prestação de fiança até o julgamento do recurso. É o que determinavam os arts. 594 e 408, §§ 1º e 2º, do Código de Processo Penal.

As leis supramencionadas, todavia, **revogaram** esses dispositivos e trouxeram novas regras em torno do assunto, estabelecendo que, por ocasião da sentença condenatória ou da pronúncia, o juiz, obrigatoriamente e de forma expressa, deverá analisar se estão presentes os requisitos da prisão preventiva — que são os mesmos da prisão preventiva decretada em qualquer fase processual anterior. Em outras palavras, se o réu que estiver sendo condenado ou pronunciado estiver solto, o juiz deverá analisar se, em razão da sentença, mostra-se **necessária** a decretação de sua **preventiva**. Se estiver preso, deverá apreciar se **continua** necessária sua prisão e, caso a conclusão seja em sentido contrário, deverá revogar a preventiva anteriormente decretada.

Nota-se, portanto, que atualmente **não mais existem** formas específicas de prisão processual denominadas "prisão por sentença condenatória" e "prisão por pronúncia" com regras próprias. O que existe é a prisão preventiva decretada por ocasião da sentença condenatória ou da pronúncia.

De qualquer modo, ainda que decretada a prisão preventiva em tais oportunidades, o fato de o condenado ou pronunciado não se recolher à prisão **não impede** que o Tribunal analise e julgue o recurso de apelação ou em sentido estrito por ele interposto contra a sentença.

■ 10.3.6. Formalidades no cumprimento do mandado de prisão

De acordo com o art. 285 do CPP, o juiz que ordenar a prisão fará expedir o respectivo mandado, o qual será lavrado pelo **escrivão e assinado pela autoridade**, e conterá: 1) o nome da pessoa a ser presa, sua alcunha e sinais característicos; 2) a infração penal que justificou a medida.

Alguns dispositivos do Código de Processo Penal têm a finalidade de regulamentar o cumprimento do mandado quando o indiciado está **preso** em comarca diversa daquela em que foi expedida a ordem de prisão. Assim, diz o art. 289 do CPP que, quando o acusado estiver no território nacional, fora da jurisdição do juiz processante, será **deprecada** a sua prisão, devendo constar da precatória o inteiro teor do mandado (art. 289). Havendo urgência, o juiz poderá requisitar a prisão por qualquer meio de comunicação, do qual deverá constar o seu motivo, bem como o valor da fiança se arbitrada[3] (art. 289, § 1º). A autoridade a quem se fizer a requisição da prisão tomará as precauções necessárias para averiguar a autenticidade da comunicação (art. 289, § 2º). Cumprido o mandado, o Juiz processante deverá providenciar a remoção do preso no prazo máximo de trinta dias, contados da efetivação da medida (art. 289, § 3º).

Existem, por sua vez, alguns dispositivos que se referem ao cumprimento do mandado quando o indiciado ou réu estão **soltos**. Diz o art. 299 do CPP que a **captura** poderá ser requisitada, à vista de mandado judicial, por qualquer meio de comunicação, tomadas pela autoridade, a quem se fizer a requisição, as precauções necessárias para averiguar a autenticidade desta (art. 299).

A prisão em virtude de mandado entender-se-á feita desde que o executor, fazendo-se conhecer do réu, lhe apresente o mandado e o intime a acompanhá-lo (art. 291). O mandado é expedido em **duplicata** e o executor entregará ao preso, logo depois da prisão, um dos exemplares com declaração do dia, hora e lugar da prisão. Da entrega, o preso deverá passar **recibo** no outro exemplar. Caso ele se recuse, não saiba ou não possa escrever, o fato será mencionado em declaração assinada por duas testemunhas (art. 286 do CPP).

---

[3] Alguns dispositivos do Código fazem menção à expedição de mandado de prisão acompanhado do valor da fiança quando cabível (art. 285, parágrafo único, *d*; art. 289, § 1º; e art. 298). Referem-se, entretanto, às antigas formas de prisão por pronúncia ou por sentença recorrível em que, nos crimes afiançáveis, eram expedidos mandados de prisão com o valor da fiança para que o acusado, se quisesse recorrer em liberdade, depositasse o valor da fiança.

Se a infração for **inafiançável**, a falta de exibição do mandado **não** obstará à prisão e o preso, em tal caso, será imediatamente apresentado ao juiz que tiver decretado a prisão (art. 287).

Segundo o art. 289-A, *caput*, do CPP, o juiz competente, logo após a decretação da prisão, providenciará o imediato registro do mandado de prisão em banco de dados mantido pelo Conselho Nacional de Justiça para essa finalidade[4]. Dessa forma, qualquer agente policial poderá efetuar a prisão determinada no mandado de prisão registrado no Conselho Nacional de Justiça, ainda que fora da competência territorial do juiz que o expediu (art. 289-A, § 1º). Além disso, qualquer agente policial poderá efetuar a prisão decretada, ainda que sem registro no Conselho Nacional de Justiça, adotando as precauções necessárias para averiguar a autenticidade do mandado e comunicando ao juiz que a decretou, devendo este providenciar, em seguida, o registro do mandado na forma do *caput* deste artigo (art. 289-A, § 2º).

A prisão será imediatamente comunicada ao juiz do local de cumprimento da medida o qual providenciará a certidão extraída do registro do Conselho Nacional de Justiça e informará ao juízo que a decretou (art. 289-A, § 3º).

O preso será informado de seus direitos, nos termos do inciso LXIII do art. 5º da Constituição Federal e, caso o autuado não informe o nome de seu advogado, será comunicada a prisão à Defensoria Pública (art. 289-A, § 4º).

Se houver dúvida das autoridades locais sobre a legitimidade da pessoa do executor ou sobre a identidade do preso, poderão pôr em custódia o réu até que fique esclarecida a dúvida (art. 289-A, § 5º, e art. 290, § 2º).

Por fim, ninguém será **recolhido** à prisão sem que seja exibido o mandado ao respectivo diretor ou carcereiro, a quem será entregue cópia assinada pelo executor devendo ser passado recibo da entrega do preso, com declaração de hora e dia (art. 288), que poderá ser passado no próprio exemplar do mandado (art. 288, parágrafo único).

10.3.7. Duração da prisão preventiva

Após a decretação da prisão preventiva, o réu não pode ficar preso por tempo indeterminado. Devem, assim, ser observados os prazos estabelecidos na lei para o cumprimento dos diversos atos processuais em caso de réu preso:

a) Conclusão do inquérito: 10 dias (ou 15 em se tratando de crime de competência da Justiça Federal).

b) Oferecimento de denúncia: 5 dias.

c) Recebimento da denúncia: 5 dias, uma vez que se trata de decisão interlocutória simples (art. 800, II, do CPP).

---

4 A Resolução n. 137 do CNJ, de 13 de julho de 2011, regulamenta o banco de dados de mandados de prisão.

d) Resposta escrita do réu: 10 dias a contar da citação. Caso, porém, o réu não apresente sua resposta no prazo, por meio de defensor constituído, os autos irão conclusos para o juiz nomear defensor dativo ao réu que, após a intimação, terá outros 10 dias para oferecer a resposta.

e) Apreciação do magistrado quanto à resposta escrita com possibilidade de absolvição sumária: 10 dias, posto que o juiz pode proferir sentença absolutória (art. 800, I, do CPP).

f) Audiência para oitiva de testemunhas, debates e sentença: 60 dias.

A esses prazos deve ser somado o de 24 horas para cada andamento a ser dado pelo cartório judicial — fazer conclusão ao juiz e encaminhar-lhe os autos para apreciar o recebimento da denúncia; expedir mandado de citação após o juiz ter recebido a denúncia; certificar eventual ausência de resposta escrita e remeter os autos ao juiz para nomear defensor; intimar o defensor nomeado; juntar a resposta escrita e encaminhá-la ao juiz com conclusão; publicar e cumprir a decisão do juiz que não absolveu sumariamente o réu e determinou a realização da audiência. Além disso, deve-se dar um prazo razoável ao oficial de justiça para cumprir o mandado de citação (3 dias pelo menos).

Esses prazos somados alcançam o montante de **120** dias na esfera estadual e **125** na federal.

A jurisprudência, por sua vez, há muito tempo firmou entendimento de que, **uma vez iniciada a ação penal**, os prazos não devem ser contados **isoladamente** em relação a cada um deles. Ao contrário, devem ser considerados englobadamente, só se escoando quando ultrapassado o tempo de todos eles somados, a contar da data da prisão. Findo tal prazo, poderá ser **alegado** constrangimento ilegal por excesso de prazo e, como consequência, ser **revogada a preventiva**. Esse prazo, entretanto, não é fatal, sendo certo que a jurisprudência entende que uma série de fatores pode ser levada em conta para permitir que o réu fique preso além desse tempo (necessidade de citação do réu por carta precatória, excesso de réus ou de testemunhas, demora na elaboração de provas periciais de alto grau de dificuldade, necessidade de adiamento de audiência pela não condução do réu ao fórum, excesso de processos em pauta etc.). Assim, o juiz, dentro do critério da **razoabilidade** e decidindo **fundamentadamente**, pode deixar de soltar o réu (hipótese em que o acusado poderá impetrar *habeas corpus* no tribunal competente para tentar sua liberdade, refutando os argumentos do juiz que o mantiveram no cárcere).

Ademais, quando a responsabilidade pelo atraso for da defesa, não se justifica a libertação do acusado por excesso de prazo nos termos da Súmula n. 64 do Superior Tribunal de Justiça: "não constitui constrangimento ilegal o excesso de prazo na instrução, provocado pela defesa". É comum, por exemplo, que haja demasiada demora na apresentação da **resposta escrita**, que é premissa para o juiz determinar o prosseguimento do feito e designar a data da audiência de instrução e julgamento. Posteriormente, o defensor alega excesso de prazo, que, todavia, não pode ser reconhecido, já que a responsabilidade pela demora foi exclusivamente da defesa. Em tal caso, deve ser descontado o tempo do atraso no oferecimento da resposta escrita.

Muitas vezes, ainda, o réu arrola testemunhas de defesa que não são encontradas ou requer diligências de difícil cumprimento, o que faz com que sua prisão se alongue.

Por isso, diz-se que o prazo é contado da **data da prisão até o término da instrução acusatória**, pois se não fosse assim os réus poderiam usar do artifício de criar entraves no processo apenas para ser revogada a prisão preventiva. Nesse sentido existe, inclusive, a Súmula n. 52 do Superior Tribunal de Justiça: "Terminada a instrução, fica superada a alegação de constrangimento por excesso de prazo".

O rito do Júri é escalonado, ou seja, possui duas fases: a primeira encerra-se com o trânsito em julgado da **pronúncia** (que remete o réu a Júri), enquanto a segunda, com o julgamento em **Plenário**. É evidente, portanto, que se trata de procedimento mais demorado. Em razão disso, a questão do prazo de prisão deve ser apreciado em relação a cada uma dessas fases.

O art. 412 do CPP expressamente prevê em relação ao rito do júri que o procedimento judicial deverá ser concluído em noventa dias até a pronúncia, de modo que esse prazo, somado ao do inquérito (dez dias) e àquele conferido ao Ministério Público para oferecimento de denúncia (cinco dias), caso ultrapassado, dará margem à alegação de excesso de prazo. É claro, contudo, que, se houver razões justificáveis para a demora ou se a responsabilidade pela delonga for da defesa, o juiz poderá manter o acusado preso por algum tempo a mais — o prazo legal **não é peremptório**. Contra a decisão que pronuncia o acusado, mandando-o a júri, cabe recurso em sentido estrito. Esse recurso não é obrigatório e, caso a defesa dele faça uso, o tribunal certamente levará um prazo considerável para apreciá-lo. Tendo o juiz mantido o acusado preso ao pronunciá-lo, não haverá que se falar em excesso de prazo durante o tramitar do recurso. Nesse sentido, a Súmula n. 21 do Superior Tribunal de Justiça: "Pronunciado o réu, fica superada a alegação de constrangimento ilegal da prisão por excesso de prazo na instrução".

Por sua vez, o art. 428 do CPP prevê que o julgamento em Plenário deve se dar no prazo de **seis** meses a contar do trânsito em julgado da pronúncia, sob pena de desaforamento. Se nenhuma dessas providências for adotada nesses seis meses (julgamento ou desaforamento) e o réu estiver preso, poderá ser alegado excesso de prazo.

■ 10.4. PRISÃO PREVENTIVA DOMICILIAR

Esta forma de cumprimento da prisão preventiva é inovação trazida pela Lei n. 12.403/2011, que, na nova redação dada aos arts. 317 e 318 do CPP, possibilitou ao indiciado ou réu permanecer fechado em sua residência, e não em estabelecimento prisional, nas seguintes hipóteses:

a) se **for maior de 80 anos**;

b) se estiver extremamente debilitado por motivo de **doença grave**;

c) se se tratar de pessoa **imprescindível** aos cuidados especiais de pessoa menor de **6 anos** de idade ou com **deficiência**;

d) se se cuidar de gestante;

e) se for mulher com filho de até doze anos de idade incompletos;

f) se for homem, caso seja o único responsável pelos cuidados do filho de até doze anos de idade incompletos.

Em tais casos, o acusado só poderá deixar as dependências da residência com autorização judicial ou nas datas em que haja ato do processo (audiência, por exemplo).

Como o texto legal se refere à prisão do agente em sua **própria** residência, aqueles que não a possuírem não poderão auferir dessa modalidade de prisão (os moradores de rua, por exemplo).

Note-se que nas hipóteses *a, b*, e *d*, a razão da decretação da prisão domiciliar é o fato de o autor da infração estar consideravelmente debilitado (idade avançada, doença grave) ou em estado gestacional. Nessas hipóteses, se o juiz verificar que a condição dessas pessoas faz com que **não** coloquem em risco a coletividade ou a instrução criminal, sequer deve decretar a prisão, o que certamente ocorrerá em grande número de casos. Se, ao contrário, o juiz concluir que, apesar das condições etárias, de saúde ou gestacional, o agente coloca em risco a ordem pública, a instrução criminal etc., deverá decretar a prisão, porém na modalidade domiciliar. Esta forma de cumprimento da prisão cautelar merece, todavia, severas críticas, pois é evidente a dificuldade de fiscalização. Se do interior dos presídios os infratores têm continuado a delinquir, muito maior a facilidade se estiverem em casa, onde a fiscalização é inexistente. É também muito mais fácil para o agente fugir do país quando está em sua própria casa, e não na cadeia. Ademais, ao contrário do que ocorre quando o réu está encarcerado, na prisão domiciliar não existe restrição quanto ao recebimento de visitas, uso de telefone celular, uso de internet etc.

Nas demais hipóteses (pessoa imprescindível aos cuidados de menor de 6 anos ou deficiente ou de filho menor de 12 anos), a situação é mais preocupante, já que o motivo da decretação da prisão domiciliar não é o estado do autor do delito, mas o fato de ser responsável por criança ou pessoa deficiente. De ver-se, entretanto, que a substituição da prisão preventiva pela domiciliar constitui mera **faculdade** do juiz, não sendo obrigatória. Com efeito, deve sempre prevalecer a defesa da coletividade em detrimento das pretensões particulares, de modo que não é aceitável que o indiciado ou réu de considerável periculosidade possa usufruir, automaticamente, do benefício em questão, durante o tramitar das investigações ou da ação, apenas pelo fato de ser responsável por menor de 6 anos, filho menor de 12 anos ou pessoa deficiente. São até questionáveis as benesses que a presença de um estuprador, assassino ou traficante podem trazer ao menor ou deficiente. Se a prisão domiciliar fosse obrigatória em tais casos, o agente teria uma espécie de imunidade. É claro, portanto, que os juízes devem interpretar tal dispositivo com cautela, recordando-se sempre que é dever do Estado proteger a sociedade, uma vez que o constituinte consagrou no art. 5º, *caput*, da Carta Magna o direito à vida, à segurança, à liberdade etc. Dessa forma, conclui-se que o criminoso responsável por criança ou por pessoa deficiente não tem direito subjetivo a cumprir prisão preventiva em domicílio, podendo o juiz determinar que o indiciado ou réu permaneça no cárcere quando entender que sua periculosidade extremada justifica o indeferimento da prisão domiciliar ou quando entender que há grande risco às testemunhas ou de fuga etc.

Deve-se lembrar, outrossim, que, em se tratando de modalidade de prisão, embora domiciliar, o réu terá direito à detração, ou seja, poderá descontar na pena a ser futuramente cumprida, em caso de eventual condenação, o tempo de prisão domiciliar. Suponha-se um traficante que, caso condenado a 5 anos de reclusão (pena mínima do tráfico), tenha de cumpri-la em regime inicial fechado. Se da data da decretação da prisão domiciliar até o trânsito em julgado do último recurso passarem-se 3 anos, ele terá de cumprir apenas os 2 anos restantes. Ora, é absolutamente mais vantajoso para este réu ficar em regime de prisão domiciliar durante o processo (pois isso trará benesses no futuro cumprimento da pena), do que em liberdade. Este, portanto, é outro fator que os juízes devem levar em conta antes de decretar a prisão domiciliar, ou seja, considerar se não é recomendável conceder a liberdade plena durante o transcorrer da ação, em vez de decretar uma medida de difícil controle e que pode, eventualmente, favorecer o réu em caso de condenação.

De qualquer modo, aconselha-se aos juízes que decretem a prisão domiciliar, que imponham, concomitantemente, conforme permite o art. 282, § 1º, do CPP, a medida cautelar de **monitoração eletrônica**, para inibir que o acusado deixe as dependências de sua residência. Embora esta providência não seja capaz de evitar eventuais fugas, poderá inibi-las, pois o acusado saberá que as autoridades terão ciência imediata de seu comportamento e revogarão a prisão domiciliar.

É de ressaltar que é **ônus** do acusado fazer prova de que está em uma das situações para as quais se mostra cabível a prisão domiciliar (art. 313, parágrafo único, do CPP).

■ 10.5. PRISÃO TEMPORÁRIA

É uma medida privativa da liberdade de locomoção, decretada por tempo determinado, destinada a possibilitar as investigações de crimes considerados graves, durante o inquérito policial. Sua disciplina encontra-se na Lei n. 7.960/89.

■ 10.5.1. Hipóteses de cabimento

Nos termos do art. 1º, da Lei n. 7.960/89, caberá prisão temporária:

I — **Quando for imprescindível para as investigações durante o inquérito policial, ou seja, quando houver indícios de que, sem a prisão, as diligências serão malsucedidas**.

II — **Quando o indiciado não tiver residência fixa ou não fornecer elementos necessários ao esclarecimento de sua identidade**.

III — **Quando houver indícios de autoria ou de participação em um dos seguintes crimes: homicídio doloso, sequestro ou cárcere privado, roubo, extorsão ou extorsão mediante sequestro, estupro, epidemia ou envenenamento de água ou alimento, quadrilha, genocídio, tráfico de entorpecentes, crime contra o sistema financeiro ou crimes previstos na Lei de Terrorismo.**

O art. 2º, § 4º, da Lei n. 8.072/90 possibilita também a decretação da prisão temporária nos crimes de terrorismo, tortura e **em todos os crimes hediondos** — ainda que não constem do rol supracitado, como o crime de estupro de vulnerável (art. 217-A), criado pela Lei n. 12.015/2009.

O crime de rapto violento consta desse dispositivo, porém foi revogado como infração penal autônoma e, nos termos da Lei n. 11.106/2005, passou a ser considerado figura qualificada do crime de sequestro (art. 148, § 1º, V, do CPP). Assim, como a conduta — privação da liberdade de alguém para fim libidinoso — continua sendo ilícita, tendo havido apenas alteração na capitulação jurídica, cabível a prisão temporária para quem a realizar. O crime de atentado violento ao pudor também consta do dispositivo, contudo, tal delito foi revogado pela Lei n. 12.015/2009, tendo sido unificado com o crime de estupro.

A Lei n. 12.850/2013 modificou a denominação do crime de quadrilha para associação criminosa e passou a exigir o envolvimento de apenas três pessoas para sua configuração (antes eram necessárias quatro pessoas). Assim, é possível a prisão temporária no crime de associação criminosa.

Apesar de divergências a respeito, prevalece o entendimento de que a prisão temporária só é cabível nos crimes mencionados no inciso III e desde que também presente a hipótese do inciso I **ou** do inciso II.

A prisão temporária só pode ser decretada **durante o inquérito** policial, nunca durante o tramitar da ação.

Quando foi aprovada a Lei n. 7.960/89, alguns juristas passaram a defender a tese de que a prisão preventiva não mais seria cabível na fase inquisitorial, já que a prisão temporária teria tomado seu lugar. A aprovação da Lei n. 12.403/2011 deu nova redação aos arts. 283 e 311 do CPP, reconhecendo a coexistência das modalidades de prisão preventiva e temporária em nossa legislação e reiterando que a primeira também pode ser decretada durante a fase de investigação policial. Em suma, o juiz pode decretar qualquer das modalidades de prisão processual durante o inquérito, na medida em que cada uma delas tem requisitos diversos.

O art. 313, parágrafo único, do CPP (com a redação dada pela Lei n. 12.403/2011) revogou a parte final do inciso II do art. 1º, que previa a possibilidade de prisão temporária por falta de identificação do acusado, uma vez que a hipótese é a mesma que atualmente autoriza a preventiva durante o inquérito e, em relação a esta, o Código de Processo passou a prever a imediata e automática soltura do acusado quando obtida a identificação, ao contrário da prisão temporária, que pressupõe revogação por expressa decisão judicial ou pelo decurso do prazo.

10.5.2. Procedimento

A prisão temporária só pode ser decretada pelo **juiz**, que, entretanto, não pode fazê-lo de **ofício**, dependendo de **requerimento** do **Ministério Público** ou **representação** da **autoridade policial**. No último caso, antes de decidir, o juiz deve dar oportunidade para o Ministério Público se manifestar (art. 2º, *caput*, e § 1º).

Feito os autos conclusos ao juiz, ele terá **vinte e quatro horas** para proferir sua decisão, decretando, de forma fundamentada, a prisão temporária ou indeferindo-a (art. 2º, § 2º). O Juiz poderá, de ofício, ou em razão de pedido do **Ministério Público** ou do **Advogado**, determinar que o preso lhe seja **apresentado**, solicitar **informações** e **esclarecimentos** da **autoridade policial** e submetê-lo a exame de **corpo de delito** (art. 2º, § 3º).

Por interpretação extensiva ao art. 581, V, do CPP, cabe **recurso em sentido estrito** contra a decisão que denega a decretação da prisão temporária e *habeas corpus* contra aquela que a decreta.

Caso decretada a prisão, será expedido mandado de prisão em duas vias, sendo que uma delas será entregue ao indiciado e servirá como nota de culpa (art. 2º, § 4º).

A prisão só poderá ser executada após a expedição do respectivo mandado (art. 2º, § 5º). Efetuada a prisão, a autoridade deve **informar** o preso acerca de seus **direitos constitucionais** (art. 2º, § 6º) — de permanecer calado, de ter sua prisão comunicada aos familiares ou pessoa por ele indicada etc.

Nos termos do art. 3º da Lei n. 7.960/89, os presos temporários devem permanecer, obrigatoriamente, **separados** dos demais detentos (provisórios ou condenados).

Em todas as comarcas e seções judiciárias deve haver **plantão permanente** de vinte e quatro horas do Poder Judiciário e do Ministério Público para apreciação dos pedidos de prisão temporária.

■ 10.5.3. Prazos

De acordo com art. 2º, *caput*, da Lei n. 7.960/89, a duração da prisão temporária é de **cinco** dias, **prorrogável** por mais **cinco** em caso de **extrema** e **comprovada necessidade**. Somente o **juiz** de direito poderá **prorrogar** a prisão.

Saliente-se, todavia, que o art. 2º, § 4º, da Lei n. 8.072/90 (Lei dos Crimes Hediondos) permite que a prisão temporária seja decretada por prazo de **trinta** dias, prorrogável por **igual período**, quando se trate de crime hediondo, tráfico de drogas, terrorismo ou tortura. É preciso ressalvar que o juiz pode decretar a prisão temporária por tempo inferior ao máximo estabelecido no texto legal ou prorrogá-la por tempo menor, mencionando expressamente o tempo de duração da prisão no despacho decisório.

Do mandado de prisão constará o prazo de duração da prisão temporária, que, uma vez expirado, implicará a **imediata** libertação do indiciado, salvo se já tiver sido decretada sua prisão preventiva. É muito comum que, ao término das investigações e próximo ao fim do prazo da prisão temporária, a autoridade policial ou o Ministério Público requeiram a decretação da prisão preventiva, de modo que o indiciado não chega a ser solto, pois isso poderia dificultar a recaptura.

A não libertação do preso após o exaurimento do prazo constitui modalidade específica do crime de **abuso de autoridade** (art. 4º, *i*, da Lei n. 4.898/65).

A autoridade policial **não** pode soltar o indiciado antes do término do prazo da prisão temporária. Caso ela entenda que não mais se justifica a manutenção no cárcere, deve solicitar ao juiz que revogue a prisão.

■ 10.6. O ATO DA PRISÃO EM RESIDÊNCIA

O ato da prisão pode ocorrer de **duas** formas:

a) em razão de prisão em **flagrante**;

b) em decorrência de cumprimento de **mandado** de prisão expedido por ordem judicial.

O art. 283, § 2º, do CPP diz que a prisão poderá ser efetuada em qualquer dia e hora, respeitadas as restrições relativas **à inviolabilidade de domicílio**. Por sua vez, o art. 5º, XI, da Constituição diz que a casa é asilo inviolável do indivíduo, ninguém nela podendo penetrar **sem o consentimento do morador**, salvo em caso de **flagrante delito** ou, **durante o dia, por ordem judicial**.

Assim, podem ser tiradas as seguintes conclusões:

1) prisão em **flagrante**: mesmo **contra** a vontade do morador, pode-se invadir a residência, a qualquer hora, do dia ou da noite, para prender o agente que esteja em situação de flagrância, desde que a medida esteja amparada por **fundadas razões**, passíveis de demonstração *a posteriori*, de que a infração estivesse ocorrendo (*vide* item 8.1.8.1);

2) prisão por **mandado**:

a) **se houver consentimento do morador**, é possível que se ingresse na casa para cumprir a ordem de prisão a qualquer hora, do dia ou da noite;

b) **sem o consentimento do morador** (pouco importando se o mandado de prisão é contra ele ou contra terceiro que se encontra em sua casa), o cumprimento só pode se dar durante **o dia**. Nesse caso, o executor, após receber a negativa, convocará duas testemunhas e entrará à força, ainda que tenha de arrombar as portas. Por outro lado, se o fato ocorrer durante a **noite**, o mandado não poderá ser cumprido sem a autorização do morador. Nesse caso, o art. 293, *caput*, do Código de Processo Penal diz que o executor fará guardar todas as saídas, tornando a casa incomunicável, e, logo que amanhecer, arrombará as portas, na presença das duas testemunhas, e efetuará a prisão.

O morador que, **durante o dia**, não permite a entrada de policiais em sua casa para o cumprimento de mandado de prisão contra terceiro, incorre em crime de favorecimento pessoal (art. 348 do Código Penal), salvo se a pessoa procurada for seu ascendente, descendente, cônjuge (companheiro) ou irmão. É por isso que o art. 293, parágrafo único, do CPP diz que o morador, em tal hipótese, será levado à presença da autoridade para que contra ele tome as providências legais. Se, todavia, a recusa em permitir a entrada dos policiais ocorrer durante a noite, o fato será atípico porque o morador encontra-se no exercício regular de direito — causa excludente de ilicitude.

■ 10.6.1. Emprego de força

Estabelece o art. 284 do CPP que para a concretização da prisão em flagrante ou o cumprimento do mandado de prisão **não** será permitido o emprego de força, salvo a **indispensável no caso de resistência ou tentativa de fuga da pessoa a ser presa**. Se houver, **ainda que por parte de terceiros**, resistência à prisão em flagrante ou à determinada por autoridade competente, o executor e as pessoas que o auxiliarem poderão usar dos meios necessários para defender-se ou para vencer a resistência, sendo que de tudo se lavrará auto subscrito por duas testemunhas (art. 292).

■ 10.7. USO DE ALGEMAS

O Código de Processo Penal trata das algemas apenas ao regular a instrução e os debates em plenário do júri, prevendo que seu uso será permitido somente em caso de **absoluta** necessidade à ordem dos trabalhos, à **segurança** das testemunhas ou à **garantia** da integridade física dos presentes (art. 474, § 3º), bem assim que, na hipótese de utilização das algemas, as partes **não** poderão, durante os debates, fazer referência a tal circunstância como argumento de autoridade que beneficie ou prejudique o acusado (art. 478, I).

Em 13 de agosto de 2008, no entanto, o Supremo Tribunal Federal editou a **Súmula Vinculante 11**, que assim se enuncia: "Só é lícito o uso de algemas em caso de resistência e de fundado receio de fuga ou de perigo à integridade física própria ou alheia, por parte do preso ou de terceiros, justificada a excepcionalidade por escrito, sob pena de responsabilidade disciplinar civil e penal do agente ou da autoridade e de nulidade da prisão ou do ato processual a que se refere, sem prejuízo da responsabilidade civil do Estado".

Esse entendimento garante a toda pessoa em desfavor de quem for executada a prisão a prerrogativa de **não** ser algemada, salvo se houver documento escrito que justifique a existência de uma das situações excepcionais que a autorizam. Na prática, entretanto, o que se vê é que a imensa maioria dos presos tem sido conduzida algemada ao distrito policial ou ao Fórum.

■ 10.8. DAS MEDIDAS CAUTELARES PESSOAIS

A entrega da prestação jurisdicional sempre ocorre depois do transcurso de um período, mais ou menos longo, a contar do momento em que o ilícito penal foi praticado, circunstância que pode ensejar a necessidade de o juiz, no curso da investigação ou da ação, adotar medidas que garantam a utilidade do processo ou a efetividade da decisão definitiva que será proferida.

Essas medidas, denominadas **cautelares**, não constituem, obviamente, antecipação da pena, pois ninguém pode ser considerado culpado até o trânsito em julgado da sentença condenatória (art. 5º, LVII, da CF), daí por que sua adoção pressupõe a constatação de que há risco de dano na demora da entrega da prestação jurisdicional (*periculum in mora*) e de que há razoável probabilidade de ser acolhida a pretensão do autor (*fumus boni iuris*).

É sabido que, até o advento da Lei n. 12.403/2011, o Código previa apenas uma modalidade de medida cautelar passível de recair sobre a pessoa do indiciado ou acusado: a **prisão**. Com as alterações introduzidas, descortinou-se a possibilidade de o juiz aplicar medidas de natureza diversa da prisão que, embora recaiam sobre a pessoa a quem se atribui a prática da infração, não importam em sua manutenção no cárcere.

> **Observação:** Além das medidas cautelares **pessoais**, reguladas no presente Título, há também as medidas cautelares **reais** (ou medidas assecuratórias), que recaem sobre o patrimônio do investigado ou acusado (arts. 125 a 144).

■ 10.8.1. As medidas cautelares diversas da prisão

São **dez** as modalidades de medidas cautelares diversas da prisão previstas, em **rol taxativo**, nos arts. 319 e 320 do Código:

■ Comparecimento periódico em juízo, no prazo e nas condições fixadas pelo juiz, para informar e justificar suas atividades (art. 319, I)

Consiste na determinação de que o indiciado ou réu compareça à presença do magistrado em periodicidade que vier a ser definida (diariamente, semanalmente, mensalmente etc.), para demonstrar, por meio de prova idônea, as atividades que realiza, o que permitirá ao juízo exercer alguma fiscalização sobre ele.

É importante que, sempre que aplicar essa medida, o juiz empenhe-se em entrevistar **diretamente** o destinatário, com intervalos não muito longos entre os comparecimentos, para que a providência não passe a constituir mera **formalidade**, tal como ocorreria se a tarefa de indagar e ouvir o indiciado ou réu fosse entregue a serventuário ou se tivesse lugar de forma demasiado espaçada.

■ Proibição de acesso ou frequência a determinados lugares quando, por circunstâncias relacionadas ao fato, deva o indiciado ou acusado permanecer distante desses locais para evitar o risco de novas infrações (art. 319, II)

É possível que a frequência do indiciado ou réu a determinados lugares ou a estabelecimentos de certa natureza favoreça o cometimento de novas infrações de sua parte, daí por que o juiz, diante de tal constatação, poderá interditar-lhe a estada em um ou vários lugares (campos de futebol, bares, rodeios, casas noturnas, casas de jogos etc.). É recomendável que esta medida seja aplicada cumulativamente com a **monitoração** eletrônica, para que se possa **fiscalizar** se o destinatário está respeitando as restrições estabelecidas.

■ Proibição de manter contato com pessoa determinada quando, por circunstâncias relacionadas ao fato, deva o indiciado ou acusado dela permanecer distante (art. 319, III)

Se as circunstâncias do fato indicarem a necessidade, o juiz poderá proibir que o indiciado ou acusado mantenha contato com certas pessoas, como a **vítima**, **testemunha**, **coautor** etc. A finalidade do dispositivo pode ser, por exemplo, evitar que a aproximação do réu possa causar algum tipo de temor à vítima ou testemunhas, bem como evitar que a proximidade possa gerar novas desavenças entre elas.

O juiz não pode proibir o acusado de ter contato com seu **advogado**.

■ Proibição de ausentar-se da Comarca quando a permanência seja conveniente ou necessária para a investigação ou instrução (art. 319, IV)

Se a permanência do acusado na comarca pela qual tramita o processo for conveniente para a investigação ou instrução, o juiz poderá decretar a medida quando, por exemplo, houver necessidade de proceder ao **reconhecimento** do indiciado ou acusado. Na medida em que a lei não faz qualquer distinção, é irrelevante se o destinatário da medida reside ou não na comarca em cujos limites territoriais terá de permanecer.

A proibição em questão pode ser **absoluta**, quando o juiz entender que se justifica a imposição de restrição total à possibilidade de saída do território da comarca. Pode, também, ser **relativa**, acaso se entenda que sua finalidade será alcançada ainda que o indiciado ou réu seja autorizado, por exemplo, a sair da comarca para trabalhar.

■ Recolhimento domiciliar no período noturno e nos dias de folga quando o investigado ou acusado tenha residência e trabalho fixos (art. 319, V)

A aplicação dessa medida pressupõe a existência de **prova inequívoca** de que o indiciado ou réu tem residência e trabalho fixos. A pessoa sujeita ao recolhimento domiciliar deverá permanecer nas **dependências** de sua residência todas as noites e nos dias em que não tiver de dedicar-se ao trabalho ou estudo em estabelecimento de ensino.

Para que a medida em comento possa ter eficácia, deverá o juiz aplicá-la, em regra, cumulativamente com a medida de **monitoração** eletrônica, pois a mera obrigação de recolher-se, sem a correspondente **fiscalização**, desnatura a medida. É possível que a fiscalização seja cometida à Polícia Judiciária, hipótese em que o juiz deverá exigir relatório circunstanciado das diligências periodicamente realizadas.

■ Suspensão do exercício de função pública ou de atividade de natureza econômica ou financeira quando houver justo receio de sua utilização para a prática de infrações penais (art. 319, VI)

Havendo fundamento para concluir que o exercício de função pública ou de atividade econômica ou financeira **favoreça** a prática de nova infração penal, o juiz poderá interditar **temporariamente** seu exercício, comunicando, conforme o caso, ao respectivo órgão público ou entidade de classe.

■ Internação provisória do acusado nas hipóteses de crimes praticados com violência ou grave ameaça, quando os peritos concluírem ser inimputável ou semi-imputável e houver risco de reiteração (art. 319, VII)

Cuida-se de medida aplicável somente em relação a infrações praticadas com violência ou grave ameaça e que pressupõe, além da constatação, em decorrência da instauração de incidente de insanidade, de que o indiciado ou réu é inimputável ou semi-imputável, a demonstração de que apresenta **considerável potencial de reincidência**. A internação deve ocorrer em Hospital de Custódia e Tratamento Psiquiátrico ou, à falta, em outro estabelecimento adequado.

■ Fiança, nas infrações que a admitem, para assegurar o comparecimento a atos do processo, evitar a obstrução do seu andamento ou em caso de resistência injustificada à ordem judicial (art. 319, VIII)

Trata-se, em verdade, de medida de **contracautela**, que tem lugar para evitar que o indiciado ou acusado permaneça preso provisoriamente (ou seja, sujeito a prisão cautelar) na eventualidade de poder oferecer garantia ao juízo, de modo a reduzir a probabilidade de lançar-se a terras distantes.

O dispositivo faz menção à fiança como forma de assegurar o **comparecimento** do réu aos atos do processo ou para **evitar** a obstrução do seu andamento, na medida em que, caso descumpra tais obrigações, o juiz poderá declarar quebrada a fiança, o que importará a perda de **metade** de seu valor, além da possibilidade de decretação de novas medidas cautelares ou da prisão preventiva.

Já a parte final do texto legal menciona a decretação da fiança como forma de vencer resistência injustificada do réu a algum tipo de ordem judicial. Nesse particular, o dispositivo, sinceramente, não faz sentido.

O instituto da fiança, em razão de sua importância, será posteriormente analisado de forma detalhada.

■ Monitoração eletrônica (art. 319, IX)

Consiste na sujeição do destinatário a fiscalização por meio de sistemas eletrônicos, de modo a permitir sua **imediata** localização. Para execução dessa medida, o indiciado ou réu deverá utilizar, **junto ao corpo**, dispositivo tecnológico próprio, em geral tornozeleira, vedada a utilização de equipamentos que exponham a risco sua saúde.

A medida em questão, assim como as demais cautelares, tem caráter **coercitivo**, daí por que é desnecessária a anuência do indiciado ou acusado para sua decretação. É bem verdade que não se pode constranger o destinatário da medida, física ou moralmente, a utilizar o equipamento eletrônico, mas sua recusa, que importa em **descumprimento** da obrigação imposta, é motivo para decretação da prisão **preventiva** (art. 312, parágrafo único).

Haverá descumprimento da medida, ainda, se o indiciado ou acusado **danificar** o aparelho ou tentar **ludibriar**, por qualquer meio, o sistema de vigilância, assim também quando se recusar a atender ao chamado do juiz ou do órgão ou instituição responsável pelo monitoramento. O Decreto n. 7.627, de 24 de novembro de 2011, regulamenta o procedimento da monitoração eletrônica.

■ Proibição de ausentar-se do País (art. 320)

Pode o juiz **proibir** que o indiciado ou acusado deixe o País ou **condicionar** sua saída à prévia autorização judicial.

As autoridades responsáveis pelos órgãos de controle marítimo, aeroportuário e de fronteiras serão **comunicadas** sobre a proibição, ao passo que o réu terá de depositar o **passaporte** em juízo em **24 horas.** A recusa em entregar o documento no prazo ensejará a decretação da prisão preventiva.

■ 10.8.2. Fiscalização

O juiz, ao aplicar qualquer das medidas cautelares, deve estabelecer a **forma** de fiscalização de seu cumprimento, sem prejuízo da possibilidade de o Ministério Público **supervisionar** a execução da medida cautelar, **diretamente ou com o concurso de órgãos ou instituições públicas**.

■ 10.8.3. Duração

Não há previsão de prazo **máximo** de duração das medidas cautelares, o que autoriza a conclusão de que os efeitos da decisão que as decreta devem perdurar enquanto subsistir a sua **necessidade**. Deve o juiz, entretanto, notadamente no que se refere à prisão, pautar-se pelos princípios da **razoabilidade** e da **proporcionalidade** para estabelecer os casos em que a duração da medida se mostra excessiva.

■ 10.8.4. Detração

Na medida em que, segundo a redação do art. 42 do Código Penal, apenas o tempo de **prisão provisória**, no Brasil ou no estrangeiro, e de **internação provisória** (art. 319, VII, do CPP), são passíveis de **detração**, não há espaço para cômputo na pena ou na medida de segurança do período de cumprimento das **demais** medidas cautelares. O próprio *caput* do art. 319 as denomina "medidas cautelares **diversas da prisão**".

■ 10.8.5. Requisitos

O art. 282, I, do Código de Processo Penal estabelece os critérios que devem nortear a decisão acerca do cabimento das medidas cautelares em geral. Segundo esse dispositivo, tais medidas deverão ser aplicadas observando-se a "necessidade para aplicação da lei penal, para a investigação ou a instrução criminal e, nos casos expressamente previstos, para evitar a prática de infrações penais". Para que a medida cautelar seja decretada, não basta a mera **conveniência** de sua adoção, exigindo-se que haja fundamento para concluir que se mostra **imprescindível** para tutela dos meios e dos fins do processo.

De acordo com o texto legal, três são os gêneros de circunstâncias que possibilitam a adoção de medida cautelar:

a) risco para aplicação da lei penal: ocorre quando se verifica a probabilidade de que o investigado ou acusado tentará subtrair-se ao cumprimento da pena acaso venha a ser condenado;

b) risco para a investigação ou instrução criminal: tem lugar quando o investigado ou acusado cria sérios embaraços para a regular obtenção de provas, tal como na hipótese de ameaçar ou corromper testemunhas;

c) nos casos expressamente previstos, risco de o investigado ou acusado voltar a praticar infração penal: hipótese em que a personalidade ou os antecedentes do investigado ou réu ou, ainda, as circunstâncias da conduta autorizam a conclusão de que o agente apresenta considerável potencial de reincidência.

■ 10.8.6. Escolha da medida

Se for o caso de aplicação de medida cautelar, o juiz, na escolha, deve pautar-se por sua adequação à gravidade do crime, circunstâncias do fato e condições pessoais do indiciado ou acusado. É o que diz o art. 282, II, do CPP.

Deverá haver sempre **proporcionalidade** na atuação do juiz no que diz respeito à garantia da utilidade e da eficácia do processo. Equivale a dizer que o juiz deverá estar atento à gravidade abstrata e concreta da infração e às condições pessoais do indiciado ou réu para decidir não apenas se há necessidade de adoção de providência cautelar, mas, também, para escolher, quando presentes seus requisitos, quais medidas aplicará.

A nova sistemática do processo penal, trazida pela Lei n. 12.403/2011, trouxe responsabilidade ainda maior aos juízes, conferindo-lhes a possibilidade de optar, fundamentadamente, por diversos caminhos: decretar a preventiva ou conceder a liberdade provisória; conceder ou não prisão preventiva domiciliar; aplicar ou não medida cautelar diversa da prisão; aplicar apenas uma medida cautelar ou várias.

■ 10.8.7. Vedação à aplicação das medidas cautelares

As medidas em estudo **não** podem ser aplicadas às infrações penais para as quais não haja previsão de pena **privativa de liberdade** em **abstrato**, de forma **isolada**, **cumulativa** ou **alternativa** com outra espécie de pena. Significa, na prática, que não são cabíveis a algumas contravenções penais para as quais a lei prevê única e exclusivamente pena de multa e para o crime de porte de droga para uso próprio, para o qual, igualmente, não há previsão de pena privativa de liberdade (art. 28 da Lei n. 11.343/2006).

■ 10.8.8. Cumulação, substituição e revogação

De acordo com as peculiaridades do caso concreto, o juiz poderá aplicar a medida cautelar pessoal de forma **isolada** ou **cumulativamente** (art. 282, § 1º), **não** havendo limite em relação à quantidade de obrigações que podem ser impostas simultaneamente, desde que haja compatibilidade lógica entre elas.

A decisão que aplica medida cautelar não está sujeita a preclusão, sendo-lhe ínsita a cláusula *rebus sic stantibus*, de modo que o juiz, de **ofício** ou a **requerimento** das partes, poderá **substituí-la**, **revogá-la**, aplicar outra em **cumulação** e, ainda, voltar a **decretá-la**. Poderá, ainda, em caso de descumprimento de qualquer outra medida ou de superveniência dos fundamentos que a justificam, decretar a **prisão** preventiva.

■ 10.8.9. Momento e iniciativa

Somente o juiz, por meio de decisão **fundamentada**, pode aplicar medida cautelar, seja no **curso** da ação penal ou **antes** de seu exercício.

Durante a investigação, todavia, é vedado ao juiz decretar de **ofício** a medida, já que em tal etapa sua aplicação depende de representação da **autoridade policial** ou requerimento do **Ministério Público**. No curso da ação, as medidas cautelares podem ser decretadas de **ofício** ou a **requerimento** das partes (art. 282, § 2º).

■ 10.8.10. Processamento

De acordo com o art. 282, § 3º, do Código, quando não houver urgência nem perigo de ineficácia da medida o juiz ouvirá a **parte contrária** antes de decidir sobre o pedido. Para tanto, determinará sua intimação, bem como o fornecimento de cópia do requerimento e de peças relevantes, já que os autos deverão permanecer em cartório.

Registre-se, todavia, que, para a colheita da manifestação do indiciado ou acusado, é necessário **que não haja urgência** e que o juiz possa concluir, com segurança, que **não há risco** para a eficácia da medida, já que a finalidade das medidas cautelares é evitar que o investigado ou acusado adote determinados comportamentos, expectativa que, em regra, seria **frustrada** com o conhecimento, por parte dele, de que a providência cautelar está prestes a ter lugar, sobretudo porque poderia **antecipar-se** à decisão judicial e fazer aquilo que se pretende evitar.

■ 10.8.11. Recurso

A decisão que **indefere** pedido de aplicação de qualquer medida cautelar ou que **decreta** cautelar **diversa** daquela pleiteada pela parte expõe-se a **recurso em sentido estrito**, pois, muito embora o inciso V do art. 581 do Código trate apenas da hipótese em que a prisão preventiva é indeferida, é possível concluir que houve omissão **involuntária** do legislador, o que autoriza o emprego da **analogia**. Também a decisão que **revoga** a medida cautelar é desafiada por **recurso em sentido estrito**.

Não há recurso para impugnar a decisão que decreta a medida, mas é possível a impetração de *habeas corpus*, uma vez que o descumprimento das obrigações impostas poderá ensejar a decretação da custódia preventiva do indiciado ou réu (art. 312, parágrafo único).

■ 10.9. PRISÃO ESPECIAL

O legislador, visando evitar que certas pessoas, em razão das funções que exercem ou de peculiar situação cultural, permaneçam em contato com indivíduos que não ostentem essas mesmas condições, previu a possibilidade de recolhimento em prisão especial (art. 295 do CPP), que, entretanto, consiste **exclusivamente** no recolhimento em local **distinto** da prisão **comum** (art. 295, § 1º, do CPP). Em consequência desse dispositivo, resta claro que não se deve admitir a concessão de qualquer **outro** privilégio ou regalia ao beneficiário, já que a única nota distintiva permitida é o encarceramento do preso especial em local diverso do reservado a outros presos.

Em relação aos demais direitos e deveres, não há diferença de tratamento entre o preso especial e o comum (art. 295, § 5º, do CPP).

A lei prevê, ainda, que, se não houver estabelecimento específico para o preso especial, será ele recolhido em cela distinta no estabelecimento destinado aos demais presos (art. 295, § 2º).

Ao preso especial é garantido também o direito de não ser **transportado** com o preso comum (art. 295, § 4º, do CPP).

O art. 295, *caput*, do Código de Processo Penal estabelece que a prisão especial só é cabível **até o trânsito em julgado** da sentença penal condenatória, e seus beneficiários são:

I — os ministros de Estado;

II — os governadores ou interventores de Estados ou Territórios, o prefeito do Distrito Federal, seus respectivos secretários, os prefeitos municipais, os vereadores e os chefes de polícia;

III — os membros do Parlamento Nacional, do Conselho de Economia Nacional e das Assembleias Legislativas dos Estados;

IV — os cidadãos inscritos no "Livro do Mérito";

V — os oficiais das Forças Armadas e os militares dos Estados, do Distrito Federal e dos Territórios (que ficarão recolhidos em quartéis);

VI — os magistrados;

VII — os diplomados por qualquer das faculdades superiores da República;

VIII — os ministros de confissão religiosa;

IX — os ministros do Tribunal de Contas;

X — os cidadãos que já tiverem exercido efetivamente a função de jurado, salvo quando excluídos da lista por motivo de incapacidade para o exercício daquela função. O art. 439 do CPP possuía regra idêntica prevendo prisão especial a quem tivesse exercido a função de jurado. Tal direito foi excluído do referido art. 439 pela Lei n. 12.403/2011 que, todavia, omitiu-se em retirar do texto do Código regra idêntica existente no art. 295, X. Por isso, os jurados continuam tendo direito a prisão especial em razão deste último dispositivo;

XI — os delegados de polícia e os guardas-civis dos Estados e Territórios, ativos e inativos.

Além dessas hipóteses de prisão especial previstas no Código, há outras previstas em leis especiais concedendo o benefício aos membros do Ministério Público, aos oficiais da Marinha Mercante, aos dirigentes e administradores sindicais, aos servidores públicos, aos pilotos de aeronaves mercantes nacionais, aos advogados, aos funcionários da Polícia Civil, aos professores de 1º e 2º graus e aos juízes de paz.

Leis especiais conferem, ainda, direito de permanecer recolhidos em salas com maior comodidade, denominadas **Salas de Estado Maior,** aos advogados, integrantes do Ministério Público e juízes de direito. O art. 7º, inciso V, da Lei n. 8.906/94 (Estatuto da OAB) dispõe que o advogado tem o direito de "não ser recolhido preso, antes de sentença transitada em julgado, senão em sala de Estado Maior, com instalações e comodidades condignas, assim reconhecidas pela OAB e, na sua falta, em prisão domiciliar". Dispositivos com redação praticamente idêntica encontram-se no art. 40, V, da Lei Orgânica Nacional do Ministério Público (Lei n. 8.625/93) e art. 33, III, Lei Orgânica da Magistratura (Lei Complementar n. 35/79).

A não inclusão do **Presidente da República** no rol de beneficiários da prisão especial é justificada pela existência de vedação constitucional à sua prisão processual por prática de infração comum (art. 86, § 3º, da CF).

Os militares presos, ainda que por crime comum, serão recolhidos a **quartel** da instituição a que pertençam, onde ficarão à disposição da autoridade competente (art. 300, parágrafo único, do CPP).

Veja-se, por sua vez, que a **Súmula n. 717 do Supremo Tribunal Federal** estabeleceu que "não impede a progressão de regime de execução da pena, fixada em sentença transitada em julgado, o fato de o réu encontrar-se em prisão especial".

■ 10.10. QUESTÕES

1. (Magistratura/SP — 2008) Em face da garantia (CF, art. 5º, LXIII) de que "o preso será informado de seus direitos, entre os quais o de permanecer calado, sendo-lhe assegurada a *assistência* de família e de *advogado*", assinale a alternativa correta.

a) É imprescindível a assistência de advogado, na delegacia de polícia, ao preso.
b) É suficiente garantir ao preso, na delegacia de polícia, a possibilidade de ser assistido por advogado.
c) Não é permitida a assistência de advogado ao preso, na delegacia, uma vez que na fase policial vigora o princípio inquisitivo.
d) Somente é necessária a assistência de advogado ao preso, se maior de 18 (dezolto) e menor de 21 (vinte e um) anos.

2. (Magistratura/SP — 2008) Quanto à prisão em flagrante, assinale a alternativa correta.

a) A falta de testemunha da infração impede a lavratura do auto de prisão em flagrante.
b) A omissão de interrogatório do conduzldo no auto de prisão em flagrante não acarreta, necessariamente, a nulidade do ato, dependendo do motivo da abstenção.
c) A nomeação de curador não advogado ao preso maior de 18 (dezoito) e menor de 21 (vinte e um) anos no auto de flagrante constitui causa de nulidade absoluta do ato.
d) A apresentação do conduzido obriga à lavratura da prisão em flagrante, não podendo a autoridade policial, em nenhum caso, determinar a soltura do preso.

3. (OAB — 2008.3 — CESPE/UnB) Relativamente à prisão, assinale a opção correta de acordo com o CPP:

a) Se o réu, sendo perseguido, passar ao território de outro município ou comarca, o executor poderá efetuar-lhe a prisão no lugar onde o alcançar, apresentando-o imediatamente à autoridade local, que providenciará a remoção do preso depois de haver lavrado, se for o caso, o auto de flagrante.
b) Na hipótese de resistência à prisão em flagrante, por parte de terceiras pessoas, diversas do réu, o executor e as pessoas que o auxiliarem não poderão usar dos meios necessários para defender-se ou para vencer a resistência.
c) Na hipótese de o executor do mandado verificar, com segurança, que o réu tenha entrado em alguma casa, o morador será intimado a entregá-lo, à vista da ordem de prisão. Se não for atendido imediatamente, o executor convocará duas testemunhas e, ainda que seja noite, entrará à força na casa, arrombando as portas, caso seja necessário.
d) Ainda que haja tentativa de fuga do preso, não será permitido o emprego de força.

4. (Defensoria Pública/TO — 2006) Sobre a prisão preventiva, é correto afirmar que:

a) É medida cautelar protelatória dos atos processuais regulares.
b) É medida impositiva em delitos punidos com pena de reclusão superior a 08 (oito) anos.
c) O despacho que a decretar ou a revogar será, necessariamente, fundamentado.
d) Não poderá ser decretada com fundamento na garantia da ordem econômica.
e) Se for decretada pelo Juiz da causa, não cabe revisão *ex officio*.

5. (Magistratura/SC — 2009) Assinale a alternativa correta:

I. A prisão preventiva é medida de exceção que visa garantir o regular andamento do processo e somente pode ser decretada como garantia da ordem pública, por conveniência da instrução criminal, ou para assegurar a aplicação da lei penal.
II. Dentre as prisões cautelares, a prisão temporária pode ser deferida caso haja imprescindibilidade para as investigações do inquérito policial, quando houver elementos obtidos por prova lícita de que seja autor ou partícipe dos crimes previstos no art. 1º, inciso III, da Lei 7.960/89, por cinco dias, prorrogável uma vez, por igual período.
III. Quando se tratar de apuração de crime hediondo ou a ele equiparado, a prisão temporária pode ser decretada por no máximo 15 dias, prorrogável por mais 15 dias.
IV. O clamor popular está expresso na legislação vigente como um dos motivos autorizadores da prisão preventiva como garantia da ordem pública.
V. A gravidade abstrata do delito é elemento inerente ao tipo penal e não pode, por si só, servir de fundamento para a decretação de prisão preventiva.

a) Somente as proposições III e IV estão corretas
b) Somente as proposições I, III e V estão corretas.
c) Somente as proposições II e V estão corretas.
d) Somente as proposições I, II e IV estão corretas.
e) Somente as proposições II e III estão corretas.

6. (Defensoria/SP — 2006 — Fundação Carlos Chagas) A falta de testemunhas da infração penal

a) impede a lavratura da prisão em flagrante, impondo-se o seu relaxamento.
b) não impede a lavratura do auto de prisão em flagrante.
c) não impede a lavratura da prisão em flagrante, mas é necessária a assinatura de duas pessoas que tenham testemunhado a apresentação do preso.
d) não impede a lavratura da prisão em flagrante, devendo o condutor prestar o compromisso legal para o ato.
e) impede a lavratura da prisão em flagrante, devendo a autoridade policial instaurar inquérito, ouvindo o acusado e os condutores.

7. (Magistratura/MT — 2009 — Vunesp) Dentro de 24 horas depois da prisão, será encaminhado ao juiz competente o auto de prisão em flagrante acompanhado de todas as oitivas colhidas e, caso o autuado não informe o nome de seu advogado, cópia integral para

a) a Defensoria Pública.
b) o Ministério Público.
c) a Procuradoria-Geral do Estado.
d) a Ordem dos Advogados do Brasil.
e) a Procuradoria-Geral da União.

8. (Magistratura/SP — 2011) Analise as proposições seguintes, a respeito da prisão em flagrante.

I. Quem, logo após o cometimento de furto, é encontrado na posse do bem subtraído, pode ser preso em flagrante delito, ainda que inexistam testemunhas da infração.

II. Nos crimes permanentes, entende-se que o agente está em flagrante delito enquanto não cessar a permanência.
III. Qualquer do povo deverá prender quem quer que seja encontrado em flagrante delito.
IV. Na falta ou impedimento do escrivão, qualquer pessoa designada pela autoridade policial lavrará o auto de prisão em flagrante, depois de prestado o compromisso legal.
V. Apresentado o preso, a autoridade competente deverá interrogá-lo e entregar-lhe a nota de culpa, e em seguida proceder à ouvidas do condutor e das testemunhas que o acompanham, colhendo, no final, as assinaturas de todos.

Estão corretas somente as proposições

a) I, III e IV.
b) I, II e IV.
c) I, II e V.
d) III, IV e V.
e) II, III e V.

9. (Magistratura/GO — 2009 — Fundação Carlos Chagas) A prisão preventiva

a) pode ser decretada como garantia da ordem pública, mas não da econômica.
b) é obrigatória no caso de réu citado por edital e que não constituiu defensor, nos termos do art. 366, do CPP.
c) não admite revogação por excesso de prazo para o término da instrução, medida cabível apenas para o relaxamento de flagrante.
d) não é cabível se houver apresentação espontânea do acusado à autoridade.
e) pode recair sobre o acusado primário e de bons antecedentes.

10. (Magistratura/MS — 2008 — FGV) Qual dos elementos abaixo não está previsto no art. 312, do CPP como um dos requisitos para a decretação da prisão preventiva?

a) Quando necessária para assegurar a aplicação da lei penal.
b) Quando conveniente para a instrução criminal.
c) Quando imprescindível para apaziguar o clamor público.
d) Quando houver prova da existência do crime e indício suficiente de autoria.
e) Quando necessária para garantir a ordem econômica.

11. (Delegado/SP — 2008) Denomina-se testemunha fedatária

a) aquela que prestou informes fidedignos no processo.
b) aquela que foi referida por outra testemunha.
c) aquela que acompanhou a leitura do auto de prisão em flagrante na presença do acusado.
d) aquela que funcionou como informante sem prestar compromisso de dizer a verdade.
e) aquela que se encontra protegida por lei.

12. (Delegado de Polícia/SC — 2008) Correlacione a segunda coluna de acordo com a primeira, considerando as modalidades de flagrante com os seus respectivos conceitos:

1) Flagrante próprio.
2) Flagrante impróprio.
3) Flagrante ficto ou assimilado.
4) Flagrante esperado.
5) Flagrante preparado.

( ) Ocorre quando o agente é preso, logo depois de cometer a infração, com instrumentos, armas, objetos ou papéis que façam presumir ser ele o autor da infração.
( ) Ocorre quando a ação policial aguarda o momento da prática delituosa, valendo-se de investigação anterior, para efetivar a prisão, sem utilização de agente provocador.

( ) Ocorre quando o agente é perseguido, logo após cometer o delito, pelo ofendido ou qualquer pessoa, em situação que faça presumir ser o autor da infração.
( ) Ocorre quando alguém provoca o agente à prática de um crime, ao mesmo tempo em que toma providências para que este não se consume.
( ) Ocorre quando o agente é surpreendido cometendo uma infração penal ou quando acaba de cometê-la.

A sequência correta, de cima para baixo, é:

a) 4 — 3 — 2 — 1 — 5.
b) 2 — 4 — 1 — 5 — 3.
c) 5 — 1 — 3 — 2 — 4.
d) 3 — 4 — 2 — 5 — 1.

13. (Defensoria/MT — 2009 — Fundação Carlos Chagas) A decisão que decreta a prisão preventiva do acusado classifica-se doutrinariamente como

a) interlocutória mista terminativa.
b) interlocutória simples.
c) interlocutória mista não terminativa.
d) definitiva.
e) despacho de mero expediente.

14. (Magistratura/SP — 2006) Assinale a alternativa correta.

a) A prisão temporária poderá ser executada antes da expedição do mandado de prisão.
b) O prazo para recebimento da nota de culpa pelo indiciado é de até 24 horas após a lavratura do auto de prisão em flagrante.
c) Os deputados e senadores podem ser presos em flagrante por crimes afiançáveis e inafiançáveis.
d) Quando se tratar de crime inafiançável, a falta de exibição do mandado não obstará a prisão, desde que o preso seja imediatamente apresentado ao Juiz que expediu a ordem de prisão.

15. (Ministério Público/SP — 2011) Analise as seguintes assertivas com relação à prisão e à liberdade provisória:

I. se a infração penal for inafiançável, a falta de exibição do mandado obstará a prisão;
II. a falta de testemunhas da infração penal impedirá o auto de prisão em flagrante;
III. a prisão temporária poderá ser decretada de ofício pelo Juiz;
IV. nos casos de acidentes de trânsito de que resulte vítima, não se imporá a prisão em flagrante ao condutor de veículo, se prestar pronto e integral socorro a ela;
V. nos crimes de tráfico ilícito de entorpecentes e drogas afins, a prisão temporária terá o prazo de 30 (trinta) dias.

Está correto apenas o que se afirma em

a) I e II.
b) I e III.
c) II e V.
d) III e IV.
e) IV e V.

16. (Ministério Público/GO — 2012) A Lei 12.403, de 4 de maio de 2011, que alterou dispositivos do Código de Processo Penal relativos à prisão processual, fiança, liberdade provisória e demais medidas cautelares, provocou significativas mudanças naquilo que podemos de-

nominar processo penal cautelar. A respeito dessas mudanças e sobre a nova sistemática das medidas cautelares no Código de Processo Penal, é correto afirmar que:

a) apesar dos avanços no que se refere às medidas cautelares pessoais aflitivas, o legislador deixou de positivar no Código de Processo Penal o princípio da homogeneidade das prisões cautelares;

b) para o cumprimento de mandado de prisão em território diverso do da autoridade judiciária que o expediu, é imprescindível o prévio registro do mandado a ser cumprido em banco de dados mantido pelo Conselho Nacional de Justiça. Caso não haja esse registro, o mandado não poderá ser cumprido, tendo em vista a presunção de incerteza quanto à autenticidade deste;

c) havendo prisão em flagrante, a prisão e o local onde o preso se encontra serão comunicados imediatamente ao juiz competente, ao Ministério Público e à família do preso ou à pessoa por ele indicada e, em até 24 horas, será encaminhado ao juiz competente o auto de prisão em flagrante e, caso o autuado não informe o nome de seu advogado, cópia integral para a Defensoria Pública;

d) genericamente, é admitida a prisão preventiva decretada, de ofício, pelo juiz, ainda que no curso do inquérito policial, nos crimes dolosos punidos com reclusão.

17. (Magistratura/SP — 2014 — Vunesp) Analise a opção que contenha assertiva falsa no tocante à Prisão Temporária prevista na Lei n. 9.760/89:

a) É prisão cautelar cujos prazos máximos de duração estão previstos na lei. Findos tais prazos, o imputado deve ser imediatamente posto em liberdade, sob pena de configurar-se o delito de abuso de autoridade (art. 4º, I, da Lei n. 4.898/65).

b) Será decretada de ofício pelo juiz ou mediante requerimento do Ministério Público ou representação da autoridade policial.

c) Possui caráter cautelar voltado à investigação policial. Se já houver processo ou tiver sido oferecida a denúncia, não pode ser decretada ou subsistir a prisão temporária.

d) Os incisos do art. 1º da Lei n. 7.960/89 devem ser interpretados em conjunto. Só pode haver prisão temporária de alguém suspeito de ser autor ou partícipe de algum daqueles crimes do rol taxativo, e quando for imprescindível para a investigação. O *fumus commissi delicti* está previsto no art. 1º, inciso III, exigindo que existam "fundadas razões, de acordo com qualquer prova admitida na legislação penal, de autoria ou participação do indiciado nos seguintes crimes...". O *periculum libertatis* atende à imprescindibilidade da prisão para as investigações no inquérito.

18. (Magistratura/SP — 2014 — Vunesp) Assinale a opção que contenha assertiva verdadeira no tocante às medidas cautelares diversas da prisão:

a) Se ausentes os requisitos da prisão preventiva, o juiz deve conceder a liberdade provisória, com ou sem fiança dependendo do caso, podendo cumular a liberdade provisória com qualquer das medidas cautelares diversas da prisão, desde que não tenha concedido a fiança.

b) No caso de descumprimento de qualquer das obrigações impostas nas medidas cautelares, o juiz, de ofício ou mediante requerimento do Ministério Público, de seu assistente ou do querelante, poderá substituir a medida, impor outra em cumulação, vedada a prisão preventiva.

c) O juiz só deve converter a prisão em flagrante em preventiva se verificar presentes seus requisitos e desde que tenha entendido não serem suficientes as medidas cautelares diversas da prisão.

d) Em virtude de seu caráter cautelar, as medidas ora tratadas se aplicam às infrações a que não forem — isolada, cumulativa ou alternativamente — cominadas pena privativa de liberdade.

19. (Defensor Público/MS — 2014 — Vunesp) Quando presentes prova do crime e indícios de autoria, a prisão preventiva pode ser decretada em caso de descumprimento de qualquer das obrigações impostas por força de outras medidas cautelares,

a) como garantia da ordem pública, da ordem econômica ou por conveniência da instrução criminal, apenas.
b) como garantia da ordem pública, da ordem econômica ou para assegurar a aplicação da lei penal, apenas.
c) como garantia da ordem pública, por conveniência da instrução criminal ou para assegurar a aplicação da lei penal, apenas.
d) como garantia da ordem pública, da ordem econômica, por conveniência da instrução criminal ou para assegurar a aplicação da lei penal.

20. (Delegado de Polícia/SP — 2014 — Vunesp) Em relação ao tema prisão, é correto afirmar que

a) o emprego de força para a realização da prisão será permitido sempre que a autoridade policial julgar necessário, não existindo restrição legal.
b) a prisão poderá ser efetuada em qualquer dia e a qualquer hora, respeitadas as restrições relativas à inviolabilidade de domicílio.
c) a prisão cautelar somente ocorre durante o inquérito policial.
d) em todas as suas hipóteses, é imprescindível a existência de mandado judicial prévio.
e) a prisão preventiva somente ocorre durante o processo judicial.

21. (Magistratura — TJM/SP — 2016) Afirma-se corretamente em matéria de prisão cautelar, que

a) em caso de excepcional gravidade, ainda que analisada abstratamente, o princípio da presunção de inocência poderá ser desprezado, a fim de se autorizar o largo emprego de prisões cautelares.
b) em caso de descumprimento de alguma medida cautelar, a regra será a decretação imediata e automática da prisão processual.
c) na análise do cabimento da prisão preventiva, deve o juiz ponderar, na decisão, se não são aplicáveis medidas diversas menos gravosas.
d) o prazo da prisão temporária, ainda que prorrogada, jamais excederá a 10 (dez) dias.
e) em sendo vedada a fiança, não é possível a concessão de liberdade provisória, com ou sem condições.

22. (Magistratura/SP — 2017) Cabe a substituição da prisão preventiva pela domiciliar quando o agente for

a) portador de doença grave, ainda que não se apresente debilitado.
b) maior de sessenta anos.
c) gestante ou mulher com filho de até 14 (quatorze) anos incompletos.
d) homem com filho de até 12 (doze) anos de idade incompletos, caso seja o único responsável por seus cuidados.

■ GABARITO ■

1. "b". A Constituição e o Código de Processo não preveem a necessidade de assistência de advogado, nem ao preso menor de 21 anos. Por outro lado, também não a proíbem.
2. "b". Muitas vezes não é possível realizar o interrogatório de imediato (ex.: indiciado que foi ferido) e isso não impede a lavratura do auto.
3. "a". É o que diz expressamente o art. 290 do CPP. As demais alternativas estão, respectivamente, em desacordo com os arts. 292, 293 e 284 do CPP.

4. "c". É o que diz o art. 5º, LXI, da Constituição Federal, e o art. 310, *caput*, do CPP.

5. "c". A alternativa I está incompleta porque não menciona as demais hipóteses de decretação da preventiva. A assertiva III está errada porque o prazo da prisão temporária nos crimes hediondos é de 30 dias. Por fim, a afirmativa IV está errada porque o clamor público não consta do código como hipótese de prisão preventiva.

6. "c". É o que diz o art. 304, § 2º, do CPP.

7. "a". Trata-se de previsão expressa do art. 306, § 1º, do CPP.

8. "b". A assertiva III está errada porque qualquer do povo pode e não deve prender quem se encontra em situação de flagrante. A afirmativa V está errada porque a nota de culpa é elaborada no final e não antes da oitiva do condutor e testemunhas.

9. "e". É possível a decretação de prisão preventiva de réu primário e de bons antecedentes, desde que presente algum dos fundamentos do art. 312 do CPP.

10. "c". O clamor público não consta do Código como hipótese autorizadora da prisão preventiva.

11. "c". Fedatária é a testemunha que depõe sobre a regularidade de um ato, ou seja, que confirma a autenticidade de um ato processual.

12. "d".

13. "b". Decisões interlocutórias simples solucionam questões referentes à marcha do processo, mas não têm força de definitivas. Por isso a decisão que decreta a prisão preventiva tem esta natureza.

14. "d". É o que diz expressamente o art. 287 do CPP.

15. "e".

16. "c".

17. "b". O juiz não pode decretar a prisão temporária de ofício.

18. "c".

19. "d".

20. "b".

21. "c".

22. "d".

11

LIBERDADE PROVISÓRIA

11.1. INTRODUÇÃO

Nos termos do art. 5º, LXVI, da Constituição, ninguém será levado à prisão ou nela mantido quando a **lei** admitir a liberdade provisória, com ou sem fiança.

Após o advento da Lei n. 12.403/2011, que deu novos contornos ao instituto da liberdade provisória, alterando inúmeros artigos do Código de Processo Penal, é necessário, para fins didáticos, distinguir três categorias de delitos: infrações de menor potencial ofensivo; crimes definidos em lei como inafiançáveis; e crimes considerados afiançáveis.

11.1.1. Infrações de menor potencial ofensivo

Nos termos do art. 61 da Lei n. 9.099/99, são todos os crimes com pena máxima **não** superior a **2 anos** e todas as **contravenções** penais. Nesta modalidade de infração penal, o ato da prisão em flagrante é possível; porém, de acordo com o art. 69, parágrafo único, da Lei n. 9.099/95, quando o preso for apresentado à autoridade policial, esta não lavrará o auto de prisão nem exigirá fiança se o autor do fato for imediatamente **encaminhado** ao Juizado Especial Criminal ou assumir o compromisso de lá **comparecer** quando intimado para tanto (na última hipótese deverá assinar termo de compromisso). Nestes casos, a autoridade policial se limita a lavrar **termo circunstanciado** do qual deve constar um resumo das circunstâncias do fato criminoso e, em seguida, deve **libertar** o autor da infração — sem lhe exigir fiança. Ex.: pessoa é presa em flagrante por crime de desacato porque ofendeu um policial no exercício da função. É levada à delegacia e lá assume compromisso de comparecer ao Juizado. O delegado lavra o termo circunstanciado e imediatamente a libera.

Apenas se o agente recusar-se a assumir o compromisso de comparecer ao Juizado — o que é raríssimo — é que a autoridade deverá lavrar o auto de prisão e, em seguida, conceder a fiança.

11.1.2. Crimes inafiançáveis

A Constituição Federal, o Código de Processo Penal e algumas leis especiais vedam **expressamente** a possibilidade de concessão de fiança aos indiciados ou acusados a quem se atribui a prática de determinados crimes, a saber:

1) **racismo** (art. 5º, XLII, da CF; e 323, I, do CPP);

2) crimes **hediondos**, **tráfico** de entorpecentes, **terrorismo** e **tortura** (art. 5º, XLIII, da CF; art. 2º, II, da Lei n. 8.072/90; e art. 323, II, do CPP);

3) delitos ligados à ação de grupos **armados**, civis ou militares, contra a **ordem constitucional** e o **Estado Democrático** (art. 5º, XLIV, da CF; e art. 323, III, do CPP).

Além disso, também é vedada a concessão de fiança em leis especiais: a) nos crimes contra o **sistema financeiro**, punidos com reclusão (art. 31 da Lei n. 7.492/86); b) nos crimes de "**lavagem de dinheiro**" (art. 3º da Lei n. 9.613/98).

De acordo com o sistema criado pelo legislador após a reforma introduzida pela Lei n. 12.403/2011, nos crimes inafiançáveis em que o autor da infração tenha sido preso em flagrante, o juiz, em regra, irá **convertê-la em prisão preventiva**, pois os crimes que integram esse conceito normalmente são de extrema gravidade concreta (latrocínios, estupros, extorsões mediante sequestro, homicídios qualificados, tortura, tráfico de drogas etc.). Essa presunção de periculosidade, todavia, é **relativa** e pode ceder diante de evidências do caso concreto no sentido de que o agente não coloca em risco a ordem pública. Está claro, portanto, que a nova legislação não recriou o instituto da prisão preventiva compulsória. A maioria dos crimes de racismo da Lei n. 7.760/89, por exemplo, possui pena máxima de 3 anos, sequer sendo compatíveis com a prisão preventiva, se o réu for primário (art. 313, I, do CPP). O crime de tráfico, na modalidade que ficou conhecida como privilegiada (réu primário, de bons antecedentes, que não se dedica às atividades criminosas e não integra associação criminosa), admite a conversão em pena restritiva de direitos segundo decisão do Supremo Tribunal Federal no HC 82.959. Em tais casos, se o juiz vislumbrar a probabilidade de ser futuramente reconhecida na sentença a figura privilegiada (algo que nem sempre é viável por ocasião do recebimento da cópia do flagrante), poderá deixar de decretar a prisão do traficante — pois não faz sentido que fique preso durante o processo se ficará solto após a condenação. Até mesmo em certos casos de homicídio qualificado, cometidos em situações excepcionais, será possível que o magistrado não vislumbre riscos à ordem pública e deixe de decretar a preventiva.

Além disso, muitas vezes a concessão da liberdade pode decorrer de fundadas dúvidas do magistrado quanto às provas colhidas por ocasião do flagrante. O juiz pode, por exemplo, verificar pelo auto de prisão que os depoimentos dos policiais colhidos em um crime de tráfico são contraditórios e, mesmo assim, entender que a denúncia deva ser recebida para que tais policiais prestem depoimento em sua presença em juízo, de modo a verificar se efetivamente ocorreu o crime de tráfico. Devido, porém, àquelas contradições existentes no auto de prisão, poderá conceder a liberdade provisória por entender temerária a manutenção do indiciado ou réu no cárcere durante a instrução. Esse mesmo raciocínio pode ser empregado, por exemplo, na hipótese de homicídio qualificado, quando o juiz entenda que há certas peculiaridades no caso concreto que indicam a possibilidade de ter o réu agido em legítima defesa.

Em suma, a Constituição e as leis penais, ao estabelecerem que certos crimes são inafiançáveis, conferiu **legalmente** a eles a característica de delitos de maior gravidade. Por isso, tendo havido prisão em flagrante, em regra, haverá conversão em prisão preventiva, salvo se alguma circunstância do caso concreto levar o magistrado a concluir que a custódia cautelar não se faz necessária. Em caso de concessão de liberdade provisória, o juiz não poderá arbitrar fiança, pois se trata de crime inafiançável; contudo, no atual regime, poderá impor qualquer das outras medidas cautelares diversas da prisão. Além disso, o réu deverá, sob pena de decretação da prisão, comparecer a todos os atos do processo para o qual seja intimado, não poderá mudar de endereço sem prévia autorização judicial e nem ausentar-se de sua residência por mais de 8 dias sem comunicar onde poderá ser encontrado, obrigações de todos os réus que estão em liberdade provisória, e não apenas dos que estão sob regime de fiança.

Observação: O Estatuto do Desarmamento (Lei n. 10.826/2003), em seus arts. 14, parágrafo único, e 15, parágrafo único, dispõe que são inafiançáveis os crimes de porte ilegal de arma de fogo de uso permitido quando a arma não for registrada em nome do agente e de disparo de arma de fogo em via pública. O Supremo Tribunal Federal, todavia, declarou a inconstitucionalidade desses dois dispositivos ao julgar a ADIn 3.112, em 2 de maio de 2007, com o argumento de que tais crimes não possuem gravidade suficiente a justificar a vedação.

■ 11.1.3. Crimes afiançáveis

Após a reforma introduzida pela Lei n. 12.403/2011, todos os crimes que não forem expressamente declarados inafiançáveis pela legislação serão considerados afiançáveis, independentemente da quantidade de pena cominada. É o caso, por exemplo, dos crimes de roubo e homicídio simples, cujas penas mínimas são, respectivamente, de 4 e 6 anos de reclusão. Ambos, portanto, passaram a ser considerados afiançáveis. Tal circunstância, entretanto, não garante, necessariamente, a libertação de pessoas presas em flagrante por estes tipos de crime, pois o art. 324 do Código de Processo Penal veda a concessão da fiança e, portanto, da liberdade provisória, em algumas hipóteses. De acordo com tal dispositivo, não será concedida a liberdade, ainda que o crime seja classificado como afiançável:

I — **se o réu, no mesmo processo, tiver quebrado a fiança anteriormente concedida ou infringido, sem justo motivo, as obrigações dos arts. 327 e 328 do Código** (deixar de comparecer a ato do processo a que tenha sido intimado, mudar-se da comarca sem autorização judicial ou dela ausentar-se por mais de 8 dias sem comunicar o local onde poderá ser encontrado);

II — **quando se tratar de prisão civil ou militar**;

III — **quando presentes os requisitos que autorizam a prisão preventiva**.

Este último inciso, sem sombra de dúvidas, é o mais importante. No exemplo mencionado do crime de roubo, o juiz pode entender que, em razão da gravidade do delito no caso concreto (emprego de arma de fogo, p. ex.), não deve ser concedida a fiança por estarem **presentes** os requisitos da prisão preventiva (garantia da ordem pública), hipótese em que esta deverá ser decretada. Suponha-se, por sua vez, pessoa

primária, presa em flagrante por estelionato (crime afiançável). Não estão presentes requisitos que autorizem a prisão preventiva. Em tal hipótese, deve ser arbitrada a fiança que, uma vez prestada, implicará imediata libertação do acusado. Se o estelionatário fosse **reincidente**, todavia, o juiz poderia negar a fiança e decretar a prisão preventiva, por estarem presentes os requisitos autorizadores desta (art. 312 e 313, II, do CPP).

De acordo com o art. 322 do Código de Processo Penal, a própria **autoridade policial** pode conceder fiança nas infrações que tenham pena privativa de liberdade máxima **não superior a 4 anos.** Assim, imagine-se um furto simples, que tem pena máxima de 4 anos. O delegado de polícia pode, após lavrar o auto de prisão, conceder a fiança, o que importará em libertação do indiciado assim que a prestar. É claro, todavia, que o delegado pode deixar de arbitrar a fiança caso verifique que há elementos para a conversão da prisão em flagrante em preventiva por parte do juiz. Ex.: que o autor do furto é reincidente.

Caso o grau máximo cominado à pena privativa de liberdade seja **superior a 4 anos**, **apenas o juiz de direito** pode conceder a fiança. O juiz também pode concedê-la nos demais delitos cuja pena não exceda 4 anos se discordar dos argumentos da autoridade policial para a recusa do benefício ao preso.

A fiança poderá ser **cumulada** com outras medidas **cautelares** nos termos do art. 319, § 4º, do CPP. O **descumprimento** da cautelar imposta cumulativamente possibilitará ao juiz julgar **quebrada** a fiança e **decretar** a prisão preventiva, nos termos do art. 341, III, do CPP.

Em suma, vejam-se os seguintes exemplos:

a) Prisão em flagrante por crime de receptação simples, cuja pena é de reclusão, de 1 a 4 anos, e multa. Não entra na competência dos Juizados Especiais por não ser infração de menor potencial ofensivo. É crime afiançável. O próprio delegado, após a lavratura do auto de prisão, poderá fixar fiança e, se não o fizer, o juiz poderá conceder a liberdade provisória, com fiança, salvo se presente alguma causa impeditiva do art. 324 do CPP, como, por exemplo, a presença de requisito que autorize a prisão preventiva (ex.: a reincidência).

b) Crime de constrangimento ilegal, cuja pena é detenção de 3 meses a 1 ano ou multa. É crime afiançável, mas entra na competência do Juizado Especial Criminal por ser infração de menor potencial ofensivo (pena máxima não superior a 2 anos). Por isso, o delegado deixará de lavrar o auto de prisão, desde que o autor da infração seja imediatamente encaminhado para o Juizado ou assuma o compromisso de fazê-lo. O delegado lavrará um termo circunstanciado e o soltará de imediato, sem exigir fiança. Se, entretanto, não ocorrer uma das duas hipóteses citadas, o delegado aplicará as regras do Código de Processo Penal, ou seja, terá de lavrar o auto de prisão e verificar a possibilidade de conceder fiança.

c) Delito de latrocínio, que é apenado com reclusão de 20 a 30 anos, e multa. Cuida-se de crime hediondo e inafiançável. O delegado lavra o auto de prisão em flagrante e o juiz deve convertê-la em preventiva (salvo por alguma razão excepcional).

Observações:

1) A lei prevê algumas hipóteses em que, mesmo em crimes afiançáveis, o juiz pode conceder a liberdade provisória **sem** fiança:

a) Se o juiz verificar pelo auto de prisão em flagrante que o agente praticou o crime nas condições do art. 23 do Código Penal (**legítima defesa, estado de necessidade, estrito cumprimento do dever legal ou exercício regular de direito**). Em tais casos, o juiz concede a liberdade provisória sem fiança (art. 310, parágrafo único, do CPP), mediante **compromisso** por parte do réu de comparecer a todos os atos do processo para os quais venha a ser intimado, sob pena de **revogação**. Muitas vezes, a prova da excludente de ilicitude é cabal e o inquérito é de plano arquivado. Muitas vezes, entretanto, a denúncia é oferecida para que a prova seja colhida e mais bem avaliado o caso em juízo e, nessas hipóteses, o réu deve comparecer a todos os atos do processo, pois, caso contrário, a lei possibilita a revogação da liberdade provisória.

b) Se o juiz verificar que o acusado **não tem condições financeiras** de arcar com o pagamento da fiança, pode libertá-lo, **dispensando-o** de prestá-la (art. 350 do CPP). Terá, entretanto, as mesmas obrigações das pessoas afiançadas (comparecer aos atos do processo etc.).

2) Contra decisão que concede a liberdade provisória cabe **recurso em sentido estrito** (art. 581, V, do CPP), mas a decisão que indefere pedido de tal benefício deve ser desafiada mediante *habeas corpus*.

3) Existem alguns crimes em que a legislação veda, expressamente, a concessão da **liberdade provisória**, como o tráfico de drogas (art. 44 da Lei n. 11.343/2006). Após a Lei n. 12.403/2011, todavia, o que voltou a importar é o fato de o crime ser previsto como afiançável ou inafiançável e, principalmente, a gravidade concreta do delito cometido. Por isso, se o juiz nega liberdade a um traficante é pelo fato de o delito ser definido como inafiançável.

■ 11.2. FIANÇA

O instituto da fiança, que havia perdido grande parte de sua importância após a reforma feita pela Lei n. 6.416/77, voltou a ter relevância após as alterações da Lei n. 12.403/2011, conforme verificado no item anterior quando se analisou o tema liberdade provisória. O Código de Processo Penal possui ainda inúmeros dispositivos que regulamentam detalhadamente o instituto da fiança e que serão a seguir estudados.

■ 11.2.1. Conceito

Fiança é um **direito** do réu que lhe permite, mediante **caução** e cumprimento de certas obrigações, ficar em liberdade durante o processo, desde que preenchidos determinados requisitos.

■ 11.2.2. Quem pode conceder a fiança

A autoridade policial, nos crimes em que a pena máxima não exceda 4 anos, e o juiz, em qualquer espécie de crime afiançável.

11.2.3. Valor da fiança

É fixado pela autoridade que a concede e depende **basicamente** da gravidade da infração penal e da situação econômica do réu (art. 326 do CPP). De acordo com o art. 326 do CPP, "para determinar o valor da fiança, a autoridade terá em consideração a natureza da infração, as condições pessoais de fortuna e vida pregressa do acusado, as circunstâncias indicativas de sua periculosidade, bem como a importância provável das custas do processo, até final julgamento".

O art. 325 fixa patamares mínimo e máximo de acordo com a gravidade da infração:

I — de 1 a 100 salários mínimos, quando se tratar de infração cuja pena, no grau máximo em abstrato, não seja superior a 4 anos;

II — de 10 a 200 salários mínimos, quando o máximo da pena prevista para o crime afiançável for superior a 4 anos.

O art. 325, § 1º, do CPP, todavia, ressalva que, se assim recomendar a situação econômica do preso, o juiz poderá:

II — reduzir em 2/3 o valor da fiança;

III — aumentá-la em até 1.000 (mil) vezes.

O dinheiro ou objetos dados como fiança servirão ao pagamento das custas, da indenização do dano causado à vítima, da prestação pecuniária e da multa, caso o réu seja condenado (art. 336). Tal regra aplica-se ainda que haja prescrição da pretensão executória, ou seja, se, depois do trânsito em julgado da sentença condenatória, ocorrer a prescrição (art. 336, parágrafo único, do CPP). Se houver sobra, será devolvida ao condenado, exceto se houver decretação de perda da fiança por não ter ele se apresentado à prisão para cumprir a pena após o trânsito em julgado da sentença (art. 344).

Se o réu for extremamente **pobre** e não puder arcar com o pagamento da fiança, o juiz poderá conceder a liberdade provisória **eximindo-o** de prestá-la (art. 350 do CPP). O réu, todavia, ficará sujeito às mesmas condições dos arts. 327 e 328 — obrigação de comparecer a todos os atos do processo para os quais for intimado e proibição de mudar de residência sem autorização judicial ou de ausentar-se de comarca por mais de 8 dias sem comunicar o local em que poderá ser encontrado. Poderá o juiz, ainda, aplicar qualquer das medidas cautelares previstas no art. 319 do CPP, caso entenda necessário. O descumprimento de qualquer dessas obrigações fará com que o juiz determine a substituição da medida imposta, que imponha outra em cumulação ou que decrete a prisão preventiva (art. 350, parágrafo único, c.c. art. 282, § 4º, do CPP).

11.2.4. Quem pode prestar a fiança

Nos termos do art. 329, parágrafo único, do CPP, a fiança pode ser prestada pelo **próprio preso** ou por **terceiro** em seu favor.

11.2.5. Reforço da fiança

Nos termos do art. 340 do Código de Processo Penal, poderá ser exigido reforço no valor da fiança quando:

I — por engano, a autoridade fixar valor aquém dos patamares legais;

II — houver depreciação material ou perecimento dos objetos entregues em fiança;

III — houver alteração na classificação jurídica para crime mais grave, no qual o patamar da fiança seja outro.

Se não for feito o reforço, a fiança será **cassada**, sendo o valor inicialmente prestado **devolvido** e o réu recolhido à prisão.

■ 11.2.6. Objeto da fiança

A fiança consistirá no depósito de dinheiro, pedras, objetos ou metais preciosos, títulos da dívida pública ou hipoteca de imóvel.

A avaliação de imóveis ou de pedras, objetos ou metais preciosos dados em fiança será feita imediatamente por perito nomeado pela autoridade (art. 330, § 1º). No caso de pedras ou outros objetos preciosos, o juiz determinará a venda por leiloeiro ou corretor (art. 349 do CPP). No caso de hipoteca, a execução dar-se-á no juízo cível pelo órgão do Ministério Público (art. 348).

Quando a fiança consistir em caução em títulos da dívida pública, o valor será determinado pela sua cotação em Bolsa e, em sendo nominativos, exigir-se-á prova de que se acham livre de ônus (art. 330, § 2º, do CPP).

■ 11.2.7. Obrigações do afiançado

Os arts. 327 e 328 do diploma processual penal traçam as obrigações a que deve sujeitar-se o réu afiançado:

a) comparecer a todos os atos do inquérito ou do processo para o qual seja intimado;

b) não mudar de residência sem autorização do juiz e dela não se ausentar por mais de **oito** dias sem comunicar ao juízo o local em que poderá ser encontrado.

A consequência para o descumprimento dessas obrigações é a decretação da quebra da fiança. Conforme se verá a seguir, todavia, a Lei n. 12.403/2011 criou outras hipóteses de decretação da quebra.

■ 11.2.8. Quebra da fiança

Nos termos do art. 341 do CPP, com a redação dada pela Lei n. 12.403/2011, a quebra da fiança implica perda de **metade** de seu valor, devendo o juiz decretar a prisão preventiva ou aplicar qualquer das outras medidas cautelares do art. 319.

A quebra da fiança se dará quando o acusado:

I — regularmente intimado para ato do processo, deixar de comparecer sem motivo justo;

II — deliberadamente praticar ato de obstrução ao andamento do processo (esconder-se para não ser citado pessoalmente a fim de gerar a suspensão do processo prevista no art. 366 do CPP, por exemplo);

III — descumprir medida cautelar imposta cumulativamente com a fiança;

IV — resistir injustificadamente a ordem judicial;

V — praticar nova infração penal dolosa. Esta última regra, evidentemente, só se aplica quando o primeiro crime, pelo qual o réu obteve a fiança, também for doloso.

O art. 328 do CPP acrescenta que também será decretada a quebra da fiança se o réu mudar de residência sem prévia autorização do juiz do processo, ou ausentar-se por mais de 8 dias de sua residência, sem comunicar ao juízo onde poderá ser encontrado.

Se vier a ser **reformada** a decisão que decretou a quebra da fiança, ela subsistirá em todos os seus efeitos iniciais, devendo o réu ser libertado caso tenha sido decretada sua prisão (art. 342).

Se **mantida** a decisão que decretou a quebra, ao término da ação penal, os valores das custas do processo e demais encargos a que o réu esteja obrigado serão deduzidos do valor da fiança. Do saldo restante, metade será recolhida ao fundo penitenciário e o valor remanescente, se existir, será devolvido ao réu ou a quem tenha prestado a fiança em seu favor.

■ 11.2.9. Cassação da fiança

As hipóteses são as seguintes:

a) quando se verificar que a fiança não era cabível na espécie (art. 338 do CPP);

b) quando houver inovação na classificação do delito, reconhecendo-se a existência de crime inafiançável (art. 339 do CPP);

c) quando for exigido reforço na fiança e o acusado não a prestar (art. 340, parágrafo único, do CPP).

Nos casos de cassação da fiança o seu valor será integralmente restituído ao acusado, que será recolhido à prisão.

■ 11.2.10. Restituição da fiança

A fiança será também devolvida em sua integralidade se o réu for absolvido em definitivo ou se for declarada extinta a ação penal — extinção da pretensão punitiva — (art. 337). Tais valores devem ainda ser corrigidos monetariamente.

■ 11.2.11. Perda da fiança

Nos termos do art. 344 do CPP haverá perda do valor da fiança se o réu for **condenado irrecorrivelmente** e **não se apresentar à prisão**. Nesse caso, após serem descontadas as custas e demais encargos, o valor remanescente será recolhido ao fundo penitenciário. Se o réu for condenado em definitivo e não houver decretação de perda da fiança (réu que se apresentou para cumprir pena), os valores remanescentes após os descontos das custas e dos encargos serão restituídos ao condenado.

■ 11.2.12. Recurso

Da decisão que concede, nega, arbitra, cassa, julga inidônea, quebrada ou perdida a fiança cabe **recurso em sentido estrito** (art. 581, V e VII).

■ 11.3. QUESTÕES

1. (Ministério Público/MG — 2008) Sobre o tema prisão e liberdade provisória, assinale a alternativa correta.

a) É cabível recurso em sentido estrito contra decisão que nega o pedido de relaxamento de prisão em flagrante.
b) O auto de prisão em flagrante será lavrado pela autoridade policial do local onde se deu a prisão, mesmo que tenha ocorrido em outro Estado.
c) É vedada a liberdade provisória vinculada se a infração penal for punida com reclusão e o réu for reincidente.
d) O policial que prende o delinquente em flagrante delito atua no exercício regular de direito.
e) Ocorre o flagrante presumido ou ficto quando o agente é perseguido em situação que faça presumir ser ele o autor da infração penal.

2. (Delegado de Polícia/SP — 2008) Quando o beneficiário não cumpre as condições que lhe foram impostas para gozar da liberdade provisória mediante fiança, fala-se em

a) quebramento da fiança.
b) cassação da fiança.
c) reforço da fiança.
d) inidoneidade da fiança.
e) perdimento da fiança.

3. (Magistratura/MG — 2009) Marque a alternativa correta. A liberdade provisória pode ser concedida no caso de:

a) Prisão em flagrante.
b) Prisão preventiva.
c) Prisão em flagrante viciado.
d) Prisão temporária.

4. (Defensoria/SP — 2006 — Fundação Carlos Chagas) A liberdade provisória poderá ser concedida sem o pagamento da fiança àqueles que, por motivo de pobreza, não tiverem condições de prestá-la. Obriga-se o beneficiário

a) ao comparecimento a todos os atos a que for convocado e proibição de alteração de residência sem prévia comunicação, somente.
b) ao comparecimento a todos os atos a que for convocado, proibição de frequentar determinados lugares e proibição da ausência de mais de 8 dias da residência sem comunicação à autoridade.
c) somente proibição de frequentar determinados lugares e comunicação prévia à autoridade da alteração de residência.
d) ao comparecimento pessoal e obrigatório a juízo, mensalmente, para informar e justificar suas atividades.
e) ao comparecimento a todos os atos a que for convocado, proibição de alteração da residência sem prévia comunicação e a proibição da ausência de mais de oito dias da residência sem comunicação à autoridade.

5. (Ministério Público Federal — 2003) Em tema de liberdade provisória:

a) ela não se distingue do relaxamento do flagrante ou da revogação da preventiva.
b) ela se distingue do relaxamento do flagrante ou da revogação da preventiva.
c) é ilegal o procedimento que, não se tendo caracterizado o flagrante, autoriza a decretação da preventiva.
d) o registro negativo único sobre inquérito policial a que responde a pessoa, na folha de antecedentes, é bastante a eliminar a concessão da liberdade provisória para apelar.

6. (OAB — 2008.2 — CESPE/UnB) Os parâmetros previstos no CPP para que a autoridade determine o valor da fiança não incluem

a) a natureza da infração.
b) o grau de instrução do acusado.
c) a vida pregressa do acusado.
d) o valor provável das custas do processo.

7. (Magistratura/SP — 2015) A liberdade provisória, assegurada pela Constituição Federal e pelo Código de Processo Penal, não pode depender de um ato meramente discricionário do magistrado. Assim, a decisão deve conter a

a) demonstração concreta que impõe a privação da liberdade antes da decisão de mérito.
b) invocação, ainda que formal, dos dispositivos ensejadores de sua concessão.
c) desnecessidade da manutenção da prisão apenas no momento processual.
d) fundamentação sucinta e sem análise que prejudique o interesse do mérito.

■ GABARITO ■

1. "b". É o que consta do art. 290 do CPP.
2. "a". É o que diz o art. 341 do CPP.
3. "a". Na prisão preventiva fala-se em revogação. Na temporária em expiração do prazo. No flagrante viciado, em relaxamento.
4. "e". É o que se depreenda da combinação do art. 350 com os arts. 327 e 328 do CPP.
5. "b". Quando se fala em liberdade provisória significa que a prisão foi considerada legal e, por isso, diferencia-se do relaxamento da prisão.
6. "b". As demais hipóteses constam expressamente no art. 326 do CPP como fatores que devem ser considerados pela autoridade na fixação do valor da fiança.
7. "a".

12

PROCEDIMENTOS

12.1. INTRODUÇÃO

À sequência de **atos** que devem ser praticados em juízo durante o tramitar da ação dá-se o nome de **procedimento**. Em face do princípio constitucional do devido processo **legal**, esses ritos processuais devem ser previstos em lei, de modo que as partes, previamente, saibam a forma como os atos se sucederão, sem que sejam surpreendidas. Considerando, outrossim, que se trata de matéria de **ordem pública**, as partes não podem se compor e, de comum acordo, adotar procedimento que entendam mais eficiente ou célere, sob pena de **nulidade** da ação penal. Tampouco o juiz pode abreviar o procedimento ou alterá-lo, pois estará trazendo vício à ação penal.

Saliente-se que o art. 394-A do Código de Processo Penal, com a redação que lhe foi dada pela Lei n. 13.285/2016, estabelece que os processos que apuram a prática de crime hediondo terão prioridade de tramitação em todas as instâncias.

12.1.1. Procedimentos comuns e especiais

De acordo com o art. 394 do Código de Processo Penal, com a redação que lhe foi dada pela Lei n. 11.719/2008, os procedimentos podem ser **comuns** ou **especiais**.

Os procedimentos denominados **comuns** são três, nos termos do art. 394, § 1º:

a) ordinário, para apurar os crimes que tenham pena máxima em abstrato **igual ou superior a 4 anos**, e para os quais não haja previsão de rito especial. Exs.: crimes de furto, roubo, extorsão, estelionato, estupro, tortura, falsificação de documento público, corrupção etc.;

b) sumário, para os delitos que tenham pena máxima superior a **2 anos e inferior a 4**, e para os quais não haja previsão de procedimento especial. Exs.: crimes de homicídio culposo, tentativa de furto ou de apropriação indébita, embriaguez ao volante, associação criminosa em sua modalidade simples etc.;

c) sumaríssimo, para a apuração das infrações de menor potencial ofensivo, que tramitam perante os Juizados Especiais Criminais, nos termos do art. 98, I, da Constituição Federal. São infrações de menor potencial as **contravenções penais** (todas) e os crimes cuja pena máxima não exceda **2 anos**.

Para a definição do procedimento em relação aos crimes, o que se leva em conta, portanto, é o montante da pena máxima, e não a sua espécie — reclusão ou detenção.

Os procedimentos **especiais**, por sua vez, são os demais previstos no Código de Processo Penal e em leis especiais, como, por exemplo, na Lei de Drogas (Lei n. 11.343/2006), na Lei Maria da Penha (Lei n. 11.340/2006), na Lei de Falências (Lei n. 11.101/2005), no Estatuto do Idoso (Lei n. 10.741/2003). São chamados de especiais porque aplicáveis somente a determinada categoria de crimes. No **Código de Processo Penal** há procedimento **especial** para apurar os crimes **dolosos contra a vida** (procedimento do Júri), os crimes contra a **honra**, os crimes cometidos por **funcionário público** no desempenho das funções (crimes funcionais) e os crimes contra a **propriedade imaterial**.

Passaremos, então, a analisar cada um desses procedimentos, primeiro aqueles classificados como comuns e depois os especiais descritos no Código de Processo Penal e, por fim, os mais importantes previstos em leis especiais (drogas, violência doméstica contra a mulher etc.).

■ 12.2. PROCEDIMENTO COMUM ORDINÁRIO

Durante muitos anos nossa legislação adotou a regra segundo a qual o rito ordinário era aplicado aos crimes apenados com **reclusão**, independentemente da pena, contudo, com o advento da Lei n. 11.719/2008, que alterou o art. 394 do Código de Processo Penal, houve uma reviravolta em torno do tema, passando referido procedimento a ser aplicado aos crimes que tenham **pena máxima em abstrato igual ou superior a 4 anos**, quer sejam apenados com reclusão ou com detenção. Assim, atualmente, crime de associação criminosa simples (art. 288, *caput*, do CP) não segue o rito ordinário porque sua pena máxima é de 3 anos, embora seja apenado com reclusão. Ao contrário, o crime de duplicata simulada, apenado com detenção, observa tal procedimento porque sua pena máxima é de 4 anos.

Para a definição do procedimento devem ser levadas em conta as **qualificadoras**, bem como as **causas de aumento** e de **diminuição de pena**, porque **influenciam** no montante da pena máxima em abstrato. Assim, o crime de associação criminosa **armada** segue o rito ordinário porque o parágrafo único do art. 288 do Código Penal determina que a pena (reclusão, de 1 a 3 anos) seja aumentada em até metade se os integrantes atuarem armados ou se houver envolvimento de criança ou adolescente. A pena máxima, portanto, é de 4 anos e 6 meses, seguindo, por isso, o rito ordinário. Por outro lado, o crime de tentativa de furto simples tem pena máxima inferior a 4 anos exatamente em razão do redutor de 1/3 a 2/3 que deve ser aplicado em decorrência da tentativa sobre sua maior pena (4 anos).

No caso de **concurso de crimes** que sejam conexos e devam ser apurados conjuntamente, não há dificuldade em se concluir pela adoção do rito ordinário, caso um deles tenha pena máxima igual ou superior a 4 anos e o outro não. Suponha-se uma pessoa que tenha cometido um roubo (pena máxima de 10 anos) e que, ao ser abordada por policiais, os agrida a fim de evitar a prisão, cometendo, destarte, crime de resistência (pena máxima de 2 anos). Evidente que a necessidade de apuração em ação penal única faz com que seja adotado o rito ordinário.

A questão torna-se um pouco mais complexa se houver conexão entre dois delitos que, individualmente, adotariam o rito sumário. Suponha-se uma pessoa que, embriagada, efetue disparo acidental com arma de fogo, da qual tem porte, provocando a morte de terceiro e que, em seguida, fuja dirigindo um veículo em via pública. Os crimes por ela cometidos (homicídio culposo e embriaguez ao volante) têm pena máxima, cada qual, de 3 anos. Fica a dúvida: deve ser adotado o rito sumário porque nenhum dos delitos tem pena que alcance o limite de 4 anos, ou deve ser seguido o rito ordinário baseado na soma das penas por se tratar de hipótese de concurso material? Na ausência de resposta no próprio texto legal, recomendável se mostra a adoção do rito **mais amplo**, que confere maiores **possibilidades de defesa**, ou seja, o ordinário, observando-se que, no caso em tela, a soma das penas acarreta mudança no procedimento judicial, mas não na competência.

Por fim, conforme já estudado no tema "conexão", no capítulo da competência, se houver conexão entre qualquer crime com pena máxima igual ou superior a 4 anos, com delito doloso contra a vida, ambos serão julgados pelo **Tribunal do Júri**, ainda que a pena deste último seja menor. Ex.: durante a execução de um aborto em uma clínica, assaltante entra no local, mas é flagrado por policiais cometendo o roubo, sendo que os policiais prendem também o médico por crime de aborto com o consentimento da gestante (art. 126 do CP) e esta pelo consentimento dado ao ato abortivo (art. 124, 2ª parte, do CP). A pena máxima do médico é de 4 anos, a da gestante de 3 anos e a do ladrão de 10 anos. Todos, porém, serão julgados pelo Tribunal do Júri, com o respectivo procedimento especial.

■ 12.2.1. Fases do procedimento ordinário

As fases do rito ordinário estão elencadas nos arts. 395 a 405 do Código de Processo Penal.

■ 12.2.2. Recebimento da denúncia ou queixa

Finda a fase das investigações, caso seja oferecida denúncia pelo Ministério Público, nos crimes de ação pública, ou queixa-crime pelo ofendido ou seu representante, nos crimes de ação privada ou de forma subsidiária nos crimes de ação pública em razão da inércia do Ministério Público, os autos serão encaminhados conclusos ao juiz para que verifique se estão presentes os requisitos legais para o seu recebimento.

O juiz tem prazo de **5 dias** para proferir a decisão, pois ela tem natureza **interlocutória simples** (art. 800, II, do CPP).

Caso a denúncia seja recebida, considera-se **iniciada** a ação penal. A prescrição, por consequência, se **interrompe** passando a correr novo prazo prescricional a partir da decisão (art. 117, I, do CP).

Contra o recebimento da denúncia **não** existe recurso específico, podendo o acusado impetrar *habeas corpus* a fim de trancar a ação penal, alegando, por exemplo, que o fato narrado na denúncia é evidentemente atípico. A impetração, contudo, não suspende o andamento da ação penal, salvo se o Relator, liminarmente, determinar a sustação até o julgamento final do *habeas corpus*.

Tendo em vista o princípio **do impulso oficial** o juiz, ao receber a denúncia ou queixa, determina a adoção do ato seguinte do procedimento que é a citação do acusado.

As hipóteses de **rejeição da denúncia** já foram anteriormente estudadas no tópico referente aos requisitos da denúncia no capítulo em que se tratou do tema "Ação Penal". Assim, de forma resumida, lembramos que a rejeição deve se dar nas seguintes hipóteses, descritas no art. 395 do CPP:

I — **inépcia manifesta**: a peça apresentada contém narrativa incompreensível dos fatos, ou não identifica suficientemente o réu, ou não observa os requisitos mínimos exigidos pelo art. 41 do Código de Processo Penal para a denúncia ou queixa etc.;

II — **falta de pressuposto processual ou de condição da ação penal**: a referência à falta de pressuposto processual diz respeito à ilegitimidade de parte, que pode ser **ativa** (queixa-crime oferecida por quem não é a vítima do crime ou seu representante legal) ou **passiva** (denúncia contra menor de 18 anos, p. ex.).

Dá-se a falta de condição da ação quando o promotor, por exemplo, oferece denúncia em crime de ação pública condicionada sem que exista a necessária representação do ofendido ou a requisição do Ministro da Justiça.

Nas hipóteses de rejeição da denúncia ou queixa, previstas nesse inciso II, a ação poderá ser reproposta, desde que o seja pela parte legítima (1ª hipótese) ou presente a condição antes ausente (2ª hipótese);

III — **falta de justa causa para o exercício da ação penal**: existem várias situações em que se verifica ausência de justa causa, como, por exemplo, atipicidade evidente da conduta descrita na denúncia ou queixa, falta de indícios suficientes de autoria ou materialidade em relação ao crime narrado, ocorrência de prescrição ou outra causa extintiva da punibilidade etc.

Contra a decisão que denega (rejeita) a denúncia ou queixa cabe **recurso em sentido estrito** (art. 581, I, do CPP). Se interposto tal recurso, o juiz deve intimar a parte contrária para que, querendo, ofereça contrarrazões. De acordo com a Súmula n. 707 do Supremo Tribunal Federal, "constitui nulidade a falta de intimação do denunciado para oferecer contrarrazões ao recurso interposto da rejeição da denúncia, não a suprindo a nomeação de defensor dativo". Se o Tribunal der provimento ao recurso, a decisão vale, desde logo, por seu recebimento, interrompendo, pois, o prazo prescricional (Súmula n. 709 do STF).

■ 12.2.3. Citação

Dispõe o art. 396, *caput*, do Código de Processo Penal que o juiz, ao receber a denúncia ou queixa, ordenará a **citação** do acusado para responder à acusação, por escrito, no prazo de **10 dias**.

Citação é o ato processual que tem a finalidade de dar conhecimento ao réu da existência da ação penal, do teor da acusação, bem como cientificá-lo do prazo para a apresentação da resposta escrita.

De acordo com o art. 363, *caput*, do Código de Processo Penal, "o processo terá completada a sua formação quando realizada a citação do acusado", ou seja, a relação jurídico-processual considera-se perfeita por estar presente o trinômio acusação, defesa e juiz.

A falta de citação ou vícios insanáveis no ato citatório constituem causas de **nulidade absoluta** do processo (art. 564, III, *e*, do CPP), salvo se o acusado comparecer em juízo, dentro do prazo legal e apresentar a resposta escrita, por ter sido cientificado da acusação por outro meio qualquer.

A propósito da nulidade pela falta de citação: "Uma vez constatado o vício de citação, impõe-se seja anulado o processo a partir do momento em que praticado o ato respectivo, expedindo-se, em benefício do paciente, o alvará de soltura. O vício de citação é o pior a macular o processo, já que inviabiliza o lídimo direito de defesa" (STF — HC 74.577 — Rel. Min. Marco Aurélio — *DJU* 28.02.1997 — p. 4.066).

A citação pode ser **real**, **ficta** ou **com hora certa**. A real é aquela efetivada por mandado, por carta precatória, carta rogatória ou de ordem. Nelas o acusado é citado **pessoalmente**. A citação ficta é aquela feita por **edital** quando o réu não é localizado para citação pessoal. Já a citação com hora certa, inovação trazida ao processo penal pela Lei n. 11.719/2008, tem vez quando o réu não é encontrado para citação pessoal, porque está se ocultando para não ser citado.

■ *12.2.3.1. Citação real ou pessoal*

É a regra no processo penal e deve ser **sempre** tentada antes de se passar à citação ficta ou com hora certa, ainda que o acusado não tenha sido localizado na fase do inquérito.

Esta forma de citação pode se concretizar por diversos instrumentos:

a) Citação por **mandado**: "quando o réu estiver no território sujeito à jurisdição do juiz que a houver ordenado" (art. 351 do CPP). Em suma, tem vez quando o réu reside ou está preso na própria Comarca por onde tramita a ação penal.

Esta citação é feita por **oficial de justiça**.

Por se tratar de modalidade de citação pessoal, o oficial, munido do mandado de citação expedido pelo cartório judicial, deve procurar o acusado em todos os seus endereços constantes dos autos. Ao localizá-lo, deverá ler o mandado e entregar-lhe a contrafé, na qual constará o dia e a hora em que a citação se concretizou. Em seguida, o oficial elabora certidão declarando a efetivação da citação e a entrega da contrafé ou a recusa do réu em recebê-la. Referida certidão é a **prova** de que a citação se concretizou, sendo desnecessário que o acusado tenha assinado o mandado.

> **Art. 357.** São requisitos da citação por mandado:
> I — leitura do mandado ao citando pelo oficial e entrega da contrafé, na qual se mencionarão dia e hora da citação;
> II — declaração do oficial, na certidão, da entrega da contrafé, e sua aceitação ou recusa.

Existe certa hesitação em torno do conceito de **contrafé**. Alguns autores se referem a ela como cópia da denúncia ou queixa, enquanto outros, seguindo os passos dos dicionários de Língua Portuguesa, dizem que se trata de cópia do próprio mandado que deve ser entregue ao réu. Considerando, porém, que do mandado não consta o teor completo da acusação e que a finalidade do ato citatório é dar ciência da imputação ao réu, bem como propiciar-lhe prazo para que apresente defesa, o correto é concluir que ambas devem ser entregues ao acusado (cópia do mandado de citação do qual constam a vara por onde tramita o feito, o prazo para a resposta escrita etc., e cópia da denúncia ou queixa para que ele tenha ciência do completo teor da acusação).

A citação pode ser feita em **qualquer dia**, inclusive fins de semana e feriados, e a qualquer hora, do dia ou da noite.

Se o oficial não encontrar o acusado nos endereços constantes dos autos, fará certidão declarando que ele está em local incerto e não sabido. Com base em tal certidão, o juiz determinará a citação por edital.

A nova redação do art. 360 do Código, dada pela Lei n. 10.792/2003, esclarece que o réu **preso** deverá também ser citado pessoalmente por mandado no local onde estiver recolhido.

Art. 352. O mandado de citação indicará:
I — o nome do juiz;
II — o nome do querelante nas ações iniciadas por queixa;
III — o nome do réu, ou, se for desconhecido, os seus sinais característicos;
IV — a residência do réu, se for conhecida;
V — o fim para que é feita a citação;
VI — o juízo e o lugar, o dia e a hora em que o réu deverá comparecer;
VII — a subscrição do escrivão e a rubrica do juiz.

Se o crime for de ação pública deverá constar que a ação é movida pelo Ministério Público (ou Justiça Pública).

O art. 352, VI, estabelece que, no mandado, devem constar a data e o juízo em que o réu deve comparecer, na medida em que, no regime processual anterior à Lei n. 11.719/2008, o interrogatório era realizado logo após a citação. No regime atual, todavia, o interrogatório só é marcado após o réu apresentar sua resposta escrita, de modo que não é possível constar do mandado de citação a data em que deve comparecer para ser interrogado em juízo. Assim, o que deve constar do mandado **é o juízo ao qual o acusado deve apresentar sua resposta escrita no prazo de 10 dias, sob pena de nomeação de defensor dativo caso não o faça**.

Se o acusado for **militar**, a citação será feita por intermédio de seu **chefe de serviço** (art. 358 do CPP). O juiz remete um ofício ao chefe de serviço e este executa o ato de citação. Cuida-se aqui de militar acusado de crime comum, e não de crime militar cujo rito é previsto em lei especial (Código de Processo Penal Militar).

O **funcionário público**, por sua vez, é citado por oficial de justiça, por meio de mandado; porém, o art. 359 do Código de Processo Penal exige que o chefe da repartição seja comunicado da data em que ele deverá comparecer em juízo, para que possa previamente providenciar a substituição do funcionário naquela data. Como o interrogatório, após a Lei n. 11.719/2008, passou a ser o último ato instrutório da ação penal, o chefe da repartição só será cientificado da data quando o juiz designar a audiência de instrução, na qual o réu (funcionário público) deverá se fazer presente. Se for necessária a redesignação da audiência pela falta de alguma testemunha considerada essencial, o chefe da repartição deverá também ser comunicado acerca da nova data.

b) Citação por **carta precatória**: de acordo com o art. 353 do CPP, "quando o réu estiver fora do território da jurisdição do juiz processante, será citado mediante carta precatória". A hipótese aqui é de pessoa que reside em comarca **diversa** daquela em que tramita a ação ou que está presa em outra Comarca.

Se o réu não estiver cumprindo pena definitiva e não estiver preso provisoriamente por outro crime no juízo deprecado, o juiz deprecante deverá determinar sua remoção no prazo de 30 dias a contar da prisão (art. 289, § 3º, do Código de Processo, com redação da Lei n. 12.403/2011).

É evidente que não se adota o procedimento da carta precatória quando o réu está em outra comarca por curto período, em razão de férias ou a trabalho, devendo ser aguardado o seu retorno para citação pessoal no próprio juízo. Ex.: pessoa mora na cidade de São Paulo e está sendo processada nesta mesma comarca. O oficial vai até sua casa e os familiares informam que ele está de férias e retorna em 7 dias. O oficial deve certificar esse fato e retornar ao mesmo endereço após os 7 dias para concretizar a citação pessoal.

Expedida a carta pelo juízo deprecante, e sendo ela recebida no deprecado, será determinada a citação, para que o réu seja cientificado da acusação e do prazo para a resposta escrita. Será, então, expedido mandado no juízo deprecado para que o oficial de justiça proceda à citação do réu. Cumprida a carta precatória, será ela devolvida ao juízo de origem, não devendo o réu ser interrogado, já que este ato passou a ser o último do procedimento, após a oitiva de todas as testemunhas.

Efetuada a citação, passa a correr o prazo de 10 dias para a apresentação da resposta escrita. Esse prazo corre do cumprimento do mandado, e não de sua juntada aos autos. Com efeito, segundo a Súmula n. 710 do Supremo Tribunal Federal, "no processo penal, contam-se os prazos da data da intimação, e não da juntada aos autos do mandado ou da carta precatória ou de ordem".

Se no juízo deprecado verificar-se que o réu mudou-se para uma terceira localidade, a precatória será remetida diretamente a tal juízo, comunicando-se o fato ao juízo deprecante. Esta é a chamada carta precatória **itinerante**.

Depois de ouvidas as testemunhas no juízo deprecante, será expedida nova precatória para o interrogatório do réu no juízo deprecado, salvo se ele tiver comparecido no juízo deprecante na data da oitiva das testemunhas, hipótese em que será também interrogado em tal oportunidade.

c) Citação por carta **rogatória**: segundo o art. 368 do CPP, "estando o acusado no estrangeiro, em lugar sabido, será citado mediante carta rogatória, suspendendo-se o curso do prazo de prescrição até o seu cumprimento". Também será expedida carta rogatória no caso de citação a ser realizada em *legações estrangeiras* — embaixadas ou consulados (art. 369 do CPP). Em ambos os casos, a carta rogatória deverá ser encaminhada ao Ministério da Justiça, que solicitará o cumprimento ao Ministério das Relações Exteriores.

Quando o réu está no estrangeiro em local **desconhecido**, deve ser citado por edital.

d) Citação por **carta de ordem**: quando o acusado goza de **foro por prerrogativa de função**, o Tribunal a quem incumbe o julgamento em grau originário emite carta de ordem determinando que o juízo da comarca onde reside o réu providencie sua citação.

■ *12.2.3.2. Citação com hora certa*

Referida forma de citação só passou a ser admitida na disciplina processual penal após o advento da Lei n. 11.719/2008, que alterou vários aspectos da legislação adjetiva. Até então se tratava de instituto exclusivo do processo civil.

Nos termos do art. 362 do Código de Processo Penal, verificando que o réu se oculta para não ser citado, o oficial de justiça certificará a ocorrência e procederá à citação com hora certa, na forma estabelecida pela legislação processual civil.

De acordo com o disposto nos arts. 252 a 254 do Novo Código de Processo Civil, é necessário, inicialmente, que o oficial de justiça tenha procurado o acusado em sua residência ou domicílio por pelo menos **duas vezes**, sem encontrá-lo. Nesse caso, o oficial, se suspeitar que o réu está se ocultando, deverá intimar qualquer pessoa da família do acusado, ou, em sua falta, qualquer vizinho, de que, **no dia seguinte**, voltará a fim de concretizar a citação, em **determinada hora**, que deverá ser mencionada. Nos condomínios edilícios e nos loteamentos com controle de acesso, a intimação poderá recair sobre funcionário da portaria responsável pelo recebimento de correspondência. Desse modo, no dia e hora designados, o oficial comparecerá novamente ao local com o intuito de concretizar o ato. Se o réu estiver presente, será realizada a citação pessoal. Caso contrário, o oficial buscará informar-se das razões da ausência, dando por feita a citação ainda que o citando tenha se ocultado em outra comarca, seção ou subseção judiciárias. Da certidão da ocorrência, o oficial deixará contrafé com pessoa da família ou vizinho, declarando-lhe o nome. A citação com hora certa será aperfeiçoada mesmo que o familiar ou vizinho anteriormente intimado esteja ausente ou se, embora presente, recusar-se a receber o mandado. Após a efetivação da citação com hora certa, o escrivão enviará ao réu, no prazo de 10 dias, carta, telegrama ou correspondência eletrônica, dando-lhe de tudo ciência.

Veja-se que houve significativa alteração da disciplina dessa modalidade de citação, pois, de acordo com o Código de Processo Civil de 1973, a realização da citação com hora certa pressupunha que três diligências de tentativa de localização do acusado restassem frustradas.

É **importantíssimo** salientar que, nos termos do art. 362, parágrafo único, do Código de Processo Penal, uma vez completada a citação com hora certa, se o acusado não apresentar a resposta escrita no prazo de 10 dias, **ser-lhe-á nomeado defensor dativo** para prosseguir em sua defesa. Em outras palavras, a ação penal **não será suspensa**, ao contrário do que ocorria no regime anterior às modificações da Lei n. 11.719/2008 em que o réu era citado por edital se estivesse se ocultando e, por consequência, a ação seria suspensa se ele não comparecesse em juízo.

O Plenário do Supremo Tribunal Federal, no julgamento do RE 635.145/RS (em 1º de agosto de 2016), julgou constitucional a citação com hora certa no processo penal.

■ *12.2.3.3. Citação ficta*

A citação por edital tem vez nas seguintes hipóteses:

a) Quando o réu não for encontrado para citação pessoal (art. 363, § 1º, do CPP). É necessário que o acusado tenha sido procurado em todos os endereços que tenham constado anteriormente nos autos, inclusive locais de trabalho e nos números telefônicos existentes, sob pena de nulidade da citação por edital. A propósito: "Processual penal. Citação edital. Nulidade. Apelação. *Habeas corpus*. Concessão. Reputa-se induvidosa a comprovação factual da nulidade da citação editalícia, reparável por *habeas corpus* independentemente da pendência da apelação do revel, se do próprio mandado constou a dualidade de endereços e só num deles foi procurado o citando" (STJ — 5ª Turma — RHC 66/MG, Rel. Min. José Dantas — *DJ* 19.11.1990 — p. 13.265).

A prova de que o réu está em local desconhecido é a **certidão** elaborada pelo oficial de justiça.

Ainda que o acusado não tenha sido encontrado na fase do inquérito nos endereços obtidos junto aos órgãos públicos e outros (Receita Federal, Justiça Eleitoral), é necessário, em juízo, que se **tente** sua citação pessoal em tais endereços antes de se passar à citação editalícia. Nesse sentido: "Citação editalícia diretamente determinada pelo Juízo, à vista de anterior informação, colhida na fase de inquérito, de que o então indiciado não fora localizado em seu local de trabalho e no endereço residencial que constava de sua ficha cadastral. 3. Constata-se que não foram esgotados todos os meios disponíveis para a citação pessoal do paciente, antes de proceder-se à citação por edital (...) Patente situação de constrangimento ilegal. 6. Ordem deferida para anular o processo a partir da citação editalícia" (STF — HC 88.548 — Rel. Min. Gilmar Mendes — 2ª Turma — julgado em 18.03.2008 — *DJe*-182 — divulg. 25.09.2008 — public. 26.09.2008 — ement. 2334-02 — p. 270 — *RTJ* 208-03 — p. 1.098).

Se o réu está viajando é necessário aguardar seu retorno e não determinar a citação por edital.

Por sua vez, a Súmula n. 351 do Supremo Tribunal Federal diz que "é nula a citação por edital de réu preso na mesma unidade da Federação em que o juiz exerce sua jurisdição". Por isso, antes de determinar a citação por edital, deve ele providenciar a expedição de ofícios aos órgãos competentes da administração penitenciária para verificar se o acusado, porventura, não está preso em qualquer dos estabelecimentos prisionais do Estado no qual se desenrola o processo.

Existe também nulidade quando o oficial não encontra o réu porque, por descuido, foi digitado erroneamente seu endereço no mandado. Nesse sentido: "Citação por edital efetuada após tentativa de citação pessoal, cujo mandado foi dirigido a endereço errado. Comparecimento e apelação do réu após a prolação da sentença, sem alegar nulidade da citação. Nulidade da citação reconhecida porque o ato da condenação já estava consumado quando do comparecimento do réu para apelar (arts. 564, III, "e", e 570 do C.P.P.). Em tais casos, a lei presume o prejuízo a que se referem os arts. 563 e 566 do C.P.P. Pedido de *habeas corpus* deferido para anular o processo a partir da citação" (STF — HC 72.692 — 2ª Turma — Rel. Min. Maurício Corrêa — *DJ* 13.10.1995 — p. 34.251).

Observe-se que a nulidade da citação por edital deixou de ter a relevância que possuía no passado. Com efeito, atualmente o processo fica **suspenso** se o réu citado por edital não comparece e não nomeia defensor. Assim, o reconhecimento posterior de nulidade da citação por edital só terá relevância se tiver sido determinada a produção antecipada da prova (oitiva de testemunhas), hipótese em que a prova terá que ser repetida. Antes das alterações trazidas pela Lei n. 9.271/96, a ação penal obrigatoriamente prosseguia, inclusive com prolação de sentença, em caso de citação por edital. Assim, a constatação de nulidade do edital obrigava à repetição de todo o processo, desde o seu princípio.

Nos termos do art. 364 do Código de Processo, o prazo do edital é de **15 dias**.

b) Quando inacessível o local em que o réu se encontra. Esta situação dificilmente ocorre nos dias de hoje, porém, se o oficial de justiça não tem condições de efetuar a citação pessoal por ter sido deflagrada uma guerra, por exemplo, e o acusado está em local impossível de ser contatado, será necessária a citação por edital para que se suspendam o processo e o prazo prescricional nos termos do art. 366 do CPP, até que a situação se normalize. Não é viável que, diante da impossibilidade de acesso ao réu, não se tome nenhuma providência, continuando a correr o prazo prescricional. Assim, apesar de o art. 363, I, do Código de Processo, que tratava expressamente desta hipótese, ter sido revogado pela Lei n. 11.719/2008, entende-se que ele continua aplicável porque permanece em vigor o art. 364 que regulamenta o prazo do edital em tal situação e, principalmente, por aplicação analógica do art. 256, II, do Novo Código de Processo Civil, que prevê referida citação por edital quando inacessível o lugar onde se encontra o réu.

Em tal caso, o prazo é fixado pelo juiz entre 15 e 90 dias de acordo com as circunstâncias do caso (art. 364 do CPP).

Art. 365. O edital de citação indicará:
I — o nome do juiz que a determinar;
II — o nome do réu, ou, se não for conhecido, os seus sinais característicos, bem como sua residência e profissão, se constarem do processo;
III — o fim para que é feita a citação;
IV — o juízo e o dia, a hora e o lugar em que o réu deverá comparecer;
V — o prazo, que será contado do dia da publicação do edital na imprensa, se houver, ou da sua afixação.

Recomenda-se que no edital conste também menção ao fato criminoso, de forma que o réu possa identificar, ao menos, a data e o local do crime, o nome das vítimas e o dispositivo legal infringido, a fim de que possa providenciar sua resposta escrita. Ex.: "...por ter no dia 20 de agosto de 2011, subtraído a carteira de Neide Josias, infringindo o art. 155, *caput*, do CP...". Não é necessário, entretanto, que seja transcrito o texto integral da denúncia ou queixa ou que o funcionário do cartório se ponha a resumi-las no que diz respeito à narrativa do fato criminoso. Nesse sentido, a Súmula n. 366 do Supremo Tribunal Federal: "Não é nula a citação por edital que indica o dispositivo da lei penal, embora não transcreva a denúncia ou queixa, ou não resuma os fatos em que se baseia".

O edital será **afixado** à porta do edifício onde funcionar o juízo (fórum) e será **publicado** pela imprensa, onde houver, devendo a afixação ser certificada pelo oficial que a tiver feito, e a publicação, provada por exemplar do jornal ou certidão do escrivão, da qual conste a página do jornal com a data da publicação (art. 365, parágrafo único, do CPP).

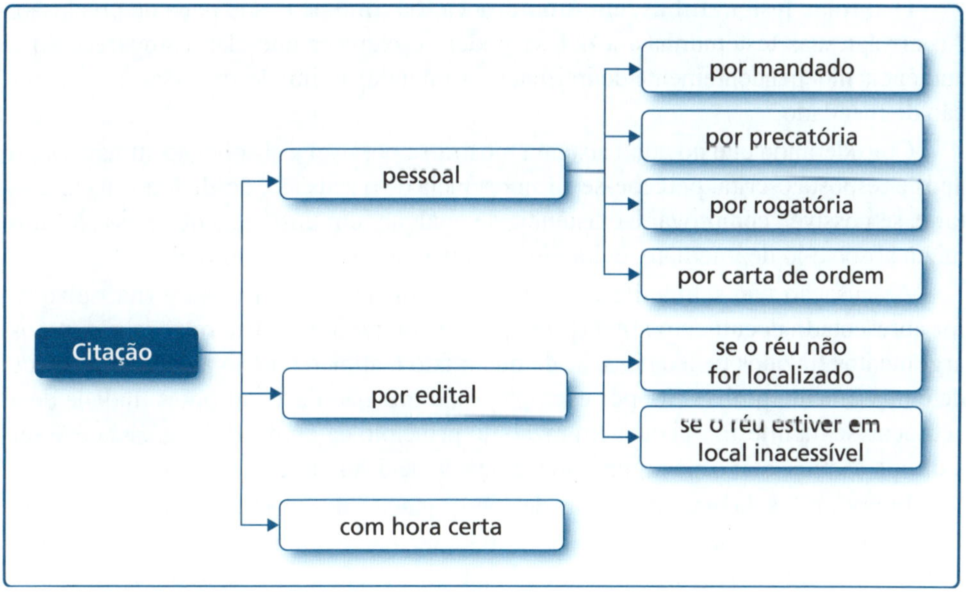

■ 12.2.4. Resposta escrita

Esta resposta, que deve se efetuar no prazo de **10 dias** a contar da citação, faz parte da **defesa técnica** do acusado, devendo ser apresentada por **advogado**. Trata-se de **ato obrigatório**, pois salienta o art. 396-A, § 2º, do CPP que, se o réu não oferecer a resposta escrita no referido prazo, por meio de defensor constituído, o juiz deverá nomear **defensor dativo**, que terá novo prazo de 10 dias para apresentá-la a partir da data que receber os autos com vista.

Nos termos do art. 396-A, em tal resposta o acusado poderá:

a) arguir preliminares. Exs.: que o juiz é incompetente; que já existe outro processo em andamento para apurar o mesmo fato (litispendência) etc.

Em caso de incompetência relativa (territorial), o silêncio da defesa nesta fase implica prorrogação do foro.

De acordo com o ar. 396-A, § 1º, do CPP, se na resposta escrita a defesa opuser alguma exceção (suspeição, ilegitimidade de parte, incompetência do juízo, litispendência ou coisa julgada), será esta processada em apartado, e o procedimento seguirá as regras previstas em torno desses temas nos arts. 95 a 112 do Código de Processo Penal;

b) alegar tudo o que interesse à sua defesa. Exs.: que o fato narrado na denúncia não constitui crime; que não há indícios do crime imputado; que já ocorreu prescrição ou qualquer outra causa extintiva da punibilidade etc.;

c) apresentar documentos;

d) apresentar justificações. Refere-se às excludentes de ilicitude;

e) requerer a produção de provas que entenda relevantes;

f) arrolar testemunhas, em um número máximo de 8, sob pena de preclusão. Ao arrolar suas testemunhas, a defesa poderá esclarecer que elas comparecerão à audiência independentemente de intimação, tornando, assim, desnecessária a expedição de mandado.

Considerando que no atual sistema mostra-se possível a absolvição sumária logo após a resposta escrita, percebe-se a importância de o acusado, desde logo, argumentar e, se possível, comprovar a existência de qualquer circunstância que possa levar o juiz a absolvê-lo de imediato, evitando, com isso, a instrução criminal.

A acusação **não** se manifesta após o oferecimento da resposta escrita, salvo se for apresentado documento novo (princípio do contraditório). Em relação aos meros argumentos trazidos pela defesa — de que o fato é atípico ou que a denúncia carece de embasamento probatório, por exemplo —, o juiz não deve dar oportunidade de a acusação se manifestar, já que, em razão do princípio da ampla defesa, esta deve ser a última a apresentar seus argumentos antes da decisão judicial.

Importante salientar, para fim de interpretação dos dispositivos inseridos no Código de Processo pela Lei n. 11.719/2008, que houve intensos debates legislativos acerca do momento processual adequado para esta defesa escrita do autor do delito. No Senado se pretendia que fosse uma defesa preliminar, anterior ao recebimento da denúncia. Na Câmara, a intenção era de que fosse uma resposta posterior ao recebimento da exordial. Como o Projeto de Lei (4.207/2001) teve início na Câmara dos Deputados, coube a esta casa a palavra final, quando foi recusado o substitutivo do Senado que previa a defesa antes da denúncia. Do voto do Relator, o Deputado Federal Régis de Oliveira, transcrevemos: "o instrumento que é o processo, não pode ser mais importante do que a própria relação material que se discute nos autos. Sendo inepta de plano a denúncia ou queixa, razão não há para se mandar citar o réu e, somente após a apresentação de defesa deste, extinguir o feito. Melhor se mostra que o juiz ao analisar a denúncia ou queixa fulmine relação processual infrutífera. Rejeita-se a alteração proposta pelo Senado". Esta menção se mostra relevante para demonstrar que a denúncia ou queixa são recebidas logo após seu oferecimento, conforme prevê o art. 396, *caput*, do CPP, e não após a resposta escrita (conforme pode dar a entender o art. 399). Tampouco há dois recebimentos de denúncia, o que, evidentemente, não faz qualquer sentido. O tema, que era ligeiramente polêmico por ocasião da aprovação da Lei n. 11.719/2008, foi gradualmente sendo pacificado após a lei entrar efetivamente em vigor. Em suma, a denúncia é recebida em uma única oportunidade, ou seja, logo após o seu oferecimento, sendo que a resposta escrita tem vez depois disso. Apresentada a resposta pela defesa, o juiz deve proferir decisão absolvendo sumariamente o acusado ou determinando o prosseguimento do feito.

12.2.5. Suspensão do processo

De acordo com o art. 366, *caput*, do Código de Processo Penal, se o réu, **citado por edital**, não comparecer (não apresentar resposta escrita) e não constituir defensor, **ficarão suspensos o curso do processo e o prazo prescricional**. Esta regra aplica-se qualquer que seja o crime apurado e o seu respectivo procedimento.

Ao decretar referida suspensão, o juiz deverá, concomitantemente, apreciar duas questões:

a) se é caso de decretação da prisão preventiva do acusado. Uma das hipóteses de prisão preventiva descrita no art. 312 do Código de Processo é a que visa garantir a futura aplicação da lei penal, que pode ser colocada em risco pela fuga ou desaparecimento do autor do delito. Por isso, se o magistrado entender que o réu está intencionalmente sumido para gerar a suspensão do processo poderá decretar a prisão preventiva, levando ainda em conta, evidentemente, a gravidade do crime cometido;

b) se existe a necessidade de produção antecipada das provas, caso sejam consideradas urgentes. De acordo com a Súmula n. 455 do Superior Tribunal de Justiça, "a decisão que determinar a produção antecipada de provas com base no art. 366 do CPP deve ser concretamente fundamentada, não a justificando unicamente o mero decurso do tempo". A finalidade da súmula é evitar o que alguns juízes vinham fazendo, isto é, realizando a produção antecipada em todo e qualquer processo, alegando que o decurso do prazo poderia fazer as testemunhas se esquecerem de detalhes do fato criminoso. Assim, de acordo com a súmula — e com o texto legal —, é necessário que a prova seja considerada urgente. Exs.: testemunha com doença grave e que está prestes a morrer; vítima que está de mudança para país longínquo etc.

Como a citação por edital não gera o efetivo conhecimento da acusação por parte do acusado, a regra é a não realização da produção antecipada de provas, já que ela prejudica a autodefesa do réu que, evidentemente, não estará presente na audiência. Daí por que existe a suspensão do processo e, apenas excepcionalmente, a produção antecipada de qualquer prova. Caso, entretanto, haja a necessidade de produzi-la, o ato processual será realizado na presença da acusação e do defensor dativo nomeado para o ato. Apesar de ter sido revogado o art. 366, § 1º, do CPP, que exigia expressamente a presença de tais pessoas na audiência, é óbvio que continua sendo necessária tal presença em razão dos princípios do contraditório e da ampla defesa. Não existe ato processual instrutório que possa ser praticado apenas na presença do juiz. A exclusão do art. 366, § 1º, se deve ao simples fato de ter sido considerado supérfluo e redundante.

Sendo decretada a suspensão do processo, ficará também suspenso o curso do prazo prescricional (art. 366, *caput*). Se, posteriormente, o acusado comparecer de forma espontânea ou em razão de prisão, revoga-se a suspensão do processo para que este prossiga até seu final. Veja-se, portanto, que tal suspensão somente será revogada se o réu comparecer em juízo, pessoalmente ou por meio de advogado nomeado, hipótese em que será considerado citado pessoalmente ou, ainda, se for preso e procedida a sua citação pessoal.

Se o réu não comparecer deverá ser respeitada a Súmula n. 415 do Superior Tribunal de Justiça, segundo a qual "o período de suspensão do prazo prescricional é regulado pelo máximo da pena cominada". Tal súmula diz respeito exatamente à hipótese do art. 366, já que trata de situação de **suspensão** de prazo prescricional. Saliente-se que, apesar de a lei não estabelecer qualquer prazo para a suspensão da prescrição, a maioria dos doutrinadores entende que tal prazo não pode ficar suspenso indefinidamente, uma vez que as hipóteses de imprescritibilidade estão todas previstas na Constituição Federal, que não menciona a situação em análise. Para solucionar a questão o Superior Tribunal de Justiça aprovou a referida súmula. De acordo com seus termos, suponha-se um crime que tenha pena máxima de 2 anos, cuja prescrição ocorra em 4. Com o recebimento da denúncia, interrompe-se o prazo prescricional e novo prazo de 4 anos começa a correr. Imagine-se que, entre o recebimento da denúncia e a decretação da suspensão do processo e do prazo prescricional, tenham se passado 3 meses. A ação ficará suspensa por 4 anos se o réu não for localizado. Findo esse período de suspensão, o prazo volta a correr pelos 3 anos e 9 meses restantes. Ao término deste último prazo, será decretada extinta a punibilidade do agente pela prescrição da pretensão punitiva.

Observação: O Plenário do Supremo Tribunal Federal, no julgamento da Extradição n. 1.042/Portugal, entendeu que não há qualquer prazo para a suspensão da prescrição, não havendo que se falar em inconstitucionalidade deste aspecto. Nesse sentido: "Citação por edital e revelia: suspensão do processo e do curso do prazo prescricional, por tempo indeterminado — Código de Processo Penal, art. 366, com a redação da L. 9.271/96. 1. Conforme assentou o Supremo Tribunal Federal, no julgamento da Ext. 1042, 19.12.06, a Constituição Federal não proíbe a suspensão da prescrição, por prazo indeterminado, na hipótese do art. 366 do C. Pr. Penal. 2. A indeterminação do prazo da suspensão não constitui, a rigor, hipótese de imprescritibilidade: não impede a retomada do curso da prescrição, apenas a condiciona a um evento futuro e incerto, situação substancialmente diversa da imprescritibilidade. 3. Ademais, a Constituição Federal se limita, no art. 5º, XLII e XLIV, a excluir os crimes que enumera da incidência material das regras da prescrição, sem proibir, em tese, que a legislação ordinária criasse outras hipóteses. 4. Não cabe, nem mesmo, sujeitar o período de suspensão de que trata o art. 366 do C. Pr. Penal ao tempo da prescrição em abstrato, pois, 'do contrário, o que se teria, nessa

> hipótese, seria uma causa de interrupção, e não de suspensão. 5. RE provido, para excluir o limite temporal imposto à suspensão do curso da prescrição'" (RE 460.971/RS — 1ª Turma — Rel. Min. Sepúlveda Pertence — *DJ* 30.03.2007 — p. 76). Tendo em vista a dualidade de interpretações dos Tribunais Superiores, inclusive pela aprovação da súmula do STJ, foi reconhecida pelo Em. Min. Ricardo Lewandowski repercussão geral ao RE 600.851/DF, que trata do tema, quando, em última instância, o Supremo decidirá acerca da existência ou não de prazo para a suspensão do processo do art. 366 do CPP.

O recurso cabível contra a decisão que decreta a suspensão do processo com base no dispositivo em análise é o **em sentido estrito**, por interpretação extensiva do art. 581, XVI, do CPP, que admite tal espécie recursal contra decisões que determinem a suspensão do feito para aguardar julgamento de questão prejudicial. Nesse sentido: "A lei processual admite a interpretação extensiva e aplicação analógica, bem como o suplemento dos princípios gerais de direito (art. 3º, CPP); não se amplia o conteúdo da norma, mas se reconhece que determinada hipótese é por ela regida, ainda que a sua expressão verbal não seja perfeita. Contra a decisão que suspende o processo em face da revelia do réu citado por edital e que não constituiu defensor (art. 366, do CPP, na nova redação dada pela Lei n. 9.271/96), cabe o recurso em sentido estrito fundado no inciso XVI, do art. 581, do CPP, por interpretação extensiva e aplicação analógica (art. 3º, do CPP), ocorrendo mero enquadramento de situação nova na lacuna involuntária da lei anterior, sem alteração da enumeração taxativa das hipóteses de sua admissibilidade" (TJSC — RE 1996.008.196-8 — Rel. Nilton Macedo Machado — *DJ* 22.10.1996 — Primeira Câmara Criminal).

No caso de citação por edital em que tenha sido decretada a suspensão do processo, caso venha esta a ser revogada, o prazo para a resposta escrita começará a fluir **da data do comparecimento pessoal do acusado ou do defensor constituído em juízo** (art. 396, parágrafo único, do CPP). Caso ele seja preso, todavia, deverá ser determinada sua citação pessoal, a partir da qual correrá o prazo da resposta escrita.

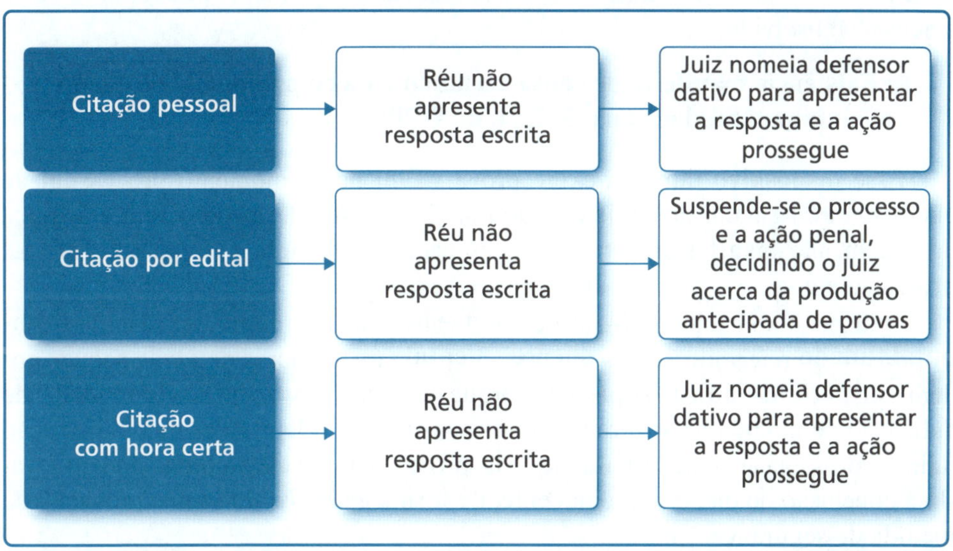

12.2.6. Absolvição sumária

A possibilidade de absolvição sumária nesse momento processual constitui importante inovação trazida pela Lei n. 11.719/2008. Apresentada a resposta escrita, caso tenha sido arguida alguma preliminar ou apresentado documento, o juiz dará vista dos autos ao Ministério Público para manifestação.

Do mesmo modo, deverá o juiz ouvir o Ministério Público (e também o querelante, se for o caso) sobre tese veiculada na peça defensiva em relação à qual não tenha o acusador se manifestado e, ainda, sobre matéria não debatida pela defesa, mas passível de reconhecimento *ex officio*, em atenção à proibição de decisões-surpresa (arts. 9º e 10 do NCPC).

Se a resposta escrita, todavia, consistir apenas em argumentação no sentido de que as provas já existentes no inquérito autorizam a imediata absolvição, os autos não devem ser encaminhados ao Ministério Público, sendo, de imediato, conclusos ao juiz para decisão. Este, então, baseado nas provas existentes, absolverá sumariamente o réu ou determinará o prosseguimento do feito.

A absolvição sumária será decretada, nos termos do art. 397 do Código de Processo Penal, quando o juiz verificar:

Existência manifesta de causa excludente da ilicitude do fato (art. 397, I, do CPP)

Para a decretação da absolvição sumária é necessária a existência de prova que permita ao juiz a plena **certeza** de que o réu agiu em legítima defesa, estado de necessidade, estrito cumprimento do dever legal ou exercício regular de direito. Nesse momento processual, havendo dúvida, o juiz deve determinar o prosseguimento do feito para que a instrução seja realizada, de modo que, com a coleta das provas em sua presença, possa ter melhores condições de apreciar o caso. Se persistir a **dúvida**, na sentença final deverá ser aplicado o princípio *in dubio pro reo* e o acusado absolvido.

Existência manifesta de causa excludente da culpabilidade do agente, exceto inimputabilidade (art. 397, II, do CPP)

Esse dispositivo também exige prova **cabal** nesse momento processual de que o sujeito agiu em razão de coação moral irresistível, obediência hierárquica de ordem não manifestamente ilegal, embriaguez fortuita e completa, erro de proibição etc.

O dispositivo exclui a possibilidade de absolvição sumária em caso de **inimputabilidade** referindo-se aos **doentes mentais** (os menores de idade sequer podem ser parte do processo penal), porque, em tais casos, há a necessidade de aplicação de medida de segurança. Por isso, preferiu o legislador que a instrução judicial prossiga até o seu final porque as provas perante ele colhidas podem levá-lo à conclusão de que o réu é inocente, de forma a absolvê-lo sem a aplicação da medida de segurança.

■ Que o fato narrado evidentemente não constitui crime (art. 397, III, do CPP)

Pode ocorrer, por exemplo, de o promotor, considerando o fato de o indiciado estar preso, oferecer imediatamente a denúncia por crime de porte ilegal de arma de fogo, sem a existência nos autos do laudo de constatação de eficácia da arma. Durante a fase da resposta escrita, o laudo é encaminhado e é negativo. O juiz deve absolver sumariamente o réu. Do mesmo modo haverá absolvição sumária, se o acusado apresentar documento que não havia sido juntado na fase do inquérito, demonstrando sua boa-fé em ação que apura crime de estelionato.

Note-se que se a narrativa do fato contida na denúncia ou queixa não constitui crime, o juiz deve, desde logo, rejeitá-las. A regra da absolvição sumária foi prevista no Código de Processo Penal para situações em que a atipicidade decorre de provas juntadas após o recebimento da inicial acusatória.

■ Que ocorreu causa extintiva da punibilidade do agente (art. 397, IV, do CPP)

Houve equívoco do legislador quando estabeleceu que o reconhecimento de causa extintiva da punibilidade constitui hipótese de absolvição, pois, neste caso, não há análise de mérito, e sim de causa impeditiva; e tanto é assim que o art. 61 do Código de Processo Penal permite que o juiz, em qualquer fase do processo, reconheça a **extinção da punibilidade**, agindo, inclusive, de ofício.

■ *12.2.6.1. Recursos*

A absolvição sumária faz coisa julgada **material**, de modo que o surgimento de novas provas não possibilita a reabertura da ação penal.

O recurso cabível contra a absolvição sumária nos casos do art. 397, I, II e III, é a **apelação**, enquanto na hipótese do inciso IV, é o recurso em sentido estrito (art. 581, VIII).

Não há recurso cabível contra a decisão que deixa de absolver sumariamente o acusado apesar das alegações da defesa. Inviável analogia ou interpretação extensiva com a situação da pronúncia em que é cabível o recurso em sentido estrito. Primeiro, porque a situação não é similar (na pronúncia o réu é mandado a Júri Popular). Segundo, porque não se pode dizer que houve omissão involuntária do legislador em assunto de tal magnitude. Assim, a única opção, tal como no caso de recebimento da denúncia ou queixa, é a impetração de *habeas corpus* visando ao trancamento da ação penal.

■ 12.2.7. Revelia

Se o réu citado ou intimado **pessoalmente** para qualquer ato do processo deixar de comparecer **sem motivo justificado**, ou **mudar de residência**, sem comunicar ao juízo seu novo endereço, terá sua revelia decretada, nos termos do art. 367 do Código de Processo Penal.

Ao contrário do que ocorre no processo civil, a revelia **não** induz à **presunção** de que são verdadeiros os fatos descritos na denúncia ou queixa. Em razão do princípio da **verdade real** a acusação continua com a incumbência de provar os fatos que atribui ao acusado e, se não o fizer, será este absolvido.

O único efeito da revelia é fazer com que o réu **não seja mais intimado pessoalmente** dos atos processuais posteriores, não impedindo, entretanto, que o acusado produza normalmente sua defesa. Por isso, seu defensor será sempre notificado da realização de todo e qualquer ato processual.

Ainda que tenha sido decretada a revelia, o réu deve ser intimado **da sentença**, devido à importância de sua ciência acerca da decisão de mérito para que, querendo, interponha recurso.

A revelia será levantada se o réu, posteriormente à sua decretação, apresentar justificativa para a ausência ao ato processual ou caso volte a acompanhá-los pessoalmente em juízo. Ex.: após ser notificado para uma audiência o réu não comparece, sendo decretada a revelia. Apesar de a lei prever que a audiência é una, pode ocorrer seu desdobramento caso alguma testemunha considerada imprescindível venha a faltar. Suponha-se, então, que seja realmente designada nova data para prosseguimento. O réu não será notificado da data desta nova audiência, mas, caso nela compareça, será levantada a revelia.

O não oferecimento de resposta escrita pelo réu citado **pessoalmente** não induz revelia, já que sua omissão não pode ser interpretada como desinteresse, e sim como falta de condição financeira de contratar advogado. Daí a previsão legal de que, nesse caso, a consequência é a nomeação de defensor dativo (art. 396-A, § 2º), e não a decretação da revelia.

■ 12.2.8. Audiência de instrução, debates e julgamento

Se o juiz não tiver absolvido sumariamente o acusado, deverá marcar a audiência de instrução e julgamento para data não superior a **60 dias** (art. 400 do CPP) e ordenará a intimação do Ministério Público, do acusado, de seu defensor e, se for o caso, do querelante e do assistente de acusação (art. 399 do CPP).

A ausência injustificada do **querelante** na ação privada implica **perempção** caso seu comparecimento pessoal tenha sido determinado (art. 60, III, do CPP). Em havendo justificativa adia-se a audiência.

Caso se trate de ação **pública subsidiária**, a falta injustificada do querelante faz com que o Ministério Público reassuma a titularidade da ação e a audiência se realiza.

Se faltar o réu solto, o assistente de acusação ou o advogado do querelante, desde que notificados, não ocorrerá o adiamento (art. 457 do CPP).

A falta do representante do **Ministério Público** importará **adiamento** do ato. Caso injustificada a ausência, deverá o juiz expedir ofício ao Procurador-Geral de Justiça para eventuais providências administrativas. Inviável a nomeação de promotor *ad hoc* em face da vedação do art. 129, § 2º, da Constituição Federal.

A audiência será também **adiada** se, por motivo justificado, o **defensor** não puder comparecer (art. 265, § 1º, do CPP). Incumbe ao defensor provar seu impedimento até a abertura da audiência. Se não o fizer, o juiz determinará a realização do ato, devendo nomear defensor substituto (*ad hoc*), ainda que provisoriamente, ou só para o efeito do ato (art. 265, § 2º, do CPP).

Se o réu estiver **preso** será **requisitada** sua apresentação para o dia da audiência. A não apresentação ou a falta de requisição impedem a realização do ato.

Se houver testemunha que tenha que ser ouvida por carta precatória, o juiz processante dará prazo razoável para que seja cumprida e devolvida, e intimará as partes de sua expedição. A expedição de precatória não suspende a instrução. Findo o prazo concedido pelo juiz, o julgamento poderá ser realizado, mas, a todo tempo, sendo a precatória devolvida, será juntada aos autos (art. 222 do CPP).

Na audiência de instrução serão realizados os seguintes **atos**:

1) **oitiva da vítima**;
2) **oitiva das testemunhas de acusação**;
3) **oitiva das testemunhas de defesa**;
4) **interrogatório do réu**;
5) **oportunidade para requerimentos**;
6) **debates orais**;
7) **julgamento**.

■ *12.2.8.1. Oitiva da vítima e testemunhas*

Aberta a audiência, o juiz passará a colher os depoimentos. Em primeiro lugar, será ouvida a **vítima** ou as **vítimas**. Em seguida, serão ouvidas as testemunhas de **acusação**. Por fim, prestarão depoimento as testemunhas de defesa. O art. 400 do Código de Processo expressamente exige que os depoimentos ocorram **nesta ordem**. Assim, se faltar alguma testemunha de acusação e o promotor insistir em sua oitiva, o juiz não poderá ouvir as testemunhas de defesa que estejam presentes. Deverá redesignar a audiência para que primeiro seja ouvida a testemunha de acusação faltante e, somente depois, as da defesa. Assim, é relativa a regra do art. 400, § 1º, do Código de Processo Penal que dispõe que a audiência é una, já que ela poderá ser cindida por diversas razões (falta de testemunha, deferimento de diligências requeridas na audiência etc.).

De acordo com o art. 401, na instrução poderão ser inquiridas até 8 testemunhas arroladas pela acusação e 8, pela defesa, **não** se incluindo, porém, nessa conta, aquelas que não prestam **compromisso** e as **referidas** (art. 401, § 1º, do CPP). Não é muito lembrar que as testemunhas de acusação devem ter sido arroladas na denúncia ou queixa e as de defesa na resposta escrita.

As partes poderão **desistir** do depoimento de qualquer das testemunhas por elas arroladas se já considerarem suficientes as provas produzidas (art. 401, § 2º, do CPP). Caso se trate de testemunha **comum** (arrolada pela acusação e pela defesa) deve haver anuência da parte contrária para que a desistência seja válida. Em qualquer caso, a desistência deve ser **homologada** pelo juiz, pois este pode considerar relevante o depoimento faltante e determinar a oitiva da testemunha, tudo na busca da verdade real (art. 401, § 2º, e 209 do CPP).

As testemunhas serão inquiridas **individualmente**, de modo que uma não saiba do teor do depoimento das outras. Antes do início da audiência e durante sua realização, serão reservados espaços separados no Fórum para garantir a incomunicabilidade das testemunhas (art. 210).

Se o juiz verificar que a presença do réu poderá causar humilhação, temor ou sério constrangimento à testemunha ou vítima, de modo que prejudique a veracidade do depoimento, fará a inquirição por **videoconferência** onde for possível e, na falta do equipamento (que é o mais comum), determinará a **retirada do réu da sala**, prosseguindo na inquirição na presença do defensor (art. 217 do CPP).

Ao adentrar na sala de audiências, a testemunha será alertada pelo juiz sobre as penas do **falso testemunho**. Em seguida, a parte que a tiver arrolado começará a fazer as perguntas **diretamente** para ela. A nova redação do art. 212 do Código de Processo Penal, com a redação dada pela Lei n. 11.690/2008, adotou o sistema da *cross examination* em que as perguntas não são feitas por intermédio do juiz, e sim de forma direta. Encerradas as indagações, a parte contrária fará seus questionamentos, também de forma direta, à testemunha. No caso de depoimento da vítima, primeiro a acusação faz as perguntas e, em seguida, a defesa.

Se não tiver sido adotado processo de estenotipia ou de gravação dos depoimentos, caberá ao juiz **ditar** as respostas ao escrevente de sala, ou seja, as partes farão as perguntas diretamente, mas as respostas que constarão nos autos (e que serão fonte de análises futuras, até nos julgamentos dos Tribunais em recursos), são ditadas pelo juiz. Não fosse assim, a parte interessada poderia distorcer as palavras da testemunha.

Ao magistrado cabe ainda interferir nos questionamentos e **indeferir** as perguntas feitas de forma a **induzir** as respostas ou que **não tenham relação** com a causa ou, ainda, que importem em **repetição** de pergunta já respondida.

Após as partes encerrarem suas perguntas, o juiz poderá **complementar** a inquirição sobre pontos que entenda que ainda não foram suficientemente esclarecidos.

Observação: Considerando que antes das reformas feitas pela Lei n. 11.690/2008 as perguntas eram feitas primeiro pelo juiz e depois pelas partes, em muitos locais esse sistema continua sendo utilizado. Se as partes nada alegarem no momento, considera-se sanado qualquer vício. Além disso, ainda que a parte alegue discordância no momento oportuno e o juiz, ainda assim, faça a inquirição antes dela, só será declarada a nulidade se for provado o prejuízo, uma vez que o Superior Tribunal de Justiça entendeu tratar-se de nulidade **relativa**. Dificilmente, porém, será provado tal prejuízo, na medida em que a parte terá oportunidade de fazer seus questionamentos após o juiz. Se por algum detalhe do caso concreto, contudo, ficar demonstrado que a inversão na ordem prejudicou uma das partes, a nulidade deverá ser reconhecida.

Em seguida, se a acusação ou a defesa tiverem previamente requerido, o **perito** prestará os esclarecimentos que lhe forem solicitados (art. 400, § 2º).

Na sequência, serão efetuadas **acareações**, se requeridas por alguma das partes e deferidas pelo juiz.

Na audiência, dependendo do crime, também serão feitos **reconhecimentos** de coisas ou pessoas.

■ 12.2.8.2. *Interrogatório*

O **último** ato instrutório é o interrogatório, em que o juiz ouve o **réu/querelado** acerca de sua versão sobre os fatos descritos na denúncia ou queixa, bem como a respeito de sua vida pessoal.

O interrogatório é constituído de duas partes. A **primeira** diz respeito à **pessoa** do acusado e a **segunda**, aos **fatos criminosos** que lhe foram imputados na denúncia ou queixa. Quanto a esta última parte, todavia, o acusado tem o direito de permanecer calado e o juiz deve, antes de ouvi-lo, alertá-lo desta prerrogativa e de que o silêncio não o prejudicará (arts. 5º, LXIII, da CF e 186 do CPP).

Após o advento da Lei n. 10.792/2003, que alterou diversos artigos do Código em relação a esse tema, o interrogatório passou a ser feito obrigatoriamente na presença do **defensor**, constituído ou dativo. Além disso, **antes** do interrogatório, é assegurado ao réu o direito de **entrevistar-se reservadamente** com seu defensor (art. 185, § 2º). Como o interrogatório ocorre na mesma audiência, depois da oitiva da vítima e das testemunhas, deve ser dada oportunidade para o defensor conversar a sós com o réu após referidos depoimentos (antes do interrogatório).

Outra inovação da mesma Lei n. 10.792/2003 é permitir que as partes façam **reperguntas** ao final do interrogatório (art. 188). Essas reperguntas serão feitas **por intermédio do juiz**, que as indeferirá se entender **impertinentes** ou **irrelevantes**.

O Supremo Tribunal Federal entendeu que, se houver corréu, seu defensor deverá ter oportunidade de endereçar perguntas no interrogatório do outro acusado, devendo ele ser notificado quando a oitiva se der por precatória.

Em se tratando de réu preso, o juiz deverá realizar o interrogatório no **estabelecimento prisional** em que ele se encontrar, salvo se não houver **segurança** suficiente no local, hipótese em que o ato se dará em juízo. Em tal hipótese, o réu deverá ser requisitado junto ao estabelecimento em que está preso, para que seja providenciada sua remoção no dia do interrogatório (art. 399, § 1º).

■ 12.2.8.3. *Requerimento de diligências*

Terminado o interrogatório, o Ministério Público, o querelante, o assistente de acusação e, a seguir, o acusado poderão requerer **diligências** cuja necessidade se origine de circunstâncias ou fatos **apurados na instrução** (art. 402).

O próprio juiz pode também determinar, **de ofício**, a realização de diligência que entenda necessária. Com efeito, diz o art. 156, II, do Código de Processo que é facultado ao juiz, de ofício, determinar, durante a instrução, ou **antes de proferir sentença**, a realização de diligências para dirimir dúvida sobre ponto relevante.

Ordenada a diligência, a audiência será declarada encerrada sem o oferecimento de alegações finais orais. Realizada a diligência determinada, as partes oferecerão suas alegações finais por memoriais (por escrito), no prazo sucessivo de **5** dias. Em seguida, no prazo de **10** dias, o juiz proferirá sentença. A não apresentação de alegações finais pela defesa constitui causa de nulidade da ação penal caso o magistrado profira a sentença sem ela. Em tal caso, o juiz deve dar oportunidade de o acusado nomear novo defensor e, se este não o fizer, nomear defensor dativo para apresentar as alegações.

Se o juiz indeferir a realização da diligência, cabe à parte alegar cerceamento, de acusação ou defesa, em sede de apelação, caso a decisão final lhe seja desfavorável.

■ 12.2.8.4. Debates orais

Caso não haja requerimento de diligência no fim da audiência, ou se eventualmente tiverem sido indeferidos os pedidos feitos, o juiz declarará finalizada a instrução e dará a palavra às partes para a apresentação oral de alegações finais por **20** minutos, respectivamente, pela acusação e pela defesa, prorrogáveis por mais **10** minutos, proferindo, em seguida, a sentença (art. 403 do CPP).

Se houver mais de um acusado, o tempo para as alegações orais de cada defensor será individual (art. 403, § 1º), ou seja, cada um terá o prazo de **20** minutos, prorrogáveis por mais 10, para fazer sua sustentação oral.

Ao **assistente** de acusação é reservado o tempo de **10** minutos após a manifestação do Ministério Público, hipótese em que será acrescido o mesmo tempo aos defensores.

Inicialmente as partes devem alegar eventuais **preliminares** — matérias que impedem o julgamento imediato da causa — como nulidades ou causas extintivas da punibilidade (prescrição, por exemplo). Em seguida devem se manifestar quanto ao **mérito**. O Ministério Público pode requerer a condenação nos termos da denúncia, a procedência parcial em caso de concurso de crimes, a desclassificação e até mesmo a absolvição. O defensor deve requerer a absolvição ou, eventualmente, a condenação por crime menos grave ou com atenuantes. Em hipótese alguma poderá pleitear a condenação nos termos da denúncia, sob pena de nulidade, caso o juiz a admita e profira sentença (Súmula n. 523 do STF). O defensor pode fazer um pedido principal e, em seguida, pleitos subsidiários. Ex.: em um caso de tráfico, o advogado pode requerer a absolvição por insuficiência de provas e, subsidiariamente, a desclassificação para o crime de porte para consumo próprio.

O Ministério Público deve se manifestar quanto à procedência ou improcedência da ação, apontando as provas colhidas e os fundamentos de fato e de direito que embasam o pedido. Essa análise deve abranger o fato principal (autoria e materialidade), e eventuais qualificadoras, causas de aumento e diminuição de pena, agravantes e atenuantes genéricas, e circunstâncias judiciais. Se for necessário deverá, ainda, apreciar a questão da consumação ou da tentativa. Deverá também analisar se o acusado é reincidente e requerer a fixação de determinado regime inicial de pena, bem como apreciar, se for o caso, o cabimento de substituição por pena de multa, restritiva de direitos ou pelo *sursis*. Por fim, deverá verificar a necessidade de decretação da prisão preventiva ou de sua manutenção.

Do ocorrido em audiência será lavrado **termo** em livro próprio assinado pelo juiz e pelas partes, contendo breve resumo dos fatos relevantes nela ocorridos (art.

405, *caput*, do CPP). Sempre que possível, o registro dos depoimentos do investigado, indiciado, ofendido e testemunhas será feito pelos meios ou recursos de gravação magnética, estenotipia, digital ou técnica similar, inclusive audiovisual, destinado a obter maior fidelidade das informações (art. 405, § 1º, do CPP). No caso de registro por meio audiovisual, será encaminhada às partes cópia do registro original, sem necessidade de transcrição.

Nota-se, pois, nesses dispositivos que regulamentam as formalidades do termo de audiência, que não é necessário que sejam transcritos em sua integralidade os debates orais. Com efeito, antes do advento da Lei n. 11.719/2008, que possibilitou os debates orais em audiência para todo e qualquer tipo de ilícito penal, era costumeiro que as partes ditassem suas alegações — nos crimes em que previsto o debate oral — ao escrevente de sala, procedimento, todavia, não previsto em lei e provocador de delongas. A lei atual deixa clara a desnecessidade desta formalidade. Assim, se a audiência estiver sendo gravada, serão também gravados os debates orais. Se não estiver sendo gravada, o juiz ouvirá a sustentação de cada uma das partes e, em seguida, fará constar do termo ou do relatório da sentença resumo das teses apresentadas.

Tem-se admitido que as partes levem notebooks à sala de audiência e, logo após encerrada instrução, digitem rapidamente suas alegações e a entreguem por meio de pen drive ao escrevente de sala, que copiará o arquivo no termo da audiência e dará ciência de seu teor à parte contrária. Não é este, entretanto, o procedimento previsto em lei que expressamente se refere a debates orais (art. 403 do CPP), embora se trate de mera irregularidade.

Em razão da **complexidade** dos fatos ou do **número excessivo** de acusados, pode o juiz, de ofício ou a pedido das partes, conceder prazo de **5** dias para que cada uma apresente **memoriais por escrito** com suas alegações finais.

■ 12.2.9. Sentença

Apresentados os debates orais em audiência, o juiz pode, de imediato, proferir sentença, hipótese em que as partes já **saem intimadas**, ou chamar os autos à conclusão para prolatá-la no prazo de **10 dias**.

Se houver conversão dos debates em memoriais escritos — quer em razão da complexidade do fato ou do número excessivo de réus, quer em face da determinação de novas diligências —, o juiz também terá 10 dias para proferir sua decisão final.

A lei processual penal elenca os requisitos das sentenças criminais em seu art. 381.

> **Art. 381.** A sentença conterá:
> I — os nomes das partes ou, quando não possível, as indicações necessárias para identificá-las;
> II — a exposição sucinta da acusação e da defesa;
> III — a indicação dos motivos de fato e de direito em que se fundar a decisão;
> IV — a indicação dos artigos de lei aplicados;
> V — o dispositivo;
> VI — a data e a assinatura do juiz.

Com fulcro em tal artigo do Código de Processo, a doutrina costuma salientar que a sentença possui três fases: relatório, motivação e conclusão.

■ Relatório

A sentença deve conter os nomes das partes e uma exposição resumida das alegações da acusação e da defesa, além de apontar os atos processuais realizados e quaisquer incidentes relevantes que tenham ocorrido durante o transcorrer da ação penal.

■ Fundamentação

É o momento em que o magistrado apresenta os **motivos de fato e de direito** que o levarão a condenar ou absolver os réus. É a ocasião em que o juiz expõe seu raciocínio.

Sob pena de nulidade, o juiz deve analisar **todas as teses** e **argumentos** levantados pela acusação e pela defesa, sendo, porém, evidente que determinadas conclusões, implicitamente, afastam outras. Assim, se a defesa requereu o reconhecimento da tentativa e a acusação sustentou que o crime está consumado, caso o juiz tenha constado no corpo da sentença os motivos pelos quais entende que o delito se consumou, automaticamente estará afastada a tese da defesa. Nesse sentido: "Quando a decisão acolhe fundamentadamente uma tese, afasta implicitamente as que com ela são incompatíveis, não sendo necessário o exame exaustivo de cada uma das que não foram acolhidas" (STF — HC 76.420-1 — 2ª Turma — Rel. Min. Maurício Corrêa — *DJU* 14.08.1998 — p. 155); **e** "Não é omissa a sentença que explicita as premissas de fato e de direito da decisão e, ao fazê-lo, afirma tese jurídica contrária à aventada pela parte, ainda que não a mencione" (STF — HC — 1ª Turma — Rel. Min. Sepúlveda Pertence — *RTJ* 157/902).

Ao contrário, se a defesa alega, por exemplo, crime impossível por absoluta ineficácia do meio, não basta ao juiz dizer que existem provas de autoria e materialidade. Deverá expressamente justificar porque a consumação era possível, sob pena de nulidade. A propósito: "Sentença — Ausência de análise pormenorizada das teses da defesa — Nulidade — Ocorrência. A sentença, como ato da inteligência, deve conter a análise pormenorizada das defesas das partes, pouco importando a procedência, ou não, do articulado. Evocada a figura do crime impossível, o exame há que se fazer de modo expresso. Não resta atendido o dever do Estado-juiz de apresentar a prestação jurisdicional de maneira completa se manifesta, sobre as imputações formalizadas, texto genérico" (STF — HC — Rel. Min. Marco Aurélio — *RJD* 26/306).

Considera-se insuficientemente motivada, nos termos do disposto no art. 489, § 1º, do NCPC, aplicável às sentenças penais, a decisão judicial que:

I — limitar-se a indicar ou reproduzir ato normativo, sem explicar sua relação com a causa ou questão;

II — empregar conceitos jurídicos indeterminados, sem explicar o motivo de sua incidência no caso;

III — invocar motivos que se prestariam a justificar qualquer outra decisão;

IV — não enfrentar todos os argumentos deduzidos no processo aptos a infirmarem a decisão adotada pelo julgador;

V — limitar-se a invocar precedente ou enunciado de súmula, sem identificar seus fundamentos nem demonstrar que o caso sob julgamento amolda-se àqueles fundamentos;

VI — deixar de demonstrar a existência de distinção entre o caso analisado e a situação que ensejou a edição de enunciado de súmula, jurisprudência ou precedente invocado pela parte.

É nula a sentença, por falta de fundamentação específica exigida pelo texto constitucional (art. 93, IX, da CF), se o juiz se limita a dizer que adota, na íntegra, as alegações do Ministério Público, em caso de sentença condenatória, ou as da defesa, em caso de sentença absolutória. Os tribunais superiores, entretanto, não têm reconhecido nulidade quando, em relação a determinados pontos, o julgador adota como razão de decidir o parecer do Ministério Público ou a decisão do juiz de 1ª instância, transcrevendo-os. É o que se chama de fundamentação *per relationem* (ou aliunde), ou seja, a motivação da decisão feita com remissão a outra peça do mesmo processo. Nesse sentido: "Técnica da motivação *per relationem* suficiente para afastar a alegação de que o *decisum* embargado apresentar-se-ia destituído de fundamentação. Não se desconhece, na linha de diversos precedentes que esta Suprema Corte estabeleceu a propósito da motivação por referência ou por remissão (*RTJ* 173/805-810, 808/809, Rel. Min. Celso de Mello — *RTJ* 195/183-184, Rel. Min. Sepúlveda Pertence, *v.g.*), que se revela legítima, para efeito do que dispõe o art. 93, IX, da Constituição da República, a motivação *per relationem*, desde que os fundamentos existentes aliunde, a que se haja explicitamente reportado a decisão questionada, atendam às exigências estabelecidas pela jurisprudência constitucional do Supremo Tribunal Federal (MS 27.350 MC/DF, Relator Min. Celso de Mello, *DJ* 04/06/2008)" (STF — ARE 692.087 AgR-ED — Rel. Min. Rosa Weber — 1ª Turma, julgado em 12.08.2014 — *DJe*-167 28.08.2014 — publicado em 29.08.2014); e "Hipótese em que não há nulidade a ser reconhecida. O acórdão guerreado logrou fundamentar, de maneira idônea, a manutenção da condenação do paciente tal como proferida pelo Juízo de primeira instância, utilizando, de modo complementar, os termos do édito condenatório. Esta Corte Superior de Justiça, bem como o Supremo Tribunal Federal, há muito já sedimentaram o entendimento de que não há cogitar nulidade do acórdão por ausência de fundamentação ou ofensa ao artigo 93, inciso IX, da Constituição Federal, se o Colegiado estadual, ao fundamentar o *decisum*, reporta-se à sentença condenatória, ou mesmo ao parecer do Ministério Público, valendo-se da denominada fundamentação *per relationem*. Ao ratificar os termos da sentença, o Tribunal de origem utilizou-se da técnica de fundamentação *per relationem* ou por referência, evitando possível tautologia. Não há falar, pois, em nulidade por inobservância da exigência constitucional de motivação das decisões judiciais (art. 93, IX, da Constituição Federal)" (STJ — HC 282.490/DF — Rel. Min. Maria Thereza de Assis Moura — 6ª Turma — julgado em 12.08.2014, *DJe* 25.08.2014).

A insuficiência na fundamentação pode gerar também a **nulidade** dos julgamentos dos **recursos**, devendo outra decisão ser proferida quando não for analisado algum dos requerimentos do recorrente ou quando este for denegado sem qualquer justificativa: "1. O art. 381 do C. P. Penal exige que a sentença (e, por extensão, o acórdão), entre outros requisitos, contenha a indicação dos motivos de fato e de direito em que se fundar a decisão (inciso III). 2. E o art. 564, ao arrolar os casos de nulidade, inclui aquele em que haja omissão de formalidade que constitua elemento essencial do ato. 3. E o inciso IX do art. 93 da Constituição Federal é ainda mais claro: 'todos os julgamentos dos órgãos do Poder Judiciário serão públicos, e fundamentadas todas as decisões, sob pena de nulidade'. 4. Se a apelação sustenta que a condenação imposta pelo Tribunal do Júri foi manifestamente contrária à prova dos autos (art. 593, III, *d*, do C. P. Penal), o Acórdão, que a repele, deve declinar as razões de fato e de direito, pelas quais considera que a condenação não contraria manifestamente a prova dos autos. Não basta, pura e simplesmente, negar essa contrariedade, sem a respectiva demonstração, como ocorreu no caso. 5. 'H. C.' deferido, em parte, para que, anulado o julgamento da apelação, a outro se proceda, com adequada fundamentação, mantida, porém, até lá, a prisão do paciente" (STF — HC 71.588/SP — 1ª Turma — Rel. Min. Sydney Sanches — *DJ* 04.08.1995 — p. 22.443).

■ Conclusão

É a fase do **dispositivo** em que o juiz declara a **procedência** ou **improcedência** da ação penal, bem como indica os **artigos** de lei aplicados e, finalmente, coloca a data e sua assinatura. O dispositivo da sentença é a declaração formal do desfecho da demanda, onde, aplicando a lei ao caso concreto, o julgador declara o réu inocente ou culpado.

A sentença pode ser manuscrita, datilografada ou digitada, sendo que, nas últimas hipóteses, o juiz deverá rubricar todas as folhas (art. 388 do CPP).

■ *12.2.9.1. Princípio da identidade física do juiz*

Segundo o art. 399, § 2º, do Código de Processo Penal, o juiz que **presidir** a audiência deverá proferir a sentença. Tal dispositivo é de óbvia relevância já que as impressões daquele que colheu pessoalmente a prova são relevantíssimas no processo decisório.

Na hipótese de mais de um juiz ter colhido a prova, em decorrência de fracionamento dos atos instrutórios, a vinculação para o julgamento recai sobre o magistrado que concluir a instrução.

Como o Código de Processo Penal não disciplina as hipóteses de desvinculação do juiz, aplicavam-se, subsidiariamente, as disposições do art. 132 do Código de Processo Civil de 1973, segundo as quais cessaria a vinculação quando o magistrado fosse convocado para exercer outra função jurisdicional, quando estivesse licenciado ou afastado por qualquer motivo ou, ainda, quando aposentado, casos em que passaria a seu sucessor a incumbência de sentenciar o feito (art. 132). Com a supressão, no

Novo Código de Processo Civil, da previsão da regra da identidade física do juiz, caberá à jurisprudência estabelecer, por meio da definição do que se considera afastamento duradouro e afastamento temporário, as hipóteses de exceção à regra em análise, sem que possam ser desprezadas, nesse contexto, as legítimas causas de desvinculação previstas na legislação revogada.

O Superior Tribunal de Justiça, ademais, entende que o desrespeito ao presente princípio só gera a nulidade da decisão se a parte demonstrar prejuízo: "A jurisprudência desta Corte é no sentido de que o princípio da identidade física do juiz não possui caráter absoluto, devendo, em sua aplicação, ser conjugado com outros princípios do ordenamento jurídico, como, por exemplo, o princípio *pas de nullité sans griet*. Destarte, se não ficar caracterizado nenhum prejuízo às partes, sobretudo no pertinente aos princípios do contraditório e da ampla defesa, não é viável reconhecer-se a nulidade da decisão por ter sido prolatado por julgador que não presidiu a instrução do feito" (STJ — HC 331.662/MG — 5ª Turma — Rel. Min. Ribeiro Dantas — julgado em 15.12.2016 — *DJe* 01.02.2017).

■ *12.2.9.2. Sentença condenatória*

Sendo condenatória a sentença, o juiz, após declarar a procedência da ação, deverá estabelecer a **pena** aplicável dentre as cominadas (privativa de liberdade, multa etc.), fixar o seu **montante** e o **regime inicial**, bem como verificar a possibilidade da **substituição** da pena privativa de liberdade aplicada por outra espécie de sanção (multa, restritiva de direitos ou *sursis*). Esses fatores devem também ser devidamente motivados na sentença, sob pena de ser declarada nula a sentença no tocante à aplicação da pena. Nesse sentido: "É nula a sentença que se apresenta despida de motivação ao aplicar a pena, pois o condenado tem direito a saber por que recebe tal sanção" (STF — HC — Rel. Bilac Pinto — *RTJ* 83/369). Neste caso, a nova sentença deverá ser proferida apenas no tocante à aplicação da pena que não havia sido fixada de forma fundamentada, não podendo o juiz, na nova sentença, absolver o réu. A propósito: "A sentença reclama relatório, fundamentação e dispositivo. Se o vício alcança somente a terceira fase, em atenção ao princípio de a nulidade alcançar somente a parte viciada, cumpre registrar o defeito somente quanto a ela. O ato complexo, para esse efeito, precisa ser considerado separadamente quanto aos seus componentes" (STJ — RHC 6.455/SP — 6ª Turma — Rel. Min. Vicente Cernicchiaro).

Saliente-se que a nova redação do art. 387, § 2º, do CPP, dada pela Lei n. 12.736, de 30 de novembro de 2012, estabelece que o juiz, ao proferir sentença condenatória, deverá levar em conta, para a fixação do regime inicial da pena privativa de liberdade, o tempo em que o acusado permaneceu preso ou internado provisoriamente (detração penal).

É evidente que é desnecessária a menção no corpo da sentença de aspectos que não foram levantados pelas partes e que se referem a benefícios incabíveis em face do crime cometido. Assim, considerando que a lei só permite a substituição por pena restritiva de direitos se a pena fixada não for superior a 4 anos, é desnecessário que o juiz justifique a não concessão do benefício caso condene alguém a 8 anos de reclusão. Se, todavia, o acusado for condenado a 2 anos de reclusão, mas o juiz entender inviável a substituição por pena restritiva pela ausência de algum outro requisito (réu reincidente, por exemplo), deverá declarar tal aspecto na sentença.

Observação: Se o Ministério Público pedir a **absolvição** do réu em crime de ação **pública**, o juiz, discordando do promotor de justiça, poderá **condenar** o acusado (art. 385). Na ação **exclusivamente privada**, entretanto, se o querelante **não pedir a condenação do réu nas alegações finais**, ocorre a **perempção**, que é causa extintiva da punibilidade (arts. 60, III, do CPP, e 107, IV, do CP). O mesmo acontece se o querelante não apresentar as alegações finais no prazo.

■ Efeitos da sentença condenatória

Além da necessidade de cumprimento de uma pena, a condenação criminal pode gerar diversas outras consequências ao acusado, conforme arts. 91 e 92 do Código Penal. Alguns desses efeitos são **genéricos** porque decorrem automaticamente da sentença, enquanto outros são **específicos** porque sua incidência pressupõe declaração expressa e fundamentada do juiz.

a) São efeitos **genéricos** da sentença a obrigação de reparar o dano (art. 91, I, do CP), a perda em favor da União dos instrumentos do crime cujo fabrico, alienação, uso, porte ou detenção constitua ilícito penal (art. 91, II, *a*, do CP), a perda em favor da União do produto do crime ou de qualquer valor que constitua proveito auferido pelo agente com a prática do fato criminoso (art. 91, II, *b*, do CP) e, ainda, a suspensão dos direitos políticos enquanto durarem os efeitos da condenação (art. 15, III, da CF).

É importante salientar, em relação à obrigação da reparação do dano, que o art. 387, IV, do Código de Processo Penal prevê que o juiz criminal deve, na sentença, fixar um **valor mínimo** para a reparação dos prejuízos provocados pela infração penal. A finalidade do dispositivo é tornar mais célere a definição dos limites da obrigação de o réu indenizar a vítima do crime, pois, sem a fixação de um valor mínimo, esta, necessariamente, teria que pleitear no cível a liquidação da sentença criminal para, só depois, executá-la. É claro que, em muitos casos, haverá dificuldade na fixação desse valor mínimo, devendo o ofendido trazer ao juízo criminal as provas que possuir acerca de seu prejuízo. Em grande parte dos fatos criminosos, todavia, referido montante resta nitidamente apurado, como, por exemplo, em delitos de furto e roubo em que é realizada avaliação dos bens subtraídos durante o inquérito. Não há dúvida, por sua vez, de que, se, além de subtrair os bens, o acusado tiver arrombado um vidro ou uma porta, caberá ao ofendido apresentar no juízo criminal documento comprovando o valor despendido no conserto.

Saliente-se que, de acordo com o texto legal, o juiz criminal fixa apenas um valor **mínimo** de reparação, sem prejuízo da apuração integral no juízo cível do valor do dano sofrido — caso a vítima entenda que seu prejuízo excedeu ao valor mencionado pelo juiz criminal (art. 63, parágrafo único).

b) Os efeitos **específicos** da condenação estão descritos no art. 92 do Código Penal.

> **Art. 92.** São também efeitos da condenação:
> I — a perda de cargo, função pública ou mandato eletivo:
> *a)* quando aplicada pena privativa de liberdade por tempo igual ou superior a um ano, nos crimes praticados com abuso de poder ou violação de dever para com a Administração Pública;
> *b)* quando for aplicada pena privativa de liberdade por tempo superior a 4 (quatro) anos nos demais casos.
> II — a incapacidade para o exercício do pátrio poder, tutela ou curatela, nos crimes dolosos, sujeitos à pena de reclusão, cometidos contra filho, tutelado ou curatelado;
> III — a inabilitação para dirigir veículo, quando utilizado como meio para a prática de crime doloso.

O próprio parágrafo único do art. 92 dispõe, todavia, que seus **efeitos não são automáticos, devendo ser motivadamente declarados na sentença**. Daí por que o Ministério Público deve ficar atento a esses aspectos, uma vez que, em caso de omissão, deve recorrer, pois, se não o fizer, não será mais possível a aplicação de tais efeitos condenatórios, por mais grave que tenha sido a infração penal.

■ Decretação da prisão preventiva ou sua manutenção

O art. 387, § 1º, do Código de Processo Penal estabelece que o juiz, ao proferir sentença condenatória, deve decidir, de forma **fundamentada**, sobre a **manutenção** ou **decretação** da prisão preventiva ou outra medida cautelar. Em outras palavras, sempre que o juiz condenar alguém, deve verificar se estão ou não presentes os requisitos da prisão preventiva, inserindo tal análise no corpo da sentença.

O mesmo dispositivo, aliás, deixa claro que, caso o juiz, por ocasião da sentença, decrete a prisão preventiva do réu, o recurso de apelação por ele interposto deverá ser conhecido e julgado pela superior instância, ainda que o mandado de prisão contra ele expedido não tenha sido cumprido. Deixaram legalmente de existir as antigas regras, que já vinham sendo repelidas pela jurisprudência (Súmula n. 347 do STJ), de que o réu não poderia apelar sem recolher-se à prisão, salvo se primário e de bons antecedentes, e de que seria decretada a deserção de seu recurso caso fugisse após a interposição. Em respeito à garantia do duplo grau de jurisdição, foram expressamente revogados os arts. 594 e 595 do CPP que tratavam desses temas.

■ *12.2.9.3. Sentença absolutória*

O art. 386 do Código de Processo Penal enumera as hipóteses em que o réu deve ser absolvido; por isso, sempre que o juiz julgar improcedente uma ação penal, deve fundamentar sua decisão em um desses sete incisos:

> **Art. 386, I** — Quando estiver provada a inexistência do fato.

Nesse caso, a prova colhida é **cabal**, no sentido de que o fato narrado na denúncia não ocorreu, hipótese em que o juiz deve declarar isso na sentença. Exs.: vítima de estupro que assume perante o juiz que mentiu para prejudicar o acusado; vítima de um pretenso homicídio que reaparece viva; vítima de furto que afirma que perdeu os objetos que teriam sido furtados pelo réu etc.

Quando fundada nesse dispositivo, a sentença penal faz coisa julgada na esfera cível, não podendo ser afirmada posteriormente em tal juízo a existência do fato.

Art. 386, II — Quando não houver prova da existência do fato.

Nesse inciso, o juiz fica em **dúvida** a respeito de ter ou não ocorrido o fato criminoso. Não se trata aqui de dúvida quanto ao caráter ilícito da conduta, e sim quanto à sua própria existência. Ex.: quando não se consegue saber se o bem foi mesmo furtado ou se o dono quis aplicar um golpe na seguradora; quando o juiz fica em dúvida se a vítima foi mesmo estuprada ou se mentiu para prejudicar o réu etc.

Nesta hipótese, poderá ser proposta ação indenizatória no juízo cível.

Em razão dos dois primeiros incisos é evidente que, para um decreto condenatório, deve haver, necessariamente, prova cabal da existência do fato (materialidade).

Art. 386, III — Se o juiz reconhecer que o fato é atípico.

Nesse caso, a prova colhida exclui uma ou algumas das **elementares** do delito narrado na denúncia. Ex.: a vítima alegava ter mantido relação sexual com um homem quando ainda tinha 13 anos de idade, porém, a prova colhida durante a instrução demonstra que ela já tinha mais de 14 anos no dia do ato sexual, o que exclui o crime de estupro de vulnerável narrado na denúncia, cuja premissa é ser a vítima menor de 14 (art. 217-A do CP).

Quando a própria narrativa dos fatos na denúncia ou queixa não encontra enquadramento em qualquer norma incriminadora, deve ela ser rejeitada. Se não o for de plano, deverá ser objeto de absolvição sumária. Se, todavia, por equívoco não tiver sido adotada uma dessas soluções (e nem o trancamento da ação pela via do *habeas corpus*) haverá a necessidade da sentença final absolutória. É o que acontece quando a denúncia imputa um crime de estupro de vulnerável contra vítima de 15 anos constando expressamente tal idade na descrição dos fatos.

A conduta imputada pode não constituir ilícito penal, mas pode caracterizar ilícito civil, razão pela qual a absolvição com fundamento neste artigo não impede a propositura de ação indenizatória.

Art. 386, IV — Por estar provado que o réu não concorreu para a infração penal.

Nessa hipótese, o juiz declara a existência do delito, mas diz haver prova cabal de que foram **outras** pessoas as autoras do crime. Ex.: vítima, que tinha feito reconhecimento do réu por fotografia na fase do inquérito, confirma a ocorrência de um roubo à mão armada na Av. Paulista, no dia 18 de dezembro de 2011, mas o réu consegue provar que não pode ter sido o autor do delito porque, em tal data, estava cumprindo pena em regime fechado na cidade de Campo Grande.

Quando fundada nesse dispositivo, a sentença penal faz coisa julgada na esfera cível, não se podendo propor ação nesta esfera para provar que o réu cometeu o delito.

> **Art. 386, V** — Quando não existir prova de ter o réu concorrido para a infração penal.

Nesse caso, o juiz também declara a ocorrência do crime, mas argumenta que não há prova de que o réu tenha tomado parte na empreitada criminosa. Aqui a situação é de **dúvida**, devendo ser aplicado o princípio *in dubio pro reo*. Ex.: vítimas de um roubo que, em juízo, alegam que estão na dúvida acerca de ter sido o réu o autor do crime.

Como neste caso a absolvição é baseada em carência de provas, poderá ser proposta ação na esfera cível buscando indenização já que ali podem ser apresentadas novas provas.

> **Art. 386, VI** — Se existir circunstância que exclua o crime ou que isente o réu de pena, ou mesmo se houver fundada dúvida sobre sua existência.

As circunstâncias que excluem o crime são as chamadas excludentes de **ilicitude** ou **antijuridicidade** (legítima defesa, estado de necessidade, estrito cumprimento do dever legal e exercício regular de direito). Já as que isentam o réu de pena são as excludentes de **culpabilidade** e as **escusas absolutórias**.

Em se tratando de absolvição em virtude do reconhecimento de inimputabilidade completa em razão de doença mental ou desenvolvimento mental incompleto ou retardado, o juiz aplicará **medida de segurança** consistente em internação ou tratamento ambulatorial (art. 386, parágrafo único, III). Por se tratar de sentença absolutória na qual se aplica um gravame, é denominada **absolutória imprópria**.

De se ressalvar, outrossim, a importante inovação decorrente da Lei n. 11.690/2008, que passou a determinar a absolvição quando o juiz tiver fundada **dúvida** a respeito da existência dos requisitos de alguma excludente de ilicitude ou de culpabilidade no caso concreto.

Em regra, o reconhecimento de excludente de ilicitude impede a propositura de ação indenizatória (ver Capítulo 4 — Ação civil *ex delicto*). Já as causas de isenção de pena, quando fundamentam a absolvição, não atuam como fator impeditivo da ação reparatória no juízo cível.

> **Art. 386, VII** — Quando não houver prova suficiente para a condenação.

Trata-se de formulação genérica a ser utilizada quando não for possível a aplicação dos dispositivos anteriores. Ex.: o juiz reconhece que o réu comprou um carro roubado, mas alega não haver prova suficiente de que ele sabia da procedência criminosa, o que inviabiliza a condenação pela receptação dolosa de que era acusado. Existe prova de que o fato existiu (aquisição do veículo roubado) e não existe prova cabal da atipicidade (a hipótese é de dúvida), por isso a absolvição não pode se fundar nos incisos I, II e III, restando ao juiz a aplicação deste inciso VII.

Não faz coisa julgada na esfera cível.

■ Recurso para alterar o fundamento da absolvição

Prevalece a posição que entende ser cabível o recurso, desde que o réu possa com ele obter alguma vantagem. Com efeito, determinadas hipóteses de absolvição impedem a propositura de ação indenizatória no juízo cível (estar provada a inexistência do fato, estar provado que o réu não concorreu para o delito e, salvo algumas exceções, o reconhecimento de excludente de ilicitude), enquanto outras não (não estar provada a existência do fato ou que o réu concorreu para o delito, atipicidade do fato, existência de causa de isenção de pena e insuficiência genérica de provas). Assim, será cabível o recurso da defesa apenas para mudar o fundamento da absolvição quando ele trouxer como consequência a inviabilização de propositura de ação civil *ex delicto*.

■ 12.2.9.4. *Comparativo entre as hipóteses de rejeição da denúncia ou queixa, absolvição sumária e absolvição final*

Hipóteses de rejeição da denúncia ou queixa (art. 395)	1) Se for manifestamente inepta. 2) Se faltar pressuposto processual ou condição para o exercício da ação. 3) Se faltar justa causa para o exercício da ação penal.
Causas de absolvição sumária (art. 397)	1) Existência manifesta de causa excludente da ilicitude do fato. 2) Existência manifesta de causa excludente da culpabilidade do agente, salvo a inimputabilidade. 3) Se o fato narrado evidentemente não constituir crime. 4) Se estiver extinta a punibilidade.
Fundamentos para absolvição definitiva (art. 386)	1) Estar provada a inexistência do fato. 2) Não estar provada a existência do fato. 3) Não constituir o fato infração penal. 4) Estar provado que o réu não concorreu para infração. 5) Não existir prova de ter o réu concorrido para a infração. 6) Existir circunstância que exclua o crime ou isente o réu de pena, ou se houver dúvida sobre sua existência. 7) Não existir prova suficiente para a condenação.

■ 12.2.10. Publicação da sentença

Nos termos do art. 389 do Código de Processo Penal, a sentença considera-se publicada no instante em que for entregue pelo juiz ao escrivão. Este, então, lavrará nos autos um termo de publicação da sentença, certificando a data em que ocorreu. Antes da entrega ao escrivão, os escritos do juiz podem ser por ele modificados, mas, após a publicação, a sentença torna-se imutável em relação ao magistrado que a prolatou, ressalvadas as hipóteses de modificação decorrentes de interposição de embargos de declaração ou correção de erros materiais (erro no nome do réu, operação aritmética equivocada na fixação da pena etc.). Neste último caso, a correção do erro material pode ser feita de **ofício** pelo juiz ou em razão de **requerimento**. Feita a correção do erro material, o juiz deve dar ciência às partes.

Após a publicação, a acusação e a defesa devem ser intimadas, instante a partir do qual passará a correr o prazo para eventuais recursos. Lembre-se, porém, de que as sentenças prolatadas em audiência ou em plenário do Júri consideram-se publicadas no ato de sua proclamação, na presença das partes, pelo juiz.

■ 12.2.11. Embargos de declaração

O art. 382 do Código de Processo Penal permite que qualquer das partes requeira ao juiz que declare (esclareça) a sentença se nela existir:

a) **obscuridade:** falta de clareza que impeça o entendimento acerca do que o magistrado quis dizer;

b) **ambiguidade:** quando alguma parte da sentença permitir duas ou mais interpretações;

c) **contradição:** quando o juiz, em certa parte da sentença, diz alguma coisa e, mais adiante, diz algo em sentido contrário. É o que ocorre na denominada **sentença suicida**, em que existe contradição entre a fundamentação e a conclusão;

d) **omissão:** quando o juiz se esquece de tratar de algum tópico indispensável na sentença, como, por exemplo, o regime inicial de cumprimento da pena, a possibilidade de conversão da pena privativa de liberdade em restritiva de direitos etc.

O prazo para a interposição dos embargos é de **2 dias**, contados da intimação da sentença. Como o Código de Processo Penal não fez menção expressa à hipótese, entende-se que a interposição dos embargos **interrompe** o prazo para outros recursos, aplicando-se, subsidiariamente, a regra do art. 1.026, *caput*, do Novo Código de Processo Civil.

É o **próprio juiz** prolator da decisão quem julga os embargos. Se os julgar procedentes, fará as devidas correções.

Os embargos declaratórios são **facultativos**, ou seja, a parte interessada, em vez de usá-los, pode optar pelo recurso de apelação. Os embargos, contudo, constituem uma medida mais rápida de corrigir eventuais equívocos do magistrado.

Apesar de a lei somente fazer previsão de cabimento dos embargos de declaração contra sentença (art. 382) e acórdão (art. 619), entende-se que tais embargos são cabíveis contra toda decisão judicial em que haja obscuridade, ambiguidade, contradição ou omissão, enquanto não tiver ocorrido a preclusão.

Aspecto importante a ser ressalvado é que os embargos de declaração não podem acarretar alteração em relação ao mérito do que ficou decidido.

Não são cabíveis os embargos de declaração quando a parte, pretextando corrigir inexistente situação de ambiguidade, obscuridade, contradição ou omissão, utiliza-os com o intuito de infringir (modificar) o julgado e, assim, provocar indevido reexame da causa.

Excepcionalmente, contudo, os embargos terão efeitos modificativos (ou efeitos infringentes): quando o reconhecimento do defeito alegado impossibilitar a manutenção do teor da decisão, situação em que a alteração será mero desdobramento da operação de integração do julgado.

Atente-se para os seguintes aspectos: se o promotor requereu o reconhecimento de determinada causa de aumento de pena e o juiz, por esquecimento, não tratou desta circunstância na sentença, poderá, em embargos de declaração, reconhecer a omissão e aplicar o aumento. A pena será modificada, mas em relação a tema que foi fruto de omissão. Por outro lado, se o juiz expressamente afastou referida causa de aumento na sentença, não cabem os embargos com o argumento de que o juiz não analisou corretamente determinada prova. Em tal caso, só o recurso de apelação poderá provocar o reexame do tema.

■ 12.2.12. Princípio da correlação

Considerando que o acusado se defende dos **fatos** criminosos a ele imputados, deve existir correlação entre o fato narrado na denúncia ou queixa e o teor da sentença, ou seja, o juiz só pode julgar aquilo que está sendo submetido à sua apreciação, não podendo extrapolar os limites da acusação com julgamentos *ultra* e *extra petita* (além ou fora do pedido). É claro, contudo, que em alguns casos o juiz pode **reduzir** o alcance da acusação, desclassificando o delito ou reconhecendo a forma tentada.

O princípio da correlação está regulamentado no Código de Processo Penal em seus arts. 383 e 384 por meio dos institutos conhecidos respectivamente como *emendatio* e *mutatio libelli.*

■ *12.2.12.1.* Emendatio libelli

Ao oferecer a denúncia ou queixa, o acusador deve necessariamente **descrever** um fato criminoso e, ao final, dar a ele uma **classificação jurídica**. O réu, conforme já mencionado, defende-se da descrição fática, e não da classificação a ele dada. Assim, pode acontecer de o juiz entender efetivamente provado o **fato** descrito na peça inicial, mas discordar da classificação dada pelo acusador. Nessa hipótese, o art. 383 do Código de Processo prevê que o juiz pode **diretamente** condenar o réu na classificação que entenda ser a correta, sendo **dispensável** qualquer formalidade como aditamento da denúncia ou queixa.

É necessário, porém, para garantir o **contraditório** em sua plenitude, que se observem as regras previstas nos arts. 9º e 10 do NCPC, que proíbem ao magistrado proferir decisões sem que as partes tenham tido **prévia** oportunidade de influenciarem no julgamento, motivo pelo qual o órgão acusador e, notadamente, a defesa, deverão ser instados a manifestar-se sobre a classificação jurídica que o juiz vislumbra aplicar por meio da *emendatio.*

É o que se chama de *emendatio libelli*, que é possível **ainda que com a nova classificação tenha o juiz de fixar pena mais grave**. Ex.: promotor descreve certo fato criminoso e o classifica na denúncia como estelionato. O juiz, ao analisar a prova para proferir a sentença, verifica que o fato narrado na denúncia foi efetivamente demonstrado, mas entende que referida conduta configura furto mediante fraude. Assim, pode condenar o acusado imediatamente por este último crime, mesmo sendo mais grave que o estelionato. A propósito: "1. Hipótese em que o paciente foi denunciado por três tentativas de latrocínio e um roubo, porque teria subtraído o patrimônio de quatro pessoas, tentando matar três delas. Ao proferir a sentença, o magistrado de primeiro grau, analisando os mesmos fatos, o condenou por quatro tentativas de latrocínio. 2. Se as circunstâncias dos delitos narradas na denúncia e consideradas na sentença condenatória são as mesmas (subtração de bens de quatro pessoas e tentativa de matar três delas), mas apenas a tipificação dos crimes foi alterada, a hipótese é de *emendatio libelli*, nos termos do art. 383 do Código de Processo Penal, não de *mutatio libelli* (art. 384, do CPP). 3. É pacífica a jurisprudência desta Corte Superior de Justiça no sentido de que o réu defende-se dos fatos narrados na denúncia, não da capitulação legal a eles atribuída pelo Ministério Público" (STJ — HC 89.232/SP — 6ª Turma — Rel. Min. Maria Thereza de Assis Moura — *DJe* 13.09.2010).

Como consequência da *emendatio libelli*, pode também o juiz reconhecer diretamente **qualificadoras** e **causas de aumento** de pena descritas na denúncia ou queixa e que, por equívoco, não constaram da classificação jurídica. Nesse sentido: "1. Inexiste prejuízo à ampla defesa, na decisão do magistrado, que ao proferir a decisão condenatória, considera qualificadora contida no texto da denúncia. 2. No caso, da análise da exordial acusatória é possível concluir pela ocorrência da circunstância qualificadora prevista no § 1º, do art. 159 do CP, apesar de a denúncia capitular equivocadamente o delito no *caput* do mencionado artigo" (STJ — REsp 706.437/RS — 6ª Turma — Rel. Min. Og Fernandes — *DJe* 05.04.2010).

Já as **agravantes genéricas** podem ser reconhecidas pelo juiz nos crimes **de ação pública** mesmo que não tenham constado da descrição fática da denúncia, uma vez que o **art. 385 do CPP** admite tal providência, nos crimes dessa natureza. Caso, porém, se trate de ação **privada**, o juiz só poderá reconhecer aquelas que constem expressamente na narrativa da queixa. Caso contrário, apenas se houver aditamento o juiz poderá reconhecê-las.

A reincidência não precisa constar da denúncia ou queixa porque não diz respeito ao fato delituoso em apuração e sim aos antecedentes do acusado.

O instituto da *emendatio libelli* permite até mesmo que o juiz condene o réu por dois crimes, cujas descrições constem da denúncia embora o promotor só tenha feita a acusação formal por um deles. É o que ocorre, por exemplo, se o promotor narra que duas pessoas cometeram tráfico de grande quantia de droga, que foram buscar na Bolívia, transportaram de caminhão para São Paulo e estavam vendendo e, ao final da denúncia, os acusa apenas pelo crime de tráfico, mas o magistrado, na sentença, os condena por este crime e também pelo delito de **associação** para o tráfico. Hipótese similar pode ser observada no seguinte julgado: "1. Dispõe o art. 383, do CPP que o Juiz, sem modificar a descrição do fato contida na denúncia ou queixa, poderá atribuir-lhe definição jurídica diversa, ainda que, em consequência, tenha de aplicar pena mais grave. 2. No caso, a sentença de primeiro grau entendeu que as condutas do paciente descritas na peça acusatória (agir no sentido de receber a droga e transportá-la) configuram os delitos de tráfico de drogas e associação para o tráfico, apesar de denunciado somente por este último" (STJ — HC 182.342/SP — 5ª Turma — Rel. Min. Napoleão Nunes Maia Filho — *DJe* 13.12.2010).

■ Aplicação da *emendatio libelli* em grau recursal

A *emendatio libelli* pode ser aplicada inclusive pelos **tribunais** em grau de **recurso**, desde que respeitado o princípio que veda a *reformatio in pejus*, ou seja, não será cabível a alteração na capitulação pelo tribunal se importar agravação da pena caso o recurso seja exclusivo da defesa. Ex.: réu pronunciado por homicídio qualificado pelo motivo fútil e, em recurso da acusação ou da defesa, o tribunal mantém a pronúncia, mas altera a classificação da qualificadora narrada na denúncia para motivo torpe. A propósito: "Processual penal. *Emendatio libelli* e *mutatio libelli*. Não violação do enunciado da Súmula n. 453 do STF. Precedentes. 1. O Tribunal de Justiça do Estado de São Paulo, ao reformar a decisão que impronunciou o paciente para submetê-lo a julgamento por suposta prática do crime de homicídio qualificado por motivo fútil, na forma tentada, não inovou quanto aos fatos originariamente descritos na denúncia oferecida, mas, apenas, deu definição jurídica diversa a eles. 2. *Habeas corpus* denegado" (STF — HC 95.660/SP — 1ª Turma — Rel. Min. Menezes Direito — *DJe* 27.03.2009 — p. 710). No mesmo sentido: "Assim sendo, a adequação típica pode ser alterada tanto pela sentença quanto em segundo grau, via *emendatio libelli*, ainda que em sede de recurso exclusivo da defesa, mas desde que nos limites do art. 617 do CPP (precedentes)" (STJ — HC 312.892/AL — Rel. Min. Felix Fischer — 5ª Turma — julgado em 01.10.2015 — *DJe* 19.10.2015); **e** "A *emendatio libelli* pode ser aplicada em segundo grau, desde que nos limites do art. 617 do Código de Processo Penal, que proíbe a *reformatio in pejus*. Precedentes. E a decisão impugnada foi mais favorável ao paciente, na medida em que a pena imposta é menor do que aquela em tese pretendida na imputação originária. Aliás, o acórdão impugnado consignou expressamente que a conduta foi bem descrita na denúncia e que somente a capitulação foi modificada em benefício do acusado" (STJ — HC 294.149/SP — Rel. Min. Maria Thereza de Assis Moura — 6ª Turma — julgado em 03.02.2015 — *DJe* 11.02.2015).

■ Suspensão condicional do processo em razão de *emendatio libelli*

Se, em consequência da definição jurídica diversa dada pelo juiz na sentença, houver a possibilidade de **suspensão condicional do processo** (art. 89 da Lei n. 9.099/95), o juiz dará vista dos autos ao promotor de justiça para que efetue a proposta da suspensão. É o que diz o art. 383, § 1º, do CPP.

Suponha-se que o Ministério Público tenha descrito o fato corretamente na denúncia e o classificado como furto mediante fraude, delito cuja pena mínima é de 2 anos e não dá direito à suspensão condicional do processo. O Juiz, entretanto, entende que o fato narrado e comprovado configura crime de estelionato e considera o réu incurso neste crime ao proferir a sentença. Assim, o magistrado deve intimar o Ministério Público dessa decisão para que faça a proposta de suspensão ou fundamentadamente a recusa (se entender que o réu tem maus antecedentes, por exemplo). Feita a proposta, o acusado e seu defensor devem ser notificados para dizer se a aceitam. Se o fizerem, será iniciado o período de prova que suspende o processo no estágio em que está. Assim, se for revogada posteriormente a suspensão, por exemplo, pelo descumprimento das condições impostas, o acusado e seu defensor poderão, ainda, recorrer oportunamente do mérito da sentença condenatória. Pode o réu, todavia, recusar a proposta de suspensão, hipótese em que o feito terá prosseguimento. Saliente-se, por fim, que se o acusado aceitar a suspensão condicional e cumprir as condições impostas, sem dar causa à revogação do benefício, o juiz, ao término do período de prova, decretará a extinção da punibilidade.

Nem o Código de Processo Penal e tampouco a Lei n. 9.099/95 preveem a possibilidade de o juiz discordar da capitulação jurídica logo na oportunidade do recebimento da denúncia e devolver os autos ao Ministério Público para a proposta de suspensão condicional do processo. O momento adequado para tanto é o da sentença, nos termos do já referido art. 383, § 1º, do CPP. Nesse sentido: "1. Não é lícito ao Juiz, no ato de recebimento da denúncia, quando faz apenas juízo de admissibilidade da acusação, conferir definição jurídica diversa aos fatos narrados na peça acusatória. Poderá fazê-lo adequadamente no momento da prolação da sentença, ocasião em que poderá haver a *emendatio libelli* ou a *mutatio libelli*, se a instrução criminal assim o indicar" (STF — HC 87.324 — 1ª Turma — Rel. Min. Cármen Lúcia — *DJ* 18.05.2007 — p. 82).

■ Encaminhamento a outro juízo

Se, em razão da nova definição jurídica dada pelo juiz, entender ele que o fato narrado na denúncia é de competência de outro juízo, a este encaminhará os autos para prosseguimento (art. 383, § 2º, do CPP).

■ *12.2.12.2.* Mutatio libelli

O instituto da *mutatio libelli* pressupõe que, durante a instrução em juízo, surja prova de **elementar** ou **circunstância não descrita explícita ou implicitamente na denúncia ou queixa**. Assim, enquanto na *emendatio libelli* a descrição fática contida na denúncia ou queixa coincide com as provas colhidas durante a instrução, na *mutatio* há descrição de determinado fato, mas as provas apontam que o fato delituoso praticado é diverso. Nesta última hipótese, a atual redação do art. 384, *caput*, do Código de Processo Penal, com a redação dada pela Lei n. 11.719/2008, estabelece que o promotor deverá **aditar** a denúncia ou a queixa (na ação privada subsidiária da pública) para que seja efetuada a correção.

Vejamos as seguintes situações: a) a denúncia descreve uma receptação dolosa e a prova colhida na audiência demonstra que ocorreu uma receptação culposa. Como a modalidade (espécie) de culpa não está descrita na denúncia, torna-se necessário o aditamento, mesmo sendo menor a pena da receptação culposa; b) a denúncia descreve uma subtração praticada sem violência ou grave ameaça, ou seja, um crime de furto. Durante a instrução, todavia, a vítima e as testemunhas dizem que houve agressão como meio para a rapina. Essa circunstância não descrita na inicial deve ser objeto de aditamento. No caso, a nova definição torna o crime mais grave (roubo). A propósito: "1. É certo que o réu defende-se dos fatos narrados na denúncia, não de sua capitulação legal. Contudo, se circunstâncias elementares do tipo penal de tortura não foram descritas na denúncia, que imputava ao paciente a prática de lesões corporais graves, fica afastada a hipótese de *emendatio libelli*. Trata-se de *mutatio libelli*, a qual depende da estrita observância do procedimento previsto no art. 384 do Código de Processo Penal. 2. Embora o magistrado, analisando as provas produzidas, tenha concluído que a conduta do paciente amolda-se àquela descrita no tipo penal de tortura, não poderia tê-lo condenado por tal crime se algumas de suas circunstâncias elementares não estavam descritas na inicial acusatória. Era imprescindível que se ouvisse o Ministério Público acerca do interesse em aditar a denúncia, sob pena de evidente violação do devido processo legal" (STJ — HC 160.940/PE — 6ª Turma — Rel. Min. Maria Thereza de Assis Moura — *DJe* 26.04.2010).

Deverá também ser feito aditamento se a denúncia descrevia crime simples e durante a instrução ficou provada alguma **qualificadora ou causa de aumento de pena**.

Quando a denúncia descreve crime tentado e fica demonstrado que o crime se consumou, faz-se necessário o aditamento, porque a denúncia não descreve o momento consumativo. Todavia, se a denúncia imputa um delito consumado e a prova colhida demonstra que o crime não passou da esfera da tentativa, não se faz necessário aditamento.

A respeito da distinção entre *emendatio* e *mutatio libelli*, veja-se o seguinte julgado: "Dá-se *mutatio libelli* sempre que, durante a instrução criminal, restar evidenciada a prática de ilícitos cujos dados elementares do tipo não foram descritos, nem sequer de modo implícito, na peça de denúncia. Em casos tais, é de se oportunizar aos acusados a impugnação também desses novos dados factuais, em homenagem à garantia constitucional da ampla defesa. Verifica-se *emendatio libelli* naqueles casos em que os fatos descritos na denúncia são iguais aos considerados na sentença, diferindo, apenas, a qualificação jurídica sobre eles (fatos) incidente. Ocorrendo *emendatio libelli*, não há que se cogitar de nova abertura de vista à defesa, pois o réu deve se defender dos fatos que lhe são imputados, e não das respectivas definições jurídicas. Sentença condenatória que nada mais fez que dar novo enquadramento jurídico aos mesmos fatos constantes da inicial acusatória, razão pela qual não há que se exigir abertura de vista à defesa. Ordem denegada" (STF — HC 87.503 — Tribunal Pleno — Rel. Min. Carlos Britto — *DJ* 18.08.2006 — p. 19).

■ Procedimento da *mutatio libelli*

Se o aditamento tiver sido feito de forma **oral**, ao término da audiência de instrução, será reduzido a termo. O defensor terá, então, prazo de **5 dias** para se manifestar a respeito (salvo se preferir fazê-lo de imediato na própria audiência), e, em seguida, os autos irão conclusos para o juiz receber ou rejeitar o aditamento.

É possível que o Ministério Público tenha requerido vista dos autos para apresentar o aditamento por escrito. Em tal caso, o art. 384 do CPP lhe confere prazo de **5 dias** para a providência. Igual prazo será concedido ao defensor para se manifestar.

Caso seja recebido o aditamento, o juiz designará nova audiência em continuação para a inquirição de testemunhas, novo interrogatório do réu e realização de debates e julgamento. O art. 384, § 4º, do Código de Processo Penal, com a redação dada pela Lei n. 11.719/2008, estabelece que na hipótese em estudo cada parte pode arrolar até **três novas testemunhas** (o Ministério Público no próprio aditamento e a defesa dentro do prazo de 5 dias a ela conferido).

O mesmo § 4º determina que, ao sentenciar o feito, o juiz ficará **adstrito** aos termos do aditamento recebido, ou seja, não poderá condenar o réu além dos limites do aditamento. Da mesma maneira, se for efetuado aditamento que modifique o próprio tipo penal (e não apenas qualificadoras ou causas de aumento), o juiz não mais poderá condenar o réu pela imputação originária. Imagine-se alguém que estava sendo processado por receptação de um veículo e a vítima, na audiência, o reconheça como o autor do roubo do automóvel. O Ministério Público adita a denúncia para alterar a acusação para crime de roubo. Assim, tendo sido recebido este aditamento, não mais poderá o juiz, por qualquer razão, condenar o réu por receptação.

O procedimento explicado não precisa ser adotado, e tampouco há a possibilidade de novas testemunhas serem arroladas, quando o aditamento é feito apenas a fim de serem corrigidas eventuais omissões da denúncia ou queixa que não impliquem alteração na acusação. Ex.: aditamento para corrigir a data ou o local do crime.

■ Provocação judicial da manifestação do Ministério Público

A fase do art. 384 está prevista dentro do Código de Processo Penal no capítulo da **sentença**, pois, em sua redação originária, a iniciativa de baixar os autos para o Ministério Público realizar o aditamento era do juiz. A Lei n. 11.719/2008, que alterou o dispositivo, não mais menciona que a iniciativa seja do magistrado, dispondo que é o Ministério Público que deve verificar a existência de elementar ou circunstância não descrita na denúncia e tomar a iniciativa de proceder ao aditamento. Na prática, entretanto, caso o promotor não tenha se manifestado a respeito por iniciativa própria, nada obsta a que o juiz o provoque, apontando as provas que entende capazes de gerar a alteração da acusação. Nesse caso, se o promotor efetuar o aditamento, o processo seguirá na forma já estudada. Caso, porém, o promotor deixe de fazê-lo e o juiz discorde da manifestação, aplicará a regra do art. 28 do Código de Processo Penal, encaminhando os autos ao Procurador-Geral de Justiça, a quem incumbirá dar a palavra final quanto à necessidade de aditamento. É o que expressamente dispõe o art. 384, § 1º, do mesmo Código.

Nos crimes de ação privada exclusiva é também possível o aditamento por parte do querelante, mas, caso este não o faça de forma espontânea, não pode o magistrado provocar essa manifestação.

■ Aditamento da denúncia ou queixa em outros momentos processuais

O art. 384 do Código de Processo Penal regulamenta o aditamento da denúncia ou queixa ao **término da instrução**. De ver-se, todavia, que o art. 569 do mesmo *codex* permite que o aditamento seja feito em qualquer fase do processo (desde que antes da sentença). Caso o aditamento provoque alteração na tipificação e, por conseguinte, na pena aplicável, o juiz deverá intimar a defesa. Ex.: alguns dias antes da audiência marcada é juntado aos autos um laudo que comprova uma qualificadora não descrita na denúncia. O promotor deve, imediatamente, aditar a denúncia, sendo a parte intimada para, querendo, se manifestar.

■ Prescrição e aditamento

A prescrição antes do trânsito em julgado da sentença condenatória rege-se pelo máximo da pena prevista em abstrato. Se alguém foi denunciado por furto simples, cuja pena máxima é de 4 anos, a prescrição opera em 8 anos se não for proferida sentença nesse período (art. 109, IV, do CP). Se, entretanto, a denúncia for aditada para furto qualificado, e recebido o aditamento, o prazo prescricional passará a ser de 12 anos porque a pena do delito qualificado é maior (art. 109, III, do CP). É preciso, porém, salientar que a prescrição ocorre no dia estabelecido, e não na data em que o juiz a declara. Se o prazo vence em 20 de janeiro e o juiz só a declara em 30 de maio, diz-se que a prescrição ocorreu em 20 de janeiro. Assim, no exemplo acima, se já tinham transcorrido 8 anos desde o recebimento da denúncia pelo furto simples, mas a prescrição ainda não havia sido declarada pelo juiz, o aditamento posterior para furto qualificado não pode ser admitido, ainda que surja prova da qualificadora, porque o fato gerador da prescrição do furto simples já tinha se verificado e, naquela data, ainda não havia sido feito o aditamento.

O recebimento da denúncia ou queixa é causa interruptiva da prescrição. Já o aditamento não possui o mesmo efeito quando consistir no acréscimo de elementar (de furto para roubo, por exemplo), qualificadora ou causa de aumento de pena. Se, todavia, consistir na modificação do próprio **fato narrado** haverá consequências no tocante à prescrição. Suponha-se pessoa denunciada por receptação de veículo, denunciada porque, ciente da procedência criminosa, o conduzia em 15 de julho de 2009. Com o recebimento da denúncia, interrompeu-se a prescrição e novo prazo começou a correr. No dia da audiência, todavia, o réu, mostrando-se arrependido, confessa que foi o verdadeiro autor do furto, praticado em 10 de dezembro de 2008. O promotor terá de efetuar aditamento para imputar a ele o crime de furto — que é outro fato, ocorrido em outra data — e excluir o de receptação. A hipótese é chamada de aditamento, mas, em verdade, trata-se praticamente de uma nova denúncia nos mesmos autos. Em tal caso, torna-se sem efeito a interrupção da prescrição anterior, pois ela se refere a outro fato, que, aliás, não foi provado em juízo. Daí por que temos as seguintes consequências: a) o aditamento para o crime de furto só será possível se não ocorreu prescrição a contar da data da subtração (ignorando-se a anterior interrupção da prescrição porque se referia a outro delito); b) caso efetuado o aditamento pelo crime de furto, o recebimento interromperá a prescrição.

■ Suspensão condicional do processo em razão da *mutatio libelli*

Se, em razão do aditamento, passar a ser possível a suspensão condicional do processo (art. 89 da Lei n. 9.099/95), o próprio representante do Ministério Público deverá efetuar a proposta que, uma vez aceita pelo réu e homologada pelo juiz, obstará o prosseguimento do feito, que só será retomado caso a suspensão seja revogada.

■ Impossibilidade de aplicação da *mutatio libelli* em grau recursal

A Súmula n. 453 do Supremo Tribunal Federal veda a adoção da *mutatio libelli* durante pendência de recurso no tribunal, pois é evidente que não é mais possível o aditamento da denúncia após a prolação da sentença de 1ª instância. Veja-se: "... 2. Segundo o enunciado sumular 453/STF, 'Não se aplicam à segunda instância o art. 384 e parágrafo único do Código de Processo Penal, que possibilitam dar nova definição jurídica ao fato delituoso, em virtude da circunstância elementar não contida explícita ou implicitamente na denúncia ou queixa'. 3. Na hipótese, o Tribunal *a quo*, ao condenar o paciente, reconheceu a causa de aumento de pena prevista no art. 226, inciso II, do Código Penal (agressor que tem autoridade sobre a vítima), sem que a denúncia tenha descrito tal circunstância fática, o que causa evidente constrangimento ilegal, por cerceamento de defesa" (STJ — HC 149.139/DF — 5ª Turma — Rel. Min. Arnaldo Esteves Lima — *DJe* 02.08.2010).

■ Rejeição do aditamento e recurso

Caso o Ministério Público tenha tomado a iniciativa de efetuar o aditamento, mas o juiz o tenha rejeitado, diz o art. 384, § 5º, que o processo **prosseguirá**. O prosseguimento, todavia, pressupõe que a rejeição do aditamento tenha transitado em julgado. Com efeito, a doutrina e a jurisprudência apontam que, por interpretação extensiva ao art. 581, I, do Código de Processo Penal, é **cabível recurso em sentido estrito contra a decisão que rejeita o aditamento**. Assim, se, após a rejeição, o Ministério Público tiver recorrido, deve-se aguardar a solução do recurso para se saber em que termos a ação penal prosseguirá.

O Tribunal, se der provimento ao recurso em sentido estrito, deve receber o aditamento e determinar a devolução dos autos ao juízo de origem para as formalidades legais (nova audiência para oitiva das testemunhas arroladas, novo interrogatório, debates e julgamento — art. 384, § 2º).

■ Encaminhamento a outro juízo

Se em razão do aditamento o juiz entender que o fato agora narrado é de competência de outro juízo, a este encaminhará os autos para prosseguimento (art. 384, § 4º, do CPP).

■ 12.2.13. Intimação da sentença

Esse tema tem fundamental importância, pois é a partir da intimação que começa a correr o prazo para a interposição de embargos de declaração e de apelação.

Tendo o magistrado proferido a sentença e efetuado a sua entrega ao escrivão, certificará este nos autos a publicação e providenciará as necessárias intimações.

O Ministério Público é sempre intimado **pessoalmente** (art. 390). Isso não significa que um oficial de justiça faça a intimação do promotor de justiça, mas que os autos são remetidos ao seu gabinete para que seja cientificado do teor da sentença. De acordo com o Supremo Tribunal Federal, o prazo para o Ministério Público recorrer **é contado da data de entrada do processo nas dependências da instituição, e não daquela em que seu representante coloca a sua "ciência" nos autos**.

A partir da publicação da sentença, o escrivão tem 3 dias para providenciar a remessa dos autos para a intimação do Ministério Público, sob pena de ser suspenso por 5 dias.

O querelante e o assistente de acusação serão intimados da sentença pessoalmente ou na pessoa de seu advogado, este por meio da imprensa (*Diário Oficial*). Se nenhum deles (querelante ou assistente) for encontrado, a intimação será feita por edital com prazo de 10 dias (art. 391).

O art. 392 do Código de Processo Penal estabelece em relação ao réu uma série de regras para sua intimação acerca da sentença, dependendo da espécie de infração penal. Atualmente, entretanto, em virtude do princípio constitucional da ampla defesa, entende-se que, qualquer que seja o delito, deverá sempre ser tentada sua intimação **pessoal** (ainda que tenha sido decretada a revelia no transcorrer da ação). Caso ele não seja encontrado, será intimado por edital com prazo de **90 dias**, se tiver sido imposta pena privativa de liberdade por tempo **igual ou superior a 1 ano**, e **de 60 dias**, nas demais hipóteses. O prazo para recurso somente correrá após o término do prazo do edital (art. 392, § 2º).

O defensor **dativo** deve ser intimado **pessoalmente** e o **constituído**, pela **imprensa**.

Na hipótese de o réu e seu defensor serem intimados em datas diversas, o prazo para recorrer somente começará a ser contado a partir da última intimação.

Em hipóteses de réu menor de 21 anos, o curador também deveria ser intimado da sentença. Ocorre que o novo Código Civil (Lei n. 10.406/2002) reduziu a maioridade civil para 18 anos, de modo que a assistência por curador deixou de existir no processo penal.

Ressalve-se, por sua vez, que as sentenças prolatadas em audiência ou em plenário do Júri consideram-se publicadas no ato, e que, de acordo com o art. 798, § 5º, *b*, do Código de Processo Penal, os prazos recursais fluem a partir de tal data em relação às partes que estejam presentes. Tal regra tem aplicação plena para os defensores (constituídos ou dativos), querelantes e assistentes de acusação, bem como para o réu. Apesar da clareza do dispositivo, no que se refere ao Ministério Público e à Defensoria Pública, a 2ª Turma do Supremo Tribunal Federal[1], já decidiu, em mais de uma ocasião, que, por seus integrantes terem, nas respectivas leis orgânicas (Lei Complementar 80/94[2] e Lei n. 8.625/93[3]), a prerrogativa de intimação pessoal mediante o

---

[1] A intimação da Defensoria Pública, a despeito da presença do defensor na audiência de leitura da sentença condenatória, se perfaz com a intimação pessoal mediante remessa dos autos. 4. Ordem concedida" (STF — HC 125.270/DF — 2ª Turma — Rel. Min. Teori Zavascki — j. 23.06.2015 — *DJe*-151 — 03.08.2015). No mesmo sentido, HC 126.663/MG, relatado do Min. Gilmar Mendes, julgado em 08.09.2015.

[2] Art. 44. São prerrogativas dos membros da Defensoria Pública da União:

I — receber, inclusive quando necessário, mediante entrega dos autos com vista, intimação pessoal em qualquer processo e grau de jurisdição ou instância administrativa, contando-se-lhes em dobro todos os prazos.

[3] Art. 41. Constituem prerrogativas dos membros do Ministério Público, no exercício de sua função, além de outras previstas na Lei Orgânica:

recebimento dos autos com vista, o prazo recursal só terá início a partir da data da entrada dos autos na Instituição — pouco importando a presença do representante na data anterior em que proferida e publicada a sentença. Em agosto de 2017, a 3ª Seção do Superior Tribunal de Justiça, ao analisar o tema 959, em sede de recursos repetitivos, aprovou tese no mesmo sentido: "O termo inicial da contagem do prazo para impugnar decisão judicial é, para o Ministério Público, a data da entrega dos autos na repartição administrativa do órgão, sendo irrelevante que a intimação pessoal tenha se dado em audiência, em cartório ou por mandado". Em tal julgamento a Corte fez menção à aplicação da mesma regra para os defensores públicos.

A ausência de intimação da sentença é causa de nulidade mencionada no art. 564, III, *o*, do Código de Processo Penal (a sentença, portanto, não transita em julgado).

O art. 201, § 2º, do CPP, dispõe que a vítima deverá ser comunicada do teor da sentença e do respectivo acórdão — que mantenha ou modifique a decisão anterior. As comunicações ao ofendido devem ser feitas no endereço por ele indicado ou, por opção deste, pela utilização de meio eletrônico (art. 201, § 3º).

■ 12.2.14. Trânsito em julgado

Se as partes, devidamente intimadas, não interpuserem recurso, ou, se for negado provimento ao recurso interposto, diz-se que a sentença transitou em julgado. Significa que, salvo em raras exceções, a sentença se torna **imutável**, não podendo ser novamente discutida a matéria nela tratada, seja ela condenatória ou absolutória.

As exceções são as seguintes:

a) revisão criminal. Quando, após a sentença condenatória, surgirem novas provas a favor do condenado. É vedada, entretanto, a revisão criminal *pro societate*, ou seja, contra o sentenciado;

b) nas hipóteses de **anistia**, **indulto** ou **unificação de penas**, se a sentença era condenatória;

c) rescisão da sentença por via de *habeas corpus*. Ex.: nulidade absoluta decorrente de julgamento feito por juízo de exceção vedado constitucionalmente.

■ 12.2.15. Incidência de regras do rito ordinário aos demais ritos

O art. 394, § 4º, do Código de Processo Penal estabelece que as regras de seus arts. 395 a 398 aplicam-se "a todos os procedimentos penais de primeiro grau, ainda que não regulados neste Código". Referidos dispositivos tratam dos seguintes atos, que, portanto, incidem em todos os procedimentos, comuns ou especiais (do próprio Código de Processo ou de leis especiais):

a) hipóteses de rejeição da denúncia ou queixa (art. 395);

b) resposta escrita após o recebimento da denúncia ou queixa (art. 396);

c) possibilidade de absolvição sumária após a resposta escrita (art. 397).

IV — receber intimação pessoal em qualquer processo e grau de jurisdição, através da entrega dos autos com vista.

O art. 398 do Código de Processo Penal foi revogado, de modo que o dispositivo em análise (art. 394, § 4º) diz respeito somente à aplicação dos arts. 395 a 397 do Código a outros ritos.

Há de ressalvar, entretanto, que tais regras não se aplicam ao rito do Júri em razão de previsão expressa nesse sentido no próprio art. 394, mais especificamente em seu § 3º. Igualmente não se impõem tais ditames ao rito sumaríssimo das infrações de menor potencial ofensivo, em razão do disposto no art. 394, § 1º, III, que estabelece que as regras procedimentais a estes referentes são aquelas elencadas em lei própria (Lei n. 9.099/95). Em relação a estas últimas, aliás, a conclusão não poderia ser outra, já que a Constituição Federal determina que deve existir um rito abreviado para as infrações de menor potencial ofensivo, que, portanto, não podem submeter-se às mesmas regras do rito ordinário.

O art. 394, § 4º, do CPP não criou um novo rito integral em substituição aos ritos especiais, tendo apenas acrescentado fases que devem ser observadas, sem prejuízo da manutenção das peculiaridades de cada procedimento. Não fosse assim, os ritos especiais teriam deixado de existir.

12.2.16. Quadro sinótico do rito ordinário

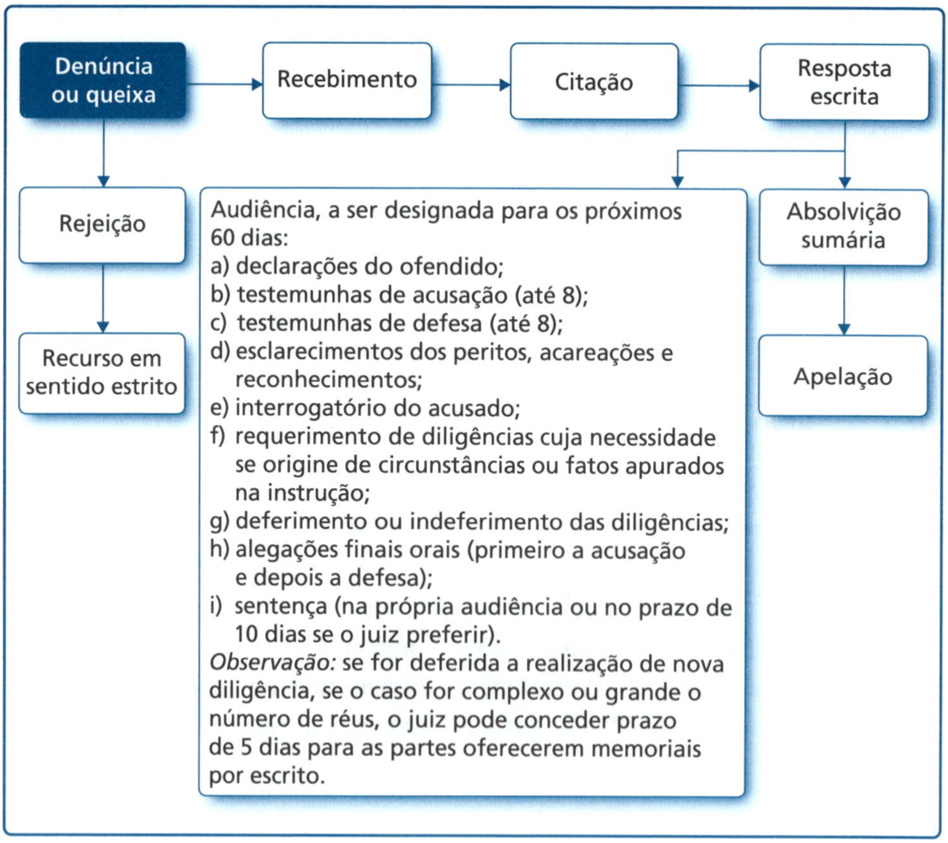

■ 12.3. PROCEDIMENTO COMUM SUMÁRIO

De acordo com o art. 394, § 1º, II, do Código de Processo Penal, o rito sumário é reservado aos delitos que tenham sanção máxima cominada **inferior a 4 anos** de pena privativa de liberdade. São, entretanto, excluídos desse rito os delitos para os quais haja procedimento especial, bem como as infrações de menor potencial ofensivo (crimes com pena máxima até 2 anos e contravenções penais), para as quais se adota o rito sumaríssimo da Lei n. 9.099/95. A bem da verdade, portanto, o rito sumário alcança poucos delitos, pois pressupõe que a pena máxima seja superior a 2 anos e inferior a 4 e, ainda, que não exista previsão de rito especial. É de lembrar, entretanto, que, em algumas hipóteses será adotado este procedimento sumário para a apuração de infrações de menor potencial ofensivo em **situações específicas** previstas na legislação: a) quando o réu não for encontrado para citação pessoal no Juizado Especial Criminal, hipótese em que o art. 66, parágrafo único, da Lei n. 9.099/95 determina a remessa dos autos ao Juízo comum e o art. 538 do CPP impõe expressamente a adoção do rito sumário; b) se o delito de menor potencial envolver violência doméstica ou familiar contra a mulher, uma vez que o art. 41 da Lei n. 11.340/2006 (Lei Maria da Penha) veda a adoção do rito sumaríssimo.

O rito sumário está regulamentado nos arts. 531 a 538 do Código de Processo Penal, que prevê as seguintes fases procedimentais:

1) **recebimento da denúncia ou queixa**;
2) **citação do acusado**;
3) **resposta escrita**;
4) **decisão em torno da absolvição sumária ou prosseguimento do feito com a designação de audiência**;
5) **audiência para oitiva de testemunhas, interrogatório, debates e julgamento**.

O número máximo de testemunhas que as partes podem arrolar é de **5**. O prazo para o juiz realizar a audiência, após receber a resposta escrita do acusado, é de **30 dias**. O prazo para a resposta escrita é o mesmo — **10 dias**.

No rito sumário não existe a fase de requerimento de novas diligências ao término da audiência de instrução nem a previsão expressa da possibilidade de conversão dos debates orais em memoriais e de o juiz chamar os autos conclusos para sentenciar em data posterior à da audiência (não há, entretanto, nenhuma nulidade da ação penal pela conversão em memoriais ou pela prolação posterior da sentença porque tais atitudes não geram qualquer prejuízo às partes). A intenção do legislador, em verdade, é a de que a audiência seja efetivamente una, sem a possibilidade de conversão do julgamento em diligência e com a imediata realização dos debates orais e da prolação da sentença.

PRINCIPAIS DIFERENÇAS ENTRE O RITO ORDINÁRIO E O SUMÁRIO	
Ordinário	**Sumário**
■ Crimes com pena máxima igual ou superior a 4 anos.	■ Crimes com pena superior a 2 anos e inferior a 4 (ou crimes com pena não superior a 2 anos em que o réu não tenha sido encontrado para citação pessoal ou cometidos com violência doméstica ou familiar contra a mulher).
■ Máximo de 8 testemunhas.	■ Máximo de 5 testemunhas.

■ Prazo de 60 dias para a audiência de instrução.	■ Prazo de 30 dias para a audiência de instrução.
■ Possibilidade de requerimento de diligências ao término da instrução.	■ Impossibilidade de pedido de novas diligências ao término da instrução.
■ Possibilidade de conversão dos debates orais em memoriais e da prolação posterior da sentença no prazo de 10 dias.	■ Impossibilidade de conversão dos debates orais em memoriais e da prolação posterior da sentença.

■ 12.3.1. Quadro sinótico do rito sumário

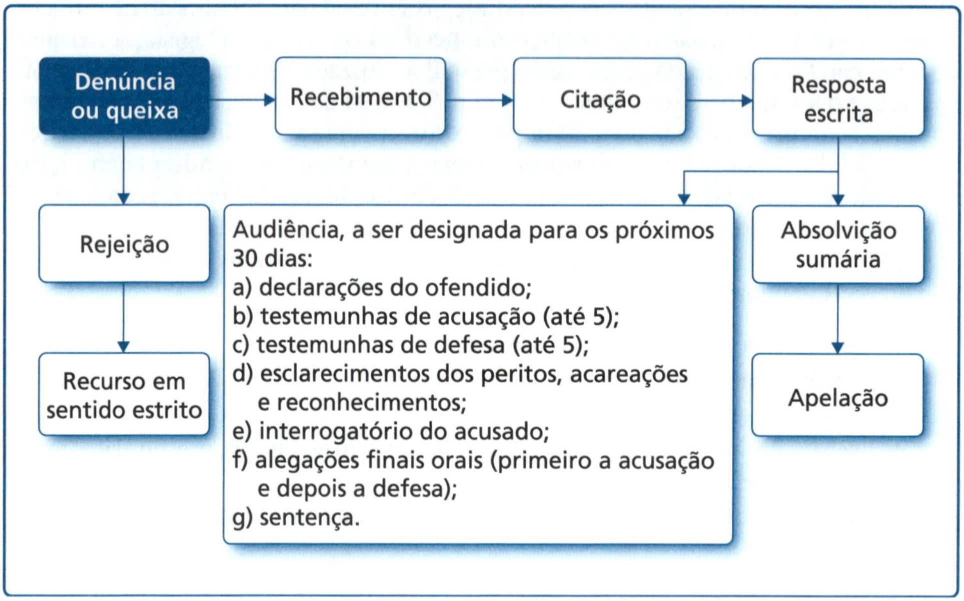

■ 12.4. PROCEDIMENTO COMUM SUMARÍSSIMO (JUIZADOS ESPECIAIS CRIMINAIS)

A Lei n. 9.099/95, além de regulamentar o chamado procedimento sumaríssimo, trata de todo o tema referente aos Juizados Especiais Criminais e às infrações de menor potencial ofensivo e, por essa razão, ao contrário dos demais procedimentos, nesta parte do estudo será feita uma análise de aspectos diversos da referida lei, e não somente da parte que diz respeito ao rito sumaríssimo.

■ 12.4.1. Embasamento constitucional e legal

> **Art. 98, I, da CF** — A União, no Distrito Federal e nos Territórios, e os Estados devem criar juizados especiais, providos por juízes togados, ou togados e leigos, competentes para a conciliação, o julgamento e a execução de infrações penais de menor potencial ofensivo, mediante os procedimentos oral e sumaríssimo, permitidos, nas hipóteses previstas em lei, a transação e o julgamento de recursos por turmas de juízes de primeiro grau.

Para regulamentar esse preceito constitucional foi promulgada, em 26 de setembro de 1995, a Lei n. 9.099, que definiu infração de menor potencial ofensivo e estabeleceu as regras para a transação penal e para o procedimento sumaríssimo, dentre várias outras providências.

Posteriormente, a Emenda Constitucional n. 22, de 18 de março de 1999, acrescentou um parágrafo único no art. 98 da Constituição, estabelecendo que Lei Federal disporá sobre a criação de juizados especiais no âmbito da Justiça Federal. Por conta disso, em 12 de julho de 2001, foi promulgada a Lei n. 10.259, instituindo os juizados especiais criminais da Justiça Federal, aos quais se aplicam, no que não houver conflitância, as regras da Lei n. 9.099/95. Por fim, em 28 de junho de 2006, foi sancionada a Lei n. 11.313, que alterou o conceito de infração de menor potencial ofensivo, modificando os arts. 60 e 61 da Lei n. 9.099/95 e o art. 2º, *caput* e parágrafo único, da Lei n. 10.259/2001.

■ 12.4.2. Conceito de infração de menor potencial ofensivo

> **Art. 61.** Consideram-se infrações penais de menor potencial ofensivo, para os efeitos desta Lei, as contravenções penais e os crimes a que a lei comine pena máxima não superior a 2 (dois) anos, cumulada ou não com multa.

Esse dispositivo teve sua redação dada pela Lei n. 11.313/2006, de modo que, atualmente, consideram-se infrações de menor potencial ofensivo, no âmbito estadual, todas as contravenções penais e os crimes cuja pena máxima não exceda 2 anos (com ou sem previsão de multa cumulativa). Essa nova redação, além de aumentar a pena máxima para 2 anos — na redação primitiva o montante máximo era de 1 ano —, passou, também, a admitir o julgamento no Juizado Especial Criminal de delitos para os quais existia previsão legal de rito especial, como, por exemplo, os crimes de abuso de autoridade.

Por sua vez, a Lei n. 10.259, de 12 de julho de 2001, com a redação alterada pela Lei n. 11.313/2006, estabelece que os Juizados Especiais Criminais Federais julgam as infrações de menor potencial ofensivo atinentes a tal esfera. O Juizado Federal, todavia, não julga contravenções penais porque o art. 109, IV, da Constituição Federal excluiu a possibilidade de a Justiça Federal julgar esta espécie de infração penal que, assim, são todas julgadas na esfera estadual.

Quanto ao montante da pena, há de se ressalvar que a existência de **causa de aumento de pena** que torne a pena máxima superior a 2 anos exclui a competência do juizado. Ex.: crime de lesões corporais culposas na direção de veículo automotor (art. 303 do CTB) em que o agente não presta socorro à vítima. A pena máxima do crime é de 2 anos, mas haverá acréscimo máximo de ½ da pena em razão da omissão de socorro, perfazendo um total de 3 anos. Assim, fica afastada a competência do juizado. O mesmo não ocorre em relação às agravantes genéricas, uma vez que o reconhecimento destas não permite a aplicação da pena acima do máximo legal.

O Superior Tribunal de Justiça entende que, se o agente comete duas infrações de menor potencial ofensivo e a soma das penas, ou o aumento decorrente do concurso formal ou da continuidade delitiva, faz com que a pena máxima extrapole o limite de 2 anos, a competência não é do Juizado Especial Criminal, o que afasta a aplicação das regras da Lei n. 9.099/95: "Pacificou-se a jurisprudência desta Corte no sentido de que, no concurso de infrações de menor potencial ofensivo, a pena considerada para fins de fixação da competência do Juizado Especial Criminal será o resultado da soma, no caso de concurso material, ou da exasperação, na hipótese de concurso formal ou crime continuado, das penas máximas cominadas aos delitos. Se desse somatório resultar um apenamento superior a 02 (dois) anos, fica afastada a competência do Juizado Especial. Precedentes" (Rcl 27.315/SP — Rel. Min. Reynaldo Soares da Fonseca — 3ª Seção — julgado em 09.12.2015 — *DJe* 15.12.2015). No mesmo sentido: CC 101.274/PR — Rel. Min. Napoleão Nunes Maia — 3ª Seção — julgado em 16.02.2009 — *DJe* 20.03.2009.

São aplicáveis os institutos da Lei n. 9.099/95 às autoridades que gozam de **foro por prerrogativa de função** que venham a cometer infração de menor potencial ofensivo. Nesse caso, a aplicação dos seus dispositivos será feita diretamente pelo tribunal competente.

O art. 90-A da Lei n. 9.099/95, introduzido pela Lei n. 9.839/99, estabelece que suas disposições **não se aplicam no âmbito da Justiça Militar**.

Se o crime praticado envolver **violência doméstica ou familiar contra mulher**, não são aplicáveis os dispositivos da Lei n. 9.099/95, nos termos do art. 41 da Lei Maria da Penha (Lei n. 11.340/2006). Assim, se for cometido um crime de ameaça contra a esposa, o rito a ser seguido é o sumário, e não o sumaríssimo da Lei n. 9.099/95, embora a pena máxima do crime de ameaça seja de 6 meses. Oportunamente analisaremos mais detalhadamente os dispositivos da Lei Maria da Penha no que diz respeito ao procedimento judicial a ser adotado.

■ 12.4.3. Princípios processuais dos juizados criminais

> **Art. 62.** O processo perante o Juizado Especial orientar-se-á pelos critérios da oralidade, informalidade, economia processual e celeridade, objetivando, sempre que possível, a reparação dos danos sofridos pela vítima e a aplicação de pena não privativa de liberdade.

O princípio da **oralidade** impõe que os atos realizados no juizado, preferentemente, devem ser realizados na forma oral, constando do termo apenas um breve resumo das manifestações e decisões, salvo nas hipóteses em que a lei dispuser em sentido contrário. Há, pois, um predomínio da forma falada sobre a escrita sem que esta, entretanto, fique excluída. É o que ocorre na elaboração dos termos circunstanciados, nas tentativas de conciliação e transação, depoimentos etc.

Pelo princípio da **informalidade** fica afastado o rigorismo formal nos atos praticados perante o juizado. É o que ocorre, por exemplo, quando a lei estabelece que os atos não serão considerados nulos se atingirem as finalidades para as quais foram realizados (art. 65), que é dispensado o relatório na sentença (art. 81, § 3º) e que, se a sentença for confirmada pelos seus próprios fundamentos, a súmula do julgamento servirá de acórdão (art. 81, § 5º).

Em face do **princípio da economia processual**, afastou-se a necessidade de inquérito policial para a apuração dos fatos delituosos e instituiu-se que a instrução deve ser realizada em um único dia. Além disso, estabeleceu-se que nenhum ato processual deve ser adiado.

Já o princípio da **celeridade processual** busca reduzir o tempo entre a prática da infração penal e a decisão judicial, para dar uma resposta mais rápida à sociedade.

Esses princípios deverão servir também para pautar as decisões acerca de questões não tratadas explicitamente pela lei, servindo de parâmetro para a convicção do juiz.

No que se refere à **reparação do dano**, a Lei n. 9.099/95 criou o instituto da composição de danos civis nos procedimentos de competência dos juizados, de sorte que a homologação do acordo realizado na audiência preliminar ou na própria audiência de instrução tem força de título executivo e impede a propositura de nova ação reparatória de danos na esfera cível. Essa composição de danos civis, nos crimes de ação privada e pública condicionada à representação, implica extinção da punibilidade do agente em face da renúncia automática ao direito de queixa ou de representação. No caso de ação pública incondicionada, a composição de danos civis não impede a propositura da ação penal, mas, conforme já mencionado, torna inviável nova ação reparatória de danos na esfera cível.

No que se refere à **preferência para a aplicação de pena não privativa de liberdade**, o legislador criou o instituto da transação, que será adiante analisado, de forma que a composição entre a acusação e o autor da infração obsta o início da ação penal, pela aplicação imediata de uma pena de multa ou restritiva de direitos, com a vantagem de não gerar reincidência, sendo registrada apenas para impedir nova transação em um prazo de cinco anos (art. 76, § 4º), e de não constar da folha de antecedentes criminais (art. 76, § 6º).

12.4.4. Competência territorial

> **Art. 63.** A competência do Juizado será determinada pelo lugar em que foi praticada a infração penal.

Esse dispositivo trata da competência **territorial** do juizado, não se confundindo com o art. 98, I, da Constituição, que dispõe sobre a competência **em razão da matéria** (infrações de menor potencial ofensivo).

Pelo art. 63 da Lei n. 9.099/95, a competência para as infrações de menor potencial ofensivo será fixada pelo local em que for **praticada** a infração penal: "considera-se praticado o crime no lugar em que ocorreu a ação ou omissão, no todo ou em parte, bem como onde se produziu ou deveria produzir-se o resultado". É o que diz o art. 6º do Código Penal que, ao regulamentar o tema "lugar do crime", adotou a teoria da **ubiquidade**. Trata-se, assim, de exceção à regra dos crimes em geral, cuja competência territorial é fixada pelo local da consumação (art. 70 do CPP).

A competência territorial do juizado é relativa, estando sujeita às normas de prorrogação de competência do Código de Processo Penal. Por isso, se houver conexão ou continência entre infração de menor potencial ofensivo e outra mais grave, prevalecerá a competência da Justiça Comum, inclusive em relação ao rito processual. É o que diz expressamente o art. 60, parágrafo único, da Lei n. 9.099/95, com a redação dada pela Lei n. 11.313/2006: "Na reunião de processos, perante o juízo comum ou o tribunal do júri, decorrentes da aplicação das regras de conexão e continência, observar-se-ão os institutos da transação penal e da composição dos danos civis". Saliente-se que tal dispositivo passa a impressão de que mesmo que o sujeito tenha cometido infração de menor potencial ofensivo em concurso material com crime comum, faria jus à transação penal. Ocorre que está pacificado no Superior Tribunal de Justiça que o acusado sequer tem direito a tal benefício quando comete **duas infrações penais de menor potencial ofensivo**, cuja soma (ou exasperação decorrente do concurso formal ou continuidade delitiva) faça a pena máxima exceder o montante de 2 anos: "No caso, a Recorrente foi até mesmo beneficiada pela proposta de transação penal realizada no Termo Circunstanciado n. 12/2010, tendo em vista que, segundo jurisprudência pacífica desta Corte Superior, tal benesse não seria cabível na hipótese, pois a soma das penas máximas dos delitos imputados superam o critério objetivo de 02 (dois) anos. Precedentes" (STJ — RHC 41.036/PR — Rel. Min. Laurita Vaz — 5ª Turma — julgado em 24.04.2014 — *DJe* 08.05.2014); **e** "Penal. Agravo regimental em agravo em recurso especial. Transação penal. Concurso material de crimes. Instituto que deve ser avaliado mediante o somatório das penas. Acórdão *a quo* em consonância com a orientação jurisprudencial desta corte" (STJ — AgRg no AREsp 756.828/PR — Rel. Min. Sebastião Reis Júnior — 6ª Turma — julgado em 01.10.2015 — *DJe* 26.10.2015). Nesse contexto, é preciso lembrar que esse art. 60, parágrafo único, da Lei n. 9.099/95 não existia em sua redação originária, tendo sido incluído pela Lei n. 11.313/2006. A intenção do legislador certamente foi a de pacificar divergência que até então existia, pois parte da doutrina e jurisprudência defendia que em casos de conexão entre crime comum e de menor potencial ofensivo, deveria haver a cisão de processos. Com a inserção de tal dispositivo, ficou claro que ambos os delitos devem ser julgados no juízo comum (ou no júri, se for o caso). Ocorre que, se ambos os crimes tiverem sido cometidos pela mesma pessoa, é óbvio que não fará ela jus à transação penal. A parte final do dispositivo — que diz que deverão ser observadas as regras atinentes à transação penal e composição civil no juízo comum —, em nosso entendimento, serve para as hipóteses de crimes conexos cometidos por pessoas diversas. Suponha-se que uma pessoa tenha cometido roubo conexo com delito de desacato cometido por outra. Ambos os delitos devem ser apurados no juízo comum, onde deverá ser analisado o cabimento de transação exclusivamente em relação àquele acusado pelo crime de desacato (de menor potencial ofensivo).

12.4.5. Das formalidades e das nulidades

> **Art. 65.** Os atos processuais serão válidos sempre que preencherem as finalidades para as quais foram realizados, atendidos os critérios indicados no art. 62 desta Lei.
> § 1º Não se pronunciará qualquer nulidade sem que tenha havido prejuízo.
> § 2º A prática de atos processuais em outras comarcas poderá ser solicitada por qualquer meio hábil de comunicação.
> § 3º Serão objeto de registro escrito exclusivamente os atos havidos por essenciais. Os atos realizados em audiência de instrução e julgamento poderão ser gravados em fita magnética ou equivalente.

Ao contrário das regras complexas do Código de Processo Penal, a Lei n. 9.099/95 estabeleceu dois preceitos básicos para o tema das nulidades dentro do juizado especial:

a) Os atos processuais serão válidos sempre que preencherem as **finalidades** para as quais foram realizados, mesmo que a forma utilizada não seja aquela prevista na legislação (art. 65, *caput*). Adotou-se o princípio da **instrumentalidade das formas**.

b) Não se pronunciará qualquer nulidade sem que tenha havido **prejuízo** (art. 65, § 1º).

Conclusão: Se no juizado for praticado algum ato imperfeito, não haverá nulidade, desde que não tenha gerado prejuízo concreto para as partes e desde que o ato tenha atingido a sua finalidade. Ex.: no mandado de citação do réu consta o horário errado da audiência e não se menciona a necessidade de comparecer acompanhado de advogado. O acusado, entretanto, comparece no horário correto e com seu defensor constituído. Não há nulidade.

O § 2º permite a solicitação de atos processuais em outras comarcas por qualquer meio de comunicação. A consequência primordial desse dispositivo é a desnecessidade de expedição de carta precatória para a oitiva de testemunha que resida em outra comarca. A oitiva dessa testemunha, portanto, poderá ser solicitada mediante telegrama, carta, fax, telefonema etc. Trata-se da aplicação dos princípios da celeridade e da economia processual.

Também em razão desses princípios, mas principalmente em face do princípio da oralidade, estabelece o § 3º que apenas serão objeto de registro os atos principais, como denúncia, queixa, composição de danos civis e sua respectiva homologação, transação e sua homologação, representação do ofendido, citação, depoimentos, sentença de mérito etc.

12.4.6. Do termo circunstanciado

O art. 69 da Lei n. 9.099/95, visando dar maior celeridade ao procedimento investigatório, dispensou a instauração do inquérito policial para apurar as infrações de menor potencial ofensivo. Em seu lugar foi instituído o termo circunstanciado que a autoridade policial deve lavrar assim que tomar conhecimento da ocorrência do ilícito penal. A finalidade do termo circunstanciado é a mesma do inquérito policial, mas realizado de maneira menos formal e sem a necessidade de colheita minuciosa de provas.

O referido termo, portanto, deve apontar as circunstâncias do fato criminoso e os elementos colhidos quanto à autoria, para que o titular da ação possa formar a *opinio delicti*.

O termo, sempre que possível, deverá conter:

a) a qualificação (dados pessoais, endereço etc.) do pretenso autor da infração;

b) a qualificação da vítima;

c) a maneira como os fatos se deram, com a versão das partes envolvidas;

d) a qualificação das testemunhas, bem como o resumo do que presenciaram;

e) os exames que foram requisitados (não é necessário o resultado dos exames, mas tão somente que conste quais foram requisitados); nos crimes de lesões corporais deverá constar ao menos um boletim médico acerca das lesões (art. 77, § 1º, da Lei n. 9.099/95);

f) assinatura de todos os que participaram da elaboração do termo circunstanciado.

A autoridade policial também fará constar todos os dados que entender relevantes para o desfecho da causa, como os objetos que foram apreendidos, se o autor da infração resistiu ao ser conduzido ao Distrito Policial, o *croquis* em caso de acidente de veículos etc.

Ao termo circunstanciado deverá ser anexada a folha de antecedentes do autor da infração.

Concluída a lavratura do termo circunstanciado, a autoridade deverá encaminhá-lo ao Juizado. O art. 69, *caput*, determina que o termo seja encaminhado juntamente com o autor do fato e a vítima. Isso, todavia, nem sempre é possível e, quando o encaminhamento imediato não ocorrer, a Secretaria do Juizado, já de posse do termo, providenciará a notificação para a audiência então agendada.

O parágrafo único do citado art. 69, por sua vez, estabelece que, sempre que o autor da infração for encaminhado de imediato ao Juizado ou assumir o compromisso de fazê-lo, não poderá ser lavrado auto de prisão em flagrante ou exigida fiança.

O Juiz, ao receber o termo circunstanciado, caso verifique tratar-se de violência doméstica, pode, cautelarmente, afastar o agressor do convívio familiar, para evitar que novas agressões ocorram. Essa regra encontra-se na parte final do parágrafo único do art. 69 e foi acrescentada pela Lei n. 10.455/2002. Atualmente, porém, tal regra só tem aplicabilidade se a vítima da violência doméstica for homem. Com efeito, o art. 41 da Lei n. 11.340/2006, conhecida como Lei Maria da Penha, estabelece que, nos crimes em que haja violência doméstica ou familiar contra **mulher**, independentemente da pena, não se aplicam as regras da Lei n. 9.099/95, havendo, naquela lei, medidas protetivas específicas (e em maior número) para as vítimas do sexo feminino. Assim, quando se tratar de violência doméstica contra a mulher, ainda que a pena do crime não seja superior a 2 anos, deverá ser instaurado inquérito policial, e não lavrado termo circunstanciado, já que para estes não incide a Lei n. 9.099/95.

12.4.7. Da audiência preliminar

Esta audiência é realizada no mesmo dia em que cometida a infração de menor potencial ofensivo quando o autor da infração for apresentado de imediato ao Juizado após a lavratura do termo circunstanciado ou, quando isso não for possível, no dia designado pelo juiz após receber o termo. Neste último caso, do mandado de intimação do autor da infração deverá constar a necessidade de seu comparecimento acompanhado de advogado, com a advertência de que, na sua falta, ser-lhe-á designado defensor público (art. 68 da Lei n. 9.099/95).

Nos termos do art. 72 da Lei n. 9.099/95 devem estar presentes à audiência o juiz e o conciliador, o representante do Ministério Público, o autor da infração e seu defensor (constituído ou nomeado pelo juiz para o ato) e a vítima.

Desse modo, instalada a audiência, o procedimento seguirá fases específicas, de acordo com o tipo de ação penal prevista para o delito.

12.4.7.1. Ação pública incondicionada

O juiz inicialmente esclarecerá sobre a possibilidade de composição dos danos civis e da proposta de aplicação imediata de pena por meio do instituto da transação. Deverá também alertar que a composição acerca dos danos civis **não impedirá a propositura da ação penal** por se tratar de delito de ação pública incondicionada. Dessa forma, dará início à tentativa de conciliação, que será conduzida por ele próprio ou por conciliador sob sua orientação. Efetivada a **composição civil** e sendo ela homologada pelo magistrado, será reduzida a termo e valerá como **título executivo judicial.**

Em seguida, o Ministério Público terá oportunidade de se manifestar, podendo requerer o arquivamento do feito, se entender que não existem indícios suficientes de autoria e materialidade, ou propor a imediata aplicação da pena de multa ou restritiva de direitos (transação penal). O art. 76, § 2º, da Lei n. 9.099/95, todavia, dispõe que **não** se admitirá a proposta de transação se ficar comprovado:

I — **ter sido o autor da infração condenado, pela prática de crime, à pena privativa de liberdade, por sentença definitiva**. Como a lei não faz qualquer ressalva, fica a impressão de que não há limitação temporal, ou seja, de que a pessoa condenada à pena de prisão nunca mais terá direito à transação. Contudo, em virtude do princípio de que as penas não podem ter efeitos perpétuos, prevalece o entendimento de que a transação, em tese, volta a ser cabível após o decurso do prazo de 5 anos, a contar do cumprimento da pena privativa de liberdade, nos termos da regra do art. 64, I, do Código Penal.

A condenação anterior à pena privativa de liberdade pela prática de **contravenção penal** não impede o benefício. Também não o impede a condenação à pena de **multa** pela prática de **crime**.

II — **ter sido o agente beneficiado anteriormente, no prazo de 5 anos, pela aplicação de pena restritiva ou multa, nos termos deste artigo**. Em outras palavras, o autor de uma infração de menor potencial ofensivo só pode ser beneficiado por transação penal a cada período de 5 anos. O prazo conta-se da data em que foi realizada a primeira transação até a audiência preliminar referente ao segundo delito.

III — **não indicarem os antecedentes, a conduta social e a personalidade do agente, bem como os motivos e as circunstâncias, ser necessária e suficiente a adoção da medida.**

Se o órgão do Ministério Público fizer a proposta, deve **especificar** quais serão as penas impostas (que espécie de pena restritiva de direitos ou qual o valor da multa). Por outro lado, se o Ministério Público entender que não estão presentes os requisitos legais e não fizer a proposta, o **juiz não poderá fazê-la** em seu lugar, uma vez que a titularidade do Ministério Público é exclusiva nos crimes de ação pública (art. 129, I, da CF), não podendo o magistrado obstar o oferecimento de denúncia em razão de proposta de transação por ele mesmo feita.

Caso o autor da infração aceite a proposta feita pelo Ministério Público, será ela submetida à homologação do juiz. Este não poderá alterar o acordo avençado pelas partes, exceto se a pena de **multa** for a **única** cominada em **abstrato** para a infração penal, hipótese em que o magistrado poderá reduzi-la pela metade (art. 76, § 1º, da Lei n. 9.099/95).

Se houver **divergência** entre o autor da infração e seu defensor, a proposta será tida como não aceita e o procedimento prosseguirá.

Homologado o acordo, o juiz aplicará a pena restritiva de direitos ou multa. Este acordo não retira a **primariedade** do acusado e tampouco pode ser considerado como **maus antecedentes**, já que não se trata de condenação. A existência da transação penal será registrada apenas para impedir novamente o mesmo benefício no prazo de 5 anos (art. 76, § 4º, da Lei n. 9.099/95).

Caso o juiz não homologue o acordo, por entender incabível a transação, deverá remeter os autos ao procurador-geral de justiça, em **analogia ao art. 28 do Código de Processo Penal**, podendo o chefe do *parquet* concordar com o juiz e determinar o oferecimento de denúncia ou insistir na proposta, hipótese em que o juiz estará obrigado a homologá-la.

O aperfeiçoamento da transação, sem que tenha havido anteriormente o acordo civil, **não implicará reconhecimento de culpa** por parte do autor da infração e, dessa forma, não terá efeitos civis, cabendo ao interessado ingressar com a ação competente para pleitear reparações materiais (art. 76, § 6º, da Lei n. 9.099/95).

De outro lado, se o autor da infração não tiver comparecido à audiência, se não estiverem presentes os requisitos da proposta de transação ou se o autor do delito tiver recusado a proposta apresentada, o Ministério Público deverá oferecer denúncia oral, prosseguindo-se na instrução criminal de acordo com o rito sumaríssimo, previsto nos arts. 77 e seguintes da lei, que serão adiante estudados.

■ Descumprimento da transação pelo autor da infração

Diverge a doutrina acerca da hipótese em que o autor da infração, após aceitar a transação proposta, **não cumpre** a pena avençada, isto é, não paga a multa ou não observa a pena restritiva de direitos. Para alguns, deveria ser executada judicialmente a multa, e, para outros, o Ministério Público deveria oferecer denúncia para buscar a condenação do infrator. Esta última corrente acabou pacificando-se no Supremo Tribunal Federal, mesmo porque quando se trata de pena restritiva de direitos não é possível forçar sua execução e tampouco convertê-la em prisão, já que o réu não foi ainda condenado. Nesse sentido: "O Tribunal, após reconhecer a existência de repercussão geral no tema objeto de recurso extraordinário interposto contra acórdão da Turma Recursal do Estado do Rio Grande do Sul, reafirmou a jurisprudência da Corte acerca da possibilidade de propositura de ação penal quando descumpridas as cláusulas estabelecidas em transação penal (Lei 9.099/95, art. 76) e negou provimento ao apelo extremo. Aduziu-se que a homologação da transação penal não faz coisa julgada material e, descumpridas suas cláusulas, retorna-se ao *status quo ante*, viabilizando-se ao Ministério Público a continuidade da persecução penal. Precedentes citados: HC 88.785/SP (*DJU* de 04.08.2006); HC 84.976/SP (*DJU* de 23.03.2007) HC 79.572/GO (*DJU* de 22.02.2002); RE 581.201/RS (*DJe* de 20.08.2008); RE 473.041/RO (*DJU* de 16.05.2006); HC 86.694 MC/SP (*DJU* de 11.10.2005); HC 86.573/SP (*DJU* de 05.09.2005); RE 268.319/PR (*DJU* de 27.10.2000)" (STF — RE 602.072 — Rel. Min. Cezar Peluso — *DJe* 26.02.2010 — p. 2.155). Em outubro de 2014, o Supremo Tribunal Federal aprovou a Súmula Vinculante n. 35 nesse mesmo sentido: "A homologação da transação penal prevista no art. 76 da Lei n. 9.099/95 não faz coisa julgada material e, descumpridas suas cláusulas, retoma-se a situação anterior, possibilitando-se ao Ministério Público a continuidade da persecução penal mediante oferecimento de denúncia ou requisição de inquérito policial".

Em suma, quer se trate de descumprimento de multa ou de restritiva de direitos aplicadas em razão de transação penal, a solução será o desencadeamento da ação penal.

■ 12.4.7.2. *Ação pública condicionada à representação*

Inicialmente será também tentada a **composição dos danos civis** decorrentes da prática da infração. Se essa composição for feita e homologada pelo juiz, automaticamente haverá **renúncia** ao direito de representação, com a consequente **extinção da punibilidade** do agente (art. 74, parágrafo único, da Lei n. 9.099/95). Antes dessa lei, o instituto da renúncia como causa extintiva da punibilidade era exclusivo da ação penal privada.

Se forem dois os autores do crime e apenas um deles se compuser com a vítima quanto aos danos provocados, apenas em relação a ele haverá a renúncia ao direito de representação. Não se aplica, nessa hipótese, a regra do art. 49 do Código de Processo Penal, que estabelece que a renúncia em relação a um dos autores do crime a todos se estende.

Ressalte-se, ainda, que, nos termos da lei, é a homologação do acordo de composição civil que gera a extinção da punibilidade do autor da infração, e não seu efetivo cumprimento. Assim, se o autor da infração, posteriormente, não honrar o acordo, nada mais poderá ser feito em matéria criminal, restando à vítima executá-lo na esfera cível, uma vez que o art. 74, *caput*, da Lei n. 9.099/95 lhe confere eficácia de título executivo judicial.

Por outro lado, se resultar infrutífera a tentativa de composição dos danos civis ou se não houver dano a ser indenizado, o procedimento terá andamento, estabelecendo o art. 75, *caput*, da Lei n. 9.099/95 que a vítima ou seu representante legal poderá exercer o direito de representação **oralmente** na própria audiência. Se isso for feito, a representação **será reduzida a termo** e assinada pela vítima, dando-se prosseguimento ao rito, com a verificação da possibilidade de transação criminal entre o Ministério Público e o autor da infração. Entretanto, se a vítima disser que não quer representar, há **renúncia expressa** ao direito de representação, restando extinta a punibilidade do agente.

De outro lado, se a vítima estiver na **dúvida** quanto ao interesse em oferecer a representação, poderá optar por não o fazer de imediato na audiência, **sem** que isso implique **decadência ou renúncia** de seu direito, desde que o exerça posteriormente no prazo de **6 meses** a contar da data em que descobriu a autoria do crime, conforme preceitua o art. 75, parágrafo único, da Lei n. 9.099/95, combinado com o art. 38 do Código de Processo Penal.

Sendo oferecida a representação, o Ministério Público deverá analisar o termo circunstanciado. Não havendo indícios suficientes de autoria ou materialidade, promoverá o **arquivamento** do feito. Havendo indícios, antes de oferecer denúncia, analisará a possibilidade de proposta de imediata aplicação de pena de multa ou restritiva de direitos (**transação**). Feita a proposta e sendo ela aceita pelo autor da infração, seguida de homologação judicial, será imposta a pena avençada, que, uma vez cumprida, implicará a sua extinção. Por outro lado, se o autor da infração não fizer jus à transação, se não estiver presente na audiência ou se não aceitar os termos da proposta feita, o Ministério Público oferecerá denúncia oral, que será reduzida a termo, prosseguindo-se com o rito sumaríssimo, nos termos dos arts. 77 e seguintes da Lei n. 9.099/95.

■ *12.4.7.3. Ação penal privada*

Na audiência preliminar, caso seja feita a composição dos **danos civis** e seja ela homologada pelo juiz, haverá **renúncia** ao direito de queixa, que implicará **extinção da punibilidade** do agente (art. 74, parágrafo único, da lei).

Esse dispositivo tornou parcialmente sem efeitos o art. 104, parágrafo único, do Código Penal, que estabelece não implicar renúncia tácita ao direito de queixa o recebimento de indenização pelo dano decorrente do crime. Tal dispositivo do Código Penal só continua tendo aplicação para os crimes de ação privada que não sejam de menor potencial ofensivo.

Na ação penal privada a lei não previu a possibilidade de transação criminal. Apesar disso, entendemos ser possível sua aplicação porque a Constituição Federal fez menção ao cabimento da transação às infrações de menor potencial ofensivo em geral, não estabelecendo qualquer distinção entre aquelas que se apuram mediante ação pública ou privada. A propósito: "A jurisprudência dos Tribunais Superiores admite a aplicação da transação penal às ações penais privadas. Nesse caso, a legitimidade para formular a proposta é do ofendido, e o silêncio do querelante não constitui óbice ao prosseguimento da ação penal. III — Isso porque, a transação penal, quando aplicada nas ações penais privadas, assenta-se nos princípios da disponibilidade e da oportunidade, o que significa que o seu implemento requer o mútuo consentimento das partes" (STJ — APn 634/RJ — Rel. Min. Felix Fischer — Corte Especial — julgado em 21.03.2012 — *DJe* 03.04.2012). Assim, após a tentativa frustrada de composição civil, deve-se verificar a possibilidade de transação penal com o querelante.

Caso não ocorra a transação penal, a queixa poderá ser oferecida, oralmente, na própria audiência preliminar ou, se o ofendido preferir, poderá apresentá-la por escrito, no prazo decadencial de 6 meses.

■ 12.4.8. Rito sumaríssimo

Este rito está previsto nos arts. 77 a 81 da Lei n. 9.099/95 e só terá vez caso não tenha sido realizada a transação na audiência preliminar, pela ausência do autor da infração, pela ausência dos requisitos para a sua propositura ou por não ter o autor da infração aceitado a proposta.

Nessas hipóteses, o Ministério Público oferecerá, de imediato, denúncia oral, exceto se houver necessidade de realização de novas diligências imprescindíveis. Se a ação for privada, poderá ser oferecida queixa oral ou, se a vítima preferir, por escrito, dentro do prazo decadencial (art. 77, § 3º, da Lei n. 9.099/95).

Oferecida denúncia ou queixa oral, elas serão reduzidas a termo na própria audiência preliminar e o autor da infração receberá **cópia** de seu teor, hipótese em que estará automaticamente **citado**. O autor da infração já sairá também ciente da data da nova audiência (instrução e julgamento). Sairão igualmente cientes o Ministério Público, o ofendido e os defensores. Caso estes últimos não estejam presentes, deverão ser intimados na forma do art. 67 da lei.

> **Art. 67.** A intimação far-se-á por correspondência, com aviso de recebimento pessoal ou, tratando-se de pessoa jurídica ou firma individual, mediante entrega ao encarregado da recepção que será obrigatoriamente identificado, ou, sendo necessário, por oficial de justiça, independentemente de mandado ou carta precatória, ou ainda por qualquer meio idôneo de comunicação.

Se o autor da infração **não** estiver presente na audiência preliminar, será tentada sua citação **pessoal** por mandado, do qual constará que ele deve comparecer em juízo acompanhado de advogado, com a advertência de que, em sua falta, será nomeado **defensor público** (art. 68 da Lei n. 9.099/95). Caso seja feita a citação, o procedimento terá prosseguimento no Juizado. Porém, se o autor da infração **não** for localizado para citação **pessoal**, o procedimento será **enviado à justiça criminal comum**, para a adoção do rito **sumário**, nos termos do art. 66, parágrafo único, da lei, uma vez que é incabível a citação por **edital** no Juizado. A atual redação do art. 538 do CPP expressamente dispõe que nesse caso será adotado o procedimento sumário.

Considerando que o art. 98, I, da Constituição Federal confere competência aos Juizados Especiais Criminais para julgamento das infrações de menor potencial ofensivo, alguns autores entendem questionável a constitucionalidade deste art. 66, parágrafo único, da Lei n. 9.099/95, que desloca a competência ao Juízo Comum pelo simples fato de o autor do delito não ter sido localizado, já que isso não altera a capitulação do fato criminoso. Apesar disso, não se tem notícia de que os tribunais superiores tenham apreciado o tema e reconhecido essa inconstitucionalidade, de modo que, na prática, tem sido adotada referida providência de remessa ao Juízo Comum para prosseguimento com a citação editalícia. Nesse sentido: "Configurada a hipótese prevista no parágrafo único do art. 66 da Lei n. 9.099/95, uma vez que o paciente, apesar da realização de diligências, não foi localizado para citação pessoal, não há constrangimento ilegal na remessa do feito ao Juízo Comum, afastando-se a observância do rito sumaríssimo" (STJ — HC 231.665/SP — Rel. Min. Jorge Mussi — 5ª Turma — julgado em 15.05.2012 — *DJe* 23.05.2012).

Se os autos forem enviados à Justiça Comum para citação pessoal e o feito tiver andamento (por não ter ocorrido hipótese de suspensão do art. 366 do CPP ou por ter sido o réu encontrado posteriormente), o recurso contra a sentença ao final proferida caberá ao **Tribunal de Justiça** e não às Turmas Recursais. A propósito: "A jurisprudência deste Superior Tribunal de Justiça firmou-se no sentido de que, tendo o feito tramitado no Juízo Comum, ainda que se trate de infração de menor potencial ofensivo, competente é o órgão jurisdicional hierarquicamente superior, isto é, o Tribunal de Justiça Estadual, para processar e julgar a apelação interposta contra sentença condenatória prolatada pelo referido juízo. 3. Conflito conhecido para declarar competente o Tribunal de Justiça do Estado de São Paulo" (STJ — CC 91.628/SP — Rel. Min. Maria Thereza de Assis Moura — 3ª Seção — julgado em 28.03.2008 — *DJe* 22.04.2008).

Se houve citação **pessoal**, no início da **audiência de instrução e julgamento** no Juizado será tentada a composição de danos civis e a transação penal, **caso não tenham estas sido tentadas anteriormente pelo não comparecimento do autor da infração na audiência preliminar**. Havendo acordo quanto aos **danos** e homologação pelo juiz, será declarada extinta a punibilidade do agente, desde que se trate de crime de ação privada ou pública condicionada à representação. Por sua vez, se houver **transação** penal entre as partes e esta for homologada pelo juiz, será imposta a sanção convencionada, deixando o juiz de receber a denúncia.

Se não houver sucesso na tentativa de transação penal (ou se esta já tinha sido tentada frustradamente na audiência preliminar), o juiz declarará aberta a audiência e dará a palavra ao defensor para que este **responda à acusação**. Trata-se, em verdade, de **sustentação oral** do defensor, visando convencer o juiz a rejeitar a denúncia ou queixa.

Somente após essa sustentação oral é que o juiz as receberá ou rejeitará. Sendo **rejeitada** a denúncia ou a queixa, poderá ser interposta **apelação** no prazo de **10 dias** (art. 82, § 1º, da Lei n. 9.099/95).

Recebida a denúncia ou queixa, o juiz ouvirá inicialmente a **vítima**. Na sequência ouvirá as **testemunhas de acusação** (arroladas na denúncia) e depois as de **defesa** (que o próprio réu deve trazer à audiência ou apresentar rol em cartório pelo menos 5 dias antes de sua realização para que sejam elas notificadas) e, finalmente, **interrogará** o réu ou querelado.

O juiz, nos termos da lei, poderá indeferir a produção de prova que for considerada **excessiva**, **impertinente** ou **protelatória**.

Como a Lei n. 9.099/95, em sua parte criminal, não mencionou o número máximo de testemunhas que as partes podem arrolar, surgiu divergência na doutrina e na jurisprudência a respeito do tema: para alguns o número máximo é sempre o de **três** testemunhas, aplicando-se analogicamente o art. 34 da Lei n. 9.099/95, que trata do Juizado Especial Cível, e, para outros, o número máximo é o de **cinco**, por analogia ao art. 532 do CPP, que trata do rito sumário. Pensamos que a interpretação correta é a **primeira**, porque prevista na própria Lei n. 9.099/95, não fazendo sentido a analogia com o rito sumário, já que se trata de procedimento diverso.

Em seguida serão realizados os **debates orais**. A acusação e depois a defesa terão 20 minutos, prorrogáveis por mais 10, para apresentar seus argumentos. Na sequência, o juiz prolatará a sentença na própria audiência, já saindo intimadas as partes. Ao sentenciar o juiz deverá mencionar os elementos de sua convicção, mas será dispensado do **relatório** (art. 81, § 3º, da Lei n. 9.099/95). Eventuais erros materiais poderão ser corrigidos de ofício (art. 83, § 3º, da lei).

De todo o ocorrido em audiência será lavrado termo, assinado pelo juiz e pelas partes, contendo breve resumo dos fatos relevantes ocorridos.

De acordo com o art. 80 da Lei n. 9.099/95, nenhum ato será adiado, determinando o juiz, quando imprescindível, a condução **coercitiva** de quem deva comparecer. De ver-se, porém, que em hipótese de caso fortuito ou força maior será inevitável o adiamento.

■ 12.4.9. Recursos

Na Lei n. 9.099/95 existem algumas regras próprias quanto ao sistema recursal. Assim, nos itens seguintes analisaremos as questões mais relevantes pertinentes ao tema.

■ Embargos de declaração

A Lei n. 9.099/95 fixou o prazo de interposição de **5 dias** a contar da ciência da decisão (pela legislação comum o prazo é de 2 dias) e estabeleceu que eles poderão ser opostos por escrito ou oralmente (art. 83, § 1º, da Lei n. 9.099/95). A Lei n. 13.105/2015 (NCPC), modificou a redação do art. 83, § 2º, da Lei n. 9.099/95, estabelecendo que a oposição dos embargos **interrompe** o prazo para outros recursos (até então, os embargos acarretavam a mera suspensão dos prazos para outros recursos relacionados às infrações de menor potencial ofensivo).

De acordo com o art. 83, *caput*, da Lei n. 9.099/95, os embargos de declaração serão cabíveis quando a sentença encerrar **obscuridade** (falta de clareza que impede que se entenda qual a intenção do magistrado), **omissão** (quando o juiz deixa de enfrentar questão que era indispensável) ou **contradição** (quando uma parte da sentença entra em conflito com outra).

■ Rejeição da denúncia ou queixa

O recurso cabível é o de **apelação** (art. 82, *caput*, da Lei n. 9.099/95). A interposição pode ser feita somente por **petição** (art. 82, § 1º, da lei) e o prazo é de **10 dias**. As razões do recurso, ademais, devem ser apresentadas juntamente com a petição. Posteriormente, a outra parte também terá 10 dias para contra-arrazoar (art. 82, § 2º, da lei).

Nas infrações penais **comuns** o recurso cabível é o **em sentido estrito** (art. 581, I, do CPP). A interposição pode dar-se por petição ou por termo (art. 578 do CPP), sendo o prazo de 5 dias. Ademais, após o recebimento do recurso, as partes terão 2 dias apenas para a juntada das razões e contrarrazões.

■ Sentença

O recurso cabível também é o de **apelação** e segue as mesmas regras do art. 82 da Lei n. 9.099/95, mencionadas no tópico anterior. Como a lei exige a apresentação das razões recursais em conjunto com a petição de interposição, não se mostra aplicável a regra que permite a apresentação das razões na instância superior (art. 600, § 4º, do CPP).

■ Recurso em sentido estrito

Apesar de a Lei n. 9.099/95 somente fazer menção aos recursos de apelação e embargos de declaração, não fica excluída a possibilidade do recurso em sentido estrito, uma vez que o Código de Processo Penal se aplica subsidiariamente à legislação especial. Ex.: contra a decisão que reconhecer a prescrição de infração de menor potencial ofensivo no Juizado (art. 581, IX, do CPP).

■ *Habeas corpus*, mandado de segurança e revisão criminal

A utilização do *habeas corpus* e do mandado de segurança também é admitida quando presentes os requisitos previstos na Constituição Federal. Nada obsta, por fim, a interposição de revisão criminal pela defesa se, após o trânsito em julgado de sentença prolatada no Juizado Especial, surgirem novas provas que demonstrem a inocência do acusado ou quando presente qualquer das outras hipóteses do art. 621 do Código de Processo Penal.

■ Turmas recursais

O julgamento dos recursos advindos dos Juizados Especiais Criminais pode ser feito por turmas recursais compostas por **3 juízes em exercício no primeiro grau de jurisdição**, de acordo com o que dispuser a legislação estadual do Estado-membro respectivo (art. 98, I, da CF). No âmbito da Justiça Federal, as Turmas Recursais são instituídas por decisão do Tribunal Regional Federal, que define sua composição e área de competência, podendo abranger mais de uma seção (art. 21 da Lei n. 10.259/2001).

■ Recurso extraordinário e especial

É cabível o recurso extraordinário quando a decisão de primeira ou segunda instância contrariar dispositivo da Constituição Federal. Nesse sentido, a Súmula n. 640 do Supremo Tribunal Federal: "É cabível recurso extraordinário contra decisão proferida por juiz de primeiro grau nas causas de alçada, ou por turma recursal de juizado especial cível e criminal".

Já o recurso especial é incabível, posto que a Carta Magna, em seu art. 105, III, somente o admite contra decisões de tribunais, e não de turmas recursais. A confirmar tal assertiva existe a Súmula n. 203 do Superior Tribunal de Justiça: "Não cabe recurso especial contra decisão proferida por órgão de segundo grau dos Juizados Especiais".

■ 12.4.10. Execução

Transitando em julgado a sentença que tenha aplicado pena de multa, o réu terá prazo de **10 dias** para efetuar o pagamento na própria Secretaria do Juizado. O juiz pode, por sua vez, **parcelar** o pagamento da pena pecuniária, aplicando subsidiariamente as regras do Código Penal (art. 50, §§ 1º e 2º) e da Lei de Execução Penal (arts. 168 e 169).

Uma vez efetuado o pagamento total da multa, diz a lei que o juiz declarará extinta a **punibilidade**, determinando que a condenação não fique constando dos registros criminais, exceto para fins de requisição judicial (art. 84, parágrafo único, da Lei n. 9.099/95). Veja-se, entretanto, que o juiz, na realidade, deve declarar extinta a **pena**.

A execução das penas privativas de liberdade e restritivas de direito ou de multa aplicadas cumulativamente com estas será processada perante o órgão competente, nos termos do art. 86 da Lei n. 9.099/95. Assim, a matéria deve ficar a cargo da lei de organização judiciária local, podendo-se concluir que tais penas não serão executadas perante o Juizado Especial, salvo se houver previsão legal nesse sentido.

■ 12.4.11. Quadro sinótico do procedimento sumaríssimo

Encaminhamento do termo circunstanciado ao Juizado.

→ Audiência preliminar:
a) tentativa de composição civil;
b) transação penal ou oferecimento oral da denúncia ou queixa.

→ Citação na própria audiência preliminar, presente o acusado, ou por mandado.

↓ (da audiência preliminar) Encerram o procedimento:
a) aperfeiçoamento da composição civil;
b) homologação, pelo juiz, da transação penal ou do pedido de arquivamento.

↓ (da citação) Audiência de instrução e julgamento:
a) nova tentativa de composição civil e de transação penal, caso o autor da infração não tenha comparecido à audiência preliminar;
b) apresentação de defesa preliminar pelo defensor;
c) recebimento da denúncia ou queixa (se houver rejeição cabe apelação);
d) oitiva do ofendido;
e) oitiva das testemunhas de acusação e de defesa;
f) interrogatório do réu;
g) debates orais;
h) sentença.

■ 12.5. QUESTÕES (PROCEDIMENTO COMUM)

1. (Magistratura/AL — 2008 — CESPE/UnB) Acerca do procedimento comum ordinário, assinale a opção correta:

a) No direito processual penal, não vigora o princípio da identidade física do juiz, previsto na lei processual civil.
b) O Juiz deverá, inicialmente, interrogar o acusado, para, em seguida, e sucessivamente, ouvir as testemunhas e o ofendido.
c) Em regra, as alegações finais serão orais, mas o juiz poderá, considerada a complexidade do caso ou o número de acusados, conceder às partes o prazo de 5 dias sucessivamente para a apresentação de memoriais.
d) Na instrução, poderão ser inquiridas até 8 testemunhas arroladas pela acusação e 8, pela defesa, compreendidas nesses números aquelas que não prestem compromisso.
e) A parte poderá desistir da inquirição de qualquer das testemunhas arroladas, inclusive as testemunhas do juízo.

2. (Magistratura/MG — 2009 — EJEF) Em se tratando de processo sumário, marque a opção correta:

a) Se a audiência for suspensa, a testemunha que compareceu será ouvida, desde que obedecida a ordem prevista no Código de Processo Penal.

b) Se a audiência for suspensa, a testemunha que compareceu para o ato não será inquirida.
c) Se a audiência for suspensa, a testemunha que compareceu para o ato será inquirida independentemente da ordem estabelecida no Código de Processo Penal.
d) Nenhuma das hipóteses é verdadeira.

3. (Ministério Público/SP — 2003) Réu revel, condenado a pena privativa de liberdade por tempo igual a 1 (um) ano, não tendo constituído defensor, será intimado da sentença por edital no prazo de

a) 5 dias.
b) 15 dias.
c) 20 dias.
d) 60 dias.
e) 90 dias.

4. (Ministério Público/SP — 2005) O ato de comunicação processual que convoca as testemunhas para depor e a ciência dos atos processuais que se dá ao réu preso intitulam-se, respectivamente:

a) intimação e requisição.
b) notificação e intimação.
c) notificação e citação.
d) deliberação e intimação.
e) convocação e requisição.

5. (OAB — 2010.3 — FGV) Em relação aos procedimentos previstos atualmente no Código de Processo Penal, assinale a alternativa correta:

a) No rito sumário, oferecida a denúncia, se o juiz não a rejeitar liminarmente, recebê-la-á e ordenará a citação do acusado para responder à acusação, por escrito, no prazo de 10 dias.
b) No rito ordinário, oferecida a denúncia, se o juiz não a rejeitar liminarmente, recebê-la-á e ordenará a citação do acusado para responder à acusação, por escrito, no prazo de 15 dias.
c) No rito ordinário, oferecida a denúncia, se o juiz não a rejeitar liminarmente, recebê-la-á e designará dia e hora para a realização do interrogatório, ocasião em que o acusado deverá estar assistido por defensor.
d) No rito sumário, oferecida a denúncia, se o juiz não a rejeitar liminarmente, recebê-la-á e designará dia e hora para a realização do interrogatório, ocasião em que o acusado deverá estar assistido por defensor.

6. (Ministério Público/SP — 2008) Considere as seguintes assertivas:

I. Admitem-se no processo penal a citação com hora certa e a citação por meio eletrônico.
II. É nula a citação por edital se este indica o dispositivo da lei penal, mas não transcreve a denúncia ou queixa nem resume os fatos em que se baseia a imputação.
III. A Lei n. 9.099, de 26.09.1995, não prevê a possibilidade de citação por correspondência, com aviso de recebimento pessoal, do autor de infração de menor potencial ofensivo.

Assinale, agora, a alternativa correta.

a) Somente I é verdadeira.
b) Somente II é verdadeira.
c) Somente III é verdadeira.
d) Somente I e II são verdadeiras.
e) Somente II e III são verdadeiras.

7. (OAB — 2007.3 — CESPE/UnB) Configura hipótese de inépcia da denúncia

a) Não identificação de testemunhas por parte da acusação.
b) Utilização de alcunha do acusado no texto da exordial, mesmo constando o nome completo na qualificação.
c) Exposição obscura de fato criminoso desprovida de todas as suas circunstâncias.
d) A errônea classificação do crime imputado na inicial acusatória.

8. (Ministério Público/SP — 2010) No processo comum, o acusado pode ser absolvido sumariamente (art. 397, Código de Processo Penal) quando:

a) a denúncia for inepta.
b) o autor da infração penal agiu manifestamente em legítima defesa.
c) não existirem suficientes indícios de autoria ou prova da materialidade do fato.
d) o Ministério Público for parte ilegítima para o exercício da ação penal.
e) houver dúvida sobre a sua inimputabilidade.

9. (Ministério Público/SP — 2010) Encerrada a instrução criminal de um processo em que o acusado foi denunciado pelo crime de furto (art. 155, *caput*, do Código Penal), o juiz entende que estão presentes provas de que, na verdade, o delito praticado por aquele foi de receptação qualificada (art. 180, § 1º, do Código Penal), fato não descrito na denúncia. Em consequência, o juiz deverá:

a) proferir sentença condenatória pelo crime de receptação.
b) baixar os autos do processo, a fim de que a defesa, no prazo de 8 (oito) dias, se manifeste e requeira prova, podendo ser ouvidas até três testemunhas.
c) dar ciência ao Ministério Público e designar novo interrogatório do acusado e audiência de debates e julgamento.
d) remeter os autos ao Ministério Público para proceder ao aditamento da denúncia, no prazo legal, e ouvir o defensor do acusado sobre a nova imputação.
e) dar ciência ao Ministério Público e à defesa da nova classificação jurídica da infração penal, proferindo, após, a sentença definitiva.

10. (Magistratura/SP — 2008) Se a infração, embora de menor potencial ofensivo, deva processar-se perante o juízo comum, em virtude da impossibilidade de citação pessoal do acusado (art. 66, parágrafo único, da Lei n. 9.099/95), o rito procedimental será o

a) ordinário.
b) sumário.
c) sumaríssimo.
d) especial.

11. (Ministério Público/SP — 2005) No que concerne ao disposto na Lei n. 9.099/95, assinale a alternativa incorreta.

a) Na apuração das infrações de menor potencial ofensivo, não se admitirá nenhuma espécie de citação ficta.
b) O interrogatório do autor da infração será realizado após a oitiva da vítima e das testemunhas.
c) Não se admitirá a proposta de transação penal se ficar comprovado ter sido o autor da infração condenado, pela prática de crime, à pena de multa, por sentença definitiva.
d) A transação penal só poderá ser proposta ao autor da infração nos casos em que não seja cabível o pedido de arquivamento.
e) A suspensão condicional do processo (art. 89) poderá ser revogada se o acusado vier a ser processado, no curso do prazo, por contravenção.

12. (Magistratura/PR — 2010 — PUC/PR) Da análise das assertivas abaixo referentes à denúncia nos Juizados Especiais Criminais, assinale a alternativa correta:

I. Para o oferecimento da denúncia será dispensado o exame do corpo de delito quando a materialidade do crime estiver aferida por boletim médico ou prova equivalente.

II. Oferecida a denúncia, será reduzida a termo, entregando-se cópia ao acusado, que, com ela, ficará citado e imediatamente cientificado da designação de dia e hora para a audiência de instrução e julgamento.

III. Se a complexidade ou circunstâncias do caso não permitirem a formulação da denúncia, o Ministério Público poderá requerer à autoridade policial o encaminhamento das peças do inquérito.

a) Somente as assertivas II e III estão corretas.
b) Somente as assertivas I e II estão corretas.
c) Somente as assertivas I e III estão corretas.
d) Todas as assertivas estão corretas.

13. (Ministério Público/ES — 2005) Da decisão do juiz do Juizado Especial Criminal que rejeita a denúncia ou queixa caberá:

a) Recurso em sentido estrito no prazo de 10 dias.
b) agravo no prazo de 10 dias.
c) apelação no prazo de 5 dias.
d) recurso em sentido estrito no prazo de 5 dias.
e) apelação no prazo de 10 dias.

14. (Magistratura/MG — 2007) Segundo a Lei dos Juizados Especiais Criminais, aberta a audiência de instrução e julgamento, o juiz, depois de receber a denúncia, observará a seguinte ordem:

a) concederá a palavra ao defensor para responder à acusação, ouvindo, após, a vítima e as testemunhas de acusação e defesa, interrogando a seguir o acusado, se presente, passando imediatamente aos debates orais e à prolação da sentença.
b) realizará a oitiva da vítima e das testemunhas de acusação e defesa, interrogando a seguir o acusado, se presente, passando imediatamente aos debates orais e à prolação da sentença.
c) concederá a palavra ao defensor para responder à acusação, interrogando a seguir o acusado, se presente, ouvindo, após, a vítima e as testemunhas de acusação e defesa, passando imediatamente aos debates orais e à prolação da sentença.
d) interrogará o acusado, se presente, ouvindo, após, a vítima e as testemunhas de acusação e defesa, passando imediatamente aos debates orais e à prolação da sentença.

15. (Delegado/SP — 2008) De acordo com a lei do Juizado Especial Criminal (Lei n. 9.099/95), quando o réu encontrar-se em local incerto e não sabido,

a) far-se-á sua citação por edital.
b) fica cessada a competência do Juizado Especial Criminal, e o processo segue para o juízo comum.
c) extingue-se o processo, não podendo ter prosseguimento no Juízo comum.
d) suspende-se o processo até a localização do réu, suspendendo-se, assim, o prazo de prescrição.
e) prossegue-se o processo, desde que decretada a revelia do réu.

16. (Magistratura/MG — 2006) Sentença "suicida", conforme doutrina, é aquela:

a) cuja parte dispositiva contraria as razões invocadas na fundamentação.
b) que não contém relatório.

c) que não indica o artigo de lei que deveria ser aplicado.
d) que não obedece o critério trifásico para aplicação da pena.

17. (Magistratura/MG — 2009 — EJEF) Marque a opção correta. Entendendo o Juiz sentenciante ser possível dar nova definição jurídica ao fato criminoso da qual resultará pena mais grave, ainda que não modifique a descrição do fato contido na denúncia, deverá

a) baixar os autos em cartório para as partes se manifestarem.
b) abrir vista ao Ministério Público para aditamento da denúncia, no prazo de 5 dias.
c) proceder a *emendatio libelli.*
d) proceder a *mutatio libelli.*

18. (Ministério Público/SP — 2015) Assinale a alternativa correta.

a) No procedimento ordinário, o Juiz de Direito, depois de receber a denúncia, determinará a citação do réu para o oferecimento de defesa escrita, que não é, entretanto, obrigatória.
b) A inobservância do princípio da identidade física do juiz é causa de nulidade absoluta, mesmo em face da promoção do magistrado que tenha presidido a instrução.
c) O advogado deverá ser intimado da data da audiência designada no juízo deprecado.
d) A pendência de cumprimento de carta precatória impede o julgamento do feito.
e) Todas as alternativas estão incorretas.

19. (Magistratura/SP — 2015) A sentença de transação penal, nos termos do artigo 76, § 5º, da Lei n. 9.099/95, tem as seguintes características:

a) possui natureza absolutória e não faz coisa julgada formal e material.
b) possui natureza condenatória e gera eficácia de coisa julgada formal e material.
c) tem natureza condenatória e gera eficácia de coisa julgada apenas material.
d) tem natureza homologatória e não faz coisa julgada material.

20. (Defensor Público/MS — 2014 — Vunesp) Considere que é efetivada a citação por hora certa e, mesmo assim, o acusado não comparece para se defender e nem constitui advogado. Nessa hipótese

a) ficarão suspensos o processo e o curso do prazo prescricional, com possibilidade de produção antecipada de provas.
b) ficarão suspensos o processo e o curso do prazo prescricional, com possibilidade de imediata decretação de prisão preventiva.
c) ser-lhe-á nomeado defensor dativo e o processo seguirá seu curso.
d) será tentada a citação por edital, com prazo de 15 (quinze) dias.

21. (Magistratura/SP — 2017) Em matéria de citações e intimações, é correto afirmar que

a) a citação do acusado por edital, se ele não comparecer ou constituir advogado, permite a produção antecipada de provas, sob o fundamento de decurso do tempo, e autoriza o decreto de prisão preventiva, se for o caso.
b) nulo o julgamento de recurso criminal, na segunda instância, sem prévia intimação ou publicação da pauta, inclusive em *habeas corpus.*
c) nula a citação por edital que apenas indica o dispositivo da lei penal, sem transcrever a denúncia ou queixa, ou resumir os fatos em que se baseia.
d) os prazos são contados da data da intimação, e não da juntada aos autos do mandado ou da carta precatória ou de ordem.

22. (Magistratura/SP — 2017) No tocante aos juizados especiais criminais, é correto afirmar que

a) compete à turma recursal processar e julgar o mandado de segurança contra ato de juizado especial.

b) compete ao Supremo Tribunal Federal o julgamento de *habeas corpus* contra decisão de turma recursal.
c) cabe recurso especial, mas não extraordinário, contra decisão proferida por turma recursal.
d) cabe revisão criminal de decisão do juizado especial e, por expressa disposição legal, compete à turma recursal julgá-la.

23. (Magistratura/SP — 2017) No procedimento comum, após o oferecimento da resposta pelo acusado, o juiz deverá absolvê-lo sumariamente quando
a) a denúncia ou a queixa for manifestamente inepta ou não se convencer da existência de indícios suficientes de autoria ou de participação.
b) verificar a existência manifesta de qualquer causa excludente da ilicitude do fato ou que o fato narrado evidentemente não constitui crime.
c) faltar pressuposto processual ou condição para o exercício da ação penal ou verificar que extinta a punibilidade do agente.
d) faltar justa causa para o exercício da ação penal ou verificar a existência manifesta de qualquer causa excludente da culpabilidade.

■ GABARITO ■

1. "c".
2. "a".
3. "e".
4. "b".
5. "a".
6. "c".
7. "c".
8. "b".
9. "d". É o que diz o art. 384, *caput*, do CPP.
10. "b". É o que prevê o art. 538 do CPP.
11. "c".
12. "b".
13. "e". É o que prevê o art. 82 da Lei n. 9.099/95.
14. "b".
15. "b".
16. "a".
17. "c".
18. "e".
19. "d".
20. "c".
21. "d".
22. "a".
23. "b".

13

PROCEDIMENTOS ESPECIAIS

■ 13.1. INTRODUÇÃO

No Código de Processo Penal estão previstos quatro ritos especiais: para apuração dos crimes **dolosos contra a vida** (arts. 406 a 497), dos crimes **funcionais** (arts. 513 a 518), dos crimes contra a **honra** (arts. 519 a 523) e dos crimes contra a **propriedade imaterial** (arts. 524 a 530). Além destes, existem inúmeros outros ritos diferenciados em leis especiais dos quais analisaremos os mais relevantes: para apuração dos crimes de **tráfico de drogas** (Lei n. 11.343/2006), dos crimes contra **pessoa idosa** (Lei n. 10.741/2003) e dos crimes que envolvam **violência doméstica ou familiar contra a mulher** (Lei n. 11.340/2006).

■ 13.2. PROCEDIMENTO NOS CRIMES DE COMPETÊNCIA DO JÚRI

Fiel à tradição do direito brasileiro[1], a Constituição Federal reconheceu a instituição do júri como **garantia individual** (art. 5º, XXXVIII, da CF), atribuindo-lhe a **competência mínima** para o julgamento dos **crimes dolosos contra a vida**. Tratando-se de garantia fundamental, a instituição do júri não pode ser suprimida do ordenamento pátrio nem mesmo por emenda constitucional, pois se cuida de **cláusula pétrea** (art. 60, § 4º, IV, da CF).

O júri é **órgão jurisdicional** de primeiro grau da Justiça Comum Estadual e Federal, composto por cidadãos (juízes leigos) escolhidos por sorteio, que são **temporariamente investidos de jurisdição**, e por um juiz togado (juiz de direito).

A participação popular nos julgamentos criminais como instrumento de tutela de direitos individuais assenta-se na convicção de que o magistrado profissional aprecia os casos com maior rigidez e menos benignidade[2], ao passo que o jurado mostra-se mais receptivo e simpático a argumentos e circunstâncias de caráter extrajurídico.

A Constituição Federal assegurou ao tribunal do júri a competência **mínima** para julgar os crimes dolosos contra a vida, o que não interdita a possibilidade de o

[1] O júri foi instituído, no Brasil, por lei de 18 de junho de 1822 para julgar crimes de imprensa e, com a promulgação da Constituição Política do Império, em 25 de março de 1824, passou a ter estatura constitucional.

[2] José Frederico Marques. *A instituição do júri,* p. 23.

legislador **ampliar o elenco** de infrações cujo julgamento é afeto ao órgão, o que, de fato, já ocorre em relação aos crimes conexos, que são apreciados pelo júri (art. 78, I, do CPP).

Crimes dolosos contra a vida são apenas aqueles previstos no capítulo específico do Código Penal (Parte Especial, Título I, Capítulo I, do CP), que são: o **homicídio doloso** (incluindo o feminicídio), o **infanticídio**, o **auxílio, induzimento ou instigação ao suicídio** e o **aborto**, em suas formas **consumadas ou tentadas** (art. 74, § 1º, do CPP). Assim, aquelas infrações que apresentam o resultado morte a título doloso, mas que não se incluem nas citadas espécies de crimes, não são de competência do Tribunal do Júri (ex.: latrocínio, que é julgado pelo juiz singular, ainda que a morte praticada durante o roubo tenha sido intencional — **Súmula n. 603 do STF**: "A competência para o processo e julgamento de latrocínio é do juiz singular e não do Tribunal do Júri").

A regra de competência em questão, como as demais normas constitucionais, **não é absoluta**, na medida em que deve harmonizar-se com outras disposições do próprio texto constitucional, razão pela qual prevalecerão, sobre a competência do júri, as previsões de **foro por prerrogativa de função** existentes na Carta Política: se um prefeito, membro do Ministério Público ou um juiz de direito for acusado de homicídio, será julgado pelo Tribunal de Justiça do Estado-membro em que exerce suas funções, e não pelo júri.

A prerrogativa de foro somente será observada em detrimento da competência do júri, porém se estiver prevista na Constituição Federal, pois, de acordo com a **Súmula Vinculante n. 45** do Supremo Tribunal Federal, "a competência constitucional do Tribunal do Júri prevalece sobre o foro por prerrogativa de função estabelecido exclusivamente pela constituição estadual".

■ 13.2.1. Princípios constitucionais relativos ao júri

Conquanto tenha deixado a cargo do legislador ordinário a regulamentação da organização do tribunal do júri, a Constituição, além de dispor sobre a competência do órgão, ocupou-se de delinear os **princípios básicos** que regem a instituição:

1) **Plenitude de defesa** — Malgrado em todo processo criminal seja garantido o exercício da ampla defesa pelo acusado, ressalta Tourinho Filho, com exatidão, que a defesa plena é, do ponto de vista jurídico, um superlativo da defesa ampla[3]. De fato, as peculiaridades do julgamento *secundum conscientiam*, no qual o julgador decide de acordo com sua íntima convicção, sem que tenha de indicar os motivos da decisão, permite que o acusado possa beneficiar-se de argumentos de cunho moral ou religioso e, até mesmo, de aspectos de natureza sentimental, o que é **defeso** ao juiz togado, que não pode afastar-se da lógica jurídica. Além disso, como não necessitam indicar os fatores em que baseiam o veredicto, é possível que o jurado leve em consideração **informações que não constam dos autos**, mas de que teve conhecimento por outros meios.

[3] Fernando da Costa Tourinho Filho. *Processo penal,* 33. ed., v. 4, p. 149.

A garantia de plenitude da defesa, porém, não confere ao acusado a prerrogativa de ficar imune à vedação ao uso da prova ilícita, nem de sobrepor-se ao princípio do contraditório, daí por que ao acusador devem ser conferidas idênticas faculdades processuais, de modo a garantir o equilíbrio na relação processual ("paridade de armas").

Não é demais lembrar que o juiz deve ter especial atenção, nos julgamentos pelo júri, ao dever de zelar pelo efetivo exercício da defesa técnica, declarando o réu indefeso e dissolvendo o Conselho de Sentença na hipótese de entender insuficiente o desempenho do defensor (art. 497, V, do CPP).

2) **Sigilo das votações** — O segredo das votações é postulado que se origina da necessidade de manter os jurados a salvo de qualquer fonte de coação, embaraço ou constrangimento, por meio da garantia de **inviolabilidade do teor de seu voto** e do **recolhimento a recinto não aberto ao público** (sala secreta) para o processo de votação.

Não há qualquer incompatibilidade entre o princípio do sigilo das votações e exigência de publicidade dos julgamentos: "Tribunal do júri. Sigilo das votações (art. 5º, XXXVIII, CF) e publicidade dos julgamentos (art. 93, IX, CF). Conflito aparente de normas. Distinção entre julgamento do Tribunal do Júri e decisão do Conselho de Jurados. Manutenção pelo sistema constitucional vigente do sigilo das votações, através de disposição especifica" (STF — RE 140.975 AgR/RJ — 2ª Turma — Rel. Min. Paulo Brossard — *DJ* 21.08.1992 — p. 12.786).

Embora ainda esteja acesa a controvérsia acerca da necessidade de continuar a apuração dos votos quando o número de respostas a determinado quesito já alcançou a maioria em determinado sentido (afirmativa ou negativa), o Supremo Tribunal Federal já proferiu decisão proclamando a **possibilidade de omitir-se do termo de votação o número de votos afirmativos e o de negativos**, pois a supressão dessa informação garante o efetivo respeito ao princípio do sigilo das votações, que estaria comprometido na hipótese de registro de que houve decisão unânime: "2. O veredicto do júri resta imune de vícios acaso não conste o número de votos no Termo de Julgamento no sentido afirmativo ou negativo, não só por força de *novatio legis*, mas também porque a novel metodologia preserva o sigilo e a soberania da deliberação popular. 3. O veredicto do júri obedecia ao disposto no art. 487 do Código de Processo Penal, que dispunha: 'Após a votação de cada quesito, o presidente, verificados os votos e as cédulas não utilizadas, mandará que o escrivão escreva o resultado em termo especial e que sejam declarados o número de votos afirmativos e o de negativos.' 4. A Lei n. 11.689/2008 alterou a regra, passando a dispor, *verbis*: 'Art. 488. Após a resposta, verificados os votos e as cédulas não utilizadas, o presidente determinará que o escrivão registre no termo a votação de cada quesito, bem como o resultado do julgamento.' (...) 13. O art. 487, do CPP foi revogado pela Lei n. 11.689/2008, aprimorando assim o sistema de votação do júri, já que não se faz mais necessário constar quantos votos foram dados na forma afirmativa ou negativa, respeitando-se, portanto, o sigilo das votações e, consectariamente, a soberania dos veredictos" (STF — HC 104.308/RN — 1ª Turma — Rel. Min. Luiz Fux — *DJe*-123 29.06.2011).

3) **Soberania dos veredictos** — Consiste na proibição de que órgãos jurisdicionais de instância superior substituam por outra a decisão proferida pelo tribunal popular (conselho de sentença), no tocante ao reconhecimento da procedência ou improcedência da pretensão punitiva. O postulado **não tem incidência**, portanto, sobre o teor da **decisão do juiz-presidente**, que, em caso de condenação ou de absolvição imprópria, deve aplicar a pena ou medida de segurança que decorre do veredicto.

A soberania, todavia, não impede que os tribunais de segundo grau ou os superiores **anulem** o veredicto em decorrência de vício processual (reconhecimento de nulidade), nem que o veredicto seja **cassado** por ser manifestamente contrário à prova dos autos, desde que, nessa última hipótese, por apenas uma vez (art. 593, § 3º, do CPP). Em ambos os casos, ou seja, também quando o tribunal decidir que a decisão dos jurados é divorciada da prova dos autos, nada mais poderá fazer senão determinar que o acusado seja submetido a **novo julgamento** pelo júri, garantindo, assim, que o litígio penal seja resolvido em definitivo pelo tribunal popular.

No Supremo Tribunal Federal é pacífico o entendimento de que o princípio constitucional da soberania dos veredictos não é violado pela determinação de realização de novo julgamento pelo tribunal do júri na hipótese do art. 593, III, *d*, do Código de Processo Penal, ou seja, quando a decisão é manifestamente contrária à prova dos autos. Confiram-se, dentre vários outros, os seguintes julgados: "O Supremo Tribunal Federal firmou o entendimento de que a submissão do acusado a novo julgamento popular não contraria a garantia constitucional da soberania dos veredictos. Precedentes" (STF — HC 130.690 AgR — 1ª Turma — Rel. Min. Roberto Barroso — julgado em 11.11.2016 — *DJe* 23.11.2016 — Public.: 24.11.2016); "A determinação de realização de novo julgamento pelo Tribunal do Júri não contraria o princípio constitucional da soberania dos vereditos quando a decisão for manifestamente contrária à prova dos autos. Precedentes" (STF — HC 134.412 — 2ª Turma — Rel. Min. Cármen Lúcia — julgado em 07.06.2016 — *DJe* 15.06.2016 — Public.: 16.06.2016).

É igualmente conciliável com o princípio em estudo a possibilidade de **rescisão** do veredicto em prol do acusado (revisão criminal), na medida em que "a condenação penal definitiva imposta pelo Júri é passível, também ela, de desconstituição mediante revisão criminal (*RTJ* 115/1114), não lhe sendo oponível — como reiteradamente proclamado pela jurisprudência dos Tribunais (*RT* 475/352 — *RT* 479/321 — *RT* 488/330 — *RT* 548/331) — a cláusula constitucional da soberania do veredicto do Conselho de Sentença" (STF — HC 71.878/RS — 1ª Turma — Rel. Min. Celso de Mello — *DJe* 17.03.2011).

Em sede de revisão criminal, porém, a instância competente poderá decretar a absolvição do acusado, sem que tenha de limitar-se a determinar a realização de novo julgamento[4]. Nesse sentido: "Penal e processual penal. Recurso especial. Homicídio qualificado. Júri. Revisão criminal. Absolvição. Possibilidade. Ponderação de princípios. Dignidade da pessoa humana. Prevalência sobre a soberania dos vereditos e

[4] Fernando Capez. *Curso de processo penal,* 18. ed., p. 633.

coisa julgada. Recurso especial parcialmente conhecido e, nessa extensão, não provido" (STJ — REsp 1.050.816/SP — 6ª Turma — Rel. Min. Rogerio Schietti Cruz — julgado em 01.12.2016 — *DJe* 15.12.2016).

■ 13.2.2. Caracteres do tribunal do júri

a) Temporariedade — o tribunal do júri é órgão jurisdicional de caráter não permanente, pois é constituído em determinadas épocas do ano para a apreciação das causas que se encontram preparadas para julgamento, dissolvendo-se depois de cumprir essa tarefa[5].

b) Órgão colegiado — é integrado por vários membros.

c) Heterogeneidade — compõe-se de juízes de qualidade diversa: **1 juiz profissional** (juiz-presidente) e **25 juízes leigos** (jurados), dos quais 7 são sorteados, a cada julgamento, para a formação do conselho de sentença.

José Frederico Marques distingue o elemento fixo do tribunal do júri, que é o juiz-presidente, dos órgãos temporários, os jurados[6].

d) Decisão por maioria — as decisões do júri são tomadas por maioria simples de votos.

■ 13.2.3. Providências para a constituição do tribunal do júri

Nos termos do disposto no art. 425, *caput*, do Código de Processo Penal, todo ano o juiz-presidente organizará a lista geral dos jurados, que contemplará de 800 a 1.500 jurados nas comarcas de mais de um milhão de habitantes, de 300 a 700 nas comarcas de mais de cem mil habitantes e de 80 a 400 nas comarcas de menor população. Onde houver necessidade, poderá haver alistamento de número maior de jurados e até mesmo a formação de lista de suplentes, cujos nomes deverão figurar em cédulas depositadas em urna especial (art. 425, § 1º).

Para realizar o alistamento, o juiz-presidente, sem prejuízo da escolha por conhecimento pessoal, requisitará indicação de pessoas que reúnam condições para exercer a função de jurado às autoridades locais, às associações de classe e de bairro, às entidades associativas, às instituições de ensino, às universidades, aos sindicatos, às repartições públicas e a outros núcleos comunitários (art. 425, § 2º).

A lista geral dos jurados, com indicação das respectivas profissões e destinada ao funcionamento do órgão no ano seguinte, publicar-se-á em duas oportunidades, por via da imprensa e de editais afixados à porta da sede do Tribunal do Júri: a **primeira lista**, que poderá ser alterada de ofício ou por força de reclamação de qualquer do povo até a publicação da **lista definitiva**, no dia 10 de outubro; a segunda (lista definitiva), no dia 10 de novembro.

---

5 José Frederico Marques. *A instituição do júri*, p. 121.

6 José Frederico Marques. *A instituição do júri*, p. 122-123.

Da inclusão ou exclusão de jurado na lista definitiva cabe **recurso em sentido estrito**, no prazo de 20 dias, para o Presidente do Tribunal de Justiça ou para o Presidente do Tribunal Regional Federal (arts. 581, XIV, e 586, parágrafo único). Na hipótese de inclusão, qualquer pessoa pode recorrer, além do Ministério Público e do próprio jurado, ao passo que, na de exclusão, somente a pessoa excluída tem legitimidade recursal.

A lei estabeleceu mecanismo para evitar que uma pessoa permaneça, ininterruptamente, **servindo no júri ao longo dos anos**, dispondo que será excluído da lista geral o jurado que tiver integrado o **conselho de sentença** nos **doze** meses que antecederem a publicação (art. 426, § 4º), ou seja, o jurado que tiver efetivamente participado de algum julgamento. Em que pese haver entendimento de que a participação em conselho de sentença inabilita o jurado para reintegrar o corpo de jurados por tempo indefinido[7], entendemos que a redação do dispositivo autoriza a conclusão de que somente no ano seguinte ao da participação no julgamento é que o jurado estará impedido de compor a lista geral. Essa é também a posição de Damásio de Jesus, para quem a jubilação impede que o jurado que integrou o conselho de sentença em um determinado ano seja convocado novamente pelos próximos doze meses[8].

Composta a lista definitiva, os nomes e endereços dos jurados serão inscritos em cartões, que serão depositados, na presença do Ministério Público, de representante da seção local da Ordem dos Advogados do Brasil e de defensor indicado pela Defensoria Pública, na urna geral, cuja chave ficará em poder do juiz (art. 426, § 3º, do CPP). Da urna geral é que serão sorteados os jurados que servirão em cada reunião periódica.

Entre o décimo quinto e o décimo dias que antecederem cada **reunião periódica** será realizado sorteio, pelo juiz, de **25 jurados**[9]. Esse sorteio será feito em **sessão pública** e com prévia intimação do Ministério Público, da Ordem dos Advogados do Brasil e da Defensoria Pública (arts. 432 e 433).

É importante atentar para a circunstância de que esses 25 jurados são sorteados para participarem de todos os julgamentos que ocorrerem em uma mesma reunião periódica do tribunal do júri, independentemente do número de sessões (julgamentos) previstas para realizarem-se.

Assim, se em determinada comarca ou sessão judiciária, a lei de organização judiciária prevê que a reunião periódica do júri dar-se-á nos meses de fevereiro, abril, junho, agosto, outubro e dezembro de cada ano, é necessário que o juiz, nos meses de janeiro, março, maio, julho, setembro e novembro, realize o sorteio de 25 jurados, que serão convocados para comparecimento em todos os dias de julgamentos designados para os meses subsequentes. No início de cada sessão de julgamento 7 jurados serão sorteados, dentre esses 25, para integrarem o conselho de sentença.

---

7 Guilherme de Souza Nucci. *Código de Processo Penal comentado*, 9. ed., p. 773.

8 Damásio de Jesus. *Código de Processo Penal anotado*, 23. ed., p. 375.

9 Não é demais recordar que, antes do advento da Lei n. 11.689/2008, eram 21 os jurados sorteados para servir em cada reunião periódica.

13.2.3.1. *Capacidade geral para o serviço do júri*

Para que possa ser jurado, a pessoa deve atender aos seguintes requisitos:

a) Nacionalidade brasileira — somente os brasileiros, natos ou naturalizados, podem servir ao júri, não apenas porque a nacionalidade é pressuposto da cidadania, mas, também, porque não seria aceitável permitir que o estrangeiro exercesse parcela da soberania estatal.

b) Cidadania (art. 436, *caput*, do CPP) — a capacidade eleitoral ativa, que a pessoa que está no gozo dos direitos políticos adquire com o alistamento eleitoral, é pressuposto para o serviço do júri.

c) Ser maior de 18 anos (art. 436, *caput*, do CPP) — presume-se, em caráter absoluto, a imaturidade da pessoa incapaz em razão da idade, bem como a incompatibilidade com a função em decorrência da impossibilidade de ser responsabilizada criminalmente.

d) Notória idoneidade (art. 436, *caput*, do CPP) — a idoneidade moral é indispensável para a participação no tribunal popular, daí por que não poderão integrá-lo, dentre outras, as pessoas com reprovável conduta social, aquelas que ostentam antecedentes criminais, assim como os ébrios e os usuários de entorpecentes.

e) Alfabetização — malgrado a lei não estabeleça, de forma expressa, a necessidade de que o jurado tenha capacidade de ler e escrever, tal requisito deriva da circunstância de que o integrante do júri emitirá sua decisão por meio de votos escritos (cédulas previamente confeccionadas). Além disso, para que possa exercer plenamente as prerrogativas da função, é necessário que o jurado tenha condições de ler cópia do relatório do processo e da decisão de pronúncia (art. 472, parágrafo único, do CPP) e, ainda, os autos do processo (art. 480, § 3º, do CPP).

f) Gozo das faculdades mentais e dos sentidos — a pessoa cuja deficiência mental ou sensorial for de natureza tal que a prive do discernimento ou percepção imprescindível à participação no julgamento, não poderá servir como jurada.

Embora já tenhamos, na linha do que ensinava Julio Fabbrini Mirabete[10], defendido tese em sentido contrário, não se pode elevar a **residência na comarca** a requisito essencial para o serviço do júri, pois, como adverte Damásio de Jesus, embora se deva dar preferência aos residentes na comarca, a lei não impede que seja alistada como jurado a pessoa que reside em local diverso[11]. Esse é, de resto, o entendimento já proclamado pelo Superior Tribunal de Justiça: "Alegação de nulidade de lista de jurados por haver inclusão de pessoas não residentes na comarca, onde haverá julgamento pelo tribunal do júri. Preclusão. Inteligência do art. 439, par. único do CPP. Inexistência de impositividade da residência dos jurados na comarca de julgamento. Jurados que se integram na comunidade, onde exercem atividades profissionais, apesar de residirem em outra comarca. Residência, conceitualmente, se distingue de domicílio. Recurso conhecido, mas desprovido" (STJ — RHC 8.577/PE — 5ª Turma — Rel. Min. José Arnaldo da Fonseca — *DJ* 16.08.1999 — p. 80).

---

10 Julio Fabbrini Mirabete. *Código de Processo Penal interpretado*, 4. ed., p. 516.

11 Damásio de Jesus. *Código de Processo Penal anotado*, 23. ed., p. 374.

Capacidade para o serviço do júri

- Nacionalidade brasileira
- Cidadania
- Ser maior de 18 anos
- Notória idoneidade
- Alfabetização
- Gozo das faculdades mentais e dos sentidos

■ *13.2.3.2. Proibição de critérios discriminatórios*

A lei proíbe que se exclua dos trabalhos do júri ou que se deixe de alistar cidadão em razão de cor ou etnia, raça, credo, sexo, profissão, classe social ou econômica, origem ou grau de instrução (art. 436, § 1º, do CPP). A norma em questão, todavia, deve ser interpretada com a ressalva de que a exclusão do analfabeto não é vedada, pois é justificado o *discrímen*.

■ *13.2.3.3. Obrigatoriedade do serviço do júri*

É obrigatório o serviço do júri (art. 436, *caput*, do CPP), já que se trata de **dever** a todos imposto, e não de mero direito ou faculdade, razão pela qual a recusa injustificada sujeita o recalcitrante ao pagamento de **multa** de um a dez salários mínimos, de acordo com a condição econômica do jurado (art. 436, § 2º, do CPP).

Fica sujeito a idêntica penalidade o jurado que, embora tenha aceitado o serviço do júri, deixe de comparecer no dia marcado para a sessão ou se retire antes de ser dispensado pelo juiz, ressalvada a comprovação de causa legítima (art. 442 do CPP).

■ *13.2.3.4. Escusa de consciência*

O art. 438 do Código de Processo Penal trata da escusa de consciência, ou seja, a recusa em servir como jurado mediante invocação de motivos de crença religiosa ou convicção filosófica ou política. Referido dispositivo, que espelha norma de natureza constitucional (art. 5º, VIII, da CF), preceitua que a escusa derivada de convicções religiosas, filosóficas ou políticas acarretará a suspensão dos direitos políticos por parte de quem a invocar, enquanto não houver **prestação de serviço alternativo** imposto pelo juiz. O serviço alternativo consiste na realização de tarefas de natureza administrativa, assistencial, filantrópica ou produtiva em órgãos do Poder Judiciário, do Ministério Público, da Defensoria Pública ou, ainda, em entidades conveniadas para esses fins (art. 438, § 1º). O juiz fixará o serviço alternativo atendendo aos princípios da **razoabilidade** e **proporcionalidade** (art. 438, § 2º).

■ *13.2.3.5. Pessoas isentas do serviço do júri*

Nos termos do art. 437 do Código de Processo Penal, estão isentos do serviço do júri:

1) o Presidente da República e os Ministros de Estado;

2) os Governadores e seus respectivos Secretários;

3) os membros do Poder Legislativo Federal, Estadual, Distrital ou Municipal;

4) os Prefeitos Municipais;

5) os Magistrados e membros do Ministério Público e da Defensoria Pública;

6) os servidores do Poder Judiciário, do Ministério Público e da Defensoria Pública;

7) as autoridades e os servidores da polícia e da segurança pública;

8) os militares em serviço ativo;

9) os cidadãos maiores de 70 anos que requeiram sua dispensa;

10) aqueles que, demonstrando justo impedimento por meio de requerimento apresentado até o momento da chamada dos jurados, ressalvados os casos de força maior, forem dispensados por ato motivado do juiz-presidente (arts. 443 e 444 do CPP).

Em comentário ao dispositivo de regência, Damásio de Jesus sustenta que o afastamento é obrigatório nas oito primeiras hipóteses, ou seja, quando se tratar das isenções mencionadas nos incisos I a VIII do art. 437 do Código de Processo Penal, razão pela qual "se algum cidadão for convocado e se incluir em quaisquer das hipóteses referidas nos incisos indicados, deve ser obrigatoriamente excluído da lista de jurados, ainda que deseje participar do julgamento"[12]. José Frederico Marques, por sua vez, afirma que tais autoridades não podem sequer ser alistadas, pois "estão isentas de pleno jure"[13].

Data venia, cremos ser mais sólido o entendimento[14] de que não se pode alterar a acepção do termo "isentos" para emprestar-lhe a significação de "proibidos", o que leva a conclusão de que, acaso não manifestem o desejo de eximirem-se do *munus*, os ocupantes dos cargos ou funções em questão poderão servir como jurados.

■ *13.2.3.6. Direitos e vantagens dos jurados*

O **efetivo exercício** da função de jurado, ou seja, o desempenho da função de jurado, e não a mera figuração na lista, garante as seguintes vantagens:

1) **presunção de idoneidade** (art. 439 do CPP);

2) **preferência**, em igualdade de condições, nas **licitações públicas**, bem como no provimento, mediante **concurso**, de cargo ou função pública e, ainda, nos casos de promoção funcional ou remoção voluntária (art. 440 do CPP);

3) garantia da **inocorrência de descontos nos vencimentos** quando de seu comparecimento a sessão de julgamento (art. 441 do CPP);

4) **prisão processual especial**, já que, muito embora a Lei n. 12.403/2011 tenha

---

12 Damásio de Jesus. *Código de Processo Penal anotado*, 23. ed., p. 374.

13 José Frederico Marques. *A instituição do júri*, p. 156.

14 Vicente Greco Filho. *Manual de processo penal,* 7. ed., p. 401.

suprimido essa prerrogativa da redação do art. 439 do Código de Processo Penal, subsiste previsão da regalia no art. 295, X, do Código.

■ *13.2.3.7. Responsabilidade criminal dos jurados*

Os jurados são considerados **funcionários públicos** para fins penais (art. 327, *caput*, do CP), motivo pelo qual são responsáveis, no exercício da função ou a pretexto de exercê-la, nos mesmos termos em que o são os juízes togados (art. 445). Assim, se solicitar dinheiro de uma das partes para proferir decisão a ela favorável, incorre em crime de corrupção passiva.

■ 13.2.4. Procedimento

Os processos de competência do tribunal do júri desenvolvem-se em duas fases, motivo pelo qual se diz que se trata de procedimento de caráter **escalonado** ou **bifásico**.

A existência de uma primeira fase, anterior à do julgamento pelos jurados, justifica-se, de acordo com a docência de Vicente Greco Filho, porque "em sendo o veredicto do júri qualificado pela soberania, que se consubstancia em sua irreformabilidade em determinadas circunstâncias, e tendo em vista a ausência de fundamentação da decisão, a função, às vezes esquecida, da pronúncia é a de impedir que um inocente seja submetido aos riscos do julgamento social irrestrito e incensurável"[15].

A primeira fase, denominada **sumário da culpa** (ou *judicium accusationis*), tem início com o recebimento da denúncia e encerra-se com a preclusão da decisão de pronúncia. Tal etapa traduz atividade processual voltada para a formação de **juízo de admissibilidade da acusação**.

A segunda fase, denominada **juízo da causa** (ou *judicium causae*), se inicia com a intimação das partes para indicação das provas que pretendem produzir em plenário e tem fim com o trânsito em julgado da decisão do tribunal do júri. Essa fase compreende uma **etapa preparatória** ao julgamento e o próprio **julgamento do mérito da pretensão punitiva**.

Para todos os crimes de competência do júri, sejam eles apenados com reclusão ou detenção, observar-se-á o mesmo rito procedimental especial, independentemente do montante da pena máxima prevista em abstrato.

■ 13.2.5. Sumário da culpa (fase de formação da culpa)

Recebida a denúncia ou a queixa, o juiz ordenará a **citação** do acusado para oferecer **resposta escrita**, no prazo de 10 dias (art. 406, *caput*, do CPP).

O prazo para o réu apresentar resposta será contado a partir da data do cumprimento do mandado ou, no caso de citação inválida ou por edital, a partir do comparecimento em juízo do acusado ou de defensor constituído (art. 406, § 1º, do CPP). Se

---

[15] Vicente Greco Filho. Questões polêmicas sobre a pronúncia. In: TUCCI, Rogério Lauria (Coord.). *Tribunal do júri:* estudo sobre a mais democrática instituição jurídica brasileira, p. 118.

o réu, citado por edital, não oferecer resposta, não comparecer em juízo e não nomear defensor, será decretada a suspensão do processo e do prazo prescricional, nos termos do art. 366 do Código de Processo Penal.

Se, embora citado pessoalmente, o réu deixar de apresentar resposta escrita por intermédio de advogado, o juiz nomeará defensor para fazê-lo no prazo de 10 dias (art. 408 do CPP), já que é **imprescindível que a conveniência da apresentação da peça seja avaliada por pessoa com habilitação técnica**. Embora haja entendimento de que a falta da resposta escrita acarreta a nulidade absoluta dos atos subsequentes[16], consolidou-se, na jurisprudência, o entendimento de que sua apresentação não é obrigatória, pois a estratégica omissão nessa etapa do rito do júri pode interessar ao réu: "É certo que, nos termos da jurisprudência desta Corte Superior de Justiça, se devidamente intimada a Defesa, a não apresentação de defesa preliminar no Tribunal do Júri, por si só, não constitui nulidade, pois pode indicar estratégia defensiva" (STJ — HC 124.429/MG — 6ª Turma — Rel. Min. Maria Thereza de Assis Moura — *DJe* 29.11.2010).

Na resposta, o réu poderá, além de arguir preliminares e de alegar o que entender útil à sua defesa, apresentar documentos e justificações, requerer a produção de provas e arrolar até **8 testemunhas** (art. 406, § 3º, do CPP), número, aliás, idêntico ao que a acusação pode arrolar na denúncia (art. 406, § 2º, do CPP).

Logo que apresentada a resposta, o Ministério Público (ou o querelante) será ouvido, em 5 dias, sobre eventuais preliminares e documentos juntados (art. 409 do CPP). Ressalte-se que, acaso não haja arguição de matérias preliminares nem oferecimento de documentos, a manifestação do órgão acusador é desnecessária.

Em que pese a existência de previsão, pelo Código (art. 394, § 4º, do CPP), de que as disposições relativas à rejeição da denúncia, à resposta escrita e à possibilidade de absolvição sumária logo após a apresentação da defesa são aplicáveis a todos os procedimentos penais de primeiro grau, não há lugar, no procedimento do júri, para a aplicação da norma inserta no art. 397 do Código de Processo Penal, que fica afastada, em razão do princípio da especialidade, já que a mesma lei prevê oportunidade diversa para a absolvição sumária nos processos de competência do júri.

Em 10 dias, o juiz deverá **deliberar** sobre as iniciativas probatórias requeridas pelas partes, determinando, se pertinentes e necessárias as providências, a inquirição das testemunhas e a realização de outras provas (art. 410 do CPP). Em atenção à necessidade de imprimir celeridade ao procedimento, a lei estabeleceu o poder-dever de o juiz **indeferir as provas** consideradas **irrelevantes**, **impertinentes** ou **protelatórias** (art. 411, § 2º, do CPP).

Em audiência única, serão ouvidos, nesta ordem, o ofendido, bem como as testemunhas arroladas pela acusação e pela defesa, para, em seguida, obterem-se os esclarecimentos de peritos cuja oitiva tenha sido deferida pelo juiz, realizarem-se acareações e reconhecimento de pessoas ou coisas, interrogar-se o acusado e, por último, proceder-se aos debates orais (art. 411 do CPP).

[16] Fernando Capez. *Curso de processo penal,* 18. ed., p. 636.

Nos termos do art. 212 do Código de Processo Penal, as partes **inquirirão diretamente as testemunhas** (*direct and cross examination*), após o que o juiz poderá inquiri-las sobre os pontos não esclarecidos.

No sumário da culpa, o **interrogatório**, que é o último ato de natureza probatória da audiência, é realizado de acordo com o **sistema presidencialista** de inquirição, incumbindo ao juiz dirigir perguntas ao réu e, em seguida, indagar às partes se desejam, por seu intermédio, esclarecer algum ponto relevante (art. 188 do CPP).

Aplicam-se, nessa primeira fase do procedimento escalonado, as normas previstas no art. 405, §§ 1º e 2º, do CPP, segundo o qual o registro dos depoimentos do investigado, indiciado, ofendido e testemunhas será feito pelos meios ou recursos de gravação magnética, estenotipia, digital ou técnica similar, inclusive audiovisual, destinada a obter maior fidelidade das informações, sem que haja necessidade de transcrição.

Essa é a orientação consolidada no STJ: "RECURSO ORDINÁRIO EM *HABEAS CORPUS*. HOMICÍDIO SIMPLES. PROCESSO PENAL. 1. DEGRAVAÇÃO DA PROVA ORAL COLHIDA POR MEIO DE ARQUIVO AUDIOVISUAL. INDEFERIMENTO. OFENSA AO ART. 5º, LXXVIII, DA CF/88 E ART. 405, § 2º, DO CPP. INEXISTÊNCIA. 2. RECURSO IMPROVIDO. 1. Em consonância com o princípio da celeridade processual, previsto no art. 5º, LXXVIII, da Constituição da República de 1988, foi editada a Lei n. 11.719, de 20/6/2008, que inseriu os §§ 1º e 2º e deu nova redação ao art. 405 do Código de Processo Penal, permitindo, na audiência, o uso de recursos de gravação magnética, estenotipia, digital ou técnica similar, não havendo necessidade de transcrição dos depoimentos. 2. O referido artigo assegura o acesso à prova na forma original como foi produzida, proporcionando maior segurança às partes no processo, com o nítido propósito de racionalizar o tempo de produção do ato, na medida em que não é mais obrigatória a redução a termo dos depoimentos do acusado, vítima e testemunhas, além de permitir registro integral dos procedimentos realizados. 3. Assim, as transcrições somente se justificam em casos excepcionais, devendo o requerente apontar argumentos plausíveis que demonstrem a necessidade da medida, sob pena de comprometer a garantia constitucional da duração razoável do processo. Precedentes. 4. No caso, a decisão da Corte estadual que indeferiu o pedido de degravação da prova oral está em harmonia com o espírito da norma, qual seja, que a prova produzida assegure maior fidedignidade com o fato ocorrido, além de garantir a duração razoável do processo. 5. Recurso ordinário em *habeas corpus* a que se nega provimento" (STJ — RHC 40.875/RS — 5ª Turma — Rel. Min. Marco Aurélio Bellizze — julgado em 24.04.2014 — *DJe* 02.05.2014).

Seguem-se os **debates orais**, que são os argumentos verbais oferecidos pelas partes, após a colheita dos depoimentos, a fim de convencer o juiz. De acordo com o art. 411, § 4º, do Código de Processo Penal, primeiro a acusação e, em seguida, a defesa terão 20 minutos cada uma, para apresentar alegações orais, permitida a prorrogação por 10 minutos do tempo destinado a cada parte. Na hipótese de haver mais de um acusado, o tempo previsto para a acusação e a defesa de cada um será individual.

A manifestação do assistente do Ministério Público, que poderá usar da palavra por 10 minutos, precederá a da defesa e ensejará a prorrogação do prazo do acusado por igual período (art. 411, § 6º, do CPP).

Também com o escopo de impedir a demora injustificada na conclusão do procedimento, a lei **proibiu o adiamento de ato da audiência**, salvo quando imprescindível à prova faltante, devendo o juiz determinar a condução coercitiva de quem deixar de comparecer (art. 411, § 7º, do CPP).

A lei fixou o prazo máximo de **90 dias para conclusão do procedimento** (art. 412 do CPP), mas a consequência prática do descumprimento desse prazo será, apenas, eventual libertação do acusado que esteja preso pelo processo, pois, se, embora decorrido o período em questão, não tiver sido possível concluir a instrução, a solução será aguardar a realização da prova imprescindível.

Se, terminada a instrução probatória, o juiz se convencer da possibilidade de nova definição jurídica do fato em decorrência de comprovação de circunstância ou elementar não contida na denúncia ou queixa, procederá na forma do art. 384 do Código de Processo Penal (art. 411, § 3º, do CPP), remetendo os autos ao Ministério Público para aditamento da denúncia.

Terminados os debates orais, passa-se à etapa decisória do sumário da culpa (ou fase da pronúncia), em que o juiz, na própria audiência, profere sua **decisão** ou determina que os autos lhe venham conclusos para proferir decisão no prazo de 10 dias.

■ 13.2.6. Etapa decisória do sumário da culpa (fase da pronúncia)

Alcançada essa etapa, o juiz pode encerrar a fase de formação da culpa com uma das quatro espécies de decisão listadas a seguir:

a) pronúncia (art. 413 do CPP);
b) impronúncia (art. 414 do CPP);
c) absolvição sumária (art. 415 do CPP); e
d) desclassificação (art. 419 do CPP).

■ *13.2.6.1. Pronúncia*

Pronúncia é a decisão por meio da qual o juiz, convencido da **existência material** do fato criminoso e de haver **indícios suficientes de que o acusado foi seu autor** ou **partícipe**, admite que ele seja submetido a julgamento perante o Tribunal do Júri. Segundo a precisa observação de José Frederico Marques, a pronúncia tem caráter estritamente processual e não se constitui em decisão de mérito, pois não impõe pena alguma ao réu, nem qualquer outra *sanctio juris*[17].

Classifica-se como decisão **interlocutória mista não terminativa**, pois, além de não encerrar julgamento do mérito, não põe fim ao processo.

Em virtude de a decisão de pronúncia encerrar **mero juízo de admissibilidade**

---

[17] José Frederico Marques. *A instituição do júri*, p. 373.

da acusação, é desnecessária, para a sua prolação, a certeza jurídica que se exige para uma condenação, daí por que deve o juiz, em caso de dúvida, pronunciar o réu, para não subtrair a apreciação da causa do tribunal do júri, **juiz natural dos crimes dolosos contra a vida**. Diz-se, pois, que nessa etapa vigora o princípio *in dubio pro societate*, ou seja, na dúvida deve o juiz prestigiar o interesse social de permitir o prosseguimento da persecução penal contra o acusado.

Salvo na hipótese de absoluta falta de justa causa, a pronúncia pelo crime doloso contra a vida obriga que se submetam ao júri também os **crimes conexos**. De igual modo, a **exclusão de qualificadora** constante na pronúncia só pode ocorrer quando manifestamente improcedente e descabida, sob pena de usurpação da competência do Tribunal do Júri[18].

Cuidando-se de ato decisório, a decisão de pronúncia deve ser fundamentada e registrar a indicação dos caminhos intelectuais percorridos pelo prolator, mas, ao contrário do que ocorre com as decisões judiciais em geral, não deve encerrar análise minuciosa das provas a ponto de influir no ânimo dos jurados, já que será nula se estiver permeada por **excesso de eloquência acusatória**. Por isso, ao prolatar a decisão de pronúncia, o juiz ou tribunal deve limitar-se à indicação da materialidade do delito e aos indícios de autoria. Veja-se a esse respeito o seguinte julgado do Supremo Tribunal Federal: "A decisão de pronúncia deve ser sucinta, exatamente para evitar que a apreciação exaustiva do 'thema decidendum' culmine por influenciar os próprios integrantes do Conselho de Sentença, que são os juízes naturais dos réus acusados e pronunciados por crimes dolosos contra a vida. Precedentes. Doutrina. O juízo de delibação subjacente à decisão de pronúncia impõe limitações jurídicas à atividade processual do órgão judiciário de que emana, pois este não poderá — sob pena de ofender o postulado da igualdade das partes e de usurpar a competência do Tribunal do Júri — analisar, com profundidade, o mérito da causa nem proceder à apreciação crítica e valorativa das provas colhidas ao longo da persecução penal. Inexistência de eloquência acusatória no conteúdo da decisão de pronúncia impugnada, que não antecipou qualquer juízo desfavorável ao paciente, apto a influir, de maneira indevida, sobre o ânimo dos jurados" (HC 113.091/PA — 2ª Turma — Rel. Min. Celso de Mello — julgado em 12.11.2013 — *DJe*-231 25.11.2013).

De acordo com pacífico entendimento do Superior Tribunal de Justiça, é possível rasurar trecho ínfimo da sentença de pronúncia para afastar eventual irregularidade decorrente de excesso de linguagem, sem que haja, em tal hipótese, necessidade de decretação de nulidade da decisão[19]. Uma vez reconhecida a nulidade da pronúncia por excesso de linguagem, todavia, outra decisão deverá ser proferida, pois o

---

[18] AgRg no REsp 1.618.955/RS — 6ª Turma — Rel. Min. Sebastião Reis Júnior — Julgamento: 01.12.2016 — Public.: *DJe* 14.12.2016; HC 368.976/SC — 5ª Turma — Rel. Min. Joel Ilan Paciornik — Julgamento: 25.10.2016 — *DJe* 07.11.2016.

[19] HC 325.076/RJ — 5ª Turma — Rel. Min. Joel Ilan Paciornik — Julgamento: 18.08.2016 — *DJe* 31.08.2016; REsp 1.362.882/DF — 6ª Turma — Rel. p/ acórdão Min. Rogerio Schietti Cruz — Julgamento: 01.03.2016 — *DJe* 12.04.2016.

mero envelopamento ou desentranhamento da peça viciada não se revela suficiente para salvaguardar o exercício do direito de defesa[20]. É imprescindível que da pronúncia conste o dispositivo legal em que está incurso o acusado, bem como que se indiquem quais as qualificadoras e causas de aumento de pena existentes (art. 413, § 1º, do CPP). Também é requisito da pronúncia a indicação a respeito de tratar-se de crime tentado ou consumado.

A decisão de pronúncia, no entanto, não deve ostentar qualquer outra referência a causa especial de diminuição de pena (art. 7º da Lei de Introdução ao CPP), agravantes ou atenuantes genéricas. Assim, em caso de concurso de crimes, o juiz deve apenas indicar em quais artigos está incurso o réu e por quantas vezes, deixando de mencionar se entende tratar-se de concurso material ou formal de crimes (arts. 69 e 70 do CP) ou, ainda, se se cuida de hipótese de continuidade delitiva (art. 71 do CP).

Na medida em que o acusado deve ter em conta, para o exercício da defesa, o fato que lhe foi imputado, e não a tipificação indicada na denúncia, o juiz poderá dar-lhe definição jurídica diversa da constante da acusação (*emendatio libelli*), ainda que o réu fique sujeito a pena mais grave (art. 418 do CPP), ouvindo as partes previamente, no entanto, sobre os fundamentos que podem levar à alteração da capitulação do delito (arts. 9º e 10 do NCPC).

Se, na fase da pronúncia, o juiz constatar a existência de indícios de autoria ou participação de pessoa não incluída na denúncia, remeterá os autos ao Ministério Público para que, em 15 dias, proceda ao aditamento ou, se não for possível a unidade de processamento e de julgamento, para que adote as providências para dedução da pretensão punitiva em ação autônoma (art. 417 do CPP). Acaso o órgão do Ministério Público, ao ser provocado pelo juiz, não se convença da existência de fundamento para adotar providências para a responsabilização de suposto coautor ou partícipe não denunciado, poderá abster-se de promover o aditamento ou de processá-lo em ação autônoma, restando ao juiz a faculdade de, por emprego de analogia, encaminhar os autos ao Procurador-Geral de Justiça, na forma do art. 28 do CPP.

Ao pronunciar o acusado, deve o juiz decidir, por **manifestação fundamentada**, acerca da **necessidade de manutenção, revogação ou substituição da prisão** ou outra medida **cautelar** anteriormente decretada ou, em se cuidando de réu solto, sobre a necessidade de prisão preventiva ou de outra medida cautelar pessoal. Se o crime for afiançável, o juiz decidirá sobre o arbitramento de fiança para a concessão ou manutenção da liberdade provisória (art. 413, § 2º, do CPP).

O **princípio da identidade física do juiz**, segundo o qual o juiz que presidiu a instrução deverá proferir a sentença, **não é aplicável** à decisão de pronúncia, na medida em que nessa fase não há julgamento do mérito da lide penal. Confira-se: "Não se aplica o art. 399, § 2º, do Código de Processo Penal à sentença de pronúncia que, apesar de impropriamente chamada de sentença, tem natureza jurídica de mero juízo

[20] REsp 1.575.493/RS — 6ª Turma — Rel. Min. Rogerio Schietti Cruz — Julgamento: 17.03.2016 — *DJe* 31.03.2016; HC 304.043/PI — 5ª Turma — Rel. Min. Felix Fischer — Julgamento: 17.11.2015 — *DJe* 26.11.2015.

de admissibilidade" (STJ — HC 199.421/SP — 5ª Turma — Rel. Min. Gilson Dipp — julgado em 17.04.2012 — *DJe* 23.04.2012).

■ *13.2.6.1.1. Efeitos da pronúncia*

São efeitos da decisão de pronúncia:

1) a **submissão do acusado a julgamento pelo tribunal do júri**;

2) a **demarcação dos limites da acusação** que será sustentada perante o tribunal popular;

3) a **interrupção da prescrição** (art. 117, II, do CP), que ocorrerá mesmo na hipótese de desclassificação do crime pelo tribunal do júri (Súmula n. 191 do Superior Tribunal de Justiça: "A pronúncia é causa interruptiva da prescrição, ainda que o tribunal do júri venha a desclassificar o crime").

■ *13.2.6.1.2. Intimação da pronúncia*

Antes da vigência da Lei n. 11.689/2008, que alterou o procedimento do júri no Código de Processo Penal, era obrigatória, na hipótese de crime inafiançável, a intimação **pessoal** do acusado acerca do teor da sentença de pronúncia, sob pena de invalidade do ato de comunicação e dos atos ulteriormente praticados.

De acordo com as regras então vigentes, acaso o pronunciado se encontrasse foragido ou em local desconhecido, o processo permaneceria suspenso, aguardando sua localização, até que se aperfeiçoasse a intimação pessoal. Essa paralisação, conhecida como **crise da instância**, podia perdurar até a ocorrência da prescrição, embora fosse possível e comum a decretação da prisão preventiva do réu, para garantia da aplicação da lei penal. Cuidando-se de infração afiançável, a intimação por via de edital era válida e autorizava o prosseguimento da ação penal e o julgamento em plenário.

Com o advento da citada lei, a intimação da decisão de pronúncia passou a obedecer às seguintes regras:

1) o acusado será intimado, em regra, **pessoalmente** (art. 420, I, do CPP), mas, se estiver solto e **não for localizado**, será intimado por **edital** (art. 420, parágrafo único, do CPP), com prazo de **15 dias** (arts. 370 e 361 do CPP), sem qualquer prejuízo para o prosseguimento do feito;

2) o **defensor dativo** será intimado **pessoalmente** (art. 420, I, do CPP);

3) o **defensor constituído**, o **querelante** e o **assistente** serão intimados **pela imprensa**;

4) o órgão do **Ministério Público** será sempre intimado **pessoalmente**.

Verifica-se, portanto, que a não localização pessoal do réu pronunciado não mais enseja a paralisação do processo, já que, nesta hipótese, poderá ser ele intimado por edital, independentemente da natureza da infração (afiançável ou inafiançável).

De acordo com o entendimento já proclamado pelo Superior Tribunal de Justiça, tratando-se de disposição processual, a nova norma é aplicável às ações que estavam suspensas em virtude da falta de intimação pessoal do acusado (art. 2º do CPP) por ocasião da entrada em vigor do novo regime: "Antes do advento da Lei n. 11.689/08, a sentença de pronúncia que determinava a submissão do réu ao julgamento perante o Tribunal do Júri, somente produzia efeitos a partir da intimação pessoal desse. Com o advento da Reforma Processual de 2008, operou-se em nosso ordenamento jurídico importante alteração legislativa, tornando possível a submissão do réu pronunciado à sessão de julgamento no Tribunal do Júri, ainda que não tenha sido pessoalmente intimado da decisão de pronúncia, e a sua presença já não é mais imprescindível em Plenário. A lei nova aplica-se imediatamente na instrução criminal em curso, em decorrência do princípio estampado no brocardo jurídico *tempus regit actum*, respeitando-se, contudo, a eficácia jurídica dos atos processuais já constituídos" (STJ — REsp 1.197.501/SP — 5ª Turma — Rel. Min. Gilson Dipp — *DJe* 27.05.2011).

■ *13.2.6.1.3. Recurso e preclusão*

Contra a decisão de pronúncia é interponível **recurso em sentido estrito** (art. 581, IV, do CPP).

A pronúncia, como decisão de natureza interlocutória, gera efeitos preclusivos apenas no que se refere à impossibilidade de, no processo, rediscutir-se a admissibilidade da acusação. Não se pode falar, portanto, que a decisão esteja coberta pela imutabilidade da coisa julgada, pois os jurados não se vinculam aos fundamentos invocados pelo juiz para admitir a acusação.

A preclusão da decisão de pronúncia, contudo, não impede a alteração da classificação dada ao delito, desde que se verifique a **superveniência de circunstância que modifique a tipificação**, como, p. ex., quando, em ação penal por tentativa de homicídio, a vítima falece após a pronúncia em razão dos ferimentos anteriormente causados pelo réu. Nesse caso, o juiz deve remeter os autos ao Ministério Público para a readequação da acusação e, em seguida, proferir nova decisão de pronúncia (art. 421, §§ 1º e 2º, do CPP). Por isso, Hélio Tornaghi afirma que a decisão de pronúncia é imutável *rebus sic stantibus*[21].

■ 13.2.6.1.4. Despronúncia

Quando a pronúncia é revogada, diz-se que há despronúncia, cujos efeitos são idênticos aos da impronúncia[22]. Pode ocorrer nas seguintes hipóteses:

a) o juiz se retrata em razão da interposição de recurso em sentido estrito contra a decisão de pronúncia. Esta modalidade de recurso tem como uma de suas características a possibilidade de o próprio prolator da decisão de 1º grau se retratar em face dos argumentos apresentados pelo recorrente e modificar o teor da decisão;

b) o tribunal dá provimento ao recurso em sentido estrito interposto contra a decisão que pronunciou o acusado, excluindo o julgamento pelo Tribunal do Júri.

■ 13.2.6.2. Impronúncia

Se o juiz não se convencer da existência do crime ou se, apesar de convencido, não considerar demonstrada a probabilidade de o acusado ser autor ou partícipe, deve proferir decisão de impronúncia.

Trata-se de decisão de caráter terminativo, por meio da qual o juiz **declara não existir justa causa** para submeter o acusado a julgamento popular.

Como não se trata de decisão sobre o mérito da pretensão punitiva, a impronúncia não faz coisa julgada material, mas apenas formal. Assim, uma vez prolatada a decisão de impronúncia, poderá ser formulada nova denúncia ou queixa se houver **prova nova** (art. 414, parágrafo único, do CPP), desde que não se tenha operado causa extintiva da punibilidade (prescrição, morte do réu etc.).

O reconhecimento da inexistência de fundamento para submeter o réu a julgamento pelo tribunal popular no tocante ao crime doloso contra a vida acarreta a impossibilidade de o juiz julgar as infrações conexas, razão pela qual deverá, após a preclusão da decisão, remeter o feito ao juízo competente para apreciação daqueles crimes: "Uma vez admitida a *imputatio* acerca do delito da competência do Tribunal do Júri, o ilícito penal conexo também deverá ser apreciado pelo Tribunal Popular. Não admitida, este último passa a ser apreciado, então pelo órgão judiciário competente" (STJ — REsp 571.077/RS — 5ª Turma — Rel. Min. Felix Fischer — *DJ* 10.05.2004 — p. 338).

■ 13.2.6.2.1. Recurso

A decisão de impronúncia, que anteriormente era desafiada por recurso em sen-

[21] Hélio Tornaghi. *Curso de processo penal,* v. 2, p. 209.

[22] Fernando da Costa Tourinho Filho. *Processo penal,* 33. ed., v. 4, p. 161.

tido estrito, passou a sujeitar-se, a partir da edição da Lei n. 11.689/2008, a recurso de **apelação** (art. 416 do CPP). A alteração teve por objetivo conferir uniformidade ao sistema recursal, de modo que sempre será cabível apelação contra decisões que, no rito do júri, ponham fim ao processo, reservando-se o recurso em sentido estrito para atacar decisões não terminativas.

■ *13.2.6.3. Absolvição sumária*

É a **sentença definitiva** por meio da qual a **pretensão punitiva é julgada improcedente**. Trata-se, portanto, ao contrário do que ocorre com a impronúncia, de decisão de mérito, que terá lugar quando o juiz entender:

a) provada a inexistência do fato;

b) provado não ser o acusado autor ou partícipe do fato;

c) que o fato não constitui infração penal;

d) demonstrada causa de exclusão do crime ou de isenção de pena, com exceção da inimputabilidade, salvo se esta for a única tese defensiva.

A Lei n. 11.689/2008 ampliou as hipóteses de absolvição sumária, que até então era reservada às hipóteses de reconhecimento de causa de exclusão da ilicitude ou de culpabilidade do agente.

Com as alterações introduzidas, passaram a ensejar a absolvição sumária três situações que, no sistema antigo, conduziam à impronúncia: comprovação da inexistência do fato; da ausência de vínculo de autoria ou participação do réu com a infração; e da inexistência de infração penal.

Quando a circunstância dirimente reconhecida for a inimputabilidade por doença ou perturbação da saúde mental ou, ainda, por desenvolvimento incompleto ou retardado (art. 26 do CP), o juiz deverá absolver sumariamente o acusado apenas se não houver outra tese defensiva (art. 415, parágrafo único). Essa distinção justifica-se pela circunstância de que o reconhecimento da inimputabilidade sujeita o agente à medida de segurança (**absolvição sumária imprópria**). Assim, se o réu assume a autoria do crime e sua defesa se limita a alegar inimputabilidade por doença mental, o juiz, caso provada a inimputabilidade, absolverá sumariamente o réu e aplicará a medida de segurança. Se o acusado, todavia, tiver negado a autoria do crime, mas houver indícios de que ele cometeu o delito, o juiz deverá pronunciá-lo. Dessa forma, caso os jurados entendam que o réu não foi o autor do crime, ele obterá uma absolvição própria, plena, desacompanhada de medida de segurança. Caso reconheçam a autoria por parte do acusado, e, em seguida, sua inimputabilidade decorrente da doença mental, haverá absolvição imprópria, com aplicação de medida de segurança. Em suma, se o réu negar a autoria do crime, a apreciação incumbirá aos jurados em plenário, e não ao juiz na fase da pronúncia.

Constituindo decisão de caráter excepcional, já que impede a apreciação da causa pelo júri, só se decretará a absolvição sumária quando existir **prova incontroversa** de uma de suas hipóteses de cabimento. Para que seja decretada a absolvição sumária, portanto, é necessário que não remanesça prova alguma que infirme a tese absolutória, na medida em que, sendo o julgamento em plenário o momento adequado para a **valoração dos elementos de convicção**, não é dado ao juiz optar pela tese defensiva, ainda que se apresente como de maior solidez, quando existir também elemento de prova a embasar a tese acusatória.

Sobre o tema, convém recordar a lição de Julio Fabbrini Mirabete, para quem "a absolvição sumária nos crimes de competência do Júri exige uma prova segura, incontroversa, plena, límpida, cumpridamente demonstrada e escoimada de qualquer dúvida"[23].

Por tratar-se de sentença definitiva, a absolvição sumária produz **coisa julgada material**, pois, "passando em julgado a absolvição sumária, decidida está, definitivamente, a lide penal, com a declaração imutável de improcedência da pretensão punitiva"[24].

Se houver absolvição sumária, o juiz não apreciará os crimes conexos, devendo remeter o processo ao juízo competente para julgamento de tais infrações.

■ *13.2.6.3.1. Recurso*

Em virtude de alteração introduzida pela Lei n. 11.689/2008, a absolvição sumária, que até então era desafiada por recurso em sentido estrito, passou a expor-se à **apelação** (art. 416 do CPP), como ocorre com as demais decisões absolutórias definitivas.

Da reforma promovida pelo citado diploma legal surgiu **controvérsia** doutrinária acerca de continuar ou não a absolvição sumária sujeita ao duplo grau de jurisdição obrigatório ("recurso de ofício").

Afirma-se[25], por um lado, que a decisão ainda se submete ao reexame necessário, porque o art. 574, II, do Código de Processo Penal prevê que o reexame obrigatório da sentença "que absolver desde logo o réu com fundamento na existência de circunstância que exclua o crime ou isente o réu de pena". Argumenta-se, em sentido contrário, que o recurso de ofício foi afastado do contexto da absolvição sumária, já que o dispositivo faz menção expressa ao art. 411 do Código, que atualmente não se refere à absolvição sumária, bem assim em razão de não ser razoável admitir-se que apenas duas das hipóteses de absolvição sumária sujeitar-se-iam ao duplo grau obrigatório[26].

A jurisprudência do Tribunal de Justiça de São Paulo é no sentido de que houve supressão do reexame obrigatório da decisão que absolve sumariamente o acusado. Veja-se, dentre outros: "A reforma processual penal trazida pela Lei 11.689/08, que passou a vigorar em 09 de junho de 2008, aboliu o reexame necessário para as hipóteses de absolvição sumária, cabendo, agora, apenas o recurso de apelação, conforme disposto no art. 416, do Código de Processo Penal, com a nova redação" (TJSP — Reexame Necessário n. 12.856-29.2003.8.26.0248/Comarca de Indaiatuba — 3ª Câmara de Direito Criminal — Rel. Des. Ruy Alberto Leme Cavalheiro — julgado em 28.06.2011). No mesmo sentido vem entendendo o Superior Tribunal de Justiça: "O

[23] Julio Fabbrini Mirabete. *Código de Processo Penal interpretado,* 4. ed., p. 493.

[24] José Frederico Marques. *A instituição do júri,* p. 400.

[25] Fernando da Costa Tourinho Filho. *Processo penal,* 33. ed., v. 4, p. 157.

[26] Guilherme de Souza Nucci. *Código de Processo Penal comentado,* 9. ed., p. 763.

Superior Tribunal de Justiça já se pronunciou no sentido de que a Lei n. 11.689/08, 'dentre outras inovações, suprimiu a exigência de recurso obrigatório, ou *ex officio*, nas hipóteses de absolvição sumária'" (STJ — HC 141.887/ES — 5ª Turma — Rel. Min. Felix Fischer — julgado em 17.11.2009 — *DJe* 29.03.2010).

■ 13.2.6.4. Desclassificação

Se o juiz se convencer, em discordância com a denúncia ou queixa, da existência exclusiva de crime que não seja da competência do júri, deverá remeter os autos ao juízo competente, caso não o seja (art. 419 do CPP).

Por meio da decisão de desclassificação, que tem natureza **não terminativa**, o julgador reconhece, portanto, a inexistência de prova da ocorrência de crime doloso contra a vida e, concomitantemente, a existência de elementos que evidenciem a prática de infração estranha à competência do tribunal popular.

A desclassificação tanto pode se dar para crime menos grave (de tentativa de homicídio para lesão corporal de natureza grave, p. ex.) como para delito mais grave (de homicídio para latrocínio). A desclassificação opera-se, pois, sempre que o juiz, por entender que não se trata de crime de competência do júri, determina a remessa dos autos ao juízo competente.

■ 13.2.6.4.1. Recurso

Da decisão de desclassificação cabe **recurso em sentido estrito** (art. 581, II, do CPP). Embora haja quem afirme a falta de interesse do réu para recorrer da decisão[27], é preciso ter em conta que, em certos casos, a desclassificação lhe é prejudicial, o que evidencia a sua legitimidade.

É certo que, uma vez preclusa a desclassificação, o processo deve ser remetido ao juízo singular, mas há divergência entre os estudiosos acerca da possibilidade de o juiz que o recebe suscitar conflito de competência.

Fernando Capez[28] e Vicente Greco Filho[29] afirmam que o novo juízo está obrigado a receber o processo, sem que possa suscitar o conflito, na medida em que a decisão, porquanto irrecorrida na origem ou confirmada pelo tribunal, mostra-se preclusa, restando ao novo julgador absolver ou condenar o acusado. Outra corrente, defendida, dentre outros, por Julio Fabbrini Mirabete[30], Hélio Tornaghi[31] e Guilherme de Souza Nucci[32], sustenta que o conflito pode ser suscitado.

Tratando-se de questão relativa à competência *ratione materiae*, que não é al-

---

27 Julio Fabbrini Mirabete. *Código de Processo Penal interpretado,* 4. ed., p. 491.

28 Fernando Capez. *Curso de processo penal,* 18. ed., p. 641-642.

29 Vicente Greco Filho. *Manual de processo penal,* 7. ed., p. 96.

30 Julio Fabbrini Mirabete. *Código de Processo Penal interpretado,* 4. ed., p. 491.

31 Hélio Tornaghi. *Curso de processo penal,* v. 2, p. 208.

32 Guilherme de Souza Nucci. *Código de Processo Penal comentado,* 9. ed., p. 765-766.

cançada por preclusão, não vemos como negar ao juízo a quem o processo é remetido a faculdade de suscitar o conflito, sobretudo porque a competência eleva-se, nessa hipótese, a condição de validade do processo. A propósito: "O juízo tido como competente para o julgamento da ação penal não está compelido a observar o que se contém em decisão declinatória. Atua com ampla liberdade, podendo até mesmo, suscitar o conflito negativo" (STF — HC 73.366/SP — 2ª Turma — Rel. Min. Marco Aurélio — *DJ* 19.04.1996 — p. 12.218)[33].

Pronúncia	Impronúncia	Absolvição sumária	Desclassificação
Indícios de autoria e prova de materialidade	Ausência de indícios de autoria e prova de materialidade	Reconhecimento da inexistência do fato ou de que o réu não é autor ou partícipe do crime, ou, ainda, da atipicidade da conduta, de causa excludente de ilicitude ou de isenção de pena	Reconhecimento da existência de crime que não é doloso contra a vida
Recurso em sentido estrito	Apelação	Apelação	Recurso em sentido estrito
Réu é mandado a júri e interrompe-se a prescrição	Decisão terminativa. A ação pode ser reaberta com novas provas	Faz coisa julgada material	Remessa dos autos ao juízo competente para proferir sentença

■ 13.2.7. Juízo da causa

Com a preclusão da decisão de **pronúncia**, encerra-se a primeira fase do procedimento do júri, o que determina o encaminhamento dos autos ao juiz-presidente do tribunal do júri (art. 421, *caput*, do CPP), dando assim início à segunda etapa procedimental do processo.

Ressalte-se que a reforma de 2008 (Lei n. 11.689/2008) suprimiu a existência do libelo, peça escrita que inaugurava o juízo da causa e era oferecida pelo Ministério Público ou pelo querelante. Do libelo, eram extraídos os quesitos da acusação que viriam a ser apresentados aos jurados. A apresentação do libelo era, ainda, o momen-

[33] Nesse mesmo sentido: HC 59.593/SP — 1ª Turma — Rel. Min. Néri da Silveira — Julgamento: 13.04.1982 — *DJ* 03.12.1982 — p. 12.485.

to oportuno para o requerimento de diligências e indicação de testemunhas para oitiva em plenário. Do recebimento de tal peça derivava o direito de o acusado apresentar resposta, denominada contrariedade.

De acordo com as regras atuais, o juiz-presidente, ao receber os autos, determinará a intimação do órgão do Ministério Público ou do querelante e, ainda, do defensor, para que, no prazo de **5 dias**, **apresentem rol de testemunhas** que pretendem ouvir em plenário, até o máximo de 5, **requeiram diligências** e **juntem documentos** (art. 422 do CPP).

Manifestando-se as partes ou escoando-se o prazo, o juiz, depois de **deliberar sobre o requerimento de provas** a serem produzidas ou exibidas e após adotar as providências pertinentes para sua produção ou juntada, determinará a realização de eventuais diligências necessárias ao saneamento de eventuais nulidades e, em seguida, fará **relatório** sucinto do processo (art. 423 do CPP). O relatório deve encerrar exposição comedida do procedimento, para que não haja influência sobre os jurados.

Efetivadas tais medidas, o juiz declarará o processo preparado, determinando sua inclusão na pauta de julgamento da próxima reunião periódica do Tribunal do Júri. Com essa decisão, supera-se a **fase preparatória** do juízo da causa.

Na hipótese de a lei local de organização judiciária não atribuir ao presidente do Tribunal do Júri o preparo para julgamento, o juiz competente deverá remeter os autos do processo preparado até 5 dias antes da data de sorteio dos jurados que servirão na reunião periódica seguinte (art. 424).

■ *13.2.7.1. Desaforamento*

Desaforar é tirar o processo do foro em que está para mandá-lo a outro foro[34].

O desaforamento, ou seja, o deslocamento do processo de um foro para outro, é admitido em quatro hipóteses:

1) **por interesse da ordem pública** (art. 427, *caput*, do CPP) — ocorre, por exemplo, nos casos em que a realização do julgamento importar risco para a paz social local ou para a incolumidade dos jurados;

2) em razão de **dúvida sobre a imparcialidade do júri** (art. 427, *caput*, do CPP) — hipótese em que, por motivos de favoritismo ou perseguição, há elementos que indiquem que os jurados não apreciarão a causa com isenção;

3) em razão de **dúvida sobre a segurança pessoal do réu** (art. 427, *caput*, do CPP) — quando houver prova de risco para incolumidade física do acusado;

4) **não realização do julgamento, no período de seis meses a contar da preclusão da pronúncia, em virtude de comprovado excesso de serviço** (art. 428, *caput*, do CPP) — trata-se de medida destinada a fazer valer a garantia

[34] Hélio Tornaghi. *Curso de processo penal,* v. 2, p. 208.

constitucional de duração razoável do processo (art. 5º, LXXVIII, da CF). Para esse fim, não serão computados os períodos relativos a adiamentos provocados pela defesa ou diligências e incidentes de seu interesse.

Por se tratar de medida excepcional, o desaforamento só terá lugar quando houver **prova segura** da existência de um dos motivos que o justificam.

■ 13.2.7.1.1. Procedimento

Somente após a preclusão da decisão de pronúncia, ou seja, quando não mais houver dúvida de que o julgamento pelo juri será realizado, é que se pode cogitar do desaforamento.

Nas três primeiras hipóteses, o desaforamento pode ocorrer em virtude de requerimento das partes, inclusive do assistente, ou de representação do juiz. No último caso (demora no julgamento em razão de comprovado excesso de serviço), só é admissível o desaforamento a requerimento das partes.

Compete à segunda instância apreciar o pedido, que terá preferência de julgamento na Câmara ou Turma (art. 427, § 1º, do CPP). Antes de decidir, porém, o tribunal ouvirá o órgão do Ministério Público que oficiar em segundo grau.

Se o desaforamento não for proposto pela defesa, será obrigatória a manifestação desta, pois, de acordo com a Súmula n. 712 do Supremo Tribunal Federal, "é nula a decisão que determina o desaforamento de processo da competência do Júri sem audiência da defesa".

O juiz sempre prestará informações, salvo no caso de ter ele próprio representado ao tribunal solicitando o desaforamento.

Se o tribunal decidir pelo desaforamento do julgamento, indicará para qual **comarca da região** será deslocado, dentre aquelas nas quais não existam os mesmos motivos que ensejaram a medida derrogatória.

Em regra, o pedido **não tem efeito suspensivo**, razão pela qual a realização do julgamento pelo júri antes da apreciação do requerimento pelo tribunal prejudica a análise do pleito. É facultado ao relator a quem o pedido for distribuído no tribunal, contudo, determinar a suspensão do julgamento pelo júri até sua decisão, caso repute relevantes os motivos alegados (art. 427, § 2º, do CPP).

Não se admite o pedido de desaforamento (art. 427, § 4º, do CPP):

a) na pendência de recurso contra a pronúncia;

b) quando já realizado o julgamento, salvo se o fato que embasa o pedido tiver ocorrido durante ou após a realização de julgamento posteriormente anulado.

Essa previsão justifica-se por ser preciso evitar que se aprecie a necessidade de desaforamento quando ainda é incerta a realização do julgamento sobre cujo deslocamento versa o pedido.

Uma vez que são definitivos os efeitos do desaforamento, não se procederá ao **reaforamento** do julgamento (retorno do processo ao foro do delito), ainda que não mais subsistam as causas que determinaram o deslocamento. Poderá a causa retornar ao foro original, no entanto, em caso de novo desaforamento, ou seja, se surgirem na nova comarca motivos que justifiquem o deslocamento e, na comarca de origem, não houver mais motivo que impeça a apreciação da causa.

Se indeferido o desaforamento, o pedido só poderá ser renovado se fundado em **novos motivos**.

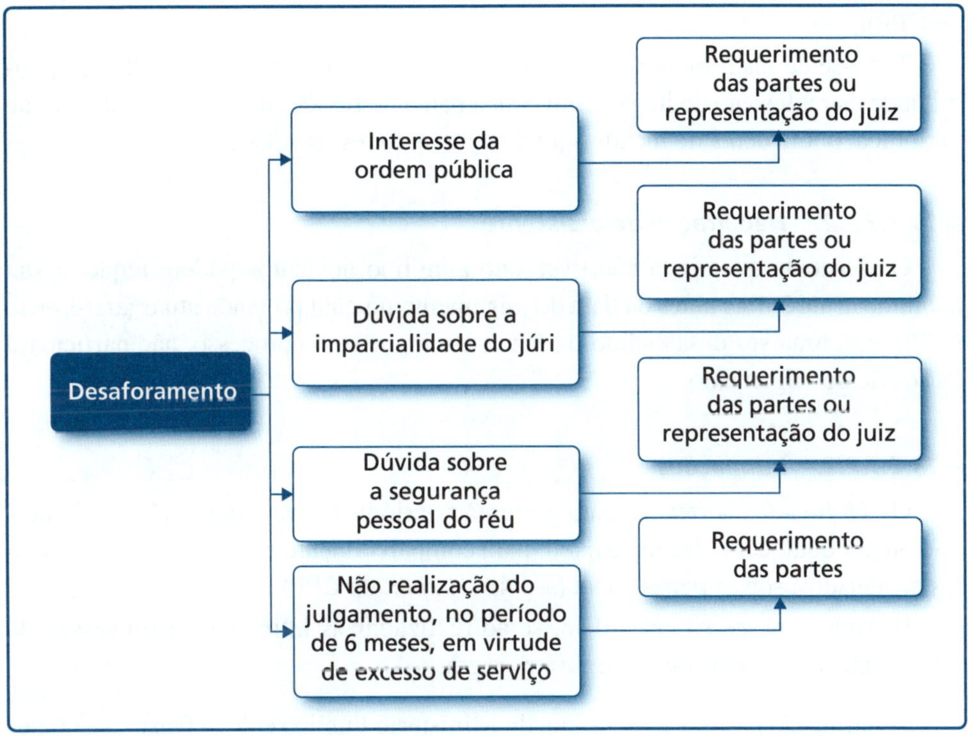

■ *13.2.7.2. Organização da pauta*

Salvo relevante motivo que autorize alteração na ordem de julgamento dos processos, terão preferência (art. 429 do CPP):

1) **os acusados presos**;

2) **dentre os presos, os mais antigos na prisão**;

3) **em igualdade de condições, os que tiverem sido pronunciados há mais tempo**.

Determina a lei que, antes da data designada para o primeiro julgamento da reunião periódica, deve ser afixada na porta do edifício do Tribunal do Júri lista dos processos a serem julgados.

O juiz-presidente deverá reservar datas na mesma reunião periódica para inclusão de eventuais processos que venham a ter os julgamentos adiados (art. 429, § 2º, do CPP).

■ 13.2.7.2.1. Antecipação do julgamento

A lei prevê a possibilidade de, a requerimento do acusado, a superior instância determinar a imediata realização do julgamento, desde que não haja excesso de serviço e que se verifique a inexistência de processos aguardando julgamento em quantidade que ultrapasse a possibilidade de apreciação pelo tribunal do júri (art. 428, § 2º, do CPP).

Trata-se de instrumento a ser manejado pela defesa quando, apesar da compatibilidade da realização do julgamento com a pauta de sessões de determinada reunião periódica, o juiz deixa de incluir o julgamento entre essas sessões.

■ 13.2.7.2.2. Habilitação do assistente

O assistente que ainda não tiver sido admitido nos autos poderá requerer sua habilitação até **5 dias** antes da data do julgamento no qual pretenda atuar (art. 430 do CPP), mas, uma vez desatendido o prazo para ingresso no processo, não participará da sessão de julgamento.

■ 13.2.7.2.3. Intimações

Os **25 jurados** sorteados para a reunião periódica serão convocados, pelo correio ou por qualquer outro meio hábil, para comparecimento nas datas dos julgamentos designados, sob as penas da lei (art. 434, *caput*, do CPP).

Estando o processo em ordem, serão realizadas as intimações para sessão de julgamento, de acordo com as seguintes regras:

a) intimação pessoal do acusado, do Ministério Público e do defensor, se nomeado, bem como do ofendido, testemunhas e peritos. Se o réu, todavia, **não for encontrado** para intimação pessoal, será intimado por **edital**;

b) intimação pela imprensa do defensor constituído, do querelante e do assistente do Ministério Público.

■ 13.2.7.3. Julgamento em plenário

Até o momento da abertura dos trabalhos, o juiz decidirá sobre isenção ou dispensa de jurado que a tenha requerido e deliberará sobre eventual pedido de adiamento do julgamento. O acolhimento do pedido de dispensa importa em isenção do jurado para participar apenas daquele julgamento, sem que acarrete o afastamento de outros da mesma reunião periódica.

13.2.7.3.1. *Verificação da presença das partes e das testemunhas*

Iniciados os trabalhos, porém antes de instalada a sessão de julgamento, o juiz verificará se o Ministério Público (e o querelante), o defensor, o acusado, o ofendido e as testemunhas estão presentes, observando as seguintes diretrizes:

Se ausente o **membro do Ministério Público**, o julgamento será **adiado** para o primeiro dia útil desimpedido (art. 455, *caput*, do CPP) e, acaso mostre-se injustificada a ausência, deverá o juiz expedir ofício ao Procurador-Geral de Justiça, para que, a seu critério, adote as medidas administrativas cabíveis, nomeando, se entender necessário, outro órgão para participar da futura sessão. Não é demais recordar que a nomeação de promotor *ad hoc* é incompatível com o texto constitucional, que interdita o exercício das funções ministeriais por pessoa estranha à carreira (art. 129, § 2º, da CF).

A comprovação pelo **defensor**, desde que feita até o momento do início dos trabalhos, da existência de **justo motivo** para o não comparecimento enseja o **adiamento** do julgamento. Entretanto, se faltar **sem justo motivo**, o julgamento será **adiado uma única vez**, devendo o juiz comunicar a Defensoria Pública ou nomear dativo para proceder à defesa na próxima data, observado o prazo de **10 dias**, sem prejuízo do direito de o acusado comparecer nessa segunda oportunidade com defensor de sua confiança (art. 456 do CPP).

Se o réu estiver **preso** e não tiver requerido, expressamente e em conjunto com o defensor, sua dispensa do julgamento (o juiz pode recusar o pedido de dispensa na eventualidade de considerar imprescindível a presença do acusado para a realização de diligência probatória), deverá ser conduzido à sessão. Na hipótese de **não apresentação**, o julgamento deve ser **adiado** para ocasião desimpedida.

A ausência do **acusado solto**, desde que devidamente intimado, não interfere nos trabalhos, já que a lei passou a **admitir o julgamento à revelia** (art. 457, *caput*, do CPP). Poderá o réu, entretanto, até a abertura dos trabalhos, solicitar o adiamento ou justificar a ausência, submetendo o requerimento à apreciação do juiz. A facultatividade da presença do réu no julgamento, como regra, é medida que se afina com o princípio da plena defesa, pois é sabido que, em certos casos, a simples participação do acusado no julgamento pode prejudicar seus interesses.

Também não é imprescindível à realização do julgamento a presença do **assistente** e do **advogado do querelante**, motivo pelo qual, desde que intimados, a ausência não implicará o adiamento (art. 457, *caput*, do CPP). Na hipótese de ausência do advogado do querelante, duas situações podem ocorrer: se se cuidar de ação penal privada **subsidiária da pública**, o julgamento deve realizar-se com o Ministério Público reassumindo a titularidade da acusação; acaso a atuação do querelante decorra da existência de crime conexo cuja ação é de iniciativa **privada**, a ausência injustificada do seu advogado importa em extinção da punibilidade da infração conexa, pela ocorrência da **perempção**.

Ausência na sessão de julgamento				
Ministério Público	Defensor	Réu	Advogado do querelante	Assistente
Justificada: adiamento Injustificada: adiamento e comunicação ao PGJ ou PGR	Justificada: adiamento Injustificada: adiamento por uma única vez e nomeação de defensor público ou dativo	Solto: realização do julgamento, desde que intimado Preso: adiamento, salvo se tiver requerido a dispensa	Realização do julgamento do crime contra a vida e perempção quanto ao crime conexo se a ação for privada exclusiva	Realização do julgamento

A **ausência de testemunha** não deve ensejar o adiamento do julgamento, salvo se tiver sido arrolada, tempestivamente, em **caráter de imprescindibilidade**, com indicação, pela parte interessada, do local em que pode ser localizada. Mesmo nessa situação deve o juiz suspender a sessão para tentar a condução coercitiva da testemunha, adiando o julgamento para o primeiro dia desimpedido somente na impossibilidade da imediata adoção dessa providência. Se a testemunha, porém, não for encontrada no local indicado, o julgamento será realizado mesmo sem a sua presença, desde que aquela circunstância seja certificada pelo oficial de justiça (art. 461, § 2º, do CPP), pois o ônus de indicar o lugar em que pode ser localizada a testemunha é da parte que a arrolou[35].

A testemunha faltosa, mesmo que não arrolada em caráter de imprescindibilidade, fica sujeita a multa no valor de 1 a 10 salários mínimos, de acordo com sua situação econômica, além da responsabilização por crime de desobediência, ressalvada a comprovação de justa causa (art. 458 do CPP). É vedado, por outro lado, o desconto no salário ou nos vencimentos das testemunhas a serviço do Tribunal do Júri (art. 459 do CPP).

A testemunha que **residir fora do local em que o juiz exerce a jurisdição** não tem o dever de comparecimento ao julgamento, o que não exonera o juízo do encargo de notificá-la para o ato, na medida em que pode haver comparecimento espontâneo. Pode a parte, contudo, segundo entendimento já adotado pelo Supremo Tribunal Federal, requerer seja a testemunha de fora da terra ouvida por carta precatória, que, uma vez devolvida, será juntada aos autos e seu teor utilizado em plenário: "A testemunha residente fora da Comarca, ainda que arrolada com cláusula de imprescindibilidade, não está obrigada a comparecer ao Tribunal do Júri para depor. É-lhe

[35] Vicente Greco Filho. *Manual de processo penal,* 7. ed., p. 405.

facultado apresentar-se espontaneamente em plenário ou ser ouvida por meio de carta precatória, caso requerida na fase processual própria" (STF — HC 82.281/SP — 2ª Turma — Rel. Min. Maurício Corrêa — *DJ* 01.08.2003 — p. 141).

Não é outro o entendimento do Superior Tribunal de Justiça: "Processual penal. Tribunal do Júri. Testemunha residente noutra comarca. Inquirição por precatória. CPP, Art. 222. Segundo a moldura do art. 222, do Código de Processo Penal, a testemunha que reside fora da jurisdição do Juiz será inquirida por carta precatória, não dispondo nosso ordenamento jurídico de qualquer preceito que determine o comparecimento à sessão do Tribunal do Júri de testemunha residente noutra Comarca. *Habeas corpus* denegado" (STJ — HC 18.196/SP — 6ª Turma — Rel. Min. Vicente Leal — *DJ* 10.06.2002 — p. 272).

Ausência de testemunha à sessão de julgamento pelo júri		
Arrolada em caráter de imprescindibilidade	Não arrolada em caráter de imprescindibilidade	Residente em outra comarca, independentemente do caráter em que foi arrolada
O julgamento será adiado, desde que a testemunha tenha sido intimada e que não seja possível sua condução coercitiva para a sessão	Realiza-se o julgamento	Realiza-se o julgamento

■ *13.2.7.3.2. Incomunicabilidade das testemunhas*

Antes de constituído o conselho de sentença, o juiz providenciará o recolhimento das testemunhas a recintos nos quais umas não possam ouvir o depoimento das outras (art. 460 do CPP), de modo a garantir que o depoimento de cada uma delas não seja influenciado pelo das demais e, assim, preservar a neutralidade da narrativa.

■ *13.2.7.3.3. Verificação da urna e do número de jurados*

Depois de superadas as questões relativas à presença das partes e testemunhas, bem assim após a apreciação de eventuais pedidos de adiamento, o juiz verificará, uma a uma, se a urna encerra cédulas com os nomes dos 25 jurados sorteados, determinando, em seguida, que o escrivão proceda à chamada deles (art. 462 do CPP).

Em seguida, o juiz reintroduzirá na urna as cédulas relativas aos jurados presentes, dela excluindo aquelas que exibirem o nome dos jurados que não tiverem comparecido.

Havendo o **número mínimo de 15 jurados**, o juiz-presidente declarará instalada a sessão e anunciará o processo a ser submetido a julgamento (art. 463 do CPP). Computam-se, para esse cálculo, os jurados excluídos por impedimento, suspeição ou incompatibilidade (art. 463, § 2º, do CPP).

Não havendo o quórum necessário, a sessão não será instalada, já que constitui **nulidade** a realização do julgamento quando não presentes pelo menos 15 jurados (art. 564, III, *i*, do CPP). Nessa situação, o juiz realizará o sorteio de jurados suplentes e designará nova data para julgamento, intimando os novos jurados.

Há controvérsia sobre a possibilidade, em locais em que vários Tribunais do Júri reúnem-se simultaneamente, em um mesmo prédio, para realização de julgamentos, de **empréstimo de jurado** de outro plenário, a fim de que se alcance o quórum necessário à instalação da sessão. De acordo com a jurisprudência do Superior Tribunal de Justiça, não enseja nulidade a complementação do número regulamentar mínimo de 15 jurados, por suplentes do mesmo Tribunal do Júri: "A complementação, com membros de outro plenário do mesmo Tribunal do Júri, do número legal mínimo de quinze jurados para que sejam instalados os trabalhos da sessão do júri não enseja a nulidade do julgamento do acusado" (STJ — HC 168.263/SP — 6ª Turma — Rel. Min. Rogerio Schietti Cruz — julgado em 20.08.2015 — *DJe* 08.09.2015)[36].

Há decisão do Supremo Tribunal Federal, porém, em sentido oposto: "Dada a relevância para as partes do conhecimento prévio dos jurados convocados para a sessão do Júri e que, assim, poderão compor o Conselho de Sentença, é de observância imprescindível o art. 442 C. Pr. Penal, segundo a qual a instalação da sessão depende do comparecimento de pelo menos 15 jurados, *quorum* que, se não atingido, implica nova convocação para o dia útil imediato. Daí que, não alcançando o *quorum* legal entre os convocados para determinado julgamento, é inadmissível, para atingi-lo a chamada de jurados incluídos na lista convocada para outros julgamentos previstos para a mesma data em diferentes 'plenários' do mesmo Tribunal do Júri" (STF — HC 88.801/SP — 1ª Turma — Rel. Min. Sepúlveda Pertence — *DJ* 08.09.2006 — p. 43).

Consideramos que a utilização de jurado convocado para outro plenário não tem aptidão para influir no exercício da plena defesa, pois, na medida em que houver publicação prévia da lista de convocados para todos os plenários, tal providência não impedirá que as partes conheçam, com a necessária antecedência, as identidades dos prováveis juízes leigos, de modo a embasar eventuais recusas de jurados.

■ *13.2.7.3.4. Pregão*

Havendo o número mínimo de jurados, o oficial de justiça apregoará as partes, ou seja, anunciará em voz alta que o julgamento terá início, chamando o representante do Ministério Público (e do querelante), o acusado e seu defensor, bem assim o assistente que tenha sido admitido no processo e, ainda, as vítimas e as testemunhas (art. 463, § 1º, do CPP).

---

[36] Nesse mesmo sentido: HC 227.169/SP — 5ª Turma — Rel. Min. Gurgel de Faria — *DJe* 11.02.2015; HC 127.104/SP — 5ª Turma — Rel. Min. Gurgel de Faria — *DJe* 26.11.2014; HC 132.292/SP — 6ª Turma — Rel. Min. Og Fernandes — *DJe* 22.06.2011.

■ 13.2.7.3.5. *Arguição de nulidades*

Nos termos do disposto no art. 571, V, do Código de Processo Penal, as nulidades que tenham ocorrido após a pronúncia só poderão ser arguidas até o momento que se segue ao pregão, sob pena de preclusão e da consequente convalidação do ato imperfeito. Nesse sentido: "Nulidade — Atos posteriores à pronúncia. A teor do disposto no inciso V do art. 571 do Código de Processo Penal, as nulidades dos atos posteriores à pronúncia devem ser arguidas logo depois de anunciado o julgamento e apregoadas as partes. Nesse sentido: "As nulidades ocorridas posteriormente à sentença de pronúncia devem ser arguidas depois de anunciado o julgamento e apregoadas as partes, sob pena de preclusão" (STJ — HC 374.752/MT — 5ª Turma — Rel. Min. Reynaldo Soares da Fonseca — julgado em 14.02.2017 — *DJe* 17.02.2017). A previsão alcança o ato mediante o qual o defensor dativo foi intimado, de forma ficta, para ciência da pauta relativa a recurso em sentido estrito interposto contra a pronúncia" (STF — RHC 83.710/SP — 1ª Turma — Rel. Min. Marco Aurélio — *DJ* 30.04.2004 — p. 51).

Se houver oportuna arguição de nulidade posterior à pronúncia, incumbe ao juiz-presidente a apreciação da questão referente à alegada eiva (art. 497, X, do CPP).

■ 13.2.7.3.6. *Providências prévias à composição do conselho de sentença*

Antes do sorteio dos 7 jurados que comporão o conselho de sentença (art. 466, *caput*, do CPP), o juiz os advertirá das **incompatibilidades** previstas no art. 448 do Código: "São impedidos de servir no mesmo Conselho marido e mulher; ascendente e descendente; sogro e genro ou nora; irmãos e cunhados, durante o cunhadio; tio e sobrinho; padrasto, madrasta ou enteado".

As incompatibilidades estendem-se às pessoas que mantenham **união estável** reconhecida como entidade familiar (art. 448, § 1º, do CPP). Se houver impedimento por parentesco ou relação de convivência entre jurados, **deve servir o que primeiro for sorteado** (art. 450 do CPP).

Os jurados serão advertidos, ainda, das **hipóteses de suspeição**, em razão de parentesco com o juiz, com o promotor, com o advogado, com o réu ou com a vítima, nos moldes da regulamentação relativa aos juízes togados.

Deve-se atentar, ainda, para as seguintes causas de **impedimento** (art. 449 do CPP), que impossibilitam de servir o jurado que:

a) tiver funcionado em julgamento anterior do mesmo processo, independentemente da causa determinante do julgamento posterior — **Súmula n. 206 do STF**: "É nulo o julgamento ulterior pelo júri com a participação de jurado que funcionou em julgamento anterior do mesmo processo";

b) no caso do concurso de pessoas, houver integrado o Conselho de Sentença que julgou o outro acusado;

c) tiver manifestado prévia disposição para condenar ou absolver o acusado.

■ 13.2.7.3.7. *Sorteio dos jurados*

Da urna contendo as cédulas com os nomes de todos os jurados presentes na sessão, serão sorteados 7 para formação do Conselho de Sentença.

Ao retirar cada uma das cédulas da urna, o juiz a lerá, após o que a defesa e, depois dela, o Ministério Público poderão recusar, sem justificativa, até 3 jurados cada qual: trata-se das **recusas peremptórias**. Além das recusas peremptórias (imotivadas), poderão as partes recusar outros jurados, qualquer que seja a quantidade, desde que comprovem justo motivo (suspeição, impedimento ou incompatibilidade).

Se forem 2 ou mais réus, as recusas poderão ser feitas por um só defensor (art. 469, *caput*, do CPP), desde que com isso concordem os acusados.

A lei dispõe que a separação de julgamentos somente ocorrerá se, em razão das recusas, não for obtido o número mínimo de 7 jurados (art. 469, § 1º, do CPP). Assim, se um jurado for recusado pela defesa de qualquer dos réus estará automaticamente excluído da formação do conselho de sentença, sem que seja necessário indagar aos defensores dos réus remanescentes e à acusação sobre a aceitação, mesmo que outro réu tenha aceitado anteriormente aquele jurado. Em outras palavras, a discrepância dos acusados no que diz respeito às recusas de jurados não mais enseja o desmembramento do julgamento.

Esta feliz inovação evita o desmembramento de processos em razão da falta de coincidência no tocante às recusas, ocorrência comum antes do advento da Lei n. 11.689/2008, já que a recusa de um jurado por parte de um réu e a aceitação por parte de outro ocasionava a cisão do julgamento, salvo se a acusação também o recusasse.

Também contribuiu para evitar a cisão do julgamento no caso de multiplicidade de réus o aumento para 25 do número de jurados convocados para cada reunião. No regime anterior, eram convocados 21 jurados. Com isso, se não houver ausência de jurados, mesmo que 5 réus e a acusação esgotem as recusas peremptórias a que têm direito, não haverá separação.

Se, entretanto, for necessária a separação dos julgamentos, na hipótese de vários réus, será julgado em primeiro lugar:

1) o acusado a quem se atribua a autoria do fato; ou
2) no caso de coautoria, aquele que estiver preso; ou
3) dentre os presos, aquele há mais tempo encarcerado; ou
4) em igualdade de condições, os precedentemente pronunciados.

Incumbe ao jurado, ao juiz-presidente, ao órgão do Ministério Público ou a qualquer funcionário declarar-se suspeito ou impedido, mas acaso isso não ocorra, as partes poderão arguir a suspeição ou impedimento, desde que o façam imediatamente ao sorteio do jurado, sob pena de preclusão.

Se o jurado em relação a quem foi apresentada recusa motivada negar a existência de causa de suspeição, impedimento ou incompatibilidade, caberá à parte comprová-la, após o que o juiz-presidente decidirá, de plano, a questão (art. 106 do CPP). O não acolhimento de arguição de suspeição, impedimento ou incompatibilidade não suspenderá o julgamento, devendo, no entanto, constar dos autos seus fundamentos e o teor da decisão (art. 470 do CPP).

Pode ocorrer que, devido às recusas peremptórias ou motivadas, não exista número suficiente de jurados para formar o conselho de sentença, hipótese em que o julgamento será adiado (art. 471 do CPP). Diz-se, nesse caso, que houve **estouro da urna**.

É permitido que o mesmo conselho de sentença conheça de mais de um processo no mesmo dia, desde que haja anuência das partes, hipótese em que novo compromisso será prestado pelos jurados (art. 452 do CPP).

■ *13.2.7.3.8. Incomunicabilidade*

O juiz-presidente também advertirá os jurados de que, uma vez sorteados, não poderão comunicar-se **entre si e com outrem**, nem manifestar sua opinião sobre o processo, sob pena de exclusão e multa de 1 a 10 salários mínimos (art. 466, § 1º, do CPP). É vedada, portanto, qualquer forma de comunicação, seja oral, escrita ou por meio de gestos[37], tanto durante o julgamento como nas pausas e nos intervalos.

A proibição de comunicação e de manifestação relaciona-se, todavia, apenas ao **objeto do processo** e tem por escopo garantir que o jurado possa apreciar a causa livre de influência e de constrangimento. Nada impede, portanto, que o jurado comunique-se com os demais ou com terceiros (juiz, promotor, advogado, serventuários etc.) a respeito de assuntos estranhos ao julgamento.

Nesse sentido: "Não ocorre quebra de incomunicabilidade quando o jurado se comunica ou conversa, ainda que durante a sessão, mesmo com os demais membros do Conselho de Sentença, desde que o assunto não seja a causa, as provas ou o mérito da imputação" (STJ — REsp 1.440.787/ES — 6ª Turma — Rel. Min. Maria Thereza de Assis Moura — julgado em 07.08.2014 — *DJe* 03.09.2014).

O dever de incomunicabilidade não pode impedir que o jurado obtenha esclarecimentos e informações necessárias à formação de sua convicção, daí por que devem ser admitidas as intervenções que se destinem a superar obscuridades em relação ao processo ou à prova, desde que a manifestação não traduza o teor de sua opinião sobre o objeto do processo.

A lei determina que o oficial de justiça elabore **certidão** a respeito da preservação da **incomunicabilidade** (art. 466, § 2º, do CPP), mas esse documento não pode ser erigido a formalidade essencial à validade do julgamento, daí por que sua falta não enseja, por si só, o reconhecimento de nulidade, cumprindo ao interessado suscitar a quebra do dever de incomunicabilidade tão logo ocorra e zelar pelo registro do incidente na ata.

■ *13.2.7.3.9. Compromisso e recebimento de cópia de peças dos autos*

Composto o conselho de sentença, os jurados prestarão o **compromisso solene** de examinar a causa com imparcialidade e de proferir a decisão de acordo com a consciência e os ditames da justiça (art. 472, *caput*, do CPP).

---

[37] Hélio Tornaghi. *Curso de processo penal,* 9. ed., v. 2, p. 231.

Em seguida, os jurados receberão cópia da pronúncia e de eventuais decisões posteriores que tenham admitido alteração da acusação, bem como do relatório do processo (art. 472, parágrafo único, do CPP).

■ *13.2.7.3.10. Uso de algemas e retirada do acusado do recinto*

Por entender que o uso de algemas no acusado durante o período em que permanecer em plenário pode influir para que os jurados predisponham-se a considerá-lo culpado, o legislador restringiu a possibilidade de utilização daquele instrumento às hipóteses de absoluta **necessidade para a ordem dos trabalhos**, para a **segurança das testemunhas** ou para **garantia da integridade física dos presentes** (art. 474, § 3º, do CPP). Salvo se presente uma dessas hipóteses, o que deverá ser objeto de registro em ata, a manutenção do réu algemado durante o julgamento importa em nulidade, nos termos da **Súmula Vinculante n. 11**: "Só é lícito o uso de algemas em casos de resistência e de fundado receio de fuga ou de perigo à integridade física própria ou alheia, por parte do preso ou de terceiros, justificada a excepcionalidade por escrito, sob pena de responsabilidade disciplinar, civil e penal do agente ou da autoridade e de nulidade da prisão ou do ato processual a que se refere, sem prejuízo da responsabilidade civil do estado".

Malgrado seja assegurado ao réu o direito de presença no julgamento, essa prerrogativa pode ser restringida se o acusado **dificultar a realização do julgamento**, caso em que o juiz mandará retirá-lo da sala e prosseguirá com os trabalhos sem sua presença (art. 497, VI, do CPP).

A retirada do acusado do plenário poderá ainda ocorrer, momentaneamente, se sua presença causar humilhação, temor ou sério constrangimento à testemunha ou ao ofendido (art. 217 do CPP) durante seu depoimento.

Desse entendimento não diverge o Superior Tribunal de Justiça: "O direito de presença não é absoluto e a lei, ela mesma, confere ao Juiz, em obséquio primariamente do conhecimento da verdade real, o poder-dever de fazer retirar o réu sempre que pela sua atitude possa influir no ânimo da testemunha (Código de Processo Penal, arts. 217 e 497, inciso VI). Titulariza, pois, o Juiz o poder-dever legal de proteger a produção da prova oral, assegurando, em obséquio da verdade real, a liberdade subjetiva das testemunhas e vítimas. O suporte fáctico da norma com incidência não se realiza apenas na atitude contemporânea do réu, alcançando, por certo, fatos pretéritos que suprimem ou só comprometem a liberdade subjetiva da testemunha ou vítima, ao tempo da produção de seu depoimento ou declaração" (STJ — HC 29.982/SP — 6ª Turma — Rel. Min. Hamilton Carvalhido — *DJ* 17.10.2005 — p. 353).

Igualmente, o uso de algemas pode ser determinado por decisão fundamentada do juiz por questões de segurança: "O emprego de algemas é excepcional, sendo que a sua utilização depende de motivada decisão judicial, como na espécie, em que o juiz fundamentou adequadamente a restrição em razão das peculiaridades do local em que realizado o ato processual, e na insuficiência de policiamento. Inocorrência de violação da Súmula vinculante n. 11" (STJ — HC 314.781/SC — 5ª Turma — Rel. Min. Ribeiro Dantas — julgado em 02.02.2017 — *DJe* 10.02.2017).

13.2.7.4. Atos de instrução probatória

Iniciada a sessão plenária, o ofendido e, em seguida, as testemunhas de acusação serão inquiridos sucessivamente pelo juiz, Ministério Público, assistente, querelante e defensor e, por fim, pelos jurados que desejarem, os quais arguirão por intermédio do juiz (art. 473 do CPP).

Passa-se, então, à inquirição das testemunhas arroladas pelo acusado, às quais o defensor perguntará logo após o juiz-presidente, mantendo-se, no mais, a ordem legal.

Diferentemente do que ocorre nos procedimentos em geral (art. 212 do CPP), a lei prevê que, no julgamento em plenário, é o juiz quem dá início à inquirição das testemunhas (art. 473, *caput*, do CPP), atividade na qual é sucedido pelas partes.

As perguntas serão feitas pelas partes **diretamente** às testemunhas e ao ofendido, sem que haja intermediação por parte do juiz, o qual, no entanto, não admitirá as indagações impertinentes, repetidas ou que puderem induzir a resposta. No tocante às perguntas dos jurados, todavia, vigora o **sistema presidencialista** de colheita de provas, em decorrência do qual as indagações são dirigidas ao juiz, que, por sua vez, as formula às testemunhas e ao ofendido. Em razão de a lei estabelecer sistemas diversos para as inquirições (*direct and cross examination* no que respeita às partes e sistema presidencialista em relação aos jurados), fala-se em **sistema misto** de inquirição[38].

Antes da realização do interrogatório, as partes e os jurados poderão requerer acareações, reconhecimento de pessoas e coisas e esclarecimentos dos peritos. Poderão, ainda, requerer **leitura de peças** relativas, exclusivamente, às provas colhidas por carta precatória e às provas cautelares, antecipadas ou não repetíveis (art. 473, § 3º, do CPP). Ex.: a leitura do depoimento prestado por testemunha na fase do sumário da culpa só poderá ser deferida se se tratar de prova irrepetível. Pode-se concluir, por outro lado, que, embora a lei tenha reservado a leitura de peças como ato probatório destacado dos debates para as hipóteses em que a prova não pode ser produzida em julgamento, não se proibiu as partes de, por ocasião dos debates, reproduzirem o teor de determinada peça ou de fazer menção a ela, ressalvadas as vedações constantes dos arts. 478 e 479 do CPP.

A instrução em plenário encerra-se com a realização do **interrogatório** do acusado, se estiver presente, oportunidade em que o direito de defesa poderá ser exercido pessoalmente (autodefesa): as perguntas serão formuladas ao acusado **diretamente** pelas partes, após as perguntas do juiz, iniciando-se pelo Ministério Público. Em seguida, o réu poderá ser inquirido, na ordem, pelo assistente, pelo querelante e pelo defensor, e, ainda, pelos jurados que o desejarem, os quais formularão perguntas **por intermédio do juiz** (art. 474, §§ 1º e 2º, do CPP). Vê-se, pois, que também em relação a interrogatório, a instrução em plenário contempla previsões diversas daquelas que regulam os procedimentos em geral, na medida em que, no júri, somente os jurados fazem perguntas com a intermediação do juiz, diversamente do que ocorre na inquirição do acusado feita no juízo singular (art. 188 do CPP).

---

[38] Fernando Capez. *Curso de processo penal,* 18. ed., p. 650.

Com o intuito de imprimir maior celeridade na colheita da prova e de obter maior fidelidade, foram introduzidas inovações referentes à forma de **registro dos depoimentos e do interrogatório**, que poderá ser feito por meio de gravação magnética ou eletrônica, estenotipia ou técnica similar, cuja transcrição será posteriormente juntada aos autos (art. 475 do CPP).

■ *13.2.7.4.1. Provas novas*

O art. 479 do Código de Processo Penal estabelece exceção à regra geral de que a prova documental pode ser introduzida nos autos a qualquer tempo, pois proíbe que durante o julgamento seja lido documento ou exibido objeto que não tenha sido juntado aos autos com antecedência mínima de **3 dias**, dando-se ciência à outra parte.

Está compreendida nessa proibição a leitura de jornais ou qualquer escrito, cujo **conteúdo versar sobre a matéria de fato constante do processo**, bem assim a exibição de vídeos, gravações, fotografias, laudos, quadros, croquis, armas ou instrumentos relacionados à infração, vestes da vítima etc. É permitida, portanto, a leitura de jornais, revistas ou reportagens sobre fatos alheios à causa em discussão.

Não maltrata o art. 479 do CPP, ainda, a exibição, em *PowerPoint*, de peças processuais já existentes nos autos, pois o emprego de tal recurso, assim como a apresentação de organograma que explicite pontos importantes do processo, constitui regular exercício da liberdade de manifestação que decorre do contraditório[39]. Informações sobre os antecedentes do acusado, entretanto, apesar de não se referirem, propriamente, ao fato em discussão, estão compreendidas na restrição imposta pelo dispositivo[40].

A finalidade da norma (evitar que uma das partes seja surpreendida durante o julgamento, o que prejudicaria o exercício do contraditório) autoriza a conclusão de que não basta, para a utilização do documento novo, que se proceda à sua juntada com a antecedência prevista, pois também a cientificação da parte adversa deve respeitar esse prazo. A contagem do prazo em questão deve ser feita de acordo com a regra inserta no art. 798, § 1º, do CPP, ou seja, sem o cômputo do dia do início e com inclusão do dia do vencimento[41]. Assim, se o julgamento estiver marcado para sexta-feira, deve-se cientificar a parte contrária da juntada do documento até a terça-feira, sob pena de inviabilizar-se o uso da prova nova em plenário.

A exibição de documento em desacordo com essa norma caracteriza **nulidade de natureza relativa**, cujo reconhecimento pressupõe a demonstração do prejuízo e a imediata arguição (art. 571, VIII, do CPP).

---

[39] STJ — HC 174.006/MS — 6ª Turma — Rel. Min. Alderita Ramos de Oliveira [Desembargadora convocada do TJ/PE] — Julgamento: 14.08.2012 — *DJe* 27.08.2012.

[40] STJ — REsp 1.307.086/MG — 6ª Turma — Rel. Min. Maria Thereza de Assis Moura — Julgamento: 03.06.2014 — *DJe* 18.06.2014.

[41] Fernando da Costa Tourinho Filho. *Processo penal,* 33. ed., v. 4, p. 219.

> "Eventuais nulidades decorrentes da inobservância do art. 479 do Código de Processo Penal são de natureza relativa e, como tal, exigem a demonstração de efeito prejuízo pela parte dita prejudicada. Máxima *pas de nullite sans grief*. Precedentes" (STJ — REsp 1.339.266/DF — 6ª Turma — Rel. Min. Maria Thereza de Assis Moura — julgado em 03.06.2014 — *DJe* 24.06.2014).

■ *13.2.7.4.2. Debates*

Terminada a colheita de provas, **o Ministério Público disporá de 1h30min** (uma hora e meia) para produzir a acusação, que deverá restringir-se aos termos da pronúncia ou de decisões posteriores que julgaram admissível a acusação, salvo no que respeita à arguição de circunstância agravante genérica, que poderá ser veiculada a despeito de falta de menção na decisão de pronúncia.

O Ministério Público, obviamente, não está vinculado à imputação, podendo postular a desclassificação do delito e até mesmo a absolvição.

Havendo assistente de acusação, que se pronunciará após o Ministério Público, deve ser observado, em relação à distribuição do tempo para cada um se pronunciar, aquilo que os órgãos acusadores ajustarem, mas se não existir entendimento, deverá o juiz dividir o tempo entre eles, podendo aplicar analogicamente o art. 12, I, da Lei n. 8.038/90, que assegura ao assistente 1/4 (um quarto) do tempo destinado à acusação. Na hipótese de ação penal privada subsidiária da pública, o Ministério Público manifestar-se-á após o querelante.

Concluída a acusação, **a defesa terá 1h30min** (uma hora e meia) para o seu pronunciamento, ocasião em que deve oferecer efetiva resistência à pretensão punitiva, sem que possa concordar com a acusação em todos os seus termos. Nada impede, porém, que o defensor postule apenas o reconhecimento de circunstância favorável ao réu (privilégio, p. ex.) ou a desclassificação do crime. A total insuficiência do desempenho do defensor acarretará, entretanto, a declaração de que o réu está indefeso, o que importa em dissolução do conselho de sentença e designação de outra data para a realização do julgamento, do qual participará novo defensor.

■ *13.2.7.4.3. Réplica e tréplica*

Após o término da exposição da defesa, a acusação pode exercer a faculdade da **réplica**, pelo prazo de **1 hora**, razão pela qual o juiz indagará ao Ministério Público se deseja fazer uso do período adicional para argumentação. Acaso haja assistente de acusação, esse poderá fazer uso da réplica mesmo que o acusador principal não pretenda usar dessa faculdade.

A defesa só poderá fazer uso da **tréplica**, pelo período de **1 hora**, se tiver havido réplica, já que se trata de faculdade que deriva da necessidade de apresentar contra-argumentos aos da acusação, levantados no período adicional.

Mas, como adverte Tourinho Filho, se a acusação, quando indagada se deseja fazer uso da réplica, não se limitar a responder negativamente, acrescentando qualquer comentário sobre a suficiência da prova ou reforçando, ainda que com poucas palavras, algum argumento, a defesa poderá treplicar, pois se deve considerar que, na prática, houve réplica.

13.2.7.4.4. *Inovação de tese defensiva na tréplica*

Há divergência doutrinária e jurisprudencial acerca da possibilidade de a defesa inovar na tréplica, apresentando tese até então não ventilada. Argumentam os que repudiam a possibilidade de inovação que, se admitida a sustentação de tese inédita quando a acusação já não pode rebatê-la, haveria maltrato ao princípio constitucional do contraditório[42].

Não comungamos desse entendimento, uma vez que a garantia do contraditório não alcança a necessidade de sempre oferecer à parte adversa oportunidade para contrariar tese jurídica, **cuja invocação pode ser antevista pelo órgão acusador, que é jurisperito**. O postulado do contraditório, que visa assegurar, em verdade, que ambas as partes tenham ciência e possam manifestar-se sobre todos os atos processuais e sobre todas as provas, deve harmonizar-se, ademais, com o princípio da **plenitude da defesa**, como já proclamado pelo Superior Tribunal de Justiça: "Tribunal do júri (plenitude de defesa). Tréplica (inovação). Contraditório/ampla defesa (antinomia de princípios). Solução (liberdade). Vem o júri pautado pela plenitude de defesa (Constituição, art. 5º, XXXVIII e LV). É-lhe, pois, lícito ouvir, na tréplica, tese diversa da que a defesa vem sustentando. Havendo, em casos tais, conflito entre o contraditório (pode o acusador replicar, a defesa, treplicar sem inovações) e a amplitude de defesa, o conflito, se existente, resolve-se a favor da defesa — privilegia-se a liberdade (entre outros, HC 42.914, de 2005, e HC 44.165, de 2007). *Habeas corpus* deferido" (STJ — HC 61.615/MS — 6ª Turma — Rel. p/ acórdão Min. Nilson Naves — *DJe* 09.03.2009).

Essa mesma corte, porém, em julgado mais antigo, já decidiu em sentido contrário: "É incabível a inovação de tese defensiva, na fase de tréplica, não ventilada antes em nenhuma fase do processo, sob pena de violação ao princípio do contraditório" (STJ — REsp 65.379/PR — 5ª Turma — Rel. Min. Gilson Dipp — 13.05.2002 — p. 218).

13.2.7.4.5. *Pluralidade de acusados*

Se houver **mais de um acusado**, será de **2h30min** (duas horas e meia) o tempo para exposição de cada parte e de **2 horas** o período destinado à **réplica** e à **tréplica**. Nessa hipótese, os defensores, se diversos, combinarão entre si a distribuição do tempo, que, na falta de entendimento, será dividido pelo juiz.

13.2.7.4.6. *Apartes*

Apartes são as intervenções que uma parte faz durante a exposição do oponente.

[42] Fernando da Costa Tourinho Filho. *Processo penal,* 33. ed., v. 4, p. 214.

Durante o julgamento são permitidos os apartes, que devem ser solicitados pelo interessado à parte que está fazendo uso da palavra e, em caso de resistência, ao juiz. A fim de evitar que os apartes desvirtuem-se em exposição paralela, com prejuízo para o tempo reservado ao orador, a lei incumbiu o juiz de regulamentar tais intervenções, podendo conceder até **3 minutos** para cada intervenção, com o devido **acréscimo ao tempo daquele que foi aparteado** (art. 497, XII, do CPP).

■ 13.2.7.4.7. *Referências proibidas nos debates*

O art. 478 do Código de Processo Penal estabelece restrições ao comportamento das partes durante os debates, vedando referência, sob pena de nulidade:

1) **à decisão de pronúncia, às decisões posteriores que julgaram admissível a acusação ou à determinação do uso de algemas como argumento de autoridade que beneficiem ou prejudiquem o acusado**.

Embora teçam críticas ao suposto conteúdo da norma, alguns autores (Tourinho Filho[43] e Guilherme de Souza Nucci[44]) interpretam esse dispositivo como proibição de qualquer referência aos termos da pronúncia (e à sua leitura) e à determinação do uso de algemas.

Entendemos, no entanto, que o dispositivo não estabelece proibição irrestrita de referência à pronúncia ou decisões equivalentes e, ainda, à determinação do uso de algemas, já que veda, apenas, que se faça menção às decisões "**como argumento de autoridade**".

A exegese literal do artigo não deixa dúvida de que a norma não tem o alcance que se lhe atribuem, pois "presume-se que a lei não contenha palavras supérfluas; devem todas ser entendidas como escritas adrede para influir no sentido da frase respectiva"[45]. Assim, é possível concluir que se o dispositivo fosse, de fato, destinado a interditar toda e qualquer referência à pronúncia e decisões equivalentes e à determinação do uso de algemas, não se teria empregado em sua redação a expressão "*como argumento de autoridade*".

Além disso, a interpretação de que a lei proíbe qualquer menção à pronúncia é inconciliável com a norma inserta no art. 472, parágrafo único, do Código, que prevê **a entrega de cópia da decisão em questão aos jurados**, circunstância que, de acordo com os preceitos hermenêuticos que orientam a integração de disposições aparentemente contraditórias, deve afastar a conclusão que conduz à antinomia.

Em seu *Tratado da argumentação*, Chaïm Perelman e Lucie Olbrechts-Tyteca lembram que "o argumento de prestígio mais nitidamente caracterizado é o argumento de autoridade, o qual utiliza atos ou juízos de uma pessoa ou de

[43] Fernando da Costa Tourinho Filho. *Processo penal,* 33. ed., v. 4, p. 217.

[44] Guilherme de Souza Nucci. *Código de Processo Penal comentado,* 9. ed., p. 818-819.

[45] Carlos Maximiliano. *Hermenêutica e aplicação do direito*, 19. ed., p. 91.

um grupo de pessoas como meio de prova a favor de uma tese"[46]. Entende-se por argumento de autoridade, portanto, também denominado apelo ao respeito ou *argumentum ad verecundiam*, a defesa de uma tese por meio da invocação do peso do prestígio do emissor de uma opinião favorável àquele determinado ponto de vista.

Assim, entendemos que a lei procurou evitar apenas que as partes induzam os jurados a curvarem-se ao prestígio profissional do juiz ou de integrantes de tribunais, em detrimento da análise lógica dos elementos constantes dos autos, tal como ocorre quando são levados a acreditarem que "o réu é culpado, tanto que foi pronunciado por um juiz de direito" ou que "o juiz determinou que o réu permanecesse algemado, o que prova que é culpado" ou, ainda, "se o juiz não determinou que o réu permanecesse algemado é porque o considera inocente e pacato".

Perfilhando-se a esse entendimento, o **Superior Tribunal de Justiça afastou o reconhecimento de nulidade de julgamento em que foi lido trecho da decisão de pronúncia**: "A reforma do artigo 478, inciso I, do Código de Processo Penal dada pela Lei n. 11.689/2008, vedando a referência à decisão de pronúncia durante os debates no Júri, reafirmou a soberania do julgamento pelo Tribunal Popular, cuja decisão deve ser tomada sem influências que possam comprometer a imparcialidade dos jurados e em prejuízo do réu. Todavia, as referências ou a leitura da decisão de pronúncia não acarretam, necessariamente, a nulidade do julgamento, até porque de franco acesso aos jurados, nos termos do artigo 480 do Código Penal, somente eivando de nulidade o julgamento se as referências forem feitas como argumento de autoridade que beneficiem ou prejudiquem o acusado. Não há nulidade decorrente da leitura de excerto da pronúncia que faz mera referência à competência do Júri para decidir acerca da configuração da qualificadora, porque não realizada como argumento de autoridade que prejudique o acusado. Recurso improvido" (STJ — REsp 1.190.757/DF — 6ª Turma — Rel. Min. Maria Thereza de Assis Moura — julgado em 06.06.2013 — Public.: *DJe* 14.06.2013).

O Supremo Tribunal Federal também já decidiu nesse sentido: "Recurso ordinário em *habeas corpus*. 2. Tribunal do júri. Art. 478, I, do CPP. Vedação de referências 'à decisão de pronúncia, às decisões posteriores que julgaram admissível a acusação ou à determinação do uso de algemas como argumento de autoridade que beneficiem ou prejudiquem o acusado'. Interpretação do dispositivo. A lei não veda toda e qualquer referência às peças. Apenas sua utilização como argumento de autoridade é vedada. No caso da pronúncia, é vedada sua utilização como forma de persuadir o júri a concluir que, se o juiz pronunciou o réu, logo este é culpado. 3. Negado provimento ao recurso ordinário" (STF — RHC 120.598/MT — 2ª Turma — Rel. Min. Gilmar Mendes — julgado em 24.03.2015 — *DJe*-151 03.08.2015).

Não há dúvida, no entanto, de que a norma prevista no art. 478, I, do Código de

[46] Chaïm Perelman e Lucie Olbrechts-Tyteca. *Tratado da argumentação:* a nova retórica, p. 348.

Processo Penal, não veda a leitura, em plenário, de sentença que condenou corréu[47] e de sentença condenatória civil prolatada em desfavor do acusado[48].

O Superior Tribunal de Justiça firmou entendimento no sentido de que "a leitura em plenário do júri dos antecedentes criminais do réu não se enquadra nos casos apresentados pelo art. 478, incisos I e II, do Código de Processo Penal, inexistindo óbice à sua menção por quaisquer das partes". Nesse sentido HC 333.390/MS — 6ª Turma — Rel. Min. Sebastião Reis Junior — julgado em 18.08.2016 — *DJe* 05.09.2016.

2) **ao silêncio do acusado ou à ausência de interrogatório por falta de requerimento, em seu prejuízo**.

A lei também proíbe que se faça menção, em desfavor do réu, à circunstância de ter permanecido em silêncio por ocasião do interrogatório ou à ausência de interrogatório por falta de requerimento.

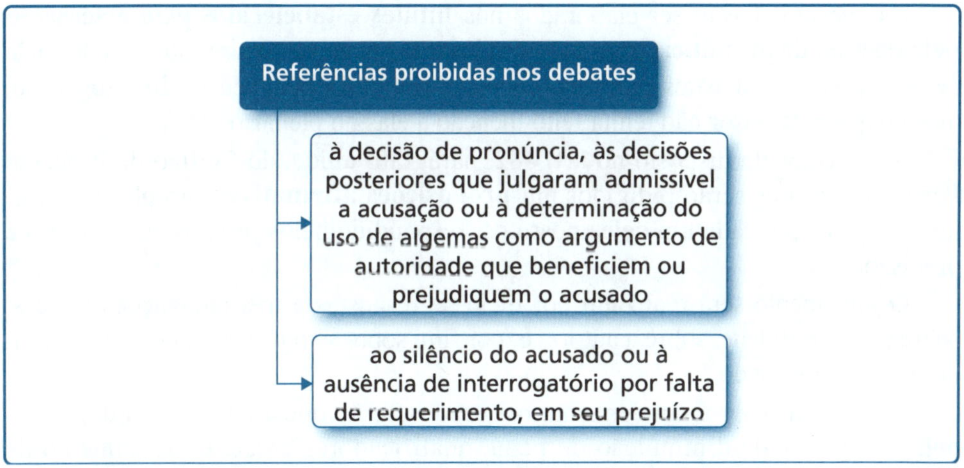

■ *13.2.7.4.8. Solicitação de esclarecimento ao orador*

Em qualquer momento dos debates a acusação, a defesa e os jurados poderão pedir ao orador, por intermédio do juiz, que indique a folha dos autos em que está a peça por ele lida ou citada. Aos jurados, pelo mesmo meio, é facultado pedir esclarecimento de fato alegado pelo orador (art. 480, *caput*, do CPP).

■ *13.2.7.4.9. Esclarecimentos prestados pelo juiz e novas diligências*

Encerrados os debates, os jurados serão consultados pelo juiz se estão suficientemente informados para o julgamento da causa (art. 480, § 1º, do CPP) e, se houver dúvida sobre questão de fato, o juiz, diretamente ou por intermédio do escrivão,

[47] STF — RHC 118.006/SP — 1ª Turma — Rel. Min. Dias Toffoli — j. 10.02.2015 — *DJe*-064 07.04.2015.

[48] STJ — HC 149.007/MT — 5ª Turma — Rel. Min. Gurgel de Faria — j. 05.05.2015 — *DJe* 21.05.2015.

prestará esclarecimentos à vista dos autos (art. 480, § 2º, do CPP), por meio de leitura imparcial de documento relativo ao objeto da indagação. Nessa etapa, os jurados poderão ter acesso aos autos e aos instrumentos do crime, se assim o solicitarem ao juiz-presidente (art. 480, § 3º, do CPP).

Se houver necessidade de nova diligência essencial para esclarecimento de fato, o juiz determinará sua realização, podendo, inclusive, reinquirir testemunhas, salvo se a providência não puder ser adotada sem quebra da incomunicabilidade, hipótese em que os trabalhos serão interrompidos e o conselho de sentença dissolvido, iniciando-se novo julgamento após a produção da prova (art. 481 do CPP).

■ 13.2.7.4.10. Formulação dos quesitos

Os jurados decidem respondendo a perguntas formuladas pelo juiz, às quais o Código denomina quesitos.

Os quesitos devem ser elaborados nos **limites estabelecidos** para a acusação **pela decisão de pronúncia**, mas também levarão em conta as teses sustentadas pela defesa durante os debates e, ainda, aquelas levantadas pelo réu no interrogatório, mesmo que o defensor não tenha feito menção a elas no plenário.

Nos termos do disposto no art. 482, parágrafo único, do Código de Processo Penal, os quesitos serão redigidos em **proposições afirmativas**, simples e distintas, de modo que cada um deles possa ser respondido pelos jurados com clareza e precisão.

O julgamento será realizado por meio de respostas a três indagações básicas: sobre a materialidade, sobre a autoria e, por fim, sobre se o júri entende que o acusado deva ser absolvido.

Acaso afirmada a condenação, os jurados serão questionados, ainda, a respeito de causas de diminuição de pena, qualificadoras e causas de aumento de pena, e eventuais teses desclassificatórias do delito. De qualquer forma, pelo novo sistema, introduzido pela Lei n. 11.689/2008, eliminaram-se as complexas e extensas séries de quesitos que eram endereçadas aos jurados para decisão sobre teses defensivas.

Os quesitos devem ser formulados na ordem adiante exposta (art. 483 do CPP) e indagarão sobre:

1º) **a materialidade do fato**.

Exemplo: a) *No dia 7 de setembro de 2011, por volta de 10 horas, na Avenida Independência, neste município, foram disparados projéteis de arma de fogo em direção a Mévio, provocando-lhe as lesões corporais descritas no laudo necroscópico, as quais, por sua vez, foram causa da morte do ofendido?*

2º) **a autoria ou participação** — esse quesito será formulado se o júri responder afirmativamente ao quesito anterior, pois, na hipótese contrária, o acusado já estará absolvido.

Exemplo: *Esses disparos foram realizados pelo acusado?*

3º) **se o acusado deve ser absolvido** — trata-se de quesito obrigatório, que só deve ser formulado se os jurados tiverem respondido afirmativamente aos dois quesitos anteriores, hipótese em que sua supressão acarreta a nulidade do julgamento (Súmula n. 156 do STF: "É absoluta a nulidade do julgamento, pelo Júri, por falta de quesito obrigatório"). Esse quesito engloba todas as teses absolutórias.

Exemplo: *O jurado absolve o acusado?*

Observação: Acaso haja alegação de inimputabilidade por doença mental ou desenvolvimento mental incompleto ou retardado do réu (art. 26, *caput*, do CP) em conjunto com outra tese absolutória, será necessário distinguir o fundamento de eventual absolvição, já que isso será essencial para definir se haverá aplicação de medida de segurança. Nessa hipótese, deverá o juiz alertar os jurados de que o terceiro quesito não contempla a tese de insanidade e, se respondido negativamente, dirigir aos jurados, logo em seguida, pergunta sobre a imputabilidade do réu.

Exemplo: *Era o acusado, ao tempo da ação, em razão de doença mental ou de desenvolvimento mental incompleto ou retardado, inteiramente incapaz de entender o caráter ilícito do fato ou de determinar-se de acordo com esse entendimento?*

4º) **se existe causa de diminuição de pena alegada pela defesa**.

Exemplo: *O réu agiu sob o domínio de violenta emoção logo em seguida a injusta provocação da vítima?*

5º) **se existem circunstância qualificadora ou causa de aumento de pena reconhecidas na pronúncia ou em decisões posteriores que julgaram admissível a acusação**.

Exemplos: *O réu praticou o crime com emprego de veneno? A vítima era menor de 14 anos (art. 121, § 4º, do CP)?*

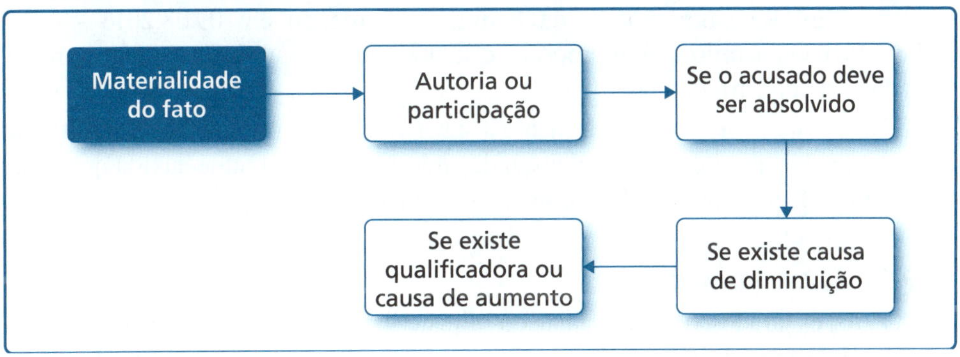

Se for sustentada tese de crime contra a vida na **forma tentada** ou se houver pedido de reconhecimento de **capitulação diversa, mas também de competência**

do Júri — ex.: pedido de condenação por infanticídio de réu pronunciado por homicídio —, o quesito correspondente será **formulado após o quesito relativo à autoria** (art. 483, § 5º, do CPP).

Acaso, no entanto, sustente-se a desclassificação da infração para outra de **competência do juiz singular**, haverá formulação específica de quesito sobre a alegação em questão, que deverá ser apreciada após a 2ª ou 3ª indagação, conforme o caso (art. 483, § 4º, do CPP).

Havendo mais de um crime ou mais de um acusado, os quesitos serão formulados em **séries distintas** (art. 483, § 6º, do CPP).

■ *13.2.7.4.11. Leitura, impugnação e explicação dos quesitos*

O juiz-presidente lerá os quesitos em público e indagará às partes se têm alguma reclamação ou requerimento em relação a eles. A ausência de impugnação gera a **preclusão** da faculdade de arguir deficiência dos quesitos: "A alegação de nulidade por vício na quesitação deverá ocorrer no momento oportuno, isto é, após a leitura dos quesitos e a explicação dos critérios pelo Juiz presidente, sob pena de preclusão, nos termos do art. 571 do CPP (HC 217.865/RJ — 6ª Turma — Rel. Min. Rogerio Schietti Cruz — julgado em 17.05.2016 — *DJe* 24.05.2016)" (STJ — AgInt no REsp 1.477.914/MG — 6ª Turma — Rel. Min. Nefi Cordeiro — julgado em 13.12.2016 — *DJe* 19.12.2016). "Não impugnados, durante a sessão de julgamento, os quesitos dirigidos aos jurados, opera-se a preclusão. Aplicação do art. 571, VIII, do CPP. Precedentes" (STF — HC 97.064/RS — 2ª Turma — Rel. Min. Joaquim Barbosa — *DJe*-20 01.02.2011).

No caso de impugnação, o juiz decidirá de imediato se efetua ou não alguma alteração na redação do quesito, devendo tudo constar da ata (art. 484, *caput*, do CPP). De qualquer forma, o Superior Tribunal de Justiça entende que "apenas pode-se considerar nulo o julgamento realizado pelo Tribunal do Júri quando os quesitos forem apresentados com má redação ou, ainda, com redação complexa, a ponto de dificultar o entendimento dos jurados" (STJ — REsp 1.425.154/DF — 5ª Turma — Rel. Min. Reynaldo Soares da Fonseca — julgado em 09.08.2016 — *DJe* 17.08.2016). De acordo com a própria Corte, todavia, tal nulidade somente será declarada se demonstrado o prejuízo.

Em seguida, antes do recolhimento à sala secreta, o juiz explicará o significado de cada um dos quesitos aos jurados e indagará se eles têm alguma dúvida que possa ser esclarecida (art. 484, parágrafo único, do CPP).

■ *13.2.7.4.12. Sala secreta*

O juiz, os jurados, o representante do Ministério Público, o assistente, o querelante, o defensor do acusado, o escrivão e o oficial de justiça passarão à sala especial (sala secreta), onde, **sem a presença do réu**, será realizada a votação (art. 485, *caput*, do CPP).

Na falta de sala especial, o réu e o público em geral serão retirados do plenário, assim também outros servidores e policiais (art. 485, § 1º, do CPP).

Em seguida, as partes serão advertidas, pelo juiz-presidente, de que qualquer intervenção que possa perturbar a livre manifestação dos jurados ocasionará a expulsão da sala (art. 485, § 2º, do CPP).

■ 13.2.7.4.13. Votação

Antes de proceder-se à votação dos quesitos, o juiz mandará distribuir aos jurados pequenas cédulas, feitas de papel opaco e facilmente dobráveis, contendo 7 delas a palavra "*sim*" e outras 7 a palavra "*não*", a fim de, secretamente, serem recolhidos os votos (art. 486 do CPP).

Terá início, então, a votação, que ensejará a decisão por maioria de votos, ocasião em que o juiz lerá o quesito e convidará os jurados a depositarem seus votos em uma urna e a descartarem a cédula não utilizada em outra.

Depois de verificar se há sete cédulas em cada um dos receptáculos, o juiz procederá à abertura dos votos e determinará o registro do resultado de cada votação, conferindo, em seguida, as cédulas descartadas pelos jurados. A redação do § 1º do art. 483 do Código ensejou o surgimento de corrente doutrinária que preconiza deva o juiz interromper a abertura das cédulas com os votos dos jurados sempre que constatar a existência de quatro votos favoráveis a determinada tese[49]. Não aderimos a essa interpretação, pois referido dispositivo diz que o juiz deve parar a própria **votação** (e não a contagem dos votos) se quatro ou mais jurados refutarem a **materialidade** ou a **autoria** ou **participação** do réu no crime. Ademais, existe previsão expressa no sentido de que o juiz deve realizar a conferência (ou seja, a abertura) das cédulas não utilizadas (art. 488, parágrafo único, do CPP), o que leva à conclusão de que a apuração de todos os votos é necessária, mesmo que a maioria seja constatada antes da abertura da última cédula.

O Superior Tribunal de Justiça, todavia, já proclamou que o escrutínio de cada quesito deve ser interrompido quando já alcançado o resultado pela maioria de votos: "O procedimento adotado pelo Presidente do Tribunal do Júri, de interrupção na apuração dos votos de determinado quesito, quando já atingido *quorum* necessário para se alcançar o resultado final, não macula o feito, eis que dessa prática não decorre prejuízo ao acusado, não caracterizando, desse modo, nulidade sequer relativa (Precedentes). Outrossim, além de tal procedimento há muito ser chancelado por esta Corte, a Lei n. 11.698/2008, ao alterar o art. 483, do CPP, previu, expressamente, nos §§ 1º e 2º, que se adote esta orientação" (STJ — REsp 957.993/RN — 5ª Turma — Rel. Min. Felix Fischer — *DJe* 22.06.2009).

Se houver contradição entre as respostas dos quesitos, o juiz fará explicação objetiva apontando a incongruência e procederá à nova votação (art. 490, *caput*, do CPP), sob

[49] Fernando da Costa Tourinho Filho. *Processo penal,* 33. ed., v. 4, p. 224.

pena de **nulidade absoluta**. Ex.: réu acusado por crimes de homicídio e porte ilegal de arma. Os jurados afastam a autoria do homicídio e reconhecem a autoria no crime de porte ilegal; porém, em outro quesito, reconhecem que o crime de porte de arma fica absorvido pelo homicídio. Ora, se os jurados afastaram a autoria do homicídio, há contradição na decisão que diz que o porte de arma fica absorvido por aquele crime.

É importante recordar, entretanto, que "a contradição que se revela apta a gerar a nulidade processual é somente aquela que se manifesta nos votos proferidos pela maioria dos Jurados, não sendo possível inferi-la da eventual incoerência de um ou de alguns votos minoritários" (STF — HC 71.800/RS — 1ª Turma — Rel. Min. Celso de Mello — *DJ* 03.05.1996 — p. 13.899).

Serão desconsiderados os quesitos cuja apreciação restar prejudicada por resposta anterior (art. 490, parágrafo único, do CPP).

13.2.8. Sentença

Da sentença, que deve espelhar o veredicto do Júri, não haverá fundamentação quanto ao mérito da decisão, já que o julgamento dos jurados é feito por íntima convicção. Assim, basta ao juiz fazer menção ao resultado da votação e declarar o réu condenado ou absolvido.

Já em relação à aplicação da pena ou da medida de segurança, no entanto, há necessidade de fundamentação, como ocorre em relação às sentenças proferidas pelo juízo singular.

13.2.8.1. Condenação

Em caso de **condenação**, incumbirá ao juiz aplicar a pena e decidir pela existência ou inexistência das circunstâncias **agravantes** ou **atenuantes genéricas** alegadas nos debates (art. 492, I, *b*, do CPP), sem que haja necessidade, portanto, de incluí-las no questionário dirigido aos jurados. As agravantes e atenuantes genéricas são aquelas previstas nos arts. 61, 62, 65 e 66 do Código Penal.

Há quem defenda, porém, que não cabe ao juiz a apreciação da existência ou inexistência de agravantes e atenuantes, mas aos jurados[50].

O Supremo Tribunal Federal decidiu que, em respeito ao princípio da soberania dos veredictos, a **decisão condenatória** proferida pelo Tribunal do Júri pode ser, desde logo, objeto de **execução provisória**, sem que isso importe em ofensa ao princípio da presunção de não culpabilidade: "Direito Constitucional e Penal. *Habeas Corpus*. Duplo Homicídio, ambos qualificados. Condenação pelo Tribunal do Júri. Soberania dos veredictos. Início do cumprimento da pena. Possibilidade. 1. A Constituição Federal prevê a competência do Tribunal do Júri para o julgamento de crimes dolosos contra a vida (art. 5º, inciso XXXVIII, *d*). Prevê, ademais, a soberania dos veredictos (art. 5º, inciso XXXVIII, *c*), a significar que os tribunais não podem substituir a decisão proferida pelo júri popular. 2. Diante disso, não viola o princípio da presunção de inocência

[50] Fernando da Costa Tourinho Filho. *Processo penal,* 33. ed., v. 4, p. 247.

ou da não culpabilidade a execução da condenação pelo Tribunal do Júri, independentemente do julgamento da apelação ou de qualquer outro recurso. Essa decisão está em consonância com a lógica do precedente firmado em repercussão geral no ARE 964.246-RG, Rel. Min. Teori Zavascki, já que, também no caso de decisão do Júri, o Tribunal não poderá reapreciar os fatos e provas, na medida em que a responsabilidade penal do réu já foi assentada soberanamente pelo Júri. 3. Caso haja fortes indícios de nulidade ou de condenação manifestamente contrária à prova dos autos, hipóteses incomuns, o Tribunal poderá suspender a execução da decisão até o julgamento do recurso. 4. *Habeas corpus* não conhecido, ante a inadequação da via eleita. Não concessão da ordem de ofício. Tese de julgamento: 'A prisão de réu condenado por decisão do Tribunal do Júri, ainda que sujeita a recurso, não viola o princípio constitucional da presunção de inocência ou não culpabilidade'" (HC 118.770 — 1ª Turma — Rel. p/ Acórdão Min. Roberto Barroso — julgado em 07.03.2017 — *DJe* 24.04.2017).

Se não houver determinação de imediata execução da condenação, o juiz deve também analisar, para fins de manutenção do réu no cárcere ou de decretação de sua prisão, se estão presentes os requisitos da **prisão preventiva**, manifestando-se fundamentadamente sobre a matéria.

■ *13.2.8.2. Absolvição*

Na hipótese de sentença absolutória, o juiz mandará colocar o réu em liberdade, se por outro motivo não estiver preso, e revogará eventuais medidas cautelares reais ou pessoais que tenha decretado.

Se for caso de absolvição imprópria, o juiz imporá medida de segurança ao acusado.

■ *13.2.8.3. Desclassificação*

É possível que o júri não condene o réu pela prática de crime doloso contra a vida e também não o absolva dessa imputação, desclassificando a infração para outra de competência do juízo singular, hipótese em que o juiz-presidente suspenderá a votação e proferirá sentença na mesma sessão (art. 492, § 1º, do CPP). Ex.: desclassificação de tentativa de homicídio para lesão corporal grave. Esse procedimento será adotado ainda que a desclassificação ocorra para infração de menor potencial ofensivo, situação em que incumbirá ao juiz-presidente, se superada as etapas relativas à aplicação de medidas despenalizadoras, a apreciação do delito. Há quem defenda, no entanto, que na desclassificação para infração de menor potencialidade ofensiva, os autos devem ser remetidos, após preclusa a decisão, ao Juizado Especial Criminal[51].

Acaso, na hipótese de desclassificação para delito não doloso contra a vida, exista crime conexo, incumbirá ao juiz-presidente a apreciação de ambas as infra-

[51] Guilherme de Souza Nucci. *Código de Processo Penal comentado,* 9. ed., p. 845-846.

ções (art. 492, § 2º, do CPP), sem que a competência se desloque para o juízo singular: "Crime doloso contra a vida em conexão com estupro consumado e tentado, em concurso material. Desclassificação, pelos jurados, da tentativa de homicídio para disparo de arma de fogo em local habitado. Competência do Presidente do Tribunal do Júri para o julgamento do crime desclassificado e do conexo (CPP, art. 74, § 3º), e não do Juiz singular, como sustentado na impetração" (STF — HC 100.843/RJ — 2ª Turma — Rel. Min. Eros Grau — *DJe*-91 21.05.2010).

Se o réu estiver sendo julgado por crime doloso contra a vida e por outro conexo, de diversa natureza, e houver absolvição em relação ao primeiro, caberá aos jurados apreciar a responsabilidade do acusado em relação ao outro, uma vez que, ao julgarem o mérito da infração de competência do júri, entenderam-se competentes para a análise das demais.

Costumava-se distinguir, doutrinariamente, duas modalidades de desclassificação: a **própria**, quando o júri afirma que não se trata de crime doloso contra a vida, mas não decide qual infração ocorreu, de modo a conferir ampla liberdade ao juiz-presidente; e a **imprópria**, quando, ocorrendo a desclassificação, o júri define a nova classificação jurídica do fato, vinculando, assim, o juiz à apreciação feita por eles.

Embora subsista a desclassificação própria, que ocorre, por exemplo, quando os jurados, ao responderem a quesito sobre a tentativa, negam a existência do *animus necandi*, não há mais espaço para a desclassificação imprópria, que tinha lugar nas situações em que, em decorrência do desmembramento em vários quesitos de certas teses absolutórias, o conselho de sentença afirmava a ocorrência de crime de natureza determinada (ex.: afirmativa, no curso votação de quesitos sobre a legítima defesa, de que o réu incidiu em excesso culposo).

■ *13.2.8.4. Publicação*

Proferida a sentença, será publicada em plenário, mediante leitura na presença do réu e dos circunstantes, e, após, o juiz declarará encerrada a sessão.

■ 13.2.9. Ata da sessão de julgamento

Em cada julgamento o escrivão lavrará ata, que levará a assinatura do juiz e das partes, na qual estarão registrados, obrigatoriamente, todos os acontecimentos da sessão, em especial (art. 495 do CPP):

I — a data e a hora da instalação dos trabalhos;

II — o magistrado que presidiu a sessão e os jurados presentes;

III — os jurados que deixaram de comparecer, com escusa ou sem ela, e as sanções aplicadas;

IV — o ofício ou requerimento de isenção ou dispensa;

V — o sorteio dos jurados suplentes;

VI — o adiamento da sessão, se houver ocorrido, com a indicação do motivo;

VII — a abertura da sessão e a presença do Ministério Público, do querelante e do assistente, se houver, e a do defensor do acusado;

VIII — o pregão e a sanção imposta, no caso de não comparecimento;

IX — as testemunhas dispensadas de depor;

X — o recolhimento das testemunhas a lugar de onde umas não pudessem ouvir o depoimento das outras;

XI — a verificação das cédulas pelo juiz-presidente;

XII — a formação do Conselho de Sentença, com o registro dos nomes dos jurados sorteados e recusas;

XIII — o compromisso e o interrogatório, com simples referência ao termo;

XIV — os debates e as alegações das partes com os respectivos fundamentos;

XV — os incidentes;

XVI — o julgamento da causa;

XVII — a publicidade dos atos da instrução plenária, das diligências e da sentença.

Nos termos do disposto no art. 496 do Código de Processo Penal, a falta da ata sujeitará o responsável, ou seja, o escrivão, a sanções administrativas e penais (prevaricação, desde que tenha agido dolosamente).

■ 13.2.10. Atribuições do juiz-presidente

Dentre as atribuições do juiz-presidente, destacam-se (art. 497 do CPP):

I — regular a polícia das sessões e prender os desobedientes;

II — requisitar o auxílio da força pública, que ficará sob sua exclusiva autoridade;

III — dirigir os debates, intervindo em caso de abuso, excesso de linguagem ou mediante requerimento de uma das partes;

IV — resolver as questões incidentes que não dependam de pronunciamento do júri;

V — nomear defensor ao acusado, quando considerá-lo indefeso, podendo, neste caso, dissolver o Conselho e designar novo dia para o julgamento, com a nomeação ou a constituição de novo defensor;

VI — mandar retirar da sala o acusado que dificultar a realização do julgamento, o qual prosseguirá sem a sua presença;

VII — suspender a sessão pelo tempo indispensável à realização das diligências requeridas ou entendidas necessárias, mantida a incomunicabilidade dos jurados;

VIII — interromper a sessão por tempo razoável, para proferir sentença e para repouso ou refeição dos jurados;

IX — decidir, de ofício, ouvidos o Ministério Público e a defesa, ou a requerimento de qualquer destes, a arguição de extinção de punibilidade;

X — resolver as questões de direito suscitadas no curso do julgamento;

XI — determinar, de ofício ou a requerimento das partes ou de qualquer jurado, as diligências destinadas a sanar nulidade ou a suprir falta que prejudique o esclarecimento da verdade;

XII — regulamentar, durante os debates, a intervenção de uma das partes, quando a outra estiver com a palavra, podendo conceder até 3 (três) minutos para cada aparte requerido, que serão acrescidos ao tempo desta última.

■ 13.2.11. Protesto por novo júri

A Lei n. 11.689/2008 **suprimiu** a existência do protesto por novo júri, que era um recurso **exclusivo da defesa** e passível de interposição quando ao acusado era aplicada, em primeira instância, pena **igual ou superior a 20 anos** referente a um único crime doloso contra a vida.

O recurso era dirigido ao juiz-presidente do Tribunal do Júri e podia ser utilizado uma única vez, destinando-se a submeter o réu a **novo julgamento**.

Para o provimento do recurso e consequente submissão do réu a novo julgamento, bastava a constatação de que ao acusado havia sido imposta pena no citado patamar, independentemente da existência de erro, injustiça ou nulidade na decisão impugnada.

A eliminação do protesto por novo júri, além de evitar a repetição injustificada do julgamento e proporcionar prestação jurisdicional definitiva mais célere, resgatou as condições para aplicação de pena justa, que muitas vezes era fixada aquém de 20 anos, mesmo em gravíssimos casos, somente para impedir que o réu pudesse valer-se do recurso.

No que se refere ao direito intertemporal, aplica-se o postulado fundamental de que a recorribilidade é regida pela **lei em vigor na data em que a decisão foi publicada**[52], daí por que é irrelevante, para fins de análise da possibilidade de manejo do protesto por novo júri, que o fato tenha sido praticado na vigência da lei anterior: somente os julgamentos realizados antes da supressão do recurso poderão ensejar sua interposição.

Adotando esse fundamento, o Supremo Tribunal Federal assentou: "Nos termos do art. 2º do CPP, 'a lei processual aplicar-se-á desde logo, sem prejuízo da validade dos atos realizados sob a vigência da lei anterior'. Desse modo, se lei nova vier a prever recurso antes inexistente, após o julgamento realizado, a decisão permanece irrecorrível, mesmo que ainda não tenha decorrido o prazo para a interposição do novo recurso; se lei nova vier a suprimir ou abolir recurso existente antes da prolação da sentença, não há falar em direito ao exercício do recurso revogado. Se a modificação ou alteração legislativa vier a ocorrer na data da decisão, a recorribilidade subsiste pela lei anterior. Há de se ter em conta que a matéria é regida pelo princípio fundamental de que a recorribilidade se rege pela lei em vigor na data em que a decisão for publicada (GRINOVER, Ada Pellegrini; GOMES FILHO, Antonio Magalhães; FERNANDES, Antonio Scarence. *Recursos no processo penal:* teoria geral dos recursos em espécie, ações de impugnação, reclamação aos tribunais. 5. ed. São Paulo: RT, 2008, p. 63). No caso em exame, os recorrentes foram condenados pelo Tribunal do Júri de São Paulo em 26 de março de 2010. No ato de interposição do recurso de apelação, formaliza-

[52] Ada Pellegrini Grinover; Antonio Magalhães Gomes Filho e Antonio Scarance Fernandes. *Recursos no processo penal,* 7. ed., p. 56.

ram o pedido alternativo de recebimento da impugnação recursal como 'protesto por novo júri', pleito que não foi acolhido porque esse recurso *sui generis* fora extinto pela Lei 11.689, que entrou em vigor em 8 de agosto de 2008, antes, portanto, da prolação da sentença penal condenatória" (STF — RE 752.988 AgR/SP — 2ª Turma — Rel. Min. Ricardo Lewandowski — julgado em 10.12.2013 — *DJe*-022 03.02.2014).

Esse também é o entendimento adotado, em relação ao tema, pelo Superior Tribunal de Justiça: "A recorribilidade se submete à legislação vigente na data em que a decisão foi publicada, consoante o art. 2º do Código de Processo Penal. Incidência do princípio *tempus regit actum*. O fato de a lei nova ter suprimido o recurso de protesto por novo júri não afasta o direito à recorribilidade subsistente pela lei anterior, quando o julgamento ocorreu antes da entrada em vigor da Lei n. 11.689/2008 que, em seu art. 4º, revogou expressamente o Capítulo IV do Título II do Livro III, do Código de Processo Penal, extinguindo o protesto por novo júri. Todavia, na espécie, a condenação, equivalente a vinte anos, resulta da soma das penas de dois crimes cometidos em concurso material, razão pela qual o sentenciado não faz jus ao protesto pelo novo júri, muito embora os crimes tenham sido praticados antes da vigência da Lei n. 11.689/2008, que retirou o recurso da lei processual" (STJ — HC 89.090/MS — 5ª Turma — Rel. Min. Laurita Vaz — *DJe* 08.02.2010)[53].

■ 13.2.12. Quadros sinóticos do procedimento nos crimes de competência do júri

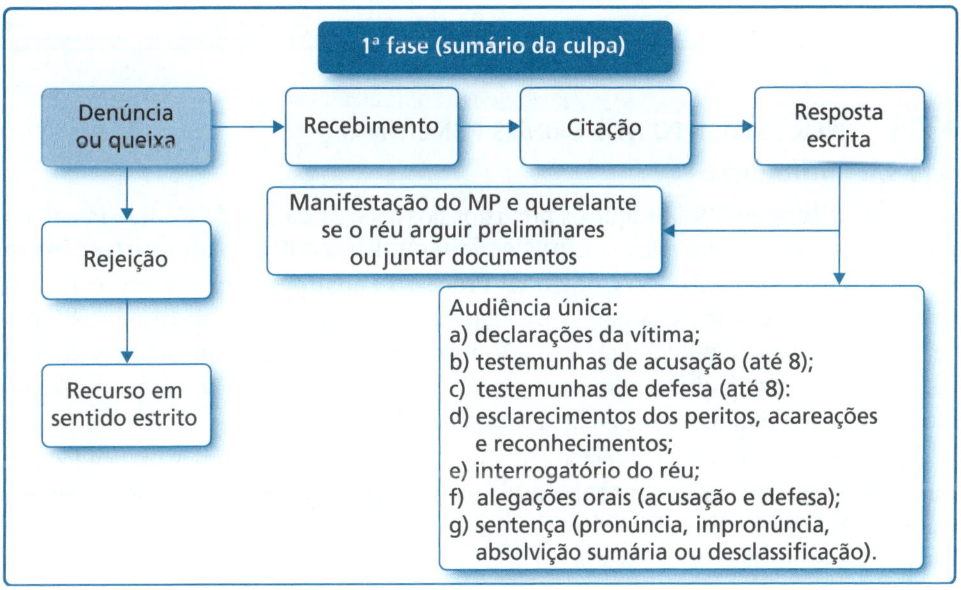

[53] Nesse mesmo sentido: STJ — REsp 1.094.482/RJ — 5ª Turma.

2ª fase (juízo da causa)

Após a preclusão da pronúncia, o juiz-presidente notifica as partes para, em 5 dias, indicarem rol de testemunhas, requererem diligências e juntarem documentos

→

Autos conclusos ao juiz para decidir acerca dos requerimentos, sanear eventuais nulidades, elaborar relatório do processo e designação de data para o julgamento

→

Julgamento em plenário:

a) verificação da presença das partes e da suficiência do número de jurados;
b) sorteio dos jurados para composição do Conselho de Sentença;
c) oitiva da vítima;
d) depoimento das testemunhas de acusação (até 5);
e) depoimento das testemunhas de defesa (até 5);
f) acareações, reconhecimentos, esclarecimentos dos peritos, bem como leitura das peças que a lei permita;
g) interrogatório do acusado;
h) sustentação oral da acusação (uma hora e meia);
i) sustentação oral da defesa (uma hora e meia);
j) réplica, se o MP solicitar (uma hora);
k) tréplica (uma hora);
l) reinquirição de testemunhas e realização de diligências essenciais, se requeridas e deferidas;
m) elaboração do questionário;
n) votação;
o) sentença;
p) elaboração da ata.

13.3. PROCEDIMENTO NOS CRIMES FUNCIONAIS

13.3.1. Introdução

Crimes **funcionais** são aqueles previstos nos arts. 312 a 326 do Código Penal, ou seja, são os crimes praticados por **funcionário público contra a Administração em Geral**. Os arts. 513 a 518 do Código de Processo Penal preveem rito especial para apuração desses crimes, chamando-os, erroneamente, de "crimes de responsabilidade" de funcionário público, denominação incorreta porque tal expressão refere-se a ilícitos de natureza político-administrativa, punidos com a perda do cargo, a suspensão dos direitos políticos etc., e não a ilícito penal.

O procedimento que será estudado não se aplica a outros crimes praticados por funcionário público no desempenho das funções, ainda que essa qualidade funcione como qualificadora. Exs.: arts. 150, § 2º, e 351, §§ 3º e 4 º, do Código Penal. Nesse sentido: "A resposta escrita à denúncia, reclamada pelo art. 514, do CPP, somente cabe em crimes funcionais em que a condição de funcionário é inerente à prática do ilícito" (STF — HC — Rel. Min. Rafael Mayer — *RT* 584/468). Em outras palavras, o rito **só** se aplica àqueles delitos em que a qualidade de funcionário público for elementar.

Observação: Os crimes de abuso de autoridade, para os quais havia rito especial na Lei n. 4.898/65, são, atualmente, apurados de acordo com o rito sumaríssimo da Lei n. 9.099/95, por constituírem infração de menor potencial ofensivo em razão da pena máxima cominada (6 meses).

■ 13.3.2. Rito

O diferencial desse rito dos crimes funcionais é a existência da fase da **defesa preliminar anterior** ao recebimento da denúncia (art. 514 do CPP), que não existe no procedimento ordinário.

Deve-se salientar que considerável parte das denúncias por crimes funcionais tem embasamento em inquéritos policiais e outro tanto em cópias de **sindicâncias** ou **processos administrativos** remetidos ao *Parquet* pelo órgão administrativo (comissões processantes, corregedorias, comissões parlamentares etc.). O Superior Tribunal de Justiça, por sua vez, aprovou a Súmula n. 330 segundo a qual "é desnecessária a resposta preliminar de que trata o art. 514 do Código de Processo Penal, na ação penal instruída **por inquérito policial**". Segundo o Tribunal, no tramitar do inquérito, o funcionário já tomou conhecimento da investigação quanto ao delito funcional e já teve oportunidade de apresentar sua versão sobre os fatos. Já nos procedimentos administrativos a investigação gira em torno de infrações igualmente administrativas. Dessa forma, caso sejam encaminhadas cópias ao Ministério Público, porque a autoridade incumbida da investigação vislumbrou também crime funcional, o denunciado faz jus a uma defesa anterior ao recebimento da denúncia para poder apresentar seus argumentos. Em suma, atualmente, se o crime funcional tiver sido fruto de investigação em inquérito policial, será adotado o procedimento comum. Só existe, portanto, rito diferenciado, com fase da defesa preliminar, para os crimes funcionais não investigados em inquérito policial.

■ Crimes funcionais não apurados em inquérito

Oferecida a denúncia ou queixa subsidiária (todos os crimes funcionais são de ação pública), o juiz notificará o funcionário público para que ofereça resposta por escrito (defesa preliminar) em um prazo de **15 dias**. De acordo com o art. 514, parágrafo único, do Código de Processo, se o réu não tiver residência conhecida ou se ele se encontrar fora da jurisdição do juiz, este lhe nomeará defensor, a quem caberá apresentar a defesa preliminar. Tendo em vista, todavia, o princípio da **ampla defesa**, a nomeação de defensor ocorrerá apenas se o réu estiver em local desconhecido. Quanto estiver em outra comarca, deverá ser expedida carta precatória para que, querendo, nomeie defensor para apresentar sua defesa.

De acordo com o art. 514, *caput*, do CPP, a fase da defesa preliminar só é exigida nos crimes funcionais **afiançáveis**, contudo, desde o advento da Lei n. 12.403/2011, todos se enquadram nessa categoria.

Diverge a doutrina e a jurisprudência quanto à consequência da omissão do juízo em observar a fase da defesa preliminar. Para alguns a nulidade é **relativa**, que deve ser alegada no momento oportuno, sob pena de considerar-se sanada, devendo, ainda, ser provado o prejuízo advindo ao funcionário público para que a nulidade seja decretada. Para outros, a nulidade é **absoluta** por ferir o princípio constitucional do devido processo legal, ou seja, por não ter sido estritamente observado o procedimento previsto em lei. **O Supremo Tribunal firmou entendimento de que a nulidade é relativa**. Nesse sentido: "Funcionário público — Crime de responsabilidade funcional — Resposta prévia — Falta de concessão de oportunidade para sua apresentação — Nulidade relativa sanada pela preclusão — Hipótese ademais que não resultou prejuízo para as partes — *Habeas corpus* denegado — Inteligência e aplicação dos arts. 514, 563 e 572, I, do CPP, (...), a não observância do disposto no referido dispositivo legal acarreta apenas nulidade relativa. Nesse sentido tem-se orientado decisões recentes de ambas as Turmas desta Corte (HC 60.021, HC 60.826 e RHC 65.943)" (STF — HC — Rel. Min. Moreira Alves — *RT* 646/346). Na mesma direção: "É pacífica a jurisprudência desta Corte no sentido de que, para o reconhecimento de nulidade decorrente da inobservância da regra prevista no art. 514 do CPP, é necessária a demonstração do efetivo prejuízo causado à parte. Improcede, pois, pedido de renovação de todo o procedimento criminal com base em alegações genéricas sobre a ocorrência de nulidade absoluta" (HC 128109 — Rel. Min. Teori Zavascki — 2ª Turma — julgado em 08.09.2015 — *DJe*-189 22.09.2015 — public. 23.09.2015).

Segundo nosso entendimento, a defesa preliminar continua sendo necessária se, após a prática do crime, o funcionário deixar o cargo, espontaneamente ou por exoneração, ou se aposentar, uma vez que a medida visa resguardar a própria Administração e não apenas o funcionário. Com efeito, "tratando-se de delito funcional, garantir-se-á sempre ao acusado a faculdade de sua prévia notificação para a defesa preliminar, nos termos do art. 514, do CPP. Não se vê sentido em se considerar a qualidade do funcionário para o efeito da imputação e desprezá-la para o fim da defesa preambular. Seria a solução de dois pesos e duas medidas, odiosa e antijurídica, insuscetível, portanto, de ser agasalhada pela Justiça" (TJSP — HC — Rel. Des. Dirceu de Mello — *RT* 566/277).

Na jurisprudência, entretanto, tem **prevalecido** o entendimento em sentido oposto. A propósito, veja-se: "O procedimento inscrito no art. 514, do CPP, somente assegura o direito à defesa preliminar ao denunciado nos crimes funcionais, não se aplicando na hipótese em que o réu não mais exerce cargo público, por força da exoneração" (STJ — RHC — Rel. Vicente Leal — *DJU* 14.12.1998 — p. 304).

Por sua vez, é pacífico que, se houver **corréu** que **não** exerça função pública, acusado de coautoria ou participação no mesmo delito, desnecessária a formalidade da defesa preliminar: "Réus não funcionários públicos. Desnecessidade de notificação para resposta por escrito. Inteligência do art. 514, do CPP. Não sendo os pacientes funcionários públicos não precisavam ser notificados para a resposta escrita, no prazo de 15 dias, como previsto no art. 514, do CPP" (STF — HC — Rel. Min. Sydney Sanches — *RT* 714/461).

Após o oferecimento da defesa, os autos irão para o juiz decidir se recebe ou rejeita a denúncia. Recebendo-a, os atos procedimentais posteriores serão aqueles previstos para o **rito ordinário**, ainda que a pena prevista seja **inferior** a 4 anos (art. 517 do CPP), desde que não se trate de infração de menor potencial ofensivo, pois, quanto a estas, deve ser observado o rito sumaríssimo da Lei n. 9.099/95, tal como ocorre com o crime de prevaricação (art. 319 do CP), cuja pena máxima é de 1 ano.

Ainda que se trate de crime funcional em relação ao qual já tenha sido observada a fase da defesa preliminar, após o recebimento da denúncia o juiz deverá notificar o acusado para apresentar a resposta escrita, no prazo de **10 dias**, prosseguindo nos demais atos processuais de acordo com o rito ordinário. Isso porque é na resposta escrita posterior ao recebimento da denúncia que o réu tem a oportunidade de arrolar testemunhas e requerer a produção de outras provas que pretende ver produzidas.

Ao proferir a sentença, se houver condenação por crime funcional, o juiz deve atentar para o disposto no art. 92, I, *a*, do Código Penal, que estabelece como efeito da condenação a perda do cargo, função pública ou mandato eletivo quando aplicada pena privativa de liberdade por tempo igual ou superior a 1 ano, nos crimes praticados com abuso de poder ou violação de dever com a Administração Pública. Nos termos do art. 92, parágrafo único, do Código Penal, tal efeito não é automático, devendo ser motivadamente declarado na sentença.

■ 13.3.3. Crimes funcionais praticados por quem tem foro por prerrogativa de função

Não se aplica o procedimento especial em análise e nem o rito ordinário aos funcionários públicos que gozam de foro especial (promotores de justiça, juízes, prefeitos, governadores, deputados, senadores, presidente da república etc.). Para estes o rito especial é aquele descrito nos arts. 1º a 12 da Lei n. 8.038/90 e que já foi citado no tópico próprio do foro por prerrogativa de função.

■ 13.3.4. Quadro sinótico do procedimento nos crimes funcionais

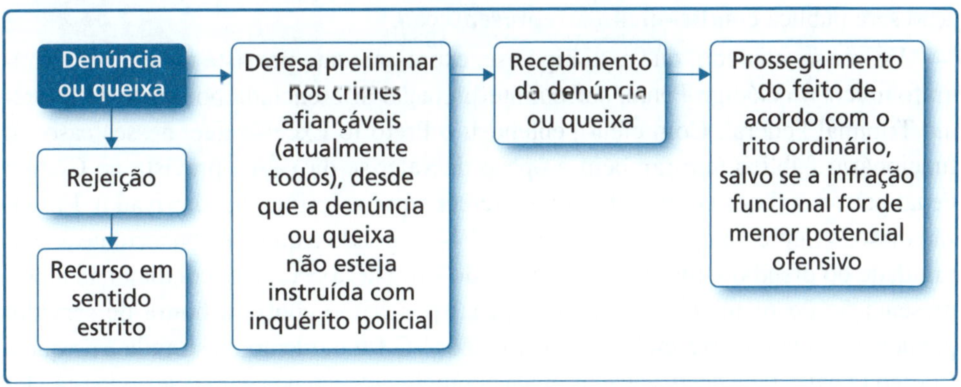

■ 13.4. PROCEDIMENTO NOS CRIMES CONTRA A HONRA

O Código de Processo Penal traça regras especiais para o procedimento apuratório dos crimes de calúnia, difamação e injúria previstos nos arts. 138, 139 e 140 do Código Penal. Em relação aos crimes contra a honra previstos no Código Eleitoral e no Código Penal Militar existem regras próprias nas respectivas leis.

13.4.1. Espécie de ação penal nos crimes contra a honra

O art. 145 do Código Penal estabelece as modalidades de ação penal para apuração dos crimes contra honra, sendo imprescindível a análise desse dispositivo, na medida em que o procedimento varia de acordo com a espécie de ação penal prevista (pública ou privada).

> **Art. 145.** Nos crimes previstos nesse Capítulo somente se procede mediante queixa, salvo quando, no caso do art. 140, § 2º, da violência resulta lesão corporal.
> **Parágrafo único.** Procede-se mediante requisição do Ministro da Justiça, no caso do n. I do art. 141, e mediante representação do ofendido, no caso do inciso II do mesmo artigo, bem como no § 3º do art. 140 deste Código.

Pode-se notar pela leitura do dispositivo que existe uma regra, seguida de várias exceções.

A **regra** é de que a ação penal é **privada** devendo ser proposta por meio de **queixa-crime**, nos crimes de calúnia, difamação e injúria. A queixa deve ser proposta dentro do prazo decadencial de **6 meses**, contados da data em que o ofendido descobre a autoria do delito, sendo certo que, na procuração outorgada para a propositura da ação penal, deverá constar expressamente o nome do querelado, bem como menção específica ao fato criminoso, nos termos do art. 44 do Código de Processo Penal.

Vejamos, agora, as exceções:

a) Se a ofensa for contra o Presidente da República ou chefe de governo estrangeiro, a ação será pública **condicionada à requisição** do Ministro da Justiça (art. 145, parágrafo único, do CP).

b) Se a ofensa for contra funcionário público em razão de suas funções, a ação será pública **condicionada à representação**.

De ver-se, contudo, que essa hipótese, expressamente prevista no art. 145, parágrafo único, do Código Penal, sofreu interpretação diferenciada por parte do Supremo Tribunal Federal. Com efeito, entendeu o Pretório Excelso que, nesses casos, o funcionário público tem também a opção de valer-se da **regra** prevista no Código Penal para os crimes contra a honra, e oferecer queixa-crime (ação privada). Em razão disso, o Supremo aprovou a Súmula n. 714, segundo a qual "é concorrente a legitimidade do ofendido, mediante queixa, e do Ministério Público, condicionada à representação do ofendido, para a ação penal por crime contra a honra de servidor público em razão do exercício de suas funções". O fundamento da súmula é de que o Código Penal estabeleceu a ação pública condicionada apenas para o servidor não ter que arcar com as despesas de contratação de advogado para promovê-la (na medida em que foi ofendido em razão de suas funções); porém, pode ele abrir mão da prerrogativa e ingressar com a ação privada.

É de ressaltar, todavia, que uma opção exclui a outra. Se o funcionário oferecer representação ao Ministério Público mas o representante desta Instituição requerer o arquivamento do inquérito e o pedido for deferido judicialmente, não mais poderá o servidor intentar queixa-crime. Por sua vez, optando o funcionário pela ação penal privada, passam a ser possíveis institutos como a perempção em caso de desídia, que inexistem quando a ação é pública.

c) Em caso de crime de injúria racial ou preconceituosa a ação penal é pública **condicionada à representação**. Antes do advento da Lei n. 12.033/2009, que alterou a redação do art. 145, parágrafo único, do CP, a ação era privada.

d) No crime de injúria real do qual resulta lesão corporal como consequência da violência empregada, a ação é pública **incondicionada**. A finalidade da lei é estabelecer a mesma espécie de ação penal para os dois delitos: injúria real e lesões corporais. Por isso, após a entrada em vigor da Lei n. 9.099/95, que passou a exigir representação em caso de lesão leve, deve ser feita a seguinte distinção: se a injúria real provocar lesão leve, ambos os delitos dependem de **representação** do ofendido; se causar lesão **grave** ou **gravíssima**, a ação penal será **incondicionada**.

■ 13.4.2. Audiência de reconciliação

De acordo com o art. 520 do Código de Processo Penal, o juiz, **antes de receber a queixa**, oferecerá às partes oportunidade para se **reconciliarem**. Assim, designará audiência e as ouvirá **separadamente, sem a presença dos advogados e sem lavrar termo**.

Após ouvi-las, se o juiz achar provável a reconciliação, promoverá o entendimento entre elas na sua presença (art. 521 do CPP).

Caso haja a reconciliação, o querelante assinará termo de **desistência** da ação penal, hipótese em que a queixa será arquivada (art. 522 do CPP).

A falta de designação dessa audiência é causa de nulidade **absoluta** da ação penal. A audiência, entretanto, não deve ser realizada quando o crime contra a honra em apuração for de ação pública, uma vez que o dispositivo faz referência apenas à **queixa** (arts. 520 e 522) e também pelo fato de o Ministério Público não poder conciliar-se com o querelado em nome do ofendido.

Conforme já estudado anteriormente junto ao tema perempção (art. 60, III, do CPP), o não comparecimento do **querelante** a esta audiência não gera referida causa extintiva da punibilidade de acordo com a interpretação predominante, inclusive dos tribunais superiores. É que o mencionado art. 60, III, do CPP diz haver perempção quando o querelante não comparece a **ato do processo** a que deva estar presente e a audiência de reconciliação é realizada **antes** do recebimento da queixa, ou seja, quando ainda não existe efetivamente um processo penal em andamento. Sua ausência, portanto, deve ser interpretada como falta de interesse em se reconciliar com o autor do delito.

Não sendo possível a reconciliação entre as partes, o juiz prosseguirá de acordo com as regras processuais da Lei n. 9.099/95, na medida em que os crimes contra a honra, em regra, possuem pena máxima não superior a 2 anos. Somente quando se tratar de crime de calúnia agravada por alguma das causas de aumento de pena do art. 141 do Código Penal ou quando for caso de injúria racial é que a pena máxima será superior a 2 anos e estará afastada a competência do Juizado Especial Criminal. Em tais casos, curiosamente, o art. 519 do Código de Processo Penal dispõe que deverá ser seguido o rito **ordinário** apesar de a pena máxima em abstrato ser inferior a 4 anos — a calúnia agravada (por ter sido cometida na presença de várias pessoas ou por meio que facilite a divulgação, por exemplo) tem pena máxima de 2 anos e 8 meses, nos termos do arts. 138 e 141, III, do Código Penal, enquanto a injúria racial tem pena máxima de 3 anos (art. 140, § 3º, do CP).

■ 13.4.3. Exceção da verdade

Pressuposto para a tipificação dos crimes de **calúnia** e de **difamação** (contra funcionário público em razão de suas funções) é que a imputação seja falsa. Em decorrência disso, os arts. 138, § 3º, e 139, parágrafo único, do Código Penal permitem que o **querelado** (pessoa apontada como autora da ofensa) proponha-se a provar, **na mesma relação processual**, que a imputação feita é verdadeira, ou seja, que ele não cometeu calúnia ou difamação (contra funcionário público) porque simplesmente falou a verdade a respeito da outra pessoa. Nesse caso, o instrumento processual de que deve se valer é a **exceção da verdade**.

Perceba-se que há uma presunção **relativa** de que a imputação é falsa, de modo que, ao querelante basta fazer prova da ocorrência concreta da imputação por parte do querelado, ou seja, basta provar que o querelado disse ou escreveu determinada coisa a seu respeito. A este, portanto, cabe provar que a imputação é verdadeira e, para tanto, deve opor exceção da verdade. Caso consiga fazê-lo, será absolvido por atipicidade de sua conduta. Se não conseguir, será condenado, exceto se houver alguma outra razão impeditiva.

Note-se que, se o juiz julgar procedente a exceção da verdade, não poderá condenar o querelante nos mesmos autos. Sua providência será de remeter cópia do feito ao Ministério Público, caso se trate de delito de ação **pública** e desde que não esteja **prescrito**.

A exceção da verdade deve ser oposta no prazo da **defesa preliminar**, se adotado o rito da Lei n. 9.099/95, ou da resposta escrita, se adotado o rito ordinário, podendo ser arroladas testemunhas.

De acordo com o art. 523 do Código de Processo Penal, o querelante poderá **contestar** a exceção da verdade dentro de **2 dias**, podendo também solicitar a oitiva de novas testemunhas ou a substituição daquelas arroladas anteriormente, desde que não excedido o número máximo.

A exceção da verdade tramita nos mesmos autos da ação que apura o crime de calúnia ou difamação contra funcionário público e o julgamento será conjunto.

Por ocasião do estudo do tema "foro por prerrogativa de função", vimos que o art. 85 do Código de Processo estabelece, para os casos em que seja oposta exceção da verdade em crime de **calúnia** contra quem tenha foro **especial**, que a exceção será julgada pelo Tribunal a quem caberia apurar o crime imputado à autoridade. Julgada a exceção, os autos retornam ao juízo de origem para julgar a ação principal. Ex.: João diz que determinado prefeito desviou dinheiro dos cofres públicos. O prefeito entra com queixa-crime alegando ter sido caluniado por João. Tal ação tramita na própria comarca onde João proferiu a imputação. João, contudo, entra com exceção da verdade. Este incidente processual será julgado pelo Tribunal de Justiça porque o prefeito tem foro especial. Após o julgamento da exceção, os autos retornam ao juízo de origem para o julgamento de João. De ver-se, contudo, que a decisão do Tribunal exerce, obviamente, influência sobre o juiz da comarca, pois, se tiver decidido que a imputação é verdadeira, o juiz terá de absolver João pela calúnia. Em tal hipótese, o Tribunal não condena imediatamente o prefeito, mas encaminha cópia da ação penal ao Procurador-Geral de Justiça a quem incumbe oferecer denúncia contra prefeitos.

13.4.4. Exceção de notoriedade do fato

O art. 523 do Código de Processo Penal prevê, ainda, a exceção de notoriedade do fato, em que o querelado, nos crimes de calúnia e difamação, visa demonstrar que apenas disse coisas que já eram de **domínio público**, de modo que sua fala não atingiu a honra da vítima, pois o assunto já era, anteriormente, de conhecimento geral. O procedimento é o mesmo da exceção da verdade.

13.4.5. Pedido de explicações em juízo

Trata-se de medida facultativa, prevista no art. 144 do Código Penal, para hipóteses em que a ofensa é feita de forma **velada**, não explícita, ambígua, ficando a pessoa virtualmente ofendida na **dúvida** acerca do real significado das palavras ou da efetiva intenção de ofender por parte de quem as proferiu. Em tais casos, para sanar a dúvida e até mesmo evitar que seja desnecessariamente proposta a ação penal, permite o mencionado dispositivo que a pessoa pretensamente ofendida peça explicações à outra parte por intermédio do Poder Judiciário. Cuida-se de medida **preliminar**, ou seja, **anterior** ao oferecimento da queixa e, como já dito, facultativa. Trata-se, entretanto, de medida recomendável, pois, se são ambíguas as palavras proferidas, existe o sério risco de rejeição da inicial, caso o ofendido não tenha buscado explicações acerca de seu real significado.

A legislação **não** prevê rito específico para o pedido de explicações, que, portanto, segue o procedimento das **notificações avulsas**: a vítima faz o requerimento, o juiz manda notificar o autor da ofensa, fixando-lhe prazo para a resposta e, com ou sem esta, entrega os autos ao requerente.

O juiz **não julga** o pedido de explicações, que é feito por intermédio da Justiça apenas para conferir-lhe caráter oficial, posto que a parte final do art. 144 do Código Penal prevê que, aquele que não oferece resposta ou a oferece de modo insatisfatório responde pela ofensa. Assim, por ocasião do juízo de recebimento da denúncia ou queixa o juiz deve levar em conta o teor da resposta ou a omissão do querelado. É evidente, todavia, que, ao final da ação penal, poderá o querelado ser absolvido, já que, durante o contraditório, terá a oportunidade de produzir provas em seu favor.

O pedido de explicações é possível nos crimes contra a honra que se apuram mediante ação pública **condicionada à representação**. A vítima deve usar o pedido para decidir se a apresenta ou não. A representação, uma vez oferecida, não vincula o Ministério Público que, em face de sua independência funcional constitucionalmente garantida, pode formar livremente a *opinio delicti*, oferecendo denúncia ou requerendo o arquivamento.

Importante ainda salientar que o pedido de explicações **não** interrompe o prazo decadencial, mas torna **prevento** o juízo.

Contra a decisão que indefere de plano o pedido de explicações cabe recurso de apelação, nos termos do art. 593, II, do CPP.

■ 13.4.6. Quadro sinótico do procedimento nos crimes contra a honra

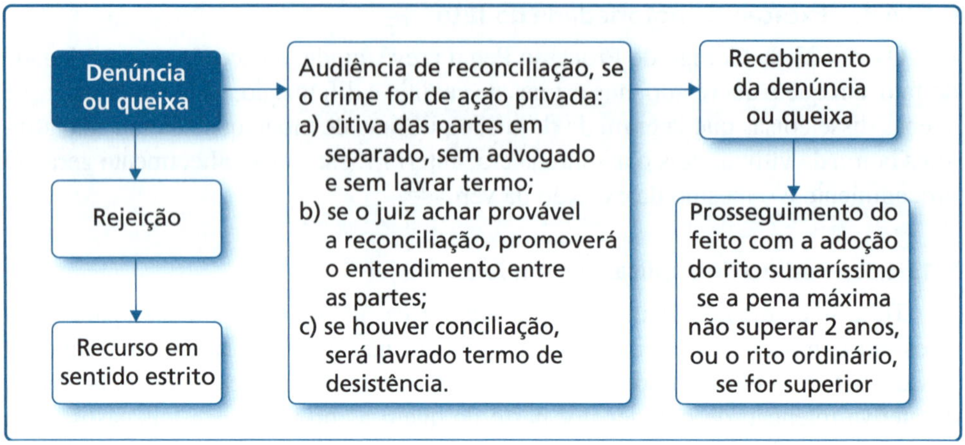

■ 13.5. PROCEDIMENTO NOS CRIMES CONTRA A PROPRIEDADE IMATERIAL

■ 13.5.1. Introdução

Crimes contra a propriedade imaterial são aqueles praticados em detrimento de bens oriundos da criação **intelectual**, possuidores de valor econômico, bem como suscetíveis de alienação por seu titular, e se corporificam em coisas materiais ou energias.

O Código Penal tipifica atualmente apenas um crime contra a propriedade imaterial, a **violação de direito autoral** — forma simples (art. 184, *caput*, do CP) e formas qualificadas (art. 184, §§ 1º a 3º) — em relação ao qual se devem observar algumas medidas prévias antes do oferecimento da denúncia ou queixa, previstas nos arts. 524 a 530, I, do Código de Processo Penal. Após essas medidas, em se tratando do crime simples, cuja pena máxima é de 1 ano, o procedimento será o **sumaríssimo**, no Juizado Especial Criminal, enquanto em relação às figuras qualificadas deverá ser seguido o rito **ordinário**.

O art. 185 do Código Penal, que tipificava o crime de **usurpação de nome ou pseudônimo alheio**, foi revogado expressamente pelo art. 4º da Lei n. 10.695/2003.

Os demais artigos do Título III do Código Penal, que tipificavam crimes contra o privilégio de invenção, crimes contra as marcas de indústria e comércio e crimes de concorrência desleal, foram revogados. Em relação a eles vigora a Lei n. 9.279/96 (Código da Propriedade Industrial).

■ 13.5.2. Desencadeamento da ação penal

O legislador atribuiu ao **ofendido** (art. 186, I, do CP), isto é, ao titular do direito **autoral**, a iniciativa da ação penal relativa ao crime praticado na forma **simples** (art.

184, *caput*, do CP). Já em relação às figuras **qualificadas** a ação é **pública incondicionada** nas hipóteses dos §§ 1º e 2º do art. 184, que dizem respeito a obra **intelectual** ou **fonograma** (art. 186, II, do CP), e condicionada **à representação**, quando consistir no oferecimento ao público, mediante cabo, fibra ótica, satélite ou meios similares de obra ou produção sem a autorização do titular do direito, com intuito de lucro (art. 184, § 3º, e 186, IV, do CP).

A ação será também **pública incondicionada** se o crime for praticado em desfavor de entidades de direito público, autarquia, empresa pública, sociedade de economia mista ou fundação instituída pelo Poder Público (art. 186, III, do CP).

■ 13.5.3. Providências preliminares nos crimes de ação penal de iniciativa privada (art. 530-A)

Nas infrações em que a ação é de titularidade do ofendido (violação de direito autoral em sua forma simples), há necessidade de adoção de medidas **prévias** ao oferecimento da queixa-crime (arts. 524 a 530 do CPP).

Se o crime deixar vestígios — e a regra é que os deixe —, a queixa só será recebida se acompanhada do **laudo pericial** dos objetos que constituam o corpo de delito. A elaboração prévia de laudo pericial é, portanto, providência **indispensável** ao ajuizamento da ação penal privada por crime dessa natureza (art. 525 do CPP), mostrando-se **nula** a decisão de recebimento da queixa quando não adotada previamente essa medida.

Para que possa postular a realização de busca e da perícia da obra literária, científica ou artística, deverá o interessado **provar sua legitimidade** (art. 526 do CPP). Ex.: que é o autor da obra ou seu produtor etc.

Comprovado o direito à ação, o ofendido requererá ao juiz a nomeação de dois peritos para realizarem a busca e verificarem a existência de fundamento para apreensão. Por se tratar de rito especial que expressamente exige dois peritos, inaplicável a regra genérica do processo penal que se contenta com apenas um (art. 159, *caput*, do CPP).

A **busca** será realizada para que os peritos possam efetuar vistoria tendente a examinar e descrever os bens controvertidos. Já a efetiva **apreensão** dos objetos, que deverá circunscrever-se aos exemplares estritamente necessários para a realização da perícia, ficará **a critério dos peritos**.

O laudo pericial terá de ser apresentado em **3 dias**, contados da diligência e desprezando-se o dia em que esta for realizada (art. 798, § 1º, do CPP), tenha havido ou não apreensão de bens.

Caso tenham os expertos reputado desnecessária a apreensão, poderá o requerente impugnar o laudo, cabendo ao juiz decidir acerca da necessidade de efetivar a medida (art. 527, parágrafo único, do CPP).

Encerradas as diligências, os autos serão conclusos ao juiz para homologação do laudo (art. 528 do CPP). Parte da doutrina entende ser essa decisão desafiada por apelação, visto revestir-se de caráter definitivo (Julio Fabbrini Mirabete[54] e Damásio

[54] Julio Fabbrini Mirabete. *Código de Processo Penal interpretado,* 4. ed., p. 606.

E. de Jesus[55]), enquanto outra corrente entende ser a decisão irrecorrível (E. Magalhães Noronha[56] e Eduardo Espínola Filho[57]).

Após a homologação do laudo, os autos em que se processou o pedido de diligências permanecerão em cartório, aguardando o ajuizamento, por parte do ofendido, da ação penal, que, uma vez proposta, seguirá as regras da Lei n. 9.099/95, já que a pena máxima prevista para o crime simples é de 1 ano.

■ 13.5.3.1. *Prazo decadencial*

O Código de Processo Penal, em seu art. 529, *caput*, estabeleceu que a queixa não será admitida se decorrido o prazo de **30 dias** após a homologação do laudo.

Surgiu interessante discussão acerca de referido dispositivo prevalecer sobre a norma inserta no art. 38 do Código de Processo Penal e no art. 103 do Código Penal. Já se entendeu que o dispositivo (art. 529, *caput*) teria criado prazo decadencial especial para o exercício do direito de queixa, modificador da regra geral, que prevê prazo semestral a contar da ciência da autoria. Argumenta-se, em sentido contrário, que, se assim se entender, o termo inicial do prazo de decadência ficará sempre condicionado à iniciativa do ofendido no sentido de requerer a busca e apreensão, além do que haverá diversidade de prazos para os crimes que deixam vestígios e crimes que não os deixam.

Por tais motivos, firmou-se entendimento de que o prazo previsto no dispositivo em questão é relativo à eficácia da medida de busca e apreensão para subsidiar a propositura da ação penal, em semelhança ao que ocorre no processo civil com as medidas cautelares. Assim, decorridos os 30 dias da homologação do laudo, o ofendido ainda pode ajuizar ação penal, se dentro do prazo geral de 6 meses, desde que leve a efeito novamente a providência preliminar. Esse, de resto, o sentir da doutrina (Julio Fabbrini Mirabete[58], Eduardo Espínola Filho[59], Hélio Tornaghi[60], José Frederico Marques[61], E. Magalhães Noronha[62]).

Tratando-se de réu preso em flagrante, o prazo de validade da providência de busca e apreensão será de **8 dias** (art. 530 do CPP).

■ 13.5.4. Providências relativas aos crimes de ação penal de iniciativa pública (art. 530-I)

Cuidando-se de crime cuja ação é de iniciativa pública, **condicionada** ou **incondicionada** (figuras qualificadas do crime de violação de direito autoral), observar-se-ão,

55 Damásio E. de Jesus. *Código de Processo Penal anotado,* 24. ed., p. 463.

56 E. Magalhães Noronha. *Curso de direito processual penal,* 19. ed., p. 307.

57 Eduardo Espínola Filho. *Código de Processo Penal brasileiro anotado,* v. V, p. 273.

58 Julio Fabbrini Mirabete. *Código de Processo Penal interpretado,* 4. ed., p. 607-608.

59 Eduardo Espínola Filho. *Código de Processo Penal brasileiro anotado,* v. V, p. 275-276.

60 Hélio Tornaghi. *Curso de processo penal,* 9. ed., v. 2, p. 270-271.

61 José Frederico Marques. *Elementos de direito processual penal,* v. III, p. 324.

62 E. Magalhães Noronha. *Curso de direito processual penal,* 19. ed., p. 308.

em relação à formação do corpo de delito, as disposições dos arts. 530-B a 530-H do Código de Processo Penal.

Ao receber notícia da infração, a autoridade deverá proceder à **apreensão** de todos os bens ilicitamente produzidos ou reproduzidos, bem assim dos equipamentos, suportes e materiais que possibilitaram a sua existência, desde que sua destinação precípua seja a prática do ilícito (art. 530-B).

Desse ato será lavrado termo, para posterior juntada ao inquérito ou ao processo, o qual deverá ser assinado por, no mínimo, duas testemunhas e conterá descrição detalhada de todos os bens apreendidos, assim como informações sobre a origem deles (art. 530-C).

Todos os bens apreendidos serão examinados por **perito oficial**, ou, na falta deste, por pessoa tecnicamente habilitada, que deverá elaborar laudo destinado a instruir o inquérito ou o processo (art. 530-D).

Após a realização da perícia, os bens serão entregues aos titulares do direito autoral, que os receberão na qualidade de **depositários** e estarão obrigados a apresentá-los ou entregá-los ao juízo, sempre que determinado (art. 530-E).

Quando o autor da conduta controvertida deixar de impugnar a apreensão, tornando incontroversa a ofensa à propriedade intelectual, ou quando não houver elementos para determinar-se a autoria do crime, o juiz, de imediato, determinará, a requerimento do ofendido, a destruição da produção ou reprodução apreendida, salvo se houver necessidade de preservar o corpo de delito (art. 530-F). Caso não tenha sido tomada tal providência, o juiz, sobrevindo sentença condenatória, determinará a destruição dos bens ilicitamente produzidos ou reproduzidos e declarará o perdimento, em favor da Fazenda Nacional, dos equipamentos porventura apreendidos que se destinarem à produção ou reprodução dos bens (art. 530-G).

Após o oferecimento da denúncia, o rito processual será o ordinário (art. 524 do CPP).

■ O art. 529, parágrafo único, do CPP

> **Art. 529, parágrafo único** — será dada vista ao Ministério Público dos autos de busca e apreensão requeridas pelo ofendido, se o crime for de ação pública e não tiver sido oferecida queixa no prazo fixado neste artigo.

A confusa redação deste dispositivo fez com que surgissem duas interpretações.

Há quem entenda que o parágrafo único do art. 529 do Código de Processo Penal estabeleceu exceção ao princípio da preferência da ação pública, previsto no art. 100 do Código Penal (E. Magalhães Noronha[63] e Eduardo Espínola Filho[64]), hipótese

[63] E. Magalhães Noronha. *Curso de direito processual penal,* 19. ed., p. 308.

[64] Eduardo Espínola Filho. *Código de Processo Penal brasileiro anotado,* v. V, p. 256-257 e 277.

em que, mesmo se tratando de crime de ação de iniciativa oficial, o Ministério Público só estaria autorizado a oferecer denúncia se, no prazo de 30 dias, a contar da homologação do laudo, deixasse o ofendido de ajuizar a queixa instruída com os autos do pedido de diligências por ele requeridas. Configurar-se-ia a existência de ação pública subsidiária da privada.

De maior solidez, no entanto, o entendimento segundo o qual o dispositivo diz respeito à faculdade conferida ao ofendido de requerer a busca e apreensão dos objetos e de propor a ação penal privada subsidiária da pública, caso tenha o Ministério Público, ao receber os autos do inquérito policial, deixado transcorrer o prazo para ajuizar ação de sua titularidade (art. 100, § 3º, do CP). O preceito disciplina, portanto, a devolução do direito de ação ao Ministério Público nos casos em que o ofendido deixa de ajuizar, no prazo previsto, a ação privada subsidiária (Julio Fabbrini Mirabete[65] e Hélio Tornaghi[66]). A finalidade do dispositivo é justamente esclarecer que o prazo para a ação privada subsidiária não é de 6 meses, como nos crimes em geral, e sim de 30 dias.

■ 13.5.4.1. *Assistentes de acusação*

Além do ofendido ou seu representante (art. 268) ou, na falta, seu cônjuge, descendente, ascendente ou irmão (art. 31), poderão funcionar como assistentes do Ministério Público, nos crimes de violação de direito autoral, as associações de titulares de direitos de autor, que agirão em seu próprio nome (art. 530-H).

■ 13.5.5. Quadro sinótico do procedimento nos crimes contra a propriedade imaterial de ação privada

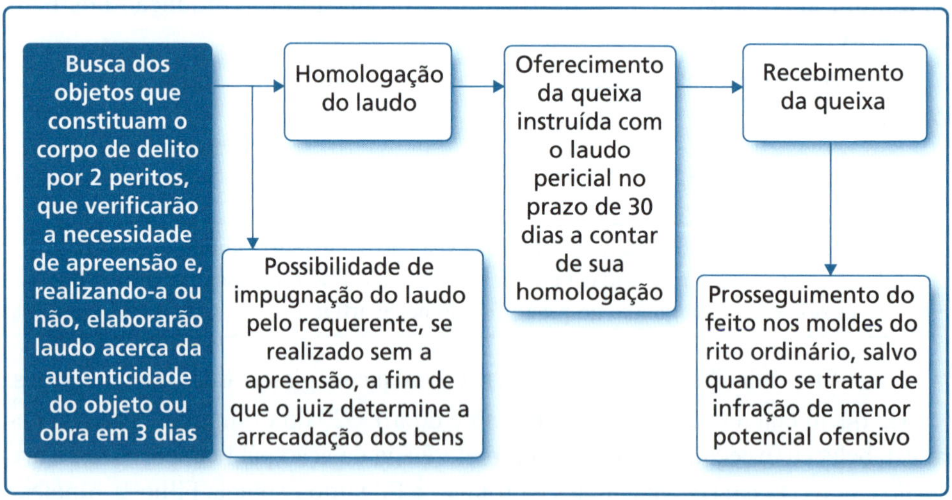

65 Julio Fabbrini Mirabete. *Código de Processo Penal interpretado,* 4. ed., p. 607.

66 Hélio Tornaghi. *Curso de processo penal,* 9. ed., v. 2, p. 271.

■ 13.5.6. Quadro sinótico do procedimento nos crimes contra a propriedade imaterial de ação pública

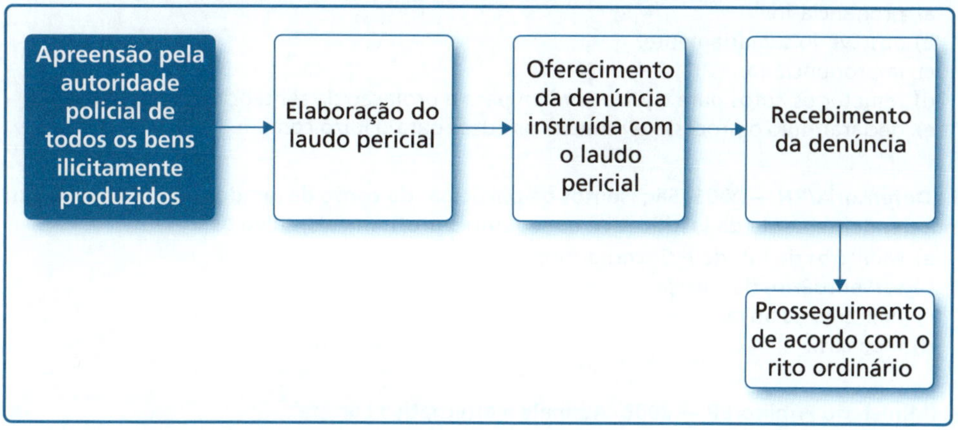

■ 13.6. QUESTÕES (PROCEDIMENTOS ESPECIAIS)

1. (Ministério Público/PR — 2009) A Constituição Federal assegura, com exclusividade ao Tribunal do Júri:

a) soberania dos vereditos, competência para julgar crimes contra a vida, contraditório e plenitude de defesa.
b) sigilo das votações, soberania dos vereditos, competência para julgar crimes contra a vida e plenitude de defesa.
c) contraditório, soberania dos vereditos, competência para julgar crimes contra a vida e plenitude de defesa.
d) competência para julgar crimes contra a vida, sigilo das votações, incomunicabilidade do conselho de sentença e plenitude de defesa.
e) soberania dos vereditos, contraditório, ampla defesa e sigilo das votações.

2. (Magistratura/GO — 2009 — Fundação Carlos Chagas) O procedimento de instrução preliminar em caso de competência do Tribunal do Júri deverá ser concluído em até

a) 120 dias.
b) 30 dias.
c) 60 dias.
d) 81 dias.
e) 90 dias.

3. (Magistratura/MS — 2008 — FGV) Ao final da primeira fase do processo dos crimes de competência do Júri, quais as diferentes decisões que o juiz-presidente do Tribunal do Júri poderá tomar?

a) Pronúncia, impronúncia, despronúncia e desclassificação.
b) Pronúncia, impronúncia, despronúncia, desclassificação e absolvição sumária.
c) Pronúncia, despronúncia, desclassificação e arquivamento.
d) Pronúncia, impronúncia, desclassificação e absolvição sumária.
e) Pronúncia, impronúncia, desclassificação, absolvição sumária e condenação sumária.

4. (Ministério Público/SP — 2010) No procedimento do júri, presentes indícios da autoria e prova da materialidade, se ao término da instrução do sumário de culpa ficar provado tecnicamente que o acusado é semi-imputável, o juiz deverá:

a) pronunciá-lo.
b) absolvê-lo sumariamente.
c) impronunciá-lo.
d) remeter os autos para o juízo comum para a prolação da sentença.
e) declarar nulo o processo e remeter os autos para o juízo comum.

5. (Defensoria/RN — 2006) São isentos de participar do corpo de jurados no Tribunal do Júri independentemente de justificativa os seguintes profissionais, salvo os

a) Ministros de Estado e Governadores.
b) serventuários da Justiça.
c) militares na ativa.
d) médicos.

6. (Ministério Público/SP — 2008) Assinale a alternativa correta.

a) O procedimento comum sumário deve ser observado nos processos por crimes aos quais a lei comina pena máxima igual ou inferior a 4 (quatro) anos.
b) Nos processos de competência do tribunal do júri, provada nos autos a inexistência do fato, deve o juiz impronunciar o acusado.
c) A oitiva do ofendido e das testemunhas antecede ao interrogatório do acusado no procedimento comum ordinário, mas não no procedimento previsto para os processos de competência do tribunal do júri.
d) Compõem o tribunal do júri 1 (um) juiz togado e 21 (vinte e um) jurados, com idade mínima de 18 (dezoito) anos, dos quais 7 (sete) constituirão o conselho de sentença.
e) O tempo destinado à acusação e à defesa, nos debates na sessão de julgamento do tribunal do júri, é de uma hora e meia para cada, e de uma hora para a réplica e outro tanto para a tréplica.

7. (Magistratura/SC — 2009) Assinale a alternativa correta:

I. O Tribunal do Júri é composto por um juiz togado, que é seu presidente, e por 21 jurados que serão sorteados dentre os alistados, sete dos quais constituirão o Conselho de Sentença em cada sessão de julgamento.
II. Em razão da função que exercem, aplica-se aos jurados o disposto sobre os impedimentos, a suspeição e as incompatibilidades dos juízes togados.
III. Durante os debates do Tribunal do Júri as partes não poderão fazer referências a decisão de pronúncia ou decisões posteriores que julgaram admissível a acusação, sob pena de nulidade.
IV. O desaforamento é a decisão judicial que altera a competência fixada pelos critérios do art. 69 do Código de Processo Penal, com aplicação estrita ao procedimento do Tribunal do Júri, cabível se o interesse da ordem pública o reclamar, se houver dúvida sobre a imparcialidade do júri ou sobre a segurança pessoal do acusado. Poderá, ainda, ser determinado o desaforamento se, em razão do comprovado excesso de serviço, o julgamento não puder ser realizado no prazo de seis meses contados do trânsito em julgado da decisão de pronúncia.
V. Nos processos de competência do tribunal do júri, havendo dois ou mais réus não podem as defesas exercer a recusa de três jurados injustificadamente, caso não seja obtido o número mínimo para compor o Conselho de Sentença.

a) Somente as proposições I, II e IV estão corretas.
b) Somente as proposições II, III e V estão corretas.

c) Somente as proposições II, III e IV estão corretas.
d) Todas as proposições estão corretas.
e) Somente as proposições I, III e V estão corretas.

8. (Magistratura/SP — 2008) A competência da instituição do júri para o julgamento dos crimes dolosos contra a vida (CF, art. 5º, XXXVIII) é usurpada se ocorre:

a) a agravação da pena aplicada ao acusado na sentença condenatória em decorrência de maus antecedentes não reconhecidos pelos jurados.
b) a absolvição sumária do acusado (CPP, art. 415 e incisos) em razão de sua semi-imputabilidade comprovada pelo laudo de exame psiquiátrico.
c) a não inclusão na sentença de pronúncia de tese relativa ao homicídio privilegiado, alegada na fase de instrução preliminar.
d) a não submissão aos jurados de quesitos referentes à descriminante da legítima defesa, sustentada em plenário.

9. (Magistratura/SP — 2009) No procedimento relativo aos processos da competência do Tribunal do Júri, a decisão que impronuncia o acusado pode ser impugnada, na esfera recursal, por meio de:

a) *habeas corpus*.
b) recurso em sentido estrito.
c) agravo.
d) apelação.

10. (Magistratura/SP — 2009) Durante os debates em plenário do júri, após a fala da defesa, ao ser consultado pelo juiz-presidente sobre seu interesse em usar o tempo para a réplica, o promotor de justiça, usando da palavra por breves minutos para justificar-se, diz que se acha satisfeito com a prova produzida e por isso não pretende valer-se do tempo destinado à réplica. Nessa hipótese, tendo o defensor reivindicado seu direito à tréplica, o juiz-presidente:

a) deve deferir esse pedido da defesa porque, de qualquer forma, houve manifestação oral do titular da acusação naquela fase.
b) não deve deferir esse pedido porque a manifestação da parte contrária não avançou pelo mérito da ação penal.
c) só pode deferir esse pleito da defesa se houver concordância expressa do promotor de justiça.
d) deve deferir esse pedido da defesa, mas com redução do tempo respectivo.

11. (Cartório/MS — 2009 — Vunesp) O questionário contendo os quesitos a serem apreciados pelos jurados no Tribunal do Júri, de acordo com o art. 483, do CPP, deverá ser formulado na seguinte ordem, e indagando sobre:

a) materialidade, autoria, nexo de causalidade, qualificadoras e causas de aumento e diminuição de pena.
b) materialidade, autoria, privilégios e qualificadoras, causas de aumento e diminuição.
c) materialidade, autoria, se o acusado deve ser absolvido, se existe causa de diminuição de pena, circunstâncias qualificadoras, ou causas de aumento de pena.
d) autoria, materialidade, agravantes e atenuantes, causas de aumento e de diminuição de pena.
e) autoria, materialidade, causas de aumento e de diminuição de pena.

12. (OAB — 2009.2 — CESPE/UnB) Acerca das normas aplicáveis ao processo e ao julgamento dos crimes de calúnia e injúria, previstas no CPP, assinale a opção correta.

a) O juiz, antes de receber a queixa, oferece às partes oportunidade para se reconciliarem, fazendo-as comparecer em juízo para serem ouvidas, separadamente, na presença, obrigatória, dos seus advogados, lavrando-se o termo respectivo.

b) No caso de reconciliação, depois de assinado pelo querelante termo de desistência da queixa, esta será suspensa pelo prazo de dois anos, e o juiz fixará as condições a serem respeitadas pelo querelado para que se opere a extinção da punibilidade após o decurso do referido prazo.
c) É pública incondicionada a ação penal por crime contra a honra de funcionário público em razão do exercício de suas funções.
d) Caso seja oferecida a exceção da verdade ou da notoriedade do fato imputado, poderá o querelante contestar a exceção, podendo ser inquiridas as testemunhas arroladas na queixa.

13. (Magistratura/SP — 2009) Em processo por crime contra a honra, figurando como ofendido juiz de direito, foi oposta e admitida a exceção da verdade. Nessa hipótese, o julgamento dessa exceção caberá ao

a) Juízo por onde corre a respectiva ação penal, se se tratar de difamação e/ou calúnia.
b) Juízo por onde corre a respectiva ação penal, se se tratar de calúnia.
c) Tribunal de Justiça, se se tratar de difamação e/ou calúnia.
d) Tribunal de Justiça, se se tratar de calúnia.

14. (Procurador do Estado/RR — 2006 — Fundação Carlos Chagas) No processo e julgamento dos crimes de responsabilidade dos funcionários públicos,

a) nos crimes afiançáveis e inafiançáveis, após a denúncia, o juiz ordenará a notificação do acusado para responder, por escrito, dentro do prazo de 15 dias.
b) nos crimes inafiançáveis, após a denúncia, o juiz ordenará a notificação do acusado para responder por escrito, dentro do prazo de 15 dias.
c) nos crimes afiançáveis e inafiançáveis, o eventual recebimento da denúncia é feito depois da notificação do acusado e, caso existente, de sua resposta.
d) nos crimes afiançáveis, o eventual recebimento da denúncia é feito depois da notificação do acusado e, caso existente, de sua resposta.
e) a falta de notificação do acusado para, se quiser, responder à acusação causa nulidade absoluta, conforme súmulas do Superior Tribunal de Justiça e Supremo Tribunal Federal.

15. (Ministério Público/GO — 2012) Com relação ao procedimento relativo aos processos da competência do Tribunal do Júri, é acertado dizer que:

a) poderá ser determinado o desaforamento, em razão de comprovado excesso de serviço, se o julgamento não puder ser realizado no prazo de 6 (seis) meses, contado do trânsito em julgado da decisão de pronúncia;
b) a leitura de jornais ou qualquer outro escrito, bem como a exibição de vídeos, gravações, fotografias, laudos, croquis ou qualquer outro meio assemelhado, cujo conteúdo versar sobre matéria de fato submetida à apreciação e julgamento dos jurados, poderão ser feitos durante o julgamento, desde que a juntada aos autos do documento ou objeto a ser exibido ocorra com a antecedência mínima de 3 (três) dias corridos, dando-se ciência à parte contrária;
c) a fundamentação da decisão de pronúncia limitar-se-á à indicação da materialidade e da existência de indícios suficientes de autoria ou de participação em crime doloso contra a vida, podendo as partes fazer referências à decisão de pronúncia como argumento de autoridade que beneficie o acusado, como corolário do princípio da plenitude de defesa;
d) durante os debates, a acusação poderá replicar e a defesa treplicar, vedada a reinquirição de testemunhas já ouvidas em plenário.

16. (Ministério Público/SP — 2013) Com relação aos procedimentos relativos aos processos de competência do Tribunal do Júri, é correto afirmar:

a) Na audiência da instrução preliminar, o prazo para as alegações orais do Ministério Público é de 20 (vinte) minutos, independentemente do número de acusados.
b) Na decisão de pronúncia, impõe-se ao juiz a especificação das agravantes, causas de aumento de pena e circunstâncias qualificadoras.
c) Oito é o número máximo de testemunhas a serem arroladas pelas partes para inquirição na sessão plenária de julgamento.
d) Os jurados excluídos por impedimento, suspeição ou incompatibilidade serão considerados para a constituição do número legal exigível para a realização da sessão de julgamento.
e) Nos debates em plenário, o tempo destinado à acusação e à defesa será de uma hora e meia para cada, e de uma hora para a réplica e outro tanto para tréplica e, havendo mais de um acusado, os defensores combinarão entre si a distribuição do tempo, o qual, na falta de acordo, será dividido pelo juiz-presidente de forma a não exceder aqueles prazos.

17. (Ministério Público/PR — 2012) Sobre o procedimento do júri, é correto afirmar que:

a) Quanto às recusas peremptórias, o juiz-presidente consulta a promotoria e em seguida a defesa, que podem recusar até três jurados imotivadamente;
b) É facultado aos jurados interpelarem o próprio orador para que indique a folha dos autos da peça por ele citada, bem como para que faça esclarecimento acerca de fato alegado;
c) No júri do autor da morte e do partícipe, defendidos por advogados diversos, se após recusas individuais não houver número mínimo de jurados, suspende-se a sessão e na primeira data designada julga-se, tão somente, o executor do homicídio;
d) Havendo mais de um acusado, com defensores distintos que não chegam a um acordo quanto à divisão do tempo do debate, o juiz, por equidade, destinará 45 (quarenta e cinco) minutos para a defesa de cada réu;
e) Se a testemunha, arrolada pela parte como imprescindível e devidamente intimada, não comparece ao júri, o Código de Processo Penal impõe ao juiz-presidente o adiamento da sessão.

18. (Ministério Público/PR — 2012) Sobre quesitos submetidos ao júri, é correto afirmar que:

a) Conforme norma do Código de Processo Penal, diante de contradição entre as respostas aos quesitos, o juiz-presidente repetirá a votação do último quesito que gerou a contradição;
b) Formula-se quesito a respeito de causa de aumento de pena e de agravante genérica que forem expressamente reconhecidas na pronúncia;
c) Se a maioria do júri responde sim ao quesito genérico "o jurado absolve o acusado?" no tocante ao homicídio, devem ser votados os quesitos do porte de arma praticado em conexão;
d) Ante resposta negativa ao quesito genérico de absolvição, na forma da lei, serão votadas as circunstâncias qualificadoras e, na sequência, as causas de diminuição de pena;
e) Vota-se a tese de desclassificação para homicídio culposo (art. 121, § 3°, CP) após a votação do quesito genérico "o jurado absolve o acusado?".

19. (Ministério Público/PR — 2013) Acerca de desaforamento é *incorreto* afirmar:

a) Pode ser decretado se o interesse da ordem pública o reclamar, ou acaso houver dúvida sobre a imparcialidade do júri ou, ainda, existir risco para a segurança pessoal do acusado;

b) O querelante e o assistente do Ministério Público também são legitimados para intentarem a medida;
c) Entre comarcas da mesma região, as mais próximas, desde que não subsistentes os mesmos motivos da comarca de origem, terão preferência para julgar o caso desaforado;
d) Por se tratar de transferência de foro do julgamento popular, é cabível somente após a publicação da decisão de pronúncia;
e) O desaforamento comporta representação do magistrado competente e, quando proposto pelas partes, a lei processual prescreve que juiz-presidente deve ser ouvido.

20. (Ministério Público/SP — 2013) Assinale a alternativa que está em desacordo com disposições do Código de Processo Penal relacionadas com procedimentos de competência do Tribunal do Júri.

a) Não se admite pedido de desaforamento do julgamento pelo Tribunal do Júri estando pendente recurso contra a decisão de pronúncia.
b) O assistente de acusação tem legitimidade para requerer o desaforamento.
c) Os jurados excluídos por suspeição ou impedimento não serão computados na formação do *quorum* para instalação da sessão de julgamento do Tribunal do Júri.
d) Está impedido de servir o jurado que, em caso de concurso de agentes, integrou Conselho de Sentença que julgou anteriormente outro dos acusados no processo.
e) Na instrução em plenário do Júri, é permitido aos jurados formular perguntas ao ofendido, testemunhas e acusado, desde que por intermédio do Juiz-Presidente.

21. (Ministério Público/SP — 2013) Assinale a alternativa que está em desacordo com disposições legais vigentes relacionadas com a decisão de pronúncia.

a) Da decisão de pronúncia cabe recurso em sentido estrito.
b) Na decisão de pronúncia, é dispensável motivação para a manutenção da prisão provisória anteriormente decretada.
c) A decisão confirmatória de pronúncia constitui causa interruptiva de prescrição.
d) A intimação da decisão de pronúncia ao acusado solto será procedida por edital, se não encontrado para intimação pessoal.
e) Ainda que preclusa a decisão de pronúncia, a classificação do crime pode ser alterada ante o advento de circunstância superveniente.

22. (Ministério Público/SP — 2015) Assinale a alternativa correta.

a) As nulidades relativas ocorridas depois da decisão de pronúncia devem ser arguidas ao final do julgamento, tão logo sejam encerrados os debates.
b) Contra a decisão que reconhece a suspeição de jurado cabe recurso em sentido estrito.
c) O próprio prolator da decisão de pronúncia, decorrido o prazo recursal, poderá, de ofício, modificá-la.
d) A leitura de trechos da decisão de pronúncia em plenário do júri é causa de nulidade absoluta do julgamento, ainda que não tenha causado prejuízo.
e) Todas as alternativas estão incorretas.

23. (Ministério Público/SP — 2015) Em relação à decisão do Juiz de Direito que exclui jurado da lista geral, é lícito afirmar que:

a) é irrecorrível.
b) é passível de apelação, no prazo de 5 dias, por se tratar de decisão definitiva (artigo 593, II, do CPP).
c) admite recurso em sentido estrito, no prazo de 20 dias, contados da publicação da lista definitiva.

d) admite carta testemunhável, no prazo de 48 horas, contados da publicação da decisão que excluiu o jurado da lista.
e) todas as alternativas estão incorretas.

24. (Defensor Público/MS — 2014 — Vunesp) No rito especial do Tribunal do Júri, contra a sentença de absolvição sumária e a de impronúncia caberá

a) apelação, em ambos os casos.
b) recurso em sentido estrito, em ambos os casos.
c) apelação e recurso em sentido estrito, respectivamente.
d) recurso em sentido estrito e apelação, respectivamente.

25. (Defensoria Pública/MT — CEV — 2016) No que se refere à absolvição sumária, no procedimento do Tribunal do Júri, assinale a afirmativa INCORRETA.

a) É a sentença definitiva por meio da qual a pretensão punitiva é julgada improcedente.
b) Trata-se de decisão de mérito, ao contrário do que ocorre com a impronúncia.
c) Terá lugar quando o juiz entender provada a inexistência do fato.
d) Será proferida quando provado não ser o acusado autor ou partícipe do fato.
e) A Lei n. 11.689/2008 restringiu as hipóteses de absolvição sumária.

26. (Ministério Público/SP — 2017) Considerando o princípio da soberania dos veredictos e as particularidades dos procedimentos da competência do Tribunal do Júri, é correto afirmar que

a) a Superior Instância só poderá anular a decisão do Tribunal do Júri em razão de nulidade processual.
b) anulada a decisão pela Superior Instância, a decisão em um segundo julgamento é definitiva, não podendo ser conhecida nova apelação.
c) a apelação só é cabível para a apreciação do montante da pena aplicada.
d) a Superior Instância, ao avaliar a decisão de mérito dos jurados, verificará apenas se a decisão encontra respaldo na prova dos autos.
e) é incabível revisão criminal das decisões do Tribunal do Júri.

■ GABARITO ■

1. "b". É o que diz o art. 5º, XXXVIII, da CF (lembrando que, em verdade, o Júri julga apenas os crimes dolosos contra a vida).
2. "e". É o que diz o art. 412 do CPP.
3. "d".
4. "a".
5. "d". Os médicos não constam do rol de isenção independente de justificativa do art. 437 do CPP.
6. "e".
7. "c".
8. "b".
9. "d".
10. "a".
11. "c". É a ordem exata do art. 483 do CPP.

12. "d".
13. "d".
14. "d".
15. "a".
16. "d".
17. "c".
18. "c".
19. "d".
20. "c".
21. "b".
22. "e".
23. "c".
24. "a".
25. "e".
26. "d".

14

PROCEDIMENTOS PREVISTOS EM LEIS ESPECIAIS

São muitos os procedimentos previstos em leis especiais. Na presente obra estudaremos os que se referem aos crimes com maior incidência prática que são os que envolvem **substâncias entorpecentes**, os que dizem respeito à **violência doméstica ou familiar contra a mulher** e os crimes contra pessoas **idosas**.

14.1. PROCEDIMENTO NOS CRIMES DA LEI DE DROGAS (LEI N. 11.343/2006)

Nos arts. 54 a 58 da Lei n. 11.343/2006 está previsto rito especial para apurar os delitos nela descritos, que são aqueles relacionados a substâncias entorpecentes. De ver-se, entretanto, que referido procedimento especial não tem incidência quando se tratar de crime de **porte para consumo próprio** (art. 28 da Lei n. 11.343/2006), que, de acordo com o art. 48, § 1º, da própria lei, deve ser apurado de acordo com o rito da Lei n. 9.099/95, inclusive no que diz respeito às suas normas despenalizadoras. Por sua vez, apesar de não haver menção expressa, os crimes de **oferta de droga para pessoa de seu relacionamento para consumo conjunto** (art. 33, § 3º, da Lei n. 11.343/2006) e **de prescrição ou ministração culposa de droga** (art. 38 da Lei n. 11.343/2006) são também apurados perante o Juizado Especial Criminal, uma vez que as penas máximas não superam 2 anos.

Assim, é para os delitos de **tráfico** e outros da Lei de Drogas que se aplica o rito especial.

14.1.1. Fase policial

A Lei n. 11.343/2006 estabelece algumas diferenças em relação ao inquérito policial. Os prazos para conclusão, por exemplo, são mais elásticos. Caso se trate de réu **preso**, o prazo é de **30 dias**, e se estiver **solto**, de **90 dias** (art. 51). Esses prazos, porém, podem ser **duplicados** pelo juiz, ouvido o Ministério Público, mediante pedido **justificado** da autoridade policial (art. 51, parágrafo único).

Findos os prazos, a autoridade deve encaminhar o inquérito ao juízo. Antes da remessa, deve elaborar **relatório** narrando sumariamente os fatos e justificando as razões que a levaram à classificação do delito de determinada forma, mencionando a quantidade e natureza da substância ou do produto apreendido, o local e as condições em que se desenvolveu a ação criminosa, as circunstâncias da prisão, a conduta, a qualificação e os antecedentes do agente (art. 52, I). Poderá, ainda, requerer a devolução dos autos para a realização de diligências complementares que entenda imprescindíveis (art. 52, II), hipótese em que os autos retornarão do distrito policial.

A classificação do delito dada pela autoridade não vincula o Ministério Público no momento de oferecer a denúncia ou o juiz.

Por sua vez, o parágrafo único do art. 52 dispõe que a **remessa** dos autos ao juízo far-se-á sem prejuízo de diligências complementares:

I — *necessárias ou úteis à plena elucidação do fato, cujo resultado deverá ser encaminhado ao juízo competente até 3 (três) dias antes da audiência de instrução e julgamento*;

II — *necessárias ou úteis à indicação dos bens, direitos e valores de que seja titular o agente, ou que figurem em seu nome, cujo resultado deverá ser encaminhado ao juízo competente até 3 (três) dias antes da audiência de instrução e julgamento.*

Por fim, o art. 53 da lei estabelece que, em qualquer fase da persecução criminal, são permitidos, além de outros previstos em lei, mediante autorização judicial e ouvido o Ministério Público, os seguintes procedimentos investigatórios:

I — *a infiltração por agentes de polícia, em tarefas de investigação, constituída pelos órgãos especializados pertinentes*;

II — *a não atuação policial sobre os portadores de drogas, seus precursores químicos ou outros produtos utilizados em sua produção, que se encontrem no território brasileiro, com a finalidade de identificar e responsabilizar maior número de integrantes de operações de tráfico e distribuição, sem prejuízo da ação penal cabível*. Em tal hipótese, a autorização será concedida desde que sejam conhecidos o itinerário provável e a identificação dos agentes do delito ou de colaboradores.

14.1.2. Procedimento em juízo

Nos termos do art. 54 da Lei n. 11.343/2006, sendo recebidos em juízo os autos de inquérito policial, de investigação feita por Comissão Parlamentar de Inquérito, ou peças de informação, dar-se-á vista ao Ministério Público para que apresente manifestação em **10 dias**. O dispositivo prevê expressamente que o Ministério Público poderá oferecer **denúncia**, requerer o **arquivamento** ou **requisitar diligências** que entenda necessárias — tal como ocorre, aliás, com qualquer outra infração penal.

O art. 7º da Lei n. 1.521/51 prevê que o juiz deve recorrer de ofício caso determine o arquivamento de inquérito policial, a pedido do Ministério Público, quando a apuração diz respeito a crime contra a **saúde pública**. É pacífico, entretanto, que tal dispositivo não se aplica aos crimes da Lei de Drogas que, apesar de atingirem a saúde pública, possuem rito especial na Lei n. 11.343/2006, que não exige o recurso de ofício. Essa espécie de recurso, portanto, só tem incidência em relação a outros crimes contra a saúde pública.

Se o promotor oferecer denúncia, deverá, concomitantemente, arrolar **até 5 testemunhas**, bem como requerer as diligências que entenda pertinentes (art. 54, III). Deverá ainda analisar o cabimento da suspensão condicional do processo se a denúncia se referir a crime cuja pena mínima não exceda 1 ano (crimes dos arts. 33, § 2º, e 39 da Lei).

Em juízo, o procedimento observará as seguintes fases:

1) **defesa preliminar**;
2) **recebimento da denúncia ou determinação de diligências**;
3) **citação**;
4) **audiência para interrogatório, oitiva de testemunhas e debates orais**;
5) **sentença**.

■ 14.1.3. Defesa preliminar

Nos termos do art. 55, *caput*, oferecida a denúncia, o juiz ordenará a **notificação** do acusado para oferecer **defesa prévia**, por escrito, no prazo de **10 dias**. Nessa defesa, o denunciado poderá arguir **preliminares** (prescrição, por exemplo) e **exceções**, além de invocar todos os argumentos que entenda pertinentes no sentido de convencer o juiz a não receber a denúncia (ex.: que o flagrante foi provocado ou forjado, que a droga era para seu consumo pessoal e não para tráfico etc.). Para tanto poderá oferecer documentos e justificações. É também nessa fase que o denunciado deve requerer as provas que pretende produzir, antes e depois do recebimento da denúncia, bem como arrolar até **cinco testemunhas** para que sejam ouvidas em caso de recebimento da inicial.

As exceções a que se refere a lei são aquelas previstas nos arts. 95 a 113 do Código de Processo Penal (suspeição, impedimento, incompetência do juízo, ilegitimidade de parte ou coisa julgada) e, nos termos do art. 55, § 2º, da Lei n. 11.343/2006, serão processadas em autos apartados.

Caso o acusado não apresente a defesa prévia, o juiz **nomeará defensor** para oferecê-la, fixando-lhe mais **10 dias** de prazo e abrindo-lhe vista para manifestação (art. 55, § 3º).

■ 14.1.4. Decisão judicial em torno do recebimento da denúncia

Apresentada a defesa, o juiz, no prazo de **5 dias**, terá de tomar uma das seguintes decisões:

a) **receber a denúncia**;

b) **rejeitar a denúncia**;

c) **determinar a realização de diligências que entenda imprescindíveis**. Esta última opção encontra-se descrita no art. 55, § 3º, da Lei n. 11.343/2006, que diz que o juiz, se entender imprescindível, determinará a apresentação do preso ou a realização de diligências, exames ou perícias, que deverão ser realizadas no prazo máximo de **10 dias**. Em tal hipótese, com a juntada das novas provas ou com o término do prazo para a sua realização, o magistrado terá mais **5 dias** para receber ou rejeitar a denúncia.

Da decisão que rejeitar a denúncia cabe **recurso em sentido estrito** (art. 581, I, do CPP).

Caso estejam presentes indícios de autoria e materialidade, o juiz **receberá** a inicial, sendo de ressalvar que o art. 50, § 1º, da Lei n. 11.343/2006 prevê que para o estabelecimento da materialidade nesta fase basta o **laudo de constatação**.

Recebida a denúncia, o juiz designará dia e hora para a audiência de instrução e julgamento, ordenará a citação pessoal do acusado, a notificação do Ministério Público, do assistente, se for o caso, e requisitará os exames periciais faltantes (art. 56, *caput*). Apesar de a lei não mencionar expressamente, é evidente que também deverá ser determinada a notificação do defensor, bem como a requisição do réu, caso esteja preso.

Em se tratando dos previstos nos arts. 33, *caput* e § 1º, e 34 a 37 (tráfico de drogas e crimes interligados ao tráfico), o juiz, ao receber a denúncia, poderá decretar o afastamento **cautelar** do denunciado de suas atividades, se este for **funcionário público**, comunicando a decisão ao órgão onde ele atua (art. 56, § 1º). Esse dispositivo se aplica, por exemplo, se o acusado for policial.

■ 14.1.5. Citação

Se o réu for citado **pessoalmente** e não comparecer na audiência, será decretada sua **revelia**, de modo que não será mais intimado para os demais atos processuais (art. 367 do CPP). Caso compareça, será devidamente interrogado.

Se o réu não for encontrado para citação pessoal, o juiz determinará a citação por **edital**; nesse caso, se o réu não comparecer ao interrogatório designado nem nomear defensor, o juiz decretará a suspensão do processo e do prazo prescricional, nos termos do art. 366 do Código de Processo Penal, que se aplica subsidiariamente à Lei Antitóxicos (art. 48). Esta hipótese só ocorrerá, na prática, se o réu estiver solto, e, por tal razão, o juiz analisará se a decretação da prisão preventiva se mostra necessária.

■ 14.1.6. Audiência de instrução e julgamento

A audiência de instrução e julgamento deverá ser realizada dentro do prazo de **30 dias**, a contar do despacho em que foi recebida a denúncia, salvo se tiver sido determinada a realização de exame para verificar a **dependência toxicológica** de drogas por parte do acusado, hipótese em que deverá ser realizada no prazo de **90 dias**. Muitas vezes já existem evidências de que o réu é dependente e, nesse caso, o juiz, ao receber a denúncia, deve, de imediato, determinar a realização do exame de dependência, hipótese em que a audiência de instrução deverá ser postergada, sendo realizada no prazo de 90 dias.

De acordo com a redação do art. 57 da Lei n. 11.343/2006, na audiência, o juiz, inicialmente, interrogará o acusado, na forma estabelecida no Código de Processo Penal. Deverá o magistrado indagar-lhe acerca de eventual **dependência** de drogas, caso ainda não tenha sido determinado o respectivo exame, providência necessária mesmo no crime de tráfico. Se o réu declarar-se dependente e existirem indícios nesse sentido, o juiz deverá determinar a realização do exame. Aliás, mesmo que o acusado não se declare dependente, o juiz deverá determinar o exame se, diante das provas colhidas ou de outras evidências, perceber que ele é viciado.

O art. 57, parágrafo único, estabelece a possibilidade de as **partes** fazerem **perguntas** ao réu no final do interrogatório, sempre, porém, por intermédio do juiz.

Ainda de acordo com a disposição legal, após o interrogatório, o juiz ouvirá as testemunhas, primeiro as de acusação, e depois as de defesa. O depoimento de policiais (militares ou civis) tem o mesmo valor que em qualquer outro processo penal (furto, roubo, porte de arma etc.), devendo ser aferido pela harmonia com os demais depoimentos, pela firmeza com que foi prestado etc. Nada obsta a condenação fundada apenas em depoimento de policiais, uma vez que é extremamente comum que as testemunhas civis não queiram ser mencionadas na ocorrência policial por temerem depor contra traficantes. É óbvio, todavia, que o juiz não poderá aceitar depoimentos completamente contraditórios de policiais como fundamento para eventual condenação.

Ouvidas as testemunhas, as partes terão, cada qual, tempo de 20 minutos, prorrogáveis por mais 10 (a critério do juiz), para a sustentação oral. O rito não menciona a possibilidade de substituição dos debates orais pela entrega de memoriais, contudo, tal providência é extremamente comum no dia a dia forense, uma vez que os tribunais não têm reconhecido qualquer nulidade nessa atitude.

Em tese, a audiência deveria ser **una**, pois, em um só ato processual, deveriam ser realizados a instrução, os debates e, se possível, o julgamento. É, porém, muito comum que seja desdobrada, quer pela ausência de uma testemunha (ouvem-se as presentes e marca-se nova data para as faltantes), quer por não haver chegado o exame químico-toxicológico ou o laudo do exame de dependência, quer por ter sido este determinado na própria audiência.

É preciso assinalar, porém, que houve controvérsia sobre qual o momento em que o interrogatório deve ser realizado nos procedimentos da Lei de Drogas, se no início ou no final da instrução.

Grande parte dos juízes e tribunais, atentos à circunstância de que não há dispositivo legal determinando a aplicação da norma do art. 400 do CPP aos procedimentos previstos em lei especiais — o art. 394, § 4º, do CPP trata apenas da extensão das normas relativas à rejeição da denúncia, resposta escrita e absolvição sumária —, bem como convictos de que o aparente conflito de leis deve ser solucionado à luz do princípio da especialidade, entendia que o interrogatório deveria ser mesmo realizado no início da audiência, nos termos do art. 57 da Lei n. 11.343/2006.

O **Superior Tribunal de Justiça** já havia se manifestado de acordo com esse entendimento: "Nos termos do art. 394, § 2º, salvo disposições em contrário do Código de Processo Penal ou de lei especial, o procedimento comum será aplicado a todos os processos. Logo, possuindo a Lei 11.343/06 rito próprio, afastadas estão, em regra, as normas do procedimento comum. O art. 57 da Lei 11.343/06 dispõe que o interrogatório inaugura a audiência de instrução e julgamento, ao contrário do rito do Estatuto Processual Penal que o fixou como último ato da instrução, nos termos do seu art. 400. *In casu*, denota-se que o interrogatório foi realizado nos termos estabelecidos no rito especial da Lei de Drogas, razão por que não se verifica a existência de nulidade em face da alegada inobservância do art. 400 do CPP" (STJ — HC 152.776/RS — 5ª Turma — Rel. Min. Jorge Mussi — julgado em 08.11.2011 — *DJe* 17.11.2011).

O **Supremo Tribunal Federal**, por órgão fracionário, também já havia proferido algumas decisões pela aplicação do princípio da especialidade, no tocante ao momento de realização do interrogatório: "*Habeas corpus*. Processual penal. Paciente condenado pelo delito de tráfico de drogas sob a égide da Lei n. 11.343/2006. Pedido de novo interrogatório ao final da instrução processual. Art. 400 do CPP. Impossibilidade. Princípio da especialidade. Ausência de demonstração do prejuízo. Ordem denegada. Se o paciente foi processado pela prática do delito de tráfico ilícito de drogas, sob a égide da Lei n. 11.343/2006, o procedimento a ser adotado é o especial, estabelecido nos arts. 54 a 59 do referido diploma legal. II — O art. 57 da Lei de Drogas dispõe que o interrogatório ocorrerá em momento anterior à oitiva das testemunhas, diferentemente do que prevê o art. 400 do Código de Processo Penal" (STF — HC 121.953/MG — 2ª Turma — Rel. Min. Ricardo Lewandowski — julgado em 10.06.2014 — *DJe* 01.07.2014).

No entanto, no julgamento do Agravo Regimental da Ação Penal n. 528, em 24 de março de 2011, passou-se a perceber propensão do Supremo Tribunal Federal a considerar que, em qualquer ação penal, inclusive nos procedimentos previstos em lei especial, **o interrogatório deveria ser o último ato instrutório da audiência**. Isso porque, embora ainda não enfrentando a questão específica em relação ao crime de tráfico de drogas, proclamou, em tal julgamento, que, nas ações penais originárias, cujo procedimento também é regido por lei especial (Lei n. 8.038/90), o interrogatório deveria ser o último ato da instrução, o que permitia concluir que essa orientação deveria ser adotada também para o rito dos crimes relativos a entorpecentes, pois onde há a mesma razão o direito deve ser o mesmo. Posteriormente, no julgamento do HC 127.900, em 3 de março de 2016, o **Plenário do Supremo Tribunal Federal** fixou orientação no sentido de que a regra do art. 400 do CPP, que determina o interrogatório ao final, seja aplicada também aos processos de natureza penal militar e eleitoral e **a todos os procedimentos penais regidos por legislação especial**.

A esse respeito, remetemos o leitor ao item 8.3.3 desta obra.

14.1.7. Sentença

Após os debates das partes, o juiz proferirá sentença ou, se não se julgar habilitado a fazê-lo de imediato, ordenará que os autos lhe sejam conclusos para, no prazo de **10 dias**, proferi-la (art. 58, *caput*).

Estando devidamente provado que o réu tinha a droga em seu poder, é necessário que o juiz decida e fundamente por qual crime irá condená-lo. É muito comum que o réu, denunciado por tráfico, alegue que a droga realmente estava em seu poder, porém para consumo próprio. Assim, para que o magistrado decida se a droga realmente se destinava ao tráfico ou ao consumo pessoal do agente, deverá levar em conta vários fatores apontados no art. 28, § 2º, da Lei n. 11.343/2006: natureza e quantidade da droga apreendida, local e condições em que se desenvolveu a ação criminosa, circunstâncias pessoais e sociais do agente, bem como sua conduta e antecedentes. Lembre-se de que, observados todos esses critérios e quaisquer outros considerados relevantes pelo juiz, caso persista **dúvida**, deverá ele optar pela condenação pelo crime menos grave (*in dubio pro reo*).

Em caso de condenação, além das fases indispensáveis — relatório, fundamentação e dispositivo —, o juiz deverá, além de fixar a pena e o regime inicial:

a) analisar se é caso de decretação da **perda** do **cargo** ou **função pública** (art. 92, I, do CP), se o crime tiver sido cometido com abuso da função pública e a pena for superior a 1 ano;

b) decretar a **perda** de **veículos**, **embarcações** ou **aeronaves**, bem como de **maquinismos**, **utensílios**, **instrumentos** e **objetos** de qualquer natureza **utilizados para a prática do crime** (art. 63). O Pleno do Supremo Tribunal Federal, ao apreciar o Tema 647 da sistemática da repercussão geral, decidiu que "é possível o confisco de todo e qualquer bem de valor econômico apreendido em decorrência do tráfico de drogas, **sem a necessidade de se perquirir a habitualidade**, reiteração do uso do bem para tal finalidade, a sua modificação para dificultar a descoberta do local do acondicionamento da droga ou qualquer outro requisito além daqueles previstos expressamente no art. 243, parágrafo único, da Constituição Federal" (RE 638.491 — Rel. Min. Luiz Fux — julgado em 17.05.2017);

c) verificar a possibilidade de o réu apelar em liberdade, ou a necessidade de decretar-lhe a prisão;

d) determinar a **destruição da droga apreendida**, preservando-se, para eventual contraprova, a fração que fixar. Nos termos do art. 32, § 1º, da Lei, a destruição será feita por incineração (art. 58, § 1º).

■ 14.1.8. Não incidência de regras do rito ordinário ao procedimento especial da Lei de Drogas

A atual redação do art. 394, § 4º, do Código de Processo Penal, com a redação dada pela Lei n. 11.719/2008, determina que as regras de seus arts. 395 a 398 **aplicam-se a todos os procedimentos de primeiro grau**, ainda que não regulados pelo Código de Processo. Deve-se salientar, inicialmente, que esses arts. 395 a 398 regulamentam apenas três temas: hipóteses de rejeição da denúncia, resposta escrita do acusado e possibilidade de absolvição sumária.

Muito importante salientar, outrossim, que, apesar do mandamento do art. 394, § 4º, do CPP, a fase da resposta escrita **após** o recebimento da denúncia mostra-se incompatível com a lei especial. Com efeito, na Lei de Drogas existe dispositivo específico — art. 55 — determinando que a resposta do acusado deve se dar **antes** do recebimento da denúncia. Inviável, entretanto, que essas fases se somem — uma antes e outra depois do recebimento da inicial — na medida em que o texto e o objetivo dos dois atos são os mesmos, devendo prevalecer a da lei especial. Veja-se, por exemplo, que o art. 55 da Lei de Drogas estabelece que o momento adequado para arrolar testemunhas de defesa e apresentar preliminares, bem como oferecer documentos e justificações, é o da **defesa preliminar**, enquanto o art. 396-A, que trata da resposta escrita **após** a denúncia, tem redação idêntica, dizendo tratar-se do momento processual adequado para a defesa arrolar suas testemunhas, arguir preliminares, bem como oferecer documentos e apresentar justificações. Pelo princípio da igualdade (e até mesmo por bom-senso) é evidente que a defesa não pode ter duas oportunidades, por exemplo, para arrolar testemunhas. Por isso, como já mencionado, deve ser observada apenas a regra da lei especial, ou seja, a que exige a notificação para a defesa prévia, anterior ao recebimento da denúncia. A situação não é a mesma do procedimento apuratório dos crimes funcionais, pois, em relação a estes, o art. 514 do CPP prevê a defesa preliminar, mas com finalidade diversa, não sendo o momento oportuno para arrolar testemunhas ou requerer a produção de provas. Quanto ao procedimento dos funcionários públicos, portanto, existe a fase da defesa preliminar e, caso recebida a denúncia, a fase da resposta escrita.

■ 14.1.9. Quadro sinótico do rito dos crimes de tráfico de drogas

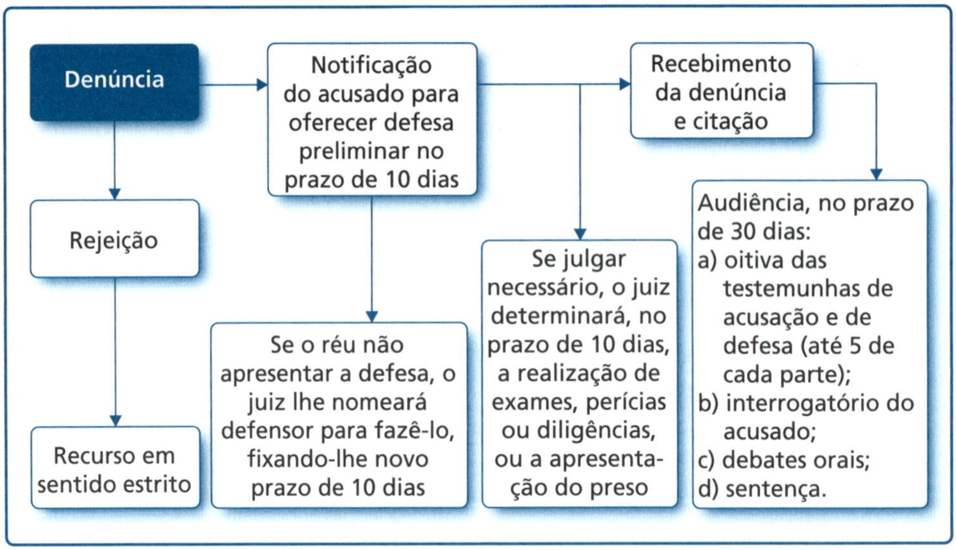

■ 14.2. PROCEDIMENTO RELATIVO AOS CRIMES COMETIDOS COM VIOLÊNCIA DOMÉSTICA OU FAMILIAR CONTRA A MULHER

A conhecida Lei **Maria da Penha** (Lei n. 11.340/2006) contém diversas peculiaridades de natureza processual penal em relação às infrações cometidas com violência doméstica ou familiar contra a mulher. **Não** se trata de um rito próprio, especial, a ser aplicado sempre que haja crime desta natureza, e sim da existência de algumas vedações e de medidas específicas que influenciarão no andamento da investigação e da ação penal.

14.2.1. Conceito de violência doméstica

Da combinação dos arts. 5º e 7º da lei em análise, entende-se por violência doméstica ou familiar contra a mulher qualquer atentado ou ofensa de natureza **física**, **psicológica**, **sexual**, **patrimonial** ou **moral**, quando praticados no âmbito da unidade **doméstica**, da **família** ou de qualquer **relação íntima de afeto**, quando baseados no gênero. Em face da amplitude desse conceito não é apenas o delito de lesões corporais que é regulado por esta lei que, em verdade, abrange infrações das mais variadas espécies tais como homicídio, induzimento ao suicídio, aborto, crimes contra a honra, constrangimento ilegal, ameaça, furto, dano, roubo, estupro, incêndio, tortura etc.

De acordo com a Súmula 600 do Superior Tribunal de Justiça, aprovada em novembro de 2017, "Para configuração da violência doméstica e familiar prevista no artigo 5º da Lei n. 11.340/2006, Lei Maria da Penha, não se exige a coabitação entre autor e vítima".

14.2.2. O art. 41 da Lei n. 11.340/2006

Este dispositivo é de enorme relevância, pois afasta a incidência **de todos** os institutos da Lei n. 9.099/95 aos crimes que envolvam violência doméstica ou familiar contra a mulher.

> **Art. 41.** Aos crimes cometidos com violência doméstica e familiar contra a mulher, independentemente da pena prevista, não se aplica a Lei n. 9.099, de 26 de setembro de 1996.

Ora, ao afastar a incidência da Lei n. 9.099/95, independentemente da pena aplicada, a Lei Maria da Penha, em verdade, acabou alterando a interpretação do conceito de infração de menor potencial ofensivo no que diz respeito aos crimes, pois somente poderão ser assim considerados aqueles com pena máxima não superior a 2 anos que não envolvam violência doméstica ou familiar contra a mulher.

Como o dispositivo só afasta expressamente a incidência da Lei n. 9.099/95 para **os crimes**, a apuração de **contravenções penais** cometidas em situação de violência doméstica contra mulheres deveria seguir o rito da Lei dos Juizados Especiais Criminais. Ex.: contravenção de importunação ofensiva ao pudor.

Não obstante a clareza do texto legal ao se referir somente a crimes, e não a "infrações penais", e embora seja absolutamente sabido que não é possível equiparar crime e contravenção penal quando o texto legal faz a distinção — precipuamente quando se trata de **norma restritiva de benefícios** legais —, o Plenário do Supremo Tribunal Federal estendeu a vedação às contravenções: "Violência doméstica — Art. 41 da Lei n. 11.340/2006 — Alcance. O preceito do art. 41 da Lei n. 11.340/2006 alcança toda e qualquer prática delituosa contra a mulher, até mesmo quando consubstancia contravenção penal, como é a relativa a vias de fato" (STF — HC 106.212/MS — Tribunal Pleno — Rel. Min. Marco Aurélio — *DJe* 13.06.2011).

Transação penal e suspensão condicional do processo

A vedação contida no art. 41 impede a proposta de transação penal ainda que o autor da infração preencha os requisitos para o benefício elencados no art. 76 da Lei n. 9.099/95, bem como veda a suspensão condicional do processo, ainda que presentes os requisitos do art. 89 da lei dos juizados.

Por não haver regra semelhante para as hipóteses em que a vítima da violência é homem — pai, filho, marido —, alguns juristas passaram a argumentar que o dispositivo seria inconstitucional, por ferir o art. 5º, I, da Constituição Federal, que estabelece que homens e mulheres são iguais perante a Lei, e, na hipótese em análise, o sexo da vítima do delito altera a possibilidade de incidência de benefícios ao sujeito ativo. O Supremo Tribunal Federal, por seu Plenário, ao julgar a Ação Declaratória de Constitucionalidade (ADC) n. 19, em fevereiro de 2012, decidiu que o referido art. 41 da Lei Maria da Penha é constitucional, com o argumento de que o grande número de agressões no âmbito doméstico e familiar contra as mulheres justifica o tratamento mais gravoso ao agressor — que, inclusive, pode ser homem ou outra mulher.

Assim, independentemente da pena cominada, não será possível, em relação à infrações praticadas com violência doméstica contra a mulher, a realização de proposta de transação penal e, tampouco, de submissão do acusado ao *sursis* processual (suspensão condicional do processo). O Superior Tribunal de Justiça editou, em relação ao tema, a Súmula n. 536: "A suspensão condicional do processo e a transação penal não se aplicam na hipótese de delitos sujeitos ao rito da Lei Maria da Penha".

■ 14.2.3. A necessidade de inquérito policial nos crimes de menor potencial ofensivo

Tendo em vista a redação do mencionado art. 41, possível a conclusão de que, sempre que seja cometido crime que envolva violência doméstica ou familiar contra a mulher, deverá ser instaurado inquérito policial (e não mero termo circunstanciado), ainda que a pena máxima prevista não supere 2 anos. Por isso, se for noticiado à autoridade policial um crime de ameaça praticado pelo marido contra a esposa ou um crime de constrangimento ilegal do filho contra a mãe, deverá ser instaurado inquérito policial, embora a pena máxima desses crimes seja, respectivamente, de 6 meses (art. 147 do CP) e 1 ano (art. 146 do CP). Consequência disso é que, nesses casos, se o sujeito for flagrado cometendo o delito deverá ser preso em flagrante e lavrado o respectivo auto.

A Lei Maria da Penha, a partir das alterações introduzidas pela Lei n. 13.505/2017, passou a assegurar atendimento policial e pericial adequados a peculiar situação da mulher vítima de violência doméstica ou familiar, estabelecendo que a assistência será de natureza especializada e ininterrupta, bem como prestada por servidores previamente capacitados e, preferencialmente, do sexo feminino.

De acordo com o art. 10-A, § 1º, da Lei Maria da Penha, a inquirição de mulher vítima de violência doméstica e familiar e, ainda, de testemunha de violência doméstica, quando se tratar de crime contra a mulher, obedecerá às seguintes diretrizes:

a) salvaguarda da integridade física, psíquica e emocional da depoente, considerada a sua condição peculiar de pessoa em situação de violência doméstica e familiar;

b) garantia de que, em nenhuma hipótese, a mulher em situação de violência doméstica e familiar, familiares e testemunhas terão contato direto com investigados ou suspeitos e pessoas a eles relacionadas;

c) não revitimização da depoente, evitando sucessivas inquirições sobre o mesmo fato nos âmbitos criminal, cível e administrativo, bem como questionamentos sobre a vida privada.

A fim de dar concretude a essas diretrizes, a lei prevê a observância dos procedimentos a seguir indicados (art. 10-A, § 2º):

a) realização de inquirições de vítimas e testemunhas em recinto especialmente projetado para esse fim;

b) intermediação nas oitivas, sempre que necessário, de profissional especializado em violência doméstica e familiar designado pela autoridade judiciária ou policial;

c) registro do depoimento por meio eletrônico ou magnético, devendo a degravação e a mídia integrarem o inquérito.

De acordo com o art. 12 da Lei n. 11.340/2006, em todos os casos de violência doméstica e familiar contra a mulher, feito o registro da ocorrência, deverá a autoridade policial adotar, de imediato, os seguintes procedimentos, sem prejuízo daqueles previstos no Código de Processo Penal:

I — ouvir a ofendida, lavrar o boletim de ocorrência e tomar a representação a termo, se apresentada;

II — colher todas as provas que servirem para o esclarecimento do fato e de suas circunstâncias;

III — remeter, no prazo de 48 horas, expediente apartado ao juiz com o pedido da ofendida, para a concessão de medidas protetivas de urgência;

IV — determinar que se proceda ao exame de corpo de delito da ofendida e requisitar outros exames periciais necessários;

V — ouvir o agressor e as testemunhas;

VI — ordenar a identificação do agressor e fazer juntar aos autos sua folha de antecedentes criminais, indicando a existência de mandado de prisão ou registro de outras ocorrências policiais contra ele;

VII — remeter, no prazo legal, os autos do inquérito policial ao juiz e ao Ministério Público.

De acordo com o art. 12, § 1º, o pedido de medidas protetivas por parte da ofendida a que se refere o inciso III, será tomado a termo pela autoridade policial e deverá conter: I — qualificação da ofendida e do agressor; II — nome e idade dos dependentes; III — descrição sucinta do fato e das medidas protetivas solicitadas pela vítima. A autoridade policial deverá anexar ao documento referido no § 1º o boletim de ocorrência e cópia de todos os documentos disponíveis em posse da ofendida.

Visando ainda a imediata proteção da mulher, deverá a autoridade policial, nos termos do art. 11 da lei:

I — garantir proteção policial, quando necessário, comunicando de imediato ao Ministério Público e ao Poder Judiciário;

II — encaminhar a ofendida ao hospital ou posto de saúde e ao Instituto Médico Legal;

III — fornecer transporte para a ofendida e seus dependentes para abrigo ou local seguro, quando houver risco de vida;

IV — se necessário, acompanhar a ofendida para assegurar a retirada de seus pertences do local da ocorrência ou do domicílio familiar;

V — informar à ofendida os direitos a ela conferidos nesta Lei e os serviços disponíveis.

■ 14.2.4. Representação

A representação é **condição de procedibilidade** em alguns crimes cometidos com violência doméstica ou familiar contra a mulher, tais como ameaça, perigo de contágio venéreo, estupro contra vítima maior de idade.

Merece destaque a informação de que o crime de **lesão corporal dolosa de natureza leve** praticado em situação de violência doméstica contra a mulher apura-se por meio de ação pública **incondicionada**, na medida em que o art. 41 da Lei Maria da Penha afasta a incidência do art. 88 da Lei n. 9.099/95. Nesse sentido, já se posicionou o Supremo Tribunal Federal (ADI 4.424), bem como o Superior Tribunal de Justiça, por meio da Súmula n. 542, que assim se ostenta: "A ação penal relativa ao crime de lesão corporal resultante de violência doméstica contra a mulher é pública incondicionada".

Assim, chegando os autos ao Ministério Público, poderá ser imediatamente oferecida a denúncia, sem a necessidade de qualquer outra providência (não é necessário marcar audiência para que ela confirme a representação já existente). Somente se, após o oferecimento da representação, a vítima procurar a autoridade policial ou o cartório judicial (antes do recebimento da denúncia) e manifestar interesse em se retratar, deverá o juiz designar audiência especialmente para ouvi-la (art. 16 da Lei n. 11.340/2006). Em tal audiência, em que deverá estar presente o Ministério Público, o juiz irá alertá-la de que a retratação será interpretada como **renúncia**, ou seja, de que ela não poderá novamente representar em relação ao mesmo fato criminoso. Nesta oportunidade, o juiz aferirá também se a vítima não foi eventualmente ameaçada para se retratar. De qualquer forma, havendo a retratação, o inquérito será arquivado.

Importante ressaltar que, em regra, a retratação só é possível até o oferecimento da denúncia (art. 25 do CPP), mas, nesta hipótese da Lei Maria da Penha, o seu art. 16 expressamente a admite até o **recebimento** da inicial acusatória.

■ 14.2.5. Competência

De acordo com o art. 14 da Lei n. 11.340/2006, os julgamentos das infrações penais que se enquadrem em tal lei tramitarão nos **Juizados de Violência Doméstica e Familiar contra a Mulher** aos quais caberá o processo, o julgamento e a execução das causas de sua competência. Apesar de ser denominado "Juizado", referidos órgãos integram a justiça comum ordinária com competência plena cível e criminal para as infrações de sua alçada, exceto naquilo em que encontre restrição no texto constitucional, como no caso do crime de homicídio em que o julgamento do mérito compete ao Tribunal do Júri. Assim, os Juizados poderão julgar desde crimes leves como os de ameaça ou constrangimento ilegal, até crimes graves como o estupro (do marido contra a esposa, do pai contra a filha, do padrasto contra a enteada etc.).

Alguns juristas questionaram a constitucionalidade do art. 33 da Lei Maria da Penha, que atribui competência ao juízo criminal para decidir questões de natureza cível que envolvam violência doméstica ou familiar contra a mulher, com o argumento de que cabe aos tribunais e à lei de organização judiciária estadual determinar o alcance da competência de seus órgãos jurisdicionais. O Supremo Tribunal Federal, todavia, ao julgar a Ação Declaratória de Constitucionalidade (ADC) n. 19, em fevereiro de 2012, decidiu que o dispositivo não fere os arts. 96, I, e 125, § 1º, da Constituição Federal, sendo plenamente aplicável, uma vez que o art. 33 "apenas facultaria a criação desses juizados e atribuiria ao juízo da vara criminal a competência cumulativa de ações cíveis e criminais envolvendo violência doméstica contra a mulher, haja vista a necessidade de conferir tratamento uniforme, especializado e célere, em todo o território nacional, às causas sobre a matéria".

No caso de homicídio, consumado ou tentado, a ação tramitará perante o Juizado da Violência Doméstica até a fase da **pronúncia**, onde poderão ser aplicadas as regras da Lei Maria da Penha, por exemplo, aquelas que tratam das medidas protetivas de urgência (no caso de tentativa). Após o trânsito em julgado da pronúncia, os autos serão remetidos à Vara do Júri para a realização do julgamento em Plenário. Nesse sentido: "Ressalvada a competência do Júri para julgamento do crime doloso contra a vida, seu processamento, até a fase de pronúncia, poderá ser pelo Juizado de Violência Doméstica e Familiar contra a Mulher, em atenção à Lei 11.340/2006" (STJ — HC 73.161/SC — 5ª Turma — Rel. Min. Jane Silva — *DJ* 17.09.2007 — p. 317). No mesmo sentido: STJ — HC 294.952/SC — Rel. Min. Felix Fischer — 5ª Turma — julgado em 07.04.2015 — *DJe* 04.05.2015.

Reza o art. 33 da lei que, enquanto não criados os Juizados da Violência Doméstica, a competência para a apuração dos crimes dessa natureza será das Varas Criminais Comuns, onde será garantido o direito de preferência para o processo e julgamento dessas causas (art. 33, parágrafo único, da Lei n. 11.340/2006).

■ 14.2.6. Rito

Uma vez oferecida a denúncia ou queixa, o procedimento a ser seguido será o **ordinário** ou **sumário**, dependendo da pena, ou o do **Júri** até a fase da pronúncia (em caso de crime doloso contra a vida). Caso se trate de **crime** com pena máxima não superior a 2 anos, deverá ser adotado o rito **sumário**, uma vez que o art. 41 da Lei Maria da Penha proíbe a aplicação do rito sumaríssimo.

■ 14.2.7. Medidas protetivas de urgência

Importante diferencial nesses procedimentos é a possibilidade de decretação de medidas protetivas de urgência pelo juiz, em razão de requerimento do Ministério Público ou da ofendida (levadas a termo pela autoridade policial por ocasião da lavratura da ocorrência, nos termos do art. 12 da Lei Maria da Penha). O Juiz tem prazo de **48 horas** para decidir (art. 18), porém, dependendo da gravidade do caso, poderá decretar a medida solicitada pela vítima **de imediato**, sem a oitiva do Ministério Público, que será comunicado em seguida.

As medidas de urgência cabíveis podem dizer respeito ao agressor ou à vítima.

As medidas que dizem respeito ao **agressor** estão elencadas no art. 22 da Lei, sem prejuízo de outras a fim de preservar a segurança da ofendida.

> **Art. 22.** Constatada a prática de violência doméstica e familiar contra a mulher, nos termos desta Lei, o juiz poderá aplicar, de imediato, ao agressor, em conjunto ou separadamente, as seguintes medidas protetivas de urgência, entre outras:
> I — suspensão da posse ou restrição do porte de armas, com comunicação ao órgão competente, nos termos da Lei n. 10.826, de 22 de dezembro de 2003;
> II — afastamento do lar, domicílio ou local de convivência com a ofendida;
> III — proibição de determinadas condutas, entre as quais:
> *a)* aproximação da ofendida, de seus familiares e das testemunhas, fixando o limite mínimo de distância entre estes e o agressor;
> *b)* contato com a ofendida, seus familiares e testemunhas por qualquer meio de comunicação;
> *c)* frequentação de determinados lugares a fim de preservar a integridade física e psicológica da ofendida;
> IV — restrição ou suspensão de visitas aos dependentes menores, ouvida a equipe de atendimento multidisciplinar ou serviço similar;
> V — prestação de alimentos provisionais ou provisórios.

Essas medidas poderão ser aplicadas **isolada** ou **cumulativamente** e poderão ser **substituídas** a qualquer tempo por outras de maior eficácia, sempre que os direitos da mulher forem ameaçados ou violados. O juiz deverá, ainda, **revogá-las** quando não mais se mostrarem necessárias.

As medidas relativas à **vítima**, por sua vez, estão enumeradas no art. 23 da lei.

> **Art. 23.** Poderá o juiz, quando necessário, sem prejuízo de outras medidas:
> I — encaminhar a ofendida e seus dependentes a programa oficial ou comunitário de proteção ou de atendimento;
> II — determinar a recondução da ofendida e a de seus dependentes ao respectivo domicílio, após afastamento do agressor;
> III — determinar o afastamento da ofendida do lar, sem prejuízo dos direitos relativos a bens, guarda dos filhos e alimentos;
> IV — determinar a separação de corpos.

■ Proteção patrimonial da ofendida

O art. 24 da Lei Maria da Penha contém medidas judiciais visando a proteção do patrimônio da mulher vítima de violência doméstica ou familiar.

> **Art. 24.** Para a proteção patrimonial dos bens da sociedade conjugal ou daqueles de propriedade particular da mulher, o juiz poderá determinar, liminarmente, as seguintes medidas, entre outras:
> I — restituição de bens indevidamente subtraídos pelo agressor à ofendida;
> II — proibição temporária para a celebração de atos e contratos de compra, venda e locação de propriedade em comum, salvo expressa autorização judicial;
> III — suspensão das procurações conferidas pela ofendida ao agressor;
> IV — prestação de caução provisória, mediante depósito judicial, por perdas e danos materiais decorrentes da prática de violência doméstica e familiar contra a ofendida.

■ Prisão preventiva

Além das hipóteses em que cabe a prisão preventiva em relação a qualquer infração penal, será também possível a decretação da custódia cautelar sempre que a medida for necessária para garantir a **execução** de medida protetiva de urgência. Essa modalidade de prisão preventiva foi criada pela Lei Maria da Penha e, posteriormente, timidamente modificada pela Lei n. 12.403/2011, encontrando-se descrita no art. 313, III, do CPP. Desse modo, verificada a necessidade de encarceramento preventivo do agressor para a utilidade da medida de amparo, deverá o juiz decretá-lo.

De acordo com o art. 21, *caput*, da lei, a ofendida deverá ser notificada dos atos processuais relativos ao agressor, especialmente dos pertinentes ao ingresso e à saída da prisão.

■ 14.2.8. Vedação de certas penas alternativas

De acordo com o art. 17 da Lei Maria da Penha, o Juiz, ao proferir sentença nos crimes abrangidos pela lei, **não** poderá substituir a pena privativa de liberdade pela entrega de **cestas básicas** ou outras **prestações pecuniárias**, bem como não poderá aplicar **isoladamente** pena de **multa** em substituição àquela. Assim, se o sentenciado preencher os requisitos do art. 44 do Código Penal para a substituição da pena privativa de liberdade por restritiva de direitos, o juiz só poderá escolher outras modalidades de penas alternativas como, por exemplo, prestação de serviços à comunidade. Poderá, também, optar pela aplicação do *sursis*.

■ 14.3. PROCEDIMENTO RELATIVO AOS CRIMES DO ESTATUTO DO IDOSO

Existem crimes nos arts. 96 a 108 da Lei n. 10.741/2003 em que a vítima é **sempre pessoa idosa** (**com idade igual ou superior a 60 anos**). Em relação a esses delitos especiais a referida lei trouxe algumas regras que merecem menção.

Em primeiro lugar, ainda que o delito seja cometido por ascendente, descendente, cônjuge ou companheiro, **não** existe qualquer escusa absolutória ou imunidade (art. 95 da Lei n. 10.741). O Estatuto do Idoso, aliás, inseriu norma semelhante no art. 183, III, do Código Penal, excluindo as imunidades nos crimes contra o patrimônio de pessoa idosa, mesmo que cometido por uma das pessoas citadas.

Os crimes elencados na Lei n. 10.741/2003 apuram-se necessariamente mediante ação pública **incondicionada**, ainda que o delito seja cometido por algum familiar.

O art. 94 diz que "aos crimes previstos nesta lei, cuja pena máxima privativa de liberdade não ultrapasse 4 anos, aplica-se o **procedimento** previsto na Lei n. 9.099, de 26 de setembro de 1995, e, subsidiariamente, no que couber, as do Código Penal e do Código de Processo Penal". Sempre nos pareceu óbvio que este dispositivo, ao mencionar especificamente a aplicação do "procedimento" da Lei n. 9.099/95 aos crimes praticados contra pessoa idosa com pena até 4 anos estava se referindo exclusivamente ao rito **sumaríssimo**, e não às medidas despenalizadoras da Lei dos Juizados Especiais. Basta uma rápida leitura da Lei n. 9.099/95 para perceber que existe uma divisão entre suas seções que tratam "da fase preliminar" (na qual está prevista, por exemplo, a transação penal) e "do procedimento". Aliás, não teria a mínima lógica a lei criar tipos penais e agravar outros, deslocando-os do Código Penal para o Estatuto do Idoso, para, em seguida, permitir benefícios que sequer são encontrados na legislação comum para delitos com penas superiores a 2 anos. A intenção do legislador era apenas a de dar maior celeridade ao procedimento judicial, em face da peculiaridade da vítima idosa, adotando o procedimento sumaríssimo, e não de tornar menos gravosos tais delitos. A confirmar esta interpretação existe o art. 71 do Estatuto que prevê a prioridade de todos os processos que envolvam pessoa idosa.

Para espancar qualquer tipo de dúvida, o Supremo Tribunal Federal julgou parcialmente procedente a Ação Direta de Inconstitucionalidade n. 3.096 para dar "interpretação conforme a Constituição" no sentido de aplicar-se aos crimes do Estatuto do Idoso apenas o rito sumaríssimo, quando a pena for superior a 2 e não maior do que 4 anos, não se permitindo a aplicação de quaisquer medidas despenalizadoras e interpretação benéfica ao autor do crime cuja vítima seja idoso. A propósito: "Art. 94 da Lei n. 10.741/2003: interpretação conforme à Constituição do Brasil, com redução de texto, para suprimir a expressão 'do Código Penal' e aplicação apenas do procedimento sumaríssimo previsto na Lei n. 9.099/95: benefício do idoso com a celeridade processual. Impossibilidade de aplicação de quaisquer medidas despenalizadoras e de interpretação benéfica ao autor do crime. 3. Ação direta de inconstitucionalidade julgada parcialmente procedente para dar interpretação conforme à Constituição do Brasil, com redução de texto, ao art. 94 da Lei n. 10.741/2003" (ADI/DF 3.096 — Tribunal Pleno — Rel. Min. Cármen Lúcia — *DJe*-164 — p. 358). Em breves palavras, as consequências que se extraem do art. 94 do Estatuto do Idoso são as seguintes:

a) afasta-se o rito sumário e adota-se o sumaríssimo após o oferecimento da denúncia, nas infrações que tenham pena **maior do que 2 anos e inferior a 4** (crimes dos art. 98 e 105 da Lei n. 10.741/2003, cuja pena máxima é de 3 anos);

b) afasta-se o rito ordinário e aplica-se o rito sumaríssimo quando a pena máxima do crime for **igual a 4 anos** (crimes dos arts. 99, § 1º, 102, 106 e 108 da Lei n. 10.741/2003). Somente se a pena máxima for **superior a 4 anos** é que se adota o rito ordinário (crimes dos arts. 99, § 2º, e 107 da Lei n. 10.741);

c) Se a pena máxima **não supera 2 anos** são aplicáveis todos os benefícios da Lei n. 9.099/95 e não apenas o rito sumaríssimo (crimes dos arts. 96, 97, 99, *caput*, 100, 101, 103, 104 e 109 da Lei n. 10.741/2003).

RESUMO DOS PROCEDIMENTOS NOS CRIMES DO ESTATUTO DO IDOSO	
CRIMES DO ESTATUTO COM PENA MÁXIMA NÃO SUPERIOR A 2 ANOS	■ Aplicam-se todas as regras da Lei n. 9.099/95, inclusive as despenalizadoras.
CRIMES DO ESTATUTO COM PENA MÁXIMA SUPERIOR A 2 ANOS E NÃO SUPERIOR A 4	■ Aplica-se o rito sumaríssimo da Lei n. 9.099/95, mas não suas normas despenalizadoras.
CRIMES DO ESTATUTO DO IDOSO COM PENA MÁXIMA SUPERIOR A 4 ANOS	■ Aplica-se o rito comum ordinário.

■ 14.4. PROCEDIMENTO NOS CRIMES PRATICADOS POR INTEGRANTE DE ORGANIZAÇÃO CRIMINOSA

Por não desconhecer que o combate à criminalidade organizada só pode ser realizado de maneira eficaz com o emprego de mecanismos diferenciados de investigação, de produção da prova e de tramitação do processo, o legislador editou dois importantes diplomas destinados a regular essas atividades: **Lei n. 12.694/2012** e **Lei n. 12.850/2013**.

Não há, em verdade, propriamente um procedimento especial para apuração das infrações penais praticadas por integrantes de organização criminosa, já que os crimes e contravenções dessa natureza, bem como as infrações conexas, independentemente da quantidade de pena cominada, apuram-se por processo que segue o **rito comum ordinário** (art. 22 da Lei n. 12.850/2013).

São peculiares, contudo, como se verá a seguir, os instrumentos legislativos destinados a propiciar o desbaratamento das organizações criminosas e a permitir a satisfatória apuração de infrações atribuídas a seus integrantes. Não é demais lembrar que se considera organização criminosa a "associação de **4 (quatro)** ou mais pessoas estruturalmente ordenada e caracterizada pela divisão de tarefas, ainda que informalmente, com o objetivo de obter, direta ou indiretamente, vantagem de qualquer natureza, mediante a prática de infrações penais cujas penas máximas sejam superiores a 4 (quatro) anos, ou que sejam de caráter transnacional" (art. 1º, § 1º, da Lei n. 12.850/2013).

■ 14.4.1. Investigação criminal e meios de obtenção da prova (Lei n. 12.850/2013)

Além dos meios usuais de obtenção da prova e de providências instrutórias reguladas por legislação específica (interceptação de comunicações telefônicas e telemáticas; afastamento de sigilo financeiro, bancário e fiscal), admite-se, em qualquer fase da persecução de infrações atribuídas a organizações criminosas, a adoção das seguintes providências:

■ *14.4.1.1. Colaboração premiada (art. 3º, I, da Lei n. 12.850/2013)*

Doutrinariamente, define-se a colaboração processual como a atividade de cooperação do **acusado** que, confessando seus crimes para as autoridades, evita que outras infrações sejam praticadas (colaboração preventiva), bem como auxilia concretamente as autoridades na tarefa de recolhimento de provas contra os demais integrantes da organização (colaboração repressiva)[1].

Trata-se, pois, de mecanismo voltado à prevenção de novos delitos e à obtenção de prova por meio da previsão legal da possibilidade de fruição de benefícios penais pelo integrante da organização criminosa que auxiliar, **eficaz** e **voluntariamente**, as autoridades encarregadas da persecução.

A efetiva colaboração, que se materializará com a tomada do depoimento do agente, dar-se-á **depois de entabulado acordo entre as partes**, que será reduzido a

---

1 Eduardo Araújo da Silva. *Crime organizado* — procedimento probatório, 2. ed., p. 66.

termo para posterior homologação pelo juiz, o qual, ao sentenciar o feito, poderá, a requerimento das partes, conceder **perdão judicial**, **reduzir** a pena privativa de liberdade em até **2/3** (dois terços) ou **substituí-la por pena restritiva de direitos** (art. 4º, *caput*). Quando a cooperação ocorrer **antes** do exercício da ação penal, se o colaborador **não for o líder da organização** e tiver sido o **primeiro** a prestar efetiva colaboração, o Ministério Público poderá deixar de oferecer denúncia em seu desfavor (art. 4º, § 4º). Na hipótese de a colaboração ocorrer **após** a sentença, a pena do colaborador poderá ser reduzida até a **metade** ou o **regime** de cumprimento **abrandado** independentemente da presença dos requisitos objetivos à progressão.

Cumpre ressaltar que, embora haja, no ordenamento pátrio, previsão de outras hipóteses em que o réu colaborador poderá obter benefícios penais (art. 159, § 4º, do Código Penal — *extorsão mediante sequestro*; art. 25, § 2º, da Lei n. 7.492/86 — *crimes contra o sistema financeiro*; art. 8º, parágrafo único, da Lei n. 8.072/90 — *crimes hediondos*; art. 16, parágrafo único, da Lei n. 8.137/90 — *crimes contra a ordem tributária, econômica e contra as relações de consumo*; art. 1º, § 5º, da Lei n. 9.613/98 — *lavagem de bens, direitos e valores*; arts. 13 a 15 da Lei n. 9.807/99 — *Lei de proteção a vítimas, testemunhas e réus colaboradores, aplicável a infrações de qualquer natureza*; e art. 41 da Lei n. 11.343/2006 — *entorpecentes*), o instituto em estudo delas diferencia-se por permitir que as partes **negociem os termos em que se dará a cooperação e quais os benefícios que disso advirão para o acusado**.

São **pressupostos** da colaboração premiada:

a) **voluntariedade do acordo** (art. 4º, *caput*): uma vez que o privilégio contra a autoincriminação impede que o investigado ou acusado seja compelido a colaborar ativamente com a produção de provas em seu desfavor, somente a renúncia espontânea a essa prerrogativa, na presença do defensor, é que possibilita o desenvolvimento válido da cooperação processual (art. 4º, § 14). A renúncia ao privilégio contra autoincriminação pode ser objeto de retratação, hipótese em que as provas autoincriminatórias produzidas pelo colaborador não poderão ser utilizadas em seu desfavor, mas apenas em detrimento dos interesses dos coautores ou partícipes (art. 4º, § 10);

b) **eficácia e relevância da colaboração** (art. 4º, *caput*): das declarações prestadas pelo colaborador deve advir um ou mais dos seguintes **resultados**: I — a identificação dos demais coautores ou partícipes da organização criminosa e das infrações penais por eles praticadas; II — a revelação da estrutura hierárquica e da divisão de tarefas da organização criminosa; III — a prevenção de infrações penais decorrentes das atividades da organização criminosa; IV — a recuperação total ou parcial do produto ou do proveito das infrações penais praticadas pela organização criminosa; V — a localização de eventual vítima com sua integridade física preservada;

c) **compatibilidade do benefício com a personalidade do colaborador, assim também com a natureza, circunstâncias, gravidade e repercussão dos fatos criminosos** (art. 4º, § 1º): em qualquer caso, deve-se observar se há proporcionalidade e congruência do benefício com a gravidade e as circunstâncias das infrações, assim também com a perigosidade do colaborador, uma vez que a utilização do instituto deve ser reservada a situações em que se puder divisar proveito para o interesse social.

■ *14.4.1.1.1. Iniciativa*

A fim de preservar sua neutralidade, é **vedada a participação do juiz nas negociações** que precedem a formalização do acordo de colaboração (art. 4º, § 6º).

São as partes, portanto, ou seja, o Ministério Público, de um lado, e o acusado assistido por seu defensor, de outro, que devem realizar entendimentos para a possível colaboração. Antes do exercício da ação penal, a negociação poderá ocorrer entre o delegado de polícia e o investigado e seu defensor, desde que sobrevenha manifestação aquiescente do Ministério Público com os termos do acordo.

■ *14.4.1.1.2. Procedimento e reflexos da homologação do acordo*

Se a ambas as partes interessar a formalização de acordo de colaboração premiada, o ajuste será reduzido a **termo** (registro escrito), que, acompanhado das **declarações do colaborador** e, no caso de não iniciada a ação, de **cópia da investigação**, será submetido ao juiz (art. 4º, § 7º). Sempre que possível, o registro dos atos de colaboração será realizado por meios ou recursos de gravação magnética, estenotipia, digital ou técnica similar, inclusive audiovisual.

O termo de acordo de colaboração premiada deverá discriminar o relato da colaboração e seus possíveis resultados, as condições da proposta do Ministério Público ou do Delegado de Polícia, bem como contemplar a declaração de aceitação do colaborador e de seu defensor e, ainda, exibir as assinaturas dos participantes, sem prejuízo, quando necessário, da especificação de medidas de proteção ao colaborador e à sua família (art. 6º).

O pedido de homologação será distribuído **sigilosamente**, com informações que não permitam a identificação do colaborador e o objeto do acordo, incumbindo à autoridade solicitante entregar as informações pormenorizadas sobre a cooperação diretamente ao juiz, que decidirá em 48 horas (art. 7º, *caput* e § 1º). Para garantir o sucesso das investigações, o acesso aos autos do pedido de homologação do acordo de colaboração será restrito ao juiz, ao Ministério Público e, enquanto tramitar o inquérito policial, ao delegado de polícia, facultando-se ao defensor do acusado requerer, no interesse do representado, autorização judicial para obter acesso aos elementos de prova que digam respeito ao exercício do direito de defesa, desde que se refiram a diligências já concluídas. Com o recebimento da denúncia, o acordo de cooperação deixa de ser sigiloso (art. 7º, § 3º), mas ao colaborador é assegurada a preservação das informações relativas a seu nome, qualificação e, ainda, a preservação de sua imagem.

Na etapa de homologação do acordo, o juiz analisará apenas a **regularidade**, **legalidade** e **voluntariedade** do ajuste, podendo, para isso, sigilosamente, **ouvir** o colaborador, na presença do defensor, sem que deva apreciar, no momento procedimental em questão, os termos do acordo e sua eficácia, já que esse julgamento será realizado por ocasião da sentença (art. 4º, § 11). Se a proposta de colaboração premiada não atender aos requisitos legais, o juiz recusará a homologação, ou fará a adequação do pacto ao caso concreto (art. 4º, § 8º).

Uma vez homologado o acordo, o **prazo para oferecimento de denúncia ou o processo**, em relação apenas ao colaborador, poderá ser **suspenso** por até **seis** meses, **prorrogáveis** por igual período, até que se cumpram as medidas ajustadas. Enquanto suspenso o processo ou o prazo para o oferecimento da denúncia, o prazo **prescricional não fluirá**, em decorrência de sua automática suspensão (art. 4º, § 3º).

Se o acordo homologado estipular que a investigação será arquivada (art. 4º, § 4º), o Ministério Público deverá aguardar, durante o período de suspensão, a obtenção dos resultados previstos pelo legislador, para, então, lançar promoção de arquivamento.

Na hipótese de o acordo de colaboração ter previsto o perdão judicial ou a redução de pena, ao juiz incumbirá avaliar, na sentença, a efetividade dos atos de cooperação e a fidelidade da atividade colaborativa aos termos do ajuste homologado. Poderá o juiz, a requerimento do Ministério Público, ou mediante representação da autoridade policial, ouvido o Ministério Público, decretar o perdão judicial do colaborador, ainda que esse benefício não tenha sido previsto no acordo homologado (art. 4º, § 2º).

Averbe-se que, de acordo com a dicção do art. 4º, § 16, da Lei n. 12.850/2013, as declarações do colaborador não podem servir de **fundamento exclusivo** para a prolação de sentença condenatória, que, desse modo, deverá estar apoiada também em outros elementos de prova.

■ *14.4.1.1.3. Direitos e deveres do colaborador*

A condição de colaborador, que socorre o acusado a partir da homologação do acordo, confere-lhe os seguintes **direitos** adicionais: *a)* ser assistido por defensor em todos os atos de negociação, confirmação e execução da colaboração (art. 4º, § 15); *b)* fruição de medidas de proteção previstas no art. 15 da Lei n. 9.807/99 (art. 5º, I); *c)* preservação do sigilo de nome, qualificação, imagem e demais informações pessoais, o que compreende a proibição de os meios de comunicação veicularem sua imagem ou divulgarem sua qualificação (art. 5º, II e V); *d)* ser conduzido, em juízo, separadamente dos demais coautores ou partícipes (art. 5º, III); *e)* garantia de não manter contato visual com os outros acusados durante as audiências (art. 5º, IV); *f)* cumprir pena em estabelecimento diverso dos demais acusados ou condenados (art. 5º, VI); e *g)* retratar-se em relação à renúncia ao privilégio contra a autoincriminação, hipótese em que as provas autoincriminatórias não poderão ser utilizadas em seu desfavor (art. 4º, § 10).

A condição de colaborador também atribui alguns **deveres** ao investigado ou acusado, cuja inobservância interdita o gozo do benefício, dentre os quais se destacam: *a)* dever de colaborar permanentemente com as autoridades, prestando declarações, a qualquer tempo, sobre os fatos em apuração, também em Juízo, bem como participando de diligências necessárias à elucidação das infrações; e *b)* dever de dizer a verdade, inclusive por meio da confissão dos fatos que lhe são imputados (art. 4º, § 14).

■ 14.4.1.2. *Captação ambiental (art. 3º, II, da Lei n. 12.850/2013)*

A captação, em ambientes fechados ou abertos, de sinais eletromagnéticos (ondas de rádio), ópticos (imagens) ou acústicos (sons) por meio de recursos de vigilância eletrônica (instalação de câmeras, microfones, gravadores etc.) pode ser de grande valia para o desbaratamento de organizações criminosas.

Malgrado a lei preveja a possibilidade de emprego desse importante meio de obtenção de provas, não há qualquer regulamentação acerca dos requisitos para execução de tal medida, nem mesmo disposição sobre a necessidade de autorização judicial para a captação ambiental.

Para que se possa definir a forma legítima de uso do instituto, é preciso distinguir as três modalidades possíveis de captação de sinais (sons e/ou imagens) transmitidos por meio diverso do telefônico: **gravação ambiental** — ocorre quando a conversa é registrada por um dos interlocutores; **escuta ambiental** — consiste no registro feito por terceiro não participante da conversa, com o conhecimento de apenas um dos interlocutores; **interceptação ambiental** — é a captação levada a efeito por terceiro, sem o conhecimento dos interlocutores.

Com exceção da hipótese de gravação ambiental, em que a prévia autorização judicial é dispensável, pode-se concluir que tanto a escuta como a interceptação ambiental configuram medidas mitigadoras do direito fundamental à intimidade (art. 5º, X, da CF), daí por que a validade da prova obtida por intermédio desses mecanismos subordina-se à existência de autorização judicial.

Quando a escuta ou a interceptação ambiental ocorrer em **lugar público**, porém, a autorização judicial é **dispensável**, pois nessa circunstância não há direito à intimidade a atrair a proteção em questão.

Na falta de regulamentação específica, deve-se aplicar às providências e procedimentos relacionados à captação ambiental, por **analogia** e no que couber, as disposições da **Lei n. 9.296/96**, que trata da interceptação de comunicações **telefônicas**. Assim, a captação ambiental só será admitida em investigação criminal ou em instrução processual penal referente a **crimes apenados com reclusão e seus conexos** (art. 2º, III, da Lei n. 9.296/96). Sua execução, além disso, pressupõe a impossibilidade de obtenção da prova por outros meios disponíveis, bem como a existência de indícios razoáveis de autoria ou participação em infração atribuída a organização criminosa (art. 2º, I e II, da Lei n. 9.296/96).

■ 14.4.1.2.1. *Procedimento*

A captação ambiental poderá ser determinada pelo juiz, de ofício ou a requerimento do Ministério Público ou, ainda, na fase do inquérito policial, em decorrência de representação da autoridade policial (art. 3º da Lei n. 9.296/96).

Em autos apartados e sigilosos, o juiz deverá decidir, fundamentadamente, em 24 horas, indicando a forma de execução da diligência, que não poderá exceder o **prazo de 15 dias**, **renovável por igual tempo**, desde que comprovada a indispensabilidade da providência (arts. 5º, 6º e 8º da Lei n. 9.296/96).

■ 14.4.1.3. *Ação controlada (art. 3º, III, da Lei n. 12.850/2013)*

Para que as medidas legais relacionadas à formação de provas e obtenção de informações se concretizem no momento mais eficaz, a lei permite o **retardamento** da **ação policial** ou **administrativa**, desde que as ações ilícitas praticadas pela organização criminosa sejam mantidas sob observação e acompanhamento.

Esse deliberado e planejado adiamento das ações interventivas das autoridades, destinado a possibilitar a **identificação de maior número** de integrantes da organização criminosa, sobretudo os de maior hierarquia, e a esclarecer maior número de infrações, denomina-se **ação controlada**.

O instituto em questão reveste-se de relevo para as situações de flagrância, que, em princípio, exigiriam das autoridades policiais ou administrativas imediata intervenção, o que poderia frustrar o êxito das investigações. Ao disciplinar a ação controlada, o legislador tornou legítima, portanto, a opção das autoridades pelo **flagrante retardado**, desde que obedecidos os requisitos legais.

■ 14.4.1.3.1. *Pressupostos*

A exclusão da responsabilidade penal e administrativa dos agentes que retardarem a intervenção para fins de maior eficácia na obtenção da prova pressupõe:

a) **prévia comunicação ao juiz competente**, que informará o Ministério Público e poderá estabelecer limites para o emprego do instituto, hipótese em que os responsáveis pela investigação estarão sujeitos aos termos da decisão (art. 8º, § 1º);

b) **o efetivo e idôneo acompanhamento das ações**;

c) **que o adiamento das ações se dê apenas pelo período imprescindível para o sucesso do esforço investigativo**;

d) **a cooperação das autoridades dos países que figurarem como itinerário ou destino do investigado, se a ação controlada envolver transposição de fronteiras**.

■ 14.4.1.3.2. *Procedimento*

A comunicação dirigida ao juiz será distribuída de forma **sigilosa**, sem que contenha informações que possam indicar a operação a ser efetuada, incumbindo ao responsável pela investigação entregar diretamente ao magistrado, incontinente à definição do juízo competente, esses elementos.

Enquanto a diligência não estiver encerrada, o acesso aos autos será **restrito** ao juiz, ao Ministério Público e, em se tratando de investigação policial, ao delegado de polícia.

Com o encerramento da diligência, a autoridade responsável pela investigação **lavrará auto circunstanciado** sobre a ação controlada.

■ 14.4.1.4. *Acesso a registros, dados cadastrais, documentos e informações (art. 3º, IV, da Lei n. 12.850/2013)*

Atento à necessidade de conferir **celeridade** e **eficiência** às **investigações** de infrações atribuídas a integrantes de organizações criminosas, o legislador cuidou de tornar **manifesto** o **poder requisitório** conferido ao delegado de polícia e ao Ministério Público, no tocante à obtenção de dados e informações cadastrais relativos à **qualificação pessoal**, **filiação** e **endereço** de pessoas investigadas, obrigando, assim, a Justiça Eleitoral, empresas telefônicas, instituições financeiras, provedores de *internet* e administradoras de cartão de crédito a, **independentemente de autorização judicial**, encaminharem as informações requisitadas (art. 15 da Lei n. 12.850/2013).

Acrescente-se que, para atendimento de eventuais requisições (ordens) dessa natureza, as **empresas de transporte** deverão manter, por 5 anos, registros relativos às reservas e viagens realizadas, para acesso direto e permanente pelo juiz, pelo Ministério Público e pelo delegado de polícia.

As empresas **concessionárias de serviço de telefonia**, por sua vez, deverão manter, também por 5 anos, registros dos números dos terminais de origem e destino de chamadas de qualquer natureza ("bilhetagem"), para consulta por parte do juiz, Ministério Público e delegado de polícia. Convém averbar que, embora esteja acesa a discussão sobre a possibilidade de acesso, independentemente de autorização judicial, aos registros de chamadas telefônicas realizadas e recebidas, a **jurisprudência do Supremo Tribunal Federal** orienta-se no sentido de que a garantia insculpida no art. 5º, XII, da CF protege apenas o conteúdo das *comunicações telefônicas*, sem que compreenda os *dados* ou *registros dos telefonemas*.

Confira-se: "Ilicitude da prova produzida durante o inquérito policial — violação de registros telefônicos de corréu, executor do crime, sem autorização judicial. Suposta ilegalidade decorrente do fato de os policiais, após a prisão em flagrante do corréu, terem realizado a análise dos últimos registros telefônicos dos dois aparelhos celulares apreendidos. Não ocorrência. Não se confundem *comunicação telefônica* e *registros telefônicos,* que recebem, inclusive, proteção jurídica distinta. Não se pode interpretar a cláusula do art. 5º, XII, da CF, no sentido de proteção aos dados enquanto registro, depósito registral. A proteção constitucional *é da comunicação de dados e não dos dados*" (STF — HC 91.867/PA — 2ª Turma — Rel. Min. Gilmar Mendes — julgado em 24.04.2012 — *DJe* 19.09.2012).

■ 14.4.1.5. *Infiltração de agentes policiais (art. 3º, VII, da Lei n. 12.850/2013)*

Em razão do elevado e refinado grau de planejamento das ações perpetradas por organizações criminosas e do emprego, por seus membros, de meios de intimidação que desestimulam a colaboração com as autoridades por parte de testemunhas e de eventuais integrantes arrependidos ("lei do silêncio"), a **infiltração de agentes policiais** nesses organismos constitui valioso instrumento de obtenção de informações e de provas.

A infiltração consiste na adoção de ardis, por parte do agente policial, que permitam convencer integrantes da organização criminosa de que a eles pretende associar-se, de modo a ensejar a gradativa introdução do policial na estrutura do grupo criminoso, permitindo, assim, que tome conhecimento de provas e informações só acessíveis a seus membros.

14.4.1.5.1. *Requisitos*

A realização da infiltração policial pressupõe:

a) **a existência de indícios de infração penal praticada por organização criminosa** (art. 10, § 2º);
b) **a impossibilidade de produção da prova por outros meios** (art. 10, § 2º);
c) **a aceitação do encargo por parte do agente policial** (art. 14, I);
d) **a inexistência de risco iminente para o agente** (art. 12, § 3º);
e) **a obtenção de prévia autorização judicial** (art. 10, *caput*).

14.4.1.5.2. *Procedimento*

O procedimento de autorização para infiltração de policial pode ser **iniciado** por requerimento do Ministério Público ou por representação do delegado de polícia, que deverão demonstrar a **necessidade** da medida, o **alcance** das tarefas do agente e, quando possível, os **nomes** ou apelidos das pessoas e o **local** da infiltração (art. 11). Do requerimento ou representação, cuja distribuição será **sigilosa**, não deverão constar informações que permitam divisar a operação ou identificar o agente policial. Na hipótese de representação da autoridade policial, é **obrigatória a manifestação do Ministério Público** antes da decisão (art. 10, § 1º).

Uma vez definido o juiz competente, a quem a autoridade investigante deverá encaminhar diretamente as informações pormenorizadas sobre a diligência pretendida, o pedido deve ser apreciado em 24 horas, a contar do efetivo recebimento das informações ou da manifestação do Ministério Público.

Se estiver convencido da legitimidade e viabilidade da diligência, o juiz estabelecerá, por decisão motivada, os exatos limites da atuação do agente policial, que responderá por eventuais excessos, bem como por atos que não guardarem proporcionalidade com a finalidade da investigação, salvo quando, nas circunstâncias, revelar-se inexigível conduta diversa.

O prazo para realização da operação é de até **6 meses**, sem prejuízo de renovações, desde que demonstrada a necessidade, para o êxito da investigação, de eventuais períodos adicionais (art. 10, § 3º). Ao término de cada período, bem como sempre que requisitado pelo Ministério Público ou determinado pelo delegado de polícia, será elaborado **relatório** da atividade de infiltração.

Para que a operação seja iniciada, é necessário que as forças policiais adotem todas as medidas necessárias para o êxito das investigações e para a segurança do agente infiltrado, devendo a diligência ser **sustada**, por requisição do Ministério Público ou por iniciativa do delegado de polícia, se sobrevier **risco** para o policial.

Não poderá o policial infiltrado praticar atos típicos sem a prévia e expressa autorização do juiz, a quem incumbe definir os limites a que se sujeita a atuação do agente, ressalvada a hipótese de inexigibilidade de conduta diversa (art. 13, parágrafo único).

A definição desses limites pelo juiz deve dar-se de acordo com critérios de **proporcionalidade** e de **razoabilidade**, sem que se possa cogitar da autorização de prática de condutas de gravidade incongruente com os objetivos da investigação ou que atinjam bens jurídicos de elevado valor. Assim, se é justificável que haja, por exemplo, autorização para que o agente infiltrado em organização de traficantes de entorpecentes realize o transporte de modesta quantidade de droga com o intuito de identificar membro de elevado nível na hierarquia do grupo ou de propiciar a apreensão de grande quantidade de substâncias ilícitas, contrariaria a finalidade do instituto autorizar que concorresse para a distribuição de grande quantidade de entorpecente sem que houvesse expectativa de que disso resultassem ganhos bem superiores ao dano que essa conduta acarretaria à saúde pública. É inconcebível, por outro lado, que se autorize provocar a morte de alguém ou praticar atos de tortura, em razão da grandeza dos bens jurídicos que seriam atingidos.

Os autos do procedimento com informações sobre a operação de infiltração acompanharão a **denúncia**, a partir de quando passarão a ser acessíveis à defesa, com a ressalva de que em nenhuma hipótese será permitido o acesso por parte dos acusados e seus defensores aos dados que permitam identificar o agente policial.

■ *14.4.1.5.3. Direitos do agente infiltrado*

a) Recusar ou fazer cessar a atuação infiltrada.

b) Contar com o amparo da instituição que integra, que deverá fornecer-lhe os meios, informações e auxílio necessários à sua segurança, bem como determinar a cessação da operação em caso de risco iminente.

c) Ter sua identidade alterada, bem assim usufruir das medidas de proteção a testemunhas.

d) Manter seu nome, qualificação, imagem, voz e outras informações pessoais preservadas durante a investigação e o processo, salvo se houver decisão judicial em contrário.

e) Manutenção do sigilo de sua identidade, o que compreende a garantia de não ser filmado ou fotografado sem sua prévia autorização.

■ 14.4.2. Especificidades do rito dos processos relativos às organizações criminosas

Como já mencionado, os processos de apuração de infrações atribuídas a integrantes de organização criminosa obedece ao procedimento **comum ordinário**, previsto nos arts. 396 a 405 do Código de Processo Penal, observadas, todavia, as distinções adiante indicadas.

Quando necessário para garantir a celeridade ou eficiência das providências investigatórias, o juiz poderá decretar o **sigilo do procedimento**, hipótese em que o defensor poderá ter acesso aos elementos de prova que digam respeito ao exercício do direito de defesa apenas por meio de autorização judicial e desde que não se refiram a diligências em andamento (art. 23). Na fase investigatória, ao defensor é garantido o acesso aos autos, mesmo com decretação de sigilo, no prazo mínimo de 3 dias que antecedem o depoimento do investigado.

A instrução criminal nesses procedimentos deverá encerrar-se, quando houver **acusado preso**, no prazo de **120 dias**, **prorrogáveis em até igual período**, por decisão **fundamentada** que reconheça a complexidade da causa ou ocorrência de fato procrastinatório atribuível ao réu (art. 22, parágrafo único, da Lei n. 12.850/2013).

14.4.3. Colegiado em primeiro grau de jurisdição (Lei n. 12.694/2012)

Os órgãos jurisdicionais de primeiro grau da Justiça Comum são, com exceção do Tribunal do Júri, compostos por apenas um julgador.

Em se tratando, porém, de processos ou procedimentos que tenham por objeto a apuração de crime praticado por **organização criminosa**, é facultado ao juiz, de acordo com o disposto no art. 1º da Lei n. 12.694/2012, decidir pela **formação de colegiado** para a prática de qualquer ato processual e, em especial, daqueles que envolvam juízo decisório, como a prolação de sentença, a decisão que envolva juízo sobre a liberdade ou prisão dos envolvidos etc.

Somente ao juiz natural, portanto, é dado instaurar o colegiado, devendo, para isso, indicar, fundamentadamente, os motivos e as circunstâncias que acarretam **risco à sua integridade**, com comunicação ao órgão correicional.

O órgão colegiado será formado, de acordo com as normas regulamentares expedidas pelos tribunais, pelo **juiz natural e por outros dois magistrados** escolhidos por sorteio dentre aqueles com competência criminal no primeiro grau de jurisdição, ficando sua competência restrita à prática dos atos para os quais foi convocado.

A lei prevê a possibilidade de realização de **reuniões sigilosas**, sempre que houver risco para a ineficácia da decisão em razão da publicidade, bem como determina que as decisões sejam firmadas por todos os componentes, **sem que haja qualquer referência a eventual voto divergente**.

Há entendimento de que as disposições da Lei n. 12.694/2012, no que se refere à formação de órgão colegiado, são inconciliáveis com os princípios constitucionais da publicidade dos atos jurisdicionais (art. 5º, LX, e art. 93, IX, da CF) e do juiz natural (art. 5º, XXXVII e LIII, da CF) e de que colidem com o princípio da identidade física do juiz (art. 399, § 2º, do CPP). Isso porque não haveria autorização da Carta Política para o legislador ordinário instituir reuniões de cunho jurisdicional sigilosas, tampouco para, validamente, estabelecer que o órgão jurisdicional possa ser constituído depois da prática da infração. Argumenta-se, ainda, que é vedado o julgamento do processo por órgão colegiado quando apenas o juiz natural colher a prova.

Não vislumbramos conflito das disposições controvertidas com normas de índole constitucional (princípio da publicidade e princípio do juiz natural). A própria Constituição Federal prevê a possibilidade de restringir a publicidade dos atos processuais quando a defesa da intimidade ou o interesse social o exigirem (art. 5º, LX), e, por outro lado, não se estabelece qualquer limitação ao amplo conhecimento, pelos interessados, do teor das decisões.

Na medida em que o órgão colegiado será formado de acordo com regras preestabelecidas (art. 1º, § 7º, da Lei n. 12.694/2012) e de forma aleatória (sorteio), não há tampouco que se falar em juízo de exceção.

A regra da identidade física do juiz, por fim, não tem estatura constitucional, motivo pelo qual pode ser excepcionada pelo legislador. Além disso, não há, em essência, incompatibilidade entre as disposições, pois o juiz que presidiu a instrução deverá, em princípio, proferir a decisão, acompanhado nesse mister, no entanto, por outros dois magistrados, que, ressalte-se, poderão inclusive participar da colheita de provas.

■ 14.5. QUESTÕES (PROCEDIMENTOS DE LEIS ESPECIAIS)

1. (Magistratura/SC — 2008) Conforme a Lei n. 11.343/2006 (atual Lei Antitóxicos), assinale a alternativa correta:

a) oferecida a denúncia, com rol de até 3 testemunhas, é ela prontamente recebida com a designação de dia e hora para o interrogatório respectivo, com a citação do acusado.
b) oferecida a denúncia, com rol de até 3 testemunhas, é designado dia e hora para o interrogatório do acusado, seguindo-se com o seu recebimento ou não.
c) Oferecida a denúncia com rol de até 8 testemunhas, é designado dia e hora para o interrogatório respectivo, com a citação do réu.
d) Oferecida a denúncia, com rol de 8 testemunhas, é ela prontamente recebida, com a notificação do acusado para o interrogatório respectivo.
e) Oferecida a denúncia com rol de até 5 testemunhas, o juiz ordenará a notificação do acusado para oferecer defesa prévia, por escrito, no prazo de 10 dias.

2. (Magistratura/SP — 2008) A possibilidade de o funcionário público, acusado de tráfico de entorpecente, ser afastado de suas atividades antes de eventual condenação é prevista na Lei n. 11.343/2006 como

a) interdição temporária de direito.
b) suspensão temporária de direito.
c) medida cautelar.
d) pena acessória.

3. (Defensoria/SP — 2007 — Fundação Carlos Chagas) Sobre a Lei n. 11.340/2006 (Lei Maria da Penha), que criou mecanismos para coibir e prevenir a violência doméstica e familiar contra a mulher, é correto afirmar:

a) A prisão preventiva do acusado passou a ser obrigatória, com a inclusão do inc. IV ao art. 313, do CPP, que estabelece as hipóteses em que se admite a decretação.
b) Diversas medidas cautelares foram previstas sob a denominação "medidas protetivas de urgência que obrigam o agressor", permitindo ao magistrado a utilização imediata de instrumentos cíveis e penais contra o acusado, alternativa ou cumulativamente.
c) O juiz competente para a apuração do delito praticado contra a mulher deverá, quando for o caso, oficiar imediatamente ao juízo cível para a adoção de medidas consideradas urgentes, como a separação de corpos e a prestação de alimentos provisionais ou provisórios.
d) As medidas restritivas de direitos previstas na lei, como a proibição de frequentar determinados lugares, têm caráter de pena e, portanto, só podem ser aplicadas pelo juiz ao final do procedimento.
e) A Defensoria Pública, quando não estiver patrocinando a defesa do acusado poderá atender a ofendida.

4. (Ministério Público/PR — 2008) Tendo em conta as disposições da Lei n. 11.340/906 (Lei Maria da Penha), assinale a alternativa incorreta:

a) o juiz pode conceder medidas protetivas solicitadas pela ofendida, sem pronunciamento do Ministério Público, desde que este seja prontamente comunicado.
b) a ofendida tem legitimidade para requerer ao juízo medidas protetivas de urgência por meio de termo lavrado pela autoridade policial.
c) nos casos de violência doméstica e familiar contra a mulher, é vedada a aplicação de penas de cesta básica ou outras de prestação pecuniária.
d) o estupro praticado pelo marido contra sua mulher (art. 213, *caput*, do CP) configura violência sexual (art. 7º, IV), o que torna a ação pública e incondicionada.
e) constatada a prática de violência doméstica e familiar contra a mulher, o juiz pode determinar, liminarmente, entre outras medidas protetivas de urgência, a suspensão das procurações conferidas pela ofendida ao agressor.

5. (Ministério Público — 2011) Considerando os crimes praticados com violência doméstica e familiar contra a mulher, observados os termos da Lei n. 11.340/2006, analise os seguintes itens:

I. nas ações penais públicas condicionadas à representação da ofendida, só será admitida a renúncia à representação perante o Juiz até o oferecimento da denúncia;

II. aplica-se a Lei n. 9.099/95 (Juizados Especiais Criminais) aos crimes praticados com violência doméstica e familiar contra a mulher cuja pena máxima cominada não seja superior a 2 (dois) anos;

III. é vedada a aplicação de pena de prestação pecuniária;

IV. caberá a prisão preventiva do agressor, decretada pelo Juiz em qualquer fase do inquérito policial ou da instrução criminal;

V. a ofendida deverá ser notificada dos atos processuais relativos ao agressor.

Está correto apenas o que se afirma em

a) I, II e III.
b) I, II e V.
c) I, III e IV.
d) II, IV e V.
e) III, IV e V.

6. (Ministério Público/GO — 2012) A respeito das providências e do procedimento relativos aos processos por crimes definidos na Lei 11.343/06 (Lei de Drogas), é incorreto afirmar que:

a) os prazos para a conclusão do inquérito policial são de 30 (trinta) e 90 (noventa) dias, se o indiciado estiver preso ou solto, respectivamente, podendo tais prazos ser duplicados pelo juiz, ouvido o Ministério Público, mediante pedido justificado da autoridade de polícia judiciária;

b) o perito que subscreveu o laudo de constatação da natureza e quantidade da droga, elaborado para efeito da lavratura do auto de prisão em flagrante e estabelecimento da materialidade do delito, fica impedido de participar da elaboração do laudo definitivo;

c) em qualquer fase da persecução penal, são permitidos, mediante autorização judicial e após prévia oitiva do Ministério Público, a infiltração por agentes de polícia, em tarefas de investigação, constituída pelos órgãos especializados pertinentes e a ação controlada;

d) comprovado o interesse público, os veículos e outros meios de transporte utilizados para a prática dos crimes definidos na Lei 11.343/06, após regular apreensão, poderão ser utilizados pela polícia judiciária, sob sua responsabilidade e com o objetivo de sua conservação, mediante autorização judicial, ouvido o Ministério Público.

7. (Magistratura/SP — 2014 — Vunesp) Assinale a opção que contenha assertiva falsa acerca da violência doméstica e familiar contra a mulher e da Lei n. 11.340/2006:

a) A ação penal em crime de lesão corporal contra mulher no ambiente doméstico, pouco importando a extensão, é pública incondicionada.

b) Se o crime envolver violência doméstica e familiar contra mulher, criança, adolescente, idoso, enfermo ou pessoa com deficiência, não é possível a decretação da prisão preventiva apenas para garantir a execução de medidas protetivas de urgência.

c) No caso de lesão corporal dolosa praticada contra mulher, que tem ou teve com o agente um dos vínculos ou relações referidos no § 9º do art. 129 do Código Penal, não se aplicam quaisquer dos institutos da Lei n. 9.099/95 (composição civil, transação e suspensão condicional do processo), nem seu procedimento especial, vedada a aplicação de penas de prestação pecuniária, bem como a substituição de pena que implique o pagamento isolado de multa.

d) Considerando-se a impossibilidade de qualquer solução conciliatória, se no final advém sentença condenatória contra o agressor, cabe ao juiz examinar a possibilidade de aplicar a suspensão condicional da pena, ou mesmo o regime aberto.

8. (Magistratura/SP — 2014 — Vunesp) Assinale a opção que contenha assertiva verdadeira a respeito da "Colaboração Premiada" (ou "delação premiada") prevista na Lei n. 12.850/2013:

a) Caso alcançados os resultados previstos na lei, o Ministério Público poderá deixar de oferecer denúncia se o colaborador não for o líder da organização criminosa e for o primeiro a prestar efetiva e válida colaboração.
b) A colaboração posterior à sentença não aproveita ao agente colaborador em quaisquer circunstâncias.
c) O juiz participará das negociações realizadas entre as partes para a formalização do acordo de colaboração.
d) A sentença condenatória poderá ser proferida com fundamento exclusivo nas declarações de agente colaborador.

9. (Ministério Público/ES — 2013 — Vunesp) No procedimento da Lei de Drogas,

a) a sentença, absolutória ou condenatória, não se fundamentará nos artigos 386 ou 387 do CPP, mas sim em uma das hipóteses específicas descritas na Lei de Drogas.
b) na audiência de instrução e julgamento após a inquirição das testemunhas da defesa e da acusação, as partes terão 30 minutos cada para sustentação oral, sendo que, diante da complexidade da causa, esse prazo poderá ser prorrogado por mais 10 minutos.
c) o momento oportuno para a acusação requerer as provas é o da denúncia, e o da defesa, a defesa prévia, entretanto, os princípios da verdade real e da ampla defesa permitem, se necessário, que a prova seja determinada a qualquer tempo.
d) após a audiência de instrução e julgamento, o Ministério Público e o Defensor do acusado terão o prazo de 10 dias para a entrega de memoriais escritos.
e) encerrados os debates orais, o juiz terá o prazo máximo de 30 dias para proferir a sentença.

■ GABARITO ■

1. "e".
2. "c".
3. "b".
4. "d". Não existe na Lei Maria da Penha regra transformando o estupro simples cometido pelo marido contra a esposa em delito de ação pública incondicionada. Ao contrário, reza o art. 225 do CP, com a redação dada pela Lei n. 12.015/2009, que, em tal caso, a ação é pública condicionada à representação.
5. "e".
6. "b". Tal assertiva está em desacordo com o art. 50, § 2º, da Lei n. 11.343/2006. As alternativas "a", "c" e "d" estão em consonância, respectivamente, com os arts. 51, *caput*, 53, I, e 62, § 1º, da Lei.
7. "b". A assertiva está em conflito com a regra do art. 313, III, do CPP.
8. "a". É o que consta do art. 4º, § 4º, da Lei n. 12.850/2013.
9. "c".

15

SUSPENSÃO CONDICIONAL DO PROCESSO

■ 15.1. CONCEITO

Trata-se de espécie de transação processual em que o titular da ação **abre mão de seu prosseguimento** e da busca por uma condenação, enquanto o réu, **sem discutir sua responsabilidade criminal**, submete-se, por determinado prazo, ao cumprimento de algumas **condições**, de modo que, ao término do período de prova, sem que o acusado tenha dado causa à revogação do benefício, será decretada a **extinção da punibilidade**.

Muitos autores também denominam o instituto *sursis* processual.

■ Constitucionalidade do dispositivo

O instituto da suspensão condicional do processo não padece de inconstitucionalidade porque não ofende os princípios da presunção de inocência, contraditório e ampla defesa, na medida em que o réu não é declarado ou considerado culpado. A questão da efetiva responsabilização penal do acusado sequer chega a ser discutida e a ele não se impõe pena, mas meras condições às quais ele próprio se dispõe a cumprir, sendo que, uma vez declarada extinta a punibilidade pelo juiz, nada constará de sua folha de antecedentes.

■ Princípio da indisponibilidade da ação pública

A criação do instituto da suspensão condicional do processo pela Lei n. 9.099/95 atenuou o princípio da indisponibilidade da ação pública consagrado no Código de Processo Penal, pois permitiu que o Ministério Público, titular da ação, abra mão de seu prosseguimento por meio da proposta de suspensão condicional.

■ 15.2. PRESSUPOSTOS DE CABIMENTO

De acordo com o art. 89, *caput*, da Lei n. 9.099/95, a suspensão condicional do processo aplica-se a todas as infrações em que a pena **mínima** cominada em abstrato **não seja superior a 1 ano.** O benefício, portanto, é cabível em crimes como lesão corporal grave, furto simples, apropriação indébita, estelionato, receptação simples, dentre outros, que possuem pena mínima **igual** a 1 ano, e também em delitos como desacato, resistência e lesão corporal leve, em que a pena mínima é **inferior** a 1 ano. Já ao furto qualificado e à lesão corporal gravíssima o instituto se mostra incabível, pois tais delitos possuem pena mínima de 2 anos.

É irrelevante a espécie de pena privativa de liberdade prevista para a infração penal (reclusão ou detenção). É também irrelevante que haja previsão cumulativa de pena de multa, como no caso do furto simples em que a pena é de reclusão, de 1 a 4 anos, e multa, sendo plenamente viável o benefício.

A suspensão condicional do processo pode incidir em crimes do Código Penal e de leis especiais. Aplica-se em delitos em apuração na Justiça Estadual ou Federal, e ainda, na Justiça Eleitoral. Por haver, entretanto, vedação expressa no art. 90-A da Lei n. 9.099/95, o instituto é incabível em crimes de competência da **Justiça Militar**.

A previsão de rito **especial** para apuração de determinada infração penal não retira a possibilidade do benefício. Até mesmo nos crimes de competência do **Júri** mostra-se viável a suspensão, como nos crimes de autoaborto e consentimento para o aborto (art. 124 do CP), bem assim no crime de aborto com o consentimento da gestante (art. 126 do CP), em que a pena mínima é de 1 ano. Nesses casos, não há violação do dispositivo constitucional que atribui competência ao Júri para julgar os crimes dolosos contra a vida (art. 5º, XXXVIII, *d*, da CF), pois, na suspensão condicional do processo inexiste análise do mérito da acusação. Assim, se houver revogação do benefício, o andamento da ação será retomado e o julgamento será feito pelo tribunal popular.

O *sursis* processual também é viável nos crimes de **competência originária** dos tribunais, já que não existe qualquer espécie de vedação legal.

Há de se ressalvar, por fim, que o instituto é aplicável às **contravenções**, posto que a menção única à palavra **crime** contida no art. 89 da Lei n. 9.099/95 não teve a finalidade de excluir o benefício em relação às contravenções porque elas são de menor gravidade do que os crimes. A norma aqui é **benéfica**, sendo cabível a interpretação extensiva. Por isso, é possível que o autor da contravenção (ou de crime de menor potencial ofensivo) recuse a proposta de transação penal, hipótese em que o Ministério Público deverá apreciar o cabimento da suspensão condicional e, se presentes os requisitos, deverá efetuá-la. Ademais, os requisitos da transação e da suspensão condicional não são exatamente os mesmos, de modo que é possível que estejam presentes os do *sursis* processual e não os da transação, quando caberá ao promotor fazer a proposta da suspensão. É o caso, por exemplo, de quem já foi beneficiado nos 5 anos anteriores por outra transação penal, fato que impede nova transação, nos termos do art. 76, § 2º, II, da Lei n. 9.099/95, mas não veda a suspensão condicional.

■ Causas de aumento e de diminuição de pena

A existência de causas obrigatórias de aumento ou de diminuição de pena que possam alterar o limite mínimo da pena em abstrato **deve ser levada em conta** a fim de possibilitar ou impossibilitar a aplicação do dispositivo. Assim, o reconhecimento do furto noturno (art. 155, § 1º, do CP) torna inaplicável o instituto ao delito de furto, por implicar aumento de 1/3 da pena que, desse modo, passa a ser de 1 ano e 4 meses no mínimo. Da mesma maneira se se tratar de crime de apropriação indébita praticado por pessoa que recebeu o bem em razão de seu emprego, profissão ou ofício, hipótese em que a pena mínima de 1 ano é também aumentada em 1/3 (art. 168, § 1º, III, do CP).

Por outro lado, considerando, de forma exemplificativa, que a pena mínima prevista para o furto qualificado é de 2 anos e que a redução máxima referente ao reconhecimento da **tentativa** é de 2/3, conclui-se ser possível a suspensão condicional do processo na **tentativa** de furto qualificado e de outros crimes que tenham pena mínima no mesmo patamar.

A possibilidade de reconhecimento de **agravante genérica**, por sua vez, não obsta o benefício, porque não altera a pena em abstrato.

■ Concurso de crimes

Na hipótese do concurso **material**, a suspensão somente será possível se a **soma** das penas mínimas não exceder 1 ano.

No caso do concurso **formal** e do crime **continuado**, a suspensão somente será cabível se o aumento mínimo, que é de 1/6 (arts. 70 e 71 do CP), aplicado sobre a pena mínima do crime mais grave, não suplantar o limite de 1 ano. No caso de concurso formal heterogêneo entre homicídio e lesão culposa, por exemplo, deve-se levar em conta a pena mínima do homicídio culposo (crime mais grave). Como a pena mínima desse crime é de 1 ano, havendo a incidência do aumento de 1/6 referente ao concurso formal, estará afastada a possibilidade de suspensão, uma vez que a pena mínima passará a ser de 1 ano e 2 meses. Em se tratando de continuidade delitiva, por exemplo, de dois crimes de estelionato, a pena mínima também é de 1 ano e 2 meses (1 ano aumentada de 1/6), de forma que tampouco é cabível a suspensão.

A respeito do cabimento do benefício em caso de concurso de crimes existem duas importantes súmulas.

1) **Súmula n. 243 do Superior Tribunal de Justiça**: "O benefício da suspensão do processo não é aplicável em relação às infrações penais cometidas em concurso material, concurso formal ou continuidade delitiva, quando a pena mínima cominada, seja pelo somatório, seja pela incidência da majorante, ultrapassar o limite de 1 ano".

2) **Súmula n. 723 do Supremo Tribunal Federal**: "Não se admite a suspensão condicional do processo por crime continuado, se a soma da pena mínima da infração mais grave com o aumento mínimo de 1/6 for superior a 1 ano".

■ Possibilidade da suspensão em crimes de ação penal privada

Existe forte controvérsia em torno do cabimento da suspensão condicional do processo nos crimes de ação privada, uma vez que o art. 89 da Lei n. 9.099/95 só menciona a proposta por parte do **Ministério Público** ao oferecer a **denúncia**, não fazendo menção à mesma espécie de proposta por parte do querelante nos crimes de ação privada.

Para alguns o legislador teria optado por tal redação exatamente para excluir a possibilidade da suspensão nesta espécie de crime, em relação ao qual já vigoram princípios como os da **disponibilidade** e **oportunidade**, de modo que qualquer acordo poderia ser interpretado como perdão ou perempção. Nesse sentido: "Nos crimes em que o *jus persequendi* é exercido por ação de iniciativa privada como tal o crime de injúria, é impróprio o uso do instituto da suspensão condicional do processo, previsto no art. 89, da Lei 9.099/95, já que a possibilidade de acordo é da essência do seu modelo, no qual tem vigor os princípios da oportunidade e da disponibilidade" (STJ — HC 17.431/SP — 6ª Turma — Rel. Min. Vicente Leal — *DJ* 23.06.2003 — p. 444).

Prevalece, porém, o entendimento de que a omissão legislativa deve ser suprida por meio de analogia *in bonam partem*, pois não faria sentido deixar de ser cabível o benefício em crimes de igual gravidade, apenas porque um é de ação privada e o outro de ação pública. Nesse sentido: "O Superior Tribunal de Justiça, em remansosos julgados considera crível o *sursis* processual (art. 89 da Lei n. 9.099/95) nas ações penais privadas, cabendo sua propositura ao titular da queixa-crime. 4. A legitimidade para eventual proposta de *sursis* processual é faculdade do querelante. Ele decidirá acerca da aplicação do benefício da suspensão condicional do processo nas ações penais de iniciativa, exclusivamente, privada" (STJ — HC 187.090/MG — 5ª Turma — Rel. Min. Adilson Vieira Macabu (Desembargador Convocado do TJ/RJ) — *DJe* 21.03.2011); **e** "A Lei n. 9.099/95, desde que obedecidos os requisitos autorizadores, permite a suspensão condicional do processo, inclusive nas ações penais de iniciativa exclusivamente privada, sendo que a legitimidade para o oferecimento da proposta é do querelante. (Precedentes desta Corte e do Pretório Excelso). Queixa recebida em relação ao crime previsto no art. 139 c/c art. 141, inciso III, do Código Penal, determinando-se a abertura de vista ao querelante a fim de que se manifeste a respeito da suspensão condicional do processo, em observância ao art. 89 da Lei n. 9.099/95" (STJ — APN 390/DF — Corte Especial — Rel. Min. Felix Fischer — *DJ* 10.04.2006 — p. 106).

■ Descabimento da suspensão em crimes que envolvam violência doméstica ou familiar contra a mulher

O art. 41 da Lei n. 11.340/2006 (Lei Maria da Penha) veda a aplicação dos dispositivos da Lei n. 9.099/95 a todos os crimes que envolvam violência familiar ou doméstica contra a **mulher**. Assim, ainda que se trate de crime de ameaça, constrangimento ilegal ou lesão corporal de natureza leve, delitos cuja pena mínima é inferior a 1 ano, **não será possível a suspensão condicional do processo**.

Interessante notar que o art. 226, § 8º, da Constituição Federal estabelece que "o Estado assegurará a assistência à família na pessoa de cada um dos que a integram, criando mecanismos para coibir a violência no âmbito de suas relações". O dispositivo nitidamente não faz distinção entre homens e mulheres, estabelecendo que cabe ao Estado criar mecanismos para coibir a violência no âmbito da família **na pessoa de cada um de seus integrantes**. A Lei n. 10.886/2004, posteriormente alterada pela própria Lei Maria da Penha, passou a prever penas maiores para os crimes de lesão corporal quando cometidos no âmbito familiar ou doméstico, quer a vítima seja homem, quer seja mulher, conforme se pode notar nos §§ 9º e 10 do art. 129 do Código Penal. Acontece que os demais preceitos da Lei Maria da Penha referem-se exclusivamente à violência contra a **mulher**, como ocorre com o art. 41 que exclui a aplicação da Lei n. 9.099/95 somente quando a vítima for do **sexo feminino**. Assim, a esposa que comete crime contra o marido, ou o pai que pratica delito contra o filho podem obter a suspensão condicional do processo, desde que a infração realizada tenha pena mínima não superior a 1 ano. Ao contrário, se o crime for de parte do marido contra a esposa ou do pai contra a filha, o benefício se mostra inviável. Não se pode fazer aplicação analógica para excluir a suspensão quando a vítima é homem porque se trataria de analogia *in malam partem*.

Observe-se que há vários julgados estendendo algumas regras da Lei Maria da Penha para casos em que a vítima da violência doméstica ou familiar é homem, porém apenas no que diz respeito a normas protetivas, e não quanto às de caráter incriminador.

O Supremo Tribunal Federal, no julgamento em Plenário da ADC 19, declarou a constitucionalidade do art. 41 da Lei Maria da Penha.

■ 15.3. REQUISITOS

Além da premissa básica — pena mínima em abstrato não superior a 1 ano — existem ainda **outros requisitos** para o cabimento do benefício da suspensão condicional do processo, elencados no próprio art. 89 da Lei n. 9.099/95. A doutrina os divide em requisitos objetivos e subjetivos.

■ 15.3.1. Requisitos objetivos

a) Que a denúncia seja recebida. Com efeito, se o fato narrado não constituir crime, se já estiver extinta a punibilidade, se houver ilegitimidade de parte ou se faltar alguma condição da ação, a denúncia deverá ser de plano rejeitada, não fazendo sentido submeter a proposta de suspensão ao réu antes dessa decisão. O § 1º do art. 89 da Lei n. 9.099/95 dá a entender que o recebimento da denúncia somente deve ocorrer após a efetivação da proposta, mas essa interpretação literal é plenamente rechaçada pela doutrina e pela jurisprudência, pois não faria sentido notificar o acusado, fazer-lhe a proposta e somente depois de ele aceitá-la, o juiz rejeitar a exordial, fazendo com que todos os atos anteriores percam seu valor. Nesse sentido: "Diante da formulação de proposta de suspensão condicional do processo pelo Ministério Público, o denunciado tem o direito de aguardar a fase de recebimento da denúncia, para declarar se a aceita ou não. A suspensão condicional do processo, embora traga ínsita a ideia de benefício ao denunciado, que se vê afastado da ação penal mediante o cumprimento de certas condições, não deixa de representar constrangimento, caracterizado pela necessidade de submeter-se a condições que, viesse a ser exonerado da acusação, não lhe seriam impostas. Diante da apresentação da acusação pelo Parquet, a interpretação legal que melhor se coaduna com o princípio da presunção de inocência e a garantia da ampla defesa é a que permite ao denunciado decidir se aceita a proposta após o eventual decreto de recebimento da denúncia e do consequente reconhecimento, pelo Poder Judiciário, da aptidão da peça acusatória e da existência de justa causa para a ação penal. Questão de ordem que se resolve no sentido de permitir a manifestação dos denunciados, quanto à proposta de suspensão condicional do processo, após o eventual recebimento da denúncia" (STF — Pet 3.898/DF — Tribunal Pleno — Rel. Min. Gilmar Mendes — *DJe* 18.12.2009 — p. 140).

b) Que o acusado não esteja sendo processado por outro crime. A interpretação desse dispositivo acarretou grande divergência doutrinária. Luiz Flávio Gomes[1] sempre defendeu a inconstitucionalidade do dispositivo, que não se sustentaria diante do princípio do **estado de inocência**. A lei, nesse contexto, estaria negando um benefício ao acusado, sem que ele tivesse sido condenado pelo delito anterior.

Em contrapartida, Julio Fabbrini Mirabete[2], dentre outros, argumentava que, "ao contrário do que se tem por vezes afirmado, a exigência desse requisito não viola o princípio da presunção de inocência, ou de não culpabilidade, ao impedir a suspensão pela simples existência de um outro processo contra o acusado. A lei pode exigir requisitos vários para a concessão ou mantença de direitos ou benefícios. Assim, nunca se arguiu a inconstitucionalidade, nem se poderia fazê-lo, do disposto nos arts. 81, § 3º, e 89 do Código Penal, pelos quais se prorroga o prazo do *sursis* e do livramento condicional pela existência de outro processo durante a vigência desses benefícios. Aliás, a suspensão do processo é uma exceção à regra de que o autor do crime deve ser processado e, tratando-se de um benefício, é natural que a lei estabeleça exigências para a sua concessão, impedindo que se desenvolva a ação penal".

Atualmente, muitos anos após a entrada em vigor da Lei n. 9.099/95, pode-se dizer que está consagrado o entendimento de que é **constitucional** a regra, de modo que o réu que esteja sendo processado pela prática de outro crime não faz jus à suspensão. Nesse sentido: "Suspensão condicional do processo: revogação. 1. Nos termos do art. 89 da L. 9.099/95 — cuja constitucionalidade foi reconhecida pelo plenário, em 16.12.99, no RHC 79.460, Nelson Jobim, *DJ* 18.5.01 — não cabe a suspensão condicional do processo quando o acusado esteja sendo processado ou já tiver sido condenado por outro crime (HC 80.747, Pertence, *DJ* 19.10.2001)" (STF — HC 85.106 — 1ª Turma — Rel. Min. Sepúlveda Pertence — *DJ* 04.03.2005 — p. 23).

Veja-se, ainda, que a lei, ao vedar o benefício, fez menção apenas àquele que está sendo processado por outro **crime** (doloso, culposo, apenado com reclusão ou detenção, de ação pública ou privada), não impedindo, portanto, sua concessão a quem está sendo processado por **contravenção penal**.

c) Que o réu não tenha sido condenado anteriormente por outro crime. Também quanto a esse requisito existe divergência, uma vez que, para alguns, o decurso do prazo de reincidência de 5 anos referido no art. 64, I, do Código Penal faz com que seja possível o benefício, enquanto para outros o silêncio da lei indica estar vedada a concessão da suspensão, qualquer que tenha sido o período decorrido após a condenação. Entendemos correta a primeira interpretação.

Existe também divergência acerca da vedação quando o réu ostenta condenação anterior somente à pena multa, já que o art. 77, § 1º, do Código Penal permite o *sursis* às pessoas cuja condenação anterior seja referente à pena pecuniária.

---

1 Luiz Flávio Gomes. *Suspensão condicional do processo penal,* p. 159.

2 Julio Fabbrini Mirabete. *Juizados especiais criminais,* 2. ed., p. 150.

Nas duas situações referidas, os partidários do cabimento do benefício sustentam a aplicação subsidiária de institutos do Código Penal (arts. 64, I, e 77, § 1º), enquanto os demais entendem incabível essa aplicação subsidiária ou a utilização da analogia, por entenderem que o legislador quis efetivamente afastar o benefício nas duas hipóteses, pois, caso contrário, teria expressamente permitido sua aplicação.

Se tiver sido concedido **perdão judicial** em relação ao crime anterior, o réu faz jus à suspensão condicional do processo. Primeiro, porque o art. 120 do Código Penal estabelece que a sentença que concede o perdão não retira a primariedade do acusado. Segundo, porque a Súmula n. 18 do Superior Tribunal de Justiça dispõe que a sentença concessiva de perdão **é declaratória da extinção da punibilidade**, e não condenatória.

■ 15.3.2. Requisitos subjetivos

Que a culpabilidade, os antecedentes, a conduta social e a personalidade do agente, bem como os motivos e as circunstâncias do crime, autorizem a concessão do benefício (art. 89, *caput*, da Lei n. 9.099/95, c.c. 77, II, do CP). Deve haver bastante prudência por parte do Ministério Público e dos juízes na apreciação dos requisitos subjetivos, uma vez que, por tratar-se de medida despenalizadora, há que se dar especial atenção a eles, para se evitar que a sociedade fique desamparada ante a concessão do benefício a todo e qualquer delinquente. Assim, não se deve conceder a suspensão quando houver alguma suspeita de que o acusado voltará a delinquir ou quando o delito se revestir de especial gravidade, uma vez que não se pode colocar em uma mesma situação, por exemplo, aquele que pratica a receptação de uma bicicleta usada e aquele que pratica receptação de toda a carga de um caminhão roubado.

■ 15.4. CONCURSO DE AGENTES

Quando duas pessoas são acusadas da prática de uma mesma infração penal, é possível que apenas uma delas faça jus ao benefício. É o que acontece, por exemplo, quando uma delas ostenta maus antecedentes ou é reincidente. Nessa hipótese, é claro que somente em relação à outra caberá a proposta de suspensão e, caso esta a aceite, haverá desmembramento da instrução, para que a ação possa prosseguir em relação à primeira.

■ 15.5. MOMENTO DA PROPOSTA

Em regra, a proposta deve ser feita concomitantemente ao oferecimento da denúncia, nos termos do art. 89 da Lei n. 9.099/95. Pode, entretanto, ser feita em momento posterior, em casos de desclassificação ou procedência parcial da acusação, nos termos da Súmula n. 337 do Superior Tribunal de Justiça, e ainda nas hipóteses de *emendatio* e *mutatio libelli* em que haja modificação na acusação. Em relação às hipóteses de *emendatio* e *mutatio*, a possibilidade de suspensão condicional foi analisada junto ao tópico “sentença” no estudo do procedimento ordinário, estando expressamente prevista nos arts. 383, § 1º, e 384, § 3º, do CPP, com a redação que lhes foi dada pela Lei n. 11.719/2008.

Já as hipóteses da Súmula n. 337 do Superior Tribunal de Justiça independem de nova capitulação dada ao crime pelo juiz (*emendatio*) ou de aditamento (*mutatio*). A referida súmula se aplica em duas hipóteses:

a) quando o juiz **desclassifica** o crime para outro de menor gravidade em razão de não se ter provado durante a instrução alguma elementar, qualificadora ou causa de aumento que impedia o benefício por tornar mais grave a pena. Exs.: desclassificação de roubo ou de furto qualificado para furto simples, desclassificação de furto noturno para furto comum etc.;

b) quando o juiz julga **parcialmente procedente** a acusação, absolvendo o réu em relação a um dos crimes pelos quais era acusado, mostrando-se, assim, cabível a suspensão em relação ao remanescente. Ex.: réu que estava sendo processado por dois crimes de estelionato e o juiz declara improcedente a ação penal em relação a um dos fatos delituosos narrados na denúncia, havendo, porém, prova quanto ao outro.

Se ocorrer uma dessas hipóteses, o juiz deve **intimar** o Ministério Público dessa decisão para que faça a proposta de suspensão ou fundamentadamente a recuse (se entender que o réu tem maus antecedentes, por exemplo). Feita a proposta, o **acusado** e seu **defensor** devem ser **notificados** para dizer se a aceitam. Se aceitarem, será iniciado o período de prova, que suspende o processo no estágio em que está. Pode o réu, todavia, recusar a proposta de suspensão, hipótese em que o feito terá prosseguimento. Saliente-se, por fim, que, se o acusado aceitar a suspensão condicional e cumprir as condições impostas, sem dar causa à revogação do benefício, o juiz, ao término do período de prova, decretará a extinção de sua punibilidade.

■ 15.6. TITULARIDADE DA PROPOSTA

A titularidade da proposta de suspensão coincide com a titularidade da ação penal em face da natureza do delito cometido. Se a ação for pública, a iniciativa da proposta é do Ministério Público, ainda que tenha sido oferecida queixa subsidiária, já que o delito praticado é originariamente de ação pública. Em relação aos crimes de ação privada, o cabimento da suspensão é polêmico, mas a jurisprudência a tem admitido. Em tais casos, o Superior Tribunal de Justiça entende que cabe ao **querelante** a proposta, devendo o juiz instá-lo a se manifestar caso não o tenha feito espontaneamente. A propósito: "A Lei n. 9.099/95, desde que obedecidos os requisitos autorizadores, permite a suspensão condicional do processo, inclusive nas ações penais de iniciativa exclusivamente privada, sendo que a legitimidade para o oferecimento da proposta é do querelante (APN 390/DF, Rel. Min. Felix Fischer, Corte Especial, *DJ* 10.04.2006). Ordem parcialmente concedida para determinar ao Tribunal de origem que, sem prejuízo da regular tramitação da ação penal, intime o querelante para que se manifeste sobre a suspensão condicional do processo, em conformidade com o art. 89 da Lei 9.099/95" (STJ — HC 60.933/DF — 5ª Turma — Rel. Min. Arnaldo Esteves Lima — *DJe* 23.06.2008). No mesmo sentido: STJ — HC 187.090/MG — 5ª Turma — Rel. Min. Adilson Vieira Macabu (Desembargador Convocado do TJ/RJ) — *DJe* 21.03.2011.

■ 15.7. RECUSA NO OFERECIMENTO DA PROPOSTA

Se o órgão do Ministério Público responsável pela elaboração da denúncia entender que falta algum dos requisitos exigidos por lei para a suspensão condicional do processo, deve abster-se de fazer a respectiva proposta, **lançando manifestação nos autos** onde exporá seu entendimento para que o juiz e o réu possam ter conhecimento de suas razões. A falta de fundamentação poderá ensejar a impetração de *habeas corpus*, caso o juiz receba a denúncia e determine o prosseguimento regular do feito sem atentar para a omissão quanto à questão da suspensão condicional.

Se houver expressa e justificada recusa de proposta de suspensão condicional por parte do Ministério Público, **o juiz não poderá fazê-la de ofício**, já que não pode dispor de ação penal de que não é o titular. Ademais, sendo a suspensão condicional um acordo entre as partes, não se pode aplicá-la sem que haja a concordância de ambas. O Supremo Tribunal Federal em **sua Súmula n. 696** esclarece que, se o juiz discordar dos argumentos elencados pelo promotor de justiça oficiante, deve remeter os autos ao Procurador-Geral de Justiça, em decisão fundamentada, cabendo, então, ao chefe do Ministério Público **dar a palavra final**, **que deverá ser acatada pelo juiz, ainda que dela discorde**.

■ 15.8. ACEITAÇÃO DA PROPOSTA

Após as alterações da Lei n. 11.719/2008, o **procedimento** que se tem adotado é o seguinte: o juiz recebe a denúncia ou queixa acompanhada da proposta de suspensão e determina a citação do réu para a resposta escrita, devendo, do mesmo mandado, constar a existência da proposta para que, quanto a ela, diga se tem interesse no benefício. Na resposta escrita, então, o acusado pode, de plano e formalmente, recusar a suspensão. Caso, contudo, diga que tem interesse no benefício, o juiz deve marcar audiência na qual devem estar presentes o réu, seu defensor e o Ministério Público, ocasião em que dirá se aceita ou não **os termos** da proposta. Também deverá ser designada a audiência se o réu não se manifestar quanto à proposta na resposta escrita.

Nessa audiência, conforme mencionado, o acusado deverá comparecer acompanhado de **advogado** e, se não o fizer, ser-lhe-á nomeado defensor **dativo**. Para que seja aplicada a suspensão, a proposta deverá ser aceita por ambos. Assim, havendo discordância de qualquer deles, o juiz não poderá homologá-la. Nas hipóteses de recusa, o juiz designará data para a audiência de instrução e julgamento da qual sairão intimados o réu e seu defensor.

Alguns juízes adotam o errôneo procedimento de fazer a proposta ao réu no início da audiência de instrução, fazendo com que as vítimas e testemunhas tenham que se deslocar ao Fórum (após elaboração dos respectivos mandados e cumprimento pelo oficial de justiça) para, em caso de aceitação por parte do acusado, serem dispensadas sem serem ouvidas.

Se o acusado reside em outra comarca, será notificado para audiência e questionado acerca da proposta igualmente por intermédio de carta precatória. Nesse caso, entretanto, é evidente que a proposta do Ministério Público e a homologação pelo juiz devem ser realizadas na comarca deprecante, pois apenas estes possuem atribuição e competência para tomar medidas decisórias no processo. Em suma, o juízo deprecado limita-se a notificar o réu e indagar a este se aceita a proposta (elaborada pelo promotor de justiça em atuação na comarca deprecante). Assim, aceita a proposta pelo acusado, a carta precatória será devolvida ao juízo deprecante para que o juiz dessa comarca homologue o acordo.

É inadmissível a aceitação da proposta quando foi instaurado incidente de insanidade mental do acusado, uma vez que essa manifestação de vontade deve ser livre e **consciente**. Assim, se o exame concluir pela inimputabilidade do réu, o processo deve prosseguir. A semi-imputabilidade, entretanto, não impede o benefício, se ficar constatado que o réu tem capacidade de entender o teor da proposta e suas consequências.

■ Homologação

Caso o réu e seu defensor aceitem a proposta, o juiz suspenderá a ação penal por período de 2 a 4 anos, submetendo o réu ao cumprimento de determinadas condições. Na fixação do prazo da suspensão, o juiz deve levar em conta a gravidade do delito, suas circunstâncias e consequências, a personalidade do agente etc.

Se, todavia, o juiz entender que não estão presentes os requisitos legais, deixará de homologar o acordo, hipótese em que a ação deverá prosseguir. Nesse caso, poderá ser impetrado *habeas corpus*.

Da decisão que concede ou denega a suspensão condicional cabe recurso em sentido estrito, em decorrência da aplicação subsidiária e extensiva do art. 581, XI, do CPP, determinada pelo art. 92 da Lei n. 9.099/95[3].

■ 15.9. CONDIÇÕES OBRIGATÓRIAS

Homologado o acordo, o juiz deve impor ao denunciado as seguintes condições elencadas no § 1º do art. 89 da Lei n. 9.099/95:

a) obrigação de reparar integralmente o dano causado pelo delito, salvo comprovada impossibilidade de fazê-lo (essa reparação pode se dar durante o prazo de suspensão, não sendo obrigatória a indenização imediata no momento da audiência);

b) proibição de frequentar determinados lugares (campos de futebol, bares, casas de jogos etc.);

c) proibição de ausentar-se da comarca em que reside, sem autorização judicial;

d) comparecimento pessoal e obrigatório a juízo, mensalmente, para informar e justificar suas atividades. Se o réu morar em cidade diversa daquela por onde tramita o feito, o acompanhamento das condições se dará por meio de

[3] STJ — REsp 263.544/CE — 6ª Turma — Rel. Min. Hamilton Carvalhido — Julgamento: 12.03.2002 — *DJ* 19.12.2002 — p. 457.

carta precatória e o comparecimento mensal dar-se-á no juízo deprecado, que comunicará ao juízo deprecante eventuais faltas ou o cumprimento integral das obrigações.

A não fixação das condições obrigatórias faz com que o Ministério Público tenha que opor embargos de declaração. Além disso, a não fixação da condição de reparar o dano possibilita à vítima ingressar com recurso de apelação.

■ 15.10. CONDIÇÕES FACULTATIVAS

Além das obrigatórias, o juiz pode, por sugestão do Ministério Público, fixar outras condições, desde que estas sejam aceitas pelo réu. Não se admite, entretanto, a fixação de condições que desrespeitam direitos constitucionais da pessoa, como as vexatórias, as ofensivas à dignidade, à liberdade de crença, filosófica ou política etc.

■ 15.11. SUSPENSÃO DO PRAZO PRESCRICIONAL

O recebimento da denúncia ou queixa interrompe o prazo prescricional, de forma que, a partir desta data, novo prazo começa a correr. Posteriormente, quando o juiz homologa a suspensão condicional do prazo, a prescrição para de correr, ficando suspensa, nos termos do art. 89, § 6º. Se for revogado o benefício, o prazo voltará a correr, a contar da data da revogação. Se o réu cumprir as condições será declarada extinta a punibilidade.

■ 15.12. CAUSAS DE REVOGAÇÃO OBRIGATÓRIA

Estabelece a lei duas hipóteses de revogação **obrigatória** (art. 89, § 3º):

a) Se o réu não efetuar, sem motivo justificado, a reparação do dano decorrente da infração penal.

Em razão da ressalva feita pela lei, é evidente que o acusado deve ser notificado para justificar os motivos que o levaram a não efetuar o ressarcimento.

b) Se o réu vier a ser processado por outro crime.

Para que haja a revogação é necessário que tenha havido recebimento de denúncia ou queixa contra o réu, não bastando mera notícia do crime ou da instauração de inquérito. Também não há revogação quando é feita transação penal em torno do outro crime (a existência da ação suspensa não constitui fator impeditivo da transação, nos termos do art. 76, § 2º, da Lei n. 9.099/95).

Por sua vez, como a lei não faz ressalva, é indiferente que o outro crime tenha sido cometido antes ou depois daquele que deu origem à suspensão condicional do processo.

Luiz Flávio Gomes[4] ressalta que "a inconstitucionalidade dessa determinação é meridional. Enquanto o processo está em andamento, o acusado é presumido inocente. E quem é presumido inocente não pode ser tratado como condenado. É nisso que

---

[4] Luiz Flávio Gomes. *Suspensão condicional do processo penal*, p. 190-193.

consiste a regra de tratamento derivada do princípio constitucional da presunção de inocência... Onde está escrito processado, portanto, deve ser lido condenado irrecorrivelmente, isto é, revoga-se obrigatoriamente a suspensão do processo se o acusado vier a ser condenado irrecorrivelmente por outro crime. E se o novo processo não terminar no período de prova: haverá, automaticamente, prorrogação do período de prova..., aplicando-se, subsidiariamente, o art. 81, § 2º, do Código Penal, que diz: 'Se o beneficiário está sendo processado por outro crime ou contravenção, considera-se prorrogado o prazo da suspensão até o julgamento definitivo'... Não subsistem, entretanto, as condições da suspensão, durante a prorrogação... Se houver, ao final, condenação exclusiva à pena de multa, não é o caso de revogação, por força do disposto no art. 77, § 1º, do Código Penal, que se aplica subsidiariamente".

Com raciocínio diametralmente oposto temos as palavras de Julio Fabbrini Mirabete[5], no sentido de que, "Ao contrário do que já se tem afirmado, não há inconstitucionalidade no dispositivo que obriga a revogação quando o beneficiário passa a ser processado por outro fato. Com a revogação da suspensão não se declara o acusado culpado nem se impõe pena, mas se estabelece que, não cumprindo as condições impostas, deve o processo prosseguir. Não se infringe, com isso, o princípio da presunção de não culpabilidade inscrito no art. 5º, LVII, da Constituição Federal".

O Supremo Tribunal Federal assim se manifestou sobre o tema: "Suspensão condicional do processo. Cometimento de outro crime durante o período de prova. **Possibilidade de revogação do benefício**..." (STF — HC 84.654/SP — 2ª Turma — Rel. Min. Joaquim Barbosa — *DJ* 01.12.2006). Ademais, como o Pretório Excelso pacificamente entende que não fere o princípio da presunção de inocência negar a suspensão a quem esteja sendo processado, por igual razão não há de se reconhecer tal vício quando o réu já está em regime de suspensão condicional do processo e o benefício é revogado pela prática de novo crime.

Aditamento da denúncia

Apesar de não haver previsão expressa no texto legal, é intuitivo que, se surgirem novas provas que tornem necessário o aditamento para crime mais grave, incompatível com a suspensão condicional do processo, o juiz, ao receber o aditamento, deve revogá-la. Suponha-se o réu denunciado por furto simples que aceite a suspensão e, em seguida, seja juntado um laudo pericial nos autos demonstrando que o delito foi cometido mediante uso de chave falsa. O aditamento da denúncia para furto qualificado faz com que a pena mínima do delito passe a 2 anos, inviabilizando a continuidade da suspensão condicional.

15.13. CAUSAS DE REVOGAÇÃO FACULTATIVA

São duas as hipóteses em que a revogação da suspensão é **facultativa**, ficando a critério do juiz verificar se a manutenção do benefício é recomendável ou não.

[5] Julio Fabbrini Mirabete. *Juizados especiais criminais*, 2. ed., p. 165.

a) Se o acusado vier a ser processado, no curso do período de prova, por contravenção penal. Nos dias atuais dificilmente alguém é efetivamente processado por contravenção penal caso seja primário. Na situação em análise, o acusado foi anteriormente considerado primário, tanto que obteve a suspensão condicional do processo. Conforme já salientado, o fato de estar em regime de suspensão condicional em uma ação penal, não é fator impeditivo para a transação em novo fato delituoso, nos termos do art. 76, § 3º, da Lei n. 9.099/95. Assim, sendo feita a **transação penal na contravenção, não se cogita de revogação da suspensão**, porque esta pressupõe que seja oferecida e recebida denúncia relacionada ao fato contravencional, e ainda assim o juiz apreciará se é ou não suficiente e recomendável manter o benefício da suspensão.

b) Se o acusado descumpre qualquer condição imposta. O dispositivo não faz restrição, de modo que abrange o descumprimento de condição obrigatória ou de condição judicial (facultativa). O juiz, antes de decidir, deve notificar o acusado e ouvi-lo, permitindo que justifique sua falta. Tomada tal providência, o juiz decidirá, levando em conta a gravidade da condição descumprida e até a quantidade de vezes em que se deu o descumprimento, bem como as eventuais justificativas do réu.

Se for revogado o benefício, o acusado poderá interpor recurso em sentido estrito (art. 581, XI, do CPP)[6] ou impetrar *habeas corpus*. Se for mantido o benefício, entendemos que o juiz não pode, por ausência de previsão legal, alterar unilateralmente as condições da suspensão condicional no sentido de torná-las mais gravosas. Poderá, no máximo, aplicar advertência. Tem-se admitido, porém, no caso de descumprimento da condição de comparecimento mensal em juízo, o desconto dos meses em que o acusado faltou, para considerar que a condição só estará cumprida quando demonstrados os 24 comparecimentos (no caso de suspensão concedida pelo prazo de 2 anos).

■ 15.14. MOMENTO DA REVOGAÇÃO

A revogação pode se dar mesmo após o término do prazo do período de prova, desde que diga respeito a fato ocorrido antes disso. Alguns juízes entendiam que, se a revogação não tivesse sido decretada até o último dia do período de prova, a extinção da punibilidade seria decorrência do mero transcurso do prazo. Os Tribunais Superiores rechaçaram essa interpretação e atualmente é pacífico que a extinção da punibilidade decorre de apreciação por parte do juízo no sentido de verificar se, dentro do período de prova, o réu cumpriu todas as condições. Caso constatado o descumprimento, poderá revogar o benefício mesmo após o fim do período de prova. Nesse sentido: "O instituto da suspensão condicional do processo constitui importante medida despenalizadora, estabelecida por motivos de política criminal, com o

6 STJ — HC 103.053/SP — 5ª Turma — Rel. Min. Felix Fischer — Julgamento: 18.09.2008 — *DJe* 10.11.2008.

objetivo de possibilitar, em casos previamente especificados, que o processo nem chegue a se iniciar. 2. A jurisprudência desta Casa de Justiça é firme no sentido de que o benefício da suspensão condicional do processo pode ser revogado mesmo após o período de prova, desde que motivado por fatos ocorridos até o seu término. A melhor interpretação do art. 89, § 4º, da Lei 9.099/95 leva à conclusão de que não há óbice a que o juiz decida após o final do período de prova (cf. HC 84.593/SP — 1ª Turma, da minha relatoria — *DJ* 03.12.2004). Precedentes de ambas as Turmas" (AP 512 AgR — Rel. Min. Ayres Britto — Tribunal Pleno — julgado em 15.03.2012 — acórdão eletrônico *DJe*-077 — divulg. 19.04.2012 — public. 20.04.2012); "Suspensão condicional da pena. 3. Revogação após esgotado o período de prova por descumprimento das condições antes do término. Possibilidade. 4. Jurisprudência firmada pelo Plenário: AP 512 AgR, Rel. Min. Ayres Britto, *DJe* 20.4.2012. 5. Ordem denegada" (STF — HC 114.862 — Rel. Min. Gilmar Mendes — 2ª Turma — julgado em 01.10.2013 — processo eletrônico *DJe*-213 — divulg. 25.10.2013 — public. 28.10.2013); **e** "Esta Corte já firmou entendimento no sentido de que o benefício da suspensão condicional do processo pode ser revogado após o período de prova, desde que os fatos que ensejaram a revogação tenham ocorrido antes do término deste período. II — Sobrevindo o descumprimento das condições impostas, durante o período de suspensão, deve ser revogado o benefício, mesmo após o término do prazo fixado pelo juiz. III — *Habeas corpus* denegado" (STF — HC 95.683 — 1ª Turma — Rel. Min. Ricardo Lewandowski — *DJe*-149 13.08.2010 — p. 396-401). No julgamento do Recurso Especial n. 1498034/RS, a 3ª Seção do Superior Tribunal de Justiça, Rel. Min. Rogerio Schietti Cruz, julgado em 25.11.2015, *DJe* 02.12.2015, ao apreciar a questão no âmbito da sistemática do julgamento de recursos repetitivos, assim se pronunciou sobre a matéria em discussão **(tema 920): Primeira Tese:** Se descumpridas as condições impostas durante o período de prova da suspensão condicional do processo, o benefício poderá ser revogado, mesmo se já ultrapassado o prazo legal, desde que referente a fato ocorrido durante sua vigência. **Segunda tese:** Não há óbice a que se estabeleçam, no prudente uso da faculdade judicial disposta no art. 89, § 2º, da Lei n. 9.099/95, obrigações equivalentes, do ponto de vista prático, a sanções penais (tais como a prestação de serviços comunitários ou a prestação pecuniária), mas que, para os fins do *sursis* processual, se apresentam tão somente como condições para sua incidência.

■ 15.15. CONSEQUÊNCIAS DA REVOGAÇÃO

A revogação do benefício tem como consequência imediata a **retomada do curso do processo e do prazo prescricional**.

As condições cumpridas antes da revogação **não podem ser descontadas**, em caso de condenação, da pena restritiva de direitos ou do *sursis* porque não há previsão legal de detração nesses casos. Assim, se o réu, antes da revogação do benefício cumpriu 1 ano da condição de não frequentar determinados lugares, caso venha a ser posteriormente condenado, e o juiz substitua a pena por 2 anos da interdição temporária de direitos consistente justamente na proibição de frequência a certos lugares (art. 47, IV, do CP), deverá cumprir todo este período, não havendo desconto.

Considerando que a suspensão condicional do processo é um livre acordo que o réu faz, acompanhado de defensor, não fará jus à devolução de valores se durante o período de prova tiver ressarcido a vítima e, posteriormente, havendo revogação por outra causa qualquer, for ao final absolvido.

■ 15.16. EXTINÇÃO DA PUNIBILIDADE

Nos termos do art. 89, § 5º, da Lei n. 9.099/95, o juiz decretará a extinção da punibilidade se o acusado não tiver dado causa à revogação do benefício durante o período de prova. Tal extinção da punibilidade impede que seja negado qualquer benefício futuro ao réu em razão dessa infração, ou seja, não poderá ser considerado portador de maus antecedentes. Por isso, extinta a punibilidade pelo cumprimento das condições, se o acusado vier a cometer novo delito, poderá novamente ser beneficiado com a suspensão condicional do processo. Ao contrário do que ocorre com a transação penal (art. 76, § 2º, II, da Lei n. 9.099/95), não existe previsão legal que impeça nova suspensão condicional pelo prazo de 5 anos.

<table>
<tr><td>NATUREZA JURÍDICA</td><td colspan="2">■ Transação por meio da qual o titular da ação abre mão de seu prosseguimento e da busca da condenação, enquanto o réu, sem assumir sua responsabilidade pelo crime, submete-se, pelo período de 2 a 4 anos, ao cumprimento de certas condições.</td></tr>
<tr><td>CABIMENTO</td><td colspan="2">■ Para todas as infrações penais cuja pena mínima não exceda a um ano, salvo se cometido com violência doméstica ou familiar contra a mulher, ou se o crime for militar.
■ Na apreciação da pena mínima levam-se em conta as qualificadoras e causas de aumento de pena.</td></tr>
<tr><td rowspan="2">REQUISITOS</td><td>Objetivos</td><td>a) recebimento da denúncia;
b) não estar sendo processado por outro crime;
c) não ter sido condenado por outro crime.</td></tr>
<tr><td>Subjetivos</td><td>■ Que a culpabilidade, os antecedentes, a conduta social e a personalidade do agente, bem como os motivos e as circunstâncias da infração demonstrem que o benefício é suficiente.</td></tr>
<tr><td>OPORTUNIDADE DA PROPOSTA</td><td colspan="2">■ Concomitantemente com o oferecimento da denúncia.
■ Em caso de desclassificação, procedência parcial da ação, emendatio ou mutatio libelli, a proposta pode ser feita ao término da instrução.</td></tr>
<tr><td>INICIATIVA DA PROPOSTA</td><td colspan="2">■ Nos crimes de ação pública, cabe ao Ministério Público; e nos de ação privada (para os que a entendem cabível), ao querelante.
■ O juiz não pode oferecer a proposta de ofício. Caso discorde da recusa do promotor, deve aplicar a regra do art. 28 do CPP, cabendo ao Procurador-Geral de Justiça a palavra final.</td></tr>
<tr><td>ACEITAÇÃO DA PROPOSTA</td><td colspan="2">■ Deve ser feita pelo acusado e por seu defensor na presença do juiz.</td></tr>
<tr><td rowspan="2">CONDIÇÕES</td><td>Obrigatórias</td><td>a) reparação do dano;
b) proibição de frequentar certos locais;
c) proibição de ausentar-se da comarca onde mora, sem autorização do juiz;
d) comparecimento mensal e obrigatório em juízo para justificar suas atividades.</td></tr>
<tr><td>Facultativas</td><td>■ O Juiz poderá especificar outras condições, desde que adequadas ao fato e à situação pessoal do acusado.</td></tr>
</table>

<table>
<tr><td>EFEITOS DA HOMOLOGAÇÃO DA SUSPENSÃO PELO JUIZ</td><td colspan="2">a) suspensão do curso do processo pelo prazo de 2 a 4 anos;
b) início do período de prova;
c) suspensão do prazo prescricional.</td></tr>
<tr><td rowspan="2">CAUSAS DE REVOGAÇÃO</td><td>Obrigatórias</td><td>a) se o beneficiário vem a ser processado por outro crime;
b) se deixar, sem motivo justificado, de efetuar a reparação do dano.</td></tr>
<tr><td>Facultativas</td><td>a) se o beneficiário vem a ser processado por contravenção;
b) se ele descumprir qualquer outra condição imposta.</td></tr>
<tr><td>EFEITOS DA REVOGAÇÃO DO BENEFÍCIO</td><td colspan="2">a) retomada do curso do processo;
b) volta da fluência do prazo prescricional.</td></tr>
<tr><td>EXTINÇÃO DA PUNIBILIDADE</td><td colspan="2">■ Se o acusado cumprir todas as condições no período de prova, sem dar causa à revogação, o juiz declara extinta a punibilidade, não podendo o processo ser considerado como maus antecedentes.</td></tr>
</table>

■ 15.17. QUESTÕES

1. (Ministério Público/SP — 2003) *Sursis* processual é suspensão

a) condicional do processo, por revelia.
b) condicional do processo, a partir do oferecimento da denúncia.
c) do processo, por pendência do laudo toxicológico.
d) condicional do processo, a partir do recebimento da denúncia.
e) condicional da pena.

2. (Magistratura/SP — 2011) Antônio foi denunciado por receptação simples (art. 180, *caput*, do Código Penal), e o juiz, verificando que seria caso, em tese, da apresentação de proposta de suspensão condicional do processo (art. 89, da Lei n. 9.099/95), determina a abertura de vista dos autos ao Promotor de Justiça para tal finalidade. O Promotor, porém, recusa-se a oferecer a proposta de suspensão, alegando que o crime de receptação é incompatível com o benefício, pois incentiva a prática de furtos, roubos e até mesmo de latrocínios, e requer o prosseguimento do feito. Qual a medida que o juiz, caso discorde do posicionamento do Promotor, deve tomar, inclusive, se o caso, consoante jurisprudência sumulada dos Tribunais Superiores (STJ e STF).

a) Remeter os autos à apreciação do Procurador-Geral de Justiça, mediante aplicação analógica do art. 28, do Código de Processo Penal.
b) Designar data para apresentação, de ofício, da proposta de suspensão, pois se trata de matéria de ordem pública e direito subjetivo do acusado, que atende a todos os requisitos legais.
c) Determinar o prosseguimento do processo, pois, segundo o art. 89, *caput*, da Lei n. 9.099/95, a apresentação de proposta de suspensão é faculdade do Promotor de Justiça e não direito subjetivo do acusado.
d) Conceder *habeas corpus* de ofício, para trancar o processo, diante do evidente constrangimento ilegal imposto ao réu com o prosseguimento do feito sem a oferta da proposta de suspensão.
e) Remeter os autos a outro Promotor de Justiça para que ele apresente a proposta de suspensão, com base no princípio da independência funcional dos membros do Ministério Público.

3. (Magistratura/PR — 2010 — PUC/PR) Estando diante de crimes em que a pena mínima cominada seja igual ou inferior a 1 ano, a suspensão condicional do processo poderá vir a ser aplicada nos Juizados Especiais Criminais. Partindo desse contexto, julgue os itens a seguir:

I. Durante o prazo de suspensão do processo não correrá a prescrição.

II. A suspensão será revogada se, no curso do prazo, o beneficiário vier a ser processado por outro crime ou não efetuar, sem motivo justificado, a reparação do dano.
III. A suspensão poderá ser revogada se o acusado vier a ser processado, no curso do prazo, por contravenção, ou descumprir qualquer outra condição imposta.
IV. Expirado o prazo sem revogação da suspensão condicional do processo, o juiz declarará a extinção da punibilidade.

a) Somente as assertivas I, II e IV estão corretas.
b) Somente as assertivas I, III e IV estão corretas.
c) Somente as assertivas I e IV estão corretas.
d) Todas as assertivas estão corretas.

GABARITO

1. "d".
2. "a".
3. "d".

16

DAS NULIDADES

O processo, que é **instrumento de aplicação da lei penal** aos casos concretos, tem vocação bem definida: evitar que o responsável fique sem punição (*impunitum non relinqui facinus*) e que o inocente seja condenado (*innocentum non codennari*)[1].

Em razão da relevância dos interesses e dos bens jurídicos envolvidos na atividade processual, não se admite que fique a critério do juiz e das partes os meios pelos quais a verdade deva ser descoberta, razão pela qual o ordenamento jurídico prevê a existência de um **modelo legal**, sem cuja observância há risco para o objetivo do processo e, ainda, para os direitos fundamentais do acusado. É por essa razão que se diz que a atividade processual é típica, isto é, "composta de atos cujos traços essenciais são definidos pelo legislador"[2].

Em ordem a evitar o desatendimento às fórmulas da matriz legal, criou-se uma consequência jurídica para a inobservância da tipicidade das formas, que é a possibilidade de **invalidação** do ato imperfeito, sanção essa que recebe a denominação de nulidade. Muitas vezes, porém, o vocábulo é empregado para designar, não a consequência que advém do desrespeito ao modelo legal, mas o próprio defeito do ato. É de acordo com essa última concepção, por exemplo, que se diz que "ocorreu uma nulidade" em determinado ato processual.

Como veremos adiante, ao estudar os princípios que regem o regime das invalidades, essa regra que subordina a eficácia do ato processual à tipicidade da forma não é absoluta, pois o que importa é saber se o **interesse** protegido pela forma foi ou não resguardado.

Os atos processuais viciados **são considerados válidos até que tenham a ineficácia declarada** por órgão jurisdicional competente. Portanto, em direito processual não tem aplicação o axioma segundo o qual o ato nulo não produz efeitos[3]. Ele, em verdade, produz efeitos até que seja decretada a nulidade.

Três são os sistemas que podem disciplinar em quais hipóteses o ato imperfeito será declarado ineficaz: um primeiro, que considera possível a declaração de nulidade apenas nos casos previstos em lei; um segundo, que considera inválido todo e

---

1 Germano Marques da Silva. *Curso de processo penal*, 6. ed., v. 1, p. 39.

2 Ada Pellegrini Grinover; Antonio Magalhães Gomes Filho e Antonio Scarance Fernandes. *As nulidades no processo penal*, 12. ed., p. 19.

3 Vicente Greco Filho. *Manual de processo penal*, 7. ed., p. 286.

qualquer ato defeituoso; e, por fim, um sistema misto, que distingue as consequências atribuídas à irregularidade do ato de acordo com a gravidade e repercussão[4]. Embora o Código vigente contenha um rol de situações em que se deve reconhecer a ineficácia do ato defeituoso (art. 564 do CPP), essas hipóteses não esgotam o universo de invalidades passíveis de serem decretadas.

A nulidade pode alcançar todo o processo, parte dele ou apenas determinado ato, mas sempre derivará da inobservância do modelo legal **quando já instaurada a ação penal**, uma vez que eventuais irregularidades ocorridas na fase da investigação não atingem o processo. Desse pacífico entendimento doutrinário, não diverge a jurisprudência do Supremo Tribunal Federal: "A orientação desta Corte é no sentido de que 'eventuais vícios formais concernentes ao inquérito policial não têm o condão de infirmar a validade jurídica do subsequente processo penal condenatório. As nulidades processuais concernem, tão somente, aos defeitos de ordem jurídica que afetam os atos praticados ao longo da ação penal condenatória'. Precedente" (STF — ARE 868.516 AgR/DF — 1ª Turma — Rel. Min. Roberto Barroso — julgado em 26.05.2015 — *DJe*-121 23.06.2015)[5]. O reconhecimento da ilicitude de determinada prova produzida durante o inquérito não gera a nulidade da ação penal, e sim o desentranhamento de referida prova dos autos.

■ 16.1. ESPÉCIES DE NULIDADE

De acordo com o grau de desconformidade do ato com o modelo legal e com a repercussão do defeito para o processo, a nulidade pode ser classificada como: a) **inexistência**; b) nulidade **absoluta**; c) nulidade **relativa**; d) **irregularidade**.

■ 16.1.1. Inexistência

Malgrado nossa lei não faça qualquer menção aos **atos inexistentes**, há consenso na doutrina de que, em certos casos, tamanha é a desconformidade com o modelo legal que o ato deve ser **desconsiderado** pelo ordenamento jurídico. Nessas hipóteses há, sob o ponto de vista jurídico, um não ato, pois ausente um elemento que o direito considera **essencial** para que ele tenha validade.

O desfazimento do ato inexistente **não depende de pronunciamento judicial**, na medida em que basta desconsiderar o ato que apenas aparenta existir, para que se obedeça, então, ao modelo legal. Não se pode cogitar de convalidação do ato inexistente, daí por que a falta de arguição oportuna não gera nenhum efeito preclusivo.

Assim, por exemplo, se o escrivão, na ausência do juiz, confecciona um escrito indeferindo requerimento de produção de prova formulado por uma das partes, esse

---

4 Antonio Carlos de Araújo Cintra; Ada Pellegrini Grinover e Cândido Rangel Dinamarco. *Teoria geral do processo*, 20. ed., p. 343.

5 Nesse mesmo sentido: STF — RHC 98.731/SC — 1ª Turma — Rel. Min. Cármen Lúcia — j. 02.12.2010 — *DJe*-20 01.02.2011.

ato, por inexistente, não pode produzir qualquer efeito válido, ainda que se revista da forma de decisão.

Costuma-se citar como exemplos de atos inexistentes, dentre outros: a sentença sem dispositivo[6], a audiência presidida por promotor ou por advogado[7], sentenças e decisões proferidas e assinadas pelo escrivão etc.

■ 16.1.2. Nulidade absoluta

Quando a atipicidade do ato viola norma (**constitucional** ou **legal**) **garantidora de interesse público**, tem lugar a nulidade absoluta. Trata-se de situação em que a "gravidade do ato viciado é flagrante e, em regra, manifesto o prejuízo que sua permanência acarreta para a efetividade do contraditório ou para a justiça da decisão; o vício atinge o próprio interesse público de correta aplicação do direito"[8].

Embora o ato inquinado por defeito gerador de nulidade absoluta tenha aptidão para reduzir, de forma significativa, a probabilidade de prolação de decisão justa, **continuará a produzir efeitos até que haja pronunciamento judicial** reconhecendo a sua invalidade.

O vício, entretanto, não se convalida, razão pela qual a possibilidade de arguição não é atingida pela preclusão, de modo que a nulidade poderá ser decretada **a qualquer tempo e grau de jurisdição** e, em caso de sentença condenatória, até mesmo depois do trânsito em julgado.

Sobre a irrelevância do decurso do tempo para fins de reconhecimento da nulidade absoluta, veja-se a orientação jurisprudencial: "Defensor dativo não intimado pessoalmente da pauta da sessão de julgamento. Vício alegado 7 (sete) anos após o trânsito em julgado. Nulidade absoluta não se convalida pelo decurso do tempo. Inexistência de preclusão. Ordem concedida para anular o julgamento no tocante à condenação. 1 — É incontroverso o fato de que o defensor dativo, que atuou na defesa do ora paciente, não foi intimado pessoalmente, mas por publicação no *Diário Oficial*. 2 — Não se pode levar em conta o largo tempo decorrido entre a data de intimação do acórdão condenatório e a data da impugnação, para deixar de reconhecer a existência da nulidade absoluta. Não há prazo previsto para a convalidação de nulidade absoluta. Ou, em outras palavras, tanto faz que decorra um mês, ou decorram dois ou mais anos, para a impetração, pois nulidade absoluta não se convalida por decurso de tempo. 3 — Ordem concedida para anular o julgamento no tocante à condenação para que outro seja realizado, respeitando-se as prerrogativas legais do Defensor dativo" (STJ — HC 84.349/SP — 6ª Turma — Rel. Min. Celso Limongi [Des. Convocado do TJ/SP] — *DJe* 30.11.2009).

---

6 Vicente Greco Filho. *Manual de processo penal,* 7. ed., p. 288.

7 Guilherme de Souza Nucci. *Código de Processo Penal comentado,* 9. ed., p. 905.

8 Ada Pellegrini Grinover; Antonio Magalhães Gomes Filho e Antonio Scarance Fernandes. *As nulidades no processo penal,* 12. ed., p. 21.

A nulidade absoluta pode ser decretada **de ofício** pelo **juiz** ou pelo **tribunal**, com observância das regras de hierarquia e mediante a utilização dos instrumentos processuais adequados. Assim, embora uma **sentença** sem fundamentação seja absolutamente nula, sua invalidade só poderá ser decretada pela instância superior, por ocasião da apreciação de recurso ou de ação de impugnação (*habeas corpus* ou revisão criminal), mas, em nenhuma hipótese, pelo juízo prolator. O próprio juiz, todavia, poderá decretar a invalidade de ato processual absolutamente nulo, desde que o faça **antes da prolação da sentença**.

De ver-se, entretanto, que, se após a prolação da sentença o tribunal constatar a existência de vício que favorece a acusação, que, todavia, não foi arguido pelo acusador em seu recurso, a nulidade não poderá ser reconhecida de ofício, nos termos da **Súmula n. 160 do Supremo Tribunal Federal**: "é nula a decisão do Tribunal que acolhe, contra o réu, nulidade não arguida no recurso da acusação, ressalvados os casos de recurso de ofício".

Por sua vez, se a defesa recorre pleiteando somente redução da pena, mas o tribunal, ao analisar os autos, verifica a existência de nulidade absoluta cuja decretação favoreça ao acusado, deverá declará-la de ofício.

São hipóteses que ensejam a nulidade absoluta, dentre várias outras, a realização de audiência de instrução sem a presença de defensor[9] e a tramitação do processo por juízo incompetente em razão da matéria.

■ 16.1.3. Nulidade relativa

Ocorre nas hipóteses de desrespeito a exigência estabelecida pela lei (norma infraconstitucional) **no interesse das partes** e, tal como ocorre em relação à nulidade absoluta, **depende de ato judicial que declare sua ocorrência**, já que, como mencionado, a invalidade dos atos processuais não é automática.

Para que seja reconhecida, é imprescindível que haja **arguição oportuna pelo interessado**, pois, em regra, **não é passível de ser decretada de ofício** pelo juiz, além do que se **convalida** se a parte prejudicada não se desincumbir do ônus de comprovar o prejuízo a ela acarretado pelo ato alegadamente nulo.

São exemplos de nulidade relativa: falta de intimação da expedição de precatória para a inquirição de testemunha[10] e falta de intimação do acusado para audiência de inquirição de testemunhas, quando nela esteve presente o advogado constituído[11].

■ 16.1.4. Irregularidade

Emprega-se a denominação **irregularidade** para designar o vício que decorre da desobediência ao modelo legal que, no entanto, **não tem qualquer repercussão**

---

[9] Súmula n. 523 do STF.

[10] Súmula n. 155 do STF.

[11] STF — HC 95.654/SP — 2ª Turma — Rel. Min. Gilmar Mendes — Julgamento: 28.09.2010 — *DJe*-194 15.10.2010.

para o desenvolvimento do processo e, por isso mesmo, não enseja a ineficácia do ato. Trata-se de situação de desatendimento de **exigência formal** sem relevância para os fins do processo, às quais, por vezes, a lei reserva reflexos extraprocessuais, como ocorre, por exemplo, com a prolação da sentença em prazo superior ao previsto em lei, hipótese em que o juiz estará sujeito a sanções **administrativas**, sem que se possa cogitar, todavia, de invalidade da decisão.

Também constituem mera irregularidade a falta de compromisso da testemunha antes da inquirição e a apresentação de razões de apelação fora do prazo.

ATOS INEXISTENTES	ATOS ABSOLUTAMENTE NULOS	ATOS RELATIVAMENTE NULOS	ATOS IRREGULARES
■ Sua ineficácia não depende de reconhecimento judicial.	■ Produzem efeitos até que haja reconhecimento judicial de sua ineficácia.	■ Produzem efeitos até que haja reconhecimento judicial de sua ineficácia.	■ Embora imperfeitos, não são passíveis de invalidação.
■ O vício pode ser reconhecido de ofício.	■ Sua invalidade pode ser reconhecida de ofício.	■ Sua invalidade não pode ser reconhecida de ofício.	
■ Jamais se convalidam.	■ Não se convalidam pela falta de arguição.	■ A falta de arguição oportuna acarreta a convalidação.	

■ 16.2. PRINCÍPIOS INFORMADORES DO SISTEMA DAS INVALIDADES

É de extrema relevância a análise dos princípios norteadores das invalidades, na medida em que é deles que se extraem quase todas as conclusões acerca da matéria:

■ Princípio da instrumentalidade das formas

O postulado inscrito no art. 566 do Código de Processo Penal, segundo o qual "não será declarada a nulidade de ato processual que não houver influído na apuração da verdade substancial ou na decisão da causa", orienta o intérprete a analisar as questões que envolvam juízo sobre a invalidade do processo ou de atos processuais de acordo com a concepção de que as exigências e formas procedimentais não são um fim em si mesmo, pois têm natureza instrumental, ou seja, são **meios destinados a garantir determinada finalidade**.

Em relação ao tema, a boa doutrina assenta que "constitui seguramente a viga mestra do sistema das nulidades e decorre da ideia geral de que as formas processuais representam tão somente um instrumento para a correta aplicação do direito; sendo assim, a desobediência às formalidades estabelecidas pelo legislador só deve conduzir ao reconhecimento da invalidade do ato quando a própria finalidade pela qual a forma foi instituída estiver comprometida pelo vício"[12].

Em razão disso, se o ato, apesar de imperfeito, atingir o fim a que for destinado, não haverá espaço para a decretação de nulidade (art. 572, II, do CPP).

[12] Ada Pellegrini Grinover; Antonio Magalhães Gomes Filho e Antonio Scarance Fernandes. *As nulidades no processo penal*, 12. ed., p. 27.

Aplica-se ao processo penal, por analogia, porque é expressão do princípio da instrumentalidade das formas, a norma prevista no art. 282, § 2º, do Novo Código de Processo Civil, segundo a qual "quando puder decidir o mérito a favor da parte a quem aproveite a declaração de nulidade, o juiz não a pronunciará nem mandará repetir o ato ou suprir-lhe a falta". Desse modo, se houver possibilidade de **decisão de mérito favorável** à parte que foi prejudicada pelo defeito do ato, não se deve cogitar de reconhecer a nulidade.

■ Princípio do prejuízo

Redobrando o repúdio a qualquer veneração às **formalidades que não se mostrem imprescindíveis** ao descobrimento da verdade, o Código previu que "nenhum ato será declarado nulo, se da nulidade não resultar prejuízo para a acusação ou para a defesa" (art. 563 do CPP).

De acordo com esse princípio, que é sintetizado pela expressão francesa ***pas de nullité sans grief***, é pressuposto inafastável para a invalidação de qualquer ato processual a ocorrência de efeitos prejudiciais ao processo ou às partes, mostrando-se insuficiente, para o decreto de nulidade, a simples imperfeição do ato.

Embora alguns estudiosos afirmem que o princípio em questão não se aplica às nulidades absolutas, já que em relação a elas o prejuízo é sempre presumido (Fernando Capez[13] e Vicente Greco Filho[14]), ambas as turmas do Supremo Tribunal Federal têm proclamado, reiteradamente, que a ocorrência de prejuízo é essencial também ao reconhecimento dessa espécie de invalidade: "A jurisprudência do Supremo Tribunal Federal é de que a demonstração de prejuízo, nos termos 'do art. 563 do CPP, é essencial à alegação de nulidade, seja ela relativa ou absoluta, eis que (...) o âmbito normativo do dogma fundamental da disciplina das nulidades — *pas de nullité sans grief* — compreende as nulidades absolutas'. Precedente" (STF — ARE 868.516 AgR/DF — 1ª Turma — Rel. Min. Roberto Barroso — julgado em 26.05.2015 — *DJe*-121 23.06.2015); **e** "A jurisprudência do Supremo Tribunal Federal no sentido de que o princípio do *pas de nullité sans grief* exige, em regra, a demonstração de prejuízo concreto à parte que suscita o vício, independentemente da sanção prevista para o ato, podendo ser ela tanto a de nulidade absoluta quanto a relativa, pois não se decreta nulidade processual por mera presunção" (STF — RHC 123.890 AgR/SP — 2ª Turma — Rel. Min. Cármen Lúcia — julgado em 05.05.2015 — *DJe*-091 18.05.2015).

De fato, a lei não faz qualquer distinção, em relação ao tema, entre as nulidades **absolutas e as relativas**, motivo pelo qual se mostra imprescindível para a decretação de ineficácia do ato atípico, em ambas as hipóteses, a comprovação da ocorrência de **efetivo prejuízo** para a acusação ou para a defesa. Admite-se, no entanto, quando for **impossível a comprovação**, pelos meios ordinários de prova, da ocorrên-

---

[13] Fernando Capez. *Curso de processo penal,* 18. ed., p. 683.

[14] Vicente Greco Filho. *Manual de processo penal,* 7. ed., p. 289.

cia de prejuízo concreto, que a demonstração do dano ocorra por meio de emprego de raciocínio lógico, ou seja, pela consideração de argumentos que evidenciem ser manifesta ou bastante provável a existência do prejuízo.

■ Princípio da causalidade (ou da consequencialidade)

Esse postulado rege o **alcance dos efeitos da decretação de invalidade** de determinado ato, estabelecendo que "a nulidade de um ato, uma vez declarada, causará a dos atos que dele diretamente dependam ou sejam consequência" (art. 573, § 1º, do CPP).

A necessidade de definir a extensão dos efeitos da declaração de nulidade decorre da circunstância de que, em razão de o processo encerrar um encadeamento de atos, muitas vezes novos atos foram praticados depois daquele cuja invalidade foi decretada, de modo a exigir que se decida por sua validade ou pela necessidade de sua repetição.

O Código adotou critério baseado na relação de dependência ou de influência que os atos tenham entre si, afastando, assim, a possibilidade de contaminação de atos meramente como consequência de sua situação cronológica.

A **nulidade derivada** será decretada, portanto, apenas quando o ato posterior tenha relação lógica com o vício ocorrido anteriormente, ao passo que, em consequência, devem remanescer íntegros os atos cronologicamente posteriores que não tenham ligação com o ato nulo.

Recordemos, sobre o tema, a docência de Afrânio Silva Jardim: "Se um ato perde a sua eficácia por ter sido reconhecida a sua invalidez, somente são atingidos os eventuais direitos, deveres, poderes, sujeições e ônus que daquele ato defluíram, vale dizer, a relação processual é atingida no seu aspecto interno, ou seja, desconstitui-se uma microrrelação que pertencia ao feixe de relações menores que compõem a relação processual. Não se desfaz a relação jurídica como um todo"[15].

Assim como a invalidade deve ser sempre reconhecida por ato judicial (salvo nos casos de **inexistência**), também a extensão dos efeitos dessa decisão deve ser objeto de apreciação pelo órgão jurisdicional.

É por esse motivo que a lei determina que o juiz que pronunciar a nulidade deverá, concomitantemente, declarar os atos a que ela se estende (art. 573, § 2º, do CPP).

Em se tratando de ato processual **complexo**, deve-se declarar, ainda, se a invalidade o atinge em sua integralidade ou apenas parcialmente, como, por exemplo, na hipótese de vício na sentença, que pode ser anulada apenas parcialmente: "O Supremo Tribunal Federal tem entendimento de que nulidade quanto à dosimetria da pena 'não vicia inteiramente a sentença e o acórdão das instâncias inferiores, mas diz respeito apenas ao critério adotado para a fixação da pena. Tudo o mais neles decidido é válido, em face do princípio *utile per inutile non vitiatur*' (HC 59.950/RJ, Rel.

[15] Afrânio Silva Jardim. *Direito processual penal*, 11. ed., p. 57.

Min. Moreira Alves, *DJ* 01.11.1982)" (STF — HC 94.888/SP — 2ª Turma — Rel. Min. Ellen Gracie — *DJe*-232 11.12.2009). Assim, se a nulidade da sentença se refere apenas à não observância de regras quanto à dosimetria da pena, nova sentença deve ser proferida apenas no que se refere a este aspecto. O juiz não poderá, nessa hipótese, alterar outras partes da sentença ou absolver o réu.

■ Princípio do interesse

O princípio em estudo veda a arguição de nulidade pela parte que **a ela deu causa**, ou que para ela tenha **concorrido**, e também àquela referente à formalidade cuja observância só à parte **contrária interesse** (art. 565 do CPP).

A lei não tolera o comportamento, **malicioso** ou **negligente**, de quem dá causa ao defeito do ato, para depois tentar beneficiar-se com a sua invalidação e consequente refazimento. Trata-se de aplicação, à teoria das nulidades, do preceito da **boa-fé objetiva**, que informa todos os ramos do Direito, e do qual deriva a regra de **proibição de comportamentos contraditórios** (*venire contra factum proprium*). O dever de agir em boa-fé tem como componente, ainda, o **dever de mitigar o próprio prejuízo** (*duty to mitigate the loss*), consistente na obrigação de a parte prejudicada pela anomalia processual adotar todas as medidas possíveis para que o dano não seja agravado, sob pena de ter de arcar com os efeitos adversos da situação que permitiu consolidar-se.

Assim, não é passível de acolhimento, por exemplo, o pedido formulado pela defesa para que se anule instrução realizada sem a presença do acusado, quando o próprio defensor **dispensou** expressamente o seu comparecimento à audiência e nada arguiu em alegações finais[16], concorrendo, assim, para a eclosão do resultado. O Superior Tribunal de Justiça já proclamou que viola o *duty to mitigate the loss* a tardia insurgência, manifestada pela defesa somente após a realização de diversos atos processuais, como o interrogatório, alegações finais e sentença, contra a dispensa da oitiva de testemunha por ela arrolada, de modo a afastar o reconhecimento da nulidade[17].

Não se deve decretar nulidade, igualmente, quando o vício não tiver causado prejuízo para a parte que a alega, mas somente para a parte adversa, pois ausente interesse que justifique a adoção da medida, contrária ao princípio da **economia processual**.

■ Princípio da convalidação (ou da conservação)

Manifesta-se por meio da **previsão pela lei** de situações que ensejam a **validação** do ato defeituoso que, em princípio, deveria ser declarado inválido. Essas situações a que a lei atribui caráter sanatório são mecanismos destinados a evitar que as

---

16 STJ — HC 121.891/MG — 6ª Turma — Rel. Min. Maria Thereza de Assis Moura — j. 02.06.2011 — *DJe* 15.06.2011.

17 STJ — HC 171.753/GO — 6ª Turma — Rel. Min. Maria Thereza de Assis Moura — j. 04.04.2013 — *DJe* 16.04.2013.

etapas processuais já vencidas sejam revisitadas, permitindo que se alcance o ponto culminante do processo: a prolação da sentença.

No tocante às **nulidades relativas**, a **preclusão temporal** é a modalidade mais frequente de convalidação, que se aperfeiçoa quando o interessado deixa transcorrer, sem provocação, o prazo previsto em lei para o exercício da faculdade de arguir a invalidade.

Assim é que a lei prevê que se considerarão sanadas as nulidades que não forem arguidas, em tempo oportuno (art. 572, I, do CPP), de acordo com as regras insertas no art. 571 do Código, cujas previsões, embora não totalmente adaptadas às alterações introduzidas pela Reforma de 2008, permitem concluir quais são as etapas procedimentais em que devem ser alegadas as nulidades relativas:

a) as da **instrução** criminal da primeira fase dos processos da competência do **júri**, no momento das alegações **orais** em audiência (art. 411, § 4º, do CPP);

b) as da **instrução** criminal dos processos de competência do juiz **singular** e dos processos **especiais**, por ocasião das **alegações finais**, orais ou escritas (art. 403, *caput*, e § 3º, do CPP);

c) as do processo **sumário**, nas **alegações orais** (art. 534 do CPP);

d) as ocorridas posteriormente à **pronúncia**, logo depois de anunciado o julgamento e **apregoadas as partes**;

e) as ocorridas **após a sentença**, nas **razões de recurso** (em preliminar), ou logo depois de anunciado o julgamento do recurso e apregoadas as partes, se posteriores aos arrazoados;

f) as do julgamento em **plenário**, em **audiência** ou em sessão do **tribunal**, logo depois de ocorrerem.

A **preclusão lógica**, que se dá quando a parte, ainda que tacitamente, aceita os efeitos do ato viciado, ou seja, quando pratica conduta incompatível com o desejo de invalidar o ato, também é prevista em lei como causa de convalidação do ato nulo (art. 572, III, do CPP). Assim, por exemplo, se, apesar da inexistência de dispensa da testemunha pela parte que a arrolou, o juiz deixar de ouvi-la sem que haja impugnação pelo interessado, considerar-se-á sanada a nulidade.

É importante recordar que o **reconhecimento das nulidades absolutas não se sujeita à preclusão**, daí por que, em relação a elas, o decurso do tempo e a prática de ato incompatível com a pretensão de invalidar o ato não têm efeito sanatório.

O Código regula, ainda, algumas formas **específicas** de aproveitamento de atos processuais inquinados de nulidade:

O art. 567 do Código prevê que "a incompetência do juízo anula somente os atos decisórios", conduzindo à conclusão, a *contrario sensu*, de que os **atos instrutórios** podem ser convalidados pelo juízo competente, por meio do instituto da **ratificação** (art. 108, § 1º, do CPP).

Para Ada Pellegrini, somente nos casos de incompetência **relativa** é que poderia haver aproveitamento dos atos instrutórios, pois a incompetência **absoluta** fulminaria de nulidade todo o processo[18]. No mesmo sentido, considerando a impossibilidade de aproveitamento (convalidação) dos **atos** praticados por juízo **absolutamente** incompetente, Fernando Capez[19], Tourinho Filho[20] e Guilherme de Souza Nucci[21] afirmam que têm de ser, necessariamente, refeitos perante o juízo natural. De acordo com esse entendimento, a sentença e as decisões relativas à decretação de prisão ou de outras medidas cautelares não podem ser sanadas por meio da convalidação, devendo os atos instrutórios ser repetidos, salvo a possibilidade de ratificação destes se a incompetência for relativa. Não se considera ato decisório, porém, o despacho de recebimento da denúncia ou da queixa: "Possibilidade de renovação ou ratificação do despacho de juízo incompetente que recebe denúncia. Natureza jurídica: ato com carga decisória, mas não 'ato decisório' (art. 567 CPP), sendo passível de renovação ou ratificação (...) Ausência de prejuízo. Precedentes do STF" (STF — HC 70.912/PR — 2ª Turma — Rel. Min. Paulo Brossard — *DJ* 10.06.1994 — p. 14.789).

O Supremo Tribunal Federal, no entanto, passou a aceitar a ratificação como modalidade de convalidação de atos instrutórios[22] e também de certos atos decisórios, como a decretação da prisão preventiva e o de sequestro de bens, **inclusive no que diz respeito àqueles praticados por juízo em situação de incompetência absoluta**: "Conforme posicionamento hodierno sobre a matéria, este Supremo Tribunal Federal, nos casos de incompetência absoluta do juízo, admite a ratificação de atos decisórios pelo juízo competente" (STF — HC 123.465/AM — 1ª Turma — Rel. Min. Rosa Weber — j. 25.11.2014 — *DJe*-032 19.02.2015)[23].

O entendimento de que atos decisórios, mesmo nos casos de nulidade absoluta, podem ser convalidados mostra-se mais congruente com o princípio da instrumentalidade das formas, pois, se o juízo competente, depois de analisar o ato praticado por órgão jurisdicional incompetente, **decide confirmá-lo, encampando a decisão como se sua fosse**, nada justifica a repetição dos esforços necessários à sua realização. Caso se trate, porém, de **sentença de mérito** proferida por juízo absolutamente incompetente, outra deverá necessariamente ser prolatada.

De acordo com a **teoria do juízo aparente**, ademais, é possível a ratificação de atos probatórios praticados por juiz absolutamente incompetente que, no momento da determinação das medidas instrutórias (interceptação telefônica, busca e apreen-

---

18 Ada Pellegrini Grinover; Antonio Magalhães Gomes Filho e Antonio Scarance Fernandes. *As nulidades no processo penal,* 12. ed., p. 45.

19 Fernando Capez. *Curso de processo penal,* 18. ed., p. 468.

20 Fernando da Costa Tourinho Filho. *Processo penal,* 33. ed., v. 2, p. 693.

21 Guilherme de Souza Nucci. *Código de Processo Penal comentado,* 9. ed., p. 923-924.

22 Essa orientação também foi adotada pelo STJ — HC 111.638/PR — *DJ* 18.05.2009.

23 Confira-se, também: STF — RHC 122.966/GO — 1ª Turma — Rel. Min. Roberto Barroso — j. 30.09.2014 — *DJe*-218 06.11.2014.

são etc.), não dispusesse de elementos para concluir que as iniciativas investigatórias envolviam agente com prerrogativa de foro[24].

Em suma, apesar de diversos autores entenderem que a ratificação só é possível em relação a atos instrutórios e, ainda assim, no que diz respeito à incompetência relativa, o fato é que o Supremo Tribunal Federal e o Superior Tribunal de Justiça têm entendido que tal ratificação é viável tanto em relação a atos instrutórios como decisórios, quer se trate de incompetência relativa, quer absoluta, salvo quando se tratar de sentença de mérito.

A **ratificação** também produz efeito convalidador em relação às nulidades decorrentes de ilegitimidade do representante da parte (art. 568 do CPP), razão pela qual, uma vez sanado o defeito da procuração outorgada pelo querelante ao advogado, poderá o representante já regularmente constituído ratificar os atos anteriores.

Outro mecanismo de convalidação é o **suprimento** de eventuais omissões da denúncia ou da queixa, que pode ser levado a efeito a todo tempo, antes da sentença final, por meio do aditamento (art. 569 do CPP). O dispositivo refere-se, todavia, apenas a possíveis irregularidades formais ou materiais da peça acusatória[25], como a correção de erro de capitulação, o acréscimo de informações pessoais (dados de qualificação) sobre o acusado ou a inclusão de qualificadoras[26], causas de aumento de pena etc.

Por meio do **suprimento**, completa-se o ato com aquilo que lhe faltava para adequar-se ao modelo legal e é nisso que tal forma de convalidação distingue-se da **ratificação**, que não pressupõe qualquer acréscimo ao ato defeituoso.

Também com o escopo de evitar o retrocesso procedimental, o Código prevê que "a falta ou a nulidade da citação, da intimação ou notificação estará sanada, desde que o interessado compareça, antes de o ato consumar-se, embora declare que o faz para o único fim de argui-la" (art. 570 do CPP). Trata-se da hipótese de **substituição** do ato defeituoso, cujo refazimento passa a ser desnecessário quando fato ulterior tiver ensejado o alcance da finalidade do ato viciado ou inexistente. Nessas situações, porém, deve o juiz ordenar a suspensão ou o adiamento do ato, quando reconhecer que a irregularidade poderá prejudicar direito da parte (art. 570, 2ª parte, do CPP).

Outro fato processual que enseja a convalidação de nulidades é o **trânsito em julgado da sentença**, pois, "a imutabilidade da sentença contra a qual não caibam mais recursos alcança também o seu antecedente, que são os atos processuais praticados no processo de conhecimento"[27]. Essa forma de convalidação atinge também as nulidades absolutas, desde que seu reconhecimento seja de interesse da acusação,

---

[24] STF — 2ª Turma — HC 110.496/RJ — Rel. Min. Gilmar Mendes — j. 09.04.2013 — *DJe*-238 04.12.2013.

[25] Vicente Greco Filho. *Manual de processo penal,* 7. ed., p. 292.

[26] STJ — HC 111.972/RJ — 6ª Turma — Rel. Min. Jane Silva [Des. Convocada do TJ/MG] — Julgamento: 18.12.2008 — *DJe* 02.02.2009.

[27] Ada Pellegrini Grinover; Antonio Magalhães Gomes Filho e Antonio Scarance Fernandes. *As nulidades no processo penal,* 12. ed., p. 33.

pois, em se tratando de nulidade **absoluta prejudicial à defesa**, é possível a arguição mesmo após o trânsito em julgado da decisão condenatória, por meio de revisão criminal ou de pedido de ordem de *habeas corpus*.

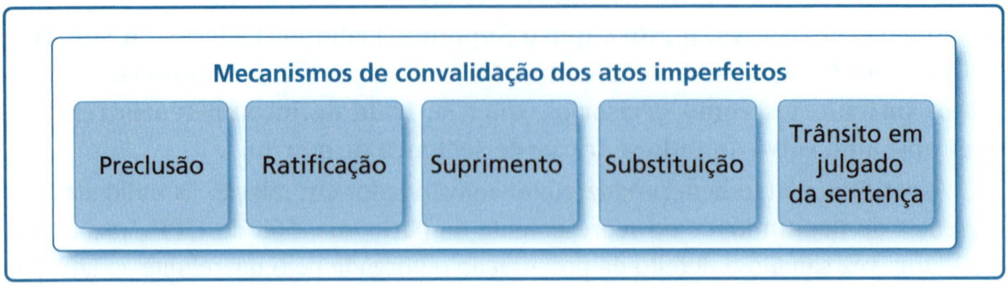

O quadro a seguir contém o rol de princípios que norteiam o tema das nulidades.

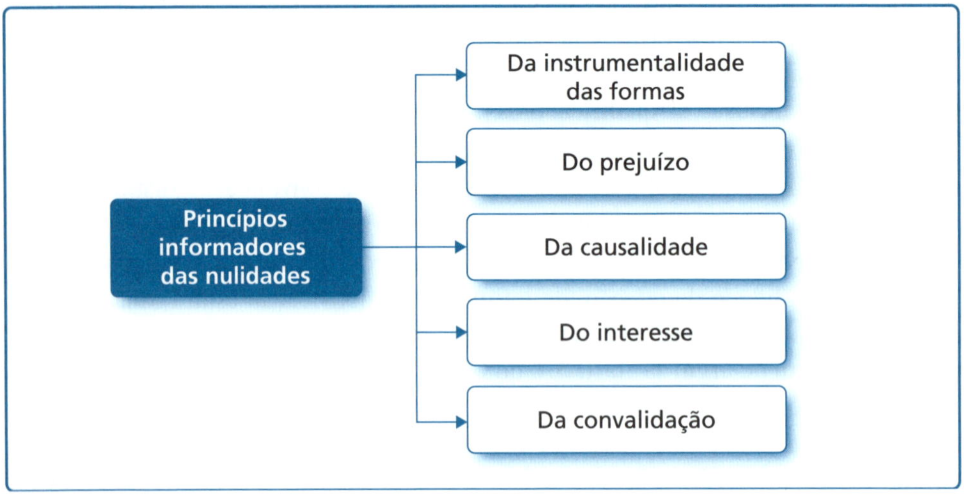

■ 16.3. ELENCO LEGAL DAS NULIDADES

Embora o Código de Processo Penal enumere as hipóteses em que ocorrerá nulidade (art. 564), não há dissenso acerca da possibilidade de reconhecimento, ao lado das nulidades expressamente cominadas, de nulidades **não cominadas** na lei.

Se já não bastasse para essa conclusão a circunstância de que a invalidade do ato decorre, automaticamente, de sua desconformidade com o modelo legal (ressalvadas as hipóteses de inexistência de prejuízo ou de interesse e, ainda, os casos de convalidação), a lei estabeleceu, no rol de nulidades cominadas, fórmula genérica que se aplica a qualquer ato, ao dispor que ocorrerá nulidade "por omissão de formalidade que constitua elemento essencial do ato" (art. 564, IV, do CPP).

Ingressemos no estudo das causas de nulidade previstas nesse elenco exemplificativo existente no Código.

■ 16.3.1. Incompetência, suspeição ou suborno do juiz (art. 564, I, do CPP)

Uma das manifestações concretas do **princípio do juiz natural** é a garantia de que "ninguém será processado nem sentenciado senão pela autoridade **competente**" (art. 5º, LIII, da CF), circunstância que leva à inevitável conclusão de que o exercício válido da função jurisdicional subordina-se à observância das regras constitucionais e infraconstitucionais de repartição de competência.

É para compelir o juiz e as partes a zelarem pela obediência a essas regras que a lei inquina de nulidade os atos processuais praticados por juiz incompetente, independentemente de se cuidar de violação de norma relativa à competência em razão da matéria, hierárquica, de juízo ou de foro.

As normas referentes à repartição da competência em razão da hierarquia (prerrogativa de foro) e da matéria tutelam, precipuamente, **interesse público**, o que impede que se cogite de sua alteração: cuida-se de casos de competência absoluta. Já os critérios de repartição da competência *ratione loci* (competência territorial) dizem respeito, de modo prevalente, ao **interesse das partes**, daí por que se fala em competência relativa.

A incompetência absoluta do juízo gera a nulidade absoluta dos atos praticados, ao passo que a incompetência relativa é causa ensejadora de nulidade relativa. Em relação à possibilidade de aproveitamento (**ratificação**), pelo juiz natural, dos atos praticados pelo órgão incompetente, remetemos o leitor às considerações relativas à disposição inserta no art. 567 do Código de Processo Penal, feitas quando do estudo do princípio da convalidação.

Enquanto a incompetência absoluta pode ser reconhecida a todo tempo, a incompetência relativa deve ser arguida pelas partes em momento oportuno (no prazo da resposta escrita, por via da competente exceção), sob pena de convalidação do vício e consequente **prorrogação da competência**.

Há dissídio doutrinário em relação à possibilidade de o juiz reconhecer, **de ofício**, a incompetência relativa: Fernando Capez advoga ser vedado ao juiz declarar sua incompetência relativa sem que haja provocação das partes, invocando, para amparar sua posição, a Súmula n. 33 do Superior Tribunal de Justiça[28]. Vicente Greco Filho[29], Ada Pellegrini Grinover, Antonio Magalhães Gomes Filho e Antonio Scarance Fernandes, por outro lado, defendem a possibilidade de o juiz declarar a incompetência relativa mesmo sem a provocação das partes, pois "onde se deram os fatos é mais provável que se consigam provas idôneas que os reconstituam mais fielmente no espírito do juiz"[30].

De fato, os critérios de fixação da competência relativa também guardam relação com o interesse público, pois a obtenção de provas tende a ser mais eficaz no local

[28] Fernando Capez. *Curso de processo penal,* 18. ed., p. 688-689

[29] Vicente Greco Filho. *Manual de processo penal,* 7. ed., p. 295.

[30] Ada Pellegrini Grinover; Antonio Magalhães Gomes Filho e Antonio Scarance Fernandes. *As nulidades no processo penal,* 12. ed., p. 41.

onde ocorreu a infração, o que, em atenção ao princípio da verdade real, autoriza a conclusão de que é possível a declaração, *ex officio*, de incompetência relativa, tanto mais porque o art. 109 do Código não faz distinção entre as competências absolutas e relativas. Não cremos, por outro lado, que a **Súmula n. 33 do Superior Tribunal de Justiça** ("a incompetência relativa não pode ser declarada de ofício") possa ser aplicada ao Processo Penal, pois, muito embora o enunciado não restrinja seu alcance, a análise da referência legislativa utilizada pela Corte Especial daquele Tribunal (art. 112 do CPC de 1973) e dos precedentes que ensejaram a adoção do verbete (CC 1506/DF; CC 1519/SP; CC 1589/RN; CC 1.496/SP; CC 872/SP; CC 245/MG) autoriza a conclusão de que tal súmula foi concebida a fim de regular o **processo civil**, de acordo com as normas e princípios que o regem, que, nesse particular, não são coincidentes com os da legislação **processual penal**. De qualquer modo, entendemos que, embora o juiz possa reconhecer a incompetência relativa de ofício, tal possibilidade cessará se a providência não tiver sido por ele tomada até a fase da resposta escrita, pois, conforme já estudado, a competência relativa (territorial) se prorroga se não for arguida até tal fase processual. É que não faria sentido dizer que a competência está prorrogada se o juiz ainda pudesse reconhecê-la de ofício.

Em suma, a incompetência absoluta pode ser reconhecida, de ofício ou a requerimento das partes, em qualquer fase do processo. Já a incompetência relativa só pode ser reconhecida até a fase da resposta escrita, de ofício ou em razão de requerimento das partes.

Registre-se que, nos termos da Súmula n. 706 do STF, "é relativa a nulidade decorrente da inobservância da competência penal por prevenção".

A **suspeição** do juiz também é causa de nulidade dos atos praticados antes do reconhecimento da necessidade de seu afastamento do processo, na medida em que a **imparcialidade** é atributo indispensável ao exercício da função jurisdicional.

A suspeição gera a nulidade absoluta, porém não atinge eventuais atos que tenham sido praticados pelo juiz suspeito antes do surgimento da causa determinante de seu afastamento: "*Habeas corpus*. Suspeição. Motivo superveniente. Validade dos atos praticados. Entendimento do STF. O Supremo tem jurisprudência a dizer que não se invalidam os atos praticados por juiz que se declara suspeito por motivo a eles superveniente. Não se deve reconhecer tal nulidade sem a demonstração de que a suspeição já existia ao tempo da atuação do magistrado e que esta causou prejuízo. Demais alegações improcedentes. Ordem denegada" (STF — HC 74.476/PR — 2ª Turma — Rel. Min. Francisco Rezek — *DJ* 25.04.1997 — p. 15.201).

Conquanto a lei tenha feito menção apenas à suspeição como causa de nulidade, os **impedimentos** e as **incompatibilidades** também ensejam a invalidade dos atos processuais.

O Código utiliza a expressão **suborno** para referir-se a qualquer situação em que há entrega ou promessa de entrega ao juiz, bem como solicitação ou exigência, por parte dele, de alguma dádiva ou vantagem indevida, hipóteses em que haverá **nulidade absoluta** dos atos processuais praticados pelo juiz desonesto.

■ 16.3.2. Ilegitimidade de parte (art. 564, II, do CPP)

O exercício do direito de ação subordina-se às seguintes condições genéricas: **legitimidade** *ad causam*, **interesse** de agir e **possibilidade jurídica do pedido**, daí por que a lei considera nulos os atos praticados por sujeito diverso do titular do direito de ação.

A ilegitimidade *ad causam*, passiva ou ativa, é causa geradora de **nulidade absoluta**. Desse modo, se o Ministério Público oferecer denúncia em caso de crime de ação penal privada ou se o ofendido ajuizar ação relativa a crime de ação pública (ilegitimidade ativa), ocorrerá nulidade insanável, que também terá lugar se a denúncia, por engano, for oferecida contra a vítima do crime ou alguma de suas testemunhas (ilegitimidade passiva).

A ilegitimidade *ad processum* (ofendido menor de 18 anos que ajuíza ação sem estar representado, por exemplo) e a falta de capacidade postulatória, no entanto, constituem **nulidade relativa**, que podem ser sanadas, a todo tempo, mediante ratificação (art. 568 do CPP). Tais vícios devem ser sanados antes de esgotado o prazo **decadencial**.

■ 16.3.3. Falta de denúncia ou queixa e representação[31] (art. 564, III, *a*, do CPP)

Para a **existência jurídica** de uma ação penal é indispensável que se deduza uma pretensão punitiva em juízo, daí por que a falta de denúncia ou de queixa, peças por meio da qual o autor veicula sua pretensão, conduz à invalidade de todo e qualquer ato que vier a ser praticado no arremedo de processo.

Quando faltar a peça acusatória inicial não haverá, em verdade, processo, mas **mera atividade com aparência de processo**, sem qualquer aptidão para gerar efeitos jurídicos, o que conduz à conclusão de que se trata de vício gerador da **inexistência** do processo.

Se, embora existente, faltar à inicial acusatória requisito essencial, como, por exemplo, a descrição do fato criminoso ou informação que permita a identificação do acusado, ocorrerá nulidade **absoluta**. Já as irregularidades formais ou materiais da denúncia ou da queixa, por outro lado, podem ser supridas até a sentença, sem que haja espaço, portanto, para se cogitar da decretação de nulidade, dentre outras hipóteses: em razão de erro de endereçamento, de erro na capitulação jurídica, de inexistência de pedido de citação, de falta de indicação do rito procedimental a ser observado, de falta de indicação da data exata do delito, de falta de assinatura do promotor ou do advogado do querelante ou, ainda, em decorrência de erro na qualificação do denunciado, desde que possível sua identificação física.

---

[31] O dispositivo em estudo também faz menção à falta, nos processos de contravenções penais, de portaria ou auto de prisão em flagrante, mas essas modalidades de inauguração do processo penal não foram recepcionadas pela Constituição Federal, que confere ao Ministério Público a titularidade exclusiva da ação penal pública.

Nos casos em que o exercício do direito de ação é condicionado à **representação** do ofendido ou à **requisição** do Ministro da Justiça, a falta da condição de procedibilidade acarreta a nulidade do processo. Acaso haja oferecimento de denúncia sem que tenha havido o oferecimento de representação ou de requisição, o juiz deverá **rejeitar** a peça acusatória inicial (art. 395, II, do CPP), mas se assim não o fizer, os atos processuais praticados estarão inquinados de **nulidade absoluta**, em razão da falta de condição específica da ação. Se o prazo decadencial não se tiver escoado, porém, deve-se admitir que a falta de representação seja suprida pelo ofendido[32].

Não é demais recordar, porém, que a representação **não exige rigor formal** para ter validade, bastando, para que o Ministério Público esteja autorizado a exercer o direito de ação, a inequívoca manifestação de vontade, expressa ou tácita, por parte do ofendido, no sentido de que o autor seja processado. Assim, por exemplo, o simples fato de o ofendido ou seu representante dirigir-se à repartição policial para dar notícia da infração é suficiente para que se considere presente a condição de procedibilidade.

■ 16.3.4. Falta do exame do corpo de delito nos crimes que deixam vestígios (art. 564, III, *b*, do CPP)

A lei dispõe que, quando a infração deixar vestígios, será indispensável o exame de corpo de delito, **direto** ou **indireto**, não podendo supri-lo a **confissão** do acusado (art. 158 do CPP). Assim é que a prova da materialidade das infrações que deixam vestígios (*delicta facti permanentis*) deve ser feita, em regra, pelo exame pericial do corpo de delito.

Cuida-se de exceção ao princípio da **persuasão racional do juiz**, na medida em que a lei retira do julgador a possibilidade de apreciar livremente as provas existentes nos autos, no que diz respeito à prova da **materialidade** que, em regra, deve se dar pelo exame de corpo de delito.

Se houverem desaparecido os vestígios da infração, a prova testemunhal poderá suprir a falta do exame de corpo de delito, mostrando-se apta, em tal hipótese, a comprovar a existência material da infração (art. 167 do CPP). Confira-se: "*HABEAS CORPUS*. HOMICÍDIO E OUTROS CRIMES. MATERIALIDADE. EXAME DE CORPO DE DELITO. AUSÊNCIA DE CADÁVER. PRESCINDIBILIDADE FRENTE A OUTRAS PROVAS. O exame de corpo de delito, embora importante à comprovação nos delitos de resultado, não se mostra imprescindível, por si só, à comprovação da materialidade do crime. No caso vertente, em que os supostos homicídios têm por característica a ocultação dos corpos, a existência de prova testemunhal e outras podem servir ao intuito de fundamentar a abertura da ação penal, desde que se mostrem razoáveis no plano do convencimento do julgador, que é o que consagrou a instância *a quo*. Ordem denegada" (STJ — HC 79.735/RJ — 6ª Turma — Rel. Min. Maria Thereza de Assis Moura — julgado em 13.11.2007 — *DJ* 03.12.2007 — p. 368).

---

[32] Guilherme de Souza Nucci. *Código de Processo Penal comentado,* 9. ed., p. 913.

O Superior Tribunal de Justiça tem abrandado, em certos casos, o rigor na exigência de laudo pericial para a comprovação da materialidade de infrações que deixam vestígios: "HC — Constitucional — Processual Penal — Corpo de delito — O corpo de delito, na clássica definição de João Mendes, é o conjunto dos elementos sensíveis do fato criminoso. Diz-se direto quando reúne elementos materiais do fato imputado. Indireto, se, por qualquer meio, evidencia a existência do acontecimento delituoso. A Constituição da República resguarda serem admitidas as provas que não forem proibidas por lei. Restou, assim, afetada a cláusula final do art. 158, CPP, ou seja, a confissão não ser idônea para concorrer para o exame de corpo de delito. No processo moderno, não há hierarquia de provas, nem provas específicas para determinado caso. Tudo que lícito for, idôneo será para projetar a verdade real. No caso concreto, além da confissão, houve depoimento de testemunha" (STJ — RHC 2.454/RN — 6ª Turma — Rel. Min. Luiz Vicente Cernicchiaro — *DJ* 12.04.1993 — p. 6.085); "Havendo outros elementos probatórios, de regra, lícitos, legítimos e adequados para demonstrar a verdade judicialmente válida dos fatos, não há razão para desconsiderá-los sob o pretexto de que o art. 158 do CPP admite, para fins de comprovação da materialidade da conduta delitiva, apenas e tão somente, o respectivo exame pericial" (STJ — HC 21.829/RS — Rel. Min. Felix Fischer — 5ª Turma — julgado em 24.06.2003 — *DJ* 12.08.2003 — p. 248); **e** "Os crimes praticados pela *internet* podem ser comprovados por muitos meios de provas, como interceptações telefônicas, testemunhas e outros e até por documento juntado aos autos, não constituindo a prova pericial nos computadores, difícil de ser realizada, o único meio de prova, não havendo ofensa ao artigo 158 do Código de Processo Penal. 2 — Sem demonstração de prejuízo não se pode reconhecer qualquer nulidade. 3 — Ordem denegada" (STJ — HC 92.232/RJ — Rel. Min. Jane Silva (Desembargadora convocada do TJ/MG) — 5ª Turma — julgado em 08.11.2007 — *DJ* 26.11.2007 — p. 227)[33].

■ 16.3.5. Falta de nomeação de defensor ao réu presente, que não o tiver, ou ao ausente[34] (art. 564, III, *c*, do CPP)

A exigência de que todo acusado seja assistido por advogado decorre da garantia constitucional de que "aos litigantes, em processo judicial ou administrativo, e aos acusados em geral são assegurados o contraditório e ampla defesa, com os meios e recursos a ela inerentes" (art. 5º, LV, da CF), pois se o exercício da defesa ficasse a cargo, exclusivamente, de pessoa sem habilitação técnica, a ignorância do réu em relação à ciência jurídica impediria o sucesso da atividade defensiva, além do que estaria comprometido o postulado da **paridade de armas**, que é um dos principais aspectos do contraditório.

[33] Nesse mesmo sentido, da mesma Corte: REsp 30.435/RJ.

[34] Também é relacionada pelo dispositivo, como causa de nulidade, a falta de nomeação de curador ao réu menor de 21 anos, previsão que, entretanto, está derrogada, uma vez que o art. 194 do CPP foi revogado expressamente.

É por essa razão que o Código, além de estabelecer que "nenhum acusado, ainda que ausente ou foragido, será processado ou julgado sem defensor" (art. 261, *caput*, do CPP), fulmina de nulidade a falta de defesa técnica.

Deve-se distinguir, no entanto, a ausência de defesa da defesa ineficiente, pois, nos termos da **Súmula n. 523 do STF**, "no processo penal, a falta de defesa constitui nulidade absoluta, mas a sua deficiência só o anulará se houver prova de prejuízo para o réu".

Assim, embora seja prerrogativa do acusado constituir defensor de sua confiança, deve o juiz zelar para que o acusado sempre esteja assistido por advogado, nomeando defensor dativo na hipótese de o réu, presente ou ausente, omitir-se em indicar profissional para defendê-lo.

Se, no entanto, o defensor, constituído ou dativo, deixar de comparecer à audiência para a qual tenha sido intimado, sem que tenha comprovado, até a abertura do ato, a existência de justo impedimento, a instrução pode ser realizada com a intervenção de defensor *ad hoc* (art. 265, §§ 1º e 2º, do CPP), mas, nunca, sem que o réu esteja assistido por advogado.

A nulidade decorrente de insuficiência da atuação do defensor, vale lembrar, só será decretada se houver oportuna alegação e demonstração do prejuízo.

■ 16.3.6. Falta de intervenção do Ministério Público em todos os termos da ação penal pública ou privada subsidiária da pública (art. 564, III, *d*, do CPP)

A perfeição de qualquer ato processual, notadamente os de caráter instrutório, pressupõe a presença do juiz e das partes, razão pela qual a lei prevê a necessidade de o órgão do Ministério Público, quer agindo como autor, quer como fiscal da correta aplicação da lei (*custos legis*), comparecer a todos os atos e de manifestar-se em todas as oportunidades necessárias.

Na hipótese de realizar-se ato processual sem que tenha havido regular intimação do Ministério Público, é possível a decretação de sua nulidade que, no entanto, é de **natureza relativa** (art. 572 do CPP).

Acaso o Ministério Público tenha sido intimado acerca da designação de data para realização de audiência e, malgrado isso, ausente-se injustificadamente, não haverá, em regra, fundamento para decretar a ineficácia do ato: o Ministério Público não poderá arguir a nulidade a que deu causa, ao passo que arguição pelo acusado é vedada porque se trata de formalidade cuja observância só interessa à acusação (art. 565 do CPP).

Sobre o tema, assim se manifestam o Supremo Tribunal Federal e o Superior Tribunal de Justiça: "Oitiva de testemunhas, sem a presença do representante do Ministério Público. Não importa em comprometimento da validade do processo criminal, uma vez que nenhuma das partes pode arguir nulidade referente à formalidade, cuja observância só interessa à parte contrária. Art. 565, *in fine*, do Código de Processo Penal" (STF — HC 73.658/RS — 2ª Turma — Rel. Min. Néri da Silveira — *DJ*

18.08.2000 — p. 81); e "1. A inquirição das testemunhas de acusação pelo Juiz, quando ausente o Ministério Público Estadual, constitui nulidade relativa. Assim, sem a demonstração do prejuízo, nos termos exigidos pelo art. 563 do Código de Processo Penal, não se procede à anulação do ato. 2. Além disso, conforme o disposto no art. 565 do mesmo Estatuto, falta legitimidade para a Defesa alegar esse vício, mormente em se considerando que ela estava presente na audiência de instrução para inquirir as testemunhas arroladas pelo Ministério Público. Com efeito, não há que se arguir nulidade relativa referente a formalidade cuja observância interesse exclusivamente à parte contrária. 3. Ordem denegada" (STJ — HC 186.397/SP — 5ª Turma — Rel. Min. Laurita Vaz — *DJe* 28.06.2011).

■ 16.3.7. Falta de citação do réu para ver-se processar, o seu interrogatório, quando presente, e os prazos concedidos à acusação e à defesa (art. 564, III, *e*, do CPP)

Citação é o ato destinado a **cientificar** o acusado acerca do teor da imputação e a chamá-lo ao processo em ordem a exercer sua defesa.

Na medida em que o conhecimento da acusação é **essencial** para que o acusado possa defender-se, a inexistência do ato citatório, ao aniquilar a possibilidade de o acusado repelir a acusação, causa a **nulidade absoluta** do processo.

A infringência às formalidades inerentes à citação ou a realização de citação ficta sem que se tenham esgotado as possibilidades de citação pessoal do acusado ensejam a invalidade do ato de comunicação. É importante lembrar, todavia, que é válida a citação feita por edital, depois de tentativa de localização do réu nos endereços fornecidos por ele na fase do inquérito policial e nos presídios da respectiva unidade da Federação[35].

O **comparecimento** do acusado a juízo, mesmo que com o exclusivo propósito de arguir a falta ou nulidade da citação, **substitui** o ato citatório (art. 570 do CPP), permitindo o natural desenvolvimento do processo, desde que o réu seja cientificado do teor da acusação, devendo o juiz, ainda, adiar eventuais atos processuais cuja realização possa prejudicá-lo.

A realização do **interrogatório** do acusado presente é exigência indeclinável, pois a supressão do ato impede o exercício da **autodefesa**, gerando, em consequência, nulidade. Ainda que o acusado compareça (ou venha a ser preso) depois de encerrada a instrução, deverá o juiz ou tribunal designar data para a realização do interrogatório (art. 185, *caput*, do CPP). Ocorre que, embora haja entendimento de que a falta de interrogatório é causa de nulidade absoluta[36], sustentamos que o vício é gerador de nulidade relativa, pois, se o acusado tem o direito de permanecer calado, cumpre à defesa explicitar em que consistiu o prejuízo, indicando qual o ponto sobre

---

[35] STF — HC 93.415/DF — 1ª Turma — Rel. Min. Menezes Direito — Julgamento: 18.03.2008 — *DJe*-78 02.05.2008.

[36] Julio Fabbrini Mirabete. *Código de Processo Penal interpretado*, 4. ed., p. 635.

o qual deseja o réu manifestar-se. O Supremo Tribunal Federal proclamou ser relativa a nulidade decorrente da falta de interrogatório: "Arguição de nulidade por não ter se efetivado o interrogatório: tese que não encontra respaldo no art. 564, III, e, do Código de Processo Penal, que comina com nulidade a falta de interrogatório do réu, mas ressalva: 'quando presente'; no caso, a audiência foi designada para 28.08.92, data em que o paciente ainda não tinha sido preso, o que só ocorreu em 10.09.92. De outra parte, o não cumprimento da formalidade do art. 185 do Código de Processo Penal constitui nulidade relativa, que se torna preclusa se não for arguida no momento oportuno, sendo que, a teor do art. 563, somente será ela declarada se houver efetiva demonstração de prejuízo. *Habeas corpus* indeferido" (STF — HC 73.826/SP — 2ª Turma — Rel. p/ acórdão Min. Maurício Corrêa — *DJe* 16.11.2001 — p. 7); **e** "A falta do ato de interrogatório em juízo constitui nulidade meramente relativa, suscetível de convalidação, desde que não alegada na oportunidade indicada pela lei processual penal. — A ausência da arguição, *opportuno tempore*, desse vício formal, opera insuperável situação de preclusão da faculdade processual de suscitar a nulidade eventualmente ocorrida. Com essa preclusão temporal, registra-se a convalidação do defeito jurídico apontado. — A nulidade relativa, qualquer que ela seja, ocorrida após a prolação da sentença no primeiro grau de jurisdição, deve ser arguida, sob pena de convalidação, nas razões de recurso. Precedentes da Corte" (STF — HC 68.490/DF — 1ª Turma — Rel. Min. Celso de Mello — *DJ* 09.08.1991 — p. 10.363).

Tema correlato que também gera controvérsia é a necessidade de haver período razoável entre a citação e o interrogatório, uma vez que há quem sustente que a falta de tempo para formulação de estratégia defensiva macula o direito à autodefesa[37]. Defendemos, no entanto, que eventual nulidade decorrente da exiguidade do tempo entre a citação e a realização do interrogatório depende de demonstração da ocorrência de prejuízo e de oportuna alegação. Nesse sentido: "A lei processual não prevê qualquer exigência de interregno entre a citação do réu e a realização do interrogatório. Precedente: HC 69350/SP, Rel. Min. Celso de Mello, *DJ* de 26/3/1993. *In casu*, o paciente estava preso em razão de outro processo e a citação ocorreu no mesmo dia em que o interrogatório foi realizado. Ao ser citado, teve acesso ao inteiro teor da denúncia, aceitando a contrafé e firmando sua assinatura. A alegada nulidade sequer foi arguida no curso do processo, não havendo como reconhecê-la, em sede de *habeas corpus*, se não demonstrado o prejuízo para defesa. Parecer pela denegação da ordem. Ordem Denegada" (STF — HC 100.319/RS — 1ª Turma — Rel. p/ acórdão Min. Luiz Fux — *DJe*-119 — 22.06.2011).

O dispositivo também cuida da nulidade por supressão dos prazos concedidos à acusação e à defesa, gênero de invalidades que engloba diversas situações processuais.

A falta de apresentação de **resposta escrita** no processo comum ordinário ou sumário (art. 396 do CPP) é causa de nulidade **absoluta**, na medida em que a lei previu a **obrigatoriedade** do exercício dessa prerrogativa defensiva. Já nos processos

[37] Jaques de Camargo Penteado. *Acusação, defesa e julgamento*, p. 254.

de competência do tribunal do júri (arts. 406 e 408 do CPP), o oferecimento da peça é facultativo, pois a omissão pode decorrer da estratégia defensiva[38].

No tocante às **alegações finais**, podem ocorrer as seguintes situações:

1) Na primeira fase do procedimento do júri, a não apresentação de alegações finais, desde que intimada a defesa para o ato, não gera nulidade, em decorrência do caráter facultativo do exercício da atividade argumentativa nessa etapa, pois pode interessar à defesa a omissão estratégica da tese que pretende defender em plenário[39]. A falta de **intimação** do defensor, no entanto, é causa de nulidade.

2) A inexistência de apresentação de alegações finais pela defesa nos procedimentos em geral constitui nulidade **absoluta**, uma vez que há, em tal hipótese, ausência de defesa (Súmula n. 523 do STF: "No processo penal, a falta de defesa constitui nulidade absoluta, mas a sua deficiência só o anulará se houver prova de prejuízo para o réu"). Por essa razão, deve o juiz sempre zelar pela elaboração dessa peça defensiva, nomeando, se necessário, defensor *ad hoc* para confeccioná-la.

3) No caso de falta de apresentação de alegações finais pelo Ministério Público, no procedimento do júri (sumário da culpa) ou nos procedimentos comuns (ordinário ou sumário), haverá nulidade **relativa** (art. 572 do CPP).

■ 16.3.8. Falta da sentença de pronúncia[40] (art. 564, III, *f*, do CPP)

A existência da decisão interlocutória de pronúncia é condição para o desenvolvimento válido da segunda etapa do procedimento do júri, razão pela qual sua inexistência gera a nulidade **absoluta** de qualquer ato cuja realização pressuponha o reconhecimento da admissibilidade da acusação.

■ 16.3.9. Falta de intimação do réu para a sessão de julgamento, pelo Tribunal do Júri, quando a lei não permitir o julgamento à revelia (art. 564, III, *g*, do CPP)

Embora atualmente o julgamento pelo júri possa ser realizado, qualquer que seja a natureza da infração, sem a presença do acusado, a falta de sua **intimação** sempre ensejará nulidade **absoluta**, na medida em que fere o direito ao exercício da ampla defesa (direito de ser ouvido e de presença).

---

38 STJ — HC 124.429/MG — 6ª Turma — Rel. Min. Maria Thereza de Assis Moura — *DJe* 29.11.2010.

39 STF — HC 103.569/CE — 1ª Turma — Rel. Min. Dias Toffoli — *DJe* 12.11.2010; STJ — HC 366.706/PE — 5ª Turma — Rel. Min. Reynaldo Soares da Fonseca — Julgamento: 04.10.2016 — *DJe* 16.11.2016; STJ — HC 347.371/PE — 6ª Turma — Rel. Min. Nefi Cordeiro — Julgamento: 14.06.2016 — *DJe* 22.06.2016.

40 A supressão da existência do libelo pelo legislador retirou a aplicabilidade da parte do dispositivo que prevê a ocorrência de nulidade quando faltar "o libelo e a entrega da respectiva cópia, com o rol de testemunhas, nos processos perante o Tribunal do Júri".

Na hipótese de o réu, embora não intimado, comparecer ao julgamento, o vício decorrente da falta do ato de comunicação estará **sanado** (art. 570 do CPP).

■ 16.3.10. Falta de intimação das testemunhas arroladas no libelo e na contrariedade, nos termos estabelecidos pela lei (art. 564, III, *h*, do CPP)

Embora a lei tenha substituído o **libelo** e a **contrariedade** por peças **inominadas** em que devem ser arroladas as testemunhas de acusação e de defesa (art. 422 do CPP), não há dúvida de que o dispositivo continua aplicável, inquinando de nulidade a infringência ao dever de intimar e ouvir, em plenário, as testemunhas tempestivamente arroladas pelas partes. A ausência de intimação, contudo, constitui nulidade relativa, que deve ser arguida logo após anunciado o julgamento e apregoadas as partes, sob pena de preclusão (art. 571, V, do CPP).

■ 16.3.11. Inexistência de pelo menos 15 jurados para a constituição do júri (art. 564, III, *i*, do CPP)

Se não houver o *quorum* necessário à instalação da sessão de julgamento, o juiz não deve dar início aos trabalhos, pois haverá nulidade insanável de todo e qualquer ato que vier a ser praticado. A exigência desse número mínimo de jurados não pode ser dispensada pelas partes, já que é estabelecida para assegurar a imparcialidade dos julgamentos, "evitando que com a utilização das recusas seja possível viciar a efetiva escolha dos jurados que devem servir em cada caso"[41].

Sobre a possibilidade, em locais em que vários Tribunais do Júri reúnem-se simultaneamente para julgamento em um mesmo prédio, de empréstimo de jurado de outro plenário para que se alcance o quórum necessário à instalação da sessão, *vide* item 13.2.7.3.3.

■ 16.3.12. Falta de sorteio dos jurados do Conselho de Sentença em número legal e sua incomunicabilidade (art. 564, III, *j*, do CPP)

A lei exige que a constituição do Conselho de Sentença ocorra de modo **aleatório** e que se observe o número legal de julgadores leigos (**sete**), sob pena de nulidade absoluta, já que se cuidam de regras estabelecidas no interesse da administração da justiça[42].

Para assegurar que o jurado aprecie a causa sem qualquer tipo de influência externa, a lei estabeleceu a necessidade de que juiz leigo permaneça incomunicável, ou seja, que não se comunique com outrem, sobre tema relativo ao objeto do processo. A quebra do dever de incomunicabilidade é causa de nulidade **absoluta**.

---

[41] Ada Pellegrini Grinover; Antonio Magalhães Gomes Filho e Antonio Scarance Fernandes. *As nulidades no processo penal,* 12. ed., p. 255.

[42] Vicente Greco Filho. *Manual de processo penal,* 7. ed., p. 299.

16.3.13. Falta dos quesitos e das respectivas respostas (art. 564, III, *k*, do CPP)

O julgamento pelo tribunal do júri é feito por meio de **respostas** a perguntas formuladas pelo juiz, de modo que a supressão do questionário compromete a essência do veredicto, gerando, em consequência, nulidade **absoluta**.

16.3.14. Falta da acusação ou da defesa, na sessão de julgamento (art. 564, III, *l*, do CPP)

A atuação da acusação e da defesa é **imprescindível** à formação do convencimento válido dos jurados, daí por que será absolutamente nulo o julgamento realizado sem a participação efetiva de ambas as partes. Como propriamente assinalam Ada Pellegrini Grinover, Antonio Magalhães Gomes Filho e Antonio Scarance Fernandes, os jurados, "por não estarem afeitos ao manuseio dos autos e às questões de direito debatidas, necessitam conhecer, com maior amplitude, as teses sustentadas pelas partes"[43].

Isso não quer dizer que o Ministério Público tenha de, sempre, sustentar a acusação em plenário, já que lhe é facultado opinar pela absolvição do réu. A defesa, por seu turno, em razão de princípio constitucional que assegura sua amplitude, deve postular situação **mais favorável** ao acusado do que aquela advinda da procedência integral do pedido acusatório. Se não o fizer, o juiz deve declarar o réu indefeso e dissolver o julgamento, dando-lhe oportunidade de nomear outro defensor. Se o juiz, entretanto, não o declarar indefeso, tendo o defensor concordado com todas as teses da acusação, haverá nulidade **absoluta** do julgamento.

A mera deficiência na sustentação oral, contudo, só gera nulidade se houver prova de **prejuízo**. Nesse sentido, a Súmula n. 523 do Supremo Tribunal Federal: "No processo penal, a falta de defesa constitui nulidade absoluta, mas a sua deficiência só o anulará se houver prova de prejuízo para o réu".

16.3.15. Falta da sentença (art. 564, III, *m*, do CPP)

A completa falta de sentença, ou seja, a inexistência do ato decisório não pode produzir nenhum efeito, bastando ao juiz prolatar a sentença independentemente de qualquer providência destinada a reconhecer a invalidade[44].

Pode ocorrer, contudo, que à sentença falte requisito indispensável de validade, como, por exemplo, um mínimo de fundamentação ou o dispositivo. Nesses casos, a nulidade é **absoluta**.

Considera-se **desmotivada** não apenas a decisão totalmente omissa na explicitação de motivos, mas, também, aquela que apresentar algum dos defeitos elencados no art. 489, § 1º, do NCPC, ou seja, a sentença que: I — se limitar à indicação, à reprodução ou à paráfrase de ato normativo, sem explicar sua relação com a causa ou a

---

[43] Ada Pellegrini Grinover; Antonio Magalhães Gomes Filho e Antonio Scarance Fernandes. *As nulidades no processo penal,* 12. ed., p. 257.

[44] Vicente Greco Filho. *Manual de processo penal,* 7. ed., p. 299.

questão decidida; II — empregar conceitos jurídicos indeterminados, sem explicar o motivo concreto de sua incidência no caso; III — invocar motivos que se prestariam a justificar qualquer outra decisão; IV — não enfrentar todos os argumentos deduzidos no processo capazes de, em tese, infirmar a conclusão adotada pelo julgador; V — se limitar a invocar precedente ou enunciado de súmula, sem identificar seus fundamentos determinantes nem demonstrar que o caso sob julgamento se ajusta àqueles fundamentos; VI — deixar de seguir enunciado de súmula, jurisprudência ou precedente invocado pela parte, sem demonstrar a existência de distinção no caso em julgamento ou a superação do entendimento.

Constitui mera irregularidade a falta de assinatura do juiz desde que certa a autoria da sentença. Há, porém, quem repute inexistente o ato em tal caso, já que não passaria de mero trabalho de digitação sem qualquer valor.

■ 16.3.16. Falta do recurso de ofício, nos casos em que a lei o tenha estabelecido (art. 564, III, *n*, do CPP)

Quando a lei previr a necessidade de reexame obrigatório de determinada decisão, a infringência ao dever de submetê-la ao duplo grau de jurisdição obrigatório ensejará a nulidade de todos os atos ulteriores praticados com base no aparente trânsito em julgado da sentença. A falta de remessa, à superior instância, de decisão sujeita ao reexame necessário impede que ocorra seu trânsito em julgado, conforme estabelece a Súmula n. 423 do Supremo Tribunal Federal que "não transita em julgado a sentença por haver omitido o recurso *ex officio* que se considera interposto *ex lege*".

■ 16.3.17. Falta da intimação, nas condições estabelecidas pela lei, para ciência de sentenças e despachos de que caiba recurso (art. 564, III, *o*, do CPP)

A falta de intimação acerca do teor da sentença e de outras decisões acarreta evidente prejuízo às partes, que ficam privadas do direito de recorrer. Não haverá, propriamente, nulidade da sentença ou da decisão, mas, tão somente, dos atos que delas decorrem. A nulidade, nesse caso, é **absoluta**. A intimação deficiente também nulifica o ato, salvo se houver saneamento em decorrência do alcance da finalidade da norma.

■ 16.3.18. Falta do *quorum* legal, nos tribunais, para o julgamento (art. 564, III, *p*, do CPP)

É absoluta a nulidade do julgamento realizado por órgão colegiado cuja composição não atenda ao número **mínimo** de juízes, desembargadores ou ministros, de acordo com a previsão constitucional, legal ou regimental.

■ 16.3.19. Omissão de formalidade que constitua elemento essencial do ato (art. 564, IV, do CPP)

Como já foi mencionado, o dispositivo encerra previsão de caráter genérico, aplicável, portanto, a diversas modalidades de nulidade. Qualquer que seja o ato, a supressão de formalidade **essencial** ao alcance da finalidade da norma processual enseja sua nulidade, que, no entanto, fica sanada quando não houver oportuna arguição (art. 572, I, do CPP).

■ 16.3.20. Deficiência dos quesitos ou das suas respostas, e contradição entre estas (art. 564, parágrafo único, do CPP)

Ocorrendo qualquer dessas situações, estará viciada a decisão popular, motivo pelo qual é necessário que o questionário seja claro, completo e obedeça à ordem de formulação. Acaso o juiz-presidente não submeta novamente à apreciação dos jurados os quesitos cujas respostas são **inconciliáveis** (art. 490 do CPP), ocorrerá a invalidade do julgamento.

O antagonismo entre respostas aos quesitos que apresenta relevância, por sua vez, é aquele que decorre da **maioria** dos jurados, e não de votos **individuais**. Assim, se a decisão da maioria não é contraditória com outro quesito, não há nulidade, ainda que haja voto individual contraditório.

■ 16.4. SÚMULAS DO SUPREMO TRIBUNAL FEDERAL SOBRE AS NULIDADES

Súmula n. 155 — É relativa a nulidade do processo criminal por falta de intimação da expedição de precatória para inquirição de testemunha.

Súmula n. 156 — É absoluta a nulidade do julgamento, pelo júri, por falta de quesito obrigatório.

Súmula n. 160 — É nula a decisão do tribunal que acolhe, contra o réu, nulidade não arguida no recurso da acusação, ressalvados os casos de recurso de ofício.

Súmula n. 162 — É absoluta a nulidade do julgamento pelo júri, quando os quesitos da defesa não precedem aos das circunstâncias agravantes.

Súmula n. 206 — É nulo o julgamento ulterior pelo júri com a participação de jurado que funcionou em julgamento anterior do mesmo processo.

Súmula n. 351 — É nula a citação por edital de réu preso na mesma unidade da Federação em que o juiz exerce a sua jurisdição.

Súmula n. 366 — Não é nula a citação por edital que indica o dispositivo da lei penal, embora não transcreva a denúncia ou queixa, ou não resuma os fatos em que se baseia.

Súmula n. 431 — É nulo o julgamento de recurso criminal, na segunda instância, sem prévia intimação, ou publicação da pauta, salvo em *habeas corpus*.

Súmula n. 523 — No processo penal, a falta de defesa constitui nulidade absoluta, mas a sua deficiência só o anulará se houver prova de prejuízo para o réu.

Súmula n. 564 — A ausência de fundamentação do despacho de recebimento de denúncia por crime falimentar enseja nulidade processual, salvo se já houver sentença condenatória.

Súmula n. 706 — É relativa a nulidade decorrente da inobservância da competência penal por prevenção.

Súmula n. 707 — Constitui nulidade a falta de intimação do denunciado para oferecer contrarrazões ao recurso interposto da rejeição da denúncia, não a suprindo a nomeação de defensor dativo.

Súmula n. 708 — É nulo o julgamento da apelação se, após a manifestação nos autos da renúncia do único defensor, o réu não foi previamente intimado para constituir outro.

Súmula n. 712 — É nula a decisão que determina o desaforamento de processo da competência do júri sem audiência da defesa.

Súmula Vinculante n. 11 — Só é lícito o uso de algemas em casos de resistência e de fundado receio de fuga ou de perigo à integridade física própria ou alheia, por parte do preso ou de terceiros, justificada a excepcionalidade por escrito, sob pena de responsabilidade disciplinar, civil e penal do agente ou da autoridade e de nulidade da prisão ou do ato processual a que se refere, sem prejuízo da responsabilidade civil do Estado.

■ 16.5. QUESTÕES

1. (Magistratura/SP — 2011) Analise as proposições seguintes.

I. É nula a decisão que determina o desaforamento de processo da competência do Júri sem audiência da defesa.

II. A deficiência da defesa no processo penal constitui nulidade absoluta.

III. É nula a decisão do Tribunal que acolhe, contra o réu, nulidade não arguida no recurso da acusação, exceto nos casos de recurso de ofício.

IV. A falta ou a nulidade da citação fica sanada quando o réu comparece antes de o ato consumar-se, mesmo que o faça, expressamente, para o único fim de arguir a falta ou a nulidade.

V. É absoluta a nulidade do processo penal por falta de intimação da expedição de carta precatória para inquirição de testemunha.

Assinale as proposições corretas, inclusive, se o caso, consoante jurisprudência sumulada dos Tribunais Superiores (STJ e STF).

a) I, III e V.
b) II, IV e V.
c) I, III e IV.
d) I, II e III.
e) I, IV e V.

2. (Ministério Público/SP — 2010) É considerada nulidade relativa, que pode ser sanada:

a) a falta de concessão de prazos à acusação e à defesa.
b) a ilegitimidade de parte.
c) a falta de nomeação de defensor ao réu presente, que o não tiver.
d) a violação à incomunicabilidade dos jurados.
e) a suspeição do juiz.

3. (Magistratura/SP — 2009) Assinale a alternativa que completa corretamente a lacuna da frase:

A inobservância da competência penal por prevenção...

a) constitui nulidade relativa.
b) constitui nulidade absoluta.
c) não constitui nulidade.
d) pode constituir nulidade absoluta em circunstâncias especiais.

4. (Magistratura/SP — 2007) Dos exemplos seguintes, assinale o fato insuscetível de ser reconhecido como nulo em processo de competência do Júri.

a) A exibição de gráfico em plenário, por qualquer das partes, quando esse elemento de informação não foi comunicado à parte contrária pelo menos três dias antes do julgamento, certo que nele são apontadas as sedes das lesões, bem assim a trajetória dos disparos no corpo da vítima, decorrentes dos disparos atribuídos ao acusado.
b) A admissão, no Conselho de Sentença, de jurado que seja parente de outro réu acusado de homicídio e na iminência de vir a júri.
c) A leitura, por uma das partes, de jornal versando sobre matéria de fato constante do processo, ausente prévia juntada aos autos e decorrente cientificação da parte contrária.
d) Formulação dos quesitos em forma negativa.

5. (Magistratura/SP — 2008) Assinale a alternativa incorreta.

a) o juiz deve proclamar nulidade absoluta resultante de cerceamento defensivo ao invés de absolver o réu, ainda que esteja convencido de sua inocência, em virtude da possibilidade de o Ministério Público, em eventual recurso, obter decisão de mérito desfavorável ao acusado.
b) depois de recebida a denúncia, o juiz não pode reconsiderar o seu despacho e rejeitá-la, ainda que se convença de ter errado.
c) o princípio contido no art. 565 CPP no sentido de que nenhuma das partes poderá arguir nulidade cuja observância só à parte contrária interesse, impede o Ministério Público de arguir a invalidade da citação.
d) não é nula a sentença que contém motivação deficiente.

6. (OAB — 2006.3 — CESPE/UnB) No processo penal, nenhuma das partes poderá arguir nulidade a que haja dado causa, ou para que tenha concorrido. Tal enunciado refere-se especificamente ao princípio

a) da convalidação.
b) da causalidade.
c) do prejuízo.
d) do interesse.

7. (OAB — 2006.1 — CESPE/UnB) Quanto à atuação do advogado no processo penal, tendo em conta a jurisprudência pátria, assinale a opção correta.

a) É absoluta a nulidade decorrente de atos praticados por advogado cujo exercício profissional tenha sido suspenso pela OAB.
b) A constituição de advogado para funcionar na defesa criminal requer algumas formalidades. Não basta que o acusado, ao ser interrogado, declare o nome de seu defensor, independentemente do instrumento de mandato.
c) É direito líquido e certo do advogado o acesso irrestrito a autos de inquérito policial conduzido sob sigilo, ainda que o segredo das informações seja imprescindível para as investigações.
d) No processo penal, a falta de defesa constitui nulidade absoluta, mas a sua deficiência só o anulará se houver prova do prejuízo para o réu.

8. (Magistratura Federal/1ª Região — 2005) Conforme a jurisprudência predominante, o despacho de recebimento da denúncia:

a) é ato decisório, devendo ser fundamentado, em atenção ao disposto no art. 93, IX, da Constituição Federal, sob pena de nulidade;
b) é ato decisório, e sua fundamentação, apesar de indispensável, pode ser sucinta;
c) não é ato decisório, mas mesmo assim deve ser fundamentado, sob pena de nulidade, quando o juiz, ao praticá-lo, altere a qualificação legal do crime;
d) não é ato decisório, por isso não se sujeita ao disposto no art. 93, IX, da Constituição Federal.

9. (OAB — FGV — 2012.1) O advogado José, observando determinado acontecimento no processo, entende por bem arguir a nulidade do processo, tendo em vista a violação do devido processo legal, ocorrida durante a audiência de instrução e julgamento. Acerca da Teoria Geral das Nulidades, é correto afirmar que o princípio da causalidade significa

a) a possibilidade do defeito do ato se estender aos atos que lhe são subsequentes e que dele dependam;
b) que não há como se declarar a nulidade de um ato se este não resultar prejuízo à acusação ou à defesa;
c) que nenhuma das partes poderá arguir nulidade a que tenha dado causa, ou para que tenha concorrido;
d) que as nulidades poderão ser sanadas.

10. (Ministério Público/SP — 2013) Considerando a disciplina das nulidades processuais, contida no Código de Processo Penal, é INCORRETO afirmar:

a) A nulidade por ilegitimidade do representante da parte poderá ser a todo tempo sanada, independentemente da ratificação dos atos processuais.
b) Nenhum ato será declarado nulo, se da nulidade não resultar prejuízo para a acusação ou para a defesa.
c) Os atos, cuja nulidade não tiver sido sanada, serão renovados ou retificados.
d) É causa de nulidade a falta do recurso de ofício, nos casos em que a lei o tenha estabelecido.
e) A falta ou a nulidade da citação, da intimação ou notificação estará sanada, desde que o interessado compareça, antes de o ato consumar-se, embora declare que o faz para o único fim de argui-la.

11. (Ministério Público/PR — 2013) São causas de saneamento, sanação ou convalidação de atos processuais, *exceto*:

a) Suprimento, como completar as omissões da denúncia, da queixa ou da representação, a todo o tempo, antes da sentença final;
b) Sentença condenatória transitada em julgado, quanto a qualquer vício;
c) Retificação, quando se corrige a parte do ato processual que ostenta o defeito;
d) Preclusão, pela não arguição no tempo oportuno, da nulidade relativa;
e) Ratificação de atos processuais já praticados, em caso de ilegitimidade do representante da parte, quanto à capacidade postulatória.

12. (Delegado de Polícia/SP — 2014 — Vunesp) Segundo o princípio da *pas de nullité sans grief*,

a) não há diferença entre nulidades absolutas e relativas.

b) no processo penal há prevalência do interesse do réu.
c) nenhum ato será declarado nulo, se da nulidade não resultar prejuízo.
d) o réu tem direito de ser julgado por um juiz previamente determinado por lei.
e) é garantida publicidade aos atos processuais, sob pena de nulidade.

■ GABARITO ■

1. "c".
2. "a".
3. "a".
4. "a".
5. "c".
6. "d".
7. "d".
8. "d".
9. "a".
10. "a".
11. "b".
12. "c".

17
RECURSOS

17.1. TEORIA GERAL

Pode-se denominar teoria geral dos recursos o estudo que engloba o conceito e a classificação dos meios processuais de impugnação, seus pressupostos genéricos e efeitos. Nesse tema são também analisados os arts. 574 a 580 do Código de Processo, que tratam das "disposições gerais" referentes aos recursos.

17.1.1. Conceito

Em razão do grande número de recursos existentes na legislação nacional, torna-se tarefa árdua estabelecer um conceito capaz de abranger todas as nuances dessa pluralidade de instrumentos jurídicos. Dentre os vários conceitos existentes, o que nos parece mais adequado é o seguinte: **o recurso é um meio processual de impugnação, voluntário ou obrigatório, utilizado antes da preclusão, apto a propiciar um resultado mais vantajoso na mesma relação jurídica processual, decorrente de reforma, invalidação, esclarecimento ou confirmação**.

A **finalidade** dos recursos é o **reexame** de uma decisão por órgão jurisdicional superior ou, em alguns casos, pelo mesmo órgão que a prolatou, em face da argumentação trazida à baila pelo recorrente.

17.1.2. Fundamento

A base constitucional para a existência dos recursos encontra-se no princípio do **duplo grau de jurisdição**. Tal princípio, em verdade, não foi declarado de forma expressa no corpo da Carta Magna. Sua existência deve-se ao fato de estar ali disciplinada a competência recursal dos tribunais.

Já a doutrina, por sua vez, aponta as seguintes razões para a existência do duplo grau de jurisdição: a) o **inconformismo** natural dos seres humanos; b) a **segurança** jurídica, decorrente da maior experiência dos integrantes dos tribunais, que são compostos por magistrados que já atuaram em 1ª instância por tempo considerável ou que compõem os quadros da Corte em razão de indicação de seus pares e nomeação do Governador (ou do Presidente da República), decorrente justamente do reconhecimento pela atuação no Ministério Público ou na Advocacia (Quinto Constitucional), ou, ainda, em razão do notório saber jurídico, nos casos dos tribunais superiores. Na instância superior, ademais, os julgamentos são feitos por órgãos **colegiados**; c) o necessário **controle** da jurisdicionalidade, posto que o juiz, por saber que suas decisões podem ser revistas, atua com maior empenho e de forma não abusiva; d) a **falibilidade humana**, uma vez que o juiz pode cometer equívocos na interpretação da lei ou da prova;

Em razão do princípio do duplo grau de jurisdição, não pode ocorrer a chamada **supressão de instância**. Por isso, se o juiz de 1º grau não analisou uma das teses de defesa ao proferir sentença, não pode o Tribunal, em grau recursal, apreciar a tese e refutá-la ou reconhecê-la. Deve anular a sentença de 1ª instância para que outra seja proferida, analisando, desta vez, a tese olvidada na oportunidade anterior.

O duplo grau de jurisdição **não** é princípio **absoluto**, havendo algumas decisões que são irrecorríveis, como a que recebe a denúncia ou queixa, a que decide acerca do ingresso de assistente de acusação (art. 273 do CPP), a que denega a suspensão do processo em razão de questão prejudicial (art. 93, § 2º, do CPP), dentre outras. É evidente, entretanto, que a parte que se julga prejudicada poderá sempre fazer uso dos remédios constitucionais (*habeas corpus* e mandado de segurança).

É de observar, por fim, que severas críticas são feitas ao sistema recursal brasileiro pelo fato de a legislação permitir que o mesmo tema seja apreciado inúmeras vezes. Em alguns casos, se considerarmos a possibilidade dos embargos infringentes e de declaração, bem como de recurso especial e extraordinário e até de *habeas corpus*, além da própria apelação, a mesma questão jurídica chega a ser apreciada por até seis vezes ou mais.

■ 17.1.3. Classificação dos recursos

Os recursos são classificados de acordo com diversos fatores.

1) **Quando à fonte**

a) Constitucionais: são aqueles previstos no próprio texto da Constituição Federal, como o recurso extraordinário, o recurso especial, o *habeas corpus*, o recurso ordinário etc. É evidente que o regramento desses recursos, no que tange aos seus prazos e procedimentos, encontra-se em leis ordinárias, porém são chamados de recursos constitucionais porque sua existência emana do texto da Carta Magna.

b) Legais: são os que emanam do próprio Código de Processo Penal ou de leis especiais. No corpo do Código de Processo ingressam nessa classificação os recursos de apelação, em sentido estrito, os embargos de declaração, infringentes ou de nulidade, a revisão criminal e a carta testemunhável. Em leis especiais podemos apontar, por exemplo, o recurso de agravo em execução (art. 197 da Lei de Execuções Penais — Lei n. 7.210/84).

2) **Quanto à iniciativa**

a) Voluntários: são aqueles em que a interposição do recurso fica a critério da parte que se sente prejudicada pela decisão. Constituem a **regra** no processo penal de acordo com o art. 574 do CPP.

b) Necessários: são também chamados de recursos de **ofício** ou **anômalos** porque, em determinadas hipóteses, o legislador estabelece que o juiz deve, de ofício, recorrer da própria decisão.

3) **Quanto aos motivos**

a) Ordinários: aqueles que não exigem qualquer **requisito** específico para seu cabimento, bastando, pois, o mero inconformismo da parte que se julga prejudicada pela decisão. É o que ocorre nos recursos de apelação e em sentido estrito.

b) Extraordinários: aqueles que exigem requisitos específicos para a interposição. Ex.: recurso extraordinário (que a matéria seja constitucional), recurso especial (que tenha sido negada vigência a lei federal), carta testemunhável (que o juiz tenha negado seguimento ao recurso em sentido estrito), embargos de declaração (que haja ambiguidade, contradição, omissão ou obscuridade na decisão), embargos infringentes (votação não unânime desfavorável ao réu) etc.

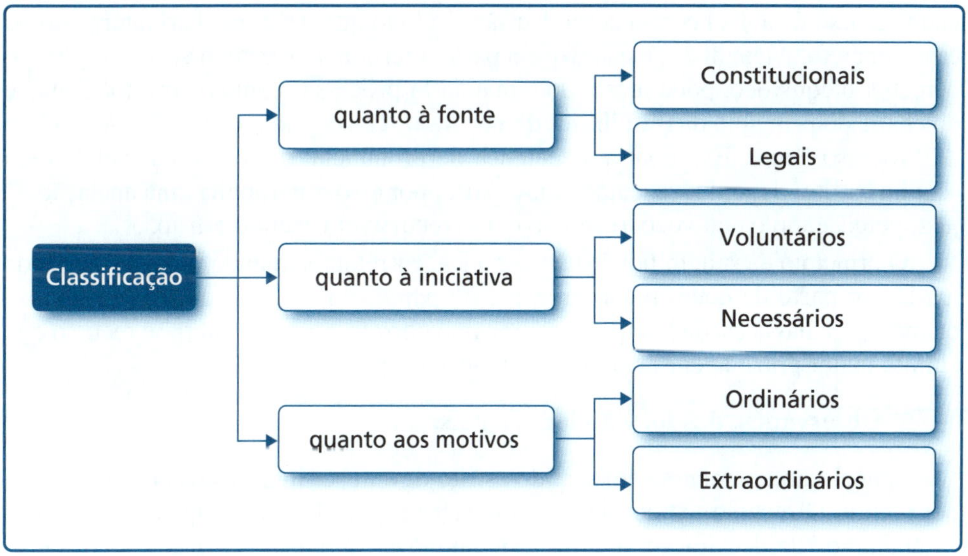

■ 17.1.4. Pressupostos recursais

Um recurso só pode ser admitido quando presentes todos os pressupostos recursais. A ausência de qualquer deles leva à rejeição do recurso. Os pressupostos recursais são classificados em objetivos e subjetivos.

■ *17.1.4.1. Pressupostos objetivos*

Os pressupostos objetivos são: a) **previsão legal**; b) **observância das formalidades legais**; e c) **tempestividade**.

■ **Previsão legal (ou cabimento).**

A interposição de recurso só é possível quando existe dispositivo legal prevendo seu **cabimento**. Ex.: da decisão que rejeita a denúncia ou queixa cabe recurso em sentido estrito, nos termos do art. 581, I, do Código de Processo Penal. Ao contrário, da decisão que as recebe não cabe qualquer recurso por ausência de previsão legal.

No caso de surgimento de lei nova que crie ou extinga determinado tipo de recurso, considerando o princípio da aplicação imediata da lei processual penal (art. 2º do CPP), deve-se levar em conta a data em que foi proferida a decisão da qual se pretende recorrer e não a data do fato criminoso.

Deve também o legislador ficar atento ao princípio da **unirrecorribilidade**, no sentido de criar apenas uma espécie de recurso para cada tipo de decisão. É claro, entretanto, que há algumas exceções, como, por exemplo, no caso da decisão que concede o *habeas corpus* em que a lei prevê o recurso de ofício (art. 574, I) e o recurso em sentido estrito (art. 581, X).

Alguns autores elencam também a **adequação** (interposição do recurso correto pela parte no caso concreto) como pressuposto recursal autônomo. A adequação, entretanto, é decorrência lógica da previsão legal. Ora, se a lei descreve que determinado recurso é cabível contra certa decisão, é óbvio que deve ser ele o interposto no caso concreto. Além disso, mesmo que a parte interponha o recurso errado, o juiz, ao perceber o equívoco, pode recebê-lo e mandá-lo processar como o correto. Trata-se do chamado princípio da **fungibilidade recursal**, consagrado no art. 579 do Código de Processo Penal. Ex.: contra a sentença de pronúncia, o recurso cabível é o em sentido estrito. Suponha-se, então, que a parte, por erro, interponha uma apelação. O juiz, percebendo o equívoco, recebe-o como recurso em sentido estrito.

O princípio da fungibilidade não se aplica, entretanto, quando fica caracterizada má-fé por parte de quem recorreu (art. 579, *caput,* do CPP). A **má-fé** presume-se quando já se havia escoado o prazo do recurso correto e a parte interpõe recurso que admite maior prazo apenas para tentar ludibriar o juiz.

■ Observância das formalidades legais.

A apelação e o recurso em sentido estrito devem ser interpostos por **petição** ou por **termo**. O recurso extraordinário, o recurso especial, os embargos infringentes, os embargos de declaração, a carta testemunhável, o *habeas corpus* e a correição parcial **só** podem ser interpostos por **petição**.

A interposição por **termo** se dá quando manifestada **oralmente** pelo interessado (em geral, o réu) e é certificada por **escrito** (reduzida a termo) por quem tenha fé pública. No mais das vezes, ocorre quando o oficial de justiça intima o acusado da sentença e ele declara que quer recorrer, hipótese em que o oficial de justiça elabora uma certidão declarando que o réu manifestou sua intenção de ver reapreciada a decisão. Pode acontecer também de o réu comparecer ao Cartório Judicial para saber do andamento do feito e ser cientificado da sentença condenatória no próprio balcão, hipótese que poderá declarar sua intenção de recorrer ao escrevente (ou outro funcionário) que reduzirá a termo tal manifestação de vontade, juntando-a aos autos. De ver-se, porém, que o acusado pode optar por não se manifestar de imediato, preferindo refletir sobre o tema ou conversar com seu defensor.

Quando a sentença é proferida em audiência, as partes, caso dela discordem, podem, imediatamente, declarar intenção de contra ela recorrer, hipótese em que o juiz a reduzirá a termo na própria audiência. É evidente que, também nesse caso, as partes podem preferir refletir acerca da conveniência do recurso e nada declarar ao término da audiência, fazendo uso do prazo que a lei confere para a interposição ou não do recurso por petição.

Na jurisprudência, prevalece a orientação de que, quando possível a interposição por termo, não se exigem formalidades especiais para que se exercite o direito de recorrer, bastando a **inequívoca manifestação de vontade**, por parte do vencido, quanto ao desejo de recorrer, daí por que devem ser processados os recursos quando interpostos, por exemplo, por cota nos autos: "Processual penal. Sentença absolutória. Apelação do Ministério Público por cota nos autos. Possibilidade. Art. 578 do CPP. A lei permite além da petição, que o recurso seja interposto por termo nos autos, ficando assegurado de maneira inequívoca o direito que tem a parte de recorrer. Essa disposição não pode ser interpretada de forma literal, sendo inexigível uma forma sacramental para a interposição do recurso. A disposição contida no art. 578 do Código de Processo Penal, exige, tão somente, a irresignação da parte vencida com a assinatura dela ou de seu representante legal, devendo, portanto, ser conhecida e julgada a apelação do Ministério Público, interposta de sentença absolutória, por cota nos autos. Recurso especial conhecido" (STJ — REsp 91.849/MG — Rel. Min. Vicente Leal — 6ª Turma — julgado em 13.10.1997 — *DJ* 03.11.1997 — p. 56.381).

Havia outra formalidade que, todavia, deixou de existir, que era a necessidade de o réu recolher-se à prisão para apelar, caso tivesse ela sido decretada na sentença. Se não o fizesse, o recurso por ele interposto não seria conhecido. Essa formalidade, que já havia sido afastada pela Súmula n. 347 do Superior Tribunal de Justiça, deixou legalmente de existir após o advento da Lei n. 11.719/2008, que revogou o art. 594 do Código de Processo Penal. Assim, ainda que decretada a prisão por ocasião da sentença, o recurso deve ser conhecido e julgado mesmo que o réu não se tenha recolhido à prisão.

■ Tempestividade

O recurso deve ser interposto **dentro do prazo** previsto na lei. Os prazos são **peremptórios** e a perda implica o não recebimento da impugnação.

Será considerado tempestivo o recurso interposto antes do termo inicial do prazo (art. 218, § 4º, do NCPC). Ex.: após o julgamento pela Corte, mas antes da publicação do respectivo acórdão.

No processo penal, a regra é o prazo de **5 dias** (apelação, recurso em sentido estrito). Há, entretanto, vários outros prazos: embargos de declaração (2 dias), carta testemunhável (48 horas), embargos infringentes (10 dias), recurso extraordinário e especial (15 dias). Para a revisão criminal e o *habeas corpus*, em razão de suas características especiais, não há prazo para a interposição.

Os arts. 44, I; 89, I; e 128, I, da Lei Complementar n. 80/94, concedem prazo **em dobro** para os defensores públicos. Esse prazo em dobro se aplica também àqueles que fazem parte do serviço **estatal** de assistência judiciária. Por sua vez, não se estendem à parte, beneficiária da justiça gratuita, mas representada por advogado que não pertence aos quadros da Defensoria do Estado, sendo irrelevante a existência de convênio com a Ordem dos Advogados do Brasil (STJ — AgRg no Ag 765.142/SP — Rel. Min. Carlos Alberto Menezes Direito — 3ª Turma — *DJ* 12.03.2007 — p. 226; EDcl no REsp 164.093/SP — Rel. Min. Arnaldo Esteves Lima — 5ª Turma — *DJ* 24.04.2006 — p. 432; AgRg no Ag 730.074/SP — Rel. Min. Jorge Scartezzini — 4ª Turma — *DJ* 10.04.2006 — p. 218); AgRg no Ag 637.432/SP — Rel. Min. Hélio Quaglia Barbosa — 6ª Turma — *DJ* 16.05.2005 — p. 434); "A Corte Especial do Superior Tribunal de Justiça já firmou o posicionamento de que o prazo em dobro para recorrer, previsto no art. 5º, § 5º, da Lei n. 1.060/50, não se estende aos defensores dativos, ainda que credenciados pelas Procuradorias-Gerais dos Estados via convênio com as Seccionais da Ordem dos Advogados do Brasil. 3. Agravo regimental não provido" (STJ — AgRg nos EDcl no AREsp 457.625/SP — Rel. Min. Moura Ribeiro — 3ª Turma — julgado em 01.09.2015 — *DJe* 10.09.2015); "O defensor dativo, por não integrar o quadro estatal de assistência judiciária, não dispõe da prerrogativa de prazo em dobro para recorrer, como ocorre com os defensores públicos (AgRg no AREsp 319.939/SP — Rel. Min. Sebastião Reis Júnior — 6ª Turma — *DJe* 01.08.2013). Agravo regimental desprovido" (STJ — AgRg no AREsp 429.809/SP — Rel. Min. Ericson Maranho (Desembargador convocado do TJ/SP) — 6ª Turma — julgado em 18.08.2015 — *DJe* 04.09.2015).

No processo penal não se computa no prazo o dia da intimação, incluindo-se, entretanto, a data do vencimento (art. 798, § 1º). Assim, havendo intimação da sentença no dia 7 do mês de agosto, o prazo para a apelação começará a contar no dia 8 e se encerrará no dia 12.

Devem ser feitas, contudo, algumas observações:

1) Se a intimação for feita em uma **sexta-feira** ou **véspera de feriado**, o dia inicial da contagem será o primeiro **dia útil** subsequente.

2) Se o último dia do prazo cair em **fim de semana** ou **feriado**, ficará automaticamente **prorrogado** até o primeiro dia útil seguinte (art. 798, § 3º).

3) Os prazos consideram-se suspensos em caso de recessos forenses, conforme prevê o art. 2º da Resolução n. 8/2003 do Conselho Nacional de Justiça. Em geral esses recessos são decretados no período de 20 de dezembro a 6 de janeiro, período em que os prazos se suspendem. Do mesmo modo, em caso de greve dos funcionários do Poder Judiciário ou de qualquer outra razão excepcional de paralisação das atividades, os prazos também se consideram suspensos.

4) O prazo para o Ministério Público recorrer se inicia da data em que os autos ingressam na **secretaria da Instituição** e não a partir da aposição do **ciente** pelo representante ministerial. É o que decidiu o Supremo Tribunal Federal, por seu Plenário, no julgamento do HC 83.255-5, em 5 de novembro de 2003.

5) Considerando que o defensor e o réu devem ser intimados da sentença, o prazo começa a correr a partir da última intimação e, caso tenha sido determinada a intimação do acusado por edital, correrá também a partir do que ocorrer por último: intimação do defensor ou último dia do edital.

Se a sentença for proferida em audiência e o réu estiver presente, o prazo se iniciará concomitantemente para ambos (acusado e seu defensor).

A Lei n. 9.800/99 passou a permitir que as partes utilizem sistema de transmissão de dados e imagens do tipo fac-símile para a prática de atos processuais que dependam de petição. Nesse caso, os originais deverão ser entregues em juízo em até 5 dias após o término do prazo (arts. 1º e 2º).

■ *17.1.4.2. Pressupostos subjetivos*

Os pressupostos subjetivos são: a) **legitimidade**; b) **interesse**.

■ Legitimidade

Nos termos do art. 577 do Código de Processo Penal podem recorrer: o Ministério Público, o querelante, o réu/querelado, seu defensor ou procurador. Além desses, pode também recorrer o assistente de acusação.

Se o réu recorre **pessoalmente** da decisão declarando sua intenção ao oficial de justiça ao ser intimado da sentença, não pode seu defensor dele desistir contra a vontade do assistido, devendo apresentar as razões do recurso. Por outro lado, se o acusado manifesta intenção de **não recorrer**, mas seu defensor protocola o recurso, deve este ser conhecido e julgado, prevalecendo a intenção daquele que tem conhecimentos técnicos e está mais bem preparado para avaliar os benefícios de eventual recurso. Algumas pessoas discordam dessa interpretação dizendo que o réu pode até desconstituir seu defensor, contudo o Supremo Tribunal Federal pacificou a questão por meio da Súmula n. 705, segundo a qual "a renúncia do réu ao direito de apelação, manifestada sem a assistência do defensor, não impede o conhecimento da apelação por este interposta".

Sendo intimado o defensor e tendo ele interposto recurso, mostra-se ainda necessária a intimação do réu, pois o acusado pode ter também interesse em recorrer e, principalmente, em **fornecer subsídios** ao seu defensor para a apresentação das razões recursais — o que se dá em momento posterior ao da interposição.

Existem algumas hipóteses **especiais** de legitimidade recursal:

1) De acordo com o art. 598 do Código de Processo Penal, nos crimes de competência do Tribunal do **Júri** ou do juiz **singular**, se da sentença **não** for interposta apelação pelo **Ministério Público** no prazo legal, o **ofendido** ou, caso esteja morto, seu cônjuge, ascendentes, descendentes ou irmãos poderão fazê-lo no prazo de **15 dias** a contar do término do prazo do Ministério Público, **ainda que não estejam habilitados como assistentes de acusação**.

Há previsão legal no mesmo sentido para a hipótese de o Ministério Público não recorrer em sentido estrito contra a decisão que impronuncia ou que reconhece a extinção da punibilidade (art. 584, § 1º). De ver-se que, após a reforma do júri (Lei n. 11.689/2008), passou a ser cabível **apelação** contra a impronúncia, de modo que, em relação a esta, a legitimidade especial para recorrer será também fundada no art. 598 do Código de Processo Penal (e não no art. 584, § 1º).

Nos casos da sentença absolutória e da impronúncia, o recurso interposto por uma dessas pessoas dá pleno poder revisional ao tribunal, que poderá condenar o réu ou pronunciá-lo. No caso de extinção da punibilidade de **ação penal em andamento**, a procedência do recurso em sentido estrito faz com que a ação penal prossiga.

Já no caso de extinção da punibilidade **antes** do desencadeamento da ação penal, deve-se atentar para o seguinte: suponha-se um crime de violação de direito autoral em sua forma qualificada (obra intelectual, por exemplo), que, nos termos do art. 186, II, do Código Penal, é de ação pública incondicionada e, por isso, **não** se sujeita a prazo **decadencial**. O promotor, entretanto, enquadra equivocadamente a conduta como crime contra a propriedade industrial, que é de ação privada, e requer a extinção da punibilidade em face da decadência, que é decretada pelo juiz. O titular do direito autoral violado, seus sucessores ou a associação que o representa, ainda que não tenham se habilitado como assistentes, poderão recorrer em sentido estrito. Julgado procedente o recurso, por ter o tribunal reconhecido que o crime em apuração é o primeiro (de ação pública) e, por conseguinte, afastada a extinção da punibilidade, os autos devem retornar ao Ministério Público para formação da *opinio delicti* em relação ao crime de violação de direito autoral qualificado, podendo oferecer denúncia ou requerer o arquivamento (por razão de mérito ou outra causa extintiva da punibilidade que não a decadência).

2) O *habeas corpus* pode ser interposto **por qualquer pessoa**.

3) Da decisão que inclui ou exclui jurado da lista **geral qualquer do povo** pode recorrer em sentido estrito (arts. 439, parágrafo único, e 581, XIV).

4) Quando o juiz decreta a **quebra** ou a **perda** de fiança prestada por terceiro em favor do réu, **aquele que a prestou** pode recorrer em sentido estrito (art. 581, VII).

> **Observação:** O art. 6º da Lei n. 1.508/51, que permitia a qualquer do povo recorrer da decisão que determinasse o arquivamento de inquérito policial instaurado com a finalidade de apurar a contravenção do jogo do bicho, encontra-se revogado pela Lei n. 9.099/95, que criou rito diverso para a apuração de todas as contravenções penais.

Interesse

O art. 577, parágrafo único, do Código de Processo Penal dispõe que só pode recorrer aquele que tenha algum interesse na reforma ou modificação da decisão. O interesse em recorrer, portanto, está ligado à ideia de **sucumbência** e **prejuízo**, ou seja, diz respeito àquele que não obteve com a decisão judicial tudo o que pretendia.

O Ministério Público possui regras próprias e pode recorrer em favor do réu/querelado; porém, se houver recurso idêntico por parte da defesa, aquele interposto pelo Ministério Público ficará prejudicado. O Ministério Público não pode recorrer em prol do querelante na ação privada exclusiva, pois, nesse caso, a legitimidade é somente do autor da referida ação penal.

Um acusado não pode recorrer pleiteando a condenação de corréu que foi absolvido, exceto se for vítima do crime praticado por aquele.

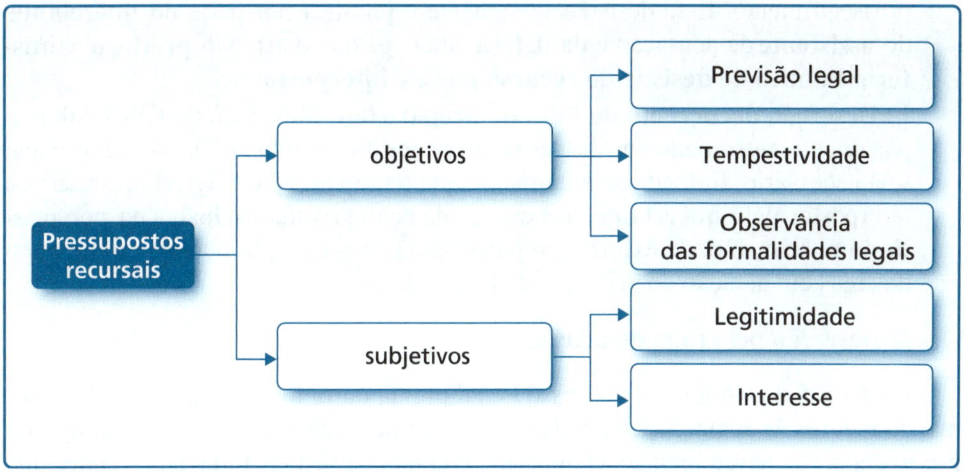

■ 17.1.5. Juízo de admissibilidade (ou de prelibação)

Um recurso somente é viável quando presentes **todos** os pressupostos objetivos e subjetivos. Para se verificar a existência de tais pressupostos deve ser realizado o chamado juízo de **admissibilidade**. Como os recursos em regra são interpostos perante o juízo de primeira instância, logo que ocorrer a interposição, deverá ser submetido a tal juízo de admissibilidade, feito pelo próprio órgão jurisdicional que prolatou a decisão. O juiz, entretanto, verifica apenas a presença dos pressupostos recursais. É o chamado juízo de admissibilidade pelo juiz *a quo*. Se entender presentes todos os pressupostos, o juiz **recebe** o recurso, manda processá-lo e, ao final, remete-o ao tribunal. Se ausente algum dos pressupostos, o juiz **não recebe** o recurso. Contra essa decisão sempre será cabível algum outro recurso. Ex.: se o juiz não recebe uma apelação, o apelante pode interpor recurso em sentido estrito; se o juiz não recebe um recurso em sentido estrito, o recorrente pode interpor carta testemunhável.

Se o juiz *a quo* receber o recurso e remetê-lo ao tribunal, este, antes de julgar o mérito do recurso, deve também analisar se estão presentes os pressupostos recursais. Trata-se, portanto, de um **novo** juízo de admissibilidade, feito agora pelo tribunal *ad quem*, que, se entender ausente qualquer dos pressupostos, **não conhecerá** do recurso, mas se estiverem todos eles presentes, **conhecerá** deste e julgará o seu **mérito**, dando ou negando provimento ao recurso (juízo de **delibação**).

■ 17.1.6. Extinção anormal dos recursos

A extinção **normal** de um recurso dá-se com o julgamento do **mérito** pelo tribunal *ad quem*. É possível, entretanto, que esse recurso, **após ser recebido**, não chegue até tal julgamento, havendo, nessas hipóteses, a extinção **anormal** das vias recursais. As hipóteses são as seguintes:

a) Desistência: ocorre quando, após a interposição e o recebimento do recurso pelo juízo *a quo*, o responsável por sua interposição desiste formalmente do seu prosseguimento. Essa desistência somente é possível por parte do **querelante**, do **assistente** de acusação e da **defesa**, uma vez que o art. 576 **proíbe o Ministério Público de desistir do recurso por ele interposto**.

b) Deserção decorrente da falta de preparo (art. 806, § 2º, do CPP): falta de pagamento antecipado das despesas referentes ao recurso, nas hipóteses em que seja necessário. Entende-se atualmente que o preparo só é exigível nos recursos interpostos pelo **querelante**, nos crimes de ação privada **exclusiva** ou **personalíssima**. Não se pode exigir o preparo nos crimes de ação pública e tampouco dos réus em atenção ao princípio da ampla defesa.

■ Deserção pela fuga do acusado

O art. 595 do Código de Processo Penal previa outra hipótese de extinção anormal do recurso de apelação, chamada também de **deserção**, no caso de o réu fugir da prisão depois de haver apelado. O Superior Tribunal de Justiça, todavia, entendeu que esse dispositivo feria os princípios constitucionais do duplo grau de jurisdição e da ampla defesa e, por isso, aprovou a Súmula n. 347, estabelecendo que o recurso deveria ser conhecido e julgado independentemente da questão prisional do acusado. Posteriormente, a Lei n. 12.403/2011 expressamente revogou o art. 595 do CPP, expurgando o instituto da deserção pela fuga do acusado da legislação processual penal.

■ 17.1.7. Efeitos dos recursos

São quatro os possíveis efeitos recursais: a) **devolutivo**; b) **suspensivo**; c) **regressivo**; d) **extensivo**.

■ Devolutivo

É efeito **comum** a todos os recursos. Significa que a interposição reabre a possibilidade de análise da questão combatida no recurso, mediante novo julgamento.

■ Suspensivo

Significa que a interposição de determinado **recurso impede a eficácia** (aplicabilidade) da decisão recorrida. Veja-se, porém, que a regra no processo penal é a não existência do efeito suspensivo. Assim, um recurso somente terá tal efeito quando a lei expressamente o declarar.

■ Regressivo

A interposição faz com que o **próprio juiz** prolator da decisão tenha de **reapreciar** a matéria, mantendo-a ou reformando-a, total ou parcialmente. Poucos recursos possuem o efeito regressivo. Como exemplo, podemos citar o recurso em sentido estrito (art. 589 do CPP) e os embargos de declaração (arts. 382 e 619 do CPP).

■ Extensivo

De acordo com o art. 580 do Código de Processo Penal, havendo **dois ou mais réus**, com **idêntica** situação **processual** e **fática**, se apenas um deles recorrer e obtiver benefício, será este aplicado também aos demais que não impugnaram a sentença ou decisão. Ex.: João e José são condenados por terem cometido furto qualificado pela escalada. Somente João recorre e o Tribunal entende que o portão que eles pularam é de pequeno porte, o que não configura a qualificadora, de modo que desclassifica o crime para furto simples em relação a João e estende o benefício a José, que **não** havia apelado.

Esse efeito, evidentemente, não se aplica quando se trata de circunstância de **caráter pessoal**. Ex.: Paulo e Pedro cometem um crime e recebem pena acima do mínimo legal. Pedro recorre e obtém uma redução da pena por ser maior de 70 anos na data da sentença (atenuante genérica). Como Paulo possuía 30 anos na data da sentença, não poderá ser beneficiado.

■ 17.1.8. *Reformatio in pejus*

O art. 617 do Código de Processo Penal veda a denominada *reformatio in pejus*, ou seja, havendo recurso apenas por parte da defesa, o tribunal não pode proferir decisão que torne mais gravosa sua situação, ainda que haja erro evidente na sentença, como, por exemplo, pena fixada abaixo do mínimo legal.

De acordo com o referido dispositivo, **"o tribunal, câmara ou turma atenderá nas suas decisões ao disposto nos arts. 383, 386 e 387, no que for aplicável, não podendo, porém, ser agravada a pena, quando somente o réu houver apelado da sentença"**, razão pela qual poderá a instância recursal, mesmo na hipótese de recurso exclusivo da defesa, atribuir ao fato descrito na denúncia definição jurídica diversa e, ainda, reconhecer agravantes e circunstâncias judiciais desfavoráveis ao réu, sempre observando, no entanto, a impossibilidade de agravar a pena aplicada em primeiro grau.

Conclui-se, portanto, que, mantido ou diminuído o **limite global das penas** fixadas em primeiro grau de jurisdição, o Tribunal terá liberdade para alterar os fundamentos da decisão recorrida, inclusive por meio da consideração de circunstâncias não mencionadas na sentença ou de cômputo, em fase diversa do método dosimétrico, de circunstâncias já mencionadas na individualização da pena. Essa faculdade deriva do efeito devolutivo da apelação, que autoriza o órgão *ad quem* a rever, integralmente, os fundamentos da sentença, desde que não agrave a pena ou a forma de execução.

Sobre a possibilidade de reestruturação, pela instância recursal ordinária, das circunstâncias desfavoráveis ao acusado, confira-se a orientação do Superior Tribunal de Justiça: "A proibição de reforma para pior garante ao recorrente, na espécie ora versada, o direito de não ter sua situação agravada, direta ou indiretamente. Não obsta, entretanto, que o tribunal, para dizer o direito — exercendo, portanto, sua soberana função de *juris dictio* — encontre motivação própria, respeitada, insisto, a imputação deduzida pelo órgão de acusação, a extensão cognitiva da sentença impugnada e os limites da pena imposta no juízo de origem" (STJ — HC 304.886/SP — 6ª Turma — Rel. Min. Rogerio Schietti Cruz — julgado em 24.02.2015 — *DJe* 07.04.2015)[1].

O Supremo Tribunal Federal também já adotou essa orientação: "Ainda que em recurso exclusivo da defesa, o efeito devolutivo da apelação autoriza o Tribunal a rever os critérios de individualização definidos na sentença penal condenatória para manter ou reduzir a pena, limitado tão somente pelo teor da acusação e pela prova produzida. 3. Inexistência de reformatio in pejus e inviabilidade do pedido de substituição da pena privativa de liberdade pela restritiva de direitos" (STF — HC 101.917/MS — 1ª Turma — Rel. Min. Cármen Lúcia — julgado em 31.08.2010 — *DJe*-026 09.02.2011).

Há, todavia, decisão da Corte Suprema em sentido contrário: "Recurso ordinário em *habeas corpus*. 2. Apelação exclusiva da defesa. Dosimetria da pena. Configuração de reformatio in pejus, nos termos do art. 617, CPP. A pena fixada não é o único efeito que baliza a condenação, devendo ser consideradas outras circunstâncias, além da quantidade final de pena imposta, para verificação de existência de reformatio in pejus. Exame qualitativo. 3. O aumento da pena-base mediante reconhecimento de circunstâncias desfavoráveis não previstas na sentença monocrática gera reformatio in pejus, ainda que a pena definitiva seja igual ou inferior à anteriormente fixada. Interpretação sistemática do art. 617 do CPP. 4. Recurso provido para que seja refeita a dosimetria da pena em segunda instância" (STF — RHC 126.763/MS — Rel. p/ Acórdão: Min. Gilmar Mendes — 2ª Turma — julgado em 01.09.2015 — *DJe*-018 01.02.2016).

■ *17.1.8.1.* Reformatio in pejus *indireta*

Apesar de não constar expressamente de texto legal, é pacífico que, se for **anulada** uma decisão em decorrência de recurso **exclusivo** da defesa, **no novo julgamento** o juiz não poderá tornar a situação do acusado mais gravosa do que aquela proferida na decisão inicial tornada sem efeito. Trata-se de criação doutrinária e jurisprudencial que visa evitar que o réu possa receber pena maior apenas por ter recorrido da primeira decisão.

---

[1] Nesse mesmo sentido: STJ — AgRg no HC 240580/MS — 5ª Turma — Rel. Min. Jorge Mussi — julgado em 21.10.2014 — *DJe* 29.10.2014; STJ — AgRg no AREsp 729.735/MG — 6ª Turma — Rel. Min. Maria Thereza de Assis Moura — julgado em 08.09.2015 — *DJe* 28-09-2015.

Costuma-se dizer que há uma exceção, referente às decisões do **Tribunal do Júri**. Entende-se que, havendo anulação do primeiro julgamento, no novo plenário os jurados poderão reconhecer crime mais grave. Ex.: o réu foi acusado por homicídio qualificado e os jurados desclassificaram para homicídio simples. O acusado apela e o tribunal anula o julgamento. No novo plenário, os outros jurados poderão reconhecer o homicídio qualificado, em razão do *princípio constitucional da soberania dos veredictos*. Salienta-se, porém, que, se no primeiro julgamento o juiz tinha fixado pena mínima para o homicídio simples, no segundo deverá também aplicar a pena mínima para o qualificado. A propósito: "I — A regra que estabelece que a pena estabelecida, e não impugnada pela acusação, não pode ser majorada se a sentença vem a ser anulada, em decorrência de recurso exclusivo da defesa, sob pena de violação do princípio da vedação da *reformatio in pejus* indireta, não se aplica em relação às decisões emanadas do Tribunal do Júri em respeito à soberania dos veredictos (Precedentes). II — Desse modo, e neste contexto, tem-se que uma vez realizados dois julgamentos pelo Tribunal popular devido à anulação do primeiro, e alcançados, nas referidas oportunidades, veredictos distintos, poderá a pena imposta no segundo ser mais gravosa que a fixada no primeiro. Recurso especial provido" (STJ — REsp 1.068.191/SP — 5ª Turma — Rel. Min. Felix Fischer — *DJe* 10.05.2010).

Recentemente, contudo, o **Supremo Tribunal Federal** decidiu de forma diversa, entendendo que a interpretação citada inibe os acusados de interpor recurso de apelação contra as decisões do Júri, com receio de, em razão de seu inconformismo, acabar recebendo pena maior. De acordo com o Pretório Excelso, essa possibilidade de exacerbação da pena fere o princípio da ampla defesa e confere natureza acusatória ao recurso exclusivo do réu. Por isso, embora os Jurados possam votar como bem entenderem no segundo julgamento, o juiz, ao aplicar a pena, em hipótese alguma poderá aplicá-la em patamar superior ao do primeiro. Por essa interpretação, se ao réu tinha sido aplicada pena de 6 anos no primeiro julgamento, no segundo a pena não poderá passar desse patamar, ainda que os jurados tenham reconhecido homicídio qualificado, cuja pena mínima é de 12 anos. A propósito: "Homicídio doloso. Tribunal do Júri. Três julgamentos da mesma causa. Reconhecimento da legítima defesa, com excesso, no segundo julgamento. Condenação do réu à pena de 6 (seis) anos de reclusão, em regime semiaberto. Interposição de recurso exclusivo da defesa. Provimento para cassar a decisão anterior. Condenação do réu, por homicídio qualificado, à pena de 12 (doze) anos de reclusão, em regime integralmente fechado, no terceiro julgamento. Aplicação de pena mais grave. Inadmissibilidade. *Reformatio in pejus* indireta. Caracterização. Reconhecimento de outros fatos ou circunstâncias não ventilados no julgamento anterior. Irrelevância. Violação consequente do justo processo da lei (*due process of law*), nas cláusulas do contraditório e da ampla defesa. Proibição compatível com a regra constitucional da soberania relativa dos veredictos. HC concedido para restabelecer a pena menor. Ofensa ao art. 5º, incs. LIV, LV e LVII, da CF. Inteligência dos arts. 617 e 626, do CPP. Anulados o julgamento pelo tribunal do júri e a correspondente sentença condenatória, transitada em julgado para a acusação, não pode o acusado, na renovação do julgamento, vir a ser condenado a pena maior do que a imposta na sentença anulada, ainda que com base em circunstância não ventilada no julgamento anterior" (STF — HC 89.544 — 2ª Turma — Rel. Min. Cezar Peluso — *DJe*-89 — p. 197).

Observação: Quando ocorrer a anulação de julgamento em virtude da incompetência **absoluta** do juízo, mesmo por ocasião de recurso exclusivo da defesa, o novo julgamento não fica vinculado aos limites da primeira sentença, não havendo que se falar em *reformatio in pejus* indireta, pois a sentença anterior é considerada inexistente.

17.1.8.2. Reformatio in mellius

Apesar de pequenas divergências, entende-se que, se o recurso for exclusivo da acusação (Ministério Público ou querelante), o tribunal pode reconhecer e aplicar ao réu reprimenda mais **benéfica** em relação àquela constante da sentença, na medida em que o art. 617 só proíbe a *reformatio in pejus*. Ex.: réu condenado à pena de 1 ano de reclusão, que não recorre. O Ministério Público apela visando aumentar a pena. O tribunal pode absolver o acusado por entender que não existem provas suficientes. É a opinião de Tourinho Filho[2] e de José Frederico Marques[3]. Na jurisprudência, veja-se o seguinte julgado: "Processual penal. *Reformatio in mellius.* Admissibilidade em doutrina. O recurso de apelação do Ministério Público devolve ao Tribunal o exame de mérito e da prova. Nessas circunstâncias, se o tribunal verifica que houve erro na condenação ou na dosimetria da pena, não está impedido de corrigi-lo, em favor do réu, ante o que dispõe o art. 617, do CPP, que somente veda a *reformatio in pejus*, não a *reformatio in mellius*. Argumentos de lógica formal não devem ser utilizados, na justiça criminal, para homologar erros ou excessos. E não é razoável remeter-se, na hipótese, o interessado para uma revisão criminal de desfecho provavelmente tardio, após cumprida a pena, com prejuízos para o indivíduo e para o Estado: aquele pela perda da liberdade, a este pela obrigação de reparar o dano (art. 630, do CPP). Recurso especial do Ministério Público conhecido pela divergência jurisprudencial, mas improvido" (STJ — REsp 2.804/SP — 5ª Turma — Rel. Min. Assis Toledo — *DJ* 06.08.1990 — p. 7.347).

17.2. DOS RECURSOS EM ESPÉCIE

17.2.1. Recursos necessários

De acordo com o art. 574 do Código de Processo Penal, em alguns casos o magistrado deve, **de ofício**, recorrer da própria decisão. Em suma, o juiz deve remeter os autos à Instância Superior para o chamado **reexame necessário**, sem o qual a decisão proferida **não transita em julgado**, embora nenhuma das partes a tenha impugnado. De acordo com a Súmula n. 423 do Supremo Tribunal Federal, "não

---

[2] Fernando da Costa Tourinho Filho. *Processo penal,* 33. ed., v. 4, p. 504-505.

[3] José Frederico Marques. *Elementos de direito processual penal,* v. IV, p. 277.

transita em julgado a sentença por haver omitido o recurso *ex officio*, que se considera interposto *ex lege*".

O juiz não arrazoa esses recursos e tampouco as partes.

No Código de Processo Penal, o reexame necessário foi determinado pelo legislador em quatro hipóteses consideradas de alta relevância para o interesse público, e nota-se, em todas elas, que se referem a decisões favoráveis ao réu. Por essa razão, os tribunais superiores refutaram as tese de que a existência do recurso de ofício fere a regra do art. 129, I, da Constituição Federal, que confere ao Ministério Público a titularidade exclusiva nos crimes de ação pública. Em primeiro lugar, porque essa titularidade exclusiva se refere ao desencadeamento da ação e, mesmo assim, não é absoluta como se vê pela própria existência da ação privada subsidiária da pública. Em segundo lugar, porque a própria lei permite ao juiz determinar a produção de provas, bem como condenar o réu em caso de pedido de absolvição do Ministério Público e até reconhecer agravantes genéricas não alegadas nos crimes de ação pública, poderes que, igualmente, não ferem a titularidade do Ministério Público. Em terceiro, porque as hipóteses de recurso de ofício previstas na legislação, na realidade, resguardam, em regra, os interesses da coletividade. Nesse sentido: "Processual penal. Recurso especial. Decisão concessiva de *habeas corpus*. Remessa de ofício (art. 574, inciso I, do CPP). Dispositivo não revogado pelo art. 129, inciso I, da CF/88. Na linha de precedentes do Pretório Excelso, o reexame necessário previsto no art. 574, do CPP não foi tacitamente revogado pelo art. 129, inciso I, da Constituição Federal, devendo o juiz de primeiro grau remeter a decisão que conceder *habeas corpus* à apreciação da instância superior. Recurso provido" (REsp 760.221/PA — 5ª Turma — Rel. Min. Felix Fischer — *DJ* 27.03.2006 — p. 323). Na Lei n. 12.016/2009 existe, ainda, uma outra hipótese de recurso de ofício, que será mencionada logo adiante.

Tais recursos permitem a reanálise ampla da matéria tratada nos autos, podendo o tribunal reconhecer até mesmo nulidades contra o réu. Nesse sentido, a Súmula n. 160 do Supremo Tribunal Federal: "é nula decisão do tribunal que acolhe, contra o réu, nulidade não arguida no recurso de acusação, ressalvados os casos de recurso de ofício".

As hipóteses em que deve haver o reexame obrigatório em nossa legislação são as seguintes:

1) **Da sentença que concede o *habeas corpus*** (art. 574, I, do CPP). Ex.: Juiz tranca um inquérito policial por entender que o fato apurado é atípico.

O recurso, evidentemente, não tem efeito suspensivo. Caso o tribunal venha a dar provimento ao recurso de ofício, retorna-se à situação anterior à decisão judicial. No exemplo já mencionado do trancamento do inquérito policial, as investigações podem ser retomadas e o inquérito, ao ser concluído, será remetido ao Ministério Público para apreciação.

A regra não se aplica à sentença que **denega** a ordem.

2) **Da sentença que absolve sumariamente o réu** (arts. 574, II). A absolvição sumária é a decisão judicial proferida ao término da primeira fase do procedimento do Júri em que o juiz absolve, desde logo, o acusado se: a) provada a inexistência do fato; b) provado que o réu não é autor ou partícipe do crime; c) o fato for atípico; d)

demonstrada causa de isenção de pena (excludente de culpabilidade) ou excludente de ilicitude (legítima defesa, estado de necessidade, aborto legal etc.). Se o tribunal der provimento ao recurso, pronunciará o réu, mandando-o a julgamento perante o Júri Popular.

O recurso de ofício, entretanto, não impede que a acusação interponha o competente recurso de apelação.

Existe entendimento de que a Reforma do Júri (Lei n. 11.689/2008), ao modificar o art. 411 do CPP, que também exigia o recurso de ofício, e excluir tal exigência, teria acabado com o reexame necessário contra a absolvição sumária. Há, porém, interpretação em sentido contrário porque o art. 574, II, do CPP não foi modificado e continua a exigir o recurso de ofício em tal caso. Difícil, porém, sustentar esta última tese, uma vez que o art. 574, II, do CPP faz remissão ao art. 411 do mesmo código que, atualmente, trata de outro assunto. Ademais, o art. 574, II, só menciona o recurso de ofício em caso de absolvição sumária fundada em reconhecimento de causa **excludente de ilicitude** ou de **isenção de pena, nos termos do art. 411 do CPP**, mas, após a reforma da Lei n. 11.689/2008, a absolvição sumária mostra-se cabível em diversas outras hipóteses, conforme se vê no art. 415 do CPP. A propósito do tema, ver "absolvição sumária" no capítulo que trata do procedimento do Júri.

3) **Da decisão que arquiva inquérito policial ou da sentença que absolve o réu acusado de crime contra a economia popular** (art. 7º da Lei n. 1.521/51 e Lei n. 4.591/64) ou **contra a saúde pública** (arts. 267 a 285 do CP). Saliente-se que os crimes da Lei de Drogas (antigamente previstos no art. 281 do CP) encontram-se atualmente descritos em lei especial (Lei n. 11.343/2006). Como esta lei possui também um capítulo para tratar do procedimento criminal e não exige o reexame necessário, conclui-se que, em relação a tais delitos, não mais se exige essa espécie de recurso.

Suponha-se que o promotor de justiça tenha arquivado um inquérito que apurava crime contra a economia popular e o juiz, ao determinar o arquivamento, tenha, como estabelece a lei, recorrido de ofício. Os autos são então remetidos à superior instância e o tribunal, ao analisar as provas, entende, ao contrário do juiz e do promotor, que o caso era de denúncia. Não poderá, nesse caso, determinar que o promotor a ofereça. A solução é o tribunal determinar a remessa dos autos ao Procurador-Geral de Justiça, na forma do art. 28 do Código de Processo Penal, cabendo a decisão final ao chefe do *parquet*, que poderá insistir no pedido de arquivamento ou entender que o caso é efetivamente de denúncia, hipótese em que ele próprio a oferecerá ou designará outro promotor de justiça para fazê-lo.

No caso de recurso de ofício contra sentença que absolveu o réu por crime contra a economia popular ou a saúde pública, o tribunal, ao dar provimento ao recurso, o condenará.

4) **Da decisão que concede a reabilitação criminal** (art. 746 do CPP). A finalidade da reabilitação é restituir o condenado à condição anterior à condenação, apagando-a de sua folha de antecedentes.

5) **Da decisão que defere mandado de segurança** (art. 14, § 1º, da Lei n. 12.016/2009). Em certas hipóteses (ver tópico 17.2.2.11) é cabível a impetração de mandado de segurança em matéria criminal. Suponha-se, assim, a impetração de mandado de segurança perante o juízo competente contra ato da autoridade policial. Se o magistrado conceder a ordem, deverá encaminhar os autos ao Tribunal para o reexame necessário.

> **Observação:** Alguns juristas alegam que o recurso de ofício não é propriamente um recurso, e sim condição para que a decisão transite em julgado e produza seus efeitos. De ver-se, entretanto, que, sendo possível ao tribunal alterar o mérito da decisão anterior, não há como se negar o caráter devolutivo do instrumento que, por essa razão, foi elencado como espécie **recursal** no art. 574 do CPP.

■ 17.2.2. Recursos voluntários

■ *17.2.2.1. Recurso em sentido estrito*

É recurso que, em regra, destina-se a impugnar **decisões de natureza interlocutória**, isto é, decisões que não tenham caráter definitivo ou terminativo, mas há, excepcionalmente, como se verá adiante, hipóteses legais de cabimento desse recurso para atacar decisões que encerram o processo.

O rol de hipóteses de cabimento do recurso em sentido estrito é **taxativo**, conclusão que advém da circunstância de as decisões interlocutórias serem, em princípio, irrecorríveis. Além disso, se a lei conferiu caráter residual à apelação nos casos de decisões definitivas ou com força de definitivas (art. 593, II, do CPP), ao estabelecer que a definição das hipóteses de seu cabimento se dá por exclusão, é porque considera que as situações que ensejam o manejo do recurso em sentido estrito foram enumeradas de forma exaustiva. Tourinho Filho assim se posiciona em relação à questão: "Cremos que a matéria é de direito estrito e, assim, não pode comportar aplicação analógica. Ali não há uma enumeração exemplificativa, mas taxativa. Fosse exemplificativa e não haveria necessidade de se elencarem todas aquelas hipóteses. Tampouco se cuidaria da apelação como recurso residual para os casos de decisões definitivas ou com força de definitivas (CPP, art. 593, II)"[4].

A natureza taxativa dos casos de utilização do recurso não afasta, todavia, a possibilidade de **interpretação extensiva** das hipóteses de cabimento, nos termos do disposto no art. 3º do CPP, uma vez que, com isso, não se está a alargar o rol legal, mas, apenas, reconhecendo que certas hipóteses processuais incluem-se naquela enumeração. É o que ocorre, por exemplo, ao se admitir a utilização do recurso em sentido estrito contra decisão que indefere requerimento de aplicação de medida cautelar **diversa** da prisão, já que a redação do dispositivo refere-se apenas ao cabimento contra o indeferimento do pedido de prisão preventiva (art. 581, V, do CPP), que é apenas uma das modalidades de medida cautelar pessoal.

---

[4] Fernando da Costa Tourinho Filho. *Processo penal,* 33. ed., v. 4, p. 434.

Inadmissível será, porém, a utilização do recurso em sentido estrito para desafiar decisões não incluídas no rol, em relação às quais é nítida a opção pela exclusão do cabimento desse recurso. Desse modo, não se pode cogitar do emprego do recurso para desafiar decisão que decreta a prisão preventiva, na medida em que, ao prever que pode ser utilizado quando o juiz "**indeferir** requerimento de prisão preventiva ou revogá-la", o Código não dá margem à interpretação de que o manejo é possível na hipótese inversa.

Não é outro o entendimento de Vicente Greco Filho, que, ao defender a possibilidade de interpretação extensiva das hipóteses de cabimento do recurso em sentido estrito, nos lembra que "a interpretação extensiva não amplia o conteúdo da norma; somente reconhece que determinada hipótese é por ela regida, ainda que a sua expressão verbal não seja perfeita"[5].

O recurso em sentido estrito reveste-se, em determinados casos, de caráter *pro et contra* (ou seja, é cabível qualquer que seja a hipótese de sucumbência que acarrete a decisão — ex.: da decisão que decreta a prescrição ou da que indefere o pedido de reconhecimento da prescrição) e, em outros, de caráter *secundum eventum litis* (é cabível apenas se verificado determinado direcionamento na decisão, mas incabível na hipótese inversa — ex.: é possível na decisão que rejeita a denúncia e incabível na que a recebe).

Outra importante circunstância deve ser lembrada: a **apelação** exerce **preferência** sobre o recurso em sentido estrito, razão pela qual quando cabível aquela, não poderá ser utilizado o recurso em sentido estrito, ainda que somente de parte da decisão se recorra (art. 593, § 4º, do CPP). Assim, embora a decisão que revoga a prisão preventiva exponha-se, em princípio, ao recurso em sentido estrito (art. 581, V, do CPP), deverá ser impugnada por apelação acaso integre a sentença (revogação da prisão proferida conjuntamente com a sentença absolutória).

■ *17.2.2.1.1. Hipóteses de cabimento*

Oito dos incisos que estabelecem hipóteses de cabimento de recurso em sentido estrito referem-se a decisões sobre a pena ou medida de segurança, que são adotadas, necessariamente, pelo juízo da execução penal, daí por que esses dispositivos foram revogados, tacitamente, pela Lei de Execução Penal (Lei n. 7.210/84), que prevê a utilização do agravo para desafiar as decisões prolatadas no processo de execução (art. 197 da LEP). Não mais estão sujeitas ao recurso em sentido estrito, portanto, as seguintes decisões: 1) que conceder, negar ou revogar livramento condicional (art. 581, XII, do CPP); 2) que decidir sobre a unificação de penas (art. 581, XVII, do CPP); 3) que decretar medida de segurança, depois de transitar a sentença em julgado (art. 581, XIX, do CPP); 4) que impuser medida de segurança por transgressão de outra (art. 581, XX, do CPP); 5) que mantiver ou substituir a medida de segurança (art. 581, XXI, do CPP); 6) que revogar a medida de segurança (art. 581, XXII, do CPP); 7) que

[5] Vicente Greco Filho. *Manual de processo penal,* 7. ed., p. 340.

deixar de revogar a medida de segurança, nos casos em que a lei admita a revogação (art. 581, XXIII, do CPP); e 8) que converter a multa em detenção ou em prisão simples[6] (art. 581, XXIV, do CPP).

Atualmente, portanto, o recurso em sentido estrito tem cabimento contra:

a) **Decisão que não recebe a denúncia ou a queixa** (art. 581, I, do CPP).

Note-se que, na hipótese inversa, ou seja, naquela em que há o recebimento da denúncia ou queixa, é incabível esse recurso, podendo o acusado valer-se de *habeas corpus* para arguir eventual falta de justa causa para o exercício da ação penal.

Malgrado a lei não contemple, expressamente, a possibilidade do recurso em análise na hipótese de não recebimento de **aditamento** à denúncia ou à queixa, deve-se interpretar extensivamente o dispositivo, para admitir sua utilização. Não é outro o entendimento jurisprudencial: "1. O aditamento, enquanto substancia imputação de fato criminoso, submete-se à disciplina legal da acusatória inicial quanto à sua forma, matéria e impugnação recursal, correndo firme a jurisprudência dos Tribunais Superiores no sentido de que cabe recurso em sentido estrito contra decisão que indefere aditamento da denúncia. 2. Recurso conhecido" (STJ — REsp 254.494/DF — 6ª Turma — Rel. p/ acórdão Min. Hamilton Carvalhido — *DJ* 01.02.2005 — p. 621).

O recurso em questão também é cabível para desafiar a decisão que **rejeita parcialmente** a denúncia ou a queixa, tal como ocorre quando a inicial contém a imputação de vários fatos e o juiz entende que um deles não constitui crime, rejeitando a acusação em relação a este.

É importantíssimo atentar para a existência de **exceções** ao cabimento do recurso em sentido estrito para impugnar decisão que rejeita a denúncia ou a queixa:

1) nas infrações de competência do **Juizado Especial Criminal**, o recurso cabível é o de **apelação** para a Turma Recursal (art. 82, *caput*, da Lei n. 9.099/95);
2) nos crimes de competência **originária** dos tribunais, será cabível **agravo regimental**.

Está superada atualmente a controvérsia sobre a necessidade de intimar-se o denunciado ou querelado para o oferecimento de contrarrazões no caso de recurso em sentido estrito interposto contra decisão que rejeita a denúncia ou a queixa, em razão da edição da **Súmula n. 707 do STF**: "Constitui nulidade a falta de intimação do denunciado para oferecer contrarrazões ao recurso interposto da rejeição da denúncia, não a suprindo a nomeação de defensor dativo". Desse modo, não há espaço para a interpretação de que, como o Código determina a intimação do "réu" na hipótese de ser ele o recorrido (art. 588, parágrafo único, do CPP), não haveria obrigatoriedade de intimação do denunciado que ainda não figura, propriamente, na condição de réu, já que a inicial acusatória não foi recebida.

[6] A conversão da multa em pena privativa de liberdade é, atualmente, vedada, em razão da redação dada ao art. 51 do Código Penal, pela Lei n. 9.268/96.

Convém lembrar, por fim, que quando o tribunal *ad quem* aprecia a decisão que rejeitou a denúncia ou a queixa não está exercendo atividade de cassação, mas de substituição, daí por que, "salvo quando nula a decisão de primeiro grau, o acórdão que provê o recurso contra a rejeição da denúncia vale, desde logo, pelo recebimento dela" (**Súmula n. 709 do STF**).

b) **Decisão que conclui pela incompetência de juízo** (art. 581, II, do CPP).

O dispositivo refere-se às decisões declinatórias proferidas nos autos do **processo principal**, não abarcando aquelas que acolhem exceção oposta por uma das partes, na medida em que o recurso contra a decisão que julga procedente tal incidente tem previsão no inciso III do art. 581 do Código de Processo Penal.

É possível a interposição do recurso ainda que a declaração de incompetência ocorra antes de iniciada a ação penal.

Nos processos de competência do tribunal do júri, havendo desclassificação na fase da pronúncia (art. 419), é cabível a interposição do recurso com fulcro no dispositivo em estudo.

Da decisão que concluir pela competência do juízo não cabe recurso, mas, acaso a parte repute caracterizado constrangimento ilegal, poderá haver impetração de *habeas corpus*[7].

c) **Decisão que julga procedente exceção, salvo a de suspeição** (art. 581, III, do CPP).

O dispositivo trata das decisões que **acolhem** exceções de coisa julgada, de ilegitimidade de parte, de litispendência ou de incompetência.

Não é recorrível a decisão que julga **improcedente** qualquer das exceções, mas a matéria pode ser discutida em sede de *habeas corpus* ou em preliminar de apelação.

A ressalva no tocante à exceção de suspeição decorre de suas peculiaridades: se o juiz acolher a exceção, declarando-se suspeito, não é razoável que a parte possa tentar obrigá-lo a permanecer vinculado aos autos; se o juiz desacolhe a arguição, a exceção será julgada pelo tribunal, cuja decisão não é desafiada pelo recurso em sentido estrito, que é instrumento recursal destinado a impugnar decisões de primeiro grau de jurisdição.

d) **Decisão que pronuncia o réu** (art. 581, IV, do CPP).

Se, ao término da fase do sumário da culpa, houver prolação de decisão de pronúncia, poderá ser interposto recurso em sentido estrito.

---

[7] Fernando da Costa Tourinho Filho. *Processo penal*, 33. ed., v. 4, p. 447.

Da decisão de pronúncia, que tem natureza **interlocutória mista**, podem recorrer o réu, o Ministério Público ou o querelante, bem como o assistente. Sustentamos que o assistente pode recorrer inclusive com vistas à inclusão de qualificadora, já que sua atuação não se restringe à tutela do interesse indenizatório, também se destinando a fazer valer a pretensão punitiva estatal. Esse é o entendimento adotado pelo Supremo Tribunal Federal: "Desclassificação de homicídio qualificado para simples. Ausência de recurso do Ministério Público. Recurso do assistente provido pelo tribunal, a fim de reintroduzir as qualificadoras imputadas na denúncia. Matéria controvertida na doutrina e na jurisprudência. Escassos precedentes do STF: RE 64.327, RECr 43.888. Tendência de tratamento liberal da Corte em matéria recursal. Interesse do ofendido, que não está limitado à reparação civil do dano, mas alcança a exata aplicação da justiça penal. Princípio processual da verdade real. Amplitude democrática dos princípios que asseguram a ação penal privada subsidiária e o contraditório, com os meios e recursos a ele inerentes, art. 5º, LV e LIX, CF. Pedido conhecido, mas indeferida a ordem de *habeas corpus*, diante da legitimidade do assistente para interpor recurso em sentido estrito da sentença de pronúncia, irrecorrida pelo Ministério Público, para obter o reconhecimento da qualificação do homicídio" (STF — HC 71.453/GO — 2ª Turma — Rel. Min. Paulo Brossard — *DJ* 27.10.1994 — p. 29.163)[8].

Para aqueles, no entanto, que reduzem a participação do ofendido ao alcance de objetivos meramente patrimoniais, não é possível o manejo do recurso com essa finalidade.

Qualquer que seja o enfoque, porém, não há dúvida de que poderá recorrer para ver reconhecido crime excluído na fase da pronúncia.

Entendemos que não se pode condicionar o direito de recorrer da pronúncia, nas hipóteses em que houver decretação da custódia cautelar, ao **prévio recolhimento do réu à prisão**, pois essa exigência é incompatível com o princípio da ampla defesa. A esse respeito, aliás, o Supremo Tribunal Federal já proclamou: "É incabível a prisão do réu como condição para o recebimento de recurso contra a sentença de pronúncia" (STF — HC 101.244/MG — 1ª Turma — Rel. Min. Ricardo Lewandowski — *DJe*-62 09.04.2010).

A **impronúncia** e a **absolvição sumária**, decisões de caráter terminativo, passaram a ser desafiadas por **apelação**, em razão das alterações introduzidas pela Lei n. 11.689/2008.

e) **Decisão que concede, nega, arbitra, cassa ou julga inidônea a fiança, indefere requerimento de prisão preventiva ou a revoga, concede liberdade provisória ou relaxa a prisão em flagrante** (art. 581, V, do CPP).

O dispositivo contempla diversas espécies de decisões cautelares sobre a prisão e a liberdade do indiciado ou acusado. A lei prevê o cabimento do recurso apenas em

[8] Nesse mesmo sentido: STF — HC 84.022/CE — 2ª Turma — Rel. Min. Carlos Velloso — Julgamento: 14.09.2004 — *DJ* 01.10.2004 — p. 36.

hipóteses nas quais a decisão sobre a imposição de medida cautelar restritiva de liberdade favoreça acusado. São irrecorríveis, portanto: a decisão que decreta a prisão preventiva ou aquela que indefere pedido de relaxamento do flagrante, bem assim a decisão que não concede a liberdade provisória, as quais podem ensejar a impetração de *habeas corpus*. Quando a decisão acerca da decretação da prisão provisória for tomada na sentença condenatória, no entanto, é cabível a apelação (art. 593, § 4º, do CPP), ressalvada a possibilidade de manejo do *habeas corpus*.

A interpretação extensiva do dispositivo autoriza a conclusão de que também a decisão que indefere pedido de **prisão temporária** expõe-se ao recurso em sentido estrito. Por essa mesma razão, expõe-se a recurso em sentido estrito, embora não incluída na literalidade do dispositivo, a decisão que indefere a aplicação de **medida cautelar pessoal diversa da prisão**, além daquela que aplica medida cautelar pessoal em desacordo, qualitativa ou quantitativamente, com o que requereu a acusação.

f) **Decisão que julga quebrada a fiança ou perdido o seu valor** (art. 581, VII, do CPP).

O quebramento da fiança, que importa em perda de metade de seu valor e pode ensejar a adoção de outra medida cautelar pessoal, ocorrerá quando o acusado:

- mudar de residência, sem prévia permissão da autoridade processante, ou ausentar-se por mais de 8 dias de sua residência, sem comunicar àquela autoridade o lugar onde será encontrado (art. 328 do CPP);
- regularmente intimado para ato do processo, deixar de comparecer, sem motivo justo (art. 341, I, do CPP);
- deliberadamente praticar ato de obstrução ao andamento do processo (art. 341 II, do CPP);
- descumprir medida cautelar imposta cumulativamente com a fiança (art. 341 III, do CPP);
- resistir injustificadamente a ordem judicial (art. 341, IV, do CPP);
- praticar nova infração penal dolosa (art. 341, V, do CPP).

O perdimento da totalidade do valor da fiança, por outro lado, ocorrerá se, condenado, o acusado não se apresentar para o início do cumprimento da pena definitivamente imposta (art. 344 do CPP).

Se o juiz decretar a quebra ou o perdimento da fiança, o réu poderá interpor recurso em sentido estrito. A decisão que não decreta o quebramento ou o perdimento é irrecorrível, restando à acusação discutir a matéria em eventual apelação[9].

g) **Decisão que decreta a prescrição ou julga, por outro modo, extinta a punibilidade** (art. 581, VIII, do CPP).

[9] Fernando da Costa Tourinho Filho. *Processo penal,* 33. ed., v. 4, p. 450.

O recurso em sentido estrito pode ser utilizado para desafiar a **decisão terminativa** que, no processo de conhecimento, declara a extinção da punibilidade, salvo se, na hipótese de concurso de crimes ou de concessão de perdão judicial, a declaração for feita na sentença, caso em que é cabível a apelação (art. 593, § 4º, do CPP).

Se a declaração de extinção da punibilidade ocorrer no processo de execução, ficará exposta ao agravo (art. 197 da LEP).

Na medida em que o art. 397, IV, do Código prevê que o acusado deve ser absolvido sumariamente quando extinta a punibilidade, Ada Pellegrini Grinover, Antonio Magalhães Gomes Filho e Antonio Scarance Fernandes defendem que, "se a declaração de extinção de punibilidade for feita por decisão de absolvição sumária (art. 397, IV), comportará apelação (art. 593, I)"[10]. Sustentamos, todavia, que a decisão que declara extinta a punibilidade será desafiada por recurso em sentido estrito ainda que ocorra na fase de absolvição sumária, na medida em que o aparente conflito entre as normas do arts. 581, VIII e 593, I, do CPP deve ser resolvido pela aplicação do princípio da especialidade: a existência de previsão expressa de que a decisão que declara extinta a punibilidade expõe-se a recurso em sentido estrito (norma específica) exclui a incidência da regra geral de que da decisão de absolvição cabe apelação. Além disso, a decisão que declara extinta a punibilidade não é, propriamente, sentença de absolvição, pois nela não se realiza juízo acerca da culpabilidade do acusado.

É muito importante averbar que, nos termos do art. 584, § 1º, do Código, **o ofendido pode recorrer supletivamente** da decisão que declara extinta a punibilidade.

O dispositivo em estudo, vale lembrar, refere-se a qualquer forma de extinção da punibilidade, e não apenas àquelas previstas no art. 107 do Código Penal, abrangendo, portanto, dentre outras, a decisão relativa ao cumprimento da pena imposta em decorrência da **transação penal** e a decisão que reconhece o regular cumprimento do benefício da **suspensão condicional do processo**.

O acusado não tem legitimidade para recorrer da decisão que declara extinta a punibilidade, na medida em que lhe falta interesse jurídico: a decisão em questão tem efeitos jurídicos idênticos ao da sentença absolutória[11].

h) **Decisão que indefere o pedido de reconhecimento da prescrição ou de outra causa extintiva da punibilidade** (art. 581, IX, do CPP).

A lei também admite o recurso em sentido estrito para impugnar decisão que indefere pedido de reconhecimento de causa extintiva da punibilidade.

Na medida em que se considera haver constrangimento ilegal quando, não obstante existente causa extintiva da punibilidade, a persecução continua a desenvolver-

[10] Ada Pellegrini Grinover; Antonio Magalhães Gomes Filho e Antonio Scarance Fernandes. *Recursos no processo penal,* 7. ed., p. 134.

[11] Ada Pellegrini Grinover; Antonio Magalhães Gomes Filho e Antonio Scarance Fernandes. *Recursos no processo penal,* 7. ed., p. 144.

-se (art. 648, VII, do CPP), a decisão que indefere o pedido de seu reconhecimento também pode ensejar a impetração de *habeas corpus*.

i) **Decisão que concede ou nega a ordem de *habeas corpus*** (art. 541, X, do CPP).

É cabível o recurso em sentido estrito em caso de concessão, denegação ou de julgar-se prejudicado o pedido de ordem de *habeas corpus*, desde que a sentença tenha sido proferida pelo juiz de primeiro grau, uma vez que, em tratando de decisão adotada por tribunais, é cabível o recurso ordinário constitucional, desde que a decisão seja denegatória. Cuida-se de exceção à regra de que o recurso em sentido estrito destina-se à impugnação de decisões interlocutórias, pois a decisão concessiva ou denegatória do pedido de ordem de *habeas corpus* é **terminativa**.

Podem recorrer: o Ministério Público, o paciente e o impetrante.

É importante recordar que a decisão **concessiva** da ordem, além de impugnável pelas partes por meio do recurso em sentido estrito, está sujeita ao reexame obrigatório ("recurso de ofício"), nos termos do disposto no art. 574, I, do Código de Processo Penal.

j) **Decisão que concede, nega ou revoga a suspensão condicional da pena** (art. 581, XI, do CPP).

O dispositivo aplica-se, por força do disposto no art. 92 da Lei n. 9.099/95, às hipóteses de concessão, denegação ou revogação da suspensão condicional do **processo**[12]. Não tem mais aplicação, contudo, às decisões referentes à suspensão condicional da pena, pois, se o *sursis* for concedido ou negado na sentença, caberá apelação, por força do disposto no art. 593, § 4º, do Código, ainda que a finalidade exclusiva do recurso seja a cassação ou concessão do benefício. Acaso uma dessas situações ocorra no processo de execução, por outro lado, será cabível o agravo.

k) **Decisão que anula o processo da instrução criminal, no todo ou em parte** (art. 581, XIII, do CPP).

A decisão pela qual o juiz declara nulo o processo, no todo ou em parte, é enfrentada pelo recurso em sentido estrito, mas é incabível o recurso na hipótese de indeferimento do pedido de anulação, restando ao interessado debater a matéria em preliminar de apelação ou, desde que o sucumbente seja o acusado, impetrar *habeas corpus*.

O dispositivo é aplicável para impugnação da **decisão que declara ilícita a prova**, já que isso nada mais é que uma modalidade de anulação parcial da instrução[13]. Não é por outro motivo que o Tribunal de Justiça do Estado de São Paulo já conheceu

[12] STJ — HC 103.053/SP — 5ª Turma — Rel. Min. Felix Fischer — Julgamento: 18.09.2008 — *DJe* 10.11.2008.

[13] Andrey Borges de Mendonça. *Nova reforma do Código de Processo Penal*, p. 178.

de recurso em sentido estrito interposto contra decisão interlocutória que decretou a ilicitude de prova[14].

l) **Decisão que inclui jurado na lista ou desta o exclui** (art. 581, XIV, do CPP).

Para organizar o tribunal do júri, o juiz constituirá, anualmente, a lista geral de jurados, que se publicará em 10 de outubro e poderá ser alterada de ofício ou por reclamação de qualquer do povo, até a publicação da lista definitiva, que ocorre no dia 10 de novembro. A lista definitiva pode, então, ser impugnada por via de recurso em sentido estrito, que deverá ser interposto no **prazo de 20 dias**, bem assim dirigido ao **presidente do Tribunal de Justiça**.

Vale lembrar que a decisão pela qual é composta a lista geral não guarda relação direta com qualquer processo específico, uma vez que é ato referente à organização do júri.

No caso de inclusão de jurado, podem recorrer o Ministério Público, o jurado incluído na lista e, ainda, **qualquer pessoa do povo**. No caso de exclusão somente o jurado excluído tem legitimidade recursal.

m) **Decisão que denega a apelação ou a julga deserta** (art. 581, XV, do CPP).

Uma vez interposta a apelação, o juízo recorrido deve analisar se estão presentes os requisitos de sua admissibilidade: é o que se denomina **juízo de prelibação**. Nessa etapa, se constatar o preenchimento dos requisitos, o magistrado deve receber a apelação, por decisão irrecorrível, já que o tribunal reapreciará a existência dos pressupostos de admissibilidade. Se denegada a apelação, caberá recurso em sentido estrito, para impugnar a decisão que afirmou ausentes os pressupostos da apelação, e não para desafiar a sentença apelada.

O recurso em sentido estrito é cabível apenas quando o recurso denegado for a apelação, pois, em outros casos, o instrumento recursal adequado é a carta testemunhável.

Também caberá o recurso em sentido estrito em caso de deserção decorrente da falta de preparo (art. 806, § 2º, do CPP), nas hipóteses em que é necessário (nos crimes de ação privada exclusiva ou personalíssima).

Averbe-se que não tem mais aplicação a segunda parte do dispositivo, que prevê o cabimento do recurso em sentido estrito para desafiar a decisão que julga **deserta** a apelação em caso de fuga da prisão após a interposição do apelo, uma vez que a Lei n. 12.403/2011 revogou o art. 595 do Código de Processo Penal, que determinava a declaração de deserção em tal hipótese. Essa alteração, ademais, apenas assentou no texto legal o pacífico entendimento já existente de que é **incompatível com o postulado constitucional da ampla defesa** a exigência, para apelar, de que o réu recolha-

[14] Rec. em Sentido Estrito n. 2.132-82.2010.8.26.0615/Comarca de Tanabi — 14ª Câm. Criminal — Rel. Marco de Lorenzi — Julgamento: 26.05.2011.

-se ou mantenha-se na prisão. Nesse sentido, a Súmula n. 347 do Superior Tribunal de Justiça (anterior à expressa revogação do art. 595 do CPP): "O conhecimento de recurso de apelação do réu independe de sua prisão".

n) **Decisão que ordena a suspensão do processo, em virtude de questão prejudicial** (art. 581, XVI, do CPP).

Questões prejudiciais são as controvérsias jurídicas que, embora autônomas em relação ao seu objeto e, por isso, passíveis de constituírem objeto de outro processo, revelam-se como antecedentes lógicos da resolução do mérito.

Se o juiz determinar a suspensão do processo para solução da questão prejudicial, obrigatória ou facultativa, é cabível o recurso em sentido estrito. A decisão que nega a suspensão, por outro lado, é irrecorrível, mas pode ser objeto de discussão em preliminar de apelação ou, em certos casos, de pedido de ordem de *habeas corpus*.

É com base na interpretação extensiva desse dispositivo que a jurisprudência entende ser também cabível o recurso em sentido estrito contra decisão que, com fulcro no art. 366 do Código de Processo Penal, determina a suspensão do processo: "A jurisprudência desta Corte vem-se fixando no sentido de que a decisão que suspende o processo com base no art. 366, do CPP desafia-se por recurso em sentido estrito, por analogia ao art. 581, XVI, do mesmo diploma instrumental" (STJ — HC 11.633/SP — 5ª Turma — Rel. Min. José Arnaldo da Fonseca — *DJ* 05.06.2000 — p. 187)[15].

o) **Decisão que decide o incidente de falsidade** (art. 581, XVIII, do CPP).

O dispositivo refere-se à decisão proferida no procedimento incidental instaurado a pedido de alguma das partes para constatar a autenticidade de documento que se suspeita falso. Será cabível o recurso em sentido estrito qualquer que seja o teor da decisão, ou seja, acolha ela ou não a pretensão de ver o documento declarado falso. Como adverte Fernando Capez[16], no entanto, "o despacho que denega liminarmente a instauração do incidente é irrecorrível, e não se confunde com a decisão que julga o incidente, da qual cabe o recurso em tela".

17.2.2.1.2. *Prazo para interposição*

O prazo para interposição do recurso em sentido estrito é de **5 dias** (art. 586, *caput*, do CPP), a contar da intimação da decisão, salvo no que diz respeito à decisão que incluir jurado na lista geral ou desta o excluir, hipótese em que o recurso deve ser interposto no prazo de 20 dias (art. 586, parágrafo único, do CPP).

Será de 15 dias, todavia, o prazo para o ofendido não habilitado como assistente recorrer supletivamente da decisão que declara extinta a punibilidade (art. 584, § 1º,

[15] Nesse mesmo sentido: STJ — REsp 246.085/SP — 6ª Turma — Rel. Min. Vicente Leal — Julgamento: 06.09.2001 — *DJ* 01.10.2001 — p. 256.

[16] Fernando Capez. *Curso de processo penal,* 18. ed., p. 781.

do CPP), a contar do término do prazo para o Ministério Público (art. 598, parágrafo único, do CPP).

■ 17.2.2.1.3. *Procedimento*

A interposição do recurso pode dar-se por **petição** ou por **termo** nos autos (art. 578 do CPP).

O recurso em sentido estrito pode processar-se de duas formas: mediante formação de **instrumento** ou nos **próprios autos**.

Será processado nos mesmos autos o recurso cujo processamento **não prejudicar o andamento do processo**. Algumas dessas hipóteses estão previstas no art. 583 do Código de Processo Penal:

- decisão que não receber a denúncia ou a queixa;
- decisão que julgar procedente exceção, salvo a de suspeição;
- decisão que pronunciar o réu, salvo quando, havendo dois ou mais acusados, qualquer deles se conformar com a decisão ou todos não tiverem sido ainda intimados da pronúncia;
- decisão que julgar extinta a punibilidade;
- sentença que julgar o pedido de *habeas corpus*;
- em caso de reexame obrigatório.

Nas demais hipóteses, o recurso processar-se-á por meio da formação de instrumento.

Com a própria interposição do recurso perante o juízo prolator da decisão, o recorrente deve indicar, em caso de formação do instrumento, quais as peças que serão trasladadas. O juiz, então, recebendo o recurso, intimará o recorrente para, em **2 dias**, oferecer suas **razões**. Em seguida, intimará o recorrido a oferecer resposta, em igual prazo. De forma diversa do que ocorre em relação à apelação (art. 600, § 4º, do CPP), as razões do recurso em sentido estrito não podem ser apresentadas diretamente ao tribunal.

Havendo ou não apresentação de contrarrazões, os autos serão remetidos ao próprio juiz prolator da decisão, para que se manifeste fundamentadamente, mantendo ou reformando a decisão (juízo de retratação).

Na hipótese de manutenção da decisão, o recurso será remetido ao tribunal competente para julgamento. O mesmo ocorrerá se a decisão for parcialmente modificada, situação em que haverá julgamento somente em relação à parte inalterada por ocasião do juízo de retratação.

Reformada no todo a decisão, poderá a parte contrária, por simples petição, recorrer do novo teor da decisão, **desde que cabível a interposição do recurso**, não sendo mais lícito ao juiz, então, modificá-la. Assim, se o juiz havia rejeitado a denúncia e contra a decisão foi interposto recurso, caso ele reveja a decisão e receba a exordial, não será cabível a interposição pela parte contrária porque não existe recurso previsto contra a decisão que recebe a denúncia.

O recurso em sentido estrito será julgado pelo tribunal competente para o julgamento da lide principal, salvo no caso da decisão que exclui ou inclui jurado na lista geral, em que apreciação cabe, conforme o caso, ao Presidente do Tribunal de Justiça ou ao Presidente do Tribunal Regional Federal.

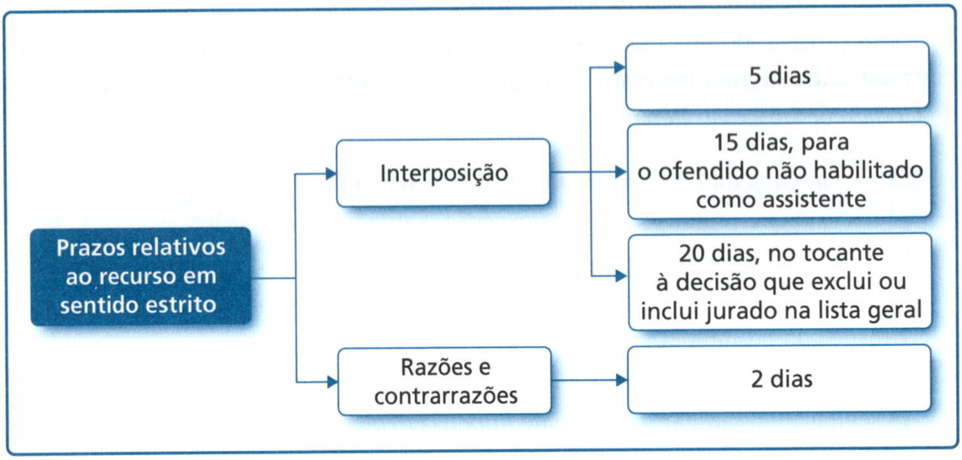

■ 17.2.2.1.4. *Efeitos*

O recurso em sentido estrito provoca, em qualquer hipótese, o **efeito regressivo**, uma vez que sua interposição obriga o juiz que prolatou a decisão recorrida a reapreciar a questão, mantendo ou reformando aquilo que deliberou (art. 589, *caput*, do CPP). O recurso em sentido estrito é, portanto, **recurso misto**[17], pois o juízo *a quo* pode rever a decisão impugnada[18].

Na hipótese de manutenção, pelo juiz, da decisão recorrida ou, ainda, se houver retratação, mas o oponente impugnar a nova decisão, sobrevirá o **efeito devolutivo**, ou seja, a transferência à superior instância da prerrogativa de conhecer da decisão impugnada[19].

A regra é a da **não produção do efeito suspensivo**. Apenas nas hipóteses taxativamente elencadas na lei (art. 584, *caput*, do CPP), a interposição do recurso acarreta a suspensão dos efeitos da decisão impugnada. São elas:

- decisão que decreta o perdimento da fiança;

[17] Germano Marques da Silva. *Curso de processo penal*, 2. ed., v. III, p. 318.

[18] Quando o juízo *a quo* não tem a faculdade de rever a decisão recorrida, fala-se em *recurso puro*.

[19] Germano Marques da Silva. *Curso de processo penal*, 2. ed., v. III, p. 343.

- decisão que denega a apelação (nesse caso não há suspensão dos efeitos da sentença apelada, mas apenas das consequências da decisão que negou seguimento ao apelo);
- decisão que julga quebrada a fiança, no que se refere à perda da metade do valor;
- decisão de pronúncia, hipótese em que a interposição do recurso suspende apenas a realização do julgamento pelo júri; os demais efeitos da pronúncia não se suspendem, por exemplo, a eventual decretação da prisão do acusado.

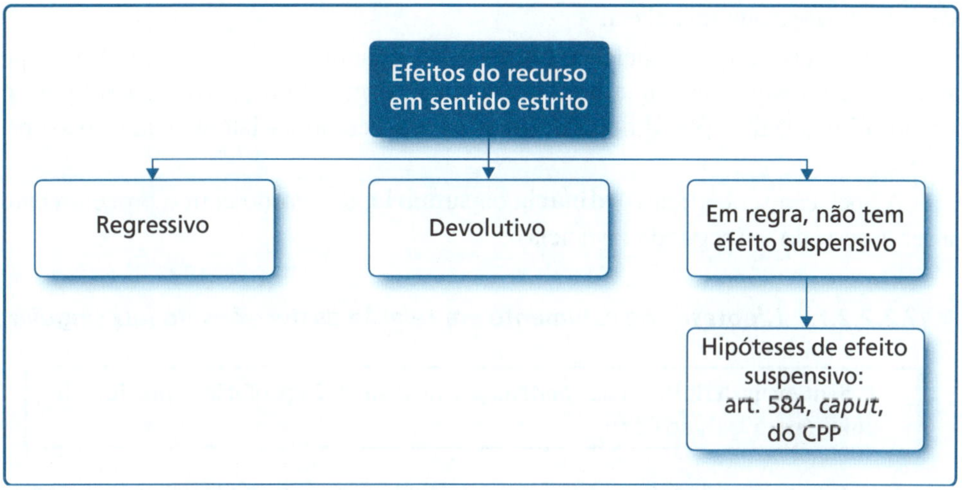

17.2.2.2. *Apelação*

Trata-se de meio ordinário de impugnação de **sentenças** de condenação ou absolvição e, ainda, de **decisões** definitivas ou com força de definitivas, que possibilita nova apreciação da causa pelo órgão jurisdicional de segundo grau, devolvendo-lhe a análise das questões fáticas e jurídicas relacionadas ao alegado defeito da decisão.

A apelação é recurso **amplo**, pois, ainda quando regida pelo princípio *tantum devolutum quantum appellatum*, permite, nos limites do pedido recursal, que o tribunal analise, "em profundidade, todas as questões antecedentes logicamente necessárias à sua apreciação"[20].

É instrumento recursal **residual**, porquanto utilizável somente nos casos em que não houver previsão expressa de cabimento de recurso em sentido estrito.

A apelação é, porém, **preferível** em relação ao recurso em sentido estrito, pois, quando cabível aquela, não poderá ser usado este, ainda que somente de parte da decisão se recorra (art. 593, § 4º, do CPP). Essa disposição decorre do **princípio da unirrecorribilidade** das decisões. Ex.: se por ocasião da sentença condenatória foi

[20] Vicente Greco Filho. *Manual de processo penal,* 7. ed., p. 347.

reconhecida a prescrição de um dos crimes pelo qual o réu era acusado, será cabível a apelação, e não o recurso em sentido estrito, mesmo que a impugnação se refira apenas a essa questão.

A apelação pode ser **plena** ou **parcial** (art. 599 do CPP): será plena se o recurso dirigir-se contra a decisão em sua totalidade e parcial (ou limitada) se visar a impugná-la somente em parte. Na primeira hipótese, o recurso devolve o julgamento de toda a matéria analisada em primeiro grau para o tribunal. Na segunda, há redução quantitativa da lide[21], por meio de restrição expressa do objeto da apelação. Se o recorrente não delimitar expressamente a extensão da apelação no ato da interposição, presume-se que seja plena.

Diz-se, ainda, que a apelação é **principal**, quando interposta pelo Ministério Público, e **subsidiária** (ou **supletiva**), quando, esgotado o prazo recursal para o órgão ministerial, o ofendido, habilitado ou não como assistente, interpõe o recurso.

A apelação será, ainda, **ordinária** ou **sumária**, de acordo com o procedimento a ser observado em segunda instância.

■ *17.2.2.2.1. Hipóteses de cabimento em relação às decisões do juiz singular*

> 1) **Sentenças definitivas de condenação ou absolvição proferidas por juiz singular** (art. 593, I, do CPP).

Sujeitam-se à apelação as sentenças condenatórias ou absolutórias que encerram juízo sobre o mérito da lide penal, por meio do reconhecimento da procedência ou da improcedência da pretensão punitiva. São também denominadas decisões definitivas *stricto sensu*[22].

O dispositivo atinge, no entanto, não apenas as **sentenças absolutórias e condenatórias** previstas, respectivamente, nos arts. 386 e 387 do Código de Processo Penal, mas, também, as sentenças de **absolvição sumária**, tanto as proferidas nos processos de competência do juízo singular (art. 397 do CPP), com exceção da decisão que declara extinta a punibilidade, como as prolatadas, nos processo de competência do júri, na fase decisória do sumário da culpa (art. 415 do CPP).

> 2) **Decisões definitivas, ou com força de definitivas, proferidas por juiz singular, desde que não cabível o recurso em sentido estrito** (art. 593, II, do CPP).

Residuais em relação às hipóteses de cabimento do recurso em sentido estrito, distinguem-se dois gêneros de decisões apeláveis:

---

21 José Frederico Marques. *Elementos de direito processual penal*, v. IV, p. 223.

22 Ada Pellegrini Grinover; Antonio Magalhães Gomes Filho e Antonio Scarance Fernandes. *Recursos no processo penal*, 7. ed., p. 54.

- **decisões definitivas** (*lato sensu*) — também denominadas terminativas de mérito[23], são aquelas que encerram o processo, incidental ou principal, com julgamento do mérito, sem, contudo, absolver ou condenar. Exemplo: decisão que soluciona o incidente de restituição de coisa apreendida[24];
- **decisões com força de definitivas** — assim são designadas as decisões que, sem julgar o mérito, encerram o processo (decisão interlocutória mista terminativa) ou uma etapa procedimental (decisão interlocutória mista não terminativa). Exemplo: a decisão de impronúncia, que é apelável[25] (art. 416 do CPP).

■ *17.2.2.2.2. Hipóteses de cabimento em relação às decisões do tribunal do júri*

Diferentemente do que ocorre no tocante às decisões do juiz singular, a apelação tirada de decisão do júri tem fundamentação **vinculada**, como se extrai do enunciado da **Súmula n. 713 do Supremo Tribunal Federal**, que assim se ostenta: "O efeito devolutivo da apelação contra decisões do Júri é adstrito aos fundamentos da sua interposição". Desse modo, se o recorrente embasar a apelação em determinada alínea do dispositivo de regência (art. 593, III, do CPP), não poderá a instância superior julgar o recurso com base em outra hipótese recursal[26].

São apeláveis as decisões do júri quando:

> 1) **Ocorrer nulidade posterior à pronúncia** (art. 593, III, *a*, do CPP).

Trata esse dispositivo dos vícios posteriores à pronúncia, uma vez que aqueles ocorridos anteriormente devem ser objeto de recurso tirado contra a própria pronúncia, sob pena de **preclusão**. Excepcionam-se, no entanto, os casos de vícios não sujeitos à convalidação, cujo reconhecimento pode ocorrer a qualquer tempo.

As nulidades relativas ocorridas após a pronúncia devem ser arguidas logo após o pregão das partes, no início do julgamento pelo júri. Se a nulidade relativa tiver lugar durante o julgamento, deve haver arguição imediatamente após sua ocorrência. Na falta de arguição oportuna, os vícios consideram-se sanados.

Podem ser objeto de apelação, portanto, as nulidades relativas ocorridas após a pronúncia, desde que alegadas oportunamente, bem como as nulidades absolutas, independentemente do momento em que ocorreram.

Na hipótese de ser dado provimento ao recurso, o ato viciado será **anulado**, bem assim os ulteriores que dele dependam, o que ensejará a submissão do réu a novo julgamento.

---

23 Fernando Capez. *Curso de processo penal,* 18. ed., p. 755.

24 Fernando da Costa Tourinho Filho. *Processo penal,* 33. ed., v. 4, p. 461.

25 Antes do advento da Lei n. 11.689/2008, contra a decisão de impronúncia era cabível o recurso em sentido estrito.

26 Ada Pellegrini Grinover; Antonio Magalhães Gomes Filho e Antonio Scarance Fernandes. *Recursos no processo penal,* 7. ed., p. 100-101.

2) **For a sentença do juiz-presidente contrária à lei expressa ou à decisão dos jurados** (art. 593, III, *b*, do CPP).

A sentença do juiz deve, obrigatoriamente, espelhar o veredicto dos jurados, mas, acaso haja discrepância entre aquilo que foi decidido pelos jurados e a sentença proferida pelo magistrado, caberá apelação. Isso ocorre, por exemplo, quando os jurados reconhecem uma qualificadora e o juiz-presidente condena o acusado por homicídio simples.

O dispositivo faz referência, também, às hipóteses em que, malgrado concordante com o veredicto dos jurados, a sentença revela-se contrária a texto expresso de lei, tal como ocorre quando os jurados desclassificam a infração para outra de competência do juízo singular e o juiz-presidente condena o acusado, por exemplo, por lesão grave sem que haja exame pericial comprobatório de que o ofendido ficou incapacitado para as funções habituais por mais de 30 dias, afrontado a norma inserta no art. 158 do Código de Processo Penal.

Em ambos os casos, se o tribunal der provimento ao recurso, **retificará** a sentença, ajustando-a à decisão dos jurados ou à lei (art. 593, § 1º, do CPP), sem que se possa cogitar de ofensa ao princípio da soberania dos veredictos, já que o tribunal estará retificando somente a parte da decisão tomada pelo juiz-presidente.

3) **Houver erro ou injustiça no tocante à aplicação da pena ou da medida de segurança** (art. 593, III, *c*, do CPP).

Haverá erro quando o juiz aplicar pena, por exemplo, aquém do mínimo legal, bem assim quando determinar a sujeição a tratamento ambulatorial em razão de prática de crime apenado com reclusão (art. 96 do CP).

Reputa-se injusta, por outro lado, a sentença que gradua a pena ou o regime de cumprimento de modo inadequado às circunstâncias do crime e qualidades do agente, como a decisão que sopesa equivocadamente as circunstâncias norteadoras do art. 59 do Código Penal.

Nesse caso, se der provimento à apelação, o tribunal **retificará** a aplicação da pena ou da medida de segurança (art. 593, § 2º, do CPP).

É inviável a apelação com base no dispositivo em estudo com a finalidade de **incluir ou excluir qualificadora** ou circunstância que importe em privilégio, já que se trata de matérias cuja apreciação é reservada aos jurados, daí por que a correção da sentença, nesse caso, importaria em modificação do veredicto, em evidente afronta ao princípio constitucional da soberania. Sobre o tema, assim já se posicionou o **Pleno do Supremo Tribunal Federal**: "*Habeas corpus*. Júri. Apelação do Ministério Público contra a acolhida pelo júri de qualificadora do crime. Alegação de ilegalidade do acórdão que, dando provimento à apelação, determinou que o paciente fosse submetido a novo júri. Interpretação do art. 593, III, *c*, do Código de Processo Penal. — O art. 593, III, *c*, do CPP se refere a erro ou injustiça praticados pelo juiz-presidente quando da aplicação da pena ou da medida de segurança, e não sobre qualquer ponto a respeito do qual se tenha manifestado o júri em seu veredito. — Sendo a qualificadora elemento acidental do crime, e não circunstância da pena, o erro em seu julgamento não enseja apelação com fundamento na letra *c* do inciso III do art. 593, do CPP, mas, sim, na letra *d* desse dispositivo (quando 'for a decisão dos jurados manifestamente contraria a prova dos autos'), e, consequentemente, o seu provimento — como ocorreu no caso concreto — acarretará seja o réu submetido a novo julgamento pelo júri. *Habeas corpus* indeferido" (STF — HC 66.334/SP — Tribunal Pleno — Rel. Min. Néri da Silveira — *DJ* 19.05.1989 — p. 8.440). Em outro julgado, o Supremo Tribunal Federal considerou **juridicamente impossível** o pedido de afastamento de qualificadora reconhecida pelo júri sem que seja o acusado submetido a novo julgamento[27].

É possível, por outro lado, o manejo de apelação com base nesse dispositivo para provocar o reconhecimento de existência ou inexistência de circunstâncias agravantes ou atenuantes genéricas, pois se cuida de juízo que foi cometido, pela lei, ao juiz-presidente (art. 492, I, *b*, do CPP).

4) **For a decisão dos jurados manifestamente contrária à prova dos autos** (art. 593, III, *d*, do CPP).

A garantia constitucional da soberania dos veredictos do júri (art. 5º, XXXVIII, *c*, da CF) tem como reflexo a **imutabilidade relativa** da decisão tomada pelos jurados, pois somente aos juízes leigos é dado deliberar sobre a procedência ou improcedência da pretensão punitiva estatal.

O postulado constitucional é temperado, todavia, pela possibilidade de interposição de apelação contra a decisão do júri, na hipótese de o veredicto revelar-se **manifestamente contrário à prova dos autos**. O advérbio "manifestamente" deve ser interpretado em seu sentido comum, ou seja, como respeitante àquilo que é manifesto, claro, evidente. Deve-se entender por decisão manifestamente contrária à prova, portanto, aquela que não se apoia em qualquer elemento de informação, isto é, que se revela absolutamente destituída de suporte probatório.

Deve o tribunal *ad quem*, ao analisar a apelação interposta com base nesse dispositivo, verificar apenas se há algum lastro probatório na decisão dos jurados, já que é tarefa exclusiva do conselho de sentença decidir se determinada prova é boa ou má e, ainda, se deve ou não preponderar sobre outros elementos que compõem o acervo informativo. É ilustrativa a seguinte decisão do Supremo Tribunal Federal: "Decisão dos jurados que acolheu a tese do homicídio privilegiado, com base no histórico de

27 "*Habeas corpus*: pedido juridicamente impossível. Pedido de que seja afastada a qualificadora reconhecida pelo Júri — por manifesta contrariedade à prova dos autos — para 'revisão e redução da pena', sem que seja o paciente submetido a um 'segundo julgamento', é juridicamente impossível, à vista do que dispõe o art. 593, § 3º, 1º parte, do C. Proc. Penal, incidente na hipótese de apelação contra o veredicto do Júri, com fundamento na alínea *d* do inciso III do mesmo artigo" (STF — HC 84.799/SP — 1ª Turma — Rel. Min. Sepúlveda Pertence — *DJ* 10.12.2004 — p. 42).

discussões entre vítima e réu e no depoimento de testemunha que afirmou ter escutado vozes em tom exaltado momentos antes do crime. Inexistência de decisão arbitrária ou inverossímil. Em verdade, o Tribunal de Justiça considerou a prova de acusação mais sólida do que a de defesa, avaliação esta, entretanto, que é reservada ao Tribunal do Júri, juízo natural da causa, com base no critério da íntima convicção. Assim, por não caber à Justiça togada, nos estreitos limites da apelação contra veredicto do Tribunal do Júri, desqualificar prova idônea produzida sob o crivo do contraditório, a decisão é ilegal. Ordem concedida para cassar a determinação de realização de novo julgamento pelo Júri, com base no art. 593, III, *d*, do Código de Processo Penal" (STF — HC 85.904/SP — 2ª Turma — Rel. Min. Joaquim Barbosa — *DJe*-47 29.06.2007).

Se o tribunal se convencer de que a decisão dos jurados é manifestamente contrária à prova dos autos, dar-lhe-á provimento para **sujeitar o réu a novo julgamento** (art. 593, § 3º, do CPP), já que essa é a única maneira de conciliar o anseio a uma justa decisão com o princípio da soberania dos veredictos. A soberania abrange todos os aspectos do veredicto dos jurados e não apenas a decisão acerca da procedência ou improcedência da pretensão punitiva. Por isso, o tribunal que julgar a apelação não poderá, acaso se convença da total falta de lastro para reconhecimento de qualificadora, invalidar parcialmente a decisão do Conselho de Sentença para excluir a figura qualificada, devendo, também nessa hipótese, determinar a submissão do réu a novo julgamento[28].

Essa modalidade de apelação subsume-se ao **sistema de cassação**, e não ao sistema de substituição que, de regra, caracteriza os recursos em nosso ordenamento: o tribunal, ao dar provimento ao apelo, não substitui a decisão recorrida por outra de sua lavra, mas a torna sem efeito, determinando que o órgão de primeiro grau (tribunal do júri) realize **novo julgamento**. Nesse novo julgamento, é importante ter em conta, os jurados terão **ampla liberdade para apreciar a causa**, podendo, inclusive, deliberar no mesmo sentido da decisão que foi cassada pelo tribunal.

A apelação com base nesse fundamento **é cabível uma única vez** (art. 593, § 3º, parte final, do CPP), razão pela qual não se admitirá segundo apelo, pelo mesmo motivo, isto é, em razão da manifesta contrariedade da decisão com a prova dos autos. Essa vedação ao manejo de segunda apelação **alcança ambas as partes**, de modo que, acaso uma delas tenha recorrido por tal motivo, não poderá também o antagonista interpor novo recurso. Essa é, de resto, a orientação do Supremo Tribunal Federal: "1. Uma vez anulado o primeiro julgamento, perante o Tribunal do Júri, em face de apelação interposta com base no art. 593, III, *d*, do Código de Processo Penal, outro recurso, com o mesmo fundamento, é descabido ainda que apresentado pela outra parte (parágrafo 3 do mesmo dispositivo). 2. Desse modo, fica respeitado o princípio da soberania do júri, tão constitucional quanto o da isonomia 3. Apelação

[28] HC 176.225/SP — 5ª Turma — Rel. Min. Ribeiro Dantas — Julgamento: 16.02.2017 — *DJe* 23.02.2017; AgRg no REsp 1.466.054/SC — 6ª Turma — Rel. Min. Maria Thereza de Assis Moura — Julgamento: 02.10.2014 — *DJe* 15.10.2014.

não conhecida. 4. 'H.C.' indeferido. 5. Precedentes do STF" (STF — 1ª Turma — HC 77.686/RJ — Rel. Min. Sydney Sanches — *DJ* 16.04.1999 — p. 4).

No Supremo Tribunal Federal é pacífico o entendimento de que o princípio constitucional da soberania dos veredictos não é violado pela determinação de realização de novo julgamento pelo tribunal do júri na hipótese do art. 593, III, *d*, do Código de Processo Penal, ou seja, quando a decisão é manifestamente contrária à prova dos autos. Confiram-se, dentre vários outros, os seguintes julgados: "O Supremo Tribunal Federal firmou o entendimento de que a submissão do acusado a novo julgamento popular não contraria a garantia constitucional da soberania dos veredictos. Precedentes" (STF — HC 130.690 AgR — 1ª Turma — Rel. Min. Roberto Barroso — julgado em 11.11.2016 — *DJe*-250 23.11.2016 — Public.: 24.11.2016); "A determinação de realização de novo julgamento pelo Tribunal do Júri não contraria o princípio constitucional da soberania dos vereditos quando a decisão for manifestamente contrária à prova dos autos. Precedentes" (STF — HC 134.412 — 2ª Turma — Rel. Min. Cármen Lúcia — julgado em 07.06.2016 — *DJe* 15.06.2016 — Public.: 16.06.2016). As alterações introduzidas pela Reforma de 2008 no método de formulação de quesitos fizeram emergir entendimento de que não mais se revelaria possível a utilização, pela acusação, do recurso de apelação fundado no artigo 593, III, *d*, do Código de Processo Penal. Os defensores dessa tese sustentam que os jurados não mais estão adstritos aos argumentos apresentados pela defesa, sendo-lhes facultado optar pela absolvição por qualquer motivo, inclusive por clemência, perdão social ou outras razões extrajurídicas, já que a eles será sempre formulado quesito genérico sobre se deve ser o acusado absolvido (art. 483, § 2º, do CPP). Assim, não subsistiria a possibilidade de o tribunal de apelação reconhecer que veredicto que declara a improcedência da pretensão punitiva está em manifesto conflito com a prova, pois os jurados teriam passado a usufruir de ilimitada autonomia para absolver o réu.

Não concordamos com essa tese por entendermos que a previsão de formulação de quesito genérico sobre a existência de motivo para absolver o acusado não teve por escopo facultar ao Conselho de Sentença decidir de forma arbitrária, tornando o veredicto absolutório imune ao controle de razoabilidade. Na verdade, a salutar alteração levada a efeito na forma de quesitação destinou-se, apenas, a evitar que o réu pudesse ser condenado mesmo quando a maioria dos jurados entendia que devesse ser absolvido, porém por fundamentos jurídicos diversos.

Explica-se: quando a votação dependia da adesão, pelos jurados, às teses específicas formuladas pela defesa, era possível que, por exemplo, dois jurados desejassem absolver o réu por falta de prova da autoria e outros dois, por entenderem que agiu em legítima defesa, o que, apesar da superioridade numérica dos que pretendiam absolver, daria lugar à condenação, uma vez que, pela incoincidência do fundamento absolutório de cada voto, nenhuma das teses defensivas alcançaria a maioria.

A previsão da existência de quesito genérico sobre a opção dos jurados pela absolvição, portanto, não estabeleceu a despótica faculdade de o Conselho de Sentença desprezar os elementos de prova e de ofender a lógica e a lei, daí porque sua decisão continua suscetível, também em caso de absolvição, à cassação pela superior instância, quando se revelar manifestamente contrária à prova dos autos.

Entendemos ser inconcebível, em um Estado Democrático de Direito, que a decisão de um órgão jurisdicional, mesmo que formado por juízes leigos, possa ser considerada legítima quando derivar de critérios que colidem com a lei e com a Constituição Federal — que em seu art. 5º, *caput*, consagra o direito à vida —, conclusão que redobra a solidez do entendimento de que a apelação prevista no art. 593, III, *d*, do Código de Processo Penal continua passível de manejo pelo órgão da acusação. Já existe decisão do Supremo Tribunal Federal rechaçando a tese de que a modalidade recursal em análise teria passado a ser exclusiva da Defesa: "Absolvição no tribunal do júri. Cassação do veredicto popular pela segunda instância estadual. (...) Alegação de ser o recurso para questionar a decisão dos jurados manifestamente contrário às provas dos autos exclusivo da Defesa: Improcedência. Ordem denegada. 3. A jurisprudência deste Supremo Tribunal é firme no sentido de que o princípio constitucional da soberania dos veredictos quando a decisão for manifestamente contrária à prova dos autos não é violado pela determinação de realização de novo julgamento pelo Tribunal do Júri, pois a pretensão revisional das decisões do Tribunal do Júri convive com a regra da soberania dos veredictos populares. Precedentes. 4. Negar ao Ministério Público o direito ao recurso nas hipóteses de manifesto descompasso entre o veredicto popular e a prova dos autos implicaria violação à garantia do devido processo legal, que contempla, dentre outros elementos indispensáveis a sua configuração, o direito à igualdade entre as partes. 5. *Habeas corpus* denegado" (STF — HC 111.207 — Rel. Min. Cármen Lúcia — 2ª Turma — julgado em 04.12.2012 — processo eletrônico *DJe*-246, 14.12.2012, publicado em 17.12.2012).

■ 17.2.2.2.3. *Prazo para interposição*

O prazo para a interposição da apelação é de **5 dias** (art. 593, *caput*, do CPP), contados da intimação acerca do teor da sentença, inclusive quando o ato de comunicação tiver sido aperfeiçoado por intermédio de carta precatória, pois, nos termos da **Súmula n. 710 do Supremo Tribunal Federal**, "no processo penal, contam-se os prazos da data da intimação, e não da juntada aos autos do mandado ou carta precatória ou de ordem".

Para o apelo defensivo, deve-se considerar, para fins de verificação da tempestividade, a intimação que por último for realizada, seja ela do acusado ou do defensor.

No que se refere ao prazo do Ministério Público, a contagem tem por base a intimação realizada por meio da entrega dos autos com vista (art. 41, IV, da Lei n. 8.625/93 e art. 18, II, *h*, da Lei Complementar n. 75/93), salvo se, prolatada a decisão em audiência ou sessão de julgamento, nela estiver presente seu representante, hipótese em que esse será o termo *a quo* (art. 798, § 5º, *b*, do CPP). De acordo com o entendimento do Supremo Tribunal Federal, todavia, se não houver coincidência entre a data de ingresso dos autos no Ministério Público e a data em que o membro após seu ciente na decisão, deve-se ter em conta, para fins de contagem da fluência do prazo recursal, aquele primeiro evento[29].

No caso de intimação ficta, o prazo inicia-se com o término do prazo de publicação do edital, que será de 90 dias, se tiver sido imposta pena privativa de liberdade por tempo igual ou superior a 1 ano, e de 60 dias, nos outros casos (art. 392, § 1º, do CPP).

Apesar da existência de entendimento segundo o qual o prazo para o assistente recorrer seria sempre de 15 dias, ainda que habilitado, temos que o prazo para o **assistente habilitado** apelar é de **5 dias**, pois constituiria injustificável desequilíbrio conceder à parte acessória prazo superior àquele estabelecido em favor da defesa. Essa orientação vem sendo adotada pelo Supremo Tribunal Federal: "Assistente de acusação habilitado no processo. Seu prazo, para apelar, é de cinco dias, sem que se lhe aplique o disposto no parágrafo único do art. 598 do Código de Processo Civil. Precedentes do Supremo Tribunal: HC 59.668, *RTJ* 105/90 e HC 69.439, *DJ* 27.11.1992" (STF — HC 74.242/PA — 1ª Turma — Rel. Min. Octavio Gallotti — *DJ* 07.03.1997 — p. 5.401).

O termo **inicial** do prazo para o assistente é vário: se intimado antes do Ministério Público ou no mesmo ato (audiência ou sessão) ou, ainda, durante o curso do prazo daquele, o lapso será contado a partir da data em que se **encerrou** o prazo para o recurso ministerial (**Súmula n. 448 do STF**: "O prazo para o assistente recorrer, supletivamente, começa a correr imediatamente após o transcurso do prazo do Ministério Público"); se intimado depois do trânsito em julgado para o Ministério Público, contar-se-á o prazo a partir da intimação.

O ofendido ou sucessor que **não se tenham habilitado** terão o prazo de **15 dias** para apelar, contados da data em que se encerrou o prazo para o Ministério Público (art. 598, parágrafo único, do CPP).

■ *17.2.2.2.4. Procedimento*

A apelação deve ser interposta perante o juízo recorrido, que exercerá controle prévio de admissibilidade, analisando se estão presentes os pressupostos objetivos e subjetivos do recurso.

Acaso seja denegada a apelação, o apelante pode interpor recurso em sentido estrito contra a decisão. Se recebida, o apelante será intimado para oferecimento das **razões**, que deverão ser apresentadas no prazo de **8 dias**. Em se tratando de processo relativo à **contravenção penal** a tramitar pelo juízo comum, o prazo para apresentação de razões será de **3 dias** (art. 600, *caput*, do CPP).

O apelado disporá de prazos idênticos para apresentar suas **contrarrazões**.

Se houver assistente, terá 3 dias para manifestar-se, depois do Ministério Público (art. 600, § 1º, do CPP). No caso de ação penal privada, o Ministério Público apresentará seu arrazoado em 3 dias, sempre após o querelante (art. 600, § 2º, do CPP).

Na hipótese de ambas as partes apelarem, será o feito arrazoado pela acusação e depois aberto o prazo em dobro para o acusado, que apresentará contrarrazões e ra-

[29] STF — HC 83.255/SP — Tribunal Pleno — Rel. Min. Marco Aurélio — *DJ* 12.03.2004 — p. 38.

zões, após o que retornarão os autos ao órgão ministerial (ou ao querelante), para responder o recurso da parte contrária.

É facultado ao apelante a apresentação das razões recursais em segunda instância, desde que assim requeira na oportunidade da interposição (art. 600, § 4º, do CPP). Embora o Código não vede ao Ministério Público a utilização da prerrogativa de arrazoar a apelação junto ao tribunal *ad quem*, o promotor de justiça ou procurador da República que assim desejar proceder deve obter prévia autorização da chefia da instituição, pois estará delegando a outrem a prática do ato funcional.

Desde que intimada a parte interessada, a omissão em relação ao oferecimento de razões ou contrarrazões não impedirá o regular processamento do recurso, já que, de acordo com o art. 601, *caput* do Código, tais peças são **facultativas**. Sustentamos que a norma em questão concilia-se com o princípio da ampla defesa, já que a falta de razões ou de contrarrazões não acarreta prejuízo ao acusado, pois, nesse caso, o tribunal deverá reexaminar todas as matérias decididas em primeira instância.

Há entendimento doutrinário[30] e jurisprudencial, contudo, de que o juiz deve sempre zelar para que a defesa apresente as razões de apelação ou a resposta ao recurso, sob pena de nulidade: "No modelo penal garantista hoje vigente, não se concebe a possibilidade de um recurso de apelação ser apreciado sem que se apresente as razões (ou contrarrazões) da defesa. Segundo a melhor interpretação dada pela doutrina e jurisprudência ao art. 601 do Código de Processo Penal, nas hipóteses em que o patrono constituído não apresente as razões de apelação, deve-se intimar o réu para que indique novo advogado. Em caso de inércia, de rigor seja nomeado defensor dativo" (STJ — HC 43.045/ES — 6ª Turma — Rel. Min. Og Fernandes — *DJe* 08.03.2010).

O atraso na apresentação das razões ou das contrarrazões, que constitui mera irregularidade, não pode impedir que tais peças sejam anexadas aos autos, delas devendo o tribunal conhecer, salvo se, quando da juntada, o recurso já tiver sido julgado.

É possível a **juntada de novos documentos** na fase recursal, pois, salvo os casos expressos em lei, as partes podem apresentar documentos em qualquer fase do processo (art. 231 do CPP). Deve-se, porém, garantir à parte adversa o conhecimento acerca do teor do documento anexado aos autos na fase recursal, bem como a faculdade de contestá-lo.

Em regra, a apelação sobe ao tribunal **nos próprios autos**, mas se processará em traslado se houver mais de um réu, e não houverem todos sido julgados, ou não tiverem todos apelado (art. 601, § 1º, do CPP).

■ *17.2.2.2.5. Apelação nos processos de competência do Juizado Especial Criminal*

Nos processos de apuração de infração de menor potencialidade ofensiva que tramitem pelo Juizado Especial Criminal, é cabível a apelação nas seguintes hipóteses:

[30] Fernando Capez. *Curso de processo penal,* 18. ed., p. 762.

■ **contra a decisão que homologa ou deixa de homologar a transação penal** (art. 76, § 5º, da Lei n. 9.099/95);

■ **contra a decisão que rejeita a denúncia ou a queixa** (art. 82, *caput*, da Lei n. 9.099/95);

■ **contra a sentença definitiva de condenação ou absolvição** (art. 82, *caput*, da Lei n. 9.099/95).

O prazo para apelar, em qualquer dessas hipóteses é de **10 dias**. No rito sumaríssimo, a apelação deve ser interposta por petição (vedada a interposição por termo nos autos), além do que deve vir **acompanhada das razões de inconformismo**, já que não há previsão de prazo destacado para que se arrazoe o recurso.

O recorrido terá **10 dias** para apresentar **resposta** ao recurso (art. 82, § 2º, do CPP).

A apelação poderá ser julgada por **Turma Recursal** composta de três Juízes em exercício no primeiro grau de jurisdição, reunidos na sede do Juizado (art. 82, *caput*, da Lei n. 9.099/95).

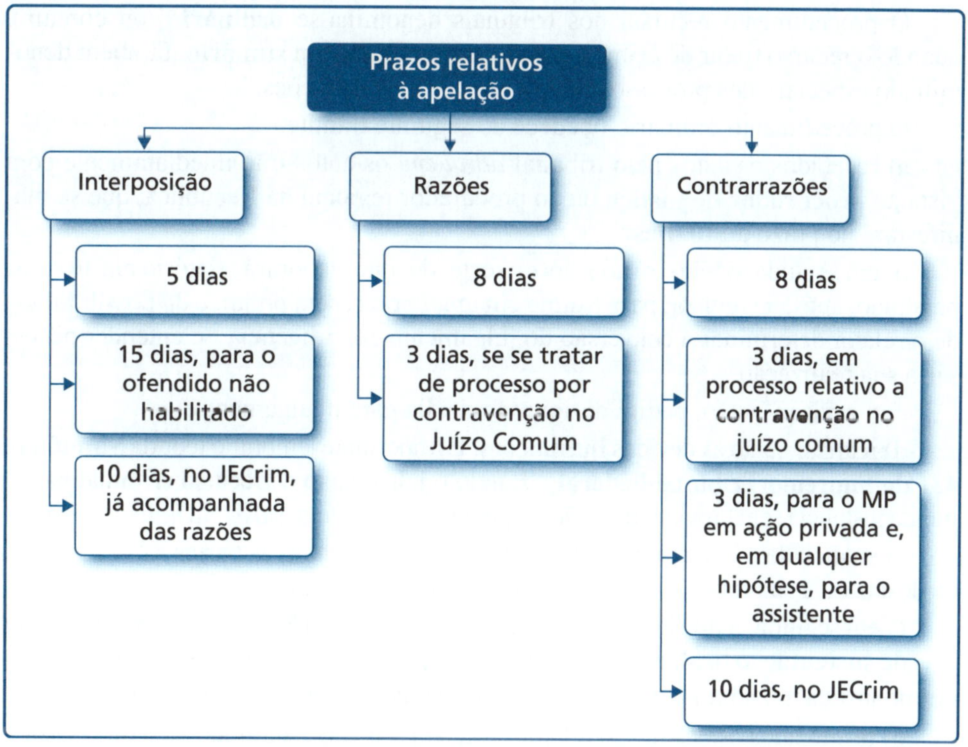

■ *17.2.2.2.6. Efeitos*

A apelação terá, sempre, efeito **devolutivo**.

Não produz, entretanto, efeito **regressivo**, pois na apelação não existe a possibilidade de o próprio juiz que prolatou a sentença alterá-la em razão da interposição do recurso.

Ordinariamente, o recebimento da apelação gera efeito **suspensivo** (art. 597 do CPP), mas há exceções:

a) a apelação tirada de sentença absolutória não impedirá que o réu, se preso, seja posto imediatamente em liberdade (art. 596, *caput*, do CPP);

b) em relação à sentença condenatória, o recurso exclusivo do acusado que esteja preso ocasiona o abrandamento do efeito suspensivo[31], pois "admite-se a progressão de regime de cumprimento da pena ou a aplicação imediata de regime menos severo nela determinada, antes do trânsito em julgado da sentença condenatória" (Súmula n. 716, do STF).

A apelação poderá dar ensejo a efeito **extensivo**: no caso de concurso de agentes, a decisão do recurso interposto por um dos réus, se fundado em motivos que não sejam de caráter exclusivamente pessoal, aproveitará aos outros (art. 580 do CPP).

■ 17.2.2.2.7. Processo e julgamento dos recursos em sentido estrito e das apelações nos tribunais

O procedimento recursal nos tribunais denomina-se **ordinário** (ou comum), quando o recurso tratar de crime apenado com reclusão, ou **sumário** (também denominado especial), nos processos relativos às demais infrações.

O procedimento ordinário obedece ao seguinte trâmite:

a) recebidos os autos pelo tribunal *ad quem*, os autos irão imediatamente com vista ao **procurador de justiça** ou ao procurador regional da República, que se manifestará no prazo de **10 dias**;

b) em seguida, o feito irá ao **relator** sorteado, que elaborará relatório em **10 dias**, passando, após, ao revisor, para exame em igual prazo, sem prejuízo da possibilidade de o relator determinar a conversão do julgamento em diligência, se entender necessária sua realização;

c) o **revisor**, então, pedirá designação de dia para o julgamento;

d) realizar-se-ão as devidas **intimações**. É importante lembrar o teor da **Súmula n. 431 do Supremo Tribunal Federal**: "É nulo o julgamento de recurso criminal na segunda instância sem prévia intimação ou publicação da pauta, salvo em *habeas corpus*";

e) anunciado o julgamento pelo presidente, e apregoadas as partes, com a presença destas ou à sua revelia, o relator fará a exposição do feito;

f) em seguida, o presidente concederá, pelo prazo de **15 minutos**, a palavra, para fins de **sustentação oral**, aos advogados ou às partes que a solicitarem e ao procurador de justiça (ou ao procurador regional da República), quando o requerer;

g) terminados os debates, o relator proferirá seu voto, seguindo-se o do revisor e o dos demais integrantes do órgão julgador. A decisão do órgão de segunda instância será tomada por **maioria de votos** (art. 615, *caput*, do CPP). Se houver **empate** de votos no julgamento de recursos, se o presidente do tribunal, câmara ou turma, não

[31] Guilherme de Souza Nucci. *Código de Processo Penal comentado*, 9. ed., p. 979.

tiver tomado parte na votação, proferirá o voto de desempate; no caso contrário, prevalecerá a **decisão mais favorável ao réu** (art. 615, § 1º, do CPP).

Na hipótese de 3 votos divergentes, adota-se o **critério do voto médio** ou intermediário. Assim, se um dos votos mantiver a condenação do acusado por prática de roubo, outro absolvê-lo e o terceiro desclassificar a infração para furto, prevalecerá o último. Esse é o entendimento sufragado pela jurisprudência: "Processual penal — Recurso — Julgamento — Voto intermediário. — Quando, no julgamento do recurso, nenhum dos votos divergentes obtiver maioria, o resultado será obtido pelo voto médio, não havendo como cogitar de empate, de modo a ensejar a aplicação da regra prevista no par. 1. do art. 615 do CPP" (STJ — REsp 20.263/RJ — 5ª Turma — Rel. Min. Cid Flaquer Scartezzini — *DJ* 23.11.1992 — p. 21.898).

h) no julgamento das apelações poderá o tribunal, câmara ou turma proceder a novo interrogatório do acusado, reinquirir testemunhas ou determinar outras **diligências** (art. 616 do CPP). Trata-se, porém, de **faculdade** do tribunal, que pode ou não optar pela realização de diligência, sem que haja espaço para interpretar essa prerrogativa do órgão julgador como direito das partes à renovação da instrução.

Não concordamos com o entendimento de que o *jus novorum*, isto é, a inovação fática em sede recursal, seja inadmissível em razão de suposta infringência ao direito ao duplo grau de jurisdição, pois não há, em verdade, "supressão do primeiro grau de jurisdição, uma vez que o juiz *a quo* decidiu a causa com base no material instrutório que entendeu suficiente"[32].

A análise do dispositivo em questão (art. 616 do CPP) não deixa dúvida de que a lei prevê a faculdade de o órgão julgador de segunda instância, ao qual for dirigido recurso de apelação, determinar ou não a realização de novas diligências instrutórias, diante da análise da suficiência do conjunto probatório existente nos autos.

Essa constatação leva à inarredável admissão de que o tribunal poderá considerar, no julgamento do recurso de apelação, eventuais provas que vierem a ser obtidas em razão do exercício dessa faculdade, na medida em que conclusão contrária constituiria rematado absurdo lógico-jurídico. Em outras palavras: o texto legal permite, implicitamente, a **consideração**, pelo tribunal responsável pelo recurso de apelação, de provas não apresentadas ao juízo de primeiro grau.

A disposição legal, por outro lado, não se traduz em mecanismo ensejador de *indevida* supressão de instância, já que sua aplicação harmoniza-se, plenamente, com o princípio do duplo grau de jurisdição.

Com efeito, o princípio do duplo grau de jurisdição estabelece a garantia de que, ressalvados os casos previstos em lei, **a causa** deve passar, sucessivamente, pela cognição de dois órgãos jurisdicionais.

32 Ada Pellegrini Grinover; Antonio Magalhães Gomes Filho e Antonio Scarance Fernandes. *Recursos no processo penal*, 7. ed., p. 48.

Como é de trivial conhecimento, ao devolver ao tribunal *ad quem* o conhecimento da causa, o recurso de apelação é limitado por uma dimensão **horizontal**, demarcada pela matéria em relação à qual a nova decisão é pedida, assim também por uma dimensão **vertical**, representada pelo conjunto de questões suscetíveis de serem apreciadas. Na **dimensão vertical**, há proibição, exclusivamente, de submissão ao órgão *ad quem* de questões ou fatos novos, sem que, no entanto, essa limitação alcance os novos meios de demonstração dos fatos ou questões apresentados ao juízo *a quo*.

Em resumo, a proibição de análise, em segundo grau de jurisdição, de fato novo não interfere na possibilidade de consideração de nova prova do fato já apreciado.

Não é outra a lição, sobre o tema, de Ada Pellegrini Grinover, Antonio Magalhães Gomes Filho e Antonio Scarance Fernandes: "Esse dispositivo vem reforçar a ideia, exposta no estudo do efeito devolutivo dos recursos, de que o tribunal pode, nos limites da impugnação, conhecer na apelação de material probatório não submetido à apreciação do juiz antes da sentença, sem que haja aí violação ao preceito do duplo grau de jurisdição"[33]. Com base nesse entendimento, o Superior Tribunal de Justiça tem admitido a validade de provas anexadas aos autos em segundo grau de jurisdição: "(...) DILIGÊNCIA EM SEGUNDO GRAU. EXAME ACOSTADO. POSSIBILITADO CONTRADITÓRIO. PRINCÍPIO DA INSTRUMENTALIDADE DAS FORMAS. NULIDADE. NÃO RECONHECIMENTO (...) 2. O laudo de constatação definitivo foi acostado aos autos em segundo grau de jurisdição, após a prolação de sentença condenatória, momento no qual foi apresentado à defesa, que pode exercer o contraditório mas optou por apenas reiterar o pleito de nulificação, não se configurando, portanto, qualquer constrangimento ilegal diante da juntada extemporânea da perícia, com espeque no brocardo da instrumentalidade das formas" (STJ — HC 290.501/MG — 6ª Turma — Rel. Min. Maria Thereza de Assis Moura — julgado em 05.05.2015 — *DJe* 05.06.2015).

i) lavrado o acórdão, será conferido na primeira sessão seguinte à do julgamento, ou no prazo de duas sessões (art. 615, § 2º, do CPP).

O procedimento sumário pouco difere do ordinário: o prazo para apresentação de parecer pelo Ministério Público é, todavia, de **5 dias**. O relator também dispõe de **5 dias** para analisar o processo, sem que tenha de lançar relatório antes de pedir a designação de dia para julgamento. No procedimento sumário, ademais, não existe a figura do revisor. O tempo deferido às partes para sustentação oral, por fim, é de **10 minutos**.

■ *17.2.2.3. Embargos infringentes e de nulidade*

Os embargos infringentes e os de nulidade são recursos oponíveis contra a **decisão não unânime** de órgão de segunda instância, desde que **desfavorável ao réu**.

O Código faz menção aos embargos infringentes e aos de nulidade: embargos **infringentes** são aqueles destinados a discutir matéria relativa ao **mérito**, ao passo

[33] Op. cit., p. 122.

que os embargos de **nulidade** têm por escopo debater matéria de índole exclusivamente processual que favoreça o réu. Nas esclarecedoras palavras de Hélio Tornaghi, "os primeiros visam à modificação do acórdão; os segundos, à sua anulação"[34].

Os pressupostos e o processamento de ambos, no entanto, são idênticos.

Malgrado tenha havido supressão, no Novo Código de Processo Civil, da previsão de existência dessa modalidade recursal, o art. 609, parágrafo único, do Código de Processo Penal prevê, expressamente, o instrumento de impugnação em questão, daí por que não pode remanescer dúvida sobre sua subsistência no processo penal.

■ *17.2.2.3.1. Cabimento*

A circunstância de serem colegiados os órgãos jurisdicionais de segunda instância dá ensejo à possibilidade de **decisões plurânimes**, ou seja, tomadas por maioria de votos, que, quando forem desfavoráveis ao réu, expõem-se aos embargos.

Os embargos infringentes e de nulidade só podem ser opostos contra decisão tomada em julgamento de **recurso em sentido estrito** ou de **apelação**[35], descabendo sua utilização para desafiar acórdão proferido em julgamento de *habeas corpus*, de mandado de segurança ou de revisão criminal.

Os embargos infringentes e de nulidade destinam-se a devolver o julgamento da matéria a órgão colegiado composto por maior número de julgadores, dentre os quais aqueles responsáveis pela prolação da decisão embargada. Assim, a oposição dos embargos ensejará a possibilidade de retratação por parte dos desembargadores que compunham o órgão fracionário recorrido. Ex.: tomada uma decisão desfavorável ao réu por dois votos contra um, caberão embargos infringentes, podendo, no novo julgamento, votar cinco desembargadores (dois além daqueles que participaram do primeiro julgamento).

A matéria a ser discutida em sede de embargos estará **restrita ao limite da divergência** existente na decisão embargada. Dessa forma, se o voto vencido divergir dos vencedores tão somente em relação a parte da matéria, os embargos permitirão ao acusado postular em seu benefício a reversão do julgado somente no tocante a essa questão. Ex.: se todos os julgadores votam pela condenação do réu, havendo um voto que reconhece a existência de causa de diminuição de pena contra a maioria que entende não existir essa circunstância favorável ao acusado, os embargos terão como objeto somente a apreciação da existência ou não da minorante.

É inadmissível a oposição de embargos fundada apenas na **discrepância da fundamentação** dos votos de decisão unânime[36].

---

[34] Hélio Tornaghi. *Curso de processo penal,* 9. ed., v. 2, p. 351.

[35] O dispositivo de regência do recurso em estudo (art. 609, parágrafo único, do CPP) está inserido no Capítulo V do Título II do Livro III do Código, que cuida "Do processo e do julgamento dos recursos em sentido estrito e das apelações, nos tribunais de apelação".

[36] Vicente Greco Filho. *Manual de processo penal,* 7. ed., p. 352.

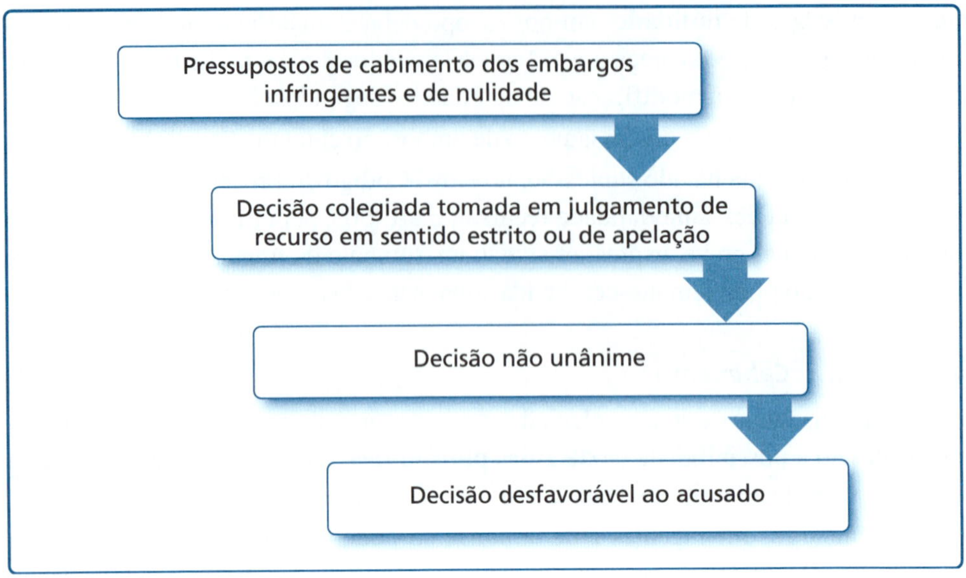

■ *17.2.2.3.2. Legitimidade e processamento*

Conquanto só se possa manejar os embargos em favor do réu, nada impede que o Ministério Público se valha desse recurso para alcançar situação mais favorável ao acusado.

Malgrado haja abalizado entendimento de que, além do defensor, pode também o acusado opor pessoalmente os embargos[37], concordamos com o argumento de que o recurso exige capacidade postulatória[38], daí por que deve ser manejado por advogado.

O prazo para oposição dos embargos infringentes e de nulidade é de **10 dias**.

A petição, acompanhada das razões, será dirigida ao relator do acórdão embargado, que, uma vez presentes os pressupostos legais, determinará o processamento, que produz efeito **suspensivo** em relação ao acórdão.

Será definido, então, novo relator, que não tenha tomado parte na decisão embargada, bem assim novo revisor, observando-se em relação a este a mesma restrição. Para impugnação dos embargos, a secretaria do tribunal abrirá vista dos autos ao querelante e ao assistente, se houver. Será colhida, então, a manifestação do órgão do Ministério Público de segunda instância, para, então, os autos irem conclusos ao relator, que apresentará relatório e o passará ao revisor, seguindo-se o julgamento, do qual participarão o novo relator e o revisor, bem como os integrantes do órgão fracionário que haviam tomado parte no julgamento anterior, os quais poderão manter ou modificar seus votos, sem prejuízo da possibilidade de, de acordo com o regimento

---

[37] Ada Pellegrini Grinover; Antonio Magalhães Gomes Filho e Antonio Scarance Fernandes. *Recursos no processo penal*, 7. ed., p. 169.

[38] José Frederico Marques. *Elementos de direito processual penal*, v. IV, p. 289.

do tribunal, outros desembargadores participarem do julgamento. Da nova decisão, ainda que não unânime, não cabem novos embargos infringentes.

■ 17.2.2.4. *Protesto por novo júri*

O protesto por novo júri, então, regulado pelos arts. 607 e 608 do Código de Processo Penal, foi **suprimido** pela Lei n. 11.689/2008.

No que se refere ao direito intertemporal, aplica-se o postulado fundamental de que a recorribilidade é regida pela **lei em vigor na data em que a decisão foi publicada**, daí por que somente os julgamentos realizados antes da supressão do recurso da legislação poderão ensejar sua interposição.

■ 17.2.2.5. *Embargos de declaração*

Conquanto alguns autores afirmem que os embargos de declaração não têm, propriamente, natureza recursal, constituindo meio para correção da decisão (Julio Fabbrini Mirabete[39] e Fernando Capez[40]), é mais sólido o entendimento de que se trata de **recurso**, na medida em que são instrumentos voluntários de impugnação de decisões, exercitáveis no seio da mesma relação processual[41]. A circunstância de ser desnecessária, em certas hipóteses, a manifestação da parte contrária antes da decisão acerca dos embargos declaratórios não transmuda sua natureza recursal, já que, de fato, constituem o meio e o instrumento para a reparação de gravame existente na sentença ou acórdão[42].

■ 17.2.2.5.1. *Hipóteses de cabimento*

Os embargos declaratórios são cabíveis quando o **acórdão** (art. 619 do CPP) ou a **sentença de primeiro grau** (art. 382 do CPP)[43] encerrarem:

- **ambiguidade** — quando parte da decisão permite duas ou mais interpretações inconciliáveis, de forma a impedir a conclusão acerca de seu real significado;
- **obscuridade** — falta de clareza da decisão, que se torna, no todo ou em parte, ininteligível;
- **contradição** — quando alguma das proposições insertas na decisão não se concilia com outra;
- **omissão** — caracteriza-se pelo silêncio da decisão acerca de matéria que deveria apreciar.

---

39 Julio Fabbrini Mirabete. *Código de Processo Penal interpretado,* 4. ed., p. 719.

40 Fernando Capez. *Curso de processo penal,* 18. ed., p. 801.

41 Ada Pellegrini Grinover; Antonio Magalhães Gomes Filho e Antonio Scarance Fernandes. *Recursos no processo penal,* 7. ed., p. 172.

42 José Frederico Marques. *Elementos de direito processual penal,* v. IV, p. 291-292.

43 Os embargos declaratórios opostos contra a decisão de primeiro grau recebem a denominação de *embarguinhos.*

■ 17.2.2.5.2. *Legitimidade e processamento*

Podem embargar a decisão o acusado, o Ministério Público ou querelante e o assistente de acusação. Nada impede, por sua vez, que a parte vencedora se utilize dos embargos a fim de sanar, por exemplo, eventuais omissões ou contradições.

Nos procedimentos em geral, os embargos serão opostos no prazo de **2 dias**, contados da intimação, e serão endereçados ao juiz (na hipótese de sentença) ou ao relator (na hipótese de acórdão). Nos procedimentos do **Juizado Especial Criminal**, porém, o prazo para oposição dos embargos declaratórios é de **5 dias** (art. 83, § 1º, da Lei n. 9.099/95).

O requerimento deve indicar, fundamentadamente, os pontos em que a decisão necessita de complemento ou esclarecimento (art. 620, *caput*, do CPP).

Se intempestivos os embargos ou se não preencherem os requisitos legais, serão indeferidos de plano pelo relator. Recebidos, o relator os submeterá à apreciação do órgão que proferiu a decisão, independentemente de manifestação da parte contrária (ou seja, sem a colheita de contrarrazões) ou do revisor. Em primeiro grau, é também desnecessária a manifestação da parte contrária, razão pela qual o juiz sempre decidirá de plano.

Na hipótese de eventual acolhimento dos embargos implicar a modificação da decisão, o embargado deverá ser intimado para, querendo, manifestar-se, no prazo de cinco dias, nos termos do disposto no art. 1.022, § 2º, do CPC, aplicável, subsidiariamente, ao processo penal. Se providos os embargos, o tribunal ou o juiz esclarecerá ou completará a decisão embargada.

■ 17.2.2.5.3. *Efeitos*

Uma vez que o Código de Processo Penal não disciplina as consequências da oposição dos embargos para a **fluência dos prazos para os demais recursos**, aplicam-se, por **analogia**, as disposições da legislação processual civil em relação à matéria: de acordo com a redação do art. 1.026, *caput*, do Novo Código de Processo Civil, a oposição dos embargos acarreta a **interrupção** do prazo para outros recursos. Assim, o manejo dos embargos faz com que o prazo para a interposição de outro recurso passe a ser contado novamente em sua integralidade, a partir do julgamento dos aclaratórios. A oposição de embargos por qualquer das partes acarreta a interrupção do prazo também para o adversário.

Nos **Juizados Especiais Criminais**, de acordo com a nova redação dada ao art. 83, § 2º, da Lei n. 9.099/95 (Lei n. 13.105/2015) a oposição dos embargos também implica **interrupção** do prazo para a interposição de outros recursos, e, não mais, a mera suspensão desse prazo.

É firme o entendimento, no Supremo Tribunal Federal[44] e no Superior Tribunal

---

[44] STF — ARE 770.405 AgR/ES — 1ª Turma — Rel. Min. Roberto Barroso — j. 10.12.2013 — *DJe* 14.02.2014.

de Justiça[45], de que os embargos aclaratórios opostos intempestivamente não interrompem o prazo para interposição de outros recursos. Do mesmo modo, está sedimentado o entendimento das Cortes Superiores no sentido de que não gera a interrupção do prazo para outros recursos a oposição tempestiva de embargos de declaração que não sejam conhecidos por serem descabidos: "Os embargos de declaração, quando não conhecidos, por serem considerados inexistentes, não interrompem o prazo para a interposição de qualquer outro recurso. — Agravo não conhecido" (AgRg nos EDcl no Res 1.373.178/PR — Rel. Min. Nancy Andrighi — 3ª Turma — *DJe* 28.06.2013); "Embargos de declaração não conhecidos por incabíveis ou porque interpostos fora do prazo legal não suspendem nem interrompem o prazo para a interposição do extraordinário, que se encontra, por este motivo, intempestivo" (STF — AI 530.539-AgR — Rel. Min. Ellen Gracie — 2ª Turma — julgado em 15.02.2005 — *DJ* 04.03.2005 — p. 147-149).

Como já consignado por ocasião do estudo das disposições relativas à sentença (item 12.2.11), não são cabíveis os embargos de declaração quando a parte, a pretexto de sanar alegada situação de ambiguidade, obscuridade, contradição ou omissão, utiliza-se dos embargos com o intuito de provocar reexame de questão já analisada e suficientemente decidida.

Excepcionalmente, contudo, os embargos terão efeitos modificativos (também denominados efeitos infringentes): quando do reconhecimento do defeito decorrer, necessariamente, a alteração do que foi julgado.

> "Os embargos de declaração se prestam a sanar obscuridade, omissão ou contradição no aresto embargado, sendo perfeitamente possível a conferência de efeitos modificativos ao julgado quando constatado algum dos vícios elencados no art. 619 do Código de Processo Penal. Tendo a Corte local reconhecido a existência de omissão e contradição na fixação da pena imposta ao Réu, cabível a modificação da sanção em sede dos aclaratórios sem que possa falar em extrapolação dos limites do art. 619 do Diploma Processualista" (STJ — AgRg nos EDcl no REsp 1.304.376/AM — 5ª Turma — Rel. Min. Jorge Mussi — julgado em 02.08.2012 — *DJe* 13.08.2012).

> "Segundo a moldura do art. 619, do Código de Processo Penal, os embargos de declaração consubstanciam instrumento processual destinado a expungir do julgamento obscuridade, ambiguidade ou contradição, ou ainda para suprir omissão sobre tema de pronunciamento obrigatório pelo Tribunal, não se prestando para promover a mera reapreciação do julgado. A hipótese em que se confere efeito infringente aos embargos de declaração somente ocorre quando a modificação do julgamento decorrer da correção da ambiguidade, obscuridade ou contradição ou da supressão do ponto omisso." (STJ — EDcl no HC 7.348/SP — 6ª Turma — Rel. Min. Vicente Leal — julgado em 30.06.1999 — *DJ* 23.08.1999 — p. 147).

[45] STJ — AgRg no AREsp 606.677/SP — 5ª Turma — Rel. Min. Jorge Mussi — j. 14.04.2015 — *DJe* 22.04.2015; STJ — EDcl nos EDcl no AgRg no AREsp 364.076/SP — 6ª Turma — Rel. Min. Maria Thereza de Assis Moura — j. 12.02.2015 — *DJe* 25.02.2015.

De acordo com o **princípio da complementaridade recursal**, se a sentença ou o acórdão tiver seu teor alterado em razão da interposição dos embargos declaratórios, a parte adversa que tiver recorrido anteriormente da decisão poderá complementar o recurso, para amoldar o instrumento impugnativo à nova decisão.

■ 17.2.2.6. Revisão criminal

A revisão criminal é instrumento processual que pode ser utilizado **somente em favor do acusado** e que visa rescindir sentença penal condenatória transitada em julgado. Funda-se no princípio de que a verdade formal já espelhada na sentença deve ceder passo ante a necessidade de corrigir-se eventual injustiça.

■ 17.2.2.6.1. Natureza jurídica

Muito embora esteja disciplinada no Título que o Código reserva para os recursos, a revisão criminal é, em verdade, **ação autônoma de impugnação**, que se destina a desconstituir sentença ou acórdão transitado em julgado naquilo que se revelar desfavorável ao acusado. Diferentemente do que ocorre em relação aos recursos, a revisão criminal dá ensejo a uma nova relação jurídica processual, não se limitando a prolongar aquela já constituída.

■ 17.2.2.6.2. Legitimidade

A revisão criminal **só é admitida em prol do acusado**, já que nosso ordenamento não agasalha a rescisão *pro societate* de decisão transitada em julgado.

De acordo com o disposto no art. 623 do Código de Processo Penal, a revisão poderá ser pedida **pelo próprio réu** ou por procurador legalmente habilitado ou, no caso de morte do condenado, pelo cônjuge, ascendente, descendente ou irmão. Deve-se interpretar extensivamente o termo "cônjuge", para permitir que o ajuizamento da revisão, em caso de falecimento do acusado, seja feito por companheiro ou companheira com quem mantivesse união estável.

Admite-se, portanto, que o próprio réu ajuíze a revisão, ainda que não se faça representar por advogado, sem que haja conflito dessa previsão com o disposto no art. 133 da Constituição Federal, pois a constitucionalização do princípio da essencialidade da advocacia "não modificou a sua noção, não ampliou o seu alcance e nem tornou compulsória a intervenção do advogado em todos os processos. Legítima, pois, a outorga, por lei em hipóteses excepcionais, do *jus postulandi* a qualquer pessoa, como a ocorre na ação penal de *habeas corpus*, ou ao próprio condenado sem referir outros — como se verifica na ação de revisão criminal" (STF — RvC 4.886/SP — Tribunal Pleno — Rel. p/ acórdão Min. Celso de Mello — *DJ* 23.04.1993 — p. 6.919).

Há quem defenda a legitimidade do Ministério Público para ajuizamento de revisão criminal em favor do acusado, sob o fundamento de que, como fiscal da correta aplicação da lei, o órgão ministerial tem ampla liberdade de atuação[46]. Sustentamos, entretanto, que o Ministério Público não pode ajuizar a revisão, não apenas porque foi excluído do rol legal dos legitimados, mas, também porque tal posição é inconciliável com a circunstância de que é o próprio *Parquet* que compõe o polo passivo da ação de impugnação em questão, na qualidade de representante do Estado. Confira-se: "Revisão criminal — Legitimidade. O Estado-acusador, ou seja, o Ministério Público, não tem legitimidade para formalizar a revisão criminal, pouco importando haver emprestado ao pedido o rótulo de *habeas corpus*, presente o fato de a sentença já ter transitado em julgado há mais de quatro anos da impetração e a circunstância de haver-se arguido a competência da Justiça Federal, e não da Justiça Estadual, sendo requerente o Procurador da República" (STF — RHC 80.796/SP — 2ª Turma — Rel. Min. Marco Aurélio — *DJ* 10.08.2001 — p. 20).

■ *17.2.2.6.3. Pressupostos e oportunidade*

A revisão criminal submete-se às **condições das ações em geral**, motivo pelo qual seu exercício pressupõe que as partes sejam legítimas, que haja interesse de agir e que o pedido seja juridicamente possível.

A revisão, devido ao caráter rescisório que ostenta, pressupõe, ainda, a existência de sentença condenatória ou de sentença absolutória imprópria **passada em julgado**, sem o que não pode ser manejada. É indiferente, contudo, para fins de possibilidade de utilização da revisão a natureza da infração e o órgão jurisdicional que prolatou a decisão.

Uma vez transitada em julgado a decisão condenatória ou absolutória imprópria, a revisão pode ser ajuizada **a qualquer tempo**, mesmo depois do falecimento do sentenciado e de eventual extinção da pena (art. 622, *caput*, do CPP).

Registre-se, ainda, que, para requerer revisão criminal o condenado não é obrigado a recolher-se à prisão (**Súmula n. 393 do STF**).

■ *17.2.2.6.4. Hipóteses de cabimento*

As hipóteses de cabimento da revisão criminal relacionam-se à existência de casos excepcionais em que há evidente **erro judiciário**, sem que se possa admitir que sirva como novo recurso destinado a rediscutir matérias exaustivamente decididas antes do trânsito em julgado, pois entendimento contrário importaria em desrespeito ao princípio da **segurança jurídica** (art. 5º, XXXVI, da CF).

É cabível a revisão:

> 1) **Quando a sentença condenatória for contrária ao texto expresso da lei penal ou à evidência dos autos** (art. 621, I, do CPP).

É cabível a revisão quando a decisão mostrar-se inequivocamente em conflito

[46] Pedro Henrique Demercian e Jorge Assaf Maluly. *Curso de processo penal*, 7. ed., p. 676.

com o direito material (penal ou extrapenal) ou processual. Assim, compreende-se como sentença contrária ao texto expresso de lei aquela que condena o réu por prática de conduta atípica ou que impõe pena acima do limite máximo cominado.

É incabível a revisão, porém, com fundamento em alegação de modificação do entendimento jurisprudencial dominante que ensejou a condenação.

Não se admite, também, a revisão para aplicação de lei nova mais benéfica (*lex mitior*), já que a questão deve ser objeto de mero requerimento e apreciação pelo juízo da execução.

A segunda parte do dispositivo refere-se à decisão que ostenta erro evidente do juiz na apreciação da prova. Tem lugar nas hipóteses em que sentença não encontra lastro **em qualquer elemento de prova** dos autos. Veja-se: "Para que reste caracterizada a hipótese de condenação contrária à evidência dos autos, há de exsurgir da decisão combatida a total ausência de qualquer elemento probatório capaz de sustentar a condenação. Não se pode confundir revisão criminal, que tem requisitos específicos para o seu ajuizamento, com novo recurso de apelação. 2. Tendo o Tribunal do Júri afastado a tese da legítima defesa por cinco votos a dois, não cabe ao Tribunal *a quo*, em revisão criminal, reconhecer a legítima defesa, uma vez que o objetivo dessa ação é assegurar a correção de um erro judiciário, o que não ocorre quando sobre a prova haja uma interpretação aceitável e ponderada. 3. Recurso especial conhecido e provido, para restabelecer a decisão proferida pelo Tribunal do Júri" (STJ — REsp 1.022.546/SP — 5ª Turma — Rel. Min. Arnaldo Esteves Lima — julgado em 16.04.2009 — *DJe* 18.05.2009). Para avaliar se a sentença condenatória é contrária à evidência dos autos, será feita análise apenas do material probatório já existente nos autos.

2) **Quando a sentença condenatória se fundar em depoimentos, exames ou documentos comprovadamente falsos** (art. 621, II, do CPP).

Se houver prova de que elemento de convicção no qual se fundou a sentença é falso, será cabível a revisão criminal. Não basta, é importante frisar, que do processo conste prova inautêntica ou testemunho mendaz, pois é necessário que haja nexo de causalidade entre a prova falsa e a decisão do juiz. É pertinente, em relação ao tema, o magistério de Ada Pellegrini Grinover, Antonio Magalhães Gomes Filho e Antonio Scarance Fernandes: "O tribunal deverá indagar, nesse caso, se, excluída a prova falsa, a decisão seria a mesma, e, em caso afirmativo, dar pela improcedência da revisão criminal"[47].

O acusado deve ajuizar a revisão acompanhada da prova da falsidade, uma vez que não haverá apuração e dilação instrutória no juízo revidendo. Para **preconstituir** prova testemunhal, poderá o interessado valer-se da **justificação**, procedimento cautelar preparatório, colhendo depoimentos junto ao juízo de primeiro grau — o mesmo onde foi proferida a sentença. Para tanto basta petição nesse sentido ao juízo, devidamente fun-

[47] Ada Pellegrini Grinover; Antonio Magalhães Gomes Filho e Antonio Scarance Fernandes. *Recursos no processo penal*, 7. ed., p. 252.

damentada. Nada impede, ademais, que a prova preconstituída seja obtida em outro processo, civil ou criminal, como, por exemplo, o relativo a falso testemunho[48].

> 3) **Quando, após a sentença, se descobrirem novas provas de inocência do condenado ou de circunstância que determine ou autorize diminuição da pena** (art. 621, III, do CPP).

A prova de inocência ou de circunstância favorável ao acusado também deve ser preconstituída. Esse dispositivo não se refere à reapreciação de provas já existentes, mas à hipótese em que se descobre, após a sentença, haver provas ainda não anexadas aos autos, sendo esta a diferença em relação à hipótese do art. 621, I, 2ª figura.

■ *17.2.2.6.5. Competência*

Os tribunais são competentes para o julgamento da revisão criminal relativa aos processos julgados em definitivo pelo juízo de primeira instância, observadas as regras de definição da competência recursal.

Em relação aos processos cuja decisão final tenha sido proferida por tribunal, o julgamento da revisão competirá ao próprio tribunal. Ex.: é o Tribunal de Justiça que julga a revisão criminal ajuizada contra acórdão proferido por uma de suas câmaras.

A circunstância de ter havido, antes do trânsito em julgado, recurso extraordinário perante o Supremo Tribunal Federal ou especial junto ao Superior Tribunal de Justiça não transfere a competência para julgar a revisão criminal a esses tribunais, exceto se a revisão tiver sido pleiteada com base em matéria anteriormente discutida em tais modalidades recursais.

■ *17.2.2.6.6. Processamento*

a) o interessado dirigirá requerimento ao presidente do tribunal competente;

b) o pedido será distribuído a um relator que não tenha proferido decisão em qualquer fase do processo (art. 625, *caput*, do CPP);

c) o relator poderá indeferir liminarmente o pedido, se o julgar insuficientemente instruído e entender inconveniente para o interesse da justiça o apensamento aos autos principais, cabendo recurso nos termos do que preceituar o regimento interno (art. 625, § 3º, do CPP);

d) se não houver indeferimento liminar, os autos irão ao órgão de segunda instância do Ministério Público, que ofertará parecer em 10 dias (art. 625, § 5º, do CPP);

e) em seguida, os autos retornarão ao relator, que apresentará relatório em 10 dias, e, após, ao revisor, que terá prazo idêntico para análise; pedirá, por fim, designação de data para julgamento;

f) a decisão será tomada, então, pelo órgão competente.

---

[48] Pedro Henrique Demercian e Jorge Assaf Maluly. *Curso de processo penal*, 7. ed., p. 681.

■ 17.2.2.6.7. Efeitos

A revisão, se julgada procedente, poderá acarretar a **alteração** da classificação da infração, a **absolvição** do réu, a **redução** ou **modificação** da pena ou, ainda, a **anulação** do processo (art. 626, *caput*, do CPP).

O art. 630 do Código de Processo Penal prevê que o tribunal poderá, **desde que haja requerimento do interessado**, reconhecer o direito a uma justa indenização pelos prejuízos sofridos em decorrência de erro que vier a ser reconhecido quando do julgamento da revisão. Essa indenização será liquidada no juízo cível, e incumbirá à União, se a sentença foi prolatada pela Justiça Federal, e aos Estados, se prolatada pela respectiva Justiça. A indenização, porém, não será devida: a) se o erro ou injustiça da condenação proceder de ato ou falta **imputável ao próprio réu**, como a confissão ou a ocultação de prova que estava em seu poder; b) se a ação penal tiver sido privada. Neste caso, se o juízo tiver sido induzido em erro pelo querelante, deste deverá ser pleiteada a indenização.

Julgada improcedente a revisão, só poderá ser repetida se fundada em novos motivos (art. 622, parágrafo único, do CPP).

■ 17.2.2.6.8. Revisão de decisão do júri

Sustentamos que é conciliável com o princípio da soberania dos veredictos a possibilidade de revisão das decisões tomadas pelo júri, já que o postulado constitucional em questão foi estabelecido em garantia da liberdade do acusado e, portanto, não poderia servir de pretexto para restringir o direito de defesa. Por essa razão, prevalece o entendimento de que o tribunal, ao julgar procedente revisão criminal contra sentença do júri, exerce juízo rescisório, podendo, portanto, alterar a decisão anterior dos jurados[49].

■ 17.2.2.7. Carta testemunhável

É recurso destinado a garantir que o tribunal *ad quem* conheça e examine recurso cujo **processamento** foi obstado pelo órgão *a quo*.

■ 17.2.2.7.1. Natureza jurídica

Embora reconhecendo a irrelevância prática da controvérsia, Hélio Tornaghi defende que a carta testemunhável não tem natureza recursal, já que é mero "remédio ou meio de pleitear o seguimento de recurso que o juiz não admite ou ao qual não dá seguimento"[50]. Têm razão, no entanto, aqueles que sustentam tratar-se de recurso, na medida em que a carta testemunhável provoca o reexame de uma decisão, a pedido

---

[49] STF — HC 71.878/RS — 1ª Turma — Rel. Min. Celso de Mello — Julgamento: 19.03.1996 — *DJe*-50 17.03.2011.

[50] Hélio Tornaghi. *Curso de processo penal*, 9. ed., v. 2, p. 387.

da parte que sofreu gravame (José Frederico Marques[51], Vicente Greco Filho[52], Tourinho Filho[53], Fernando Capez[54], Guilherme de Souza Nucci[55], bem como Ada Pellegrini Grinover, Antonio Magalhães Gomes Filho e Antonio Scarance Fernandes[56]).

■ 17.2.2.7.2. *Hipóteses de cabimento*

Dar-se-á carta testemunhável da decisão que:

- **denegar** (não receber) **o recurso** (art. 639, I, do CPP);
- **admitindo o recurso, obstar à sua expedição e seguimento ao juízo *ad quem*** (art. 639, II, do CPP).

A carta testemunhável é recurso **residual**, isto é, cabível somente quando não houver previsão de interposição de outro recurso específico, tal como ocorre em relação à decisão que denega a apelação, que se expõe a recurso em sentido estrito (art. 581, XV, do CPP). O mesmo se diga no tocante à denegação de recurso especial e extraordinário por ausência dos requisitos e formalidades legais, em relação aos quais é cabível agravo nos próprios autos.

■ 17.2.2.7.3. *Processamento*

O prazo para interposição é de **48 horas**.

A petição é **dirigida ao escrivão** (funcionário mais graduado do cartório judicial), devendo o recorrente, denominado **testemunhante**, indicar quais peças serão extraídas dos autos, para formação da carta.

O escrivão fornecerá recibo ao testemunhante e, no prazo máximo de **5 dias**, extrairá e autuará a carta, que, em primeiro grau, obedecerá ao rito do recurso em sentido estrito, ensejando a conclusão ao juiz para decisão de manutenção ou retratação (efeito regressivo).

No juízo *ad quem*, a carta ganhará o **procedimento do recurso denegado** (art. 645 do CPP).

Além das peças obrigatórias (decisão contra a qual foi interposta a carta, petição do recorrente, resposta do juiz e certidão acerca da tempestividade), deve o requerente instruir suficientemente o recurso, para que o tribunal, caso conheça da carta, aprecie **imediatamente o mérito** do recurso que se pretende ver subir (art. 644 do CPP), em atenção ao princípio da economia processual.

---

51 José Frederico Marques. *Elementos de direito processual penal*, v. IV, p. 293.

52 Vicente Greco Filho. *Manual de processo penal*, 7. ed., p. 353.

53 Fernando da Costa Tourinho Filho. *Processo penal*, 33. ed., v. 4, p. 549.

54 Fernando Capez. *Curso de processo penal*, 18. ed., p. 794.

55 Guilherme de Souza Nucci. *Código de Processo Penal comentado*, 9. ed., p. 1031-1032.

56 Ada Pellegrini Grinover; Antonio Magalhães Gomes Filho e Antonio Scarance Fernandes. *Recursos no processo penal*, 7. ed., p. 161.

■ 17.2.2.7.4. *Efeitos*

A carta testemunhável não tem efeito suspensivo (art. 646 do CPP).

Se for provido o pedido veiculado na carta, o tribunal receberá o recurso denegado pelo juiz ou determinará o seguimento do recurso já recebido. Como exposto, poderá o tribunal, desde logo, caso trasladadas peças suficientes, julgar o mérito do recurso que se pretendia ver recebido ou processado. Ex.: o juiz rejeita a denúncia. O Ministério Público entra com recurso em sentido estrito. O juiz não recebe o recurso. O Ministério Público ingressa com carta testemunhável. O tribunal, então, se entender que era mesmo cabível o recurso em sentido estrito, **recebe-o** e, em seguida, julga seu mérito (recebendo a denúncia ou mantendo a rejeição).

■ 17.2.2.8. *Correição parcial*

A correição parcial é instrumento de impugnação de decisões que importem em **inversão tumultuária de atos do processo** e em relação às quais não haja previsão de recurso específico.

■ 17.2.2.8.1. *Natureza jurídica*

No passado, já se atribuiu à correição natureza de providência administrativo-disciplinar, destinada a provocar a tomada de medidas censórias contra o juiz e que, apenas secundariamente, produz efeitos no processo. Atualmente, porém, não se nega tenha natureza de recurso, uma vez que tem por finalidade a reforma pelos tribunais de decisão que tenha provocado tumulto processual.

■ 17.2.2.8.2. *Constitucionalidade e fundamento legal*

Em virtude de competir privativamente à União legislar sobre direito processual (art. 22, I, da CF), já se questionou a constitucionalidade dos dispositivos de leis estaduais que preveem a correição parcial, uma vez que a lei estadual não pode ser fonte normativa de providências para combater decisões judiciais[57].

A correição parcial, todavia, está prevista no art. 6º, I, da Lei n. 5.010/66, que organiza a Justiça Federal de primeira instância, bem como no art. 32, I, da Lei n. 8.625/93 (Lei Orgânica Nacional do Ministério Público), o que lhe confere **base legislativa federal** suficiente para afastar a suposta inconstitucionalidade, sobretudo porque compete à União, aos Estados e ao Distrito Federal legislar concorrentemente sobre procedimentos em matéria processual (art. 24, XI, da CF).

No Estado de São Paulo, a correição parcial é prevista no Código Judiciário do Estado de São Paulo (Decreto-lei Complementar n. 3/69), em seus arts. 93 a 96.

■ 17.2.2.8.3. *Legitimidade e hipóteses de cabimento*

Podem interpor correição parcial o acusado, o Ministério Público ou o querelante, bem como o assistente de acusação.

---

[57] Fernando da Costa Tourinho Filho. *Processo penal,* 33. ed., v. 4, p. 562.

A correição destina-se a impugnar erro ou abuso quanto a atos e fórmulas do processo, desde que importem em tumulto procedimental. É cabível sua interposição, portanto, apenas quando se tratar de ***error in procedendo***, mostrando-se inadmissível quando a decisão que se reputa equivocada versar sobre matéria de mérito (*error in judicando*).

É necessária, também, a inexistência de recurso específico para impugnar a decisão.

Será cabível a correição, dentre outros, nos seguintes casos: a) quando o juiz não remeter os autos de inquérito já findo à polícia para a realização das diligências requeridas pelo promotor de justiça; b) quando o juiz, nada obstante haver promoção de arquivamento lançada no inquérito, determinar o retorno dos autos à polícia, para prosseguimento das investigações; e c) da decisão que indeferir a oitiva de testemunha tempestivamente arrolada.

■ 17.2.2.8.4. Processamento

O art. 94 do Código Judiciário do Estado de São Paulo prescreve a observância, no "processo" de correição parcial, do rito do agravo de instrumento. Aplicam-se, pois, as normas atinentes ao recurso de agravo do Código de Processo Civil (arts. 1.015 a 1.020 do NCPC), que deve ser interposto no prazo de **15 dias** (art. 1.003, § 5º, do Novo CPC).

O julgamento da correição é feito pelo Tribunal competente para julgar os demais recursos.

A petição será, pois, endereçada diretamente ao tribunal competente e conterá a exposição do fato e do direito, bem assim as razões do pedido de reforma. Conterá, ainda, o nome dos procuradores das partes, bem como o endereço deles.

Será instruída, necessariamente, com cópia da decisão impugnada, de certidão de intimação do recorrente, a fim de comprovar a tempestividade, e das procurações outorgadas aos advogados.

O relator, a pedido do interessado, poderá conferir efeito suspensivo à correição, bem como ordenará a intimação da parte adversa, para que apresente resposta diretamente ao tribunal, ouvindo, ainda, o órgão do Ministério Público que oficia perante o tribunal (art. 1.019 do NCPC).

Em seguida, colher-se-á a manifestação do Ministério Público em segunda instância e a correição será julgada, desde que não tenha havido reforma da decisão pelo juiz, já que, nessa hipótese, a correição restará prejudicada.

■ 17.2.2.9. Reclamação

A reclamação é instrumento destinado a **preservar a competência** dos tribunais e a **garantir autoridade de suas decisões** jurisdicionais.

A Constituição Federal prevê expressamente a possibilidade de manejo da reclamação para o Supremo Tribunal Federal (art. 102, I, *l*) e para o Superior Tribunal de

Justiça (art. 105, I, *f*). No Estado de São Paulo, a reclamação, como mecanismo de garantia da autoridade das decisões do Tribunal de Justiça, foi prevista na Constituição Estadual (art. 74, X).

O procedimento para a reclamação destinada a preservar a competência ou a garantir a autoridade de decisões do Supremo Tribunal Federal ou do Superior Tribunal de Justiça era previsto nos arts. 13 a 18 da Lei n. 8.038/90, que, todavia, foram expressamente revogados pelo Novo Código de Processo Civil, que passou a regulamentar o tema em seus arts. 988 a 993.

De acordo com o art. 988, caberá reclamação da parte interessada ou do Ministério Público para: I — preservar a competência do tribunal; II — garantir a autoridade das decisões do tribunal; III — garantir a observância de enunciado de súmula vinculante e de decisão do Supremo Tribunal Federal em controle concentrado de constitucionalidade; IV — garantir a observância de acórdão proferido em julgamento de incidente de resolução de demandas repetitivas ou de incidente de assunção de competência. A reclamação pode ser proposta perante qualquer tribunal, e seu julgamento compete ao órgão jurisdicional cuja competência se busca preservar ou cuja autoridade se pretenda garantir (§ 1º). A reclamação é cabível qualquer que seja a instância em que a decisão tenha sido proferida e pode ser proposta, nas hipóteses acima, ainda que caiba recurso ordinário contra a decisão.

O art. 988, § 5º, II, do NCPC prevê uma última hipótese de reclamação: para garantir a observância de acórdão de recurso extraordinário com repercussão geral reconhecida ou de acórdão proferido em julgamento de recursos extraordinário ou especial repetitivos, **desde que esgotadas as instâncias ordinárias**. Nessa hipótese, portanto, não caberá a reclamação se contra a decisão ainda for cabível algum recurso nas instâncias ordinárias.

A reclamação deverá ser instruída com prova documental e dirigida ao presidente do tribunal (art. 988, § 2º). Assim que recebida, a reclamação será autuada e distribuída ao relator do processo principal, sempre que possível (§ 3º).

Ao despachar a reclamação, o relator: I — requisitará informações da autoridade a quem for imputada a prática do ato impugnado, que as prestará no prazo de dez dias; II — se necessário, ordenará a suspensão do processo ou do ato impugnado para evitar dano irreparável; III — determinará a citação do beneficiário da decisão impugnada, que terá prazo de quinze dias para apresentar a sua contestação (art. 989).

Saliente-se que o art. 990 permite a qualquer interessado impugnar o pedido do reclamante. Por sua vez, o art. 991 dispõe que, na reclamação que não houver formulado, o Ministério Público terá vista do processo por cinco dias, após o decurso do prazo para informações e para o oferecimento da contestação pelo beneficiário do ato impugnado.

Caso seja julgada procedente a reclamação, o tribunal cassará a decisão exorbitante de seu julgado ou determinará medida adequada à solução da controvérsia (art. 992).

De acordo com o art. 988, § 5º, I, do NCPC, é inadmissível a reclamação proposta após o trânsito em julgado da decisão reclamada.

Por fim, a inadmissibilidade ou o julgamento do recurso interposto contra a decisão proferida pelo órgão reclamado não impede a impugnação mediante reclamação (art. 988, § 6º).

De acordo com o art. 103-A, § 3º, da CF, a reclamação pode ser utilizada para atacar ato administrativo ou decisão judicial que contrarie súmula vinculante do Supremo Tribunal Federal ou que indevidamente a aplique (art. 103-A, § 3º, da CF). Em tais hipóteses, o Supremo, se julgar procedente a reclamação, anulará o ato administrativo ou, conforme estudado, cassará a decisão judicial reclamada, determinando que outra seja proferida, com ou sem a aplicação da súmula, conforme o caso. O inciso IV do art. 988 do Novo CPC e o seu § 5º, II, aumentam o alcance da reclamação, permitindo o seu manejo quando a decisão contrariar precedente proferido em julgamento de casos repetitivos e em incidente de resolução de demandas repetitivas. Há, porém, quem entenda que tais dispositivos são inconstitucionais[58] por não estarem

[58] Este o entendimento de Pedro Lenza, inserto em artigo publicado no Conjur (www.conjur.com.br) em 13 de março de 2015, intitulado "Vinculação da jurisprudência. Reclamação Constitucional: Inconstitucionalidades do Novo CPC/2015". O artigo foi escrito antes da Lei n. 13.256/2016, que modificou o art. 988 do NCPC. A crítica do renomado autor, atualmente, alcançaria o atual art. 988, IV, e também a regra inserta no § 5º, II, do mesmo dispositivo.

"Pois bem, definido esse novo sentido da jurisprudência, resta analisar a amplitude da vinculação dos juízes e tribunais e, no caso, o cabimento ou não desse inegável direito fundamental (verdadeiro direito de petição — art. 5º, XXXV, "a"), denominado reclamação constitucional.

Pelos dispositivos normativos citados no quadro acima, o CPC/2015 seguiu a tendência que já se verificava em relação às últimas minirreformas do Código Buzaidiano de 1973, aumentando o poder decisório dos relatores e a 'vinculação' sugestiva decorrente de posicionamentos já sumulados e pacificados nos tribunais superiores.

O CPC/2015, contudo, avançou e supervalorizou o cabimento da reclamação e, assim, o efeito vinculante das decisões.

De acordo com o art. 988, IV, CPC/2015, caberá reclamação da parte interessada ou do Ministério Público para garantir a observância de precedente proferido em julgamento de casos repetitivos ou em incidente de assunção de competência.

Por sua vez, o art. 985, § 1º, CPC/2015, reforça que caberá reclamação se não observada a tese adotada no incidente de resolução de demandas repetidas (IRDR).

Em nosso entender, essas regras de vinculação não poderiam ter sido introduzidas por legislação infraconstitucional, mas, necessariamente, por emenda constitucional a prever outras hipóteses de decisões com efeito vinculante, além daquelas já previstas na Constituição.

Como se sabe, na CF/88, o efeito vinculante (no caso, premissa para se falar nessa hipótese de cabimento da reclamação), somente se observa em razão das decisões em controle concentrado de constitucionalidade (art. 102, § 2º), ou em razão de edição, revisão ou cancelamento de súmula vinculante (art. 103-A), regra essa, aliás, na linha do que sustentamos, introduzida pela EC 45/2004.

Não podemos confundir efeitos processuais dos instrumentos elencados acima com ampliação das hipóteses de cabimento da reclamação constitucional (art. 102, I, "l") para a garantia da autoridade das decisões dos tribunais.

(...)

Em nosso entender, essa dita 'vinculação', no controle da decisão judicial, não poderá ensejar o cabimento da reclamação constitucional.

Como se disse, sem dúvida, ferramentas processuais serão importantes para abreviar a entrega da prestação jurisdicional (aliás, como sabemos, a razoável duração do processo é direito fundamental — art. 5º, LXXIII, CF/88). Exemplificando, é perfeitamente admissível a introdução por lei de julgamento monocrático pelo relator no tribunal em observância à jurisprudência dominante do STF ou do STJ, ou a restrição das hipóteses de remessa necessária.

abrangidos pelo dispositivo mencionado da Carta Magna, razão pela qual é recomendável a interposição concomitante de recurso especial ou extraordinário.

■ *17.2.2.10.* Habeas corpus

O *habeas corpus* tem origem na Magna Carta inglesa, outorgada em 1215, e foi formalizado pelo *Habeas Corpus Act*, de 1679[59], quando passou a ter contorno de instrumento de garantia do direito de locomoção. Entre nós, foi introduzido pelo Código de Processo Criminal de 1832 e passou a ter estatura constitucional quando da edição da primeira Constituição republicana, em 1891[60].

O significado da expressão *habeas corpus* ("tomes o corpo" e apresentes a pessoa detida ao juiz[61]) já delineia sua vocação, pois a submissão do paciente à presença do juiz constitui, muitas vezes, meio eficaz para verificar-se a existência de coação e de fazer cessá-la.

O instituto encontra atualmente a seguinte previsão no texto constitucional: "Conceder-se-á *habeas corpus* sempre que alguém sofrer ou se achar ameaçado de sofrer violência ou coação em sua liberdade de locomoção, por ilegalidade ou abuso de poder" (art. 5º, LXVIII, da CF).

Diante dessa definição básica, conclui-se que o *habeas corpus* é instrumento

---

Contudo, isso não pode significar o cabimento da reclamação constitucional. Assim, entendemos, flagrantemente inconstitucional essa pretensão trazida no CPC/2015.

Estamos nos referindo aos arts. 988, IV, 985, § 1º, 947, § 3º e, também, ao art. 927, III, IV e V (CPC/2015) ao se estabelecer que os juízes e tribunais observarão:

— os acórdãos em incidente de assunção de competência ou de resolução de demandas repetitivas e em julgamento de recursos extraordinário e especial repetitivos;

— os enunciados das súmulas do Supremo Tribunal Federal em matéria constitucional e do Superior Tribunal de Justiça em matéria infraconstitucional;

— a orientação do plenário ou do órgão especial aos quais estiverem vinculados.

Dizer que devem observar significa vincular. O art. 947, § 3º, aliás, expressamente estabelece que o acórdão proferido em assunção de competência vinculará todos os juízes e órgãos fracionários, exceto se houver revisão de tese. Criam-se hipóteses de vinculação por lei. Esse é o problema, pois a previsão de efeito vinculante enseja o cabimento da reclamação.

Não estamos a condenar os efeitos processuais, aliás, muito bem-vindos e uma realidade já no CPC/73 em razão de suas minirreformas. Estamos, por outro lado, unicamente a não reconhecer o efeito vinculante para o cabimento da reclamação constitucional.

Entendemos que essa é a linha da interpretação do STF, conforme se verificou no julgamento da RCL 4.335.

No voto do ministro Teori Zavascki, ficou claro a necessidade, muito embora reconhecida a eficácia expansiva das decisões mesmo quando tomadas em controvérsias concretas e individuais, de se dar uma interpretação estrita à reclamação constitucional, sob pena de transformar o STF em Corte de revisão, em órgão recursal, tendo em vista a criação de um inadmissível (porque inconstitucional) atalho processual ou, ainda, um acesso *per saltum* à Suprema Corte em combatida supressão de instância".

[59] Pedro Lenza. *Direito constitucional esquematizado*, 15. ed., p. 940.

[60] Hélio Tornaghi. *Curso de processo penal*, 9. ed., v. 2, p. 392.

[61] Fernando da Costa Tourinho Filho. *Processo penal*, 33. ed., v. 4, p. 640.

que se destina, nos dias de hoje[62], a **garantir exclusivamente o direito de locomoção** (liberdade de ir e vir).

■ *17.2.2.10.1. Natureza jurídica*

Embora o *habeas corpus* tenha sido regulamentado pelo Código de Processo Penal no título destinado aos recursos, cuida-se, em verdade, de **ação penal popular constitucional** voltada à proteção da liberdade de locomoção.

Não é demais lembrar que os recursos têm como pressuposto a existência de um processo e de uma decisão não transitada em julgado (ou não preclusa) a ser discutida no seio da mesma relação jurídica processual. O *habeas corpus*, por outro lado, pode ser utilizado **ainda que não haja processo** ou decisão a ser impugnada e serve, não raro, como meio de **rescindir a coisa julgada**.

Todavia, apesar de ação, exerce, algumas vezes, função de impugnação de decisão judicial, ocasionando a revisão do ato contra o qual foi investido. Ex.: *habeas corpus* concedido para reformar decisão que indeferiu pedido de liberdade provisória.

Como nas ações em geral, a impetração de *habeas corpus* pressupõe a presença das condições da ação: possibilidade jurídica do pedido, interesse de agir e legitimidade das partes.

■ *17.2.2.10.2. Espécies*

O *habeas corpus* pode ser (art. 647 do CPP):

- **liberatório** (corretivo ou repressivo) — tem lugar quando alguém sofrer violência ou coação ilegal na liberdade de ir e vir, ou seja, quando se pretende a restituição da liberdade a alguém que já se acha com esse direito violado;
- **preventivo** — justifica-se sempre que alguém se achar na iminência de sofrer a violência ou coação, isto é, quando se pretende evitar que a ilegal restrição à liberdade se efetive, desde que haja fundado receio de que irá ocorrer.

É com base no caráter preventivo do *habeas corpus* que se exerce o controle de legalidade da persecução penal, pois o evento prisão, em maior ou menor probabilidade, afigura-se possível quando instaurado inquérito policial ou ajuizada ação penal. Por esse motivo, permite-se, em certos casos, até mesmo o **trancamento** de inquérito ou de ação penal pela via do *habeas corpus*, desde que o fato apurado, por exemplo, seja evidentemente atípico ou que já esteja extinta a punibilidade.

Consolidou-se, entretanto, o entendimento segundo o qual não é cabível *habeas corpus* para discutir matéria relativa a processo cujo crime é apenado **exclusivamen-**

[62] Sob a égide da Constituição de 1891, o *habeas corpus* foi largamente utilizado como instrumento de tutela de outros direitos e liberdades ameaçados ou lesados por ilegalidade, ou abuso de poder: é o que se denomina "doutrina brasileira do *habeas corpus*".

te com multa, pois não se estaria tutelando liberdade de locomoção[63]. Nesse sentido, a **Súmula n. 693, do Supremo Tribunal Federal**: "Não cabe *habeas corpus* contra decisão condenatória a pena de multa, ou relativo a processo em curso por infração penal a que a pena pecuniária seja a única cominada". Também por não haver risco de restrição à liberdade de locomoção do indiciado ou réu, o Supremo editou a **Súmula n. 695**, segundo a qual "não cabe *habeas corpus* quando já extinta a pena privativa de liberdade".

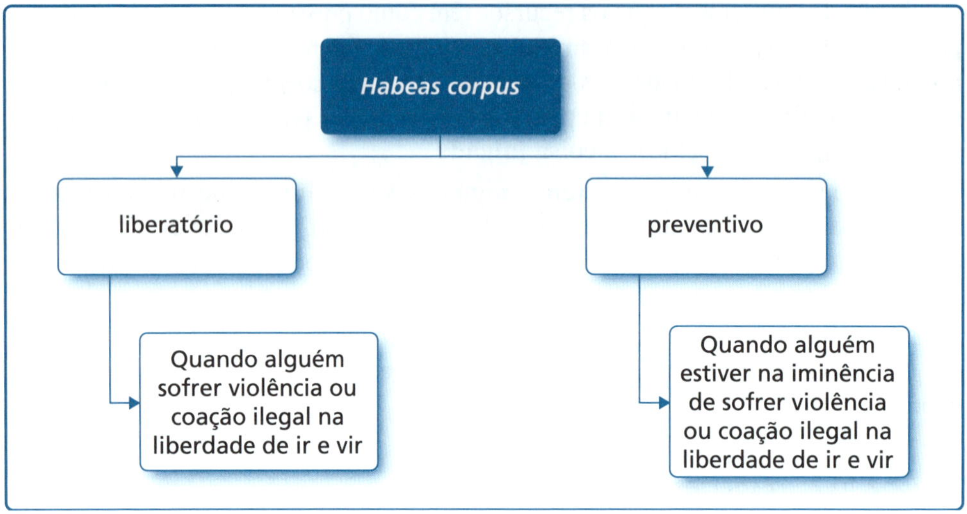

■ *17.2.2.10.3. Legitimidade ativa*

O *habeas corpus* pode ser impetrado por **qualquer pessoa** (art. 654, *caput*, do CPP), em seu favor ou de outrem, **independentemente de representação de advogado**. Denomina-se **impetrante** a pessoa que ajuíza o pedido de *habeas corpus*.

O *writ* pode ser impetrado, portanto, inclusive por:

- analfabeto;
- estrangeiro;
- incapaz, mesmo sem autorização do representante legal;
- pessoa jurídica;
- órgão do Ministério Público.

Não obstante mostrar-se ampla a legitimação para impetração, deve-se analisar a existência de interesse de agir, para que se façam presentes as **condições da ação**. Assim, não poderá o Ministério Público impetrar *habeas corpus* para trancar ação penal por ele proposta.

[63] A conversão da multa em pena privativa de liberdade é vedada pelo ordenamento, em razão da redação dada ao art. 51 do Código Penal, pela Lei n. 9.268/96.

O **paciente**, pessoa em favor de quem se impetra a ordem, tem de ser, necessariamente, **pessoa física**, pois apesar de pessoas jurídicas poderem figurar como rés em crimes de natureza ambiental (Lei n. 9.605/98), não se sujeitam a penas privativas de liberdade.

Não é demais registrar que o *habeas corpus* não se destina a tutelar a liberdade de animais, já que a previsão constitucional limita a utilização do instituto à proteção de uma ou mais pessoas ("alguém")[64].

A lei exige que petição de *habeas corpus* indique "o nome da pessoa que sofre ou está ameaçada de sofrer violência ou coação" (art. 654, § 1º, *a*, do CPP), razão pela qual a falta de identificação do paciente impede o conhecimento do pedido[65].

O juiz de direito não poderá, nessa qualidade, impetrar *habeas corpus*, já que o órgão jurisdicional é sempre inerte, mas pode concedê-lo **de ofício** nos processos de sua competência (art. 654, § 2º, do CPP).

Existe divergência acerca da necessidade de possibilitar a manifestação do paciente sobre a impetração na hipótese de o remédio heroico não ter sido ajuizado por ele. Há quem repute a providência (consulta ao paciente) desnecessária, pois a propositura da ação de *habeas corpus* jamais poderia causar gravame ao paciente. Não se pode desconsiderar, no entanto, que, em certas ações de *habeas corpus* relacionadas ao controle de legalidade da persecução penal, a impetração realizada por terceiros pode prejudicar estratégia defensiva, daí por que é salutar conceder ao paciente a faculdade de rebelar-se contra o remédio.

■ *17.2.2.10.4. Legitimidade passiva*

O *habeas corpus* deve ser impetrado em face de quem exercer a violência, coação ou ameaça (art. 654, § 1º, *a*, do CPP), sujeito que recebe a designação de **coator** ou **autoridade coatora**.

Embora, na prática, a coação ao direito de ir e vir, quase sempre, decorra de ato de **autoridade pública**, há discordância doutrinária acerca da possibilidade de impetração contra ato de particular, como, por exemplo, para cessar restrição à liberdade de colono exercida pelo dono de fazenda.

Segundo o entendimento de Hélio Tornaghi, o remédio constitucional só é cabível quando o coator exerce função pública, pois a coação exercida por particular configura crime e as providências contra o coator devem ser pedidas à Polícia[66].

---

[64] Sobre a impossibilidade de utilização do *writ* em favor de animais, veja-se: STJ — HC 397.424/SC — Rel. Min. Gurgel de Faria — Julgamento: 29.04.2017.

[65] STF — HC 143.704 MC/PR — Rel. Min. Celso de Mello — Julgamento: 10.05.2017.

[66] Hélio Tornaghi. *Curso de processo penal,* 9. ed., v. 2, p. 396.

Vicente Greco Filho[67], Julio Fabbrini Mirabete[68], Guilherme de Souza Nucci[69], Pedro Henrique Demercian e Jorge Assaf Maluly[70], assim como Ada Pellegrini Grinover, Antonio Magalhães Gomes Filho e Antonio Scarance Fernandes[71], contudo, defendem a possibilidade de utilização do *habeas corpus* para prevenir ou cessar o ataque à liberdade de locomoção também quando praticado por particular.

Essa é a orientação à qual aderimos, uma vez que a Constituição não se referiu apenas ao "abuso de poder", mas também à "ilegalidade", que pode decorrer de conduta de particular (art. 5º, LXVIII, da CF). Acresce a esse aspecto a circunstância de que o instituto, dada a importância do objeto jurídico tutelado, não poder ser interpretado de forma restritiva.

Deve-se fazer distinção, de um lado, entre o **detentor** do preso ou **executor** da ordem ilegal e, de outro lado, o **coator**. Detentor ou executor é quem executa o ato de responsabilidade de outrem, como o diretor de estabelecimento penal que, por ordem do juiz, encarcera determinada pessoa. Nesse caso, o legitimado passivo será o coator, ou seja, o responsável pela ordem (no citado exemplo, o juiz).

Nesse diapasão, quando a instauração de inquérito policial é requisitada por juiz de direito ou promotor de justiça, serão essas as autoridades coatoras, e não o delegado de polícia, que apenas deu cumprimento à ordem.

É possível, todavia, que a figura do executor e do coator recaiam sobre a mesma pessoa, por exemplo, quando delegado de polícia, responsável por uma prisão em flagrante, não a comunica à autoridade judiciária competente e mantém a pessoa detida sob sua custódia.

■ *17.2.2.10.5. Cabimento*

É pressuposto para o cabimento do *habeas corpus* a ocorrência de ilegalidade ou abuso de poder que acarrete violação ao direito de locomoção de alguém.

Ilegalidade (falta de amparo legal) é gênero do qual o **abuso de poder** é espécie. Esse último ocorrerá quando a autoridade, embora competente para a prática do ato, age com excesso no uso das faculdades administrativas ou ultrapassa os limites de atribuição previstos na lei.

É incabível, entretanto, a impetração na hipótese de **punições disciplinares militares** (impossibilidade jurídica de pedido de ordem de ***habeas corpus***), já que o próprio texto constitucional faz essa ressalva (art. 142, § 2º, da CF). Essa restrição, que se aplica também aos militares dos Estados, do Distrito Federal e dos Territórios (art. 42, § 1º, da CF), não afasta a possibilidade de utilização do *habeas corpus* para

---

[67] Vicente Greco Filho. *Manual de processo penal,* 7. ed., p. 423.

[68] Julio Fabbrini Mirabete. *Código de Processo Penal interpretado,* 4. ed., p. 774.

[69] Guilherme de Souza Nucci. *Código de Processo Penal comentado,* 9. ed., p. 1067-1068.

[70] Pedro Henrique Demercian e Jorge Assaf Maluly. *Curso de processo penal*, 7. ed., p. 637-638.

[71] Ada Pellegrini Grinover; Antonio Magalhães Gomes Filho e Antonio Scarance Fernandes. *Recursos no processo penal,* 7. ed., p. 282-283.

a verificação dos **pressupostos de legalidade das transgressões** (a hierarquia, o poder disciplinar, o ato ligado à função e a pena susceptível de ser aplicada disciplinarmente[72]), já que a limitação ao uso do remédio heroico diz respeito, apenas, à análise do mérito do ato. Nesse sentido, aliás, já se manifestou o Supremo Tribunal Federal: "Recurso Extraordinário. Matéria Criminal. Punição disciplinar militar. Não há que se falar em violação ao art. 142, § 2º, da CF, se a concessão de *habeas corpus*, impetrado contra punição disciplinar militar, volta-se tão somente para os pressupostos de sua legalidade, excluindo a apreciação de questões referentes ao mérito. Concessão de ordem que se pautou pela apreciação dos aspectos fáticos da medida punitiva militar, invadindo seu mérito. A punição disciplinar militar atendeu aos pressupostos de legalidade, quais sejam, a hierarquia, o poder disciplinar, o ato ligado à função e a pena susceptível de ser aplicada disciplinarmente, tornando, portanto, incabível a apreciação do *habeas corpus*. Recurso conhecido e provido" (STF — RE 338.840/RS — 2ª Turma — Rel. Min. Ellen Gracie — *DJ* 12.09.2003 — p. 49).

O Código enumerou, **exemplificativamente**, hipóteses em que se considera haver coação ilegal:

1) **Quando não houver justa causa para a coação** (art. 648, I, do CPP).

Essa abrangente disposição, a rigor, torna desnecessárias as demais, pois todas elas tratam de hipóteses em que há falta de justa causa[73], ou seja, de hipóteses em que a restrição à liberdade de locomoção não tem lastro legal ou fático.

Além de outros requisitos, a justa causa para a prisão subordina-se à existência de situação de **flagrante delito** ou de **ordem escrita e fundamentada de autoridade judiciária competente**, ressalvada a possibilidade de prisão por transgressão ou crime propriamente militar (art. 5º, LXI, da CF).

A falta de justa causa é considerada evidente se o fato que anima o inquérito ou o processo é atípico.

2) **Quando alguém estiver preso por mais tempo do que determina a lei** (art. 648, II, do CPP).

O dispositivo refere-se ao excesso de prazo da prisão cautelar, bem como à manutenção do sentenciado na prisão por prazo superior ao da pena imposta.

No que se refere ao prazo para a formação da culpa quando o acusado estiver preso preventivamente, deve-se observar o limite de 120 dias para que haja colheita da prova acusatória (125 dias na esfera federal) — ver item 10.3.7 (duração da prisão preventiva). Esse limite, entretanto, não é categórico, pois pode ser estendido em virtude de peculiaridades do caso concreto, como, por exemplo, o adiamento de au-

---

72 STF — HC 70.648/RJ — 1ª Turma — Rel. Min. Moreira Alves — Julgamento: 09.11.1993 — *DJ* 04.03.1994 — p. 3.289.

73 Hélio Tornaghi. *Curso de processo penal*, 9. ed., v. 2, p. 394.

diências em razão da não condução do réu preso ou a necessidade de expedição de cartas precatórias. Assim, apenas a demora **injustificada** no encerramento da instrução processual configurará constrangimento ilegal à liberdade de locomoção.

Se o paciente estiver preso cautelarmente por mais tempo do que a pena máxima prevista para o crime, também haverá coação sanável por via do *habeas corpus*, mesmo que já se tenha encerrado a instrução ou o processo.

A respeito do tema, vale lembrar, existem dois importantes enunciados do **Superior Tribunal de Justiça**: a **Súmula n. 52** ("Encerrada a instrução criminal, fica superada a alegação de constrangimento por excesso de prazo") e a **Súmula n. 64** ("Não constitui constrangimento ilegal o excesso de prazo na instrução, provocado pela defesa").

> 3) **Quando quem ordenar a coação não tiver competência para fazê-lo** (art. 648, III, do CPP).

Ressalvadas as hipóteses de flagrante e de prisão disciplinar militar ou por crime militar, apenas ao **juiz de direito** ou ao **tribunal** competente é dado expedir decreto de prisão. Ainda que a autoridade que ordenou o ato coativo esteja investida em jurisdição, haverá ilegalidade passível de correção pelo *habeas corpus* se o órgão jurisdicional for absolutamente incompetente.

> 4) **Quando houver cessado o motivo que autorizou a coação** (art. 648, IV, do CPP).

Uma vez desaparecido o motivo que ensejou a prisão, a medida restritiva deve ser imediatamente revogada. Se, no entanto, a coação for mantida a despeito da insubsistência do fundamento que levou à sua decretação, haverá ilegalidade sanável por meio de pedido de ordem de *habeas corpus*.

> 5) **Quando não for alguém admitido a prestar fiança, nos casos em que a lei a autoriza** (art. 648, V, do CPP).

O dispositivo ecoa a garantia constitucional de que "ninguém será levado à prisão ou nela mantido, quando a lei admitir a liberdade provisória, com ou sem fiança" (art. 5º, LXVI, da CF), explicitando haver ilegalidade em deixar de conceder fiança a quem faz jus ao seu arbitramento.

> 6) **Quando o processo for manifestamente nulo** (art. 648, VI, do CPP).

O dispositivo refere-se à nulidade **manifesta**, isto é, aquela sobre cuja existência não há dúvida, possibilitando a invalidação, por meio do *habeas corpus*, dos atos praticados em desconformidade com o modelo legal que, de algum modo, causem prejuízo ao acusado. A nulidade passível de reconhecimento por meio do remédio constitucional em estudo pode advir de várias causas: ilegitimidade de parte, ausência de citação etc.

7) **Quando extinta a punibilidade** (art. 648, VII, do CPP).

Cabalmente provada a ocorrência de causa extintiva da punibilidade, não há razão para instauração ou prosseguimento do processo, o que enseja a possibilidade de utilização do *habeas corpus* para obter o trancamento de ação quando tal situação for verificada.

■ *17.2.2.10.6. Competência*

O **critério da territorialidade** é norteador da competência: é competente para julgar pedido de *habeas corpus* o juiz em cujos limites de jurisdição estiver ocorrendo a coação. Assim, o juiz de primeiro grau julgará *habeas corpus* em que figurar como coator, p. ex., o delegado de polícia.

A competência do juiz de primeiro grau cessará, todavia, sempre que a violência ou coação emanar de autoridade judiciária de igual ou superior jurisdição (art. 650, § 1º, do CPP). Embora não haja expressa previsão legal, a regra também se aplica à violência ou coação atribuída ao membro do Ministério Público, em virtude do **critério da hierarquia**, segundo o qual o julgamento do *habeas corpus* compete ao tribunal a que caberia julgar originariamente a prática de crime atribuído à autoridade coatora. Ex.: juiz estadual quando comete crime comum é julgado pelo Tribunal de Justiça. Assim, eventual *habeas corpus* contra qualquer ato de juiz estadual é julgado por mencionado Tribunal.

Cabe, portanto, ao Tribunal de Justiça apreciar os pedidos de *habeas corpus* em que figure como coator juiz de direito ou promotor de justiça. Tratando-se de juiz federal ou membro do Ministério Público Federal de primeira instância, caberá ao Tribunal Regional Federal apreciar a impetração. Atento a esse critério, o Superior Tribunal de Justiça assim orienta sua jurisprudência: "Conforme pacífico entendimento deste Tribunal Superior, compete ao Tribunal de Justiça local processar e julgar *habeas corpus* contra ato imputado a membro do Ministério Público estadual" (STJ — HC 136.370/SP — 5ª Turma — Rel. Min. Laurita Vaz — *DJe* 14.03.2011).

Ao **Supremo Tribunal Federal** compete o julgamento do *habeas corpus* quando:

- o **paciente** for o Presidente da República, o Vice-Presidente, membro do Congresso Nacional, ministro do Supremo Tribunal Federal, o Procurador-Geral da República, ministro de Estado, o Comandante da Marinha, do Exército ou da Aeronáutica, membro de Tribunal Superior ou do Tribunal de Contas da União ou chefe de missão diplomática de caráter permanente (art. 102, I, *d*, da CF);
- o **coator** ou **paciente** for Tribunal Superior, autoridade ou funcionário cujos atos estejam sujeitos diretamente à jurisdição do Supremo, ou se trate de crime sujeito à mesma jurisdição em única instância (art. 102, I, *i*, da CF).

Em razão da dicção do art. 105, I, *c*, da Constituição Federal, a competência para julgamento de pedido de ordem de *habeas corpus* será do **Superior Tribunal de Justiça** nas seguintes hipóteses:

- quando o **coator** ou **paciente** for Governador de Estado ou do Distrito Federal, desembargador dos Tribunais de Justiça dos Estados e do Distrito Federal, membro dos Tribunais de Contas dos Estados e do Distrito Federal, dos Tribunais Regionais Federais, dos Tribunais Regionais Eleitorais e do Trabalho, membro dos Conselhos ou Tribunais de Contas dos Municípios e os do Ministério Público da União que oficiem perante tribunais;
- quando o **coator** for tribunal sujeito à sua jurisdição, Ministro de Estado ou Comandante da Marinha, do Exército ou da Aeronáutica, ressalvada a competência da Justiça Eleitoral.

Atento ao critério da hierarquia como definidor da competência para o julgamento de *habeas corpus* o **Pleno do Supremo Tribunal Federal** estabeleceu que incumbe aos Tribunais de Justiça e aos Tribunais Regionais Federais julgar o *writ* impetrado contra decisão das turmas recursais dos Juizados Especiais Criminais, alterando, assim, a orientação que anteriormente adotara[74]: "A competência para o julgamento do *habeas corpus* é definida pelos envolvidos — paciente e impetrante. ATO DE TURMA RECURSAL. Estando os integrantes das turmas recursais dos juizados especiais submetidos, nos crimes comuns e nos de responsabilidade, à jurisdição do tribunal de justiça ou do tribunal regional federal, incumbe a cada qual, conforme o caso, julgar os *habeas corpus* impetrados contra ato que tenham praticado" (STF — HC 86.834/SP — Tribunal Pleno — Rel. Min. Marco Aurélio — *DJ* 09.03.2007 — p. 26).

17.2.2.10.7. *Processamento*

As principais características do procedimento do *habeas corpus*, em qualquer instância, são:

- **simplicidade**;
- **sumariedade do rito**.

A petição, que pode ser redigida por qualquer pessoa, independentemente da representação por advogado, conterá (art. 654, § 1º, do CPP):

a) o nome da pessoa que sofre ou está ameaçada de sofrer violência ou coação;

b) o nome de quem exercer a violência, coação ou ameaça — a omissão do nome da autoridade coatora, entretanto, não acarreta qualquer prejuízo, desde que declinado seu cargo ou, ainda, indicado o detentor ou executor;

c) a declaração da espécie de constrangimento ou, em caso de simples ameaça de coação, as razões em que se funda seu temor;

---

[74] Não prevalece mais, portanto, a Súmula 690 do STF, que assim se exprimia: "Compete originariamente ao Supremo Tribunal Federal o julgamento de *habeas corpus* contra decisão de turma recursal de juizados especiais criminais".

d) a assinatura do impetrante, ou de alguém a seu rogo, quando não souber ou não puder escrever, e a indicação das respectivas residências.

Além disso, a impetração deve ser redigida em **língua portuguesa** e veicular a identificação do impetrante, já que é inadmissível a impetração anônima.

Em linhas gerais, o procedimento em primeira instância ganha os seguintes contornos:

a) a impetração pode dar-se por telegrama, radiograma, fac-símile ou outro meio eletrônico de autenticidade comprovada;

b) o juiz, após analisar o pedido liminar, determinará, acaso entenda necessário e se estiver preso o paciente, que seja ele apresentado. Apesar de não haver previsão específica no texto legal, é plenamente permitida a concessão de liminar para imediata libertação do preso, caso haja urgência na medida e estejam presentes o *fumus boni juris* e o *periculum in mora*. Posteriormente, por ocasião do julgamento do mérito do *habeas corpus*, a decisão liminar poderá ser mantida ou cassada;

c) seguir-se-á a requisição de informações da autoridade coatora, assinando-se prazo para apresentação;

d) após, o juiz poderá determinar a realização de diligências, decidindo em 24 horas.

Veja-se que, apesar de o procedimento não contemplar etapa destinada à instrução probatória, nada impede que, em casos excepcionais, seja colhida, inclusive, prova oral.

Não há previsão na lei da intervenção do Ministério Público no procedimento de primeira instância, mas o órgão ministerial deverá ser, necessariamente, intimado da decisão, seja ela concessiva ou denegatória.

■ 17.2.2.10.8. *Efeitos e recursos*

Se concedida a ordem de *habeas corpus*, determinar-se-á a imediata **soltura** do paciente preso, salvo se por outro motivo deve ser mantido na prisão (art. 660, § 1º, do CPP). Acaso se cuide de pedido preventivo, será expedido **salvo-conduto** (art. 660, § 4º, do CPP).

Na hipótese de o pedido voltar-se para anulação de processo ou trancamento de inquérito ou processo, será expedida ordem nesse sentido, renovando-se os atos processuais no primeiro caso.

Quando não há concessão, diz-se que a ordem foi **denegada**.

Se se verificar que a violência ou ameaça à liberdade de locomoção já havia cessado por ocasião do julgamento, o pedido será julgado prejudicado (art. 659 do CPP).

Da decisão de primeiro grau que conceder ou denegar a ordem de *habeas corpus* cabe recurso em sentido estrito (art. 581, X, do CPP). Se concedida a ordem, por outro lado, é obrigatório o **reexame** da questão pela instância superior ("recurso de ofício" — art. 574, I, do CPP).

■ 17.2.2.10.9. *Processamento no caso de competência originária dos tribunais*

Na hipótese de competência dos tribunais, a petição será apresentada ao secretário, que a enviará imediatamente ao presidente do tribunal, ou da câmara criminal, ou da turma que estiver reunida ou que primeiro tiver de reunir-se (art. 661 do CPP). Se houver urgência, poderá ser concedida liminar para fazer cessar imediatamente eventual coação (o conteúdo da liminar poderá ser posteriormente confirmado no julgamento de mérito pela Câmara ou poderá ela ser cassada).

Se a petição obedecer aos requisitos legais, o presidente, entendendo necessário, requisitará da autoridade coatora informações por escrito. Ausentes os requisitos legais da petição, o presidente mandará supri-los (art. 662 do CPP).

Pode o presidente entender que é caso de indeferimento liminar do *habeas corpus*, hipótese em que levará a petição diretamente ao tribunal, câmara ou turma, para que delibere a respeito (art. 663 do CPP).

Recebidas as informações, ou dispensadas, será concedido prazo de 2 dias para o Ministério Público apresentar manifestação (Decreto-lei n. 552/69). Em seguida, o *habeas corpus* será julgado na primeira sessão, podendo, entretanto, adiar-se o julgamento para a sessão seguinte (art. 664 do CPP).

A decisão será tomada por maioria de votos. Havendo empate, caberá ao presidente decidir, desde que não tenha participado da votação. Na hipótese contrária, prevalecerá a decisão mais favorável ao paciente (art. 664, parágrafo único, do CPP).

Os regimentos internos dos tribunais estabelecem normas complementares para julgamento de *habeas corpus* de sua competência originária.

■ 17.2.2.11. *Mandado de segurança*

O mandado de segurança é ação constitucional de índole precipuamente civil, mas pode ser utilizado, em determinadas hipóteses, contra ato jurisdicional penal.

Tal ação que, à semelhança do *habeas corpus*, obedece a procedimento célebre, encontra regulamentação básica no art. 5º, LXIX, da Constituição Federal: "Conceder-se-á mandado de segurança para proteger direito líquido e certo, não amparado por *habeas corpus* ou *habeas data*, quando o responsável pela ilegalidade ou abuso de poder for autoridade pública ou agente de pessoa jurídica no exercício de atribuições do Poder Público".

A **Lei n. 12.016/2009**, por sua vez, disciplina as hipóteses de cabimento e o procedimento do remédio constitucional em estudo.

O objeto do mandado de segurança é **definido por exclusão**: sua impetração só é cabível quando o direito não for amparado por *habeas corpus* ou *habeas data*.

Assim, será utilizável quando não se destinar a proteger direito de locomoção (tutelado por *habeas corpus*) ou a assegurar o direito ao conhecimento de informações relativas à pessoa, constantes de registros ou bancos de entidades governamentais ou de caráter público, bem assim à retificação desses dados (tutelados por *habeas data*).

É necessário, ainda, que o direito cuja tutela se pretenda seja **líquido e certo**, conceito esse que não se relaciona com a existência ou não de dúvida ou controvérsia jurídica em relação à sua existência. Direito líquido e certo é, em verdade, aquele apurável **sem a necessidade de dilação probatória**.

Sobre o tema, é oportuno revisitar a lição de Celso Agrícola Barbi: "Como se vê, o conceito de direito líquido e certo é tipicamente processual, pois atende ao modo de ser de um direito subjetivo no processo: a circunstância de um determinado direito subjetivo realmente existir não lhe dá a caracterização de liquidez e certeza; esta só lhe é atribuída se os fatos em que se fundar puderem ser provados de forma incontestável, certa, no processo. E isto normalmente só se dá quando a prova for documental, pois esta é adequada a uma demonstração imediata e segura dos fatos"[75].

A violação do direito pode decorrer de **ilegalidade** (gênero) ou **abuso de poder** (espécie).

Além desses requisitos, a utilização do mandado de segurança contra ato jurisdicional pressupõe a **irreparabilidade do dano pelos remédios processuais ordinários** (art. 5º, II, da Lei n. 12.016/2009). Nesse contexto, acaso a decisão que se pretenda impugnar possa ser revista por outro tipo de recurso e este se revele apto a evitar a lesão ao direito da parte, falecerá interesse para a impetração do mandado de segurança. Todavia, há hipóteses em que, nada obstante recorrível a decisão, o direito da parte pode sofrer lesão em virtude da inexistência de efeito suspensivo do recurso. Em tais casos, o mandado de segurança poderá ser utilizado para alcançar tal finalidade, ou seja, para a obtenção do **efeito suspensivo**.

É vedada a utilização do mandado de segurança para desafiar decisão judicial transitada em julgado (art. 5º, III, da Lei n. 12.016/2009).

■ *17.2.2.11.1. Legitimidade ativa*

Legitimado ativo para impetrar mandado de segurança é o titular do direito líquido e certo violado ou ameaçado.

Ao contrário do que ocorre em relação ao *habeas corpus*, há necessidade de o impetrante fazer-se representar por **advogado habilitado**.

O promotor de justiça é parte legítima para impetrar mandado de segurança contra ato jurisdicional, inclusive perante os tribunais.

■ *17.2.2.11.2. Legitimidade passiva*

Só tem legitimidade para figurar no polo passivo de mandado de segurança a **autoridade pública** ou agente de pessoa jurídica no exercício de atribuições do Poder Público (art. 1º, *caput* e § 1º, da Lei n. 12.016/2009), mostrando-se defeso utilizar o remédio para atacar ato emanado de particular.

Na hipótese de mandado de segurança contra ato jurisdicional, o coator será o **juízo** ou **tribunal**.

---

[75] Celso Agrícola Barbi. *Do mandado de segurança*, 8. ed., p. 61-62.

A parte beneficiada com o ato jurisdicional atacado por via do *mandamus* deve compor, necessariamente, o polo passivo, pois se cuida de hipótese de **litisconsórcio necessário**. Veja-se, a esse respeito, a **Súmula n. 701 do STF**: "No mandado de segurança impetrado pelo Ministério Público contra decisão proferida em processo penal, é obrigatória a citação do réu como litisconsorte passivo".

■ *17.2.2.11.3. Competência*

A competência para o julgamento do mandado de segurança é definida de acordo com a categoria da autoridade coatora, bem assim em razão de sua sede funcional. No caso de o mandado de segurança voltar-se contra decisão judicial, competente será o tribunal incumbido de julgar os recursos relativos à causa. O mandado de segurança impetrado contra ato de promotor de justiça é julgado pelo juízo de primeiro grau.

A competência para julgar os mandados de segurança contra ato jurisdicional do Juizado Especial Criminal é da turma recursal, nos termos da **Súmula n. 376 do Superior Tribunal de Justiça**: "Compete à turma recursal processar e julgar o mandado de segurança contra ato de juizado especial".

■ *17.2.2.11.4. Prazo*

O prazo para impetração é de **120 dias**, contados da ciência acerca do teor do ato a ser impugnado (art. 23 da Lei n. 12.016/2009). A contagem obedece à regra processual, excluindo-se, pois, o dia inicial. Tal prazo tem natureza **decadencial**, sendo, portanto, insuscetível de interrupção ou de suspensão.

■ *17.2.2.11.5. Procedimento*

A impetração pode efetivar-se, se houver urgência, por via de telegrama, radiograma, fac-símile ou outro meio eletrônico de autenticidade comprovada.

Ao receber a petição o juiz ou tribunal, se não a indeferir liminarmente (art. 10 da Lei n. 12.016/2009), notificará o coator, para que, em **10 dias**, preste informações, podendo, ainda, suspender **liminarmente** os efeitos do ato quando houver fundado receio de que da demora possa resultar a ineficácia da medida (art. 7º da Lei n. 12.016/2009). Idêntico prazo será conferido ao litisconsorte necessário, que deverá ser citado.

Findo o prazo para o envio das informações, será ouvido o Ministério Público, que se manifestará em **10 dias** (art. 12 da Lei n. 12.016/2009).

O juiz, então, decidirá no prazo de **30 dias**.

O rito do mandado de segurança não admite dilação probatória, subordinando-se o acolhimento da pretensão do impetrante à existência de **prova pré-constituída**.

■ *17.2.2.11.6. Recursos*

Da sentença, concedendo ou denegando o mandado, cabe apelação (art. 14, *caput*, da Lei n. 12.016/2009), que poderá ser interposta inclusive pela autoridade coatora.

A sentença concessiva de mandado de segurança está sujeita ao **duplo grau de jurisdição obrigatório** (art. 14, § 1º, da Lei n. 12.016/2009).

■ 17.2.2.12. *Recurso extraordinário*

Trata-se de recurso endereçado ao Supremo Tribunal Federal para combater decisão judicial contra a qual **não caiba outro recurso**, que tem como premissa a **ofensa a norma constitucional**, e por finalidade, a uniformização na aplicação das regras da Carta Magna em todo o território nacional[76].

■ 17.2.2.12.1. *Cabimento*

As hipóteses de cabimento do recurso extraordinário são **taxativas** e os critérios para sua admissibilidade, como se verá, são restritivos.

Nos termos do art. 102, III, da Constituição Federal, o recurso extraordinário será cabível contra causas decididas, **em única ou última instância**, quando a decisão recorrida:

- **contrariar dispositivo da Constituição**;
- **declarar a inconstitucionalidade de tratado ou lei federal**;
- **julgar válida lei ou ato de governo local contestado em face da Constituição** — leis locais são as estaduais e municipais. Ato de governo é qualquer ato administrativo. Pressuposto dessa modalidade de recurso extraordinário é que tenha sido questionada judicialmente a constitucionalidade da lei ou do ato e que a decisão tenha declarado sua validade;
- **julgar válida lei local contestada em face de lei federal** — trata-se de alteração introduzida pela EC n. 45, uma vez que, consoante a redação original da Constituição, a hipótese seria de recurso especial.

O recurso extraordinário só tem cabimento quando nenhum outro recurso pode ser interposto e desde que a parte tenha se utilizado de todas as vias recursais possíveis. Nesse sentido, estabelece a **Súmula n. 281 do Supremo Tribunal Federal** que: "É inadmissível o recurso extraordinário, quando couber, na justiça de origem, recurso ordinário da decisão impugnada".

Exige-se também o que se denomina **prequestionamento**, ou seja, que o acórdão recorrido tenha apreciado, explicitamente, a questão que constitui objeto do recurso extraordinário. Por essa razão, se a corte recorrida tiver se omitido em apreciar a matéria constitucional controvertida, a parte interessada em recorrer extraordinariamente deverá opor embargos de declaração, sob pena de inviabilizar a instância excepcional (**Súmula n. 356 do STF**).

Existem, ainda, outros mecanismos restritivos da interposição do recurso extraordinário:

- o recurso presta-se à análise de questões técnico-jurídicas (matéria de direito), sem que admita o reexame de provas — **Súmula n. 279 do STF**: "Para simples reexame da prova não cabe recurso extraordinário";

---

[76] Fernando Capez. *Curso de processo penal,* 18. ed., p. 836.

- exige-se o interesse recursal, que advém da constatação de que o julgamento do recurso extraordinário mostra-se, no caso concreto, apto a alterar o resultado prático da decisão recorrida — **Súmula n. 283 do STF**: "É inadmissível o recurso extraordinário quando a decisão recorrida assenta em mais de um fundamento suficiente e o recurso não abrange todos eles". É que, nesse caso, mesmo que fosse provido o recurso, a decisão impugnada seria mantida pelos outros fundamentos, sem que houvesse resultado prático;
- o recorrente deve arrazoar com clareza suficiente o recurso, de tal modo a permitir a conclusão segura sobre o exato teor da controvérsia — **Súmula n. 284 do STF**: "É inadmissível o recurso extraordinário, quando a deficiência na sua fundamentação não permitir a exata compreensão da controvérsia".

17.2.2.12.2. *Repercussão geral*

Atento à necessidade de permitir que a Suprema Corte decida quais as causas que julgará e quais aquelas que não devem ser objeto de sua apreciação em decorrência da inexpressiva repercussão social da decisão, o legislador constituinte introduziu novo **pressuposto para o processamento do recurso**, em dispositivo que assim se ostenta: "No recurso extraordinário o recorrente deverá demonstrar a repercussão geral das questões constitucionais discutidas no caso, nos termos da lei, a fim de que o Tribunal examine a admissão do recurso, somente podendo recusá-lo pela manifestação de dois terços de seus membros" (art. 102, § 3º, da CF).

Criou-se, em verdade, a possibilidade de a Corte Constitucional recusar, **discricionária e politicamente**, a apreciação de recurso cuja questão controvertida, ainda que de índole constitucional, não acarrete reflexos de significativa importância para o corpo social.

As normas do Código de Processo Civil que regulamentam a repercussão geral, em razão de seu caráter geral, aplicam-se aos recursos extraordinários de natureza criminal.

De acordo com o art. 1.035 do novo CPC, o Supremo Tribunal Federal, em decisão irrecorrível, não conhecerá do recurso extraordinário quando a questão constitucional nele versada não tiver repercussão geral. Para efeito de repercussão geral, será considerada a existência ou não de questões relevantes do ponto de vista econômico, político, social ou jurídico que ultrapassem os interesses subjetivos do processo (§ 1º).

O recorrente deverá demonstrar a existência de repercussão geral para apreciação exclusiva pelo Supremo Tribunal Federal (§ 2º). Haverá repercussão geral sempre que o recurso impugnar acórdão que: I — contrarie súmula ou jurisprudência dominante do Supremo Tribunal Federal; II — (revogado pela Lei n. 13.256/2016); III — tenha reconhecido a inconstitucionalidade de tratado ou de lei federal, nos termos do art. 97 da Constituição Federal (§ 3º).

Reconhecida a repercussão geral, o relator no Supremo Tribunal Federal determinará a suspensão do processamento de todos os processos pendentes, individuais ou coletivos, que versem sobre a questão e tramitem no território nacional (§ 5º).

Negada a repercussão geral, o presidente ou o vice-presidente do tribunal de origem negará seguimento aos recursos extraordinários sobrestados na origem que versem sobre matéria idêntica (§ 8º).

O recurso que tiver a repercussão geral reconhecida deverá ser julgado no prazo de um ano e terá preferência sobre os demais feitos, ressalvados os que envolvam réu preso e os pedidos de *habeas corpus* (§ 9º). A súmula da decisão sobre a repercussão geral constará de ata, que será publicada no diário oficial e valerá como acórdão (§ 11).

Para recusar a análise do recurso extraordinário é necessária a manifestação de dois terços dos membros da Corte, ou seja, de 8 votos contrários à admissibilidade do recurso.

A preliminar de repercussão geral é analisada pelo Plenário do Supremo Tribunal Federal, por meio de sistema informatizado de votação eletrônica, que elimina a necessidade de reunião física dos membros do Tribunal. Depois de o relator do recurso lançar no sistema sua manifestação sobre a relevância do tema, os demais ministros têm 20 dias para votar e as abstenções nessa votação são consideradas como favoráveis à ocorrência de repercussão geral na matéria. O procedimento para verificação da existência da repercussão geral está regulamentado nos arts. 323 a 325 do Regimento Interno do STF.

■ *17.2.2.12.3. Legitimidade*

Tem legitimidade para recorrer extraordinariamente a parte sucumbente: Ministério Público, querelante ou defesa. Em relação ao Ministério Público, a atribuição é do órgão que atua junto ao tribunal *a quo*. O assistente de acusação pode recorrer extraordinariamente, desde que respeitados os limites de sua atuação. Assim é que não pode recorrer extraordinariamente de decisão concessiva de *habeas corpus* (Súmula n. 208 do STF), mas pode nos casos de impronúncia e de declaração de extinção da punibilidade, e, ainda, no tocante a acórdão que julga apelação supletiva (Súmula n. 210 do STF).

■ *17.2.2.12.4. Prazo, forma de interposição e processamento*

Até a entrada em vigor do Novo Código de Processo Civil, o procedimento observado era aquele descrito nos arts. 26 a 29 da Lei n. 8.038/90.

O Novo Código de Processo Civil (Lei n. 13.105/2015) revogou os arts. 26 a 29 da Lei n. 8.038/90. A partir de sua entrada em vigor, o procedimento a ser observado é o dos arts. 1.029 a 1.044 da mencionada Lei. O recurso deve ser interposto por petição endereçada ao Presidente ou Vice-Presidente do tribunal *a quo*. O prazo é de 15 dias a contar da publicação do acórdão, salvo em relação ao Ministério Público e ao Defensor Público ou Dativo, em que se conta da ciência pessoal de seu representante. A petição deve conter a exposição do fato e do direito, a demonstração do cabimento do recurso e as razões do pedido de reforma da decisão (art. 1.029).

De acordo com o art. 1.030, recebida a petição pela Secretaria do tribunal, será intimada a outra parte para que apresente resposta, também no prazo de 15 dias. Em seguida, os autos irão para o Presidente ou Vice-Presidente do tribunal recorrido, que, em decisão fundamentada, deverá:

I — negar seguimento:

a) a recurso extraordinário que discuta questão constitucional na qual o Supremo Tribunal Federal não tenha reconhecido a existência de repercussão geral ou a recurso extraordinário interposto contra acórdão que esteja em conformidade com entendimento do Supremo Tribunal Federal exarado no regime de repercussão geral;

b) a recurso extraordinário ou a recurso especial interposto contra acórdão que esteja em conformidade com entendimento do Supremo Tribunal Federal ou do Superior Tribunal de Justiça, respectivamente, exarado no regime de julgamento de recursos repetitivos;

II — encaminhar o processo ao órgão julgador para realização do juízo de retratação, se o acórdão recorrido divergir do entendimento do Supremo Tribunal Federal ou do Superior Tribunal de Justiça exarado, conforme o caso, nos regimes de repercussão geral ou de recursos repetitivos;

III — sobrestar o recurso que versar sobre controvérsia de caráter repetitivo ainda não decidida pelo Supremo Tribunal Federal ou pelo Superior Tribunal de Justiça, conforme se trate de matéria constitucional ou infraconstitucional;

IV — selecionar o recurso como representativo de controvérsia constitucional ou infraconstitucional, nos termos do § 6º do art. 1.036;

V — realizar o juízo de admissibilidade e, se positivo, remeter o feito ao Supremo Tribunal Federal ou ao Superior Tribunal de Justiça, desde que: a) o recurso ainda não tenha sido submetido ao regime de repercussão geral ou de julgamento de recursos repetitivos; b) o recurso tenha sido selecionado como representativo da controvérsia; c) o tribunal recorrido tenha refutado o juízo de retratação.

Este inciso V trata do juízo de admissibilidade propriamente dito, no qual o presidente ou vice-presidente verifica se estão presentes os requisitos legais como tempestividade, interesse recursal, preenchimento das formalidades legais etc. Se o recurso for admitido, os autos serão remetidos à Corte Superior. Se, todavia, a decisão for pela inadmissibilidade do recurso, caberá agravo ao tribunal superior, nos termos do art. 1.030, § 1º (que remete ao procedimento do art. 1.042). A petição será dirigida ao presidente ou vice-presidente, no prazo de 15 dias. O agravado será intimado, de imediato, para oferecer resposta no prazo de 15 dias (art. 1.042, § 3º). Após o prazo de resposta, não havendo retratação, o agravo será remetido ao tribunal superior competente (art. 1.042, § 4º). O agravo poderá ser julgado, conforme o caso, conjuntamente com o recurso especial ou extraordinário, se a Corte Superior entender presentes os requisitos para a admissibilidade (art. 1.042, § 5º). Na hipótese de interposição conjunta de recursos extraordinário e especial, o agravante deverá interpor um agravo para cada recurso não admitido (art. 1.042, § 6º).

Da decisão de inadmissibilidade proferida com fundamento no inciso I do art. 1.030 (não admissão por haver decisão — em sentido contrário ao mérito do recurso — proferida em regime de repercussão geral ou de recursos repetitivos) caberá agravo interno, nos termos do art. 1.021 (art. 1.030, § 2º), cujo processamento seguirá as regras do regimento interno do tribunal.

As hipóteses de cabimento de agravo à superior instância e agravo interno contra decisão que não admite recursos especial e extraordinário estão expressas no Novo CPC, razão pela qual constitui erro grosseiro a interposição de um pelo outro, o que impede a aplicação do princípio da fungibilidade recursal. Nesse sentido: "A interposição do agravo previsto no art. 1.042, *caput*, do CPC/2015 quando a Corte de origem o inadmitir com base em recurso repetitivo constitui erro grosseiro, não sendo mais devida a determinação de outrora de retorno dos autos ao Tribunal *a quo* para que o aprecie como agravo interno" (STJ — AgInt no AREsp 1.027.043/SP — 2ª Turma — Rel. Min. Francisco Falcão — julgado em 13.06.2017 — *DJe* 23.06.2017); "A interposição do agravo previsto pelo art. 1.042, *caput*, do CPC/2015 contra decisão proferida pelo Tribunal de origem que, após a vigência do CPC/2015 (18.03.2016), nega seguimento ao recurso especial com base na conformidade da decisão recorrida com precedente do STJ estabelecido por ocasião do julgamento de recurso repetitivo, constitui erro grosseiro, que inviabiliza, até mesmo, a aplicação do art. 932, parágrafo único, do CPC/2015" (STJ — AgInt no AREsp 1.052.388/RS — 3ª Turma — Rel. Min. Marco Aurélio Bellizze — julgado em 20.06.2017 — *DJe* 26.06.2017).

Já na Corte Superior, caso admitido o recurso extraordinário pelo Relator, será ele colocado em julgamento. A Procuradoria-Geral da República deve ter oportunidade para se manifestar previamente dentro do prazo regimental. O Supremo Tribunal Federal poderá desconsiderar eventual vício formal de recurso tempestivo ou determinar sua correção, desde que não o repute grave (art. 1.029, § 3º). Por sua vez, caso não admitido o recurso, a parte poderá interpor agravo interno para o respectivo órgão colegiado, observadas, quanto ao processamento, as regras do regimento interno do tribunal (art. 1.021, *caput*, do NCPC). Na petição de agravo interno, que deve ser interposto no prazo de cinco[77] dias, o recorrente deverá impugnar especificadamente os fundamentos da decisão agravada (art. 39 da Lei n. 8.038/90). Tal agravo será dirigido ao relator, que intimará o agravado para manifestar-se sobre o recurso, também no prazo de cinco dias, ao final do qual, não havendo retratação, o relator levá-lo-á a julgamento pelo órgão colegiado, com inclusão em pauta (art. 1.021, § 2º).

■ *17.2.2.12.5. Contagem dos prazos*

Não obstante a regulamentação dos recursos especial e extraordinário esteja atualmente inserida no Código de Processo Civil, pensamos que, quando o recurso versar sobre matéria criminal, o prazo deve ser contado na forma do art. 798, *caput*, do CPP — em dias corridos —, por se tratar de regra especial, e não na forma do art. 219 do NCPC, que considera na contagem apenas os dias úteis. Os primeiros julgados do STF a respeito do tema são também nessa direção: "(...) importante destacar, ainda, que, tratando-se de prazo processual penal, o modo de sua contagem é disciplinado por norma legal que expressamente dispõe sobre a matéria

[77] O STF e o STJ entendem que, quando se trata de recurso de natureza criminal, a regra do art. 39 da Lei n. 8.038/90, que estabelece prazo de 5 dias para o agravo interno, prevalece sobre aquelas dos arts. 1.021, § 1º, e 1.070 do NCPC, que estabelecem prazo de 15 dias.

(CPP, art. 798, *caput*), o que torna inaplicável a regra fundada no art. 219, *caput*, do Código de Processo Civil de 2015, pois, como se sabe, a possibilidade de aplicação analógica da legislação processual civil ao processo penal, embora autorizada pelo art. 3º do próprio Código de Processo Penal, depende, no entanto, para incidir, da existência de omissão na legislação processual penal (Lei de Introdução às Normas do Direito Brasileiro, art. 4º). Como anteriormente registrou-se, inexiste omissão, no Código de Processo Penal, quanto à regulação do modo de contagem dos prazos processuais penais, eis que, nessa específica matéria, há cláusula normativa expressa que estabelece que "todos os prazos (...) serão contínuos e peremptórios, não se interrompendo por férias, domingo ou dia feriado" (CPP, art. 798, *caput*), ressalvadas, unicamente, as hipóteses em que o prazo terminar em domingo ou em dia feriado, caso em que se considerará prorrogado até o dia útil imediato (CPP, art. 798, § 3º), ou em que houver impedimento do juiz, força maior ou obstáculo judicial oposto pela parte contrária (CPP, art. 798, § 4º)" (HC 134.554 Rcon — Rel. Min. Celso de Mello — julgado em 10.06.2016 — *DJe*-123 14.06.2016 — public. 15.06.2016). No mesmo sentido: "As regras do processo civil só se aplicam aos processos penais subsidiariamente, pela via do art. 3º do CPP, vale dizer, quando não houver regra processual penal expressa regulando a matéria. Dessa forma, sempre que em conflito regras formalmente expressas em lei, há de ser aplicado o critério da especialidade. No caso, a contagem dos prazos no processo penal está prevista em regra específica do CPP, que dispõe: Art. 798. Todos os prazos correrão em cartório e serão contínuos e peremptórios, não se interrompendo por férias, domingo ou dia feriado. Sendo assim, o novo Código de Processo Civil não regula o processo penal nesse particular, por não ser matéria sem regulamentação expressa, não demandando, portanto, aplicação subsidiária do CPC" (ARE 948239 AgR-EDv — Rel. Min. Edson Fachin — julgado em 30.06.2016 — *DJe*-139 01.07.2016 — public. 01.08.2016).

O Superior Tribunal de Justiça, igualmente, já decidiu que o prazo deve ser contado em dias corridos, na forma do art. 798, *caput*, do CPP: "(...) a regra do art. 798 do Código de Processo Penal, segundo a qual 'todos os prazos correrão em cartório e serão contínuos e peremptórios, não se interrompendo por férias, domingo ou dia feriado' constitui norma especial em relação às alterações trazidas pela Lei 13.105/2015" (AgRg na Rcl 30.714/PB — Rel. Min. Reynaldo Soares da Fonseca — 3ª Seção — julgado em 27.04.2016 — *DJe* 04.05.2016); "Esta Corte já se manifestou no sentido de que em ações que tratam de matéria penal ou processual penal não incidem as novas regras do CPC, referentes à contagem dos prazos em dias úteis (art. 219 da Lei 13.105/2015)" (AgInt no AREsp 581.478/DF — Rel. Min. Joel Ilan Paciornik — 5ª Turma — julgado em 04.08.2016 — *DJe* 15.08.2016). No mesmo sentido: AgRg no REsp 1.551.678/RJ — Rel. Min. Maria Thereza de Assis Moura — 6ª Turma — julgado em 30.06.2016 — *DJe* 01.08.2016.

■ 17.2.2.12.6. *Recurso adesivo*

A regra recursal é de que cada parte deve interpor o recurso de forma independente. O art. 997, § 1º, do NCPC, todavia, permite que, se houver sucumbência recíproca e apenas uma das partes interpuser recurso **especial** ou **extraordinário**, a outra poderá interpor **recurso adesivo** no prazo das contrarrazões recursais, sendo aplicáveis quanto a este as mesmas regras quanto aos requisitos de admissibilidade e julgamento no tribunal. O recurso adesivo, de acordo com o art. 997, § 2º, I, deve ser dirigido ao órgão perante o qual foi interposto o recurso independente. Desse modo, se a parte interpôs recurso especial, não é possível interpor recurso extraordinário na forma adesiva (mas apenas recurso especial). Saliente-se, outrossim, que o recurso adesivo não será conhecido se houver desistência do recurso principal ou se for este considerado inadmissível (art. 997, § 2º, III).

A parte que interpôs recurso principal contra parte da decisão não pode ingressar com recurso adesivo para neste ampliar suas pretensões recursais.

O art. 997, § 2º, III, do NCPC admite a impugnação adesiva na apelação e no recurso especial e extraordinário. No que pertine à apelação, entretanto, o Código de Processo Penal regulamenta inteiramente o tema e não prevê o recurso adesivo, razão pela qual não é possível a aplicação analógica do Código de Processo Civil a esta modalidade recursal.

Observe-se que o Superior Tribunal de Justiça já decidiu que as regras relativas ao recurso adesivo aplicam-se somente em prol da defesa. Argumenta-se que a interposição de recurso adesivo pela acusação – após o decurso de seu prazo recursal – poderia gerar *reformatio in pejus* indireta caso o recurso adesivo fosse provido (REsp 1.595.636/RN — 6ª Turma — Rel. Min. Sebastião Reis Júnior — julgado em 02.05.2017 — *DJe* 30.05.2017).

■ *17.2.2.12.7. Efeitos*

Em 5 de fevereiro de 2009, o Plenário do Supremo Tribunal Federal, no julgamento do HC 84.078, do qual foi relator o Ministro Eros Grau, decidiu que, enquanto não transitada em julgado a sentença condenatória, não poderia ser expedido mandado de prisão, em razão do princípio constitucional da presunção de inocência. Veja-se: "A jurisprudência deste Supremo Tribunal Federal firmou-se no sentido de ser impossível a execução provisória da pena privativa de liberdade, notadamente quando os recursos pendentes de julgamento não têm efeito suspensivo (*Habeas Corpus* n. 84.078, Rel. Min. Eros Grau, Plenário, julgamento realizado em 5.2.2009). 2. Recurso provido" (STF — RHC 93.172 — Rel. Min. Cármen Lúcia — Tribunal Pleno — julgado em 12.02.2009 — *DJe*-084 05.05.2011 — Public.: 06.05.2011 — *Ement* v. 2516-01, p. 115). De acordo com referida decisão, estando o réu solto, a interposição de recurso extraordinário (ou especial) impediria que fosse decretada a sua prisão. Caso estivesse preso, entretanto, a manutenção da prisão cautelar seria possível se persistissem os motivos que ensejaram a sua decretação, havendo, nesse caso, a execução provisória da pena.

Em fevereiro de 2016, o Plenário do Supremo Tribunal Federal modificou a interpretação anterior, e passou a entender que a expedição de mandado de prisão após o julgamento da apelação não ofende o princípio da presunção de inocência: "Constitucional. *Habeas corpus*. Princípio constitucional da presunção de inocência (CF, art. 5º, LVII). Sentença penal condenatória confirmada por tribunal de segundo grau de jurisdição. Execução provisória. Possibilidade. 1. A execução provisória de acórdão penal condenatório proferido em grau de apelação, ainda que sujeito a recurso especial ou extraordinário, não compromete o princípio constitucional da presunção de inocência afirmado pelo artigo 5º, inciso LVII da Constituição Federal. 2. *Habeas corpus* denegado" (HC 126.292 — Rel. Min. Teori Zavascki — Tribunal Pleno — julgado em 17.02.2016 — *DJe*-100, 16.05.2016 — public. 17.05.2016). Tal matéria foi novamente apreciada pelo Pleno da Corte Suprema, desta vez sob a perspectiva da constitucionalidade do art. 283 do Código de Processo Penal (que menciona que a prisão só pode se efetivar após o trânsito em julgado da sentença condenatória), quando o Tribunal, por maioria, reafirmando o que decidira no HC 126.292, indeferiu liminares pleiteadas em Ações Declaratórias de Constitucionalidade (ADC 43 e ADC 44), em julgamento ocorrido em 5 de outubro de 2016. Por fim, em 10 de novembro de 2016, no julgamento do ARE 964.246, no qual foi reconhecida a repercussão geral (tema 925), o Plenário do Supremo Tribunal Federal reafirmou que, após o julgamento do recurso pela segunda instância, deve ser imediatamente iniciada a execução provisória da pena com a expedição de mandado de prisão (em caso de condenação a pena privativa de liberdade), ainda que haja interposição de recurso especial ou extraordinário. Dois foram os principais fundamentos para essa nova postura da Corte Maior: a) a impossibilidade da revisão de fatos e provas nos recursos dirigidos às Cortes Superiores; b) a possibilidade da tutela de eventuais constrangimentos ilegais decorrentes da prisão após a decisão de segunda instância por meio de *habeas corpus*.

■ *17.2.2.12.8. Súmula vinculante*

A Emenda Constitucional n. 45 introduziu no ordenamento pátrio o instituto da **súmula vinculante**: "O Supremo Tribunal Federal poderá, de ofício ou por provocação, mediante decisão de dois terços dos seus membros, após reiteradas decisões sobre a matéria constitucional, aprovar súmula que, a partir de sua publicação na imprensa oficial, terá efeito vinculante em relação aos demais órgãos do Poder Judiciário e à Administração Pública direta e indireta, nas esferas federal, estadual e municipal, bem como proceder à sua revisão ou cancelamento, na forma estabelecida em lei" (art. 103-A da CF).

De acordo com o art. 103-A, § 1º, da Constituição Federal, a súmula terá por objetivo a validade, a interpretação e a eficácia de normas determinadas, acerca das quais haja controvérsia atual entre órgãos judiciários ou entre esses e a administração pública que acarrete grave insegurança jurídica e relevante multiplicação de processos sobre questão idêntica.

O texto constitucional também dispõe que, "sem prejuízo do que venha a ser estabelecido em lei, a aprovação, revisão ou cancelamento de súmula poderá ser provocada por aqueles que podem propor a ação direta de inconstitucionalidade" (art. 103-A, § 2º, da CF).

É de lembrar, por fim, que, "do ato administrativo ou decisão judicial que contrariar a súmula aplicável ou que indevidamente a aplicar, caberá reclamação ao Supremo Tribunal Federal que, julgando-a procedente, anulará o ato administrativo ou cassará a decisão judicial reclamada, e determinará que outra seja proferida com ou sem a aplicação da súmula, conforme o caso" (art. 103-A, § 3º, da CF).

■ *17.2.2.13. Recurso especial*

É recurso destinado a dar ao **Superior Tribunal de Justiça** a possibilidade de julgar questão federal de natureza infraconstitucional, decidida anteriormente por Tribunal Regional Federal ou pelos tribunais dos Estados, do Distrito Federal e Territórios. Sua finalidade é garantir a autoridade das leis federais e uniformizar sua aplicação em todo o país.

■ *17.2.2.13.1. Cabimento*

Conforme dispõe o art. 105, III, da Constituição Federal, o recurso especial será cabível contra as causas decididas, **em única ou última instância**, pelos Tribunais Regionais Federais ou pelos tribunais dos Estados, do Distrito Federal e Territórios quando a decisão recorrida:

- **contrariar tratado ou lei federal, ou negar-lhes vigência (art. 105, III, *a*, da CF);**
- **julgar válido ato de governo local contestado em face de lei federal (art. 105, III, *b*, da CF);**
- **der a lei federal interpretação divergente da que lhe tenha atribuído outro tribunal (art. 105, III, *c*, da CF)** — esse dispositivo não se aplica quando ocorre divergência entre órgãos julgadores de um mesmo tribunal, já que o texto da Carta Magna expressamente exige a divergência entre tribunais diversos. Nesse sentido existe, inclusive, a **Súmula n. 13 do Superior Tribunal de Justiça**: "A divergência entre julgados do mesmo Tribunal não enseja recurso especial". A interposição de recurso, com base em dissídio jurisprudencial, deve observar o disposto no art. 1.029, § 1º, do Novo Código de Processo Civil: "Quando o recurso fundar-se em dissídio jurisprudencial, o recorrente fará a prova da divergência com a certidão, cópia ou citação do repositório de jurisprudência, oficial ou credenciado, inclusive em mídia eletrônica, em que houver sido publicado o acórdão divergente, ou ainda com a reprodução de julgado disponível na rede mundial de computadores, com indicação da respectiva fonte, devendo-se, em qualquer caso, mencionar as circunstâncias que identifiquem ou assemelhem os casos confrontados".

Para demonstrar a existência do dissídio, não se aceita que o recorrente simplesmente transcreva meras ementas de outros julgados e as compare com o acórdão recorrido, pois é comum que a ementa, por ser resumida, não reflita a realidade dos fatos. O recorrente, portanto, deve comprovar o dissídio comparando trechos dos acórdãos a fim de demonstrar que os fatos se assemelham e que, apesar disso, a aplicação da lei ocorreu de forma diversa pelos tribunais que julgaram os casos.

O Superior Tribunal de Justiça não aceita que o acórdão apontado como paradigma para comprovar o dissídio tenha sido proferido em julgamento de *habeas corpus*, mandado de segurança, recurso ordinário em *habeas corpus*, recurso ordinário em mandado de segurança e conflito de competência: "É assente o entendimento desta Corte no sentido de que não se admite como paradigma para comprovar a divergência acórdão proferido em *habeas corpus*, mandado de segurança, recurso ordinário em *habeas corpus*, recurso ordinário em mandado de segurança e conflito de competência" (STJ — AgRg nos EREsp 1.213.653/SC — Rel. Min. Ribeiro Dantas — 3ª Seção — julgado em 24.08.2016 — *DJe* 29.08.2016).

De acordo com a **Súmula n. 83 do Superior Tribunal de Justiça**, "não se conhece do recurso especial pela divergência quando a orientação do Tribunal se firmou no mesmo sentido da decisão recorrida". Em suma, se a Corte Superior tiver pacificado seu entendimento em determinado sentido, não se admitirá a interposição de recurso especial se a decisão que se pretende reformar for no mesmo sentido daquela.

Por fim, a **Súmula n. 518 do STJ** dispõe que, "para fins do art. 105, III, *a*, da Constituição Federal, não é cabível recurso especial fundado em alegada violação de enunciado de súmula". Com efeito, referido dispositivo da Carta Magna exige que o recorrente alegue contrariedade ou negativa de vigência a **tratado ou lei federal**, e não mera violação a alguma **súmula** de tribunal superior. Nesta última hipótese, o recurso especial deve ser interposto com base em dissídio jurisprudencial (art. 105, III, *c*, da CF), com a observância das respectivas formalidades.

O Superior Tribunal de Justiça pode desconsiderar vício formal de recurso tempestivo ou determinar sua correção, desde que não o repute grave (art. 1.029, § 3º).

Assim como o extraordinário, o recurso especial também **não é cabível para simples reexame de prova** (Súmula n. 7 do STJ: "A pretensão de simples reexame de prova não enseja recurso especial").

O **prequestionamento** também é requisito de admissibilidade do recurso especial, ou seja, é indispensável que o acórdão recorrido tenha apreciado a questão que constitui objeto do recurso. Por essa razão, se a corte recorrida tiver se omitido em apreciar a matéria, deverá a parte interessada ingressar com embargos de declaração sob pena de inviabilizar o recurso especial.

Se nas razões de apelação o recorrente levantar determinada tese e mesmo assim o tribunal se omitir e não apreciar o tema, a parte deverá opor embargos de declaração sob pena de não poder interpor posteriormente o recurso especial (Súmulas ns. 282 e 356 do STF). De acordo com o art. 1.025 do Novo Código de Processo Civil, consideram-se incluídos no acórdão os elementos que o embargante suscitou, para fins de prequestionamento, ainda que os embargos de declaração sejam inadmitidos ou rejeitados, caso o tribunal superior considere existentes erro, omissão, contradição ou obscuridade. Por isso, perdeu a eficácia a Súmula n. 211 do Superior Tribunal de Justiça, segundo a qual é "inadmissível recurso especial quanto à questão que, a despeito da oposição de embargos de declaratórios, não foi apreciada pelo tribunal *a quo*".

É evidente, por sua vez, que não cabe recurso especial se o tema estiver precluso, não podendo a oposição de embargos de declaração ressuscitar a questão. Assim, se o réu apelou pleiteando exclusivamente sua absolvição e o Tribunal negou provimento ao recurso, não há que se cogitar de oposição de embargos de declaração para tratar do regime inicial da pena. Se, entretanto, o acusado insurgiu-se nas razões de apelação contra a condenação e também contra o regime inicial e o Tribunal deixou de apreciar este último tema, deverão ser opostos os embargos para que seja corrigida a omissão. Em tal hipótese, ainda que o Tribunal mantenha a omissão no julgamento dos embargos, será viável o recurso especial, conforme expressamente permite o art. 1.025 do Novo CPC.

Saliente-se que, de acordo com a **Súmula n. 579 do Superior Tribunal de Justiça**, "não é necessário ratificar o recurso especial interposto na pendência do julgamento dos embargos de declaração, quando inalterado o resultado anterior".

■ 17.2.2.13.2. *Legitimidade*

Às diretrizes relativas ao recurso extraordinário, que se aplicam ao recurso especial, acrescenta-se que o Ministério Público tem legitimidade para interpor recurso especial em ação privada subsidiária da pública e em prol do querelado na ação privada exclusiva (atuação como fiscal da lei), ainda que não haja recurso da parte (Súmula n. 99 do STJ), e que se considera inexistente o recurso especial interposto por advogado sem procuração nos autos (Súmula n. 115 do STJ).

■ 17.2.2.13.3. *Prazo, interposição, processamento e efeitos*

Como esses temas também são regulados pelos arts. 1.029 a 1.044 do Novo Código de Processo Civil, aplicam-se ao recurso especial as regras já estudadas em relação ao recurso extraordinário (item 17.2.2.12.4). Caso a parte entenda que o acórdão proferido contraria dispositivo da Constituição Federal e também de lei federal, deverá interpor, dentro do prazo de 15 dias, o recurso extraordinário e o especial (em petições diversas), sob pena de preclusão.

Caso sejam interpostos simultaneamente os recursos especial e extraordinário, incumbirá ao Superior Tribunal de Justiça julgar o mérito do recurso especial e, em seguida, remeter os autos ao Supremo para julgamento do recurso extraordinário, caso este não esteja prejudicado (arts. 1.031, *caput* e § 1º, do NCPC). Se, todavia, o relator do recurso especial entender que o recurso extraordinário é prejudicial daquele, em decisão irrecorrível, sobrestará o seu julgamento e remeterá os autos ao Supremo, para julgar o extraordinário (art. 1.031, § 2º, do NCPC). Caso o relator do recurso extraordinário não o considere prejudicial, devolverá os autos ao Superior Tribunal de Justiça, para que seja julgado o recurso especial (art. 1.031, § 3º, do NCPC). Essa decisão também é irrecorrível.

Antes do advento do Novo Código de Processo Civil, se a parte interpusesse apenas recurso especial, mas a matéria a ser discutida fosse de índole constitucional, o Superior Tribunal de Justiça simplesmente inadmitia tal recurso, transitando em julgado a decisão recorrida. Após a entrada em vigor do Novo Código, caso o relator, no Superior Tribunal de Justiça, entenda que o recurso especial versa sobre questão constitucional, deverá conceder prazo de 15 dias para que o recorrente demonstre a existência de repercussão geral e se manifeste expressamente sobre a questão constitucional. Cumprida a diligência, o relator remeterá o recurso ao Supremo Tribunal Federal, que, em juízo de admissibilidade, poderá admitir o recurso extraordinário ou devolvê-lo ao Superior Tribunal de Justiça (se entender que a matéria não envolve dispositivos da Carta Magna). Tais regras encontram-se no art. 1.032 do NCPC.

Saliente-se, por fim, que muitas vezes a parte interpõe exclusivamente recurso extraordinário, endereçado ao Supremo Tribunal Federal, alegando afronta a determinado dispositivo da Constituição Federal, mas a Corte entende que a ofensa a referido dispositivo é meramente reflexa. Antes do Novo Código de Processo Civil, tal recurso não era admitido e a decisão recorrida transitava em julgado. Com a entrada em vigor do Novo Código, se o Supremo Tribunal Federal considerar como reflexa a ofensa à Constituição, alegada no recurso extraordinário, por pressupor, em verdade, a revisão de interpretação de lei federal ou de tratado, remetê-lo-á ao Superior Tribunal de Justiça para julgamento como recurso especial (art. 1.033 do NCPC).

■ *17.2.2.13.4. Do julgamento dos Recursos Extraordinário e Especial repetitivos*

De acordo com o art. 1.036 do Novo CPC sempre que houver multiplicidade de recursos extraordinários ou especiais com **fundamento em idêntica questão de direito**, haverá afetação para julgamento de acordo com as disposições do próprio Código, observado o disposto no Regimento Interno do Supremo Tribunal Federal e no do Superior Tribunal de Justiça. O § 1º deste art. 1.036 dispõe que o presidente ou o vice-presidente de tribunal de justiça ou de tribunal regional federal selecionará dois ou mais recursos representativos da controvérsia, que serão encaminhados ao Supremo Tribunal Federal ou ao Superior Tribunal de Justiça para fins de afetação, determinando a suspensão do trâmite de todos os processos pendentes que tramitem no Estado ou na região, conforme o caso. O interessado, em tal hipótese, pode requerer, ao presidente ou ao vice-presidente, que exclua da decisão de sobrestamento e inadmita o recurso especial ou o recurso extraordinário que tenha sido interposto intempestivamente, tendo o recorrente o prazo de cinco dias para manifestar-se sobre esse requerimento (§ 2º). Da decisão que indeferir este requerimento caberá agravo interno (§ 3º). Saliente-se que a escolha dos processos representativos da controvérsia pelo presidente ou vice-presidente do tribunal de justiça ou do tribunal regional federal não vinculará o relator no tribunal superior, que poderá selecionar outros recursos representativos da controvérsia (§ 4º). O relator, aliás, também poderá selecionar dois ou mais recursos representativos da controvérsia para julgamento da questão de direito independentemente da iniciativa do presidente ou do vice-presidente do tribunal de origem (§ 5º). Observe-se, por oportuno, que somente podem ser selecionados recursos que contenham abrangente argumentação e discussão a respeito da questão a ser decidida (§ 6º).

Selecionados os recursos, o relator, no tribunal superior, constatando que há efetivamente multiplicidade de recursos extraordinários ou especiais com fundamento em idêntica questão de direito, proferirá **decisão de afetação**, na qual: I — identificará com precisão a questão a ser submetida a julgamento; II — determinará a suspensão do processamento de todos os processos pendentes que versem sobre a questão e tramitem no território nacional; III — poderá requisitar aos presidentes ou aos vice-presidentes dos tribunais de justiça ou dos tribunais regionais federais a remessa de um recurso representativo da controvérsia (art. 1.037, *caput*).

Se, após receber os recursos selecionados pelo presidente ou pelo vice-presidente de tribunal de justiça ou de tribunal regional federal, não se proceder à afetação, o relator, no tribunal superior, comunicará o fato ao presidente ou ao vice-presidente que os houver enviado, para que seja revogada a decisão de suspensão referida no art. 1.036, § 1º (art. 1.037, § 1º).

Os recursos afetados deverão ser julgados no prazo de um ano e terão preferência sobre os demais feitos, ressalvados os que envolvam réu preso e os pedidos de *habeas corpus* (art. 1.037, § 4º).

De acordo com o art. 1.038 do Novo CPC o relator poderá: I — solicitar ou admitir manifestação de pessoas, órgãos ou entidades com interesse na controvérsia, considerando a relevância da matéria e consoante dispuser o regimento interno; II — fixar data para, em audiência pública, ouvir depoimentos de pessoas com experiência e conhecimento na matéria, com a finalidade de instruir o procedimento; III — requisitar informações aos tribunais inferiores a respeito da controvérsia e, cumprida a diligência, intimará o Ministério Público para manifestar-se.

Observe-se que o § 8º do art. 1.037 dispõe que as partes deverão ser intimadas da decisão de suspensão de seu processo, a ser proferida pelo respectivo juiz ou relator quando informado da decisão a que se refere o inciso II do *caput* do mesmo art. 1.037. A parte, então, poderá requerer o prosseguimento do seu processo, demonstrando distinção entre a questão a ser decidida no processo e aquela a ser julgada no recurso especial ou extraordinário afetado (art. 1.037, § 9º). Tal requerimento deverá ser dirigido: ao juiz, se o processo sobrestado estiver em primeiro grau; II — ao relator, se o processo sobrestado estiver no tribunal de origem; III — ao relator do acórdão recorrido, se for sobrestado recurso especial ou recurso extraordinário no tribunal de origem; IV — ao relator, no tribunal superior, de recurso especial ou de recurso extraordinário cujo processamento houver sido sobrestado (§ 10). Nessas hipóteses, a outra parte deverá ser ouvida sobre o requerimento no prazo de cinco dias (§ 11). Reconhecida a distinção no caso dos incisos I, II e IV do § 10, o próprio juiz ou relator dará prosseguimento ao processo. Já na hipótese do inciso III do § 10, o relator comunicará a decisão ao presidente ou ao vice-presidente que houver determinado o sobrestamento, para que o recurso especial ou o recurso extraordinário seja encaminhado ao respectivo tribunal superior, na forma do art. 1.030, parágrafo único (§ 12). Da decisão que resolver o incidente caberá: agravo de instrumento, se o processo estiver em primeiro grau; agravo interno, se a decisão for de relator (§ 13).

Voltando ao procedimento no tribunal superior, transcorrido o prazo de 15 dias para o Ministério Público e remetida cópia do relatório aos demais ministros, haverá inclusão em pauta, devendo ocorrer o julgamento com preferência sobre os demais feitos, ressalvados os que envolvam réu preso e os pedidos de *habeas corpus* (art. 1.038, § 2º). O conteúdo do acórdão abrangerá a análise dos fundamentos relevantes da tese jurídica discutida (art. 1.038, § 3º). Decididos os recursos afetados, os órgãos colegiados declararão prejudicados os demais recursos, versando sobre idêntica controvérsia, ou os decidirão aplicando a tese firmada (art. 1.039). Caso seja negada a existência de repercussão geral no recurso extraordinário afetado, serão considerados automaticamente inadmitidos os recursos extraordinários cujo processamento tenha sido sobrestado (art. 1.039, parágrafo único).

De acordo com o art. 1.040 do Novo CPC, publicado o acórdão paradigma que tenha decidido a questão controvertida: I — o presidente ou o vice-presidente do tribunal de origem negará seguimento aos recursos especiais ou extraordinários sobrestados na origem, se o acórdão recorrido coincidir com a orientação do tribunal superior; II — o órgão que proferiu o acórdão recorrido, na origem, reexaminará o processo de competência originária, a remessa necessária ou o recurso anteriormente julgado, se o acórdão recorrido contrariar a orientação do tribunal superior; III — os processos suspensos em primeiro e segundo graus de jurisdição retomarão o curso para julgamento e aplicação da tese firmada pelo tribunal superior.

Caso mantido o acórdão divergente pelo tribunal de origem, o recurso especial ou extraordinário será remetido ao respectivo tribunal superior (art. 1.041). Por sua vez, realizado o juízo de retratação, com alteração do acórdão divergente, o tribunal de origem, se for o caso, decidirá as demais questões ainda não decididas cujo enfrentamento se tornou necessário em decorrência da alteração (art. 1.041, § 1º).

Saliente-se, por fim, que, no julgamento de novas causas semelhantes, os juízes e tribunais deverão observar a decisão do tribunal superior proferida no julgamento paradigma (art. 927, III, do NCPC) e, caso não seja esta observada, a parte poderá ingressar com reclamação, desde que esgotadas as instâncias recursais ordinárias (art. 988, § 5º, II). Assim, se o juiz de primeira instância não observar a decisão, a parte deverá ingressar com apelação, recurso em sentido estrito etc. Se, todavia, é o Tribunal recursal que não observa a decisão, a parte poderá, desde que esgotados os meios ordinários de impugnação, ingressar com reclamação ou com recurso extraordinário (ou especial), ou ambos concomitantemente, conforme o caso.

De acordo com a **Súmula n. 568 do Superior Tribunal de Justiça**, "o relator, **monocraticamente** e no Superior Tribunal de Justiça, poderá dar ou negar provimento ao recurso quando houver entendimento dominante acerca do tema".

Observação: Os arts. 976 a 987 do NCPC regulamentam o incidente de resolução de demandas repetitivas nos tribunais estaduais e federais, sendo que o julgamento caberá ao órgão indicado pelo regimento interno dentre aqueles responsáveis pela uniformização de jurisprudência do tribunal. De ver-se, entretanto, que o art. 976, § 4º, estabelece que é incabível referido incidente quando um dos tribunais superiores, no âmbito de sua respectiva competência, já tiver afetado recurso para definição de tese sobre questão de direito material ou processual repetitiva, na forma estudada neste tópico.

17.2.2.14. *Recurso ordinário constitucional*

A Constituição prevê hipóteses de cabimento de recurso ordinário dirigido, conforme o caso, ao Supremo Tribunal Federal (art. 102, II, da CF) ou ao Superior Tribunal de Justiça (art. 105, II, da CF).

A interposição do recurso ordinário, diferentemente das instâncias extraordinária e especial, devolve ao Supremo Tribunal Federal ou ao Superior Tribunal de Justiça o reexame de todas as matérias decididas pelo tribunal recorrido, de fato ou de direito, respeitada a limitação feita pela parte. Esse recurso ostenta, portanto, efeito equivalente ao da apelação.

■ *17.2.2.14.1. Cabimento*

Em matéria penal, cabe ao **Supremo Tribunal Federal** julgar recurso ordinário referente a:

- **decisão denegatória de *habeas corpus* e de mandado de segurança decididos em única instância pelos Tribunais Superiores** (art. 102, II, *a*, da CF) — reveste-se o recurso ordinário, nessa hipótese, de caráter *secundum eventum litis*, pois é cabível apenas se denegado o pedido formulado por via de um dos remédios constitucionais mencionados. O não conhecimento do pedido de *habeas corpus* ou mandado de segurança equivale à denegação, possibilitando a interposição do recurso;
- **crime político** (art. 102, II, *b*, da CF) — trata-se, de acordo com nosso entendimento, de previsão de um terceiro exame ordinário da pretensão punitiva referente a crimes políticos, os quais são julgados em primeiro grau pelos juízes federais e, de acordo com nosso entendimento, pelos Tribunais Regionais Federais, em segunda instância (art. 109, IV, da CF). Há decisão do **Pleno do Supremo Tribunal Federal**, no entanto, afirmando que o Supremo exerce, em tais casos, função de órgão de segundo grau: "Os juízes federais são competentes para processar e julgar os crimes políticos e o Supremo Tribunal Federal para julgar os mesmos crimes em segundo grau de jurisdição (CF, arts. 109, IV, e 102, II, *b*), a despeito do que dispõem os arts. 23, IV, e 6º, III, *c*, do Regimento Interno, cujas disposições não mais estão previstas na Constituição" (STF — RC 1.468/RJ — Tribunal Pleno — Rel. p/ acórdão Min. Maurício Corrêa — *DJ* 16.08.2000 — p. 88). Não nos parece sólido, contudo, o entendimento de que houve supressão da competência dos Tribunais Regionais Federais para julgar tais causas em segundo grau, pois, se fosse essa a finalidade da norma, o texto constitucional teria previsto a inibição de competência de forma explícita. É irrelevante, para fins de cabimento do recurso, se a decisão recorrida é condenatória ou absolutória.

Ao **Superior Tribunal de Justiça**, por sua vez, compete julgar, em recurso ordinário:

- **os *habeas corpus* decididos em única ou última instância pelos Tribunais Regionais Federais ou pelos Tribunais dos Estados, do Distrito Federal e Territórios, quando a decisão for denegatória** (art. 105, II, *a*, da CF);
- **os mandados de segurança decididos em única instância pelos Tribunais Regionais Federais ou pelos Tribunais dos Estados, do Distrito Federal e Territórios, quando denegatória a decisão** (art. 105, II, *b*, da CF).

■ *17.2.2.14.2. Procedimento*

O procedimento relativo aos recursos ordinários das decisões denegatórias de *habeas corpus* dirigidos ao Supremo Tribunal Federal está previsto no Regimento Interno daquela Corte.

A interposição, acompanhada das razões do pedido de reforma, deve dar-se no prazo de 5 dias, nos próprios autos em que se houver proferido a decisão recorrida. Distribuído o recurso, a Secretaria, imediatamente, fará os autos com vista ao Procurador-Geral da República, pelo prazo de 2 dias para manifestação. Posteriormente, os autos serão conclusos ao relator e este submeterá o feito a julgamento do Plenário ou da Turma, conforme o caso. Ao processamento do recurso aplicar-se-á, no que couber, o disposto com relação ao pedido originário de *habeas corpus*.

A Lei n. 8.038/90, que dispõe sobre as normas procedimentais do recurso ordinário dirigido ao Superior Tribunal de Justiça, estabelece regras distintas para o processamento, de acordo com a natureza da ação.

Se se tratar de decisão denegatória de *habeas corpus*, o recurso deve ser interposto no prazo de 5 dias, com as razões do pedido de reforma. Distribuído, a Secretaria dará vista dos autos, imediatamente, ao Ministério Público, pelo prazo de 2 dias. Conclusos os autos ao relator, este submeterá o feito a julgamento independentemente de pauta. Aplicam-se, subsidiariamente, as disposições relativas ao pedido originário de *habeas corpus*.

Se se cuidar de decisão denegatória de mandado de segurança, o recurso será interposto no prazo de 15 dias, acompanhado das razões do pedido de reforma. Serão aplicadas, quanto aos requisitos de admissibilidade e ao procedimento no tribunal recorrido, as regras do Código de Processo Civil relativas à apelação. Após vista dos autos ao Ministério Público, pelo prazo de 5 dias, o relator pedirá dia para julgamento.

O prazo para interposição desses recursos é contado a partir da publicação do acórdão recorrido no *Diário Oficial*.

O relator, no Supremo Tribunal Federal ou no Superior Tribunal de Justiça, decidirá o recurso que haja perdido seu objeto, bem como negará seguimento a recurso manifestamente intempestivo, incabível ou improcedente (art. 38 da Lei n. 8.038/90).

■ 17.3. QUESTÕES

1. (Ministério Público/SP — 2011) Com relação à revisão criminal, analise as seguintes assertivas:

I. poderá ser pedida pelo próprio réu, por procurador legalmente habilitado ou pelo Ministério Público;

II. julgando-a procedente, o Tribunal não poderá modificar a pena imposta pela decisão revista;

III. julgando-a procedente, o Tribunal poderá alterar a classificação da infração penal;

IV. poderá ser requerida depois da extinção da pena;

V. não será admissível a reiteração do pedido de revisão criminal.

Está correto apenas o que se afirma em

a) I e IV.

b) I e V.

c) II e III.
d) II e V.
e) III e IV.

2. (Ministério Público/SP — 2008) Assinale a alternativa correta.

a) Cabe recurso em sentido estrito da decisão do juiz que julga improcedente a exceção de suspeição.
b) Cabe recurso em sentido estrito da decisão que indefere pedido de anulação do processo no curso da instrução.
c) No caso de morte do ofendido, o cônjuge somente poderá apelar da sentença absolutória, na ausência de recurso do Ministério Público, se previamente tenha se habilitado como assistente.
d) No procedimento sumaríssimo regido pela Lei n. 9.099, de 26.09.1995, cabe apelação, no prazo de cinco dias, da sentença, da decisão que homologa a transação penal e da que rejeita a denúncia ou a queixa.
e) No procedimento sumaríssimo regido pela Lei n. 9.099, de 26.09.1995, é de cinco dias o prazo para a interposição de embargos de declaração contra a sentença.

3. (Magistratura/SP — 2011) Antônio respondeu ao processo em liberdade e o juiz decreta, fundamentadamente, a sua prisão na sentença condenatória. Expedido mandado de prisão, o oficial de justiça certifica que Antônio encontra-se em local incerto e não sabido. O defensor constituído, intimado da sentença, interpõe recurso de apelação. Assinale a alternativa correta a respeito da situação, inclusive, se o caso, consoante jurisprudência sumulada dos Tribunais Superiores (STJ e STF).

a) A apelação não pode ser conhecida sem a intimação pessoal do acusado da sentença, ainda que ele se recolha à prisão.
b) A apelação não pode ser conhecida sem o recolhimento do acusado à prisão, ainda que ele seja intimado pessoalmente da sentença.
c) A apelação deve ser considerada deserta.
d) A apelação pode ser conhecida independentemente da intimação pessoal do acusado e do seu recolhimento à prisão.
e) A apelação pode ser conhecida se o defensor assumir o compromisso de apresentar o acusado, para o cumprimento da pena, caso seja confirmada a condenação.

4. (Magistratura/SP — 2011) Em qual das hipóteses mencionadas seria possível, em tese, a concessão de *habeas corpus*, inclusive, se o caso, consoante jurisprudência sumulada dos Tribunais Superiores (STJ e STF)?

a) No caso de decisão condenatória a pena de multa.
b) No caso de processo em curso por infração penal a que a pena pecuniária seja a única cominada.
c) Para alegar nulidade de processo no qual foi extinta a pena privativa de liberdade.
d) Quando o réu não foi admitido a prestar fiança, nos casos em que a lei a autoriza.
e) No caso de punição disciplinar.

5. (Magistratura/SP — 2011) A respeito dos recursos no processo penal, analise as proposições seguintes.

I. Da decisão que recebe a denúncia ou a queixa cabe recurso em sentido estrito.
II. Caso a parte interponha o recurso errado, por mero equívoco e de boa-fé, dentro do prazo para o recurso correto, o juiz o receberá e mandará processá-lo pelo rito do recurso cabível.

III. Na hipótese de concurso de agentes, caso o Tribunal, no julgamento de apelação interposta apenas por um dos acusados, dê provimento ao recurso para absolvê-lo, reconhecendo a atipicidade da conduta, por ter ocorrido *abolitio criminis*, deverá estender o resultado ao corréu, ainda que a sentença tenha transitado em julgado com relação a este.
IV. O recurso cabível da decisão de absolvição sumária no processo comum (art. 397, do Código de Processo Penal) é o de apelação.
V. É admissível a reiteração de pedido revisional, ainda que não fundado em novas provas.

Está correto apenas o contido em
a) I, III e IV.
b) I, II e III.
c) II, III e IV.
d) II, III e V.
e) I, II e V.

6. (Magistratura/SP — 2009) Em tema de revisão criminal, é correto afirmar que:
a) se vier a ocorrer o falecimento da pessoa cuja condenação tiver de ser revista, deverá ser julgada extinta a punibilidade, com subsequente arquivamento dos autos.
b) o pedido pode ser ajuizado pelo Ministério Público em favor do condenado.
c) para requerer revisão criminal, o condenado é obrigado a recolher-se à prisão, caso ainda não tenha cumprido a pena.
d) o pedido pode ser ajuizado pelo cônjuge supérstite no caso de falecimento do condenado.

7. (Magistratura/SP — 2009) No procedimento relativo aos processos da competência do Tribunal do Júri, a decisão que impronuncia o acusado pode ser impugnada, na esfera recursal, por meio de:
a) *habeas corpus*.
b) recurso em sentido estrito.
c) agravo.
d) apelação.

8. (Magistratura/DF — 2007) No processo penal, o recurso de embargos infringentes cabe:
a) quando não for unânime a decisão de segundo grau, desfavorável ao réu;
b) quando não for unânime a decisão de segundo grau;
c) quando, em segundo grau, a decisão, por maioria, reformar a de primeiro grau;
d) quando, em segundo grau, a decisão desfavorável ao réu, por maioria, reformar a de primeiro grau, que lhe era favorável.

9. (Ministério Público/RS — 2002) O recurso em sentido estrito é cabível:
a) das decisões definitivas de condenação proferidas por juiz singular;
b) das decisões do Tribunal do Júri manifestamente contrárias à prova dos autos;
c) das decisões do Tribunal do Júri quando a sentença contrariar lei expressa;
d) das decisões que reconhecerem a prescrição ou julgarem, por outro modo, extinta a punibilidade;
e) das decisões definitivas de absolvição proferidas por juiz singular.

10. (Magistratura/MG — 2007) Se da sentença absolutória não for interposta apelação pelo Ministério Público no prazo legal:
a) o ofendido poderá interpor apelação no efeito suspensivo, se o crime for da competência do Tribunal do Júri;
b) o ofendido não poderá interpor recurso algum;
c) o ofendido poderá interpor apelação, desde que tenha se habilitado como assistente antes da prolação da sentença;
d) o ofendido poderá interpor apelação em até 15 (quinze) dias, cujo prazo correrá do dia em que terminar o do Ministério Público.

11. (Ministério Público/SP — 2010) Em relação ao *habeas corpus*, é correto afirmar que:

a) sempre é possível a interposição de *habeas corpus* quando se tratar de punição disciplinar militar.

b) o *habeas corpus* liberatório é aquele interposto quando há uma ameaça de violência ou coação à liberdade de locomoção, por abuso de poder ou ilegalidade.

c) o promotor de justiça não pode figurar como autoridade coatora no pedido de *habeas corpus*.

d) não é cabível o *habeas corpus* quando a coação emanar de ato de particular.

e) o impetrante do *habeas corpus* não precisa ser representado por advogado.

12. (Ministério Público/SP — 2006) Assinale a resposta correta.

A observância da proibição da "reformatio in pejus indireta" impede:

a) O agravamento da pena no segundo julgamento quando anulado o primeiro em apelo da acusação.

b) O reconhecimento no segundo Júri de qualificadora negada no primeiro, anulado em apelo do réu.

c) O agravamento da pena no segundo julgamento, anulado o primeiro em apelo do réu.

d) A exacerbação no segundo julgamento da pena-base imposta no primeiro, ficando inalterada a pena final, se anulada a sentença anterior em apelo do réu.

e) O reconhecimento da prescrição retroativa pela pena concretizada no segundo julgamento, anulado o primeiro em apelo do réu.

13. (OAB — 2008.3 — CESPE/UnB) Assinale a opção que representa, segundo o CPP, recurso cujas razões podem ser apresentadas, posteriormente à interposição do recurso, na instância superior.

a) Embargos de nulidade

b) Embargos de declaração

c) Apelação

d) Carta testemunhável

14. (OAB — 2010.1 — CESPE/UnB) Maurício foi denunciado pela prática do delito de estelionato perante a 1ª Vara Criminal da Justiça de Belo Horizonte — MG. Por entender que não havia justa causa para a ação penal, o advogado contratado pelo réu impetrou *habeas corpus* perante o TJ/MG, que, por maioria de votos, denegou a ordem. Nessa situação hipotética, em face da inexistência de ambiguidade, omissão, contradição, ou obscuridade no acórdão, caberá recurso

a) ordinário constitucional ao STJ

b) ordinário constitucional ao STF

c) especial ao STJ e (ou) recurso extraordinário ao STF, conforme o teor da fundamentação do acórdão

d) de embargos infringentes e de nulidade ao grupo criminal competente do TJ/MG

15. (Ministério Público/GO — 2012) Sobre a revisão criminal, é correto dizer que:

a) poderá ser requerida, em qualquer tempo, mesmo após a extinção da pena;

b) se morto o réu, não se admite revisão criminal proposta por eventuais herdeiros deste, por evidente carência de interesse processual;

c) julgando procedente a revisão, o tribunal poderá absolver o réu, modificar a pena ou anular o processo, sendo-lhe defeso, porém, alterar a classificação da infração;

d) não se admite revisão criminal em face de decisões absolutórias.

16. (OAB — FGV — 2011.3) Com base no Código de Processo Penal, acerca dos recursos, assinale a alternativa correta:

a) Todos os recursos têm efeito devolutivo, e alguns têm também os efeitos suspensivo e iterativo.
b) O recurso de apelação sempre deve ser interposto no prazo de cinco dias a contar da intimação, devendo as razões ser interpostas no prazo de oito dias.
c) Apesar do princípio da complementaridade, é defeso ao recorrente complementar a fundamentação de seu recurso quando houver complementação da decisão recorrida.
d) A carta testemunhável tem o objetivo de provocar o reexame da decisão que denegar ou impedir seguimento de recurso em sentido estrito, agravo em execução e apelação.

17. (Ministério Público/SP — 2013) É correto afirmar:

a) O Código de Processo Penal não prevê a possibilidade de impetração de *habeas corpus* pelo Ministério Público.
b) O direito de recorrer da sentença que concede o mandado de segurança não se estende à autoridade coatora.
c) Da decisão que denega a apelação cabe recurso em sentido estrito com efeito suspensivo.
d) A carta testemunhável, como regra, tem efeito suspensivo.
e) É vedado ao réu renunciar ao direto de apelar e ao Ministério Público desistir do recurso que tenha interposto.

18. (Magistratura — TJM/SP — 2016) Quanto ao cabimento do *habeas corpus* em nosso sistema jurídico, assinale a alternativa correta.

a) O *habeas corpus*, do ponto de vista do rigor técnico, é um autêntico recurso, ainda que não catalogado no próprio Código de Processo Penal como tal.
b) O *habeas corpus*, nos crimes ambientais, pode ser impetrado em favor de pessoa jurídica, pois há previsão de responsabilidade penal do ente coletivo.
c) A impetração do *habeas corpus* depende de procuração, a fim de comprovar a capacidade postulatória.
d) O recurso cabível contra a decisão denegatória do *habeas corpus* nos Tribunais inferiores é o Recurso Ordinário Constitucional.
e) O *habeas corpus* é meio idôneo para discussão da pena de multa.

19. (Magistratura/SP — 2013 — Vunesp) Da decisão judicial que determina o arquivamento de autos de inquérito policial, a pedido do Ministério Público,

a) cabe carta testemunhável.
b) cabe recurso de apelação.
c) cabe recurso em sentido estrito.
d) não cabe recurso.

20. (Ministério Público/SP — 2013) Tendo em vista as disposições legais relacionadas com recursos, é unicamente CORRETO afirmar que

a) o duplo grau de jurisdição obrigatório é previsto na lei para a hipótese de decisão concessiva de reabilitação.
b) nos processos por crimes de competência do Tribunal do Júri, a apelação do ofendido só é permitida quando já efetivada sua habilitação como assistente da acusação.
c) no caso de concurso de agentes, aproveita aos demais a decisão de recurso interposto por um dos réus, fundada em motivos de caráter exclusivamente pessoal.
d) interposto recurso em sentido estrito contra decisão que julgou procedente exceção de litispendência, se o Magistrado, em juízo de retratação, reformar a decisão atacada

julgando improcedente a exceção, pode a parte contrária impugnar essa nova decisão com idêntico recurso, por simples petição e independentemente de novos arrazoados.

e) o provimento de apelação interposta contra decisão do Tribunal do Júri, fundada unicamente na divergência entre a sentença do Juiz-Presidente com as respostas dos jurados aos quesitos, sujeitará o réu a novo julgamento.

21. (Ministério Público/SP — 2015) Assinale a alternativa correta.

a) É possível a oposição de embargos infringentes contra acórdão que, por maioria de votos, denegar ordem de *habeas corpus.*

b) É nas razões de apelação que o Ministério Público delimita a matéria objeto de devolução para o Tribunal.

c) O princípio do *tantum devolutum quantum appellatum* não tem incidência no processo penal.

d) O Promotor de Justiça pode desistir total ou parcialmente do recurso que haja interposto.

e) Todas as alternativas estão incorretas.

22. (Delegado de Polícia/SP — 2014 — Vunesp) Cabe recurso de ofício da sentença

a) que conceder *habeas corpus.*

b) que absolver o réu por inexistência do crime.

c) de pronúncia.

d) de absolvição sumária.

e) que denegar *habeas corpus.*

23. (Defensoria Pública/MT — 2016 — CEV) No que se refere à Revisão Criminal, marque V para as assertivas verdadeiras e F para as falsas.

( ) A revisão, se julgada procedente, não poderá acarretar a redução ou a modificação de pena imposta ao sentenciado.

( ) A revisão pode ser ajuizada mesmo depois do falecimento do sentenciado e de eventual extinção da pena.

( ) É cabível a revisão quando a sentença condenatória for contrária ao texto expresso de lei penal ou à evidência dos autos.

( ) Diferentemente do que ocorre em relação aos recursos, a revisão criminal dá ensejo a uma nova relação jurídica processual, não se limitando a prolongar aquela já constituída.

Assinale a sequência correta.

a) F, V, V, V

b) F, F, V, V

c) V, V, F, F

d) V, V, V, F

e) F, F, F, V

24. (Magistratura/SP — 2017) Quanto aos recursos em matéria criminal, é correto afirmar que

a) não constitui nulidade a falta de intimação do denunciado para oferecer contrarrazões ao recurso interposto da rejeição da denúncia, se nomeado defensor dativo para tanto.

b) o acórdão que provê o recurso contra a rejeição da denúncia vale, desde logo, pelo recebimento dela, a não ser que nula a decisão de primeiro grau.

c) a renúncia do réu ao direito de apelação, manifestada com ou sem a assistência do defensor, obsta o conhecimento da apelação por este interposta.

d) o efeito devolutivo da apelação contra decisões do Júri não fica adstrito aos fundamentos da sua interposição.

25. (Ministério Público/SP — 2017) Assinale a alternativa correta.

a) É cabível a utilização de *habeas corpus* contra a autoridade policial que instaura inquérito policial, em razão de requisição do Ministério Público, para apuração de crime já definitivamente julgado.

b) A existência de recurso judicial próprio impede o conhecimento de *habeas corpus*.

c) O *habeas corpus*, por ser uma ação mandamental de caráter penal, não é cabível nos casos de prisão civil do devedor de alimentos.

d) O *habeas corpus* não é cabível a quem tenha sido beneficiado com a suspensão condicional do processo.

e) O *habeas corpus* não é cabível para trancamento de ação instaurada pela prática de infração penal punida apenas com pena de multa.

■ GABARITO ■

1. "e".
2. "e".
3. "d".
4. "d".
5. "c".
6. "d".
7. "d".
8. "a".
9. "d".
10. "d".
11. "e".
12. "c".
13. "c".
14. "a".
15. "a".
16. "a".
17. "c".
18. "d".
19. "d".
20. "a".
21. "e".
22. "a".
23. "a".
24. "b".
25. "e".

18

MODELOS DE PEÇAS E PETIÇÕES[1]

■ 18.1. MODELO DE REQUERIMENTO DE INSTAURAÇÃO DE INQUÉRITO POLICIAL

Ilmo. Sr. Dr. Delegado de Polícia Titular do 28º Distrito Policial da cidade de São Paulo

Paulo Medrado Lima, brasileiro, casado, motorista, RG n. 39.875.375, residente à Al. Dois Irmãos, n. 98, bloco 02, apto. 98, bairro do Limão, nesta Capital, vem, assistido por seu advogado que esta subscreve, constituído pelo instrumento de mandato em anexo, respeitosamente à presença de Vossa Senhoria requerer a **instauração de inquérito policial** em face de **Amaro da Anunciação Pedroso**, brasileiro, casado, portador do RG 23.859.457, residente à Av. Santo Amaro, n. 765, nesta Capital, pelos motivos **de fato e de direito a seguir elencados**:

O requerente, dois anos atrás, adquiriu, com muito custo e sacrifício, uma unidade no condomínio, à época em construção, denominado "Monte Aprazível". Tão logo as obras se encerraram foi realizada uma primeira reunião com todos os adquirentes de unidades — ao todo são quatro blocos, cada qual com 25 apartamentos — para a instalação do condomínio e a eleição do síndico, dentre outras providências. O requerido Amaro da Anunciação Pedroso foi então eleito síndico geral do condomínio.

Passados aproximadamente 30 dias, Amaro passou a procurar diversos moradores dizendo que estava com problemas para conseguir o "habite-se" junto à Prefeitura Municipal, porque os fiscais estariam exigindo propinas. Posteriormente, começou a dizer que tinha feito um acordo com os fiscais que aceitaram R$ 50.000,00 para a imediata concessão do "habite-se" e, assim, começou a solicitar, de todos os condôminos, uma "taxa" de R$ 500,00, que deveria ser a ele entregue e que seria repassada aos já referidos fiscais, a título de propina.

O requerente, estranhando o rumo que os fatos tomaram, comentou sobre o ocorrido com seu patrão, o advogado Paulo de Passos Barros, que entrou em contato com órgãos da Prefeitura e descobriu que o "habite-se" já havia sido concedido há 60 dias, ou seja, o requerido solicitou os valores a fim de deles se locupletar, aplicando um golpe nos condôminos, que, em sua boa-fé, encontravam-se preocupados em regularizar a situação de seus imóveis.

---

[1] Os nomes dos réus e indiciados, bem como as datas e locais dos delitos, são todos fictícios. Os nomes dos profissionais que elaboram as peças são também fictícios (salvo os dos autores, que foram usados como exemplo nas peças do Ministério Público).

Referida prática encontra enquadramento no crime de **tráfico de influência**, descrito no art. 332, parágrafo único, do Código Penal, que assim dispõe: Art. 332 — "Solicitar, exigir, cobrar ou obter, para si ou para outrem, vantagem ou promessa de vantagem, a pretexto de influir em ato praticado por funcionário público no exercício das funções". Pena — reclusão, de 2 a 5 anos, e multa.

Parágrafo único — "A pena é aumentada da metade, se o agente alega ou insinua que a vantagem é também destinada ao funcionário".

Diante de todo o exposto, com fundamento nos arts. 4 e 5º, II, do Código de Processo Penal, requer-se a instauração de inquérito policial para apuração dos fatos acima narrados, bem como para que possa servir de base para futura denúncia por parte do Ministério Público, juntando-se em separado cópia do "habite-se", emitido desde 08 de agosto de 2013, rogando pela oitiva do advogado Dr. Paulo de Passos Barros e de outros condôminos a quem o requerido solicitou também os valores indevidos, conforme rol que segue abaixo.

Nestes termos,

Pede deferimento.

ROL:

São Paulo, 18 de outubro de 2015.

João Cavalheiro de Puig

OAB-SP 47.929

■ 18.2. MODELO DE ARQUIVAMENTO DE INQUÉRITO POLICIAL

Inquérito policial n. 050.10.09875-0

ARQUIVAMENTO

MM. Juiz:

Trata-se de inquérito policial instaurado para apurar crimes de roubo e receptação porque, no dia 18 de junho de 2014, por volta das 12 horas, na Estrada do Campo Limpo, n. 89, nesta Capital, dois desconhecidos, mediante emprego de armas de fogo, subtraíram um veículo VW/Kombi, placas ELS-9897/SP, e uma carga de mercadorias avaliadas em R$ 4.500,00 pertencentes à empresa Convel Service, ameaçando o motorista Willian Ferreira dos Reis.

A vítima Willian permaneceu sendo vigiada por um dos assaltantes, enquanto o outro levou o veículo Kombi a um terreno a algumas quadras dali onde o descarregou. Posteriormente, os roubadores abandonaram o carro e libertaram a vítima.

Um rastreador que a empresa vítima havia colocado na carga permitiu com que fosse rapidamente encontrada em um terreno baldio, de dono desconhecido, onde Geraldo Bastião Mendes, vizinho do local, aproveitando-se do abandono do imóvel, construiu um galinheiro nos fundos de sua casa. Ouvido, Geraldo disse que o terreno é aberto e com acesso livre a qualquer pessoa e que só soube da carga roubada ali colocada quando viu viaturas no terreno, pois, antes disso, realizava serviço de pedreiro nas proximidades.

Não existe, em verdade, qualquer indício de que Geraldo esteja envolvido nos crimes, tudo levando a crer que os assaltantes deixaram momentaneamente a carga no terreno, para em seguida resgatá-la em outro veículo, supondo que a Kombi contasse com rastreador, sem imaginar que, na realidade, era a própria carga que era rastreada, não tendo havido tempo hábil para tirá-la do local.

Diante do exposto, requeiro o arquivamento do feito, com a ressalva do art. 18 do CPP.

São Paulo, 13 de agosto de 2015.

Victor Eduardo Rios Gonçalves
Promotor de Justiça

■ 18.3. MODELO DE DENÚNCIA DE CRIME CULPOSO

Excelentíssimo Senhor Juiz de Direito da 1ª Vara Criminal da Comarca da Capital

Inquérito Policial n. 050.14.001010-1

Consta do incluso inquérito policial que no dia 24 de agosto de 2015, por volta de 21 horas, na Av. Professor Cabral, altura do n. 800, Vila Ema, nesta Capital, **PAULO DE TARSO DE SOUZA**, qualificado a fls. 15, motorista profissional, conduzindo de forma imprudente o veículo micro-ônibus placas DEE-1697/São Paulo, atropelou a vítima *Roger Macedoni*, causando culposamente a sua morte.

Segundo apurado, o indiciado conduzia o coletivo, na Av. Professor Cabral, via de dois sentidos de trânsito, quando, após alcançar o aclive, agindo de forma imprudente, realizou a curva de forma muito aberta, saindo de sua correta mão de direção e ingressando na contramão, ocasião que veio a se chocar com a motocicleta Honda CG/150, placas EFR-4487, conduzida pela vítima *Roger*, que ficou gravemente ferida, sendo socorrida no local dos fatos e encaminhada ao hospital, evoluindo a óbito no dia seguinte.

O laudo pericial foi juntado a fls. 28/33, sendo que o croqui de fls. 33 mostra a trajetória do coletivo. As fotos do local periciado de fls. 24/55 mostram o veículo na contramão de direção no momento da colisão, demonstrando que o denunciando, ao realizar a curva muito aberta, imprudentemente, invadiu a pista contrária, causando o acidente que ocasionou a morte culposa da vítima.

Denuncio-o, pois, como incurso no art. 302, parágrafo único, inciso IV, Lei 9.503/97, e requeiro que, recebida e autuada esta, seja ele citado para apresentar resposta escrita, realizando-se a oitiva das testemunhas abaixo arroladas, sendo, posteriormente, interrogado, nos termos dos arts. 396 a 405, do Código de Processo Penal, prosseguindo-se no feito até final condenação.

ROL:

1.
2.

São Paulo, 30 de setembro de 2015.

Victor Eduardo Rios Gonçalves
Promotor de Justiça

■ 18.4. MODELO DE DENÚNCIA DE CRIME DOLOSO

Exmo. Sr. Dr. Juiz de Direito da 2ª Vara Criminal da Comarca da Capital

Inquérito Policial n. 050.15.011111-7

Consta do incluso inquérito policial que no dia 23 de outubro de 2015, por volta de 20h30, na Rua Professor Antunes de Meneses, n. 510, nesta Capital, **MICHAEL DOUGLAS DA SILVA MENDES**, qualificado a fls. 54, com fotografia a fls. 46, subtraiu, para si, mediante grave ameaça com emprego de arma de fogo, o veículo Ford/Focus, placas KEZ-9485/Santos, e uma bolsa feminina pertencentes à vítima *Mirtes Combra*.

Consta, ainda, que no dia 22 de dezembro de 2015, por volta de 19h45, na Rua Guimarães Barros, n. 484, Vila Alpina, nesta Capital, **MICHAEL DOUGLAS DA SILVA MENDES**, qualificado a fls. 45, com fotografia a fls. 46, agindo com unidade de propósitos e desígnios com outro indivíduo não identificado, subtraiu, para si, mediante grave ameaça com emprego de arma de fogo, o veículo VW/Jetta, placas DFR-8876/São Paulo, e uma carteira contendo dinheiro e documentos pessoais, pertencentes à vítima *Augusto Peçanha*.

Consta, outrossim, que em data incerta, mas entre o dia 23 de outubro de 2015 e 22 de dezembro do mesmo ano, nesta Capital, **TIAGO SANTOS DE MIRANDA**, qualificado a fls. 45, com fotografia a fls. 46, adulterou sinal identificador de veículo automotor, qual seja, as placas do veículo Ford/Focus, que continham descrição KEZ-6825/Bauru.

Segundo se apurou, no dia 23 de outubro de 2015, a vítima *Aline* estava com o porta-malas de seu veículo Ford/Focus aberto, descarregando malas com auxílio de uma amiga, quando o indiciado, mediante grave ameaça com emprego de arma de fogo, exigiu que entregasse as chaves do automóvel, bem com sua bolsa. Em seguida evadiu-se na condução do veículo.

Apurou-se, ainda, que no dia 22 de dezembro de 2015, o indiciado, agindo em conluio com outro indivíduo não identificado, mediante grave ameaça com emprego de arma de fogo, abordou a vítima Augusto logo após ela estacionar o veículo VW/Jetta na garagem de sua residência. Em seguida, anunciou o assalto e exigiu que entregasse sua carteira pessoal e a chave do veículo. Por fim, empreendeu fuga na condução do veículo e, seu comparsa, em uma motocicleta.

Neste mesmo dia, policiais receberam notícia do roubo do veículo VW/Jetta e, diligenciando, decidiram abordar o veículo Ford/Focus, de placas KEZ-6825/Bauru, no qual estava o indiciado. Em revista no interior do automóvel, encontraram objetos pertencentes à vítima *Augusto* sendo certo que, poucos metros à frente do local da abordagem, encontraram o veículo VW/Jetta. A vítima Augusto, dono do VW/Jetta, reconheceu o indiciado como sendo o autor do roubo.

Em pesquisa com os chassis do veículo Ford/Focus, de placas KEZ-6825/Bauru, os policiais verificaram que se tratava de produto de roubo, e que sua placa original era KEZ-9485/Santos. A vítima do roubo de referido veículo (Mirtes) também reconheceu o indiciado como sendo o autor do crime.

Evidente, outrossim, que o indiciado permaneceu com o veículo Ford/Focus desde a data em que o subtraiu e trocou suas placas, criando um "dublê" e o utilizou até a data em que foi abordado após subtrair o veículo VW/Jetta.

Denuncio-o, pois, como incurso no art. 157, § 2º, inciso I; art. 157, § 2º, incisos I e II; e art. 311, *caput*, c.c. o art. 69, todos do Código Penal e requeiro que, recebida e autuada esta, seja ele citado para apresentar resposta escrita, realizando-se a oitiva das vítimas e testemunhas abaixo arroladas, sendo, posteriormente, interrogado, nos termos dos arts. 396 a 405 do Código de Processo Penal, prosseguindo-se no feito até final condenação.

ROL:

1)

2)

3)

4)

São Paulo, 28 de dezembro de 2015.

Victor Eduardo Rios Gonçalves

Promotor de Justiça

■ 18.5. MODELO DE REQUERIMENTO DE RELAXAMENTO DO FLAGRANTE E DE LIBERDADE PROVISÓRIA

Excelentíssimo Senhor Doutor Juiz de Direito da 5ª Vara criminal da Comarca da Capital

Inquérito policial n. 050.15.084894-0

André Luis de Oliveira, brasileiro, solteiro, RG n. 12.660.770, filho de João de Oliveira e Mercia de Pádua Oliveira, por seu advogado ao final assinado, inscrito na OAB/SP, sob n. 45.678, com escritório profissional na Rua Padre José de Ancheira n. 30, vem, respeitosamente, perante V. Exa., com fundamento no art. 310, do Código de Processo Penal, requerer o RELAXAMENTO DA PRISÃO EM FLAGRANTE e, subsidiariamente, a concessão de LIBERDADE PROVISÓRIA, em face das razões fáticas e jurídicas a seguir aduzidas:

O indiciado teve contra si lavrado auto de prisão em flagrante por crime de furto tentado, porque, no dia 30 de julho de 2015, na rua Bom Pastor, n. 340, bairro do Brás, São Paulo, teria saído sem efetuar o pagamento de mercadorias do Supermercado Bom e Barato, momento em que foi detido por seguranças de referido estabelecimento e encaminhado ao Distrito Policial, onde a Douta Autoridade Policial determinou a lavratura do auto de prisão em flagrante por crime de tentativa de furto simples (art. 155, *caput*, c.c. art. 14, II, do Código Penal).

Ocorre que, conforme se pode facilmente perceber, a vigilância prévia dos funcionários do supermercado tornaram absolutamente impossível a consumação do crime, na medida em que o requerente foi imediatamente abordado ao passar pela área dos caixas, já que os referidos seguranças acompanhavam de perto os passos do ora indiciado. Nesse sentido, podemos apontar: "Vigilância permanente. Se o agente está sendo observado o tempo todo pelo agente de segurança do estabelecimento comercial que viu ele esconder os objetos, tal vigilância tornou absolutamente ineficaz o meio por ele utilizado furtar as mercadorias, impossibilidade do delito" (EI n. 70003558843, 3º Grupo de Câmaras Criminais do TJRS, Rel. Des. Sylvio Baptista Neto, julgado em 15.03.2002).

Por tal fundamento, considerando a atipicidade da conduta, requer-se o imediato **relaxamento** da prisão em flagrante com a expedição do competente alvará de soltura.

Caso, porém, não seja este o entendimento de Vossa Excelência, requer-se a concessão da **liberdade provisória**, na medida em que o delito pelo qual o requerente foi preso foi praticado sem emprego de violência ou grave ameaça e não se reveste de especial gravidade. O fato de o requerente possuir algumas condenações anteriores não é razão suficiente para mantê-lo no cárcere, em péssimas condições e na companhia de criminosos de alta periculosidade. O indiciado possui residência fixa e emprego lícito, conforme fazem prova os documentos que acompanham o presente pedido. Ademais, compromete-se solenemente a comparecer a todos os atos do processo a que venha a ser chamado, salientando, por oportuno, que não se mostra presente qualquer das hipóteses que respaldam a decretação da prisão preventiva, nos termos do art. 5º, LXVI, da Constituição Federal e do art. 312 da legislação processual penal.

A decretação da prisão preventiva só deve se dar quando a medida for de evidente necessidade, evitando-se ceifar o direito à liberdade que nosso ordenamento ampara, por meio do princípio constitucional da presunção de inocência. No caso em análise, conforme já mencionado, não existe tal necessidade, não se mostra presente o *periculum in mora*.

Ressalte-se, ademais, que além dos pressupostos e requisitos da prisão preventiva, deve o juiz analisar a possibilidade de alternativas processuais antes de decretar a segregação cautelar do cidadão, nos termos do art. 282 do CPP, com a redação que lhe foi dada pela Lei n. 12.403/2011, que prevê extenso rol de medidas diversas da prisão.

Diante do exposto, por ser o fato atípico em razão da impossibilidade de consumação decorrente da cerrada vigilância exercida sobre o acusado durante toda sua conduta, requer-se o relaxamento do flagrante, e, caso não seja este o entendimento deste Egrégio Juízo, subsidiariamente pleiteia-se a concessão da liberdade provisória por inexistirem motivos para que a prisão perdure, pelas razões fáticas e jurídicas já mencionadas ou que seja ela substituída por medida cautelar diversa da prisão.

Nestes Termos.

Pede e Espera Deferimento.

São Paulo, 01 de setembro de 2015.

Hércules Montora
Advogado OAB/SP 45.678

■ 18.6. MODELO DE REQUERIMENTO DE PRISÃO PREVENTIVA

Autos n.

Requerimento de decretação de prisão preventiva

Meritíssimo Juiz,

O Ministério Público do Estado de São Paulo, pelo promotor de justiça subscritor, vem requerer a decretação da prisão preventiva de **Fulano de tal**, ora denunciado pela prática de crime de roubo (art. 157, § 2º, I e II, do Código Penal), pelas razões adiante expostas:

Os insuspeitos elementos de prova existentes nos autos do inquérito policial autorizam a segura conclusão de que o indiciado foi um dos autores de violento roubo perpetrado contra o ofendido XYZ, que, no dia 15.09.2015, teve sua residência invadida por três agentes armados, os quais, depois de manterem os moradores (inclusive uma criança) sob a mira de armas de fogo, subtraíram, mediante grave ameaça, diversos bens existentes no imóvel. Embora o indiciado não tenha sido preso em flagrante, foi surpreendido, poucos dias depois, na posse do veículo arrebatado do ofendido, por quem, ademais, foi apontado como um dos roubadores, em formal diligência de reconhecimento levada a efeito pela autoridade policial.

Faz-se presente, portanto, o *fumus comissi deliciti.*

O *periculum in libertatis* também está bem caracterizado, na medida em que a segregação do indicado é imprescindível para a garantia da ordem pública.

A gravidade concreta da conduta, revelada pelo emprego de armas de elevado poder vulnerante e pela circunstância de que o denunciado e seus comparsas invadiram residência alheia sem intimidarem-se com a presença dos moradores, ocasião em que expuseram a risco a incolumidade física das vítimas, já que apontaram armas de fogo em direção a elas, demonstra, inequivocamente, a **periculosidade** dos agentes e a consequente necessidade de pronta e efetiva atuação estatal, com o fim de garantir a segurança dos jurisdicionados.

Averbe-se, em relação à suficiência dessas circunstâncias para a decretação da prisão preventiva, que "a gravidade concreta revelada pelo *modus operandi* da conduta delituosa confere idoneidade ao decreto de prisão cautelar. Precedentes: HC 104.575/AM, Relator Min. Dias Toffoli, Primeira Turma, Julgamento em 15/2/11; HC 105.033/SP, Relatora Min. Ellen Gracie, Segunda Turma, Julgamento em 14/12/10; HC 94.286/RR, Relator Min. Eros Grau, Segunda Turma, Julgamento em 2/9/08" (STF — HC 104.139/SP — 1ª Turma — Rel. Min. Luiz Fux — *DJe* 08.09.2011).

O elevado grau de organização do grupo integrado pelo indiciado e o fato de ser ele reincidente específico bem expressam a **dedicação profissional do agente ao cometimento de roubos**, o que autoriza o prognóstico de que, se permanecer em liberdade, praticará outros crimes.

Essa exposição dos cidadãos ao concreto perigo de serem vítimas de novas ações criminosas praticados pelo indiciado ocasiona a ruptura do que se convencionou denominar "ordem pública", a ser entendida como a situação de normalidade institucional na qual há significativo propósito de adesão dos particulares aos mandamentos da lei e livre exercício, por parte das autoridades, das funções que lhe são cometidas pelo ordenamento[2].

Não é demais registrar que, no caso em exame, a adoção de medida cautelar pessoal diversa da prisão mostra-se descabida, pois essa providência *não atenderia ao princípio da adequação* à gravidade do crime, às circunstâncias do fato e às condições pessoais do indiciado (art. 282, II, do Código de Processo Penal), além do que *não seria suficiente* para resguardar o corpo social contra o cometimento de novas infrações pelo denunciado, o qual, muito embora já tenha sido condenado definitivamente pela prática de roubo, voltou a infringir, com gravidade, a lei penal, revelando, assim, inequívoca predisposição para o desrespeito às normas de convivência social pacífica.

2 Consoante lição de De Plácido e Silva, ordem pública é a "situação e o estado de legalidade normal em que as autoridades exercem suas precípuas atribuições e os cidadãos as respeitam e acatam, sem constrangimento ou protesto" (*Vocabulário jurídico*, v. 3, p. 1.101).

Revela-se imperioso, portanto, o encarceramento preventivo do ora denunciado.

Saliente-se, por fim, que a prévia colheita de manifestação do indiciado acerca do teor do presente requerimento põe em perigo a eficácia da medida, de modo a exigir que o exercício do contraditório ocorra após a efetiva prisão do indiciado (art. 282, § 3º, do CPP).

Em face do exposto, requer-se a decretação da prisão preventiva do denunciado.

Sumaré, 09 de outubro de 2015.

Alexandre Cebrian Araújo Reis
Promotor de Justiça

18.7. MODELO DE PROPOSTA DE SUSPENSÃO CONDICIONAL DO PROCESSO

MM. Juiz:

Processo n. 77.896/15

Rogério de Oliveira Salles está sendo denunciado por crime de estelionato simples, delito cuja pena mínima não excede 1 ano (art. 171, *caput*, do Código Penal).

O indiciado não está sendo processado e não possui condenação anterior por outro crime. Além disso, estão também presentes todos os requisitos do art. 77 do Código Penal, motivo pelo qual, por entender suficiente para a reprovação e prevenção do crime, proponho a suspensão condicional do processo, pelo período de 2 anos, fixando-se as seguintes condições:

I — reparação do dano de R$ 2.445,00 (dois mil, quatrocentos e quarenta e cinco reais), decorrentes da consumação do crime, cujo valor ainda não foi restituído à vítima;

II — proibição de frequentar determinados lugares;

III — proibição de ausentar-se da comarca onde reside, sem autorização judicial;

IV — comparecimento pessoal e obrigatório em juízo, mensalmente, para informar e justificar suas atividades.

Requeiro, outrossim, seja o indiciado notificado para se manifestar acerca da proposta e, em caso de aceitação, seja advertido de que a prática de novo crime ou contravenção durante o período de prova, bem como o descumprimento injustificado de qualquer das condições impostas, poderá implicar a revogação do benefício e o prosseguimento do feito até a sentença final.

São Paulo, 02 de fevereiro de 2016.

Victor Eduardo Rios Gonçalves
Promotor de Justiça

■ 18.8. MODELO DE RESPOSTA ESCRITA

Exmo. Sr. Dr. Juiz de Direito da 12ª Vara Criminal da Comarca da Capital

Processo n. 050.15.97864-7

Cícero Vaz de Paula Cunha, devidamente qualificado nos autos em epígrafe, pela Defensoria Pública do Estado, vem, respeitosamente, perante Vossa Excelência, oferecer RESPOSTA ESCRITA, com fulcro nos arts. 396 e 396-A do Código de Processo Penal, pelos motivos fáticos e de direito a seguir aduzidos:

I — Da materialidade e da autoria. Da atipicidade da conduta

A denúncia imputa ao réu a acusação prevista no art. 155, § 4º, IV, c.c. art. 14, II, do Código Penal.

Em que pesem os argumentos levantados na denúncia pelo nobre Promotor de Justiça, entende esta defesa não haver justa causa para a presente ação penal, tendo em vista que a acusação fundamenta-se, exclusivamente, nos depoimentos dos policiais.

Ademais, pelo que se observa dos depoimentos colhidos, está evidente que se trata de crime impossível, que é excludente de tipicidade, pois o agente foi o tempo todo acompanhado pelos seguranças do estabelecimento, que o vigiaram e protegeram a *res*, inviabilizando a consumação da ação delitiva. A esse respeito: “Se o fiscal do estabelecimento acompanha *ab initio*, em estabelecimento comercial, apoderamento de mercadorias de escasso valor, com pagamento tão só parcial quando da passagem pelo caixa, tornando impossível a consumação do crime, a situação se equipara à de um flagrante preparado, autorizando a absolvição do réu” (TACRIM-SP — Relator Geraldo Pinheiro — *JUTACRIM* 57/276).

Assim sendo, requer-se a absolvição sumária do acusado, com fundamento no art. 397, III, do Código de Processo Penal; porém, caso não seja este o entendimento de Vossa Excelência, apresento abaixo o rol de testemunhas de defesa cuja oitiva se pretende durante a instrução.

São Paulo, 15 de agosto de 2015.

Fernando Pedro dos Santos
Defensor Público

■ 18.9. MODELO DE MEMORIAL

Processo n.: 050.14.91919-1
Autor: Ministério Público
Réus: Manoel de Castro, Armando Paulilo e Plinio Camargo
Memorial do Ministério Público

Meritíssimo Juiz:

Trata-se de ação penal movida pelo Ministério Público contra **Manoel de Castro**, **Armando Paulilo** e **Plinio Camargo**, que teriam praticado, **Manoel** e **Armando**, os crimes previstos no art. 159, § 1º, e art. 157, § 2º, I e II, c.c. o art. 70, do Código Penal, todos combinados com o art. 69, do mesmo *codex*, e, **Plinio**, o crime previsto no art. 159, § 1º, e art. 157, § 2º, I e II, c.c. o art. 70, todos combinados com os **arts. 29 e 69**, do mesmo *codex*, conforme os fatos narrados na denúncia de fls. 1/5.

A denúncia foi recebida a fls. 410. Os réus apresentaram resposta à acusação a fls. 413 (**Armando**), fls. 441 (**Manoel**) e fls. 506 (**Plinio**). Foram ouvidas duas testemunhas de acusação (fls. 570, 572) e três vítimas (fls. 592, 611 e 667), além das testemunhas de defesa (fls. 690, 692, 697, 702, 709, 713). Os réus foram interrogados a fls. 717 (**Plinio**), fls. 720 (**Manoel**) e fls. 726 (**Armando**).

É o relatório.

A ação deve ser julgada procedente.

O delegado João Luis (fls. 570) afirmou em juízo que houve um roubo na empresa da vítima *Paulo Catalan*, ocasião em que os assaltantes subtraíram bens dele e dos funcionários Lucio e Dimas e que, após o roubo, os assaltantes sequestraram o proprietário da empresa (*Paulo)* com o fim de obter vantagem ilícita como preço do resgate. Durante o período em que a vítima permaneceu em poder dos sequestradores foram feitas diversas interceptações telefônicas, constatando-se que **Manoel** (vulgo "Nem") mantinha contato com **Plinio** (vulgo "Doda"), **Armando** (vulgo "Nando") e outro de alcunha "Magrão". Por meio das conversas interceptadas, **Manoel** mencionou dados que permitiram sua localização, bem como a identificação dos seus comparsas. *Após a prisão de* ***Manoel****, ele foi interrogado e confessou integralmente o crime, bem como a participação de* ***Plinio****, que se encontrava preso.* A localização de **Armando** também foi possível por meio das interceptações telefônicas, tendo ele indicado, nos diálogos telefônicos que mantinha, seu nome, residência e outros fatos relacionados à sua família.

A vítima *Lucio* (fls. 592) disse que trabalhava na empresa vítima e que, na data dos fatos, ao ouvir a campainha, abriu o portão acreditando que fosse outro funcionário. Neste momento, um dos réus adentrou no local e, mediante grave ameaça com emprego de arma de fogo, anunciou o assalto e subjugou todos que ali estavam. O acusado sabia o nome de todos os funcionários, perguntou pelo proprietário *Paulo Catalan*, afirmando, ainda, que tinha informações sobre o funcionamento da empresa. Durante o roubo, subtraíram monitores de computador e aparelhos celulares. Após, sequestraram o proprietário da empresa e viu que todos fugiram em poder da vítima em um veículo Kombi, que foi escoltado por um veículo Celta. Na delegacia, reconheceu **Armando** (ex-funcionário da empresa) e **Manoel** como os assaltantes que roubaram a empresa e sequestraram a vítima *Paulo Catalan*.

A vítima protegida (fls. 611) também confirmou o roubo, afirmando que dois indivíduos, armados, adentraram na empresa e subtraíram bens. Confirmou, ainda, que, em seguida, os assaltantes sequestraram a vítima *Paulo Catalan* e, após, começou a receber telefonemas exigindo resgate no valor de dois milhões.

A vítima *Dimas* (fls. 667) também confirmou o roubo e disse ter reconhecido o réu **Manoel** com absoluta certeza na delegacia (fls. 137). Confirmou, ainda, que a vítima *Paulo Catalan* foi sequestrada após o roubo e levada para um cativeiro.

O policial *Maurílio* (fls. 572) disse que libertou a vítima do cativeiro após receber delação anônima acerca de sua localização. Não havia outras pessoas no local.

Na fase policial, o acusado **Manoel** confessou os delitos, narrando os acontecimentos com detalhes (fls. 138). Disse que conheceu **Plinio** em um bar (casa de pagode) e tinha amizade com ele há três anos, sendo que uma semana antes do crime recebeu um telefonema dele, dizendo que deveria entrar em contato com outra pessoa (**Armando**), que lhe passaria informações importantes. Entrou em contato com ele e, nesta ocasião, já planejaram o assalto à empresa *Manager*, bem como combinaram de se encontrar pessoalmente, o que foi feito. Nesta oportunidade, acertaram os detalhes do roubo e planejaram o sequestro. **Manoel**, então, combinou com seu conhecido *Pires* de transportar a vítima na Kombi dele. A vítima, conforme ficou ajustado, seria entregue para outro grupo de indivíduos, que seriam responsáveis pelo cativeiro. Assim, na data dos fatos, **Armando** e **Manoel** se dirigiram para a empresa da vítima por volta de 7 horas e realizaram o assalto às 9. Em seguida, sequestraram a vítima *Paulo Catalan*, a levaram no veículo Kombi e a entregaram para o outro grupo, formado por dois homens e uma mulher.

Deste modo, as provas demonstram, com segurança, que **Armando** obteve informações relevantes sobre a vítima e o funcionamento da empresa *Manager*, onde trabalhou por dez dias a título de experiência, e, em seguida, entrou em contato com **Plinio**, que se encontrava preso na penitenciária de Mogi das Cruzes, dizendo a ele que tinha informações sobre um roubo e um sequestro que poderiam ser realizados e que dariam bom rendimento ilícito. Em razão disso, **Plinio** contatou, via telefone celular, o réu **Manoel** e lhe narrou sobre a possibilidade dos crimes e pediu que entrasse em contato com **Armando**, o que foi feito, tendo os dois se reunido para planejar o roubo e o sequestro.

A autoridade policial relatou as conversas relevantes entre os acusados durante o procedimento de interceptação telefônica (fls. 59; 76; 108/112; 128/133) e salientou a participação de cada um deles no roubo da empresa *Manager* e o sequestro da vítima *Paulo Catalan*. Ressalte-se que a partir das escutas telefônicas ficou evidenciado que **Plinio** (vulgo "Doda") era o articulador dos crimes, sendo o responsável por reunir os demais acusados.

No dia em que os policiais efetuaram a prisão de **Manoel** e **Armando** foram apreendidos aparelhos celulares em poder deles, sendo certo que os números de celulares interceptados constavam da agenda de referidos aparelhos (fls. 128), comprovando que os acusados se comunicavam. A confissão espontânea do acusado **Manoel** na fase policial também demonstra os fatos e confirma os relatos judiciais das vítimas e testemunhas.

No tocante ao delito de sequestro, deve ser considerado que durou mais de 24 (vinte e quatro) horas e que a vítima era maior de sessenta anos, de modo que devem ser reconhecidas as qualificadoras narradas na denúncia (art. 159, § 1º, do CP).

Em relação ao réu **Plinio**, deve-se considerar na pena-base que o acusado já se encontrava preso, por outro crime, na penitenciária de Mogi das Cruzes e que em um comportamento ousado, manteve contato com os demais réus, com um aparelho celular no interior da prisão, para planejar os delitos.

Além disso, ele foi o responsável por promover e organizar a atividade dos seus comparsas, devendo, assim, ser reconhecida a agravante genérica do art. 62, I, do Código Penal.

No roubo, deve ser reconhecida a agravante do art. 61, II, *h*, por ter sido praticado contra vítima maior de sessenta anos (*Paulo Catalan*).

As causas de aumento do concurso de pessoas e do emprego de arma de fogo no roubo restaram demonstradas. Deve ser observado que o delito foi praticado por três roubadores (**Armando** e **Manoel** como autores e **Plinio** como partícipe), o que deve ser considerado na terceira fase de aplicação da pena.

Deve, ainda, ser reconhecido o concurso formal de crimes, por ter sido o roubo praticado contra três vítimas (*Lucio, Dimas* e *Paulo Catalan*).

Em relação ao regime inicial a ser aplicado para o cumprimento da reprimenda, deve ser imposto o regime fechado, na medida em que a Lei dos Crimes Hediondos estabelece a obrigatoriedade deste regime nos crimes de extorsão mediante sequestro (art. 2º, § 1º, da Lei n. 8.072/90, com a redação dada pela Lei n. 11.464/07).

Requer-se a fixação do regime inicial fechado devido à imensa gravidade dos delitos cometidos e ao montante da pena a ser aplicada (superior a 8 anos). Diante do exposto, e pelo mais que consta dos autos, requeiro a procedência da ação, condenando-se os réus conforme o pedido feito na denúncia.

São Paulo, 02 de dezembro de 2015.

Victor Eduardo Rios Gonçalves
Promotor de Justiça

■ 18.10. MODELO DE SENTENÇA CONDENATÓRIA

Vistos.

PAULO PADRÃO DE QUEIROZ, qualificado nos autos, está sendo processado pela suposta infração ao art. 33, *caput*, c.c. art. 40, VI, da Lei n. 11.343/2006, porque, segundo a denúncia, no dia 30 de abril de 2015, por volta das 18 horas, na residência situada na rua Pedro Pedrocian, n. 38, bairro Jardim Roma, nesta cidade, tinha sob sua guarda e depósito, para fins de fornecimento a terceiros, venda e tráfico, 15,22g de cocaína na forma de "crack", substância entorpecente e que causa dependência física e psíquica, sem autorização e em desacordo com determinação legal ou regulamentar. Ainda de acordo com a denúncia, o acusado praticou o crime de tráfico de entorpecentes envolvendo o adolescente P.P.D., de dezesseis anos.

Notificado, o réu apresentou defesa preliminar (fls. 79/81).

A denúncia foi recebida em 9 de maio de 2015 (fls. 82).

No curso da instrução processual foram ouvidas quatro testemunhas (fls. 126/129) tendo o réu sido interrogado (fls. 130).

Nas alegações finais, o Dr. Promotor pediu a condenação nos termos da denúncia (fls. 132/136). O Dr. Defensor, por sua vez, pugnou pela desclassificação da infração para o delito previsto no art. 28 da Lei n. 11.343/2006, postulando, na hipótese de condenação, que seja reconhecida, em favor do acusado, a causa de diminuição de pena descrita no § 4º do art. 33 da Lei de Antidrogas, afastando-se, de outra parte, a incidência da causa de aumento prevista no inciso VI do art. 40 do mesmo diploma legislativo (fls. 139/144).

É o relatório. Fundamento e DECIDO.

A ação penal é procedente.

A materialidade está demonstrada pelo auto de exibição e apreensão de fls. 15/17, pelo laudo de constatação prévia de fls. 25 e pelo laudo de exame químico-toxicológico de fls. 48/49.

A autoria também é certa e recai sobre o denunciado.

O acusado, quando interrogado em juízo, afirmou que é mero usuário de drogas, sendo que, de fato, estava na posse da substância apreendida, a qual, no entanto, destinava-se ao próprio consumo (fls. 125). Contudo, de acordo com o depoimento dos policiais militares João Saudade de Araújo e Manoel Piva, havia várias informações anteriores que apontavam a residência do acusado como local de venda de tóxicos.

A testemunha João relatou que, na data dos fatos, surpreendeu o réu embalando drogas no cômodo dos fundos da casa, no qual, além da droga apreendida, foram encontrados materiais usados para a individualização e comercialização de entorpecentes, dinheiro e anotações da contabilidade do tráfico (fls. 126).

Suas declarações foram integralmente confirmadas por Manoel, também presente à operação policial (fls. 127).

Além disso, a quantidade da substância apreendida e a forma como estava acondicionada indicam o intuito mercantil.

No mais, as circunstâncias da abordagem policial não deixam dúvidas quanto à responsabilidade criminal do acusado. De fato, a droga e os materiais utilizados para seu acondicionamento foram apreendidos no interior de sua residência. O local, conforme relatado pelos policiais militares, era apontado como ponto de venda de drogas.

Registre-se que não há motivo para que os policiais, conluiados, urdissem falsa incriminação a título de prejudicar, gratuitamente, o réu, se, de fato, fosse ele inocente. Assim, a palavra deles deve ser considerada, não havendo motivos concretos para levantar suspeição.

Diante desse quadro não há como se operar a pretendida desclassificação para a figura do porte para uso próprio, ante a quantidade de droga apreendida, o fato de o acusado haver sido abordado quando a manipulava e o modo como estava embalada, demonstrando o contrário as circunstâncias já apontadas.

Consequentemente, o acusado deve ser responsabilizado na forma do art. 33, *caput*, da Lei n. 11.343/2006.

Inviável o reconhecimento da incidência da causa de diminuição de pena prevista no § 4º do art. 33, especialmente porque o denunciado ostenta a condição de **reincidente**, conforme certificado a fls. 36 e 46 do apenso próprio.

Finalmente, há de incidir, na situação em comento, a causa de aumento de pena prevista no art. 40, VI, da Lei Antidrogas, pois, de acordo com as narrativas coesas e harmônicas apresentadas pelos policiais militares João e Manoel, o delito praticado pelo acusado envolveu o adolescente P.P.D, que estava na companhia dele no momento em que embalava a droga.

Nesse particular, não se confirmou — porquanto não restou comprovada — a versão apresentada em sede de autodefesa, segundo a qual o adolescente apenas passara na residência para tomar água.

Passo, então, à aplicação da pena.

Seguindo o critério dos arts. 59 e 60 do Código Penal, ausentes circunstâncias judiciais desfavoráveis, fixo a pena-base por infração ao art. 33, *caput*, da Lei n. 11.343/2006, no mínimo legal, em 05 (cinco) anos de reclusão e pagamento de 500 (quinhentos) dias-multa, definido o valor unitário do dia-multa em um trigésimo do valor do salário mínimo vigente à época dos fatos, devidamente corrigido até a efetiva execução da sanção pecuniária, na forma do art. 43 do mesmo diploma legislativo. Na segunda etapa da dosimetria, reconheço, em desfavor do acusado, a agravante da reincidência (fls. 36 e 46 do apenso próprio), em razão da qual majoro a pena para o total de 6 (seis) anos de reclusão e pagamento de 600 (seiscentos) dias-multa. Finalmente, por força da causa de aumento de pena descrita no art. 40, VI, da Lei n. 11.343/2006, já reconhecida, elevo a pena do acusado de 1/6, do que resulta uma reprimenda de **7 (sete) anos de reclusão** e pagamento de **700 (setecentos) dias-multa**, na forma especificada. À míngua de outras circunstâncias, torno-a definitiva.

Incabível a substituição da pena privativa de liberdade por restritivas de direitos, por ser o réu reincidente e porque o montante aplicado não o permite, na forma do art. 44, inciso I, do Código Penal.

Sendo o acusado reincidente, fixa-se o regime inicial fechado.

Não havendo alteração das condições fáticas, permanecem inalterados os motivos que deram ensejo à prisão cautelar do réu, que não poderá apelar em liberdade. Com efeito, o acusado está preso por este processo, mantendo-se presentes os requisitos para a decretação de sua prisão provisória. Aliás, seria contraditório que houvesse sido mantido no cárcere durante toda a instrução e agora, condenado, viesse a recorrer em liberdade.

Ante o exposto, **JULGO PROCEDENTE** a presente ação penal para o fim de condenar Paulo Padrão de Queiroz, filho de Pitágoras de Albuquerque Queiroz e de Julia Padrão de Queiroz, por infração ao art. 33, *caput*, combinado com o art. 40, inciso VI, ambos da Lei n. 11.343/2006, à pena de **7 (seis) anos de reclusão**, a ser cumprida inicialmente em regime fechado, e ao pagamento de **700 (setecentos) dias-multa**, na forma especificada.

Transitada em julgado, lance-se seu nome no Rol dos Culpados.

Recomende-se o réu na prisão em que se encontra recolhido.

Decreto a perda do numerário e dos objetos apreendidos, tendo em vista que foram obtidos pela prática da infração penal em questão, na forma do art. 63, § 1º, da Lei n. 11.343/2006, oficiando-se, na forma do § 4º do mesmo dispositivo, após o trânsito em julgado da presente decisão.

P.R.I.C.

Araçatuba, 30 de agosto de 2015.

Júlio Marotta Mengui

Juiz de Direito

18.11. MODELO DE PETIÇÃO DE INTERPOSIÇÃO DE RECURSO

Excelentíssimo Sr. Dr. Juiz de Direito da 10º Vara Criminal da Comarca da Capital

Autos n. 050.15.00001-1

Recorrente: Ministério Público do Estado de São Paulo
Recorrido: Paulo Carvalho Lins

O Órgão do **Ministério Público** que esta subscreve, inconformado com r. decisão de fls. 4/36, que rejeitou a denúncia oferecida contra Paulo Carvalho de Lins, vem, tempestivamente, perante Vossa Excelência interpor recurso em sentido estrito, nos termos do art. 581, inciso I do CPP.

Requeiro vista dos autos para o oferecimento das razões do inconformismo.

Nestes termos,

P. deferimento.

São Paulo, 20 de novembro de 2015.

Victor Eduardo Rios Gonçalves
Promotor de Justiça

18.12. MODELO DE RAZÕES RECURSAIS

Autos n. 050.15.00001-1
10ª Vara Criminal da Comarca da Capital
Recorrente: Ministério Público
Recorrido: Paulo Carvalho de Lins

Egrégio Tribunal,

Colenda Câmara,

Douta Procuradoria de Justiça

MM. Juiz:

Trata-se de recurso em sentido estrito interposto por este Órgão do Ministério Público contra r. decisão que rejeitou denúncia oferecida contra Paulo Carvalho de Lins, em relação ao crime de tentativa de furto no estabelecimento Supermercados

Maroto, com o argumento de que teria havido crime impossível porque o denunciado estaria sendo vigiado por seguranças do supermercado até ser preso em flagrante ao sair com mercadorias avaliadas em R$ 458,00, sem efetuar o devido pagamento junto ao caixa.

De salientar, entretanto, que a alegação de crime impossível, porque funcionários do estabelecimento notaram a conduta do agente em não efetuar o pagamento das mercadorias no caixa, constitui desvirtuamento do texto legal. De plano, porque, a toda evidência, o meio empregado não é absolutamente ineficaz e, tanto é assim, que inúmeros furtos em supermercados se consumam diariamente em situação idêntica. Além disso, mesmo quando os seguranças percebem a conduta do furtador, continua sendo possível a consumação do delito, já que ele pode conseguir fugir em desabalada carreira do local e não ser alcançado pelos funcionários do estabelecimento, ou até mesmo agredir os seguranças a fim de garantir sua impunidade e a detenção do bem. Nesse instante, é forçoso salientar que, na última hipótese (agressão aos seguranças), o furto em andamento se transformaria em roubo impróprio (art. 157, § 1º, do CP), enquanto, se adotada a tese do crime impossível de furto — que refutamos com veemência — isso não seria viável, na medida em que, se não havia furto em andamento (pois o crime impossível implica atipicidade da conduta), a agressão posterior aos seguranças acabaria sendo interpretada como crime de lesão corporal ou contravenção de vias de fato. Nada mais equivocado.

No caso em análise, o fato de o meio não ser absolutamente ineficaz, por si só, já embasa o recebimento de denúncia. Todavia, uma análise mais minuciosa mostra-se aconselhável. Com efeito, dispõe o art. 17 do Código Penal que existe crime impossível apenas em duas hipóteses em que a consumação se mostra inviável: a) quando o meio escolhido pelo agente é absolutamente ineficaz ou; b) quando há absoluta impropriedade do objeto material. As providências tomadas pela vítima para tentar evitar a consumação de crimes não constam do rol do art. 17 e, por isso, há crime quando se constata que o meio escolhido é apto a gerar a consumação, mas as providências anteriormente tomadas pela vítima é que impediram o resultado. Dizer que há crime impossível quando um estabelecimento contrata funcionários que acabam evitando furtos seria o mesmo que dizer que não há crime quando se efetua um disparo contra o peito de uma pessoa e ela não morre exclusivamente porque, sob sua blusa, havia um colete à prova de "balas" — no exemplo, o disparo de arma de fogo é meio eficaz, e o fator impeditivo da consumação foi a atitude de defesa anteriormente tomada pela vítima, tal como ocorre no caso do supermercado. Por isso, existe crime impossível, p. ex., quando alguém usa arma de plástico para tentar praticar homicídio, pois, tal arma, não mata ninguém. Ao contrário, há crime em casos de atentado ao patrimônio alheio que são evitados por meio de alarmes, sistema de corta-corrente ou corta-combustível, blindagem de veículo etc.

Em suma, eventuais ações ou precauções da vítima, de preposto seu ou de policial, que impeçam a consumação do delito, não levam ao reconhecimento do crime impossível.

Nesse sentido:

"Não há eficácia absoluta do meio por estar o carro objeto do furto dotado de alarme, pois o soar deste não é óbice para a consumação do furto diante da rapidez com que se consegue retirar o toca-fitas" (TACRIM-SP — Relator Oliveira Santos — *RJD* 6/90).

"Crime impossível — Furto — Prévia ciência da vítima e tomada de precauções — Relativa ineficácia do meio empregado — Tentativa configurada — Não há se falar em crime impossível se, em virtude de patentearem-se relativas a ineficácia do meio ou impropriedade do objeto, suceder concreta possibilidade — ainda que mínima — de o agente obter a consumação do delito" (TACRIM-SP — AC. — Relator Gonçalves Nogueira — *RJD* 4/78).

A interpretação adotada na r. decisão recorrida abre a seguinte perspectiva no espírito do furtador: "se for preso no local saio livre e volto a tentar amanhã! Se for preso novamente, saio livre de novo! Se não for preso obtenho lucro ilícito". Por qual razão, então, deixariam de tentar, se as opções seriam impunidade ou lucro ilícito?

Diante do exposto, requeiro seja revista a r. decisão e, caso mantida, que sejam os autos encaminhados ao Egrégio Tribunal de Justiça para que seja dado provimento ao recurso e recebida a denúncia. Requeiro, outrossim, intimação do denunciando para as contrarrazões, nos termos da Súmula n. 707 do Supremo Tribunal Federal.

São Paulo, 02 de dezembro de 2015.

Victor Eduardo Rios Gonçalves
Promotor de Justiça

■ 18.13. MODELO DE CONTRARRAZÕES DE APELAÇÃO

Processo n. 050.15.015990-2
10ª Vara Criminal da Comarca da Capital
Apelante: Vando Terras
Apelado: Ministério Público
Contrarrazões de apelação

EGRÉGIO TRIBUNAL;

COLENDA CÂMARA;

DOUTA PROCURADORIA DE JUSTIÇA:

Trata-se de recurso de apelação interposto por Vando Terras que, inconformado com a r. sentença que o condenou a 11 anos, 1 mês e 16 dias, em regime inicial fechado, e multa, por infração ao art. 157, § 2º, I e II, por duas vezes, c.c. art. 71 do CP, e art. 311

do mesmo Código, c.c. art. 69, pleiteia sua absolvição em relação a todos esses crimes por entender que as provas colhidas são insuficientes e, subsidiariamente, requer a redução da pena aplicada na sentença por considerá-la excessiva.

O apelante foi acusado e, ao final, condenado, porque, no dia 21 de março de 2015, juntamente com pessoa desconhecida, roubou uma motocicleta Suzuki, descrita na denúncia, pertencente à vítima David de Oliveira e porque, no dia 05 de abril do mesmo ano, também na companhia de um desconhecido, subtraiu mediante grave ameaça com emprego de arma, a carteira contendo dinheiro e documentos da vítima Alexandre Baumany, sendo certo que, nesta última data, foi preso em flagrante na posse dos bens roubados, estando a motocicleta com a numeração do chassi e do motor obliterados, restando incurso, também, no crime do art. 311 do Código Penal.

É o relatório.

Inicialmente ressalve-se a importância de ter o acusado sido preso em flagrante delito, o que dá a certeza de autoria da infração penal, cumprindo lembrar que "a prisão em flagrante é a mais cabal, a mais convincente das provas do crime e de autoria que a Justiça pode obter" (Vicente de Azevedo. *Curso de direito judiciário penal.* São Paulo: Saraiva, v. 2, 1958, p. 107).

Ademais, apesar da negativa de autoria oferecida pelo apelante, as vítimas o reconheceram, em ambas as fases da persecução criminal, e o apontaram como o responsável pelos roubos contra elas cometidos na companhia de um desconhecido (fls. 122/124 e fls. 146/147).

A vítima David afirmou que parou com sua motocicleta Suzuki preta em um sinal semafórico, momento em que o acusado e seu comparsa o abordaram, tendo este encostado uma arma nas suas costas, enquanto o réu segurou no guidão do veículo para que não fugisse. Atendendo à determinação dos larápios, desembarcou do veículo e os assaltantes fugiram na posse do bem subtraído. Acrescentou ter sido avisado da recuperação do motociclo duas semanas depois, quando este já apresentava adulteração do chassi e do motor (fls. 122/124).

A vítima Alexandre também reconheceu o apelante e afirmou ter sido abordado por ele e pelo desconhecido, os quais ocupavam a motocicleta Suzuki, cor preta (roubada da vítima David). O réu era o piloto, enquanto o garupa apontava uma arma de fogo para subjugá-lo. Por determinação do acusado foi obrigado a entregar sua carteira contendo dinheiro e documentos, inclusive a identidade funcional de militar. Em seguida, os roubadores fugiram com os bens subtraídos. Acionou a Polícia, e, momentos após, foi atendido por uma viatura, cujos integrantes passaram a patrulhar nas imediações logrando êxito em localizar o réu. Em poder dele achavam-se a motocicleta Suzuki roubada de David e a carteira de Alexandre. Ainda de acordo com este, a vítima David, no mesmo dia foi chamado ao 59º DP, onde reconheceu o acusado e a motocicleta Suzuki, cujos números do motor e do chassi haviam sido raspados.

Ora, a palavra das vítimas é de fundamental importância para o esclarecimento dos crimes de roubo, e quando corroboradas pelos demais elementos de convicção existentes nos autos, deve prevalecer sobre a do réu, que busca de toda forma permanecer impune.

A respeito já se decidiu:

"A palavra da vítima, em caso de roubo, deve prevalecer sobre a do réu, desde que serena, coerente, segura e afinada com os demais elementos de convicção existentes nos autos" (TACRIM-SP-AC — Relator Celso Limongi — *JUTACRIM* 94/341).

"No campo probatório, a palavra da vítima de um assalto é sumamente valiosa, pois, incidindo sobre proceder de desconhecidos, seu único interesse é apontar os verdadeiros culpados e narrar-lhes a atuação e não acusar inocentes" (TACRIM-SP — AC — Relator Manoel Carlos — *JUTACRIM* 90/362).

De fato, não é crível que as vítimas, pessoas até então desconhecidas entre si (e do réu), fossem levianamente inventar o fato de terem sido ameaçadas com o uso de arma de fogo pelo acusado e seu comparsa, mormente se considerado o reconhecimento realizado e as circunstâncias em que se deram os fatos.

Ademais, o policial militar Gabriel Gindro confirmou o relato trazido pela vítima Alexandre, inclusive no que tange ao reconhecimento do réu pelo outro ofendido, roubado duas semanas antes. Também, afirmou que a numeração do chassi e a do motor da motocicleta Suzuki se achavam raspados (fls. 144/145).

Lembre-se que os depoimentos de policiais, quando seguros, coerentes e imparciais como no caso em análise, revestem-se de inquestionável eficácia e valem como meio de prova.

Ainda, necessário ressaltar o laudo pericial no chassi e no motor da motocicleta apreendida, demonstrando que apresentavam a numeração totalmente suprimida (fls. 88). A adulteração desses itens de identificação do veículo também deve ser atribuída ao apelante, pois, como bem notou o MM. Juiz sentenciante, entre o roubo da moto e sua recuperação passaram-se duas semanas e, durante todo este tempo, o apelante esteve em seu poder, o que revela ter sido ele o responsável pela supressão.

Por fim, o réu nada trouxe aos autos para corroborar sua versão dos fatos no sentido de que pegou a motocicleta emprestada de um conhecido, de maneira que esta ficou completamente isolada no conjunto probatório.

Por fim, não há que se falar em redução das penas, uma vez que o MM. Juiz fixou as penas-base no mínimo, bem como efetuou os aumentos referentes à reincidência e à continuidade delitiva no índice mínimo de 1/6.

Diante do exposto, requeiro seja negado provimento ao recurso.

São Paulo, 25 de janeiro de 2016.

Victor Eduardo Rios Gonçalves
Promotor de Justiça

18.14. MODELO DE *HABEAS CORPUS*

Excelentíssimo Senhor Doutor Desembargador Presidente da Secção Criminal do Egrégio Tribunal de Justiça do Estado de São Paulo

A DEFENSORIA PÚBLICA DO ESTADO DE SÃO PAULO, pela *Defensora Pública* que esta subscreve, vem, com fundamento no art. 5º, inciso LXVIII, e art. 105, inciso I, *c*, da Constituição Federal e nos arts. 647 a 667, do Código de Processo Penal, interpor o presente pedido de ordem de

HABEAS CORPUS

com pedido liminar

em favor de WANDERSON LINHARES, titular da cédula de identidade RG n. XXXXXX, filho de Paterson Linhares e de Luciene Jamaica Linhares, contra ato do MM. Juiz da 25º Vara Criminal de São Paulo (Autos n. XXXXXX), pelos motivos que passa a expor.

DOS FATOS

O paciente foi condenado por infração ao art. 155, *caput*, do Código Penal à pena de 01 (um) ano e 04 (quatro) meses de reclusão e ao pagamento de 12 (doze) dias-multa, bem como no art. 297, *caput*, à pena de 02 (dois) anos e 06 (seis) meses de reclusão e ao pagamento de 11 (onze) dias-multa, em regime inicial semiaberto para ambos os delitos.

Inconformado, o réu recorreu da r. sentença (fl. 189).

Muito embora o paciente esteja preso desde 18 de maio **de 2015**, a sentença condenatória, prolatada em 15 de outubro do mesmo ano, vedou-lhe a possibilidade de recorrer em liberdade, sem apontar, no entanto, quais requisitos da prisão preventiva concretamente faziam-se presentes. Ao contrário, a fundamentação revela que a medida foi aplicada a título de antecipação do cumprimento da pena, o que viola, frontalmente, o princípio constitucional da presunção de inocência.

DO DIREITO

Como é de trivial conhecimento, não mais se admite a decretação ou manutenção de prisão preventiva como mero reflexo da prolação da sentença condenatória recorrível, uma vez que a restrição ao direito de recorrer em liberdade também se submete aos requisitos que regem a imposição da medida cautelar em questão.

Assim é que o magistrado deve, por ocasião da prolação da sentença condenatória, consignar, **de forma fundamentada e pautada em elementos concretos**, quais os motivos que ensejam a decretação ou a manutenção da prisão preventiva.

A prisão cautelar, portanto, só será legítima quando se indicar, claramente, de que fatos e circunstâncias decorre a conclusão acerca da existência do *fumus comissi delicti* e do *periculum in libertatis.*

Não há dúvida, portanto, de que se exige, para a validade da restrição cautelar da liberdade de qualquer acusado, a constatação da existência de um dos motivos autorizadores da prisão preventiva, previstos no art. 312 do Código de Processo Penal.

Além disso, para que possa decretar validamente a prisão cautelar, deve o magistrado indicar, pormenorizadamente, quais os motivos que permitem concluir pela insuficiência de outra medida cautelar, pois somente **em último caso** pode optar pelo encarceramento (art. 282, § 4º e § 6º, do Código de Processo Penal).

No caso em comento, a possibilidade de um pronunciamento jurisdicional favorável ao réu em sede de apelação, de modo a redimensionar a pena privativa de liberdade, mostra-se suficiente para conceder ao réu o direito de aguardar o julgamento do recurso em liberdade.

Se já não bastasse a absoluta falta de fundamentação apta a amparar o decreto de prisão cautelar, não se constata, no caso em exame, a ocorrência de motivo autorizador da custódia preventiva.

Em relação a isso, cumpre averbar que não há qualquer razão para concluir-se que a instrução criminal deve ser tutelada, na medida em que já se encerrou.

Também não há elemento concreto a demonstrar que, em liberdade, o réu representaria risco à ordem pública ou econômica ou que pretenda se furtar à ainda incerta responsabilidade criminal.

Trata-se, é importante lembrar, de supostos delitos praticados sem emprego de violência ou de grave ameaça à pessoa, pelo que não se justifica a sua permanência em ambiente pernicioso como o cárcere, pois não oferece perigo à coletividade.

Conclui-se que o paciente tem direito de permanecer em liberdade até que haja sentença irrecorrível reconhecendo sua culpabilidade, pois nada há a evidenciar a necessidade de adoção da excepcional medida em questão, que deve ser reservada aos casos de imperiosa necessidade.

Diante do exposto, requer o reconhecimento do direito de o acusado recorrer em liberdade e, subsidiariamente, a **aplicação da medida cautelar diversa da prisão**, determinando, em qualquer hipótese, a expedição do competente alvará de soltura.

DO PEDIDO

Diante de todo o exposto, requer-se a concessão de ordem liminar, para garantir ao paciente o direito de aguardar em liberdade o julgamento do recurso de apelação. Ao final, após a vinda das informações da autoridade coatora, requer seja concedida a ordem em caráter definitivo.

São Paulo, em 28 de novembro de 2015.

XXXXXXXXXXXXXXXXXXX
Defensora Pública

REFERÊNCIAS

ALMEIDA JÚNIOR, João Mendes de. *Direito judiciário brasileiro.* Rio de Janeiro: Freitas Bastos, 1940.

———. *Processo criminal brasileiro.* 4. ed. Rio de Janeiro: Freitas Bastos, 1959. v. I.

BARBI, Celso Agrícola. *Do mandado de segurança.* 8. ed. Rio de Janeiro: Forense, 1998.

CAPEZ, Fernando. *Curso de processo penal.* 12. ed. São Paulo: Saraiva, 2005.

———. *Curso de processo penal.* 18. ed. São Paulo: Saraiva, 2011.

CINTRA, Antonio Carlos de Araújo; GRINOVER, Ada Pellegrini; DINAMARCO, Cândido Rangel. *Teoria geral do processo.* 20. ed. São Paulo: Malheiros, 2004.

DEMERCIAN, Pedro Henrique; MALULY, Jorge Assaf. *Curso de processo penal.* 7. ed. Rio de Janeiro: Forense, 2011.

DINIZ, Maria Helena. *As lacunas do direito.* São Paulo: Saraiva, 2000.

ESPÍNOLA FILHO, Eduardo. *Código de Processo Penal brasileiro anotado.* Campinas: Bookseller, 2000. v. III.

FRAGOSO, Heleno Cláudio. *Lições de direito penal, parte especial.* 5. ed. Rio de Janeiro: Forense, 1986. v. II.

FRANCO, Ary Azevedo. *Código de Processo Penal.* 7. ed. Rio de Janeiro: Forense, 1960. 1º vol.

GOMES, Luiz Flávio. *Suspensão condicional do processo.* São Paulo: Revista dos Tribunais, 1995.

GONÇALVES, Carlos Roberto. *Direito civil brasileiro.* 9. ed. São Paulo: Saraiva, 2011.

GRECO FILHO, Vicente. *Manual de processo penal.* 7. ed. São Paulo: Saraiva, 2009.

GRINOVER, Ada Pellegrini; GOMES FILHO, Antonio Magalhaes; FERNANDES, Antonio Scarance. *As nulidades no processo penal.* 12. ed. São Paulo: Revista dos Tribunais, 2011.

———; ———; ———. *Recursos no processo penal.* 7. ed. São Paulo: Revista dos Tribunais, 2011.

HAMILTON, Sergio Demoro. *Temas de processo penal.* 2. ed. Rio de Janeiro: Lumen Juris, 2000.

HUNGRIA, Nélson. *Comentários ao Código Penal.* 2. ed. Rio de Janeiro: Forense, 1959. v. IX.

JARDIM, Afrânio Silva. *Direito processual penal.* 11. ed. Rio de Janeiro: Forense, 2007.

JESUS, Damásio de. *Código de Processo Penal anotado.* 23. ed. São Paulo: Saraiva, 2009. v. 4.

———. *Código de Processo Penal anotado.* 24. ed. São Paulo: Saraiva, 2010.

———. *Direito penal.* 10. ed. São Paulo: Saraiva, 2000. v. 4.

LENZA, Pedro. *Direito constitucional esquematizado.* 15. ed. São Paulo: Saraiva, 2011.

MARCATO, Antonio Carlos (Coord.). *Código de Processo Civil interpretado.* São Paulo: Atlas, 2004.

MARQUES, José Frederico. *Elementos de direito processual penal.* 2. ed. São Paulo: Forense, 1965. v. I.

———. *Elementos de direito processual penal.* Campinas: Bookseller, 1997. v. II.

———. *A instituição do júri.* Campinas: Bookseller, 1997.

MAXIMILIANO, Carlos. *Hermenêutica e aplicação do direito.* 19. ed. Rio de Janeiro: Forense, 2003.

MAZZILLI, Hugo Nigro. *Regime jurídico do Ministério Público.* 3. ed. São Paulo: Saraiva, 1996.

MENDONÇA, Andrey Borges de. *Nova reforma do Código de Processo Penal*: comentada artigo por artigo. São Paulo: Método, 2008.

MIRABETE, Julio Fabbrini. *Código de Processo Penal interpretado.* 4. ed. São Paulo: Atlas, 1996.

———. *Juizados especiais criminais.* 2. ed. São Paulo: Atlas, 1997.

MORAES, Alexandre de. *Constituição do Brasil interpretada e legislação constitucional.* São Paulo: Atlas, 2002.

MOURA, Maria Thereza Rocha de Assis. *A prova por indícios no processo penal.* Rio de Janeiro: Lumen Juris, 2009.

NERY JÚNIOR, Nelson. *Princípios do processo civil na Constituição Federal.* 2. ed. São Paulo: Revista dos Tribunais, 1995.

NOGUEIRA, Carlos Frederico Coelho. *Comentários ao Código de Processo Penal.* Bauru: Edipro, 2002. v. 1.

NORONHA, E. Magalhães. *Direito penal.* 20. ed. São Paulo: Saraiva, 1995. v. 4.

———. *Curso de direito processual penal.* 19. ed. São Paulo: Saraiva, 1989.

NUCCI, Guilherme de Souza. *Código de Processo Penal comentado.* 9. ed. São Paulo: Revista dos Tribunais, 2009.

PENTEADO, Jaques de Camargo. *Acusação, defesa e julgamento.* Campinas: Millennium, 2001.

PERELMAN, Chaïm; OLBRECHTS-TYTECA, Lucie. *Tratado da argumentação*: a nova tetórica. 1. ed., 4. tir. São Paulo: Martins Fontes, 2000.

SILVA, Eduardo Araújo, *Crime organizado* — procedimento probatório. 2. ed. São Paulo: Atlas, 2009.

SILVA, Germano Marques da. *Curso de processo penal.* 2. ed. Lisboa: Editorial Verbo, 2000. v. III.

———. *Curso de processo penal.* 5. ed. Lisboa: Babel, 2011. v. II.

———. *Curso de processo penal.* 6. ed. Lisboa: Babel, 2010. v. I.

TORNAGHI, Hélio. *Curso de processo penal.* 9. ed. São Paulo: Saraiva, 1995.

———. *Instituições de processo penal.* 2. ed. São Paulo: Saraiva, 1978.

TOURINHO FILHO, Fernando da Costa. *Processo penal.* 33. ed. São Paulo: Saraiva, 2011. v. 1.

———. *Manual de processo penal.* 7. ed. São Paulo: Saraiva, 2005.

———. *Manual de processo penal.* 8. ed. São Paulo: Saraiva, 2006.

TUCCI, Rogério Lauria (Coord.). *Tribunal do júri*: estudo sobre a mais democrática instituição jurídica brasileira. São Paulo: Revista dos Tribunais, 1999.